Die Vereinbarkeit des Außensteuergesetzes mit den Grundfreiheiten des EG-Vertrags

Bochumer Schriften zum Steuerrecht

Herausgegeben von Roman Seer

Band 10

PETER LANG

Frankfurt am Main · Berlin · Bern · Bruxelles · New York · Oxford · Wien

Lars Rehfeld

Die Vereinbarkeit des Außensteuergesetzes mit den Grundfreiheiten des EG-Vertrags

Bibliografische Information der Deutschen Nationalbibliothek
Die Deutsche Nationalbibliothek verzeichnet diese Publikation in
der Deutschen Nationalbibliografie; detaillierte bibliografische
Daten sind im Internet über <http://www.d-nb.de> abrufbar.

Zugl.: Bochum, Univ., Diss., 2007

Abbildung auf dem Umschlag:
Siegel der Universität Bochum.

Abdruck mit freundlicher Genehmigung
der Universität Bochum.

Gedruckt auf alterungsbeständigem,
säurefreiem Papier.

D 294
ISSN 1613-939X
ISBN 978-3-631-58097-4
© Peter Lang GmbH
Internationaler Verlag der Wissenschaften
Frankfurt am Main 2008
Alle Rechte vorbehalten.

Das Werk einschließlich aller seiner Teile ist urheberrechtlich
geschützt. Jede Verwertung außerhalb der engen Grenzen des
Urheberrechtsgesetzes ist ohne Zustimmung des Verlages
unzulässig und strafbar. Das gilt insbesondere für
Vervielfältigungen, Übersetzungen, Mikroverfilmungen und die
Einspeicherung und Verarbeitung in elektronischen Systemen.

Printed in Germany 1 2 3 4 5   7

www.peterlang.de

Vorwort

Diese Arbeit wurde im Wintersemester 2007/2008 von der Juristischen Fakultät der Ruhr-Universität Bochum als Dissertation angenommen. Im Rahmen der Veröffentlichung wurde die Arbeit auf den Stand des Außensteuergesetzes in der Fassung des Unternehmensteuerreformgesetzes 2008 und des Jahressteuergesetzes 2008 aktualisiert. Rechtsprechung, Literatur und Verwaltungsanweisungen sind bis zum 31.12.2007 berücksichtigt worden.

Meinen besonderen Dank spreche ich Herrn Prof. Dr. Roman Seer als Ordinarius für Steuerrecht der Ruhr-Universität Bochum und Herrn Prof. Dr. Heinz-Klaus Kroppen, LL.M. als Honorarprofessor der Ruhr-Universität Bochum und Partner der Deloitte & Touche GmbH Wirtschaftsprüfungsgesellschaft in Düsseldorf aus. Beide haben mich nicht nur bei der Erstellung dieser Arbeit vielfältig unterstützt, sondern darüber hinaus auch meine (steuer-) juristische Ausbildung und spätere berufliche Entwicklung in besonderer Weise gefördert und geprägt. Schließlich bedanke ich mich auch bei Herrn Prof. Dr. Klaus-Dieter Drüen, inzwischen Ordinarius für Steuerrecht an der Heinrich-Heine-Universität Düsseldorf, für seine mühevolle Arbeit bei der Durchsicht und Besprechung der Entwurfsfassung.

Gewidmet ist die Arbeit meinen Eltern, die mir in jedem Lebensabschnitt mit ihrer ganzen Kraft zur Seite gestanden haben und ohne die ich viele Ziele in meinem bisherigen Leben sicherlich nicht erreicht hätte.

Gevelsberg, im Januar 2008   Lars Rehfeld

Inhaltsverzeichnis

Kapitel 1 – Einführung in die Untersuchung 17
A. Ziel der Untersuchung 17
B. Einführung in das deutsche AStG 17
C. Gemeinschaftsrechtlicher Kontext der Untersuchung 19
   I. Gemeinschaftsrechtliche Berührungspunkte des AStG ... 19
   II. Prüfungsansatz des EuGH 22
D. Abkommensrechtlicher Kontext der Untersuchung 27
E. Aufbau der Untersuchung 28

Kapitel 2 – Die Berichtigung von Einkünften zwischen verbundenen Unternehmen gem. § 1 AStG 31
A. Einführung in den Steuertatbestand des § 1 AStG 34
B. Die historische Entwicklung des Fremdvergleichsgrundsatzes im nationalen Steuerrecht 36
C. Die historische Entwicklung des Fremdvergleichsgrundsatzes im Recht der DBA 44
D. „Dealing at arms's length" – Die tatbestandliche Ausgestaltung des Fremdvergleichsgrundsatzes 53
   I. Der Fremdvergleich als Maßstab der Gewinnabgrenzung bei verbundenen Unternehmen gem. Art. 9 Abs. 1 MA und § 1 Abs. 1 AStG 56
   II. Der Fremdvergleich als Maßstab der Gewinnabgrenzung bei Betriebsstätten gem. Art. 7 Abs. 2 MA 63
      1. Die Zwecksetzung der Betriebsstättengewinnermittlung nach dem Fremdvergleichsgrundsatz 64
      2. Die inhaltliche Ausgestaltung des Fremdvergleichs zur Betriebsstättengewinnermittlung 65
      3. Reformansatz der OECD zur Betriebsstättengewinnermittlung 68
E. Gemeinschaftsrechtliche Untersuchung von § 1 AStG 71
   I. Abgrenzung und Konkurrenzverhältnis von Niederlassungs- und Kapitalverkehrsfreiheit 71
   II. Eingriff in den Schutzbereich der Niederlassungsfreiheit 79
      1. Die Einkünftekorrektur gem. § 1 Abs. 1 S. 1, 3 AStG „unbeschadet anderer Vorschriften" als Diskriminierung 81

2. Sachverhaltsdiskussion: § 1 Abs. 1 AStG bei Nutzungs- und
Dienstleistungsgewährungen zugunsten nahestehender Personen 84

a) Die Qualifizierung der Darlehensgewährung als offene Einlage
gem. § 4 Abs. 1 S. 7 EStG 85

b) Die Qualifizierung der Darlehensgewährung als verdeckte Einlage gem. § 4 Abs. 1 S. 7 EStG 86

c) Einkünftekorrektur gem. § 1 Abs. 1 AStG 89

d) Einkünftekorrektur gem. § 1 Abs. 1 AStG bei eigenkapitalersetzenden Darlehen und vergleichbaren Maßnahmen 89

e) Auswirkungen der Abzinsungspflicht gem. § 6 Abs. 1 Nr. 3
EStG bei unverzinslichen Darlehen 93

f) Ergebnis der Sachverhaltsdiskussion 94

3. Sachverhaltsdiskussion: § 1 Abs. 1 AStG bei grenzüberschreitenden Entnahmen über dem Teilwert 95

a) Einkünftekorrektur bei Übertragung der Wirtschaftsgüter an die
C-GmbH & Co. KG 96

aa) Buchwertfortführung gem. § 6 Abs. 5 S. 1 EStG 96
bb) Buchwertfortführung gem. § 6 Abs. 5 S. 3 EStG 98
cc) Zwischenergebnis 100
dd) Teilwertansatz gem. § 6 Abs. 1 Nr. 4, 5 EStG 101
ee) Ergebnis 104

b) Einkünftekorrektur bei Übertragung der Wirtschaftsgüter an die
D-C.V. 105

aa) Entnahme gem. § 4 Abs. 1 S. 2 EStG bei der
B-GmbH & Co. KG 105
bb) Einkünftekorrektur gem. § 1 Abs. 1 AStG bei der
B-GmbH & Co. KG 105

c) Ergebnis der Sachverhaltsdiskussion 106

4. Grundfreiheitliche Diskriminierung durch Besteuerung einer
Funktionsverlagerung gem. § 1 Abs. 3 S. 9 bis 12 AStG 107

5. Ergebnis der Eingriffsprüfung 110

III. Rechtfertigung des Eingriffs 111

1. Sicherstellung angemessener konzerninterner Verrechnungspreise
als wichtiger Grund des Allgemeininteresses 113

2. Verhältnismäßigkeit der steuertatbestandlichen Umsetzung 121

3. Zwischenergebnis...123
4. Rechtfertigung einer Diskriminierung durch Besteuerung einer
Funktionsverlagerung gem. § 1 Abs. 3 S. 9 bis 12 AStG.....................124

F. Zusammenfassung...127

Kapitel 3 – Der Wegzug natürlicher Personen ins Ausland gem. §§ 2 bis 5 und 6 AStG 129

A. Historische Grundlagen..130

B. Einführung in die Rechtsgrundlagen der erweiterten beschränkten
Steuerpflicht gem. §§ 2 bis 5 AStG 137

C. Einführung in die Rechtsgrundlagen der Wegzugsbesteuerung gem.
§ 6 AStG..140

D. Gemeinschaftsrechtliche Kollisionen der erweiterten beschränkten
Einkommen- und Erbschaftsteuerpflicht..141

  I. Die erweiterte beschränkte Steuerpflicht im Schutzbereich des allgemeinen Diskriminierungsverbots aus Art. 12 EG..................................142

  II. Die Auswirkungen des EuGH-Verfahrens in der Rs. C-513/03 („van Hilten") auf die erweiterte beschränkte Erbschaftsteuerpflicht...................145

  III. Zusammenfassung..153

E. Abkommens- und gemeinschaftsrechtliche Kollisionen der Wegzugsbesteuerung...154

  I. Das Verhältnis von Wegzugsbesteuerung und Abkommensrecht 156

    1. Juristische Doppelbesteuerung im Veräußerungszeitpunkt...................157

    2. Vorliegen einer Doppelbesteuerung nach Abkommensrecht 160

      a) Veräußerungsgewinn gem. Art. 13 Abs. 5 MA 161

      b) Zuordnung des Besteuerungsrechts durch Art. 13 Abs. 5 MA 164

      c) Vermeidung einer Doppelbesteuerung nach geltendem
      Abkommensrecht 167

    3. Ergebnis..169

  II. Gemeinschaftsrechtliche Problemfelder der Wegzugsbesteuerung.........170

    1. Die Wegzugsbesteuerung im Lichte des EuGH-Urteils in der
    Rs. C-9/02 („Lasteyrie du Saillant")...171

      a) Die französische Wegzugsbesteuerung als Rechtsgrundlage für
      das Urteil des EuGH in der Rs. C-9/02 („Lasteyrie du Saillant")...........171

b) Die Eröffnung des Schutzbereichs der Personenverkehrsfreiheiten gem. Artt. 39, 43 EG 173

c) Eingriff in den Schutzbereich der Personenverkehrsfreiheiten 177

    aa) Die Personenverkehrsfreiheiten als allgemeines Beschränkungsverbot 178

    bb) Die Wegzugsbesteuerung als Beschränkung der Artt. 39, 43 EG 179

d) Rechtfertigung des Eingriffs 182

    aa) Verhinderung einer Steuerumgehung und Sicherstellung einer gleichmäßigen Besteuerung 183

    bb) Sicherung des Steueraufkommens und Verhinderung einer Erosion von Besteuerungssubstrat im Inland 185

    cc) Kohärenz des nationalen Steuerrechts 189

    dd) Territorialitätsprinzip 196

    ee) Verhältnismäßigkeit der Wegzugsbesteuerung gem. § 6 AStG a. F. und § 6 AStG-SEStEG 197

e) Ergebnis 205

2. Die Wegzugsbesteuerung im Lichte der Kapitalverkehrsfreiheit 206

    a) Der persönliche Schutzbereich der Kapitalverkehrsfreiheit 206

    b) Der räumliche Schutzbereich der Kapitalverkehrsfreiheit 207

    c) Die Wegzugsbesteuerung gem. § 6 Abs. 1 S. 1 AStG-SEStEG als Kapitalverkehrsvorgang 208

    d) Die Wegzugsbesteuerung gem. § 6 Abs. 1 S. 2 AStG-SEStEG als Kapitalverkehrsvorgang 212

    e) Die Wegzugsbesteuerung gem. § 6 Abs. 1 S. 2 AStG-SEStEG als Beschränkung des freien Kapitalverkehrs 213

    f) Ergebnis 217

3. Die Wegzugsbesteuerung als Beschränkung der allgemeinen Freizügigkeit gem. Art. 18 Abs. 1 EG 218

    a) Unmittelbare Anwendbarkeit von Art. 18 Abs. 1 EG 219

    b) Die Freizügigkeit gem. Art. 18 Abs. 1 EG als Grundrecht oder Grundfreiheit? 222

F. Zusammenfassung 226

Kapitel 4 – Die Hinzurechnungsbesteuerung gem. §§ 7 bis 14 AStG 229

A. Historische Grundlagen 232

B. Einführung in den Steuertatbestand ... 242

C. Gemeinschaftsrechtliche Untersuchung der Hinzurechnungsbesteuerung gem. §§ 7 bis 14 AStG ... 244

  I. Eröffnung des Schutzbereichs der Niederlassungs- und Kapitalverkehrsfreiheit ... 244

    1. Schutzbereich der Niederlassungsfreiheit ... 245

      a) Die Steuertatbestände der Hinzurechnungsbesteuerung gem. § 7 Abs. 1, 6 AStG ... 246

      b) Die Hinzurechnungsbesteuerung nachgeschalteter Zwischengesellschaften gem. § 14 AStG ... 252

      c) Ergebnis ... 253

    2. Schutzbereich der Kapitalverkehrsfreiheit ... 253

  II. Eingriff in den Schutzbereich der Grundfreiheiten ... 259

    1. Diskriminierung eines grenzüberschreitenden Investments in eine ausländische Zwischengesellschaft ... 260

      a) Juristische Person als inländischer Anteilseigner ... 262

      b) Natürliche Person als inländischer Anteilseigner ... 267

      c) Diskriminierung durch Liquiditäts- und Zinsnachteil des inländischen Anteilseigners ... 270

      d) Diskriminierung durch erhöhte Mitwirkungspflichten des inländischen Anteilseigners ... 272

      e) Diskriminierung durch die Entlastungslösung der Hinzurechnungsbesteuerung bei Dividendenausschüttungen der ausländischen Zwischengesellschaft ... 273

      f) Diskriminierung durch abweichende Bewertungsvorschriften für Wirtschaftsgüter der ausländischen Zwischengesellschaft ... 274

      g) Ergebnis ... 274

    2. Beschränkung eines grenzüberschreitenden Investments in eine ausländische Zwischengesellschaft ... 275

      a) Vorgaben des Binnenmarktgedankens der Artt. 3, 14 EG für ein grundfreiheitliches Beschränkungsverbot ... 278

      b) Investment in eine ausländische Zwischengesellschaft im Lichte der Vorgaben des Binnenmarktgedankens aus den Artt. 3, 14 EG ... 282

  c) Vorgaben der EuGH-Rechtsprechung zur Warenverkehrsfreiheit für ein grundfreiheitliches Beschränkungsverbot.................... 283

  d) Investment in eine ausländische Zwischengesellschaft im Lichte der Rechtsprechung des EuGH über ein grundfreiheitliches Beschränkungsverbot... 289

    aa) Kapitalverkehrsfreiheit 290
    bb) Niederlassungsfreiheit 295
    cc) Warenverkehrsfreiheit 297
    dd) Dienstleistungsfreiheit... 298

  3. Ergebnis.. 300

 III. Rechtfertigung des Eingriffs in Grundfreiheiten 301

  1. Eingreifen eines kodifizierten Rechtfertigungsgrundes....................... 301

   a) Art. 57 Abs. 1 S. 1 EG 302

   b) Art. 58 Abs. 1 lit. a) EG.. 303

  2. Feststellung eines wichtigen Gemeinwohlinteresses für die Hinzurechnungsbesteuerung.. 304

   a) Gesetzeszweck und Grundprinzipien der Hinzurechnungsbesteuerung 305

   b) Vermeidung einer Steuerumgehung als wichtiger Grund des Allgemeininteresses 311

   c) Kapitalexportneutralität der inländischen Besteuerung als gemeinschaftsrechtlich legitimiertes Mittel zur Zweckerreichung 329

   d) Beseitigung der Abschirmwirkung einer ausländischen Kapitalgesellschaft als gemeinschaftsrechtlich legitimiertes Mittel zur Zweckerreichung... 332

  3. Verhältnismäßigkeit der gesetzestechnischen Konzepte der Hinzurechnungsbesteuerung 340

  4. Verhältnismäßigkeit der Hinzurechnungsbesteuerung „de lege lata" und „de lege ferenda" 342

D. Zusammenfassung 359

Kapitel 5 – Die Besteuerung von Einkünften ausländischer Familienstiftungen gem. § 15 AStG 361

A. Einführung in den Steuertatbestand 362

B. Historische Grundlagen 365

C. Gemeinschaftsrechtliche Beurteilung der Zurechnungsbesteuerung 366

I. Schutzbereich der Niederlassungsfreiheit ... 367
II. Schutzbereich der Kapitalverkehrsfreiheit ... 371
III. Schutzbereich des grenzüberschreitenden Freizügigkeitsgebots ... 372
IV. Eingriff in den Schutzbereich der Niederlassungs- und Kapitalverkehrsfreiheit ... 375
V. Rechtfertigung des Eingriffs in die Niederlassungs- und Kapitalverkehrsfreiheit ... 377
D. Zusammenfassung ... 379

Kapitel 6 – Erweiterte Mitwirkungspflichten bei grenzüberschreitenden Sachverhalten gem. §§ 16, 17 AStG und § 90 AO ... 381

A. Einführung in die Rechtsgrundlagen ... 382
I. Mitwirkungspflicht des Steuerpflichtigen gem. § 16 AStG ... 382
II. Sachverhaltsaufklärungspflicht des Steuerpflichtigen gem. § 17 AStG ... 387
III. Erweiterte Mitwirkungspflichten des Steuerpflichtigen gem. § 90 AO ... 389

B. Feststellung einer Diskriminierung grenzüberschreitender Sachverhalte durch die §§ 16, 17 AStG und § 90 Abs. 2, 3 AO ... 391
I. Feststellung einer Diskriminierung durch § 16 Abs. 1 AStG ... 392
II. Feststellung einer Diskriminierung durch § 17 Abs. 1 AStG und § 90 Abs. 2, 3 AO ... 395

C. Rechtfertigung des Eingriffs ... 400
I. Eingreifen des kodifizierten Rechtfertigungsgrundes aus Art. 58 Abs. 1 lit. b) EG für Fälle des § 16 Abs. 1 AStG ... 400
II. Verhinderung einer Steuerumgehung als wichtiger Grund des Allgemeininteresses für Fälle des § 16 Abs. 1 AStG ... 402
III. Sicherstellung einer grenzüberschreitenden Sachverhaltsaufklärung als wichtiger Grund des Allgemeininteresses für Fälle des § 17 Abs. 1 AStG bzw. § 90 Abs. 2, 3 AO ... 410
IV. Verhältnismäßigkeit der erweiterten Mitwirkungspflichten ... 415
1. Erforderlichkeit der erweiterten Mitwirkungspflichten ... 416
2. Angemessenheit der erweiterten Mitwirkungspflichten ... 424
3. Verhältnismäßigkeit der Dokumentationsanforderungen gem. § 90 Abs. 3 AO ... 428

4. Ergebnis 431
D. Zusammenfassung 432
Kapitel 7 – „Treaty Override" gem. § 20 AStG 433
A. Inhalt und Entstehungsgeschichte von § 20 AStG 433
B. § 20 AStG als „Treaty Override" 435
    I. Begriff des „Treaty Override" 435
    II. Historische Grundlagen 436
    III. § 20 Abs. 1 Hs. 1 AStG als „Treaty Override" 438
        1. „Treaty Override" und Hinzurechnungsbesteuerung gem.
           §§ 7 ff. AStG 438
        2. „Treaty Override" und Zurechnungsbesteuerung gem.
           § 15 AStG 440
    IV. § 20 Abs. 1 Hs. 2, Abs. 2 AStG als „Treaty Override" 442
    V. Ergebnis 442
C. Gemeinschaftsrechtliche Bezüge des „Treaty Override" in
§ 20 AStG 442
    I. Existenz eines gemeinschaftsrechtlichen „Meistbegünstigungs-
    prinzips" und Kollision mit nationalem „Treaty Override" 444
        1. Einführung in den Sachverhalt 445
           a) EuGH-Urteil vom 12.05.1998 in der Rs. C-336/96 („Gilly") 446
           b) EuGH-Urteil vom 21.09.1999 in der Rs. C-307/97 („Compag-
              nie de Saint Gobain") 447
           c) EuGH-Urteil vom 08.03.2001 in den Rs. C-397/98 und
              C-410/98 („Metallgesellschaft Ltd. u. a.") 448
           d) EuGH-Urteil vom 05.07.2005 in der Rs. C-376/03 („D") 449
        2. Rechtliche Grundlagen des „Meistbegünstigungsprinzips" 450
        3. Das „Meistbegünstigungsprinzip" im AStG 453
           a) „Treaty Override" gem. § 20 Abs. 1 Hs. 1 AStG 454
           b) „Treaty Override" gem. § 20 Abs. 1 Hs. 2, Abs. 2 AStG 454
        4. Existenz eines steuerrechtlichen „Meistbegünstigungsprinzips" 454
    II. Gemeinschaftsrechtliche Rechtmäßigkeit eines „Treaty Override"
    durch § 20 Abs. 1 Hs. 1 AStG 465

III. Gemeinschaftsrechtliche Rechtmäßigkeit der „Switch-Over-Klausel" gem. § 20 Abs. 1 Hs. 2, Abs. 2 AStG 465

IV. Ergebnis 473

D. Zusammenfassung 474

Kapitel 8 – Zusammenfassung der Untersuchungsergebnisse und Schlussfolgerungen für eine gemeinschaftsrechtskonforme Ausgestaltung des deutschen AStG 475

A. Einkünftekorrektur gem. § 1 AStG 475

B. Wegzugsbesteuerung gem. §§ 2 bis 5 und 6 AStG 476

C. Hinzurechnungsbesteuerung gem. §§ 7 bis 14 AStG 477

D. Besteuerung ausländischer Familienstiftungen gem. § 15 AStG 478

E. Erweiterte Mitwirkungspflichten eines Steuerpflichtigen gem. §§ 16, 17 AStG und § 90 Abs. 2, 3 AO 479

F. „Treaty Override" gem. § 20 AStG 479

G. Gesamtergebnis der Untersuchung 480

Abkürzungsverzeichnis 481

Rechtsprechungsübersicht 489

Verwaltungsanweisungen 509

Literaturverzeichnis 513

Kapitel 1 – Einführung in die Untersuchung

A. Ziel der Untersuchung

Es ist das Ziel dieser Arbeit, die Vereinbarkeit des deutschen Außensteuergesetzes vom 8. September 1972[1] in der Fassung des JStG 2008 vom 20. Dezember 2007[2] mit den Grundfreiheiten des EGV zu untersuchen. Darüber hinaus werden auch die abkommensrechtlichen Bezüge der einzelnen Steuertatbestände im Kontext des MA und der DBA der Bundesrepublik Deutschland mit anderen Staaten beleuchtet. Schließlich werden aus dem Ergebnis der gemeinschafts- und abkommensrechtlichen Untersuchung auch Anregungen für eine gemeinschaftsrechtskonforme Ausgestaltung des AStG gewonnen. Im Mittelpunkt der Untersuchung steht daher die grundsätzliche Frage, ob das AStG in der geltenden Fassung überhaupt haltbar oder eine Zerschlagung aufgrund elementarer gemeinschaftsrechtlicher Bedenken unvermeidbar ist. Eine wichtige Rolle im Rahmen dieser Untersuchung spielt auch die Frage, inwieweit eine geltungserhaltende Reform des AStG möglich ist, da die Verhinderung der Steuerumgehung als ein wesentliches Leitmotiv des historischen Gesetzgebers auch heute noch aktuell und damit eine steuerliche Abbildung bzw. Erfassung entsprechender Lebenssachverhalte nach wie vor geboten ist.[3]

B. Einführung in das deutsche AStG

Das wirtschaftliche Wachstum der Nachkriegszeit in den 1950er und 1960er Jahren, verbunden mit einer zunehmenden kontinentalen und auch globalen Freizügigkeit im internationalen Geschäftsverkehr sind die wesentlichen Gründe für einen signifikanten Anstieg von Steuerflucht und zunehmender Implementierung von steuerlichen Gestaltungsmöglichkeiten zur Umgehung der inländischen Besteuerung. Vor diesem Hintergrund wurde im Jahre 1964 als Antwort auf eine Anfrage des Bundestages nach dem Ausmaß der Steuerflucht der sog. „Steueroasenbericht" vorgelegt, der zum einen eine Reihe von Möglichkeiten zur Einkommens- und Vermögensverlagerung in niedrigbesteuernde Staaten aufzeigte und zum anderen Lösungsansätze zur Bekämpfung der identifizierten Probleme benannte.[4] Als Ergebnis der Diskussion über die Steuerflucht bzw. Steuerumgehung im Inland wurde schließlich im Jahre 1972 das Gesetz über die

---

[1] Gesetz zur Wahrung der steuerlichen Gleichmäßigkeit bei Auslandsbeziehungen und zur Verbesserung der steuerlichen Wettbewerbslage bei Auslandsinvestitionen, BGBl I 1972, S. 1713.
[2] Jahressteuergesetz 2008 vom 20.12.2007, BGBl I 2007, S. 3150.
[3] Vgl. Pressemitteilung der EU-Kommission vom 10.12.2007, IP/07/1878 sowie Memo der EU-Kommission vom 10.12.2007, MEMO/07/558 zur koordinierten Anwendung der steuerlichen Anti-Missbrauchsvorschriften in den EU-Mitgliedstaaten.
[4] Bericht der Bundesregierung an den Deutschen Bundestag vom 23.06.1964 über die Wettbewerbsverfälschungen, die sich aus Sitzverlagerungen und aus dem zwischenstaatlichen Steuergefälle ergeben können, BT-Drs. IV/2412, S. 1 ff.

Besteuerung bei Auslandsbeziehungen (AStG) eingeführt. Das Gesetz enthält, trotz umfassender Änderungen seit seinem Erlass, nach wie vor fünf Abschnitte mit materiellen Tatbeständen und zwei Abschnitte mit Verfahrens- und Anwendungsvorschriften. Die materiellen Steuertatbestände sind wie folgt gegliedert:

- Erster Teil: Berichtigung von Einkünften gem. § 1 AStG
- Zweiter Teil: Erweiterte beschränkte Einkommen- und Erbschaftsteuerpflicht gem. §§ 2, 4 und 5 AStG
- Dritter Teil: Wegzugsbesteuerung gem. § 6 AStG
- Vierter Teil: Hinzurechnungsbesteuerung gem. §§ 7 bis 14 AStG
- Fünfter Teil: Zurechnungsbesteuerung bei ausländischen Familienstiftungen gem. § 15 AStG
- Sechster Teil: Erweiterte Mitwirkungs- und Sachverhaltsaufklärungspflichten des Steuepflichtigen gem. §§ 16, 17 AStG
- Siebter Teil: „Treaty Override" und Hinzurechnung von ausländischen Betriebsstätteneinkünften gem. § 20 AStG

Die Einkünftekorrektur gem. § 1 AStG ist bei grenzüberschreitenden Liefer- oder Leistungsbeziehungen immer dann vorzunehmen, wenn die vereinbarten Entgelte von denen abweichen, die voneinander unabhängige Dritte miteinander vereinbart hätten. Eine Erfolgskorrektur wird durch Anwendung des Fremdvergleichgrundsatzes vorgenommen. Inzwischen ist durch das UntStRefG 2008 auch die Möglichkeit einer Besteuerung zukünftiger Erträge im Rahmen einer Funktionsverlagerung ins Ausland geschaffen worden. Die erweiterte beschränkte Steuerpflicht gem. §§ 2 ff. AStG erfasst natürliche Personen mit deutscher Staatsangehörigkeit, die ihren Wohnsitz in ein Niedrigsteuerland verlagern. Waren diese Personen innerhalb der letzten zehn Jahre vor dem Wohnsitzwechsel mindestens fünf Jahre unbeschränkt steuerpflichtig und haben sie nach wie vor wesentliche wirtschaftliche Interessen im Inland, dann werden ihre inländischen Einkünfte nicht nur im Rahmen der beschränkten Steuerpflicht gem. §§ 49 ff. EStG erfasst, sondern darüber hinaus auch solche Einkünfte berücksichtigt, die bei der unbeschränkten Einkommensteuerpflicht gem. § 2 EStG als inländische Einkünfte gem. § 34c EStG zu qualifizieren sind. Die Wegzugsbesteuerung gem. § 6 AStG erfasst dagegen die stillen Reserven aus Anteilen an einer Kapitalgesellschaft i. S. v. § 17 AStG im Falle einer Wohnsitzverlegung des inländischen Anteilseigners ins Ausland, wenn dieser seit mindestens zehn Jahren im Inland unbeschränkt einkommensteuerpflichtig war. Durch die Hinzurechnungsbesteuerung gem. §§ 7 bis 14 AStG werden Einkünfte einer ausländischen Tochterkapitalgesellschaft ohne Vornahme einer tatsächlichen Ausschüttung beim inländischen Anteilseigner besteuert. Die komplexen Vorschriften setzen im Wesentlichen eine sog. passive Tätigkeit und eine niedrige Besteuerung der ausländischen Tochtergesellschaft von weniger als 25 v. H. voraus. Inzwischen ist durch das JStG 2008 eine Rückausnahme für Beteiligungen an Kapitalgesellschaften im Gemeinschaftsgebiet geschaffen worden, wenn diese eine wirkliche wirtschaftliche Tätigkeit nachweisen können. Eine vergleichbare Zurechnung nimmt § 15 AStG für das Einkommen einer ausländischen Familienstiftung bei den inländischen Bezugs- und Anfallsberechtigten vor. Eine Rückausnahme hiervon gibt es allerdings nicht. Schließlich führt eine passive Einkunftserzielung ausländischer Betriebsstätten in DBA-Staaten mit Freistellungsmethode gem. § 20 Abs. 2 AStG zur Anwendung der Anrechnungsmethode auf diese Einkünfte beim inländischen Stammhaus. Über die vorstehende kurze Inhaltsangabe hinaus wird an dieser Stelle auf eine weitergehende historische und inhaltliche Darstellung der einzelnen Rechtsnormen zugunsten einer umfassenden Einführung in den einschlägigen Kapiteln dieser Arbeit bewusst verzichtet.

C. Gemeinschaftsrechtlicher Kontext der Untersuchung

Der gemeinschaftsrechtliche Kontext der Untersuchung wird getrennt nach den gemeinschaftsrechtlichen Berührungspunkten des AStG und dem grundfreiheitlichen Prüfungsansatz in der Rechtsprechung des EuGH im Bereich der direkten Steuern dargestellt. Dadurch soll verdeutlicht werden, dass die Grundfreiheiten des EGV zwar den abstrakten Prüfungsmaßstab für einen gemeinschaftsrechtlichen Verstoß des nationalen Steuerrechts bilden, die konkrete Auslegung und Anwendung dieses Maßstabs jedoch durch die Rechtsprechung des EuGH abgebildet wird. Demzufolge muss eine umfassende Prüfung der nationalen Rechtsnorm über die Vornahme einer isolierten Vertragsauslegung hinaus auch die im Einzelfall einschlägige EuGH-Judikatur zur Dogmatik und Auslegung der Grundfreiheiten beachten.

I. Gemeinschaftsrechtliche Berührungspunkte des AStG

Das AStG steht mit seinen vielfältigen Regelungen zur steuerrechtlichen Erfassung ausschließlich grenzüberschreitender Lebenssachverhalte bereits seit längerer Zeit im Verdacht der Inkompatibilität mit den Gewährleistungen der Personenverkehrsfreiheiten, der Dienstleistungsfreiheit, der Kapitalverkehrsfreiheit und z. T. auch der Warenverkehrsfreiheit. Zwar wurde dem EuGH mit § 20 Abs. 2, 3 AStG a. F.[5] bisher erst eine Rechtsnorm des AStG im Rahmen eines Vorabentscheidungs- oder Vertragsverletzungsverfahrens durch ein deutsches Finanzgericht zur gemeinschaftsrechtlichen Überprüfung vorgelegt.[6] Dennoch gibt es inzwischen nicht nur eine große Anzahl von Veröffentlichungen in der Literatur, die einzelne Rechtsnormen des AStG im Lichte der Grundfreiheiten

---

[5] I. d. F. des Missbrauchsbekämpfungs- und Steuerbereinigungsgesetz vom 21.12.1993, BGBl I 1993, S. 2310.
[6] Schlussanträge GA Mengozzi vom 29.03.2007, Rs. C-298/05 („Columbus"), n. V.; EuGH-Urteil vom 06.12.2007, Rs. C-298/05 („Columbus"), n. V.

des EGV kritisch beleuchten.[7] Vielmehr wird auch einigen anhängigen oder bereits entschiedenen EuGH-Verfahren zu vergleichbaren steuerrechtlichen Sachverhalten aus einem anderen EU-Mitgliedstaat eine präjudizielle Wirkung für eine gemeinschaftsrechtliche (In-) Kompatibilität einzelner Besteuerungstatstände des deutschen AStG beigemessen. So führte die Entscheidung des EuGH in der Rs. C-9/02 („Lasteyrie du Saillant") zur Einleitung eines Vertragsverletzungsverfahrens der EU-Kommission gegen die Bundesrepublik Deutschland im Hinblick auf die deutsche Wegzugsbesteuerung in § 6 AStG.[8] Zur letztendlich sanktionslosen Einstellung des am 19.04.2004 durch die EU-Kommission eingeleiteten förmlichen Vertragsverletzungsverfahrens gem. Art. 226 EG[9] kam es nur nach einer Einigung über eine grundlegende Reform des § 6 AStG.[10]

---

[7] Vgl. exemplarisch:
§ 1 AStG: Korn/Strahl, KöSDI 2005, S. 14557; Köhler, DStR 2005, S. 227; Thiel, DB 2004, S. 2603; Rödder, DStR 2004, S. 1629; Kippenberg, IStR 2003, S. 444; Carlé, KöSDI 2003, S. 13583; Scheuerle, IStR 2002, S. 798; Menck, IWB, F. 2, S. 715; Clemens/Engelke, FR 2002, S. 753; Bauschatz, IStR 2002, S. 291, 333; Borstell/Brüninghaus, IStR 2001, S. 757; Brenner, KFR 2001, S. 383; Pflüger, PIStB 2001, S. 260; Eigelshoven, IWB, F. 3, Gr. 1, S. 1761; Herlinghaus, FR 2001, S. 240; Köplin/Sedemund, IStR 2000, S. 305; Dautzenberg/Goksch, BB 2000, S. 904.
§§ 2 ff. AStG: Deininger, INF 2004; S. 460; Dautzenberg, DB 1996, S. 2248; ders., BB 1997, S. 123; Mössner/Strobl, IWB, F. 1, S. 1335.
§ 6 AStG: Korn/Strahl, KöSDI 2005, S. 14557; Köhler, DStR 2005, S. 227; Ettlinger/Eberl, GmbHR 2005, S. 152; Kessler, DStZ 2004, S. 855; ders., IStR 2004, S. 841; Thiel, DB 2004, S. 2603; Knies, PIStB 2004, S. 256; Maier-Frischmuth, StuB 2004, S. 732; Körner, IStR 2004, S. 424; Deininger, INF 2004; S. 460; Fischer, FR 2004, S. 630; Wassermeyer, GmbHR 2004, S. 613; Schindler, IStR 2004, S. 300; Lausterer, DStZ 2004, S. 299; Strunk/Kaminski, Stbg 2004, S. 226; Kraft/Müller, RIW 2004, S. 366; Meilicke, GmbHR 2004, S. 511; Thömmes, IWB, F. 11a, S. 749; ders., IWB, F. 11a, S. 649; ders., IWB, F. 3a, Gr. 1, S. 681; Schnitger, BB 2004, S. 804; Kleinheisterkamp, PIStB 2004, S. 82; Richter, IStR 2003, S. 157; Kaminski/Strunk, IWB, F. 10, Gr. 2, S. 1641; Pohl, IStR 2002, S. 541; ders., DStR 2001, S. 460; Schwedhelm/Binnewies, GmbH-StB 2000, S. 100; Hahn, DStZ 2000, S. 14; ders., IStR 1998, S. 431; Dautzenberg/Kempermann, FR 1998, S. 489; Dautzenberg/Lausterer, IStR 1998, S. 301; Dautzenberg, BB 1997, S. 180.
§§ 7 – 14 AStG: Schönfeld, Die Vereinbarkeit der Hinzurechnungsbesteuerung mit Europäischem Gemeinschaftsrecht, 2004; Lieber/Rasch, GmbHR 2005, S. 1572; Thiel, DB 2004, S. 2603; Körner, IStR 2004, S. 697; Rättig/Protzen, GmbHR 2003, S. 503; dies., IStR 2003, S. 195; Sullivan/Wallner/Wübbelsmann, IStR 2003, S. 6; Menck, IWB, F. 2, S. 715; Schön, DB 2001, S. 940; Lüdicke, IStR 2000, S. 337, 341; Spengel/Müller 2000, S. 257; Hahn, IStR 1999, S. 609.
§ 15 AStG: Kellersmann/Schnitger, IStR 2005, S. 253.
§ 20 AStG: Seer, IStR 1997, S. 481, 520; Schwarz/Fischer-Zernin, RIW 1992, S. 49.
[8] EuGH-Urteil vom 11.03.2004, Rs. C-9/02 („Lasteyrie du Saillant"), Slg. 2004, I-2409.
[9] Pressemitteilung der EU-Kommission vom 19.04.2005, IP/94/493.
[10] Vgl. das Gesetz über steuerliche Begleitmaßnahmen zur Einführung der Europäischen Gesellschaft und zur Änderung weiterer steuerlicher Vorschriften (SEStEG), BT-Drs. 16/2720, S. 21 f., 52 ff.; BMF-Schreiben vom 08.06.2005, IV B 5 – S 1348 – 35/05, IStR 2005, S. 463; Kinzl/Georg, IStR 2005, S. 450; Thiel, DB 2004, S. 2603, 2608.

Daneben hat die Entscheidung in der Rs. C-196/04 („Cadbury-Schweppes")[11] wesentliche Anhaltspunkte für die Beurteilung der Vereinbarkeit der deutschen Hinzurechnungsbesteuerung gem. §§ 7 – 14 AStG mit der Niederlassungs- und Kapitalverkehrsfreiheit geliefert.[12] Das BMF hat mit Schreiben vom 08. Januar 2007 zur Anwendung der §§ 7 bis 14 AStG unter Berücksichtigung der EuGH-Entscheidung in der Rs. C-196/04 („Cadbury-Schweppes") Stellung genommen.[13] Inzwischen hat auch der Gesetzgeber reagiert und die Vorschriften der Hinzurechnungsbesteuerung durch das JStG 2008 geändert. Auf nationaler Ebene äußerte der BFH in einem Beschluss vom 21.06.2001 und einem Urteil vom 29.11.2000 ernsthafte Zweifel an der Vereinbarkeit der Einkünftekorrekturnorm in § 1 Abs. 1 AStG mit der Niederlassungs- und Kapitalverkehrsfreiheit gem. Artt. 43, 56 Abs. 1 EG.[14] Hierzu ist anzumerken, dass es in der Praxis in Fällen einer Einkünftekorrektur auf Basis des § 1 AStG inzwischen häufig zu einer tatsächlichen Verständigung zwischen dem Steuerpflichtigen und den Finanzbehörden kommt, so dass eine finanzgerichtliche Befassung mit dem Thema der Gemeinschaftsrechtskonformität vermieden wird.

Auch die übrigen Abschnitte des AStG geben, ohne dass hier eine unmittelbare Anknüpfung an eine höchstrichterliche Rechsprechung gegeben wäre, bereits ihrem Wortlaut nach Anlass zu einer kritischen Prüfung im Lichte der Grundfreiheiten. So knüpft die erweiterte beschränkte Steuerpflicht in den §§ 2 ff. AStG an die deutsche Staatsbürgerschaft des Steuerpflichtigen als Tatbestandsmerkmal an und könnte damit bereits eine verbotene Differenzierung nach der Staatsangehörigkeit i. S. v. Art. 12 EG vornehmen. Die Steuerpflicht von Erträgen aus Familienstiftungen mit Sitz im Ausland gem. § 15 AStG könnte aufgrund ihrer inhaltlichen Nähe zur Hinzurechnungsbesteuerung gem. §§ 7 ff. AStG auch eine Beschränkung der Niederlassungsfreiheit aus Art. 43 EG sowie des grenzüberschreitenden Kapitalverkehrs i. S. v. Art. 56 Abs. 1 EG darstellen. Dieser Auffassung scheint jedenfalls die EU-Kommission zu sein, da sie diesbezüglich ein Vertragsverletzungsverfahren gegen Deutschland eingeleitet hat.[15] Neben den Steuertatbeständen des AStG steht auch die verfahrensrechtliche Vorschrift über Mitwirkungspflichten des Steuerpflichtigen in § 16 AStG im Verdacht der Gemeinschaftsrechtswidrigkeit, da sie dem grenzüberschreitend tätigen Steuerpflichtigen gegenüber demjenigen, der ausschließlich im Inland

---

[11] EuGH-Urteil vom 12.09.2006, Rs. C-196/04 („Cadbury Schweppes"), Slg. 2006, I-7995.
[12] Vgl. Goebel/Palm, IStR 2007, S. 720; Waldens/Sedemund, IStR 2007, S. 450; Hackemann, IStR 2007, S. 351; Schmidtmann, IStR 2007, S. 229; Schönfeld, IStR 2007, S. 199; Axer, IStR 2007, S. 162; Böing, EWS 2007, Meussen, ET 2007, S. 13; Vinther/Werlauff, ET 2006, S. 383; S. 55 Lieber/Rasch, GmbHR 2005, S. 1572; Körner, IStR 2004, S. 697.
[13] Hinzurechnungsbesteuerung nach dem AStG, BMF-Schreiben vom 08.01.2007, IV B 4 – S 1351 – 1/07, IStR 2007, S. 151; vgl. Krogmann/Vitale, IWB, F. 3, Gr. 1, S. 2243.
[14] BFH, Beschluss vom 21.06.2001, I B 141/00, BFH/NV 2001, S. 1169; BFH, Urteil vom 29.11.2000, I R 85/99, BStBl II 2002, S. 720.
[15] Pressemitteilung der EU-Kommission vom 13.07.2007, IP/07/1151; vgl. auch Vertragsverletzungsverfahren der EU-Kommission zu § 15 AStG (Familienstiftungen), Az. 2003/4610, Runderlass der Senatsverwaltung für Finanzen Berlin vom 01.02.2005, III A 3 - S 1361 - 3/2004, IStR 2005, S. 174.

investiert, deutlich erhöhte Mitwirkungs- und Nachweispflichten auferlegt.[16] Schließlich ist auch die rechtliche Beurteilung der Beseitigung der Schutzwirkung von DBA für Betriebsstätten und Tochtergesellschaften durch das sog. „Treaty Override" in § 20 AStG im Lichte der Rechtsprechung des EuGH in der Rs. C-298/05 („Columbus Container Services") vom 06.12.2007 auf seine Auswirkungen im Anwendungsbereich der Grundfreiheiten des EGV zu untersuchen, da in Literatur und Rechtsprechung erhebliche Uneinigkeit über das Verhältnis von nationalem Steuerrecht, bilateralen DBA und Grundfreiheiten des EGV besteht.[17] Demgegenüber geht die Finanzverwaltung nach wie vor von der überwiegenden Rechtmäßigkeit der einzelnen Steuertatbestände und Verfahrensvorschriften des AStG aus und hat diese Auffassung auch durch einen neuen Erlass zum AStG im Sommer 2004 untermauert, der jede kritische Auseinandersetzung mit den in dieser Arbeit angesprochenen Rechtsproblemen vermissen lässt.[18] Darüber hinaus lässt auch der nationale Steuergesetzgeber bisher kein nachhaltiges Interesse an einer präventiven Anpassung des AStG an die Erfordernisse des Gemeinschaftsrechts und damit auch der dem EGV immanenten Grundfreiheiten erkennen.[19] So sind die Änderungen der Wegzugsbesteuerung in 6 AStG durch das SEStEG und der Hinzurechnungsbesteuerung in den §§ 7 – 14 AStG durch das Jahressteuergesetz 2008 nur aufgrund drohender Sanktionen seitens der EU-Kommission zustande gekommen. Ob diese Änderungen den Anforderungen des Gemeinschaftsrechts genügen und es sich nicht lediglich um eine punktuelle, inhaltlich unvollständige Reperatur handelt, ist auch Gegenstand dieser Arbeit. Erhebliche Zweifel an einem nachhaltigen Reformwillen des Gesetzgebers kommen jedenfalls auf, wenn man die Ergänzung von § 1 AStG um die Vorschriften zur Besteuerung einer sog. „Funktionsverlagerung" durch das Unternehmensteuerreformgesetz 2008 zur Kenntnis nimmt und in den Kontext der in dieser Arbeit dargestellten gemeinschaftsrechtlichen Anforderungen einordnet.

II. Prüfungsansatz des EuGH

Die überwiegende EuGH-Rechtsprechung zu den direkten Steuern stellt eine Verletzung der Personenverkehrsfreiheiten gem. Artt. 39, 43 EG fest, wohingegen die Dienstleistungsfreiheit aus Art. 49 EG und die Warenverkehrsfreiheit gem. Artt. 28, 29 EG seltener zur Anwendung kommen. Während die Warenverkehrsfreiheit aufgrund ihrer sachlichen Begrenzung auf grenzüberschreitende

---

[16] Vgl. Seer, IWB, F. 11, Gr. 2, S. 673 zu § 90 Abs. 3 AO.
[17] EuGH-Urteil vom 06.12.2007, Rs. C-298/05 („Columbus Container Services"), Slg. 2007, n. V. ; Schlussanträge GA Mengozzi vom 29.03.2007, Rs. C-298/05 („Columbus Container Services"), Slg. 2007, n. V.
[18] Schreiben betr. Grundsätze zur Anwendung des Außensteuergesetzes vom 14.05.2004, BMF IV B 4 – S 1340 – 11/04, BStBl I 2004, Sondernummer 1/2004, S. 3.
[19] Vgl. dagegen die Initiative der unabhängigen Kommission „Steuergesetzbuch" die sich die Erarbeitung eines einfachen und gerechten Steuersystems für Deutschland zum Ziel gesetzt hat (www.neues-steuergesetzbuch.de).

Warenströme ihren Anwendungsbereich vorwiegend im Schutz vor Beeinträchtigungen durch indirekte Steuern im Rahmen der Auslegung von sekundärrechtlichen Richtlinien hat,[20] wird die Dienstleistungsfreiheit zumeist von den formal gleichrangigen, in der Sache aber häufig spezielleren Personenverkehrsfreiheiten verdrängt.[21] Eine stetig steigende Bedeutung kommt inzwischen aber auch der Kapitalverkehrsfreiheit zu. Dies liegt einerseits am räumlichen Anwendungsbereich von Art. 56 Abs. 1 EG, der auch Kapitalverkehrsvorgänge mit Drittstaaten außerhalb des EU-Gemeinschaftsgebiets schützt und andererseits an der extensiven Auslegung des Kapitalverkehrsbegriffs durch den EuGH auf Basis der sekundärrechtlichen Kapitalverkehrsrichtlinie. Zur Frage des räumlichen Anwendungsbereichs der Grundfreiheit hat der EuGH inzwischen in einigen Urteilen Stellung genommen.[22] Darüber hinaus sind derzeit noch einige Verfahren beim EuGH anhängig, so dass mit einer weiteren Präzisierung der neueren Rechtsauffassung des Gerichts zur Anwendbarkeit der Kapitalverkehrsfreiheit im Drittstaatenverkehr zu rechnen ist.[23]

Der EuGH folgt bei der Prüfung einer Norm des nationalen Rechts am Maßstab der Grundfreiheiten einem einheitlichen dogmatischen Ansatz, wonach die Prüfung zwischen Eröffnung des Anwendungs- oder Schutzbereichs, Eingriff in den Schutzbereich und Rechtfertigung des Eingriffs differenziert.[24] Während die Eröffnung des sachlichen, persönlichen und räumlichen Schutzbereichs bei den einzelnen Normen des AStG in den meisten Fällen nur geringe Probleme aufwirft, muss die Feststellung einer Beeinträchtigung der grundfreiheitlichen Gewährleistung vor dem Hintergrund einer extensiven Auslegung des Schutzgehalts durch den EuGH und ihrer Fortentwicklung von einem reinen Diskriminierungs- zu einem umfassenden Beschränkungsverbot vorgenommen werden.[25] So liegt ein Eingriff in den Schutzbereich einer Grundfreiheit nicht nur im Falle einer Diskriminierung des grenzüberschreitenden gegenüber einem rein inner-

---

[20] Vgl. exemplarisch BFH-Urteil vom 09.10.2003, V R 5/03, BStBl II 2004, S. 958; BMF-Schreiben vom 13.12.2004, IV A 6 – S 7160a – 26/04, BStBl I 2004, S. 1199; Weber, BB 2005, S. 694; Herbst/Szabo, INF 2005, S. 216; Ressos, BB 2005, S. 191 für die derzeit umstrittene umsatzsteuerrechtliche Beurteilung von Kreditvermittlungsgeschäften i. S. v. § 4 Nr. 8 lit a) UStG im Rahmen der sechsten Richtlinie des Rates 77/388/EWG vom 17.05.1977 zur Harmonisierung der Rechtsvorschriften der Mitgliedstaaten über die Umsatzsteuern und eine Vorlagepflicht des BFH zum EuGH mit anhängiger Verfassungsbeschwerde (Az. 1 BvR 28/05; vgl. Herrmann, UR 2004, S. 393).
[21] Vgl. exemplarisch Cordewener, Europäische Grundfreiheiten und nationales Steuerrecht, S. 204 ff., 269 ff.
[22] Vgl. exemplarisch EuGH-Urteil vom 03.10.2006, Rs. C-452/04 („Fidium Finanz AG"), Slg. 2006, I-9521.
[23] Vgl. exemplarisch das Vorabentscheidungsersuchen vom 18.03.2005, Rs. C-201/05 („Test Claimants in the CFC and Dividend Group Litigation"), Abl. 2005, C 182, S. 27 f.; hierzu Schnitger, IStR 2005, S. 493.
[24] Vgl. Cordewener, Europäische Grundfreiheiten und nationales Steuerrecht, S. 39 ff., 175 ff.
[25] Vgl. Cordewener, Europäische Grundfreiheiten und nationales Steuerrecht, S. 249 ff., 822 ff.

staatlichen Sachverhalt, sondern darüber hinaus auch dann vor, wenn die nationale Regelung die Ausübung der Grundfreiheit in deren Schutzbereich behindert oder weniger attraktiv macht.[26] In diesem Zusammenhang ist jedoch festzuhalten, dass der EuGH, soweit ersichtlich, bisher in keinem Urteil über eine nationale Vorschrift aus dem Bereich der direkten Steuern zu einem Rückgriff auf den grundfreiheitlichen Beschränkungsbegriff zur Feststellung eines Eingriffs gezwungen war, da in der Regel bereits ein diskriminierender Sachverhalt vorlag. Eine Diskriminierung oder Beschränkung kann schließlich im Rahmen einer Verhältnismäßigkeitsprüfung gerechtfertigt werden, wenn ein sachlicher Grund für die Beeinträchtigung vorliegt und dieser zur Zweckerreichung geeignet, erforderlich und angemessen ist.[27] Inhaltliche Schwerpunkte dieser Arbeit sind demnach die Feststellung einer Beeinträchtigung von Grundfreiheiten durch Normen des AStG sowie eine mögliche Rechtfertigung der Beeinträchtigung durch sachliche Gründe des Allgemeininteresses.

Die extensive Auslegung des Beschränkungsbegriffs durch den EuGH im Schutzbereich der Grundfreiheiten gepaart mit einem restriktiven Verständnis der Rechtfertigungsfähigkeit solcher Eingriffe durch die Anerkennung zwingender Gründe des Allgemeinwohls führt dabei zu einem immer größeren Einfluss der Rechtsprechung des EuGH auf die mitgliedstaatliche Gesetzgebung im Bereich der direkten Steuern und verursacht damit nicht nur gesetzestechnische Probleme bei der gemeinschaftsrechtskonformen Formulierung von Gesetzen, sondern führt gleichzeitig auch zu Problemen beim Steueraufkommen der EU-Mitgliedstaaten, da häufig substanzielle Vorschriften des nationalen Ertragssteuerrechts von dem Verdikt der Gemeinschaftsrechtswidrigkeit betroffen sind.[28] Während das deutsche AStG trotz vehementer Kritik der Literatur somit fast unverändert fortbesteht, berührt die Rechtsprechung des EuGH zu den direkten Steuern die Steuerrechtsordnungen der EU-Mitgliedstaaten in den letzten Jahren deutlich substanzieller. Diesbezüglich ist aus deutscher Perspektive vor allem die Rechtsprechung zur Gesellschafterfremdfinanzierung von Kapitalgesellschaften gem. § 8a KStG in der Rs. C-324/00 („Lankhorst-Hohorst GmbH")[29] sowie die Entscheidung des EuGH in der Rs. C-292/04 („Meilicke")[30] über die Anrechnung ausländischer Kapitalertragsteuer für ausländische Dividenden gem. § 36 Abs. 2 Nr. 3 EStG a. F. zu nennen. Darüber hinaus ist derzeit eine große Anzahl von Verfahren beim EuGH anhängig, deren Tenor ebenfalls signifikante Auswirkungen auf die Steuerrechtsordnungen der EU-Mitgliedstaaten

---

[26] EuGH-Urteil vom 30.11.1995, Rs. C-55/94 („Gebhard"), Slg. 1995, I-4165, Rn. 37 ff.
[27] EuGH-Urteil vom 31.03.1993, Rs. C-19/92 („Kraus"), Slg. 1993, I-1663, Rn. 32.
[28] Vgl. Pressemitteilung des BMF vom 06.03.2007, Nr. 22/2007, zum Urteil des EuGH in der Rs. C-292/04 („Meilicke"), Slg. 2007, I-1835.
[29] EuGH-Urteil vom 12.12.2002, Rs. C-324/00 („Lankhorst-Hohorst GmbH"), Slg. 2002, I-11779.
[30] Schlussanträge GA Stix-Hackl vom 05.10.2006, Rs. C-292/04 („Meilicke"), Slg. 2007, I-1835; EuGH-Urteil vom 06.03.2007, Rs. C-292/04 („Meilicke"), Slg. 2007, I-1835; vgl. BMF, Pressemitteilung vom 05.10.2006, Nr. 121/2006, zu den Schlussanträgen in der Rs. C-292/04 („Meilicke").

haben könnte.[31] Im Fokus des Interesses steht neben dem Urteil zur britischen CFC-Gesetzgebung in der Rs. C-196/04 („Cadbury Schweppes") auch das Urteil in der Rs. C-446/03 („Marks & Spencer plc.").[32] In der Sache ging es um die britischen Vorschriften über die grenzüberschreitende Verlustverrechnung zwischen Mutter- und Tochtergesellschaften (sog. „tax consolidation"), welche der EuGH in der vorgelegten Fassung als teilweise unvereinbar mit der Niederlassungsfreiheit gem. Artt. 43, 48 EG qualifiziert hat. Die Entscheidung des EuGH hat daher auch Auswirkungen auf die Regelungen der einzelnen EU-Mitgliedstaaten über die Konsolidierung von verbundenen Unternehmen.[33]

Zur Rechtsprechung des EuGH ist außerdem festzustellen, dass der gewählte Prüfungsansatz im Bereich der direkten Steuern in der Regel durch eine apodiktische Nichtanerkennung von Ungleichbehandlungen oder Beschränkungen bei der steuerrechtlichen Behandlung grenzüberschreitender Sachverhalte gekennzeichnet war. Eine eingehende dogmatische Auseinandersetzung mit potenziellen oder tatsächlichen Rechtfertigungsgründen für festgestellte Eingriffe fand lange nicht statt. Vielmehr wurden häufig in früheren Verfahren anerkannte Rechtfertigungsgründe enumerativ aufgezählt und für nicht anwendbar erklärt. Insofern ist es grundsätzlich zu begrüßen, wenn sich der EuGH in seinen neueren Entscheidungen bei der Weiterentwicklung bereits anerkannter Rechtfertigungsgründe, wie z. B. der Verhinderung einer Steuerumgehung oder der Sicherung der Kohärenz des nationalen Steuerrechts, zugänglicher und auslegungsfreundlicher zeigt.[34] Gleichwohl ist die ständige Rechtsprechung des Gerichtshofs nach wie vor als konservativ einzustufen. Aus diesem Grund wird im Rahmen dieser Arbeit auch ein Beitrag zu einer extensiveren Auslegung von zwingenden Gründen des Allgemeinwohls zur Rechtfertigung von Eingriffen in den Schutzbereich einer oder mehrerer Grundfreiheiten geleistet. Einen Schritt in diese Richtung ist der EuGH mit seinem Urteil vom 13.12.2005 in der Rs. C-446/03 („Marks & Spencer plc.") bereits gegangen. Zwar stellt die Begrenzung einer Verlustverrechnung auf inländische Tochtergesellschaften einer in einem EU-Mitgliedstaat ansässigen Kapitalgesellschaft nach Auffassung des EuGH einen diskriminierenden Eingriff in die Niederlassungsfreiheit gem. Artt. 43, 48 EG zuungusten vergleichbarer grenzüberschreitender Beteiligungen an ausländischen Tochtergesellschaften dar.[35] Gleichwohl erkennt der EuGH im Anschluss die grundsätzliche Rechtfertigungsmöglichkeit eines solchen Eingriffs auf der Grundlage dreier verschiedener Gründe des Allgemeininteresses

---

[31] Vgl. Übersicht der EU-Kommission über EuGH-Verfahren im Bereich der direkten Steuern unter http://ec.europa.eu/taxation_customs/resources/documents/taxation/gen_info/tax_law/legal_proceedings/court_cases_direct_taxation_en.pdf

[32] EuGH-Urteil vom 12.09.2006, Rs. C-196/04 („Cadbury Schweppes"), Slg. 2006, I-7995; EuGH-Urteil vom 13.12.2005, Rs. C-446/03 („Marks & Spencer plc."), Slg. 2005, I-10837.

[33] Vgl. Nagler/Kleinert, DB 2005, S. 855; Scheunemann, IStR 2005, S. 303.

[34] Vgl. Lang, ET 2006, S. 421 ff.

[35] EuGH-Urteil vom 13.12.2005, Rs. C-446/03 („Marks & Spencer plc."), Slg. 2005, I-10837, Rn. 31 ff.

an und eröffnet damit die Möglichkeit für eine Prüfung der Verhältnismäßigkeit der nationalen Regelung im Einzelfall.[36] Zunächst kann es nach Auffassung des Gerichtshofs zur Wahrung der Aufteilung der Besteuerungsbefugnis zwischen den EU-Mitgliedstaaten erforderlich sein, auf die wirtschaftliche Tätigkeit der in einem dieser Staaten niedergelassenen Gesellschaften sowohl in Bezug auf Gewinne als auch in Bezug auf Verluste nur dessen Steuerrecht anzuwenden.[37] Als zweiten Rechtfertigungsgrund erkennt der EuGH die Möglichkeit zur Verhinderung einer doppelten Verlustberücksichtigung durch EU-Mitgliedstaaten im Einzelfall an.[38] Schließlich erweitert der EuGH konkludent seine ständige Rechtsprechung zur Auslegung des Rechtfertigungsgrundes der Verhinderung einer Steuerflucht dahingehend, dass die Beschränkung der Verlustverrechnung auf ansässige Gesellschaften die Gefahr verringere, dass ein Verlusttransfer aus Ländern mit niedrigen in solche mit hohen Steuersätzen vorgenommen wird und damit die Besteuerungsgrundlage in dem letztgenannten Staat unzulässig verkürzt wird.[39] Der EuGH erkennt damit auch konkludent das Bestehen eines Steuerwettbewerbs zwischen den EU-Mitgliedstaaten und das diesbezügliche Erfordernis von Maßnahmen zu dessen Erhaltung an, was im Rahmen dieser Arbeit insbesondere bei der Einkünftekorrektur gem. § 1 AStG und der Hinzurechnungsbesteuerung gem. §§ 7 bis 14 AStG problematisiert wird. Zwar qualifiziert der EuGH die konkrete Ausgestaltung der britischen „Tax Consolidation Rules" als unverhältnismäßige, weil im zu entscheidenden Einzelfall nicht erforderliche, Diskriminierung.[40] Gleichwohl könnte es sich bei dieser Entscheidung des EuGH aus dogmatischer Perspektive um einen Wendepunkt im Hinblick auf eine intensivere Auseinandersetzung mit der Rechtfertigungsfähigkeit diskriminierender Eingriffe in Grundfreiheiten des EGV und der Rechtsfortbildung anerkannter Rechtfertigungsgründe durch den Gerichtshof handeln. Die weitere Entwicklung der Rechtsprechung zu den Grundfreiheiten im Bereich der direkten Steuern bleibt daher abzuwarten.

Darüber hinaus gerät bei einer extensiven Auslegung der grundfreiheitlichen Gewährleistungen durch den EuGH auch immer mehr aus dem Fokus, dass die EU im Bereich der direkten Steuern keine originäre Rechtsetzungskompetenz hat. Dennoch vertritt der EuGH in ständiger Rechtsprechung uneingeschränkt die These, dass die Mitgliedstaaten der EU ihre steuerrechtlichen Rechtsetzungsbefugnisse unter Beachtung der Grundfreiheiten des EGV auszuüben ha-

---

[36] EuGH-Urteil vom 13.12.2005, Rs. C-446/03 („Marks & Spencer plc."), Slg. 2005, I-10837, Rn. 35 ff.
[37] EuGH-Urteil vom 13.12.2005, Rs. C-446/03 („Marks & Spencer plc."), Slg. 2005, I-10837, Rn. 45 f.
[38] EuGH-Urteil vom 13.12.2005, Rs. C-446/03 („Marks & Spencer plc."), Slg. 2005, I-10837, Rn. 47 f.
[39] EuGH-Urteil vom 13.12.2005, Rs. C-446/03 („Marks & Spencer plc."), Slg. 2005, I-10837, Rn. 49 f.
[40] EuGH-Urteil vom 13.12.2005, Rs. C-446/03 („Marks & Spencer plc."), Slg. 2005, I-10837, Rn. 53 ff.

ben.[41] Gleichsam darf es aber nicht zu einer Aushöhlung originär mitgliedstaatlicher Kompetenzen und einer damit einhergehenden schleichenden Verlagerung von Zuständigkeiten auf die Ebene gemeinschaftsrechtlicher Institutionen entgegen dem in Art. 5 EG verbürgten Subsidiaritätsprinzip durch die Rechtsprechung des EuGH im Bereich der direkten Steuern kommen.[42] Da dieser Diskrepanz in der Rechtsprechung des EuGH zu den direkten Steuern nach der hier vertretenen Auffassung in den letzten Jahren allerdings nur unzureichend Rechnung getragen wurde, erscheint eine Überprüfung der Vorgehensweise durch den EuGH bei der Feststellung eines Verstoßes gegen Grundfreiheiten insbesondere auf Rechtfertigungsebene im Anwendungsbereich der Steuertatbestände des AStG auch aus dieser Perspektive geboten.

D. Abkommensrechtlicher Kontext der Untersuchung

Die Behandlung grenzüberschreitender Sachverhalte durch das nationale Steuerrecht im Anwendungsbereich des AStG ist oft auch eine Frage der Aufteilung von Besteuerungssubstrat durch ein DBA der Bundesrepublik Deutschland mit einem anderen Staat. Grundlage für den Abschluss sämtlicher DBA der Bundesrepublik Deutschland ist dabei das OECD-Musterabkommen auf dem Gebiet der Steuern vom Einkommen und vom Vermögen. Der EuGH hat in seiner Rechtsprechung hierzu grundsätzlich klargestellt, dass es den Mitgliedstaaten der EU freisteht, die Vermeidung der Doppelbesteuerung durch den Abschluss eines DBA nach anerkannten Grundsätzen zu regeln.[43] Gleiches kodifiziert Art. 293 EG mit einem Subsidiaritätsvorbehalt zugunsten mitgliedstaatlicher Regelungen zur Vermeidung der Doppelbesteuerung. Dennoch erstreckt sich der Anwendungsbereich der Grundfreiheiten auch auf die DBA der Mitgliedstaaten untereinander.[44] Demnach handelt es sich bei dem Ziel der Vermeidung einer grenzüberschreitenden Doppelbesteuerung zwischen den EU-Mitgliedstaaten um ein anerkanntes Ziel zur Verwirklichung der dem EGV innewohnenden Vertragsziele, insbesondere eines freien Binnenmarktes i. V. m. den individualschützenden Grundfreiheiten gem. Artt. 3 Abs. 1 lit. c), 14 Abs. 2 EG. Aus diesem Grund und darüber hinaus auch aus der Perspektive des DBA als völkerrechtlicher Vertrag ist es ein weiterer Gegenstand dieser Arbeit, eine Einordnung der Steuertatbestände in das geltende Abkommensrecht auf der Grundlage des MA vorzunehmen, um mögliche Verstöße, z. B. durch ein sog. „Treaty Override" gem. § 20 AStG, aufzudecken oder wie im Fall des § 1 AStG das MA zur Herleitung des international anerkannten Fremdvergleichsgrundsatzes als Maßstab für eine Einkünftekorrektur im grenzüberschreitenden Geschäftsverkehr zu verwenden.

---

[41] St. Rspr. seit EuGH-Urteil vom 14.02.1995, Rs. C-279/93 („Schumacker"), Slg 1995, I-225, Rn. 21.
[42] Vgl. Thömmes, in: Ballwieser/Grewe, Wirtschaftsprüfung im Wandel, S. 555, 568 ff. für eine Bestandsaufnahme aus deutscher Perspektive.
[43] EuGH-Urteil vom 12.05.1998, Rs. C-336/96 („Gilly"), Slg. 1998, I-2793, Rn. 23 ff.
[44] EuGH-Urteil vom 28.01.1986, Rs. 270/83 („Kommission / Frankreich"), Slg. 1986, S. 273, Rn. 26.

E. Aufbau der Untersuchung

Der Aufbau der Untersuchung orientiert sich an der historischen Gliederung des AStG, wobei die Prüfung der erweiterten beschränkten Steuerpflicht gem. §§ 2 bis 5 AStG und der Wegzugsbesteuerung gem. § 6 AStG aufgrund ihres inhaltlichen Bezuges zur Wohnitzverlegung natürlicher Personen ins Ausland und der damit verbundenen Übereinstimmung im tatsächlichen und rechtlichen Bereich zusammengefasst sind. Die Gliederung der einzelnen Kapitel ergibt sich aus den Prüfungsschwerpunkten und ist nach Gemeinschafts- und Abkommensrecht getrennt. Die gemeinschaftsrechtliche Prüfung der Normen des AStG am Maßstab der Grundfreiheiten des EGV orientiert sich am Prüfungsmaßstab des EuGH und ist getrennt nach Schutzbereich, Eingriff in den Schutzbereich und Rechtfertigung des Eingriffs aufgebaut. Eine abkommensrechtliche Untersuchung einzelner Normen des AStG geht im Grundsatz von den Normen des MA als Prüfungsmaßstab aus, wobei in Einzelfällen auf konkrete DBA eingegangen wird. Darüber hinaus werden im Zusammenhang der einzelnen Abschnitte des AStG außerhalb der Prüfungsfolge auch sonstige gemeinschafts- und abkommensrechtliche Probleme der Regelungsmaterie beleuchtet.

Das nachfolgende zweite Kapitel über die Berichtigung von Einkünften zwischen verbundenen Unternehmen gem. § 1 AStG ist dabei auf die grenzüberschreitende Anwendung des Fremdvergleichsgrundsatzes als Maßstab für die Einkünftekorrektur fokussiert. Aus diesem Grund erfolgt eingangs des Abschnitts eine eingehende Auseinandersetzung mit dem Inhalt und Ursprung des Fremdvergleichsgrundsatzes im nationalen Steuerrecht der Bundesrepublik Deutschland und dem Abkommensrecht. Die Feststellung einer Differenzierung zwischen nationalen und grenzüberschreitenden Sachverhalten im Rahmen der grundfreiheitlichen Eingriffsprüfung erfolgt anhand konkreter Fallbeispiele, die eine Einordnung des § 1 AStG in das System der Einkünftekorrekturvorschriften des deutschen Steuerrechts beinhalten. Hierbei wird deutlich, dass sich die gemeinschaftsrechtlichen Probleme des § 1 AStG nicht autonom, sondern nur im Kontext des nationalen Steuerrechts und des bilateralen Abkommensrechts lösen lassen. Aus diesem Grund stellt die abschließende grundfreiheitliche Rechtfertigungsprüfung auch auf eine umfassende Anwendung des Fremdvergleichsgrundsatzes im Geschäftsverkehr zwischen verbundenen Unternehmen ab. Schließlich wendet sich die Untersuchung auch der Besteuerung einer sog. „Funktionsverlagerung" zu, die durch das UntStRefG 2008 neu in § 1 AStG eingeführt wurde.

Das dritte Kapitel über die erweiterte beschränkte Steuerpflicht und die Wegzugsbesteuerung stellt die gemeinschaftsrechtliche Untersuchung in den Kontext der EuGH-Verfahren in den Rs. C-513/03 („van Hilten")[45] und C-9/02 („Lasteyrie du Saillant")[46] sowie der Neufassung von § 6 AStG durch das SEStEG ab dem 01.01.2007. Eingangs des Kapitels wird jedoch zunächst auf die steuertat-

---

[45] EuGH-Urteil vom 23.02.2006, Rs. C-513/03 („van Hilten"), Slg. 2006, I-1957.
[46] EuGH-Urteil vom 11.03.2004, Rs. C-9/02 („Lasteyrie du Saillant"), Slg. 2004, I-2049.

bestandliche Beschränkung der erweiterten beschränkten Steuerpflicht auf deutsche Staatsangehörige im Anwendungsbereich des allgemeinen Diskriminierungsverbots nach der Staatsangehörigkeit gem. Art. 12 EG eingegangen. Das in diesem Zusammenhang auftauchende Problem der allgemeinen Freizügigkeitsgarantie aus Art. 18 EG und dessen Bezüge zum allgemeinen Diskriminierungsverbot werden schließlich im Kontext der Wegzugsbesteuerung vertiefend dargestellt.

Die anschließende Diskussion über die Vereinbarkeit der Hinzurechnungsbesteuerung gem. §§ 7 bis 14 AStG mit den Grundfreiheiten des EGV konzentriert sich auf die Differenzierung zwischen dem Vorliegen einer steuertatbestandlichen Diskriminierung und einer darüber hinausgehenden Beschränkung. Für Zwecke einer umfassenden Determinierung der beiden Begriffe im Kontext des Gemeinschaftsrechts wird eine eingehende Erörterung der grundlegenden Rechtsprechung des EuGH auf diesem Gebiet vorgenommen, um im Bereich der direkten Steuern eine tragfähige Lösung für die Feststellung von beschränkenden Eingriffen in Grundfreiheiten zu ermitteln. Auf Ebene der Rechtfertigung findet schließlich eine Auseinandersetzung mit den systematischen Grundlagen der Hinzurechnungsbesteuerung unter Berücksichtigung der Rechtsprechung des EuGH zur britischen CFC-Gesetzgebung in der Rs. C-196/04 („Cadbury Schweppes") statt, um eine dogmatische Grundlage für die Ausgestaltung einer Hinzurechnungsbesteuerung zu entwickeln, die mit den Vorgaben des Gemeinschaftsrechts nicht nur in Einklang steht, sondern inhaltlich auch auf ihnen aufbaut. In diesem Zusammenhang werden auch die Reformbestrebungen des deutschen Steuergesetzgebers im Jahressteuergesetz 2008 dargestellt und bewertet.

Die Erörterungen über die Besteuerung von Einkünften ausländischer Familienstiftungen gem. § 15 AStG im fünften Kapitel dieser Arbeit findet ihren grundlegenden Diskussionsansatz im Hinblick auf ihre Vereinbarkeit mit den Grundfreiheiten des EGV im vorangehenden Kapitel über die Hinzurechnungsbesteuerung, wobei insbesondere die erforderlichen Bezüge zum Stiftungsrecht und die verschärfte Form des Zugriffs unabhängig von der Einkünftequalifikation des ausländischen Rechtsträgers von Bedeutung sind.

Im sechsten Kapitel werden die erweiterten Mitwirkungspflichten eines Steuerpflichtigen bei Auslandssachverhalten gegenüber einem rein nationalen Sachverhalt in den Fokus der gemeinschaftsrechtlichen Diskussion gerückt. Dies geschieht im Kontext der allgemeinen Vorschriften des § 90 AO und im Hinblick auf die Dokumentationspflichten für Verrechnungspreise im grenzüberschreitenden Geschäftsverkehr i. S. v. § 1 AStG auch unter Bezugnahme auf die Verordnungsermächtigung in § 90 Abs. 3 AO. Im Rahmen der Rechtfertigung der grenzüberschreitenden Ungleichbehandlung wird inbesondere die Frage nach der Sicherstellung einer umfassenden grenzüberschreitenden Sachverhaltsaufklärung für Zwecke einer leistungsfähigkeitsgerechten Besteuerung im Inland durch Anwendung der sekundärrechtlichen EU-Amtshilfe-Richtlinie auf Verwaltungsebene als Alternative zu einem erweiterten Pflichtenkreis des Steuerpflichtigen diskutiert.

Das siebte Kapitel dieser Arbeit setzt sich schließlich mit den gemeinschaftsrechtlichen Kollisionen einer legislativen Abkommensderogation bzw. eines „Treaty Override" durch § 20 AStG auseinander. Dabei liegt der Schwerpunkt in der Übertragbarkeit des völkerrechtlichen Meistbegünstigungsprinzips auf den gemeinschaftsrechtlichen Regelungsbereich unter besonderer Berücksichtigung des EuGH-Urteils vom 05.07.2005 in der Rs. C-376/03 („D"). Abschließend wird aus Anlass des EuGH-Urteils in der Rs. C-298/05 („Columbus Container Services") vom 06.12.2007 auf eine grundfreiheitliche Beschränkung bzw. Diskriminierung von ausländischen Betriebsstätteneinkünften durch die sog. „Switch-Over-Klausel" in § 20 Abs. 2 AStG eingegangen.

Kapitel 2 – Die Berichtigung von Einkünften zwischen verbundenen Unternehmen gem. § 1 AStG

Die Allokation von Einkünften zwischen verbundenen Unternehmen im nationalen und grenzüberschreitenden Geschäftsverkehr unterscheidet sich elementar von derjenigen voneinander unabhängiger Steuerrechtssubjekte. Letztere sind lediglich dem eigenen Streben nach Gewinn unterworfen, wohingegen bei Konzernen oder kleineren verbundenen Wirtschaftseinheiten der Gesamtgewinn aller Unternehmen und Beteiligungen die Prämisse des unternehmerischen Handelns bestimmt. Der stetig wachsende Austausch von Waren, Dienstleistungen oder sonstigen Wirtschaftsgütern durch die Globalisierung unternehmerischer Tätigkeiten in den letzten Jahrzehnten hat damit sowohl bei einfachen Beteiligungsverhältnissen zwischen Mutter- und Tochtergesellschaften als auch bei komplexen Beteiligungsstrukturen internationaler Großkonzerne die steuerwirksame Zuordnung von Gewinnen und Verlusten in den Mittelpunkt der steuerlichen Unternehmenspolitik gerückt. Insbesondere global operierende Konzerne nutzen durch die gezielte Implementierung unternehmensinterner Wirtschaftsbeziehungen und die steuergünstige Allokation von Produktionsmitteln zwischen ihren rechtlich verbundenen Einheiten die bestehenden vielfältigen Möglichkeiten zur nachhaltigen Erhöhung des Gesamtgewinns. Daneben erzielen inzwischen auch kleinere Unternehmen des Mittelstands, z. B. durch eine grenzüberschreitende Lohnfertigung in den neuen mittel- und osteuropäischen EU-Mitgliedstaaten, erhebliche Kostenvorteile.[47] Damit kommt verbundenen Unternehmenseinheiten nicht nur der Marktvorteil zugute, eine effektive Steuerplanung gewinnerhöhend einsetzen zu können. Sie sind auch in der Lage durch die freie Wahl etwa eines Produktionsstandortes den zwischenstaatlichen Steuerwettbewerb gezielt zu beeinflussen.[48] So gibt es inzwischen eine Vielzahl von sog. „tax incentives" mit der insbesondere die sog. „Schwellenländer" in Asien oder Mittel- und Osteuropa um Investoren zur Schaffung von Arbeitsplätzen werben.[49] Aus dem internationalen Wettbewerb der Steuersysteme um Investoren ist aber nicht nur eine rein fakultative Möglichkeit zur Kostensenkung entstanden. Vielmehr ist als Folge der Globalisierung und dem damit steigenden Konkurrenzdruck in den jeweiligen Marktsegmenten ein erhöhter Druck oder sogar Zwang zu konstatieren, mittels grenzüberschreitender Gewinnverlagerung zwischen den einzelnen Unternehmenseinheiten eine Senkung der Konzernsteuerquote anzustreben, um am Markt bestehen zu können. Dies geschieht häufig dadurch, dass im konzerninternen, grenzüberschreitenden Geschäftsverkehr Bedingungen vereinbart werden, die von denen unabhängiger Parteien in derselben Situation abweichen. Im Ergebnis kommt es dabei zu einer rechtlich missbilligten Verlagerung von Besteuerungssubstrat in andere Steuerjurisdiktionen. Zur

---
[47] Vgl. FG Münster, Urteil vom 16.03.2006, 8 K 2348/02 E, IStR 2006, S. 794; hierzu Baumhoff/Greinert IStR 2006, S. 789.
[48] Siehe Kapitel 4, C. III. 2. b) für eine kontinentale Übersicht der Körperschaftsteuersätze.
[49] Vgl. Dreßler, Gewinn- und Vermögensverlagerungen in Niedrigsteuerländer, 2000; Littwin, IWB, F. 11, Gr. 2, S. 345.

Verhinderung dieser steuerschädlichen Gewinnallokationen zu Lasten des deutschen Fiskus und zur Sicherstellung der verfassungsrechtlich gebotenen Gleichbehandlung mit einem vergleichbaren Einzelunternehmen ohne die Möglichkeit grenzüberschreitender Gestaltungen war und ist eine Korrektur der vereinbarten Bedingungen durch die Finanzbehörden zwingend erforderlich. Aufgrund des strengen Gesetzesvorbehalts im Bereich der Eingriffsverwaltung als Ausfluss des Rechtsstaatsprinzips aus Art. 20 Abs. 3 GG bedarf eine Korrektur von Einkünften jedoch einer gesetzlichen Grundlage.[50] Eine solche Einkünftekorrekturnorm bei grenzüberschreitenden Geschäftsbeziehungen verbundener Unternehmen enthält seit der Einführung des AStG am 08.09.1972 der § 1 Abs. 1 AStG.

Diesbezüglich hat der BFH in einem AdV-Beschluss vom 21.06.2001 ernstliche Zweifel daran geäußert, ob § 1 Abs. 1 AStG in der geltenden Fassung mit der Niederlassungsfreiheit aus Art. 43 EG und der Kapitalverkehrsfreiheit aus Art. 56 Abs. 1 EG vereinbar ist.[51] Die Frage hat das FG Münster im Hauptsache-Urteil vom 10.03.2005 mangels Entscheidungserheblichkeit aber ausdrücklich offengelassen.[52] Unter exemplarischer Heranziehung der Rechtsprechung des EuGH zu den Voraussetzungen und Rechtsfolgen eines diskriminierenden Eingriffs in den Schutzbereich der Artt. 43, 56 Abs. 1 EG sind schließlich auch Stimmen in der Literatur laut geworden, die den § 1 Abs. 1 AStG für unvereinbar mit den Grundfreiheiten des EGV halten.[53] Dieses Kapitel widmet sich daher der Fragestellung, ob die im vorläufigen Rechtsschutz vertretene Auffassung des BFH aus gemeinschaftsrechtlicher Perspektive zutreffend ist. Allerdings kann die Einkünftekorrektur aus grenzüberschreitenden Geschäftsbeziehungen verbundener Unternehmen gem. § 1 Abs. 1 AStG nicht isoliert betrachtet werden. Vielmehr muss die Norm im Kontext der nationalen Einkünftekorrekturvorschriften sowie den Bestimmungen der DBA und des MA auf ihre Gemeinschaftsrechtskonformität untersucht werden. Der Grund dafür liegt zum einen in der unvollständigen Systematik nationaler Einkünftekorrekturnormen, die bisher keinen einheitlichen Korrekturmaßstab im Inland und bei grenzüberschreitenden Geschäftsbeziehungen kennen. Wassermeyer bemerkt hierzu, dass es der Finanzverwaltung offenbar an dem Verständnis dafür fehle, dass man Sachverhal-

---

[50] BVerfG, Beschluss vom 06.08.1958, 2 BvL 37/56, 11/57, BVerfGE 8, S. 155, S. 166; BVerfG, Beschluss vom 08.08.1978, 2 BvL 8/77, BVerfGE 49, S. 89; BVerfG, Beschluss vom 20.10.1982, 1 BvR 1470/80, BVerfGE 61, S. 260, S. 275; BVerfG, Beschluss vom 29.10.1987, 2 BvR 624/83, 1080/83, 2029/83, BVerfGE 77, S. 171, 231; BVerfG, Beschluss vom 06.06.1989, 1 BvR 727/84, BVerfGE 80, S. 124, 132; Lang, in: Tipke/Lang, Steuerrecht, § 4, Rn. 150 ff.

[51] BFH-Beschluss vom 21.06.2001, I B 141/00, BFHE 195, S. 398; vgl. Scheuerle, IStR 2002, S. 798; Borstell/Brüninghaus/Dworaczek, IStR 2001, S. 757; Herlinghaus, FR 2001, S. 240; Eigelshoven, IWB, F. 3, Gr. 1, S. 1761; Dautzenberg/Goksch, BB 2000, S. 904.

[52] FG Münster, Urteil vom 10.03.2005, 8 K 7687/00 E, IStR 2005, S. 531; vgl. Rasch/Nakhai, DB 2005, S. 1984.

[53] Köplin/Sedemund, IStR 2000, S. 305; Kroppen/Rehfeld, IWB, F. 11a, S. 617 unter Bezugnahme auf das EuGH-Urteil vom 18.11.1999, Rs. C-200/98 („X A.B. u. Y A.B."), Slg. 1999, I-8261 und das EuGH-Urteil vom 06.06.2002, Rs. C-436/00 („XY"), Slg. 2002, I-10829.

te, die sich grenzüberschreitend zwischen Deutschland und Frankreich vollziehen, nicht anders als solche besteuern dürfe, die grenzüberschreitend zwischen Baden-Württemberg und Bayern vollzogen werden.[54] Zum anderen stellt sich im Rahmen der Rechtfertigung einer grundfreiheitlichen Diskriminierung oder Beschränkung durch eine, von den innerstaatlichen Vorschriften abweichende, grenzüberschreitende Einkünftekorrektur im Gemeinschaftsgebiet und darüber hinaus die allgemeine Frage nach der Tauglichkeit des dem § 1 Abs. 1 AStG innewohnenden Fremdvergleichsgrundsatzes zur ordnungsgemäßen Gewinnallokation im Konzern und Verhinderung einer Steuerumgehung im Inland. Der Stellenwert dieses Grundsatzes lässt sich ermessen, wenn bedacht wird, dass ca. 70 % des grenzüberschreitenden Handels von verbundenen Unternehmen durchgeführt wird.[55] Die gemeinschaftsrechtliche Auseinandersetzung mit der Einkünftekorrekturnorm des § 1 Abs. 1 AStG erfordert daher eine grundlegende Kenntnis der steuertatbestandlichen Voraussetzungen und Rechtsfolgen sowie eine Einordnung in den historischen Kontext des nationalen Steuerrechts. Gleiches gilt für die Bezüge der Norm und des in ihr verkörperten Fremdvergleichsgrundsatzes (sog. „dealing at arm's length principle") zum internationalen Steuerrecht, insbesondere zum MA und den darauf beruhenden bilateralen DBA der Bundesrepublik Deutschland mit anderen Staaten.

Für diese Vorgehensweise sprechen mehrere Argumente. Zum einen bleibt die Bewertung von Inhalt und Systematik der geltenden nationalen Einkünftekorrekturvorschriften ohne Kenntnis ihrer historischen Entwicklung unvollständig, da eine Durchbrechung der überkommenen Rechtsnormen an teleologischen Erwägungen des Gesetzgebers und damit verbundenen tatsächlichen Erfahrungswerten scheitern kann. Folglich kann der Herleitung eines diskriminierungsfreien Maßstabs zur Einkünftekorrektur nur dann Erfolg beschieden sein, wenn die historischen Gründe für eine diversifizierte Systematik mit unterschiedlichen Korrekturmaßstäben bekannt sind und in die Betrachtung einbezogen werden. Gleiches gilt aus internationaler Perspektive, da entsprechende Überlegungen zu grenzüberschreitenden, korrespondierenden Gewinnberichtigungen unter Zugrundelegung eines einheitlichen Korrekturmaßstabs nur dann möglich sind, wenn die international anerkannten Maßstäbe und historisch gewachsenen Strukturen der Gewinnberichtigung bekannt sind. Schlussendlich kann die historische Einordnung von § 1 Abs. 1 AStG aus nationaler und internationaler Sicht auch den Blickwinkel im Rahmen der gemeinschaftsrechtlichen Erörterung der Norm im Kontext der Grundfreiheiten des EGV, etwa durch die Annahme einer Rechtfertigung abweichender nationaler Einkünftekorrekturmaßstäbe aus überkommener, tatsächlicher oder rechtlicher Übung als wichtiges Gemeinwohlinteresse i. S. d. sog. „Gebhard-Formel", erweitern.[56] Aus diesen Gründen werden nachfolgend zunächst § 1 AStG und im Anschluss daran auch der den Fremdvergleichsgrundsatz beinhaltende Art. 9 Abs. 1 MA und aus aktu-

---

[54] Wassermeyer, in: Flick/Wassermeyer/Baumhoff, AStG, § 1, Rn. 96.
[55] Brüggelambert, BFP 2005, S. 176, 177.
[56] EuGH-Urteil vom 30.11.1995, Rs. C-55/94 („Gebhard"), Slg. 1995, I-4165, Rn. 37.

ellem Anlass auch Art. 7 Abs. 2 MA nach Inhalt und Historie getrennt dargestellt. Abschließend ist das normative Rangverhältnis von § 1 Abs. 1 AStG zu den abkommensrechtlichen Regeln beschrieben. Eine Vertiefung inhaltlicher und historischer Erwägungen zur Einkünftekorrektur nach den Grundsätzen über die Entnahme, Einlage oder verdeckte Gewinnausschüttung wird, soweit erforderlich, im Rahmen der gemeinschaftsrechtlichen Eingriffs- und Rechtfertigungsprüfung vorgenommen, da eine eingehende Auseinandersetzung im Vorfeld ohne einen konkreten Bezug zur Vereinbarkeit des § 1 Abs. 1 AStG mit den Normen des Gemeinschaftsrechts bliebe.

A. Einführung in den Steuertatbestand des § 1 AStG

Vorangestellt ist der aktuelle Wortlaut des Einkünftekorrekturtatbestands in § 1 Abs. 1 S. 1 AStG i. d. F. des UntStRefG 2008:

> Werden Einkünfte eines Steuerpflichtigen aus einer Geschäftsbeziehung zum Ausland mit einer ihm nahestehenden Person dadurch gemindert, dass er seiner Einkünfteermittlung andere Bedingungen, insbesondere Preise (Verrechnungspreise), zugrundelegt, als sie voneinander unabhängige Dritte unter gleichen oder vergleichbaren Verhältnissen vereinbart hätten (Fremdvergleichsgrundsatz), sind seine Einkünfte unbeschadet anderer Vorschriften so anzusetzen, wie sie unter den zwischen voneinander unabhängigen Dritten vereinbarten Bedingungen angefallen wären.

Die Einkünftekorrekturnorm in § 1 Abs. 1 S. 1 AStG lässt sich tatbestandlich in zwei wesentliche Voraussetzungen gliedern. Erstens ist erforderlich, dass der Steuerpflichtige Einkünfte aus Geschäftsbeziehungen zum Ausland mit einer nahestehenden Person erzielt. Was eine „nahestehende Person" ist, wird in § 1 Abs. 2 AStG legaldefiniert. Das Vorliegen einer Geschäftsbeziehung ergibt sich aus § 1 Abs. 5 AStG. Zweitens ist Voraussetzung einer Einkünftekorrektur die Überprüfung der Geschäftsbeziehung am Maßstab des sog. „Fremdvergleichs". Hiernach dürfen die Einkünfte des Steuerpflichtigen nicht dadurch gemindert werden, dass im Rahmen der Geschäftsbeziehung Bedingungen vereinbart worden sind, die von denen abweichen, die unabhängige Dritte unter gleichen oder ähnlichen Verhältnissen vereinbart hätten. Diesbezüglich gibt § 1 Abs. 4 AStG den Finanzämtern eine gesetzliche Hilfestellung bei der Ermittlung der Höhe der Besteuerungsgrundlagen im Rahmen einer Schätzung gem. § 162 AO.[57] Kommt man zu dem Ergebnis, dass die Bedingungen nicht dem Fremdvergleich entsprechen, so sieht § 1 Abs. 1 S. 1 AStG als Rechtsfolge vor, dass die Einkünfte „so anzusetzen sind, wie sie unter den zwischen unabhängigen Dritten vereinbarten Bedingungen angefallen wären". Zur Konkretisierung der Norm, insbesondere des Fremdvergleichsgrundsatzes, hat die Finanzverwal-

---

[57] Vgl. Wassermeyer, in: Flick/Wassermeyer/Baumhoff, AStG, § 1, Rn. 867; siehe Kapitel 6, A. III., B. II., C. IV. 3.

tung nicht nur mehrere Anwendungsschreiben herausgegeben,[58] sondern nunmehr auch umfassende Begriffsdefinitionen in § 1 Abs. 3 AStG durch das UntStRefG 2008 eingefügt. Da der Fremdvergleichsgrundsatz in § 1 Abs. 1 S. 1 AStG mit dem sog. „dealing at arm´s length principle" in Art. 9 Abs. 1 MA und Art. 7 Abs. 2 MA nahezu wortgleich ist,[59] wird zunächst auf eine eingehende Erörterung der inhaltlichen Ausgestaltung verzichtet und auf die (vergleichende) Darstellung des Fremdvergleichsgrundsatzes im Abkommensrecht verwiesen.[60]

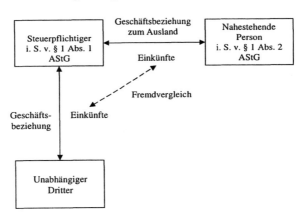

---

[58] Schreiben des BMF vom 11.07.1974, BStBl I 1974, S. 442 (Grundsätze zur Anwendung des Außensteuergesetzes); Schreiben des BMF vom 23.02.1983, BStBl I 1983, S. 218, geändert durch BStBl I 1999, S. 1122 (Verwaltungsgrundsätze für die Prüfung der Einkunftsabgrenzung bei international verbundenen Unternehmen); Anwendungsschreiben des BMF zum AStG vom 02.12.1994, BStBl I 1995, Sondernummer 1; BMF-Schreiben vom 30.12.1999, BStBl I 1999, S. 1122 (Grundsätze für die Prüfung der Einkunftsabgrenzung durch Umlageverträge zwischen international verbundenen Unternehmen); BMF-Schreiben vom 09.11.2001, BStBl I 2001, S. 796 (Grundsätze für die Prüfung der Einkunftsabgrenzung zwischen international verbundenen Unternehmen in Fällen der Arbeitnehmerentsendung); Entwurf des BMF vom 24.08.2000 – IV B 4 – S 1341 – /00, n. V. (Grundsätze für die Prüfung der Einkunftsabgrenzung zwischen international verbundenen Unternehmen in Bezug auf Berichtigungen, Verfahren und verbindliche Auskünfte); BMF-Schreiben vom 14.05.2004, IV B 4 – S 1340 – 11/04, BStBl 2004, Sondernummer 1/2004, Rn. 1 ff.; Verfügung der OFD-Koblenz vom 10.08.1995, S 1341 A – St 34 1 (Anwendung des § 1 AStG durch die Außenprüfung auf den Technologietransfer in Entwicklungsländer).

[59] Wassermeyer, in: Flick/Wassermeyer/Baumhoff, AStG, § 1, Rn. 107.1; Menck, in: Blümich, AStG, § 1, Rn. 6; Korn/Debatin, Doppelbesteuerung, Systematik II, Rn. 119; Wassermeyer, in: Debatin/Wassermeyer, Doppelbesteuerung, Art. 9, Rn. 110; 115; Kroppen, in: Kroppen, Handbuch Internationale Verrechnungspreise, W 1; Baumhoff, in: Mössner, Steuerrecht international tätiger Unternehmen, Rn. C 252 f., 308.

[60] Siehe Kapitel 2, D.

B. Die historische Entwicklung des Fremdvergleichsgrundsatzes im nationalen Steuerrecht

Die Einkünftekorrekturnorm in § 1 Abs. 1 AStG 1972 kodifizierte erstmals den Fremdvergleichsgrundsatz als Maßstab für die Berichtigung von Einkünften eines Steuerpflichtigen aus grenzüberschreitenden Geschäftsbeziehungen zwischen verbundenen Unternehmen im nationalen Steuerrecht der Bundesrepublik Deutschland. Der Grund dafür war die zunehmende Verlagerung von Steuersubstrat in niedrigbesteuernde Länder durch die Ausnutzung grenzüberschreitender Beteiligungsverhältnisse, die es den beteiligten Personen ermöglichten, vom eigentlichen Marktsegment losgelöste Rechtsgeschäfte zu vereinbaren. Dennoch war das Problem der Einkünfteverlagerung ins Ausland bei verbundenen Unternehmen keine neue Erscheinung der sechziger und siebziger Jahre des 20. Jahrhunderts. Schon der RFH stellte in einem Urteil vom 21.12.1938 fest, dass die Verlagerung von Steuersubstrat ins Ausland mit der Folge von Gewinnminderungen im Inland dadurch verursacht werde, dass Waren unter Preis ins Ausland veräußert würden, dass auf Anlagevermögen, das über dem eigentlichen Wert aus dem Ausland erworben würde, Abschreibungen auf den niedrigeren, gemeinen Wert vorgenommen oder sonstige, wirtschaftlich unverständliche Maßnahmen durchgeführt würden.[61] Zur Verhinderung eines entsprechenden Vorgehens der Steuerpflichtigen enthielten bereits die §§ 33, 34 EStG 1925[62] und § 30 EStG 1934[63] einen mit § 1 AStG vergleichbaren Regelungsgegenstand.

§ 33 EStG 1925

(1) Steht der Gewinn aus einem inländischen Gewerbebetrieb infolge besonderer Vereinbarungen des Steuerpflichtigen mit einem im Inland nicht unbeschränkt Steuerpflichtigen in offenbarem Missverhältnis zu dem Gewinne, der sonst bei Geschäften gleicher oder ähnlicher Art erzielt wird, so kann dieser Gewinn, mindestens aber die übliche Verzinsung des dem Betriebe dienenden Kapitals bei der Einkommensermittlung für den inländischen Gewerbebetrieb angesetzt werden. Als Kapital im Sinne dieser Vorschrift gelten außer dem Anlagekapital auch das umlaufende Betriebskapital, insbesondere Waren, Erzeugnisse und Vorräte.

(2) Die Vorschrift des Absatzes 1 findet keine Anwendung, wenn der Steuerpflichtige nachweist, dass er weder am Vermögen noch am Gewinn des ausländischen Gewerbebetriebes, noch dessen Inhaber am Gewinn oder am Vermögen seines Gewerbebetriebes wesentlich beteiligt ist; was als wesentliche Beteiligung anzusehen ist, bestimmt sich nach § 30 Abs. 3 Satz 2 EStG (1925).[64]

---

[61] RFH-Urteil vom 21.12.1938, VI 537/38, RStBl 1939, S. 307, 308.
[62] Einkommensteuergesetz vom 10.08.1925, RGBl I 1925, S. 189, 196.
[63] Einkommensteuergesetz vom 16.10.1934, RStBl 1934, S. 1261.
[64] § 30 Abs. 3 S. 2 EStG (1925) erforderte eine direkte oder indirekte Beteiligung von mehr als 25 %.

§ 34 EStG 1925

(1) Ist bei beschränkter Steuerpflicht nach § 3 Abs. 2 Nr. 2 EStG (1925) der inländische Gewerbebetrieb Zweigniederlassung eines ausländischen Unternehmens, so kann bei der Einkommensermittlung für den inländischen Gewerbebetrieb der Gewinn angesetzt werden, der sonst bei inländischen Geschäften gleicher oder ähnlicher Art erzielt worden wäre, wenn es sich um ein selbständiges Unternehmen handelte, mindestens aber die übliche Verzinsung des der inländischen Zweigniederlassung gewidmeten Kapitals. Als Kapital im Sinne dieser Vorschrift gilt außer dem Anlagekapital auch das umlaufende Betriebskapital, insbesondere Waren, Erzeugnisse und Vorräte. Die Vorschrift findet auch dann Anwendung, wenn nach den Maßnahmen der Geschäftsleitung der Gewinn zwischen der inländischen Zweigniederlassung und dem ausländischen Hauptunternehmen anderweit verteilt wird.

(2) Der Reichsminister der Finanzen oder das von ihm beauftragte Landesfinanzamt ist ermächtigt, im Einvernehmen mit der Landesregierung oder der von ihr bezeichneten Verwaltungsbehörde die Einkommensteuer auf Antrag des Steuerpflichtigen auch in einem Pauschbetrag festzusetzen.

§ 30 EStG 1934

Das Landesfinanzamt kann bei Einkünften aus Land- und Forstwirtschaft, aus Gewerbebetrieb oder aus selbständiger Arbeit ohne Rücksicht auf das ausgewiesene Ergebnis die Einkommensteuer in einem Pauschbetrag festsetzen, wenn besondere unmittelbare oder mittelbare Beziehungen des Betriebes zu einer Person, die im Inland entweder nicht oder nur beschränkt steuerpflichtig ist, eine Gewinnminderung ermöglichen. Das Landesfinanzamt entscheidet nach seinem Ermessen.

Die §§ 33, 34 EStG 1925 bedeuteten für die Steuerbehörden erstmals die Möglichkeit eines Abweichens von den buchmäßigen Ergebnissen eines Gewerbebetriebs im Rahmen der Gewinnermittlung, wenn ein inländischer Gewerbetreibender durch besondere Vereinbarungen mit einem im Inland nicht unbeschränkt Steuerpflichtigen seinen Gewinn oder ein ausländischer Gewerbetreibender, der beschränkt steuerpflichtig ist, den Gewinn seiner inländischen Zweigniederlassung durch solche Vereinbarungen drückt. Es handelte sich demnach um Ausnahmebestimmungen, durch die Gewinnberechnungsmethoden, die nach den Anschauungen im gewerblichen Leben nicht zu beanstanden sein mochten, vom Steuergesetzgeber nicht anerkannt wurden, weil sie nach seiner Ansicht mit den Grundgedanken und Zielen des EStG nicht vereinbar waren.[65] Man hatte also bereits in den frühen zwanziger Jahren des 20. Jahrhunderts erkannt, dass grenzüberschreitende gewerbliche Tätigkeiten bei Bestehen eines internationalen Steuergefälles zur Verlagerung von Einkünften genutzt werden konnten und damit dem deutschen Fiskus der Entzug von Besteuerungssubstrat

---

[65] Strutz, StuW 1925, S. 601 ff., 1395, 1419.

drohte. Als Ansatz für eine Korrektur wurde auf Rechtsfolgeseite bereits der Vergleich mit Geschäften voneinander unabhängiger Dritter zu fremdüblichen Konditionen gewählt. Kritisiert wurde allerdings, dass die Vorschriften mit nur schwer fassbaren, verschwommenen Begriffen arbeiteten und es sich in der Rechtsfolge um eine Ermessensvorschrift handelte, was in der Handhabung zu Zweifeln, Unklarheiten, Willkür und Ungleichmäßigkeiten führte.[66]

Im Rahmen der Reform des EStG vom 16.10.1934[67] wurden die §§ 33, 34 EStG 1925 durch § 30 EStG 1934 ersetzt. Zur Begründung führte der Gesetzgeber an, dass sich die bisherige Regelung der §§ 33, 34 EStG 1925 als unzulänglich erwiesen habe, da insbesondere § 33 EStG 1925 Vorgänge zum Gegenstand hatte, die sich überwiegend im Ausland abspielten und die Vorschrift damit versagte, wenn der Steuerpflichtige bei der Mitwirkung zur Aufklärung der ausländischen Vorgänge nicht bereit war,[68] zumal eine mit dem heutigen § 90 Abs. 2 AO vergleichbare erweiterte Mitwirkungspflicht bei Auslandssachverhalten zum damaligen Zeitpunkt nicht bestand. Zur Umgehung dieser, vom inländischen Steuerpflichtigen verursachten, Informationsdefizite im Tatbestand des § 33 EStG 1925 war die neue Vorschrift im Wesentlichen der Auslegung und Ermessensausübung durch die Finanzverwaltung zugänglich gemacht, ohne in ihrer Anwendung von der Mitwirkung des zu beurteilenden Steuerpflichtigen abhängig zu sein. Gesetzestechnisch handelte es sich bei § 30 EStG 1934 um eine Koppelungsvorschrift, d. h. dem unbestimmten Rechtsbegriff von „Beziehungen, die eine Gewinnminderung ermöglichen" auf Tatbestandsseite steht auf Rechtsfolgenseite das Ermessen der Finanzbehörden gegenüber „einen Pauschbetrag festsetzen zu können". Diesbezüglich enthält auch § 30 S. 2 EStG 1934 eine ausdrückliche Ermessensermächtigung für das zuständige Landesfinanzamt. Die Gesetzesbegründung gibt zur Ermessensausübung vor, dass die Landesfinanzbehörden ihr Entschließungsermessen nur dann zu Lasten des Steuerpflichtigen betätigen durften, wenn der Lebenssachverhalt tatsächliche Anhaltspunkte für das Vorliegen einer unzulässigen Gewinnminderung lieferte, so dass die bloße Möglichkeit einer Einkünfteverlagerung aufgrund besonderer Beziehungen zu ausländischen, im Inland nicht steuerpflichtigen Personen nicht ausreichte.[69] Diesen Grundsatz der Ermessensbetätigung durchbrach der RFH dagegen, als er in seinem Urteil vom 21.12.1938 zur Auslegung von § 30 EStG 1934 feststellte, dass die Finanzbehörden nicht nachzuweisen bräuchten, dass eine Gewinnminderung tatsächlich stattgefunden habe.[70] Vielmehr könnten sie eine solche unterstellen, wenn die Erfahrungen des Lebens sie wahrscheinlich machte.[71] Damit wurde faktisch eine Steuerfestsetzung nach dem Beweis des ersten Anscheins (sog. „prima facie-Beweis") anerkannt und das deutsche Reich seiner Beweispflicht im Rahmen der Festsetzung des Steueranspruchs zunächst entho-

---

[66] Strutz, StuW 1925, S. 1395, 1419; 1929, 1932.
[67] Gesetzesbegründung zum EStG vom 16.10.1934, RStBl 1935, S. 9, 33.
[68] Gesetzesbegründung zum EStG vom 16.10.1934, RStBl 1935, S. 9, 48.
[69] Gesetzesbegründung zum EStG vom 16.10.1934, RStBl 1935, S. 9, 48.
[70] RFH-Urteil vom 21.12.1938, VI 537/38, RStBl 1939, S. 308.
[71] RFH-Urteil vom 21.12.1938, VI 537/38, RStBl 1939, S. 308.

ben. Diese tatsächliche Vermutungsfolge zu Lasten des Steuerpflichtigen entgegen der ausdrücklichen Gesetzesbegründung erforderte von diesem zumindest ein qualifiziertes Bestreiten der unterstellten Tatsachen, da sonst der Einkünftekorrekturtatbestand faktisch erfüllt war. Auf Rechtsfolgenseite war dann das Ermessen so auszuüben, dass das damalige deutsche Reich an Einkommensteuer das erhalten sollte, was ihm gebühre.[72] Zum Verhältnis von § 30 EStG 1934 zu den DBA vertraten Rennebaum/Zitzlaff seinerzeit die Auffassung, dass es sich bei § 30 EStG 1934 um eine Verfahrens- und Beweisvorschrift handele, die nicht im Widerspruch zu den DBA stehe und daher sowohl gegenüber Staatsangehörigen anderer Nationen als auch gegenüber deutschen Staatsangehörigen zur Anwendung kommen sollte.[73] Führte die Anwendung von § 30 EStG 1934 jedoch zu einem Ergebnis, dass nach Auffassung mindestens einer vertragsschließenden Partei nicht in Übereinstimmung mit den Vorschriften oder Zielen eines Doppelbesteuerungsabkommens stehe, so erkannten die Autoren die Möglichkeit einer zwischenstaatlichen Vereinbarung über den Sachverhalt an.[74]

Die Ausführungen des RFH in dem Urteil vom 21.12.1938 zur Beweislastverteilung führten schließlich dazu, dass der BFH in einem Urteil vom 07.04.1959 feststellte, dass die Pauschbesteuerung in § 30 EStG 1934 gegen den Gleichheitsgrundsatz des Art. 3 Abs. 1 GG verstoße und damit nicht mehr anzuwenden sei.[75] Zur Begründung führte das Gericht aus, dass den einzelnen Steuerpflichtigen zwar im Rahmen der Sachverhaltsermittlung je nach Umfang und Komplexität graduell abgestufte Mitwirkungspflichten treffen würden. Vergleichbare Mitwirkungspflichten seien jedoch auch bei der Schätzung von Besteuerungsgrundlagen nach den allgemeinen Vorschriften der AO zu beachten. Nach Auffassung des BFH erführen diese zwar bei Auslandsbeziehungen eine umfassendere Ausgestaltung im Hinblick auf die vom Steuerpflichtigen mitzuteilenden Tatsachen und Verhältnisse. Allein das Bestehen wirtschaftlicher Beziehungen zum Ausland i. S. v. § 30 EStG 1934 könne bei der Bestimmung der Mitwirkungspflicht des Steuerpflichtigen im Rahmen der Aufklärung des Sachverhalts und der Möglichkeit, eine Steuerschätzung vorzunehmen, dagegen keine völlig andere Ermittlung der Besteuerungsgrundlagen rechtfertigen und sei damit gegenüber den allgemeinen Vorschriften der AO gleichheitswidrig.[76] Nach Auffassung des BFH sei es danach mit den in Art. 3 Abs. 1 GG verankerten Grundsätzen der Gleichmäßigkeit der Besteuerung und der gleichmäßigen Behandlung aller Steuerpflichtigen nicht vereinbar, die bloße Möglichkeit einer Gewinnminderung durch Auslandsbeziehungen zur alleinigen Voraussetzung der Festsetzung einer Pauschbesteuerung unabhängig davon zu machen, welche Gewinnminderungen tatsächlich eingetreten waren und welcher Gesamtgewinn tatsächlich erzielt wurde. Daneben stützte das Gericht die Entscheidung auch auf eine

---

[72] Gesetzesbegründung zum EStG vom 16.10.1934, RStBl 1935, S. 9, 48.
[73] Rennebaum/Zitzlaff, Die deutschen Doppelbesteuerungsverträge, S. 103 f.
[74] Rennebaum/Zitzlaff, Die deutschen Doppelbesteuerungsverträge, S. 104.
[75] BFH-Urteil vom 07.04.1959, I 2/58 S, BStBl III 1959, S. 233.
[76] BFH-Urteil vom 07.04.1959, I 2/58 S, BStBl III 1959, S. 233.

Verletzung der Rechtsweggarantie in Art. 19 Abs. 4 GG und einen Entzug des rechtlichen Gehörs gem. Art. 103 GG durch § 30 EStG 1934.

Herauszuheben ist die Auffassung des damaligen Gesetzgebers zu § 30 EStG 1934, wonach die Vorschrift nicht eingreifen sollte, wenn die tatsächliche wirtschaftliche Lage im Einzelfall entsprechende gewinnmindernde Bindungen erforderlich machte.[77] Damit wurde vordringlich das Ziel verfolgt, einen wettbewerbsfähigen Export zu erhalten. Somit sah der Gesetzgeber bereits für § 30 EStG 1934 eine Art segmentbezogenen, internationalen Fremdvergleich vor. Das fiskalische Interesse des Staates an der Erzielung von Steuereinnahmen sollte hinter den ökonomischen Individualinteressen des Steuerpflichtigen zurücktreten, wenn die Gefahr bestand, dass ein inländisches Wirtschaftsgut aufgrund seiner Kostenstruktur die internationale Konkurrenzfähigkeit zu verlieren drohte. Es lässt sich somit festhalten, dass auch § 30 EStG 1934 nicht ohne Elemente eines Fremdvergleichs für die Beurteilung der Angemessenheit einer grenzüberschreitenden Geschäftsbeziehung auskam, selbst wenn die dahinter stehenden Motive eher auf die Wahrung nationalstaatlicher fiskalischer Interessen gerichtet waren, als auf die Durchsetzung einer internationalen bzw. grenzüberschreitenden Steuerverteilungsgerechtigkeit.

Bereits wenige Jahre nach der Entscheidung des BFH zur Verfassungswidrigkeit von § 30 EStG 1934 benannte der sog. „Steueroasenbericht" der Bundesregierung vom 23.06.1964 erneut die Einkünfteverlagerung ins Ausland durch die Einschaltung ausländischer Rechtsträger – sog. Basisgesellschaften – im niedrigbesteuernden Ausland als ein wesentliches Problem bei der Erosion inländischen Besteuerungssubstrats.[78] Beispielhaft wurden die Einschaltung von Vertriebs- oder Konzernfinanzierungsgesellschaften mit Sitz in einem niedrigbesteuernden Land genannt, die den Gewinn der inländischen Muttergesellschaft durch konzerninterne Geschäfte mit Rohstoffen und Kapital minderten. Als Gegenmaßnahme schlug der Bericht eine Gewinnberichtigung bei der inländischen Muttergesellschaft vor, wenn das deutsche Unternehmen mit der ausländischen Basisgesellschaft solche Bedingungen vereinbart hatte, die unter sonst gleichen Verhältnissen einer fremden Gesellschaft nicht eingeräumt würden.[79] Aus nationaler Sicht kennzeichnete der Steueroasenbericht demnach erstmals den Fremdvergleichsgrundsatz als geeigneten Maßstab für die Feststellung und Korrektur missbräuchlicher Einkünfteallokationen bei verbundenen Unternehmen. Gleichzeitig erkannte man jedoch, dass sowohl innerstaatliche Vorschriften als auch solche in den DBA enthaltenen Ermächtigungsgrundlagen zur Gewinnberichtigung nicht ausreichen würden, wenn die deutschen Finanzbehörden nicht über die notwendigen Möglichkeiten zur Ermittlung der wirtschaftlichen und sonstigen Verhältnisse ausländischer Basisgesellschaften verfügten und es damit zu einem Vollzugsdefizit der Gewinnberichtigungsvorschriften oder gar zu einer

---

[77] Gesetzesbegründung zum EStG vom 16.10.1934, RStBl 1935, S. 9, 48.
[78] Bericht der Bundesregierung an den Deutschen Bundestag vom 23.06.1964 über die Wettbewerbsverfälschungen, die sich aus Sitzverlagerungen und aus dem zwischenstaatlichen Steuergefälle ergeben können, BT-Drs. IV/2412, S. 6 f.
[79] a. a. O., BT-Drs. IV/2412, S. 7.

Doppelbesteuerung der Unternehmensgewinne mangels korrespondierender Gewinnberichtigung in den Sitzstaaten der Basisgesellschaften käme.[80] Damit wurden im Steueroasenbericht die gleichen Probleme identifiziert, welche einige Jahre zuvor zur Feststellung der Nichtanwendbarkeit von § 30 EStG 1934 durch den BFH geführt hatten. Eine innerstaatliche Vorschrift kann immer nur dann eine ausreichende Ermächtigungsgrundlage zur Gewinnberichtigung bei einem unbeschränkt steuerpflichtigen Rechtsträger sein, wenn die tatsächlichen Verhältnisse umfassend ermittelt und nachgewiesen sind. Lediglich der erste Anschein einer einseitigen Gewinnverlagerung kann dagegen für eine Gewinnanpassung durch die deutschen Finanzbehörden nicht ausreichend sein. Neben der erstmaligen ausdrücklichen Benennung des Fremdvergleichsgrundsatzes als Maßstab der Einkünftekorrektur ist letztere Betrachtungsweise auch ein Ausdruck des im GG verankerten Rechtsstaatsprinzips aus Art. 20 Abs. 3 GG, das seinen Ausdruck in einem Gesetzesvorbehalt und Gesetzesvorrang im Bereich der staatlichen Eingriffsverwaltung hat und damit eine Regelung nach dem Vorbild von § 30 EStG 1934 ausschloss.[81] Nicht zu Unrecht stellt der Bericht somit fest, dass zur Lösung des Problems der Einschaltung ausländischer Basisgesellschaften zur Gewinnverlagerung ins niedrigbesteuernde Ausland neue Wege zu beschreiten waren, für die jedoch eine sorgfältige Abwägung der widerstreitenden Interessen von Steuerpflichtigen und Finanzverwaltung unerlässlich sei.[82]

Die im Steueroasenbericht niedergelegten Erwägungen zum Problem der Gewinnverlagerung durch die Einschaltung ausländischer Basisgesellschaften wurden schließlich in einem koordinierten Erlass der Landesfinanzminister vom 14.06.1965, dem sog. „Steueroasenerlass", erstmalig umgesetzt.[83] Danach war bei der Prüfung einschlägiger Fälle durch die Finanzverwaltung zu beachten, dass die Angaben des Steuerpflichtigen dem tatsächlichen Sachverhalt entsprachen und die Anerkennung grenzüberschreitender Geschäftsbeziehungen zu abhängigen Rechtsträgern im Ergebnis zu versagen sei, wenn z. B. Einkaufs- oder Verkaufsrechnungen vorgelegt wurden, bei denen es nie oder nicht in dem niedergelegten Umfang zu einem Leistungsaustausch gekommen war.[84] Gleiches hatte für Fälle zu gelten, in denen zwischen Ein- und Verkäufer solche Bedingungen oder Entgelte vereinbart worden waren, die voneinander unabhängige Dritte nicht vereinbart hätten oder bei denen eine zwischen den Vertragsparteien vereinbarte rechtswirksame Übertragung des Zuweisungsgehalts eines sachenrechtlichen Rechtes oder eines Rechtes an einem solchen Recht nie stattgefunden hatte.[85] Als Rechtsfolge sollte dem unbeschränkt Steuerpflichtigen der geltend gemachte Betriebsausgabenabzug versagt werden, in dem es, je nach den

---

[80] a. a. O., BT-Drs. IV/2412, S. 7.
[81] Vgl. BVerfG, Beschluss vom 06.08.1958, 2 BvL 37/56, 11/57, BVerfGE 8, S. 155, 166 zur sog. „Wesentlichkeitstheorie".
[82] a. a. O., BT-Drs. IV/2412, S. 13.
[83] Erlass vom 14.06.1965 betr. Verlagerung von Einkünften und Vermögen in sog. Steueroasenländer, BStBl II 1965, S. 74.
[84] a. a. O., BStBl II 1965, S. 74.
[85] a. a. O., BStBl II 1965, S. 74 f.

im Einzelfall zugrunde liegenden Beteiligungsverhältnissen, zu einer Feststellung von verdeckten Gewinnausschüttungen, Privatentnahmen oder der Hinzurechnung von Vermögenswerten bei dem inländischen unbeschränkt Steuerpflichtigen kam.[86] Gleichzeitig stellte der Steueroasenerlass aber auch fest, dass es nur in solchen Fällen zu den dargestellten Maßnahmen kommen sollte, in denen die Einkünfteverlagerung nach den von der Rechtsprechung aufgestellten Mitwirkungs- und Beweispflichten von Finanzbehörden und Steuerpflichtigen intensiv geprüft und nachgewiesen wurde.[87] Als normative Rechtsgrundlage für eine Gewinnkorrektur führte der Erlass die damaligen §§ 5 (Scheingeschäft), 6 (Missbrauch von Gestaltungsformen des Rechts) und 11 (Treuhandverhältnisse) StAnpG an. Die Grenzen dieser Normen als tauglicher Rechtsgrundlagen für das Vorgehen der Finanzverwaltung vor Erlass des AStG wurden jedoch in einem Urteil des FG Düsseldorf vom 19.09.1978 offenbar, in dem es um eine Gewinnkorrektur bei einer inländischen Muttergesellschaft wegen der Zinslosigkeit eines zu Lasten einer ausländischen Tochtergesellschaft bestehenden Kontokorrentsaldos ging.[88] Die infolge der Zinslosigkeit des Kontokorrents bei der ausländischen Tochtergesellschaft nicht erwirtschafteten Beteiligungserträge erhöhten nach Auffassung des Gerichts nicht den Beteiligungswert bei der deutschen Muttergesellschaft, da es entgegen der von der Finanzverwaltung vertretenen Auffassung für die Zeit vor Inkrafttreten des AStG am 08.09.1972 an einer gesetzlichen Grundlage fehlte, den Vorgang der unentgeltlichen Hingabe eines Darlehens an eine Tochtergesellschaft im Ausland ertragsteuerrechtlich zu erfassen und eine Gewinnkorrektur vorzunehmen. Ohne eine derartige gesetzliche Grundlage komme aber die Besteuerung des Vorganges wegen des bereits angesprochenen strengen Gesetzesvorbehalts im Bereich staatlicher Eingriffsverwaltung als Ausfluss des Rechtsstaatsprinzips aus Art. 20 Abs. 3 GG nicht in Betracht, zumal der Steueroasenerlass als Verwaltungsvorschrift ohne Rechtsnormcharakter i. S. d. Art. 70 ff. GG zu diesem Zweck nicht ausreichend war.

Zur Abwendung derartiger verfassungsrechtlicher Konflikte enthielten schließlich die Leitsätze der Bundesregierung für ein Gesetz zur Wahrung der steuerlichen Gleichmäßigkeit bei Auslandsbeziehungen und zur Verbesserung der steuerlichen Lage bei Auslandsinvestitionen eine erste Vorgabe für den späteren § 1 AStG.[89] Darin hieß es bereits, dass Einkünfte von inländischen Unternehmungen aus Geschäften mit ihnen wirtschaftlich nahe stehenden Steuerausländern so zu berichtigen seien, wie sie zwischen voneinander Unabhängigen bei Vereinbarung der üblichen Bedingungen erzielt worden wären. Im An-

---

[86] a. a. O., BStBl II 1965, S. 75.
[87] a. a. O., BStBl II 1965, S. 77 unter Verweis auf BFH-Urteil vom 07.04.1959, I 2/58 S, BStBl III 1959, S. 233; BFH-Urteil vom 13.07.1962, VI 100/61 U, BStBl III 1962, S. 428 sowie RFH-Urteil vom 30.01.1930, I A 370/29, RStBl 1930, S. 151; RFH-Urteil vom 09.01.1934, I A 344/32, RStBl 1934, S. 382, bestätigt durch BFH-Urteil vom 21.01.1976, I R 234/73, BStBl II 1976, S. 513.
[88] FG Düsseldorf, Urteil vom 19.09.1978, I 71/75, EFG 1979, S. 201; vgl. Döllerer, BB 1979, S. 1539.
[89] Vgl. DB 1971, S. 16.

schluss daran stellt auch der Gesetzentwurf der Bundesregierung zum AStG vom 02.12.1971 fest, dass nach dem seinerzeit geltenden deutschen Steuerrecht zwar gewisse Gewinnverlagerungen korrigiert werden könnten, es jedoch an einem umfassenden Rechtsmaßstab für eine Regulierung des Gesamtbereichs der internationalen Gewinnverschiebungen fehle.[90] Dogmatisch lehnte sich der Gesetzentwurf zur Gewinnberichtigung bei international verbundenen Unternehmen ausdrücklich an die inhaltlich vergleichbare Vorlage in Art. 9 MA 1963 an.[91] Damit verfolgte der nationale Steuergesetzgeber erstmals das Ziel, eine Kongruenz von nationalen und internationalen Normen zur Gewinnberichtigung zu schaffen, da Art. 9 MA 1963 bereits zu diesem Zeitpunkt in viele DBA der Bundesrepublik Deutschland mit anderen Staaten aufgenommen worden und damit die völkerrechtliche Rechtsgrundlage für Einkünftekorrekturen durch einen Vertragsstaat bereits geschaffen war.[92] Bei Inkrafttreten des AStG am 08.09.1972 wurde die Berichtigung von Einkünften bei international verbundenen Unternehmen schließlich in § 1 AStG geregelt. Die erste Änderung der Vorschrift wurde im Jahre 1992 durch Ergänzung eines vierten Absatzes vorgenommen, der eine Ausdehnung der Norm auf Überschusseinkünfte enthielt, da der BFH in mehreren Urteilen davon ausgegangen war, dass § 1 AStG nur auf Gewinneinkünfte anzuwenden sei, was einen Gleichheitsverstoß i. S. d. Art. 3 Abs. 1 GG bedeutet hätte.[93] Darüber hinaus wurde § 1 Abs. 4 AStG durch das StVergAbG vom 16.05.2003 dahingehend ergänzt, dass der Begriff der „Geschäftsbeziehung" immer dann verwirklicht ist, wenn eine schuldrechtliche Beziehung existiert, die außerhalb gesellschaftsvertraglicher Vereinbarungen liegt.[94] Umfassend wurde § 1 AStG erstmals durch das UntStRefG 2008 ergänzt. Hierbei blieb der Fremdvergleichsgrundsatz als Grundlage einer Einkünftekorrektur dem Grunde nach zwar erhalten. Gleichwohl hat nicht nur der Wortlaut, sondern auch die inhaltliche Ausgestaltung der Einkünftekorrektur durch die Neuregelungen in § 1 Abs. 2 S. 2, 3 und Abs. 3 S. 1 bis 8 AStG (UntStRefG

---

[90] Entwurf eines Gesetzes zur Wahrung der steuerlichen Gleichmäßigkeit bei Auslandsbeziehungen und zur Verbesserung der steuerlichen Wettbewerbslage bei Auslandsinvestitionen vom 02.12.1971, BT-Drs. VI/2883, S. 17 ff.

[91] a. a. O., BT-Drs. VI/2883, S. 16 f.

[92] Vgl. Art. 9 DBA-Australien 1972, BStBl I 1974, S. 423; Art. 9 DBA-Marokko, BStBl I 1974, S. 59; Art. 9 DBA-Singapur, BStBl I 1973, S. 513; Art. 9 DBA-Island, BStBl I 1973, S. 504; Art. 9 DBA-Liberia, BStBl I 1973, S. 615; Art. 4 DBA-Großbritannien, BStBl I 1971, S. 139; Art. 4 DBA-Pakistan, BStBl I 1971, S. 134; Art. 9 DBA-Iran, BStBl I 1970, S. 768; Art. 9 DBA-Thailand, BStBl I 1968, S. 1046; Art. 9 DBA-Belgien, BStBl I 1969, S. 38; Art. 9 DBA-Spanien, BStBl I 1968, S. 296; Art. 4 DBA-USA 1954/65, BStBl I 1966, S. 865; Art. 4 DBA-Griechenland, BStBl I 1967, S. 50; Art. 4 DBA-Irland, BStBl I 1964, S. 320; Art. 5 DBA-Dänemark, BStBl I 1963, S. 756; Art. 6 DBA-Niederlande, BGBl II 1960, S. 1781; Art. 5 DBA-Österreich 1954, BStBl I 1955, S. 369.

[93] StÄndG 1992 vom 25.02.1992, BGBl I 1992, S. 297; vgl. BT-Drs. XII/1108, XII/1368, und XII/1506 zum Gesetzgebungsverfahren.

[94] Vgl. Gesetzentwurf zum StVergAbG, BT-Drs. XV/119, S. 53 zu den Motiven; vgl. Günkel/Lieber, IStR 2004, S. 229.

2008) einige signifikante Änderungen erfahren.[95] Schließlich wurde mit § 1 Abs. 3 S. 9 bis 13 AStG (UntStRefG 2008) eine Besteuerung von sog. „Funktionsverlagerungen" ins Ausland neu eingeführt und damit eine weitere außensteuerrechtliche Vorschrift mit dem Ziel der Sicherung des inländischen Steuersubstrats geschaffen.[96]

Aus der Perspektive des nationalen Steuerrechts lässt sich somit festhalten, dass dem in § 1 Abs. 1 AStG kodifizierten Fremdvergleichsgrundsatz als Maßstab zur Einkünftekorrektur eine über acht Jahrzehnte währende Entwicklung in unterschiedlichen steuertatbestandlichen Ausgestaltungen innewohnt und daher nicht nur seine umfassende Anerkennung zum gesicherten Rechtsbestand des nationalen Steuerrechts gehört, sondern auch eine fortwährende tatbestandliche Ausgestaltung durch Rechtsprechung, Finanzverwaltung und Literatur vollzogen wurde.

C. Die historische Entwicklung des Fremdvergleichsgrundsatzes im Recht der DBA

Mit der Einführung von § 1 AStG im Jahre 1972 verfolgte der deutsche Steuergesetzgeber den Zweck, in Übereinstimmung mit Art. 9 MA 1963 eine innerstaatliche Regelung für die Gewinnberichtigung bei international verbundenen Unternehmen zu schaffen und damit den Fremdvergleichsgrundsatz auch im nationalen Steuerrecht als anerkannten Maßstab zur Gewinnberichtigung rechtsverbindlich zu verankern.[97] Der Gesetzgeber vertrat die Auffassung, dass die mit Art. 9 MA 1963 vergleichbaren Normen in den DBA der Bundesrepublik Deutschland mit anderen Staaten der Ausfüllung durch innerstaatliche Rechtsvorschriften bedurften. Zu diesem Zweck sei eine spiegelbildliche Übernahme des international anerkannten Fremdvergleichsmaßstabs in § 1 AStG zur Erreichung einer zwischenstaatlichen Einkünftekorrektur zweckmäßig und geboten gewesen.[98] Die Gesetzesbegründung führte hierzu explizit aus, dass „das deutsche Steuerrecht damit an die Konzeptionen anderer moderner Steuerrechtsordnungen sowie des internationalen Steuerrechts herangeführt werde".[99] Faktisch hätte die Kodifizierung eines von internationalen Standards abweichenden Korrekturmaßstabes auch zwangsläufig die Gefahr vermehrter Fälle von wirtschaftlicher Doppelbesteuerung bei verbundenen Unternehmen aufgrund divergierender Gewinnkorrekturvorschriften in unterschiedlichen Steuerjurisdiktionen begründet. Das Risiko einer Doppelbesteuerung war zu diesem Zeitpunkt mangels korrespondierender Gewinnberichtigungsmöglichkeit (sog. „corresponding ad-

---

[95] Siehe Kapitel 2, E. II. 1. bis 3.
[96] Siehe Kapitel 2, E. II. 4.
[97] a. a. O., BT-Drs. VI/2883, S. 16 f.; vgl. a. a. O., Fn. 86 für eine Übersicht der zu diesem Zeitpunkt bereits existenten DBA der Bundesrepublik Deutschland mit anderen Staaten, die eine Gewinnberichtigung bei international verbundenen Unternehmen nach dem Vorbild des Art. 9 MA 1963 vorsahen.
[98] a. a. O., BT-Drs. VI/2883, S. 16 f.
[99] a. a. O., BT-Drs. VI/2883, S. 17.

justment") ehedem besonders hoch, da eine entsprechende Musterklausel erst durch Ergänzung von Art. 9 MA 1963 um den aktuellen Absatz 2 im Jahre 1977 eingearbeitet wurde und bis heute keine Ausfüllung durch eine entsprechende Rechtsnorm im nationalen Steuerrecht der Bundesrepublik Deutschland gefunden hat. Der in Art. 9 MA 1963 zum Ausdruck kommende Wille zur internationalen Harmonisierung der Gewinnabgrenzung und Gewinnzurechnung zwischen verbundenen Unternehmen manifestierte sich jedoch schon weit vor dem ersten Abkommensmodell der OECD aus dem Jahre 1963. Die ursprünglich treibende Kraft war dabei der Völkerbund, dessen Bemühungen zur Schaffung international anerkannter Doppelbesteuerungsregeln bis in die frühen zwanziger Jahre des letzten Jahrhunderts zurückreichten.

Vor dem ersten Weltkrieg von 1914 bis 1918 war das Problem der internationalen Doppelbesteuerung und damit auch der zwischenstaatlichen Allokation von Einkünften kaum existent, da nur eine geringe Staatenzahl das Welteinkommensprinzip anwendete und daher der Besteuerungszugriff i. d. R. auf die inländischen Einkünfte des einzelnen Steuerpflichtigen beschränkt war.[100] Dennoch sahen sich speziell im Deutschen Reich innerhalb des Reichsgebietes zahlreiche Steuerpflichtige einer wirtschaftlichen Doppelbesteuerung ausgesetzt, da das Steuerrecht fast ausschließlich Landesrecht war.[101] Von den Ausgleichsmaßnahmen, die vom Deutschen Reich und den einzelnen Ländern bis zum Beginn des ersten Weltkriegs im Jahre 1914 vorgenommen wurden, zeugen daher verschiedene Verordnungen und Gesetze, von denen das wohl bedeutendste das „Reichsgesetz wegen Beseitigung der Doppelbesteuerung" vom 13.05.1870 in der Fassung des deutschen Doppelsteuergesetzes vom 22.03.1909 war.[102] Die Entstehung dieses Gesetzes geht zurück auf eine Anregung des Norddeutschen Bundes aus dem Jahre 1867, da seinerzeit erstmals Beschwerden von Personen eingegangen waren, die in verschiedenen Bundesstaaten gleichzeitig zur Zahlung von Steuern herangezogen wurden.[103] Faktisch war das aufkeimende Problem ein Ergebnis unterschiedlicher Faktoren. Auslösend wirkte aber der Erlass

---

[100] Vgl. Fähnrich, Doppelbesteuerung im Allgemeinen und ihre Beseitigung durch die Gesetzgebung im deutschen Staatsgebiet von der Reichsgründung bis zur Gegenwart, S. 4 ff. für eine Darstellung der damaligen Prinzipien für die Begründung der Steuerpflicht.

[101] Vgl. Jahn, Die Doppelbesteuerung, S. 4.

[102] Deutsches Doppelbesteuerungsgesetz vom 22.03.1909, Finanzarchiv 1909, S. 831; vgl. auch die Reichstagsresolution betreffend die Doppelbesteuerung bei Kommunen, Finanzarchiv 1909, S. 851; Preußisches Gesetz betreffend einer Vermeidung der Doppelbesteuerung vom 18.04.1901 mit Österreich, Finanzarchiv 1901, S. 285; Vertrag zwischen Bayern und Österreich zur Vermeidung der Doppelbesteuerung, Finanzarchiv 1904, S. 808 und 1914, S. 698; Braunschweigisches Gesetz vom 17.12.1900 betreffend die Beseitigung von Doppelbesteuerungen bei der Staatseinkommen-, bei der Ergänzungs- und bei der Gemeindeeinkommensteuer, Finanzarchiv 1904, S. 808; sowie die Aufzählung bei Klein, Die reichsrechtlichen und internationalen Maßnahmen gegen die Doppelbesteuerung, S. 11, 54 ff.

[103] Jahn, Die Doppelbesteuerung, S. 4; vgl. zu Inhalt und Entstehung auch Fähnrich, Doppelbesteuerung im Allgemeinen und ihre Beseitigung durch die Gesetzgebung im deutschen Staatsgebiet von der Reichsgründung bis zur Gegenwart, S. 11 ff.

des ersten Freizügigkeitsgesetzes am 01.11.1867, mit dem das Übersiedeln innerhalb des Bundesgebietes erleichtert wurde. Die zu diesem Zeitpunkt noch bestehenden tatsächlichen Hindernisse eines freien Personen- und Grenzverkehrs wurden schließlich durch die zunehmende Verbesserung der Verkehrswege, die wachsende Beweglichkeit des Kapitals und die fortschreitende Industrialisierung der Wirtschaft beseitigt.[104] Am Ende dieses stetig fortschreitenden Prozesses standen schließlich Verhältnisse, in denen eine steigende Anzahl von Steuerpflichtigen in verschiedenen Hoheitsgebieten zu versteuernde Einkünfte erzielten und damit eine Lösung des Doppelbesteuerungsproblems immer dringender machten.[105] Allerdings enthielten die zur Vermeidung der Doppelbesteuerung erlassenen Gesetze und Verordnungen allenfalls Vorschriften über die Gewinnallokation bei Betriebsstätten eines stehenden Gewerbes.[106] Dieser Zustand änderte sich in Bezug auf die Gewinnabgrenzung bei verbundenen Unternehmen auch erst grundlegend, als durch die Vorläufer des heutigen Art. 5 Abs. 7 MA die Tochtergesellschaften aus dem Betriebsstättenbegriff herausgenommen wurden und damit für Sachverhalte, auf die der jeweils einschlägige Artikel über die Behandlung von gewerblichen Unternehmensgewinnen nun keine Anwendung mehr fand, eine gesonderte Vorschrift mit eigenen Gewinnermittlungsgrundsätzen erlassen wurde.[107] Möglichkeiten zur grenzüberschreitenden Korrektur von Einkünften eines Steuerpflichtigen waren dementsprechend ebenfalls nicht vorgesehen.[108] Der Grund dafür lag u. a. darin, dass die meisten Länder zu Beginn des 20. Jahrhunderts zumeist nur niedrige Steuersätze auf ausländische Einkünfte erhoben, so dass eine gezielte Gewinnallokation zur Senkung der Steuerlast noch nicht ausreichend in den Fokus des unternehmerischen Handelns gerückt war. Darüber hinaus war zur damaligen Zeit vielfach ungeklärt, mit welchem Anteil am Unternehmensgewinn die Betriebsstätte überhaupt zu besteuern war, so dass bereits bei der Gewinnermittlung des Einzelunternehmens häufig unüberwindbare Probleme auftauchten. Schließlich war die Abstraktion zwischen natürlichen und juristischen Personen am Ende des 19. Jahrhunderts noch nicht so weit fortgeschritten, dass es überhaupt zur umfassenden Begründung von grenzüberschreitenden Beteiligungen kam, die wiederum entsprechende Abreden zur Gewinnverlagerung möglich machten bzw. erleichterten.[109]
Dennoch resultierte selbst aus dieser geringen Steuerlast eine Doppelbesteuerungssituation beim Steuerpflichtigen, so dass die betroffenen Staaten schnell

---

[104] Fähnrich, Doppelbesteuerung im Allgemeinen und ihre Beseitigung durch die Gesetzgebung im deutschen Staatsgebiet von der Reichsgründung bis zur Gegenwart, S. 3 f.
[105] Fähnrich, Doppelbesteuerung im Allgemeinen und ihre Beseitigung durch die Gesetzgebung im deutschen Staatsgebiet von der Reichsgründung bis zur Gegenwart, S. 3 f.
[106] Klein, Die reichsrechtlichen und internationalen Maßnahmen gegen die Doppelbesteuerung, S. 28 ff.
[107] Eigelshoven, in: Vogel/Lehner, DBA, Art. 9, Rn. 5.
[108] Index of International Tax Agreements 1843-1948, United Nations, International Tax Agreements, S. 431 ff.; Collection of International Agreements and Internal Legal Provisions for the Prevention of Double Taxation and Fiscal Evasion, League of Nations, Vol. I-VI, 1928-1936.
[109] Rennebaum/Zitzlaff, Die deutschen Doppelbesteuerungsverträge, S. 43 ff.

die Notwendigkeit zwischenstaatlicher Regelungen zu deren Vermeidung erkannten.[110] Zu diesen Staaten gehörten neben dem deutschen Reich u. a. das Kaiserreich Österreich-Ungarn, das Vereinigte Königreich und die einzelnen Kantone des Schweizer Bundesstaates, welche noch bis in die heutige Zeit eine umfassende kantonale Steuerhoheit besitzen.[111] Ihren systematischen Ursprung finden die heutigen Vorschriften des MA allerdings erst in den Entwürfen des Völkerbundes für zwischenstaatliche Abkommen zur Vermeidung der Doppelbesteuerung aus den späten zwanziger Jahren des letzten Jahrhunderts. Da sich das Problem der Doppelbesteuerung mit dem Ende des ersten Weltkrieges und der damit verbundenen grenzstaatlichen Neuordnung innerhalb Europas sowie dem fortschreitenden Ende des Kolonialismus verstärkte, nahm sich die neugegründete Economic and Financial Organisation (sog. „International Chamber of Commerce") des Völkerbundes auf ihrer konstituierenden Versammlungen in Brüssel im Juni, September und Oktober 1920 dem Problem an.[112]

Zum einen wurde eine Resolution verabschiedet, in der die Vertragsstaaten zur Vermeidung der zwischenstaatlichen Doppelbesteuerung aufgerufen wurden. Zum anderen setzte man einen Finanzausschuss (sog. „Financial Committee") zur Untersuchung des Problems und zur Erarbeitung von Lösungsvorschlägen ein.[113] Im September 1921 benannte der Finanzausschuss des Völkerbundes ein vierköpfiges, akademisches Expertengremium (sog. „Commission des Quatre Savants" oder „Commission of Academic Experts") mit dem Ziel der Erforschung von Ursachen der Doppelbesteuerung und deren Vermeidung.[114] Das Gutachten dieser Kommission ist im April 1923 veröffentlicht worden[115] und enthielt vier Methoden zur Vermeidung der Doppelbesteuerung:[116]

- Zulassung des Abzugs für Einkünfte aus ausländischen Quellen im Wohnsitzstaat („the method of deduction for income from abroad")

---

[110] Vgl. für das deutsche Reich: Abkommen zur Vermeidung der Doppelbesteuerung bis 1926, Hrsg. Reichsfinanzministerium; Aufzählung von Staatsverträgen, Verwaltungsanordnungen und Teilregelungen bis 1928 bei Jahn, Die Doppelbesteuerung, S. 11 ff., 31 ff.; Rennebaum/Zitzlaff, Die deutschen Doppelbesteuerungsverträge, S. 111 ff.; Klein, Die reichsrechtlichen und internationalen Maßnahmen gegen die Doppelbesteuerung, S. 12 ff., 64 ff.
[111] Langbein, Tax Notes, Vol. 30, 1986, S. 625, 630; Vgl. Klein, Die reichsrechtlichen und internationalen Maßnahmen gegen die Doppelbesteuerung, S. 10, 11 f., 59 f. für Österreich-Ungarn und die Schweiz.
[112] Langbein, Tax Notes, Vol. 30, 1986, S. 625, 630; Essential Facts about the League of Nations, 1938, S. 217.
[113] Essential Facts about the League of Nations, 1938, S. 219 f.
[114] Mersmann, in: Gerloff/Neumark, Handbuch der Finanzwissenschaft, Band 4, S. 104.
[115] Report on Double Taxation, League of Nations, Geneva, 5th of April 1923, Economic and Financial Commission, submitted by Prof. Bruins, Einaudi, Seligman and Sir Josiah Stamp.
[116] Vgl. hierzu die umfassende Darstellung und Kritik bei Klein, Die reichsrechtlichen und internationalen Maßnahmen gegen die Doppelbesteuerung, S. 75 ff. sowie die Rezension von Jahn, Die Doppelbesteuerung, S. 36 ff., 63 ff.

- Befreiung der Einkünfte im Quellenstaat bei ausländischen Empfängern („the method of exemption for income going abroad")
- Erhebung des halben Steuersatzes im Quellen- und Wohnsitzstaat („the method of division of the tax")
- Teilung der Einkünfte nach Quellen („the method of classification and assignment of sources")

Den akademischen Experten gleichgeordnet wurde im Jahre 1922 ein weiteres Expertengremium, diesmal bestehend aus sieben Finanzverwaltungsfachleuten einzelner Mitgliedstaaten, ins Leben gerufen (sog. „Committee of Technical Experts"), das sich ebenfalls der Aufgabe widmen sollte, Lösungen zur Vermeidung der internationalen Doppelbesteuerung zu erarbeiten.[117] Als wesentliche Erkenntnis dieses Gremiums ist festzuhalten, dass Verträge über die Vermeidung einer Doppelbesteuerung unter gleichzeitiger Beteiligung mehrerer Staaten wegen der Verschiedenheit der damaligen nationalen Steuersysteme nicht durchführbar erschienen.[118] Aus diesem Grund fokussierte man die Arbeit auf bilaterale Verträge welche die Doppelbesteuerung, den gegenseitigen Bestand der Verwaltungen in Steuersachen und den zwischenstaatlichen gerichtlichen Beistand für die Steuererhebung zum Gegenstand hatten und sich einerseits auf das Gebiet der direkten Steuern und andererseits auf die Erbschaftsteuer bezogen. Das Resultat der Arbeit des Ausschusses war ein Bericht vom Februar 1925, der im Jahre 1927 um zwei konkrete Mustervertragsentwürfe mit Kommentierung ergänzt wurde.[119]

Nach der Vorstellung der Berichte beider Gremien wurde schließlich im erweiterten Kreis der drei Personengruppen aus Finanzausschuss, akademischen Experten und Finanzverwaltungsfachleuten nach einer sachgerechten und konsensfähigen Lösung gesucht. Inhaltlich einigte man sich zur Vermeidung der Doppelbesteuerung schließlich auf ein am Ansässigkeitsstaat des Steuerpflichtigen orientiertes Besteuerungsrecht.[120] Ein ausschließlich quellentheoretischer Ansatz sowie eine Aufteilung des Welteinkommens nach vorher festgelegten Schlüsseln auf die einzelnen Staaten wurden als nicht konsensfähig bzw. nicht praktikabel angesehen. Zudem war man der Auffassung, dass ein Besteuerungsrecht des Quellenstaates investitionshemmend wirken würde, da infolge des doppelten Zugriffs beider Besteuerungsregime ein höherer Ertrag vom grenzüberschreitend tätigen Steuerpflichtigen erwirtschaftet werden müsse als bei ei-

---

[117] Mersmann, in: Gerloff/Neumark, Handbuch der Finanzwissenschaft, Band 4, S. 104.
[118] Jahn, Die Doppelbesteuerung, S. 52.
[119] Report and Resolutions on Double Taxation and Tax Evasion, League of Nations, Geneva, 7th of February 1925, submitted by the Technical Experts to the Fiscal Committee; Report on Double Taxation and Tax Evasion, League of Nations, 1927, submitted by the Committee of Technical Experts; vgl. dazu auch Langbein, Tax Notes, Vol. 30, 1986, S. 625, 630; Klein, Die reichsrechtlichen und internationalen Maßnahmen gegen die Doppelbesteuerung, S. 79 ff.; Jahn, Die Doppelbesteuerung, S. 43 ff.
[120] Langbein, Tax Notes, Vol. 30, 1986, S. 625, 630.

ner vergleichbaren inländischen Investition.[121] Einzig die abstrakte Zuordnung der nachfolgend aufgeführten Einkunftsarten zur Besteuerungshoheit des Quellenstaates wurde übereinstimmend als durch- und umsetzbar eingestuft:[122]

- Einkünfte von Unternehmensbetriebsstätten
- Einkünfte aus unbeweglichem Vermögen im Belegenheitsstaat
- Einkünfte aus Dienstleistungen am Erfolgsort der Tätigkeit
- Einkünfte aus Geschäftsführungs- und Aufsichtsratstätigkeiten im Sitzstaat der Gesellschaft
- Dividenden- und Zinseinkünfte

Die Vollversammlung stellte schließlich im Oktober 1928 unter Berücksichtigung der vorstehenden Liste drei verschiedene Modellabkommen vor,[123] wobei eines für Fälle von Personenbesteuerung im einen Staat und Objektbesteuerung im anderen Staat vorgesehen war. Die übrigen zwei Abkommensmodelle erfassten einmal die beiderseitige Personenbesteuerung und zum anderen solche Fälle von Sachbesteuerung, die nicht unter die ersten beiden Abkommensmodelle fielen. Die Mehrheit der in den dreißiger Jahren des 20. Jahrhunderts abgeschlossenen Anzahl von ca. 150 DBA beruhte schließlich auf den erarbeiteten Entwürfen.[124]

Die ersten DBA-Entwürfe des Völkerbundes kannten keine dem Art. 9 MA entsprechende Regelung.[125] Zwar enthielten diese Abkommensvorlagen die bereits angesprochene Regelung für das Quellenbesteuerungsrecht eines Vertragsstaates für Betriebsstätten von Unternehmen, die ihren Sitz im anderen Vertragsstaat hatten. Jedoch war insoweit keine mit dem heutigen Art. 7 Abs. 2 MA vergleichbare Regelung über die Gewinnaufteilung zwischen Stammhaus und Betriebsstätte vorhanden, so dass der Fremdvergleich als Maßstab der Gewinnabgrenzung noch weitgehend unbekannt war. Es wurde lediglich festgelegt, dass der Betriebsstättenstaat ein Besteuerungsrecht für solche Einkünfte hat, die auf seinem Territorium erwirtschaftet wurden und dass bei Unstimmigkeiten über die Zuordnung von Besteuerungsgut eine Verständigung zwischen den Finanzbehörden erfolgen sollte.[126] Anzumerken bleibt, dass die ursprünglich von den Gremien des Völkerbundes vorgeschlagene Fassung eine Liste mit Vorgängen enthielt, die zur Begründung einer Betriebsstätte führen sollten und darin auch verbundene Unternehmen eine solche konstituierten. Die Liste wurde jedoch von der Vollversammlung des Völkerbundes vor Verabschiedung der Abkommensmuster gestrichen. Darüber hinaus wurde eine gesonderte Betriebsstätten-

---

[121] Langbein, Tax Notes, Vol. 30, 1986, S. 625, 630.
[122] Langbein, Tax Notes, Vol. 30, 1986, S. 625, 631.
[123] Collection of International Agreements and Internal Legal Provisions for the Prevention of Double Taxation and Fiscal Evasion, League of Nations, Vol. I-VI, 1928-1936.
[124] Essential Facts about the League of Nations, 1938, S. 220.
[125] Vgl. hierzu die Übersetzung der Musterverträge des Ausschusses der technischen Experten (Finanzverwaltungsfachleute) bei Jahn, Die Doppelbesteuerung, S. 53 ff.
[126] Langbein, Tax Notes, Vol. 30, 1986, S. 625, 631; Jahn, Die Doppelbesteuerung, S. 54 f.

buchführung als Grundlage einer Gewinnaufteilung zwischen Stammhaus und Betriebsstätte unter Verweis auf die damit verbundene Einigungspflicht der Finanzbehörden ebenfalls abgelehnt.[127]

Als weiteres Ergebnis der Konferenz von 1928 konstituierte der Völkerbund einen Fiskalausschuss (sog. „Fiscal Committee"), der sich aus zwölf Mitgliedern unter möglichst breiter Repräsentanz der verschiedenen Steuersysteme zusammensetzte.[128] Der Ausschuss erkannte das Problem der Allokation von Gewinnen bei international tätigen Unternehmen und gab schließlich zur Erarbeitung von Lösungen eine detaillierte Studie in Auftrag. Diese wurde von dem US-amerikanischen Rechtsanwalt Mitchell B. Carroll zwischen 1930 und 1933 erstellt und enthielt einen Überblick über die Methoden zur Gewinnallokation in 27 Ländern und drei US-Bundesstaaten. Inhaltlich stellte die Studie einen Wendepunkt in der Entwicklung von Gewinnzurechnungsmethoden dar. Während die frühen mitteleuropäischen Abkommen und auch die ersten Entwürfe des Völkerbunds eine Gewinnzurechnung nach abstrakten Schlüsseln, empirischen Methoden oder auf der Basis zwischenstaatlicher Verständigung der Finanzbehörden forderten, vollzog man auf der Grundlage des Carroll-Reports erstmals eine Hinwendung zu einer selbständigen, am Einzelfall orientierten Gewinnermittlung für Betriebsstätten. Der Report ging dabei von einem sog. „separate entity approach" in Form einer getrennten Betriebsstättenbuchführung aus, die einem unabhängigen Unternehmen nachgebildet sein sollte.[129]

Methodisch legte Carroll seiner Untersuchung die Tatsache zugrunde, dass eine formelle Rechtsetzung zum Problem der Einkünfteabgrenzung in den untersuchten Staaten nicht existent war. Tatsächlich gab es lediglich vereinzelte Regelungen in zwischenstaatlichen Abkommen, die jedoch keine Allgemeingültigkeit beanspruchen konnten. Darüber hinaus wurden in Österreich und den US-Bundesstaaten New York, Wisconsin und Massachusetts statische Zuordnungsformeln angewendet.[130] Die Vielzahl nicht kodifizierter Ansätze und Einzelfallregelungen systematisierte Carroll in drei verschiedene Methoden zur Einkunftsabgrenzung[131]:

- Separate Betriebsstättenbuchführung als Grundlage der Einkunftsermittlung
- Empirische Methoden auf der Grundlage vergleichbarer, selbständiger Unternehmen im Betriebsstättenstaat unter Einbeziehung der wirtschaftlichen Verhältnisse der Betriebsstätte
- Aufteilung des Gesamteinkommens des Unternehmens auf die einzelnen Betriebsstätten anhand unternehmensinterner, wirtschaftlicher Verhältnisse und Zuordnungsschlüssel

---

[127] Langbein, Tax Notes, Vol. 30, 1986, S. 625, 631; Jahn, Die Doppelbesteuerung, S. 54 f.
[128] Debatin, DB 1980, Beilage Nr. 15, S. 5.
[129] Langbein, Tax Notes, Vol. 30, 1986, S. 625, 632.
[130] Langbein, Tax Notes, Vol. 30, 1986, S. 625, 632.
[131] Caroll, Taxation of Foreign and National Enterprises, Volume IV, Methods of Allocating Taxable Income, League of Nations, 30th of September 1933, Nr. 26/45.

Die Untersuchungsergebnisse von Carroll wurden im Jahre 1935 vom Fiskalausschuss des Völkerbundes in einem Entwurf zu einer Musterkonvention unmittelbar umgesetzt, kamen jedoch nie über diesen Status hinaus. Dennoch verdient die Studie an dieser Stelle Beachtung, da sie den „dealing at arm's length Grundsatz" als Methode zur Einkünfteabgrenzung im internationalen Steuerrecht erstmalig benannte und darüber hinaus eine Vorschrift enthielt, die dem heutigen Art. 9 MA in Tatbestand und Rechtsfolge sehr ähnlich war.[132] Der richtungweisende Ansatz einer Einkunftsabgrenzung am Maßstab einer gesonderten Betriebsstättenbuchführung wird nachhaltig durch die Tatsache unterstrichen, dass die USA im Jahre 1934 in Sec. 482 Internal Revenue Code (IRC) den „dealing at arm's length Grundsatz" als Maßstab zur Gewinnermittlung kodifizierten und damit als erster Staat dem von Carroll eingeschlagenen Weg auf nationaler Ebene folgten.[133] Daneben wurden Konzeptionen formuliert, die in ihrem Kern zu festen Bestandteilen des internationalen Steuervertragsrechts auswuchsen, wie die Angleichung der Gewinnbestimmung unselbständiger Unternehmensteile (Betriebsstätten) an diejenige selbständiger Unternehmen, die Abgrenzung der Unternehmensgewinne von anderen Einkunftskategorien, die Gewinnbestimmung durch die sog. „indirekte Methode" mittels Aufteilung des Gesamtgewinns des Unternehmens auf seine Betriebsstätten sowie die Herausarbeitung der Schätzung als Maßnahme der Gewinnzuordnung.[134]

Der Fiskalausschuss des Völkerbundes setzte die Arbeit an den aufgezeigten Problemen fort und kam schließlich 1939 zu dem Entschluss, dass die Vertragsmodelle von 1928 zu korrigieren seien.[135] Die daraufhin einberufenen Expertentreffen des Völkerbundes in Den Haag im April 1940 und in Mexiko-City im Juni 1940 und Juli 1943 griffen die Untersuchungsergebnisse von Carroll aus dem Jahre 1933 schließlich auf und erarbeiteten dementsprechend modifizierte Abkommensvorschriften. Der Fiskalausschuss des Völkerbundes traf sich dann im März 1946 in London und veröffentlichte zwei verschiedene Muster für bilaterale Abkommen zur Vermeidung der Doppelbesteuerung auf dem Gebiet der Steuern vom Einkommen und Vermögen, auf dem Gebiet der Steuern vom Nachlass und zur gegenseitigen Verwaltungshilfe auf diesen Gebieten.[136] Zwar handelte es sich bei den Abkommensmodellen um unterschiedliche Entwürfe (sog. „Mexico-Draft" 1943 und „London-Draft" 1946). Dennoch waren die Vorschriften über die Einkunftsabgrenzung zwischen Stammhaus und Betriebsstätte sowie über die Zuordnung von Einkünften bei verbundenen Unternehmen insoweit identisch, als sie schon im Entwurf des Fiskalausschusses aus dem Jahre 1935 enthalten waren. Art. VI beider Abkommensmodelle war wortgleich mit Art. III des Entwurfs aus dem Jahre 1935 über die Einkunftsabgrenzung zwischen Stammhaus und Betriebsstätte und Art. VII beider Modellabkommen ent-

---

[132] Carroll, Taxation of Foreign and National Enterprises, Volume IV, Methods of Allocating Taxable Income, League of Nations, 30th of September 1933, Nr. 26/45.
[133] Langbein, Tax Notes, Vol. 30, 1986, S. 625, 631.
[134] Debatin, DB 1980, Beilage Nr. 15, S. 5.
[135] Mersmann, in: Gerloff/Neumark, Handbuch der Finanzwissenschaft, Band 4, S. 104.
[136] Mersmann, in: Gerloff/Neumark, Handbuch der Finanzwissenschaft, Band 4, S. 104.

hielt eine Abschrift von Art. VI des Entwurfs aus dem Jahre 1935 über die Einkünftezuordnung bei verbundenen Unternehmen.[137] Darüber hinaus gab der Kommentar zu beiden Abkommen ein eindeutiges Bekenntnis zum „dealing at arm's length Grundsatz" ab, hinter dem die Methoden zur Gewinnabgrenzung anhand globaler Methoden zurücktreten sollten.[138] Im Ergebnis vollzogen die Abkommensmodelle von London gegenüber den Entwürfen des Völkerbundes aus dem Jahre 1928 also einen erheblichen Gesinnungswandel. Der abschließende Bericht der Londoner Sitzung würdigte dies jedoch gleichzeitig mit dem Hinweis, dass nach Übernahme der Arbeiten des Völkerbundes auf dem Gebiet der internationalen Steuerprobleme durch die Vereinten Nationen die Ergebnisse von Mexiko und London durch eine ausgewogen zusammengesetzte Gruppe von Steuerexperten aus Kapitaleinfuhr- und Kapitalausfuhrländern und aus wirtschaftlich entwickelten und weniger entwickelten Staaten nutzbringend überprüft und weiterentwickelt werden sollten.[139]

Unter Hinweis auf die erheblichen Lösungsunterschiede zwischen den Modellabkommen von Mexiko und London und die verbliebenen Lösungslücken bestellte die Organisation für Europäische Wirtschaftliche Zusammenarbeit (OEEC), nachdem sie am 25.02.1955 eine erste Empfehlung zur Vermeidung der Doppelbesteuerung ausgesprochen hatte, im März 1956 einen Steuerausschuss aus Regierungsvertretern, der im Jahr 1958 den Auftrag erhielt, für den Kreis der Mitgliedstaaten konkrete Lösungsvorschläge zur Vermeidung der Doppelbesteuerung zu entwickeln.[140] Der wachsende Wirtschaftsverkehr der Nachkriegszeit hatte zunehmend das Bedürfnis hervortreten lassen, die bilaterale Vertragspraxis im europäischen Bereich durch gemeinsame Prinzipien, Definitionen und Methoden und eine harmonisierte Vertragsauslegung im Interesse der Rechtssicherheit zu vereinheitlichen.[141] Nach vier Zwischenberichten des OEEC-Steuerausschusses in den Jahren 1950 bis 1961 zu Teilbereichen der DBA konnten die Arbeiten unter der im September 1961 als Nachfolgeorganisation gebildeten Organisation für wirtschaftliche Zusammenarbeit und Entwicklung (OECD) auf der Grundlage des Abschlussberichts mit dem Titel „Musterabkommen zur Vermeidung der Doppelbesteuerung des Einkommens und Vermögens" zu einem umfassenden Abkommensmodell abgerundet werden.[142]

Im ersten MA, das der Rat der OECD am 30.07.1963 annahm, enthielt der einschlägige Art. 9 MA für die Einkünftekorrektur bei verbundenen Unternehmen am Maßstab des Fremdvergleichsgrundsatzes zunächst nur einen Absatz. Eine dem Art. 9 Abs. 1 MA entsprechende Vorschrift wurde bis zum heutigen

---

[137] Langbein, Tax Notes, Vol. 30, 1986, S. 625, 638.
[138] Langbein, Tax Notes, Vol. 30, 1986, S. 625, 638.
[139] Debatin, DB 1980, Beilage Nr. 15, S. 5; vgl. OECD; Musterkommentar zum MA, Einleitung, Nr. 4.
[140] Debatin, DB 1980, Beilage Nr. 15, S. 6.
[141] Debatin, DB 1980, Beilage Nr. 15, S. 6; OECD, Musterkommentar zum MA, Einleitung, Nr. 5.
[142] Debatin, DB 1980, Beilage Nr. 15, S. 6; OECD, Musterkommentar zum MA, Einleitung, Nr. 6.

Tage in zahlreiche DBA von OECD-Mitgliedstaaten übernommen, was weltweit zu einer umfassenden Anerkennung des Fremdvergleichsgrundsatzes als Methode zur Gewinnabgrenzung zwischen verbundenen Unternehmen führte.[143] Hierzu ist anzumerken, dass die Bundesrepublik Deutschland im Hinblick auf die Vermeidung der Doppelbesteuerung durch Einkünftekorrekturen bei verbundenen Unternehmen die Zeichen der Zeit bereits vor der Veröffentlichung des ersten MA im Jahre 1963 erkannt hatte und bis zu diesem Zeitpunkt bereits vier Doppelbesteuerungsabkommen mit anderen Staaten abgeschlossen hatte, die eine mit Art. 9 MA vergleichbare Vorschrift zur Korrektur von Gewinnverlagerungen zwischen verbundenen Unternehmen enthielten.[144] Der zweite Absatz über die korrespondierende Gewinnberichtigung wurde erst am 17.04.1977 in die zweite Fassung des MA eingearbeitet. Ein ausdrücklicher Maßstab für die Gegenberichtigung wird im Unterschied zu Art. 9 Abs. 1 MA nicht genannt. Unterstellt man allerdings, dass die Gewinnkorrektur in dem einen Vertragsstaat in zutreffender Anwendung des Fremdvergleichsgrundsatzes durchgeführt wurde, so ist dieser Grundsatz auch für die Gegenberichtigung zu beachten.[145] Die Bundesrepublik Deutschland hatte zunächst einen Vorbehalt gegen die Aufnahme von Absatz 2 in ihre DBA mit anderen Staaten angemeldet, diesen jedoch mit der Revision des MA im Jahre 1992 letztendlich aufgegeben. Aus diesem Grund muss erwartet werden, dass die Bundesrepublik Deutschland in künftig abzuschließende Abkommen eine Gegenberichtigung aufnehmen wird.[146] Abgesehen von den DBA mit Dänemark, Kasachstan, Korea 2000, Malta 2001, Österreich 2000, Schweden, Tschechoslowakei, Türkei, Tunesien, USA, Usbekistan und den Abkommensentwürfen mit Finnland, Polen, Rumänien, Tschechien und Weißrussland hat Art. 9 Abs. 2 MA in die geltenden deutschen Abkommen noch keinen Eingang gefunden.[147] Das Doppelbesteuerungsabkommen mit Italien enthält in Absatz 7 des Protokolls zu Art. 9 eine dem Art. 9 Abs. 2 MA nachgebildete Vorschrift.[148]

D. „Dealing at arms's length" – Die tatbestandliche Ausgestaltung des Fremdvergleichsgrundsatzes

Im Zeitpunkt der Einführung des AStG im Jahre 1972 hatte sich der in § 1 Abs. 1 AStG kodifizierte Fremdvergleichsgrundsatz als Maßstab der Einkünftekorrektur zwischen verbundenen Unternehmen im internationalen Steuerrecht bereits umfassend durchgesetzt. Ausdruck dessen waren insbesondere Art. 7

---

[143] Becker; in: Gosch/Kroppen/Grotherr, DBA-Kommentar, Art. 9, Rn. 4; vgl. die Abkommensübersicht bei Eigelshoven, in: Vogel/Lehner, DBA, Art. 9, Rn. 145.
[144] Vgl. Art. 5 DBA-Österreich vom 04.10.1954, BStBl I 1955, S. 369; Art. 6 DBA-Niederlande vom 16.06.1959, BGBl II 1960, S. 1781; Art. 5 DBA-Dänemark vom 30.01.1962, BStBl I 1963, S. 756; Art. 4 DBA-Irland vom 17.10.1962, BStBl I 1964, S. 320.
[145] Wassermeyer, in: Debatin/Wassermeyer, Doppelbesteuerung, Art. 9 MA, Rn. 385.
[146] Wassermeyer, in: Debatin/Wassermeyer, Doppelbesteuerung, Art. 9 MA, Rn. 8.
[147] Eigelshoven, in: Vogel/Lehner, DBA, Art. 9, Rn. 181.
[148] Eigelshoven, in: Vogel/Lehner, DBA, Art. 9, Rn. 181.

Abs. 2 MA 1963 und Art. 9 MA 1963, welche den Fremdvergleichsgrundsatz nicht nur zur Einkunftsabgrenzung zwischen rechtlich unabhängigen Steuersubjekten in unterschiedlichen Abgabenhoheiten, sondern auch zur Gewinnabgrenzung bei grenzüberschreitenden Betriebsstätten von Unternehmen normierten. Insoweit fand § 1 Abs. 1 AStG 1972 nicht nur seine wörtliche, sondern auch teleologische Anlehnung in dem „dealing at arm´s length principle" des Art. 9 MA und des Art. 7 Abs. 2 MA.[149] Demnach hat die inhaltliche Ausgestaltung des § 1 Abs. 1 AStG ihren Ursprung in völkerrechtlichen, d. h. zwischenstaatlichen Vorschriften, deren Bestand und Anwendung zur Zeit des AStG-Gesetzesbeschlusses im Jahre 1972 bereits über einen langen Zeitraum anerkannt waren, so dass eine umfassende Darstellung der historischen Entwicklung und des rechtlichen Inhalts des abkommensrechtlichen Fremdvergleichsgrundsatzes für die weitere Beurteilung des § 1 Abs. 1 AStG unerlässlich ist. Hierbei wird auch auf Abweichungen zwischen der abkommensrechtlichen und der nationalen Auslegung des Fremdvergleichsgrundsatzes eingegangen.

Zum besseren Verständnis der nachfolgenden Ausführungen werden die einschlägigen Vorschriften des MA in der geltenden Fassung vorangestellt:[150]

Art. 9 MA

(1) Wenn

(a) ein Unternehmen eines Vertragsstaates unmittelbar oder mittelbar an der Geschäftsleitung, der Kontrolle oder dem Kapital eines Unternehmens des anderen Vertragsstaates beteiligt ist oder

(b) dieselben Personen unmittelbar oder mittelbar an der Geschäftsleitung, der Kontrolle oder dem Kapital eines Unternehmens eines Vertragsstaates und eines Unternehmens des anderen Vertragsstaates beteiligt sind und in diesen Fällen die beiden Unternehmen in ihren kaufmännischen oder finanziellen Beziehungen an vereinbarte oder auferlegte Bedingungen gebunden sind, die von denen abweichen, die unabhängige Unternehmen miteinander vereinbaren würden, so dürfen die Gewinne, die eines der Unternehmen ohne diese Bedingungen erzielt hätte, wegen dieser Bedingungen aber nicht erzielt hat, den Gewinnen dieses Unternehmens zugerechnet und entsprechend besteuert werden.

(2) Werden in einem Vertragsstaat den Gewinnen eines Unternehmens dieses Staates Gewinne zugerechnet und entsprechend besteuert, mit denen ein Unternehmen des anderen Vertragsstaates in diesem Staat besteuert worden ist, und handelt es sich bei den zugerechneten Gewinnen um solche, die das Unternehmen des erstgenannten Staates erzielt hätte, wenn die zwischen den beiden Unternehmen vereinbarten Bedingungen die gleichen gewesen wären, die unabhängige Unternehmen miteinander

---

[149] Wassermeyer, in: Flick/Wassermeyer/Baumhoff, AStG, § 1, Rn. 107.1.
[150] Siehe Kapitel 2, A. für den Wortlaut von § 1 Abs. 1 AStG.

vereinbaren würden, so nimmt der andere Staat eine entsprechende Änderung der dort von diesen Gewinnen erhobenen Steuer vor. Bei dieser Änderung sind die übrigen Bestimmungen dieses Abkommens zu berücksichtigen; erforderlichenfalls werden die zuständigen Behörden der Vertragsstaaten einander konsultieren.

Art. 7 MA

(1) Gewinne eines Unternehmens eines Vertragsstaates können nur in diesem Staat besteuert werden, es sei denn, das Unternehmen übt seine Geschäftstätigkeit im anderen Vertragsstaat durch eine dort gelegene Betriebsstätte aus. Übt das Unternehmen seine Geschäftstätigkeit auf diese Weise aus, so können Gewinne des Unternehmens im anderen Staat besteuert werden, jedoch nur insoweit, als sie dieser Betriebsstätte zugerechnet werden können.

(2) Übt ein Unternehmen eines Vertragsstaats seine Geschäftstätigkeit im anderen Vertragsstaat durch eine dort gelegene Betriebsstätte aus, so werden vorbehaltlich des Absatzes 3 in jedem Vertragsstaat dieser Betriebsstätte die Gewinne zugerechnet die sie hätte erzielen können, wenn sie eine gleiche oder ähnliche Geschäftstätigkeit unter gleichen oder ähnlichen Bedingungen als selbständiges Unternehmen ausgeübt hätte und im Verkehr mit dem Unternehmen, dessen Betriebsstätte sie ist, völlig unabhängig gewesen wäre.

(3) Bei der Ermittlung der Gewinne einer Betriebsstätte werden die für diese Betriebsstätte entstandenen Aufwendungen, einschließlich der Geschäftsführungs- und allgemeinen Verwaltungskosten, zum Abzug zugelassen, gleichgültig, ob sie in dem Staat, in dem die Betriebsstätte liegt, oder anderswo entstanden sind.

(4) Soweit es in einem Vertragsstaat üblich ist, die einer Betriebsstätte zuzurechnenden Gewinne durch Aufteilung der Gesamtgewinne des Unternehmens auf seine einzelnen Teile zu ermitteln, schließt Absatz 2 nicht aus, dass dieser Vertragsstaat die zu besteuernden Gewinne nach der üblichen Aufteilung ermittelt; die gewählte Gewinnaufteilung muss jedoch derart sein, dass das Ergebnis mit den Grundsätzen dieses Artikels übereinstimmt.

(5) Aufgrund des bloßen Einkaufs von Gütern oder Waren für das Unternehmen wird einer Betriebsstätte kein Gewinn zugerechnet.

(6) Bei der Anwendung der vorstehenden Absätze sind die der Betriebsstätte zuzurechnenden Gewinne jedes Jahr auf dieselbe Art zu ermitteln, es sei denn, dass ausreichende Gründe dafür bestehen, anders zu verfahren.

(7) Gehören zu den Gewinnen Einkünfte, die in anderen Artikeln dieses Abkommens behandelt werden, so werden diese Bestimmungen jener Artikel durch die Bestimmungen dieses Artikels nicht berührt.

I. Der Fremdvergleich als Maßstab der Gewinnabgrenzung bei verbundenen Unternehmen gem. Art. 9 Abs. 1 MA und § 1 Abs. 1 AStG

Der Wortlaut von Art. 9 Abs. 1 MA stellt für eine Einkünftekorrektur bei verbundenen Unternehmen darauf ab, dass diese

- „in ihren kaufmännischen oder finanziellen Beziehungen an vereinbarte oder auferlegte Bedingungen gebunden sind,
- die von denen abweichen, die unabhängige Unternehmen miteinander vereinbaren würden".

Zur Vermeidung einer Einkünftekorrektur haben verbundene Unternehmen ihre grenzüberschreitenden geschäftlichen Beziehungen demnach so auszurichten, wie dies voneinander unabhängige Unternehmen tun würden.[151] Weichen dagegen im konkreten Einzelfall die vereinbarten Geschäftsbedingungen davon ab, so gestattet Art. 9 Abs. 1 MA dem Ansässigkeitsstaat des Unternehmens eine Gewinnberichtigung nach dem Grundsatz des Fremdvergleichs. Der Fremdvergleichsgrundsatz ist insofern der einzige Maßstab auf den sich die internationale Staatengemeinschaft bisher einigen konnte, wohingegen sich u. a. die globale Methode (sog. „unitary method" oder „global method") mittels Aufteilung des Gesamtgewinns der verbundenen Unternehmen anhand eines Verteilungsschlüssels aus den verschiedensten Gründen nicht durchsetzen konnte.[152] Die globale Methode wird nach einhelliger Auffassung als nicht mit Art. 9 Abs. 1 MA vereinbar angesehen.[153]

Zur Ermittlung des angemessenen Verrechnungspreises ist ein Vergleich zwischen dem fraglichen Geschäftsvorfall und einem tatsächlichen oder hypothetischen Geschäftsvorfall voneinander unabhängiger Unternehmen vorzunehmen. Wird der Verrechnungspreis anhand von empirisch nachvollziehbaren Vergleichsdaten ermittelt, so kann von einem tatsächlichen Fremdvergleich gesprochen werden.[154] Nach dieser Methode müssen durch Beweisaufnahme zwei vergleichbare Unternehmen ermittelt und ihre Unabhängigkeit untereinander sowie die zwischen ihnen vereinbarten oder auferlegten Beziehungen festgestellt werden.[155] Jedoch ist auch ein innerbetrieblicher Preisvergleich zwischen abhängi-

---

[151] Becker, in: Gosch/Kroppen/Grotherr, DBA-Kommentar, Art. 9, Rn. 41.
[152] Eigelshoven, in: Vogel/Lehner, DBA, Art. 9, Rn. 62 m. w. N.; vgl. OECD, in: Kroppen, Handbuch Internationale Verrechnungspreise, O Tz. 3.58 ff.; Schuch/Toifl, in: Kroppen, Handbuch Internationale Verrechnungspreise, O Tz. 3.58 ff. Rn. 1 ff.; vgl. Sieker, in: Debatin/Wassermeyer, Doppelbesteuerung, Art. 9, Rn. 227 ff.
[153] Becker, in: Gosch/Kroppen/Grotherr, DBA-Kommentar, Art. 9, Rn. 47; ders., in: Kroppen, Handbuch Internationale Verrechnungspreise, O Tz. 2.1 Rn. 1; OECD, in: Kroppen, Handbuch Internationale Verrechnungspreise, O Tz. 3.74; vgl. auch Schreiben betr. Grundsätze für die Prüfung der Einkunftsabgrenzung bei international verbundenen Unternehmen (Verwaltungsgrundsätze) vom 23.02.1983, BStBl I 1983, S. 218, geändert durch BStBl I 1999, S. 1122, ergänzt durch BStBl I 2001, S. 796, Tz. 2.1.1 ff.
[154] Eigelshoven, in: Vogel/Lehner, DBA, Art. 9, Rn. 60.
[155] Wassermeyer, in: Debatin/Wassermeyer, Doppelbesteuerung, Art. 9, Rn. 125.

gen und unabhängigen Geschäften desselben Unternehmens möglich, soweit die zugrunde liegenden Verhältnisse identisch sind.[156] Die besondere Eignung des innerbetrieblichen Vergleichs ergibt sich aus der Einbeziehung der verbundenen Unternehmung in den Vergleichstatbestand, da einerseits die Möglichkeit einer Beachtung der Konzernzugehörigkeit durch die Berücksichtigung innerbetrieblicher Einflussfaktoren und andererseits die Möglichkeit einer relativ problemlosen Ermittlung der relevanten Vergleichsdaten aus den Unterlagen der betreffenden Konzernunternehmung besteht.[157] Die Verrechnungspreise im Verhältnis zu anderen verbundenen Unternehmen des Steuerpflichtigen sind für die Bestimmung des Fremdvergleichspreises grundsätzlich irrelevant.[158] Bei dem tatsächlichen Fremdvergleich handelt es sich nach Auffassung der OECD um den direktesten Weg zur Feststellung, ob die zwischen verbundenen Unternehmen vereinbarten oder auferlegten Bedingungen fremdvergleichskonform sind.[159]

Der hypothetische Preisvergleich versteht den Fremdvergleich dagegen als ein Denkmodell, bei dem auf das Sollverhalten unabhängiger Unternehmer abzustellen ist, deren konkrete geschäftliche Beziehung auf beiderseitige Optimierung des wirtschaftlichen Ertrags ausgerichtet ist.[160] Dabei muss die Ermittlung fiktiver Vergleichstatbestände durch Simulation des Preisbildungsprozesses auf der Grundlage des realen Ausgangstatbestandes erfolgen, wobei durch die Unabhängigkeitsfiktion lediglich solche Einflüsse auf die Preisfestlegung zu eliminieren sind, die auf die Verflechtung der Unternehmen zurückzuführen sind.[161] Der hypothetische Fremdvergleich ist aufgrund dieser mangelnden Objektivierung gegenüber dem tatsächlichen Fremdvergleich stets nachrangig.[162] Den Vorrang des tatsächlichen vor dem hypothetischen Fremdvergleich stellt § 1 Abs. 3 S. 1, 2, 5 AStG i. d. F. des UntStRefG 2008 auch für die Einkünftekorrektur nach nationalem Steuerrecht inzwischen ausdrücklich fest.

Die Objektivierung des (hypothetischen) Fremdvergleichs versuchen Rechtsprechung, Finanzverwaltung und die wohl h. M. in der Literatur durch die verkehrsübliche Sorgfalt eines ordentlichen und gewissenhaften Geschäftsleiters als objektiven Maßstab des (hypothetischen) Vergleichsgeschäfts herzustellen.[163] Eine differenzierte Auffassung vertritt Wassermeyer, der den Maßstab des or-

---

[156] Becker, in: Gosch/Kroppen/Grotherr, DBA-Kommentar, Art. 9, Rn. 42; Menck, in: Blümich, AStG, § 1, Rn. 51.
[157] Baumhoff, in: Mössner, Steuerrecht international tätiger Unternehmen, Rn. C 293.
[158] Eigelshoven, in: Vogel/Lehner, DBA, Art. 9, Rn. 60.
[159] OECD, in: Kroppen, Handbuch Internationale Verrechnungspreise, O Tz. 2.5; krit. Wassermeyer, in: Debatin/Wassermeyer, Doppelbesteuerung, Art. 9, Rn. 125; krit. Baumhoff, in: Mössner, Steuerrecht international tätiger Unternehmen, Rn. C 295.
[160] Wassermeyer, in: Debatin/Wassermeyer, Doppelbesteuerung, Art. 9, Rn. 125.
[161] Baumhoff, in: Mössner, Steuerrecht international tätiger Unternehmen, Rn. C 297.
[162] Eigelshoven, in: Vogel/Lehner, DBA, Art. 9, Rn. 60; Kroppen, in: Kroppen, Handbuch Internationale Verrechnungspreise, W 97; Schaumburg, Internationales Steuerrecht, Rn. 16.298; Baumhoff, in: Mössner, Steuerrecht international tätiger Unternehmen, Rn. C 296; differenzierend Wassermeyer, in: Debatin/Wassermeyer, Doppelbesteuerung, Art. 9, Rn. 125.
[163] Vgl. Becker, in: Gosch/Kroppen/Grotherr, DBA-Kommentar, Art. 9, Rn. 43.

dentlichen und gewissenhaften Geschäftsleiters tatbestandlich erweitert.[164] So beurteile der Maßstab des ordentlichen und gewissenhaften Geschäftsleiters nur den Vorteil der leistenden bzw. liefernden Gesellschaft, wohingegen der Wortlaut von § 1 Abs. 1 AStG und Art. 9 Abs. 1 MA ausdrücklich die Einbeziehung des Verhaltens des die Leistung bzw. Lieferung empfangenden Vertragspartners in den Fremdvergleich verlange.[165] Diese Diskrepanz versucht die Theorie des „doppelten ordentlichen und gewissenhaften Geschäftsleiters" zu beseitigen, bei der sich ein Geschäftsleiter sowohl auf Seiten des anbietenden als auch des nachfragenden Unternehmens gegenübersteht und dieser aufgrund seiner unternehmerischen Zielsetzung und Ergebnisverantwortung jeweils bestrebt ist, für die von ihm vertretene Gesellschaft die jeweils günstigsten Bedingungen zu vereinbaren.[166] Auch der „doppelte ordentliche und gewissenhafte Geschäftsleiter" als Korrektiv des (hypothetischen) Fremdvergleichs ist inzwischen in § 1 Abs. 1 S. 2 AStG i. d. F. des UntStRefG 2008 kodifiziert. Gleichwohl weist Wassermeyer zu Recht darauf hin, dass die diese Auslegung des Fremdvergleichsgrundsatzes international weitgehend unbekannt ist, so dass aus diesem Grund zusätzliche Verständigungsverfahren zu besorgen seien.[167] Darüber hinaus enthält die nationale Einkünftekorrekturnorm eine weit bedenklichere Abweichung zum Abkommensrecht. So stellt § 1 Abs. 1 S. 2 AStG i. d. F. des UntStRefG 2008 inzwischen fest, dass für die Anwendung des Fremdvergleichsgrundsatzes nicht nur davon auszugehen ist, dass die voneinander unabhängigen Dritten nach den Grundsätzen ordentlicher und gewissenhafter Geschäftsleiter handeln, sondern darüber hinaus auch alle wesentlichen Umstände der gegenseitigen Geschäftsbeziehung kennen. Die Gesetzesbegründung führt hierzu aus, dass zur Vermeidung willkürlicher Ergebnisse im Verhältnis der nahestehenden Personen Transparenz hinsichtlich aller Informationen, die für die Geschäftsbeziehung wesentlich sind, anzunehmen sei.[168] So werde sichergestellt, dass nicht jeder beliebige Fremdvergleich, der auch unter irregulären Umständen zustande gekommen sein kann, zu berücksichtigen sei.[169] Die Annahme der gegenseitigen Kenntnis aller wesentlichen Umstände einer Geschäftsbeziehung steht aber nicht nur im Widerspruch mit dem Wortlaut von Art. 9 MA. Vielmehr ist es auch tatsächlich verfehlt anzunehmen, dass voneinander unabhängige Geschäftspartner alle für das jeweilige Geschäft maßgeblichen (betriebswirtschaftlichen) Umstände kennen. Wäre dies nämlich der Fall, so läge gerade kein Geschäft unter fremden Dritten vor, da sich die vertragsschließenden Parteien auf das Verhalten des jeweils anderen einstellen und entsprechend verhandeln könnten. Dies aber würde gerade die vom Gesetzgeber in der Gesetzesbegründung benannten irregulären Umstände konstituieren, da eine umfassende Kenntnis zwischen abhängigen Unternehmen, nicht dagegen zwischen unabhängigen Unternehmen be-

---

[164] Wassermeyer, in: Debatin/Wassermeyer, Doppelbesteuerung, Art. 9, Rn. 126.
[165] Wassermeyer, in: Debatin/Wassermeyer, Doppelbesteuerung, Art. 9, Rn. 126 f.
[166] Baumhoff, in: Mössner, Steuerrecht international tätiger Unternehmen, Rn. C 311.
[167] Wassermeyer, DB 2007, S. 535, 536.
[168] Gesetzentwurf zum UntStRefG 2008 vom 27.03.2007, BT-Drs. 16/4841, S. 146 f.
[169] Gesetzentwurf zum UntStRefG 2008 vom 27.03.2007, BT-Drs. 16/4841, S. 147.

steht. Überspitzt gesagt müsste sich der Fremdvergleichspreis damit dem Preis unter nahestehenden Personen annähern und nicht umgekehrt. Dem Fremdvergleich liegt vielmehr die Annahme zugrunde, dass Verhandlungsergebnisse voneinander unabhängiger Parteien von der Unkenntnis bestimmter (interner) Umstände des Vertragspartners geprägt und damit von den Parteien unbeeinflussbar sind. Folglich ist die Abweichung von der Auslegung des Art. 9 MA in § 1 Abs. 1 S. 2 AStG i. d. F. des UntStRefG 2008 und damit auch von der Auslegung der überwiegenden deutschen DBA mit anderen Staaten wenig hilfreich und wird abkommensrechtlich nicht durchsetzbar sein. Darüber hinaus steht die Neuregelung auch im Widerspruch zum Wortlaut des Europäischen Schiedsabkommens, so dass auch hier bei der Durchführung von Verständigungsverfahren Schwierigkeiten drohen. Aus Gründen eines Gleichlaufs von Abkommensrecht und nationalem Steuerrecht sollte daher die Ergänzung des § 1 Abs. 1 S. 2 AStG um die gegenseitige Kenntnis von Umständen wieder gestrichen werden. Demgegenüber wird die Anwendung des „doppelten ordentlichen und gewissenhaften Geschäftsleiters" als Korrektiv des Fremdvergleichs gem. § 1 AStG, wie nachfolgend noch gezeigt wird, aus Gründen der Vereinheitlichung nationaler Einkünftekorrekturmaßstäb befürwortet.[170]

Zur Durchführung des (hypothetischen) Fremdvergleichs bedienen sich Steuerpflichtige und Finanzverwaltungen bestimmter Verfahren, die zur Ermittlung einer Bandbreite angemessener Verrechnungspreise dienen und für die sich der Oberbegriff der „Verrechnungspreismethoden" eingebürgert hat.[171] Man unterscheidet zwischen den „transaktionsbezogenen" und den „gewinnbezogenen" Methoden, wobei die transaktionsbezogenen Methoden als „Standardpreismethoden" vorrangig angewendet werden.[172] Diesen Vorrang soll § 1 Abs. 3 S. 1 AStG i. d. F. des UntStRefG 2008 für das nationale Steuerecht klarstellen.[173] Die Auswahl der anzuwendenden Verrechnungspreismethode trifft das Unternehmen durch ordnungsgemäße Ermessensausübung des ordentlichen und gewissenhaften Geschäftsleiters.[174] Da die Standardpreismethoden zwar vorrangig, nicht jedoch in Reinform angewendet werden müssen, können die transaktionsbezogenen Methoden die Standardpreismethoden ergänzen, wenn dies aufgrund

---

[170] Krit. hierzu Kroppen/Rasch/Eigelshoven, IWB, F. 3, Gr. 1, S. 2201, 2227 f.

[171] Sieker, in: Debatin/Wassermeyer, Doppelbesteuerung, Art. 9, Rn. 177; Becker, in: Kroppen, Handbuch Internationale Verrechnungspreise, O Tz. 1.45 Rn. 8 ff.; O Tz. 1.46 Rn. 1 ff.

[172] OECD, in: Kroppen, Handbuch Internationale Verrechnungspreise, O Tz. 2.1; vgl. Schreiben betr. Grundsätze für die Prüfung der Einkunftabgrenzung bei international verbundenen Unternehmen (Verwaltungsgrundsätze) vom 23.02.1983, BStBl I 1983, S. 218, geändert durch BStBl I 1999, S. 1122, ergänzt durch BStBl I 2001, S. 796, Tz. 2.2., 2.4.1.

[173] Krit. hierzu Wulf, DB 2007, S. 2280, 2281 f.; Kroppen/Rasch/Eigelshoven, IWB, F. 3, Gr. 1, S. 2201, 2227 f.; Baumhoff/Ditz/Greinert, DStR 2007, 1461, 1462; Wassermeyer, DB 2007, S. 535, 536 f.

[174] Becker, in: Kroppen, Handbuch Internationale Verrechnungspreise, O Tz. 2.1 Rn. 8.

der Verhältnisse des Einzelfalls sachnäher ist.[175] Darüber hinaus gibt es die Möglichkeit, Kalkulationsverfahren oder sonstige betriebliche Grundlagen, die im freien Markt die Preisbildung beeinflussen, als Anhaltspunkte für eine Fremdpreisbestimmung zu verwenden.[176]

Transaktionsbezogene Methoden (sog. „Standardmethoden")[177]:

- Preisvergleichsmethode (sog. „comparable uncontrolled price method")
- Wiederverkaufspreismethode (sog. „resale price method")
- Kostenaufschlagsmethode (sog. „cost plus method")

Gewinnbezogene Methoden[178]:

- Gewinnaufteilungsmethode (sog. „profit split method")
- Gewinnvergleichsmethode (sog. „comparable profit method")
- Geschäftsvorfallbezogene Nettomargenmethode (sog. „transactional net margin method")

Eine umfassende inhaltliche Konkretisierung erfährt der Fremdvergleichsgrundsatz in Art. 9 Abs. 1 MA durch die OECD-Verrechnungspreisgrundsätze für multinationale Unternehmen und Steuerverwaltungen vom 13.07.1995.[179] Mit der einstimmigen Verabschiedung der Grundsätze haben die OECD-Mitgliedstaaten zum Ausdruck gebracht, dass sie den Fremdvergleichsgrundsatz im Sinne dieser Leitlinien auslegen und anwenden wollen, sobald der Regelungsgehalt von Art. 9 MA im Einzelfall in ein bilaterales DBA übernommen worden ist.[180] Danach dürfen die Vorschriften des jeweils einschlägigen nationalen Rechts keine höheren Anforderungen an die Beurteilung von Verrechnungspreisen stel-

---

[175] OECD, in: Kroppen, Handbuch Internationale Verrechnungspreise, O Tz. 2.11; Schreiben betr. Grundsätze für die Prüfung der Einkunftsabgrenzung bei international verbundenen Unternehmen (Verwaltungsgrundsätze) vom 23.02.1983, BStBl I 1983, S. 218, geändert durch BStBl I 1999, S. 1122, ergänzt durch BStBl I 2001, S. 796, Tz. 2.4.2. f.; Grundsätze für die Prüfung der Einkunftsabgrenzung zwischen nahestehenden Personen mit grenzüberschreitenden Geschäftsbeziehungen in Bezug auf Ermittlungs- und Mitwirkungspflichten, Berichtigungen sowie auf Verständigungs- und EU-Schiedsverfahren (Verwaltungsgrundsätze Verfahren), BMF-Schreiben vom 12.04.2005, IV B 4 – S 1341 – 1/05, BStBl I 2005, S. 570, Tz. 3.4.10.3. lit. b), c), d).
[176] Baumhoff, in: Mössner, Steuerrecht international tätiger Unternehmen, Rn. C 361 m. w. N.; vgl. Brüggelambert, BFP 2005, S. 176, 178 ff.
[177] Eigelshoven, in: Vogel/Lehner, DBA, Art. 9, Rn. 74 ff.; Schaumburg, Internationales Steuerrecht, Rn. 16.304 ff.; Baumhoff, in: Mössner, Steuerrecht international tätiger Unternehmen, Rn. C 315 ff.
[178] Eigelshoven, in: Vogel/Lehner, DBA, Art. 9, Rn. 81 ff.; Schaumburg, Internationales Steuerrecht, Rn. 16.310 ff.; Baumhoff, in: Mössner, Steuerrecht international tätiger Unternehmen, Rn. C 361 ff.
[179] OECD, in: Kroppen, Handbuch Internationale Verrechnungspreise, O Tz. 1.1 ff.
[180] Becker, in: Gosch/Kroppen/Grotherr, DBA-Kommentar, Art. 9, Rn. 14; OECD, in: Kroppen, Handbuch Internationale Verrechnungspreise, O Tz. 6 ff., 15 f.

len mit der Schlussfolgerung, dass die OECD-Grundsätze der Ausgangspunkt aller Überlegungen sind.[181] Dieser Grundsatz wird jedoch vom deutschen Steuergesetzgeber durch die Regelungen des UntStRefG 2008 zunehmend unterlaufen. So hat man im Rahmen des hypothetischen Fremdvergleichs bei der Bestimmung des Einigungsbereichs gem. § 1 Abs. 3 S. 7 AStG nicht nur eine Beweislastumkehr zu Lasten des Steuerpflichtigen eingeführt, wonach der inländische Steuerpflichtige beweisen muss, dass der von ihm gewählte Verrechnungspreis mit der höchsten Wahrscheinlichkeit dem Fremdvergleichspreis entspricht. Hinzu kommt auch, dass bei Beweisfälligkeit des Steuerpflichtigen eine international unbekannte Korrektur auf den Median des Einigungsbereichs vorzunehmen ist. Offen bleibt dabei, wie der Beweis vom Steuerpflichtigen zu führen sein soll, zumal die Bestimmung von Verrechnungspreisen keine exakte Wissenschaft ist, sondern von einer Vielzahl von Variablen beeinflusst wird, die wiederum ihrerseits vollumfänglich und regelmäßig zwischen Finanzamt und Steuerpflichtigem zur Diskussion stehen.[182] Zwar kann das Finanzamt gem. § 1 Abs. 3 S. 8 AStG i. d. F. des UntStRefG 2008 auf eine Korrektur verzichten, wenn der vom Steuerpflichtigen gewählte Verrechnungspreis im Einigungsbereich des Fremdvergleichspreises liegt. Es bleibt jedoch auch an dieser Stelle offen, nach welchen Kriterien das Ermessen durch die Finanzverwaltung auszuüben ist. Aufgrund der bestehenden Unsicherheiten bei der Auslegung und Anwendung des Gesetzes muss das Vorgehen des deutschen Steuergesetzgebers als Versuch gewertet werden, einen größtmöglichen „Verhandlungsbedarf" zwischen Finanzamt und Steuerpflichtigem zwecks Erhöhung der Allokation von Steuersubstrat im Inland sicherzustellen. Das damit wiederum eine Vielzahl von Verständigungs- und Schiedsverfahren provoziert wird dürfte klar sein, da damit Besteuerungssubstrat ins Inland verlagert wird, welches im Zweifel einer anderen Besteuerungshoheit unterliegt.[183] Eine identische Feststellung gilt auch für die Verpflichtung zur Korrektur auf den Median im Rahmen des (tatsächlichen) Fremdvergleichs gem. § 1 Abs. 3 S. 1, 4 AStG i. d. F. des UntStRefG 2008.[184]

Für eine Darstellung der durch das UntStRefG 2008 neu eingeführten Vorschriften zur Funktionsverlagerung und rückwirkenden Verrechnungspreisanpassung gem. § 1 Abs. 3 S. 9 bis 12 AStG sowie der gesetzlichen Normierung des Vorrangs einer Einkünftekorrektur auf Basis des § 1 AStG durch § 1 Abs. 1 S. 3 AStG wird auf die gemeinschaftsrechtliche Diskussion von § 1 AStG im anschließenden Abschnitt dieses Kapitels verwiesen.[185] Darüber hinaus wird die Verschärfung der Schätzungsregelungen gem. 1 Abs. 4 AStG i. V. m. § 162 AO i. d. F. des UntStRefG 2008 im sechsten Kapitel dieser Arbeit über die Mitwir-

---

[181] Becker, in: Gosch/Kroppen/Grotherr, DBA-Kommentar, Art. 9, Rn. 19.
[182] Ausführlich hierzu Kroppen/Rasch/Eigelshoven, IWB, F. 3, Gr. 1, S. 2201, 2216 f.; Baumhoff/Ditz/Greinert, DStR 2007, 1461, 1464 ff.
[183] Krit. ebenfalls Wulf, DB 2007, S. 2280, 2282.
[184] Vgl. Kroppen/Rasch/Eigelshoven, IWB, F. 3, Gr. 1, S. 2201, 2226; Baumhoff/Ditz/Greinert, DStR 2007, 1461, 1462 ff.
[185] Siehe Kapitel 2, E. II. und III.

kungspflichten diskutiert.[186] An dieser Stelle wird zunächst festgehalten, dass eine zunehmende Neigung des deutschen Steuergesetzgebers festzustellen ist, den abkommensrechtlichen Fremdvergleichsgrundsatz durch nationale Vorschriften zugunsten des deutschen Fikus einzuengen, so dass der Gleichlauf von nationalem Steuerrecht und Abkommensrecht zunehmend in Gefahr gerät.

Die nachfolgende Darstellung verdeutlicht die inhaltliche Ausgestaltung des Fremdvergleichs:

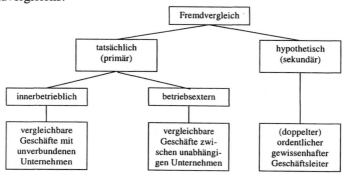

Grundsätzlich stellen das MA und damit auch der in Art. 9 Abs. 1 MA verankerte Fremdvergleichsgrundsatz kein unmittelbar anwendbares Recht dar, da es nur ein Abkommensmuster in Form einer Empfehlung des OECD-Ministerrats gem. Art. 5 lit. b) OECD-Statut ist, das den Mitgliedstaaten gem. Art. 18 lit. c) OECD-Verfahrensordnung vorgelegt wird, damit sie deren Durchführung veranlassen können, wenn sie diese für angebracht halten.[187] Dennoch sind ausgerechnet Art. 9 Abs. 1 MA und Art. 7 Abs. 2 MA mit dem Wortlaut von Art. 4 Abs. 1 und Abs. 2 des Europäischen Schiedsabkommens[188] identisch, so dass der Anwendungsbefehl dieser Norm in Art. 12 des Europäischen Schiedsabkommens mit dessen Ratifizierung in den zwölf Mitgliedstaaten der damaligen EG[189] zumindest zu einer mittelbaren Anerkennung der gleichlautenden Vorschriften im MA in den heutigen Mitgliedstaaten der Europäischen Union führt.[190] Zur Anwendbarkeit der Europäischen Schiedsabkommens ist anzumerken, dass im Zusammenhang mit dem Beitritt Österreichs, Finnlands und Schwedens zur EU am 21.12.1995 ein neues Übereinkommen unterzeichnet wurde, das den neuen Mitgliedstaaten den Beitritt zum Europäischen Schiedsab-

---

[186] Siehe Kapitel 6, C. IV. 3.
[187] Becker, in: Kroppen, Handbuch Internationale Verrechnungspreise, O Vorbemerkungen Tz. I, Anm. 9, 16.
[188] Übereinkommen vom 23.07.1990 über die Beseitigung der Doppelbesteuerung im Falle von Gewinnberichtigungen zwischen verbundenen Unternehmen, Abl. EG 1990, L 225, S. 10; näheres bei Rupp, in: Dötsch/Jost/Pung/Witt, KStG, IntGA, Rn. 86 ff.
[189] Vgl. BGBl II 1993, S. 1308.
[190] Becker, in: Kroppen, Handbuch Internationale Verrechnungspreise, O Vorbemerkungen Tz. I, Anm. 16.

kommen ermöglichen sollte. Darüber hinaus wurde infolge der zeitlichen Befristung des Abkommens als multilateraler völkerrechtlicher Vertrag bis zum 31.12.1999 ein Verlängerungsprotokoll zwischen den Signatarstaaten angenommen. Obwohl die betreffenden Dokumente am 25.05.1999 und 21.12.1995 unterzeichnet wurden, haben Italien und Portugal das Verlängerungsprotokoll und Griechenland das Beitrittsübereinkommen lange nicht ratifiziert. Das Europäische Schiedsabkommen war aufgrund seiner zeitlichen Befristung seit dem 01.01.2000 nicht mehr in Kraft, so dass verbundene Unternehmen dieses Instrument zur Vermeidung der Doppelbesteuerung nicht mehr in Anspruch nehmen konnten.[191] Nach seiner Ratifizierung durch die restlichen EU-Mitgliedstaaten ist das Protokoll zum Europäischen Schiedsabkommen, das u. a. dessen Geltungsdauer um fünf Jahre verlängert, erst am 01.11.2004, insoweit jedoch rückwirkend zum 01.01.2000, wieder in Kraft getreten.[192] Für die Zukunft stellt sich jedoch die Aufgabe, einen möglichst schnellen und vorbehaltlosen Beitritt der zehn neuen EU-Mitgliedstaaten aus Mittel- und Osteuropa zum Europäischen Schiedsabkommen voranzutreiben, um eine räumlich umfassende und völkerrechtlich verbindliche Rechts- bzw. Verfahrensgrundlage für grenzüberschreitende Verrechnungspreiskorrekturen im Rahmen eines Schiedsverfahrens auf Basis des Fremdvergleichsgrundsatzes im gesamten EU-Gemeinschaftsgebiet zu erhalten.[193] Unmittelbare Rechtswirkungen lassen sich somit nur aus dem Europäischen Schiedsabkommen und den einzelnen DBA der Bundesrepublik Deutschland mit anderen Staaten herleiten, da diese im Inland unmittelbar geltendes Recht mit dem Rang eines Bundesgesetzes gem. Art. 59 Abs. 2 S. 1 GG sind. Dennoch ist die dargestellte mittelbare Verknüpfung von Art. 9 Abs. 1 und Art. 7 Abs. 2 MA über das Europäische Schiedsabkommen mit dem innerstaatlichen Recht neben der überkommenen Anwendung seit den frühen zwanziger Jahren des letzten Jahrhunderts ebenfalls ein Ausdruck der umfassenden Anerkennung des Fremdvergleichsgrundsatzes im nationalen Steuerrecht der Bundesrepublik Deutschland über den Regelungsbereich des § 1 AStG hinaus. Dafür spricht auch die nahezu unveränderte Aufnahme von Art. 9 Abs. 1 MA in fast alle aktuellen DBA der Bundesrepublik Deutschland mit anderen Staaten.[194]

II. Der Fremdvergleich als Maßstab der Gewinnabgrenzung bei Betriebsstätten gem. Art. 7 Abs. 2 MA

Abschließend wird auf die Ausgestaltung des Fremdvergleichsgrundsatzes zum Zwecke der Einkünftezuordnung zwischen Stammhaus und Betriebsstätte gem. Art. 7 Abs. 2 MA eingegangen. Im Vordergrund steht dabei die fortschreitende Diskussion über ein einheitliches Verständnis des Fremdvergleichsgrundsatzes

---

[191] Vgl. KOM (2004), 297, S. 20 ff.
[192] Vgl. KOM (2005), 543, S. 8 f.
[193] Vgl. Vögele/Forster, IStR 2006, S. 537 ff. zum EU-Schiedsabkommen.
[194] Vgl. die Übersicht von Eigelshoven, in: Vogel/Lehner, DBA, Art. 9, Rn. 145; eine Ausnahme bildet lediglich das DBA-Bulgarien.

in Art. 7 Abs. 2 MA und Art. 9 Abs. 1 MA für abhängige Betriebsstätten und verbundene Unternehmen mittels Auslegung des Fremdvergleichsgrundsatzes i. S. e. funktional unabhängigen Betriebsstätte für Zwecke der Gewinnabgrenzung (sog. „functionally separate entity approach").[195] Der nachfolgende Abschnitt verdeutlicht damit die umfassende Akzeptanz des Fremdvergleichsgrundsatzes im internationalen Steuerrecht für Zwecke einer Gewinnabgrenzung.

1. Die Zwecksetzung der Betriebsstättengewinnermittlung nach dem Fremdvergleichsgrundsatz

Obwohl beide Vorschriften den Fremdvergleichsgrundsatz als Regulativ zur Zweckerreichung verwenden, unterscheidet sich die Gewinnzurechnung bei Betriebsstätten gem. Art. 7 Abs. 2 MA von der Gewinnabgrenzung bei verbundenen Unternehmen gem. Art. 9 Abs. 1 MA in den tatsächlichen und rechtlichen Voraussetzungen grundlegend. Der Grund dafür ist der unterschiedliche Zweck beider Normen. Telos von Art. 7 MA ist die sachgerechte Gewinnaufteilung eines feststehenden Unternehmensgewinns zwischen Stammhaus und Betriebsstätte desselben Unternehmens, während Art. 9 MA eine Einkünftekorrektur bei singulären Geschäftsbeziehungen voneinander unabhängiger Unternehmen ermöglicht und damit eine nachträgliche Veränderung des feststehenden Unternehmensergebnisses zulässt.

Rechtssystematisch betrachtet ist die Betriebsstätte kein selbständiges Steuersubjekt, da sie nicht über eine eigenständige personale Rechtsqualität als juristische Person verfügt und damit nur einen rechtlich unselbständigen Teil eines einheitlichen Unternehmens bildet. Schließlich ist eine Betriebsstätte auch nicht mit einer Personengesellschaft vergleichbar, da ihr die erforderliche (Teil-)Rechtsfähigkeit fehlt. Grundsätzlich kommt ihr auch keine Abkommensberechtigung zu, soweit die Betriebsstätte nach dem innerstaatlichen Recht des Anwenderstaates keine Steuersubjekteigenschaft besitzt.[196] Die Betriebsstätte ist vielmehr dem Wortlaut von Art. 7 Abs. 1 S. 2 MA entsprechend Gewinnzurechnungssubjekt. So ist die Betriebsstätte im tatsächlichen Sinne der Definition in § 12 S. 1 AO bzw. Art. 5 Abs. 1 MA als „feste Geschäftseinrichtung oder Anlage zu verstehen, die der Tätigkeit des Unternehmens dient bzw. durch die die Tätigkeit des Unternehmens ganz oder teilweise ausgeübt wird". Konsequenterweise beinhaltet Art. 7 Abs. 2 MA damit lediglich eine Selbständigkeitsfiktion der Betriebsstätte im Unterschied zu Art. 9 Abs. 1 MA, der von rechtlich selbständigen, wenn auch tatsächlich verbundenen Unternehmen ausgeht.

Aufgrund des beschriebenen Mangels an Rechtssubjektsqualität können zwischen Stammhaus und Betriebsstätte oder gar zwischen Betriebsstätten eines einheitlichen Unternehmens untereinander auch keine rechtlich verbindlichen

---

[195] Vgl. OECD, Discussion Draft on the Attribution of Profits to Permanent Establishment, 2001.
[196] Schaumburg, Internationales Steuerrecht, Rn. 16.166.

Verträge über Leistungsbeziehungen geschlossen werden, mit der Folge, dass Art. 7 Abs. 2 MA erst im Zuge der Aufteilung des nach innerstaatlichen Grundsätzen ermittelten Gesamtergebnisses der einzelnen Unternehmenseinheiten zur Anwendung kommt.[197] Von der Fiktion der Selbständigkeit der Betriebsstätte ist deshalb nicht schon bei der Ergebnisermittlung, sondern erst im Zuge der Ergebnisabgrenzung auszugehen.[198] Mit der Auffassung von Wassermeyer muss es Ziel dieser Ergebnisabgrenzung sein, der einzelnen Betriebsstätte ein Teilergebnis zuzurechnen, das dem Betrag entspricht, den es sich nach den Grundsätzen des Fremdvergleichs von dem Gesamtergebnis des Unternehmens aufgrund eigener Leistung erwirtschaftet hat.[199] In dieser Feststellung erschöpft sich jedoch bereits die grundsätzliche Einigkeit über eine Gewinnzurechnung zwischen Stammhaus und Betriebsstätte am Maßstab des Fremdvergleichsgrundsatzes und man gelangt über den Wortlaut von Art. 7 Abs. 2 MA zu einem Streit über Reichweite und Ausgestaltung der Selbständigkeitsfiktion.

2. Die inhaltliche Ausgestaltung des Fremdvergleichs zur Betriebsstättengewinnermittlung

Ausgehend vom Wortlaut enthält der Fremdvergleichsgrundsatz zur Realisierung einer sachgerechten Einkünftezuordnung trotz rechtlicher Abhängigkeit der Betriebsstätte vom Stammhaus im Unterschied zu Art. 9 Abs. 1 MA eine doppelte Fiktion. Zunächst ist zu unterstellen, dass die Betriebsstätte ein selbständiges Unternehmen, d. h. rechtlich vom Stammhaus unabhängig ist, welches seine Geschäftätigkeit unter identischen tatsächlichen Bedingungen ausführt. Darauf aufbauend wird fingiert, dass nicht nur eine rechtliche, sondern auch eine tatsächliche Unabhängigkeit vom Stammhaus besteht, die Betriebsstätte also wie unter fremden Dritten üblich im Geschäftsverkehr handelt und behandelt wird.[200] Prüfungsmaßstab für die Gewinnzurechnung zur Betriebsstätte ist dabei nicht, ob die Betriebsstätte die Tätigkeit als unabhängiges Unternehmen überhaupt oder üblicherweise ausgeübt hätte, sondern welchen Gewinn sie unter fremdüblichen Bedingungen am Markt realisiert, wenn sie eine gleiche oder ähnliche Tätigkeit unter gleichen oder ähnlichen Bedingungen als selbständiges Unternehmen ausgeübt hätte.[201] Folglich entfaltet der Fremdvergleichsgrundsatz bei Betriebsstätten seine Wirkung auf zwei unterschiedlichen, aber dennoch sachlich untrennbaren Betrachtungsebenen: Einerseits stellt der Fremdvergleich auf der übergeordneten Grundsatzebene einen gesonderten gedanklichen Schritt dar, um die für die Gewinnzurechnung auf die Betriebsstätte geschaffene Fiktion der Selbständigkeit näher zu bestimmen; andererseits ist er auf der untergeord-

---

[197] Haiß, Gewinnabgrenzung bei Betriebsstätten im internationalen Steuerrecht, S. 32.
[198] Wassermeyer, in: Debatin/Wassermeyer, Doppelbesteuerung, Art. 7, Rn. 185.
[199] Wassermeyer, in: Debatin/Wassermeyer, Doppelbesteuerung, Art. 7, Rn. 185.
[200] Kroppen; in: Gosch/Kroppen/Grotherr, DBA-Kommentar, Art. 7, Rn. 92.
[201] Kroppen; in: Gosch/Kroppen/Grotherr, DBA-Kommentar, Art. 7, Rn. 95.

neten Methodenebene als Bestandteil jedes einzelnen Zurechnungsschritts anzusehen.[202]

Im Unterschied zur Auffassung von Haiß, die den Fremdvergleichsgrundsatz als Mittel zur Unterdrückung eines betriebswirtschaftlich begründeten Widerspruchs zwischen dem Ziel der Gesamtgewinnmaximierung bei einheitlichen Unternehmen mit ausländischen Betriebsstätten und einer Eigengewinnsteigerung bei unabhängigen Unternehmen beschreibt, muss der Fremdvergleich in Art. 7 Abs. 2 MA nach der hier vertretenen Auffassung als Vehikel einer objektivierten Zurechnung von Gewinnen in multinationalen Gesamtunternehmen, deren Ziel es neben der unbestrittenen Gewinnmaximierung durch Ertragssteigerung des operativen Geschäfts auch ist, eine Gewinnerhöhung durch Verringerung der Konzernsteuerquote zu erreichen, verstanden werden.[203] Letzteres kann bei ausländischen Betriebsstätten durch die steuergünstige Allokation von Gewinnen auf das Stammhaus oder die Betriebsstätte zu einer Verlagerung von Steuersubstrat in Steuerjurisdiktionen mit niedrigeren Steuersätzen führen. Gleiches gilt im umgekehrten Sinn für das widerstreitende Interesse der Staaten, ihr Steueraufkommen in ihrem Hoheitsbereich zu maximieren, was ebenfalls die Gefahr einer sachwidrigen Einkünftezuordnung in sich birgt. Diesen natürlichen Interessengegensatz von Finanzbehörden und Steuersubjekten versucht Art. 7 Abs. 2 MA durch die Anwendung des Fremdvergleichsgrundsatzes aufzulösen. Zuzustimmen ist daher Kroppen, der unter Hinweis auf die fortschreitende Diversifizierung von Arbeitsprozessen anmerkt, dass es erforderlich sei, den betroffenen Unternehmen bei der Wahl ihrer Funktions- und Risikoverteilung einen größtmöglichen Spielraum zuzugestehen, zumal die Gefahr einer Steuerverlagerung bei konsequenter Anwendung des Korrektivs Fremdvergleichsgrundsatz nicht zu besorgen sei.[204]

Umstritten ist allerdings der Umfang der Selbständigkeitsfiktion bezogen auf solche Tätigkeiten, die dem Fremdvergleich entsprechend zu bewerten sein sollen. Während eine im Vordringen befindliche Literaturauffassung von einer vollständigen Selbständigkeit für Zwecke der Gewinnabgrenzung bei Leistungsbeziehungen zwischen Stammhaus und Betriebsstätte ausgeht,[205] vertritt die

---

[202] Haiß, Gewinnabgrenzung bei Betriebsstätten im internationalen Steuerrecht, S. 30.
[203] Haiß, Gewinnabgrenzung bei Betriebsstätten im internationalen Steuerrecht, S. 31.
[204] Kroppen; in: Gosch/Kroppen/Grotherr, DBA-Kommentar, Art. 7, Rn. 95.
[205] Becker, DB 1989, S. 10 ff; Sieker, DB 1996, S. 110, 112; Buciek; in: Flick/Wassermeyer/Wingert/Kempermann, DBA-Schweiz, Art. 7, Rn. 504; van Raad, Intertax 2000, S. 162; Kroppen; in: Gosch/Kroppen/Grotherr, DBA-Kommentar, Art. 7, Rn. 107 ff.; Haiß, Gewinnabgrenzung bei Betriebsstätten im internationalen Steuerrecht, S. 363 f.

wohl noch h. M. die Ansicht, dass der Fremdvergleich nur auf bestimmte unternehmensinterne Transaktionen anzuwenden sei.[206] Nach der letztgenannten Auffassung sind insbesondere die Verrechnung von unternehmensinternen Zinsen, Lizenzgebühren, Mieten und Dienstleistungsentgelten ausgeschlossen. Auch die Rechtsprechung und die Finanzverwaltung gehen von der eingeschränkten Anwendung des Fremdvergleichsgrundsatzes aus.[207]

Die praktische Durchführung der Gewinnabgrenzung vollzieht sich am Maßstab zweier unterschiedlicher Verfahren, die beide dem Zuordnungsgrundprinzip nach der wirtschaftlichen Zugehörigkeit unter Beachtung des Fremdvergleichsgrundsatzes genügen müssen.[208] Zum einen kann im Wege der sog. „direkten Methode" gem. Art. 7 Abs. 2 MA auf synthetischem Weg die gesuchte Teilgröße durch Zusammensetzen noch kleinerer Bestandteile bestimmt werden, während im Rahmen der sog. „indirekten Methode" gem. Art. 7 Abs. 4 MA durch ein analytisches Herangehen eine bereits bekannte Gesamtgröße in die gesuchten Teile zerlegt wird.[209] Bei der Anwendung der direkten Methode kommt es zu dem noch darzustellenden Streit über den Umfang der Selbständigkeitsfiktion bei der Bestimmung der „kleineren Bestandteile", also des konkreten Betriebsstättenergebnisses. Die Gewinnermittlung nach der sog. „indirekten Methode" ist gem. Art. 7 Abs. 4 letzter Hs. MA in Übereinstimmung mit den Grundsätzen des Artikels vorzunehmen und nur dann möglich, wenn die Anwendung der indirekten Methode in einem der beteiligten Vertragsstaaten üblich ist. Anders als bei der direkten Methode, die basierend auf der Selbständigkeitsfiktion der Betriebsstätte von deren Buchführung zur Gewinnzuordnung ausgeht, betont die indirekte Methode die Einheitlichkeit des Unternehmens und verteilt den Gesamtgewinn auf der Basis bestimmter Zerlegungsmaßstäbe und Schlüsselgrößen.[210] Der entscheidende Unterschied beider Methoden liegt darin, dass die indirekte Methode zu einem unternehmensinternen Verlustausgleich führt, d. h. bei einem Gesamtgewinn erzielen alle Unternehmensteile einen Gewinn, bei einem Gesamtverlust alle Unternehmensteile einen Verlust.[211] Dagegen ist bei der direkten Methode ein Verlustausweis für den Fall eines Gewinnausweises im Gesamtunternehmen bzw. umgekehrt zulässig, da das Unternehmensergebnis als

---

[206] Wassermeyer, in: Debatin/Wassermeyer, Doppelbesteuerung, Art. 7, Rn. 185; Schaumburg, Internationales Steuerrecht, Rn. 16.263; Hemmelrath, in: Vogel, DBA, Art. 7, Rn. 68; Schröder, in: Mössner, Steuerrecht international tätiger Unternehmen, Rn. C 1; Hemmelrath, Die Ermittlung des Betriebsstättengewinns im internationalen Steuerrecht, S. 141 ff.; Debatin, DB 1989, S. 1692 ff.; Kleineidam, IStR 1993, S. 141, 395, 396; Bendlinger, SWI 1997, S. 104, 106; unentschieden Baranowski, Besteuerung von Auslandsbeziehungen, Rn. 293, 305.

[207] BFH-Urteil vom 27.07.1965, I 110/63 S, BStBl III 1966, S. 24; BFH-Urteil vom 20.07.1988, I R 49/84, BStBl II 1989, S. 140; Betriebsstättenverwaltungsgrundsätze vom 24.12.1999, BStBl I 1999; S. 1076, Tz. 2.2.

[208] Haiß, Gewinnabgrenzung bei Betriebsstätten im internationalen Steuerrecht, S. 43 f.

[209] Haiß, Gewinnabgrenzung bei Betriebsstätten im internationalen Steuerrecht, S. 44.

[210] Kroppen; in: Gosch/Kroppen/Grotherr, DBA-Kommentar, Art. 7, Rn. 233.

[211] Kroppen; in: Gosch/Kroppen/Grotherr, DBA-Kommentar, Art. 7, Rn. 234 m. w. N.

Saldo aller Teilergebnisse nur am Ende wieder gewahrt zu sein braucht.[212] In diesem Punkt liegt zugleich auch der wesentliche Nachteil der indirekten Methode, da eine am wirtschaftlichen Zusammenhang orientierte Allokation von Gewinnen und Verlusten kaum möglich ist. Eine zutreffende Abbildung der Erfolgsbeiträge der einzelnen Unternehmensteile innerhalb eines Schlüssels scheitert zumeist daran, dass es im Allgemeinen keine proportionale Abhängigkeit des Gewinns von den normalerweise verwendeten Faktoren gibt.[213]

Die nachfolgende Skizze verdeutlicht die vorstehend gewonnenen Ergebnisse zur Anwendung des Fremdvergleichsgrundsatzes bei der Betriebsstättengewinnermittlung:

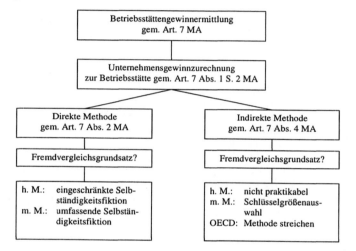

3. Reformansatz der OECD zur Betriebsstättengewinnermittlung

Der OECD-Kommentar zu Art. 7 Abs. 2 MA weist eine z. T. widersprüchliche Auslegung auf. Während der Kommentar den Fremdvergleichsgrundsatz als Grundregel für die Gewinnzurechnung bei Betriebsstätten benennt und gleichzeitig feststellt, dass dieser Grundsatz inhaltlich mit demjenigen in Art. 9 Abs. 1 MA übereinstimmt, lässt der Kommentar für Dienstleistungen und die Überlassung materieller und immaterieller Wirtschaftsgüter auf Zeit sowie Zinsen nur eine Aufwandsverrechnung zu.[214] Demgegenüber scheint die OECD inzwischen gewillt, eine Hinwendung von der ursprünglich eingeschränkten Anwendung des Fremdvergleichsgrundsatzes zu einem umfassenden sog. „functionally separate entity approach" zu vollziehen, die allerdings noch keinen Eingang in den

---
[212] Haiß, Gewinnabgrenzung bei Betriebsstätten im internationalen Steuerrecht, S. 35; Kroppen; in: Gosch/Kroppen/Grotherr, DBA-Kommentar, Art. 7, Rn. 121 m. w. N.
[213] Kroppen; in: Gosch/Kroppen/Grotherr, DBA-Kommentar, Art. 7, Rn. 237 m. w. N.
[214] OECD, Musterkommentar zum MA, Art. 7, Rn. 11, 17.1 ff.; 18 ff.

OECD-Musterkommentar gefunden hat, sondern vielmehr nur in einem Diskussionsentwurf aus dem Jahre 2001 über die Gewinnzurechnung von Betriebsstätten veröffentlicht wurde.[215] Der Entwurf über die Gewinnzurechnung und Gewinnermittlung von Betriebsstätten gem. Art. 7 MA soll die fehlende Übereinstimmung der OECD-Mitgliedstaaten in diesem Bereich beseitigen. Dieses Ziel soll mittels einer grundlegenden Vereinfachung der bestehenden Interpretationsansätze erreicht werden. Inhaltlich werden sowohl allgemeine Überlegungen angestellt als auch eine Anwendung der Arbeitshypothese auf Betriebsstätten von Banken vorgenommen. Die Strategiekommission der OECD verfolgt dabei die Frage, inwieweit man eine Betriebsstätte wie eine unabhängige Gesellschaft behandeln und diesbezüglich die OECD-Verrechnungspreisgrundsätze für multinationale Unternehmen und Steuerverwaltungen vom 13.07.1995 zu Art. 9 MA[216] i. V. m. dem Fremdvergleichsgrundsatz analog auf Art. 7 Abs. 2 MA übertragen kann.[217]

Zu diesem Zweck soll dem Begriff „Gewinn eines Unternehmens" in Art. 7 Abs. 1 MA der Ansatz einer funktional selbständigen Gesellschaft („functionally separate entity") zugrunde gelegt werden.[218] Danach sollen der Betriebsstätte die Gewinne zugerechnet werden, die sie bei Anwendung des Fremdvergleichsgrundsatzes als eigenständiges und unabhängiges Unternehmen unter gleichen oder ähnlichen Bedingungen bei identischer Aufgabenwahrnehmung erzielt hätte, ohne dass eine Limitierung des zurechenbaren Gewinns auf den Gesamtgewinn des Unternehmens oder einzelne Geschäftsfelder des Unternehmens vorgenommen wird.[219] Rechtsdogmatisch wird dieser Ansatz unter tatsächlichen Gleichbehandlungsgrundsätzen mit der Identität des Besteuerungsgutes bei Betriebsstätten und Einzelunternehmen, unabhängig von ihrer rechtlichen Vergleichbarkeit, begründet und auf die systematische Notwendigkeit einer einheitlichen Auslegung von Art. 7 Abs. 2 MA zur Vermeidung der Doppelbesteuerung unter Einbeziehung der Methodenartikel hingewiesen.[220] Daneben wird die erhebliche Vereinfachungswirkung hervorgehoben, da der Betriebsstättenstaat u. a. nicht mehr auf die Gewinnermittlung des Gesamtunternehmens angewiesen ist.[221]

---

[215] OECD, Discussion Draft on the Attribution of Profits to Permanent Establishment, Februar 2001; vgl. die Zusammenfassung von Förster, IWB, F. 10, Gr. 2, S. 1929.
[216] OECD, in: Kroppen, Handbuch Internationale Verrechnungspreise, O Tz. 1.1 ff.
[217] OECD, Discussion Draft on the Attribution of Profits to Permanent Establishment, Februar 2001, Preface, Rn. 3; vgl. Ditz, IStR 2005, S. 37 zur Umsetzung bei der Betriebsstättengewinnermittlung im nationalen Steuerrecht der Bundesrepublik Deutschland.
[218] OECD, Discussion Draft on the Attribution of Profits to Permanent Establishment, Februar 2001, Rn. 22 ff.
[219] OECD, Discussion Draft on the Attribution of Profits to Permanent Establishment, Februar 2001, Rn. 22 f.
[220] OECD, Discussion Draft on the Attribution of Profits to Permanent Establishment, Februar 2001, Rn. 26 f, 33.
[221] OECD, Discussion Draft on the Attribution of Profits to Permanent Establishment, Februar 2001, Rn. 28.

Die Gewinnzurechnung und Gewinnermittlung der Betriebsstättengewinne gemäß Art. 7 Abs. 2 MA soll nach Auffassung der Verfasser in einem zweistufigen Verfahren erfolgen.[222] Im ersten Schritt werden die ökonomisch relevanten Aktivitäten der Betriebsstätte herausgearbeitet. Die Betriebsstätte wird dabei hypothetisch als unabhängiges Unternehmen behandelt und die den Aktivitäten zugrunde liegenden Bedingungen werden durch internen und externen Vergleich ermittelt.[223] Bei der Qualifizierung der Funktionen, genutzten Wirtschaftsgüter, Kapitalausstattung und Risiken steht dabei die analoge Anwendung der Richtlinien zu Art. 9 MA im Vordergrund. Den anschließenden zweiten Schritt bildet die konkrete Ermittlung der Gewinne aufbauend auf der funktionalen Analyse auf. Dabei geht man davon aus, dass die Betriebsstätte für ihre gesamten Aktivitäten einen Ausgleich wie unter voneinander unabhängigen Unternehmen erhält.[224] Die Ermittlung erfolgt in analoger Anwendung der anerkannten Verrechnungspreismethoden und -grundsätze zu Art. 9 MA.[225] Zur Vereinheitlichung der Gewinnermittlung in den einzelnen Mitgliedstaaten sollen schließlich die Gewinnermittlung nach der sog. „indirekten Methode" gem. Art. 7 Abs. 4 MA und das Zurechnungsverbot von Gewinnen aus Einkaufstätigkeiten zur Betriebsstätte gem. Art. 7 Abs. 5 MA gestrichen werden.[226] Den vorgelegten Entwürfen kommt allerdings bisher keinerlei Verbindlichkeit zu. Dennoch haben sie ihr Ziel, eine fachliche Diskussion in den einzelnen Mitgliedstaaten und Gremien auszulösen und so den notwendigen Reformprozess vorzuantreiben, in den letzten drei Jahren erreicht.[227] Schließlich hat der Steuerausschuss der OECD aufgrund der zahlreichen Anregungen aus der Finanzwirtschaft im März 2003 erneut zwei Diskussionsentwürfe veröffentlicht. Inhaltlich handelt es sich dabei um eine überarbeitete Version des ersten Entwurfs aus dem Jahre 2001 über die Gewinnzurechnung bei Banken, die auf der vielfältigen Mitarbeit der Finanzwirtschaft basiert und zusätzlich um einen weiteren, neuen Entwurf über den Handel mit Finanzinstrumenten durch ausländische Betriebsstätten.[228] Auch die diesbezüglichen Kommentare werden in der Zukunft durch die OECD diskutiert und verarbeitet werden.

---

[222] OECD, Discussion Draft on the Attribution of Profits to Permanent Establishment, Februar 2001, Rn. 43.
[223] OECD, Discussion Draft on the Attribution of Profits to Permanent Establishment, Februar 2001, Rn. 46
[224] OECD, Discussion Draft on the Attribution of Profits to Permanent Establishment, Februar 2001, Rn. 63.
[225] OECD, Discussion Draft on the Attribution of Profits to Permanent Establishment, Februar 2001, Rn. 65 f.
[226] OECD, Discussion Draft on the Attribution of Profits to Permanent Establishment, Februar 2001, Rn. 180, 183.
[227] Vgl. die Diskussionsbeiträge unter www.oecd.org/taxation.
[228] OECD, Discussion Draft on the Attribution of Profits to Permanent Establishment, Part II, Banks, März 2003; OECD, Discussion Draft on the Attribution of Profits to Permanent Establishment, Part III, Enterprises Carrying on Global Trading of Financial Instruments, März 2003.

E. Gemeinschaftsrechtliche Untersuchung von § 1 AStG

Die gemeinschaftsrechtliche Untersuchung von § 1 Abs. 1 AStG ist auf die primärrechtliche Niederlassungsfreiheit aus Art. 43 EG fokussiert. Der Schwerpunkt liegt dabei auf der Feststellung einer grenzüberschreitenden Diskriminierung und ihrer möglichen Rechtfertigung durch einen zwingenden Grund des Allgemeininteresses i. S. d. sog. „Gebhard-Formel" des EuGH.[229] Eingangs wird im Rahmen der Eröffnung des Schutzbereichs erörtert, ob nicht neben Art. 43 EG auch die Kapitalverkehrsfreiheit aus Art. 56 Abs. 1 EG auf eine Einkünftekorrektur gem. § 1 Abs. 1 AStG anwendbar ist und damit der räumliche Schutzbereich auch auf Einkünfte aus Geschäftsbeziehungen mit nahestehenden Personen ausgedehnt wird, die in Drittstaaten außerhalb des EU-Gemeinschaftsgebiets ansässig sind.

I. Abgrenzung und Konkurrenzverhältnis von Niederlassungs- und Kapitalverkehrsfreiheit

Ausgehend vom Wortlaut des primären und sekundären Gemeinschaftsrechts berührt eine Einkünftekorrektur gem. § 1 Abs. 1 AStG die Schutzbereiche der grundfreiheitlichen Gewährleistungen aus den Artt. 43, 56 Abs. 1 EG, wenn eine grenzüberschreitende Niederlassung bzw. ein ebensolcher Kapitalverkehrsvorgang vorliegt. Eine steuertatbestandliche Voraussetzung der Einkünftekorrektur und wesentliches Merkmal der grundfreiheitlichen Beurteilung ist gem. § 1 Abs. 2 AStG eine grenzüberschreitende Geschäftsbeziehung zwischen nahestehenden Personen. Was eine nahestehende Person ist definiert § 1 Abs. 2 AStG:

Dem Steuerpflichtigen ist eine Person nahestehend, wenn:

1. die Person an dem Steuerpflichtigen mindestens zu einem Viertel unmittelbar oder mittelbar beteiligt (wesentlich beteiligt) ist oder auf den Steuerpflichtigen unmittelbar oder mittelbar einen beherrschenden Einfluss ausüben kann oder umgekehrt der Steuerpflichtige an der Person wesentlich beteiligt ist oder auf diese Person unmittelbar oder mittelbar einen beherrschenden Einfluss ausüben kann oder

2. eine dritte Person sowohl an der Person als auch an dem Steuerpflichtigen wesentlich beteiligt ist oder auf beide unmittelbar oder mittelbar einen beherrschenden Einfluss ausüben kann oder

3. die Person oder der Steuerpflichtige imstande ist, bei der Vereinbarung der Bedingungen einer Geschäftsbeziehung auf den Steuerpflichtigen oder die Person einen außerhalb dieser Geschäftsbeziehung begründeten Einfluss auszuüben oder

---

[229] EuGH-Urteil vom 30.11.1995, Rs. C-55/94 („Gebhard"), Slg. 1995, I-4165, Rn. 37.

wenn einer von ihnen ein eigenes Interesse an der Erzielung der Einkünfte des anderen hat.

Das Erfordernis einer wesentlichen Beteiligung an der nahestehenden Person oder eines beherrschenden Einflusses auf die nahestehende Person i. S. v. § 1 Abs. 2 Nr. 1 AStG könnte einerseits die von der Niederlassungsfreiheit i. S. d. Art. 43 Abs. 1 S. 2 EG i. V. m. Art. 48 EG geschützte Gründung und Leitung einer Tochtergesellschaft durch einen Angehörigen eines Mitgliedstaates im Hoheitsgebiet eines anderen Mitgliedstaates darstellen. Andererseits könnte die Möglichkeit zur Ausübung eines gewissen Einflusses auf die nahestehende Person durch den Steuerpflichtigen ohne die Möglichkeit einer gesellschaftsrechtlichen Kontrolle i. S. v. § 1 Abs. 2 Nr. 3 AStG, z. B. im Falle einer nicht wesentlichen Beteiligung, aber auch als Direktinvestition i. S. d. der Nomenklatur im Anhang I zur Kapitalverkehrsrichtlinie zu qualifizieren sein, die den Anwendungsbereich der Kapitalverkehrsfreiheit aus Art. 56 Abs. 1 EG eröffnet.[230] Geht man dagegen grundsätzlich davon aus, dass die Rechtfertigung eines Eingriffs in die besagten Grundfreiheiten i. S. e. Konvergenz auf der Basis eines einheitlichen Beurteilungsmaßstabs zu lösen wäre,[231] so könnte man vorab einer Abgrenzung auf Ebene des Schutzbereichs geneigt sein zu argumentieren, dass selbige rein theoretisch, da ohne Auswirkungen auf die eigentliche Rechtfertigung sei. Ein entsprechendes Vorgehen würde jedoch den unterschiedlichen räumlichen Schutzbereich beider Normen außer Betracht lassen. Während die Niederlassungsfreiheit lediglich im Gemeinschaftsgebiet anwendbar ist, geht der Wortlaut von Art. 56 Abs. 1 EG davon aus, dass die Kapitalverkehrsfreiheit auch im Verkehr mit Staaten außerhalb des Gemeinschaftsgebiets anwendbar ist. Folglich ist allein vor dem Hintergrund einer Schutzgewährleistung für Drittstaatensachverhalte eine möglichst trennscharfe Abgrenzung der Grundfreiheiten auf der Ebene des sachlichen Schutzbereichs geboten.

Geht man allein vom Wortlaut des EGV aus, so ist dieser zunächst wenig erhellend, ja sogar verwirrend. In Art. 43 Abs. 2 EG wird die Niederlassungsfreiheit unter den Vorbehalt der Ausübung von Art. 56 ff. EG gestellt, wohingegen Art. 58 Abs. 2 EG vorsieht, dass die Kapitalverkehrsfreiheit nicht die Anwendbarkeit von gemeinschaftsrechtskonformen Bestimmungen des Niederlassungsrechts berührt. Die sich widersprechenden vertraglichen Regelungen zwingen somit zu einem Rückgriff auf die Judikatur des EuGH. Eine ausdrückliche Rechtsprechung des EuGH zur sachlichen Abgrenzung und zum Konkurrenzverhältnis der beiden Grundfreiheiten zueinander sowie der Auslegung der zitierten Artikel existierte allerdings lange nicht. Vielmehr ging der EuGH scheinbar davon aus, dass beide Grundfreiheiten parallel anwenbar seien. Dieses Verständnis lag jedoch eher darin begründet, dass eine Abgrenzung aufgrund der bereits angesprochenen Konvergenz auf Eingriffs- und Rechtfertigungsebene

---

[230] Richtlinie des Rates 88/361/EWG vom 24.06.1988 zur Durchführung von Art. 67 EGV, Abl. EG 1988, L 178, S. 5.
[231] Vgl. Cordewener, Europäische Grundfreiheiten und nationales Steuerrecht, S. 103 ff.

nicht erforderlich und ein Sachverhalt mit Drittstaatenbeteiligung nicht zu entscheiden war, als dass es sich hierbei um das Ergebnis einer umfassenden dogmatischen Auseinandersetzung mit dem Problem handelte.[232] Vielfach kam der EuGH schlicht zu dem Ergebnis, dass für den Fall der Einschlägigkeit einer der beiden Grundfreiheiten die Diskussion der jeweils anderen dahinstehen könne.[233] Einzig die EuGH-Entscheidung in der Rs. C-251/98 („Baars") vom 13.04.2000 und die diesbezüglichen Schlussanträge des GA Alber vom 14.10.1999 sind auf das Problem zumindest im Ansatz eingegangen, führten es jedoch keiner abschließenden Entscheidung zu, da auch hier die Verfahrenslage im Urteilszeitpunkt eine Abgrenzung durch das Gericht überflüssig machte.[234] Dennoch ließ die Begründung des EuGH zur Eröffnung des Schutzbereichs der Niederlassungsfreiheit zumindest einige Rückschlüsse auf das (Rang-) Verhältnis der beiden Grundfreiheiten zu. Auf den Einwand des Beklagten, der vorliegende Sachverhalt falle nicht unter Art. 43 EG, sondern ausschließlich unter Art. 56 Abs. 1 EG, stellte das Gericht unter Verweis auf den Wortlaut des Art. 43 Abs. 2 EG fest, dass die Niederlassungsfreiheit die Gründung und Leitung von Unternehmen, insbesondere von Gesellschaften, in einem Mitgliedstaat durch einen Angehörigen eines anderen Mitgliedstaates umfasse. Somit mache ein Angehöriger eines Mitgliedstaates, der eine Beteiligung an einer Gesellschaft mit Sitz in einem anderen Mitgliedstaat hält, die ihm einen solchen Einfluss auf die Entscheidungen der Gesellschaft verleiht, dass er deren Tätigkeiten bestimmen kann, von seiner Niederlassungsfreiheit Gebrauch.[235] Gleichzeitig grenzte der EuGH jedoch den Schutzbereich von Art. 43 EG insoweit negativ ab, dass nicht jede nationale Regelung über das Vorliegen einer wesentlichen Beteiligung an einer Kapitalgesellschaft der Höhe nach den Schutzbereich der Niederlassungsfreiheit ohne Ansehung der tatsächlichen Verhältnisse eröffne.[236] Mit dieser Feststellung entschied sich der EuGH gegen eine schematische Anwendung der Vorbehaltsklausel in Art. 43 Abs. 2 EG zugunsten der Kapitalverkehrsfreiheit und für eine Abgrenzung der Grundfreiheiten am Maßstab des individuellen Schutzbereichs bezogen auf den tatsächlich zur Entscheidung stehenden Lebenssachverhalt.[237] Gleichzeitig hielt sich das Gericht die Möglichkeit offen, im Falle einer Überschneidung der Schutzbereiche beide Grundfreiheiten

---

[232] Vgl. Cordewener/Kofler/Schindler, ET 2007, S. 107, 109 f.
[233] Vgl. exemplarisch Schlussanträge GA La Pergola vom 23.02.1999, Rs. C-302/97 („Konle"), Slg. 1999, I-3099, Rn. 22; EuGH-Urteil vom 01.06.1999, Rs. C-302/97 („Konle"), Slg. 1999, I-3099, Rn. 55; EuGH-Urteil vom 18.11.1999, Rs. C-200/98 („X A.B. u. Y A.B."), Slg. 1999, I-8261, Rn. 30; EuGH-Urteil vom 11.12.2003, Rs. C-364/01 („Erben von Barbier"), Slg. 2003, I-15013, Rn. 75.
[234] EuGH-Urteil vom 13.04.2000, Rs. C-251/98 („Baars"), Slg. 2000, I-2787.
[235] EuGH-Urteil vom 13.04.2000, Rs. C-251/98 („Baars"), Slg. 2000, I-2787, Rn. 21 f.; EuGH-Urteil vom 01.02.2001, Rs. C-108/96 („Mac Queen"), Slg. 2001, I-837, Rn. 9 f.; EuGH-Urteil vom 16.07.1998, Rs. C-264/96 („ICI plc."), Slg. 1998, I-4695; Rn. 20; EuGH-Urteil vom 28.01.1986, Rs. 270/83 („Kommission / Frankreich"), Slg. 1986, S. 273, Rn. 18.
[236] EuGH-Urteil vom 13.04.2000, Rs. C-251/98 („Baars"), Slg. 2000, I-2787, Rn. 20.
[237] Tiedje/Troberg, in: von der Groeben/Schwarze, EGV, Art. 43, Rn. 26 ff.

zur Anwendung kommen zu lassen. Für diese Lösung spricht insbesondere die historische Auslegung des Absatzes, der ursprünglich verhindern sollte, dass die in den römischen Verträgen nicht enthaltene und nur sekundärrechtlich geregelte Kapitalverkehrsfreiheit durch die „Hintertür" der Niederlassungsfreiheit zu einem vergleichbaren Liberalisierungsgrad gelangte, gleichwohl aber nicht ignoriert werden sollte.[238] Mit der Aufnahme in den EGV durch den Maastrichter Vertrag wurde die Kapitalverkehrsfreiheit dagegen als fünfte Grundfreiheit gleichwertig etabliert, so dass die Vorbehaltsklausel in Art. 43 Abs. 2 EG faktisch ihre Bedeutung verlor. GA Alber führt dazu in seinen Schlussanträgen in der Rs. C-251/98 („Baars") überzeugend aus, dass eine andere Auslegung von Art. 43 Abs. 2 EG mit der Einführung der Kapitalverkehrsfreiheit als gleichwertige Grundfreiheit dazu geführt hätte, dass die Einschränkungsvorbehalte des Kapitalverkehrs gleichsam in die anderen Grundfreiheiten hineingelesen werden müssten. Ein solcher Anwendungsvorrang von Art. 56 Abs. 1 EG sei jedoch nicht intendiert gewesen.[239] Schließlich hat der EuGH schon in der Rs. C-204/90 („Bachmann") festgestellt, dass die Vorschriften über den Kapitalverkehr solche Beschränkungen nicht erfassen, die sich nur mittelbar aus einem unmittelbaren Eingriff in andere Grundfreiheiten ergeben.[240] Damit ist ein sich aus Art. 43 Abs. 2 EG ergebender Anwendungsvorrang widerlegt.[241]

Die Literatur vertrat zur Reichweite von Art. 43 Abs. 2 EG ebenfalls lange Zeit die Auffassung, dass im Fall einer kumulativen Verwirklichung kein Vorrang einer Grundfreiheit i. S. e. „lex specialis Regel" begründet werde, sondern vielmehr eine Abgrenzung am Maßstab der unterschiedlichen Regelungsinhalte auf der Ebene des Schutzbereichs zu erfolgen habe, ob nur ein Kapitalverkehrsvorgang oder gleichzeitig auch eine Niederlassung vorliege.[242] Uneinigkeit bestand lediglich über die Abgrenzungsmaßstäbe. Freitag und Ohler schlugen eine Abgrenzung zwischen aktiver Aufnahme und Ausübung einer unternehmerischen Tätigkeit i. S. e. Niederlassung und lediglich passiver Geldanlage ohne persönliches Engagement des Investors in den eigentlichen Unternehmensgegenstand i. S. e. Kapitaltransfers vor.[243] Diese Auffassung ist, wie nachfolgend gezeigt wird, wohl immer noch sachnah und praktikabel. Dagegen zog Schön die Beteiligungsquote der Mutter-Tochter-Richtlinie i. H. v. 25 v. H. als Abgrenzungskriterium heran, während Troberg auf den Beteiligungsbegriff des harmonisierten Bilanzrechts mit einer Mindestquote von 20 v. H. zurückgriff.[244]

---

[238] Vgl. Staringer, in: Lechner/Staringer/Tumpel, Kapitalverkehrsfreiheit und Steuerrecht, S. 93, 100.

[239] Schlussanträge GA Alber vom 14.10.1999, Rs. C-251/98 („Baars"), Slg. 2000, I-2787, Rn. 23.

[240] EuGH-Urteil vom 28.01.1992, Rs. C-204/90 („Bachmann"), Slg. 1992, I-249, Rn. 34.

[241] Vgl. Cordewener, Europäische Grundfreiheiten und nationales Steuerrecht, S. 722.

[242] Schön, Europäische Kapitalverkehrsfreiheit und nationales Steuerrecht, in: GS für Knobbe-Keuk, S. 743, 749 ff.; Lang, in: Lechner/Staringer/Tumpel, Kapitalverkehrsfreiheit und Steuerrecht, S. 181, 187 f.

[243] Freitag, EWS 1997, S. 186, 190; Ohler, WM 1996, S. 1801, 1804.

[244] Schön, Europäische Kapitalverkehrsfreiheit und nationales Steuerrecht, in: GS für Knobbe-Keuk, S. 743, 750.

Bereits die stufenweise Reduzierung der erforderlichen Beteiligungsquote in der Mutter-Tochter-Richtlinie durch die Richtlinie 2003/123/EG des Rates vom 22.12.2003 auf 10 v. H. ab dem 01.01.2009 lässt jedoch die Untauglichkeit statischer Beteiligungsgrenzen für eine Abgrenzung erkennen, da sie lediglich ein Indiz, nicht aber der Nachweis für die tatsächlichen Beweggründe des Investors sein können.[245]

Sowohl die früheren Feststellungen des EuGH als auch die von der Literatur vorgeschlagenen Lösungen kamen somit zu dem identischen Ergebnis, dass sich beide Grundfreiheiten nicht grundsätzlich gegenseitig ausschließen. Andererseits stehen sie aber auch nicht beziehungslos nebeneinander oder lassen sich, wie von der Literatur z. T. vertreten, trennscharf auf Schutzbereichsebene abgrenzen. Vielmehr bietet der Schutzbereich beider Grundfreiheiten eine Schnittmenge, in der beide Gewährleistungen anwendbar sein sollten.[246] Diese Schnittmenge kann jedoch nicht abstrakt festgelegt werden, sondern ist anhand des konkreten Lebenssachverhalts unter Zugrundelegung der anerkannten Schranken der einschlägigen Grundfreiheit zu bestimmen. Somit können theoretisch selbst Beteiligungen von weniger als 25 v. H. der Anteile je nach substanziellem Einfluss des Investors unter Einbeziehung der übrigen Anteilseigner eine Niederlassung i. S. v. Art. 43 EG begründen.[247] GA Kokott fasste den status quo in ihren Schlussanträgen in der Rs. C-265/04 („Bouanich") treffend zusammen, in dem sie feststellte, dass die Kapitalverkehrsfreiheit allein nur dann anzuwenden sei, wenn mit einer Beteiligung an einer Kapitalgesellschaft lediglich die üblichen Schutzrechte von Minderheitsgesellschaftern verbunden seien, nicht aber eine substanzielle Einwirkungsmöglichkeit auf die Geschäftsentscheidungen der Gesellschaft bestehe.[248] Ein Spezialitätsverhältnis könne sich danach nur noch auf der Eingriffs- oder Rechtfertigungsebene ergeben: Dies zum einen auf der Eingriffsebene, wenn sich der Eingriff in eine Grundfreiheit nur als Reflex, d. h. mittelbare Folge eines unmittelbaren Eingriffs in die andere Grundfreiheit darstelle.[249] Zum anderen auf der Rechtfertigungsebene, wenn ein unmittelbarer Eingriff in die Niederlassungsfreiheit gem. Art. 43 EG als gerechtfertigt anzusehen sei und dieser gem. Art. 58 Abs. 2 EG nicht im Wege eines

---

[245] Richtlinie 2003/123/EG des Rates vom 22.12.2003 zur Änderung der Richtlinie 90/435/EWG über das gemeinsame Steuersystem der Mutter- und Tochtergesellschaften verschiedener Mitgliedstaaten, Abl. EG 2004, L 7, S. 41; Vgl. zum Verhältnis von Art. 56 EG und Mutter-Tochter-Richtlinie auch Staringer, in: Lechner/Staringer/Tumpel, Kapitalverkehrsfreiheit und Steuerrecht, S. 93, 101 f.
[246] Vgl. Schlussanträge GA Kokott vom 14.07.2005, Rs. C-265/04 („Bouanich"), Slg. 2006, I-923, Rn. 71.
[247] Schlussanträge GA Alber vom 14.10.1999, Rs. C-251/98 („Baars"), Slg. 2000, I-2787, Rn. 33.
[248] Vgl. Schlussanträge GA Kokott vom 14.07.2005, Rs. C-265/04 („Bouanich"), Slg. 2006, I-923, Rn. 72.
[249] EuGH-Urteil vom 13.05.2003, Rs. C-98/01 („Kommission / Vereinigtes Königreich"), Slg. 2003, I-4641, Rn. 52.

Verstoßes gegen Art. 56 EG als ungerechtfertigt beseitigt werden könne.[250] Im Ergebnis kann damit auch Art. 58 Abs. 2 EG kein Spezialitätsverhältnis zwischen Art. 43 EG und 56 EG begründen.[251] Der Artikel ergänzt lediglich den Katalog möglicher Beschränkungen solcher Vorgänge, die sowohl die Grundfreiheit des Kapitalverkehrs als auch die Grundfreiheit des Niederlassungsrechts berühren, um Schutzbestimmungen aus dem Bereich der Niederlassungsfreiheit.[252] Der in Art. 43 Abs. 2 EG und Art. 58 Abs. 2 EG ausgedrückte Vorbehalt bezüglich der jeweils anderen Freiheiten besagt demnach, dass die Grundfreiheit in dem von ihr erfassten Sachbereich zur Anwendung kommt, ohne durch die andere Freiheit verdrängt zu werden.[253] Auf den vorliegenden Fall des § 1 Abs. 1, 2 AStG bezogen bedeutete diese Feststellung bisher, dass der sachliche Schutzbereich der Niederlassungsfreiheit neben dem der Kapitalverkehrsfreiheit nur dann eröffnet war, wenn die nahe stehende Person und der Steuerpflichtige in einem gesellschaftsrechtlichen Beherrschungsverhältnis zueinander standen. Das war in jedem Fall bei einer Beteiligung von mehr als der Hälfte anzunehmen, wohingegen dies bei einem darunter liegenden Beteiligungsverhältnis allenfalls im Einzelfall festgestellt werden konnte. Diese Feststellung ist jedoch nach neuerer Rechtsprechung des EuGH inzwischen zu modifizieren.

In den Urteilen des EuGH in den Rs. C-452/04 („Fidium Finanz AG) vom 16.03.2006, C-196/04 („Cadbury Schweppes") vom 12.09.2006, C-446/04 („Test Claimants in the FII Group Litigation") vom 12.12.2006, C-524/04 („Test Claimants in the Thin Cap Group Litigation) vom 13.03.2007, C-492/04 („Lasertec") vom 10.05.2007 und C-157/05 („Holböck") vom 24.05.2007 hat das Gericht seine bisherige Rechtsprechung zum Anwendungsvorrang der Grundfreiheiten geändert bzw. präzisiert.[254] Seither ist von Idealkonkurrenz zwischen Kapitalverkehrs- und Niederlassungsfreiheit auszugehen, die eine Abgrenzung auf Ebene des Schutzbereichs für die Zukunft unvermeidbar macht und eine gleichzeitige Anwendung beider Grundfreiheiten verhindert.[255] Der Grund für die Rechtsprechungsänderung des EuGH war eine Häufung von zur Entschei-

---

[250] Schlussanträge GA Alber vom 14.10.1999, Rs. C-251/98 („Baars"), Slg. 2000, I-2787, Rn. 25.
[251] Vgl. Dölker/Ribbrock, BB 1928, 1931 f. zur Auslegung von Art. 58 Abs. 2 EG im Lichte der neuen Rechtsprechung des EuGH zu Drittstaatensachverhalten.
[252] Ress/Ukrow, in: Grabitz/Hilf, Das Recht der Europäischen Union, EGV, Art. 58, Rn. 44.
[253] Randelzhofer/Forsthoff, in: Grabitz/Hilf, Das Recht der Europäischen Union, EGV, Art. 43, Rn. 114.
[254] EuGH-Urteil vom 12.09.2006, Rs. C-196/04 („Cadbury Schweppes"), Slg. 2006, I-7995; EuGH-Urteil vom 03.10.2006, Rs. C-452/04 („Fidium Finanz AG"), Slg. 2006, I-9521; EuGH-Urteil vom 12.12.2006, Rs. C-446/04 ("Test Claimants in the FII Group Litigation"), Slg. 2006, I-11753; EuGH-Urteil vom 13.03.2007, Rs. C-524/04 („Test Claimants in the Thin Cap Group Litigation"), Slg. 2007, I-2107; EuGH-Urteil vom 10.05.2007, Rs. C-492/04 („Lasertec"), Slg. 2007, I-3775; EuGH-Urteil vom 24.05.2007, Rs. C-157/05 („Holböck"), Slg. 2007, I-4051.
[255] Vgl. Sedemund, BB 2006, S. 2781; Schießl, StuB 2007, S. 584, Köhler/Tippelhofer, IStR 2007, S. 645.

dung gestellten Lebenssachverhalten mit Drittstaatenbezug.[256] Demzufolge stellte sich die Frage, ob man den Schutz der Kapitalverkehrsfreiheit auch bestimmten Konstellationen außerhalb des EU-Gemeinschaftsgebietes gewähren wollte oder ob die im Einzelfall ebenfalls betroffenen Grundfreiheiten aus den Artt. 43, 49 EG mit ihrer räumlichen Beschränkung auf das EU-Gemeinschaftsgebiet vorrangig anzuwenden seien. Diese Frage hat der EuGH in allen Fällen eindeutig zugunsten eines Vorrangs der Niederlassungs- bzw. Dienstleistungsfreiheit als „lex specialis" beantwortet und die Kapitalverkehrsfreiheit als „legi generali" im Wege der Idealkonkurrenz dahinter zurücktreten lassen.[257] Für den konkreten Fall des Aufeinandertreffens von Kapital- und Niederlassungsfreiheit hat der EuGH entschieden, dass für die Beantwortung der Frage, ob eine nationale Regelung unter die eine oder unter die andere Verkehrsfreiheit fällt, auf den Gegenstand der betreffenden nationalen Regelung abzustellen sei.[258] § 1 AStG ermöglicht insoweit eine Korrektur von Einkünften aus grenzüberschreitenden Geschäftsbeziehungen mit verbundenen Unternehmen. Wie schon eingangs dieses Abschnitts dargestellt ist somit zu entscheiden, ob der Charakter der Verbindung zu dem ausländischen Unternehmen entweder eine Niederlassung oder einen Kapitalverkehrsvorgang darstellt. So hat der EuGH für solche Fälle, in denen die nationale Regelung eine grenzüberschreitende Beteiligung von mehr als 50 % vorsah, einen Vorrang der Niederlassungsfreiheit festgestellt.[259] Demzufolge sei eine Beschränkung der Kapitalverkehrsfreiheit in solchen Fällen allenfalls mittelbar und lediglich die unvermeidliche Konsequenz einer unmittelbaren Beschränkung der Niederlassungsfreiheit und mithin nicht zu prüfen.[260] Für den Fall des § 1 AStG gilt somit inzwischen, dass eine Einkünftekorrektur aus einer grenzüberschreitenden Geschäftsbeziehung mit einer nahestehenden Person i. S. v. § 1 Abs. 2 AStG immer dann ausschließlich am Maßstab der Niederlassungsfreiheit zu prüfen ist, wenn eine Beteiligung von mehr als 50 % vorliegt. Fraglich ist somit, was bei einer Beteiligung zwischen 25 % und 50 %, bzw. in Fällen der lediglich tatsächlich begründeten Einflussmöglichkeiten des § 1 Abs. 2 Nr. 3 AStG gelten soll. Insoweit ist die neuere Rechtsprechung auch wei-

---

[256] Vgl. Dölker/Ribbrock, BB 2007, S. 1928.
[257] Vgl. Sedemund, BB 2006, S. 2781, 2784.
[258] EuGH-Urteil vom 24.05.2007, Rs. C-157/05 („Holböck"), Slg. 2007, I-4051; Rn. 22 m. w. N.
[259] EuGH-Urteil vom 12.09.2006, Rs. C-196/04 („Cadbury Schweppes"), Slg. 2006, I-7995, Rn. 32; EuGH-Urteil vom 12.12.2006, Rs. C-446/04 ("Test Claimants in the FII Group Litigation"), Slg. 2006, I-11753, Rn. 118; EuGH-Urteil vom 13.03.2007, Rs. C-524/04 („Test Claimants in the Thin Cap Group Litigation"), Slg. 2007, I-2107, Rn. 26 ff.
[260] EuGH-Urteil vom 12.09.2006, Rs. C-196/04 („Cadbury Schweppes"), Slg. 2006, I-7995, Rn. 33; EuGH-Urteil vom 03.10.2006, Rs. C-452/04 („Fidium Finanz AG"), Slg. 2006, I-9521, Rn. 48 f.; EuGH-Urteil vom 13.03.2007, Rs. C-524/04 („Test Claimants in the Thin Cap Group Litigation"), Slg. 2007, I-2107, Rn. 34; EuGH-Urteil vom 10.05.2007, Rs. C-492/04 („Lasertec"), Slg. 2007, I-3775, Rn. 25; vgl. EuGH-Urteil vom 03.10.2006, Rs. C-452/04 („Fidium Finanz AG"), Slg. 2006, I-9521, Rn. 34 für die Abgrenzung zwischen Art. 49 EG und Art. 56 Abs. 1 EG m. w. N.

terhin unergiebig, da sie die bisherige inhaltliche Abgrenzung nicht überflüssig macht.[261] Lediglich die Rechtsfolge hat sich i. S. e. Idealkonkurrenz bzw. Spezialität geändert. Sogar GA Geelhoed verweist in den Schlussanträgen in der Rs. C-524/04 („Test Claimants in the Thin Cap Group Litigation") auf die eingangs dieses Abschnitts diskutierten Ausführungen von GA Alber in den Schlussanträgen in der Rs. C-251/98 zur Abgrenzung der Niederlassungs- und Kapitalverkehrsfreiheit.[262] Demzufolge müssten die steuertatbestandlichen Voraussetzungen eines Nahestehens i. S. v. § 1 Abs. 2 AStG für einen Spezialitätsvorrang von Art. 43 EG vor Art. 56 Abs. 1 EG sinngemäß implizieren, dass hiermit ein sicherer Einfluss auf die Entscheidungen bzw. auf die Kontrolle und Bestimmung der Tätigkeiten des (verbundenen) Unternehmens einhergeht und vom Gesetzgeber gewollt ist.[263] Legt man den Wortlaut der Norm im Lichte des Zwecks der Vorschriften über die Einkünftekorrektur gem. § 1 AStG aus, so soll mit der Norm eine (grenzüberschreitende) Preisgestaltung wie bei unverbundenen, voneinander unabhängigen Unternehmen als Grundlage der inländischen Besteuerung sichergestellt werden. Dies ist auch das dem Korrekturmaßstab „Fremdvergleichsgrundsatz" innewohnende Ziel.[264] So ist der natürliche Interessengegensatz unabhängiger Unternehmen im Geschäftsverkehr gerade in Fällen der Typisierung des § 1 Abs. 2 Nr. 1, AStG aufgehoben, da das Interesse an der Gewinnmaximierung der einzelnen Unternehmenseinheit dem Interesse des Konzerns bzw. der Einheit „verbundene Unternehmen" an einer steuergünstigen Gewinnallokation i. S. e. Gesamtbetrachtung mit einer signifikanten rechtlichen Kontrollmöglichkeit bzw. dem „beherrschenden Einfluss" weicht. Das Fehlen gegenläufiger Interessen als Indiz für eine faktische Kontrollmöglichkeit kommt insbesondere im Wortlaut des § 1 Abs. 2 Nr. 3 AStG zum Ausdruck. Hiernach ist eine Person auch ohne wesentliche gesellschaftsrechtliche Beteiligung nahestehend, wenn sie imstande ist, auf die Bedingungen einer Geschäftsbeziehung einen begründeten Einfluss auszuüben. Auch wenn die Vorschrift hinsichtlich ihres tatsächlichen Anwendungsbereichs weitgehend unklar ist,[265] so ist dennoch davon auszugehen, dass sie als Auffangvorschrift sämtliche Fälle erfassen will, bei denen es zu einer nachhaltigen Fremdbestimmung der Geschäftsbeziehung bei einem Beteiligten kommt. Übt ein Steuerpflichtiger einen solchen faktischen Einfluss aus, dann liegt jedenfalls kein anonymes Investment i. S. e. Kapitalverkehrsvorgangs sondern vielmehr eine aktive unternehmerische Tätigkeit i. S. v. Art. 43 EG vor. Nach der hier vertretenen Auffassung ist bei Vorliegen der steuertatbestandlichen Voraussetzungen des § 1 Abs. 2 AStG somit davon auszuge-

---

[261] Vgl. EuGH-Urteil vom 03.10.2006, Rs. C-452/04 („Fidium Finanz AG"), Slg. 2006, I-9521, Rn. 27 ff. für die Abgrenzung zwischen Art. 49 EG und Art. 56 Abs. 1 EG.

[262] Schlussanträge GA Geelhoed vom 29.06.2006, Rs. C-524/04 ("Test Claimants in the Thin Cap Group Litigation"), Slg. 2007, I-2107, Rn. 35.

[263] Vgl. Dölker/Ribbrock, BB 2007, S. 1928, 1931; Köhler/Tippelhofer, IStR 2007, S. 645, 647 f.

[264] Siehe Kapitel 2, D.

[265] Vgl. krit. Wassermeyer, in: Flick/Wassermeyer/Baumhoff, AStG, § 1, Rn. 854 ff.; Kaminski, in: Strunk/Kaminski/Köhler, AStG, § 1, Rn. 656 ff.

hen, dass eine der Definition zur Niederlassungsfreiheit entsprechende faktische oder gesellschaftsrechtliche Möglichkeit zur Kontrolle und Beeinflussung der wesentlichen Geschäftsentscheidungen vorliegt. Zu einem vergleichbaren Ergebnis kommen auch die Ausführungen von GA Geelhoed in den Schlussanträgen in der Rs. C-524/04 („Test Claimants in the Thin Cap Group Litigation") zur Beschränkung des Prüfungsumfangs der britischen Vorschriften zur Gesellschafterfremdfinanzierung auf die Vereinbarkeit mit der Niederlassungsfreiheit aus Art. 43 EG.[266] Die britische Regelung ist anwendbar, wenn die Bereitstellung der Finanzmittel durch einen Vorgang zwischen zwei Gesellschaften unter gemeinsamer Kontrolle erfolgt, d. h. wenn eine Gesellschaft unmittelbar oder mittelbar an der Leitung oder Kontrolle des anderen Unternehmens beteiligt ist.[267] Da die britischen Vorschriften über die Gesellschafterfremdfinanzierung systematisch den britischen Verrechnungspreisvorschriften zuzuordnen sind, leitet GA Geelhoed hieraus die Schlussfolgerung ab, dass deren Zweck die Verhinderung einer Aufhebung der im freien Wettbewerb bestehenden Interessengegensätze ist und sich dies in den Tatbestandsvoraussetzungen über die Assoziierung der Unternehmen niederschlage.[268] Auf § 1 AStG bezogen kommt eine tatbestandliche Abgrenzung der Grundfreiheiten unter Berücksichtigung der neuen EuGH-Rechtsprechung zur Spezialiät bzw. Konkurrenz damit zu dem Schluss, dass die Kapitalverkehrsfreiheit aus Art. 56 Abs. 1 EG auf den Fall einer nahestehenden Person i. S. v § 1 Abs. 2 AStG nicht anwendbar ist, so dass die nachfolgende Prüfung von Eingriff und Rechtfertigung auf die Niederlassungsfreiheit aus Art. 43 EG reduziert ist.

II. Eingriff in den Schutzbereich der Niederlassungsfreiheit

Ein Eingriff in den Schutzbereich der Niederlassungsfreiheit ist zu bejahen, wenn die Anwendung der nationalen Regelung zu einer Diskriminierung oder Beschränkung[269] der grenzüberschreitenden Niederlassung bei dem inländischen Steuerpflichtigen im Anwendungsbereich von § 1 Abs. 1 AStG führt.[270] Für die Feststellung einer Diskriminierung ist zu untersuchen, ob die Vorschrift des nationalen Steuerrechts zwei vergleichbare Gruppen von Steuerpflichtigen un-

---

[266] Schlussanträge GA Geelhoed vom 29.06.2006, Rs. C-524/04 ("Test Claimants in the Thin Cap Group Litigation"), Slg. 2007, I-2107, Rn. 34.

[267] Schlussanträge GA Geelhoed vom 29.06.2006, Rs. C-524/04 ("Test Claimants in the Thin Cap Group Litigation"), Slg. 2007, I-2107, Rn. 34; vgl. EuGH-Urteil vom 10.05.2007, Rs. C-492/04 („Lasertec"), Slg. 2007,I- 3775, Rn. 25, für eine vergleichbare Argumentation im Fall des § 8a KStG.

[268] Schlussanträge GA Geelhoed vom 29.06.2006, Rs. C-524/04 ("Test Claimants in the Thin Cap Group Litigation"), Slg. 2007, I-2107, Rn. 34.

[269] Siehe Kapitel 4, C., II., 2. für eine Darstellung des hier nicht relevanten Beschränkungsbegriffs.

[270] Vgl. Schlussanträge GA Maduro vom 06.05.2004, Rs. C-72/03 („Carbonati Apuani"), Slg. 2004, I-8027, Rn. 46 ff., der dem Begriff des „transnationalen Vorgangs" den Vorzug gegenüber dem Begriff des „grenzüberschreitenden Sachverhalts" geben möchte.

gleich behandelt. Im Umkehrschluss liegt eine Ungleichbehandlung nicht vor, wenn zwischen den Vergleichsgruppen wesentliche Unterschiede von solcher Art und solchem Gewicht bestehen, dass eine Vergleichbarkeit nicht mehr besteht.[271] Bei einer Einkünftekorrektur gem. § 1 Abs. 1 AStG ist aufgrund der steuertatbestandlichen Radizierung auf grenzüberschreitende Geschäftsbeziehungen unabhängig von der Ansässigkeit der beteiligten Steuerpflichtigen ein hypothetischer Vergleich zwischen der tatsächlichen steuerlichen Behandlung eines grenzüberschreitenden und eines fiktiven inländischen Sachverhalts vorzunehmen.[272] Zu diesem Zweck sind zunächst die dogmatischen Grundlagen der Einkünftekorrektur im nationalen Steuerrecht der Bundesrepublik Deutschland zu ermitteln.

Die Einkünftekorrektur bei Gewinneinkünften natürlicher und juristischer Personen ist mit der Auffassung von Wassermeyer in einem zweistufigen Verfahren vorzunehmen, dass in § 4 Abs. 1 S. 1 EStG, der gem. § 8 Abs. 1 S. 1 KStG auch auf Körperschaften zur Anwendung kommt, angedeutet wird.[273] Auf der ersten Stufe werden die Einkünfte des Steuerpflichtigen durch einen periodischen Betriebsvermögensvergleich gem. § 4 Abs. 1 S. 1 Hs. 1 EStG vorläufig berechnet. Im Anschluss daran werden auf einer zweiten Stufe bei den Einkünften Hinzurechnungen und Kürzungen mittels steuerlicher Einkünftekorrekturvorschriften vorgenommen. Innerhalb der Einkünftekorrektur auf der zweiten Stufe der Gewinnermittlung führt eine Anwendung unterschiedlicher Korrekturmaßstäbe auf wesentlich gleiche, grenzüberschreitende und nationale Sachverhalte schließlich zu einer gemeinschaftsrechtlichen Diskriminierung. Als im Verhältnis zu § 1 Abs. 1 AStG diskriminierungsrelevante Korrekturnormen sind zu benennen:[274]

- Verdeckte Gewinnausschüttungen gem. § 8 Abs. 3 S. 2 KStG
- Entnahmen gem. § 4 Abs. 1 S. 2 EStG
- Einlagen gem. § 4 Abs. 1 S. 7 EStG

Das primäre Ziel der gemeinschaftsrechtlichen Untersuchung von § 1 Abs. 1 AStG ist es, potentielle Diskriminierungen einzelner Steuerpflichtiger im tatsächlichen Anwendungsbereich der Vorschrift darzustellen und die damit verbundene Diskrepanz zwischen grenzüberschreitender und inländischer Einkünftekorrektur aufzuzeigen. So kann eine offene Einlage eines Gesellschafters in das Gesellschaftsvermögen gem. § 4 Abs. 1 S. 1, 7 EStG tatbestandlich nicht Gegenstand einer Einkünftekorrektur gem. § 1 Abs. 1 AStG sein, da die offene

---

[271] EuGH-Urteil vom 14.02.1995, Rs. C-279/93 („Schumacker"), Slg. 1995, I-225, Rn. 34 f.; EuGH-Urteil vom 11.08.1995, Rs. C-80/94 („Wielockx"), Slg. 1995, I-2493, Rn. 18 f.; EuGH-Urteil vom 14.09.1999, Rs. C-391/97 („Gschwind"), Slg. 1999, I-5451, Rn. 22 ff.; EuGH-Urteil vom 16.05.2000, Rs. C-87/99 („Zurstrassen"), Slg. 2000, I-3337, Rn. 21.
[272] Vgl. Wassermeyer, in: Flick/Wassermeyer/Baumhoff, AStG, § 1, Rn. 231 ff.
[273] Wassermeyer, IStR 2001, S. 633, 634; ders., DB 2007, S. 535
[274] Wassermeyer, IStR 2001, S. 633, 634.

Einlage[275] immer auf dem Gesellschaftsverhältnis beruht und keine Geschäftsbeziehung zugrunde liegt.[276] Dafür spricht insbesondere, dass die offene Einlage auf der ersten Stufe der Gewinnermittlung bei der Bestimmung der Einkünfte des Steuerpflichtigen zu berücksichtigen ist, so dass für die Anwendung einer Einkünftekorrekturvorschrift auf der zweiten Stufe der Gewinnermittlung kein Raum bleibt.[277] Gleiches gilt für die verdeckte Einlage aus der Sicht der empfangenden Kapitalgesellschaft. Eine verdeckte Einlage liegt vor, wenn einer Kapitalgesellschaft durch einen Gesellschafter oder eine ihm nahestehende Person ein einlagefähiger Vermögensvorteil zugewendet wird und diese Zuwendung ihre Ursache im Gesellschaftsverhältnis hat.[278] Da die verdeckte Einlage bei der empfangenden Gesellschaft zu einer Erhöhung des Gesellschaftsvermögens gem. § 4 Abs. 1 S. 1 EStG führt, besteht dort kein Bedarf für eine Einkommenserhöhung bzw. Einkommenskorrektur, zumal eine Einlage nach einer älteren Literaturauffassung nie zu einer Einkommensminderung führen kann und für die Anwendung von § 1 Abs. 1 AStG schon tatbestandsmäßig kein Raum ist.[279] Nachfolgend wird daher anhand exemplarischer Sachverhalte die von einer Einkünftekorrektur gem. § 1 Abs. 1 AStG tatsächlich verursachte Reichweite einer gemeinschaftsrechtlichen Diskriminierung als Eingriff in den Schutzbereich der Niederlassungsfreiheit dargestellt.

1. Die Einkünftekorrektur gem. § 1 Abs. 1 S. 1, 3 AStG „unbeschadet anderer Vorschriften" als Diskriminierung

Dem Wortlaut von § 1 Abs. 1 S. 1 AStG entsprechend ist eine Einkünftekorrektur am Maßstab des Fremdvergleichs „unbeschadet anderer Vorschriften" vorzunehmen. Das Konkurrenzverhältnis zu anderen Einkünftekorrekturnormen war bisher jedoch ungeklärt bzw. umstritten. Mit unterschiedlichen Begründun-

---

[275] Nach der Definition von Balmes, in: Herrmann/Heuer/Raupach, KStG, § 8, Rn. 21, sind offene Einlagen Vermögensvorteile in Form von Geld- oder Sachwerten, die der Kapitalgesellschaft gegen Gewährung von Gesellschaftsrechten nach den Vorschriften des GmbHG und des AktG zugeführt werden, Nachschüsse gem. §§ 26 ff. GmbHG oder das Aufgeld bei Kapitalerhöhungen gegen Einlagen; offene Einlagen erhöhen das gezeichnete Kapital oder sind der Kapitalrücklage gem. § 272 Abs. 2 HGB zuzuführen; anders als bei der verdeckten Einlage bedarf es keiner Gewinnkorrektur für steuerliche Zwecke, da die offene Einlage die GuV-Rechnung nicht berührt.
[276] Wassermeyer, in: Flick/Wassermeyer/Baumhoff, AStG, § 1, Rn. 89.
[277] Wassermeyer, in: Flick/Wassermeyer/Baumhoff, AStG, § 1, Rn. 89.
[278] Schreiben betr. Grundsätze für die Prüfung der Einkunftsabgrenzung bei international verbundenen Unternehmen (Verwaltungsgrundsätze) vom 23.02.1983, BStBl I 1983, S. 218, geändert durch BStBl I 1999, S. 1122, ergänzt durch BStBl I 2001, S. 796, Tz. 1.3.1.2.
[279] Wassermeyer, BB 1984, S. 1501; Woerner, BB 1983, S. 845 f.; vgl. die Darstellung des Streitstandes von Vögele/Raab, in: Vögele/Borstell/Engler, Handbuch der Verrechnungspreise, A 370 f.

gen wird Idealkonkurrenz[280], Gesetzeskonkurrenz[281] und Subsidiarität[282] vertreten. Teilweise soll es sich bei § 1 Abs. 1 S. 1 AStG auch um eine Auffangvorschrift handeln.[283] Da sich das Konkurrenzproblem entsprechend den normativen Voraussetzungen des § 1 Abs. 1 S. 1 AStG nur bei einem grenzüberschreitenden Sachverhalt stellt, muss die dogmatische Behandlung des Konkurrenzverhältnisses von § 1 Abs. 1 S. 1 AStG zu anderen Einkünftekorrekturnormen vorab einer Einzelfalldiskussion auch unter dem Gesichtspunkt der Diskriminierungsfreiheit des grenzüberschreitenden Sachverhalts bei der Auflösung der Konkurrenzlage im Einzelfall erörtert werden.

Eine gesicherte Rechtsprechung zu dem Problem existiert nicht. Der BFH hat lediglich in zwei Entscheidungen zu dem Konkurrenzproblem Stellung genommen. In einem Urteil vom 09.11.1988 hat der BFH eine Einkünftekorrektur unter Verweis auf die Maßgabe einer Anwendung von § 1 Abs. 1 AStG „unbeschadet anderer Vorschriften" mit der Begründung abgelehnt, dass die Voraussetzungen der verdeckten Gewinnausschüttung erfüllt seien.[284] Demgegenüber hat der BFH in einem Beschluss vom 17.12.1997 im vorläufigen Rechtsschutz gem. § 69 Abs. 2 S. 2 FGO das Konkurrenzverhältnis zwischen den Rechtsfolgen von § 1 Abs. 1 S. 1 AStG und § 4 Abs. 1 S. 1 EStG im Bezug auf Sach- und Leistungsentnahmen als ungeklärt bezeichnet, zugleich aber ernstliche Zweifel angemeldet, ob die Rechtsfolge des § 4 Abs. 1 S. 1 EStG die Anwendung von § 1 Abs. 1 S. 1 AStG ausschließt.[285]

Die Finanzverwaltung geht davon aus, dass die verdeckte Gewinnausschüttung, die verdeckte Einlage und die Einkünftekorrektur gem. § 1 Abs. 1 AStG in ihren rechtlichen Voraussetzungen voneinander unabhängig und generell nebeneinander anwendbar sind.[286] Eine Gewinnberichtigung sei jedoch vorrangig nach den Grundsätzen über die verdeckte Gewinnausschüttung oder die verdeckte

---

[280] Borstell/Brüninghaus/Dworaczek, IStR 2001, S. 757, 759; Krabbe, in: Lademann, AStG, § 1, Rn. 4; Menck, in: Blümich, AStG, § 1, Rn. 14 ff.; Debatin, DB 1974, Beilage 15, S. 4; Raupach, JbFSt 1977/78, S. 424; 430; Manke, JbFSt 1977/78, S. 446.

[281] Ebling, StBp 1971, S. 218, 223; Vogel, DB 1972, S. 1402, 1403; Bellstedt, Die Besteuerung international verflochtener Gesellschaften, S. 103; Jacobs, Internationale Unternehmensbesteuerung, S. 687 f.; Baranowski, Besteuerung von Auslandsbeziehungen, Rn. 760.

[282] Wassermeyer, in Schaumburg, Dokumentation der Kölner Konzernrechts-Tage 1998, Rn. 660 ff.; Döllerer Verdeckte Gewinnausschüttungen, 1990, S. 241, 242; Fischer/Warneke, Steuerlehre 1988, S. 93; Knobbe-Keuk, Unternehmenssteuerrecht, 9. Aufl., S. 690; Westerfelhaus, DB 1983, S. 907, 909; Woerner, BB 1983, S. 845; Schaumburg, Internationales Steuerrecht, Rn. 18.68; Schoss, in: Lademann, AStG, § 1, Rn. 11, 13.

[283] Brezing, in: Brezing/Krabbe/Lempenau/Mössner/Runge, Außensteuerrecht, § 1 AStG, Rn. 10.

[284] BFH-Urteil vom 09.11.1988, I R 335/83, BStBl II 1989, S. 510.

[285] BFH-Beschluss vom 17.12.1997, I B 96/97, BStBl II 1998, S. 321.

[286] Schreiben betr. Grundsätze für die Prüfung der Einkunftsabgrenzung bei international verbundenen Unternehmen (Verwaltungsgrundsätze) vom 23.02.1983, BStBl I 1983, S. 218, geändert durch BStBl I 1999, S. 1122, ergänzt durch BStBl I 2001, S. 796, Tz. 1.1.3.

Einlage vorzunehmen, wenn deren Voraussetzungen kumulativ mit denen des § 1 Abs. 1 S. 1 AStG erfüllt sind.[287] Im Fall einer Entnahme gem. § 6 Abs. 1 Nr. 4 EStG und verdeckten Einlage in eine Kapitalgesellschaft gem. § 6 Abs. 6 S. 2 EStG nimmt die Finanzverwaltung inzwischen Idealkonkurrenz mit dem Ergebnis an, dass eine weitergehende Berichtigung gem. § 1 Abs. 1 AStG immer dann vorzunehmen sei, wenn diese notwendig sei, um dem Maßstab des Fremdverhaltens Rechnung zu tragen.[288]

Der Auffassung der Finanzverwaltung ist insofern zuzustimmen, als die unterschiedlichen Voraussetzungen von Tatbestand und Rechtsfolge der einzelnen Einkünftekorrekturnormen eine Gesetzeskonkurrenz i. S. e. „lex specialis Verhältnisses" ausschließen.[289] Gleichwohl stimmen Literatur und Finanzverwaltung, wenn auch mit unterschiedlicher Begründung, inzwischen überein, dass die aus fiskalischer Sicht weitergehende Korrekturmöglichkeit zur Anwendung kommen soll, wenn die tatbestandlichen Voraussetzungen des § 1 Abs. 1 S. 1 AStG neben der verdeckten Gewinnausschüttung, verdeckten Einlage oder Entnahme erfüllt sind.[290] Diese Rechtsfolge hat durch mit dem UntStRefG 2008 inzwischen auch den Weg ins Gesetz gefunden. § 1 Abs. 1 S. 3 AStG bestimmt hierzu:

> Führt die Anwendung des Fremdvergleichsgrundsatzes zu weitergehenden Berichtigungen als die anderen Vorschriften, sind die weitergehenden Berichtigungen neben den Rechtsfolgen der anderen Vorschriften durchzuführen.

Der Wortlaut des Gesetzes geht somit davon aus, dass zwischen den unterschiedlichen Einkünftekorrekturvorschriften zwar tatbestandlich eine Realkonkurrenz besteht. Auf Rechtsfolgenseite sind jedoch die Korrekturmöglichkeiten des grenzüberschreitenden Sachverhalts zwingend zu Ungunsten des Steuerpflichtigen maximal auszuschöpfen. Die aus den gesetzlichen Vorgaben resultierende gemeinschaftsrechtliche Konsequenz ist bedenklich, wenn die weitgehendere Korrektur im Einzelfall auf § 1 Abs. 1 S. 1 AStG gestützt wird. Schließlich liegt in einem solchen Fall immer eine Diskriminierung des grenzüberschreitenden Sachverhalts i. S. d. Art. 43, 56 Abs. 1 EG vor, da ein vergleichbarer nationaler Sachverhalt nach der günstigeren nationalen Einkünftekorrekturnorm korrigiert wird und in Ermangelung einer grenzüberschreitenden Geschäftsbezie-

---

[287] Schreiben betr. Grundsätze für die Prüfung der Einkunftsabgrenzung bei international verbundenen Unternehmen (Verwaltungsgrundsätze) vom 23.02.1983, BStBl I 1983, S. 218, geändert durch BStBl I 1999, S. 1122, ergänzt durch BStBl I 2001, S. 796, Tz. 1.1.3, 8.1.1; Schreiben betr. Grundsätze zur Anwendung des Außensteuergesetzes vom 14.05.2004, BStBl I 2004, Sondernummer 1, Tz. 1.1.2.; Gesetzentwurf zum UntStRefG 2008 vom 27.03.2007, BT-Drs. 16/4841, S. 146.

[288] Schreiben betr. Grundsätze zur Anwendung des Außensteuergesetzes vom 14.05.2004, BStBl I 2004, Sondernummer 1, Tz. 1.1.2.

[289] Vgl. Wassermeyer, in: Flick/Wassermeyer/Baumhoff, AStG, § 1, Rn. 77; a. A. noch Wassermeyer, BB 1984, S. 1501, 1502; kritisch dazu Menck, in: Blümich, AStG, § 1, Rn. 14 ff.

[290] Vgl. Wassermeyer, in: Flick/Wassermeyer/Baumhoff, AStG, § 1, Rn. 77.

hung für die Anwendung des Fremdvergleichsgrundsatzes gem. § 1 Abs. 1 S. 1 AStG aus nationaler Perspektive kein Raum bleibt. Eine gemeinschaftsrechtskonforme Auslegung von § 1 Abs. 1 S. 1 AStG dahingehend, dass eine Einkünftekorrektur nach dem Fremdvergleichsgrundsatz im Falle einer tatbestandlichen Konkurrenz mit den übrigen Korrekturtatbeständen zumindest immer dann ausscheidet, wenn die Einkünftekorrektur eine höhere Belastung beim einzelnen Steuerpflichtigen erzeugt als bei einem vergleichbaren nationalen Sachverhalt, ist vor dem Hintergrund von Wortlaut des und Begründung zu § 1 Abs. 1 S. 3 AStG i. d. F. des UntStRefG 2008 ebenfalls ausgeschlossen.[291] Das dargestellte Problem einer Diskriminierung des grenzüberschreitenden Sachverhalts beschreibt konturiert das Dilemma der nationalen Einkünftekorrekturnormen aus gemeinschaftsrechtlicher Perspektive. Zum einen führt die Beschränkung von § 1 Abs. 1 S. 1 AStG auf grenzüberschreitende Geschäftsbeziehungen zur Anwendung unterschiedlicher Korrekturmaßstäbe auf tatsächlich identische Sachverhalte. Zum anderen gibt man bei der Lösung des Konkurrenzproblems bei kumulativem Vorliegen mehrerer Korrekturtatbestände dem Einnahmeerzielungszweck i. S. d. § 3 AO den Vorzug vor der Umsetzung des Diskriminierungsverbots aus gemeinschaftsrechtlichem Primärrecht.

2. Sachverhaltsdiskussion: § 1 Abs. 1 AStG bei Nutzungs- und Dienstleistungsgewährungen zugunsten nahestehender Personen

Der Große Senat des BFH hat in einem Beschluss vom 26.10.1987 entschieden, dass der von einem Gesellschafter zugunsten einer Kapitalgesellschaft gewährte Vorteil, ein Darlehen zinslos nutzen zu können, steuerrechtlich kein einlagefähiges Wirtschaftsgut i. S. v. § 4 Abs. 1 S. 7 EStG ist.[292] Daneben sind auch Dienstleistungen nach der überwiegenden Auffassung in Rechtsprechung und Literatur nicht einlagefähig.[293] Folglich können Nutzungen und Dienstleistungen nicht Gegenstand einer Einkünftekorrektur im steuerlichen Betriebsvermögen von Einzelunternehmern, Personen- oder Kapitalgesellschaften durch den Ansatz des höheren Teilwerts gem. § 6 Abs. 1 Nr. 5 EStG sein. Davon abweichend ist eine grenzüberschreitende Nutzungs- oder Dienstleistungsgewährung gem. § 1 Abs. 1 AStG mit der Maßgabe zu korrigieren, dass die Einkünfte eines inländischen Steuerpflichtigen aus dem zugrunde liegenden Rechtsgeschäft mit einer nahestehenden Person dem Fremdvergleichsgrundsatz entsprechend anzusetzen sind.

---

[291] Gesetzentwurf zum UntStRefG 2008 vom 27.03.2007, BT-Drs. 16/4841, S. 146.
[292] BFH-Beschluss vom 26.10.1987, GrS 2/86, BStBl II 1988, S. 348.
[293] BFH-Urteil vom 09.07.1987, IV R 87/85, BStBl II 1988, S. 342; BFH-Urteil vom 28.10.1999, VIII R 41/98, BStBl II 2000, S. 339; Heinicke, in: Schmidt, EStG, § 4, Rn. 102, 309 ff.

Zur Verdeutlichung des Problems dient der nachfolgende Sachverhalt:
Die A-GmbH ist Alleingesellschafterin der B-GmbH. Letztere erhält von der A-GmbH zum Ausbau ihres operativen Geschäfts am Bilanzstichtag ein Darlehen von € 10 Mio. mit zehnjähriger Laufzeit. Das Eigenkapital der B-GmbH beträgt € 20 Mio. Zugleich gründet die A-GmbH in Tschechien mit der C-A.S.[294] eine weitere Produktionsgesellschaft. Auch hier werden Investitionen i. H. v. € 30 Mio. fällig, die sie zu einem Drittel als Darlehen zur Verfügung stellt. Für beide Darlehen ist ein Zinssatz von 5 % p. a. vertraglich festgelegt worden. Der marktübliche Zinssatz würde 10 % p. a. betragen.

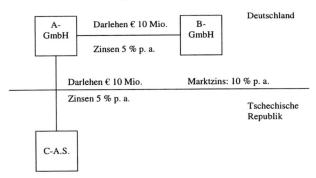

Der dargestellte Sachverhalt zeichnet sich durch eine Abweichung zwischen dem vereinbarten und dem marktüblichen Darlehenszins aus. Eine Einkünftekorrektur bei der A-GmbH und deren Tochtergesellschaften ist aus gemeinschaftsrechtlicher Perspektive dem Grundsatz der Gleichbehandlung verpflichtet, um eine Diskriminierung des grenzüberschreitenden gegenüber dem inländischen Sachverhalt i. S. d. Niederlassungsfreiheit aus Art. 43 EG zu vermeiden. Die steuerliche Behandlung nach geltendem Recht kommt jedoch zu einem anderen Ergebnis.

a) Die Qualifizierung der Darlehensgewährung als offene Einlage gem. § 4 Abs. 1 S. 7 EStG

Über die Verweisungsnorm in § 8 Abs. 1 KStG sind bei der Einkommensermittlung einer Körperschaft auch Einlagen i. S. v. § 4 Abs. 1 S. 7 EStG zu berücksichtigen.[295] Mit dieser Vorschrift wird kein eigenständiger Einlagebegriff für das Steuerrecht begründet, sondern nur der Abzug jedweder Einlagen vom zu

---

[294] Die Rechtsform einer Akiová Spulecnost (A.S.) ist mit der deutschen Aktiengesellschaft (AG) vergleichbar; vgl. Schreiben betr. Grundsätze der Verwaltung für die Prüfung der Aufteilung der Einkünfte bei Betriebsstätten international tätiger Unternehmen (Betriebsstätten-Verwaltungsgrundsätze) vom 24.12 1999, BStBl I 1999, S. 1076, Tabelle 2.
[295] Abschn. 27 Abs. 1 Nr. 1 KStR 1995.

versteuernden Einkommen der Gesellschaft geregelt.²⁹⁶ Aus diesem Grund ist für eine Definition der offenen Einlage auf handelsrechtliche Grundsätze zurückzugreifen. Als offene Einlagen sind danach Vermögensübertragungen kraft des Gesellschaftsverhältnisses zu bezeichnen, die die empfangende Gesellschaft als solche ausweist und in die Positionen des § 272 Abs. 1, 2 HGB als gezeichnetes Kapital oder Kapitalrücklagen aufnimmt.²⁹⁷ Eine offene Einlage liegt hier dagegen nicht vor, da ein niedrig verzinsliches Darlehen auf der Grundlage eines wirksamen Darlehensvertrages nicht vom Begriff der Vermögensübertragung erfasst wird. Die Darlehenssumme wird schließlich nur auf Zeit und zur vollständigen Rückzahlung überlassen und die Zinsersparnis als Differenz zwischen dem marktüblichen und dem vereinbarten Zins ist lediglich ein Reflex der im Darlehensvertrag vereinbarten niedrigen Verzinsung.

b) Die Qualifizierung der Darlehensgewährung als verdeckte Einlage gem. § 4 Abs. 1 S. 7 EStG

In der unter dem Marktpreis liegenden Zinsvereinbarung könnte eine verdeckte Einlage des Gesellschafters zu sehen sein, da die B-GmbH und die C-A.S. Zinsaufwendungen i. H. v. 5 % p. a. für die Kapitalaufnahme am Markt ersparen. Eine verdeckte Einlage ist nach der Rechtsprechung des BFH immer dann anzunehmen, wenn einer Kapitalgesellschaft ohne Gegenleistung eine bilanzielle Vermögensmehrung zugeführt wird, die ihre Ursache im Gesellschaftsverhältnis hat.²⁹⁸ Im Unterschied zur offenen Einlage erscheint die verdeckte Einlage aber nicht in der Handelsbilanz, sondern verbirgt sich vielmehr in der Gewinn- und Verlustrechnung.²⁹⁹ Für die Zuwendung von Einlagen zwischen Kapitalgesellschaften gilt darüber hinaus, dass ein Gesellschafter oder eine diesem nahestehende Person der Gesellschaft einen einlagefähigen Vorteil ohne eine adäquate Gegenleistung zugewendet haben muss.³⁰⁰ Die dem verdeckten Einlagebegriff immanente Bewertung des Vorteils ist nach dem Fremdvergleichsgrundsatz im Zeitpunkt der Zuwendung vorzunehmen.³⁰¹

Der erste Senat des BFH wollte im Jahre 1986 in einem Revisionsverfahren von der bisherigen Auffassung des achten Senats, der eine Einlagefähigkeit von Nutzungen ablehnte, abweichen und legte die Frage dem großen Senat zur Ent-

---

[296] Dieterlen, in: Ernst/Young, Verdeckte Gewinnausschüttungen und verdeckte Einlagen, F. 5, Lit. A, Rn. 6.
[297] Groh, DB 1997, S. 1683, 1684.
[298] BFH-Urteil vom 18.12.1990, VIII R 17/85, BStBl II 1991, S. 512; BFH-Urteil vom 16.04.1991, VIII R 100/87, BStBl II 1992, S. 234; BFH-Urteil vom 07.07.1992, VIII R 24/90, BStBl II 1993, S. 333; BFH-Beschluss vom 09.06.1997, GrS 1/94, BStBl II 1998, S. 307.
[299] Büchele, DB 1997, S. 2337.
[300] BFH-Urteil vom 18.12.1990, VIII R 17/85, BStBl II 1991, S. 512; BFH-Urteil vom 16.04.1991, VIII R 100/87, BStBl II 1992, S. 234; BFH-Urteil vom 07.07.1992, VIII R 24/90, BStBl II 1993, S. 333.
[301] BFH-Urteil vom 15.10.1997, I R 80/96, BFH/NV 1998, S. 624.

scheidung vor.³⁰² In dem zugrunde liegenden Sachverhalt ging es im Kern darum, ob eine unverzinsliche Darlehensgewährung für Zwecke der Ermittlung ausländischer Zwischeneinkünfte i. S. d. §§ 7 ff. AStG nach § 1 Abs. 1 AStG zu korrigieren sei oder ob eine Behandlung nach den Bewertungsvorschriften über die (verdeckte) Einlage vorzugswürdig erscheine. Zur Begründung verwies der erste Senat u. a. auf die Anerkennung der Gebrauchsüberlassung als Einlagegegenstand im Recht der Personengesellschaften und die Einlagefähigkeit nichtbilanzierungsfähiger Wirtschaftsgüter im Recht der Kapitalgesellschaften.³⁰³ Darüber hinaus sei eine inhaltliche Gleichbehandlung von verdeckter Gewinnausschüttung und verdeckter Einlage geboten.³⁰⁴ Demgegenüber führt der große Senat des BFH mit Beschluss vom 26.10.1987 aus, dass Nutzungen und Leistungen keine einlagefähigen Wirtschaftsgüter sind.³⁰⁵ Nach Auffassung des großen Senats sind nur solche Gegenstände einlagefähig, die auch Bestandteil des Vermögensvergleichs gem. § 4 Abs. 1 S. 1 EStG sein können.³⁰⁶ Es muss sich also um Wirtschaftsgüter handeln. Nutzungsvorteile sind dagegen keine Wirtschaftsgüter, sondern vielmehr wertbildende Eigenschaften von Wirtschaftsgütern.³⁰⁷ Deshalb wird deren Realisierung in der Bilanz und im steuerlichen Vermögensvergleich nicht gesondert, sondern nur dann erfasst, wenn es zum Abgang, Zugang oder einer sonstigen werterheblichen Veränderung des zugrunde liegenden Wirtschaftsgutes selbst gekommen ist.³⁰⁸ Grundsätzlich handelte es sich im zur Entscheidung gestellten Sachverhalt zwar um eine Nutzungsüberlassung (Darlehensgewährung) zugunsten einer Kapitalgesellschaft durch ihren Gesellschafter. Gleichwohl ist der Beschluss des großen Senats auch auf das Verhältnis zwischen einer Personengesellschaft und ihren Gesellschaftern oder den Inhaber eines Einzelunternehmens, der eigene, betriebsfremde Wirtschaftsgüter nutzt, übertragbar, da § 4 Abs. 1 EStG die Ermittlung des steuerrechtlichen Gewinns durch Betriebsvermögensvergleich ohne Ansehung der Unternehmensform vorschreibt.³⁰⁹ Die Auffassung des großen Senats steht auch nicht im Gegensatz zum Zweck der Einlageregelung in § 4 Abs. 1 S. 7 EStG, mit der erreicht werden soll, dass vom Steuerpflichtigen steuerfrei gebildetes oder bei ihm bereits versteuertes Vermögen nach seiner Einbringung in den Betrieb nicht durch eine Erhöhung der Gewinneinkünfte der Besteuerung unter-

---

[302] BFH, Vorlagebeschluss vom 20.08.1986, I R 41/82, BStBl II 1987, S. 65.
[303] BFH, Vorlagebeschluss vom 20.08.1986, I R 41/82, BStBl II 1987, S. 65.
[304] BFH, Vorlagebeschluss vom 20.08.1986, I R 41/82, BStBl II 1987, S. 65.
[305] BFH-Beschluss vom 26.10.1987, GrS 2/86, BStBl II 1988, S. 348, 352; BFH-Urteil vom 08.11.1960, I 131/59 S, BStBl III 1960, S. 513; BFH-Urteil vom 09.03.1962, I 203/61 S, BStBl III 1962, S. 338; BFH-Urteil vom 03.02.1971, I R 51/66, BStBl II 1971, S. 408; BFH-Urteil vom 28.01.1981, I R 10/77, BStBl II 1981, S. 612; BFH-Urteil vom 19.05.1982, I R 102/79, BStBl II 1982, S. 631; BFH-Urteil vom 24.05.1984, I R 166/78, BStBl II 1984, S. 747.
[306] BFH-Beschluss vom 26.10.1987, GrS 2/86, BStBl II 1988, S. 348, 352.
[307] BFH-Beschluss vom 26.10.1987, GrS 2/86, BStBl II 1988, S. 348, 352.
[308] BFH-Beschluss vom 26.10.1987, GrS 2/86, BStBl II 1988, S. 348, 352.
[309] BFH-Beschluss vom 26.10.1987, GrS 2/86, BStBl II 1988, S. 348, 351.

worfen wird.³¹⁰ Schließlich wird durch die Zuführung von Nutzungen weder steuerfrei gebildetes Vermögen übertragen noch haben die Nutzungen beim Steuerpflichtigen bereits der Besteuerung unterlegen. Im Gegenteil würde der Ansatz des Nutzungswertes als Einlage dazu führen, dass der auf der Nutzung beruhende und im Betrieb erwirtschaftete Gewinn der Besteuerung entzogen wird, obwohl selbst im Privatvermögen gezogene Nutzungen regelmäßig zu Einkünften aus Kapitalvermögen oder aus Vermietung und Verpachtung führen und damit der Besteuerung unterliegen.³¹¹ Die Nutzungsüberlassung führt auch nicht zu Einkünften des gewährenden Gesellschafters in Höhe der Differenz zwischen tatsächlichem und marktüblichen Entgelt, da er für die Nutzungsüberlassung ja gerade keine (oder nur eine nicht marktübliche) Gegenleistung erhält.³¹² Eine Verwirklichung des Einkünftetatbestands mittels einer Fiktion ist aber nicht möglich, zumal es dazu einer ausdrücklichen gesetzlichen Ermächtigung bedürfte.³¹³ In diesem Zusammenhang erteilt der große Senat auch einer Übertragung des Rechtsgedankens aus § 1 Abs. 1 AStG eine Absage, in dem er feststellt, dass der Fremdvergleichsgrundsatz für die Einkünftekorrektur bei grenzüberschreitenden Geschäftsbeziehungen keinen allgemeinen für das Ertragsteuerrecht geltenden Grundsatz, sondern nur eine Ausnahmebestimmung für Auslandsbeziehungen darstelle.³¹⁴ Abschließend ist festzustellen, dass eine andere Einordnung von Nutzungen auch für den Fall ausscheidet, dass ein besonderes Recht der Gesellschaft auf die Nutzung begründet wird, weil es während der Nutzungsdauer abgeschrieben werden müsste und dadurch die gezogenen Nutzungen der Besteuerung entzogen würden. Schließlich würden einem Gesellschafter, der Privatmann ist, aus der Nutzungsüberlassung aufgrund eines solchen Rechts mangels einer gleichwertigen Gegenleistung der Gesellschaft keine Einkünfte entstehen.³¹⁵ Zuletzt wurde der Beschluss des großen Senats in einem Urteil des BFH vom 28.03.2000 für die teilweise unentgeltliche Nutzungsüberlassung von Grundstücken bestätigt.³¹⁶ Im Hinblick auf unentgeltliche Dienstleistungen eines Gesellschafters an seine Gesellschaft hat der BFH in engem zeitlichen Zusammenhang mit dem Beschluss des großen Senats im Leitsatz eines Urteils vom 14.03.1989 bereits festgestellt, dass die Entscheidungsgründe dieses Beschlusses auf solche Dienstleistungen synonym anwendbar sind. Entsprechendes soll nach einer Auffassung in der Literatur auch für die unentgeltliche oder verbilligte Gebrauchs- oder Nutzungsüberlassung eines

---

[310] BFH-Beschluss vom 26.10.1987, GrS 2/86, BStBl II 1988, S. 348, 353.
[311] BFH-Beschluss vom 26.10.1987, GrS 2/86, BStBl II 1988, S. 348, 353.
[312] BFH-Beschluss vom 26.10.1987, GrS 2/86, BStBl II 1988, S. 348, 354.
[313] BFH-Beschluss vom 26.10.1987, GrS 2/86, BStBl II 1988, S. 348, 354; BFH-Urteil vom 08.11.1960, I 131/59 S, BStBl III 1960, S. 513; BFH-Urteil vom 09.03.1962, I 203/61 S, BStBl III 1962, S. 338; BFH-Urteil vom 03.02.1971, I R 51/66, BStBl II 1971, S. 408; BFH-Urteil vom 28.01.1981, I R 10/77, BStBl II 1981, S. 612.
[314] BFH-Beschluss vom 26.10.1987, GrS 2/86, BStBl II 1988, S. 348, 355.
[315] BFH-Beschluss vom 26.10.1987, GrS 2/86, BStBl II 1988, S. 348, 355.
[316] BFH-Urteil vom 28.03.2000, VIII R 68/96, DB 2000, S. 1738.

Wirtschaftsguts gelten.[317] Im Ergebnis ist die Darlehensgewährung durch die A-GmbH damit nicht als verdeckte Einlage i. S. v. § 4 Abs. 1 S. 7 EStG zu qualifizieren, so dass eine Einkünftekorrektur nach dieser Vorschrift sowohl beim inländischen als auch beim grenzüberschreitenden Sachverhalt ausscheidet.

c) Einkünftekorrektur gem. § 1 Abs. 1 AStG

Eine Einkünftekorrektur bei den Zinszahlungen der inländischen B-GmbH durch Anpassung an den marktüblichen Zinssatz kommt mangels einer grenzüberschreitenden Geschäftsbeziehung i. S. v. § 1 Abs. 1 AStG nicht in Betracht. Da andere Korrekturvorschriften nicht einschlägig sind, werden der Zinsausgabenabzug bei der B-GmbH und die (gewerblichen) Zinseinkünfte bei der A-GmbH durch die niedrig verzinste Darlehenshingabe der Muttergesellschaft i. H. v. 5 % p. a. definitiv.

Die einkommensteuerliche Bewertung der grenzüberschreitenden Darlehensgewährung an die C-A.S. stellt sich dagegen anders dar. Die Darlehensgewährung an die C-A.S. führt hier zu einer Einkünftekorrektur gem. § 1 Abs. 1 AStG bei der inländischen Muttergesellschaft A-GmbH, da es sich bei der Darlehensgewährung tatbestandsmäßig um eine Geschäftsbeziehung zum Ausland mit einer nahestehenden Person handelt. Diese führt zu einer am Fremdvergleichsgrundsatz gemessenen Minderung bzw. verhinderten Vermögensmehrung der Einkünfte der unbeschränkt steuerpflichtigen A-GmbH. Demnach sind die Einkünfte der A-GmbH aus dem Darlehensvertrag mit der C-A.S. hier um 5 % p. a. auf den fremdvergleichskonformen Zinssatz von 10 % p. a. zu erhöhen. Letztendlich ergibt sich daraus eine Diskriminierung des grenzüberschreitenden Sachverhalts, die von der Finanzverwaltung beharrlich ignoriert wird. Bedenklich stimmt dabei insbesondere, dass das neue Anwendungsschreiben zum AStG vom 14.05.2004 in Tz. 1.1.2. unter Berufung auf die Rechtsprechung des Großen Senats zur Einlagefähigkeit von Nutzungen ausdrücklich feststellt, dass Berichtigungen auf § 1 Abs. 1 AStG zu stützen sind, wenn ein inländischer Steuerpflichtiger einer ausländischen Tochtergesellschaft Nutzungen und Dienstleistungen ohne ein angemessenes Entgelt gewährt.

d) Einkünftekorrektur gem. § 1 Abs. 1 AStG bei eigenkapitalersetzenden Darlehen und vergleichbaren Maßnahmen

Nach der neueren Rechtsprechung des BFH kommt eine Einkünftekorrektur gem. § 1 Abs. 1 AStG bei eigenkapitalersetzenden Darlehen und damit vergleichbaren unentgeltlichen Nutzungen im Konzernverbund nicht in Betracht, da derartige Lebenssachverhalte keine Geschäftsbeziehung i. S. v. § 1 Abs. 4 AStG

---

[317] Dieterlen, in: Ernst/Young, Verdeckte Gewinnausschüttungen und verdeckte Einlagen, F. 6, Nutzungsvorteile, Nutzungsrechte, Dienstleistungen und Drittaufwand, Rn. 1; Geiger/Klingebiel/Wochinger, in Dötsch/Evers-berg/Jost/Pung/Witt, KStG, § 8 Abs. 1 KStG n. F., Rn. 113.

konstituieren.[318] Die Finanzverwaltung hat die Rechtsprechung des BFH mit einem Nichtanwendungserlass belegt.[319] Der Steuergesetzgeber hat das Urteil des BFH zum Anlass genommen, den § 1 Abs. 4 AStG um einen Halbsatz zu ergänzen, in dem die Geschäftsbeziehung als schuldrechtliche Beziehung, die keine gesellschaftsvertragliche Vereinbarung ist, definiert wird.[320] Die trotz allem bestehende Unsicherheit über die steuertatbestandliche Einordnung entsprechender Sachverhalte als Geschäftsbeziehung ist im Hinblick auf die Verpflichtung des nationalen Steuergesetzgebers zu einer diskriminierungsfreien Rechtsanwendung im Schutzbereich der Grundfreiheiten bei der Auslegung von § 1 Abs. 4 AStG gemeinschaftsrechtskonform aufzulösen.[321]

Eine Geschäftsbeziehung gem. § 1 Abs. 4 AStG ist nach Auffassung des BFH immer dann anzunehmen, wenn über das Beteiligungsverhältnis i. S. v. § 1 Abs. 2 AStG hinaus ein selbständiges Leistungsverhältnis zwischen den nahestehenden Personen vorliegt.[322] Im Umkehrschluss sind die das Nahestehen einer Person gem. § 1 Abs. 2 AStG begründenden Beziehungen für sich genommen keine Geschäftsbeziehungen i. S. d. § 1 Abs. 4 AStG.[323] So hängt bei finanziellen Zuwendungen einer Muttergesellschaft an ihre Tochtergesellschaft das Vorliegen einer Geschäftsbeziehung davon ab, ob die hingegebenen Mittel nach dem für die Tochtergesellschaft maßgeblichen Gesellschaftsrecht Eigenkapital dieser Gesellschaft werden oder nicht.[324] Bei der Gewährung von Eigenkapital sprechen Sinn und Zweck der Norm gegen die Annahme einer Geschäftsbeziehung, da § 1 Abs. 1 AStG ausschließlich bei einem grenzüberschreitenden Leistungsaustausch zwischen nahestehenden Personen, dessen Bedingungen einem Fremdvergleich nicht standhalten, den steuerlichen Ansatz eines angemessenen Entgelts ermöglichen soll.[325] Die Vorschrift will nicht solche Vorgänge erfassen, die nicht als Leistungsaustausch zu qualifizieren sind, sondern im privaten Bereich oder im Gesellschaftsverhältnis ihren Grund haben.[326] Der BFH hat dazu in einem Urteil vom 29.11.2000 über die Anwendung von § 1 Abs. 1 AStG auf Garantieerklärungen einer Konzernmuttergesellschaft zugunsten einer Konzerntochtergesellschaft festgestellt, dass Maßnahmen einer Muttergesellschaft, die

---

[318] BFH-Urteil vom 29.11.2000, I R 85/99, BStBl II 2002, S. 720; FG Baden-Württemberg, Urteil vom 04.12.2001, 1 K 250/99, EFG 2002, S. 381; offengelassen dagegen in BFH-Urteile vom 28.04.2004, I R 5/02 und I R 6/02, IStR 2004, S. 758; vgl. Andresen, IStR 2005, S. 123.
[319] Bundesministerium der Finanzen, IV B 4 – S-1341 – 14/02, Schreiben vom 17.10.2002 (koordinierter Ländererlass), BStBl I 2002, S. 1025.
[320] StVergAbG vom 16.05.2003, BGBl I 2003, S. 660.
[321] Vgl. die Urteilsanmerkung von Wassermeyer, IStR 2001, S. 320.
[322] BFH-Urteil vom 29.11.2000, I R 85/99, BStBl II 2002, S. 720.
[323] BFH-Urteil vom 30.05.1990, I R 97/88, BStBl II 1990, S. 875.
[324] FG Baden-Württemberg, Urteil vom 04.12.2001, 1 K 250/99, EFG 2002, S. 381; vgl. BFH-Urteil vom 30.05.1990, I R 97/88, BStBl II 1990, S. 875; BFH-Urteil vom 29.11.2000, I R 85/99, BStBl II 2002, S. 720.
[325] FG Baden-Württemberg, Urteil vom 04.12.2001, 1 K 250/99, EFG 2002, S. 381.
[326] FG Baden-Württemberg, Urteil vom 04.12.2001, 1 K 250/99, EFG 2002, S. 381, unter Verweis auf BFH-Urteil vom 29.11.2000, I R 85/99, BStBl II 2002, S. 720.

ihre Tochtergesellschaft überhaupt erst kreditwürdig machen und hierdurch ihre wirtschaftliche Betätigung letztendlich ermöglichen sollen, sich schon ihrer Natur nach einem Fremdvergleich entziehen.[327] Zwar bezieht sich diese Rechtsprechung des BFH auf die Rechtslage vor Erlass des § 1 Abs. 4 AStG im Jahre 1992.[328] Dennoch ist diese Rechtsprechung nach der überwiegenden Auffassung in der Literatur auch auf die neue Rechtslage anwendbar.[329]

Dogmatisch knüpft die Auffassung des BFH an den Grundsatz der Finanzierungsfreiheit an. Danach obliegt es dem freien Ermessen des Anteilseigners, ob und in welchem Umfang er seine Gesellschaft mit Eigen- oder Fremdkapital ausstattet.[330] Der Gesellschafter kann insofern auch Mischformen zur Finanzierung der Gesellschaft auswählen (sog. hybride Finanzierungen),[331] ohne dass diese nach dem Fremdvergleichsgrundsatz zu korrigieren wären.[332] Maßgeblich ist insofern nicht das äußere Erscheinungsbild, etwa eine schuldrechtliche Darlehensvereinbarung, sondern der wirtschaftliche Gehalt der zu beurteilenden unentgeltlichen Stützungsmaßnahme.[333] Bei einer (unentgeltlichen) Darlehensüberlassung will der Gesellschafter dem Unternehmen das Kapital nur vorübergehend zur Verfügung stellen. Der zivilrechtliche Darlehensvertrag ist dabei die einfachste Umsetzungsmöglichkeit, da die gesellschaftsrechtliche Möglichkeit einer Kapitalerhöhung und späteren Kapitalherabsetzung zu aufwendig ist.[334]

Demgegenüber vertritt die Finanzverwaltung in einem Nichtanwendungserlass zum Urteil des BFH vom 29.11.2000 die Auffassung, dass es für das Bestehen einer Geschäftsbeziehung gem. § 1 Abs. 4 AStG nicht darauf ankommt, ob sie betrieblich oder gesellschaftsrechtlich veranlasst ist.[335] Danach verlieren schuldrechtliche Beziehungen eines wesentlich beteiligten Gesellschafters zu seiner Gesellschaft ihre Eigenschaft als Geschäftsbeziehung nicht schon dadurch, dass sie betriebswirtschaftlich einen eigenkapitalersetzenden Zweck verfolgen.[336] Die Geschäftsbeziehung charakterisierende schuldrechtliche Vereinbarungen sind demzufolge die sog. harte Patronatserklärung, zinslose oder zins-

---

[327] BFH-Urteil vom 29.11.2000, I R 85/99, BStBl II 2002, S. 720.
[328] StÄndG 1992 vom 25.02.1992, BGBl I 1992, S. 297.
[329] Baumhoff, in: Flick/Wassermeyer/Baumhoff, AStG, § 1, Rn. 732; Wassermeyer, in: Flick/Wassermeyer/Baumhoff, AStG, § 1, Rn. 224; Menck, in: Blümich, AStG, § 1, Rn. 22; vgl. die Urteilsanmerkungen von Wassermeyer, IStR 2001, S. 320; Endres/Oestreicher, IStR 2003, Beiheft 15, S. 5; Köhler, DStR 2002, S. 1341.
[330] BFH-Beschluss vom 08.12.1997, GrS 1-2/95, BStBl II 1998, S. 193; BFH-Urteil vom 05.02.1992, I R 127/90, BStBl II 1992, S. 532.
[331] Vgl. hierzu die Darstellung von Ammelung, IStR 2003, S. 250.
[332] Baumhoff, in: Flick/Wassermeyer/Baumhoff, AStG, § 1, Rn. 732; Wassermeyer, in: Flick/Wassermeyer/Baumhoff, AStG, § 1, Rn. 893.
[333] FG Baden-Württemberg, Urteil vom 04.12.2001, 1 K 250/99, EFG 2002, S. 381.
[334] Wassermeyer, in: Flick/Wassermeyer/Baumhoff, AStG, § 1, Rn. 893.
[335] Bundesministerium der Finanzen, IV B 4 – S-1341 – 14/02, Schreiben vom 17.10.2002 (koordinierter Ländererlass), BStBl I 2002, S. 1025, Nr. 2; Bundesministerium der Finanzen, IV B 4 – S 1340 – 11/04, Schreiben betr. Grundsätze zur Anwendung des Außensteuergesetzes vom 14.05.2004, BStBl I 2004, Sondernummer 1, S. 3, Tz. 1.4.2.
[336] Bundesministerium der Finanzen, IV B 4 – S-1341 – 14/02, Schreiben vom 17.10.2002 (koordinierter Ländererlass), BStBl I 2002, S. 1025, Nr. 2.

günstige Darlehen und sonstige bindende Kreditgarantien unabhängig davon, ob damit fehlendes Eigenkapital der ausländischen Gesellschaft ersetzt oder die Tätigkeit der Gesellschaft gestärkt werden soll.[337] Der klassische Fall in der Betriebsprüfungspraxis ist die Verrechnung einer Avalprovision bei Garantien der Konzernmuttergesellschaft zugunsten einer Konzernfinanzierungsgesellschaft.[338]

Der Gesetzgeber hat auf die unsichere Rechtslage mit einer Ergänzung von § 1 Abs. 4 AStG ab dem VZ 2003 reagiert.[339] Die geltende Definition wurde dabei um die Anforderung ergänzt, dass es sich um eine schuldrechtliche Beziehung handeln muss, die keine gesellschaftsvertragliche Vereinbarung ist.[340] Einer Umgehung des Wortlauts der Norm wird im Anwendungsschreiben zum AStG vom 14.05.2004 dadurch vorgebeugt, dass eine Geschäftsbeziehung auch dann vorliegen soll, wenn die schuldrechtliche Vereinbarung in den Gesellschaftsvertrag aufgenommen worden ist.[341] Die tatbestandliche Verengung auf schuldrechtliche Vereinbarungen ist dennoch unverständlich, da dingliche Verfügungen und Realhandlungen nicht erfasst werden.[342] Die Gesetzesänderung kodifiziert somit, dass die Umqualifizierung von gesellschaftsrechtlichen Vorgängen außerhalb (und nach Auffassung der Finanzverwaltung auch innerhalb) des Gesellschaftsvertrages zu einer gemeinschaftsrechtlichen Diskriminierung führt, da ein nationaler Sachverhalt keiner Einkünftekorrektur zugänglich ist.[343] Unterstellt man daher im vorliegenden Fall eine zinslose Darlehensgewährung der A-GmbH an ihre Tochtergesellschaften B-GmbH und C-A.S., so ist eine Korrektur des grenzüberschreitenden Sachverhalts gem. § 1 Abs. 1 AStG entgegen der Auffassung des BFH und der Literatur[344] vorzunehmen, während eine steuerliche Korrektur des Vertragsverhältnisses mit der B-GmbH nicht gelingt. Folglich hat die Ergänzung des Gesetzgebers in § 1 Abs. 4 AStG durch das StVergAbG dazu geführt, dass die von der Rechtsprechung des BFH herbeigeführte diskriminierungsfreie Behandlung von Finanzierungsinstrumenten zur Kapitalausstattung ausländischer Tochtergesellschaften ins Gegenteil verkehrt wird.

---

[337] Bundesministerium der Finanzen, IV B 4 – S-1341 – 14/02, Schreiben vom 17.10.2002 (koordinierter Ländererlass), BStBl I 2002, S. 1025.
[338] Ammelung, IStR 2003, S. 250.
[339] StVergAbG vom 16.05.2003, BGBl I 2003, S. 660.
[340] Die Gesetzesbegründung in BT-Drs. XV/119, S. 53 ist zur Erforschung der Gesetzesmotive insoweit unergiebig, als sie nur die bereits zitierte Auffassung der Finanzverwaltung wiederholt und der Ergänzung lediglich klarstellende Wirkung beimisst.
[341] Grundsätze zur Anwendung des Außensteuergesetzes vom 14.05.2004, BStBl I 2004, Sondernummer 1, S. 3, Tz. 1.4.2.; vgl. auch Günkel/Lieber, IStR 2004, S. 229, 231.
[342] Menck, in: Blümich, AStG, § 1, Rn. 28a hält diesbezüglich eine gesetzliche Nachbesserung für erforderlich.
[343] BFH-Urteil vom 29.11.2000, I R 85/99, BStBl II 2002, S. 720.
[344] Vgl. insbesondere Engelke/Clemens, DStR 2002, S. 285, 289; dies., FR 2002, S. 753, 757 f.

e) Auswirkungen der Abzinsungspflicht gem. § 6 Abs. 1 Nr. 3 EStG bei unverzinslichen Darlehen[345]

Würde man im vorliegenden Fall unterstellen, dass die zwischen den Vertragsparteien vereinbarte Restlaufzeit des Darlehens mehr als zwölf Monate beträgt und es sich darüber hinaus um ein unverzinsliches Darlehen handelt, so müsste die inländische B-GmbH als Darlehensnehmerin die anzusetzende Darlehensverbindlichkeit gem. § 6 Abs. 1 Nr. 3 EStG mit 5,5 % p. a. in der Steuerbilanz abzinsen. Bei der B-GmbH würde die Abzinsung zu einer Erhöhung des steuerlichen Gewinns in Höhe der Differenz zwischen dem Darlehensnennbetrag und dem Barwert im Wirtschaftsjahr der Darlehensaufnahme führen. Ein zinsloses Darlehen i. H. v. € 10 Mio. wäre danach in der Steuerbilanz der B-GmbH im Jahre 01 mit dem abgezinsten Betrag von € 5,85 Mio. auszuweisen.[346] Allein aus der Behandlung der Forderung bei der Darlehensnehmerin lässt sich damit noch keine Diskriminierung des grenzüberschreitenden Sachverhalts ableiten. Vielmehr würde gerade die ausländische Gesellschaft bevorzugt, da eine gewinnerhöhende Abzinsung der Darlehensverbindlichkeit hier nicht vorgenommen wird.

Die eigentliche Diskriminierung liegt vielmehr in der korrespondierenden steuerbilanziellen Behandlung der Forderung beim inländischen Darlehensgeber. Hier gilt für die Bewertung der Darlehensforderung § 6 Abs. 1 Nr. 1, 2 EStG, wonach Wirtschaftsgüter mit den Anschaffungskosten oder dem niedrigeren Teilwert zu bewerten sind. Der Teilwert wäre hier der Barwert der Forderung. Die Frage einer Teilwertabschreibung stellt sich hier im Hinblick auf die Unverzinslichkeit der Forderung. Das Finanzgericht Köln lehnt dies zwar mit der Begründung ab, dass eine Teilwertabschreibung erst dann möglich sei, wenn aufgrund der weiteren Entwicklung erkennbar ist, dass der mit der Darlehensgewährung angestrebte Erfolg nicht eintreten werde.[347] Dem ist aber zu widersprechen, da Aktiv- und Passivseite bilanzsteuerrechtlich nicht unterschiedlich zu behandeln sind. Schreibt der Gesetzgeber eine Abzinsung der Verbindlichkeit beim Darlehensnehmer unter den Voraussetzungen des § 6 Abs. 1 Nr. 3 EStG zwingend vor, so ergibt sich aus dieser gesetzgeberischen Wertung, dass andererseits beim Darlehensgeber in diesen Fällen die Darlehensforderung wegen des Vorliegens einer voraussichtlich dauernden Wertminderung ebenfalls entsprechend abzuzinsen ist.[348] Das Abzinsungsgebot dient deshalb dem Ausweis des einkommensteuerlich für zutreffend gehaltenen Aufwandes und bedeutet keine Fiktion eines schwebenden Darlehensgeschäftes. Der Forderungsinhaber ist daher wegen des Abzinsungsgebotes beim Schuldner gem. § 6 Abs. 1 Nr. 3

---

[345] Vgl. Günkel, StbJb 2002/2003, S. 281 ff.
[346] Berechnung unter Zugrundelegung des Abzinsungsfaktors 0,585 für zehn Jahre gem. Tabelle 1 zu § 12 Abs. 3 BewG des Erlass betr. Bewertung von Kapitalforderungen und Kapitalschulden sowie von Ansprüchen/Lasten bei wiederkehrenden Nutzungen und Leistungen nach dem 31.12.1995 für Zwecke der Erbschafts- und Schenkungssteuer vom 07.12.2001, BStBl I 2001, S. 1041.
[347] FG Köln, Urteil vom 19.11.1998, 14 K 7699/96, EFG 1999, S. 374, 375.
[348] Hauber/Kiesel, BB 2000, S. 1511, 1515.

EStG nicht gehindert, eine Teilwert-AfA anzusetzen.[349] Dagegen kann auch nicht eingewendet werden, dass es sich um Aufwand auf die Beteiligung handelt, da dieser mangels Vorliegen einer verdeckten Einlage nach den Grundsätzen der Entscheidung des Großen Senats vom 26.10.1987 nicht aktivierungspflichtig ist.[350] Demgegenüber muss eine Teilwertabschreibung wegen dauernder Wertminderung bei der grenzüberschreitenden Verbindlichkeit verneint werden. Zwar ist die Norm grundsätzlich auch bei grenzüberschreitenden Sachverhalten anwendbar. Würde man jedoch unterstellen, dass das einschlägige Bilanzsteuerrecht des Sitzstaates der Tochtergesellschaft ein dem § 6 Abs. 1 Nr. 3 EStG entsprechendes Abzinsungsgebot kennt, so würde jedenfalls die Anwendung von § 1 Abs. 1 AStG einer Teilwertabschreibung auf die Darlehensverbindlichkeit entgegenstehen.

f) Ergebnis der Sachverhaltsdiskussion

Die grundfreiheitliche Diskriminierung der grenzüberschreitenden Darlehensgewährung beruht im Ergebnis auf der Beschränkung des § 1 Abs. 1 AStG auf grenzüberschreitende Sachverhalte, da eine Einkünftekorrektur gem. § 4 Abs. 1 S. 7 EStG aufgrund der tatbestandlichen Anforderungen der verdeckten Einlage generell ausscheidet.[351] Die bestehende Ungleichbehandlung wird schließlich durch die Einbeziehung von eigenkapitalersetzenden Darlehen und vergleichbaren Maßnahmen in den Steuertatbestand des § 1 Abs. 1, 4 AStG weiter verschärft. Hinzu kommt, dass eine korrespondierende Teilwertabschreibung der Darlehensforderung bei der inländischen Darlehensgeberin durch eine Anwendung von § 1 Abs. 1 AStG verhindert würde. Eine steuerliche Gestaltungsmöglichkeit zur Umgehung einer Einkünftekorrektur gem. § 1 Abs. 1 AStG bei einer grenzüberschreitenden Darlehensvergabe zeigt Andresen im Anschluss an die Rechtsprechung des BFH in den Urteilen vom 28.04.2004 auf,[352] wonach eine grenzüberschreitende Geschäftsbeziehung nicht vorliegt, wenn das Darlehen einer inländischen Tochtergesellschaft gewährt wurde und diese das Kapital ihrer ausländischen Betriebsstätte zur Verfügung stellt.[353] Infolge der damit entstehenden Regelungslücke ist es einem inländischen Steuerpflichtigen möglich, nicht nur Darlehen, sondern auch andere immaterielle Wirtschaftsgüter zunächst einer inländischen Tochtergesellschaft zu überlassen, um danach eine ausländische Betriebsstätte damit auszustatten, ohne dass damit das Risiko einer Ein-

---

[349] Glanegger, in: Schmidt, EStG, § 6, Rn. 402; krit. Clemens/Engelke, FR 2002, S.753, 756 f.
[350] BFH-Beschluss vom 26.10.1987, GrS 2/86, BStBl II 1988, S. 348.
[351] Vgl. EuGH-Urteil vom 18.11.1999, Rs. C-200/98 („X A.B.", Y A.B."), Slg. 1999, I-8261, Rn. 1 ff. für die diskriminierende Behandlung von Konzernbeiträgen an inländische Tochtergesellschaften zu Restrukturierungszwecken, wenn die Beteiligung über eine ausländische Zwischengesellschaft gehalten wird.
[352] BFH-Urteile vom 28.04.2004, I R 5/02 und I R 6/02, IStR 2004, S. 758.
[353] Andresen, IStR 2005, S. 123.

künftekorrektur verbunden wäre.[354] Hiermit ist jedoch keine Lösung für die dargestellten Probleme bei der grenzüberschreitenden Nutzungsgewährung gewonnen, da der Steuerpflichtige sich zunächst seiner bestehenden Unternehmensstruktur begeben muss, um betriebswirtschaftlich erforderliche Investitionen im grenzüberschreitenden Geschäftsverkehr steuerneutral verwirklichen zu können, zumal das BMF das Urteil des BFH mit einem Nichtanwendungserlass belegt hat.[355]

3. Sachverhaltsdiskussion: § 1 Abs. 1 AStG bei grenzüberschreitenden Entnahmen über dem Teilwert

Entnimmt ein Steuerpflichtiger seinem Unternehmen im Laufe des Jahres Wirtschaftsgüter, so sind diese mit dem Teilwert gem. § 4 Abs. 1 S. 2 EStG i. V. m. § 6 Abs. 1 Nr. 4 EStG anzusetzen. Gleichzeitig kann ein vergleichbarer grenzüberschreitender Sachverhalt auch unter den Voraussetzungen des § 1 Abs. 1 AStG zu korrigieren sein. Dabei stellt sich nicht nur die Frage nach dem Konkurrenzverhältnis beider Einkünftekorrekturtatbestände, wenn Teilwert und Fremdvergleichspreis auseinander fallen. Vielmehr sind darüber hinaus solche Fälle problematisch, in denen es zwar zu einer grenzüberschreitenden Einkünftekorrektur kommt, ein vergleichbarer inländischer Sachverhalt dagegen nicht zu korrigieren ist. Der nachfolgende Fall verdeutlicht das Problem:

Die natürliche Person A hat ihren Wohnsitz im Inland. Sie ist alleinige Kommanditistin der deutschen B-GmbH & Co. KG, die einen Produktionsbetrieb im Inland betreibt. Außerdem ist die A alleinige Kommanditistin der C-GmbH & Co. KG, welche die Produkte der B-GmbH & Co. KG außerhalb der Bundesrepublik Deutschland vertreibt. Daneben ist sie auch alleinige Kommanditistin der D-C.V. mit Sitz in den Niederlanden, die in ihrer Rechtsform einer deutschen KG entspricht. Die niederländische Gesellschaft vertreibt die Produkte der B-GmbH & Co. KG in den Benelux-Staaten und Frankreich. Die A-GmbH & Co. KG liefert an die deutsche und an die niederländische Vertriebsgesellschaft Produkte zum Preis von 100. Die Herstellungskosten betragen 130, während der Fremdvergleichspreis mit 150 anzusetzen ist. Welche Änderungen in der rechtlichen Beurteilung werden notwendig, wenn die Herstellungskosten unter dem Verrechnungspreis von 100 liegen, der Fremdvergleichspreis aber unverändert 150 beträgt?

---

[354] Andresen, IStR 2005, S. 123, 124.
[355] BMF-Schreiben vom 22.07.2005 zum Vorliegen von Geschäftsbeziehungen i. S. v. § 1 Abs. 4 AStG, IV B 4 – S 1341 – 4/05, BStBl I 2005, S. 818; vgl. Strunk/Kaminski, IStR 2006, S. 141 ff.

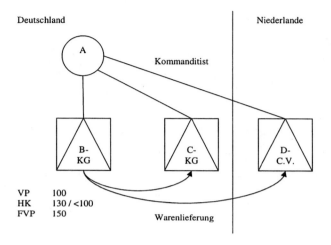

Die nachfolgende Lösung des vorstehenden Sachverhalts beschreibt die fehlende Abstimmung der ertragsteuerrechtlichen Einkünftekorrekturvorschriften auf Tatbestands- und Rechtsfolgenseite. So hängt es vielfach schlichtweg von der im Einzelfall gewählten Gestaltung des einzelnen Steuerpflichtigen ab, ob und nach welchem Maßstab eine Einkünftekorrektur vorzunehmen ist.

a) Einkünftekorrektur bei Übertragung der Wirtschaftsgüter an die C-GmbH & Co. KG

Die Lieferungen an die beteiligungsidentische C-GmbH & Co. KG durch die B-GmbH & Co. KG könnten als Entnahme bzw. Einlage mit dem Teilwert gem. § 4 Abs. 1 S. 2, 7 EStG i. V. m. § 6 Abs. 1 Nr. 4, 5 EStG oder zwingend mit dem Buchwert gem. § 6 Abs. 5 S. 1, 3 EStG zu bewerten sein. Während die Buchwertfortführung zu einer Gewinnverlagerung i. H. v. 30 auf die C-GmbH & Co. KG führen würde, würde ein Entnahme bzw. Einlagesachverhalt mit Teilwertrealisierung zu einer an den Herstellungskosten orientierten Gewinnallokation der Wirtschaftsgüter bei beiden Gesellschaften führen.

aa) Buchwertfortführung gem. § 6 Abs. 5 S. 1 EStG

Eine Entnahme gem. § 4 Abs. 1 S. 2 EStG bei der B-GmbH & Co. KG und damit auch eine Bewertung der Lieferungen mit dem Teilwert gem. § 6 Abs. 1 Nr. 4 EStG ist ausgeschlossen, wenn die rechtsgeschäftliche Übertragung der Produkte auf die C-GmbH & Co. KG gem. § 6 Abs. 5 S. 1 EStG als Überführung von Wirtschaftsgütern zwischen zwei Betriebsvermögen desselben Steuerpflichtigen zu qualifizieren ist und die Besteuerung der stillen Reserven sichergestellt ist. Steuerpflichtiger i. S. v. § 6 Abs. 5 S. 1 EStG kann sowohl eine natürliche Person als auch eine Personengesellschaft sein, wobei hier lediglich der Kommanditist A in Betracht kommt, da beide Personengesellschaften rechtlich voneinander unabhängig sind.[356] Umstritten ist dagegen, ob die beiden Personengesellschaften als Betriebsvermögen des A zu qualifizieren sind. Die Rechtsprechung ging ursprünglich im Einklang mit dem im deutschen Steuerrecht angewendeten Transparenzprinzip davon aus, dass der Betrieb einer Personengesellschaft auch ein solcher des Gesellschafters sei und die Einbringung von Wirtschaftsgütern aus einem anderen Betrieb desselben Gesellschafters deshalb wie die Überführung zwischen zwei Betrieben eines Steuerpflichtigen zu behandeln sei.[357] Mit dieser Auffassung unterhielt der an zwei Schwesterpersonengesellschaften beteiligte Kommanditist A in ihnen jeweils eine Betriebsstätte mit eigenem Betriebsvermögen, die untereinander eine Übertragung von Wirtschaftsgütern zum Buchwert vornehmen konnten.[358] Das StEntlG 1999/2000/2002[359] ging jedoch ab dem 01.01.1999 in Teilbereichen der ertragsteuerlichen Gewinnermittlung auf das Trennungsprinzip über und schränkte die Gewinnneutralität bei der Überführung oder Übertragung von Wirtschaftsgütern zwischen Gesellschaft und Gesellschaftern entsprechend ein, so dass die bisherige Auffassung der Rechtsprechung nicht mehr mit dem Gesetzeswortlaut übereinstimmte.[360] Ab dem VZ 2001 versuchte man zwar, die vorher gültige Rechtslage durch das StSenkG mit rückwirkender Korrektur durch das UntStFG wiederherzustellen.[361] Der neugeschaffene § 6 Abs. 5 S. 1 i. d. F. des StEntlG 1999/2000/2002 blieb jedoch inhaltlich und dogmatisch unverändert und erfasste damit weiterhin nur die „Überführung" eines Wirtschaftsguts in ein anderes Betriebsvermögen desselben Steuerpflichtigen. In Abgrenzung zum steuertatbestandlichen Merkmal der „Übertragung" in § 6 Abs. 5 S. 3 EStG werden davon jedoch nur solche Vorgänge erfasst, in denen ein Wechsel der steuerrechtlichen Zuordnung zu einem Betriebsvermögen ohne Rechtsträgerwechsel in der Person

---

[356] Glanegger, in: Schmidt, EStG, § 6, Rn. 511.
[357] BFH-Urteil vom 15.07.1976, I R 17/74, BStBl II 1976, S. 748; BFH-Urteil vom 25.07.2000, VIII R 46/99, BFH/NV 2000, S. 1549 m. w. N.; im Anschluss daran auch der sog. Mitunternehmererlass, Schreiben des BMF vom 20.12.1977, IV B 2 – S-2241 – 231/77, BStBl I 1978, S. 8; Sonderbetriebsvermögen bei Vermietung an eine Schwester-Personengesellschaft, Schreiben des BMF vom 28.04.1998, IV B 2 – S-2241 – 42/98, BStBl I 1998, S. 583.
[358] BFH-Urteil vom 11.12.1969, IV R 92/68, BStBl II 1970, S. 618, 619; BFH-Urteil vom 08.07.1992, XI R 51/89, BStBl II 1992, S. 946, 948; BFH-Urteil vom 26.01.1995, IV R 73/93, BStBl II 1995, S. 589; BFH-Urteil vom 16.02.1996, I R 183/94, BStBl II 1996, S. 342; BFH-Urteil vom 06.09.2000, IV R 18/99, BStBl II 2001, S. 229, 231.
[359] StEntlG 1999/2000/2002, BGBl I 1999, S. 402.
[360] Vgl. Gesetzesbegründung zum StEntlG 1999/2000/2002, BT-Drs. XIV/23, S. 172 f.; Gesetzentwurf der Bundesregierung zum UntStFG, BR-Drs. 638/01, S. 49.
[361] StSenkG vom 23.10.2000, BGBl I 2000, S. 1433; UntStFG vom 20.12.2001, BGBl I 2001, S. 3858; vgl. a. a. O., BR-Drs. 638/01, S. 49 f.

des einzelnen Steuerpflichtigen stattfindet.[362] Die rechtsgeschäftliche Übereignung von Wirtschaftsgütern zwischen der B-GmbH & Co. KG und der C-GmbH & Co. KG wird demnach von § 6 Abs. 5 S. 1 EStG tatbestandlich nicht erfasst.

bb) Buchwertfortführung gem. § 6 Abs. 5 S. 3 EStG

Die Bewertung von Übertragungen zwischen einer Personengesellschaft und ihren Gesellschaftern durch einen Rechtsträgerwechsel werden seit dem StEntlG von § 6 Abs. 5 S. 3 EStG behandelt.[363] Eine unmittelbare Anwendung auf den vorliegenden Fall scheidet allerdings aus, da eine Übertragung von Wirtschaftsgütern zwischen beteiligungsidentischen Personengesellschaften nicht von den Gestaltungsalternativen in § 6 Abs. 5 S. 1 Nr. 1 bis 3 EStG geregelt wird. In der Literatur wird dennoch mit unterschiedlicher Begründung einer entsprechenden Anwendung von § 6 Abs. 5 S. 3 EStG das Wort geredet.[364] So vertritt Groh die Auffassung, dass die Übertragung eines Wirtschaftsgutes auf eine Schwesterpersonengesellschaft einer Übertragung in das und aus dem Betriebsvermögen des Personengesellschafters gleichstehe.[365] Dieses Ergebnis entspreche auch dem Sinn und Zweck des § 6 Abs. 5 S. 3 Nr. 1 EStG, so dass dem objektivierten Willen des Gesetzgebers hier der Vorrang vor dem Gesetzeswortlaut einzuräumen und die Norm entsprechend anzuwenden sei.[366] Dagegen spricht aber, dass die Grenze jeglicher Auslegung der Wortlaut von § 6 Abs. 5 S. 3 EStG sein muss.[367] Diesbezüglich ist jedoch kein zielgerichteter, objektivierter Wille des Gesetzgebers zur Erfassung von Schwesterpersonengesellschaften erkennbar. Vielmehr wird in der Gesetzesbegründung sogar ausdrücklich auf die Möglichkeit hingewiesen, dass durch § 6 Abs. 5 S. 3 EStG auch die Übertragung eines Einzelwirtschaftsgutes vom Sonderbetriebsvermögen eines Mitunternehmers in das Gesamthandsvermögen einer Schwesterpersonengesellschaft, an der derselbe Mitunternehmer in gleichem oder abweichenden Umfang beteiligt ist, steuerneutral möglich ist.[368] Im Umkehrschluss ist daher davon auszugehen, dass der Gesetzgeber die grundsätzliche Möglichkeit einer Übertragung von Wirtschaftsgütern zwischen beteiligungsidentischen Personengesellschaften zwar gesehen, sich aber in der endgültigen Gesetzesfassung ohne nähere Begründung gegen eine

---

[362] Ehmke, in: Blümich, EStG, § 6, Rn. 1288, 1317, Patt, in: Hermann/Heuer/Raupach, Steuerreform, EStG, § 6, Rn. R 131; a. A. Kloster/Kloster, GmbHR 2002, S. 717, 723, wobei der vorliegende Fall jedoch zeigt, dass eine Unterscheidung entgegen dieser Auffassung keinesfalls überflüssig geworden ist.
[363] Vgl. a. a. O., BR-Drs. 638/01, S. 49.
[364] Reiß, BB 2001, S. 1225, 1227 f.; Wendt, FR 2002, S. 53, 64 f.; Bogenschütz/Hierl, DStR 2003, S. 1097, 1100 f.; Groh, DB 2002, S. 1904, 1906; Hoffmann, GmbHR 2002, S. 125, 131; Düll, StBJb 2002/2003, S. 117, 136; Reiß, StBJb 2001/2002, S. 281, 311; Kloster/Kloster, GmbHR 2002, S. 717, 725; Glanegger, in: Schmidt, EStG, § 6, Rn. 536; Wacker, in: Schmidt, EStG, § 15, Rn. 683.
[365] Groh, DB 2002, S. 1904, 1906.
[366] Groh, DB 2002, S. 1904, 1906.
[367] Vgl. Wank, Methodenlehre, S. 47 ff.
[368] Gesetzentwurf zum UntStFG, BT-Drs. XIV/6882, S. 32.

Kodifizierung entschieden hat.[369] Gleiches muss auch für eine entsprechende Anwendung von § 24 Abs. 1 UmwStG auf die Übertragung eines Einzelwirtschaftsguts zum Buchwert gelten, da der Steuergesetzgeber die Übertragung einzelner Wirtschaftsgüter ohne (Teil-) Betriebseigenschaft in eine Personengesellschaft ausdrücklich und wissentlich nicht in die entsprechende Begünstigung des UmwStG aufgenommen hat.[370] Es wäre daher kaum nachvollziehbar, wenn der Gesetzgeber „Übertragungen" in § 6 Abs. 5 S. 4 ff. EStG gegen einen Missbrauch absichert, während eine Einbringung gem. § 24 Abs. 1 UmwStG steuerneutral möglich wäre.[371] Diese Erwägung gilt auch für § 24 UmwStG i. d. F. des SEStEG fort. Unabhängig vom persönlichen Anwendungsbereich der Vorschrift wollte der Gesetzgeber mit der Neufassung von § 6 Abs. 5 S. 3 EStG auch keine Veräußerungsvorgänge erfassen, die nach den allgemeinen Regelungen über Veräußerungsgeschäfte wie zwischen fremden Dritten abgewickelt werden und nicht dem alleinigen Zweck einer Umstrukturierung dienen.[372] Die Gesetzesbegründung zur Neufassung von § 6 Abs. 5 S. 3 bis 6 EStG durch das UntStFG vom 20.12.2001 führt hierzu aus, dass eine Übertragung einzelner Wirtschaftsgüter auf einen anderen Rechtsträger zu Buchwerten nicht möglich sein soll, wenn die Übertragung nicht einer Umstrukturierung, sondern vielmehr der Vorbereitung einer nachfolgenden Veräußerung oder Entnahme dient.[373] Die Aufzählung von Übertragungsvorgängen in § 6 Abs. 5 S. 3 EStG soll nur die Fortsetzung des unternehmerischen Engagements in anderer Form begünstigen.[374] Aus diesem Grund erfasst § 6 Abs. 5 S. 3 EStG nur unentgeltliche Übertragungen oder solche gegen Gewährung von Gesellschaftsrechten, so dass eine (teil-)entgeltliche Übertragung von Wirtschaftsgütern des Umlaufvermögens hier nicht mehr vom Sinn und Zweck des § 6 Abs. 5 S. 3 EStG gedeckt ist. Dieser Zweck kommt auch in § 6 Abs. 5 S. 4 EStG zum Ausdruck, der die rückwirkende Bewertung mit dem Teilwert für Fälle des § 6 Abs. 5 S. 3 EStG anordnet, wenn eine Veräußerung oder Entnahme innerhalb einer Sperrfrist von drei Jahren nach Abgabe der Steuererklärung des Übertragenden für den VZ der Übertragung des Wirtschaftsgutes vorgenommen wird. Daraus ergibt sich eine maximale Veräußerungssperre von sieben Jahren, womit die steuerneutrale Übertragung von Wirtschaftsgütern auf eine Vertriebsgesellschaft ohne die Gefahr eines rückwirkenden Teilwertansatzes unrealistisch wird.[375]

---

[369] Vgl. Wendt, FR 2002, S. 53, 64.
[370] Gesetzesbegründung zum StEntlG 1999/2000/2002, BT-Drs. XIV/23, S. 172 f.; Patt, in: Hermann/Heuer/Raupach, Steuerreform, EStG, § 6, Rn. R 139; Herrmann/Neufang, BB 2000, S. 2599, 2602.
[371] Kloster/Kloster, GmbHR 2002, S. 717, 728.
[372] BT-Drs XIV/6882, S. 32; das ist nach BFH-Urteil vom 31.05.2001, IV R 53/00, BFH/NV 2001, S. 1547 dann der Fall, wenn das Vertragsverhältnis klar und ernstlich gewollt ist, rechtswirksam vereinbart ist und dementsprechend auch durchgeführt wird.
[373] Gesetzentwurf zum UntStFG, BT-Drs. XIV/6882, S. 32 f.
[374] Gesetzentwurf zum UntStFG, BT-Drs. XIV/6882, S. 32 f.
[375] Vgl. Bogenschütz/Hierl, DStR 2003, S. 1097, 1101 f. für eine erfolgsneutrale, entgeltliche Übertragung von Wirtschaftsgütern zwischen Schwesterpersonengesellschaften die gem. § 6b EStG begünstigt sind (keine Sperrfrist i. S. v. § 6 Abs. 5 S. 4 EStG).

Nicht näher erörtert werden soll an dieser Stelle die von Teilen der Literatur vertretene Gestaltung, dass zum Zwecke der Buchwertfortführung zunächst eine Übertragung des Wirtschaftsgutes in das Sonderbetriebsvermögen der Gesellschafter vorgenommen wird, um es danach in das Sonderbetriebsvermögen und anschließend in das Betriebsvermögen der aufnehmenden Schwesterpersonengesellschaft gem. § 6 Abs. 5 S. 3 Nr. 2 EStG i. V. m. § 6 Abs. 5 S. 1, 2 EStG zu übertragen.[376] Zum einen ist es unwahrscheinlich, dass die hier in Rede stehenden Wirtschaftsgüter des Umlaufvermögens als Sonderbetriebsvermögen dem Betrieb der abgebenden B-GmbH & Co. KG zu dienen bestimmt sind bzw. dies spiegelbildlich bei der aufnehmenden C-GmbH & Co. KG möglich erscheint.[377] Zum anderen droht bei Übernahme dieser Gestaltung infolge der Beteiligung einer GmbH als aufnehmende Gesellschafterin gem. § 6 Abs. 5 S. 5 EStG wiederum der Ansatz des Teilwertes, wenn eine Beteiligung am laufenden Gewinn und Verlust der Personengesellschaft vertraglich vereinbart ist. Das ist jedoch in der Regel nicht der Fall, so dass nur das erste Argument durchgreift.

cc) Zwischenergebnis

Mit der hier vertretenen, am Wortlaut der Norm orientierten Auffassung kommt man somit zu dem Ergebnis, dass § 6 Abs. 5 S. 1, 3 EStG auf den vorliegenden Fall nicht anwendbar ist.[378] Übertragungen zu Buchwerten gem. § 6 Abs. 5 S. 1 EStG zwischen Schwesterpersonengesellschaften sind mit dem vom Gesetzgeber vertretenen Trennungsprinzip nicht vereinbar. Darüber hinaus werden sie vom Wortlaut des § 6 Abs. 5 S. 3 EStG nicht erfasst. Unverständlich bleibt dennoch, warum der Gesetzgeber den vorliegenden Fall im Gesetzgebungsverfahren nicht in den Anwendungsbereich der Vorschrift einbezogen hat,[379] zumal eine Umstrukturierung zwischen beteiligungsidentischen Personengesellschaften keine qualitativen Unterschiede mit den gesetzlich geregelten Fällen aufweist und stille Reserven nicht auf dritte Personen übergehen.[380] Da der BFH unter der Geltung des Mitunternehmererlasses bis zum 31.12.1998 bei solchen Vorgängen die Buchwertübertragung zugelassen hat, ist nicht ersichtlich, warum daran nicht

---

[376] Herrmann/Neufang, BB 2000, S. 2599, 2602 f.; Kemper/Konold, DStR 2000, S. 2119, 2120 ff., Rödder/Schumacher, DStR 2001, S. 1634, 1636; Kloster/Kloster, GmbHR 2001, S. 423; Roser, FR 2002, S. 309, 316; Clausen, DB 2003, S. 1589, 1593, Bogenschütz/Hierl, DStR 2003, S. 1097, 1100 f; Ley, KöSDI 2004, S. 14024, 14030 f.; differenzierend Schmitt/Franz, BB 2001, S. 1278, 1279 f.

[377] I. E. auch Groh, DB 2002, S. 1904, 1906; zur Definition des Sonderbetriebsvermögens vgl. Wacker, in: Schmidt, EStG, § 15, Rn. 506.

[378] I. E. auch Ehmcke, in: Blümich, EStG, § 6, Rn. 1347; Patt, in: Hermann/Heuer/Raupach, Steuerreform, EStG, § 6, Rn. R 139, Herrmann/Neufang, BB 2000, S. 2599, 2602.

[379] Eine diesbezügliche Inititative im Bundesrat (vgl. BR-Drs 638/01) und ein entsprechender Antrag der CDU/CSU-Fraktion im Finanzausschuss des Bundestags (vgl. BT-Drs. XIV/7343) waren erfolglos geblieben.

[380] I. E. auch Glanegger, in: Schmidt, EStG, § 6, Rn. 533; Wendt, FR 2002, S. 53, 64; Reiß, BB 2001, S. 1225, 1227; Hoffmann, GmbHR 2002, S. 125, 131; Kloster/Kloster, GmbHR 2002, S. 717, 725 f.

auch nach § 6 Abs. 5 S. 3 EStG i. d. F. des UntStFG festgehalten werden kann.[381] Schließlich hat der BFH noch in zwei Urteilen vom 06.09.2000 und 25.07.2000 zur Bewertung von unentgeltlichen Geschäften zwischen einem Gesellschafter und der Gesellschaft auf Grundlage der alten Rechtslage vor Erlass des StEntlG festgestellt, dass eine Buchwertfortführung nur bei einem Überspringen stiller Reserven auf fremde Steuersubjekte ausscheidet.[382] Darüber hinaus ist der tatsächliche Nutzen einer Sperrfrist für die Entnahme oder Veräußerung von übertragenen Wirtschaftsgütern vor dem Hintergrund einer fortschreitenden Diversifizierung unternehmerischen Handelns durchaus problematisch, da hierdurch im Einzelfall betriebswirtschaftlich notwendige Strukturveränderungen innerhalb einer Unternehmensgruppe durch eine Entstrickung stiller Reserven im Inland für steuerliche Zwecke erschwert werden, obwohl bei wirtschaftlicher Betrachtungsweise keine Gefährdung der inländischen Besteuerung dieser stillen Reserven zu besorgen ist.

dd) Teilwertansatz gem. § 6 Abs. 1 Nr. 4, 5 EStG

Die Lieferung der Produkte an die inländische Vertriebsgesellschaft C-GmbH & Co. KG zum Preis von 100 bei Herstellungskosten von 130 ist, entgegen der Rspr. des BFH zur sog. finalen Entnahmetheorie und einer gleichlautenden Auffassung in der Literatur seit dem StEntlG, als Entnahme für betriebsfremde Zwecke gem. § 4 Abs. 1 S. 2 3. Alt. EStG bei der B-GmbH & Co. KG und spiegelbildliche Einlage bei der C-GmbH & Co. KG gem. § 4 Abs. 1 S. 7 EStG zu behandeln. Entnahmen sind alle Wertabgaben eines Betriebs für betriebsfremde Zwecke, die dessen Vermögen am Ende des betroffenen Wirtschaftsjahres mindern.[383] Ein betriebsfremder Zweck liegt immer dann vor, wenn der Gegenstand der Entnahme den betrieblichen Bereich verlässt und damit der sachliche oder persönliche Zusammenhang mit dem Betrieb gelöst wird.[384] Zur Bestimmung der Reichweite des betrieblichen Bereichs differenziert man in der Literatur zwischen einem weiten, mittleren und engen Betriebsbegriff:[385]

- Weiter Betriebsbegriff:

Es wird das gesamte betrieblich genutzte Vermögen des Steuerpflichtigen in die Betrachtung einbezogen. Auf die Zuordnung zu einer organisatorisch selbständigen Einheit kommt es nicht an.

---

[381] Bogenschütz/Hierl, DStR 2003, S. 1097, 1100.
[382] BFH vom 06.09.2000, IV R 18/99, BStBl II 2001, S. 229; BFH vom 25.07.2000, VIII R 46/99, BFH/NV 2000, S. 1549.
[383] BFH-Urteil vom 09.10.1953, IV 536/52 U, BStBl III 1953, S. 337; BFH-Urteil vom 29.09.1955, IV 647/54 U, BStBl III 1955, S. 348; BFH-Urteil vom 22.07.1988, III R 175/85, BStBl II 1988, S. 995; BFH, Urteil vom 14.01.1998, X R 57/93, DStR 1998, S. 887.
[384] Frotscher, EStG, § 4, Rn. 190.
[385] Frotscher, EStG, § 4, Rn. 190; Wied, in: Blümich, EStG, § 4, Rn. 65 ff. m. w. N.

- Mittlerer Betriebsbegriff:

Ein einheitlicher Betrieb konstituiert sich aus den Einheiten derselben Einkunfts- und Gewinnermittlungsart.

- Enger Betriebsbegriff:

Der Betrieb ist die einzelne organisatorisch und wirtschaftlich abgegrenzte Einheit.

Der BFH und weite Teile der Literatur haben sich dem engen Betriebsbegriff angeschlossen. In einem Urteil vom 13.10.1988 führt der BFH hierzu aus, dass als Betrieb i. S. d. EStG die auf die Erreichung eines arbeits- bzw. produktionstechnischen Zwecks gerichtete organisatorische Zusammenfassung personeller, sachlicher und anderer Arbeitsmittel zu einer selbständigen Einheit zu verstehen ist.[386] Im vorliegenden Fall kommt man mit dem engen Betriebsbegriff zu dem Ergebnis, dass die B-GmbH & Co. KG und die C-GmbH & Co. KG organisatorisch und rechtlich selbständige Einheiten sind und die gelieferten Produkte damit aus dem betrieblichen Bereich ausscheiden. Bis zum StEntlG wurde der „enge Betriebsbegriff" dagegen in ständiger Rechtsprechung vom BFH durch den sog. „finalen Entnahmebegriff" teleologisch reduziert.[387] Zwar verlangt der „finale Entnahmebegriff", dass eine von einem Entnahmewillen getragene Entnahmehandlung vorliegen muss.[388] Ein betriebsfremder Zweck liegt nach dieser Auffassung aber erst dann vor, wenn ein Wirtschaftsgut innerhalb des betrieblichen Bereichs von einem Betrieb oder Betriebsteil in einen anderen übergeht und dabei eine spätere Erfassung der im Buchansatz enthaltenen stillen Reserven des Wirtschaftsguts gefährdet ist.[389] Zweck der Entnahmeregelung ist es damit, die Erfassung der angesammelten stillen Reserven bei einem Ausscheiden des Wirtschaftsgutes aus der steuerlichen Verstrickung sicherzustellen (sog. „Entstrickungsprinzip"). Die stillen Reserven werden im Inland zur Besteuerung im Rahmen des Vertriebs bei der C-GmbH & Co. KG herangezogen. Demnach kommt man hier mit der Rechtsprechung des BFH zur alten Rechtslage vor dem StSenkG zu dem Ergebnis, dass es sich nicht um eine Entnahme gem. § 4 Abs. 1 S. 2 EStG handelt, da die Gefahr einer Vereitelung der Erfassung der stillen Reserven im Inland nicht zu besorgen ist. Greift man in diesem Zusammenhang auf den alten Mitunternehmererlass aus dem Jahre 1977 zurück, dann stößt man auf eine dem Sachverhalt ähnliche Bestimmung zur Behandlung von Veräußerungen

---

[386] BFH-Urteil vom 13.10.1988, IV R 136/85, BStBl II 1989, S. 7.
[387] BFH-Urteil vom 16.07.1969, I 266/65, BStBl II 1970, S. 175; BFH-Urteil vom 30.05.1972, VIII R 111/69, BStBl II 1972, S. 760; BFH-Urteil vom 17.08.1972, IV R 26/69, BStBl II 1972, S. 903; BFH-Beschluss vom 07.10.1974, GrS 1/73, BStBl II 1975, S. 168.
[388] BFH-Beschluss vom 07.10.1974, GrS 1/73, BStBl II 1975, S. 168.
[389] Frotscher, EStG, § 4, Rn. 191; Heinicke, in: Schmidt, EStG, § 4, Rn. 326.

zwischen einem gewerblichen Unternehmen und einer Personengesellschaft.[390] Danach lag eine Entnahme gem. § 4 Abs. 1 S. 2 EStG vor, wenn eine Veräußerung an die Personengesellschaft zu einem unter dem Teilwert liegenden Preis vorgenommen wurde. Allerdings musste das veräußernde Unternehmen Einkünfte aus Gewerbebetrieb gem. § 15 EStG erzielen, während der Warenempfänger Einkünfte aus Land- und Forstwirtschaft gem. § 13 EStG oder selbständiger Tätigkeit i. S. v. § 18 EStG erzielte. Der Grund dafür lag in der Verhinderung einer Entziehung von stillen Reserven im Rahmen der Gewerbesteuer, die nur von dem gewerblichen Unternehmen i. S. d. § 15 EStG getragen werden muss.[391] Diese Auslegung entspricht auch der Definition des mittleren Betriebsbegriffs, wohingegen der weite Betriebsbegriff vom Mitunternehmererlass ausdrücklich in diesem Fall für nicht anwendbar erklärt wurde.[392] Bezieht man die Regelung auf den vorliegenden Fall, erzielen beide Personengesellschaften Einkünfte aus Gewerbebetrieb, so dass die beschriebene Gefährdungslage hier nicht besteht. Demnach kommt man hier auch mit dem alten Mitunternehmererlass zu dem Ergebnis, dass keine Realisierung stiller Reserven durch ansetzen des Teilwertes vorzunehmen ist. Durch die Änderung von § 6 Abs. 5 EStG im StEntlG wurde der finale Entnahmebegriff jedoch seines wesentlichen Anwendungsbereichs beraubt, in dem § 6 Abs. 5 S. 3 EStG den Ansatz des Teilwertes für einige Fälle einer Übertragung von Wirtschaftsgütern, d. h. eines Rechtsträgerwechsels zwischen Personengesellschaft und Gesellschafter, vorsah. Insofern kam es in den Fällen des § 6 Abs. 5 S. 3 EStG nicht mehr darauf an, ob die Realisierung der stillen Reserven im Inland gewährleistet war. Vielmehr war eine generelle Wertstellung der angesammelten stillen Reserven vom Gesetzgeber gewollt. Seit dem StEntlG 1999 war eine Gefährdung stiller Reserven nicht mehr Teil der tatbestandlichen Ausfüllung des Entnahmetatbestandes, so dass der finale Entnahmebegriff des BFH durch teleologische Reduktion des § 4 Abs. 1 S. 2 EStG seine gesetzliche Grundlage verloren hatte. Diese Gesetzgebung und damit auch die grundsätzliche Intention des Gesetzgebers änderte sich jedoch mit der Revision von § 6 Abs. 5 S. 3 EStG durch das StSenkG und das UntStFG. Hier verkehrte man die zwischenzeitliche Rechtslage erneut ins Gegenteil und sieht seither eine zwingende Buchwertfortführung für die Übertragung von Wirtschaftsgütern zwischen Mitunternehmerschaft und Mitunternehmer in den enumerativ aufgelisteten Fällen vor. Danach ist eine Buchwertfortführung in Anlehnung an den finalen Entnahmebegriff des BFH bei einer Übertragung von Wirtschaftsgütern, d. h. einem Rechtsträgerwechsel nur dann zulässig, wenn die Realisierung

---

[390] Besteuerung der Mitunternehmer von Personengesellschaften, Schreiben des BdF vom 20.12.1977, BStBl I 1978, S. 8, Rn. 54.
[391] A. A. zutreffend BFH-Urteil vom 14.04.1988, IV R 271/84, BStBl II 1988, S. 667; BFH-Urteil vom 14.06.1988, VIII R 387/83, BStBl II 1989, S. 187, wonach die Gewerbesteuer nur an die nach einkommensteuerrechtlichen Vorschriften ermittelte Besteuerungsgrundlage anknüpft und diese entsprechend den eigenen gewerbesteuerlichen Wertungen ergänzt.
[392] Besteuerung der Mitunternehmer von Personengesellschaften, Schreiben des BdF vom 20.12.1977, BStBl I 1978, S. 8, Rn. 54.

der stillen Reserven gesichert ist. Konsequenterweise muss daher die Rspr. des BFH im Rahmen des § 4 Abs. 1 S. 2 EStG auch weiterhin zur Anwendung kommen, da hiernach eine Teilwertrealisierung mit dem in § 6 Abs. 5 S. 1 EStG zum Ausdruck kommenden Entstrickungsprinzip nur dann in Betracht kommt, wenn die Verlagerung von stillen Reserven außerhalb der deutschen Besteuerungshoheit droht. Mit dieser Auffassung liegt hier aber keine Entnahme gem. § 4 Abs. 1 S. 2 EStG bei der B-GmbH & Co. KG vor, so dass eine spiegelbildliche Einlage bei der C-GmbH & Co. KG gem. § 4 Abs. 1 S. 5 EStG zum Teilwert gem. § 6 Abs. 1 Nr. 5 EStG ebenfalls ausscheidet.

ee) Ergebnis

Eine Einkünftekorrektur bezüglich der Übertragung von Wirtschaftsgütern an die C-GmbH & Co. KG ist nicht möglich. Es gelten die allgemeinen Vorschriften über die Bewertung gem. § 6 EStG. Folglich sind die Produkte hier gem. § 6 Abs. 1 Nr. 2 EStG mit ihren Anschaffungskosten von 100 bei der C-GmbH & Co. KG anzusetzen, selbst wenn die Herstellungskosten bei der B-GmbH & Co. KG darüber liegen. Bedenklich ist allerdings, dass durch entsprechende Gestaltungen, wie z. B. eine Generierung und Ausnutzung von Verlustvorträgen insbesondere im Rahmen der Gewerbesteuer, steuerliche Vorteile realisiert werden können, da der vorliegende Fall zu einer Gewinnverlagerung auf ein anderes Einkünfteerzielungs- und Gewinnermittlungssubjekt führt. Zwar liegt in der vorliegenden Gestaltung keine Durchbrechung des Steuersubjektprinzips, wonach jeder Wechsel in der Person des Steuersubjekts eine einkunftswirksame Realisierung stiller Reserven nach sich zieht, da die natürliche Person A als einzige Kommanditistin beider Personengesellschaften weiterhin der unbeschränkten Einkommensteuerpflicht mit ihren gewerblichen Einkünften daraus unterliegt. Dennoch ist das hier erzielte Ergebnis systematisch fragwürdig, da eine Entnahme dem Grunde nach vorliegt und es sich hier eher um ein Bewertungsproblem handelt, welches im Rahmen eines Bewertungswahlrechts in § 6 Abs. 1 Nr. 4 EStG zu lösen wäre.[393] Denn die Frage, ob stille Reserven verlagert werden, kann nur dann beantwortet werden, wenn man die Bewertung der Entnahme mit dem Teilwert gem. § 6 Abs. 1 Nr. 4 EStG als deren Rechtsfolge in Beziehung zu dem tatsächlichen Verrechnungspreis setzt und dahingehend zu einer Abweichung zuungunsten des Ersteren gelangt. Demnach lässt der finale Entnahmebegriff eine exakte Trennung zwischen Tatbestand und Rechtsfolge des Steuergesetzes vermissen.

---

[393] I. E. auch Heinicke, in: Schmidt, EStG, § 4, Rn. 328 f.

b) Einkünftekorrektur bei Übertragung der Wirtschaftsgüter an die D-C.V.

Im Fall der niederländischen D-C.V. ergeben sich dagegen Abweichungen bei der Bewertung der grenzüberschreitenden Übertragung der Wirtschaftsgüter im Unterschied zum rein innerstaatlichen Sachverhalt.

aa) Entnahme gem. § 4 Abs. 1 S. 2, 3 EStG bei der B-GmbH & Co. KG

Folgt man mit der hier vertretenen Auffassung dem „finalen Entnahmebegriff" des BFH, so ist eine Gefährdung der angesammelten stillen Reserven im Rahmen der inländischen Besteuerung gem. § 4 Abs. 1 S. 3 EStG zu besorgen, da eine Überführung der Wirtschaftsgüter außerhalb der deutschen Besteuerungshoheit vorgenommen wird. Die Bewertung der Entnahme wird gem. § 6 Abs. 1 Nr. 4 S. 1 EStG mit dem Teilwert i. S. v. § 6 Abs. 1 Nr. 1 S. 3 EStG vorgenommen. Die obere Teilwertgrenze bilden die Wiederbeschaffungskosten. Bei selbsterzeugten Wirtschaftsgütern gilt der Reproduktionswert, d. h. die Herstellungskosten als Wiederbeschaffungskosten.[394] Geht man hier von Herstellungskosten unter dem Verrechnungspreis von 100 aus, so ist eine Gefährdung der stillen Reserven nicht zu besorgen. Liegen die Herstellungskosten dagegen, wie im Ausgangsfall, mit 30 über der verrechneten Summe von 100 bei 130, so liegt eine Verlagerung von stillen Reserven ins Ausland vor. Eine Einkünftekorrektur gem. § 4 Abs. 1 S. 2 EStG i. V. m. § 6 Abs. 1 Nr. 4 EStG ist danach bei Herstellungskosten von 130 im Ausgangsfall vorzunehmen. Die Bildung eines Ausgleichspostens gem. § 4g EStG i. d. F. des SEStEG ist in diesem Fall aufgrund der Zuordnung der Waren zum Umlaufvermögen bzw. ihrer Widmung zur sofortigen Veräußerung nicht möglich.

bb) Einkünftekorrektur gem. § 1 Abs. 1 AStG bei der B-GmbH & Co. KG

Da es sich hier um einen grenzüberschreitenden Sachverhalt mit den Niederlanden handelt, kommt als Rechtsgrundlage für eine Einkünftekorrektur auch § 1 Abs. 1 AStG in Betracht. Danach sind die Einkünfte der deutschen B-GmbH & Co. KG bei Vorliegen der übrigen Tatbestandsvoraussetzungen fremdvergleichskonform auf 150 zu erhöhen. Problematisch ist hier lediglich das Vorliegen einer nahestehenden Person i. S. v. § 1 Abs. 2 AStG. Unter dem Begriff „Person" wird dabei diejenige natürliche oder juristische, in- oder ausländische Person verstanden, die eine Eignung hat, Vereinbarungen zu treffen, die Gegenstand einer Gewinnverlagerung sein können.[395] Vorliegend handelt es sich bei dem niederländischen Vertriebsunternehmen D-C.V. um eine Personengesellschaft und damit weder um eine natürliche noch eine juristische Person. Allerdings geht die Finanzverwaltung und ein Teil der Literatur davon aus, das der Wortlaut des § 1 Abs. 2 AStG so auszulegen ist, dass eine Personengesellschaft

---
[394] Glanegger, in: Schmidt, EStG, § 6, Rn. 227.
[395] Wassermeyer, in: Flick/Wassermeyer/Baumhoff, AStG, § 1, Rn. 249, 826.

auch eine dem Steuerpflichtigen nahestehende Person sein kann.[396] Die Erfassung der Personengesellschaft entbindet jedoch nicht von dem Erfordernis, in jedem Einzelfall das „Nahestehen" festzustellen. Der A hat hier eine mit einem alleinigen Kommanditisten vergleichbare Stellung in der niederländischen Personengesellschaft. Insofern wäre er nach deutschem Recht zwar gem. §§ 164, 170 HGB an der Geschäftsführung und Vertretung der Gesellschaft gehindert. Das schließt allerdings einen beherrschenden Einfluss auf deren Geschäfte gem. § 1 Abs. 2 Nr. 1, 2 AStG aber keinesfalls aus. Da die übrigen Voraussetzungen des § 1 Abs. 1 AStG erfüllt sind, sind die Einkünfte zwischen den Beteiligten so anzusetzen, wie sie unter Bedingungen angefallen wären, die voneinander unabhängige Dritte miteinander vereinbart hätten, d. h. hier i. H. v . 150.

c) Ergebnis der Sachverhaltsdiskussion

Bei einem Verrechnungspreis unter dem Teilwert liegt eine Diskriminierung des grenzüberschreitenden Sachverhalts mit der hier vertretenen Auffassung unabhängig davon vor, ob man eine Entnahme mit dem Teilwert gem. § 6 Abs. 1 Nr. 4 EStG annimmt oder den Fremdvergleichspreis gem. § 1 Abs. 1 AStG ansetzt. Aufgrund der von § 1 Abs. 1 S. 3 AStG i. d. F. des UntStRefG 2008 angeordneten Verpflichtung zur Korrektur auf den Fremdverlgeichspreis ist jedoch inzwischen stets auf den höheren Wert zu korrigieren. Dagegen ist bei einem über dem Teilwert liegenden Preis keine Gefährdung der Besteuerung von stillen Reserven im Inland gegeben, so dass schon die Tatbestandsvoraussetzungen des „finalen" Entnahmebegriffs bzw. von § 4 Abs. 1 S. 3 EStG i. d. F. des SEStEG nicht erfüllt sind. In diesem Fall entfällt das Konkurrenzproblem mit der Folge, dass eine Ergebniskorrektur beim grenzüberschreitenden Sachverhalt nur am Maßstab des Fremdvergleichsgrundsatzes in § 1 Abs. 1 AStG vorzunehmen ist.[397]

---

[396] Flick/Wassermeyer/Baumhoff, AStG, § 1, Rn. 826 m. w. N.
[397] Vgl. auch BFH-Beschluss vom 21.06.2001, I B 141/00, BFHE 195, S. 398; Vorinstanz FG Münster, Urteil vom 31.08.2000, 8 V 4639/00, FR 2001, S. 270.

4. Grundfreiheitliche Diskriminierung durch Besteuerung einer Funktionsverlagerung gem. § 1 Abs. 3 S. 9 bis 12 AStG

Im Rahmen des UntStRefG 2008 ist durch § 1 Abs. 3 S. 9 bis 12 AStG mit der Besteuerung einer Funktionsverlagerung ein neuer Steuertatbestand geschaffen worden, der von einem Steuerpflichtigen bei seiner Einkünfteermittlung ab dem VZ 2008[398] anzuwenden ist.[399] Weitere Details zur Besteuerung einer Funktionsverlagerung werden in einer Rechtsverordnung auf Basis von § 1 Abs. 3 S. 13 AStG und einer Verwaltungsanweisung geregelt werden.

§ 1 Abs. 3 S. 9 bis 12 AStG:

> Wird in den Fällen des Satzes 5 eine Funktion einschließlich der dazugehörigen Chancen und Risiken und der mitübertragenen oder überlassenen Wirtschaftsgüter und sonstigen Vorteile verlagert (Funktionsverlagerung), hat der Steuerpflichtige den Einigungsbereich auf der Grundlage einer Verlagerung der Funktion als Ganzes (Transferpaket) unter Berücksichtigung funktions- und risikoadäquater Kapitalisierungszinssätze zu bestimmen. In den Fällen des Satzes 9 ist die Bestimmung von einzelnen Verrechnungspreisen für alle betroffenen einzelnen Wirtschaftsgüter und Dienstleistungen nach Vornahme sachgerechter Anpassungen anzuerkennen, wenn der Steuerpflichtige glaubhaft macht, dass keine wesentlichen immateriellen Wirtschaftsgüter und Vorteile mit der Funktion übergegangen sind oder zur Nutzung überlassen wurden oder dass das Gesamtergebnis der Einzelpreisbestimmungen, gemessen an der Preisbestimmung für das Transferpaket als Ganzes dem Fremdvergleichsgrundsatz entspricht. Sind in den Fällen der Sätze 5 und 9 wesentliche immaterielle Wirtschaftsgüter und Vorteile Gegenstand einer Geschäftsbeziehung und weicht die tatsächliche spätere Gewinnentwicklung erheblich von der Gewinnentwicklung ab, die der Verrechnungspreisbestimmung zugrunde lag, ist widerlegbar zu vermuten, dass zum Zeitpunkt des Geschäftsabschlusses Unsicherheiten im Hinblick auf die Preisvereinbarung bestanden und unabhängige Dritte eine sachgerechte Anpassungsregelung vereinbart hätten. Wurde eine solche Regelung nicht vereinbart und tritt innerhalb der ersten zehn Jahre nach Geschäftsabschluss eine erhebliche Abweichung im Sinne des Satzes 11 ein, ist für eine deshalb vorzunehmende Berichtigung nach Absatz 1 Satz 1 einmalig ein angemessener Anpassungsbetrag auf den ursprünglichen Verrechnungspreis der Besteuerung des Wirtschaftsjahres zugrunde zu legen, das dem Jahr folgt, in dem die Abweichung eingetreten ist.

---

[398] Vgl. § 21 Abs. 16 AStG.
[399] Vgl. Baumhoff/Ditz/Greinert, DStR 2007, S. 1461 ff.; Blumers, BB 2007, S. 1757 ff.; Frotscher, FR 2008, S. 49 ff.; Ditz, DStR 2006, S. 1625 ff.; Jahndorf, FR 2008, S. 101 ff.; Kroppen/Rasch/Eigelshoven, IWB 2007, F. 3, Gr. 1, S. 2201 ff.; Looks/Scholz, BB 2007, S. 2541 ff.; Scholz, IStR 2007, S. 522 ff.; Waldens/Dorward/Stadler, TMTR, Vol. 16, No.11, S. 470 ff.; Wassermeyer, FR 2008, S. 67 ff.; Welling/Tiemann, FR 2008, S. 68 ff.; Wulf, DB 2007, S. 2280 ff.

§ 1 Abs. 3 S. 5, 6 AStG:

Können keine eingeschränkt vergleichbaren Fremdvergleichswerte festgestellt werden, hat der Steuerpflichtige für seine Einkünfteermittlung einen hypothetischen Fremdvergleich unter Beachtung des Absatzes 1 Satz 2 durchzuführen. Dazu hat er aufgrund einer Funktionsanalyse und innerbetrieblicher Planrechnungen den Mindestpreis des Leistenden und den Höchstpreis des Leistungsempfängers zu ermitteln (Einigungsbereich); der Einigungsbereich wird von den jeweiligen Gewinnerwartungen (Gewinnpotenzialen) bestimmt.

Mit den vorstehenden Regelungen zur Funktionsverlagerung hat der deutsche Steuergesetzgeber erstmals die Möglichkeit zur steuerlichen Erfassung einer Sachgesamtheit bestehend aus materiellen und immateriellen Wirtschaftsgütern sowie den ihr innewohnenden Chancen und Risiken im Zeitpunkt des grenzüberschreitenden Transfers geschaffen. Die Gesetzesbegründung führt hierzu aus, dass die Regelungen zur Funktionsverlagerung den Zweck verfolgen, eine Besteuerung in Deutschland geschaffener Werte sicherzustellen, wenn immaterielle Wirtschaftsgüter und Vorteile (z. B. Know-how, patentiertes und nicht patentiertes technisches Wissen, Markenrechte, Markennamen oder Kundenstamm) ins Ausland verlagert werden.[400] Neu ist hierbei nicht die Besteuerung der einem einzelnen Wirtschaftsgut immanenten stillen Reserven nach dem Grundsatz der Einzelbewertung i. V. m. dem Entstrickungsprinzip, da es z. B. mit § 12 KStG, § 4 Abs. 1 S. 2, 3 EStG und in den Vorschriften des UmwStG bereits umfassende Realisierungstatbestände im deutschen Ertragsteuerrecht gibt, die an den Verlust des inländischen Besteuerungsrechts für ein Wirtschaftsgut anknüpfen. Vielmehr liegt der Fokus der gesetzlichen Regelung auf der vorweggenommenen Besteuerung zukünftiger Gewinne einer Funktion auf der Basis einer fiktiven Ertragsprognose. Hierzu führt § 1 Abs. 6 FVerlagV-E aus, dass im Rahmen der Funktionsverlagerung über den Rechtsgrundverweis in § 1 Abs. 3 S. 9 AStG auf § 1 Abs. 3 S. 5 AStG auch § 1 Abs. 3 S. 6 AStG zur Anwendung kommt, wonach als Gewinnpotenzial der Funktion die hieraus zu erwartenden Reingewinne nach Steuern (Barwert), auf die ein ordentlicher und gewissenhafter Geschäftsleiter i. S. d. § 1 Abs. 2 AStG aus der Sicht des verlagernden Unternehmens nicht unentgeltlich verzichten würde und für die ein solcher Geschäftsleiter aus der Sicht des übernehmenden Unternehmens bereit wäre, ein Entgelt zu zahlen, in die steuerliche Bemessungsgrundlage einzubeziehen sind. Nach Auffassung des Gesetzgebers ist diese Erfassung im Rahmen eines Transferpakets auch betriebswirtschaftlich geboten, da der Preis der einzelnen übertragenen Wirtschaftsgüter den Wert der Funktion regelmäßig nicht adäquat wiederspiegeln würde.[401] Damit wird die Bemessungsgrundlage über das Volu-

---

[400] Gesetzesbegründung zum UntStRefG 2008 vom 27.03.2007, BT-Drs. 16/4841, S. 144.
[401] Gesetzesbegründung zum UntStRefG 2008 vom 27.03.2007, BT-Drs. 16/4841, S. 147.

men der transferierten stillen Reserven hinaus erweitert, was eine Abkehr vom Grundsatz der Einzelbewertung bedeutet.[402]

Was eine Funktion ist, geht aus dem Wortlaut des Gesetzes nicht hervor, da keine Legaldefinition des unbestimmten Rechtsbegriffs vorgenommen wird. Die Gesetzesbegründung beschreibt eine Funktion als einen organischen Teil eines Unternehmens, ohne dass es sich hierbei um einen Teilbetrieb im steuerlichen Sinn handeln muss.[403] Nach § 1 Abs. 1 FVerlagV-E ist eine Funktion die Zusammenfassung gleichartiger betrieblicher Aufgaben einschließlich der dazugehörigen Chancen und Risiken, die von bestimmten Stellen oder Abteilungen eines Unternehmens erledigt werden. Darüber hinaus ist auch nicht abschließend geklärt, wann eine Verlagerung der einzelnen Funktion vorliegt. In § 1 Abs. 2 S. 1, 2 FVerlagV-E ist niedergelegt, dass eine Funktionsverlagerung immer dann vorliegt, wenn eine Funktion, die bisher von einem Unternehmen (verlagerndes Unternehmen) ausgeübt wurde, ganz oder teilweise bzw. für immer oder auch nur zeitweise auf ein anderes, nahestehendes Unternehmen (übernehmendes Unternehmen) übergeht. Darüber hinaus werden in § 1 Abs. 3, 4 FVerlagV-E weitere steuertatbestandliche Abgrenzungen vorgenommen. Insgesamt sind die bisherigen Defintionsansätze eher eine Tautologie.

Ausgehend von der isolierten Anwendbarkeit des Steuertatbestands auf grenzüberschreitende Sachverhalte werden nachfolgend die grundfreiheitlichen Berührungen der Besteuerung einer Funktionsverlagerung aufgezeigt. Eine besondere Belastung der Niederlassungsfreiheit des Steuerpflichtigen würde die Besteuerung von Funktionsverdopplungen darstellen. Gewährt ein Unternehmen aufgrund der Auslastung seiner eigenen Produktionskapazitäten einer verbundenen Gesellschaft eine Produktionslizenz, so könnte dies zur Anwendbarkeit des § 1 AStG führen, obwohl das deutsche Unternehmen weiterhin unverändert seine Produktionstätigkeit ausübt. Gleichwohl qualifiziert die Finanzverwaltung in § 1 Abs. 4 FVerlV-E die Funktionsverdoppelung als steuertatbestandliche Funktionsverlagerung. Aufgrund der tatbestandlichen Weite und Unbestimmtheit des Begriffs der Funktionsverlagerung aus § 1 Abs. 3 S. 9 AStG kommt es neben der über § 1 Abs. 1, 2 AStG auch für die Funktionsverlagerung einschlägigen Niederlassungsfreiheit auch zu Eingriffen in den Schutzbereich weiterer Grundfreiheiten.[404] So müsste beispielsweise bei Begründung eines sog. „Shared Service Centers", das bestimmte administrative Aufgaben zentral für verschiedene Konzerngesellschaften ausübt, eine Bewertung i. S. d. § 1 AStG vorgenommen werden, wenn diese Aufgaben vorher von der deutschen Gesellschaft selbst wahrgenommen wurden und hiermit ein Know-how-Transfer einhergeht. Dadurch könnte im Einzelfall die Dienstleistungsfreiheit des die Funktion aufnehmenden Unternehmens aus Art. 49 EG innerhalb der EU und des EWR betroffen sein, da die Erbringung von Dienstleistungen durch einen Rechtsträger mit Ansässigkeit in einer anderen Volkswirtschaft des Binnenmarktes zumindest er-

---

[402] Vgl. Frotscher, FR 2008, S. 49, 52 ff.; Wassermeyer, FR 2008, S. 67 f.
[403] Gesetzesbegründung zum UntStRefG 2008 vom 27.03.2007, BT-Drs. 16/4841, S. 147.
[404] Siehe Kapitel 2, E. I.

schwert werden könnte.[405] Auch die Abschmelzung eines im Inland ansässigen Vertriebsunternehmens zum Kommissionär könnte unter den Begriff der Funktionsverlagerung fallen. Grundsätzlich kommt es bei einer solchen Umstrukturierung der Vertriebsorganisation zwar nicht zu einer Verlagerung von Funktionen, da der Kommissionär die Vertriebtätigkeit unverändert ausübt. Lediglich die Risikostruktur des Kommissionärs ändert sich, da er im Gegensatz zum Eigenhändler weder das Risiko von Forderungsverlusten, Wertverlusten des Warenbestandes noch von Garantieleistungen trägt. Qualifiziert nun die Finanzverwaltung die Verlagerung des Gewinnpotenzials im Rahmen der Funktionsabschmelzung als Funktionsverlagerung und besteuert den Sachverhalt, könnte darin ein Verstoß gegen den Grundsatz der Inländergleichbehandlung als Schutzgewährleistung der Niederlassungsfreiheit aus Art. 43 EG einer EU- oder EWR-Muttergesellschaft liegen, da ein vergleichbarer inländischer Sachverhalt ohne grenzüberschreitenden Bezug nicht besteuert würde. Interessant dürfte auch die grundfreiheitliche Bewertung einer einvernehmlichen Verlagerung von Arbeitnehmern im Gemeinschaftsgebiet sein. Würde z. B. eine deutsche Bank die Versetzung ihrer Investmentbanker aus betriebs- und marktwirtschaftlichen Gründen in eine eigens dafür gegründete Tochtergesellschaft in London planen, so wäre damit i. d. R. auch ein Transfer von Know-how und des individuellen Kundenstamms der jeweiligen Arbeitnehmers verbunden. Würde nun die Finanzverwaltung darin eine Funktionsverlagerung sehen und eine Besteuerung vorsehen, so könnte das neben einer Behinderung der freien Niederlassung der Bank aus Art. 43 EG auch eine Behinderung der Arbeitnehmerfreizügigkeit der Investmentbanker aus Art. 39 EG sein. Gleiches gilt i. Ü. bei einem Transfer immaterieller Wirtschaftsgüter, die von der Kapitalverkehrsfreiheit erfasst werden. Abzuwarten bleibt, inwieweit die Rechtsverordnung zur Funktionsverlagerung Klarheit schafft, welche Tatbestände ggf. vom Begriff der Funktionsverlagerung auszunehmen sind. Die Funktionsverlagerungsverordnung soll bis Mitte des Jahres 2008 endgültig erlassen werden. Abschließend ist daher festzustellen, dass die Funktionsverlagerungsbesteuerung durch ihre tatbestandliche Anknüpfung an ein fiktives Gewinnpotenzial über die Niederlassungsfreiheit aus Art. 43 EG hinaus je nach Sachverhaltskonstellation auch einen diskriminierenden Eingriff in weitere Grundfreiheiten bedeuten kann, da bei einem vergleichbaren inländischen Sachverhalt lediglich das Entstrickungsprinzip i. V. m. dem Grundsatz der Einzelbewertung zur Anwendung kommen würde.

5. Ergebnis der Eingriffsprüfung

Nach der Reform des § 1 AStG durch das UntStRefG 2008 lässt sich eine Diskriminierung von grenzüberschreitenden gegenüber inländischen Sachverhalten durch eine Einkünftekorrektur auf der Grundlage von § 1 Abs. 1 AStG im Schutzbereich der Niederlassungsfreiheit aus Art. 43 EG im Wege einer gemeinschaftsrechtskonformen Auslegung der Norm nicht mehr vermeiden. Bisher

---

[405] Siehe Kapitel 4, C. II. 2. d) dd).

konnte man argumentieren, dass eine Einkünftekorrektur gem. § 1 Abs. 1 AStG auf Konkurrenzebene immer dann ausscheiden sollte, wenn eine andere Einkünftekorrekturvorschrift des nationalen Steuerrechts eine Gleichbehandlung des grenzüberschreitenden Sachverhalts sicherstellt. Inzwischen sieht § 1 Abs. 1 S. 3 AStG aber vor, dass stets die weitestgehendste Berichtigung vorzunehmen ist. Damit wurde das lange Zeit umstrittene Konkurrenzverhältnis der Einkünftekorrekturtatbestände auf Rechtsfolgenebene zu Lasten des Steuerpflichtigen aufgelöst und gleichzeitig auch die Möglichkeit einer diskriminierungsfreien Einkünftekorrektur i. S. d. Grundfreiheiten des EGV ausgeschlossen.

Als rechtfertigungsbedürftige Eingriffe in den Schutzbereich des Art. 43 EG sind zwei Sachverhaltskonstellationen zu qualifizieren. Zum einen kann eine Einkünftekorrektur bei grenzüberschreitenden Nutzungs- oder Dienstleistungsgewährungen auf der Grundlage von § 1 Abs. 1 AStG diskriminierend sein, da für die Korrektur eines vergleichbaren nationalen Sachverhalts keine gesetzliche Grundlage existiert. Zum anderen liegt eine Ungleichbehandlung grenzüberschreitender Entnahmen und Einlagen i. S. v. § 4 Abs. 1 S. 2, 5 EStG aus bzw. in Personengesellschaften bei einem Verrechnungspreis unterhalb des Fremdvergleichspreises vor, da der grenzüberschreitende Sachverhalt gem. § 1 Abs. 1 S. 3 AStG i. d. F. des UntStRefG 2008 immer auf den höheren Fremdvergleichspreis zu korrigieren ist, während man mit dem hier vertretenen sog. finalen Entnahmebegriff des BFH bei einer Übertragung von Wirtschaftsgütern zwischen beteiligungsidentischen Schwesterpersonengesellschaften im Inland einen Buchwertansatz vornimmt.

Abschließend ist festzustellen, dass die in § 1 Abs. 3 S. 9 bis 12 AStG i. d. F. des UntStRefG 2008 kodifizierte Funktionsverlagerung in Abhängigkeit von dem individuellen Lebenssachverhalt geeignet ist, in einzelne Grundfreiheiten des verlagernden Steuerpflichtigen und auch des die Funktion empfangenden Unternehmens im EU- oder EWR-Gebiet in diskriminierungsrelevanter Weise einzugreifen, da eine Anwendung auf rein nationale Sachverhalte ohne grenzüberschreitenden Bezug nicht vorgesehen ist.

III. Rechtfertigung des Eingriffs

In Ermangelung eines anwendbaren kodifizierten Rechtfertigungsgrundes müsste der Einkünftekorrekturvorschrift des § 1 Abs. 1 AStG im Kontext der eingangs dieses Kapitels dargestellten Motive des historischen Gesetzgebers[406] eine Rechtfertigung für die im vorangehenden Abschnitt festgestellte Diskriminierung einzelner grenzüberschreitender Sachverhalte im Anwendungsbereich der Vorschrift gemäß den Anforderungen der sog. „Gebhard-Formel" des EuGH immanent sein.[407] Danach können Beschränkungen oder indirekte Diskriminierungen einer oder mehrerer Grundfreiheiten gerechtfertigt werden, wenn hierfür ein zwingender Grund des Allgemeininteresses bzw. Gemeinwohls vorliegt,

---
[406] Siehe Kapitel 2, B.
[407] EuGH-Urteil vom 30.11.1995, Rs. C-55/94 („Gebhard"), Slg. 1995, I-4165, Rn. 37.

dessen konkrete gesetzliche Ausgestaltung verhältnismäßig, d. h. geeignet, erforderlich und angemessen, ist. Der Rechtfertigungsgrund der zwingenden Gründe des Gemeinwohls ist kein abgeschlossener Kanon von Belangen, die eine Behinderung der Freiheiten rechtfertigen können, sondern vielmehr offen für eine Definition von Schutzanliegen durch die EU-Mitgliedstaaten im Einzelfall, welche nachfolgend auch für die Notwendigkeit einer Einkünftekorrektur gem. § 1 Abs. 1 AStG zu ermitteln sind.[408] Gleichwohl hat der EuGH in seiner Rechtsprechung im Bereich der direkten Steuern bisher nur sehr wenige Rechtfertigungsgründe anerkannt, so dass der gesetzliche Zweck einer Regelung des nationalen Steuerrechts oder ein sonst wie ermittelter Gemeinwohlgedanke auch immer im Lichte dieser Gründe auf seine gemeinschaftsrechtliche Legitimation und Tragfähigkeit zu untersuchen ist.[409]

Die Gesetzesbegründung zum AStG benennt als Zweck der Einkünftekorrektur gem. § 1 Abs. 1 AStG eine Minderung von Einkünften inländischer Steuerpflichtiger durch nachteilige Vereinbarungen mit verbundenen Unternehmen und eine damit einhergehende Erhöhung des Betriebsausgabenabzugs im Inland zu verhindern.[410] Zur Zweckerreichung bedient sich der Gesetzgeber des Fremdvergleichsgrundsatzes einmal auf Tatbestandsseite zur Feststellung mangelnder Fremdvergleichskonformität der getroffenen Vereinbarung und ein zweites Mal auf Rechtsfolgenseite zur Festlegung der im Einzelfall angemessenen Einkünftekorrektur der Höhe nach aus einer grenzüberschreitenden Geschäftsbeziehung. Nach Auffassung des historischen Gesetzgebers fehlte es bis zum Erlass des § 1 AStG im Jahre 1972 an einem umfassend anwendbaren, rechtsverbindlichen Maßstab für eine Regulierung des Gesamtbereichs der internationalen Gewinnverschiebungen.[411] Gleichzeitig sah man in der Kodifizierung des Fremdvergleichsgrundsatzes im nationalen Steuerrecht der Bundesrepublik Deutschland auch die konsequente Umsetzung eines international im Recht der DBA und des Art. 9 Abs. 1 MA uneingeschränkt anerkannten und damit legitimen Mittels zur Durchführung von grenzüberschreitenden Gewinnberichtigungen zwischen verbundenen Unternehmen.[412] Dem gesetzgeberischen Zweck des § 1 Abs. 1 AStG entsprechend, eine sachgerechte Allokation von Besteuerungssubstrat bei dem inländischen Steuerpflichtigen sicherzustellen und damit einer Umgehung der inländischen Ertragsbesteuerung entgegenzuwirken, ist die Wahrung der Aufteilung der Besteuerungsbefugnis zwischen den EU-Mitgliedstaaten i. V. m. der Verhinderung einer Steuerumgehung bzw. Steuerflucht und der Entstehung sog. „weißer Einkünfte" als vom EuGH in seinem Urteil in der Rs. C-446/03 („Marks & Spencer plc.") anerkannter Gemeinwohlbe-

---

[408] Randelzhofer/Forsthoff, in: Grabitz/Hilf, Das Recht der Europäischen Union, EGV, vor Art. 39-55, Rn. 160.
[409] Vgl. Cordewener, Europäische Grundfreiheiten und nationales Steuerrecht, S. 926 ff. für eine umfassende Zusammenstellung anerkannter Rechtfertigungsgründe.
[410] a. a. O., BT-Drs. VI/2883, S. 16, Rn. 15.
[411] a. a. O., BT-Drs. VI/2883, S. 17, Rn. 17.
[412] a. a. O., BT-Drs. VI/2883, S. 16 f., Rn. 16 f.

lang tatbestandlich nahestehend.[413] Nachfolgend wird daher untersucht, ob die Anwendung des Fremdvergleichsgrundsatzes zur Ermittlung angemessener konzerninterner Verrechnungspreise im grenzüberschreitenden Geschäftsverkehr in der konkreten Ausgestaltung des § 1 AStG im Lichte der EuGH-Rechtsprechung verhältnismäßig ist und damit eine diskriminierende Behandlung von grenzüberschreitenden gegenüber rein inländischen Sachverhalten rechtfertigen kann. Die Rechtfertigungsfähigkeit der diskriminierenden Vorschriften über die Funktionsverlagerung wird schließlich in einem gesonderten Abschnitt am Ende untersucht, da es sich hierbei um eine eigenständige Regelung handelt.

1. Sicherstellung angemessener konzerninterner Verrechnungspreise als wichtiger Grund des Allgemeininteresses

Der EuGH hat in seinem Urteil in der Rs. C-446/03 („Marks & Spencer plc.") vom 13.12.2005 für einen diskriminierenden Eingriff in die Artt. 43, 48 EG die drei nachfolgend genannten Rechtfertigungsgründe kumulativ anerkannt und damit die streitigen Vorschriften des Ausgangsverfahrens zwar als beschränkenden aber gleichwohl rechtfertigungsfähigen Eingriff in die Niederlassungsfreiheit angesehen:

- Wahrung der Aufteilung der Besteuerungsbefugnis zwischen den EU-Mitgliedstaaten (Territorialitätsprinzip)
- Gefahr der doppelten Verlustberücksichtigung
- Gefahr der Steuerflucht bzw. Steuerumgehung[414]

Auf die Argumentation des EuGH in der Rs. C-446/03 („Marks & Spencer plc.") beziehen sich auch GA Kokott in den Schlussanträgen vom 12.09.2006 in der Rs. C-231/05 („Oy AA") und der EuGH in seiner Urteilsbegründung vom 18.07.2007.[415] Beiden Verfahren liegen dem Grunde nach vergleichbare Ausgangsvorschriften über eine Verrechnung von Gewinnen bzw. Verlusten zwischen verbundenen Unternehmen im Rahmen einer sog. „tax consolidation" zugrunde, deren beschränkte Anwendung auf rein nationale Sachverhalte ohne grenzüberschreitenden Bezug zum Gegenstand der Vorlagefrage durch die nationalen Gerichte gemacht wurde.[416] De facto handelt es sich also um „klassische" Diskriminierungsfälle bei denen der grenzüberschreitende Sachverhalt ge-

---

[413] EuGH-Urteil vom 13.12.2005, Rs. C-446/03 („Marks & Spencer plc."), Slg. 2005, I-10837, Rn. 41 ff.
[414] EuGH-Urteil vom 13.12.2005, Rs. C-446/03 („Marks & Spencer plc."), Slg. 2005, I-10837, Rn. 35 ff.
[415] Schlussanträge GA Kokott vom 12.09.2006, Rs. C-231/05 („Oy AA"), Slg. 2007, Rn. 46 f., n. V.; EuGH-Urteil vom 18.07.2007, Rs. C-231/05 („Oy AA"), Slg. 2007, Rn. 44 ff., n. V.
[416] Vgl. Saß, DB 2006, S. 123 ff; Scheunemann, IStR 2006, S. 145 ff. zur steuersystematischen Einordnung der Rs. C-446/03 („Marks & Spencer plc.") und Thömmes, IWB, F. 11a, S. 1071 zur Rs. C-231/05 („Oy AA").

genüber dem rein innerstaatlichen Sachverhalt von einer steuerlichen Gestaltungsregelung ausgeschlossen wird. Inhaltlich sind sowohl die finnischen als auch die britischen Regelungen über die konzerninterne Gewinn- bzw. Verlustverrechnung für ansässige Gesellschaften den deutschen Vorschriften über die Organschaft in den §§ 14 ff. KStG ähnlich. In der Rs. C-446/03 („Marks & Spencer plc.") ging es um die Beschränkung der konzerninternen Verlustverrechnung auf Gesellschaften und Zweigniederlassungen, die in Großbritannien ansässig waren.[417] Demgegenüber war Gegenstand des finnischen Vorabentscheidungsersuchens in der Rs. C-231/05 („Oy AA") die Möglichkeit zu einem Transfer von Gewinnen zwischen Mutter- und Tochtergesellschaften desselben Konzerns, wenn diese ihren Sitz in Finnland haben.[418] Grundgedanke der finnischen Regelung ist es, einen aus Mutter- und Tochtergesellschaften bestehenden Konzern mit inländischen Betriebstätten eines einheitlichen Unternehmens gleichzustellen.[419]

Die Wahrung der Aufteilung der Besteuerungshoheit zwischen den EU-Mitgliedstaaten als anerkannter Rechtfertigungsgrund für einen Eingriff in die Grundfreiheiten des EGV gründet sich dogmatisch auf das sog. „Territorialitätsprinzip", wonach die Ausübung der steuerlichen Zuständigkeit eines EU-Mitgliedstaates entweder einen Zusammenhang mit der Ansässigkeit des Steuerpflichtigen oder der steuerbaren Einkunftsquelle in seinem Hoheitsgebiet aufweisen muss.[420] Nach Auffassung von GA Maduro in seinen Schlussanträgen in der Rs. C-446/04 („Marks & Spencer plc.") räume der EuGH durch die Anerkennung des Grundsatzes jedoch nur die Notwendigkeit ein, solchen Zwängen Rechnung zu tragen, die sich aus der Koexistenz der Steuerhoheit der EU-Mitgliedstaaten ergebe.[421] Gleichzeitig muss der GA jedoch eingestehen, dass es weder die Absicht noch die Aufgabe des Gemeinschaftsrechts sei, die jeder mitgliedstaatlichen Steuerhoheit innewohnenden Grenzen in Frage zu stellen oder die Ordnung der Verteilung der steuerlichen Zuständigkeiten zwischen den EU-Mitgliedstaaten zu stören.[422] Diese negative Abgrenzung der gemeinschaftsrechtlichen Kompetenz auf dem Gebiet der direkten Steuern verleiht dem sog. „Territorialitätsprinzip" nach der hier vertretenen Auffassung die nachfolgend dargestellten Schutzwirkungen, welche es erlauben, hieraus einen Rechtfertigungsgrund für einen Eingriff in die Grundfreiheiten des EGV abzuleiten und damit ein Gegengewicht zu den Schutzgewährleistungen des EGV im Binnen-

---

[417] EuGH-Urteil vom 13.12.2005, Rs. C-446/03 („Marks & Spencer plc."), Slg. 2005, I-10837, Rn. 12 ff.
[418] Schlussanträge GA Kokott vom 12.09.2006, Rs. C-231/05 („Oy AA"), Slg. 2007, Rn. 1, n. V.; EuGH-Urteil vom 18.07.2007, Rs. C-231/05 („Oy AA"), Slg. 2007, Rn. 2, n. V.
[419] Schlussanträge GA Kokott vom 12.09.2006, Rs. C-231/05 („Oy AA"), Slg. 2007, Rn. 2, n. V.; EuGH-Urteil vom 18.07.2007, Rs. C-231/05 („Oy AA"), Slg. 2007, Rn. 11 ff., n. V.
[420] Schlussanträge GA Maduro vom 07.04.2005, Rs. C-446/03 („Marks & Spencer plc."), Slg. 2005, I-10837, Rn. 60.
[421] Schlussanträge GA Maduro vom 07.04.2005, Rs. C-446/03 („Marks & Spencer plc."), Slg. 2005, I-10837, Rn. 60.
[422] Schlussanträge GA Maduro vom 07.04.2005, Rs. C-446/03 („Marks & Spencer plc."), Slg. 2005, I-10837, Rn. 60.

markt zu bilden. Allerdings handelt es sich bei dem Rechtfertigungsgrund der Aufteilung der Besteuerungshoheit zwischen den EU-Mitgliedstaaten um einen Oberbegriff, der im Einzelfall im Lichte des Zwecks der nationalen steuerlichen Regelung auszulegen und anzuwenden ist, wobei der sich darauf berufende EU-Mitgliedstaat in jedem Fall eine verhältnismäßige Ausgestaltung der diskriminierenden oder beschränkenden Rechtsnorm sicherzustellen hat.[423] Die weiterhin vom EuGH in seinem Urteil in der Rs. C-446/03 („Marks & Spencer plc.") aufgezählten Rechtfertigungsgründe der Gefahr einer doppelten Verlustberücksichtigung und der Gefahr einer Steuerflucht bzw. Steuerumgehung sind nach der hier vertretenen Auffassung als individuelle Ausformungen des Oberbegriffs „Aufteilung der Besteuerungshoheit" zu qualifizieren, da die Aushöhlung der territorialen Besteuerungshoheit durch eine grenzüberschreitende Verlustberücksichtigung zwischen konsolidierten Konzernuntergesellschaften unmittelbar in die Realisierung der dargestellten Gefahren münden könnte.[424] Hierzu stellt GA Kokott in der Rs. C-231/05 („Oy AA") fest, dass alle drei Elemente eng miteinander zusammenhängen würden und daher nicht isoliert betrachtet werden könnten, wobei die Wahrung der Aufteilung der hoheitlichen Besteuerungsbefugnis aber den Kern der Rechtfertigungselemente bilde.[425] Zur Gefahr der doppelten Verlustberücksichtigung führt GA Kokott in den Schlussanträgen in der Rs. C-231/05 („Oy AA") aus, dass es gegen den Gedanken der Einmalbesteuerung als Unterfall der internationalen Aufteilung der Besteuerungsbefugnis verstoßen würde, wenn Verluste mehrfach mit Gewinnen verrechnet würden und damit Gewinne völlig unversteuert blieben, obwohl ihnen tatsächlich keine noch verrechenbaren Verluste gegenüberstehen würden.[426] Spiegelbildlich könne die grenzüberschreitende Anerkennung von Konzernbeiträgen zu einer doppelten Nichtbesteuerung von Einkünften und damit zur Entstehung sog. „weißer Einkünfte" führen, wenn die transferierten Beiträge von dem zu versteuernden Einkommen der gewährenden Gesellschaft abgezogen werden könnten, obwohl sie am Sitz der empfangenden Gesellschaft nicht steuerpflichtig sind.[427] Zur Gefahr der Steuerflucht bzw. Steuerumgehung führt GA Kokott schließlich aus, dass es sich hierbei genau genommen nicht um einen eigenständigen Rechtfertigungsgrund handle, der die Beschränkung einer Grundfreiheit rechtfertigen könne.[428] So sei es zunächst eine legitime Form des wirtschaftlichen bzw. unternehmerischen Handelns, wenn sich verbundene Unternehmen das bestehende Steuerge-

---

[423] Schlussanträge GA Maduro vom 07.04.2005, Rs. C-446/03 („Marks & Spencer plc."), Slg. 2005, I-10837, Rn. 62.
[424] Vgl. EuGH-Urteil vom 13.12.2005, Rs. C-446/03 („Marks & Spencer plc."), Slg. 2005, I-10837, Rn. 47 ff.
[425] Schlussanträge GA Kokott vom 12.09.2006, Rs. C-231/05 („Oy AA"), Slg. 2007, Rn. 48, n. V.
[426] Schlussanträge GA Kokott vom 12.09.2006, Rs. C-231/05 („Oy AA"), Slg. 2007, Rn. 56, n. V.
[427] Schlussanträge GA Kokott vom 12.09.2006, Rs. C-231/05 („Oy AA"), Slg. 2007, Rn. 57, 59, n. V.
[428] Schlussanträge GA Kokott vom 12.09.2006, Rs. C-231/05 („Oy AA"), Slg. 2007, Rn. 62 n. V.

fälle in den EU-Mitgliedstaaten als Folge eines nicht harmonisierten Ertragsteuerrechts zunutze machten.[429] Einschränkend stellt GA Kokott aber gleichwohl fest, dass eine derartige „Steueroptimierung" einen Eingriff in die Grundfreiheiten rechtfertigen könne[430], wenn hierdurch die Aufteilung der Besteuerungsbefugnis der EU-Mitgliedstaaten untergraben werde.

Hierzu ist anzumerken, dass der EuGH in seiner bisherigen Rechtsprechung eine Steuerumgehung immer nur dann angenommen hat, wenn der zugrunde liegende Lebenssachverhalt eine rein künstliche Konstruktion darstellt, die auf eine Umgehung des nationalen Steuerrechts eines EU-Mitgliedstaates zur Vermeidung einer inländischen Besteuerung gerichtet ist.[431] Insofern kommt diesem Rechtfertigungsgrund bisher nur ein sehr enger Anwendungsbereich und damit nur eine geringe praktische Bedeutung zu.[432] Eine vergleichbare Defintion wird in der steuerrechtlichen Literatur verwendet. Hiernach liegt eine Steuerumgehung als Unterfall der Gesetzesumgehung immer dann vor, wenn für den gewählten Sachverhalt außer einem Streben nach Minderung der Steuerbelastung kein wirtschaftlich beachtlicher oder sonstiger wichtiger nichtsteuerlicher Grund ersichtlich ist.[433] Wendet man die vom EuGH vorgenommene Definiton nun auf den Einkünftekorrekturtatbestand des § 1 Abs. 1 AStG an, so kommt man zu dem Ergebnis, dass hier keine künstlichen Konstruktionen eines Steuerpflichtigen erfasst werden, da es in der Sache um die Bewertung der Angemessenheit eines vereinbarten geschuldeten oder zu empfangenden Entgelts aus einer grenzüberschreitenden Geschäftsbeziehung mit einer nahestehenden Person geht. Folglich liegt dem Einkünftekorrekturtatbestand die Annahme zugrunde, dass der die Entgeltzahlung auslösende Geschäftsvorgang i. S. e. „do ut des" tatsächlich stattgefunden hat und lediglich die Höhe der Gegenleistung umstritten ist. Da die Rechtsprechung des EuGH zur Steuerumgehung als Rechtfertigungsgrund für einen Eingriff in Grundfreiheiten jedoch auf der vorgenannten Definition beruht, wird hier für Zwecke einer grundfreiheitlichen Rechtfertigung von § 1 Abs. 1 AStG der Begriff einer Steuerumgehung nur in dem dargestellten Kontext des Rechtfertigungsgrundes einer Wahrung der Aufteilung mitgliedstaatlicher Besteuerungsbefugnisse i. V. m. dem Territorialitätsprinzip ausgelegt und angewendet.[434] Für eine solche Auslegung spricht auch die Argumentation des EuGH in seinem Urteil in der Rs. C-231/05 („Oy AA"), wonach die Notwendigkeit der Wahrung einer ausgewogenen Aufteilung der Besteuerungsbe-

---

[429] Schlussanträge GA Kokott vom 12.09.2006, Rs. C-231/05 („Oy AA"), Slg. 2007, Rn. 62 n. V.
[430] Schlussanträge GA Kokott vom 12.09.2006, Rs. C-231/05 („Oy AA"), Slg. 2007, Rn. 63 n. V.
[431] Vgl. EuGH-Urteil vom 16.07.1998, Rs. C-264/96 („ICI plc."), Slg. 1998, I-4695, 4722 f., Rn. 26.; siehe Kapitel 4, C. III. 2. b) und Kapitel 6, C. II.
[432] Vgl. Randelzhofer/Forsthoff, in: Grabitz/Hilf, Das Recht der Europäischen Union, EGV, vor Art. 39 – 55, Rn. 241.
[433] Vgl. Vogel, DStZ 1997, S. 274.
[434] Siehe Kapitel 4, C. III. und Kapitel 6, C. II. für eine eingehende Auseinandersetzung mit der Rechtsprechung des EuGH zur Vermeidung einer „klassischen" Steuerumgehung.

fugnis zwischen den EU-Mitgliedstaaten zur Rechtfertigung eines grundfreiheitlichen Eingriffs herangezogen werden kann, wenn mit der betreffenden Regelung primär Verhaltensweisen verhindert werden sollen, die geeignet sind, das Recht eines EU-Mitgliedstaates auf Ausübung seiner Besteuerungszuständigkeit für die in seinem Hoheitsgebiet durchgeführten Tätigkeiten zu gefährden und die Verhinderung einer Steuerumgehung nur akzessorischer Normzweck ist.[435]

Eingangs der Subsumtion des § 1 Abs. 1 AStG unter den Rechtfertigungsgrund einer Wahrung der Besteuerungsbefugnis zwischen den EU-Mitgliedstaaten ist zunächst aus bilanzsteuerrechtlicher Perspektive festzustellen, dass eine im Verhältnis zur Leistung des inländischen Steuerpflichtigen im Rahmen einer grenzüberschreitenden Geschäftsbeziehung gem. § 1 Abs. 1, 5 AStG vereinbarte und tatsächlich erbrachte unangemessene Gegenleistung zu einer Umgehung der inländischen Ertragsbesteuerung in Höhe entweder des überschießenden Betriebsausgabenansatzes oder einer zu niedrigen Betriebseinnahme führt. Demnach wird die Bemessungsgrundlage der Einkommen-, Körperschaft- und Gewerbesteuer im Inland in rechtlich missbilligter Weise gemindert und das Besteuerungssubstrat einer ausländischen Steuerhoheit zugeführt. Die rechtliche Missbilligung ergibt sich dabei aus der gesetzlichen Vorgabe einer Hinzurechnung zum Unterschiedsbetrag i. S. v. § 4 Abs. 1 EStG als Ergebnis einer (steuer-) bilanzrechtlichen Gewinnermittlung. Maßstab für die gesetzliche Vorgabe der Hinzurechnung dem Grunde und der Höhe nach ist bei § 1 Abs. 1 AStG auf Tatbestands- und Rechtsfolgenseite der Fremdvergleichsgrundsatz. Der Fremdvergleich dient steuersystematisch der Anwendung und Konkretisierung des Veranlassungsprinzips im deutschen Ertragsteuerrecht dadurch, dass er die den in einem wirtschaftlichen Sinne bestimmten Aufwendungen und Einnahmen zugrunde liegenden auslösenden Momente bewertet.[436] Dem Veranlassungsprinzip liegt wiederum die steuerrechtliche Kausallehre zugrunde, so dass das Veranlassungsprinzip nicht nur für die Bestimmung von Erwerbsaufwendungen und Erwerbsbezügen, sondern allgemein für die Abgrenzung der betrieblichen zur außerbetrieblichen Sphäre maßgeblich ist.[437] Diesbezüglich knüpft der Fremdvergleich jedoch erst auf der zweiten Stufe der Gewinnermittlung an die Qualifizierung von Erträgen oder Aufwendungen als betrieblich oder privat veranlasst an, in dem die konkrete Höhe eines Ansatzes daraufhin überprüft wird, ob er dem entspricht, was voneinander unabhängige Parteien im Rahmen desselben Rechtsgeschäfts miteinander vereinbart hätten. Eine vergleichbare Verwendung findet der Fremdvergleich im nationalen Einkommensteuerrecht bei der persönlichen Zurechnung von Einkünften unter Familienangehörigen im Hinblick auf die Anerkennung von Verträgen als dem entsprechend, was unter fremden Dritten üblich ist.[438] Die steuersystematische Verankerung

---
[435] EuGH-Urteil vom 18.07.2007, Rs. C-231/05 („Oy AA"), Slg. 2007, Rn. 54, 58, 63 ff., n. V.; EuGH-Urteil vom 13.03.2007, Rs. C-524/04 („Test Claimants in the Thin Cap Group Litigation"), Slg. 2007, I-2107, Rn. 75.
[436] Vgl. Wassermeyer, in: Flick/Wassermeyer/Baumhoff, AStG, § 1, Rn. 107.6.
[437] Lang, in: Tipke/Lang, Steuerrecht, § 9, Rn. 205.
[438] Vgl. Lang, in: Tipke/Lang, Steuerrecht, § 9, Rn. 162 ff.; Pezzer, DStZ 2002, S. 850.

des Fremdvergleichsgrundsatzes im Veranlassungsprinzip geleitet aber auch zu der Feststellung, dass die Verhinderung einer Steuerumgehung durch die unangemessene Gestaltung von konzerninternen Verrechnungspreisen ähnlich wie in den dargestellten EuGH-Verfahren zur grenzüberschreitenden Gewinn- bzw. Verlustverrechnung nur akzessorischer Normzweck ist, da es bei der Anwendung des Fremdvergleichsgrundsatzes im internationalen und nationalen Steuerrecht primär um eine sachgerechte Gewinnabgrenzung zwischen verbundenen Unternehmen geht, ohne dass die zugrunde liegenden Rechtsgeschäfte von vornherein den Anschein einer willentlichen und wissentlichen Umgehung tragen müssen. Insofern ist die Vermeidungswirkung ein Nebeneffekt sachgerechter Gewinnallokation im Konzern, wobei primärer Normzweck die Wahrung der Aufteilung der Besteuerungsbefugnis zwischen der Bundesrepublik Deutschland und dem Ansässigkeitsstaat des verbundenen Unternehmens i. S. v. § 1 Abs. 1 AStG ist. So besteht insbesondere bei einer nicht am Fremdvergleichsgrundsatz orientierten Gewinnallokation die Gefahr einer Verlagerung von Einkünften des inländischen Unternehmens in Länder mit niedriger Steuerquote. Darüber hinaus können sog. „tax incentives" oder „tax holidays" in bestimmten Ländern sogar zu einer vollständigen Steuerbefreiung der inländischen Einkünfte führen. Die Verhinderung einer Entstehung sog. „weißer Einkünfte" ist insoweit mit der Gefahr einer doppelten Verlustberücksichtigung im Falle einer grenzüberschreitenden Verlustverrechnung mittelbar und der doppelten Nichtbesteuerung im Falle eines grenzüberschreitenden Gewinntransfers unmittelbar vergleichbar. Demzufolge ist die Verhinderung von sog. „weißen Einkünften" neben der Verhinderung einer Steuerumgehung bzw. Steuerflucht ebenfalls ein akzessorischer Normzweck zur Wahrung der Aufteilung der Besteuerungsbefugnis zwischen der Bundesrepublik Deutschland und dem Ansässigkeitsstaat des verbundenen Unternehmens.

Der Fremdvergleichsgrundsatz ist aus gemeinschaftsrechtlicher Perspektive auch ein legitimes Mittel zur Verwirklichung des dem § 1 Abs. 1 AStG innewohnenden primären und sekundären Gesetzeszwecks, eine sachgerechte Gewinnabgrenzung zwischen verbundenen Unternehmen aus grenzüberschreitenden Geschäftsbeziehungen zu ermöglichen und gleichzeitig eine Steuerumgehung durch unangemessene konzerninterne Verrechnungspreise zu verhindern. So verdeutlicht bereits die eingangs dieses Kapitels dargestellte historische Entwicklung des Fremdvergleichsgrundsatzes als Maßstab der Einkünftekorrektur im nationalen und internationalen Steuerrecht den hohen Grad der Verfestigung und umfassenden Anerkennung in den EU-Mitgliedstaaten und darüber hinaus auch in den Mitgliedstaaten der OECD.[439] Aus grundfreiheitlicher Perspektive steht eine am Fremdvergleichsgrundsatz orientierte Gewinnallokation nach der hier vertretenen Auffassung damit weder einer grenzüberschreitenden Niederlassung noch einer solchen Dienstleistung oder gar einem grenzüberschreitenden Kapitalverkehrs- oder Warenverkehrsvorgang i. S. d. Artt. 28, 29, 39, 43, 56 Abs. 1 EG entgegen. Vielmehr wird ein grenzüberschreitender Lei-

---

[439] Siehe Kapitel 2, C.

stungsaustausch durch eine fremdvergleichskonforme Determinierung des hingegebenen bzw. empfangenen Entgelts gerade von der beschränkenden oder diskriminierenden Wirkung unterschiedlicher Bewertungsvorschriften für Geschäftsvorfälle in den beteiligten EU-Mitgliedstaaten befreit und befördert damit eine dem Binnenmarktgedanken der Artt. 3 Abs. 1 lit. b), 14 Abs. 2 EG folgende Ausgestaltung des grenzüberschreitenden Liefer- und Leistungsverkehrs. Diese Wirkung ist nicht nur aus grundfreiheitlicher, sondern auch aus wettbewerblicher Dimension der Artt. 87 ff. EG zu begrüßen, da eine umfassende Anwendung des Fremdvergleichsgrundsatzes auch die Möglichkeit einzelner EU-Mitgliedstaaten zur Vornahme einer regionalen Vorteilsgewährung durch begünstigende Ansatz- und Bewertungsvorschriften des nationalen Steuer-, Bilanz- oder Bewertungsrechts zurückdrängt.

Schon in der Einführung in die Rechtsgrundlagen des Fremdvergleichsgrundsatzes im MA in diesem Kapitel wurde festgestellt, dass sich der Wortlaut von Art. 9 Abs. 1 MA und Art. 7 Abs. 2 MA auch in Art. 4 Abs. 1, 2 des Europäischen Schiedsabkommens wiederfindet und damit dem Fremdvergleichsgrundsatz eine zumindest mittelbare Rechtswirkung bei grenzüberschreitenden Einkünftekorrekturen zukommt.[440] Darüber hinaus ist der Fremdvergleichsgrundsatz auch in den Verhaltenskodex zur effektiven Durchführung des Europäischen Schiedsabkommens aufgenommen worden. In den allgemeinen Bestimmungen in Art. 3.1 lit. a) des Verhaltenskodexes zur Durchführung von Verständigungsverfahren nach dem Europäischen Schiedsabkommen ist festgelegt, dass der Fremdvergleichsgrundsatz wie von der OECD vorgesehen anzuwenden ist und dies ungeachtet der unmittelbaren steuerlichen Folgen für jeden einzelnen Vertragsstaat geschieht. Der Verhaltenskodex ist im Wege einer Entschließung des Rates als politische und damit nicht rechtsverbindliche Erklärung der EU-Mitgliedstaaten angenommen worden.[441] Diesbezüglich weist die Präambel des Verhaltenskodexes darauf hin, dass dieser eine politische Verpflichtung darstellt und somit die Rechte und Pflichten der EU-Mitgliedstaaten sowie die jeweiligen Zuständigkeiten der EU-Mitgliedstaaten und der Gemeinschaft, wie sie sich aus dem EGV ergeben, nicht berührt.[442] Der Verhaltenskodex ist das Ergebnis der Tätigkeit des „Gemeinsamen EU-Verrechnungspreisforums", welches von der EU-Kommission im Jahre 2002 eingerichtet wurde.[443] Da es sich bei dem „Gemeinsamen EU-Verrechnungspreisforum" um eine Sachverständigengruppe mit rein beratender Funktion handelt, bleibt die Entscheidung über mögliche Änderungen von Rechtsvorschriften grundsätzlich allein den betroffenen EU-Mitgliedstaaten überlassen.[444] Die Einrichtung des Forums mit Teilnehmern der EU-Mitgliedstaaten, Sachverständigen aus der freien Wirtschaft

---

[440] Siehe Kapitel 2, D.
[441] Vgl. Nettesheim, in: Grabitz/Hilf, Das Recht der Europäischen Union, EGV, Art. 249, Rn. 222 zur Rechtsqualität von Ratsentschließungen.
[442] KOM (2004), 297, S. 9.
[443] Vgl. KOM (2001), 582, S. 16; vgl. Kroppen, in: Ballwieser/Grewe, Wirtschaftsprüfung im Wandel, S. 515 ff. für eine Bestandsaufnahme.
[444] KOM (2004), 297, S. 6.

und solchen der OECD wurde in der Studie der EU-Kommission zur „Unternehmensbesteuerung im Binnenmarkt" vom 23.10.2001 zur Beseitigung von steuerlichen Problemen bei grenzüberschreitenden Verrechnungspreisen im Binnenmarkt angeregt. In der Studie hat die EU-Kommission untersucht, ob und wie die derzeitige Praxis der Unternehmensbesteuerung im Binnenmarkt Ineffizienzen verursacht und dadurch die Binnenmarktteilnehmer an einer freien Entfaltung grenzüberschreitender Aktivitäten im EU-Gemeinschaftsgebiet hindert.[445] In der Studie wird die Auffassung vertreten, dass kurzfristig vor allem die Koordination zwischen den EU-Mitgliedstaaten verbessert werden muss, um die Befolgungskosten und die Unsicherheit im Zusammenhang mit Verrechnungspreisen zu senken.[446] Als Zwischenlösung unterstützte die EU-Kommission daher die Empfehlungen des „Gemeinsamen EU-Verrechnungspreisforums" und ersuchte den Rat, den vorgeschlagenen Verhaltenskodex zur effektiven Durchführung des Übereinkommens 90/436/00 vom 23.07.1990 über die Beseitigung der Doppelbesteuerung im Falle von Gewinnberichtigungen zwischen verbundenen Unternehmen (Europäisches Schiedsabkommen) sowie zu bestimmten damit verbundenen Aspekten des Verständigungsverfahrens nach den DBA zwischen den EU-Mitgliedstaaten so bald wie möglich anzunehmen.[447] Der Vorlage der Kommission vom 23.04.2004 ist der Rat durch die Genehmigung des Verhaltenskodexes mit seiner Entschließung vom 07.12.2004 dann auch umfassend nachgekommen.[448] Folglich wird der Fremdvergleichsgrundsatz damit auch für eine Verrechnungspreiskorrektur zwischen den EU-Mitgliedstaaten als Leitbild für eine zwischenstaatliche Einkünftekorrektur und Gewinnaufteilung zwar nicht rechtsverbindlich einklagbar, gleichwohl aber i. S. einer umfassenden politischen Anerkennung durch die Regierungen der EU-Mitgliedstaaten dogmatischer Ausgangspunkt für Verständigungs- und Schiedsverfahren zwischen den beteiligten Finanzverwaltungen. Diese Schlussfolgerung lässt sich auch aus der Mitteilung der EU-Kommission über die Tätigkeit des „Gemeinsamen EU-Verrechnungspreisforums" im Bereich der Verrechnungspreisdokumentation für verbundene Unternehmen in der EU entnehmen, in der es heißt, dass das Forum konsensorientiert arbeiten und innerhalb des von den OECD-Verrechnungspreisrichtlinien vorgegebenen Rahmens pragmatische, nicht aber legislative Lösungen für die praktischen Probleme bei der Verrechnungspreisgestaltung innerhalb der EU entwickeln sollte.[449] Schließlich hat auch der EuGH mehrfach festgestellt, dass es keinesfalls sachfremd ist, wenn sich die EU-Mitgliedstaaten zum Zwecke der Aufteilung der Steuerhoheit an der internationalen Praxis und den von der OECD erarbeiteten Musterabkommen orientieren, was auch die Anwendung des in Art. 9 Abs. 1 MA verankerten Fremdver-

---

[445] KOM (2004), 297, S. 3.
[446] KOM (2004), 297, S. 3.
[447] KOM (2004), 297, S. 6.
[448] KOM (2005), 543, S. 3.
[449] KOM (2005), 543, S. 2.

gleichsgrundsatzes impliziert.[450] Zusammenfassend lässt sich damit festhalten, dass nach der hier vertretenen Auffassung die Sicherstellung von angemessenen konzerninternen Verrechnungspreisen mit dem primären Zweck einer Wahrung der Aufteilung der Besteuerungsbefugnis zwischen den EU-Mitgliedstaaten und den akzessorischen Zielen der Verhinderung einer Steuerumgehung bzw. Entstehung sog. „weißer Einkünfte" durch die Verlagerung von Besteuerungssubstrat auf ausländische Rechtsträger zu verhindern, ein wichtiger Grund des Gemeinwohls i. S. d. sog. „Gebhard-Formel" ist, der einen diskriminierenden oder beschränkenden Eingriff in eine oder mehrere Grundfreiheiten des EGV rechtfertigen kann, wenn die konkrete gesetzliche Ausgestaltung der Eingriffsnorm im Einzelfall zur Zweckerreichung geeignet, erforderlich und angemessen, d. h. verhältnismäßig ist.

2. Verhältnismäßigkeit der steuertatbestandlichen Umsetzung

Ausgehend von den Feststellungen im vorangehenden Abschnitt dieses Kapitels zum konkreten Umfang der steuertatbestandlichen Diskriminierung durch die Anwendung von § 1 Abs. 1 AStG im Einzelfall ist nun vorrangig zu untersuchen, ob die Zielsetzung der Norm nicht durch eine weniger einschneidende Maßnahme erreicht werden kann, die den verfolgten Zweck aber genauso effizient erreicht. Diese Fragestellung ist auch vor dem Hintergrund zu beantworten, dass das „Gemeinsame EU-Verrechnungspreisforum" einen Verhaltenskodex zur Verrechnungspreisdokumentation für verbundene Unternehmen in der EU erarbeitet hat und dieser ebenfalls auf einer umfassenden Anwendung des Fremdvergleichsgrundsatzes bei der Erstellung entsprechender Dokumentationen durch die betroffenen Unternehmen im EU-Binnenmarkt aufbaut.[451] Insoweit ist auch an dieser Stelle darauf hinzuweisen, dass es sich bei dem Verhaltenskodex zur Verrechnungspreisdokumentation um eine politische Verpflichtung handelt, welche die Rechte und Pflichten der EU-Mitgliedstaaten und die jeweiligen Zuständigkeiten derselben und der Gemeinschaft, wie sie sich aus dem EGV ergeben, unberührt lässt.[452] Gleichwohl enthält die Präambel zur Entschließung des Rates und der im Rat vereinigten Vertreter der Regierungen der EU-Mitgliedstaaten zu einem Verhaltenskodex zur Verrechnungspreisdokumentation für verbundene Unternehmen in der EU die Feststellung, dass in einem Binnenmarkt, der die Merkmale eines Inlandsmarktes besitzt, Transaktionen zwischen verbundenen Unternehmen, die in unterschiedlichen EU-Mitgliedstaaten ansässig sind, nicht ungünstiger behandelt werden als dieselben Transak-

---

[450] EuGH-Urteil vom 15.05.1997, Rs. C-250/95 („Futura Participations S. A."), Slg. 1997, I-2471, Rn. 22; EuGH-Urteil vom 23.02.2006, Rs. C-513/03 („van Hilten"), Slg. 2006, I-1957, Rn. 48; EuGH-Urteil vom 07.09.2006, Rs. C-470/04 („N"), Slg. 2006, I-7409, Rn. 45.
[451] KOM (2005), 543, S. 13 ff.
[452] KOM (2005), 543, S. 14; vgl. Schönfeld, Hinzurechnungsbesteuerung und Europäisches Gemeinschaftsrecht, S. 323 ff. für eine Darstellung des Verhaltenskodex zur Unternehmensbesteuerung als Teil der Gemeinschaftsrechtsordnung.

tionen zwischen verbundenen Unternehmen innerhalb ein und desselben EU-Mitgliedstaates.[453] Außerdem verweist der Verhaltenskodex auch auf die OECD-Verrechnungspreisrichtlinien für Zwecke einer Verrechnungspreisdokumentation, wonach die umfassende Anwendung des Fremdvergleichsgrundsatzes auch aus globaler Perspektive vorgesehen ist.[454] Inhaltlich bezweckt der Kodex die Ausgestaltung von Rechten und Pflichten im Rahmen der Dokumentation auf Unternehmensseite und bildet damit das verfahrens- und materiellrechtliche Pendant zum Verhaltenskodex zur effektiven Durchführung des Schiedsübereinkommens für die zwischenstaatliche Einkünftekorrektur durch die Finanzverwaltungen der EU-Mitgliedstaaten. Für eine eingehende Prüfung der nationalen Dokumentationsanforderungen aus § 90 Abs. 3 AO i. V. m. den Vorschriften der Gewinnabgrenzungsaufzeichnungsverordnung am Maßstab des Verhaltenskodexes zur Verrechnungspreisdokumentation wird an dieser Stelle aber auf das sechste Kapitel dieser Arbeit verwiesen.[455] Angesichts des aus Sicht der Finanzverwaltung und der Unternehmen umfassenden Ansatzes für eine Vereinheitlichung der Verrechnungspreisdokumentation und der darauf aufbauenden Einkünftekorrektur innerhalb des EU-Gemeinschaftsgebiets auf der Basis des Fremdvergleichsgrundsatzes, stellt sich nun zwangsläufig die Frage nach der rechtlichen und tatsächlichen Rechtfertigung für eine unterschiedliche Anwendung von Einkünftekorrekturmaßstäben auf grenzüberschreitende und rein innerstaatliche Sachverhalte. Da zwischen den EU-Mitgliedstaaten offensichtlich ein politischer Konsens zur grenzüberschreitenden Anwendung des Fremdvergleichsgrundsatzes als diskriminierungsfreier und angemessener Ansatz zur Verrechnungspreisermittlung und ggf. auch Verrechnungspreiskorrektur besteht, sollte dessen gesetzliche Ausgestaltung im nationalen Steuerrecht der einzelnen EU-Mitgliedstaaten mit den genannten Erwägungen in der Präambel des Verhaltenskodexes zur Verrechnungspreisdokumentation ebenfalls den Vorgaben des Fremdvergleichs entsprechen.

Auf die vorangehend festgestellten Diskriminierungen bezogen ergibt sich damit die Schlussfolgerung, dass die Anwendung des Fremdvergleichsgrundsatzes in § 1 Abs. 1 AStG nur durch die Beschränkung auf grenzüberschreitende Sachverhalte und das Konkurrenzverhältnis zu den übrigen Einkünftekorrekturvorschriften mit ihren unterschiedlichen und teilweise umstrittenen Korrekturmaßstäben belastend für das grenzüberschreitend tätige Unternehmen ist, wohingegen eine kohärente und vorbehaltlose Anwendung des Fremdvergleichsgrundsatzes im Innen- und Außenverhältnis bei der Verrechnungspreisdokumentation und Verrechnungspreiskorrektur für die betroffenen Unternehmen eine weniger belastende Vorgabe sein könnte, die den mit § 1 Abs. 1 AStG verfolgten Gemeinwohlbelang möglicherweise genauso effizient erreichen würde.

Folglich ist die Anwendung des Fremdvergleichsgrundsatzes auf die grenzüberschreitende Tätigkeit eines Unternehmens im Schutzbereich der Niederlas-

---

[453] KOM (2005), 543, S. 13.
[454] KOM (2005), 543, S. 14.
[455] Siehe Kapitel 6, C. III.

sungsfreiheit zur Sicherstellung einer angemessenen Aufteilung von Besteuerungsgrundlagen zwischen den beteiligten Rechtsträgern sowohl geeignet als auch erforderlich, da hiermit keine unzulässige Verkürzung der Gewährleistungen des freien Verkehrs von Waren, Personen, Dienstleistungen und Kapital i. S. d. Artt. 3 Abs. 1 lit. c), 14 Abs. 2 EG verbunden ist. Im Ergebnis wäre daher eine Eliminierung des Fremdvergleichsgrundsatzes in § 1 Abs. 1 AStG als unvereinbar mit den Vorgaben des Art. 43 EG nicht i. S. d. wettbewerblichen Vorgaben eines freien Binnenmarktes, da es sich hierbei gerade um ein legitimes Mittel zur Verwirklichung wichtiger Gemeinwohlbelange handelt, dessen gesetzliche Ausgestaltung im nationalen Recht eines EU-Mitgliedstaates jedoch umfassend, d. h. auf innerstaatliche wie grenzüberschreitende Sachverhalte nach Maßgabe des gesetzgeberischen Zwecks gleichermaßen zur Anwendung kommen muss. Aus diesem Grund ist weniger § 1 Abs. 1 AStG durch seine Beschränkung auf ausländische Sachverhalte dem Verdikt eines Verstoßes gegen Grundfreiheiten des EGV ausgesetzt als vielmehr die im vorangehenden Abschnitt dargestellte Diskrepanz der unterschiedlichen steuertatbestandlichen Voraussetzungen und Rechtsfolgen im System der Einkünftekorrektur des nationalen Steuerrechts. Dem deutschen Steuergesetzgeber obliegt daher die Verpflichtung zu einer systematisch diskriminierungsfreien Anwendung der Vorgaben des Fremdvergleichsgrundsatzes auf grenzüberschreitende und innerstaatliche Sachverhalte gleichermaßen.[456] Dies könnte insbesondere durch die Anwendung des Fremdvergleichsgrundsatzes auf solche innerstaatlichen Sachverhalte geschehen, bei denen eine Verlagerung von Besteuerungssubstrat im Inland zu befürchten ist. So könnte eine Ausdehnung des Fremdvergleichsgrundsatzes auf inländische Geschäftsvorfälle insbesondere dazu dienen, dass eine hebesatzabhängige und damit gewerbesteuerschädliche Allokation von Besteuerungsgrundlagen, z. B. mit dem Zweck einer Nutzung von bestehenden Verlustvorträgen durch konzerninterne Verrechnungspreise, im Inland eliminiert würde. Dagegen wäre eine Anwendung im Inland immer dann abzulehnen, wenn die Einkünftekorrektur aufkommensneutral wirkt, d. h. keine gewerbesteuerlichen Auswirkungen hat und es einkommen- bzw. körperschaftsteuerlich lediglich zu einer gegenseitigen Aufwands- und Ertragsverrechnung bei verschiedenen Steuersubjekten kommt.

3. Zwischenergebnis

Die in der Eingriffsprüfung festgestellte Diskriminierung von vergleichbaren grenzüberschreitenden und nationalen Sachverhalten bei einer Einkünftekorrektur gem. § 1 Abs. 1 AStG kann „de lege lata" nicht i. S. d. sog. „Gebhard-Formel" des EuGH gerechtfertigt werden. Zwar ist die Anwendung des Fremdvergleichsgrundsatzes als Mittel zur Sicherstellung angemessener konzerninterner Verrechnungspreise im Anwendungsbereich des steuerrechtlichen Territorialitätsprinzips als wichtiges Gemeinwohlinteresse grundsätzlich gemeinschafts-

---

[456] KOM (2005), 543, S. 13.

rechtskonform und damit anzuerkennen. Allerdings ist die steuertatbestandliche Ausgestaltung von § 1 Abs. 1 AStG durch seine Begrenzung auf grenzüberschreitende Sachverhalte und darüber hinaus auch das System der Einkünftekorrekturvorschriften im nationalen Steuerrecht der Bundesrepublik Deutschland aufgrund der inkohärenten Vorgaben für die Behandlung grenzüberschreitender und rein innerstaatlicher Sachverhalte unverhältnismäßig i. e. S., da es mit der verhältnismäßigen Ausdehnung des Fremdvergleichsgrundsatzes auf Geschäftsvorfälle nahestehender Unternehmen unabhängig von der Allokation der Vertragspartner im In- oder Ausland ein milderes, da diskriminierungsfreies Mittel gibt, das den gesetzgeberischen Zweck genauso effizient erreichen könnte.

4. Rechtfertigung einer Diskriminierung durch Besteuerung einer Funktionsverlagerung gem. § 1 Abs. 3 S. 9 bis 12 AStG

Zur Rechtfertigung der diskriminierenden Besteuerung einer Funktionsverlagerung ist zunächst der Zweck der Norm festzustellen, um diesen dann im Lichte eines anerkannten Rechtfertigungsgrundes auf seine Legitimation für einen grundfreiheitlichen Eingriff zu prüfen. Wird eine Funktion im Konzern verlagert, so kann dies vielfältige Gründe haben. Vor dem Hintergrund der stetigen Globalisierung sind Unternehmen gezwungen, ihre betrieblichen Prozesse permanent zu optimieren, die Effizienz von Wertschöpfungsketten zu verbessern und Synergieeffekte sowie Standortvorteile optimal auszunutzen. Abhängig vom jeweiligen Geschäft kann es auch notwendig sein, an lokalen Märkten präsent zu sein, um beispielsweise Sprachbarrieren zu überwinden oder um besonderen Umständen des nationalen Geschäftslebens gerecht zu werden. Zudem kann durch eine Funktionsverlagerung im Konzern das Risiko auf mehrere Standorte verteilt werden. Häufig sind solche konzerninternen Umstrukturierungen mit Einkommensminderungen beim verlagernden Unternehmen verbunden. Wird beispielsweise ein Produktionsbetrieb im Inland mit der Absicht geschlossen, den Betrieb wegen Standortvorteilen – wie z. B. geringerer Lohnkosten – in einem anderen Land wieder aufzubauen, verliert der Ansässigkeitsstaat des geschlossenen Produktionsunternehmens nicht nur laufendes Besteuerungssubstrat aus der Ertragsbesteuerung sondern auch solches aus der Besteuerung von stillen Reserven der Wirtschaftsgüter des Unternehmens. Dies hat den deutschen Gesetzgeber dazu bewogen im Rahmen der Unternehmensteuerreform 2008 umfassende gesetzliche Regelungen für grenzüberschreitende Funktionsverlagerungen im Konzern zu schaffen. Laut Begründung des deutschen Bundestages zum Entwurf des UntStRefG 2008 ist neben der Erhöhung der Standortattraktivität Hauptziel der Reform „die längerfristige Sicherung des deutschen Steuersubstrats". Durch „positive und negative Anreize" soll die Verlagerung von Steuersubstrat ins Ausland gebremst werden.[457] Demnach nimmt der Gesetzgeber eine Anknüpfung an das steuerrechtliche Territorialitätsprinzip im Inland vor. Wie im vorangehenden Abschnitt dieses Kapitels dargestellt, handelt es sich hierbei

---

[457] Gesetzesbegründung zum UntStRefG 2008 vom 27.03.2007, BT-Drs. 16/4841, S. 144 f.

um die dogmatische Anknüpfung für den anerkannten Rechtfertigungsgrund einer sachgerechten Aufteilung der Besteurungshoheit zwischen den EU-Mitgliedstaaten für einen Eingriff in Grundfreiheiten.[458] Tatbestandliche Voraussetzung des Rechtfertigungsgrundes ist, dass die Ausübung der steuerlichen Zuständigkeit eines EU-Mitgliedstaates entweder einen Zusammenhang mit der Ansässigkeit des Steuerpflichtigen oder der steuerbaren Einkunftsquelle in seinem Hoheitsgebiet aufweisen muss.[459] Fraglich ist daher, ob die tatbestandlichen Voraussetzungen des anerkannten Rechtfertigungsgrundes in seiner Auslegung durch den EuGH in der Rs. C-446/04 („Marks & Spencer plc.") durch die Besteuerung einer Funktionsverlagerung sachgerecht abgebildet werden. Zunächst müsste durch die von der Funktionsverlagerung betroffenen Lebenssachverhalte eine Verlagerung von Besteuerungssubstrat aus dem Bundesgebiet in das übrige Gemeinschaftsgebiet oder den EWR zu besorgen sein, für das dem deutschen Fikus ein originäres Besteuerungsrecht zusteht. Sind die Voraussetzungen des § 1 Abs. 3 S. 9 AStG durch eine konzerninterne Reorganisation erfüllt – liegt also eine tatbestandliche Funktionsverlagerung vor – dann muss der Steuerpflichtige hierfür ein angemessenes Entgelt bestimmen. Das angemessene Entgelt bestimmt sich nach dem hypothetischen Fremdvergleich, wenn keine eingeschränkt vergleichbaren Fremdvergleichswerte festgestellt werden können, und zwar auf der Grundlage eines sog. Transferpaketes, wobei die übertragenen Wirtschaftsgüter, Chancen und Risiken als Ganzes bewertet werden. Der Gesetzgeber geht offensichtlich davon aus, dass bei Funktionsverlagerungen grundsätzlich keine Fremdvergleichswerte vorhanden sind und somit stets ein Transferpaket zu bestimmen ist. Der Gesetzgeber geht auch davon aus, dass nicht nur einzelne Wirtschaftsgüter übertragen werden, sondern zusätzlich eine Art Geschäftswert. Grundlage hierfür bildet das sog. Gewinnpotential, das als die Gewinnerwartungen der Funktionsverlagerung für das verlagernde und das übernehmende Unternehmen definiert wird. Daraus soll sich schließlich der Einigungsbereich ergeben als Bereich zwischen dem Mindestentgelt, zu dem das verlagernde Unternehmen bereit sein wird, die Funktion zu verlagern und dem Höchstpreis, dass das aufnehmende Unternehmen bereit sein wird, zu entrichten, § 1 Abs. 3 S. 6 AStG. Vorgesehen ist, dass der Einigungsbereich anhand von Planrechnungen im Rahmen einer doppelten Ertragswertbetrachtung bestimmt wird. Ergibt die Differenz zwischen dem erwarteten Gewinn des verlagernden Unternehmens inklusive der übertragenen Funktion und des erwarteten Gewinns ohne die übertragene Funktion unter Berücksichtigung eines Kapitalisierungsfaktors z. B. einen Wert von € 4 Mio., so stellt dies den Mindestpreis des verlagernden Unternehmens dar. Gleichzeitig ist beim aufnehmenden Unternehmen die Differenz der Gewinnerwartung ohne die übernommene und mit der übernommenen Funktion ebenfalls unter Berücksichtigung eines Kapitalisierungsfaktors zu ermitteln. Ergibt sich hierbei ein Wert von € 5 Mio., dann ist dies der

---

[458] Siehe Kapitel 2, E. III. 1.
[459] Schlussanträge GA Maduro vom 07.04.2005, Rs. C-446/03 („Marks & Spencer plc."), Slg. 2005, I-10837, Rn. 60.

Höchstpreis des aufnehmenden Unternehmens. Nach § 1 Abs. 3 S. 7 AStG ist der Preis im Einigungsbereich zugrunde zu legen, für den die höchste Wahrscheinlichkeit spricht. Sofern kein anderer Wert glaubhaft gemacht wird, ist der Mittelwert des Einigungsbereichs maßgeblich, § 1 Abs. 3 S. 7 AStG. Im Beispielsfall würde das angemessene Entgelt für die Funktionsverlagerung somit € 4,5 Mio. betragen. Die Anknüpfung des Steuertatbestands an das Gewinnpotenzial bedeutet, dass es um die Erfassung zukünftiger Wertsteigerungen der Funktion geht, die im Zeitpunkt der Funktionsverlagerung weder vorhanden noch realisiert sind. Dafür spricht auch die Möglichkeit einer nachträglichen Preisanpassung gem. § 1 Abs. 3 S. 11, 12 AStG bei Übertragung von immateriellen Wirtschaftsgütern, bzw. Transferpaketen, wenn zukünftige Gewinne daraus unsicher sind. Demgegenüber kann das Territorialitätsprinzip nur solche Wertsteigerungen erfassen, die im Zeitpunkt der Beendigung der Steuerpflicht im Inland bereits vorhanden sind. Ohne auf die Ausführungen im anschließenden Kapitel über die Wegzugsbesteuerung vorzugreifen, hat der EuGH inzwischen entschieden, dass eine Besteuerung von stillen Reserven im Falle der Beendigung einer steuerlichen Ansässigkeit in einem EU-Mitgliedstaat nicht zu beanstanden ist.[460] So hat der EuGH in einer neueren Entscheidung vom 07.09.2006 in der Rs. C-470/04 („N") den Rechtfertigungsgrund der steuerlichen Territorialität für die niederländische Wegzugsbesteuerung fruchtbar gemacht.[461] Danach sei es grundsätzlich vom Territorialitätsprinzip gedeckt, wenn die im Inland angesammelten stillen Reserven bei Beendigung der unbeschränkten Steuerpflicht des Anteilseigners in den Niederlanden einer Besteuerung zugeführt würden.[462] Es ist insoweit unschädlich, dass die Entscheidung zur Besteuerung natürlicher Personen Stellung bezieht, da es sich bei der territorialen Zuordnung von stillen Reserven für Zwecke einer (Quellen-) Besteuerung zu dem Hoheitsgebiet, in dem sie erwirtschaftet sind, um einen Rechtsgrundsatz handelt, der auf natürliche und juristische Personen gleichermaßen anwendbar ist. Folglich ist das Territorialitätsprinzip nur auf im Zeitpunkt der Funktionsverlagerung konkret vorhandene und gerade nicht auf zukünftige Wertsteigerung im Ausland anwendbar. Diese stehen dem für die Ertragsbesteuerung zuständigen Ansässigkeitsstaat des die Funktion empfangenden Rechtsträgers bzw. Steuersubjekts zu. Eine solche ausufernde Besteuerung ist auch vom Fremdvergleichsgrundsatz i. S. d. Art. 9 OECD-MA nicht gedeckt, der nur dann eine Einkommenskorrektur vorsieht, wenn verbundene Unternehmen wegen fehlender Interessengegensätze unangemessene Preise vereinbart haben.[463] Ausländische Finanzverwaltungen werden daher kaum dazu bereit sein, die in § 1 AStG vorgesehene Besteuerung vermeintlicher Gewinne hinzunehmen. Im Ergebnis besteht für inländische Unternehmen, die Umstrukturierungen innerhalb des Konzerns planen, ein erhebliches Doppelbesteuerungsrisiko. Zu erwarten ist daher,

---

[460] Siehe Kapitel 3, E. II. 1. d. dd).
[461] EuGH-Urteil vom 07.09.2006, Rs. C-470/04 („N"), Slg. 2006, I-7409, Rn. 40 ff.
[462] EuGH-Urteil vom 07.09.2006, Rs. C-470/04 („N"), Slg. 2006, I-7409, Rn. 44.
[463] Siehe Kapitel 2, D. I.

dass die deutsche Finanzverwaltung in Zukunft ihren Ansatz in einer Vielzahl von Verständigungs-, bzw. Schiedsverfahren verteidigen muss.Im Ergebnis ist der Rechtfertigungsgrund einer sachgerechten Aufteilung der Besteuerungshoheit für die Besteuerung einer Funktionsverlagerung damit schon tatbestandlich nicht erfüllt, so dass die Prüfung einer verhältnismäßigen Ausgestaltung hier dahinstehen kann.

Als weiterer Rechtfertigungsgrund für einen grundfreiheitlichen Eingriff käme auch die Verhinderung einer Steuerumgehung im Inland durch Verlagerung einer Funktion ins Ausland in Betracht. Nach der Rechtsprechung des EuGH in der Rs. C-194/04 („Cadbury Schweppes") kann ein Eingriff in Grundfreiheiten zur Verhinderung einer Steuerumgehung dagegen nur dann zur Anwendung kommen, wenn es sich objektiv um rein missbräuchliche Konstruktionen handelt, die subjektiv zur Umgehung einer normalerweise geschuldeten inländischen Steuer bestimmt sind.[464] Wie schon für den Grundtatbestand des § 1 Abs. 1 AStG im vorangehenden Abschnitt dieses Kapitels festgestellt wurde gilt auch für die einer Funktionsverlagerung zugrunde liegenden Lebenssachverhalte, dass damit substanzielle Vorgänge erfasst werden, die gerade einen Transfer von materiellen und immateriellen Wirtschaftgütern sowie ggf. auch natürlichen Personen bedingen. Damit ist schon der objektive Tatbestand einer Steuerumgehung nicht erfüllt, da die die Funktionsverlagerung reale Vorgänge des Wirtschaftslebens abbildet. Der grundfreiheitliche Eingriff durch die Besteuerung einer Funktionsverlagerung gem. § 1 Abs. 3 S. 9 bis 12 AStG kann daher nicht durch einen zwingenden Grund des Allgemeininteresses gerechtfertigt werden. Für eine Diskussion der mit dem UntStRefG 2008 verbundenen Verschärfung von Mitwirkungs- und Dokumentationspflichten wird an dieser Stelle auf Kapitel 6 dieser Arbeit verwiesen.[465]

F. Zusammenfassung

Zusammenfassend ist festzustellen, dass es sich bei dem in § 1 Abs. 1 AStG kodifizierten Fremdvergleichsgrundsatz aus historischer Perspektive um einen anerkannten Maßstab zur Einkünftekorrektur zwischen verbundenen Unternehmen im Innen- und Außenverhältnis eines Staates handelt, dessen formelle und materielle Ausgestaltung einem fortwährenden Prozess der Rechtsfortbildung durch die OECD und die Staatengemeinschaft unterliegt und inzwischen auch im grenzüberschreitenden Verhältnis zwischen den EU-Mitgliedstaaten untereinander im Wege eines politischen Konsenses anerkannt wurde. Insofern entspricht die Anwendung des Fremdvergleichsgrundsatzes den wettbewerblichen und grundfreiheitlichen Vorgaben des EGV. Gleichwohl ergibt sich für die EU-Mitgliedstaaten aus den Artt. 3 Abs. 1 lit. c), 14 Abs. 2 EG i. V. m. den Grundfreiheiten des EGV eine Verpflichtung zur diskriminierungsfreien Anwendung

---

[464] EuGH-Urteil vom 12.09.2006, Rs. C-196/04 („Cadbury Schweppes"), Slg. 2006, I-7995, Rn. 51, 55.
[465] Siehe Kapitel 6, C. IV.

des Fremdvergleichs auf nationale und grenzüberschreitende Sachverhalte gleichermaßen, wenn die tatbestandlichen Voraussetzungen erfüllt und der mit der Einkünftekorrektur verfolgte Zweck einer ordnungsgemäßen Allokation von Besteuerungssubstrat zu einem bestimmten Hoheitsträger im Einzelfall verwirklicht wird. Auf die konkrete Ausgestaltung von § 1 Abs. 1 AStG bezogen bedeutet diese Feststellung, dass es entweder zu einer umfassenden Anwendung der Norm auch im Innenverhältnis i. S. e. „lex specialis Verhältnis" zu anderen Einkünftekorrekturvorschriften kommen muss oder der Fremdvergleichsgrundsatz in die Rechtsfolgenanordnung der übrigen Einkünftekorrekturnormen des nationalen Steuerrechts Eingang finden muss. Da diese Vorgaben derzeit nicht erfüllt werden, ist das geltende System der Einkünftekorrektur im nationalen Steuerrecht der Bundesrepublik Deutschland nicht mit den Vorgaben des Art. 43 EG vereinbar, da es in vergleichbaren Sachverhaltskonstellationen zu unterschiedlichen und im Lichte des Zwecks der angewendeten Korrekturnormen zufälligen Ergebnissen bei ein- und demselben Steuerpflichtigen kommt, die grenzüberschreitend ohne ein Verständigungs- oder Schiedsverfahren auch nicht im Wege einer korrespondierenden Gewinnberichtigung beim verbundenen Unternehmen vermieden werden können.

Die durch das UntStRefG 2008 eingeführte Funktionsverlagerung ist dagegen als gemeinschaftsrechtswidrig zu streichen, da sie ein Fremdkörper im System der Einkünftekorrektur durch die tatbestandliche Anknüpfung an zukünftige und daher fiktive Gewinnpotenziale und darüber hinaus durch ihren weitreichenden Steuertatbestand potenziell geeignet ist, in nicht gerechtfertigter Weise in grundfreiheitliche Gewährleistungen aus den Artt. 39, 43, 49 und 56 Abs. 1 EG einzugreifen.

Kapitel 3 – Der Wegzug natürlicher Personen ins Ausland gem. §§ 2 bis 5 und 6 AStG

Dieses Kapitel behandelt die steuerlichen Folgen, welche das AStG im Rahmen der erweiterten beschränkten Steuerpflicht gem. §§ 2, 5 AStG, der erweiterten beschränkten Erbschaftsteuerpflicht gem. § 4 AStG und der Wegzugsbesteuerung gem. § 6 AStG an die Wohnsitzverlegung einer unbeschränkt steuerpflichtigen natürlichen Person ins Ausland und den damit verbundenen Wechsel in die beschränkte Steuerpflicht knüpft. Grundsätzlich handelt es sich bei den Vorschriften zwar um Steuertatbestände, die keine inhaltliche Überschneidung aufweisen und damit unterschiedliche Lebenssachverhalte betreffen. Gleichwohl ist ihnen gemein, dass Voraussetzung für die Besteuerung ein Wohnsitzwechsel einer natürlichen Person ins Ausland und der damit verbundene Wechsel vom Welteinkommens- zum Territorialitätsprinzip für die Besteuerung der Einkünfte ist. Insofern ist es naheliegend, die gemeinschafts- und abkommensrechtlichen Bezüge der Steuertatbestände einheitlich im Rahmen eines Kapitels zu untersuchen, insbesondere um inhaltliche Überschneidungen zu vermeiden und Parallelen besser aufzeigen zu können.

Generell lässt die Anknüpfung der Steuertatbestände an die grenzüberschreitende Verlegung von Wohnsitz oder ständigem Aufenthalt einer natürlichen Person eine protektionistische Zwecksetzung des nationalen Steuergesetzgebers erkennen, die nicht nur einen Widerspruch zu den Gewährleistungen des EGV im Rahmen der Personenverkehrsfreiheiten und der Errichtung eines gemeinsamen Binnenmarktes im Gemeinschaftsgebiet gem. Artt. 3 Abs. 1 lit. c), 14 Abs. 2 EG erzeugt, sondern auch außerhalb des Schutzbereichs der Grundfreiheiten im Rahmen der allgemeinen Freizügigkeit gem. Art. 18 EG Bedeutung erlangen kann, wenn der Wohnsitzwechsel des inländischen Steuerpflichtigen nicht von wirtschaftlichen Motiven getragen wird. So ist die tatbestandliche Radizierung der erweitert beschränkten Steuerpflicht gem. §§ 2, 5 AStG auf deutsche Staatsangehörige i. S. d. Grundgesetzes aus gemeinschaftsrechtlicher Perspektive höchst problematisch, da hiermit eine Diskriminierung aufgrund der Staatsangehörigkeit verbunden ist, die im Rahmen des Art. 12 EG absolut geschützt wird und nur unter engen Voraussetzungen gerechtfertigt werden kann. Darüber hinaus gilt es die Konsequenzen aus den Schlussanträgen von GA Léger und dem EuGH-Urteil in der Rs. C-513/03 („van Hilten") zur Gemeinschaftsrechtskonformität der Vorschriften über die niederländische beschränkte Erbschaftsteuerpflicht für die sog. „erweiterte beschränkte Erbschaftsteuerpflicht" gem. § 4 AStG und die sog. „erweiterte unbeschränkte Erbschaftsteuerpflicht" gem. § 2 Abs. 1 Nr. 1 lit. b) ErbStG zu erörtern.[466] Im Mittelpunkt des Abschnitts über die Wegzugsbesteuerung steht die Entscheidung des EuGH vom

---

[466] Schlussanträge GA Léger vom 30.06.2005, Rs. C-513/03 („van Hilten"), Slg. 2006, I-1957; EuGH-Urteil vom 23.02.2006, Rs. C-513/03 („van Hilten"), Slg. 2006, I-1957.

11.03.2004 in der Rs. C-9/02 („Lasteyrie du Saillant"),[467] in der die Unvereinbarkeit der französischen Wegzugsbesteuerung mit der Niederlassungsfreiheit festgestellt wurde und die im Rahmen des von der EU-Kommission gegen die Bundesrepublik Deutschland angestrengten Vertragsverletzungsverfahrens 1999/4371 zu einer Änderung von § 6 AStG durch das SEStEG geführt hat.[468]

A. Historische Grundlagen

Aus rechtshistorischer Sicht waren die §§ 2 bis 6 AStG nicht die ersten Normen des deutschen Steuerrechts, die an den Wegzug aus dem deutschen Staatsgebiet eine steuerrechtliche Folge knüpften. Bereits 1918 erließ Kaiser Wilhelm II. ein Gesetz gegen die Steuerflucht vermögender Reichsangehöriger, das durch die verfassungsgebende Nationalversammlung 1919 inhaltlich ergänzt wurde.[469] Die fortschreitende Inflation machte jedoch sämtliche Kalkulationen über die Einbehaltung von Kriegssteuern und die steuerwirksame Verwertung der Auswanderung vermögender natürlicher Personen ins Ausland hinfällig, so dass die Regelung faktisch nie angewendet und schließlich am 07.08.1925 wieder aufgehoben wurde.[470]

Während der Weimarer Republik und in der Zeit des Dritten Reichs wurde dann eine sog. Reichsfluchtsteuer eingeführt.[471] Am 08.12.1931 durch eine Notverordnung des Reichspräsidenten gem. Art. 48 Abs. 2 Weimarer Reichsverfassung (WRV) zunächst befristet bis zum 01.01.1933 eingeführt, wurde sie später in ihrer Gültigkeit mehrfach verlängert.[472] Die Steuer war Bestandteil der vierten Verordnung des Reichspräsidenten „zur Sicherung von Wirtschaft und Finanzen und zum Schutze des inneren Friedens". Vereinzelt wurde die Steuer auch noch in der unmittelbaren Nachkriegszeit erhoben. In einem Urteil vom 20.12.1951 betreffend einen Reichsfluchtsteuerbescheid aus dem Jahre 1949 stellte der BFH dazu fest, dass die Bestimmungen über die Reichsfluchtsteuer seit ihrem Erlass auch über den 08.05.1945 hinaus Geltungskraft besaßen.[473] Ihre Gültigkeit ver-

---

[467] EuGH-Urteil vom 11.03.2004, Rs. C-9/02 („Lasteyrie du Saillant"), Slg. 2004, I-2409; vgl. EuGH-Urteil vom 07.09.2006, Rs. C-470/04 („N"), Slg. 2006, I-7409, für den Fall der niederländischen Wegzugsbesteuerung; Ettinger, PIStB 2005, S. 146; Schnitger, BB 2004, S. 804; Wassermeyer, GmbHR 2004, S. 613; Lausterer, DStZ 2004, S. 299; Meilicke, GmbHR 2004, S. 511; Kleinheisterkamp, PIStB 2004, S. 82.
[468] Vgl. BR-Drs. 836/06, S. 20 f.; nachfolgend werden Unterschiede zwischen § 6 AStG a. F. und § 6 AStG-SEStEG durch die vorstehende Nomenklatur entsprechend kenntlich gemacht; darüber hinaus wird auf eine unterschiedliche Nomenklatur verzichtet; vgl. zur erstmaligen Anwendung von § 6 AStG-SEStEG auch § 21 Abs. 13 AStG-SEStEG.
[469] Steuerfluchtgesetz, RGBl I 1918, S. 951; 1919 I, S. 583 ff.; Ausführungsbestimmungen vom 31.07.1918, Zentralblatt für das Deutsche Reich, 1918, S. 403 ff.; zusammenfassend Hoppe/Barnhagen, DStZ 1918/1919, S. 155, 157 ff.
[470] Mußgnug, Die Reichsfluchtsteuer 1931-1953, S. 11 m. w. N.
[471] RGBl I 1931, S. 731; Verordnung vom 23.12.1932, RGBl I 1932; S. 572.
[472] RGBl I 1932, S. 572; RGBl I 1934, S. 941; RGBl I 1937, S. 1385; RGBl I 1939, S. 125, 2443; RGBl I 1940, S. 1605; RGBl I 1941, S. 801; RGBl I 1942, S. 682.
[473] BFH-Urteil vom 20.12.1951, III 282/51 S, BFHE 56, S. 104.

131

lor die Reichsfluchtsteuer erst durch § 1 des Gesetzes zur Aufhebung überholter steuerrechtlicher Vorschriften vom 23.07.1953.[474] Danach wurde die Erhebung der Reichsfluchtsteuer bereits in solchen Fällen ausgeschlossen, in denen zur Zeit des Inkrafttretens des Gesetzes die Steuerschuld zwar schon entstanden, die Steuerfestsetzung aber noch nicht rechtskräftig war.[475]

Mit dem Mittel der Notverordnung bei gleichzeitiger äußerster Sparsamkeit wollte der damalige Reichskanzler Brüning einen ausgeglichenen Haushalt präsentieren und zugleich bei den Verhandlungen mit den Siegermächten ein Ende oder zumindest eine Begrenzung der hohen Reparationszahlungen aus dem Versailler Vertrag erreichen.[476] Bei der „Reichsfluchtsteuer" handelte es sich demnach um ein Kind der Not, das dem damaligen Zeitgeist entsprechend naturgemäß Züge einer betont national ausgerichteten Steuerpolitik trug.[477] Aus diesem Grund wurde auch die Verfassungskonformität der Steuer angezweifelt, wohingegen der RFH eine gegenteilige Auffassung vertrat.[478] In dem einschlägigen Verfahren machten die Kläger geltend, dass die steuerliche Regelung gegen die Artt. 109, 112 und 116 WRV verstoßen würde, die jeden Deutschen dazu berechtigten, aus dem deutschen Reichsgebiet auszuwandern. Gegen diese Annahme wandte sich der RFH mit dem Argument, dass die Reichsfluchtsteuerverordnung keinem Deutschen das Recht nehme auszuwandern, da die Normen

---

[474] BGBl I 1953, S. 689.
[475] BFH-Urteil vom 06.05.1955, III 103/53 S, BFHE 61, S. 16.
[476] Von Schönberg, DStZ 2001, S. 856.
[477] Vgl. RFH-Urteil vom 18.05.1933, III A 310/32, RFHE 33, S. 202; RFH-Urteil vom 11.05.1933, III A 42/33, RFHE 33, S. 209; RFH-Urteil vom 20.12.1933, III A 353/33, RFHE 35, S. 52; RFH-Urteil vom 15.03.1934, III A 61/34, RFHE 35, S. 326; RFH-Urteil vom 11.07.1934, VI A 1381/33, RFHE 36, S. 298; RFH-Urteil vom 11.07.1934, III A 423/33, RFHE 36, S. 301; RFH-Urteil vom 18.05.1933, III A 208/34, RFHE 37, S. 252; RFH-Urteil vom 18.07.1935, III A 24/35, RFHE 38, S. 140; RFH-Urteil vom 26.09.1935, VI A 522/34, RFHE 38, S. 202; RFH-Urteil vom 03.10.1935, III A 191/35, RFHE 38, S. 239; RFH-Urteil vom 05.12.1935, III A 286/35, RFHE 38, S. 328; RFH-Urteil vom 23.01.1936, III A 284/35, RFHE 39, S. 38; RFH-Gutachten vom 09.07.1936, III D 1/36, RFHE 39, S. 297; RFH-Gutachten vom 07.08.1936, GrS D 7/36, RFHE 39, S. 357; RFH-Urteil vom 09.07.1936, III A 53/36, RFHE 39, S. 310; RFH-Urteil vom 29.10.1936, III A 116/36, RFHE 40, S. 141; RFH-Urteil vom 18.02.1937, III A 183/36, RFHE 41, S. 75; RFH-Urteil vom 09.04.1937, III A 72/37, RFHE 41, S. 194; RFH-Urteil vom 10.06.1937, III A 99/37, RFHE 41, S. 280; RFH-Urteil vom 24.06.1937, III A 44/37, RFHE 41, S. 308; RFH-Urteil vom 23.09.1937, III A 197/37, RFHE 42, S. 140; RFH-Urteil vom 07.10.1937, III A 256/37, RFHE 42, S. 170; RFH-Urteil vom 28.01.1938, III 10/38, RFHE 43, S. 134; RFH-Urteil vom 31.03.1938, III 306/37, RFHE 43, S. 303; RFH-Urteil vom 25.05.1938, III 113/38, RFHE 44, S. 119; RFH-Urteil vom 15.09.1938, III 208/38, RFHE 45, S. 36; RFH-Urteil vom 17.11.1938, III 289/38, RFHE 45, S. 176; RFH-Urteil vom 23.02.1939, III 27/39, RFHE 46, S. 181; RFH-Urteil vom 30.03.1939, III 58/39, RFHE 46, S. 276; RFH-Urteil vom 30.03.1939, III 84/39, RFHE 46, S. 277; RFH-Urteil vom 23.05.1939, III 120/39, RFHE 47, S. 29; RFH-Urteil vom 15.05.1939, III 125/39, RFHE 47, S. 38; RFH-Urteil vom 27.06.1939, III 101/39, RFHE 47, S. 115; RFH-Urteil vom 27.06.1939, III 164/39, RFHE 47, S. 124; RFH-Urteil vom 17.07.1941, III 37/41, RFHE 50, S. 315; RFH-Urteil vom 12.05.1942, III 6/42, RFHE 52, S. 229.
[478] RFH-Urteil vom 15.12.1932, III A 302/32, RFHE 32, S. 139.

nur unter gewissen Voraussetzungen an die Aufgabe des inländischen Wohnsitzes eine steuerliche Folge knüpften.[479] Ein Verstoß gegen die Artt. 109, 112 und 116 WRV läge nur dann vor, wenn die Reichsfluchtsteuerverordnung das bis zu ihrem Inkrafttreten erfolgte Auswandern mit einer Straffolge belegen würde.[480] Das sei aufgrund der Übergangsregelungen aber nicht der Fall. Vielmehr seien die in der Verordnung enthaltenen Straffolgen nicht konstituierend, sondern lediglich ein Annex der steuerlichen Regelung.[481]

Der Steuertatbestand der Reichsfluchtsteuer war an drei Voraussetzungen geknüpft. Zunächst musste ein deutscher Staatsangehöriger seinen Wohnsitz oder ständigen Aufenthalt gem. § 1 Reichsfluchtsteuergesetz ins Ausland verlegen. Der zeitliche Anwendungsbereich war auf Wohnsitzverlegungen nach dem 01.04.1931 begrenzt. Die Regelung über den zeitlichen Anwendungsbereich war restriktiv und von dem Gedanken getragen, dass die Rückwirkung einer so einschneidenden Beschränkung der Freizügigkeit eine außerordentliche Maßnahme darstellt, die nicht zu weit gespannt werden darf.[482] Auf Rechtsfolgenseite wurde das Gesamtvermögen des Steuerpflichtigen gem. § 3 Reichsfluchtsteuerverordnung mit einem Steuersatz von 25 v. H. belegt. Die Steuerpflicht entfiel gem. § 7 Reichsfluchtsteuerverordnung, wenn der Steuerpflichtige seinen Wohnsitz innerhalb von zwei Monaten nach der Auswanderung wieder im Inland begründete. Entzog sich der Steuerpflichtige der Zahlung seiner Steuerschuld, so drohte § 9 Reichsfluchtsteuerverordnung eine Sanktionierung durch Gefängnis, Geldstrafe und Beschlagnahme des inländischen Vermögens an. Von der Steuerpflicht wurden gem. § 2 Nr. 4 Reichsfluchtsteuerverordnung solche Steuerpflichtige ausgenommen, die nicht über ein Mindestvermögen von 200.000.- Reichsmark oder ein jährliches Mindesteinkommen von 20.000.- Reichsmark verfügen konnten. Dadurch sollte sichergestellt werden, dass von der Reichsfluchtsteuer nur wirklich leistungsfähige Steuerpflichtige erfasst werden, deren Auswanderung einen nennenswerten finanziellen Nachteil für den Reichsfiskus bedeutete.[483] Ausnahmen und Befreiungen von der Steuerpflicht waren auch in § 2 Nr. 1, 2 Reichsfluchtsteuerverordnung für deutsche Auslandsbeamte und solche Personen vorgesehen, die erst seit dem 01.01.1928 im Reichsgebiet ansässig waren. Eine weitere Ausnahme war in § 2 Nr. 3 Reichsfluchtsteuerverordnung für Personen vorgesehen, deren Auswanderung im deutschen Interesse lag oder aus Gründen erfolgte, die volkswirtschaftlich gerechtfertigt waren. In Fällen der Auswanderung von jüdischen deutschen Staatsangehörigen während des Dritten Reichs spielte der RFH bei der Auslegung und Anwendung dieses Ausnahmetatbestandes eine unrühmliche Rolle, in dem er jüdischen Staatsbürgern die Berufung darauf mit der Begründung verweigerte,

---

[479] RFH-Urteil vom 15.12.1932, III A 302/32, RFHE 32, S. 139, S. 141.
[480] RFH-Urteil vom 15.12.1932, III A 302/32, RFHE 32, S. 139, S. 141 f.
[481] RFH-Urteil vom 15.12.1932, III A 302/32, RFHE 32, S. 139, S. 142.
[482] Weckerle, DStZ 1931, S. 479, 480.
[483] Hefner, StuW 1932, Teil 1, S. 63, 74.

dass ein Handeln dieser Personen im deutschen Interesse abwegig sei.[484] In einem anderen Urteil beriefen sich die Richter des RFH zur Begründung der Steuerpflicht auf den Gleichheitssatz, in dem sie es als mit dem Grundsatz der steuerlichen Gerechtigkeit und Gleichheit als unvereinbar ansahen, die nichtarische Herkunft der klagenden Partei als Steuerausschlussgrund i. S. d. § 2 Nr. 3 Reichsfluchtsteuerverordnung zu berücksichtigen.[485] Hierzu ist anzumerken, dass es bei der Aufarbeitung der Rechtsprechung des RFH während der Zeit des Dritten Reichs in neuerer Zeit auch zu vehementer Kritik an den Urteilen zur Reichsfluchtsteuer kam. So bezeichnet Felix die Rechtsprechung des RFH zur Reichsfluchtsteuerpflicht der deutschen Staatsbürger jüdischen Glaubens für die Jahre der Emigration ab 1933 als den unheilsschwangersten Sektor der RFH-Judikatur.[486] Auch Tipke merkt dazu an, dass mindestens 50 veröffentlichte Urteile v. a. zur Reichsfluchtsteuer und zum Gemeinnützigkeitsrecht NS-infiziert und rassistisch waren.[487] Eine eingehende Untersuchung dieses rechtshistorischen Bereichs unterbleibt an dieser Stelle, da sie über den Rahmen und die Zielsetzung dieser Arbeit hinausgehen würde.[488] Es soll jedoch nicht unerwähnt bleiben, dass die Reichsfluchtsteuer nach dem zweiten Weltkrieg auch den Personen, die Deutschland aus rassistischen Motiven verlassen mussten, zunächst mit Hinweis auf die haushaltspolitische Krise der Nachkriegszeit nicht erstattet wurde.[489] Erst auf amerikanischen Druck hin ergänzte man das Gesetz zur Entschädigung von Opfern der nationalsozialistischen Verfolgung vom 18.09.1953 um eine entsprechende Vorschrift.[490]

Vor dem historischen Hintergrund der Reichsfluchtsteuer gewinnt auch die parlamentarische Ablehnung einer eigenen Kapitalfluchtabgabe durch den Steueroasenbericht vom 23.06.1964 an Substanz.[491] Die Bundesregierung wollte bewusst nicht an die Steuerpolitik der damaligen Zeit anknüpfen, um die fortschreitende europäische Integration nicht durch fehlgeleitete nationalstaatliche Impulse zu behindern. Dennoch ist die Übereinstimmung in der Auffassung des RFH zur Reichsfluchtsteuer und der zu einem Verstoß gegen das Freizügigkeitsrecht aus Art. 18 EG durch die Wegzugsbesteuerung gem. § 6 AStG vom BFH vertretenen Meinung zumindest vergleichbar.[492] Daraus und aus den steuertatbe-

---

[484] RFH-Urteil vom 03.03.1937, VI A 597/35, RStBl 1937, S. 949; RFH-Urteil vom 15.09.1938, III 208/38, RStBl 1939, S. 153.
[485] RFH-Urteil vom 20.12.1933, III A 353/33, RFHE 35, S. 52; äußerst kritisch zu dieser Entscheidung Tipke, BB 1993, S. 1814.
[486] Felix, BB 1993, S. 1297, 1300 f.
[487] Tipke, BB 1993, S. 1813.
[488] Hinzuweisen bleibt auf die eingehende Auseinandersetzung in der Literatur und die diesbezüglichen Artikel von Felix, BB 1993, S. 1297, 1597 und 1964; Tipke, BB 1993, S. 1813; von Schönberg, DStZ 2001, S. 856.
[489] Von Schönberg, DStZ 2001, S. 856, 857.
[490] Bundesergänzungsgesetz zur Entschädigung für Opfer der nationalsozialistischen Verfolgung vom 18.09.1953, BGBl I 1953, S. 1387.
[491] a. a. O., BT-Drs. IV/2412, S. 12.
[492] BFH-Beschluss vom 17.12.1997, I B 108/97, IStR 1998, S. 301, 302; siehe Kapitel 3, E. II. 3.

standlichen Kongruenzen lässt sich, unabhängig von der vordergründigen Zielsetzung des Steuergesetzgebers im Falle des § 6 AStG, eine ähnliche Zwecksetzung beider Vorschriften herleiten. Entweder die von den Steuertatbeständen potentiell betroffenen natürlichen Personen nehmen von der Auswanderung Abstand oder sie zahlen die ihnen auferlegte Steuer als Gegenleistung für die erlangten steuerlichen Vorteile im Ausland.[493] Geradezu identisch klingen die Gesetzesbegründungen und amtlichen Verlautbarungen beider Rechtsnormen, die die Auswanderung wohlhabender Deutscher ins Ausland als volkswirtschaftlichen Schaden und Verrat an der deutschen Solidargemeinschaft beschreiben.[494] Folgerichtig benannte schließlich auch der Steueroasenbericht der Bundesregierung die Verlegung des steuerlichen Wohnsitzes oder ständigen Aufenthalts einer natürlichen Person ins Ausland als taugliches Mittel zur Umgehung der inländischen Besteuerung.[495] Zwar führte der damit verbundene Wegfall der unbeschränkten Steuerpflicht nicht zu einer Steuerbefreiung, da inländische Einkünfte natürlicher Personen dem Territorialitätsprinzip folgend weiterhin der beschränkten Steuerpflicht gem. § 1 Abs. 4 EStG i. V. m. §§ 49 ff. EStG unterlagen. Das deutsche Steuerrecht kannte und kennt allerdings keinen allgemeinen Entstrickungs- oder Realisierungstatbestand für stille Reserven aus Anteilen an Kapitalgesellschaften die im Privatvermögen gehalten werden. Verlegte demgemäß eine natürliche Person, die Anteilseigner an einer Kapitalgesellschaft war, ihren Wohnsitz vor dem Inkrafttreten von § 6 AStG im Jahre 1972 ins Ausland, so wurden die angesammelten stillen Reserven nur dann im Inland besteuert, wenn sie vor dem Wegzug unter den Voraussetzungen der §§ 17, 22 f. EStG veräußert wurden. Fand dagegen eine Veräußerung erst nach dem Wegzug statt, war eine Besteuerung im Rahmen der beschränkten Steuerpflicht gem. § 49 Abs. 1 Nr. 2 lit. f) EStG[496] vorgesehen. Es bestand jedoch die Möglichkeit, die inländische beschränkte Steuerpflicht auszuschalten. Zu diesem Zweck verzog der Steuerpflichtige in ein Land, mit dem die Bundesrepublik Deutschland ein DBA abgeschlossen hatte, dass für Einkünfte aus der Veräußerung von Anteilen an Kapitalgesellschaften das Besteuerungsrecht dem Ansässigkeitsstaat des Anteilseigners zuwies. Die daraus erwachsenden Einkünfte wurden dann im Quellenstaat von der Besteuerung freigestellt. Die Bundesrepublik Deutschland hatte es in den meisten Fällen versäumt, sich in Abweichung von Art. 13 Abs. 5 MA ein Besteuerungsrecht an den Veräußerungsgewinnen wenigstens bis zum Wegzug zu sichern. Im Ergebnis war die natürliche Person also beschränkt steuerpflichtig mit ihren Veräußerungseinkünften. Die Bundesrepublik Deutschland konnte ihr Besteuerungsrecht aber aufgrund des DBA-Vorrangs nicht ausüben. Hierzu ist anzumerken, dass die bilaterale Zuordnung des Besteuerungsrechts für die Veräußerungsgewinne überwiegend den anerkannten Grundsätzen des

---

[493] So formulierte es bereits Weckerle, DStZ 1931, S. 480 und 482.
[494] Seweloh, StuW 1934, Teil 1, S. 953, 959; a. a. O., BT-Drs. IV/2412, S. 6; a. a. O., BT-Drs. VI/2883, S. 18, Rn. 24 ff.
[495] a. a. O., BT-Drs. IV/2412, S. 6.
[496] Früher § 49 Abs. 1 Nr. 2 c) EStG, geändert durch StÄndG 1992 vom 25.02.1992, BStBl I 1992, S. 297.

MA folgt.[497] Der vom Steuertatbestand des § 6 AStG erfasste Lebenssachverhalt ist isoliert betrachtet auch nicht von vornherein als missbräuchliche Steuerumgehung zu werten. Vielmehr kann die Wohnsitzverlegung einer natürlichen Person von ganz unterschiedlichen privaten, beruflichen oder sonstigen wirtschaftlichen Motiven getragen sein. Eine entscheidende Veränderung in der Beurteilung des grenzüberschreitenden Ansässigkeitswechsels tritt dagegen ein, wenn zwischen der Bundesrepublik Deutschland und dem Zuzugsstaat ein nicht völlig unerhebliches Steuergefälle besteht. Handelte es sich bei dem zukünftigen Ansässigkeitsstaat des Anteilseigners um ein Land, das Veräußerungsgewinne niedrig oder gar nicht besteuerte, erzielte der Anteilseigner erhebliche Steuervorteile gegenüber der traditionell hohen Besteuerung in der Bundesrepublik Deutschland.[498] Demzufolge bot die formelle Zuordnung des Besteuerungsrechts für Veräußerungsgewinne aus Anteilen an Kapitalgesellschaften lediglich die normative Anknüpfung, während die Ausnutzung des internationalen Steuergefälles vielfach das handlungsbegründende Motiv zur Steuerumgehung im Inland war. Letzteres erkannte auch der Steueroasenbericht der Bundesregierung und verlangte eine Revision der einschlägigen Regelungen über die Besteuerung von Vermögensverlagerungen ins Ausland.[499] Als Resultat dieser Forderung führte man schließlich mit § 6 AStG 1972 die Besteuerung des Vermögenszuwachses für Anteilseigner mit einer wesentlichen Beteiligung an einer inländischen Kapitalgesellschaft ein.[500] Ging man dabei zunächst von einer Übergangsregelung aus, die erforderlich sei, um die Rechtsfolgen des § 17 EStG solange vorzuverlagern, wie die Bundesregierung zur Neuverhandlung der einschlägigen DBA braucht, so ist der Steuertatbestand des § 6 AStG angesichts seiner über 35-jährigen, fast unveränderten inhaltlichen Geltung inzwischen ein fester Bestandteil des deutschen Außensteuerrechts geworden.[501]

Demgegenüber wirkt sich die historische Herleitung der erweiterten beschränkten Einkommen- und Erbschaftsteuerpflicht gem. §§ 2 ff. AStG fast bescheiden aus. Das mag zum einen an der tatsächlichen Bedeutungslosigkeit der Steuertatbestände für das inländische Steueraufkommen seit Inkrafttreten des AStG im Jahre 1972 liegen und zum anderen in den umfassenden Gestaltungsmöglichkeiten zur Umgehung dieser Steuerpflicht im Vorfeld einer Wohnsitzverlegung begründet sein. Tatsächlich kennt die erweiterte beschränkte Steuerpflicht keine historischen Vorläufer wie die Wegzugsbesteuerung mit dem Steuerfluchtgesetz und der Reichsfluchtsteuer, die ihr eine schon fast einhundertjährige Geschichte verleiht. So wurde das Erfordernis für eine erweiterte be-

---

[497] OECD, Musterkommentar zum MA, Art. 13, Nr. 9, 30.
[498] OECD, Musterkommentar zum MA, Art. 13, Nr. 1 f.
[499] a. a. O., BT-Drs. IV/2412, S. 12.
[500] Die Bezeichnung der Beteiligung als „wesentlich" ist im Rahmen der letztmaligen Herabsetzung der Beteiligungsgrenze des § 17 EStG auf 1 v. H. durch das StSenkG vom 23.10.2000, BStBl I 2000, S. 1433 gestrichen worden.
[501] Vgl. Wassermeyer, RIW 1984, S. 462; ders., DStR 1987, S. 638, der bereits zum damaligen Zeitpunkt das Problem von angestrebter DBA-Revision und Geltungsdauer des § 6 AStG erörterte und eine Reaktion des BMF bzw. der Bundesregierung anmahnt.

schränkte Steuerpflicht vom Gesetzgeber aus der Tatsache hergeleitet, dass im Jahrzehnt vor Einführung des Gesetzes mehr als 300 sog. „Vermögensmillionäre" in Steueroasen und Niedrigsteuerländer ausgewandert waren und damit dem deutschen Fiskus erhebliche Steuereinnahmen entzogen hatten.[502] Nach Auffassung des historischen Gesetzgebers war es mit dem Grundsatz der Besteuerungsgleichheit und dem der beschränkten Steuerpflicht zugrunde liegenden Territorialitätsprinzip nicht vereinbar, wenn bei dem inzwischen beschränkt Steuerpflichtigen trotz seines Wegzugs ins niedrigbesteuernde Ausland durch Beibehaltung eines Schwerpunktes seines wirtschaftlichen Lebens- und Interessenkreises eine weitgehende Bindung an das Inland fortbestand und er damit de facto einem Steuerinländer weiterhin näher stand als einem normalen Steuerausländer.[503] Demnach handelte es sich bei den §§ 2 ff. AStG ähnlich wie bei § 6 AStG in erster Linie um kodifizierten Steuerprotektionismus, wodurch vermögende deutsche Staatsbürger primär von einem Wegzug ins niedrigbesteuernde Ausland abgehalten werden sollten.[504] Demgegenüber war die Erzielung von Steuereinnahmen allenfalls sekundärer Zweck in solchen Fällen, in denen sich die betroffenen Steuerpflichtigen entweder bewusst nicht von der drohenden Steuerpflicht abschrecken ließen und trotzdem ihren Wohnsitz verlegten oder eine Wohnsitzverlagerung in Unkenntnis der bestehenden Rechtslage vorgenommen wurde. Dafür spricht auch die Veröffentlichung des BMF aus dem Jahre 1986, wonach in den Jahren 1972 bis 1983 pro Jahr allenfalls 60 bis 200 Veranlagungen zur erweiterten beschränkten Steuerpflicht durchgeführt wurden und die damit verbundenen Mehreinnahmen nur zwischen einer Million und zwei Millionen DM pro Jahr lagen.[505]

Wie § 2 AStG für den Bereich der Einkommensteuer und der 1996 letztmals anwendbare § 3 AStG für den Bereich der Vermögensteuer, erweitert § 4 AStG im Bereich der Erbschaftsteuer für den Fall des Wegzugs und der anschließenden Ansässigkeit in einem niedrigbesteuernden Land die Steuerpflicht über den im Erbschaftsteuergesetz normierten Umfang auch auf Erwerbsteile, deren Erträge bei unbeschränkter Einkommensteuerpflicht nicht zu den ausländischen Einkünften i. S. v. § 34c Abs. 1 EStG gehören würden.[506] Auch bei der Steuerpflicht gem. § 4 AStG ist die Abschreckungswirkung vorrangiger Gesetzeszweck, obwohl hier gesicherte Erkenntnisse über die Höhe des jährlichen Steueraufkommens gänzlich fehlen.[507] Nimmt man aber die verschwindend geringe Anzahl von Fällen einer erweiterten beschränkten Einkommensteuerpflicht zum Maßstab und berücksichtigt, dass auf Grund des Vorrangs von § 2 Abs. 1 Nr. 1 lit. b) ErbStG der Anwendungsbereich von § 4 AStG nochmals eingeschränkt

---

[502] a. a. O., BT-Drs. VI/2883, S. 17, Rn. 20.
[503] a. a. O., BT-Drs. VI/2883, S. 17, Rn. 19.
[504] Vgl. Wassermeyer, IStR 2001, S. 113, 114.
[505] Antwort der Bundesregierung auf eine Anfrage von Abgeordneten zur internationalen Steuerflucht vom 28.05.1986, BT-Drs. X/5562, S. 17.; vgl. Ritter, BB 1987, S. 65.
[506] Zimmermann/Klinkertz, in: Strunk/Kaminski/Köhler, AStG, § 4, Rn. 1.
[507] Antwort der Bundesregierung auf eine Anfrage von Abgeordneten zur internationalen Steuerflucht vom 28.05.1986, BT-Drs. X/5562, S. 2, 16 f.

wird, so werden die Steuereinnahmen aus der erweiterten beschränkten Erbschaftsteuerpflicht keine signifikante Größe erreichen, zumal es bislang keine Rechtsprechung zu der betreffenden Regelung gibt, obwohl sie inzwischen schon über 30 Jahre in Kraft gesetzt ist.[508]

B. Einführung in die Rechtsgrundlagen der erweiterten beschränkten Steuerpflicht gem. §§ 2 bis 5 AStG

Die Voraussetzungen und Rechtsfolgen der erweiterten beschränkten Einkommensteuerpflicht sind in § 2 Abs. 1 AStG geregelt und werden durch die Legaldefinitionen in § 2 Abs. 2, 3 AStG über das Vorliegen der Tatbestandsmerkmale der „niedrigen Besteuerung" und der „wesentlichen wirtschaftlichen Interessen im Inland" konkretisiert. Für das tatbestandliche Vorliegen „mittelbarer wirtschaftlicher Inlandsinteressen" verweist § 2 Abs. 4 AStG auf die Voraussetzungen des § 5 AStG. Die Rechtsfolgen des § 2 Abs. 1 AStG werden durch § 2 Abs. 5 AStG um Vorschriften über den anzuwendenden Steuersatz und das Veranlagungsverfahren ergänzt. Abschließend enthält § 2 Abs. 6 AStG eine Rückausnahme zur Steuerpflicht gem. § 2 Abs. 1 AStG für den Fall, dass die erhobene Steuer über der Steuerlast bei fiktiver unbeschränkter Steuerpflicht der natürlichen Person liegt. Aus abkommensrechtlicher Perspektive gehen die Vorschriften der DBA der erweiterten beschränkten Steuerpflicht vor.[509]

Elementare tatbestandliche Voraussetzung der erweiterten beschränkten Steuerpflicht ist, dass die natürliche Person deutscher Staatsangehöriger i. S. v. Art. 116 GG ist[510] und als solcher während der letzten zehn Jahre vor der Wohnsitzverlegung ins Ausland mindestens fünf Jahre unbeschränkt einkommensteuerpflichtig war. Die hierfür maßgeblichen Fristen sind gem. § 108 Abs. 1 AO i. V. m. §§ 187 ff. BGB zu berechnen. Darüber hinaus muss die natürliche Person nach ihrem Wegzug aus dem Inland gem. § 2 Abs. 1 S. 1 AStG zwei wesentliche Voraussetzungen erfüllen. Zum einen muss der Steuerpflichtige gem. § 2 Abs. 1 S. 1 Nr. 2, Abs. 2 AStG entweder in einem niedrigbesteuernden oder in keinem Gebiet ansässig sein und zum anderen gem. § 2 Abs. 1 S. 1 Nr. 2, Abs. 3 AStG weiterhin wesentliche wirtschaftliche Interessen im Inland beibehalten haben. Eine niedrige Besteuerung liegt nach dem abstrakten Belastungsvergleich des § 2 Abs. 2 Nr. 1 AStG im Jahre 2007 vor, wenn der durchschnittliche Gesamtsteuersatz im Ansässigkeitsstaat des Steuerpflichtigen bei einem fiktiven Einkommen von € 77.000,- weniger als 21,15 v. H. beträgt. Alternativ kann auch eine Vorzugsbesteuerung des Zuzugsstaates für den Steuerpflichtigen im Einwanderungsfall gem. § 2 Abs. 2 Nr. 2 AStG eine niedrige Besteuerung begründen, es sei denn der Steuerpflichtige weist anhand eines konkreten Belastungsvergleichs nach, dass er im Zuzugsstaat mindestens zwei Drittel der Ein-

---

[508] Zimmermann/Klinkertz, in: Strunk/Kaminski/Köhler, AStG, § 4, Rn. 5.
[509] a. a. O., BT-Drs. VI/2883, Rn. 10; BMF-Schreiben vom 14.05.2004, IV B 4 – S 1340 – 11/04, BStBl I 2004, Sondernummer 1/2004, Rn. 2.0.2.
[510] BMF-Schreiben vom 14.05.2004, IV B 4 – S 1340 – 11/04, BStBl I 2004, Sondernummer 1/2004, Rn. 2.1.1.

kommensteuer bezahlt, die er bei unbeschränkter Einkommensteuerpflicht im Inland zu entrichten hätte. Bei der Beurteilung der Vorzugsbesteuerung ist problematisch, dass die Finanzverwaltung inzwischen auch die sog. „remittance basis Besteuerung" als Vorzugsbesteuerung qualifiziert, bei der eine Besteuerung von ausländischen Einkünften im Zuzugsstaat nur dann vorgenommen wird, wenn sie in den Ansässigkeitsstaat des Auswanderers überwiesen werden.[511] Aus diesem Grund ist u. a. die sog. „Remittance Basis Besteuerung" im Vereinigten Königreich in den steuertatbestandlichen Anwendungsbereich des § 2 AStG einbezogen, was insbesondere für eine erweiterte beschränkte Steuerpflicht von sog. „Expatriats" von Bedeutung sein kann.[512] Darüber hinaus hat der Steuerpflichtige nach seinem Wegzug ins Ausland auf Basis der enumerativen Aufzählung in § 2 Abs. 3 AStG weiterhin wesentliche wirtschaftliche Interessen im Inland, wenn gem. § 2 Abs. 3 Nr. 1 AStG eine Beteiligung an einer gewerblichen Mitunternehmerschaft vorliegt oder die inländischen Einkunfts- bzw. Vermögensgrenzen des § 2 Abs. 3 Nr. 2, 3 AStG im VZ überschritten werden. Sind diese Voraussetzungen kumulativ erfüllt, dann besteht die erweiterte beschränkte Steuerpflicht bis zum Ablauf von zehn Jahren nach dem Ende des Jahres, in dem die unbeschränkte Steuerpflicht geendet hat über die beschränkte Steuerpflicht hinaus für solche Einkünfte i. S. v. § 2 Abs. 1 S. 1 Hs. 1 EStG, die bei unbeschränkter Einkommensteuerpflicht keine ausländischen Einkünfte gem. § 34c EStG sind. Mit der zeitlichen Beschränkung soll typisierend angenommen werden, dass nach zehn Jahren keine besondere Bindung mehr zwischen dem Steuerpflichtigen und dem Inland besteht, wobei Zimmermann/Könemann hierzu kritisch anmerken, dass diese Typisierung nicht gelungen ist, da § 2 AStG nur dann zur Anwendung kommt, wenn der Steuerpflichtige weiterhin wesentliche wirtschaftliche Interessen im Inland hat und damit auch nach zehn Jahren nicht von einer Loslösung vom Bundesgebiet gesprochen werden kann.[513] Die Bemessungsgrundlage für die erweiterte beschränkte Steuerpflicht bilden die inländischen Einkünfte i. S. v. § 49 Abs. 1 AStG und darüber hinaus solche inländischen Einkünfte, die nicht gem. §§ 34c, 34d EStG als ausländische Einkünfte zu qualifizieren sind.[514] Einen Katalog der insgesamt zu

---

[511] BMF-Schreiben vom 14.05.2004, IV B 4 – S 1340 – 11/04, BStBl I 2004, Sondernummer 1/2004, Rn. 2.2.2; Niedrige Besteuerung i. S. d. § 2 Abs. 2 AStG bei der erweitert beschränkten Steuerpflicht nach § 2 AStG – Vorzugsbesteuerung in Großbritannien, OFD Münster, Runderlass vom 21.05.2002, S 1301 – 1 – St 13 – 34, StEK AStG § 2 Nr. 6, DB 2002, S. 1192.
[512] Vgl. Angermann/Anger, IStR 2005, S. 439.
[513] Zimmermann/Könemann, in: Strunk/Kaminski/Köhler, AStG, § 2, Rn. 56.
[514] Schelle/Gross, in: Wöhrle/Schelle/Gross, AStG, § 2, Rn. 58; Schauhoff, IStR 1995, S. 108, 111 f.; Schaumburg, Internationales Steuerrecht, Rn. 5.348; BMF-Schreiben vom 14.05.2004, IV B 4 – S 1340 – 11/04, BStBl I 2004, Sondernummer 1/2004, Rn. 2.5.0.1; a. A. Wassermeyer, in: Flick/Wassermeyer/Baumhoff, AStG, § 2, Rn. 22 ff., der von einer getrennten Hinzurechnung der Einkünfte gem. § 49 Abs. 1 EStG im Rahmen des § 2 Abs. 5 AStG ausgeht.

versteuernden Einkünfte enthält das BMF-Schreiben vom 14.05.2004.[515] Abschließend ist festzuhalten, dass auf die inländischen Einkünfte gem. § 2 Abs. 5 S. 1, 3 AStG ein Progressionsvorbehalt und darüber hinaus ein Mindeststeuersatz von 25 v. H. gem. § 50 Abs. 3 S. 2 EStG anzuwenden ist.[516] Zur Vermeidung einer Strafsteuer ist gem. § 2 Abs. 6 AStG im Rahmen einer sog. „Schattenveranlagung" sicherzustellen, dass die Gesamtsteuerlast des erweitert beschränkt Steuerpflichtigen nicht die Steuerlast bei fiktiver unbeschränkter Steuerpflicht im Inland überschreitet, was bei hohen Sonderausgaben und außergewöhnlichen Belastungen der Fall sein kann, die im Rahmen der erweiterten beschränkten Steuerpflicht nicht abgezogen werden.[517]

Die erweiterte beschränkte Erbschaftsteuerpflicht gem. § 4 AStG setzt voraus, dass im Zeitpunkt der Entstehung der Erbschaftsteuerschuld die vorstehend beschriebenen Voraussetzungen des § 2 Abs. 1 AStG erfüllt sind. Darüber hinaus müssen die steuertatbestandlichen Voraussetzungen der beschränkten Erbschaftsteuerpflicht gem. § 2 Abs. 1 Nr. 3 ErbStG mit einem Anfall inländischen Vermögens i. S. d. § 121 BewG beim Steuerpflichtigen vorliegen. Demgegenüber scheidet die erweiterte beschränkte Erbschaftsteuerpflicht gem. § 4 Abs. 2 AStG aus, wenn im Zuzugsstaat des Steuerpflichtigen eine Erbschaftsteuer i. H. v. mindestens 30 v. H. der deutschen Erbschaftsteuer auf das inländische Vermögen erhoben wird. Abschließend bleibt festzustellen, dass die Vorschriften eines DBA der Steuerpflicht des § 4 AStG entgegenstehen können.[518]

Die erweiterte beschränkte Einkommen- und Erbschaftsteuerpflicht gem. §§ 2, 4 AStG wird durch § 5 AStG für Beteiligungen des Steuerpflichtigen an nachgeschalteten Zwischengesellschaften gem. § 7 Abs. 1, 6 AStG ergänzt. Demgemäß ist § 5 AStG kein eigenständiger Steuertatbestand, sondern erweitert die §§ 2, 4 AStG um weitere in die Besteuerung einzubeziehende Einkünfte und Vermögensbestandteile. Mit § 5 AStG soll verhindert werden, dass sich natürliche Personen, die ihren Wohnsitz ins niedrigbesteuernde Ausland verlagern, der erweiterten beschränkten Steuerpflicht gem. §§ 2, 4 AStG dadurch entziehen, dass sie vor Verlassen des Inlands ihr nicht ausländisches Vermögen auf eine ausländische Kapitalgesellschaft steuerneutral transferieren.[519] Über die steuertatbestandlichen Voraussetzungen des § 2 Abs. 1 Nr. 1 AStG hinaus muss es sich bei den Einkünften der ausländischen Zwischengesellschaft daher um nicht ausländische Einkünfte gem. §§ 34c, 34d EStG handeln, die gem. § 8 Abs. 1 AStG als „passiv" zu qualifizieren sind und einer niedrigen Besteuerung gem.

---

[515] BMF-Schreiben vom 14.05.2004, IV B 4 – S 1340 – 11/04, BStBl I 2004, Sondernummer 1/2004, Rn. 2.5.0.2.
[516] Vgl. BFH-Urteil vom 19.11.2003, I R 34/02, BStBl II 2004, S. 773; Saß, FR 1998, S. 4; Heinicke, DStR 1998, S. 1338; Fehrenbacher, BB 2001, S. 1774; Rödder, DStR 2004, S. 1629, 1631 zur grundfreiheitlichen Problematik des § 50 Abs. 3 S. 2 EStG.
[517] BMF-Schreiben vom 14.05.2004, IV B 4 – S 1340 – 11/04, BStBl I 2004, Sondernummer 1/2004, Rn. 2.5.1 ff.
[518] Zimmermann/Klinkertz, in: Strunk/Kaminski/Köhler, AStG, § 4, Rn. 33.
[519] BMF-Schreiben vom 14.05.2004, IV B 4 – S 1340 – 11/04, BStBl I 2004, Sondernummer 1/2004, Rn. 5.0.1.

§ 8 Abs. 3 AStG im Ansässigkeitsstaat der ausländischen Zwischengesellschaft und gem. § 2 Abs. 1 Nr. 1, Abs. 2 AStG beim Steuerpflichtigen unterliegen. Umstritten ist dagegen, ob über die Voraussetzungen des § 2 Abs. 1 Nr. 1 AStG auch diejenigen des § 2 Abs. 1 Nr. 2, Abs. 3 AStG, namentlich das Fortbestehen wesentlicher wirtschaftlicher Interessen des Steuerpflichtigen im Inland, vorliegen müssen.[520] Im Ergebnis beseitigt § 5 AStG damit die Abschirmwirkung der ausländischen Kapitalgesellschaft für ihre inländischen Einkünfte und ermöglicht eine Besteuerung im Rahmen der §§ 2, 4 AStG, wenn deren tatbestandliche Voraussetzungen im Übrigen erfüllt sind.

C. Einführung in die Rechtsgrundlagen der Wegzugsbesteuerung gem. § 6 AStG

Gesetzestechnisch wird die steuerfreie Verlagerung der stillen Reserven ins Ausland durch die Anknüpfung an den Wegzug als den letzten Moment der inländischen unbeschränkten Steuerpflicht verhindert. Abweichend von § 49 Abs. 1 Nr. 2 lit. f) EStG i. V. m. § 17 EStG ist das entscheidende Merkmal für die Steuerpflicht des Anteilseigners nicht die Veräußerung der Anteile, sondern vielmehr der Wohnsitzwechsel ins Ausland und das damit verbundene Ende der unbeschränkten Steuerpflicht im Inland. Die erforderliche Beteiligungshöhe an der in- oder ausländischen Kapitalgesellschaft richtet sich nach § 6 Abs. 1 S. 1 AStG-SEStEG i. V. m. § 17 Abs. 1 S. 1 EStG und ist von ursprünglich 25 v. H. im Jahre 1972 auf inzwischen 1 v. H. abgesenkt worden.[521] Da § 6 AStG-SEStEG eine Veräußerung lediglich fingiert, tritt an die Stelle des Veräußerungspreises i. S. d. § 17 Abs. 2 EStG der gemeine Wert der Anteile im Zeitpunkt der Beendigung der unbeschränkten Steuerpflicht.[522] Über den Wegzug hinaus dehnt § 6 Abs. 1 S. 2 AStG-SEStEG den Steuertatbestand auf weitere Fälle aus, in denen das deutsche Besteuerungsrecht entfallen kann.[523]

Der EuGH hat mit seinem Urteil in der Rs. C-9/02 („Lasteyrie du Saillant") zur französischen Wegzugsbesteuerung eine umfassende Neufassung des § 6 AStG zur Anpassung an die gemeinschaftsrechtlichen Vorgaben des Urteils erforderlich gemacht. Die ersten Überlegungen des BMF gingen dabei in Richtung einer Ergänzung von § 6 AStG a. F. um eine Stundung der Steuerschuld bis zur tatsächlichen Veräußerung der Anteile durch den Steuerpflichtigen.[524] Darüber hinaus wurde auch darüber nachgedacht, den Anwendungsbereich der

---

[520] Vgl. Rundshagen, in: Strunk/Kaminski/Köhler, AStG, § 5, Rn. 46; Menck, in: Blümich, AStG, § 5, Rn. 7.
[521] Zur erstmaligen Anwendung der neuen Beteiligungsgrenze vgl. Ebling, in: Blümich, EStG, § 17, Rn. 36b.
[522] FG Rheinland-Pfalz, Urteil vom 16.08.2001, 4 K 2619/98, n. V. und FG München, Urteil vom 22.09.1998, 12 K 1776/94, n. V. wenden die §§ 9, 11 BewG für die Ermittlung des gemeinen Wertes der Anteile an.
[523] Vgl. Wassermeyer, IStR 2007, S. 833, 834 f.
[524] Vgl. IStR-Länderbericht 7/2005.

141

Norm auf das Inland auszudehnen.[525] Als erste Reaktion auf das von der EU-Kommission gem. Art. 226 EG eingeleitete Vertragsverletzungsverfahren wegen der Besteuerung nicht realisierter Wertzuwächse aus Beteiligungen an Kapitalgesellschaften gem. § 6 AStG enthielt das BMF-Schreiben vom 08.06.2005 die vorläufige Regelung, dass die gem. § 6 Abs. 1 AStG a. F. entstandene Steuer zwar wie bisher festzusetzen, gleichzeitig aber in Abweichung von § 6 Abs. 5 AStG a. F. von Amts wegen zinslos und unter Vorbehalt des Widerrufs zu stunden sei.[526] Voraussetzung für die Stundung war danach, dass der Steuerpflichtige seinen Wohnsitz innerhalb der EU oder des EWR verlegt hat und dem im Zeitpunkt der Beendigung der unbeschränkten Steuerpflicht zuständigen Finanzamt bis zum 31.12. eines jeden Jahres schriftlich seine Anschrift mitteilte und bestätigte, dass sich die Anteile noch in seinem Eigentum befanden. Darüber hinaus hatte der Steuerpflichtige solche Tatsachen, die den ganzen oder teilweisen Widerruf der Stundung begründen würden, innerhalb eines Monats schriftlich dem zuständigen Finanzamt mitzuteilen und einen möglichen Veräußerungsnachweis beizufügen. Inzwischen ist durch das SEStEG eine Anpassung des § 6 AStG an die Vorgaben des EuGH-Urteils in der Rs. C-9/02 („Lasteyrie du Saillant") vorgenommen worden. Bei dieser Neuregelung ging die Bundesregierung davon aus, dass der Bundesrepublik Deutschland grundsätzlich das Recht zusteht, den Wertzuwachs wesentlicher Beteiligungen bei einem Wegzug von Steuerpflichtigen ins Ausland zu besteuern. Nach § 6 Abs. 5 AStG-SEStEG soll die Steuer aber erst erhoben werden, wenn der Steuerpflichtige tatsächlich einen Veräußerungsgewinn erzielt. Eine eingehende Darstellung und Besprechung von § 6 AStG-SEStEG erfolgt im Rahmen der Verhältnismäßigkeitsprüfung für die Rechtfertigung eines Eingriffs der Wegzugsbesteuerung in die Personenverkehrsfreiheiten des EGV aus Artt. 39, 43 EG auf die an dieser Stelle verwiesen wird.[527]

D. Gemeinschaftsrechtliche Kollisionen der erweiterten beschränkten Einkommen- und Erbschaftsteuerpflicht

Die Besteuerung eines Wohnsitzwechsels in niedrig besteuernde Gebiete im Rahmen der erweiterten beschränkten Steuerpflicht gem. § 2 ff. AStG ist nach der hier vertretenen Auffassung bereits aufgrund einer offenen Diskriminierung nach der Staatsangehörigkeit i. S. v. Art. 12 Abs. 1 EG mit den Grundsätzen des EGV unvereinbar. Einer vertieften Auseinandersetzung mit den potentiell betroffenen Personenverkehrsfreiheiten gem. Artt. 39, 43 EG für die Wohnsitzverlegung eines erweitert beschränkt Steuerpflichtigen bedarf es danach nicht

---

[525] Vgl. IStR-Länderbericht 9/2005.
[526] Vertragsverletzungsverfahren Nr. 1999/4371 gegen die Bundesrepublik Deutschland (§ 6 AStG); EG-rechtskonforme Anwendung des § 6 AStG, Schreiben des BMF vom 08.06.2005, IV B 5 – S 1348 – 35/05, BStBl I 2005, S. 714.
[527] Siehe Kapitel 3, E. II. 1. d) ee).

mehr.[528] Im Anschluss an die Prüfung von Tatbestand und Rechtsfolge einer Diskriminierung nach der Staatsangehörigkeit gem. Art. 12 Abs. 1 EG wird die gemeinschaftsrechtliche Kollisionslage der erweiterten beschränkten Erbschaftsteuerpflicht gem. § 4 AStG im Kontext der Entscheidung des EuGH in der Rs. C-513/03 („van Hilten") erörtert.[529]

I. Die erweiterte beschränkte Steuerpflicht im Schutzbereich des allgemeinen Diskriminierungsverbots aus Art. 12 EG

Die aktuelle Gesetzesfassung von § 2 Abs. 1 S. 1 AStG erfordert als steuertatbestandliche Voraussetzung für das Eingreifen der erweiterten beschränkten Steuerpflicht die deutsche Staatsangehörigkeit i. S. v. Art. 116 GG bei der steuerpflichtigen natürlichen Person. Folglich können nur deutsche Staatsbürger, nicht aber Staatsangehörige von anderen EU-Mitgliedstaaten in den Anwendungsbereich der §§ 2 ff. AStG als Steuersubjekt der erweiterten beschränkten Steuerpflicht gelangen. Der historische Gesetzgeber hat seine Begrenzung der Steuersubjektqualität seinerzeit damit begründet, dass die erweiterte beschränkte Steuerpflicht eine über den Wegzug deutscher Staatsbürger zeitlich hinausgehende wirtschaftliche Bindung an das Inland durch eine umfassende Besteuerung der fortlaufenden Erträge aus inländischen Quellen sicherstellen soll.[530] Die Regelung der §§ 2 ff. AStG beschränkt sich deshalb auf den Bereich, in dem aus der Sicht der deutschen Steuerrechtsordnung die Gleichmäßigkeit der Besteuerung berührt ist, weil der Steuerpflichtige sowohl durch seine persönlichen Bindungen als auch durch seine wirtschaftlichen Interessen so enge Beziehungen zum deutschen Gemeinwesen hat, dass es für ihn nicht bei einer bloßen „Ausländerbesteuerung" bleiben kann.[531] Demgegenüber weist ein ausländischer Staatsangehöriger nach Auffassung des Gesetzgebers diese persönlichen Bindungen zum Inland nicht auf, so dass es einer Ausweitung der Besteuerung auf alle unbeschränkt steuerpflichtigen Personen an der notwendigen Erforderlichkeit fehlen würde.[532]

Aus gemeinschaftsrechtlicher Perspektive liegt in der Begrenzung der §§ 2 ff. AStG auf deutsche Staatsbürger eine unzulässige Diskriminierung nach der Staatsangehörigkeit i. S. v. Art. 12 Abs. 1 EG. Dem Diskriminierungsverbot in Art. 12 EG kommt eine unmittelbare Wirksamkeit zu, da es sich um ein hinreichend bestimmtes Verbot in Form einer Unterlassungspflicht handelt, das keines

---

[528] Vgl. aber Dautzenberg, IStR 1997, S. 39; Saß, FR 1998, S. 4, 8, Wassermeyer, IStR 2001, S. 113 f.
[529] EuGH-Urteil vom 23.02.2006, Rs. C-513/03 („van Hilten"), Slg. 2006, I-1957.
[530] a. a. O., BT-Drs. VI/2883, S. 17, Rn. 19.
[531] a. a. O., BT-Drs. VI/2883, S. 17, Rn. 22.
[532] a. a. O., BT-Drs. VI/2883, S. 17, Rn. 21.

mitgliedstaatlichen Vollzugsaktes bedarf und den Adressaten keinen Ermessensspielraum belässt.[533] Als Ausprägung des allgemeinen Gleichheitssatzes wird Art. 12 EG zu den Bestimmungen des EGV gezählt, denen der Charakter eines Grundrechts zukommt und die gleichzeitig Leitmotiv des Vertrages sind, welches sich in verschiedenen Konkretisierungen durch den gesamten Vertrag zieht und Interpretationsmaxime aller weiteren Bestimmungen ist.[534] Das Diskriminierungsverbot aus Art. 12 EG ist sowohl auf die Ungleichbehandlung von EU-Ausländern im Markteintrittsstaat[535] als auch auf die Diskriminierung von Staatsangehörigen des Marktaustrittsstaates mit den Staatsangehörigen der übrigen EU-Mitgliedstaaten im Falle eines grenzüberschreitenden Sachverhalts im Anwendungsbereich des EGV anwendbar.[536] Für die Anwendung von Art. 12 Abs. 1 EG auf Fälle der sog. Inländerdiskriminierung spricht insbesondere der Wortlaut der Norm, wonach „jede" Diskriminierung aus Gründen der Staatsangehörigkeit verboten ist.[537] Gleichwohl wird eine Inländerdiskriminierung nur dann von Art. 12 Abs. 1 EG erfasst, wenn der sachliche Anwendungsbereich des EGV betroffen ist. Folglich ist Art. 12 Abs. 1 EG nicht auf Betätigungen anwendbar, deren Elemente sämtlich nicht über die Grenzen eines EU-Mitgliedstaates hinausgehen.[538] Das ist im Hinblick auf die Verwirklichung des Steuertatbestands in den §§ 2 ff. AStG immer dann der Fall, wenn der Steuerpflichtige im Rahmen des Wegzugs auch den Schutzbereich der Personenverkehrsfreiheiten aus den Artt. 39, 43 EG in Anspruch nimmt, d. h. seinen Wohnsitz aus beruflichen Gründen in einen anderen EU-Mitgliedstaat verlegt.[539] Darüber hinaus ist der seinen Wohnsitz verlegende Steuerpflichtige aber auch im

---

[533] EuGH-Urteil vom 13.02.1985, Rs. 293/83 („Gravier"), Slg. 1985, S. 593, Rn. 14 f.; EuGH-Urteil vom 02.02.1989, Rs. 186/87 („Cowan"), Slg. 1989, S. 195, Rn. 11; EuGH-Urteil vom 12.05.1998, Rs. C-85/96 („Sala"), Slg. 1998, I-2691, Rn. 63; EuGH-Urteil vom 12.07.2005, Rs. C-403/03 („Schempp"), Slg. 2005, I-6421, Rn. 27 ff.

[534] Von Bogdandy, in: Grabitz/Hilf, Das Recht der Europäischen Union, EGV, Art. 12, Rn. 1 f.; Oppermann, Europarecht, Rn. 490; Epiney, Umgekehrte Diskriminierungen, S. 126.

[535] EuGH-Urteil vom 29.10.1980, Rs. 22/80 („Boussac"), Slg. 1980, S. 3427, Rn. 10; EuGH-Urteil vom 13.02.1985, Rs. 293/83 („Gravier"), Slg. 1985, S. 593, Rn. 14; EuGH-Urteil vom 02.02.1989, Rs. 186/87 („Cowan"), Slg. 1989, S. 195, Rn. 10 ff.; EuGH-Urteil vom 06.06.2002, Rs. C-360/00 („Ricordi"), Slg. 2002, I-5089, Rn. 31.

[536] EuGH-Urteil vom 13.02.1969, Rs. 14/68 („Walt Wilhelm"), Slg. 1969, S. 1, Rn. 12 f.; EuGH-Urteil vom 07.02.1979, Rs. 136/78 („Auer"), Slg. 1979, S. 437, Rn. 23 ff.; EuGH-Urteil vom 07.02.1979, Rs. 115/78 („Knoors"), Slg. 1979, S. 399, Rn. 24; Epiney, Umgekehrte Diskriminierungen, S. 118, 205 ff.

[537] Von Bogdandy, in: Grabitz/Hilf, Das Recht der Europäischen Union, EGV, Art. 12, Rn. 50.

[538] Vgl. EuGH-Beschluss vom 01.04.2004, Rs. C-184/03 („Fröschl"), Abl. EG 2004, C 118, S. 30 (Leitsätze), Rn. 23 ff.; EuGH-Urteil vom 16.02.1995, verb. Rs. C-29/94 bis C-35/94 („Aubertin u. a."), Slg. 1995, I-301, Rn. 9; EuGH-Urteil vom 05.06.1997, verb. Rs. C-64/96 und C-65/96 („Uecker und Jacquet"), Slg. 1997, I-3171, Rn. 23; EuGH-Urteil vom 05.03.2002, verb. Rs. C-515/99, C-519/99 bis C-524/99 („Reisch u. a."), Slg. 2002, I-2157, Rn. 24.

[539] Vgl. EuGH-Urteil vom 26.01.1993, Rs. C-112/91 („Werner"), Slg. 1993, I-429, Rn. 12 ff.; EuGH-Urteil vom 26.09.1996, Rs. C-43/95 („Data Delecta"), Slg. 1996, I-4661, Rn. 15.

Falle des Nichtvorliegens wirtschaftlicher oder sonstiger Gründe im Schutzbereich der Artt. 39, 43 EG über das allgemeine Freizügigkeitsrecht des Art. 18 Abs. 1 EG vor Inländerdiskriminierungen aufgrund der Staatsangehörigkeit geschützt, da die erweiterte beschränkte Steuerpflicht den inländischen Steuerpflichtigen an einer Wohnsitzverlegung zumindest mittelbar hindern kann, indem es die Entscheidung beeinflusst und dem Gesetzeszweck entsprechend auch beeinflussen soll.[540] Mit Art. 18 Abs. 1 EG beinhaltet der EGV nach der hier vertretenen Auffassung ein vertraglich konsolidiertes subjektiv-öffentliches Recht des Unionsbürgers auf freie Ein- und Ausreise, auf Freizügigkeit und auf Aufenthalt in allen EU-Mitgliedstaaten.[541] Die Norm beinhaltet einen wesensmäßigen Gehalt des Bürgerstatus für alle Unionsbürger, die sich damit diskriminierungsfrei in dem gesamten Gebiet der EU aufhalten können.[542] Zusätzlich liegt die Bedeutung von Art. 18 Abs. 1 EG in der Bündelung der bestehenden Rechte und dient als Ausgangspunkt für die weitere Ausgestaltung des gemeinschaftsweiten Freizügigkeits- und Aufenthaltsrechts.[543] Der EuGH hat in seinem Urteil in der Rs. C-85/96 („Sala") festgestellt, dass sich ein Unionsbürger, der sich nach Art. 18 Abs. 1 EG rechtmäßig in einem EU-Mitgliedstaat aufhält, in allen vom sachlichen Anwendungsbereich des EGV erfassten Fällen auf das allgemeine Diskriminierungsverbot aus Art. 12 Abs. 1 EG berufen kann.[544] Diese Feststellung muss nach der hier vertretenen Auffassung auch für die ungehinderte und damit diskriminierungsfreie Ausreise bzw. Wohnsitzverlegung für Fälle der erweiterten beschränkten Steuerpflicht deutscher Staatsangehöriger i. S. v. Art. 116 GG gelten. Hiergegen kann auch nicht eingewandt werden, dass es sich bei der Steuerpflicht gem. §§ 2 ff. AStG um eine lediglich mittelbare Diskriminierung handelt, die den eigentlichen Akt der Ausreise unberührt lässt und im Vorfeld der persönlichen Entscheidungsbildung des Steuerpflichtigen über die Vor- und Nachteile einer Wohnsitzverlegung von Bedeutung ist, da die steuertatbestandliche Ausgestaltung des § 2 Abs. 1 S. 1 AStG auf eine unmittelbare Diskriminierung nach der Staatsangehörigkeit des ausreisenden Unionsbürgers gerichtet ist und sich damit an den hierfür maßgeblichen Schranken messen lassen muss.[545] Im Rahmen von Art. 12 Abs. 1 EG i. V. m. Art. 18 Abs. 1 EG geht es, im Unterschied zu einer isolierten Anwendung von Art. 18 Abs. 1 EG, gerade nicht um den Grad der Einwirkung auf den Akt der Ausreise i. S. e. sog. „de-

---

[540] Vgl. Schlussanträge GA Léger vom 30.06.2005, Rs. C-513/03 („van Hilten"), Slg. 2006, I-1957, Rn. 68.
[541] Haag, in: von der Groeben/Schwarze, EGV, Art. 18, Rn. 6 ff.; Hilf, in: Grabitz/Hilf, Das Recht der Europäischen Union, EGV, Art. 18, Rn. 1; vgl. Schlussanträge GA La Pergola vom 01.07.1997, Rs. C-85/96 („Sala"), Slg. 1998, I-2691, Rn. 18 ff.; siehe Kapitel 3, E. II. 3. a) zum subjektiv-rechtlichen Charakter von Art. 18 Abs. 1 EG.
[542] Vgl. Kluth, in: Calliess/Ruffert, EGV, Art. 18, Rn. 2 f.
[543] KOM (97) 230, S. 16, 19.
[544] EuGH-Urteil vom 12.05.1998, Rs. C-85/96 ("Sala"), Slg. 1998, I-2691, Rn. 63.
[545] EuGH-Urteil vom 12.07.2005, Rs. C-403/03 („Schempp"), Slg. 2005, I-6421, Rn. 40 ff.; Schlussanträge GA Geelhoed vom 27.01.2005, Rs. C-403/03 („Schempp"), Slg. 2005, I-6421, Rn. 36 ff.

minimis-Regel",⁵⁴⁶ sondern vielmehr um die Erfassung und Diskriminierung von Unionsbürgern als Staatsangehörige eines EU-Mitgliedstaats unabhängig von der Intensität des Eingriffs, da eine solche Beschränkung mit dem Sinn und Zweck der Artt. 12, 18 EG als Gemeinschaftsgrundrechte und Ausfluss des Unionsbürgerstatus unvereinbar wäre. Zusammenfassend ist daher festzustellen, dass die Anknüpfung von § 2 Abs. 1 S. 1 AStG an die deutsche Staatsangehörigkeit vorbehaltlich einer speziellen Verletzung von Grundfreiheiten im Einzelfall bereits durch seine abstrakt-generelle steuertatbestandliche Ausgestaltung gegen das spezielle Diskriminierungsverbot aus Art. 12 Abs. 1 EG verstößt und damit gemeinschaftsrechtswidrig ist.

II. Die Auswirkungen des EuGH-Verfahrens in der Rs. C-513/03 („van Hilten") auf die erweiterte beschränkte Erbschaftsteuerpflicht

Das niederländische Vorabentscheidungsersuchen in der Rs. C-513/03 („van Hilten") sollte dem vorlegenden Gerechtshof ´s-Hertogenbosch die Beurteilung ermöglichen, ob die Bestimmung des niederländischen Erbrechts in Art. 3 Abs. 1 Successiewet 1956 („SW"; Erbschaftsteuergesetz), wonach ein niederländischer Staatsangehöriger, der seinen Wohnsitz aus den Niederlanden verlegt, für die Besteuerung seines Nachlasses noch als dort wohnhaft gilt, wenn er innerhalb von zehn Jahren nach seinem Fortzug aus den Niederlanden verstirbt, mit den Vorschriften des EGV über den freien Kapitalverkehr vereinbar ist. Eine über die Kapitalverkehrsfreiheit hinausgehende Vorlagefrage bezüglich einer möglichen Verletzung der Personenverkehrsfreiheiten aus den Artt. 39, 43 EG war in dem zugrunde liegenden Lebenssachverhalt schon deshalb nicht angezeigt, weil die Erblasserin unabhängig vom Vorliegen der sachlichen Schutzgewährleistungen der Niederlassungsfreiheit oder Arbeitnehmerfreizügigkeit aus den Niederlanden in die Schweiz übergesiedelt war und damit der räumliche Schutzbereich dieser Grundfreiheiten nicht berührt wurde.⁵⁴⁷ Dem Vorabentscheidungsersuchen lag ein Rechtsstreit zwischen den Erben von Frau van Hilten und der niederländischen Steuerverwaltung wegen der Erbschaftsteuer auf den Nachlass der Erblasserin zugrunde, zu der die Erben von der Steuerverwaltung veranlagt wurden.

Nach Auffassung des vorlegenden Gerichts behindert die Wohnsitzfiktion in Art. 3 SW den freien Kapitalverkehr, da sie im Fall des Vermögenstransfers des Erblassers in einen anderen Staat beim Übergang des Nachlasses innerhalb von zehn Jahren nach der Auswanderung insoweit zu einem Nachteil führt, als die Niederlande innerhalb dieser Frist Steuern erheben, wenn die Erbschaft- oder Schenkungsteuer im Ausland niedriger ist, jedoch für einen im Ausland erhobe-

---

⁵⁴⁶ Vgl. EuGH-Urteil vom 10.05.1960, Rs. 3/58 bis 18/58, 25/58 und 26/58 („Barbara Erzbergbau"), Slg. 1960, S. 373, 411 f.; EuGH-Urteil vom 04.04.1974, Rs. 167/73 („Kommission / Frankreich"), Slg. 1974, S. 359, Rn. 45 ff.; EuGH-Urteil vom 29.10.1980, Rs. 22/80 („Boussac"), Slg. 1980, S. 3427, Rn. 13.

⁵⁴⁷ Vgl. Schlussanträge GA Léger vom 30.06.2005, Rs. C-513/03 („van Hilten"), Slg. 2006, I-1957, Rn. 37 ff., 47.

nen überschießenden Steuerbetrag keine Erstattung oder Verrechnung gewähren und deshalb eine verschleierte Behinderung in Bezug auf grenzüberschreitende Erbfälle vorliege.[548] Darüber hinaus hat das vorlegende Gericht festgestellt, dass Art. 3 SW auch eine willkürliche Diskriminierung darstellt, da er zwischen niederländischen Staatsangehörigen und Angehörigen anderer Mitgliedstaaten unterscheidet, so dass niederländische Staatsangehörige der Anwendung dieser Bestimmung nur durch Aufgabe ihrer Staatsbürgerschaft entgehen könnten.[549] Das vorlegende Gericht stellte sich ferner die Frage, welche Folgen daraus zu ziehen sind, dass die Erblasserin Unionsbürgerin ist und nach Art. 12 Abs. 1 EG jede Diskriminierung aus Gründen der Staatsangehörigkeit verboten ist.[550]

Im Hinblick auf die vom vorlegenden Gericht unterstellte Beschränkung des freien Kapitalverkehrs durch Art. 3 SW stellt GA Léger in seinen Schlussanträgen zunächst fest, dass es nach ständiger Rechtsprechung des EuGH zwar Sache des nationalen Gerichts sei, im Hinblick auf den zu entscheidenden Einzelfall sowohl die Erforderlichkeit eines Vorabentscheidungsersuchens als auch die Erheblichkeit der Fragen, die dem Gerichtshof vorgelegt werden, zu beurteilen.[551] Gleichwohl sei es aber weiterhin Aufgabe des EuGH, alle Bestimmungen des Gemeinschaftsrechts auszulegen, die ihm für die Entscheidung des Ausgangsrechtsstreits erforderlich scheinen, so auch die Betroffenheit der Vorschriften über den freien Kapitalverkehr gem. Art. 56 ff. EG.[552] Zum Vorliegen eines Kapitalverkehrsvorgangs durch die Wohnsitzverlagerung der Erblasserin in die Schweiz stellt der GA in seinen Ausführungen unter Bezugnahme auf die Nomenklatur im Anhang I zur Kapitalverkehrsrichtlinie fest, dass es sich hierbei nicht um einen solchen handele, da mit der schlichten Wohnsitzverlegung nicht automatisch auch ein grenzüberschreitender Vermögenstransfer als sachlicher Schutzgehalt der Kapitalverkehrsfreiheit verbunden sei.[553] Vielmehr weist der GA unter Bezugnahme auf den Vermögensbestand der Erblasserin nach, dass mit der Wohnsitzverlagerung in die Schweiz gerade kein Transfer der in einer Vielzahl von Ländern belegenen Immobilien und sonstigen Vermögenswerte verbunden gewesen, sondern aus tatsächlicher Perspektive ein Verbleib der räumlichen Zuordnung der Erbmasse in ihren ursprünglichen Jurisdiktionen

---

[548] Schlussanträge GA Léger vom 30.06.2005, Rs. C-513/03 („van Hilten"), Slg. 2006, I-1957, Rn. 23.
[549] Schlussanträge GA Léger vom 30.06.2005, Rs. C-513/03 („van Hilten"), Slg. 2006, I-1957, Rn. 24.
[550] Schlussanträge GA Léger vom 30.06.2005, Rs. C-513/03 („van Hilten"), Slg. 2006, I-1957, Rn. 26.
[551] Schlussanträge GA Léger vom 30.06.2005, Rs. C-513/03 („van Hilten"), Slg. 2006, I-1957, Rn. 29 ff.
[552] Vgl. EuGH-Urteil vom 18.03.1993, Rs. C-280/91 („Viessmann"), Slg. 1993, I-971, Rn. 17; EuGH-Urteil vom 08.02.2001, Rs. C-350/99 („Lange"), Slg. 2001, I-1061, Rn. 20 ff.; EuGH-Urteil vom 06.05.2003, Rs. C-104/01 („Libertel"), Slg. 2003, I-3793, Rn. 22; EuGH-Urteil vom 01.03.2005, Rs. C-281/02 („Owusu"), Slg. 2005, I-1383, Rn. 23.
[553] Schlussanträge GA Léger vom 30.06.2005, Rs. C-513/03 („van Hilten"), Slg. 2006, I-1957, Rn. 57 f.

festzustellen sei.[554] Dieser Auffassung ist zuzustimmen, da sich Art. 56 Abs. 1 EG seinem Wortlaut nach auf einen tatsächlichen grenzüberschreitenden Vermögenstransfer bezieht, so dass die personale Zuordnung des Vermögens dabei außer Betracht bleibt. Gleichwohl kommt der GA in seinen Ausführungen zur Eröffnung des sachlichen Schutzbereichs von Art. 56 Abs. 1 EG, in dem er die Universalsukzession im Rahmen des Erbfalls als einen grenzüberschreitenden Vermögensübergang zwischen der im Todeszeitpunkt in der Schweiz ansässigen Erblasserin und den in den Niederlanden ansässigen Erben i. S. e. Kapitalverkehrs mit persönlichem Charakter gem. Ziff. XI, Anhang I zur Kapitalverkehrsrichtlinie qualifiziert.[555] Hierzu bezieht sich der GA auf die Entscheidung des EuGH in der Rs. C-364/01 („Erben von Barbier"), in der vom Gerichtshof ausdrücklich bestätigt wurde, dass der Übergang eines Vermögens im Wege der Erbschaft ein Kapitalverkehrsvorgang i. S. d. EGV ist.[556] Die Erhebung der Erbschaftsteuer steht mit dem Vermögenstransfer auch in einem unmittelbaren Zusammenhang, da die Erben nur deshalb zur Besteuerung herangezogen wurden, weil sie die Erbschaft angenommen und den gesetzlichen Vermögensübergang damit rechtswirksam bestätigt haben.[557] Dieser Feststellung von GA Léger folgt der EuGH in seinem Urteil vom 23.02.2006 uneingeschränkt.[558]

Für die erweiterte beschränkte Erbschaftsteuerpflicht gem. § 4 AStG i. V. m. § 2 Abs. 1 Nr. 3 ErbStG bedeuten die Ausführungen des GA sinngemäß, dass die Wohnsitzverlegung ins niedrigbesteuernde Ausland nicht bereits als Kapitalverkehrsvorgang i. S. v. Art. 56 Abs. 1 EG zu qualifizieren ist, sondern allenfalls der Eintritt des Erbfalls, wenn die damit verbundene Universalsukzession einen grenzüberschreitenden Charakter aufweist. Zwar sind die Vorschriften des niederländischen Erbschaftsteuergesetzes insofern nicht deckungsgleich mit der erweiterten beschränkten Erbschaftsteuerpflicht gem. § 4 AStG oder der beschränkten Erbschaftsteuerpflicht gem. § 2 Abs. 1 Nr. 3 ErbStG als sie nicht nur inländisches Vermögen des Erblassers in die Bemessungsgrundlage der Erbschaftsteuer einbeziehen, sondern gem. Art. 1 SW alle von den Erben erworbenen Vermögensgegenstände unabhängig von ihrem Standort zugrunde gelegt werden. Dennoch ist die niederländische Regelung mit der erweiterten unbeschränkten Erbschaftsteuerpflicht gem. § 2 Abs. 1 S. 1, 2 lit. b) ErbStG für den gesamten Vermögensanfall des Erblassers vergleichbar, wonach dieser die hierfür erforderliche Inländereigenschaft besitzt, wenn er sich als deutscher Staatsangehöriger nicht länger als fünf Jahre vor dem Erbfall dauernd im Ausland auf-

---

[554] Schlussanträge GA Léger vom 30.06.2005, Rs. C-513/03 („van Hilten"), Slg. 2006, I-1957, Rn. 58; EuGH-Urteil vom 23.02.2006, Rs. C-513/03 („van Hilten"), Slg. 2006, I-1957, Rn. 49.
[555] Schlussanträge GA Léger vom 30.06.2005, Rs. C-513/03 („van Hilten"), Slg. 2006, I-1957, Rn. 52 ff.
[556] EuGH-Urteil vom 11.12.2003, Rs. C-364/01 („Erben von Barbier"), Slg. 2003, I-15013, Rn. 58.
[557] Vgl. Schlussanträge GA Léger vom 30.06.2005, Rs. C-513/03 („van Hilten"), Slg. 2006, I-1957, Rn. 55.
[558] EuGH-Urteil vom 23.02.2006, Rs. C-513/03 („van Hilten"), Slg. 2006, I-1957, Rn. 38 ff.

gehalten hat, ohne im Inland einen Wohnsitz zu haben. Dennoch ist der Argumentation des GA im Hinblick auf die tatbestandliche Anknüpfung von § 4 AStG und § 2 Abs. 1 S. 1, 2 lit. b) ErbStG an die Verlegung des Wohnsitzes ins Ausland zu folgen, da hiermit allein kein grenzüberschreitender Vermögenstransfer verbunden ist. Ein solcher wäre nur dann anzunehmen, wenn die Universalsukzession der Vermögensgegenstände im Todeszeitpunkt des Erblassers ein grenzüberschreitendes Element dadurch aufweist, dass Erblasser und Erbe in unterschiedlichen Staaten ansässig sind, wobei es im Hinblick auf den räumlichen Schutzbereich der Kapitalverkehrsfreiheit unerheblich ist, ob es sich dabei um einen EU-Mitgliedstaat handelt oder nicht. Das kann im Extremfall dazu führen, dass weder der Erbe noch der Erblasser im Todeszeitpunkt im Inland ansässig sind.

Trotz der Feststellung eines Eingriffs in den Schutzbereich von Art. 56 Abs. 1 EG kommen GA Léger und im Anschluss daran auch der EuGH zu dem Ergebnis, dass die Regelung des niederländischen Erbschaftsteuerrechts keine Beschränkung der Grundfreiheit darstellt und damit den Anforderungen des Gemeinschaftsrechts entspricht.[559] Zur tatbestandlichen Reichweite des Beschränkungsverbots im Rahmen des Art. 56 Abs. 1 EG stellt der GA zunächst fest, dass nicht nur unmittelbare Beschränkungen verboten sind, sondern auch solche Maßnahmen einen Eingriff in die Kapitalverkehrsfreiheit darstellen, die lediglich mittelbar wirken oder eine Maßnahme des Marktaustrittsstaates darstellen, so dass von einem umfassenden Eingriffsverbot ausgegangen wird.[560] Unter erneuter Bezugnahme auf das EuGH-Urteil in der Rs. C-364/01 („Erben von Barbier") wird weiterhin ausgeführt, dass eine nationale Regelung im Rahmen des Erbschaftsteuerrechts immer dann eine Beschränkung des freien Kapitalverkehrs ist, wenn sie zu einer Schlechterstellung grenzüberschreitender gegenüber rein innerstaatlichen Investitionen führt.[561] In dem Urteil ging es um Bestimmungen des niederländischen Rechts, nach denen in den Niederlanden belegene Immobilien in Bezug auf die Erbschaftsteuer und damit zusammenhängende Steuern unterschiedlich behandelt wurden, je nachdem, ob der Erblasser in den Niederlanden wohnte oder nicht, da es nach diesen Bestimmungen bei der Bewertung des Nachlasses zum Zweck der Berechnung der Bemessungsgrundlage der Steuer

---

[559] EuGH-Urteil vom 23.02.2006, Rs. C-513/03 („van Hilten"), Slg. 2006, I-1957, Rn. 45 ff.
[560] Vgl. Schlussanträge GA Léger vom 30.06.2005, Rs. C-513/03 („van Hilten"), Slg. 2006, I-1957, Rn. 61; EuGH-Urteil vom 14.11.1995, Rs. C-484/93 („Svensson Gustavsson"), Slg. 1995, I-3955, Rn. 10; EuGH-Urteil vom 01.06.1999, Rs. C-302/97 („Konle"), Slg. 1999, I-3099, Rn. 23, 39; EuGH-Urteil vom 14.10.1999, Rs. C-439/97 („Sandoz GmbH"), Slg. 1999, I-7041, Rn. 31; EuGH-Urteil vom 13.07.2000, Rs. C-423/98 („Albore"), Slg. 2000, I-5965, Rn. 16; EuGH-Urteil vom 26.09.2000, Rs. C-478/98 („Kommission / Belgien"), Slg. 2000, I-7587, Rn. 18 f.; EuGH-Urteil vom 11.01.2001, Rs. C-464/98 („WestLB Girozentrale / Stefan"), Slg. 2001, I-173, Rn. 5; EuGH-Urteil vom 05.03.2002, verb. Rs. C-515/99, C-519/99 bis C-524/99 und C-526/99 bis C-540/99 („Reisch u. a."), Slg. 2002, I-2157, Rn. 32; EuGH-Urteil vom 04.06.2002, Rs. C-367/98 („Kommission / Portugal"), Slg. 2002, I-4731, Rn. 40.
[561] EuGH-Urteil vom 11.12.2003, Rs. C- 364/01 („Erben von Barbier"), Slg. 2003, I-15013, Rn. 62.

nur dann möglich war, den Wert der Immobilien abzuziehen, deren wirtschaftliches Eigentum auf eine andere juristische Person übertragen worden war, wenn der Erblasser in den Niederlanden wohnte, während dies ausgeschlossen war, wenn der Erblasser kein Gebietsansässiger war.[562] Eine entsprechende Differenzierung zwischen der Herkunft einzelner Nachlassgegenstände ist in den Vorschriften des niederländischen Erbschaftsteuergesetzes dagegen nicht enthalten. Vielmehr wird gerade nicht an die Belegenheit des Nachlasses für Zwecke der Erbschaftsteuer angeknüpft, sondern ausschließlich an die Herkunft und Staatsangehörigkeit des Erblassers.[563] Folglich kann hierin keine Beschränkung der Investition in bestimmte materielle oder immaterielle Wirtschaftsgüter i. S. d. Kapitalverkehrsfreiheit gesehen werden.[564] Bezieht man diese Feststellung auf die erweiterte unbeschränkte Erbschaftsteuerpflicht gem. § 2 Abs. 1 S. 1, 2 lit. b) ErbStG, so liegt in der Erfassung des gesamten Vermögensanfalls ohne eine Differenzierung nach der Belegenheit des einzelnen Vermögensgegenstands oder der Ansässigkeit des Erben ebenfalls keine Beschränkung einzelner Kapitalverkehrsvorgänge im Rahmen der Universalsukzession. Diese Schlussfolgerung ist auch auf die erweiterte beschränkte Erbschaftsteuerpflicht gem. § 4 AStG i. V. m. § 2 Abs. 1 Nr. 3 ErbStG übertragbar, da Gegenstand der Steuerpflicht nur solche im Inland belegenen Vermögenswerte des Erblassers sind, die auch im Rahmen der erweitert beschränkten Einkommensteuerpflicht gem. § 2 AStG herangezogen werden, so dass es lediglich zu einer sog. Inländerdiskriminierung kommt, die allerdings keinen grenzüberschreitenden Charakter aufweist.

Nach Auffassung des GA kann in der niederländischen Regelung des Erbschaftsteuerrechts auch keine Diskriminierung durch eine Benachteiligung der Vermögensausfuhr im Falle eines grenzüberschreitenden Wohnsitzwechsels gesehen werden, da die Heraufschleusung des ausländischen Steuerniveaus auf die niederländische Erbschaftsteuerbelastung unter Anrechnung der ausländischen Erbschaftsteuer keine Schlechterstellung des grenzüberschreitenden Sachverhalts bedeute.[565] Das Gemeinschaftsrecht verpflichte bei seinem gegenwärtigen Stand einen Mitgliedstaat nicht, seine Staatsangehörigen, die auf diese Art und Weise von ihren durch den Vertrag verliehenen Freizügigkeits- und Aufenthaltsrechten Gebrauch machen, besser zu stellen, als wenn sie im Land geblieben wären.[566] Aus demselben Grund könne auch keine Erstattung einer überschießenden ausländischen Erbschaftsteuer in den Niederlanden geltend gemacht werden, da der EGV aufgrund der fehlenden Harmonisierung einem Unionsbürger nicht garantieren kann, dass die Verlegung seiner Tätigkeiten oder bloß seines Wohnsitzes in einen anderen Staat als den, in dem er vorher gewohnt hat, steuer-

---

[562] Vgl. Schlussanträge GA Léger vom 30.06.2005, Rs. C-513/03 („van Hilten"), Slg. 2006, I-1957, Rn. 63.
[563] EuGH-Urteil vom 23.02.2006, Rs. C-513/03 („van Hilten"), Slg. 2006, I-1957, Rn. 40.
[564] EuGH-Urteil vom 23.02.2006, Rs. C-513/03 („van Hilten"), Slg. 2006, I-1957, Rn. 45.
[565] Schlussanträge GA Léger vom 30.06.2005, Rs. C-513/03 („van Hilten"), Slg. 2006, I-1957, Rn. 67 ff.
[566] Schlussanträge GA Léger vom 30.06.2005, Rs. C-513/03 („van Hilten"), Slg. 2006, I-1957, Rn. 72.

lich völlig neutral ist.[567] Diese Auffassung des GA ist insofern überraschend, da sie ein kapitalexportneutrales Besteuerungskonzept im Rahmen der Erbschaftsteuer anerkennt und eine Heraufschleusung eines ausländischen Steuerniveaus aufgrund eines inländischen Steuertatbestands weder als Diskriminierung noch als Beschränkung einer Grundfreiheit wertet. Besonders bemerkenswert ist schließlich, dass der EuGH den Argumenten des GA uneingeschränkt folgt und sich damit entgegen seiner bisher eher restriktiven Auslegung des grundfreiheitlichen Beschränkungsbegriffs nun scheinbar einer differenzierteren Betrachtungsweise öffnet. Für eine eingehende Auseinandersetzung mit der beschränkenden Wirkung einer kapitalexportneutralen Besteuerung und der diesbezüglichen Rechtsprechung des EuGH wird an dieser Stelle auf die Erörterungen zur Hinzurechnungsbesteuerung und zum „Treaty Override" im vierten und siebten Kapitel dieser Arbeit verwiesen.[568]

Darüber hinaus lehnen der GA und der EuGH auch eine Diskriminierung von niederländischen Staatsangehörigen durch die Begrenzung der untersuchten Regelungen des Erbschaftsteuerrechts auf eigene Staatsangehörige im Anwendungsbereich der Artt. 12, 18 EG ab.[569] Nach dieser Auffassung stellt die Unionsbürgerschaft nicht die Befugnis der Niederlande in Frage, die Kriterien für die Anknüpfung an sein nationales Recht auf dem Gebiet der Nachlassbesteuerung festzulegen, so dass die ausschließliche Anwendung der streitigen Regelung auf niederländische Staatsangehörige, die in den Niederlanden gewohnt haben, und nicht auch auf Angehörige anderer Mitgliedstaaten, die ebenfalls ihren Wohnsitz in den Niederlanden gehabt haben, keine Diskriminierung aus Gründen der Staatsangehörigkeit i. S. v. Art. 12 Abs. 1 EG sei.[570] Zur Begründung beruft sich GA Léger auf die Rechtsprechung des EuGH in der Rs. C-336/96 („Gilly"), wonach die EU-Mitgliedstaaten weiterhin die Art und Weise der Beseitigung der Doppelbesteuerung in eigener Verantwortung regeln, sofern sie die Vorgaben des Gemeinschaftsrechts beachten.[571] In diesem Zusammenhang wurde vom EuGH festgestellt, dass in Ermangelung von Maßnahmen zur Vereinheitlichung oder Harmonisierung der Zuständigkeit der Mitgliedstaaten, um die Doppelbesteuerung untereinander zu beseitigen, das Kriterium der Staatsangehörigkeit als steuerlicher Anknüpfungspunkt zugelassen werden könne, ohne dass deshalb eine Diskriminierung vorläge.[572] Hieraus leitet GA Léger ab, dass

---

[567] Schlussanträge GA Léger vom 30.06.2005, Rs. C-513/03 („van Hilten"), Slg. 2006, I-1957, Rn. 73.
[568] Siehe Kapitel 4, C. II. und Kapitel 7, C.
[569] Schlussanträge GA Léger vom 30.06.2005, Rs. C-513/03 („van Hilten"), Slg. 2006, I-1957, Rn. 75 ff.; EuGH-Urteil vom 23.02.2006, Rs. C-513/03 („van Hilten"), Slg. 2006, I-1957, Rn. 47.
[570] Schlussanträge GA Léger vom 30.06.2005, Rs. C-513/03 („van Hilten"), Slg. 2006, I-1957, Rn. 81; EuGH-Urteil vom 23.02.2006, Rs. C-513/03 („van Hilten"), Slg. 2006, I-1957, Rn. 47.
[571] EuGH-Urteil vom 12.05.1998, Rs. C-336/96 („Gilly"), Slg. 1998, I-2793, EuGH-Urteil vom 15.07.2004, Rs. C-365/02 („Lindfors"), Slg. 2004, I-7183, Rn. 34 f.
[572] Schlussanträge GA Léger vom 30.06.2005, Rs. C-513/03 („van Hilten"), Slg. 2006, I-1957, Rn. 76.

die Niederlande befugt seien, die Besteuerung des Nachlasses der eigenen Staatsangehörigen, auch solcher, die das Land verlassen, zu regeln, wobei allerdings Bedingung sei, dass diese Befugnis unter Beachtung des Gemeinschaftsrechts ausgeübt werde, d. h. ohne die Bestimmungen des Vertrages über das Recht auf Freizügigkeit und den Aufenthalt in anderen Mitgliedstaaten zu beeinträchtigen.[573] Insoweit stehe auch der durch Art. 18 Abs. 1 EG garantierte Unionsbürgerstatus i. V. m. dem Verbot der Diskriminierung nach der Staatsangehörigkeit aus Art. 12 Abs. 1 EG einer Besteuerung wie im vorliegenden Fall nicht entgegen, da dieser beim vorliegenden Stand des Gemeinschaftsrechts den EU-Mitgliedstaaten nur vorschreibe, gegenüber ihren eigenen Staatsangehörigen auf dem Gebiet der direkten Steuern dieselben Grenzen zu beachten, wie sie sich aus den im EGV enthaltenen Freizügigkeitsrechten ergeben, so dass lediglich eine Diskriminierung des grenzüberschreitenden gegenüber dem rein innerstaatlichen Sachverhalt zu vermeiden sei.[574] So beseitige die Unionsbürgerschaft nicht die Staatsangehörigkeit eines EU-Mitgliedstaates, sondern ergänze diese vielmehr i. S. e. umfassenden Diskriminierungsverbots, wenngleich damit keine Beseitigung der besonderen Verbindung des Unionsbürgers zu seinem Heimatstaat verbunden sei.[575]

Als ergänzende Rechtfertigung weisen GA Léger und der EuGH unter Bezugnahme auf die Rechtsprechung des EuGH in der Rs. C-336/96 („Gilly")[576] auf die Übereinstimmung der niederländischen Regelung mit der völkerrechtlichen Praxis zur Vermeidung einer Doppelbesteuerung im MA zur Vermeidung der Doppelbesteuerung der Nachlässe, Erbschaften und Schenkungen von 1982 hin.[577] Dem OECD-Bericht zufolge ist das System, wonach die Staaten, um zu vermeiden, dass einige ihrer Bürger in Erwartung ihres Todes ihren Wohnsitz nur zu dem Zweck in einen anderen Staat verlegen, die Erbschaftsteuer ihres Herkunftsstaats zu umgehen, die Besteuerung des gesamten Nachlasses ihrer Bürger vorsehen, selbst wenn sie im Ausland wohnen, zur Vermeidung der Steuerflucht gerechtfertigt. Es darf jedoch höchstens eine Frist von zehn Jahren zwischen der Verlegung des Wohnsitzes ins Ausland und dem Tod des Erblassers liegen. Außerdem muss in einem solchen Fall der Staat, der Steuern aufgrund der Staatsangehörigkeit erhebt, die von ihm berechneten Steuern um die Steuern kürzen, die in dem Staat, in dem der Erblasser seinen Wohnsitz begrün-

---

[573] Schlussanträge GA Léger vom 30.06.2005, Rs. C-513/03 („van Hilten"), Slg. 2006, I-1957, Rn. 77.
[574] Schlussanträge GA Léger vom 30.06.2005, Rs. C-513/03 („van Hilten"), Slg. 2006, I-1957, Rn. 78 f.
[575] Schlussanträge GA Léger vom 30.06.2005, Rs. C-513/03 („van Hilten"), Slg. 2006, I-1957, Rn. 79.
[576] EuGH-Urteil vom 12.05.1998, Rs. C-336/96 („Gilly"), Slg. 1998, I-2793, Rn. 31.
[577] Schlussanträge GA Léger vom 30.06.2005, Rs. C-513/03 („van Hilten"), Slg. 2006, I-1957, Rn. 82; EuGH-Urteil vom 23.02.2006, Rs. C-513/03 („van Hilten"), Slg. 2006, I-1957, Rn. 48.

det hatte, und in den Staaten, die die in ihrem Hoheitsgebiet befindlichen Vermögensgegenstände besteuern, erhoben worden sind.[578]
Mit der Auffassung von GA Léger wäre auch die Anknüpfung der erweiterten unbeschränkten Erbschaftsteuerpflicht gem. § 2 Abs. 1 S. 1, 2 lit. b) ErbStG an die deutsche Staatsangehörigkeit des Erblassers keine Diskriminierung nach der Staatsangehörigkeit i. S. d. Artt. 12 Abs. 1, 18 Abs. 1 EG, da hierdurch ebenfalls eine umfassende Bindung des Staatsangehörigen an seinen Heimatstaat dokumentiert wird, die im Rahmen der Nachlassbesteuerung zur Vermeidung einer Steuerumgehung nicht im Widerspruch zu den Vorgaben des EGV stünde. Vorab ist allerdings festzustellen, dass Art. 12 Abs. 1 EG i. V. m. Art. 18 Abs. 1 EG auf einen Sachverhalt mit Drittstaatenbezug zur Schweiz schon aus tatsächlicher Perspektive nicht anwendbar ist, da die Gewährleistungen der allgemeinen Freizügigkeit ausschließlich auf das Gemeinschaftsgebiet begrenzt sind. Darüber hinaus ist gegen die Argumentation des GA einzuwenden, dass es sich bei dem Urteil in der Rs. C-336/96 („Gilly") um einen Sachverhalt handelt, bei dem es um die Anrechnung von deutscher Einkommensteuer eines französischen Ehepaars in ihrem Heimatland Frankreich auf die dortige Einkommensteuer auf das Welteinkommen geht.[579] Demnach war es nicht primär Gegenstand des Urteils zu entscheiden, ob in der Beschränkung einer steuerlichen Regelung auf Staatsangehörige eines EU-Mitgliedstaates eine Diskriminierung nach der Staatsangehörigkeit zu sehen ist. Vielmehr ging es um die Geltendmachung eines im Inland nicht anrechenbaren Überhangs von im Ausland gezahlter Einkommensteuer bei der Veranlagung der ansässigen Steuerpflichtigen im Hoheitsgebiet eines EU-Mitgliedstaates. Die Regelung des französischen Steuerrechts für eine begrenzte Anrechnung ausländischer Einkommensteuer wies demnach gerade keine Differenzierung nach der Staatsangehörigkeit auf, sondern war unterschiedslos auf alle ansässigen Steuerpflichtigen anwendbar. Demgegenüber knüpft sowohl die Regelung des niederländischen Erbschaftsteuerrechts als auch § 2 Abs. 1 S. 1, 2 lit. b) ErbStG an die Staatsangehörigkeit der Erblasser an und bewirkt damit eine tatbestandliche Diskriminierung i. S. v. Art. 12 Abs. 1 EG. Gleichwohl ist diese Diskriminierung i. S. e. Verletzung der Freizügigkeit gem. Art. 12 Abs. 1 EG i. V. m. Art. 18 Abs. 1 EG für den besteuerten Erbfall nicht einschlägig, da im Zeitpunkt der Universalsukzession weder der Erblasser noch der Erbe von seiner Freizügigkeit Gebrauch macht. So ist die Freizügigkeit des Erblassers im Wegzugszeitpunkt gerade nicht betroffen, da in diesem Zeitpunkt keine Steuerpflicht entsteht. Diese entsteht erst im Todeszeitpunkt des Erblassers mit Wirkung gegen die Erben, welche zu diesem Zeitpunkt aber weder direkt noch indirekt von einer irgendwie gearteten Freizügigkeitsgarantie i. S. d. Art. 18 Abs. 1 EG im Gemeinschaftsgebiet Gebrauch machen. An dieser Stelle unterscheidet sich die Regelung des niederländischen und deutschen Erbschaftsteuerrechts auch von der erweitert beschränkten Einkommensteuerpflicht

---

[578] OECD, Paris, 1983, Bericht zu den Artikeln 4, 7, 9a und 9b MA zur Vermeidung der Doppelbesteuerung der Nachlässe, Erbschaften und Schenkungen.
[579] Siehe Kapitel 7, C. I. 1. a) für eine Sachverhaltsdarstellung.

gem. § 2 AStG, die als Ertragsbesteuerung unmittelbar an den Wegzug einer Person anknüpft und damit auch Auswirkungen auf die Freizügigkeit des Steuerpflichtigen hat, so dass sich dieser auf ihren Schutz berufen kann.[580] Letzteres kann aber nicht für die erweiterte beschränkte Erbschaftsteuerpflicht gem. § 4 AStG i. V. m. § 2 Abs. 1 Nr. 3 ErbStG gelten, die ebenfalls erst im Zeitpunkt der Universalsukzession eingreift und trotz ihrer steuertatbestandlichen Akzessorietät mit den Voraussetzungen des § 2 AStG mit dem Wohnsitzwechsel des erweitert beschränkt Steuerpflichtigen nicht zusammenhängt. Im Ergebnis können sich die Erben, wie schon von GA Léger festgestellt, daher nur auf die Gewährleistungen der Kapitalverkehrsfreiheit berufen, wobei die universelle Ausrichtung der erweiterten unbeschränkten Erbschaftsteuerpflicht auf sämtliche Vermögensgegenstände des Erblassers unabhängig von ihrer Belegenheit eine Diskriminierung ausschließt. Zu dem gleichlautenden Ergebnis kommt man bei der erweiterten beschränkten Erbschaftsteuerpflicht, wenn man die Radizierung auf rein innerstaatliche Vermögensgegenstände ohne grenzüberschreitenden Bezug als nicht vom Schutzbereich der Kapitalverkehrsfreiheit umfasst anerkennt, da es sich hierbei um eine unbeachtliche Inländerdiskriminierung handelt.

III. Zusammenfassung

Die Vorschriften über die erweiterte beschränkte Steuerpflicht gem. §§ 2, 5 AStG sind aufgrund ihrer Anknüpfung an die deutsche Staatsangehörigkeit des Steuersubjekts gem. § 2 Abs. 1 S. 1 AStG i. V. m. Art. 116 GG wegen eines Verstoßes gegen das Diskriminierungsverbot aus Gründen der Staatsangehörigkeit gem. Art. 12 Abs. 1 EG i. V. m. Art. 18 Abs. 1 EG als mit den Vorgaben des EGV unvereinbar zu qualifizieren.

Demgegenüber knüpfen die Vorschriften über eine erweiterte Erbschaftsteuerpflicht gem. § 4 AStG i. V. m. § 2 Abs. 1 Nr. 3 ErbStG und § 2 Abs. 1 S. 1, 2 lit. b) ErbStG nach der hier vertretenen Auffassung weder unmittelbar noch mittelbar an die Freizügigkeit des Erblassers an, so dass die steuertatbestandliche Radizierung der Besteuerung auf die Erbmasse deutscher Staatsangehöriger allenfalls eine Beschränkung der Kapitalverkehrsfreiheit bedeuten kann, wenn in der Universalsukzession ein grenzüberschreitender Vermögenstransfer zu sehen ist. Das ist jedoch in beiden Fällen gerade nicht der Fall, da hier keine dementsprechende sachliche Radizierung vorgenommen wird.[581] Konsequenterweise ist mit der Auffassung des EuGH in der Rs. C-336/96 („Gilly") auch kein gemeinschaftsrechtlicher Anspruch auf Anrechnung einer überschießenden ausländischen Erbschaftsteuerbelastung herzuleiten. Abschließend ist positiv zu bewerten, dass der EuGH den Schlussanträgen von GA Léger in der Rs. C-513/03 („van Hilten") gefolgt ist, da die vorgenommene Differenzierung des GA insbesondere im Hinblick auf einen kapitalexportneutralen Ansatz der Erbschaftsbe-

---

[580] Siehe Kapitel 3, B.
[581] A. A. i. E. Müller-Etienne, Die Europarechtswidrigkeit des Erbschaftsteuerrechts, S. 185 ff.; Dautzenberg, EWS 1998, S. 89; Schaumburg, RIW 2001, S. 165, 167; Wachter, DStR 2004, S. 542; Schnitger, FR 2004, S. 188 ff.

steuerung als Basis für die Ablehnung einer Diskriminierung der tendenziell bisher generalisierenden Vorgehensweise des Gerichtshofs bei der Feststellung eines Eingriffs in die Grundfreiheiten diametral entgegensteht und damit eine differenzierende Auslegung des grundfreiheitlichen Beschränkungsbegriffs für die Zukunkt ermöglicht.

E. Abkommens- und gemeinschaftsrechtliche Kollisionen der Wegzugsbesteuerung

Der Zweck des Steuertatbestands in § 6 AStG besteht einerseits in der Sicherung des Besteuerungsrechts an den im Inland angesammelten stillen Reserven, wenn diese aus dem deutschen Steuerbereich herausgelöst werden.[582] Andererseits will man die generelle Durchsetzung des Grundsatzes einer gleichmäßigen und gerechten Besteuerung im Rahmen des verfassungsrechtlich verbürgten Leistungsfähigkeitsprinzips als Ausfluss von Art. 3 Abs. 1 GG gewährleisten.[583] Es soll grundsätzlich verwehrt sein, sich durch die Ausnutzung des internationalen Steuergefälles einen steuerlichen Vorteil gegenüber einem vergleichbaren Steuerinländer zu verschaffen. Insofern ist die Forderung nach der Einführung der Wegzugsbesteuerung auch vor dem historischen Hintergrund einiger spektakulärer Steuerfälle der sechziger Jahre zu sehen, in denen begüterte Bundesbürger die beschriebene steuerliche Gestaltungsmöglichkeit zur Vermeidung einer inländischen Veräußerungsgewinnbesteuerung ausnutzten.[584] Insbesondere der Fall des Helmut Horten machte erhebliche Schlagzeilen und führte dazu, dass der § 6 AStG bei seinem Erlass vielfach als sog. „Lex Horten" bezeichnet wurde. In diesem Zusammenhang ist auch die steuerfreie Veräußerung der Anteile an der Sachs AG München durch die Gebrüder Gunter und Ernst Wilhelm Sachs im Jahre 1975 zu nennen.[585] Sowohl die Gebrüder Sachs als auch der deutsche Kaufhausmillionär Horten waren zur Umgehung der inländischen Veräußerungsgewinnbesteuerung in einen niedrig besteuernden Schweizer Kanton umgesiedelt. Die populistische Darstellung der Fälle in der damaligen Zeit verfehlte ihre Wirkung nicht und erzeugte auf den Steuergesetzgeber einen erheblichen Druck, der Entwicklung gesetzgeberisch entgegenzuwirken.[586] Anzumerken ist allerdings, dass der Fall des Helmut Horten weniger ein Problem des deutschen Außensteuerrechts war, als vielmehr einer Lücke im damaligen Umwandlungssteuergesetz entsprang.[587] Festzuhalten bleibt aber, dass die von § 6 AStG bekämpfte Steuerumgehungsmöglichkeit kein Problem der Steuerflucht in bekannte außereuropäische Steueroasen war und ist. Vielmehr ist für die Steuerfreistellung im Inland die Zuordnungsfunktion eines DBA mit Steuerfreistellung im

---

[582] a. a. O., BT-Drs. VI/2883, S. 18, Rn. 24.
[583] a. a. O., BT-Drs. VI/2883, S. 18, Rn. 25.
[584] Wassermeyer, RIW 1984, S. 462.
[585] Quack, DStR 1976, S. 69.
[586] Ritter, in: Vogel/Ellis, Steueroasen und Außensteuergesetze, S. 75; a. a. O., BT-Drs. IV/2412, S. 6.
[587] Vgl. Vogel, DB 1977, S. 1717 ff.; Wingert, BB 1978, S. 1346 ff.

Quellenstaat der Veräußerungseinkünfte erforderlich, so dass gerade die klassischen Industrienationen und Schwellenländer als Zuzugsstaaten in Betracht kommen, sofern sie eine niedrige Veräußerungsgewinnbesteuerung vorsehen. Die nachfolgende Tabelle bietet einen Überblick über die Steuerbegünstigung privater Veräußerungsgewinne im EU- / EWR-Raum und verdeutlicht damit, dass eine niedrige Veräußerungsgewinnbesteuerung keine Erscheinung der damaligen Zeit war, sondern auch noch heute existent ist:

EU- / EWR-Mitgliedstaat	Veräußerungsgewinnbesteuerung[588]
Belgien	16,5 %.; Mindestbeteiligung 25 v. H.
Bulgarien	Steuerbefreiung für börsennotierte Anteile
Dänemark	28 % bzw. 43 % (≥ 46.700 DKK)
Estland	Keine Vorzugsbesteuerung
Finnland	Keine Vorzugsbesteuerung
Frankreich	16 % + Social Tax; Mindesthaltedauer 2 Jahre
Griechenland	Börsennotierte Anteile steuerfrei; nicht gelistete Gesellschaften 5 %; GP und LLC 20 %; Verwandte begünstigt
Irland	Max. 20 %
Island	Keine Vorzugsbesteuerung
Italien	60 % steuerfrei; Mindestbeteiligung bei börsennotierten Anteilen 5 v. H.; sonst 12,5 v. H. bzw. 20 v. H.
Lettland	Vollständige Steuerbefreiung
Liechtenstein	Max. 18%
Litauen	Max. 15%
Luxemburg	Hälftiger Einkommensteuersatz des Anteilseigners; Mindestbeteiligung 10 v. H.; Mindesthaltedauer 6 Monate
Malta	Max. 15%
Niederlande	25 %; Mindestbeteiligung 5 v. H.
Norwegen	Keine Vorzugsbesteuerung
Österreich	Hälftiger Einkommensteuersatz des Anteilseigners, Mindestbeteiligung 1 v. H.; Mindesthaltedauer 5 Jahre
Polen	19 %
Portugal	50 % steuerfrei; Steuersatzreduktion auf 10 % möglich
Rumänien	1 % bei Mindesthaltedauer 1 Jahr; sonst 16 %
Schweden	80 % steuerfrei
Slowakei	Keine Vorzugsbesteuerung
Slowenien	Max. 20 %; reduziert um 5 % pro 5 Jahren Haltedauer
Spanien	Vorzugsbesteuerung für bestimmte Übertragungsvorgänge
Tschechische Republik	Max 15 %; steuerfrei ab Mindesthaltefrist von 5 Jahren bei bestimmten Beteiligungen
Ungarn	25 v. H.

---

[588] Stand: 01.01.2008

Vereinigtes Königreich	Keine Vorzugsbesteuerung
Zypern	Vollständige Steuerbefreiung

Demzufolge lässt sich bereits an den beschriebenen tatsächlichen und rechtlichen Rahmenbedingungen ablesen, dass die Besteuerung des Vermögenszuwachses gem. § 6 AStG nach wie vor geeignet ist, erhebliche abkommens- und europarechtliche Spannungen zu erzeugen.[589] So hat das FG München in einem Beschluss vom 03.08.2006 im einstweiligen Rechtsschutz festgestellt, dass auch das BMF-Schreiben vom 08.06.2005 nichts an der gemeinschaftsrechtswidrigkeit des § 6 AStG a. F. ändern würde.[590] Gleichwohl ist die Wegzugsbesteuerung aber nach der Auffassung des nationalen Steuergesetzgebers weiterhin erforderlich, um eine Verlagerung stiller Reserven ins Ausland zu verhindern, so dass § 6 AStG-SEStEG inzwischen den Vorgaben des Gemeinschaftsrechts entsprechen soll.[591] Nachfolgend werden daher zunächst die abkommensrechtlichen Schnittstellen der Wegzugsbesteuerung diskutiert, um im Anschluss daran die gemeinschaftsrechtlichen Implikationen unter Bezugnahme auf § 6 AStG a. F. und § 6 AStG-SEStEG darzustellen.

I. Das Verhältnis von Wegzugsbesteuerung und Abkommensrecht

Eingangs dieses Kapitels wurde bereits dargestellt, dass die Einführung von § 6 AStG die Ausnutzung der Zuordnungsfunktion bestehender DBA für Veräußerungsgewinne aus Anteilen an Kapitalgesellschaften verhindern und die Besteuerung der in den Anteilen verkörperten stillen Reserven beim Anteilseigner im Inland sicherstellen sollte. Vorrangig einer gemeinschaftsrechtlichen Prüfung der steuertatbestandlichen Ausgestaltung drängt sich damit zunächst die Frage nach dem Verhältnis der Wegzugsbesteuerung zu den DBA auf. Im Fokus steht dabei die gesetzestechnische Verknüpfung von § 6 AStG und dem einschlägigen Abkommensartikel in Art. 13 Abs. 5 MA über die Zuordnung des Besteuerungsrechts an stillen Reserven aus im Privatvermögen gehaltenen Anteilen an Kapitalgesellschaften. Auch vor dem Hintergrund des EuGH-Urteils in der Rs. C-470/04 („N") gewinnt das Verhältnis von DBA und Wegzugsbesteuerung an Aktualität, da das Gericht die Zuordnungsfunktion der DBA als Rechtfertigungsgrund für eine Beschränkung der Grundfreiheiten für den Fall der niederländischen Wegzugsbesteuerung anerkannt hat, wenn diese im Einzelfall verhältnismäßig ausgestaltet ist.[592]

---

[589] Vgl. Ettinger, PIStB 2005, S. 146 für eine Darstellung aktueller Gestaltungsmöglichkeiten.
[590] FG München, Beschluss vom 03.08.2006, 11 V 500/06, IStR 2006, S. 746 f.
[591] Entwurf eines Gesetzes über steuerliche Begleitmaßnahmen zur Einführung der Europäischen Gesellschaft und zur Änderung weiterer steuerrechtlicher Vorschriften (SEStEG), BT-Drs. 16/2710, S. 27.
[592] EuGH-Urteil vom 07.09.2006, Rs. C-470/04 („N"), Slg. 2006, I-7409, Rn. 40 ff.

1. Juristische Doppelbesteuerung im Veräußerungszeitpunkt

Bevor man zur Prüfung einer abkommensrechtlichen Doppelbesteuerung i. S. d. MA kommt, wird eingangs dieses Abschnitts zunächst das Vorliegen einer juristischen Doppelbesteuerung durch ein Zusammentreffen von Wegzugs- und Veräußerungsgewinnbesteuerung dargestellt. Der mit der Untersuchung verfolgte Zweck liegt darin, das Zusammentreffen von Wegzugs- und Veräußerungsgewinnbesteuerung bei einem Steuerpflichtigen unter einen juristischen Terminus zu subsumieren, um es für Zwecke der Eingriffsqualifikation und Eingriffrechtfertigung in Grundfreiheiten abstrakt definierbar und abgrenzbar zu machen.[593] Darüber hinaus wird hierdurch das gesetzestechnische Problem einer sachgerechten Zuordnung von Besteuerungsrechten zwischen verschiedenen Besteuerungshoheiten im Anwendungsbereich von Art. 13 Abs. 5 MA transparent, so dass die abkommensrechtliche Zuordnungsfunktion im Einzelfall detailliert ausgestaltet sein muss.[594] Folglich hat die begriffliche Beurteilung hier weniger eine normative, sondern vielmehr eine deskriptive Funktion[595] im Vorfeld der konkreten abkommens- und europarechtlichen Beurteilung des § 6 AStG.[596]

Eine juristische Doppelbesteuerung ist eine Normenkonkurrenz im zwischenstaatlichen Bereich, die immer dann anzunehmen ist, wenn Steuergewalten zweier oder mehrerer Abgabenhoheiten berechtigt sind, denselben Steuerschuldner wegen desselben Steuergegenstandes gleichzeitig zu einer gleichen oder gleichartigen Steuer heranzuziehen.[597] Als gesetzliches Leitbild einer (fiktiven) Veräußerungsgewinnbesteuerung dient hier § 17 EStG. Da die Identität der Steuerschuldner und das Vorliegen einer direkten Ertragsbesteuerung bei Wegzugs- und Veräußerungsgewinnbesteuerung evident sind, konzentriert sich die Untersuchung auf die Übereinstimmung von Steuerobjekt und Steuerperiode.

Das Steuerobjekt erfasst das Steuergut, welches der Steuergesetzgeber als besteuerungswürdig erkannt und rechtlich normiert hat.[598] Für eine Identitätsbestimmung des Steuerobjekts sind die Steuertatbestände bei wirtschaftlicher Betrachtungsweise auf ihre Gleichartigkeit zu untersuchen, ohne eine völlige tatbestandliche Übereinstimmung zu fordern.[599] Sowohl § 6 AStG als auch die Be-

---

[593] Vogel, DBA, Einleitung, Rn. 4; a. A. Grotherr, in: Gosch/Kroppen/Grotherr, DBA-Kommentar, Teil 1, Abschnitt 1, Rn. 8; Mössner, in: Vogel, Grundfragen des internationalen Steuerrechts, DStjG, Band 8, S. 137 m. w. N.
[594] Siehe Kapitel 3, E. I. 2. c).
[595] Vogel, DStZ 1997, S. 276; Wassermeyer, in: Debatin/Wassermeyer, Doppelbesteuerung, vor Art. 1 MA, Rn. 1.
[596] Siehe Kapitel 3, E. II. 1. d).
[597] Kluge, Das Internationale Steuerrecht, B 22; OECD, Musterkommentar zum MA, Einleitung, Nr. 1; Wassermeyer, in: Debatin/Wassermeyer, Doppelbesteuerung, vor Art. 1 MA, Rn. 2; differenzierend Vogel, DStZ 1997, S. 276 f.; Mössner, in: Vogel, Grundfragen des internationalen Steuerrechts, DStjG, Band 8, S. 139 m. w. N., vgl. Schlussanträge GA Mengozzi vom 07.07.2007, Rs. C-379/05 („Amurta"), Slg. 2007, Rn. 24, n. V.
[598] Lang, in: Tipke/Lang, Steuerrecht, § 7, Rn. 23.
[599] Grotherr, in: Gosch/Kroppen/Grotherr, DBA-Kommentar, Teil 1, Abschnitt 1, Rn. 14.

steuerung von Veräußerungsgewinnen aus Anteilen an Kapitalgesellschaften nach dem Leitbild des § 17 EStG haben das Ziel, die in den Anteilen verkörperten stillen Reserven steuerlich zu erfassen. Folglich ist das dem Steuertatbestand zugrunde liegende Steuergut identisch. Eine Divergenz besteht lediglich in der Wahl der Besteuerungszeitpunkte. Während § 6 AStG für die Begründung der Steuerpflicht auf die Verlagerung des Wohnsitzes bzw. ständigen Aufenthalts ins Ausland gem. §§ 8, 9 AO abstellt, ist bei der Besteuerung des Veräußerungsgewinns auf den Zeitpunkt des zivilrechtlichen Eigentümerwechsels abzustellen. Daraus wird deutlich, dass es sich bei der Wegzugsbesteuerung lediglich um die zeitliche Vorverlagerung eines Veräußerungsgewinntatbestandes handelt.[600] Die unterschiedlichen Besteuerungszeitpunkte wirken sich nur insoweit aus, als sie rechtlich und tatsächlich für die Höhe der Steuerbemessungsgrundlage von Interesse sind. Für die Identität der Steuerobjekte spricht auch die systematische Verknüpfung von § 17 EStG und § 6 AStG im nationalen deutschen Steuerrecht. Die Rechtsgrundverweisung auf die Voraussetzungen des § 17 EStG in § 6 Abs. 1 S. 1 AStG drückt deren weitgehende steuertatbestandliche Identität und immanent die Annahme aus, dass es sich bei § 17 EStG um einen Grundtatbestand handelt, der durch § 6 AStG erweitert wird.[601] Dementsprechend kommt man mit den grammatikalischen und gesetzessystematischen Erwägungen zur Identität der Steuerobjekte im Falle eines Zusammentreffens von § 6 AStG und einer Veräußerungsgewinnbesteuerung entsprechend § 17 EStG im Ansässigkeitsstaat der natürlichen Person.

Bezüglich einer Identität der Steuerperioden ist zunächst darauf hinzuweisen, dass die gesetzliche Konzeption der Wegzugsbesteuerung an den letzten Moment der unbeschränkten Steuerpflicht anknüpft.[602] Die grenzüberschreitende Verlagerung des Wohnsitzes der natürlichen Person begründet somit die Besteuerung der in den Anteilen verkörperten stillen Reserven ohne deren Veräußerung. Eine juristische Doppelbesteuerung i. S. e. Zugriffs verschiedener Hoheitsgewalten kann jedoch erst eintreten, wenn der Zuzugsstaat die Anteile besteuert, ohne die deutsche Steuer durch Anrechnung oder Abzug von der Bemessungsgrundlage zu berücksichtigen. Erst in diesem Zeitpunkt wird die natürliche Person einer im Wesentlichen gleichartigen Ertragsbesteuerung in den beiden Ländern unterworfen. Folglich liegt im Zeitpunkt des Wegzugs zunächst keine tatsächliche bzw. juristische Doppelbesteuerung vor. Veräußert der beschränkt Steuerpflichtige seine Anteile unmittelbar nach dem Wegzug oder zu einem späteren Zeitpunkt, so könnte das zeitliche Auseinanderfallen der Besteuerungszeitpunkte einer juristischen Doppelbesteuerung entgegenstehen, da die zugrunde liegende Definition eine gleichzeitige Besteuerung durch die verschiedenen Hoheitsgewalten voraussetzt. Das Erfordernis einer gleichzeitigen

---

[600] Wassermeyer, in: Flick/Wassermeyer/Baumhoff, AStG, § 6, Rn. 21.
[601] Schneider, in: Kirchhof/Söhn, EStG, § 17, Rn. A 120; Frotscher, EStG, § 17, Rn. 16; Ebling, in: Blümich, EStG, § 17, Rn. 38 f.; Hörger, in: Littmann/Bitz/Pust; EStG, § 17, Rn. 19.
[602] Einführungserlass zum AStG vom 11.07.1974, BStBl I 1974, S. 442, Tz. 6.12.1.; Wassermeyer, in: Flick/Wassermeyer/Baumhoff, AStG, § 6, Rn. 6.

Besteuerung wird i. S. e. Identität der Steuerperiode ausgelegt und bedeutet, dass sich die Konkurrenz der Steueransprüche bei periodisch anfallenden Steuern auf den gleichen Besteuerungszeitraum beziehen muss.[603] Die nach § 6 AStG i. V. m. § 17 EStG zu erhebende Einkommensteuer ist nach den Grundsätzen über die unbeschränkte Steuerpflicht zu erheben.[604] Demnach gilt gem. § 2 Abs. 7 S. 1, 2 EStG das Periodizitätsprinzip, so dass eine periodische Identität nur dann vorliegt, wenn der ausländische Staat eine Veräußerungsgewinnbesteuerung im Steuerjahr des Wegzugs vornimmt. Allerdings darf das Erfordernis der Periodenidentität nicht wortgetreu verstanden werden.[605] Vielmehr muss in jedem Einzelfall unter Zugrundelegung der wirtschaftlichen Betrachtungsweise auf das Vorliegen der einzelnen Begriffsmerkmale einer juristischen Doppelbesteuerung eingegangen werden, die ggf. in wortgetreuer Auslegung sogar auszuschalten sind, damit eine Beseitigung der Doppelbesteuerung nicht von vornherein zum Scheitern verurteilt ist.[606] Das muss insbesondere dann gelten, wenn die übrigen Voraussetzungen für das Vorliegen einer juristischen Doppelbesteuerung erfüllt sind. Zum einen führt es zu willkürlichen Ergebnissen, wenn man eine Doppelbesteuerung infolge periodenidentischer Veräußerung anerkennen würde, solche in den nachfolgenden Jahren dagegen verneint, obwohl die Quantifizierung der Doppelbesteuerung nahezu identisch ausfallen würde. Zum anderen steht eine Eliminierung auch mit dem Zweck des Erfordernisses der Periodenidentität in Einklang, namentlich die Vergleichbarkeit der steuerlichen Bemessungsgrundlagen in den besteuernden Ländern für einen abgrenzbaren Zeitraum zu gewährleisten. So ist der im Einzelfall erfasste Zeitraum nur für fortlaufend erhobene Steuern, nicht auch, wie in diesem Fall, für eine Abgeltungsbesteuerung von Bedeutung.[607] Vielmehr ist die Vergleichbarkeit der Bemessungsgrundlage zur Ermittlung von Höhe und Umfang der Doppelbesteuerung bereits im Zeitpunkt des Eingreifens von § 6 AStG gesichert, da nur in dieser Höhe und für diesen Ermittlungszeitraum eine juristische Doppelbesteuerung vorliegen kann. Soweit für die Annahme einer juristischen Doppelbesteuerung die Identität der Steuerperiode verlangt wird, ist ergänzend darauf hinzuweisen, dass jedenfalls die Abkommen für ihre Anwendung keine derartige Voraussetzung aufstellen.[608] Sie sind auch dann anzuwenden, wenn der eine Vertragsstaat, z. B. wegen eines abweichenden Wirtschaftsjahres oder aus anderen Gründen, in einer anderen Periode besteuert.[609] Folglich ist das Erfordernis der Periodenidentität nach der hier vertretenen Auffassung entbehrlich.[610]

---

[603] Kluge, Das Internationale Steuerrecht, B 26; Vogel, DStZ 1997, S 276.
[604] Einführungserlass zum AStG vom 11.07.1974, BStBl I 1974, S. 442, Tz. 6.12.1.
[605] Grotherr in: Gosch/Kroppen/Grotherr, DBA-Kommentar, Teil 1, Abschnitt 1, Rn. 15.
[606] Grotherr in: Gosch/Kroppen/Grotherr, DBA-Kommentar, Teil 1, Abschnitt 1, Rn. 17.
[607] Vogel, DStZ 1997, S. 276.
[608] Wassermeyer, in: Debatin/Wassermeyer, Doppelbesteuerung, vor Art. 1 MA, Rn. 2.
[609] BFH-Urteil vom 31.07.1991, I R 51/89, BStBl II 1991, S. 922.
[610] I. E. auch Vogel, DStZ 1997, S. 276; Mössner, in: Vogel, Grundfragen des internationalen Steuerrechts, DStjG, Band 8, S. 139; de Broe, in: IFA, Cahiers de droit fiscal international, Volume LXXXVIIb, The tax treatment of transfer of residence by individuals, S. 66.

Für die Beurteilung der juristischen Doppelbesteuerung ergibt sich daher folgendes Bild:

Steuerart	Wegzugsbesteuerung	Veräußerungsbesteuerung
Steuersubjekt	Natürliche Person	Natürliche Person
Steuerobjekt	Stille Reserven aus Anteilen an Kapitalgesellschaften im Zeitpunkt des Wegzugs	Stille Reserven aus Anteilen an Kapitalgesellschaften im Zeitpunkt der Veräußerung
Steuerart	Ertragsteuer	Ertragsteuer
Steuerperiode	Wegzugsjahr	Veräußerungsjahr

Im Ergebnis liegt eine Doppelbesteuerung nach dem juristischen Ansatz im Zeitpunkt der Veräußerungsgewinnbesteuerung durch den Wohnsitzstaat vor, wenn dieser die Wegzugsbesteuerung nicht bei der Gewinnermittlung oder Steuerfestsetzung berücksichtigt. Ein solcher sog. „step-up" auf den Zuzugszeitpunkt ist inzwischen durch das SEStEG ab dem VZ 2006 in § 17 Abs. 2 S. 3 EStG für eine Veräußerungsgewinnbesteuerung verankert worden und über die Rechtsgrundverweisung in § 6 Abs. 1 S. 1 AStG auch auf Fälle der Wegzugsbesteuerung anwendbar.

2. Vorliegen einer Doppelbesteuerung nach Abkommensrecht

Im Anschluss an die abstrakte Prüfung einer Doppelbesteuerung nach juristischen Grundsätzen kommt dem Verhältnis von Wegzugsbesteuerung und Abkommensrecht die in der Einleitung bereits angedeutete Abgrenzungsfunktion bezüglich Anwendbarkeit und Subsidiarität der Wegzugsbesteuerung im EU-Gemeinschaftsgebiet und darüber hinaus zu. Im Mittelpunkt steht die Frage, ob die Vorschriften eines einschlägigen DBA den § 6 AStG im Einzelfall in seinem Anwendungsbereich verdrängen können. Wäre das der Fall, so würde das lückenlose System von DBA zwischen den Mitgliedstaaten der EU dazu führen, dass § 6 AStG im Falle einer Realkonkurrenz im Gemeinschaftsgebiet nicht anwendbar wäre. Da der Anwendungsbereich der gemeinschaftsrechtlichen Grundfreiheiten mit Ausnahme der Kapitalverkehrsfreiheit aus Art. 56 EG aber auf das Gemeinschaftsgebiet begrenzt ist, würde eine Prüfung von § 6 AStG am Maßstab des EGV praktisch überflüssig. Darüber hinaus ist im Hinblick auf das in den Artt. 26, 27 der Wiener Übereinkommen über das Recht der Verträge (WÜRV) verankerte Prinzip „pacta sunt servanda" zu fragen, ob die unilaterale Einführung des § 6 AStG durch den deutschen Steuergesetzgeber nicht eine Verletzung völkerrechtlicher Vertragspflichten darstellt.[611] Als normativer Maßstab für die abkommensrechtliche Überprüfung einer fiktiven Kollision von Veräußerungsgewinn- und Wegzugsbesteuerung dient das MA. Obgleich das MA i. d. R. nur mit Abweichungen in die konkreten DBA übernommen wird,

---

[611] So auch de Broe, in: IFA, Cahiers de droit fiscal international, Volume LXXXVIIb, The tax treatment of transfer of residence by individuals, S. 66.

besitzt es dennoch eine Vorbildfunktion und stellt regelmäßig die Verhandlungsgrundlage für die DBA der Bundesrepublik Deutschland mit anderen Staaten dar.[612]

a) Veräußerungsgewinn gem. Art. 13 Abs. 5 MA

Grundsätzlich enthalten die von der Bundesrepublik Deutschland abgeschlossenen DBA, dem MA folgend, keine konkrete Regelung über die Besteuerung nicht realisierter stiller Reserven aus Anteilen an Kapitalgesellschaften. Demgegenüber ist die Zuordnung des Besteuerungsrechts an Veräußerungsgewinnen in Art. 13 MA geregelt. Dieser enthält mit Art. 13 Abs. 5 MA eine Auffangklausel für in den voranstehenden Absätzen des Artikels nicht genannte Veräußerungsgewinne[613], insbesondere solche aus im Privatvermögen gehaltenen Beteiligungen an Kapitalgesellschaften und Wertpapieren, wobei es keine Rolle spielt, ob es sich um wesentliche Beteiligungen oder um Streubesitz handelt.[614] Zur Anwendbarkeit von Art. 13 Abs. 5 MA auf § 6 AStG wird von der Finanzverwaltung und der h. M. in der Literatur vertreten, dass die Abkommensbestimmung dem Wortlaut nach auf die Wegzugsbesteuerung ohne einen Rechtsträgerwechsel nicht anwendbar sei.[615] Ein verpflichtender Rechtsgrundsatz dahin, dass die Staaten internationale Doppelbesteuerung vermeiden müssen, sei zudem nicht feststellbar, wenngleich sich international zunehmend die Meinung ausbreitet, dass die Staaten bei einer Erstreckung ihrer Steueransprüche auf ausländische Tatbestände auch dadurch ausgelöste Doppelbesteuerungen vermeiden sollten.[616] In diesem Zusammenhang ist auch das Gebot der Entscheidungsharmonie zu nennen, wonach ein DBA unter Berücksichtigung von Gegenstand und Zweck i. S. v. Art. 31 Abs. 1 WÜRV so auszulegen ist, dass es zu einer einheitlichen Abkommensanwendung in beiden Vertragsstaaten kommt.[617] Für das Gemeinschaftsgebiet ergibt sich dieses Vertragsziel aus Art. 293 EG, der allerdings kein unmittelbar individualschützendes Recht darstellt.[618] Demgegenüber

---

[612] Vgl. zur deutschen Vertragspolitik Kluge, Das Internationale Steuerrecht, R 85 ff.
[613] Vgl. zur Übereinstimmung der deutschen DBA mit Art. 13 Abs. 5 MA die Übersicht bei Vogel, DBA, Art. 13, Rn. 98.
[614] Fischer-Zernin in: Gosch/Kroppen/Grotherr, DBA-Kommentar, Art 13 MA, Rn. 41 f.; OECD, Musterkommentar zum MA, Art. 13, Nr. 30.
[615] Schreiben betr. Grundsätze zur Anwendung des Außensteuergesetzes vom 14.05.2004, BStBl I 2004, Sondernummer 1, Tz. 6.1.5.1; Menck, in: Blümich; EStG, § 6 AStG, Rn. 7; Krabbe, in: Lademann, AStG, § 6, Rn. 5; ders., BB 1977, S. 431; Hellwig, in: Littmann/Bitz/Meincke, EStG, § 6 AStG, Rn. 10; Kluge, RIW/AWD 1972, S. 411; dagegen Flick, BB 1971, S. 250; Vogel, BB 1971, S. 1188; ders., DB 1972, S. 1402, 1405; Salditt, RIW/AWD 1972, S. 573; Tellkamp, StuW 1972, S. 107; Schaumburg, Internationales Steuerrecht, Rn. 5.399; krit. Wassermeyer, in: Flick/Wassermeyer/Baumhoff, AStG, § 6, Rn. 23, 32.
[616] Korn/Debatin, Doppelbesteuerung, Systematik I, Rn. 10.
[617] Vogel, in: Vogel/Lehner, DBA, Einleitung, Rn. 74.
[618] EuGH-Urteil vom 12.05.1998, Rs. C-336/96 („Gilly"), Slg. 1998, I-2793, Rn. 15 ff.; EuGH-Urteil vom 11.06.1985, Rs. 137/84 („Mutsch"), Slg. 1985, 2681, Rn. 11.

stellt die h. M. jedoch auf die Grenzbereiche der einschlägigen DBA und des nationalen Außensteuerrechts als Beurteilungsrahmen für die Beseitigungswürdigkeit einer Doppelbesteuerung ab.[619] Nach dieser Auffassung verbleibt es im Fall eines Zusammentreffens von Wegzugs- und Veräußerungsbesteuerung bei einer tatsächlichen Doppelbesteuerung, da gerade der Wortlaut des Art. 13 Abs. 5 MA die vorliegende Doppelbesteuerung als nicht vermeidungswürdig erfasst. Eine Ausnahme gilt für den Fall, dass der Zuzugs- bzw. Wohnsitzstaat, dem nach Art. 13 Abs. 5 MA das Besteuerungsrecht zugewiesen ist, die in der Bundesrepublik Deutschland erwirtschafteten stillen Reserven von seiner Besteuerung freistellt oder die deutsche Steuer bei der Ermittlung der Einkünfte anrechnet oder sie von der ausländischen Steuer abzieht.[620] Der h. M. ist sicherlich zuzugeben, dass sie mit dem Abkommenswortlaut als Grenze der Auslegung konform ist. Dagegen steht sie zu dem o. g. Gebot der Entscheidungsharmonie und auch dem Vertragsziel des Art. 293 EG in Widerspruch, da sie die Vermeidung der Doppelbesteuerung nicht auf der abkommensrechtlichen Ebene sucht. Vielmehr überlässt sie es dem Zuzugsstaat, inwieweit er die inländischen Steuern bei seiner Veranlagung berücksichtigen möchte. Zwar steht für die Auslegung eines völkerrechtlichen Vertrages gem. Art. 31 ff. WÜRV der Wortlaut des Vertrages im Vordergrund. Dennoch ist eine Abweichung von der Wortlautauslegung möglich, wenn sie durch den Zusammenhang und den Zweck der Abkommensvorschrift eindeutig gerechtfertigt ist.[621] Als Auslegungshilfe kann der Musterkommentar zu Art. 13 MA herangezogen werden.[622] Ergänzend ist nach Art. 3 Abs. 2 MA auf das nationale Recht zurückzugreifen.[623] Einer streng am Wortlaut orientierten Auslegung steht hier zunächst der Zweck des Art. 13 Abs. 5 MA entgegen. Grundsätzlich ist der Art. 13 MA weit auszulegen, um der Zielsetzung Rechnung zu tragen, möglichst auch die besonderen Steuern von Veräußerungsgewinnen zu erfassen.[624] So wird ausdrücklich anerkannt, dass besondere Umstände auch die Besteuerung des Wertzuwachses eines nicht veräußerten Vermögens veranlassen können.[625] Zwar schränkt die Musterkommentierung

---

[619] Korn/Debatin, Doppelbesteuerung, Systematik I, Rn. 10.
[620] Schreiben betr. Grundsätze zur Anwendung des Außensteuergesetzes vom 14.05.2004, BStBl I 2004, Sondernummer 1, Tz. 6.1.5.2; vgl. Wassermeyer, in: Flick/Wassermeyer/Baumhoff, AStG, § 6, Rn. 23, unter Hinweis auf das in Art. 13 Abs. 5 DBA-Schweiz vorgesehene Verständigungsverfahren.
[621] Wassermeyer, in: Debatin/Wassermeyer, Doppelbesteuerung, Art. 3 MA, Rn. 78; Vogel, in: Vogel/Lehner, DBA, Einleitung, Rn. 69 ff.
[622] OECD, Musterkommentar zum MA, Art. 13, Nr. 5 ff.; zur Heranziehung des Musterkommentars zum MA als Auslegungshilfe Lüthi, in: Gosch/Kroppen/Grotherr, DBA-Kommentar, Teil 2, vor MA, Rn. 16 ff., der eine dogmatische Verwurzelung der Kommentierung v. a. aus Art. 31 f. WÜRV herleitet; Vogel, in: Vogel/Lehner, DBA, Einleitung, Rn. 81.
[623] Zum Verhältnis von nationalem Recht und Abkommensrecht: Wassermeyer, in: Debatin/Wassermeyer, Doppelbesteuerung, Art. 13 MA, Rn. 3, 21.
[624] OECD, Musterkommentar zum MA, Art. 13, Nr. 3 f.
[625] OECD, Musterkommentar zum MA, Art. 13, Nr. 8; Wassermeyer, in: Debatin/ Wassermeyer, Doppelbesteuerung, Art. 13 MA, Rn. 22.

zu Art. 13 MA die Besteuerung des Wertzuwachses ohne eine Veräußerung auf solche Wirtschaftsgüter ein, die im Betriebsvermögen eines Steuerpflichtigen gehalten werden.[626] Dennoch ist nicht ersichtlich, warum die Entbehrlichkeit einer Veräußerung nicht auch für das Privatvermögen gelten soll, wo dies zur Besteuerung herangezogen und die Besteuerung privater Veräußerungsgewinne dem Art. 13 MA ausdrücklich zugeordnet wird.[627] Auch geht der OECD-MK von einer beispielhaften Aufzählung der konkreten Merkmale nationaler Steuertatbestände ohne den Anspruch einer abschließenden Aufzählung aus, so dass eine extensive Auslegung nicht von vornherein ausgeschlossen ist.[628] Dafür spricht auch Art. 2 Abs. 2 MA, der Steuern vom Vermögenszuwachs ausdrücklich in den Anwendungsbereich des Abkommens einbezieht.[629] Zuzustimmen ist Wassermeyer, der im Einklang mit dem OECD-MK eine innerstaatliche Wertzuwachsbesteuerung nach Maßgabe des § 6 AStG im Rahmen einer einheitlichen Auslegung aller Absätze des Art. 13 MA erfassen will.[630] Eine Veräußerung i. S. d. Art. 13 MA liegt danach immer dann vor, wenn der dem innerstaatlichen Recht zugrunde liegende Vorgang zumindest dem Grunde nach Gewinnrealisierungscharakter hat, d. h. steuerrechtlich wie eine Veräußerung behandelt wird.[631] Eine Unterscheidung zum OECD-MK nimmt Wassermeyer insofern vor, als dieser allgemeine Grundsatz nur dann gelten soll, wenn das nationale Steuerrecht des Anwenderstaates eine fiktive Veräußerung oder einen Veräußerungsersatztatbestand tatsächlich vorsieht.[632] Aus abkommensrechtlicher Sicht steht der fehlende Rechtsträgerwechsel einer Subsumtion des § 6 AStG unter den Veräußerungsbegriff des Art. 13 Abs. 5 MA nach der hier vertretenen Auffassung damit nicht entgegen. Zwar könnte die Wegzugsbesteuerung auch unter die Vorschrift über andere Einkünfte in Art. 21 Abs. 1 MA zu subsumieren sein. Dagegen spricht jedoch, dass damit eine einheitliche abkommensrechtliche Betrachtung von Veräußerungsgewinn- und Wegzugsbesteuerung verhindert würde. Zudem sind die Artt. 6 bis 20 MA zur Feststellung der Anwendbarkeit bei unklaren Fällen zunächst vorrangig nach allgemeinen Grundsätzen auszulegen.[633] Erst wenn man zu dem Ergebnis kommt, dass die Artt. 6 bis 20 MA nicht einschlägig sind, findet Art. 21 MA als subsidiäre Abkommensvorschrift Anwendung.[634]

Zieht man ergänzend nationales Steuerrecht zur Auslegung heran, so ergibt sich ein ähnliches Bild. Es ist allerdings zu beachten, dass der Veräußerungsbe-

---

[626] OECD, Musterkommentar zum MA, Art. 13, Nr. 7 ff.
[627] OECD, Musterkommentar zum MA, Art. 13, Nr. 1.
[628] OECD, Musterkommentar zum MA, Art. 13, Nr. 4.
[629] Vogel, in: Vogel/Lehner, DBA, Art. 2, Rn. 35.
[630] OECD, Musterkommentar zum MA, Art. 13, Nr. 9; Wassermeyer, in: Debatin/Wassermeyer, Doppelbesteuerung, Art. 13 MA, Rn. 21, 25.
[631] Wassermeyer, in: Debatin/Wassermeyer, Doppelbesteuerung, Art. 13 MA, Rn. 22 f.
[632] Wassermeyer, in: Debatin/Wassermeyer, Doppelbesteuerung, Art. 13 MA, Rn. 25.
[633] Fischer-Zernin, in: Gosch/Kroppen/Grotherr, DBA-Kommentar, Teil 2, Art. 21 MA, Rn. 16.
[634] Lehner, in: Vogel/Lehner, DBA, Art. 21, Rn. 12.

griff abkommensrechtlicher Natur ist und damit zu einer einheitlichen Auslegung in Quellen- und Wohnsitzstaat verpflichtet, mithin also eine andere Bedeutung als im nationalen Steuerrecht erlangt.[635] In die „Systematik" der nationalen Veräußerungsgewinnbesteuerung fügt sich § 6 AStG mittels einer Rechtsgrundverweisung in seinem ersten Absatz auf die Tatbestandsvoraussetzungen von § 17 EStG ein.[636] Danach müssen für die Anwendung der Wegzugsbesteuerung, bis auf die in § 17 EStG vorgesehene Anteilsveräußerung, alle übrigen Voraussetzungen dieser Bestimmung erfüllt sein.[637] Folglich ist die Norm systematisch den Vorschriften über die Besteuerung von Veräußerungsgewinnen aus im Privatvermögen gehaltenen Anteilen an Kapitalgesellschaften zuzuordnen. Dafür spricht auch die Rechtsfolge des § 6 Abs. 1 S. 1 AStG, den „§ 17 EStG.......auch ohne Veräußerung anzuwenden", d.h. einen fiktiven Veräußerungsgewinn im Zeitpunkt der Beendigung der unbeschränkten Steuerpflicht anzunehmen.[638] Im Ergebnis wird die Besteuerung des Vermögenszuwachses gem. § 6 AStG nach der hier vertretenen Auffassung sowohl nach abkommensrechtlicher Auslegung als auch im Kontext des nationalen Steuerrechts von Art. 13 Abs. 5 MA erfasst.[639]

b) Zuordnung des Besteuerungsrechts durch Art. 13 Abs. 5 MA

Art. 13 Abs. 5 MA weist dem Wohnsitzstaat im Zeitpunkt der Beteiligungsveräußerung das Besteuerungsrecht an den erzielten Gewinnen zu.[640] Davon ausgehend stellt sich die Frage, ob der Bundesrepublik Deutschland für die Besteuerung des Vermögenszuwachses gem. § 6 AStG auch das Besteuerungsrecht nach Art. 13 Abs. 5 MA im Zeitpunkt der Verwirklichung des Steuertatbestands zusteht. Nach Auffassung der Finanzverwaltung knüpft § 6 AStG an den letzten Moment der unbeschränkten Steuerpflicht an, so dass Deutschland als Wohnsitzstaat damit auch das Besteuerungsrecht i. S. v. Art. 13 Abs. 5 MA zusteht.[641] Entgegen der Auffassung der Finanzverwaltung nimmt ein Teil der Literatur an, dass § 6 AStG durch die DBA nicht eingeschränkt wird, da die Steuerpflicht zu einem Zeitpunkt entsteht, in dem der Steuerpflichtige keinen Abkommensschutz

---

[635] Wassermeyer, in: Debatin/Wassermeyer, Doppelbesteuerung, Art. 13 MA, Rn. 3 unter Hinweis auf das Beispiel der Einbringung von Wirtschaftsgütern in eine ausländische Kapitalgesellschaft ohne Gewährung von Gesellschaftsrechten; a. A.:Schaumburg, Internationales Steuerrecht, Rn. 16.382; Prokisch, in: Vogel/Lehner, DBA, Art. 13, Rn. 24; Fischer-Zernin, in: Gosch/Kroppen/Grotherr, DBA-Kommentar, Teil 2, Art. 13 MA, Rn. 1; Land, in: Flick/Wassermeyer/Wingert/Kempermann, DBA-Schweiz, Art. 13, Rn. 18.
[636] Vgl. Wassermeyer, IStR 2007, S. 833 f. für eine systematische Einordnung.
[637] Wassermeyer, in: Flick/Wassermeyer/Baumhoff, AStG, § 6, Rn. 49 ff.
[638] Vgl. Wassermeyer, in: Flick/Wassermeyer/Baumhoff, AStG, § 6, Rn. 21; Wassermeyer, in: Debatin/Wassermeyer, Doppelbesteuerung, Art. 13 MA, Rn. 25.
[639] Vgl. EuGH-Urteil vom 07.09.2006, Rs. C-470/04 („N"), Slg. 2006, I-7409, Rn. 44 ff.
[640] OECD, Musterkommentar zum MA, Art. 13, Nr. 20; Art. 23, Nr. 6.
[641] Schreiben betr. Grundsätze zur Anwendung des Außensteuergesetzes vom 14.05.2004, BStBl I 2004, Sondernummer 1, Tz. 6.1.5.1.

genießt.[642] Diese Auffassung verkennt die Verteilungsfunktion der DBA, die im Bereich von zu erwartenden Überschneidungen, die nationalen Steuertatbestände durch Zurücknahme des innerstaatlichen materiellen Steuerrechts unter den Vertragsstaaten aufteilt.[643] Geht man daher mit der hier vertretenen Auffassung davon aus, dass die Wegzugsbesteuerung materiellrechtlich unter Art. 13 Abs. 5 MA zu subsumieren ist, so ist der Anwendungsbereich des Abkommens eröffnet und dessen tatbestandliche Verteilungsfolge jedenfalls zu prüfen.[644] Der entgegenstehenden Auffassung ist nicht zuzustimmen. Dagegen will de Broe dem Wegzugsstaat generell das Besteuerungsrecht verweigern, da es im internationalen Steuerrecht keinen anerkannten Grundsatz gebe, der einen Vertragsstaat dazu berechtige, Wertsteigerungen zu besteuern, die während der dortigen Ansässigkeit einer natürlichen Person entstanden sind.[645] Nach dieser Auffassung hat ein Vertragsstaat, der Art. 13 Abs. 5 MA in ein Abkommen einbringt, sein Besteuerungsrecht an den bis zum Zeitpunkt der Auswanderung entstandenen Wertsteigerungen an das zukünftige Wohnsitzland abgetreten.[646] Ähnlich argumentiert auch Dautzenberg, der darauf hinweist, dass es sich bei einem DBA um ein Vertragswerk handle, bei dem die Zuordnung des Steueraufkommens zwischen den Vertragsstaaten ausgewogen verhandelt sei. Die einseitige Besteuerung nicht realisierter stiller Reserven entgegen dem Abkommenswortlaut bedeute insoweit einen nachträglichen Eingriff in die Zuordnungsfunktion des einzelnen Abkommens und stehe damit dem Willen der Vertragsparteien entgegen.[647] Beiden Auffassungen ist gemein, dass sie den Abkommenswortlaut zum Anlass nehmen, dem Wegzugsstaat ein generelles Besteuerungsrecht abzusprechen, soweit keine ausdrücklichen Regelungen im Abkommen getroffen worden sind. Insofern stellt diese Rechtsauffassung den ursprünglichen Willen der vertragsschließenden Parteien zu sehr in den Vordergrund der Auslegung. Es bleibt unberücksichtigt, dass der völkerrechtliche Vertrag einer fortschreitenden Auslegung und Anpassung an die tatsächlichen Verhältnisse zugänglich ist und auch sein muss, so dass eine mit den Zielen des Vertrages i. S. v. Art. 31 Abs. 1 WÜRV in Einklang stehende Wertzuwachsbesteuerung nicht von vornherein ausgeschlossen werden kann. Davon geht auch der im Völkerrecht vorherrschende objektive Auslegungsansatz aus, der den gewählten Begriff oder die Vertragsnorm als Ausgangspunkt mit dem Ziel einer konkreten Sachverhaltsanwendung heranzieht.[648] Dagegen gehen de Broe und Dautzenberg von der früher vertretenen subjektiven Theorie aus, die den historischen Parteiwillen zur Aus-

---

[642] Schoss, in: Lademann, AStG, § 6, Rn. 59; Menck, in: Blümich, AStG, § 6, Rn. 3.
[643] Vogel, in: Vogel/Lehner, DBA, Einleitung, Rn. 45 ff.
[644] Vgl. zu den generellen Anwendungsvoraussetzungen der DBA auch Vogel, in: Vogel/Lehner, DBA, Einleitung, Rn. 48.
[645] De Broe, in: Cahiers de droit fiscal international, Volume LXXXVIIb, The tax treatment of transfer of residence by individuals, S. 75.
[646] De Broe, in: Cahiers de droit fiscal international, Volume LXXXVIIb, The tax treatment of transfer of residence by individuals, S. 75.
[647] Dautzenberg, FR 1998, S. 489.
[648] Heintschel von Heinegg, in: Ipsen, Völkerrecht, § 11, Rn. 5.

legung heranzieht. Der subjektive Ansatz versagt indessen, wenn in Bezug auf die zweifelhafte Vertragsbestimmung ein übereinstimmender Parteiwille fehlt und deshalb auf Mutmaßungen oder Unterstellungen zurückgegriffen wird.[649] Genauso liegt es hier, da sich ein entsprechender Abtretungswille eines Mitgliedstaates zumeist nicht anhand äußerer Merkmale im Vertrag oder daneben liegender Umstände manifestieren lässt. Insbesondere wird bei älteren DBA allenfalls ein diesbezüglicher Dissens, nicht dagegen ein willentlicher, ausdrücklicher oder konkludenter Verzicht auf eine Wertzuwachsbesteuerung vorliegen, so dass beide Auffassungen im Ergebnis abzulehnen sind.

Für die Zuordnung des Besteuerungsrechts ist vielmehr die konkrete Überprüfung des nationalen Steuertatbestands an den Erfordernissen des Abkommens vorzunehmen. Nach der hier vertretenen Auffassung hat die von der Finanzverwaltung vertretene Anknüpfung des § 6 AStG an die unbeschränkte Steuerpflicht mit dem Wegzug als letztem Akt der unbeschränkten Steuerpflicht im Gesetz keinen Niederschlag gefunden, da Deutschland im Zeitpunkt der Verwirklichung des Steuertatbestands nicht mehr Wohnsitz-, sondern Quellenstaat ist. Zunächst knüpft § 6 Abs. 1 S. 1 1. Hs. AStG durch die Formulierung: „Bei einer natürlichen Person,......deren unbeschränkte Steuerpflicht........endet,....." an ein zukünftiges, ungewisses Ereignis an. An dieser Stelle ist der Tempus für die Anknüpfung an die unbeschränkte Steuerpflicht noch richtig gewählt, da erst die Verwendung des Perfekt „geendet hat" die beschränkte Steuerpflicht bereits im Zeitpunkt der Verwirklichung des Steuertatbestands indizieren würde. Gegen ein inländisches Besteuerungsrecht spricht allerdings, dass die steuerliche Rechtsfolge des § 17 EStG i. V. m. § 6 Abs. 1 S. 1 Hs. 2 AStG an den Zeitpunkt der „Beendigung der unbeschränkten Steuerpflicht" anknüpft. Im Zeitpunkt der Beendigung der unbeschränkten Steuerpflicht liegen die Voraussetzungen eines Wohnsitzes oder ständigen Aufenthalts i. S. d. §§ 8, 9 AO dagegen nicht mehr vor. Konsequenterweise greifen die Rechtsfolgen des § 6 AStG daher nicht im letzten Moment der unbeschränkten Steuerpflicht, sondern vielmehr frühestens im ersten Moment der beschränkten Steuerpflicht ein. Dafür spricht auch die Rechtsgrundverweisung auf § 17 EStG in § 6 Abs. 1 S. 1 Hs. 2 AStG, welche sich gleichfalls auf den „Zeitpunkt der Beendigung der unbeschränkten Steuerpflicht" bezieht. Folglich ist Deutschland dem Wortlaut der Norm entsprechend im Zeitpunkt des Besteuerungszugriffs nicht mehr Wohnsitzstaat, sondern Quellenstaat. Aus diesen grammatikalischen Erwägungen begegnet die Anknüpfung des § 6 AStG an die unbeschränkte Steuerpflicht erheblichen Bedenken, da Steuertatbestand und steuerliche Rechtsfolge des § 6 Abs. 1 AStG die Grenze zwischen beschränkter und unbeschränkter Steuerpflicht verwischen. In der Konsequenz liegt nach Auffassung von Literatur und Finanzverwaltung ein Fall von tatsächlicher Doppelbesteuerung im Veräußerungszeitpunkt vor, der nicht durch Anwendung der speziellen Einkunftsartikel des MA vermieden werden kann. Aus gesetzgeberischer Sicht handelt es sich sogar um eine gewollte Rechtsfolge, da gerade die Verteilungsfunktion der DBA ausgeschaltet werden

---

[649] Heintschel von Heinegg, in: Ipsen, Völkerrecht, § 11, Rn. 4.

soll, um die Verlagerung der stillen Reserven ins Ausland zu unterbinden. Eine bewusste Umgehung von DBA-Normen durch innerstaatliches Recht kann dagegen nicht hingenommen werden, da es die Zielsetzung des völkerrechtlichen Vertrags, wenn auch sanktionslos, unterwandert.[650] Zudem widerspricht das Vorgehen des deutschen Steuergesetzgebers den im OECD-MK zu Art. 1 MA niedergelegten Grundsätzen, dass die Mitgliedsländer die in den DBA verankerten besonderen Verpflichtungen sorgfältig einzuhalten haben, solange es keinen eindeutigen Missbrauchsnachweis gibt, Gegenmaßnahmen dem Geist des Steuerabkommens entsprechen sollen, um eine Doppelbesteuerung zu vermeiden und Gegenmaßnahmen nicht gegenüber solchen Ländern angewendet werden sollen, in denen die Besteuerung mit derjenigen des anderen Vertragsstaates vergleichbar ist.[651]

Abschließend ist daher festzustellen, dass mit der h. M. aus Literatur und Finanzverwaltung keine Kollision des § 6 AStG mit Art. 13 Abs. 5 MA besteht. Allerdings lässt die zugrunde liegende dogmatische bzw. gesetzestechnische Verankerung Zweifel an der Anknüpfung der Wegzugsbesteuerung an die unbeschränkte Steuerpflicht im Zeitpunkt des Besteuerungszugriffs aufkommen.[652] Der völkerrechtliche Grundsatz des „pacta sunt servanda" aus Art. 26 WÜRV wird deutlich ausgehöhlt[653], da der Steuertatbestand des § 6 AStG eine zielgerichtete Umgehung bestehender DBA ist. Insbesondere ist es Deutschland als Vertragspartei eines DBA gem. Art. 27 WÜRV verwehrt, sich auf das innerstaatliche Recht zu berufen, um die Nichterfüllung eines DBA-Vertragswerkes durch Ausschaltung der Verteilungsfunktion zu rechtfertigen. Auch wenn diese Normen keine unmittelbaren Sanktionsfolgen nach sich ziehen, so ist dennoch im Hinblick auf § 6 AStG anzumerken, dass ein internationales Rechtssystem wie das der bilateralen DBA mit der Einhaltung und Anerkennung der Bindungswirkung des völkerrechtlichen Vertragswerkes steht und fällt.[654]

c) Vermeidung einer Doppelbesteuerung nach geltendem Abkommensrecht

Ausgehend von der durch die Finanzverwaltung und h. M. in der Literatur postulierten Hinnahme einer tatsächlichen Doppelbesteuerung bei Anwendung der dem MA folgenden DBA stellt sich grundsätzlich die Frage nach den bisher vorgenommenen Maßnahmen zu deren tatsächlicher Vermeidung auf Abkommensebene. Zwar hat der deutsche Steuergesetzgeber das grundsätzliche Problem der durch § 6 AStG auftretenden Doppelbesteuerung erkannt. Allerdings

---

[650] Schaumburg, Internationales Steuerrecht, Rn. 5.399, sieht in § 6 AStG ein zulässiges „Treaty Override"; gegen die Annahme eines zulässigen „Treaty Override" wendet sich Pohl, IStR 2001, S. 463; siehe Kapitel 7, B. I. für eine Defintion des „Treaty Override"-Begriffs.
[651] OECD, Musterkommentar zum MA, Art. 1, Nr. 7 ff., 25 f.
[652] Krit. auch Wassermeyer, in: Flick/Wassermeyer/Baumhoff, AStG, § 6, Rn. 32, 38 ff.
[653] Zur völkerrechtlichen Einordnung des Grundsatzes „pacta sunt servanda" vgl. Heintschel von Heinegg, in: Ipsen, Völkerrecht, § 10, Rn. 30 ff.
[654] Vgl. Heintschel von Heinegg, in: Ipsen, Völkerrecht, § 10, Rn. 36.

verfolgte man auf der Abkommensebene keine einheitliche Lösung, sondern ergänzte lediglich vereinzelt bereits bestehende DBA um entsprechende Klauseln. Ein systematisches Vorgehen ist aber nicht erkennbar. Eine Zuweisung des Besteuerungsrechts für den Wertzuwachs bis zum Wegzug unter Anrechnung der Wegzugsteuer auf die Einkommensteuer des Zuzugstaates bei späterer Veräußerung findet sich nur in den Artt. 13 Abs. 5, 23 Abs. 1 lit. b) bb), Abs. 2 lit. b) DBA-Schweden (1992), Art. 13 Abs. 6 DBA-Österreich (2000) und Art. 13 Abs. 5 S. 1 DBA-Dänermark (1995). Ohne eine Änderung der Zuordnung gegenüber Art. 13 Abs. 5 MA sehen folgende DBA bei der Besteuerung eines Gewinns aus der Veräußerung nach Zuzug einen sog. „step-up" zur Vermeidung der Doppelbesteuerung oder ein Quellenbesteuerungsrecht des Wegzugsstaats vor:

- Art. 13 Abs. 5 DBA-Finnland (1979),
- Art. 13 Abs. 7 lit. a), b) DBA-Kanada (2001),
- Art. 13 Abs. 5 DBA-Mauritius (1979),
- Art. 13 Abs. 5 DBA-Schweiz (1994),
- Art. 13 Abs. 6 DBA-USA (1989).
- Art. 13 Abs. 5 DBA-Venezuela (1997),
- Protokoll Nr. 5 lit. b) zu Art. 13 DBA-Neuseeland (1978),
- Protokoll Nr. 12 zu Art. 13 DBA-Italien (1989).

Unproblematisch sind diejenigen DBA, die hinsichtlich der Beteiligungsquote – ebenso wie § 6 AStG – dynamisch ausgestaltet sind und auf § 17 EStG verweisen (StSenkG: ab 2002 mind. 1 v. H.). Andere Abkommen, wie z. B. Art. 13 Abs. 5 DBA-Schweiz, nennen explizit die alte Beteiligungsquote von mehr als 25 v. H. Werden dann Beteiligungen von min. 1 v. H. bis max. 25 v. H. veräußert, so kommt es zu einer vom Abkommen nicht erfassten Doppelbesteuerung. Unverständlicherweise wurde auch die Möglichkeit zur Eintragung eines Vorbehalts zum MA nicht genutzt. Das ist insofern bemerkenswert, als die überwiegende Zahl der eingetragenen Vorbehalte Ausnahmen zur Besteuerung von Veräußerungsgewinnen aus Anteilen an Kapitalgesellschaften im Belegenheitsstaat vorsehen.[655] Zwar braucht ein OECD-Mitgliedstaat keinen Vorbehalt einzulegen, um die Absicht anzuzeigen, alternative oder zusätzliche Bestimmungen zu verwenden.[656] Dennoch zeigt es die bisherige Inkonsequenz des deutschen Steuergesetzgebers bei der Vermeidung der Doppelbesteuerung auf Abkommensebene im Anwendungsbereich des § 6 AStG. Die exekutive und legislative Untätigkeit ist insbesondere vor dem Hintergrund zu sehen, dass sich Deutschland über die Möglichkeit einer Wohnsitzverlegung von unbeschränkt einkommensteuerpflichtigen Anteilseignern und dem damit verbundenen Verlust des Besteuerungsrechts an den in den Anteilen verkörperten stillen Reserven bewusst

---

[655] OECD, Musterkommentar zum MA, Art. 13, Rn. 33 ff.; insbesondere ist der Vorbehalt Kanadas unter Nr. 34 zu beachten, der sich ausdrücklich auf das Besteuerungsrecht an Veräußerungsgewinnen bei vorheriger Ansässigkeit im Inland bezieht.
[656] OECD, Musterkommentar zum MA, Art. 1, Rn. 31.

gewesen sein muss und zeitlich nachfolgende Abkommen entsprechende Änderungen hätten erfahren können, was jedoch tatsächlich nicht der Fall ist.

3. Ergebnis

Zusammenfassend ist festzustellen, dass ein Zusammentreffen von Wegzugs- und Veräußerungsgewinnbesteuerung eine Doppelbesteuerung nach juristischen Grundsätzen darstellt. Darüber hinaus ist § 6 AStG, wie durch Auslegung ermittelt wurde, dem speziellen Einkunftsartikel des Art. 13 Abs. 5 MA zuzuordnen. Die Anwendung des MA führt aber nicht zu einer sachgerechten Aufteilung des Besteuerungsgutes der stillen Reserven aus Anteilen an einer Kapitalgesellschaft die im Privatvermögen gehalten werden. Das liegt einerseits an der Konzeption des Musterabkommens, welches keine Aufsplittung von Veräußerungsgewinnen nach deren Herkunftsländern vorsieht, andererseits an der Haltung der deutschen Finanzverwaltung, die ausschließliche Pflicht zur Vermeidung der Doppelbesteuerung dem Zuzugsstaat zu überlassen. Darüber hinaus wird die DBA-Konformität des § 6 AStG durch die gesetzestechnisch ungenaue Anknüpfung an die unbeschränkte Steuerpflicht erkauft. Zwar wird die Doppelbesteuerung teilweise dadurch verhindert, dass einzelne DBA die im Inland gezahlte Steuer anrechnen oder einen sog. „step-up" vorsehen. Dabei handelt es sich jedoch lediglich um vereinzelte Ausnahmen. Insbesondere im Verhältnis zu den übrigen EU-/EWR-Mitgliedstaaten existieren derartige Klauseln nur in fünf deutschen DBA. Demgegenüber gewährt eine überwiegende Anzahl der übrigen insgesamt 30 Mitgliedstaaten des EU/EWR-Raums eine Vorzugsbesteuerung für Veräußerungsgewinne aus im Privatvermögen gehaltenen Anteilen an Kapitalgesellschaften. Die DBA-rechtliche Betrachtung zeigt somit bereits, dass die Besteuerung des Vermögenszuwachses durch § 6 AStG im Falle einer grenzüberschreitenden Wohnsitzverlegung im innereuropäischen Raum abhängig von dem zugrunde liegenden Lebenssachverhalt gemeinschaftsrechtliches Konfliktpotential bietet, das es im nächsten Abschnitt zu analysieren gilt. Der BFH erkennt zwar die Gefahr einer Doppelbesteuerung, lässt die Frage, ob die Zuordnung später realisierter Veräußerungseinkünfte zum Wohnsitzstaat des Anteilseigners durch das einschlägige DBA die Bundesrepublik Deutschland dazu zwingt, die ursprünglich vorgenommene Besteuerung gem. § 6 AStG wieder aufzuheben, in seinem Beschluss vom 17.12.1997 aber ausdrücklich offen.[657] Bemerkenswert ist dennoch, dass der BFH die Vermeidung der Doppelbesteuerung durch eine entsprechende Anwendung von § 34c EStG zumindest für möglich hält.[658] Festzuhalten bleibt, dass kein umfassender Schutz des Steuerpflichtigen vor einer Doppelbesteuerung, weder im Verhältnis zu den EU-Mitgliedstaaten noch zu Drittländern außerhalb der EU, auf Abkommensebene besteht, so dass die Zielvorgabe aus Art. 293 EG insoweit bisher verfehlt wurde. Die Chance zur Entschärfung des gemeinschaftsrechtlichen Konfliktpotentials durch die Anpassung

---

[657] BFH-Beschluss vom 17.12.1997, I B 108/97, IStR 1998, S. 301, 302.
[658] BFH-Beschluss vom 17.12.1997, I B 108/97, IStR 1998, S. 301, 302.

entsprechender Abkommensbestimmungen wurde bisher durch die deutsche Finanzverwaltung nicht ausreichend genutzt. Der Verweis des Steuerpflichtigen auf ein Verständigungsverfahren im Einzelfall ist keinesfalls ausreichend, da es sowohl zeitliche als auch inhaltliche Unwägbarkeiten beinhaltet.

II. Gemeinschaftsrechtliche Problemfelder der Wegzugsbesteuerung

Die Besteuerung des Vermögenszuwachses gem. § 6 AStG erfasst stille Reserven aus im Privatvermögen gehaltenen Anteilen an inländischen Kapitalgesellschaften. Zu diesem Zweck knüpft der Steuertatbestand an die Wohnsitzverlegung des Anteilseigners ins Ausland an. Anteilseigner und gleichzeitig auch Steuersubjekt ist die natürliche Person. Unterstellt man, dass die natürliche Person Arbeitnehmer oder Unternehmer ist und der Verwirklichung des Steuertatbestands ein von wirtschaftlichen Beweggründen geprägter Lebenssachverhalt zugrunde liegt, so offenbart sich der Binnenmarktbezug des § 6 AStG im Schutzbereich der Arbeitnehmerfreizügigkeit und Niederlassungsfreiheit gem. Artt. 39, 43 EG. Es stellt sich demnach die grundsätzliche Frage nach der Binnenmarktkonformität der Norm in der bisher geltenden und neuen Fassung seit dem 01.01.2007 im Anwendungsbereich der Personenverkehrsfreiheiten. Da es sich bei der Niederlassungsfreiheit und der Arbeitnehmerfreizügigkeit um dogmatische Zwillinge mit einer identischen konzeptionellen Struktur handelt, ist die nachfolgende Prüfung geschlossen unter dem Begriff der Personenverkehrsfreiheiten strukturiert. Inhaltlich wird eine Auseinandersetzung mit der Entscheidung des EuGH in der Rs. C-9/02 („Lasteyrie du Saillant") vom 11.03.2004 sowohl unter Bezugnahme auf § 6 AStG a. F. als auch auf § 6 AStG-SEStEG vorgenommen, um Rückschlüsse für die gemeinschaftsrechtliche Beurteilung der Wegzugsbesteuerung nach bisher geltendem Recht zu gewinnen und gleichzeitig die Bemühungen des Steuergesetzgebers für eine gemeinschaftsrechtsrechtskonforme Ausgestaltung von § 6 AStG an den Vorgaben des EGV zu messen.[659] Im Anschluss an die Prüfung der Personenverkehrsfreiheiten findet unter Bezugnahme auf das Vorabentscheidungsverfahren des EuGH in der Rs. C-513/03 („van Hilten"), welches bereits im Rahmen der §§ 2 ff. AStG in die Untersuchung eingeführt wurde, eine Auseinandersetzung mit der Frage statt, ob eine grenzüberschreitende Wohnsitzverlagerung auch den Schutzbereich der Kapitalverkehrsfreiheit im Hinblick auf einen akzessorischen Vermögenstransfer an den Anteilen der Kapitalgesellschaft i. S. v. § 6 Abs. 1 AStG eröffnet.[660] Abschließend wird die Anwendbarkeit des allgemeinen Freizügigkeitsrechts aus Art. 18 Abs. 1 EG auf § 6 AStG vor dem Hintergrund untersucht, dass eine Wohnsitzverlegung möglicherweise keinen grundfreiheitlichen, sondern vielmehr einen rein privaten Hintergrund hat und damit der Schutzbereich der Artt. 39, 43 EG im Einzelfall nicht eröffnet ist.

---

[659] EuGH-Urteil vom 11.03.2004, Rs. C-9/02 („Lasteyrie du Saillant"), Slg. 2004, I-2409; vgl. EuGH-Urteil vom 07.09.2006, Rs. C-470/04 („N"), Slg. 2006, I-7409, für die niederländische Wegzugsbesteuerung.
[660] EuGH-Urteil vom 23.02.2006, Rs. C-513/03 („van Hilten"), Slg. 2006, I-1957.

1. Die Wegzugsbesteuerung im Lichte des EuGH-Urteils in der Rs. C-9/02 („Lasteyrie du Saillant")

Der französische Conseil d'État hat seinerzeit mit einer Entscheidung vom 14.12.2001 dem EuGH gem. Art. 234 EG eine Frage zur Auslegung von Art. 43 EG zur Vorabentscheidung vorgelegt.[661] Diese Frage stellte sich in einem Rechtsstreit zwischen der natürlichen Person Hughes de Lasteyrie du Saillant und dem französichen Ministère de l'Économie, des Finances et de l'Industrie (Ministerium für Wirtschaft, Finanzen und Industrie) wegen der Besteuerung noch nicht realisierter Wertsteigerungen von Wertpapieren, die erfolgte, wenn ein Steuerpflichtiger seinen steuerlichen Wohnsitz ins Ausland verlegte.[662] Da der Conseil d'État der Auffassung war, dass der Rechtsstreit die Frage der Bedeutung der Niederlassungsfreiheit aufwarf, hat er das Verfahren ausgesetzt und dem Gerichtshof die Frage zur Vorabentscheidung vorgelegt, ob es der Grundsatz der Niederlassungsfreiheit einem EU-Mitgliedstaat verwehre, zur Vorbeugung gegen die Steuerflucht eine Regelung wie die nachfolgend näher beschriebene anzuwenden, wonach Wertsteigerungen bei Verlegung des steuerlichen Wohnsitzes besteuert werden.[663] Der EuGH hat die Vorlagefrage schließlich mit dem Ergebnis beantwortet, dass Art. 43 EG es einem Mitgliedstaat verwehrt, zur Vorbeugung gegen die Steuerflucht eine Regelung wie die in Art. 167 Code Général des Impôts (CGI) vorgesehene einzuführen und anzuwenden, wonach latente Wertsteigerungen aus Beteiligungen an Kapitalgesellschaften besteuert werden, wenn ein Steuerpflichtiger seinen steuerlichen Wohnsitz ins Ausland verlegt.[664] Vor dem Hintergrund dieser Entscheidung und dem inzwischen eingestellten Vertragsverletzungsverfahren Nr. 1999/4371 der Kommission gegen die Bundesrepublik Deutschland gem. Art. 226 EG stellt sich erstens die Frage nach der Übertragbarkeit des Urteils auf § 6 AStG a. F. und zweitens die darüber hinausgehende Frage nach den aus dem Urteil ableitbaren Vorgaben für eine gemeinschaftsrechtskonforme Ausgestaltung der Besteuerung von stillen Reserven aus Anteilen an Kapitalgesellschaften im Falle einer grenzüberschreitenden Wohnsitzverlegung im Gemeinschaftsgebiet durch § 6 AStG-SEStEG.

a) Die französische Wegzugsbesteuerung als Rechtsgrundlage für das Urteil des EuGH in der Rs. C-9/02 („Lasteyrie du Saillant")

Frankreich hatte m. W. v. 09.09.1998 durch Art. 167 CGI eine Sondersteuer auf wesentliche Beteiligungen an Kapitalgesellschaften eingeführt. Steuersubjekt

---

[661] EuGH-Urteil vom 11.03.2004, Rs. C-9/02 („Lasteyrie du Saillant"), Slg. 2004, I-2409, Rn. 1.
[662] EuGH-Urteil vom 11.03.2004, Rs. C-9/02 („Lasteyrie du Saillant"), Slg. 2004, I-2409, Rn. 2.
[663] EuGH-Urteil vom 11.03.2004, Rs. C-9/02 („Lasteyrie du Saillant"), Slg. 2004, I-2409, Rn. 18.
[664] EuGH-Urteil vom 11.03.2004, Rs. C-9/02 („Lasteyrie du Saillant"), Slg. 2004, I-2409, Rn. 69.

war gem. Art. 167 Abs. 1 Nr. 1 CGI die natürliche Person, wenn sie in den letzten zehn Jahren mindestens sechs Jahre in Frankreich ansässig war. Steuerobjekt waren stille Reserven aus wesentlichen Beteiligungen an Kapitalgesellschaften mit Sitz im Inland. Eine wesentliche Beteiligung lag in Frankreich gem. Art. 160 Abs. 1 CGI ab einer Höhe von mehr als 25 v. H. vor. Der maßgebliche Einkommensteuersatz betrug 16 v. H. gem. Art. 160 Abs. 1 CGI. Die Bemessungsgrundlage wurde gem. Art. 167 Abs. 1 Nr. 2 CGI aus der Differenz zwischen dem Wert der Gesellschaftsrechte im Zeitpunkt der Verlegung des Wohnsitzes ins Ausland und dem vom Steuerpflichtigen entrichteten Anschaffungspreis oder, bei kostenlosem Erwerb, dem für die Festsetzung der französischen Verkehrssteuer ermittelten Wert bestimmt. Festgestellte Verluste waren gem. Art. 167 Abs. 1 Nr. 2 CGI nicht auf die anderweitig tatsächlich realisierten Wertsteigerungen gleicher Art anrechenbar. Eine vorläufige Festsetzung der Steuerschuld für maximal fünf Jahre war gem. Art. 167 Abs. 2, 3 CGI möglich, wenn genügende Sicherheit geleistet wurde und ein inländischer Steuerbevollmächtigter benannt wurde, der den späteren Steuereinzug sicherstellte. Die vorläufige Festsetzung ermöglichte eine nachträgliche Anpassung der Bemessungsgrundlage, wenn bei der späteren tatsächlichen Veräußerung ein niedrigerer oder höherer Ertrag erzielt wurde. Die Sicherheiten konnten gem. Art. R. 277-1 Livre des Procédures Fiscales (LPF) durch Barzahlung auf ein Interimskonto der Finanzverwaltung, Schuldverschreibungen auf die Finanzverwaltung, die Begebung einer Bürgschaft, Wertpapiere, in staatlich anerkannten Lagern hinterlegte Waren, über die ein auf die Finanzverwaltung indossierter Lagerpfandschein ausgestellt war, die Bestellung einer Hypothek oder Verpfändung eines „Fonds de Commerce" geleistet werden. Die besteuerten Anteile konnten nur dann als Sicherheit dienen, wenn sie an der Börse gelistet waren. Frankreich rechnete die im Zielstaat erhobene Steuer bei Veräußerung der Anteile auf die inländische Steuerschuld an. Bei einer Rückkehr innerhalb von fünf Jahren ohne Veräußerung der Anteile wurde die Steuer nicht erhoben. Zur Geschichte der französischen Wegzugsbesteuerung ist anzumerken, dass der Conseil d´Etat bereits am 09.11.1992 über eine Regelung zu entscheiden hatte, die jedem Bewohner Französisch Polynesiens bei dem Verlassen des Territoriums eine Pauschalsteuer auferlegte.[665] Nach der Auffassung des Gerichts bedeutete die Steuer eine Verletzung des von der französischen Verfassung, dem vierten Zusatzprotokoll zur Europäischen Menschenrechtskonvention (EMRK) und Art. 12 des internationalen Paktes über bürgerliche und politische Rechte (IBPR) gewährleisteten Rechts auf Freizügigkeit. Folglich war die Vorlage zum EuGH für Fälle des Art. 167 CGI eine logische Konsequenz aus der Grundhaltung des Gerichts gegenüber Steuern, die tatbestandlich an eine grenzüberschreitende Wohnsitzverlegung anknüpfen.
Im vom EuGH zu entscheidenden Sachverhalt verlegte der Kläger Lasteyrie du Saillant am 12.09.1998 seinen Wohnsitz von Frankreich nach Belgien. Zu diesem Zeitpunkt hielt er mit seinen über Art. 160 CGI in Art. 167 CGI einbezoge-

---

[665] Conseil d´Etat, RFDA 1993, S. 570.

nen Familienangehörigen unmittelbar oder mittelbar Wertpapiere, die zum Bezug von mehr als 25 v. H. der Gewinne einer Gesellschaft berechtigten, die körperschaftsteuerpflichtig war und ihren Sitz in Frankreich hatte, so dass der Kläger gem. Art. 167 CGI und den Durchführungsbestimmungen zu diesem Artikel hinsichtlich der Wertsteigerungen besteuert wurde, da der gemeine Wert dieser Wertpapiere damals über ihrem Anschaffungspreis lag.[666] Nach Auffassung des Klägers und des Conseil d'État behinderte die fragliche Regelung die grenzüberschreitende Niederlassung des Steuerpflichtigen durch eine Verpflichtung zur Sicherheitsleistung im Falle eines Zahlungsaufschubs bis zur tatsächlichen Veräußerung der Anteile innerhalb eines Zeitraums von bis zu fünf Jahren.[667] Zur diskriminierenden Wirkung der französischen Wegzugsbesteuerung vertrat der Kläger die Auffassung, dass im Unterschied zu den Steuerpflichtigen, die in Frankreich wohnen blieben und hinsichtlich der Wertsteigerungen erst besteuert würden, wenn sie diese tatsächlich realisiert hätten, diejenigen, die ihren Wohnsitz ins Ausland verlegten, hinsichtlich latenter Wertsteigerungen sofort besteuert würden.[668] Die Vorläufigkeit der Besteuerung und die Möglichkeit, einen Zahlungsaufschub zu erlangen, könne eine solche beschränkende Wirkung nicht ausschließen, denn die Gewährung dieses Aufschubs erfolge nicht automatisch und setze die Bezeichnung eines in Frankreich niedergelassenen Steuerbevollmächtigten voraus. Aus der Verpflichtung zur Leistung von Sicherheiten folgten zudem nicht nur finanzielle Kosten, sondern vor allem die Nichtverfügbarkeit der als Sicherheit begebenen Vermögenswerte. Eine solche Verpflichtung stellte nach Ansicht des Klägers bereits eine Beschränkung der Niederlassungsfreiheit dar.

b) Die Eröffnung des Schutzbereichs der Personenverkehrsfreiheiten gem. Artt. 39, 43 EG

Der persönliche Schutzbereich der Personenverkehrsfreiheiten und das von § 6 AStG erfasste Steuersubjekt sind dann kongruent, wenn die gem. § 6 Abs. 1 S. 1 AStG-SEStEG insgesamt mindestens zehn Jahre gem. § 1 Abs. 1 EStG i. V. m. den §§ 8, 9 AO unbeschränkt steuerpflichtige, natürliche Person die Staatsangehörigkeit eines Mitgliedstaates im Zeitpunkt der Ausübung der Grundfreiheit besitzt.[669] Daneben können sich auch Angehörige der überseeischen Länder und Gebiete gem. Art. 183 Ziff. 5 EG sowie die Staatsangehörigen Islands, Norwegens und Liechtensteins als assoziierte Länder gem. Artt. 28 Abs. 1, 31 Abs. 1 S. 1 EWR-Abkommen in vollem Umfang auf die Artt. 39, 43 EG berufen. Der

---

[666] EuGH-Urteil vom 11.03.2004, Rs. C-9/02 („Lasteyrie du Saillant"), Slg. 2004, I-2409, Rn. 12.
[667] EuGH-Urteil vom 11.03.2004, Rs. C-9/02 („Lasteyrie du Saillant"), Slg. 2004, I-2409, Rn. 13 ff.
[668] EuGH-Urteil vom 11.03.2004, Rs. C-9/02 („Lasteyrie du Saillant"), Slg. 2004, I-2409, Rn. 22.
[669] Randelzhofer/Forsthoff, in: Grabitz/Hilf, Das Recht der Europäischen Union, EGV, vor Art. 39 – 55, Rn. 9.

persönliche Anwendungsbereich der Artt. 39, 43 EG bildet demnach lediglich eine Teilmenge der von § 6 AStG erfassten natürlichen Personen.

Der räumliche Geltungsbereich der Personenverkehrsfreiheiten ist auf das Gemeinschaftsgebiet i. S. d. Art. 299 EG begrenzt. Das ergibt sich aus dem Wortlaut der Normen, wobei Art. 39 Abs. 1 EG die Freizügigkeit innerhalb der Gemeinschaft gewährleistet, während Art. 43 Abs. 1 S. 1 EG das Hoheitsgebiet der Mitgliedstaaten als Grenze des Anwendungsbereichs benennt. Zum Gemeinschaftsgebiet gehören gem. Art. 299 Abs. 2, 3 EG i. V. m. Art. 182 ff. EG (vgl. Art. 183 Nr. 5 EG) auch überseeische Hoheitsgebiete. Verlangt der Steuertatbestand des § 6 Abs. 1 AStG-SEStEG die Beendigung der unbeschränkten Steuerpflicht durch Aufgabe des inländischen Wohnsitzes bzw. ständigen Aufenthalts, so kann die korrespondierende Wohnsitz- bzw. Aufenthaltsbegründung nur in den umrissenen Gebieten der EU-Mitgliedstaaten erfolgen, wenn sich der einzelne Steuerpflichtige auf den Schutz der Personenverkehrsfreiheiten berufen will. Diese räumliche und persönliche Radizierung kommt auch in § 6 Abs. 5 AStG-SEStEG zum Ausdruck, wonach eine zinlose Stundung der festgesetzten Steuer ohne Sicherheitsleistung nur dann möglich ist, wenn der Steuerpflichtige Staatsangehöriger eines EU- oder EWR-Mitgliedstaates ist.

Die Personenverkehrsfreiheiten beinhalten das Recht des Gemeinschaftsbürgers zur freien Niederlassung bzw. freien Arbeitsplatzwahl im Gemeinschaftsgebiet. Geschützt wird somit der hinter dem Steuertatbestand des § 6 AStG stehende wirtschaftliche Lebenssachverhalt. Dieser kann nicht abstrakt aus einem Vergleich mit den Tatbestandsmerkmalen des § 6 AStG abgeleitet werden. Vielmehr ist ausgehend vom sachlichen Anwendungsbereich der Artt. 39, 43 EG unter Einbeziehung des verwirklichten Lebenssachverhalts im Einzelfall der für Steuerpflichtige maßgebliche sachliche Schutzgehalt der Personenverkehrsfreiheiten zu bestimmen. Unabhängig von der konkreten Zuordnung des einzelnen Steuerpflichtigen zur Niederlassungsfreiheit oder zur Arbeitnehmerfreizügigkeit erfordert der sachliche Anwendungsbereich der Personenverkehrsfreiheiten die Aufnahme oder Fortführung einer wirtschaftlichen Tätigkeit im Zielstaat.[670] Die aktive Teilnahme des Steuerpflichtigen am Wirtschaftsleben stellt einerseits die Grundlage eines einheitlichen Wirtschaftsraumes in Form des Binnenmarktes dar. Andererseits verdeutlicht die Voraussetzung, dass die Grundfreiheiten kein Selbstzweck sind, sondern konstituierendes Element einer wirtschaftlichen Betrachtungsweise des EGV. Das Erfassen ausschließlich wirtschaftlich substantiierter Sachverhalte hat zudem den erwünschten Effekt, dass sich Umgehungsfälle nicht auf den Schutz der Grundfreiheiten berufen können.[671] Ergänzend ist anzumerken, dass sich auch natürliche Personen auf den Schutz der Artt. 39, 43 EG berufen können, die den sachlichen Schutzbereich zwar in eigener Person

---

[670] EuGH-Urteil vom 07.09.2006, Rs. C-470/04 („N"), Slg. 2006, I-7409, Rn. 26.
[671] Siehe Kapitel 6, C. II. für eine Darstellung der Rechtsprechung des EuGH zur missbräuchlichen Inspruchnahme von Grundfreiheiten.

nicht erfüllen, aber als Familienangehörige von Personen, die von ihrer Niederlassungs- oder Arbeitnehmerfreiheit Gebrauch machen, Rechte herleiten.[672]

Der sachliche Anwendungsbereich des Art. 43 EG wird wesentlich durch die Merkmale „Niederlassung" in Art. 43 Abs. 1 EG und „selbständige Erwerbstätigkeit" in Art. 43 Abs. 2 EG geprägt. Eine Legaldefinition des Niederlassungsbegriffs im EGV existiert nicht. Der EuGH definiert die Niederlassung als die tatsächliche Ausübung einer wirtschaftlichen Tätigkeit mittels einer festen Einrichtung in einem anderen Mitgliedstaat auf bestimmte Zeit.[673] Es ist also eine dauerhafte Ansiedlung erforderlich, die dadurch charakterisiert wird, dass sich der Niederlassungswillige in die Wirtschaft des Aufnahmestaates integriert.[674] Darüber hinaus erlangt das Kriterium der wirtschaftlichen Betätigung im Zielstaat wesentliche Bedeutung. Diese Voraussetzung ergibt sich aus der wirtschaftlichen Natur der Grundfreiheiten des Binnenmarktes. Eine Tätigkeit ist nur dann wirtschaftlicher Art, wenn damit zumindest auch ein Erwerbszweck verfolgt wird.[675] An einer wirtschaftlichen Tätigkeit fehlt es bei reinen Gefälligkeitsleistungen sowie unentgeltlicher karitativer, politischer, religiöser oder kultureller Arbeit.[676] An dem Erfordernis einer wirtschaftlichen Tätigkeit scheiterte auch die Prüfung des Art. 43 EG in der bisher einzigen Entscheidung des BFH zur Vereinbarkeit von § 6 AStG a. F. mit dem EGV aus dem Jahre 1997.[677] In dieser Entscheidung hatte der BFH eine Vorlagepflicht zum EuGH gem. Art. 234 EG mit der Erwägung verneint, dass sich der klagende deutsche Staatsbürger nicht auf die Niederlassungsfreiheit berufen kann, wenn die einzige Auslandsberührung ein ausländischer Wohnsitz ist und der Steuerpflichtige darüber hinaus im Ausland keine weiteren wirtschaftlichen Aktivitäten entfaltet. Rechtfertigend berief sich der BFH dabei auf die Rechtsprechung des EuGH in der Rechtssache C-112/91 („Werner") vom 26.01.1993, da der Steuerpflichtige in dem konkreten Fall aus privaten Gründen ins EU-Ausland verzogen war, während er seine gewerbliche Tätigkeit weiterhin im Inland ausübte.[678] Das diese Rechtsprechung zwischenzeitlich überholt sein sollte wird in den Ausführungen zur Anwendbarkeit von Art. 18 Abs. 1 EG auf Fälle einer Wegzugsbesteuerung am Ende dieses Kapitels deutlich.[679] Ein weitere wesentliche Voraussetzung des Niederlassungsbegriffs ist die Aufnahme und Ausübung einer selbständigen Erwerbstätigkeit i. S. v. Art. 43 Abs. 2 EG. Von dem Begriff der Erwerbstätigkeit werden alle Tätigkeiten erfasst, sofern sie entgeltlich erbracht werden und eine Teilnahme am Wirtschaftsleben darstellen.[680] Schließlich ist es nicht erforder-

---

[672] Siehe Kapitel 5, C. I. für eine Definition der sog. „Korrelarberechtigung" im Schutzbereich einer Grundfreiheit.
[673] EuGH-Urteil vom 25.07.1991, Rs. C-221/89 („Factortame II"), Slg. 1991, I-3905, Rn. 20.
[674] Schlag, in: Schwarze, EGV, Art. 43, Rn. 16.
[675] Schlag, in: Schwarze, EGV, Art. 43, Rn. 18.
[676] Schlag, in: Schwarze, EGV, Art. 43, Rn. 22.
[677] BFH-Beschluss vom 17.12.1997, I B 108/97, IStR 1998, S. 301, 302.
[678] Vgl. EuGH-Urteil vom 26.01.1993, Rs. C-112/91 („Werner"), Slg. 1993, I-429, Rn. 10 ff.
[679] Siehe Kapitel 3, E. II. 3.
[680] Schlag, in: Schwarze, EGV, Art. 43, Rn. 21.

lich, dass mit der Tätigkeit tatsächlich ein Gewinn erzielt wird oder sie einem anerkannten Berufsbild entspricht.[681] Selbständig ist die Erwerbstätigkeit, wenn sie dem Erwerb dienen soll und auf eigene Rechnung und eigenes Risiko ausgeübt wird. Das Merkmal der Selbständigkeit grenzt Art. 43 EG insoweit von der Arbeitnehmerfreizügigkeit gem. Art. 39 EG ab. Abzulehnen ist dagegen die Auffassung des EuGH in seinem Urteil in der Rs. C-470/04 („N"), wonach eine Erwerbstätigkeit schon in dem Halten und Verwalten einer 100%igen Beteiligung an einer Kapitalgesellschaft gegeben sein soll, wenn sich der Alleingesellschafter nicht an der Geschäftsführung des Unternehmens aktiv beteiligt.[682] Insoweit setzt sich der EuGH damit in Widerspruch zu seiner eigenen Rechtsprechung im Urteil vom 10.01.2006 in der Rs. C-222/04 („Cassa di Risparmio di Firenze"), wonach das bloße Halten von Beteiligungen verbunden mit der Wahrnehmung obligatorischer Gesellschafterrechte nur dann als wirtschaftliche Tätigkeit zu qualifizieren sei, wenn der sich der Inhaber der Beteiligung unmittelbar oder mittelbar auch an der Geschäftsführung des Unternehmens beteilige.[683]

Der sachliche Anwendungsbereich des Art. 39 EG ist einerseits von der selbständigen Erwerbstätigkeit durch eine Niederlassung und andererseits von der vorübergehenden Erbringung einer Dienstleistung im anderen Mitgliedstaat abzugrenzen. Zu diesem Zweck verwendet Art. 39 EG einen gemeinschaftsrechtlichen Arbeitnehmerbegriff.[684] Es wird nicht auf die Definition im einschlägigen nationalen Recht verwiesen. Nach der ständigen Rechtsprechung des EuGH erfordert die Arbeitnehmereigenschaft eine Leistungserbringung für einen anderen durch eine Tätigkeit im Wirtschaftsleben, die weisungsgebunden erfolgt und aufgrund derer eine Gegenleistung in Form einer Vergütung gezahlt wird.[685] Im Hinblick auf die grundlegende Stellung der Arbeitnehmerfreizügigkeit im Binnenmarktkonzept des Gemeinschaftsrechts ist die Vorschrift weit auszulegen.[686] An das Kriterium der Leistungserbringung für eine andere Person sind keine hohen Anforderungen zu stellen. Die Dauer der Tätigkeit ist ebenso unbeachtlich wie die Art der ausgeführten Arbeiten, solange es sich um tatsächliche und wirtschaftliche Leistungen handelt, die keinen derart geringen Umfang haben, dass sie völlig untergeordnet und unwesentlich sind.[687] Auch die konkrete Ausgestal-

---

[681] Schlag, in: Schwarze, EGV, Art. 43, Rn. 22.
[682] EuGH-Urteil vom 07.09.2006, Rs. C-470/04 („N"), Slg. 2006, I-7409, Rn. 26; a. A. Schlussanträge GA Kokott vom 30.03.2006, Rs. C-470/04 („N"), Slg. 2006, I-7409, Rn. 30 ff.
[683] EuGH-Urteil vom 10.01.2006, Rs. C-222/04 („Cassa di Risparmio di Firenze"), Slg. 2006, I-289, Rn. 111.
[684] St. Rspr. seit EuGH-Urteil vom 23.03.1982, Rs. 53/81 („Levin"), Slg. 1982, S. 1035, Rn. 11; EuGH-Urteil vom 03.07.1986, Rs. 66/85 („Lawrie-Blum"), Slg. 1986, S. 2121, Rn. 16.
[685] St. Rspr. seit EuGH-Urteil vom 03.07.1986, Rs. 66/85 („Lawrie-Blum"), Slg. 1986, S. 2121, Rn. 17.
[686] EuGH-Urteil vom 03.06.1986, Rs. 139/85 („Kempf"), Slg. 1986, S. 1741, Rn. 13.
[687] Schneider/Wunderlich, in: Schwarze, EGV, Art. 39, Rn. 12.

tung des Arbeitsverhältnisses ist irrelevant.[688] Bei Vorliegen eines Unterordnungsverhältnisses ist die Arbeitnehmereigenschaft auch dann anzunehmen, wenn die Arbeitnehmer eines Unternehmens zugleich dessen Gesellschafter sind.[689]

Anzumerken ist, dass der EuGH teilweise auf die Abgrenzung zwischen selbständiger und unselbständiger Arbeit verzichtet, wenn sie für die Entscheidung aufgrund der weitgehenden Übereinstimmung der Vorschriften zur Arbeitnehmerfreizügigkeit und Niederlassungsfreiheit sowie des dazu ergangenen Sekundärrechts ohne Bedeutung ist. Der Gerichtshof nimmt dann eine Gesamtschau der Artt. 39, 43 EG, vielfach unter Einschluss des allgemeinen Diskriminierungsverbots aus Art. 12 EG, vor und geht unmittelbar auf den Schutzgehalt und die mögliche Rechtfertigung von Ungleichbehandlungen oder Beschränkungen ein.[690]

Mit den vorstehenden Ausführungen ist eine gem. § 6 AStG steuerpflichtige natürliche Person vom Schutzbereich der Personenverkehrsfreiheiten aus den Artt. 39, 43 EG erfasst, wenn die nachfolgenden Voraussetzungen erfüllt sind:

- Steuerpflichtiger ist Staatsangehöriger eines EU- oder EWR-Mitgliedstaats
- Verlegung des Wohnsitzes im Geltungsbereich des EGV i. S. v. Art. 299 EG oder des EWR-Abkommens i. S. v. Art. 126 EWR-Abkommen
- Dauerhafte Niederlassung zur Ausübung einer wirtschaftlichen Tätigkeit durch Aufnahme oder Fortführung einer selbständigen Erwerbstätigkeit gem. Art. 43 EG oder weisungsgebundene Leistungserbringung für einen anderen durch eine Tätigkeit im Wirtschaftsleben, für die eine Gegenleistung in Form einer Vergütung gezahlt wird gem. Art. 39 EG
- Familienangehörige vorstehender Personen

c) Eingriff in den Schutzbereich der Personenverkehrsfreiheiten

Die Besteuerung des Vermögenszuwachses gem. § 6 AStG ist eine Regelung des Marktaustrittsstaates i. S. d. Grundfreiheiten. Darüber hinaus nimmt der Steuertatbestand im Unterschied zu § 2 AStG auch keine Differenzierung nach der Staatsangehörigkeit vor. Ausgehend vom Wortlaut der Personenverkehrsfreiheiten stellt sich damit die Frage, ob die Arbeitnehmerfreizügigkeit entgegen Art. 39 Abs. 2 EG auch andere Diskriminierungen bzw. Beschränkungen erfasst als solche nach der Staatsangehörigkeit und ob die Niederlassungsfreiheit gem. Art. 43 Abs. 1 EG auch auf Beschränkungen im Wegzugsstaat anwendbar ist.

---

[688] EuGH-Urteil vom 31.05.1989, Rs. 344/87 ("Bettray"), Slg. 1989, S. 1621, Rn. 16.
[689] EuGH-Urteil vom 10.12.1991, Rs. C-179/90 ("Merci Convenzionali"), Slg. 1991, I-5889, Rn. 13.
[690] Vgl. Wölker/Grill, in: von der Groeben/Schwarze, EGV, vor Art. 39 – 41, Rn. 26 ff. m. w. N.

aa) Die Personenverkehrsfreiheiten als allgemeines Beschränkungsverbot

Die Niederlassungsfreiheit bezweckt, die Mobilität der Unternehmer im Binnenmarkt dadurch zu fördern, dass selbständig Erwerbstätigen der Wechsel in das Wirtschaftssystem eines anderen Mitgliedstaates im Wege der Errichtung einer Haupt- oder Zweigniederlassung ermöglicht wird. Wer in einem anderen Mitgliedstaat eine selbständige Erwerbstätigkeit aufnehmen will, soll identische Bedingungen und Reglementierungen vorfinden, wie ein Inländer in der vergleichbaren Situation.[691] Zur Gewährleistung dieses umfassenden Schutzes zugunsten der Gemeinschaftsbürger beinhaltet Art. 43 EG nach Auffassung des EuGH neben dem Verbot der offenen und versteckten Diskriminierung auch ein allgemeines Beschränkungsverbot. Ausgangspunkt der Anerkennung eines allgemeinen Beschränkungsverbots war die Rechtsprechung des EuGH in den Rs. 107/83 („Klopp"), C-19/92 („Kraus") und C-55/94 („Gebhard") in denen das Gericht feststellte, dass Art. 43 EG einer nationalen Regelung entgegensteht, die zwar ohne Diskriminierung aus Gründen der Staatsangehörigkeit anwendbar ist, die aber dennoch geeignet ist, die Ausübung der durch den Vertrag garantierten grundlegenden Freiheiten zu behindern oder weniger attraktiv zu machen.[692]

Ob der Arbeitnehmerfreizügigkeit über das Diskriminierungsverbot hinaus auch ein allgemeines Beschränkungsverbot zu entnehmen ist, war lange Zeit umstritten. Die ablehnende Auffassung begründete ihre Meinung mit der am Wortlaut orientierten Ausrichtung der Vorschrift auf das Verbot von Diskriminierungen.[693] Während die übrigen Grundfreiheiten in den Artt. 28, 29, 43, 49 und 56 EG ihrem Wortlaut entsprechend eine erweiternde Auslegung des Terminus „Beschränkungen" zuließen, war das im Fall des Art. 39 EG nicht möglich. Erst das EuGH-Urteil in der Rs. C-415/93 („Bosman") aus dem Jahre 1995 hat die Frage in einem positiven Sinn geklärt.[694] Nach dieser Rechtsprechung fallen Bestimmungen, die einen Staatsangehörigen daran hindern oder ihn davon abhalten, sein Herkunftsland zu verlassen, auch dann in den Schutzbereich der Arbeitnehmerfreizügigkeit, wenn sie unabhängig von der Staatsangehörigkeit des betroffenen Arbeitnehmers gelten.[695]

Neben der Ausdehnung der Personenverkehrsfreiheiten auf ein Beschränkungsverbot im Markteintrittsstaat stellt sich die Frage nach deren Anwendbarkeit auf nationale Regelungen im Marktaustrittsstaat des Gemeinschaftsbürgers. Insbesondere der Wortlaut der Artt. 39 Abs. 3, 43 Abs. 1 EG könnte hier eine restriktive Auslegung i. S. e. Schutzbereichsbegrenzung auf den Markteintritts-

---

[691] Vgl. EuGH-Urteil vom 28.01.1986, Rs. 270/83 („Kommission / Frankreich"), Slg. 1986, S. 273, Rn. 13; EuGH-Urteil vom 29.04.1999, Rs. C-311/97 („Royal Bank of Scotland"), Slg. 1999, I-2651, Rn. 22; EuGH-Urteil vom 13.04.2000, Rs. C-251/98 („Baars"), Slg. 2000, I-2787, Rn. 27.
[692] EuGH-Urteil vom 31.03.1993, Rs. C-19/92 („Kraus"), Slg. 1993, I-1663, Rn. 32 m. w. N.
[693] Vgl. Wölker/Grill, in: von der Groeben/Schwarze, EGV, Art. 39, Rn. 6 ff. m. w. N.
[694] EuGH-Urteil vom 15.12.1995, Rs. C-415/93 („Bosman"), Slg. 1995, I-4921, Rn. 96.
[695] Siehe Kapitel 4, C. II. 2. für eine Darstellung von Inhalt und Reichweite des grundfreiheitlichen Beschränkungsbegriffs.

staat begründen. Dazu heißt es im Urteil des EuGH in der Rs. 81/87 („Daily Mail"), dass die Bestimmungen der Niederlassungsfreiheit über den ursprünglichen Schutzgehalt der Inländergleichbehandlung hinaus auch solchen Regelungen des Herkunftsstaates entgegenstehen, die eine Niederlassung eigener Staatsangehöriger in einem anderen Mitgliedstaat behindern oder sogar verbieten.[696] Eine Ausdehnung des Anwendungsbereichs von Art. 39 EG auf Normen im Wegzugsstaat des Gemeinschaftsbürgers lässt sich aus dem Umkehrschluss des Rechts auf Einreise aus Art. 39 Abs. 2 lit. b), c) EG herleiten. Es wäre im innergemeinschaftlichen Verkehr sinnentleert, wenn der Wegzugsstaat dem Gemeinschaftsbürger solche Beschränkungen auferlegen könnte, die ihn erst gar nicht in den Zielstaat gelangen lassen. Demnach schützt die Grundfreiheit aus Art. 39 EG auch das Recht auf Ausreise.[697]

bb) Die Wegzugsbesteuerung als Beschränkung der Artt. 39, 43 EG

Ausgehend von der Definition des EuGH in der Rs. C-55/94 („Gebhard") greift § 6 AStG in den Anwendungsbereich der Artt. 39, 43 EG ein, wenn die Besteuerung stiller Reserven aus Anteilen an Kapitalgesellschaften geeignet ist, die Ausübung der Personenverkehrsfreiheiten durch den Anteilseigner über das Vorliegen einer Diskriminierung hinaus, zu behindern oder weniger attraktiv zu machen.[698] Bereits im Jahre 1974 hat der EuGH entschieden, dass eine Beeinträchtigung der Niederlassungsfreiheit nicht nur in einem unmittelbaren Verbot der Niederlassung, sondern auch in der Auferlegung sonstiger Nachteile liegen kann, die sich aus der Ausübung der Niederlassungsfreiheit auf steuerlichem Gebiet ergeben können.[699] Ein Indiz für eine konkrete Behinderung des Gemeinschaftsbürgers kann sich aus der Besteuerung ohne Liquiditätszufluss ergeben. Die gem. § 6 AStG a. F. steuerpflichtige natürliche Person war bisher gezwungen, die konkrete Steuerschuld für tatsächlich nicht realisierte stille Reserven zu begleichen. Zwar bestand gem. § 6 Abs. 5 AStG a. F. die Möglichkeit der Stundung für einen Zeitraum von fünf Jahren. Dabei handelte es sich allerdings lediglich um ein Hinauszögern der Besteuerung, nicht aber um die Beseitigung der Diskrepanz von Vermögenszufluss und Steuerschuld bei dem einzelnen Steuerpflichtigen. Der niederlassungswillige Gemeinschaftsbürger büßte somit Liquidität ein, die ihn an dem Aufbau einer Existenz im Zuzugsstaat hindern kann. Eine vergleichbare Argumentation vertritt der EuGH in seinem Urteil in der Rs. C-9/02 („Lasteyrie du Saillant"), in dem er weniger auf eine Beschränkung als vielmehr eine Diskriminierung der grenzüberschreitenden Wohnsitzverle-

---

[696] EuGH-Urteil vom 13.04.2000, Rs. C-251/98 ("Baars"), Slg. 2000, I-2787, Rn. 28; EuGH-Urteil vom 11.03.2004, Rs. C-9/02 („Lasteyrie du Saillant"), Slg. 2004, I-2409, Rn. 42.
[697] Wölker/Grill, in: von der Groeben/Schwarze, EGV, Art. 39, Rn. 6.
[698] EuGH-Urteil vom 31.03.1993, Rs. C-19/92 („Kraus"), Slg. 1993, I-1663, Rn. 32 m. w. N.
[699] EuGH-Urteil vom 21.06.1974, Rs. 2/74 („Reyners / Belgien"), Slg. 1974, S. 631, Rn. 16 ff.

gung gegenüber einer solchen im Hoheitsgebiet des Wegzugsstaates abstellt.[700] Der Steuerpflichtige werde allein wegen der Verlegung seines Wohnsitzes ins Ausland für ein Einkommen steuerpflichtig, das noch nicht realisiert sei und über das er somit nicht verfüge, während die Wertsteigerungen, wenn er in Frankreich bliebe, nur steuerpflichtig würden, wenn und soweit sie tatsächlich realisiert worden seien.[701] Darüber hinaus weist der EuGH darauf hin, dass der mögliche Zahlungsaufschub der französischen Regelung an strenge formelle und materielle Voraussetzungen geknüpft sei, wozu u. a. auch die Leistung einer ausreichenden Sicherheit gehöre, und dass mit letzterer insoweit eine beschränkende Wirkung verbunden sei, als sie die anderweitige Nutzung der Vermögenswerte verhindere.[702] In diesem Sinne war auch § 6 AStG a. F. geeignet, die Ausübung der Personenverkehrsfreiheiten weniger attraktiv zu machen. Schon die Beschränkung der Stundungsregelung in § 6 Abs. 5 AStG a. F. auf besondere Härtefälle indizierte, dass die Steuer im Regelfall erhoben werden sollte und damit eine Ungleichbehandlung des grenzüberschreitenden Sachverhalts zumindest bis zur tatsächlichen Veräußerung der Anteile bewirkt wurde. Auch kann man argumentieren, dass die Wegzugsbesteuerung im Falle einer späteren Veräußerung im Markteintrittsstaat zu einer diskriminierenden Doppelbesteuerung gegenüber dem rein innerstaatlichen Sachverhalt führt, wenn es nicht zu einer Steueranrechnung durch einen der beiden Staaten kommt. Veräußert der Steuerpflichtige die Anteile an der Kapitalgesellschaft schließlich nach seiner Wohnsitzbegründung im Zuzugsstaat, so kann es trotz des bestehenden lückenlosen Systems von DBA im EU-Gemeinschaftsgebiet zu einer juristischen Doppelbesteuerung bzw. einer Doppelbesteuerung nach Abkommensrecht kommen. Insofern wird an dieser Stelle auf die Erörterungen im vorangehenden Abschnitt dieses Kapitels verwiesen.[703] Lediglich die DBA mit den EU-Mitgliedstaaten Dänemark, Finnland, Italien, Österreich und Schweden enthalten eine Zuordnungsklausel für Veräußerungsgewinne zwischen Wohnsitz- und Quellenstaat. Zwar findet sich im EGV keine nähere Ausgestaltung zur Art und Weise der Pflicht zur Beseitigung der Doppelbesteuerung bei direkten Steuern gem. Art. 293 EG.[704] Im Anwendungsbereich der Grundfreiheiten des EGV besteht jedoch die Verpflichtung, aus einer Doppelbesteuerung resultierende Beschränkungen oder Diskriminierungen auf nationalstaatlicher Ebene zu beseitigen. Daraus folgen zwar keine unmittelbaren Einschränkungen oder Erweiterungen bereits bestehender DBA.[705] Dennoch könnte die Gefahr einer juristischen Doppelbesteue-

---

[700] EuGH-Urteil vom 11.03.2004, Rs. C-9/02 („Lasteyrie du Saillant"), Slg. 2004, I-2409, Rn. 45 ff.
[701] EuGH-Urteil vom 11.03.2004, Rs. C-9/02 („Lasteyrie du Saillant"), Slg. 2004, I-2409, Rn. 46.
[702] EuGH-Urteil vom 11.03.2004, Rs. C-9/02 („Lasteyrie du Saillant"), Slg. 2004, I-2409, Rn. 47.
[703] Siehe Kapitel 3, E. I.
[704] Lehner, IStR 2001, S. 329.
[705] Fischer-Zernin in: Gosch/Kroppen/Grotherr, DBA-Kommentar, Teil 1, Abschnitt 3, Rn. 30.

rung eingriffsbegründend i. S. e. Attraktivitätsminderung wirken, soweit deren abkommensrechtliche Vermeidung zwischen den beteiligten Staaten ungewiss ist. Dagegen spricht allerdings, dass die Gefahr einer Doppelbesteuerung nicht ausschließlich durch § 6 AStG hervorgerufen wird, sondern vielmehr durch das Zusammentreffen von Veräußerungs- und Wegzugsbesteuerung ohne gleichzeitig Anwendung der Anrechnungs- oder Freistellungsmethode im Marktaustritts- oder Markteintrittsstaat. Ein Zusammentreffen von Handlungen verschiedener EU-Mitgliedstaaten kann nach der Rechtsprechung des EuGH aber nicht diskriminierend oder beschränkend wirken, so dass eine juristische Doppelbesteuerung nicht in den Schutzbereich der Personenverkehrsfreiheiten eingreifen würde.[706]

Über eine diskriminierende Wirkung von § 6 AStG a. F. im Hinblick auf einen drohenden Liquiditätsnachteil hinaus, lassen sich aber noch weitere Argumente für seine beschränkende Wirkung finden. Ausgehend von der Gesetzesbegründung hatte der Steuertatbestand des § 6 AStG a. F. das Ziel, stille Reserven aus Anteilen an Kapitalgesellschaften dem inländischen Fiskus als Besteuerungsgut zu sichern.[707] Gesetzgeberischer Zweck war demnach nicht, den Wegzug zu sanktionieren, sondern dem steuerrechtlichen Grundsatz Geltung zu verschaffen, wonach bei der Herauslösung von Besteuerungsgütern aus dem deutschen Steuerbereich die stillen Reserven aufzulösen und der deutschen Besteuerung zu unterwerfen sind.[708] Die geringe Zahl der von § 6 AStG a. F. betroffenen Steuerpflichtigen lässt jedoch den Schluss zu, dass die Rechtsnorm die Sicherung des Steueraufkommens weniger durch aktive Anwendung, als vielmehr durch ihre Abschreckungswirkung erzielt. Folglich wird der Steuerpflichtige die drohende Besteuerung zumindest in seine Überlegungen einbeziehen, ob er seinen Wohnsitz ins übrige Gemeinschaftsgebiet verlegt oder dies zunächst unterlässt. Die Maßgeblichkeit dieser Überlegungen hängt zwar im Einzelfall vom Umfang der persönlichen Beteiligung des Gemeinschaftsbürgers ab, was jedoch nicht dazu führen kann, sie als generell zu beachtendes Motiv abzulehnen. Zudem führte das Absenken der Grenze für Beteiligungen i. S. d. § 17 EStG auf derzeit 1 v. H. zu einer erheblichen Ausdehnung des Anwendungsbereichs der Wegzugsbesteuerung. Bedenkt man, dass eine Beteiligung an einer inländischen GmbH bereits ab einem Stammkapital von € 250,00 möglich ist, so konnte man bei § 6 AStG a. F. nicht mehr von einer Einzelfallregelung für vermögende Personen sprechen.[709] Vielmehr war bereits der Kleinanleger und Minderheitsgesellschafter in Gefahr, bei einem Wohnsitzwechsel ins Ausland von der Regelung betroffen zu sein. Folglich hatte eine drohende Wegzugsbesteuerung Einfluss auf das Abwägungsergebnis einer potentiell großen Anzahl unbeschränkt

---

[706] EuGH-Urteil vom 19.01.1988, Rs. 223/86 („Pesca Valentia"), Slg. 1988, S. 83, Rn. 18; EuGH-Urteil vom 28.10.1999, Rs. C-6/98 („ARD"), Slg. 1999, I-7599, Rn. 53; Schlussanträge GA Jacobs vom 24.06.1999, Rs. C-6/98 („ARD"), Slg. 1999, I-7599, Rn. 83; Epiney, in: Calliess/Ruffert, EGV, Art. 12, Rn. 5.
[707] a. a. O., BT-Drs. VI/2883, S. 18, Rn. 25 f.
[708] a. a. O., BT-Drs. VI/2883, S. 18, Rn. 25.
[709] Vgl. Kaminski/Strunk, RIW 2001, S. 810.

Steuerpflichtiger im Vorfeld einer grenzüberschreitenden Wohnsitzverlegung, so dass eine beschränkende Wirkung von § 6 AStG a. F. i. S. e. Attraktivitätsminderung auch aus dieser Perspektive unterstellt wird. Zusammenfassend sind die vorgetragenen Tatsachen damit geeignet, nicht nur eine diskriminierende Wirkung im Vergleich zu einer vergleichbaren Wohnsitzverlegung im Bundesgebiet zu erzeugen, sondern auch die Ausübung der Personenverkehrsfreiheiten durch den im Inland unbeschränkt steuerpflichtigen Gemeinschaftsbürger zu behindern oder zumindest weniger attraktiv zu machen, so dass ein Eingriff in den Schutzbereich der Artt. 39, 43 EG durch § 6 AStG a. F. vorlag.

Für § 6 AStG-SEStEG lässt sich sicherlich die Auffassung vertreten, dass die Norm aufgrund der ihr immanenten Stundungsregelung in § 6 Abs. 5 S. 1, 2 AStG-SEStEG keine beschränkende Wirkung mehr ausübt. Gleichwohl kommt es zu einer Steuerfestsetzung im Wegzugsfall, so dass der Steuerpflichtige nicht nur Adressat eines belastenden Verwaltungsaktes, sondern auch zur vorherigen Abgabe einer Steuererklärung verpflichtet wird. Eine entsprechende Verpflichtung hat der EuGH in seinem Urteil vom 07.09.2006 in der Rs. C-470/04 („N") zur niederländischen Wegzugsbesteuerung als eingriffsbegründend qualifiziert.[710] Darüber hinaus obliegen dem Steuerpflichtigen gem. § 6 Abs. 7 AStG-SEStEG weiterhin jährliche Nachweis- und Mitwirkungspflichten gegenüber den deutschen Finanzbehörden, die in vergleichbarer Form bei einem rein inländischen Sachverhalt nicht bestehen und damit diskriminierend wirken.[711] Aus diesen Gründen ist zunächst festzustellen, dass auch § 6 AStG-SEStEG ein beschränkendes bzw. diskriminierendes Moment innewohnt, so dass sich hier gleichermaßen die Frage nach einer gemeinschaftsrechtlichen Rechtfertigung stellt.

d) Rechtfertigung des Eingriffs

Eine Beschränkung der Personenverkehrsfreiheiten ist gerechtfertigt, wenn mit ihr ein berechtigtes und mit dem EGV zu vereinbarendes Ziel verfolgt wird und sie durch einen zwingenden Grund des Allgemeininteresses gerechtfertigt und darüber hinaus verhältnismäßig ist.[712] Eine nationale Vorschrift ist verhältnismäßig, wenn sie zur Zweckerreichung geeignet und erforderlich ist. An der Erforderlichkeit fehlt es, wenn ein milderes, die einschlägige Grundfreiheit weniger beschränkendes, aber gleich geeignetes Mittel existiert, um den verfolgten Zweck zu erreichen.[713] Allgemeininteressen sind die als schützenswert anerkannten Interessen von Staat und Volk, die das gemeinschaftsrechtliche Interesse an der Durchsetzung der individualschützenden Grundfreiheiten überragt. Für den Fall der Wegzugsbesteuerung gem. § 6 AStG wird diese Interessenabwä-

---

[710] EuGH-Urteil vom 07.09.2006, Rs. C-470/04 („N"), Slg. 2006, I-7409, Rn. 38.
[711] Siehe Kapitel 6, B. für eine Darstellung der diskriminierenden Wirkung erhöhter grenzüberschreitender Mitwirkungspflichten.
[712] Vgl. EuGH-Urteil vom 11.03.2004, Rs. C-9/02 („Lasteyrie du Saillant"), Slg. 2004, I-2409, Rn. 49 m. w. N.
[713] Vgl. EuGH-Urteil vom 11.03.2004, Rs. C-9/02 („Lasteyrie du Saillant"), Slg. 2004, I-2409, Rn. 50 m. w. N.

gung insbesondere unter Beachtung der Rechtsprechung des EuGH in der Rs. C-9/02 („Lasteyrie du Saillant") vorgenommen.[714]

aa) Verhinderung einer Steuerumgehung und Sicherstellung einer gleichmäßigen Besteuerung

Die Regierungsbegründung zur Einführung des § 6 AStG a. F. benennt den vornehmlichen Zweck, Umgehungsmöglichkeiten auszuschließen.[715] Umgehung bedeutet in diesem Zusammenhang die Eliminierung der Wertzuwachsbesteuerung für private Veräußerungsgewinne aus Anteilen an Kapitalgesellschaften im Inland durch Verlegung des Wohnsitzes bzw. ständigen Aufenthalts in einen DBA-Staat mit Wohnsitzregelung. Der seinerzeit bestehende Gestaltungsspielraum sollte dem Steuerpflichtigen entzogen werden, da er mit dem Grundsatz einer gleichmäßigen und gerechten Besteuerung nicht zu vereinbaren war.[716] Der vom deutschen Gesetzgeber mit der Einführung der Wegzugsbesteuerung verfolgte Zweck, Umgehungsmöglichkeiten auszuschließen, geleitet zu der Schlussfolgerung, dass mit der Erfüllung des Steuertatbestandes ein Lebenssachverhalt verknüpft ist, der eine Steuerumgehung oder Steuerflucht durch den Steuerpflichtigen indiziert. Demgegenüber setzt bereits die Eröffnung des sachlichen Anwendungsbereichs der Personenverkehrsfreiheiten die Niederlassung des Steuerpflichtigen als Arbeitnehmer gem. Art. 39 EG oder im Rahmen einer selbständigen Tätigkeit gem. Art. 43 EG im Zielstaat voraus. Insofern begrenzt bereits der sachliche Schutzbereich der Grundfreiheiten hier das Ausschließen von Umgehungsmöglichkeiten als zwingenden Grund des Allgemeininteresses. Es ist nicht möglich, einen Eingriff in den Anwendungsbereich der Personenverkehrsfreiheiten aus allgemeinen bzw. abstrakten gesetzgeberischen Motiven zu rechtfertigen, wenn der Besteuerung gem. § 6 AStG ein wirtschaftlich substantiierter Sachverhalt zugrunde liegt. Liegt im Umkehrschluss eine Steuerumgehung oder Steuerflucht bei einer gem. § 6 AStG steuerpflichtigen natürlichen Person vor, so ist auch eine missbräuchliche Inanspruchnahme von Grundfreiheiten anzunehmen, die bereits vom sachlichen Anwendungsbereich der Personenverkehrsfreiheiten nicht erfasst wird.[717] Folglich handelt es sich bei dem vom Gesetzgeber verfolgten Zweck um ein Problem des Anwendungsbereichs der Grundfreiheiten. Eine Erörterung auf der Ebene einer Eingriffsrechtfertigung kommt nicht in Betracht, da vom Anwendungsbereich der Personenverkehrsfreiheiten nur wirtschaftlich beachtliche Lebenssachverhalte erfasst werden. Aus diesem Grund kann das Ausschließen von Umgehungsmöglichkeiten durch § 6

---

[714] Die Prüfung der Verhältnismäßigkeit von § 6 AStG-SEStEG wird nachfolgend im Rahmen eines gesonderten Abschnitts am Ende der Rechtfertigungsprüfung vorgenommen; i. ü. erfolgt eine gesonderte Bezugnahme bei der Prüfung anerkannter Rechtfertigungsgründe wo dies erforderlich erscheint.
[715] a. a. O., BT-Drs. VI/2883, S. 18, Rn. 25.
[716] a. a. O., BT-Drs. VI/2883, S. 18, Rn. 24.
[717] Siehe Kapitel 6, C. II. für eine Darstellung der Rechtsprechung des EuGH zur missbräuchlichen Inanspruchnahme von Grundfreiheiten.

AStG kein Zweck des Allgemeininteresses, sondern nur eine Schranke des sachlichen Schutzbereichs sein.
Eine vergleichbare Auffassung vertritt der EuGH in den Urteilsgründen zur Rs. C-9/02 („Lasteyrie du Saillant") wenn er feststellt, dass die zweckgerichtete Verhinderung einer Steuerflucht durch Art. 167 CGI in seiner steuertatbestandlichen Ausgestaltung keine Berücksichtigung finde, da die Regelung nicht ausschließlich und spezifisch an einen Umgehungssachverhalt im Einzelfall anknüpfe, sondern vielmehr alle Fälle erfasse, in denen ein Steuerpflichtiger seinen Wohnsitz in einen anderen Staat verlege und damit weit über das für die Verhinderung einer Steuerumgehung erforderliche Maß hinausgehe.[718] Insbesondere ließe sich das verfolgte Ziel, zu verhindern, dass ein Steuerpflichtiger vor der Veräußerung der Wertpapiere seinen steuerlichen Wohnsitz allein deshalb vorübergehend verlegt, um die Zahlung der in Frankreich auf die Wertsteigerungen zu entrichtenden Steuer zu umgehen, auch durch Maßnahmen erreichen, die weniger einschneidend seien oder die Niederlassungsfreiheit weniger beschränken und sich spezifisch auf die Gefahr einer solchen vorübergehenden Wohnsitzverlegung beziehen.[719] So verweist der EuGH auf die Schlussanträge von GA Mischo, in denen dieser ausgeführt hat, dass die französischen Behörden u. a. die Besteuerung eines Steuerpflichtigen vorsehen könnten, der nach verhältnismäßig kurzem Aufenthalt in einem anderen Mitgliedstaat und nach Realisierung der Wertsteigerungen nach Frankreich zurückkehrt und damit Auswirkungen auf die Situation von Steuerpflichtigen, die in gutem Glauben von ihrer Freiheit der Niederlassung in einem anderen Mitgliedstaat Gebrauch machen wollen, vermieden würden.[720] Darüber hinaus erfolge auch der mögliche Zahlungsaufschub nicht automatisch, sondern sei an umfassende Voraussetzungen gebunden, die zudem einer strengen Fristenregelung unterlägen, so dass der Steuerpflichtige über den erlittenen Liquiditätsnachteil hinaus auch zu einem erheblichen bürokratischen Aufwand verpflichtet werde, um der drohenden Steuererhebung zumindest vorläufig zu entgehen.[721] Diese Feststellung ist auf die Stundungsregelung in § 6 Abs. 5 AStG a. F. unmittelbar übertragbar, so dass hiermit keine verhältnismäßige Milderung der Besteuerungsfolgen im Einzelfall erreicht werden kann.[722]

---

[718] EuGH-Urteil vom 11.03.2004, Rs. C-9/02 („Lasteyrie du Saillant"), Slg. 2004, I-2409, Rn. 51 f.; vgl. Schlussanträge GA Mischo vom 06.06.2002, Rs. C-436/00 („XY"), Slg. 2002, I-10829, Rn. 47 ff.; EuGH-Urteil vom 21.11.2002, Rs. C-436/00 („XY"), Slg. 2002, I-10829, Rn. 40 ff.
[719] EuGH-Urteil vom 11.03.2004, Rs. C-9/02 („Lasteyrie du Saillant"), Slg. 2004, I-2409, Rn. 54.
[720] Schlussanträge GA Mischo vom 13.03.2003, Rs. C-9/02 („Lasteyrie du Saillant"), Slg. 2004, I-2409, Rn. 64.
[721] EuGH-Urteil vom 11.03.2004, Rs. C-9/02 („Lasteyrie du Saillant"), Slg. 2004, I-2409, Rn. 56.
[722] Siehe Kapitel 3, E. II. 1. d) ee) für die Prüfung der Verhältnismäßigkeit der Stundungsregelung in § 6 Abs. 5 AStG-SEStEG.

bb) Sicherung des Steueraufkommens und Verhinderung einer Erosion von Besteuerungssubstrat im Inland

Der ohne die Besteuerung des Vermögenszuwachses gem. § 6 AStG entstehende Gestaltungsspielraum führt nach Auffassung des historischen Gesetzgebers zu einer Minderung des Steueraufkommens im Inland, da die Möglichkeit zur steuerfreien oder niedrig besteuerten Veräußerung der Anteile an Kapitalgesellschaften in einem DBA-Staat mit Wohnsitzprinzip nach wie vor in einigen Mitgliedstaaten der EU besteht. Mit dem Rückgriff auf das Argument eines befürchteten Steuerausfalls versuchte die deutsche Regierung bereits in der Rs. C-307/98 („Saint-Gobain") einen Eingriff in die Niederlassungsfreiheit zu rechtfertigen.[723] Inhaltlich ging es um die diskriminierende Verweigerung von Steuervergünstigungen für Betriebsstätten ausländischer Gesellschaften in Deutschland im Vergleich zu inländischen, ansässigen Gesellschaften. Hierzu vertrat das BMF die Auffassung, dass der Einnahmeausfall, der in einem EU-Mitgliedstaat aufgrund der Gewährung der betreffenden Steuervergünstigung entstehe, teilweise durch die Besteuerung der Dividenden bei ihrer Ausschüttung durch die inländische Muttergesellschaft ausgeglichen werde, während der Staat, der diese Steuervergünstigungen einer Betriebsstätte einer ausländischen Kapitalgesellschaft gewähre, nicht in den Genuss des Ausgleichs komme, da er an der Besteuerung der Erträge einer Muttergesellschaft mit Sitz im Ausland nicht beteiligt sei.[724] Ähnlich verhält es sich bei der Besteuerung des Vermögenszuwachses gem. § 6 AStG. Zunächst gewährt der deutsche Steuergesetzgeber dem unbeschränkt steuerpflichtigen Anteilseigner die steuerliche Freistellung der in den Anteilen verkörperten stillen Reserven im Rahmen des Realisationsprinzips. Die dadurch entstehenden Mindereinnahmen werden bei dem Anteilseigner mit Wohnsitz bzw. ständigem Aufenthalt im Inland durch die Veräußerungsgewinnbesteuerung von im Privatvermögen gehaltenen Anteilen an Kapitalgesellschaften gem. § 17 EStG ausgeglichen. Demgegenüber war es dem deutschen Fiskus bis zur Einführung von § 6 AStG a. F. nicht möglich, die im Veräußerungsfall realisierten Gewinne im Rahmen der inländischen beschränkten Steuerpflicht beim Anteilseigner zur Besteuerung heranzuziehen, wenn der Steuerpflichtige seinen Wohnsitz oder ständigen Aufenthalt vorher in einen Staat verlegt hat, dessen DBA eine Quellenbesteuerung dieser Gewinne ausschließt. Gleichwohl erkennt der EuGH die Sicherung des Steueraufkommens in ständiger Rechtsprechung nicht als zwingenden Grund des Allgemeininteresses an.[725] Dazu führt GA Elmer in der Rs. C-484/93 („Svensson-Gustavsson") aus, dass nationale Rechtsvorschriften auf den ersten Blick aufgrund einer rein volkswirtschaftlichen Betrachtungsweise gerechtfertigt erscheinen können, gleichwohl aber mit dem Gemeinschaftsrecht unvereinbar sind, wenn sie faktisch diskriminierend wir-

---

[723] EuGH-Urteil vom 21.09.1999, Rs. C-307/97 („Saint-Gobain"), I-6161, Rn. 49; EuGH-Urteil vom 16.07.1998, Rs. C-264/96 („ICI plc."), Slg. 1998, I-4695, Rn. 25, 28.
[724] EuGH-Urteil vom 21.09.1999, Rs. C-307/97 („Saint-Gobain"), I-6161, Rn. 49.
[725] EuGH-Urteil vom 21.09.1999, Rs. C-307/97 („Saint-Gobain"), I-6161, Rn. 28, 50.

ken.⁷²⁶ So wurde der ohne eine Wegzugsbesteuerung i. S. d. § 6 AStG entstehende volkswirtschaftliche Schaden zwar schon im sog. „Steueroasenbericht" aus dem Jahre 1964 als erheblich bezeichnet.⁷²⁷ Aus gemeinschaftsrechtlicher Perspektive spielt die Höhe der vermuteten oder tatsächlich realisierten Steuermindereinnahmen dagegen keine Rolle. Der EuGH begründete seine Auffassung damit, dass Steuermindereinnahmen nicht zu den in den Artt. 39, 46 EG genannten zwingenden Gründen des Allgemeininteresses für einen diskriminierenden Eingriff gehören.⁷²⁸ Dem ist entgegenzuhalten, dass die Begrenzung der Gründe des Allgemeininteresses auf solche des Art. 46 EG bisher nur in offenen Diskriminierungsfällen angewendet wurde, während im vorliegenden Fall ein Eingriff neben dem Diskriminierungsverbot auch auf das gemeinschaftsrechtliche Beschränkungsverbot gestützt wird.⁷²⁹ Zudem verhält sich der EuGH in der Umsetzung dieser Rechtsprechung inkonsequent. So hat das Gericht u. a. in den Rs. C-264/96 („ICI plc."), C-484/93 („Svensson-Gustavsson"), C-107/94 („Asscher") und C-279/93 („Schumacker") zwar eine Anerkennung zwingender Gründe des Allgemeininteresses in Diskriminierungsfällen über die Artt. 39 Abs. 3, 46 EG hinaus abgelehnt.⁷³⁰ Dennoch wird die Sicherung der Kohärenz des nationalen Steuerrechts in den Urteilen als Rechtfertigungsgrund für die Diskriminierung in seiner Existenz bejaht. Dieses Verhalten ist widersprüchlich und geleitet zu der Schlussfolgerung, dass die Artt. 39 Abs. 3, 46 EG keine abschließende Aufzählung der zwingenden Gründe des Allgemeininteresses für einen diskriminierenden Eingriff in den Anwendungsbereich der Personenverkehrsfreiheiten enthalten. GA la Pergola merkt dazu in seinen Schlussanträgen in der Rechtssache C-35/98 („Verkooijen") an, dass der Gerichtshof mit diesem stets knapp begründeten Vorgehen bestätigt zu haben scheint, dass es unter den zwingenden Gründen des Allgemeininteresses, die nationale Maßnahmen zur Beschränkung von Grundfreiheiten zu rechtfertigen vermögen, einen Grund gibt, der sozusagen noch „zwingender" ist als die anderen, da er auch im Falle diskriminierender nationaler Maßnahmen als Rechtfertigung herangezogen

---

⁷²⁶ Schlussanträge GA Elmer vom 17.05.1995, Rs. C-484/93 („Svensson-Gustavsson"), Slg. 1995, I-3955, Rn. 28.
⁷²⁷ a. a. O., BT-Drs. IV/2412, S. 10.
⁷²⁸ EuGH-Urteil vom 21.09.1999, Rs. C-307/97 („Saint-Gobain"), I-6161, Rn. 49; EuGH-Urteil vom 16.07.1998, Rs. C-264/96 („ICI plc."), Slg. 1998, I-4695, Rn. 25, 28; vgl. jedoch EuGH-Urteil vom 28.04.1998, Rs. C-118/96 („Safir"), Slg. 1998, I-1897, in dem der Gerichtshof lediglich die Geeignetheit der nationalen Maßnahme verneint, den von der schwedischen Regierung verfolgten Zweck, durch die Norm inländischen Steuerausfällen wirksam begegnen zu können, somit unwidersprochen lässt.
⁷²⁹ EuGH-Urteil vom 29.04.1999, Rs. C-311/97 ("Royal Bank of Scotland"), Slg. 1999, I-2651, Rn. 32; EuGH-Urteil vom 14.11.1995, Rs. C-484/93 ("Svensson-Gustavsson"), Slg. 1995, I-3955, Rn. 15.
⁷³⁰ EuGH-Urteil vom 21.09.1999, Rs. C-307/97 („Saint-Gobain"), I-6161, Rn. 50; EuGH-Urteil vom 14.11.1995, Rs. C-484/93 ("Svensson-Gustavsson"), Slg. 1995, I-3955, Rn. 15; EuGH-Urteil vom 16.07.1998, Rs. C-264/96 („ICI plc."), Slg. 1998, I-4695, Rn. 28; EuGH-Urteil vom 27.06.1996, Rs. C-107/94 („Asscher"), Slg. 1996, I-3089, Rn. 48 ff., 58 ff.

werden kann.[731] Diesem Argument kann jedoch im Hinblick auf die anzustrebende Konvergenz der Grundfreiheiten auf Eingriffs- und Rechtfertigungsebene nicht zugestimmt werden, da insbesondere seit der Rechtsprechung des EuGH in der Rs. C-55/94 („Gebhard") kein qualitativer Unterschied zwischen der grundsätzlichen Anerkennung und dem anzuwendenden Rechtfertigungsmaßstab bei diskriminierenden und beschränkenden Eingriffen erkennbar ist, was letztendlich auch für die Anerkennung nicht kodifizierter Rechtfertigungsgründe gelten muss.

Eine befriedigende Lösung für den Ausschluss des Steuersicherungsgedankens aus dem Kreis der zwingenden Gründe des Allgemeininteresses liefert die Rechtsprechung des EuGH zur Angabe wirtschaftlicher Gründe für beeinträchtigende Regelungen.[732] Eine nationale Maßnahme, die an diesem Zweck ausgerichtet ist und zugleich eine Behinderung des freien Verkehrs bewirkt, sei als protektionistisch zu betrachten und stelle damit einen Widerspruch zu einem grundlegenden Erfordernis des gemeinsamen Marktes dar.[733] Dahinter steht die Überlegung, dass ein Mitgliedstaat seine Verpflichtungen zur Errichtung eines gemeinsamen Marktes nicht erfüllen kann, wenn er zugleich volkswirtschaftlich problematische Sachverhalte durch Errichtung neuer Handelsschranken im Außenverhältnis löst. Grundpfeiler des gemeinsamen Marktes sind die fünf Grundfreiheiten des EGV. Ihren materiellrechtlichen Gewährleistungen liegen rein ökonomisch begründete Lebenssachverhalte zugrunde. Käme daher eine Abwägung im Einzelfall zu dem Ergebnis, dass einer nationalen ökonomischen Situation der rechtliche und tatsächliche Vorrang vor der Durchsetzung gemeinschaftsrechtlicher Grundfreiheiten zu geben ist, so würde die Umsetzung der im EGV verankerten Grundentscheidungen über die Verwirklichung des Binnenmarktes in ihrer Reichweite zur Disposition des nationalen Gesetzgebers gestellt. Überträgt man die Überlegungen zur Rechtfertigung volkswirtschaftlich begründeter Eingriffe in Grundfreiheiten auf den vorliegenden Sachverhalt, so ist zu untersuchen, ob die vom nationalen Steuergesetzgeber verfolgte Sicherung des nationalen Steueraufkommens in der konkreten gesetzlichen Umsetzung eine protektionistische Haltung erkennen lässt. Dagegen spricht die Gesetzesbegründung vom 02.12.1971, in der die Wahrung der internationalen Freizügigkeit zur Prämisse des Gesetzentwurfs der Bundesregierung erhoben wird, so dass § 6 AStG a. F. nicht das Ziel habe, den Weg eines unbeschränkt Steuerpflichtigen ins Ausland steuerlich zu erschweren.[734] Dennoch könne die deutsche Wirtschaft im internationalen Wettbewerb nur bestehen, wenn sie ihre Leistungsfähigkeit

---

[731] Schlussanträge GA la Pergola vom 14.12.1999, Rs. C-35/98 („Verkooijen"), Slg. 2000, I-4071, Rn. 23.
[732] Schlussanträge GA Elmer vom 17.05.1995, Rs. C-484/93 („Svensson-Gustavsson"), Slg. 1995, I-3955, Rn. 28.
[733] EuGH-Urteil vom 22.06.1993, Rs. C-243/89 („Kommission / Dänemark"), Slg. 1993, I-3353, Rn. 23; EuGH-Urteil vom 09.05.1985, Rs. 112/84 („Humblodt"), Slg. 1985, S. 1367 Rn. 14 f.
[734] a. a. O., BT-Drs. VI/2883, S. 18, Rn. 6.

ungehindert erbringen kann.[735] Als Grundvoraussetzung dafür wird die Freizügigkeit von Personen, Waren, Dienstleistungen und Kapital über Grenzen hinweg genannt.[736] Dagegen hat die von der Bundesregierung in dem Entwurf geforderte umfassende Freizügigkeit keinerlei Niederschlag im ursprünglichen Gesetz gefunden. Wollte man den nationalstaatlichen Zweck der Sicherung des Steueraufkommens dem Vorwurf des gemeinschaftsrechtswidrigen Protektionismus entziehen, so hätte die konkrete Gesetzesfassung des § 6 AStG a. F. die Wahrung der gemeinschaftsweiten Freizügigkeit in ihrem Steuertatbestand berücksichtigen müssen. Dagegen knüpfte die Besteuerung des Vermögenszuwachses gem. § 6 AStG a. F. ausschließlich an die Beendigung der unbeschränkten Steuerpflicht durch Verlegung des Wohnsitzes oder ständigen Aufenthalts außerhalb des Geltungsbereichs des GG an. Zwar hat die Bundesregierung hierzu eingewandt, dass für eine Rechtsordnung, die die internationale Freizügigkeit bejaht, eine Wohnsitzverlegung ins Ausland keinen Rechtsmissbrauch darstelle.[737] Auch sei der Gesetzentwurf in keiner Weise darauf gerichtet gewesen, ins Ausland reichende Sachverhalte, nur weil sie aus dem Bereich der deutschen Besteuerung herausführen, einer steuerlichen Erschwerung zu unterwerfen.[738] Die stereotype Gesetzesfassung erzeugte dagegen einen solchen Eindruck, da Fälle grundfreiheitlich begründeter, d. h. binnenmarktbezogener Wohnsitzverlegung des Steuerpflichtigen nicht vom Steuertatbestand des § 6 AStG a. F. berücksichtigt wurden. Hätte der deutsche Steuergesetzgeber neben der Sicherung des nationalen Steueraufkommens dagegen auch den Vorrang internationaler Rechtsgrundsätze und Verpflichtungen im Blick gehabt, so wäre eine protektionistische Grundhaltung von § 6 AStG a. F. zu verneinen gewesen. Da die historische Gesetzesbegründung und konkrete Umsetzung im Rahmen des § 6 AStG a. F. dieses Erfordernis allerdings nicht in Einklang gebracht haben, konnte die Sicherung des Steueraufkommens der im Inland angesammelten stillen Reserven aus Anteilen an Kapitalgesellschaften bisher kein zwingender Grund des Allgemeininteresses für einen Eingriff in den Anwendungsbereich der Personenverkehrsfreiheiten aus den Artt. 39, 43 EG durch § 6 AStG a. F. sein.

Demgegenüber enthält § 6 Abs. 5 AStG-SEStEG inzwischen eine qualifizierte Stundungsregelung für eine Wohnsitzverlegung von ehemals unbeschränkt steuerpflichtigen Personen innerhalb der EU. Insofern hat der deutsche Steuergesetzgeber inzwischen erkannt, dass eine Durchsetzung des Steuersicherungsgedankens nur vor dem Hintergrund der grundfreiheitlichen Vorgaben i. S. e. sachgerechten Abwägung zwischen territorialem Steueranspruch der Bundesrepublik Deutschland und dem Freizügigkeitsanspruch des Steuerpflichtigen erreicht werden kann, ohne sich in Widerspruch zu den Vorgaben des EGV zu setzen. Eine protektionistische Grundhaltung bei der Dursetzung des Steuersicherungsgedankens im Anwendungsbereich des § 6 AStG ist demzufolge nur noch

---

[735] a. a. O., BT-Drs. VI/2883, S. 18, Rn. 6.
[736] a. a. O., BT-Drs. VI/2883, S. 18, Rn. 6.
[737] a. a. O., BT-Drs. VI/2883, S. 18, Rn. 14.
[738] a. a. O., BT-Drs. VI/2883, S. 18, Rn. 14.

im Verhältnis zu Drittstaaten außerhalb des EU-Gemeinschaftsgebiets zu erkennen, so dass die Sicherung des Steueraufkommens als Rechtfertigungsgrund für § 6 AStG-SEStEG nicht von vornherein ausgeschlossen werden kann. Gleichwohl wird nachfolgend gezeigt, dass mit der Kohärenz des nationalen Steuerrechts und dem Anspruch auf Durchsetzung des steuerrechtlichen Territorialitätsprinzips speziellere Rechtfertigungsgründe eingreifen, so dass auf die Sicherung des Steueraufkommens und die Verhinderung einer Erosion von Besteuerungssubstrat allenfalls hilfsweise zurückgegriffen werden sollte.[739]

cc) Kohärenz des nationalen Steuerrechts

Ein zwingender Grund des Allgemeininteresses zur Rechtfertigung des Eingriffs in den Anwendungsbereich der Personenverkehrsfreiheiten durch die Besteuerung des Vermögenszuwachses gem. § 6 AStG liegt nach der hier vertretenen Auffassung in der Wahrung der Kohärenz der deutschen Veräußerungsgewinnbesteuerung für im Privatvermögen gehaltene Anteile an Kapitalgesellschaften. Der Zweck einer Sicherung der Kohärenz des nationalen Steuerrechts ist vom EuGH in den Urteilen C-204/90 („Bachmann") und C-300/90 („Kommission / Belgien") rechtfertigend anerkannt worden[740] und erlebt seit dem Urteil des EuGH vom 07.04.2004 in der Rs. C-319/02 („Manninen") eine tatbestandliche Weiterentwicklung durch den EuGH und die Generalanwälte.[741] In den Entscheidungen ging es um die Wahrung des Zusammenhangs zwischen der steuerlichen Abzugsfähigkeit von Versicherungsprämien und der Besteuerung der Beträge, die von Versicherern nach den Alters- und Todesfallversicherungsverträgen geschuldet wurden. Der EuGH hat die nationale Vorschrift als gerechtfertigt angesehen, weil der belgische Steuergesetzgeber den möglichen Abzug der in einem anderen Mitgliedstaat entrichteten Versicherungsprämien von der Einkommensteuer durch die Besteuerung der Renten, Erträge und Kapitalabfindungen nur dann hätte ausgleichen können, wenn der sie zahlende Versicherer seinen Sitz in Belgien gehabt hätte.[742] Die Kohärenz des belgischen Systems machte es nach Auffassung des EuGH erforderlich, dass die von der Steuer abziehbare Prämie notwendig in Belgien entrichtet wird, weil nur dann der Steuerpflichtige, der den begünstigenden Abzug geltend macht, der belastenden Besteuerung

---

[739] Siehe Kapitel 3, E. II. 1. d) cc) und dd).
[740] EuGH-Urteil vom 28.01.1992, Rs. C-204/90 („Bachmann"), Slg. 1992, I-249, Rn. 21 ff.; EuGH-Urteil vom 28.01.1992, Rs. C-300/90 („Kommission/Belgien"), Slg. 1992, I-305, Rn. 14 ff.
[741] EuGH-Urteil vom 07.09.2004, Rs. C-319/02 („Manninen"), Slg. 2004, I-7477, Rn. 40 ff.; Schlussanträge GA Kokott vom 18.03.2004, Rs. C-319/02 („Manninen"), Slg. 2004, I-7477, Rn. 50 ff.; Schlussanträge GA Maduro vom 07.04.2005, Rs. C-446/03 („Marks & Spencer plc."), Slg. 2005, I-10837, Rn. 65 ff.; Schlussanträge GA Kokott vom 12.09.2006, Rs. C-231/05 („Oy AA"), Slg. 2007, Rn. 34 ff., n. V.; Schlussanträge GA Mengozzi vom 07.07.2007, Rs. C-379/05 („Amurta"), Slg. 2007, Rn. 58 ff., n. V.; EuGH-Urteil vom 08.11.2007, Rs. C-379/05 („Amurta"), Slg. 2007, Rn. 45 ff., n. V.
[742] EuGH-Urteil vom 28.01.1992, Rs. C-204/90 („Bachmann"), Slg. 1992, I-249, Rn. 14 ff.

der Erträge, Renten und Kapitalabfindungen unterworfen werden kann.[743] Demnach ist die Wahrung der Kohärenz des nationalen Steuerrechts für solche Fälle anerkannt, in denen sich die Gewährung eines Steuervorteils und der Ausgleich dieses Vorteils durch eine steuerliche Belastung bei demselben Steuersubjekt unmittelbar gegenüberstehen.[744] Auf eine periodische Übereinstimmung von Vorteilsgewährung und Belastung kommt es nicht an. Eine Anwendung des Kohärenzgedankens zur Rechtfertigung von Eingriffen in Grundfreiheiten kommt nach der Rechtsprechung des EuGH über eine allgemeine Beschränkung hinaus auch im Falle diskriminierender Maßnahmen auf dem Gebiet des nationalen Steuerrechts in Betracht.[745] Gleichwohl zeugt die niedrige Anerkennungsquote in lediglich zwei Entscheidungen aus dem Jahre 1992, wobei eine identische Sachverhaltskonstellation vorlag, von einer restriktiven Anwendung des Kohärenzgedankens durch den EuGH. Gleichwohl hat der EuGH in seinem Urteil in der Rs. C-319/02 („Manninen") eine inhaltliche Weiterentwicklung der tatbestandlichen Anforderungen vorgenommen, so dass der Rechtfertigungsgrund in neuerer Zeit vermehrt als Vehikel nationalstaatlicher Rechtfertigungserwägungen genutzt wird, wenngleich auch bisher ohne durchgreifenden Erfolg, da es im Einzelfall an der erforderlichen Verhältnismäßigkeit der Regelung mangelte.[746] In der Sache ging es um die Frage, ob Art. 56 Abs. 1 EG einem System der Körperschaftsteuergutschrift entgegensteht, in dem einer in Finnland unbeschränkt steuerpflichtigen Person für die Dividenden einer inländischen Aktiengesellschaft eine Steuergutschrift erteilt wird, nicht aber für die Dividenden, die sie von einer in Schweden eingetragenen Aktiengesellschaft erhält.[747] Darüber hinaus war zu entscheiden, ob Art. 58 EG rechtfertigend so ausgelegt werden kann, dass Art. 56 Abs. 1 EG nicht das Recht Finnlands einschränkt, die einschlägigen Bestimmungen des Gesetzes über die Steuergutschrift anzuwenden, da Voraussetzung dieser Gutschrift in Finnland ist, dass die die Dividenden ausschüttende Gesellschaft die entsprechende Steuer oder Ergänzungssteuer in Finnland gezahlt hat, was bei Dividenden, die von gebietsfremden Gesellschaften gezahlt werden, nicht geschieht, so dass in diesem Fall überhaupt keine Besteuerung erfolgen würde.[748] Die zweite Vorlagefrage zielte damit indirekt auf eine Wahrung der Kohärenz des finnischen Systems für Körperschaftsteuergutschriften als Rechtfertigung für die Ungleichbehandlung von Anteilen an in- und ausländischen Kapitalgesellschaften auf Ebene des inländischen Anteilseigners ab.[749] Im

---

[743] EuGH-Urteil vom 28.01.1992, Rs. C-204/90 („Bachmann"), Slg. 1992, I-249, Rn. 14 ff.
[744] EuGH-Urteil vom 26.10.1999, Rs. C-294/97 („Eurowings"), Slg. 1999, I-7447, Rn. 20, 42; EuGH-Urteil vom 14.11.1995, Rs. C-484/93 ("Svensson-Gustavsson"), Slg. 1995, I-3955, Rn. 18; EuGH-Urteil vom 11.08.1995, Rs. C-80/94 („Wielockx"), Slg. 1995, I-2493, Rn. 24 f.; EuGH-Urteil vom 28.10.1999, Rs. C-55/98 („Vestergaard"), Slg. 1999, I-7641, Rn. 24.
[745] EuGH-Urteil vom 16.07.1998, Rs. C-264/96 („ICI plc."), Slg. 1998, I-4695, Rn. 22 f., 29.
[746] EuGH-Urteil vom 07.09.2004, Rs. C-319/02 („Manninen"), Slg. 2004, I-7477, Rn. 40 ff.; EuGH-Urteil vom 08.11.2007, Rs. C-379/05 („Amurta"), Slg. 2007, Rn. 64 ff., n. V.
[747] EuGH-Urteil vom 07.09.2004, Rs. C-319/02 („Manninen"), Slg. 2004, I-7477, Rn. 12 ff.
[748] EuGH-Urteil vom 07.09.2004, Rs. C-319/02 („Manninen"), Slg. 2004, I-7477, Rn. 17.
[749] EuGH-Urteil vom 07.09.2004, Rs. C-319/02 („Manninen"), Slg. 2004, I-7477, Rn. 41.

zur Entscheidung gestellten Sachverhalt lag jedoch keine Identität der Steuersubjekte i. S. d. Definition des EuGH in den Urteilen C-204/90 („Bachmann") und C-300/90 („Kommission / Belgien") vor, da die Steuerbelastung bei der ausschüttenden Körperschaft und die Steuerentlastung durch Anrechnung auf Ebene des Dividenden empfangenden Anteilseigners eingetreten war.[750] Auf das Fehlen der Identität der Steuersubjekte ging der EuGH in seiner Urteilsbegründung jedoch nicht ein. Vielmehr unterstellte er ohne nähere Begründung die Voraussetzungen einer kohärenten Steuerregelung, kommt jedoch im Anschluss daran zu dem Ergebnis, dass die Beschränkung der Anrechnung auf Dividendenzahlungen inländischer Kapitalgesellschaften über das hinausgehe, was zur Wahrung des mit der Regelung verfolgten Ziels erforderlich sei, es mithin an der gebotenen Erforderlichkeit im Rahmen einer abschließenden Verhältnismäßigkeitsabwägung fehle.[751] Diesbezüglich führte jedoch GA Kokott in den Schlussanträgen zur Rs. C-319/02 („Manninen") aus, dass ein Beharren auf dem Erfordernis der Identität der Steuersubjekte im Rahmen des Kohärenzarguments auch zu willkürlichen Ergebnissen führen könne, da es im Rahmen eines körperschaftsteuerlichen Anrechnungsverfahrens lediglich eine Frage der Gesetzestechnik sei, wie die Doppelbelastung von Körperschaft- und Einkommensteuer vermieden werden kann.[752] Aus diesem Grund kam GA Kokott in ihren Schlussanträgen zu dem Ergebnis, dass das Erfordernis der Identität der Steuersubjekte dann nicht anzuwenden sei, wenn sich die Besteuerung auf dieselben Einnahmen oder denselben wirtschaftlichen Vorgang beziehe und durch die rechtliche Ausgestaltung des Systems gewährleistet sei, dass der Vorteil dem einen Steuerpflichtigen nur dann zugute komme, wenn der Nachteil bei dem anderen Steuerpflichtigen auch tatsächlich und in demselben Umfang eintrete.[753] Nach Auffassung von GA Kokott werde mit den von ihr aufgestellten Kriterien eine uferlose Ausdehnung des Rechtfertigungsgrundes der Kohärenz des nationalen Steuersystems verhindert.[754]

Die erste Skizze verdeutlicht den Rechtfertigungsgrund in seiner ursprünglichen Ausformung, während die zweite Skizze die von GA Kokott in den Schlussanträgen zur Rs. C- 319/02 („Manninen") entwickelte Ausnahme vom Erfordernis der Identität der Steuersubjekte darstellt:

---

[750] Schlussanträge GA Kokott vom 18.03.2004, Rs. C-319/02 („Manninen"), Slg. 2004, I-7477, Rn. 55 f.
[751] EuGH-Urteil vom 07.09.2004, Rs. C-319/02 („Manninen"), Slg. 2004, I-7477, Rn. 45 ff.
[752] Schlussanträge GA Kokott vom 18.03.2004, Rs. C-319/02 („Manninen"), Slg. 2004, I-7477, Rn. 57 ff.
[753] Schlussanträge GA Kokott vom 18.03.2004, Rs. C-319/02 („Manninen"), Slg. 2004, I-7477, Rn. 61; vgl. Schlussanträge GA Maduro vom 07.04.2005, Rs. C-446/03 („Marks & Spencer plc."), Slg. 2005, I-10837, Rn. 70 ff.; Schlussanträge GA Kokott vom 12.09.2006, Rs. C-231/05 („Oy AA"), Slg. 2007, Rn. 34 ff., n. V.
[754] Schlussanträge GA Kokott vom 18.03.2004, Rs. C-319/02 („Manninen"), Slg. 2004, I-7477, Rn. 62.

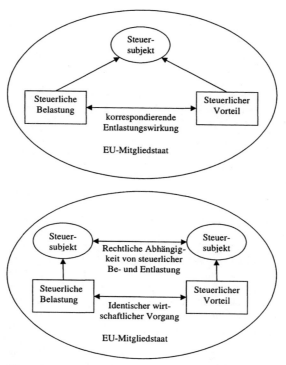

Überträgt man die vorgenannten Grundsätze auf die Besteuerung des Vermögenszuwachses gem. § 6 AStG, so gewinnt man zunächst den Eindruck, dass der steuerlichen Belastung des Steuersubjekts kein erkennbarer steuerlicher Vorteil im Inland gegenübersteht. Ein steuerlicher Vorteil kann neben der ausdrücklichen Gewährung durch Gesetz aber auch in einem Unterlassen der Besteuerung durch den nationalen Gesetzgeber i. S. e. vorübergehenden Besteuerungsverzichts liegen.[755] Gemäß § 2 Abs. 2 Nr. 2 EStG werden die Einkünfte aus Privatvermögen als Überschuss der Einnahmen über die Ausgaben ermittelt. Diese Überschussrechnung entspricht dem quellentheoretischen Konzept des Gesetzgebers, das Veräußerungseinkünfte und Wertveränderungen des Stammvermögens, insbesondere Substanzverluste des Vermögens i. S. d. §§ 20, 21 EStG von einer periodischen Besteuerung ausnimmt. Neben der umfassenden Besteuerung von Veräußerungsgewinnen aus Wertpapieren gem. § 20 Abs. 2 EStG UntStRefG findet auch gem. § 17 EStG und § 6 AStG eine Wertzuwachsbesteuerung der stillen Reserven aus im Privatvermögen gehaltenen Anteilen an Kapitalgesellschaften beim Anteilseigner statt. Im Fall des § 6 AStG wird der quel-

---

[755] Schlussanträge GA La Pergola vom 14.12.1999, Rs. C-35/98 („Verkooijen"), Slg. 2000, I-4071, Rn. 25.

lentheoretische Ansatz der Besteuerung von Überschusseinkünften auf Basis eines Entstrickungs- bzw. Realisationsprinzips dagegen vom Gesetzgeber bewusst zu dem Zweck durchbrochen, ein unversteuertes Ausscheiden des in den Anteilen verkörperten Wertzuwachses bei einer Wohnsitzverlagerung des Anteilseigners zu verhindern. Folglich wird durch den Steuertatbestand des § 6 AStG der sich aus dem Besteuerungsverzicht zugunsten laufender Erträge ergebende Einnahmeverlust unmittelbar bei demselben Steuerpflichtigen ausgeglichen. Insofern beinhaltet § 6 AStG nach der Auffassung von Hahn eine retardierende Funktion, die auf zwei rechtlichen Gewährleistungen beruht.[756] Zum einen wohnt der Norm ein prohibitiver Regelungsgehalt, der es untersagt, noch nicht realisierte Gewinne zu besteuern, und zum anderen ein instruktiver Norminhalt inne, der angibt, wann die Besteuerung zu erfolgen hat.[757] Nach der hier vertretenen Auffassung ist dieser Argumentation insoweit zu folgen, als sie das Kohärenzargument als Rechtfertigungsgrund dem Grunde nach anerkennt. Die dogmatische Begründung begegnet dagegen Bedenken, da sie über den gesetzgeberischen Willen hinausgeht und zudem § 6 AStG künstlich in zwei Rechtsnormbefehle aufspaltet. Das ist aber nicht erforderlich, da der Vorteil des Steuerpflichtigen auch in einem Unterlassen des Steuergesetzgebers liegen kann und das im nationalen deutschen Einkommensteuerrecht durch die beschriebene Systematik der Veräußerungsgewinnbesteuerung auch hinreichend deutlich wird.

Den gesetzessystematischen Zusammenhang verdeutlicht auch die Berücksichtigung der nationalen Besteuerung des Vermögenszuwachses gem. § 6 AStG in den einschlägigen Artikeln der DBA mit Dänemark, Finnland, Italien, Österreich und Schweden. Zwar hat der EuGH in den Rs. C-107/94 („Asscher") und C-80/94 („Wielockx") einen auf den Kohärenzgedanken gestützten Versuch zur Rechtfertigung einer Diskriminierung mit dem Hinweis auf die abkommensrechtliche Verteilung der Besteuerungszuständigkeit zurückgewiesen.[758] Im Unterschied zu den vom EuGH entschiedenen Fällen führt die DBA-rechtliche Berücksichtigung des innerstaatlichen Realisationsprinzips hier aber nicht zu einer Verlagerung der Problemlösung auf die Ebene des DBA. Vielmehr schaffen die abkommensrechtlichen Vorschriften ein von den innerstaatlichen Steuertatbeständen ausgefülltes Besteuerungsrecht. Insbesondere ist dem Einwand von Dautzenberg nicht zuzustimmen, dass die Kohärenz der nationalen Veräußerungsgewinnbesteuerung durch den Ertragsausgleich auf Abkommensebene gesichert sei.[759] Zum einen steht § 49 Abs. 1 Nr. 2 lit. f) EStG dem Willen des Steuergesetzgebers entgegen, einen generellen Besteuerungsverzicht zu erklären. Zum anderen kann eine steuerertragsbezogene Kompensationsrechnung auf Ebene des DBA im Abschlusszeitpunkt nur summarischen Charakter haben, ohne dass darin ein Verzicht auf die spätere Wahrnehmung von Besteuerungspotenzialen zu sehen ist. Schließlich muss es dem nationalen Gesetzgeber unbe-

---

[756] Hahn, DStZ 2000, S. 14, 23 f.
[757] Hahn, DStZ 2000, S. 14, 24.
[758] EuGH-Urteil vom 27.06.1996, Rs. C-107/94 („Asscher"), Slg. 1996, I-3089, Rn. 56 ff.; EuGH-Urteil vom 11.08.1995, Rs. C-80/94 („Wielockx"), Slg. 1995, I-2493, Rn. 24 f.
[759] Dautzenberg, FR 1998, S. 489, 491 f.

nommen bleiben, auf die Gefahr konkreter Steuerausfälle und das Auftauchen von Besteuerungslücken angemessen zu reagieren. Geht man sodann mit der h. M. in der Literatur und der Auffassung der Finanzverwaltung davon aus, dass die Bundesrepublik Deutschland das Besteuerungsrecht für die von § 6 AStG erfassten stillen Reserven nach der Zuordnungsnorm des Art. 13 Abs. 5 MA hat, so könnte die Umsetzung der Vorschrift in den einzelnen DBA der EU-Mitgliedstaaten untereinander sogar eine rechtfertigende Wirkung i. S. e. Systemkohärenz von DBA und nationalem Steuerrecht entfalten.[760] Das gilt insbesondere für die DBA der Bundesrepublik Deutschland mit Dänemark, Finnland, Italien, Österreich und Schweden, die eine Besteuerung des Wertzuwachses im Quellenstaat ausdrücklich vorsehen. Diese Argumentation vertritt auch das BMF in seiner Stellungnahme zur Rs. C-9/02 („Lasteyrie du Saillant") im Hinblick auf die rechtfertigende Wirkung einer bilateralen Aufteilung des Besteuerungsumfangs zwischen Marktaustritts- und Markteintrittsstaat, die jedoch vom EuGH im Ergebnis mangels Entscheidungserheblichkeit nicht abschließend beurteilt wurde.[761]

Im Ergebnis liegt dem Eingriff in die Personenverkehrsfreiheiten durch § 6 AStG nach der hier vertretenen Auffassung die Sicherung der Kohärenz der nationalen Steuerregelung über die Besteuerung des Wertzuwachses von im Privatvermögen gehaltenen Anteilen an Kapitalgesellschaften als zwingender Grund des Allgemeininteresses zugrunde. Ähnlich äußert sich auch der BFH in seinem Beschluss vom 17.12.1997 in dem er feststellt, dass Beschränkungen der Grundfreiheiten im Hinblick auf die Steuersouveränität der Mitgliedstaaten hinzunehmen sind, wenn sie unvermeidbar sind, um das Funktionieren des nationalen Steuersystems zu gewährleisten.[762] Dennoch greift diese Feststellung zu kurz, da sie es bei der Annahme eines zwingenden Grundes des Allgemeininteresses belässt. Zwar sieht das Gericht scheinbar die Notwendigkeit zur Prüfung der Erforderlichkeit der getroffenen nationalen Regelung, stellt diese aber apodiktisch fest, ohne sich mit weniger belastenden Alternativen im Rahmen einer Verhältnismäßigkeitsprüfung auseinanderzusetzen.

Eine ähnliche Argumentation vertritt auch die niederländische Regierung in ihrer Stellungnahme zur Rs. C-9/02 („Lasteyrie du Saillant"), wenn sie darauf verweist, dass die kombinierte Wirkung der Besteuerung im Fall der Auswanderung und die Forderung von Sicherheiten, an die der Aufschub der tatsächlichen Zahlung der Steuer geknüpft sei, notwendig sei, um die Kohärenz des französischen Steuersystems zu wahren, da ein unmittelbarer Zusammenhang zwischen dem Aufschub der jährlichen Besteuerung des mit den Wertpapieren verbundenen Kapitalzuwachses und der tatsächlichen Erhebung der Steuer bei Verlegung

---

[760] A. A. EuGH-Urteil vom 21.11.2002, Rs. C-436/00 („XY"), Slg. 2002, I-10829, Rn. 52 ff.; Schlussanträge GA Mischo vom 06.06.2002, Rs. C-436/00 („XY"), Slg. 2002, I-10829, Rn. 70 f.
[761] EuGH-Urteil vom 11.03.2004, Rs. C-9/02 („Lasteyrie du Saillant"), Slg. 2004, I-2409, Rn. 68.
[762] BFH-Beschluss vom 17.12.1997, I B 108/97, IStR 1998, S. 301, 302 f.

des Wohnsitzes ins Ausland bestehe.⁷⁶³ Es entspreche auch dem steuerlichen Territorialitätsprinzip, dass das Besteuerungsrecht auf die Wertsteigerungen beschränkt sei, die im Wohnsitzstaat des Steuerpflichtigen realisiert worden seien, und dass die in diesem Staat eingetretenen Wertsteigerungen entsprechend berücksichtigt würden, wenn die Wertpapiere veräußert würden oder der Wohnsitz ins Ausland verlegt würde.⁷⁶⁴ Allerdings erkennt der EuGH die vorgebrachte Argumentation, ohne eine eingehende Auseinandersetzung mit dem französischen System der Wertzuwachsbesteuerung bei natürlichen Personen mit dem Hinweis auf den Gesetzeszweck der Vorschrift, eine Steuerumgehung durch Wohnsitzverlagerung ins niedrigbesteuernde Ausland zu verhindern, nicht an.⁷⁶⁵ Ob damit eine generelle Fruchtbarmachung des Kohärenzarguments für eine latente Wertzuwachsbesteuerung durch den EuGH ausgeschlossen wird, bleibt infolge des Unterlassens der tatbestandlichen Untersuchung unklar. Vielmehr unterstreicht der EuGH seine am französischen Gesetzeszweck orientierte Rechtfertigung des Eingriffs in die Niederlassungsfreiheit durch das zur Vermeidung einer Doppelbesteuerung im Veräußerungsfall vorgesehene Anrechnungsverfahren, welches eine Vollanrechnung der Ertragsteuer im Markteintrittsstaat des Steuerpflichtigen vorsehe, unabhängig davon, ob die Bemessungsgrundlage der Steuer nur solche in diesem Staat auch eingetretenen Wertzuwächse berücksichtigt oder nicht.⁷⁶⁶ Folglich könne in Abhängigkeit von der Ausgestaltung der gesetzlichen Regelung im Markteintrittsstaat eine französische Besteuerung vollständig eliminiert werden, was wiederum gegen die Zielsetzung einer Besteuerung von während der Ansässigkeit in Frankreich eingetretenen Wertzuwächsen durch Art. 167 CGI spreche.⁷⁶⁷ Auf den zu entscheidenden Sachverhalt bezogen, ist dem vorgebrachten Argument zuzustimmen. Denkt man jedoch eine den regionalen Wertzuwachs angemessen berücksichtigende Regelung anstatt der geltenden Ausgestaltung hinzu, so kommt man ebenfalls zu dem Ergebnis, dass eine kohärente Ausgestaltung der Wegzugsbesteuerung nicht von vornherein ausgeschlossen ist. Schließlich ist Bemessungsgrundlage der französischen Wegzugsbesteuerung auch nur die Wertsteigerung, welche während der Ansässigkeit in Frankreich eingetreten ist.⁷⁶⁸ Im Hinblick auf die Entscheidung des EuGH in der Rs. C-9/02 („Lasteyrie du Saillant") über eine Rechtfertigung von Art. 167 CGI als Eingriff in die Niederlassungsfreiheit lässt sich somit festhalten, dass die französische Wegzugsbesteuerung aufgrund ihrer tatbestandlichen

---

[763] EuGH-Urteil vom 11.03.2004, Rs. C-9/02 („Lasteyrie du Saillant"), Slg. 2004, I-2409, Rn. 61.
[764] EuGH-Urteil vom 11.03.2004, Rs. C-9/02 („Lasteyrie du Saillant"), Slg. 2004, I-2409, Rn. 33.
[765] EuGH-Urteil vom 11.03.2004, Rs. C-9/02 („Lasteyrie du Saillant"), Slg. 2004, I-2409, Rn. 64.
[766] EuGH-Urteil vom 11.03.2004, Rs. C-9/02 („Lasteyrie du Saillant"), Slg. 2004, I-2409, Rn. 65 f.
[767] EuGH-Urteil vom 11.03.2004, Rs. C-9/02 („Lasteyrie du Saillant"), Slg. 2004, I-2409, Rn. 66.
[768] EuGH-Urteil vom 11.03.2004, Rs. C-9/02 („Lasteyrie du Saillant"), Slg. 2004, I-2409, Rn. 29.

Ausgestaltung über das zur Verhinderung einer Steuerumgehung erforderliche Maß hinausging. Eine weitergehende Rechtfertigung aufgrund der Kohärenz der nationalen Veräußerungsgewinnbesteuerung i. V. m. dem Territorialitätsprinzip wird dagegen vom EuGH aufgrund des entgegenstehenden Gesetzeszwecks nicht untersucht. Nach der hier vertretenen Auffassung ist eine Wegzugsbesteuerung aber gleichwohl möglich, wenn sie systematisch kohärent ausgestaltet ist und den vom EuGH aufgestellten Verhältnismäßigkeitsanforderungen im Hinblick auf die Ausgestaltung der Bemessungsgrundlage und der Steuererhebung genügt. Davon geht i. E. auch GA Kokott in ihren Schlussanträgen zur Rs. C-470/04 („N") vom 30.03.2006 aus, in denen sie feststellt, dass eine kohärente Besteuerung von stillen Reserven aus Anteilen an Kapitalgesellschaften nicht gesichert wäre, wenn die Erhebung der (Wegzugs-) Steuer auf die anteiligen, während des Aufenthalts im Wegzugsstaat aufgelaufenen Gewinne allein durch den Wegzug des Anteilseigners unmöglich gemacht würde.[769]

dd) Territorialitätsprinzip

In einer neueren Entscheidung vom 07.09.2006 in der Rs. C-470/04 („N") hat der EuGH zudem den Rechtfertigungsgrund der steuerlichen Territorialität für die niederländische Wegzugsbesteuerung fruchtbar gemacht.[770] Danach sei es grundsätzlich vom Territorialitätsprinzip gedeckt, wenn die im Inland angesammelten stillen Reserven bei Beendigung der unbeschränkten Steuerpflicht des Anteilseigners in den Niederlanden einer Besteuerung zugeführt würden.[771] Zur Begründung beruft sich der EuGH auf die Aufteilung der Besteuerungshoheit für entsprechende Veräußerungsgewinne in Art. 13 Abs. 5 MA.[772] Insofern scheint sich beim EuGH inzwischen die Auffassung durchzusetzen, dass das MA ein international akzeptierter Leitfaden für die territoriale Zuordnung von Besteuerungssubstrat ist, der vorbehaltlich einer verhältnismäßigen gesetzlichen Ausgestaltung im Einzelfall abstrakt geeignet ist, einen Eingriff in die Grundfreiheiten des EGV zu rechtfertigen. Darüber hinaus weist auch GA Kokott in ihren Schlussanträgen zur Rs. C-470/04 („N") darauf hin, dass eine von Art. 13 Abs. 5 MA abweichende Regelung in einem DBA über die ausdrückliche Zuweisung von im Inland angesammelten stillen Reserven aus Kapitalgesellschaften zur Vermeidung einer Doppelbesteuerung als Ausprägung des steuerlichen Territorialitätsprinzips eine rechtfertigende Wirkung für einen Eingriff in Grundfreiheiten haben kann.[773] Abweichend von Art. 13 Abs. 5 MA räumt der Art. 13 Abs. 5 DBA-Niederlande-Vereinigtes Königreich in dem zu entschei-

---

[769] Schlussanträge GA Kokott vom 30.03.2006, Rs. C-470/04 („N"), Slg. 2006, I-7409, Rn. 106.
[770] EuGH-Urteil vom 07.09.2006, Rs. C-470/04 („N"), Slg. 2006, I-7409, Rn. 40 ff.
[771] EuGH-Urteil vom 07.09.2006, Rs. C-470/04 („N"), Slg. 2006, I-7409, Rn. 44.
[772] Siehe Kapitel 2, E. III. 1. für eine ausführliche Darstellung der Rechtsprechung des EuGH zum Rechtfertigungsgrund der steuerlichen Territorialität.
[773] Schlussanträge GA Kokott vom 30.03.2006, Rs. C-470/04 („N"), Slg. 2006, I-7409, Rn. 94 ff.

denden Fall einem Vertragsstaat das Recht ein, nach seinen Steuervorschriften auch Steuern auf Veräußerungsgewinne einer natürlichen Person zu erheben, die in dem anderen Staat ansässig ist, aber während der fünf Jahre vor der Veräußerung im ersten Staat gewohnt hat.[774] Demnach sind auch die vereinzelten Vorschriften in den DBA der Bundesrepublik Deutschland mit anderen Staaten zur Vermeidung einer Doppelbesteuerung im Rahmen einer Wegzugsbesteuerung vom Territorialitätsprinzip gedeckt.[775] Insbesondere sind entsprechende Regelungen in den DBA der Bundesrepublik Deutschland auch geeignet und erforderlich, eine juristische Doppelbesteuerung im Falle eines überperiodischen Zusammentreffens von Wegzugs- und Veräußerungsgewinnbesteuerung ohne Eingreifen eines sog. „step-up" im Zuzugsstaat zu vermeiden.[776] Darüber hinaus wird durch das Urteil des EuGH auch noch einmal die in diesem Kapitel bereits vertretene Auffassung verdeutlicht, dass § 6 AStG bei entsprechender gesetzlicher Ausgestaltung mit der Verteilungsfunktion des Art. 13 Abs. 5 MA im Einklang steht.[777] Gleichwohl ist das steuerrechtliche Territorialitätsprinzip im Anwendungsbereich des § 6 AStG, ähnlich wie im Rahmen der Rechtfertigung des § 1 AStG im zweiten Kapitel dieser Arbeit, ein Rechtfertigungsgrund, der unter Berücksichtigung des Zwecks der nationalen gesetzlichen Regelung auf seine verhältnismäßige Umsetzung im Einzelfall zu prüfen ist.

ee) Verhältnismäßigkeit der Wegzugsbesteuerung gem. § 6 AStG a. F. und § 6 AStG-SEStEG

Der Steuertatbestand des § 6 AStG a. F. müsste zur Erreichung des zwingenden Grundes des Allgemeininteresses geeignet und erforderlich gewesen sein. So war weniger die Geeignetheit der gesetzlichen Regelung problematisch, als vielmehr ihre mangelnde Erforderlichkeit. Geeignetheit bedeutet, dass die formelle und materielle Umsetzung des hinter dem Steuergesetz stehenden Belastungsgrundgedankens effizient erfolgt ist. Insofern war die Kohärenz des nationalen Steuerrechts für die Besteuerung von stillen Reserven aus Anteilen an inländischen Kapitalgesellschaften durch den Steuertatbestand des § 6 AStG a. F. gesichert, da § 6 Abs. 1 AStG a. F. das beschriebene Besteuerungsgut den steuerpflichtigen Einkünften des Anteilseigners im Inland zugeordnet hat. Der durch § 6 AStG a. F. bewirkte grundfreiheitliche Eingriff wäre nun erforderlich gewesen, wenn es keine mildere Regelung gegeben hätte, die den verfolgten zwingenden Grund des Allgemeininteresses genauso effizient erreicht hätte.[778] Inzwi-

---

[774] Schlussanträge GA Kokott vom 30.03.2006, Rs. C-470/04 („N"), Slg. 2006, I-7409, Rn. 95.
[775] Siehe Kapitel 3, E. I. 2. c) für eine Aufzählung vergleichbarer Zuordnungsartikel in den geltenden DBA der Bundesrepublik Deutschland.
[776] Siehe Kapitel 3, E. I. 1. für eine ausführliche Darstellung der juristischen Doppelbesteuerung im Anwendungsbereich von § 6 AStG.
[777] Siehe Kapitel 3, E. I. 2. a) und b).
[778] EuGH-Urteil vom 05.03.2002, verb. Rs. C-515/99 u. a. (Reisch u. a.), Slg. 2002, I-2157, Rn. 39.

schen ist mit § 6 AStG-SEStEG eine genauso effiziente, aber dafür weniger beschränkende Variante für eine Besteuerung der stillen Reserven aus Anteilen an Kapitalgesellschaften bei einem Wohnsitzwechsel des Anteilseigners ins Ausland eingeführt worden. Die Feststellung des BFH in dem Beschluss vom 17.12.1997, dass Deutschland sein Besteuerungsrecht nur nach Maßgabe des § 6 Abs. 1 AStG a. F. durchzusetzen vermag, ist demnach widerlegt.[779]

Die Milderung der Rechtsfolgen einer Veräußerungsgewinnbesteuerung ohne tatsächlichen Liquiditätszufluss wird durch die Ergänzung der Rechtsnorm um eine Stundungsregelung für die festgesetzte Steuer des Anteilseigners in § 6 Abs. 5 AStG-SEStEG erreicht. Zwar konnte die Steuerschuld schon unter den Voraussetzungen des § 6 Abs. 5 AStG a. F. gestundet werden. Die Vorschrift war aber lediglich eine Erweiterung des § 222 AO, wobei der § 6 Abs. 5 AStG a. F. keine Ermessensermächtigung enthalten hat. Voraussetzung für eine Stundung war hiernach, dass die Einziehung der Einkommensteuer eine erhebliche Härte bedeutet hätte und vom Steuerpflichtigen eine Sicherheitsleistung i. S. d. § 241 AO erbracht wurde. Von der Sicherheitsleistung konnte gem. § 6 Abs. 5 S. 2 AStG a. F. nur dann abgesehen werden, wenn der Steueranspruch nicht gefährdet erschien. Der maximale Stundungszeitraum betrug fünf Jahre, wobei eine Verlängerung nicht in Betracht kam, da die Finanzbehörde bei einer Entscheidung nach § 222 AO den in § 6 Abs. 5 AStG a. F. zum Ausdruck kommenden gesetzgeberischen Willen zu berücksichtigen hatte. Die Stundungsregelung war im Hinblick auf die Begrenzung des Stundungszeitraums auf fünf Jahre, die erforderliche Hinterlegung einer Sicherheitsleistung und das Vorliegen eines Härtefalls nicht mit den Vorgaben des EuGH in seinem Urteil in der Rs. C-9/02 („Lasteyrie du Saillant") für eine gemeinschaftsrechtskonforme Ausgestaltung einer Wegzugsbesteuerung vereinbar. Zunächst ist es mit dem Grundgedanken der Personenverkehrsfreiheiten nicht zu vereinbaren, dass ein berufliches Engagement in einem EU-Mitgliedstaat auf fünf Jahre begrenzt wird, zumal eine darüber hinausgehende Stundung unter den Voraussetzungen des § 222 AO nicht möglich war.[780] Schließlich war auch nicht anzunehmen, dass die mit der Niederlassung in einem anderen Mitgliedstaat verbundene besondere Härte mit Ablauf der Frist nicht mehr vorlag. Darüber hinaus war die Hinterlegung einer Sicherheitsleistung gem. § 241 AO nicht binnenmarktkonform, da der Steuerpflichtige in der Regel Sicherheiten im Werte des zu stundenden Steueranspruchs leisten musste. War nun der gestundete Steueranspruch mit der Sicherheitsleistung identisch, so unterlag der Steuerpflichtige ebenfalls einer wirtschaftlichten Beschränkung seiner Personenverkehrsfreiheiten. Der unbestimmte Rechtsbegriff einer erheblichen Härte war schließlich nur dann gegeben, wenn der zu leistende Steuerbetrag eine Einschränkung der allgemeinen Zahlungsfähigkeit des Steuerpflichtigen bedingte.[781] Eine weniger einschneidende Lösung

---

[779] BFH-Urteil vom 21.08.1997, I R 186/94, IStR 1997, S. 303; vgl. FG München, Beschluss vom 03.08.2006, 11 V 500/06, IStR 2006, S. 746 f.
[780] Wassermeyer, in: Flick/Wassermeyer/Baumhoff, AStG, § 6, Rn. 189; Wöhrle/Schelle/Gross, AStG, § 6, Nr. 5.
[781] Wassermeyer, in: Flick/Wassermeyer/Baumhoff, AStG, § 6, Rn. 190.

greift jedoch nicht erst bei Vorliegen einer drohenden Zahlungsunfähigkeit ein. So hat der EuGH zur Stundung gegen Sicherheitsleistung in seinem Urteil zur niederländischen Wegzugsbesteuerung vom 07.09.2006 in der Rs. C-470/04 („N") entschieden, dass eine finanzielle oder sonstige wirtschaftliche Beeinträchtigung aufgrund der Leistung einer unter Verstoß gegen das Gemeinschaftsrecht verlangten Sicherheit durch die bloße Freigabe dieser Sicherheit nicht beseitigt werden kann, sondern eine Zahlung von Verzugs- oder Erstattungszinsen verlangt werden kann und darüber hinaus auch ein weitergehender Schaden von dem Sicherungsnehmer zu ersetzen ist.[782]

Der § 6 Abs. 5 S. 1 bis 3 AStG-SEStEG enthält demgegenüber die nachfolgende Stundungslösung:

(5) Ist der Steuerpflichtige im Fall des Absatzes 1 Satz 1 Staatsangehöriger eines Mitgliedstaats der Europäischen Union oder eines anderen Staats, auf den das Abkommen über den Europäischen Wirtschaftsraum anwendbar ist (Vertragsstaat des EWR-Abkommens), und unterliegt er nach der Beendigung der unbeschränkten Steuerpflicht in einem dieser Staaten (Zuzugsstaat) einer der deutschen unbeschränkten Einkommensteuerpflicht vergleichbaren Steuerpflicht, so ist die nach Absatz 1 zusätzlich geschuldete Steuer zinslos und ohne Sicherheitsleistung zu stunden. Voraussetzung ist, dass die Amtshilfe und die gegenseitige Unterstützung bei der Beitreibung der geschuldeten Steuer zwischen der Bundesrepublik Deutschland und diesem Staat gewährleistet sind. Die Sätze 1 und 2 gelten entsprechend, wenn

1. im Fall des Absatzes 1 Satz 2 Nr. 1 der Rechtsnachfolger des Steuerpflichtigen einer der deutschen unbeschränkten Einkommensteuerpflicht vergleichbaren Steuerpflicht in einem Mitgliedstaat der Europäischen Union oder einem Vertragsstaat des EWR-Abkommens unterliegt, oder

2. im Fall des Absatzes 2 Satz 2 Nr. 2 der Steuerpflichtige einer der deutschen unbeschränkten Einkommensteuerpflicht vergleichbaren Steuerpflicht in einem Mitgliedstaat der Europäischen Union oder einem Vertragsstaat des EWR-Abkommens unterliegt und Staatsangehöriger eines dieser Staaten ist, oder

3. im Fall des Absatzes 1 Satz 2 Nr. 3 der Steuerpflichtige die Anteile in einem Betrieb oder eine Betriebsstätte in einem anderen Mitgliedstaat der Europäischen Union oder einem anderen Vertragsstaat des EWR-Abkommens einlegt.

Die zinslose Stundung ohne Sicherheitsleistung in § 6 Abs. 5 S. 1 AStG-SEStEG bewirkt, dass die zusätzliche Steuer zwar im Rahmen der Einkommensteuerveranlagung des Steuerpflichtigen festgesetzt wird, eine tatsächliche Belastung i. S. d. grundfreiheitlichen Beschränkungsbegriffs infolge der zinslosen Stundung ohne Sicherheitsleistung aber nicht eintritt. Der Betrag der zusätzlich

---

[782] EuGH-Urteil vom 07.09.2006, Rs. C-470/04 („N"), Slg. 2006, I-7409, Rn. 56 ff.; Schlussanträge GA Kokott vom 30.03.2006, Rs. C-470/04 („N"), Slg. 2006, I-7409, Rn. 123 ff.

geschuldeten Steuer i. S. v. § 6 Abs. 5 S. 1 AStG-SEStEG entspricht dem Unterschiedsbetrag zwischen der tariflichen Einkommensteuer auf das zu versteuernde Einkommen unter Einbeziehung der Einkünfte gem. § 6 Abs. 1 S. 1 AStG-SEStEG und der tariflichen Einkommensteuer ohne Anwendung der Vorschrift.[783] Die Sicherstellung einer ordnungsgemäßen Amtshilfe und Beitreibung der festgesetzten Steuer bei Wegfall der Stundungsvoraussetzungen aus § 6 Abs. 5 S. 4 AStG-SEStEG wird nach der Gesetzesbegründung im Verhältnis zu den EU-Mitgliedstaaten unter Bezugnahme auf die EU-Amtshilfe-Richtlinie und die EU-Beitreibungs-Richtlinie unterstellt.[784] Im Umkehrschluss wären damit die Voraussetzungen des § 6 Abs. 5 S. 2 AStG-SEStEG im Verhältnis zu den EWR-Mitgliedstaaten Island, Norwegen und Liechtenstein gesondert zu prüfen.[785] Die verfassungsrechtliche Ungleichbehandlung i. S. v. Art. 3 Abs. 1 GG im Verhältnis zwischen EU- bzw. EWR-Staatsangehörigen und solchen aus Drittstaaten, die nicht in den Anwendungsbereich der Stundungsregelung in § 6 Abs. 5 AStG-SEStEG einbezogen sind, kann nach der hier vertretenen Auffassung mit den Anforderungen des EGV und EUV als sachliches Differenzierungskriterium gerechtfertigt werden, da die Begrenzung der Stundung auf Staatsangehörige von EU- und EWR-Staaten mit dem persönlichen Schutzbereich der Personenverkehrsfreiheiten aus den Artt. 39, 43 EG kongruent ist und sich Angehörige von Drittstaaten mit Wohnsitz innerhalb der EU nicht auf ihren Schutz berufen können.[786] Gemeinschaftsrechtlich bedenklich ist allerdings, dass der Ersatzrealisierungstatbestand in § 6 Abs. 1 S. 2 Nr. 4 AStG-SEStEG nicht in die Stundungsmöglichkeit des § 6 Abs. 5 AStG-SEStEG einbezogen ist, da eine solche immer dann zu gewähren ist, wenn der Grund für den Wegfall des deutschen Besteuerungsrechts im EU- oder EWR-Ausland liegt.[787]

Das fortlaufende Vorliegen der Voraussetzungen für eine Stundung wird verfahrensrechtlich durch die Mitwirkungspflicht des Steuerpflichtigen aus § 6 Abs. 7 S. 4, 5 AStG-SEStEG sichergestellt:

(7) Der Steuerpflichtige hat dem nach Satz 1 zuständigen Finanzamt jährlich bis zum Ablauf des 31. Januar schriftlich seine am 31. Dezember des vorangegangenen Kalenderjahres geltende Anschrift mitzuteilen und zu bestätigen, dass die Anteile ihm oder im Fall der unentgeltlichen Rechtsnachfolge unter Lebenden seinem Rechtsnachfolger weiterhin zuzurechnen sind. Die Stundung nach Absatz 5 Satz 1 kann widerrufen werden, wenn der Steuerpflichtige seine Mitwirkungspflicht nach Satz 4 nicht erfüllt.

Die erhöhten Mitwirkungspflichten des Steuerpflichtigen zur jährlichen Mitteilung der Anschrift und der Höhe der Beteiligung sind eine Konkretisierung des

---

[783] a. a. O., BT-Drs. 16/2710, S. 52 f.
[784] a. a. O., BT-Drs. 16/2710, S. 53 f.
[785] Vgl. Schönfeld, in: Flick/Wassermeyer/Baumhoff, AStG, § 6, Rn. 27.3 für Liechtenstein.
[786] Randelzhofer/Forsthoff, in: Grabitz/Hilf, Das Recht der Europäischen Union, EGV, vor Art. 39 – 55, Rn. 9.
[787] Schönfeld, in: Flick/Wassermeyer/Baumhoff, AStG, § 6, Rn. 27.2.

§ 90 Abs. 2 AO.[788] Aus diesem Grund stelle ich hier unter Verweis auf die Diskussion der grundfreiheitlichen Kollisionen von erweiterten Mitwirkungspflichten im Steuerverfahren bei grenzüberschreitenden Sachverhalten im sechsten Kapitel dieser Arbeit lediglich fest, dass Art und Umfang der Mitwirkungspflicht des Steuerpflichtigen in § 6 Abs. 7 S. 4 AStG-SEStEG verhältnismäßig ausgestaltet sind.[789] So ist es dem Steuerpflichtigen möglich und zumutbar, die Mitteilungspflicht ohne größeren Aufwand formlos innerhalb der Monatsfrist zu erfüllen. Darüber hinaus ist der Widerruf der Stundung als Rechtsfolge eines Verstoßes gegen die Mitwirkungspflicht gem. § 6 Abs. 7 S. 5 AStG-SEStEG in das Ermessen der Finanzbehörde gestellt, so dass bei gebührender Entschuldigung des Verstoßes ein Widerruf vermieden werden kann und damit auch die Anforderungen an eine verhältnismäßige Rechtsfolgenauswahl im Falle einer Mitwirkungspflichtverletzung des Steuerpflichtigen gewahrt sind.[790]

Die gewährte Stundung ist gem. § 6 Abs. 5 S. 4 AStG-SEStEG bei Vorliegen der Voraussetzungen von einer der insgesamt vier enumerativ aufgezählten Alternativen zu widerrufen:

(5) Die Stundung ist zu widerrufen,

1. soweit der Steuerpflichtige oder sein Rechtsnachfolger im Sinne des Satzes 3 Nr. 1 Anteile veräußert oder verdeckt in eine Gesellschaft im Sinne des § 17 Abs. 1 Satz 1 des Einkommensteuergesetzes einlegt oder einer der Tatbestände des § 17 Abs. 4 des Einkommensteuergesetzes erfüllt wird;

2. soweit Anteile auf eine nicht unbeschränkt steuerpflichtige Person übergehen, die nicht in einem Mitgliedstaat der Europäischen Union oder einem Vertragsstaat des EWR-Abkommens einer der deutschen unbeschränkten Einkommensteuerpflicht vergleichbaren Steuerpflicht unterliegt;

3. soweit in Bezug auf die Anteile eine Entnahme oder ein anderer Vorgang verwirklicht wird, der nach inländischem Recht zum Ansatz des Teilwerts oder des gemeinen Werts führt;

4. wenn für den Steuerpflichtigen oder seinen Rechtsnachfolger im Sinne des Satzes 3 Nr. 1 durch Aufgabe des Wohnsitzes oder gewöhnlichen Aufenthalts keine Steuerpflicht nach Satz 1 mehr besteht.

Der Widerruf der Stundung erfolgt nach § 6 Abs. 5 S. 4 AStG-SEStEG dann, wenn der Steuerpflichtige entweder einen Veräußerungewinn erzielt oder einen der Veräußerung nach deutschem Steuerrecht gleichgestellten Realisationstatbestand erfüllt, so dass er insoweit mit einem inländischen Steuerpflichtigen

---

[788] a. a. O., BT-Drs. 16/2710, S. 54 f.
[789] Siehe Kapitel 6, C.
[790] Siehe Kapitel 6, C.

gleichgestellt wird. Darüber hinaus ist die Stundung auch im Fall eines Wegzugs in einen Staat außerhalb der EU bzw. des EWR zu widerrufen, so dass die Zwischenansässigkeit auch nicht vorübergehend zur Umgehung der Wegzugsbesteuerung genutzt werden kann, da eine Zahlungsverjährung der festgesetzten Steuer gem. § 231 Abs. 1, 2 AO nicht eintritt.
Demgegenüber liegen gem. § 6 Abs. 5 S. 5 AStG-SEStEG die Voraussetzungen für einen Widerruf der Stundung gem. § 6 Abs. 5 S. 4 Nr. 1 AStG-SEStEG für Fälle einer steuerneutralen Umwandlung gem. §§ 11, 15, 21 UmwStG-SEStEG nicht vor:

(5) Ein Umwandlungsvorgang, auf den die §§ 11, 15 oder 21 des Umwandlungssteuergesetzes vom 7. Dezember 2006 (BGBl. I S. 2782, 2791) in der jeweils geltenden Fassung anzuwenden sind, gilt auf Antrag nicht als Veräußerung im Sinne des Satzes 4 Nr. 1, wenn die erhaltenen Anteile bei einem unbeschränkt steuerpflichtigen Anteilseigner, der die Anteile nicht in einem Betriebsvermögen hält, nach § 13 Abs. 2, § 21 Abs. 2 des Umwandlungssteuergesetzes mit den Anschaffungskosten der bisherigen Anteile angesetzt werden könnten; für Zwecke der Anwendung des Satzes 4 und der Absätze 3, 6 und 7 treten insoweit die erhaltenen Anteile an die Stelle der Anteile im Sinne des Absatzes 1.

Die Regelung in § 6 Abs. 5 S. 5 AStG-SEStEG setzt die Vorgaben des Art. 8 Abs. 1 bis 3 Fusionsrichtlinie auch im Rahmen der Wegzugsbesteuerung um, wonach die EU-Mitgliedstaaten anlässlich einer grenzüberschreitenden Verschmelzung, Spaltung oder eines Anteilstauschs zu Buchwerten keine Besteuerung von stillen Reserven beim Anteilseigner durchführen dürfen. Insofern geben die §§ 11, 15, 21 UmwStG-SEStEG i. V. m. § 6 AStG-SEStEG die Möglichkeit zu einer erfolgsneutralen grenzüberschreitenden Umwandlung von Gesellschaftsanteilen, die im Privatvermögen gehalten werden. Durch den Umwandlungsvorgang erworbene Anteile ersetzen danach die hingegebenen Anteile an der Kapitalgesellschaft, so dass die Voraussetzungen für die Stundung bei diesen Anteilen zu prüfen sind.
Für den Fall des Vorliegens der Voraussetzungen für einen ermessensunabhängigen Widerruf gem. § 6 Abs. 5 S. 4 AStG-SEStEG obliegen dem Steuerpflichtigen die in § 6 Abs. 7 S. 1 bis 3 AStG-SEStEG statuierten Mitwirkungspflichten:

(7) Der Steuerpflichtige oder sein Gesamtrechtsnachfolger hat dem Finanzamt, das in dem in Absatz 1 genannten Zeitpunkt nach § 19 der Abgabenordnung zuständig ist, nach amtlich vorgeschriebenem Vordruck die Verwirklichung eines der Tatbestände des Absatzes 5 Satz 4 mitzuteilen. Die Mitteilung ist innerhalb eines Monats nach dem meldepflichtigen Ereignis zu erstatten; sie ist vom Steuerpflichtigen eigenhändig zu unterschreiben. In den Fällen des Absatzes 5 Satz 4 Nr. 1 und 2 ist der Mitteilung ein schriftlicher Nachweis über das Rechtsgeschäft beizufügen.

Diese Mitwirkungspflicht ist ähnlich wie § 6 Abs. 7 S. 4 AStG-SEStEG im Lichte der Vorgaben des § 90 Abs. 2 AO als verhältnismäßig anzusehen, wenn der Steuerpflichtige im Rahmen des Steuerbescheids über die Festsetzung und Stundung der ihm gem. § 6 Abs. 1 AStG-SEStEG auferlegten Steuer auch über die steuertatbestandlichen Voraussetzungen für den Wegfall der Stundung und die ihm in diesem Fall obliegenden Mitwirkungspflichten umfassend belehrt wird. Die Belehrung sollte zu Beweiszwecken im Rahmen einer förmlichen Zustellung erfolgen, um dem Steuerpflichtigen den Einwand der Rechtsunkenntnis im weiteren Besteuerungsverfahren abzuschneiden.

Eine Wertminderung der Anteile im Zeitpunkt des Wegfalls der Stundungsvoraussetzungen gem. § 6 Abs. 5 S. 4 Nr. 1 AStG-SEStEG ist gem. § 6 Abs. 6 AStG-SEStEG zu berücksichtigen:

(6) Ist im Fall des Absatzes 5 Satz 4 Nr. 1 der Veräußerungsgewinn im Sinne des § 17 Abs. 2 des Einkommensteuergesetzes im Zeitpunkt der Beendigung der Stundung niedriger als der Vermögenszuwachs nach Absatz 1 und wird die Wertminderung bei der Einkommensbesteuerung durch den Zuzugsstaat nicht berücksichtigt, so ist der Steuerbescheid insoweit aufzuheben oder zu ändern; § 175 Abs. 1 Satz 2 der Abgabenordnung gilt entsprechend. Dies gilt nur, soweit der Steuerpflichtige nachweist, dass die Wertminderung betrieblich veranlasst ist und nicht auf eine gesellschaftsrechtliche Maßnahme, insbesondere eine Gewinnausschüttung, zurückzuführen ist. Die Wertminderung ist höchstens im Umfang des Vermögenszuwachses nach Absatz 1 zu berücksichtigen. Ist die Wertminderung auf Gewinnausschüttungen zurückzuführen und wird sie bei der Einkommensbesteuerung nicht berücksichtigt, ist die auf diese Gewinnausschüttungen erhobene und keinem Ermäßigungsanspruch mehr unterliegende inländische Kapitalertragsteuer auf die nach Absatz 1 geschuldete Steuer anzurechnen.

Im Rahmen des § 6 Abs. 6 AStG-SEStEG wird sichergestellt, dass im Falle einer späteren Veräußerung der Anteile oder einer steuerwirksamen sonstigen Entstrickung der stillen Reserven für eine Besteuerung des Veräußerungsgewinns auch nur der tatsächlich erzielte Erlös zugrunde gelegt wird. Zu diesem Zweck kann der Steuerpflichtige nachweisen, dass eine Wertminderung der Anteile nach der Festsetzung der Wegzugsbesteuerung eingetreten ist und diese vom Zuzugsstaat bei der Besteuerung nicht berücksichtigt wird.[791] Ein sog. „step-up" auf den Zuzugszeitpunkt der Begründung der unbeschränkten Steuerpflicht wird inzwischen durch § 17 Abs. 2 S. 3 EStG-SEStEG sichergestellt.[792] Dass dem Steuerpflichtigen hierbei die Feststellungslast für diese Tatsachen obliegt ist insofern verhältnismäßig, als es sich um die Besteuerung ausschließende Tatsachen handelt, die sich auf Vorgänge außerhalb des Hoheitsbereichs der

---

[791] Vgl. Schlussanträge GA Kokott vom 30.03.2006, Rs. C-470/04 („N"), Slg. 2006, I-7409, Rn. 108, für die kohärente Ausgestaltung eines sog. „step-up" im Zuzugsfall im Rahmen der niederländischen Wegzugsbesteuerung.

[792] a. a. O., BT-Drs. 16/2710, S. 29.

deutschen Finanzbehörden beziehen und damit einer erhöhten Mitwirkungspflicht des Steuerpflichtigen i. S. v. § 90 Abs. 2 AO zugänglich sind. Die Berücksichtigung eines Wertzuwachses im Rahmen eines Verlustabzugs gem. § 10d EStG im VZ der Begründung der Steuerpflicht gem. § 6 Abs. 1 AStG-SEStEG erfolgt bei einem Wegfall der Stundungsvoraussetzungen gem. § 6 Abs. 5 S. 4 AStG-SEStEG rückwirkend gem. § 6 Abs. 5 S. 6, 7 AStG-SEStEG:

(5) Ist im Fall des Satzes 1 oder Satzes 2 der Gesamtbetrag der Einkünfte ohne Einbeziehung des Vermögenszuwachses nach Absatz 1 negativ, ist dieser Vermögenszuwachs bei Anwendung des § 10d des Einkommensteuergesetzes nicht zu berücksichtigen. Soweit ein Ereignis im Sinne des Satzes 4 eintritt, ist der Vermögenszuwachs rückwirkend bei der Anwendung des § 10d des Einkommensteuergesetzes zu berücksichtigen und in Anwendung des Satzes 6 ergangene oder geänderte Feststellungsbescheide oder Steuerbescheide sind aufzuheben oder zu ändern; § 175 Abs. 1 Satz 2 der Abgabenordnung gilt entsprechend.

Der Zweck des § 6 Abs. 5 S. 6, 7 AStG-SEStEG liegt in der Gleichstellung des Steuerpflichtigen mit solchen, die ihren Wohnsitz lediglich im Inland verlagern und damit nicht in den Anwendungsbereich der Wegzugsbesteuerung kommen auch für Zwecke der Feststellung von Verlustvorträgen. Die Stundung der gem. § 6 Abs. 1 AStG-SEStEG festgesetzten Steuer soll sich danach auch auf die gesonderte Feststellung von Verlustvorträgen gem. § 10d EStG auswirken und eine tatsächliche Verlustminderung erst im Zeitpunkt des Wegfalls der Stundungsvoraussetzungen und der daraus resultierenden Fälligkeit der Wegzugsbesteuerung bewirken.

Ungeklärt ist dagegen nach wie vor die Frage nach der Anwendung der hälftigen Steuerbefreiung aus § 3 Nr. 40 S. 1 EStG auf Fälle des § 6 AStG, da die Norm an dieser Stelle nicht enumerativ aufgeführt wird. Nach überwiegender Auffassung in der Literatur ist die Wegzugsbesteuerung dagegen über die Rechtsgrundverweisung auf § 17 EStG in den Anwendungsbereich des § 3 Nr. 40 S. 1 lit. a) EStG konkludent einbezogen.[793] Eine Klarstellung durch das SEStEG ist aber insofern nicht erfolgt.

Zusammenfassend ist festzustellen, dass die Stundungsregelung des § 6 Abs. 5 AStG a. F. nicht die Voraussetzungen einer tauglichen Eingriffsmilderung erfüllt hat und damit der Eingriff in die Personenverkehrsfreiheiten durch § 6 AStG a. F. als unverhältnismäßig und damit nicht gerechtfertigt zu qualifizieren ist. Demgegenüber enthält der § 6 AStG-SEStEG eine steuersystematisch kohärente und mit den Vorgaben der Artt. 39, 43 EG in Einklang stehende Wegzugsbesteuerung. Die dem Steuerpflichtigen im Rahmen der Vorschrift auferlegten Mitwirkungspflichten bei der Sicherstellung einer grenzüberschreitenden Besteuerung sind auch verhältnismäßig ausgestaltet, da die wesentlichen Ver-

---

[793] So auch Strahl, KöSDI 2002, S. 13177; Kaminski/Strunk, RIW 2001, S. 811; a. A.: Dötsch/Pung, DB 2000, Beilage 10, S. 9.

fahrensvorgänge zwischen den Finanzbehörden der beteiligten EU-Mitgliedstaaten auf Basis der EU-Amtshilfe-Richtlinie und der EU-Beitreibungs-Richtlinie durchgeführt werden sollen. Schließlich ist die Wegzugsbesteuerung auch in die Reform des Umwandlungssteuergesetzes eingebettet, in dem sie die Vorgaben der Fusionsrichtlinie für eine erfolgsneutrale grenzüberschreitende Umwandlung auch für Anteile im Privatvermögen umsetzt.

Neben einer Reform der Wegzugsbesteuerung durch die Neufassung i. S. v. § 6 AStG-SEStEG ist aber für die Zukunft auch erforderlich, dass die konsequente Ergänzung der Veräußerungsgewinnartikel in den DBA der Bundesrepublik Deutschland mit den anderen Mitgliedstaaten der EU vorangetrieben wird, um eine abkommensrechtliche bzw. juristische Doppelbesteuerung im Veräußerungsfall zu vermeiden. Zu diesem Zweck sollte eine Verteilungsnorm verhandelt werden, die die Bemessungsgrundlage der Veräußerungsgewinnbesteuerung auf im Wohnsitzstaat erwirtschaftete stille Reserven beschränkt. Danach bleibt das ausschließliche Besteuerungsrecht des Wohnsitzstaates entsprechend Art. 13 Abs. 5 MA grundsätzlich unberührt, lediglich der Umfang ist durch einen sog. „step-up" der Bemessungsgrundlage im Zuzugsstaat beschränkt. Eine vergleichbare Zuweisung des Besteuerungsrechts für den Wertzuwachs bis zum Wegzug unter Anrechnung der Einkommensteuer des Zuzugsstaates bzw. Gewährung eines sog. „step-up" im Zuzugsstaat bei späterer Veräußerung findet sich bereits in Artt. 13 Abs. 5, 23 Abs. 1 b) bb), Abs. 2 b) DBA-Schweden (1992), Art. 13 Abs. 6 DBA-Österreich (2000) und Art. 13 Abs. 5 DBA-Dänemark (1995).[794] Ohne eine Regelung des Besteuerungsrechts sehen mit Art. 13 Abs. 5 DBA-Finnland (1979) und Protokoll Nr. 12 zu Art. 13 DBA-Italien (1989) als innergemeinschaftliche DBA bei Besteuerung eines Gewinns aus der Veräußerung nach Zuzug einen sog. „step-up" zur Vermeidung der Doppelbesteuerung vor. Die Vertragsstaaten könnten ihre Abkommen auch im Sinne einer „subject-to-tax-clause" dahin ergänzen, dass ein Staat auf die nach seinem innerstaatlichen Recht zulässige Besteuerung nur soweit zu verzichten braucht, wie der andere, nach dem Abkommen steuerberechtigte Staat dieses Recht auch tatsächlich ausübt.[795] Sollten trotz allem die unterschiedlichen Auffassungen beider Staaten zu einer tatsächlichen Doppelbesteuerung führen, so kann dieser Fall im Wege eines Verständigungsverfahrens gem. Art. 25 MA geregelt werden.[796]

e) Ergebnis

Die Besteuerung des Vermögenszuwachses gem. § 6 AStG a. F. verstieß gegen die Arbeitnehmerfreizügigkeit aus Art. 39 EG und die Niederlassungsfreiheit aus Art. 43 EG. Demgegenüber ist die Ausgestaltung der Wegzugsbesteuerung

---

[794] Vgl. dazu die Kommentierungen von Lüdicke, in: Debatin/Wassermeyer, Doppelbesteuerung, Art. 13 DBA-Schweden, Rn. 67, 76; Krabbe, in: Debatin/Wassermeyer, Doppelbesteuerung, Art. 13 DBA-Dänemark, Rn. 41 ff.
[795] OECD, Musterkommentar zum MA, Art. 13, Nr. 21.
[796] OECD, Musterkommentar zum MA, Art. 13, Nr. 17; vgl. zum Verständigungsverfahren Leising, IStR 2002, S. 114.

durch § 6 AStG-SEStEG ab dem 01.01.2007 mit den Vorgaben dieser Grundfreiheiten konform.[797]

2. Die Wegzugsbesteuerung im Lichte der Kapitalverkehrsfreiheit

Bereits im Rahmen der gemeinschaftsrechtlichen Untersuchung der erweiterten beschränkten Steuerpflicht im vorangehenden Abschnitt dieses Kapitels wurden inhaltliche Bezüge einer grenzüberschreitenden Wohnsitzverlegung zum Schutzbereich der Kapitalverkehrsfreiheit offenbar, wenn hiermit ein Kapitalverkehrsvorgang i. S. v. Art. 56 Abs. 1 EG verbunden ist.[798] Zwar wurde ein solcher im Falle der §§ 2 ff. AStG in Übereinstimmung mit der Auffassung von GA Léger in seinen Schlussanträgen zur Rs. C-513/03 („van Hilten") abgelehnt. Gleichwohl ist damit noch keine abschließende Aussage über die Anwendbarkeit von Art. 56 Abs. 1 EG auf einen der Wegzugsbesteuerung zugrunde liegenden Lebenssachverhalt verbunden. Insbesondere scheinen die Umgehungstatbestände des § 6 Abs. 1 S. 2 AStG-SEStEG einen grenzüberschreitenden Kapitalverkehrsvorgang zu indizieren, da die Steuerpflicht zumindest in § 6 Abs. 1 S. 2 Nr. 1, 3, 4 AStG-SEStEG nicht aufgrund eines grenzüberschreitenden Wohnsitzwechsels, sondern vielmehr aufgrund eines grenzüberschreitenden Transfers der Anteile an der inländischen Kapitalgesellschaft eintritt. Da die im vorangehenden Abschnitt dargestellte Stundungsregelung in § 6 Abs. 5 AStG-SEStEG nicht auf einen Wegzug außerhalb der EU anwendbar ist, verliert die nachfolgende Diskussion aufgrund des räumlichen Anwendungsbereichs der Kapitalverkehrsfreiheit auf Drittstaatensachverhalte auch nicht an Aktualität, zumal auch die im zweiten Kapital diskutierten Konkurrenzüberlegungen zu den anderen Grundfreiheiten mangels sachlicher Anwendbarkeit nicht einschlägig sein sollten.[799] Nachfolgend wird daher im Anschluss an das Vorliegen der persönlichen und räumlichen Voraussetzungen von Art. 56 Abs. 1 EG eine Untersuchung von § 6 Abs. 1 S. 2 AStG-SEStEG im Hinblick auf das Vorliegen eines Eingriffs in den sachlichen Schutzbereich der Kapitalverkehrsfreiheit vorgenommen.

a) Der persönliche Schutzbereich der Kapitalverkehrsfreiheit

Der persönliche Anwendungsbereich der Kapitalverkehrsfreiheit ist in Art. 56 Abs. 1 EG nicht bestimmt. Gegenstand der Normierung ist vielmehr die freiheitsrechtliche Garantie des Kapitalverkehrs im Innen- und Außenverhältnis der EU-Mitgliedstaaten. Offen bleibt, wer sich auf den Schutz der Grundfreiheit berufen kann. Inzwischen hat sich die Auffassung durchgesetzt, dass der Kapital-

---

[797] Krit. zur gesamten Neuregelung Wassermeyer, IStR 2007, S. 833 ff.; ders., DB 2006, S. 1390 ff.; Wilke, PIStB 2007, S. 108 ff.; Stümper, GmbHR 2007, S. 358 ff.
[798] Siehe Kapitel 3, D. II.
[799] Siehe Kapitel 2, E. I.

verkehrsfreiheit keine personale Eingrenzung mehr innewohnt.[800] Es können sich nicht nur Staatsangehörige eines EU-Mitgliedstaates bzw. juristische Personen mit Sitz im Gemeinschaftsgebiet auf den Schutz des Art. 56 Abs. 1 EG gegenüber den Mitgliedstaaten der EU berufen, sondern auch Angehörige dritter Staaten und juristische Personen mit Sitz in einem Drittstaat außerhalb des Gemeinschaftsgebiets.[801] Dieses Ergebnis lässt sich einerseits aus der historischen Entwicklung der Vorschriften über den Kapitalverkehr und andererseits aus dem Wortlaut der übrigen Grundfreiheiten des EGV gewinnen.[802] Während die am 01.01.1994 außer Kraft getretene Harmonisierungsvorschrift des Art. 67 EG als Vorläufer des heutigen Art. 56 Abs. 1 EG und Art. 1 Abs. 1 i. V. m. Anhang 1 zur Kapitalverkehrsrichtlinie von der Ansässigkeit des Berechtigten in einem der Mitgliedstaaten ausging, so ist in dem Wegfall der Voraussetzung in Art. 56 Abs. 1 EG ein Paradigmenwechsel zu sehen. Im Mittelpunkt der grundfreiheitlichen Gewährleistung steht nicht mehr ausschließlich der Kapitalverkehr ansässiger Personen, sondern das Kapital als Wirtschaftsgut.[803] Die personale Zuordnung des Kapitals verliert dabei an Bedeutung bzw. spielt nur noch eine untergeordnete Rolle.[804] Aus dem Wortlaut der übrigen Grundfreiheiten lässt sich diese Auslegung stützen, da die Artt. 39 Abs. 2, 43 Abs. 1 und 49 Abs. 1 EG ihrem Wortlaut nach eine Begrenzung auf Staatsangehörige der EU-Mitgliedstaaten enthalten.[805] Hätte man die Kapitalverkehrsfreiheit ebenfalls entsprechend eingrenzen wollen, so hätte man den Wortlaut der Vorschrift den übrigen Grundfreiheiten angepasst. Für den vorliegenden Fall bedeutet die Definition des persönlichen Schutzbereichs, dass, im Gegensatz zu den Personenverkehrsfreiheiten aus den Artt. 39, 43 EG, bei Vorliegen der übrigen Schutzbereichsvoraussetzungen auch solche gem. § 6 AStG steuerpflichtigen natürlichen Personen in den Anwendungsbereich des Art. 56 EG einbezogen sind, die die Staatsangehörigkeit eines Drittstaates besitzen.

b) Der räumliche Schutzbereich der Kapitalverkehrsfreiheit

Neben der beschriebenen Extension des persönlichen Schutzbereichs ist die räumliche Ausdehnung der Kapitalverkehrsfreiheit gleichermaßen nicht auf das Gemeinschaftsgebiet i. S. v. Art. 299 EG beschränkt. Vielmehr ist dem Wortlaut der Vorschrift zu entnehmen, dass auch der Kapitalverkehr zwischen den Mitgliedstaaten und dritten Ländern vom Schutzbereich der Grundfreiheit erfasst

---

[800] Vgl. Schwenke, IStR 2006, S. 748, 751 ff. für einen Überblick über den aktuellen Diskussionsstand.
[801] Kiemel, in: von der Groeben/Schwarze, EGV, Art. 56, Rn. 26; Glaesner, in: Schwarze, EGV, Art. 56, Rn. 18.
[802] Vgl. Schlussanträge GA Bot vom 11.09.2007, Rs. C-101/05 („A"), Slg. 2007, Rn. 37 ff., n. V.
[803] Kiemel, in: von der Groeben/Schwarze, EGV, Art. 56, Rn. 14 f.
[804] Bröhmer, in: Calliess/Ruffert, EGV, Art. 56, Rn. 4.
[805] Vgl. Schönfeld, in: Flick/Wassermeyer/Baumhoff, AStG, § 6, Rn. 27.7 für Besonderheiten im Verhältnis zur Schweiz aufgrund des Freizügigkeitsabkommens mit der EU.

wird. Für eine gem. § 6 AStG steuerpflichtige natürliche Person bedeutet das in letzter Konsequenz, dass sie sich vorbehaltlich der Eröffnung des sachlichen Anwendungsbereichs von Art. 56 Abs. 1 EG auch dann auf den Schutzbereich der Kapitalverkehrsfreiheit berufen kann, wenn sie ihren Wohnsitz oder ständigen Aufenthalt in einen Staat außerhalb des EU-Gemeinschaftsgebiets verlegt. Die EU hat jedenfalls entschieden, den Herausforderungen des expandierenden Kapitalverkehrs offensiv zu begegnen und eine grundsätzlich uneingeschränkte Kapitalverkehrsfreiheit nicht nur nach innen, sondern auch nach außen im Verkehr mit Drittstaaten herzustellen, um durch optimale Allokationsmöglichkeiten für den Produktionsfaktor Kapital den größtmöglichen Nutzen für die europäischen Volkswirtschaften zu stiften.[806]

c) Die Wegzugsbesteuerung gem. § 6 Abs. 1 S. 1 AStG-SEStEG als Kapitalverkehrsvorgang

Eingangs der Untersuchung ist zunächst festzustellen, dass der Mangel an inhaltlicher Bestimmtheit bei der Definition des sachlichen Schutzbereichs von Art. 56 Abs. 1 EG gewisse Abgrenzungsprobleme bereitet. Insbesondere enthält der EGV keine Definition des Begriffs „Kapitalverkehr". In der Literatur und Rechtsprechung hat sich daher eine allgemeine Definition herausgebildet, wonach unter Kapitalverkehr die Übertragung von Werten in Form von Sach- oder Geldkapital zu Anlagezwecken verstanden wird.[807] Eine „Übertragung" erfordert einen Wechsel in der Person des Rechtsinhabers durch einen zielgerichteten Übergang von Sachen oder Rechten.[808] Bei dem Verfügungsgegenstand muss es sich um ein werthaltiges Wirtschaftsgut handeln. Zwar stellen Anteile an inländischen Kapitalgesellschaften i. S. v. § 6 Abs. 1 S. 1 AStG-SEStEG Sachkapital in Form von Rechten dar. Allerdings nimmt der Anteilseigner und unbeschränkt Steuerpflichtige keine dingliche Verfügung über diese Anteile zugunsten einer anderen Person vor. Schließlich kann eine Übertragung von Werten auch nicht darin gesehen werden, dass die Verlegung des Wohnsitzes bzw. ständigen Aufenthalts über die Grenze einen Wechsel des Besteuerungsregimes bewirkt, der Begriff „Übertragung" also i. S. e. Änderung der Zuordnung zur Steuerhoheit eines einzelnen Staates zu verstehen ist. Ein Rechtsträgerwechsel findet somit nicht statt, so dass der sachliche Anwendungsbereich des Art. 56 Abs. 1 EG mit der von der Literatur und Rechtsprechung verwendeten Definition nicht eröffnet ist. Das entspricht i. Ü. auch dem Sinn und Zweck der Kapitalverkehrsfreiheit, den Transfer von Kapital zu wirtschaftlichen Zwecken zu ermöglichen.

Über die vom EuGH und der deutschen Literatur hinaus vertretene Bedeutung des Begriffs „Kapitalverkehr" enthält Anhang I zur Kapitalverkehrsrichtlinie ei-

---
[806] Vgl. EuGH-Urteil vom 18.12.2007, Rs. C-101/05 („A"), Slg. 2007, Rn. 21 ff., n. V.; Bröhmer, in: Calliess/Ruffert, EGV, Art. 56, Rn. 4.
[807] Vgl. Bröhmer, in: Calliess/Ruffert, EGV, Art. 56, Rn. 5 m. w. N.
[808] Vgl. Tilch/Arloth, Deutsches Rechtslexikon (3. Auflage), Band 3 (Q-Z): Übertragung des Eigentums an Grundstücken oder beweglichen Sachen, des Erbteils, des Geschäftsanteils, stiller Reserven, von Hoheitsrechten.

ne nicht abschließende Aufzählung von Kapitalverkehrstransaktionen. Mit der Ersetzung der Art. 67 ff. EGV durch die Art. 56 ff. EGV am 01.01.1994 wurden gleichzeitig wesentliche Bestimmungen der Kapitalverkehrsrichtlinie von 1988 in den Vertrag übernommen, wobei die Richtlinie nicht förmlich aufgehoben worden ist. Zwar gehen von ihr keine unmittelbaren Rechtswirkungen aus, dennoch wird sie nach wie vor zur Erfassung und Klassifizierung des Kapitalverkehrs i. S. d. Art. 56 Abs. 1 EG angewendet.[809] Da es sich bei der Kapitalverkehrsrichtlinie lediglich um eine Rechtserkenntnisquelle handelt, wird ihre Anwendbarkeit bei Kollisionen mit höherrangigem Recht eingeschränkt.[810] Im Fall der Besteuerung des Vermögenszuwachses gem. § 6 Abs. 1 S. 1 AStG-SEStEG könnte Anhang I Abschnitt XI lit. F zur Qualifizierung eines Kapitalverkehrsvorgangs führen. Die Norm erfasst den Vermögenstransfer von Gebietsansässigen im Fall der Auswanderung zum Zeitpunkt ihrer Niederlassung und während ihres Aufenthaltes im Ausland als Kapitalverkehr mit persönlichem Charakter. Der Vermögenszuwachs aus Anteilen an Kapitalgesellschaften wird gem. § 6 Abs. 3 AStG-SEStEG regelmäßig nur besteuert, wenn der unbeschränkt Steuerpflichtige dauerhaft für mehr als zehn Jahre seinen Wohnsitz oder ständigen Aufenthalt gem. §§ 8, 9 AO ins Ausland verlegt, so dass hier stets von einer Auswanderung gesprochen werden kann. Wesentlich problematischer ist dagegen das Vorliegen eines Vermögenstransfers durch den unbeschränkt Steuerpflichtigen. Das Vermögen ist die Gesamtheit der einer Person zustehenden Güter und Rechte von wirtschaftlichem Wert, die einen in Geldeswert bezifferbaren wirtschaftlichen Nutzen gewähren.[811] Dazu gehören neben dem Eigentum an beweglichen und unbeweglichen Sachen und Forderungen auch Immaterialgüter- und Mitgliedschaftsrechte, so dass auch Anteile an Kapitalgesellschaften diesem Vermögensbegriff unterliegen. Darüber hinaus müsste die Verlegung des Wohnsitzes bzw. ständigen Aufenthalts außerhalb des Geltungsbereichs des GG ein Transfer von Gesellschaftsanteilen sein. Im Kontext von Ziff. XI lit. F Anhang I zur Kapitalverkehrsrichtlinie erfasst der Begriff „Transfer" alle im Zusammenhang mit einer Auswanderung der natürlichen Person stehenden Vermögenstransaktionen. Für eine extensive Auslegung spricht auch die englische und die französische Fassung der Richtlinie, die einen „transfer of assets" bzw. „transferts d´avoirs constitués" und damit das gesamte Vermögen der natürlichen Person erfasst. Darüber hinaus ist es zur Verwirklichung der Personenverkehrsfreiheiten aus Artt. 39, 43 EG zwingend erforderlich, alle mit der grenzüberschreitenden Wohnsitznahme verbundenen Kapitalverkehrstransaktionen durch Art. 56 Abs. 1 EG zu schützen. Das gebietet auch das rein tatsächliche Argument, dass die Niederlassung als Selbständiger oder Arbeitnehmer ohne die erforderlichen Kapitalmittel wesentlich erschwert ist. Insofern besteht zwischen den einzelnen Grundfreiheiten eine Wechselwirkung i. S. e. gegenseitigen Ergänzung und Vereinbarkeit, die ihren normativen Niederschlag in den Subsidia-

---

[809] EuGH-Urteil vom 16.03.1999, Rs. C-222/97 („Trummer u. Mayer"), Slg. 1999, I-1661, Rn. 20 f.
[810] Ohler, WM 1996, S. 1801.
[811] Vgl. Larenz/Wolf, Allgemeiner Teil des Bürgerlichen Rechts, § 21, Rn. 12 f.

ritätsklauseln der Artt. 43 Abs. 2, 58 Abs. 2 EG sowie der generellen Zielbestimmung des Art.3 Abs. 1 lit. c) EG findet.

Legt man dieses weite Verständnis zugrunde, so könnte die Verlagerung des Wohnsitzes ins Ausland zugleich ein Vermögenstransfer des Steuerobjekts „Anteile an einer inländischen Kapitalgesellschaft" durch den Steuerpflichtigen sein. Dafür spricht auch, dass es sich bei Gesellschaftsanteilen i. S. v. § 6 Abs. 1 S. 1 AStG-SEStEG um Aktien, GmbH-Anteile oder den Kommanditanteil an einer KGaA handelt, die ein Mitgliedschaftsrecht darstellen.[812] Die Mitgliedschaft ist ein subjektives, absolutes Recht, d. h. es ist mit einer bestimmten natürlichen oder juristischen Person untrennbar verbunden und gibt ausschließlich dieser Person die Möglichkeit zur Ausübung der Mitgliedschaftsrechte.[813] Insbesondere die Einordnung einer Aktie als bewegliche Sache verdeutlicht, vorbehaltlich einer Wertpapiersammelverwahrung gem. §§ 1 ff. DepotG, die bestehende Verknüpfung mit dem Anteilseigner. Diese formale, zivilrechtliche Betrachtungsweise kommt daher zu dem Ergebnis, dass ein Transfer aufgrund der personalen Verbindung von Anteilen und Anteilseignern durch die Verlegung des Wohnsitzes vorliegt. Unterstützend wirkt, dass Art. 13 MA das Besteuerungsrecht grundsätzlich dem Wohnsitzstaat des Anteilseigners zugesteht, während in tatsächlicher Hinsicht eine Quellenbesteuerung zumeist nicht vorgesehen ist. Allerdings sagt ein DBA nichts über den Transfer der Anteile zwischen den beteiligten Staaten aus, sondern regelt lediglich den Besteuerungszugriff zwischen Quellen- und Wohnsitzstaat zur Vermeidung einer juristischen Doppelbesteuerung.

Gegen die Annahme eines Vermögenstransfers spricht, dass die Wohnsitzverlagerung keinen Einfluss auf das Rechtsverhältnis zwischen Anteilseigner und Kapitalgesellschaft hat. Der in den Anteilen verkörperte Vermögenswert einschließlich der stillen Reserven, also das eigentliche Besteuerungsgut, wird nicht transferiert, da die Kapitalgesellschaft ihren Sitz weiterhin im Inland hat.[814] Der Vorgang ist vergleichbar mit dem Eigentumsrecht an inländischen Grundstücken, an denen ein auswandernder Eigentümer zwar weiterhin subjektiv berechtigt ist, aber niemand auf die Idee käme, einen Transfer von Vermögen anzunehmen. Zudem wird weder in tatsächlicher noch in rechtlicher Hinsicht ein Transfer vom Anteilseigner vorgenommen.[815] Dieser würde schon begrifflich zumindest einen Realakt als aktive, zielgerichtete Tätigkeit voraussetzen. Die Steuerpflicht der stillen Reserven aus Anteilen an Kapitalgesellschaften resultiert aber aus der räumlichen Veränderung des Anteilseigners. Das Gesetz knüpft ausschließlich an ein in der Person des Steuerpflichtigen liegendes

---

[812] Vgl. Wassermeyer, in: Flick/Wassermeyer/Baumhoff, AStG, § 6, Rn. 42 ff.; zur zivilrechtlichen Einordnung vgl. Kirchhof/Söhn, EStG, § 17, Rn. B 95 ff.
[813] Schmidt, Gesellschaftsrecht, S. 549. Dabei handelt es sich im Wesentlichen um Teilhabe- und Stimmrechte sowie das Herrschaftsrecht über Auflösung und Fortbestand der juristischen Person.
[814] A. A. Bron, IStR 2006, S. 296, 299.
[815] Vgl. Modlich, DB 2002, S. 671.

Merkmal an, während das Rechtsverhältnis zwischen dem Anteilseigner und der Kapitalgesellschaft vollständig unberührt bleibt.

Läge demgegenüber ein Vermögenstransfer vor, so könnten die Anteile auch nicht mehr zum Anknüpfungspunkt der inländischen beschränkten Steuerpflicht gem. § 49 Abs. 1 Nr. 2 lit. e) EStG gemacht werden, sondern wären vielmehr dem inländischen Besteuerungszugriff vollständig entzogen, was aber nur bei Eingreifen eines DBA mit Sperrwirkung der Fall ist. Gegen einen Transfer spricht auch die Systematik der Nomenklatur in Anhang I der Kapitalverkehrsrichtlinie, die, ausgenommen die Bestimmungen über den Vermögenstransfer in den Ziff. XI. bis XIII. Anhang I zur Kapitalverkehrsrichtlinie, ein ausschließlich zweiseitiges, rechtsgeschäftliches Tätigwerden erfasst. Demnach kann es nicht Zweck der Aufzählung sein, jegliche Sachverhalte mit Vermögensbezug und einem irgendwie gearteten grenzüberschreitenden Moment zu erfassen. Vielmehr verfolgt auch der Anhang der Richtlinie den Zweck, ein im Mindestmaß investives Verhalten zu erfassen. Dafür spricht auch die Einleitung zum Anhang I der Kapitalverkehrsrichtlinie. Darin wird zwar grundsätzlich von einer nicht abschließenden Aufzählung gesprochen. Dennoch werden Leitlinien für die Anwendung der Nomenklatur vorgegeben. Danach umfasst der gesamte Begriff des Kapitalverkehrs ausschließlich Geschäfte, die durch einen Abschluss und die Ausführung einer Transaktion gekennzeichnet sind. Es wird zwar anerkannt, dass bestimmte Kapitalbewegungen von einer einzigen Person für eigene Rechnung getätigt werden, wie bspw. der Vermögenstransfer von Auswanderern. Gleichwohl ist dafür im Kontext der Einleitung zur Nomenklatur zumindest eine Transaktion durch aktives Tätigwerden erforderlich. Der Zusatz „für eigene Rechnung" indiziert darüber hinaus nicht nur die Einseitigkeit, sondern auch die Zweckgebundenheit des Handelns i. S. e. investiven Verhaltens. Tatsächlich wird durch den an die Wohnsitzverlegung anknüpfenden Steuertatbestand des § 6 Abs. 1 AStG kein investives Verhalten erfasst. Zweck der Norm ist nicht, eine investive Vermögensverlagerung ins Ausland zu sanktionieren, sondern unabhängig von dem zugrunde liegenden Lebenssachverhalt die Sperrwirkung eines bestehenden DBA zu beseitigen. Zudem sind die zur Besteuerung herangezogenen stillen Reserven aus Anteilen an Kapitalgesellschaften schon begrifflich nicht Gegenstand einer irgendwie gearteten, grenzüberschreitenden Investition, da sie weder veräußert noch sonst wie eine Veränderung ihrer rechtlichen Zuordnung erfahren, sondern lediglich weiter im Privatvermögen des steuerpflichtigen Anteilseigners gehalten werden. Es ist daher festzuhalten, dass auch der Anhang I zur Kapitalverkehrsrichtlinie nicht zur Qualifizierung eines Kapitalverkehrsvorganges im Falle einer Wegzugsbesteuerung gem. § 6 Abs. 1 S. 1 AStG-SEStEG kommt. Diese Auffassung steht auch im Einklang mit der Rechtsprechung des EuGH in der Rs. C-513/03 („van Hilten"), wonach die Wohnsitzverlagerung der Erblasserin in die Schweiz gerade kein Kapitalverkehrsvorgang i. S. v. Art. 56 Abs. 1 EG gewesen ist, da ein solcher Vorgang für sich genommen keine finanziellen Transaktionen oder die Übertragung von Eigentum umfasst oder andere Kapitalbewegungen aufweist, wie sie sich aus dem Anhang I der Kapitalverkehrsrichtlinie ergeben.[816] Diese Schlussfolgerung gilt auch für § 6 Abs. 1 S. 1 AStG-SEStEG, wonach zukünftig auch Anteile an ausländischen Kapitalgesellschaften erfasst werden sollen.

d) Die Wegzugsbesteuerung gem. § 6 Abs. 1 S. 2 AStG-SEStEG als Kapitalverkehrsvorgang

Während die Besteuerung des Vermögenszuwachses gem. § 6 Abs. 1 S. 1 AStG-SEStEG die Verlegung des Wohnsitzes oder ständigen Aufenthalts ins Ausland voraussetzt, enthält § 6 Abs. 1 S. 2 AStG-SEStEG vier Tatbestandsalternativen, die eine Umgehung von § 6 Abs. 1 S. 1 AStG-SEStEG verhindern sollen. Mit Ausnahme von § 6 Abs. 1 S. 2 Nr. 2 AStG-SEStEG, der das Vorliegen einer Doppelansässigkeit bei Eingreifen eines DBA zugunsten des Zielstaates regelt, behält der Anteilseigner dabei seinen ausschließlichen Wohnsitz im Inland. Lediglich das Steuerobjekt in Form von Anteilen an einer Kapitalgesellschaft unterliegt einer Verfügung durch den Anteilseigner. Demnach scheidet eine Anwendbarkeit der Personenverkehrsfreiheiten auf die Alternativen in § 6 Abs. 1 S. 2 Nr. 1, 3 und 4 AStG-SEStEG von vornherein aus, während für den Fall eines Besteuerungsverlustes für Veräußerungsgewinne bei Doppelansässigkeit aufgrund eines einschlägigen DBA gem. § 6 Abs. 1 S. 2 Nr. 2 AStG-SEStEG auf die Erörterungen im vorangehenden Abschnitt dieses Kapitels zu verweisen ist.[817] Demgegenüber könnten die unentgeltliche Übertragung von Anteilen auf eine im Ausland ansässige Person gem. § 6 Abs. 1 S. 2 Nr. 1 AStG-SEStEG oder die Einlage der Anteile in eine Betriebsstätte ein einem anderen DBA-Staat gem. § 6 Abs. 1 S. 2 Nr. 3 AStG-SEStEG einen Kapitalverkehrsvorgang i. S. d. Art. 56 Abs. 1 EG darstellen und damit den sachlichen Anwendungsbereich der Grundfreiheit eröffnen.

Versteht man mit der in der Rechtsprechung und Literatur verwendeten Definition unter Kapitalverkehr die Übertragung von Werten in Form von Sach- oder Geldkapital zu Anlagezwecken, so stellt sich die Einlage der Anteile in einen Betrieb oder eine Betriebsstätte des unbeschränkt Steuerpflichtigen gem. § 6 Abs. 1 S. 2 Nr. 3 AStG-SEStEG schon nicht als Übertragung i. S. e. Rechtsträgerwechsels dar. Demgegenüber ist die Wertübertragung in den Fällen des § 6 Abs. 1 S. 2 Nr. 1 AStG-SEStEG bei Vornahme einer Schenkung an eine nicht unbeschränkt steuerpflichtige Person bzw. einem Anteilstausch mit einer ausländischen Kapitalgesellschaft gegeben. Allerdings ist nach der hier vertretenen Auffassung in jedem Einzelfall nachzuweisen, dass es sich um ein Vorgehen des Steuerpflichtigen zu Anlagezwecken handelt. Das scheint bei der Schenkung gem. § 6 Abs. 1 S. 2 Nr. 1 AStG-SEStEG nahezu ausgeschlossen. Festzuhalten bleibt, dass nach der allgemeinen Definition allenfalls ein Anteilstausch gem. § 6 Abs. 1 S. 2 Nr. 4 AStG-SEStEG bei Verfolgung eines Anlagezwecks durch

---

[816] Schlussanträge GA Léger vom 30.06.2005, Rs. C-513/03 („van Hilten"), Slg. 2006, I-1957, Rn. 58; EuGH-Urteil vom 23.02.2006, Rs. C-513/03 („van Hilten"), Slg. 2006, I-1957, Rn. 49.

[817] Siehe Kapitel 3, E. II. 2. c).

den unbeschränkt Steuerpflichtigen einen Kapitalverkehrsvorgang darstellen könnte.

Ausgehend von der Nomenklatur in Anhang I zur Kapitalverkehrsrichtlinie ist die Schenkung i. S. d. Nr. 1 von § 6 Abs. 1 S. 2 AStG-SEStEG als Kapitalverkehr mit persönlichem Charakter von Ziff. XI. lit. C ausdrücklich erfasst. Die Einlage gem. § 6 Abs. 1 S. 2 Nr. 3 AStG-SEStEG und ein Anteilstausch gem. § 6 Abs. 1 S. 2 Nr. 4 AStG-SEStEG könnten demgegenüber als Direktinvestition unter Ziff. I Anhang I zur Kapitalverkehrsrichtlinie zu subsumieren sein. Voraussetzung dafür ist allerdings, dass ein Investitionszweck durch den Steuerpflichtigen verfolgt wird. Das ist nach der Begriffsbestimmung zu Anhang I zur Kapitalverkehrsrichtlinie immer dann der Fall, wenn die Schaffung oder Aufrechterhaltung dauerhafter und direkter Wirtschaftsbeziehungen zwischen den Parteien intendiert ist, wobei dies in einem weiten Sinne auszulegen ist. Auffällig bei der Anwendung der Richtlinie ist, dass private Kapitalverkehrsbewegungen nicht unter einem entsprechenden Investitionsvorbehalt stehen. Allerdings ist der sachliche Anwendungsbereich der Richtlinie nicht eröffnet, wenn die Inanspruchnahme der Grundfreiheiten durch den einzelnen Gemeinschaftsbürger zur Umgehung nationaler Regelungen geschieht, was als Korrektiv zum Investitionszweck grundsätzlich auch in den anderen Fällen von § 6 Abs. 1 S. 2 AStG-SEStEG zu überprüfen ist. Grundsätzlich ist damit im Einzelfall zu entscheiden, ob der sachliche Schutzbereich des Art. 56 Abs. 1 EG für die Umgehungstatbestände des § 6 Abs. 1 S. 2 Nr. 1, 3 und 4 AStG-SEStEG eröffnet ist. Maßgeblich dafür ist im Fall des Anteilstauschs und der Einlage gem. § 6 Abs. 1 S. 2 Nr. 3, 4 AStG-SEStEG der Nachweis eines Investitionszwecks seitens des Steuerpflichtigen. Abschließend ist darauf hinzuweisen, dass in dem von § 6 Abs. 1 S. 2 Nr. 1 AStG-SEStEG erfassten Erbfall i. S. e. Universalsukzession mit der Auffassung des EuGH in der Rs. C-513/03 („van Hilten") unter Verweis auf Ziff. XI. der Nomenklatur im Anhang I zur Kapitalverkehrsrichtlinie ein Kapitalverkehrsvorgang zu sehen ist, wenn dieser einen grenzüberschreitenden Charakter aufweist.[818]

e) Die Wegzugsbesteuerung gem. § 6 Abs. 1 S. 2 AStG-SEStEG als Beschränkung des freien Kapitalverkehrs

Grundsätzlich ist für die Feststellung und Rechtfertigung eines Eingriffs in den Anwendungsbereich von Art. 56 Abs. 1 EG auf die dogmatischen und sachlichen Erwägungen zu den Personenverkehrsfreiheiten im vorangehenden Abschnitt dieses Kapitels zu verweisen.[819] Danach liegt ein Eingriff in den Schutzbereich der Kapitalverkehrsfreiheit aus Art. 56 Abs. 1 EG durch eine Verwirklichung der Tatbestandsalternativen aus § 6 Abs. 1 S. 2 Nr. 1, 3, 4 AStG-SEStEG im Einzelfall vor, da hierfür dieselben Rechtfertigungsmaßstäbe anzuwenden

---

[818] Schlussanträge GA Léger vom 30.06.2005, Rs. C-513/03 („van Hilten"), Slg. 2006, I-1957, Rn. 40 ff.; EuGH-Urteil vom 23.02.2006, Rs. C-513/03 („van Hilten"), Slg. 2006, I-1957, Rn. 53.

[819] Siehe Kapitel 3, E. II. 1.

sind wie im Fall der Personenverkehrsfreiheiten. Grund dafür ist die übereinstimmende Dogmatik der Grundfreiheiten, die nur durch spezielle Vorschriften innerhalb der einzelnen Kapitel durchbrochen oder ergänzt wird.[820] Insbesondere hat der EuGH in dem Urteil in der Rs. C-101/05 („A") vom 18.12.2007 eine restriktive Auslegung des Beschränkungsbegriffs für Drittstaatensachverhalte gegenüber innergemeinschaftlichen Sachverhalten ausdrücklich abgelehnt.[821]
Eine spezialgesetzliche Schrankenregelung stellt Art. 58 EG dar. Hier könnte eine nicht gerechtfertigte Beschränkung unter den Voraussetzungen des Art. 58 Abs. 1 lit. a) EG ausgeschlossen sein. Danach behalten die Mitgliedstaaten der EU das Recht, solche Vorschriften des nationalen Steuerrechts weiterhin anzuwenden, die Steuerpflichtige mit unterschiedlichem Wohnort oder Kapitalanlageort unterschiedlich behandeln. Bei dieser Norm handelt es sich um einen Ausnahmetatbestand, der unter Wahrung des Verhältnismäßigkeitsprinzips eng auszulegen ist.[822] In zeitlicher Hinsicht ist die Anwendung der Vorschrift ebenfalls eingeschränkt. Die Schlussakte der Maastrichter Konferenz vom 07.02.1992 enthielt eine Erklärung zu Art. 58 EG, in der die vertragschließenden Parteien bestätigen, dass das in Art. 58 Abs. 1 lit. a) EG erwähnte Recht der Mitgliedstaaten nur für die einschlägigen Vorschriften gilt, die Ende 1993 bereits bestanden haben.[823] Die Erklärung betrifft ausschließlich den Kapital- und Zahlungsverkehr zwischen den Mitgliedstaaten. Im Fall des § 6 AStG hat die Erklärung im Hinblick auf die Neufassung der Norm ab dem 01.01.2007 allerdings keinerlei Auswirkungen mehr. Fraglich ist dagegen, ob Art. 58 Abs. 1 lit. a) EG seinem Sinn und Zweck entsprechend überhaupt anwendbar ist, da es sich bei der Norm nicht um einen generellen Ausnahmetatbestand zur Verfolgung wirtschafts- und steuerpolitischer Ziele handelt.[824] Vielmehr bezieht sich der Artikel auf grundlegende steuersystematische Unterschiede zwischen den Mitgliedstaaten der EU, die auf der nach wie vor mangelnden Harmonisierung auf dem Gebiet der direkten Steuern beruht. Das ergibt sich aus den Motiven für die Einfügung von Art. 58 Abs. 1 lit. a) EG in den Vertrag, wobei seinerzeit zwei Diskriminierungstatbestände eine besondere Rolle spielten: das inzwischen gemeinschaftsweit nahezu beseitigte Anrechnungsverfahren bei der Körperschaftssteuer und die dem EuGH in regelmäßigen Abständen vorgelegten Quellensteuerregelungen für Kapitaleinkünfte,[825] welche zwischen inländischen und ausländischen

---

[820] Vgl. Cordewener, Europäische Grundfreiheiten und nationales Steuerrecht, S. 175 ff.
[821] EuGH-Urteil vom 18.12.2007, Rs. C-101/05 („A"), Slg. 2007, Rn. 21 ff., n. V.; Schlussanträge GA Bot vom 11.09.2007, Rs. C-101/05 („A"), Slg. 2007, Rn. 67 ff., n. V.
[822] Schlussanträge GA Bot vom 11.09.2007, Rs. C-101/05 („A"), Slg. 2007, Rn. 53 ff., n. V.; Bröhmer, in: Calliess/Ruffert, EGV, Art. 58, Rn. 1; Glaesner, in: Schwarze, EGV, Art. 58, Rn. 1; Kiemel, in: von der Groeben/Schwarze, EGV, Art. 58, Rn. 2.
[823] Vgl. Kiemel, in: von der Groeben/Schwarze, EGV, Art. 58, Rn. 11 m. w. N.
[824] Vgl. Kiemel, in: von der Groeben/Schwarze, EGV, Art. 56, Rn. 8 ff.
[825] Vgl. exemplarisch EuGH-Urteil vom 12.06.2003, Rs. 234/01 („Gerritse"), Slg. 2003, I-5933; Schlussanträge GA Geelhoed vom 06.04.2006, Rs. C-446/04 ("Test Claimants in the FII Group Litigation"), Slg. 2006, I-11753; EuGH-Urteil vom 08.11.2007, Rs. C-379/05 („Amurta"), Slg. 2007, n. V.

Anteilseignern verfahrenstechnisch und steuertariflich differenzieren.[826] Demgegenüber schließt die Besteuerung des Vermögenszuwachses durch § 6 AStG lediglich eine Gesetzeslücke im Regelungssystem der Veräußerungsgewinnbesteuerung von Anteilen an Kapitalgesellschaften, die im Privatvermögen natürlicher Personen gehalten werden. Darin ist sicherlich keine Grundentscheidung des nationalen Steuerrechts zu sehen. Darüber hinaus ist die Norm auch tatbestandsmäßig i. S. e. Diskriminierung nicht einschlägig. Während ein vergleichbarer Sachverhalt mit einem beschränkt steuerpflichtigen Anteilseigner faktisch nicht zu konstruieren ist, differenziert der Steuertatbestand des § 6 Abs. 1 S. 1, 2 AStG-SEStEG seit dem 01.01.2007 auch nicht mehr zwischen Anteilen an inländischen und ausländischen Kapitalgesellschaften.[827] Folglich ist Art. 58 Abs. 1 lit. a) EG auf § 6 Abs. 1 S. 2 Nr. 1, 3 und 4 AStG-SEStEG nicht anwendbar, so dass im Ergebnis mit der im vorangehenden Abschnitt dieses Kapitels vertretenen Auffassung der § 6 Abs. 1 S. 2 AStG-SEStEG im Drittstaatenverkehr in Ermangelung einer mit § 6 Abs. 5 AStG-SEStEG vergleichbaren Stundungsregelung in nicht gerechtfertigter Weise gegen die Kapitalverkehrsfreiheit verstößt.[828]

In diesem Zusammenhang ist insbesondere auf die Entscheidung des EuGH in der Rechtssache C-436/00 („XY") zu verweisen.[829] In dem Urteil ging es um die unterschiedliche steuerliche Behandlung einer Einlage von Anteilen an einer in Schweden ansässigen Kapitalgesellschaft je nach dem ob die empfangende Gesellschaft ihren Sitz auch in Schweden oder außerhalb des schwedischen Hoheitsgebiets hatte.[830] Die schwedische Regelung bezog dabei auch solche Einbringungen in den Anwendungsbereich der Norm ein, bei denen die Anteile zwar in eine schwedische Gesellschaft eingebracht wurden, wobei die Anteilseigner der empfangenen Gesellschaft jedoch nicht in Schweden ansässig waren. Parallelen zur inländischen Wegzugsbesteuerung wies der Fall insoweit auf, als die Anteilseigner der übertragenen und empfangenden Gesellschaft zwei in Schweden ansässige natürliche Personen waren. Insofern ging es hier um den Fall einer klassischen Diskriminierung des grenzüberschreitenden gegenüber dem rein innerstaatlichen Sachverhalt. So führte die grenzüberschreitende Einlage jeweils zu einer Realisierung der den Anteilen immanenten stillen Reserven, während eine Einlage im Innland zu Buchwerten möglich war, es sei denn an der schwedischen Gesellschaft waren mehrheitlich ausländische Anteilseigner beteiligt.[831] Zur Rechtfertigung der Beschränkung der Niederlassungsfreiheit berief sich die schwedische Regierung insbesondere darauf, dass der Vorteil für die schwedischen Gesellschaften, d. h. die aufgeschobene Besteuerung der

---

[826] Kiemel, in: von der Groeben/Schwarze, EGV, Art. 58, Rn. 12 ff.
[827] Vgl. a. a. O., BT-Drs. 16/2710, S. 52 f.
[828] Siehe Kapitel 3, E. II. 1. d) ee).
[829] EuGH-Urteil vom 21.11.2002, Rs. C-436/00 („XY"), Slg. 2002, I-10829.
[830] Schlussanträge GA Mischo vom 06.06.2002, Rs. C-436/00 („XY"), Slg. 2002, I-10829, Rn. 2 ff.
[831] Schlussanträge GA Mischo vom 06.06.2002, Rs. C-436/00 („XY"), Slg. 2002, I-10829, Rn. 4, 16.

Übertragung, in den Zusammenhang mit der geltenden Regelung über die Besteuerung von Veräußerungsgewinnen gestellt werden müsse.[832] Die Gewährung dieses Vorteils setze nämlich voraus, dass das Kapital, dessen Besteuerung aufgeschoben werde, weiterhin der schwedischen Besteuerung unterliege.[833] Wenn die Übertragung unmittelbar oder mittelbar auf eine ausländische Gesellschaft erfolge, könne eine spätere Weiterübertragung derselben Anteile durch diese Gesellschaft in Schweden nicht versteuert werden.[834] Dies erkläre den Ausschluss der ausländischen Gesellschaften vom Vorteil der aufgeschobenen Versteuerung.[835] Die schwedische Regierung war daher der Auffassung, dass die unterschiedliche Behandlung unter anderem auf die Notwendigkeit gestützt werden könne, die Kohärenz der Steuerregelung und die Wirksamkeit der steuerlichen Überwachung zu wahren.[836] Insofern kommt der EuGH jedoch zu dem Ergebnis, dass selbst wenn es sich bei der schwedischen Regelung über die Realisierung von stillen Reserven aus Anteilen an inländischen Kapitalgesellschaften um eine kohärente Regelung des nationalen Steuerrechts handele, diese im Ergebnis aber nicht verhältnismäßig ausgestaltet sei, da die Möglichkeit einer Stundung der Steuerbelastung bis zur endgültigen Realisierung der stillen Reserven ein weniger belastendes aber genauso geeignetes Mittel zur Zweckerreichung wäre.[837] Demnach stimmt das Urteil weitestgehend mit der hier vertretenen Auffassung überein, dass eine aufgeschobene Besteuerung für stille Reserven aus Anteilen an Kapitalgesellschaften bis zur endgültigen Entstrickung einen Eingriff in den Schutzbereich der Artt. 43, 56 Abs. 1 EG rechtfertigen kann, wenn die Besteuerung kohärent ausgestaltet ist und nicht über das hinausgeht was erforderlich ist, um den mit der Besteuerung verfolgten Zweck, nämlich eine Besteuerung der im Inland angesammelten stillen Reserven sicherzustellen, zu erreichen.[838]

Bedenklich stimmt insofern, dass diesem Verstoß durch die Neufassung von § 6 AStG-SEStEG im Drittstaatenverkehr nicht entscheidend abgeholfen wird. So verbleibt es im Drittstaatenverkehr gem. § 6 Abs. 4 AStG-SEStEG bei der aus § 6 Abs. 5 AStG a. F. bereits bekannten Stundungsregelung gegen Sicherheitsleistung, die nach der im vorangehenden Abschnitt zur Rechtfertigung eines

---

[832] Schlussanträge GA Mischo vom 06.06.2002, Rs. C-436/00 („XY"), Slg. 2002, I-10829, Rn. 34.
[833] Schlussanträge GA Mischo vom 06.06.2002, Rs. C-436/00 („XY"), Slg. 2002, I-10829, Rn. 34.
[834] Schlussanträge GA Mischo vom 06.06.2002, Rs. C-436/00 („XY"), Slg. 2002, I-10829, Rn. 34.
[835] Schlussanträge GA Mischo vom 06.06.2002, Rs. C-436/00 („XY"), Slg. 2002, I-10829, Rn. 34.
[836] Schlussanträge GA Mischo vom 06.06.2002, Rs. C-436/00 („XY"), Slg. 2002, I-10829, Rn. 35.
[837] EuGH-Urteil vom 21.11.2002, Rs. C-436/00 („XY"), Slg. 2002, I-10829, Rn. 52 ff.; Schlussanträge GA Mischo vom 06.06.2002, Rs. C-436/00 („XY"), Slg. 2002, I-10829, Rn. 63 ff.
[838] EuGH-Urteil vom 21.11.2002, Rs. C-436/00 („XY"), Slg. 2002, I-10829, Rn. 59; siehe Kapitel 3, E. II. 1. d) cc), dd) ee).

Eingriffs in die Personenverkehrsfreiheiten vertretenen Auffassung als unverhältnismäßig anzusehen ist.[839] Die Stundungsregelung in § 6 Abs. 5 AStG-SEStEG ist nur auf den EU- bzw. EW-Raum anwendbar, so dass der bereits dargestellte Eingriff in die Kapitalverkehrsfreiheit infolge einer Wegzugsbesteuerung bei Erbschaft, Schenkung, Einlage und Anteilstausch nicht verhältnismäßig bis zur vollständigen Realisierung der stillen Reserven abgemildert werden kann. Eine weniger belastende Möglichkeit zur Einbeziehung von Drittstaatensachverhalten könnte z. B. darin liegen, dass die Stundungsregelung auch bei einem Wohnsitzwechsel in einen Staat anwendbar ist, mit dem Deutschland ein DBA mit einer sog. „großen Auskunftsklausel" abgeschlossen hat.[840]

f) Ergebnis

Zunächst ist festzustellen, dass die Wohnsitzverlegung i. S. v. § 6 Abs. 1 S. 1 AStG-SEStEG kein Kapitalverkehrsvorgang gem. Art. 56 Abs. 1 EG ist. Diese Feststellung gilt auch für die Wegzugsbesteuerung infolge doppelter Ansässigkeit aufgrund eines einschlägigen DBA gem. § 6 Abs. 1 S. 2 Nr. 2 AStG-SEStEG. Demgegenüber ist in den Fällen des § 6 Abs. 1 S. 2 Nr. 1, 3, 4 AStG-SEStEG ein Kapitalverkehrsvorgang grundsätzlich möglich. Nach der hier vertretenen Auffassung ist jedoch bei einem Anteilstausch oder einer Einlage gem. § 6 Abs. 1 S. 2 Nr. 3, 4 AStG-SEStEG der Nachweis eines Investitionszwecks im Einzelfall erforderlich. Ein Eingriff in den Schutzbereich der Kapitalverkehrsfreiheit führt aufgrund der Konvergenz der Grundfreiheiten auf Rechtfertigungsebene in Übereinstimmung mit den Ausführungen zu den Personenverkehrsfreiheiten aus den Artt. 39, 43 EG auch zu einem nicht gerechtfertigten Verstoß gegen Art. 56 Abs. 1 EG. Paradoxerweise könnte durch den erweiterten räumlichen Anwendungsbereich der Kapitalverkehrsfreiheit damit eine Rechtsbeeinträchtigung durch § 6 Abs. 1 S. 2 Nr. 1, 3, 4 AStG-SEStEG von einem Steuerpflichtigen auch im Verhältnis zu Drittstaaten geltend gemacht werden, während dies bei einem originären Wegzug i. S. v. § 6 Abs. 1 S. 1 AStG-SEStEG oder bei Doppelansässigkeit gem. § 6 Abs. 3 Nr. 2 AStG nicht möglich wäre. Dies gilt auch nach der neueren Rechtsprechung des EuGH zum Konkurrenzverhältnis der Kapitalverkehrsfreiheit zu den übrigen Grundfreiheiten, da die Steuertatbestände des § 6 Abs. 1 S. 2 AStG gerade keinen Lebenssachverhalt betreffen, der in den sachlichen Schutzbereich einer anderen Grundfreiheit fällt.[841]

---

[839] Siehe Kapitel 3, E. II. 1. d) ee).
[840] Vgl. EuGH-Urteil vom 18.12.2007, Rs. C-101/05 („A"), Slg. 2007, Rn. 54 ff., n. V.; Siehe Kapitel 6, C. IV. 1.
[841] Schlussanträge GA Bot vom 11.09.2007, Rs. C-101/05 („A"), Slg. 2007, Rn. 91 ff., n. V.

3. Die Wegzugsbesteuerung als Beschränkung der allgemeinen Freizügigkeit gem. Art. 18 Abs. 1 EG

Ausgehend von der bereits eingeführten Entscheidung des BFH vom 17.12.1997 stellt sich die Frage, ob mit der dort vertretenen Auffassung tatsächlich keine Kollision von § 6 AStG und der subsidiären Vorschrift des Art. 18 Abs. 1 EG[842] anzunehmen ist, wenn der dem Steuertatbestand zugrunde liegende Lebenssachverhalt nicht in den sachlichen Anwendungsbereich der Personenverkehrsfreiheiten aus den Artt. 39, 43 EG fällt.[843] Der Gerichtshof prüft in dem Beschluss die Vereinbarkeit der Besteuerung des Vermögenszuwachses mit Art. 18 Abs. 1 EG, der das Recht der Unionsbürger garantiert, sich im Hoheitsgebiet der Mitgliedstaaten der EU aufzuhalten und frei zu bewegen. Mit der Einfügung des Art. 18 EG durch den Vertrag von Maastricht mit Geltungskraft ab dem 01.11.1993 wurde das Freizügigkeitsrecht auch auf ausschließlich privat motivierte Wohnsitzverlegungen ausgedehnt. Diese Garantie schränkt der BFH dahingehend ein, dass Art. 18 Abs. 1 EG keinen Schutz vor einer Besteuerung aus Anlass des Wegzugs durch den bisherigen Wohnsitzstaat bietet.[844] Zur Begründung verweist das Gericht auf die Erwägungen des Rates der Europäischen Gemeinschaft zur Fusionsrichtlinie, in denen es heißt, dass Art. 18 Abs. 1 EG die Freizügigkeit nur unter gleichzeitiger Wahrung der finanziellen Interessen des bisherigen Ansässigkeitsstaates garantiert. Nach Auffassung des BFH handelt ein Mitgliedstaat zur Wahrung seiner berechtigten finanziellen Interessen, wenn er sein Besteuerungsrecht wie im Fall des § 6 AStG a. F. nur deshalb an den Wegzug knüpft, um es im Verhältnis zu den DBA überhaupt durchsetzen zu können.[845]

Der Beschluss des BFH hat in der Literatur teilweise heftige Kritik erfahren.[846] Gegen die Argumentation des Gerichts zur Nichtanwendbarkeit von Art. 18 Abs. 1 EG wurde eingewandt, dass die Erwägungen des Rates zur Fusionsrichtlinie nicht zur Beschränkung primärrechtlicher Vertragsnormen herangezogen werden könnten. Darüber hinaus handele es sich um sachfremde Erwägungen, da die Fusionsrichtlinie ihrem Inhalt nach grenzüberschreitende Umwandlungen von Einzelunternehmen, Personen- und Kapitalgesellschaften regelt und damit auf den Fall des § 6 AStG a. F. nicht übertragbar sei.[847] Das von der Literatur identifizierte Problem ist jedoch nachrangig, da die wesentlichen Pro-

---

[842] EuGH-Urteil vom 13.07.1993, Rs. C-330/91 („Commerzbank"), Slg. 1993, I-4017, Rn. 21.
[843] Vgl. EuGH-Urteil vom 07.09.2006, Rs. C-470/04 („N"), Slg. 2006, I-7409, Rn. 21 ff.; Schlussanträge GA Kokott vom 30.03.2006, Rs. C-470/04 („N"), Slg. 2006, I-7409, Rn. 24 m. w. N., für eine ausführliche Darstellung des Konkurrenzverhältnisses zwischen Art. 18 Abs. 1 EG und den Grundfreiheiten des EGV.
[844] BFH-Beschluss vom 17.12.1997, I B 108/97, IStR 1998, S. 301, 302.
[845] BFH-Beschluss vom 17.12.1997, I B 108/97, IStR 1998, S. 301, 302.
[846] Vgl. Dautzenberg/Lausterer, IStR 1998, S 301; ders., FR 1998, S. 491; Schön, JbFStR 1998/99, S. 76; Thömmes, IWB, F. 3a, Gr. 1, S. 684; ders., JbFStR 1997/98, S. 90; a. A. differenzierend Hahn, DStZ 2000, S. 14; ders., IStR 1998, S. 431.
[847] Lausterer, IStR 1998, S. 304.

bleme in der unmittelbaren Anwendbarkeit des Freizügigkeitsartikels auf den Unionsbürger und der dogmatischen Einordnung von Art. 18 Abs. 1 EG als umfassend geschützte Grundfreiheit oder eingeschränkt gewährleistetes Grundrecht liegen. Erst wenn diese Klippen umschifft sind, kann die Frage nach der Reichweite des Schutz- oder Anwendungsbereichs und der Eingriffsrechtfertigung durch sekundärrechtliche Rechtsgedanken ins Bild rücken. Die aufgeworfenen dogmatischen Fragen haben insbesondere vor dem Hintergrund der Schlussanträge von GA Kokott vom 30.03.2006 in der Rs. C-470/04 („N") nichts von ihrer Aktualität eingebüßt, da die Generalanwältin eine umfassende Anwendung des Freizügigkeitsrechts aus Art. 18 Abs. 1 EG auf einen Fall der niederländischen Wegzugsbesteuerung natürlicher Personen vertritt, wenngleich sich der EuGH in seinem Urteil vom 07.09.2006 mit der Argumentation aus Konkurrenzgründen nicht befasst hat.[848]

a) Unmittelbare Anwendbarkeit von Art. 18 Abs. 1 EG

Der Wortlaut von Art. 18 Abs. 1 EG garantiert jedem Unionsbürger das Recht, sich im Hoheitsgebiet der Mitgliedstaaten frei zu bewegen und aufzuhalten. Dennoch war es in der Literatur lange Zeit höchst umstritten, ob der Artikel bei isolierter Anwendung eine subjektive Rechtsqualität besitzt, d. h. der einzelne Bürger sich gegenüber der Hoheitsgewalt eines Mitgliedstaates auf das Recht zur Freizügigkeit berufen kann.[849] Spricht man sich nach wie vor gegen die unmittelbare Anwendbarkeit von Art. 18 Abs. 1 EG aus, so könnte sich die nach § 6 Abs. 1 AStG steuerpflichtige natürliche Person allenfalls auf den Schutz der unter den Voraussetzungen des Art. 18 Abs. 2 EG ergangenen sekundärrechtlichen Rechtsakte in Form von Richtlinien oder Verordnungen berufen. Dabei handelt es sich dem Wortlaut des Absatzes folgend immer um erleichternde Maßnahmen. Nachfolgende, für Fälle des § 6 AStG jedoch nicht einschlägige, Rechtsakte sind bisher ergangen:

- Richtlinie über das Aufenthaltsrecht (RL 90/364 EWG),[850]
- Richtlinie über das Aufenthaltsrecht der Studenten (RL 90/366 EWG).[851]
- Richtlinie über das Aufenthaltsrecht der aus dem Arbeitsleben ausgeschiedenen Arbeitnehmer und selbständig Erwerbstätigen (RL 90/365 EWG),[852]

---

[848] EuGH-Urteil vom 07.09.2006, Rs. C-470/04 („N"), Slg. 2006, I-7409, Rn. 21 ff.; Schlussanträge GA Kokott vom 30.03.2006, Rs. C-470/04 („N"), Slg. 2006, I-7409, Rn. 58 ff.
[849] Verneinend: Kaufmann/Bühler, in: Lenz, EGV, Art. 8a, Rn. 1; Degen, DÖV 1993, S. 749; Pechstein/Bunk, EuGRZ 1997, S. 547; Geiger, EGV, Art. 8a, Rn. 1; bejahend: Haag, in: von der Groeben/Schwarze, EGV, Art. 18, Rn. 8 ff.; Kluth, in: Calliess/Ruffert, EGV, Art. 18, Rn. 9; Hatje, in: Schwarze, EGV, Art. 18, Rn. 6.
[850] ABl. EG 1990, L 180, S. 26.
[851] ABl. EG 1990, L 180, S. 30.
[852] ABl. EG 1990, L 180, S. 28.

Die Richtlinien können zur Auslegung von Art. 18 Abs. 1 EG nicht herangezogen werden, da sie vor Erlass des Artikels im Jahre 1990 ergangen sind. Zwar gelten sie grundsätzlich fort, sind jedoch auf Erwägungen zu den Artt. 3 c), 8a EGV i. d. F. vor dem Maastrichter Vertrag gegründet. Der individualschützende Charakter von Art. 18 Abs. 1 EG lässt sich dennoch mit grammatikalischen, systematischen und teleologischen Erwägungen begründen. Grundsätzlich ist der Wortlaut des Art. 18 Abs. 1 EG unbedingt formuliert. Dem Unionsbürger wird das Recht zur Freizügigkeit unmittelbar zugestanden. Aus gesetzessystematischer Sicht ist zwischen der inneren Systematik von Art. 18 Abs. 1 EG mit seinen zwei Absätzen und der Einordnung des Artikels in den zweiten Teil des EGV über die Unionsbürgerschaft zu unterscheiden. Die innere Systematik, die in Abs. 1 den Erlass von Beschränkungen und Bedingungen mittels Durchführungsvorschriften und in Abs. 2 den Erlass von Vorschriften zulässt, die die Ausübung des Rechtes erleichtern, erfordert zumindest einen subjektivrechtlichen Grundgehalt der Freizügigkeit, dessen inhaltliche Ausgestaltung der gerichtlichen Überprüfung unterliegen muss. Das ist aber nur dann möglich, wenn sich der einzelne Unionsbürger auf die Verletzung seines Freizügigkeitsrechtes durch belastende Rechtsakte berufen und eine gerichtliche Überprüfung herbeiführen kann. Verneint man dagegen die Klagebefugnis mangels subjektiver Rechtsqualität von Art. 18 Abs. 1 EG, so entsteht für den Unionsbürger bei der Ausübung seiner gemeinschaftsrechtlich verankerten Rechte eine Rechtsschutzlücke. Die Gewähr eines effektiven gerichtlichen Rechtsschutzes wird vom EuGH dagegen in ständiger Rechtsprechung als allgemeiner Rechtsgrundsatz i. S. d. Art. 6 Abs. 2 EU bezeichnet, der den gemeinsamen Verfassungstraditionen der Mitgliedstaaten zugrunde liegt, in den Artt. 6, 13 EMRK seinen Ausdruck gefunden hat und auf das Gemeinschaftsrecht, also auch Art. 18 Abs. 1 EG, Anwendung finden muss.[853] Folglich geht von dem Beschränkungsvorbehalt des Art. 18 Abs. 1 EG der Reflex einer Subjektivität des Freizügigkeitsrechts aus. Die systematische Einbettung in den zweiten Teil des EGV über die Unionsbürgerschaft unterstützt die Einordnung als subjektives Recht. Zunächst statuiert Art. 17 Abs. 2 EG, dass die Unionsbürger die im EGV vorgesehenen Rechte und Pflichten haben. Da die Unionsbürgerschaft die nationale Staatsangehörigkeit gem. Art. 17 Abs. 1 EG ergänzen soll, muss sie schließlich auch darüber hinausgehende, konkrete Rechtsgewährleistungen enthalten, die der einzelne Bürger für sich einfordern kann. Es handelt sich um ein unmittelbar statusbegründendes Rechtsverhältnis.[854] Darauf aufbauend schließt Art. 18 Abs. 1 EG unmittelbar mit den Worten: „Jeder Unionsbürger hat das Recht....." an. Dieser systematische und grammatikalische Zusammenhang indiziert die subjektive Rechtsgewährleistung des Artikels. Betrachtet man die übrigen Arti-

---

[853] St. Rspr. seit EuGH-Urteil vom 15.05.1986, Rs. 222/84 („Johnston"), Slg. 1986, S. 1651, Rn. 18; EuGH-Urteil vom 15.10.1987, Rs. 222/86 („Heylens"), Slg. 1987, S. 4097, Rn. 14; vgl. auch Kingreen, in: Calliess/Ruffert, EUV, Art. 6, Rn. 198 ff.

[854] Randelzhofer, Marktbürgerschaft-Unionsbürgerschaft-Staatsbürgerschaft, in: GS für Grabitz, 1995, S. 592; Sauerwald, Die Unionsbürgerschaft und das Staatsangehörigkeitsrecht in den Mitgliedstaaten der EU, 1996, S. 75.

kel des zweiten Teils des EGV, kommt man zu demselben Ergebnis. Dazu gehören das kommunale Wahlrecht im EU-Ausland gem. Art. 19 EG, der diplomatische und konsularische Schutz in Drittstaaten gem. Art. 20 EG und das Petitionsrecht gegenüber den Organen der EU aus Art. 21 EG. Lediglich der letztgenannte Art. 21 EG übernimmt nur eine Verweisfunktion auf die Artt. 194, 195 EG über das Petitionsrecht beim Europäischen Parlament und das Recht, sich an den Bürgerbeauftragten zu wenden. Dagegen kann der einzelne Unionsbürger die Gewährleistungen aus Art. 19 Abs. 1 S. 1 EG auf Absicherung der Inländergleichbehandlung und Art. 20 S. 1 EG gegenüber der einschlägigen Hoheitsgewalt geltend machen.[855] Das erkennt auch Art. 22 EG an, der von den „in diesem Teil vorgesehenen Rechten" spricht. Demnach ist nicht erkennbar, warum diese Rechtssubjektivität ausgerechnet für die umfassende Freizügigkeit im Gemeinschaftsgebiet nicht gelten soll. Schließlich kommt man mit der teleologischen Betrachtung zu einem identischen Ergebnis. Der durch den Vertrag von Maastricht eingeführte Art. 18 EG enthält die Garantie der Ausreise aus bzw. Einreise in einen Mitgliedstaat der EU losgelöst von einem zugrunde liegenden wirtschaftlichen Lebenssachverhalt. Damit verfolgt die Freizügigkeit ähnlich wie die Artt. 19, 20 EG im Kontext der Vertragsgrundsätze des ersten Teils des EGV das unmittelbare Ziel, den wirtschaftlichen und sozialen Zusammenhalt und die Solidarität zwischen den Bürgern der Mitgliedstaaten i. S. v. Art. 2 letzter Hs. EG zu fördern. Die Abkoppelung von wirtschaftlichen Zusammenhängen zeigt auch, dass eine grenzüberschreitende Freizügigkeit der natürlichen Person die unmittelbare Vorstufe zur mittelfristigen Verwirklichung der wirtschaftlichen Ziele des Binnenmarktes i. S. d. Artt. 2, 3, 4 EG ist. Die Durchsetzung dieser Vertragsgrundsätze erfordert zwingend, dass sich der einzelne Unionsbürger auf diese grenzüberschreitende Freizügigkeit gegenüber der Hoheitsgewalt der einzelnen Mitgliedstaaten berufen kann und eine entsprechende Beeinträchtigung zu rügen in der Lage ist. Die vorgenommene Auslegung kommt somit zu dem Ergebnis, dass gewichtige Argumente für die Anerkennung von Art. 18 Abs. 1 EG als subjektives Recht bestehen.

Dieses Ergebnis steht auch nicht im Widerspruch zur bisherigen Rechtsprechung des EuGH zu Art. 18 Abs. 1 EG. Schon in der Rs. C-274/96 („Bickel") aus dem Jahre 1998 wendete der EuGH den Art. 18 Abs. 1 EG auf die betroffenen Personen mit der Maßgabe an, dass diese aus der Norm das Recht herleiten können, sich in den Aufnahmestaat zu begeben und dort frei zu bewegen.[856] Zwar hat das Gericht in mehreren Entscheidungen die unmittelbare Anwendbarkeit offen gelassen. Dennoch kann darin keine negative Grundtendenz zur Frage des individualschützenden Charakters der Norm gesehen werden, da das Vorgehen aus Gründen der Subsidiarität gegenüber den spezielleren Grundfreiheiten

---

[855] Haag, in: von der Groeben/Schwarze, EGV, Art. 19, Rn. 8 ff. und Art. 20, Rn. 8 ff.
[856] EuGH-Urteil vom 24.11.1998, Rs. C-274/96 („Bickel"), Slg. 1998; I-7637, Rn.15 f., 18; vgl. auch die Schlussanträge von GA Jacobs vom 19.03.1998, Rs. C-274/96 („Bickel"), Slg. 1998; I-7637, Rn. 12 ff., 20 ff.

des EGV geschah.[857] Vielmehr bestätigt der Gerichtshof in zwei Entscheidungen aus den Jahren 2001 und 2002 die in der Rs. C-274/96 („Bickel") getroffene Grundentscheidung, dass Art. 18 Abs. 1 EG die Freiheit verleiht, sich im Hoheitsgebiet der Mitgliedstaaten aufzuhalten und frei zu bewegen.[858] Danach steht der individualschützende Charakter der Freizügigkeitsregelung als gefestigte Rechtsprechung im Einklang mit dem dargestellten Auslegungsergebnis.[859]

b) Die Freizügigkeit gem. Art. 18 Abs. 1 EG als Grundrecht oder Grundfreiheit?

Die Anerkennung der Freizügigkeit als subjektives Recht hat zur Folge, dass zum Zwecke der Prüfung einer Kollision mit der Besteuerung des Vermögenszuwachses gem. § 6 AStG eine dogmatische Einordnung als Grundfreiheit oder Grundrecht vorzunehmen ist, da insofern unterschiedliche Maßstäbe für die Bestimmung der Reichweite des Schutz- bzw. Anwendungsbereichs sowie der Eingriffsqualifizierung und Eingriffsrechtfertigung gelten.

Ein signifikanter Unterschied zwischen Art. 18 EG und den Grundfreiheiten ergibt sich bereits aus dem unterschiedlichen Wortlaut. Während die klassischen Grundfreiheiten im Dritten Teil des EGV mit Ausnahme von Art. 39 Abs. 1 EG i. S. e. Beschränkungsverbotes formuliert sind, unterliegt Art. 18 Abs. 1 EG einem Schrankenvorbehalt zugunsten der im EGV und in den Durchführungsvorschriften vorgesehenen Beschränkungen und Bedingungen. Daraus könnte sich nicht nur ein „lex-specialis-Verhältnis" zugunsten der Grundfreiheiten,[860] sondern auch eine abweichende dogmatische Rechtfertigungsdichte für Eingriffe in das Freizügigkeitsrecht ableiten lassen. So könnte der Verweis auf die sonstigen Vertragsbestimmungen des EGV der Sicherung der besonderen Schrankensystematik der klassischen Grundfreiheiten dienen.[861] Eine systematische Unterscheidung könnte auch aus der Einordnung in verschiedene Vertragsteile folgen. Während die Freizügigkeit als Ausfluss der Unionsbürgerschaft im zweiten Teil des EGV angeordnet ist, sind die klassischen Grundfreiheiten als Politiken der Gemeinschaft im dritten Vertragsteil separiert. Daher ist zu fragen, ob es Zweck des Art. 18 Abs. 1 EG ist, den einzelnen Unionsbürger unabhängig vom Vorliegen eines ökonomisch geprägten Binnenmarktbezuges in den Anwendungsbereich eines generellen Diskriminierungs- bzw. Beschränkungsverbotes fallen zu

---

[857] EuGH-Urteil vom 12.05.1998, Rs. C-85/96 („Sala"), Slg. 1998, I-2691; Rn. 59 f.; EuGH-Urteil vom 19.01.1999, Rs. C-348/96 („Calfa"), Slg. 1999, I-11, Rn. 30; EuGH-Urteil vom 21.09.1999, Rs. C-378/97 („Wijsenbeck"), Slg. 1999, I-6207, Rn. 22, 43.
[858] EuGH-Urteil vom 20.09.2001, Rs. C-184/99 („Grzelczyk"), Slg. 2001, I-6193, Rn. 33; EuGH-Urteil vom 11.07.2002, Rs. C-224/98 („D´Hoop"), Slg. 2002, I-6191, Rn. 29.
[859] EuGH-Urteil vom 09.11.2006, Rs. C-520/04 („Turpeinen"), Slg. 2006, I-10685, Rn. 17 ff.
[860] Schlussanträge GA Tizzano vom 25.04.2002, Rs. C-100/01 („Olazabal"), Slg. 2002, I-10981, Rn. 17; EuGH-Urteil vom 07.09.2006, Rs. C-470/04 („N"), Slg. 2006, I-7409, Rn. 21 ff.
[861] Vgl. Haag, in: von der Groeben/Schwarze, EGV, Art. 18, Rn. 15 f.; Pechstein/Bunk, EuGRZ 1997, S. 552.

lassen, wie er in den Vertragszielbestimmungen der Artt. 3 Abs. 1 lit. c), 14 Abs. 2 EG gerade den Grundfreiheiten vorbehalten wird.

Die Rechtsprechung des EuGH dazu ist uneinheitlich. Während das Gericht in der Rs. C-274/96 („Bickel") ohne dogmatische Einordnung ausschließlich den Wortlaut des Art. 18 Abs. 1 EG subsumiert, trennt es im Urteil in der Rs. C-184/99 („Grzelczyk") zwischen „den durch den Vertrag garantierten Grundfreiheiten" und „der durch Art. 18 Abs. 1 EG verliehenen Freiheit".[862] Demgegenüber geht der EuGH in der Rs. C-224/98 („D'Hoop") von der Freizügigkeit als einer „im EGV garantierten Grundfreiheit" aus.[863] Letztere Rechtsprechung bestätigt der EuGH in seinen Urteilen in den Rs. C-148/02 („Avello") und C-224/02 („Pusa"), in denen er feststellt, dass zu den Situationen, die in den Geltungsbereich des Gemeinschaftsrechts fallen auch diejenigen gehören, die sich auf die Ausübung der durch den EGV garantierten Grundfreiheiten beziehen, und insbesondere auch die, in denen es um das durch Art. 18 Abs. 1 EG verliehene Recht geht, sich im Hoheitsgebiet der EU-Mitgliedstaaten frei zu bewegen und aufzuhalten.[864]

Einschränkend ist aber festzustellen, dass das Gericht in den einschlägigen Entscheidungen fast ausnahmslos Art. 18 Abs. 1 EG i. V. m. Art. 12 Abs. 1 EG als Diskriminierungsverbot auf das Vorliegen einer Ungleichbehandlung nach der Staatsangehörigkeit prüft. Einzig das Urteil in der Rs. C-224/02 („Pusa") wendet Art. 18 Abs. 1 EG unabhängig vom Vorliegen einer Diskriminierung nach der Staatsangehörigkeit auf eine Regelung des finnischen Zwangsvollstreckungsrechts an, die lediglich an die Eigenschaft als Zwangsvollstreckungsschuldner unabhängig von der Staatsangehörigkeit anknüpft.[865] Im weiteren Verlauf der Urteilsbegründung stellt der Gerichtshof jedoch wiederum auf eine Diskriminierung nach der Staatsangehörigkeit im Anwendungsbereich der Unionsbürgerschaft ab, wenn er feststellt, dass es mit dem Recht auf Freizügigkeit unvereinbar wäre, wenn der EU-Mitgliedstaat, dem der Zwangsvollstreckungsschuldner angehört, ihn weniger günstig behandeln könnte, als wenn er nicht von den Erleichterungen Gebrauch gemacht hätte, die ihm der Vertrag in Bezug auf die Freizügigkeit gewährt.[866] Insofern ist es auch konsequent, wenn der EuGH im Anschluss daran feststellt, dass eine nationale Regelung, die bestimmte Inländer allein deshalb benachteiligt, weil sie von ihrem Recht Gebrauch gemacht haben, sich in einem anderen Mitgliedstaat frei zu bewegen und aufzuhalten, zu einer Ungleichbehandlung führen würde, die den Grundsätzen widerspräche, auf denen der Status eines Unionsbürgers beruht, nämlich der Garantie der gleichen rechtlichen Behandlung bei der Ausübung seiner Freizügigkeit.[867]

---

[862] EuGH-Urteil vom 24.11.1998, Rs. C-274/96 („Bickel"), Slg. 1998; I-7637, Rn.15; EuGH-Urteil vom 20.09.2001, Rs. C-184/99 („Grzelczyk"), Slg. 2001, I-6193, Rn. 33.
[863] EuGH-Urteil vom 11.07.2002, Rs. C-224/98 („D'Hoop"), Slg. 2002, I-6191, Rn. 29.
[864] EuGH-Urteil vom 02.10.2003, Rs. C-148/02 („Avello"), Slg. 2003, I-11613, Rn. 22 ff.; EuGH-Urteil vom 29.04.2004, Rs. C-224/02 („Pusa"), Slg. 2004, I-5763, Rn. 16 ff.
[865] EuGH-Urteil vom 29.04.2004, Rs. C-224/02 („Pusa"), Slg. 2004, I-5763, Rn. 12 ff.
[866] EuGH-Urteil vom 29.04.2004, Rs. C-224/02 („Pusa"), Slg. 2004, I-5763, Rn. 18.
[867] EuGH-Urteil vom 29.04.2004, Rs. C-224/02 („Pusa"), Slg. 2004, I-5763, Rn. 20.

Schließlich könne eine solche Regelung auch nur dann gerechtfertigt sein, wenn sie auf objektiven, von der Staatsangehörigkeit der Betroffenen unabhängigen Erwägungen beruhte, die in einem angemessenen Verhältnis zu dem mit dem nationalen Recht verfolgten berechtigten Zweck stünden.[868] Im Ergebnis knüpft der EuGH damit die Anwendbarkeit der grundfreiheitlichen Eingriffs- und Rechtfertigungsdogmatik auch in diesem Urteil an das Vehikel einer Diskriminierung nach der Staatsangehörigkeit aus Art. 12 Abs. 1 EG i. V. m. Art. 18 Abs. 1 EG. Demnach geben die Urteile keinen endgültigen Aufschluss über den Prüfungsmaßstab bei einer isolierten Anwendung von Art. 18 Abs. 1 EG ohne unmittelbare Anknüpfung an die Staatsangehörigkeit.[869]

Die Rechtsprechung des EuGH zur Anwendung von Art. 18 EG im Bereich der direkten Steuern ist ebenfalls uneinheitlich. So hat der EuGH im Urteil in der Rs. C- 403/03 („Schempp") vom 12.07.2005 zu den Auswirkungen einer Rechtsnorm des deutschen Einkommensteuerrechts auf den Wegzug einer natürlichen Person aus dem Hoheitsgebiet eines EU-Mitgliedstaates sinngemäß festgestellt, dass die allgemeine Freizügigkeit einem Unionsbürger gerade keinen Schutz davor garantiere, dass die unterschiedliche Allokation von Besteuerungsmerkmalen in unterschiedlichen EU-Mitgliedstaaten keine Neutralität der Ertragsbesteuerung nach sich ziehe.[870] In der Sache ging es um die Nichtanerkennung des Sonderausgabenabzugs für Unterhaltszahlungen eines unbeschränkt steuerpflichtigen geschiedenen Ehemanns an seine in Österreich lebende und damit nicht unbeschränkt steuerpflichtige geschiedene Ehefrau gem. § 10 Abs. 1 Nr. 1 EStG.[871] Insoweit war nach Auffassung des EuGH weder unmittelbar die Freizügigkeit der Ehefrau noch mittelbar die des klagenden Ehemanns betroffen.[872] Noch deutlicher wird GA Geelhoed in den Schlussanträgen zur Rs. C-403/03 („Schempp"), wonach die Verbindung zwischen den Vorschriften des deutschen EStG und den durch Art. 18 Abs. 1 EG gewährleisteten Freiheiten ziemlich schwach sei, so dass eine Beeinflussung der Wohnsitznahme im zu entscheidenden Fall schwer vorstellbar sei.[873] Demzufolge scheint der EuGH zumindest eine gewisse Intensität für einen Eingriff in den Schutzbereich des Art. 18 Abs. 1 EG zu verlangen.

Demgegenüber führt GA Kokott in ihren Schlussanträgen in der Rs. C-470/04 („N") aus, dass die Regelung der niederländischen Wegzugsbesteuerung eine Diskriminierung i. S. d. bisherigen Rechtsprechung des EuGH zu Art. 18 Abs. 1 EG i. V. m. Art. 12 Abs. 1 EG ist, obwohl die einschlägigen Rechtsvorschriften

---

[868] EuGH-Urteil vom 29.04.2004, Rs. C-224/02 („Pusa"), Slg. 2004, I-5763, Rn. 20.
[869] EuGH-Urteil vom 11.07.2002, Rs. C-224/98 („D´Hoop"), Slg. 2002, I-6191, Rn. 33 ff;
EuGH-Urteil vom 24.11.1998, Rs. C-274/96 („Bickel"), Slg. 1998; I-7637, Rn.26 ff;
EuGH-Urteil vom 20.09.2001, Rs. C-184/99 („Grzelczyk"), Slg. 2001, I-6193, Rn. 36 f.;
EuGH-Urteil vom 02.10.2003, Rs. C-148/02 („Avello"), Slg. 2003, I-11613, Rn. 29 ff.
[870] EuGH-Urteil vom 12.07.2005, Rs. C-403/03 („Schempp"), Slg. 2005, I-6421, Rn. 45.
[871] EuGH-Urteil vom 12.07.2005, Rs. C-403/03 („Schempp"), Slg. 2005, I-6421, Rn. 7 ff.
[872] EuGH-Urteil vom 12.07.2005, Rs. C-403/03 („Schempp"), Slg. 2005, I-6421, Rn. 46.
[873] Schlussanträge GA Geelhoed vom 27.01.2005, Rs. C-403/03 („Schempp"), Slg. 2005, I-6421, Rn. 39.

des niederländischen Rechts gerade nicht nach der Staatsangehörigkeit der Steuerpflichtigen, sondern nur nach der steuerlichen Ansässigkeit i. S. e. unbeschränkten Steuerpflicht in den Niederlanden differenzieren.[874] Dieser Widerspruch wird von GA Kokott dahingehend aufgelöst, dass im vorliegenden Fall über das allgemeine Diskriminierungsverbot nach der Staatsangehörigkeit aus Art. 12 Abs. 1 EG die Dogmatik der Grundfreiheiten ein Einfallstor in das allgemeine Freizügigkeitsrecht aus Art. 18 Abs. 1 EG finde, so dass die Rechtsprechung des EuGH zu den Grundfreiheiten in den Rs. C-9/02 („Lasteyrie du Saillant"), C-319/02 („Manninen") und C-446/03 („Marks & Spencer plc.") exemplarisch dafür sprechen könne, derartige Maßnahmen ebenfalls als verbotene Beschränkungen einzuordnen, wenn sie in den Anwendungsbereich des Art. 18 Abs. 1 EG fielen.[875] Nach Auffassung der GA sei es jedenfalls klar, dass die EU-Mitgliedstaaten eigene Staatsangehörige nicht bei der Ausübung der durch Art. 18 Abs. 1 EG garantierten Freizügigkeit behindern dürften, indem sie an einen Wegzug nachteilige Folgen knüpften, die bei einem Verbleib im Inland nicht eintreten würden.[876] Konsequent ist die abschließende Feststellung von GA Kokott, dass es sich bei Art. 18 Abs. 1 EG um eine Grundfreiheit handele, die in ihrem Anwendungsbereich weit auszulegen sei, da der Vorschrift bei einer Verengung auf Beschränkungen der Aus- oder Einreise und des Aufenthalts im engeren Sinne die praktische Wirksamkeit genommen wäre.[877] Zieht man allerdings die von GA Kokott zitierte Rechtsprechung des EuGH in der Rs. C-200/02 („Zhu / Chen") als Nachweis für ein weites Auslegungsgebot von Art. 18 EG heran, so muss man feststellen, dass sich die Feststellung des Gerichts auf eine zu Art. 18 EG erlassene Richtlinie, nicht aber den Unionsbürgerstatus selbst bezieht.[878] Es handelt sich hierbei um die Richtlinie 90/364/EWG für das Aufenthaltsrecht aus dem Jahre 1990, die aber, wie bereits eingangs dieses Abschnitts dargestellt, nicht zur Auslegung von Art. 18 Abs. 1 EG herangezogen werden kann, da sie vor Erlass des Artikels im Jahre 1990 ergangen ist.[879]

Schließlich wendet das EuGH-Urteil in der Rs. C-520/04 („Turpeinen") vom 09.11.2006 den Art. 18 EG isoliert auf die unterschiedliche Behandlung von finnischen Ruhegehaltszahlungen bei beschränkt und und unbeschränkt Steuerpflichtigen unabhängig von deren Staatsangehörigkeit an und prüft auch das Vorliegen einer Diskriminierung vergleichbarer Sachverhalte bzw. deren Recht-

---

[874] Schlussanträge GA Kokott vom 30.03.2006, Rs. C-470/04 („N"), Slg. 2006, I-7409, Rn. 6 ff.
[875] Schlussanträge GA Kokott vom 30.03.2006, Rs. C-470/04 („N"), Slg. 2006, I-7409, Rn. 65.
[876] Schlussanträge GA Kokott vom 30.03.2006, Rs. C-470/04 („N"), Slg. 2006, I-7409, Rn. 66.
[877] Schlussanträge GA Kokott vom 30.03.2006, Rs. C-470/04 („N"), Slg. 2006, I-7409, Rn. 67.
[878] EuGH-Urteil vom 19.10.2004, Rs. C-200/02 („Zhu / Chen"), Slg. 2004, I-9925, Rn. 30 ff.
[879] Siehe Kapitel 3, E. II. 3. a).

fertigung vollständig i. S. d. Dogmatik des EuGH zu den Grundfreiheiten des EGV.[880] Die zeitliche Abfolge und die inhaltliche Verfestigung der ergangenen Urteile sprechen damit für die Entwicklung von einem Grundrecht hin zu einer Grundfreiheit.[881] Demzufolge ist Art. 18 EG dogmatisch zumindest i. S. e. Diskriminierungsverbots auszulegen, so dass die Wegzugsbesteuerung auch im Falle eines Wohnsitzwechsels aus rein privaten Motiven der gleichen grundfreiheitlichen Schrankenregelung wie bei der Arbeitnehmerfreizügigkeit und der Niederlassungsfreiheit unterliegt.[882] Selbst wenn man mit der dargestellten Rechtsprechung des EuGH in der Rs. C-403/03 („Schempp") eine gewisse Eingriffsintensität fordert, so muss man bei § 6 AStG jedenfalls feststellen, dass die Besteuerung des Vermögenszuwachses dazu geeignet ist, die Ausreise aus dem Hoheitsgebiet der Bundesrepublik Deutschland und die Wohnsitznahme in einem anderen Mitgliedstaat der EU nicht unerheblich zu erschweren. Zumindest mittelbar ist die von § 6 AStG ausgelöste Rechtsfolge für den Steuerpflichtigen schon dazu angetan, den innereuropäischen Wohnsitzwechsel zu erschweren, da sie sich auf die Abwägung des Steuerpflichtigen über die Vor- und Nachteile im Rahmen der Wohnsitzverlegung auswirken kann.[883]

F. Zusammenfassung

Die erweiterte beschränkte Steuerpflicht ist aufgrund ihrer Bindung an die deutsche Staatsangehörigkeit des Steuerpflichtigen nicht mit den Vorgaben des EGV über eine grenzüberschreitende Freizügigkeit i. V. m. dem Verbot einer Diskriminierung nach der Staatsangehörigkeit gem. Artt. 12 Abs. 1, 18 Abs. 1 EG in Einklang zu bringen. Geht es dem Gesetzgeber darum, eine umfassende Erfassung von Inlandseinkünften gemäß dem Territorialitätsprinzip sicherzustellen, so kann dieses Ziel nur durch eine vollständige Überarbeitung des Einkünftekatalogs für beschränkt steuerpflichtige Personen in § 49 Abs. 1 EStG unter Berücksichtigung der Vorgaben des MA über die Zuweisung von Besteuerungsrechten und den einzelnen DBA der Bundesrepublik Deutschland mit anderen Staaten geschehen.

Als Schlussfolgerung aus den Urteilen des EuGH in den Rs. C-9/02 („Lasteyrie du Saillant") und C-470/04 („N") ist festzuhalten, dass eine Wegzugsbesteuerung mit den Vorgaben des EGV unvereinbar ist, wenn die Steuerpflicht ausschließlich an den Grenzübertritt anknüpft und dabei einen fehlenden Vermögenszufluss beim Steuerpflichtigen mangels einer tatsächlichen Realisierung stiller Reserven unberücksichtigt lässt. Zur Vermeidung einer unverhältnismäßi-

---

[880] EuGH-Urteil vom 09.11.2006, Rs. C-520/04 („Turpeinen"), Slg. 2006, I-10685, Rn. 17 ff.; Schlussanträge GA Léger vom 18.05.2006, Rs. C-520/04 („Turpeinen"), Slg. 2006, I-10685, Rn. 62 ff.
[881] Vgl. Kluth, in: Calliess/Ruffert, EGV, Art. 18, Rn. 9; Hahn, DStZ 2000, S. 19 f.
[882] Siehe Kapitel 3, E. II. 1.
[883] Vgl. EuGH-Urteil vom 07.09.2006, Rs. C-470/04 („N"), Slg. 2006, I-7409, Rn. 34 ff.; Hahn, DStZ 2000, S. 19.

gen Belastung beim Steuerpflichtigen ist daher eine mehr oder weniger weitgehende Stundungsmöglichkeit der festgesetzten Steuerlast vorzusehen. Diese Stundung muss jedoch so ausgestaltet sein, dass der Steuerpflichtige nicht nur von der Steuerlast, sondern auch von einer Belastung durch Zinsen oder Sicherheitsleistungen verschont bleibt, die seine wirtschaftliche Leistungsfähigkeit bis zur endgültigen Veräußerung der Anteile oder einem sonstigen Wegfall der Steuerpflicht mehr als nur völlig unwesentlich mindern. Eine solche Stundung sollte allerdings nur dann in Betracht kommen, wenn der Steuerpflichtige die Staatsangehörigkeit eines EU- oder EWR-Mitgliedstaates besitzt, da er sich nur dann auf den Schutz der Personenverkehrsfreiheiten aus den Artt. 39, 43 EG berufen kann. Schließlich steht es nach der hier vertretenen Auffassung im sechsten Kapitel dieser Arbeit auch mit den Vorgaben der Grundfreiheiten im Einklang, wenn dem Steuerpflichtigen regelmäßig wiederkehrende erweiterte Nachweis- und Mitwirkungspflichten auferlegt werden, damit sichergestellt ist, dass es im Veräußerungsfall zu einer angemessenen Besteuerung im Wegzugsstaat kommt.[884] Als Veräußerungen sollten dabei nur solche Vorgänge zu qualifizieren sein, die zu einer Realisierung stiller Reserven führen, nicht aber die lediglich steuerneutrale Übertragung der Anteile auf einen anderen Rechtsträger desselben Steuerpflichtigen, es sei denn, dass hiermit ein Besteuerungsrecht der Bundesrepublik Deutschland an den stillen Reserven endgültig verloren ginge. Schließlich sollten die DBA der Bundesrepublik Deutschland in eine reformierte Wegzugsbesteuerung derart einbezogen werden, dass ein Vollzug von § 6 AStG immer dann nicht in Betracht kommt, wenn ein Besteuerungsrecht der Bundesrepublik Deutschland an den stillen Reserven für einen bestimmten Zeitraum erhalten bleibt und die Vermeidung einer Doppelbesteuerung gesichert ist.

Aus den dargestellten gemeinschaftsrechtlichen Vorgaben folgt damit, dass die Wegzugsbesteuerung in ihrer Fassung bis zum 31.12.2006 als nicht vereinbar mit den Vorgaben der Artt. 18, 39, 43, 56 Abs. 1 EG zu qualifizieren war. Diese Defizite hatte der deutsche Steuergesetzgeber bereits erkannt und durch die im BMF-Schreiben vom 08.06.2005 angeordnete Stundungsregelung einen vorläufigen gemeinschaftsrechtskonformen Zustand herbeigeführt und gleichzeitig eine umfassende Überarbeitung der geltenden gesetzlichen Regelung vorgenommen.[885] Als Ergebnis der Bemühungen des BMF wurde am 09.11.2006 vom Bundesrat eine Neufassung von § 6 AStG im SEStEG m. W. ab dem 01.01.2007 beschlossen, welche die Vorgaben des EuGH für eine gemeinschaftsrechtskonforme Ausgestaltung der Wegzugsbesteuerung in weiten Teilen zufriedenstellend umsetzt. Da ein erster Schritt hin zu einer diskriminierungsfreien Wegzugsbesteuerung inzwischen auch in Österreich vollzogen wurde, scheint die Rechtsprechung des EuGH in den Rs. C-9/02 („Lasteyrie du Saillant") und C-470/04 („N") auch in den anderen EU-Mitgliedstaaten akzeptiert

---
[884] Siehe Kapitel 6.
[885] Vgl. IStR-Länderbericht 5/2005, S. 2 f.; Kinzl/Georg, IStR 2005, S. 450.

worden zu sein, so dass der deutsche Gesetzentwurf durchaus Vorbildcharakter bekommen könnte.[886] Daneben wurde von der „EU-Ratsarbeitsgruppe Direkte Besteuerung" als Zusammenkunft der zuständigen Verwaltungsbeamten der Mitgliedstaaten auf EU-Ebene in Brüssel eine deutsche Initiative zur Entstrickung und Besteuerung stiller Reserven bei Wegzug einer natürlichen Person, bei der Verbringung von Wirtschaftsgütern ins Ausland oder bei dem Wechsel der Zuordnung von Beteiligungen diskutiert, an deren Umsetzung insbesondere die EU-Mitgliedstaaten aus dem mittel- und osteuropäischen Raum wenig Interesse zeigten, da sie aufgrund ihrer niedrigen Steuersätze in diesem Bereich auf eine entsprechende Verlagerung von Besteuerungssubstrat als Folge des EuGH-Urteils zu hoffen scheinen.[887] Gleichwohl hat die EU-Kommission die Mitgliedstaaten in einer Mitteilung vom 19.12.2006 zu einer besseren Koordinierung der nationalen Vorschriften über die Besteuerung von Wertsteigerungen bei (Wohn-) Sitzverlegungen aufgefordert.[888] Die ablehnende Haltung vieler EU-Mitgliedstaaten spricht dennoch vorerst für einen nationalen Alleingang der Bundesrepublik Deutschland bei der gemeinschaftsrechtskonformen Neuregelung von § 6 AStG durch das SEStEG.

---

[886] Vgl. Schindler, IStR 2004, S. 711, 713; eine Neufassung von § 31 Abs. 2 Nr. 2 öEStG sieht danach vor, dass die bei einem Wegzug in einen anderen EU-Mitgliedstaat entstehende Steuerschuld auf Antrag des Steuerpflichtigen bis zur tatsächlichen Veräußerung der Beteiligung nicht festgesetzt wird und eine darüber hinausgehende Zinspflicht ebenfalls nicht vorgesehen ist.
[887] Vgl. IStR-Länderbericht 13/2005.
[888] KOM, IP/06/1829 vom 19.12.2006; Mitteilung der Kommission, Wegzugsbesteuerung und die Notwendigkeit einer Koordinierung der Steuerpolitiken der Mitgliedstaaten, KOM (2006), 825 vom 19.12.2006.

Kapitel 4 – Die Hinzurechnungsbesteuerung gem. §§ 7 bis 14 AStG

Die Hinzurechnungsbesteuerung[889] gem. §§ 7 bis 14 AStG ist hinsichtlich ihres Umfangs und ihrer Bedeutung der zentrale Teil des AStG. Die Vorschriften sind das Ergebnis einer umfassenden politischen und gesellschaftlichen Diskussion über das Problem der Steuerflucht durch die Einschaltung sog. ausländischer „Basisgesellschaften" in den vom wirtschaftlichen Aufschwung geprägten fünfziger und sechziger Jahren des letzten Jahrhunderts.[890] Es existiert bis heute zwar weder in den §§ 7 ff. AStG noch in anderen steuerlichen Vorschriften eine Legaldefinition des Begriffs „Basisgesellschaft". Gleichwohl besteht in Rechtsprechung und Literatur eine weitestgehende Übereinstimmung über die wesentlichen Tatbestandsmerkmale einer Basisgesellschaft. Nach Auffassung der Literatur ist eine Basisgesellschaft im Wesentlichen dadurch gekennzeichnet, dass sie keiner „aktiv" werbenden Geschäftstätigkeit nachgeht und in ihrem Sitzstaat nur einer geringen Besteuerung unterliegt.[891] Im Unterschied zu einem „aktiven" Erwerb sind „passive" Tätigkeiten vornehmlich solche der Vermögens- und Patentverwaltung sowie der Verwaltung sonstiger immaterieller Wirtschaftsgüter, die zumeist Gewinne in Form von Dividenden, Zinsen und Lizenzgebühren erwirtschaften.[892] Die Allokation der für diese Form der Einkommenserzielung erforderlichen Wirtschaftsgüter ist jederzeit flexibel gestaltbar, da ein grenzüberschreitender Transfer im Gegensatz zu komplexen Produktionstätigkeiten keinen besonderen Aufwand an Personal und materiellen Wirtschaftsgütern erfordert. Die Rechtsprechung qualifiziert eine Kapitalgesellschaft im Anwendungsbereich von § 42 AO oder § 50d Abs. 3 EStG i. d. R. dann als Basisgesellschaft, wenn für die Zwischenschaltung der Gesellschaft wirtschaftliche oder sonstige beachtliche Gründe fehlen, keine personelle oder sachliche Ausstattung der Gesellschaft vorhanden ist und die Gesellschaft keine eigene wirtschaftliche Tätigkeit entfaltet.[893] Durch ihren Charakter als rechtsfähige juristische Personen schirmt die ausländische Basisgesellschaft die aus den passiven Tätigkeiten aufgefangenen Einkünfte bis zu einer Gewinnausschüttung gegen die deutsche Besteuerung bei den inländischen Gesellschaftern ab. Aus der Sicht des Sitzstaates wird die Basisgesellschaft zumeist von einer ausländischen Spitzeneinheit (Muttergesellschaft) mehrheitlich beherrscht.[894] Seltener hingegen ist die überwiegende Beteiligung durch natürliche Personen. Während ausländische Basisgesellschaften in einem Konzernverbund häufig die Finanzierung „aktiver" Produktionstätigkei-

---

[889] Vgl. Wassermeyer, in: Flick/Wassermeyer/Baumhoff, AStG, vor §§ 7 – 14 AStG, Rn. 24 für eine Abgrenzung des Begriffs der „Hinzurechnungsbesteuerung" zu anderen Termini.
[890] Vgl. Kluge, Das Internationale Steuerrecht, N 360 ff.
[891] Vgl. Schaumburg, Internationales Steuerrecht, Rn. 10.33 ff.
[892] Baranowski, Besteuerung von Auslandsbeziehungen, Rn. 873.
[893] Vgl. BFH-Urteil vom 20.03.2002, I R 63/99, DB 2002, S. 1640; BFH-Urteil vom 20.03.2002, I R 38/00, BStBl II 2002, S. 819; BFH-Urteil vom 25.02.2004, I R 42/02, BStBl II 2005, S. 14; BFH-Urteil vom 17.11.2004, I R 55/03, BFH/NV 2005, S. 1016; BFH-Urteil vom 31.05.2005, I R 88/04, BStBl II 2006, S. 118.
[894] Arndt/Ringel, BB 1988, S. 2147, Fn. 6.

ten mittels Gesellschafterdarlehen, der finanziellen Verwertung von Ergebnissen aus Forschungs- und Entwicklungstätigkeiten durch die Vergabe von Patenten oder Lizenzen und der entgeltlichen Vornahme von Koordinations- und Managementfunktionen i. S. e. Konzernholding oder eines sog. „Coordination Center" übernehmen, haben ausländische Basisgesellschaften mit natürlichen Personen als Gesellschafter vornehmlich die Aufgabe der Steuerumgehung oder Steuervermeidung durch Thesaurierung von Gewinnen, wenn ihnen keine sonstige strategische Bedeutung beigemessen werden kann.

Im Rahmen der Hinzurechnungsbesteuerung liegen passive Einkünfte vor, wenn sie nicht im „Aktivkatalog" des § 8 Abs. 1 AStG enumerativ aufgeführt sind. Die durch eine Vielzahl von Ausnahme- und Rückausnahmetatbeständen charakterisierte gesetzgeberische Entscheidung gegen eine Legaldefinition passiver Tätigkeiten verzerrt jedoch den klaren Blick auf die eigentliche Zielsetzung der Hinzurechnungsbesteuerung, eine Verlagerung von Besteuerungssubstrat in niedrig besteuernde Länder durch Ausnutzung der Abschirmwirkung ausländischer Kapitalgesellschaften im Rahmen einer passiven Einkunftserzielung zu verhindern, da dem Grunde nach substanzielle Tätigkeiten von juristischen Personen, unabhängig von ihrer inhaltlichen Ausgestaltung durch eine an formalen Gesichtspunkten orientierte Differenzierung zwischen Leistungserbringer und Leistungsempfänger, als passiver Erwerb qualifiziert werden. Hieraus erwächst auch ein wesentliches Problem der Hinzurechnungsbesteuerung im Schutzbereich der Grundfreiheiten des EGV. Die steuertatbestandliche Anknüpfung des § 8 Abs. 1 AStG an (Rück-) Ausnahmen von aktiven Tätigkeiten kollidiert, wie noch im Verlauf der Untersuchung gezeigt wird, mit den grundlegenden Gewährleistungen nicht nur der Niederlassungs- und Kapitalverkehrsfreiheit, sondern in Einzelfällen auch der Warenverkehrs- und Dienstleistungsfreiheit. Darüber hinaus erwächst hieraus auch ein erheblicher Unsicherheitsfaktor für die grenzüberschreitende Tätigkeit von Unternehmen, insbesondere im Konzern aufgrund der fehlenden Legaldefinition passiver Tätigkeiten, da eine trennscharfe Abgrenzung mittels der Vorgaben der aktuellen gesetzlichen Ausgestaltung der §§ 7 ff. AStG nicht möglich ist und damit den Binnenmarktzielen der Artt. 3 Abs. 1 lit. c), 14 Abs. 2 EG diametral entgegensteht. Diese Einschätzung hat sich auch nach der Anpassung der Hinzurechnungsbesteuerung durch das JStG 2008 nicht geändert. Die ertragsteuerliche Erfassung der als passiv qualifizierten Einkünfte der ausländischen Zwischengesellschaft beim inländischen Anteilseigner erfolgt schließlich durch eine Hinzurechnung als Kapitalerträge gem. § 10 Abs. 2 S. 1 AStG i. V. m. § 20 Abs. 1 Nr. 1 EStG, ohne dass tatsächlich eine Gewinnausschüttung an den inländischen Anteilseigner erforderlich ist.

Einen speziellen Fall der Einkunftserzielung durch die ausländische Zwischengesellschaft behandelt die Hinzurechnungsbesteuerung für Zwischeneinkünfte mit Kapitalanlagecharakter gem. § 7 Abs. 6, 6a AStG. Hiermit soll ein steuerliches Gestaltungsmodell verhindert werden, bei dem selbst im Falle einer Ausschüttung von Dividenden an den inländischen Gesellschafter keine Besteuerung im Inland erfolgt, da die ausländische Kapitalgesellschaft ihren Sitz in einem Staat hat, mit dem die Bundesrepublik Deutschland ein DBA mit Schachtelprivileg abgeschlossen hat und eine Aktivitätsklausel, die dem Sitzstaat des Dividendenempfängers ein Besteuerungsrecht für Einkünfte aus passivem Erwerb einräumen würde, nicht besteht.[895] Dem tritt die steuerliche Anknüpfung von § 7 Abs. 6 AStG dadurch entgegen, dass die Beteiligung unbeschränkt Steuerpflichtiger an einer ausländischen Basisgesellschaft mit Kapitalanlageeinkünften zu einer inländischen Besteuerung durch Ausschaltung des DBA-Schachtelprivilegs führt. An dieser Stelle wird deutlich, dass die Hinzurechnungsbesteuerung nicht nur die Abschirmwirkung der ausländischen Kapitalgesellschaft, sondern auch die Zuordnungsfunktion der DBA der Bundesrepublik Deutschland mit anderen Staaten für die Einkünfte der ausländischen Zwischengesellschaft negiert. Dabei handelt es sich aus gesetzessystematischer Perspektive des AStG um ein Problem der legislativen Abkommensderogation mittels eines sog. „Treaty Override" im Anwendungsbereich der Hinzurechnungsbesteuerung auf der Grundlage von § 20 Abs. 1 Hs. 1 AStG. Eine eingehende Erörterung der damit verbundenen gemeinschafts- und völkerrechtlichen Problematik wird daher im Kontext der gesetzlichen Vorschrift im siebten Kapitel dieser Arbeit vorgenommen.[896]

Die gesetzliche Konzeption der Hinzurechnungsbesteuerung führte bereits vor ihrer Einführung im Jahre 1972 zu heftiger Kritik von Seiten der Wirtschaft und Interessenverbände. Viele Konzerne wurden dazu gezwungen, ihre gewachsenen Strukturen aufzubrechen und umzubauen. Man wandte auch ein, dass die betroffenen Gesellschaften teilweise wichtige außenwirtschaftliche Funktionen erfüllen würden. Darüber hinaus erlaubten solche Gesellschaften günstige Refinanzierungsmöglichkeiten für inländische Konzerne auf ausländischen Kapitalmärkten. Diese Kritik hält bis in die heutige Zeit an und hat inhaltlich kaum an Bedeutung verloren. In neuerer Zeit ist die Hinzurechnungsbesteuerung mit fortschreitender europäischer Integration insbesondere durch die Ausformulierung eindeutiger Binnenmarktziele und stärkerer individueller Ausformung der Grundfreiheiten vornehmlich in den Focus gemeinschaftsrechtlicher Kritik gerückt.[897] An die bereits aus ökonomischer Sicht geäußerte Kritik einer Behinderung international üblicher Gestaltungen knüpft nun der gemeinschaftsrechtlich relevante Eingriff in die gemeinsame Binnenmarktordnung und deren Grundfreiheiten an. Als vorläufiger Höhepunkt der gemeinschaftsrechtlichen Diskussion ist das Urteil in dem Vorabentscheidungsersuchen des „Special Commissioners of Inland Revenue" zum EuGH vom 12.09.2006 in der Rs. C-196/04

---

[895] Vgl. Vogel, in: Vogel/Lehner, DBA, Art. 23, Rn. 90 für eine Abkommensübersicht zum DBA-Schachtelprivileg.
[896] Siehe Kapitel 7.
[897] Vgl. FG Düsseldorf, Urteil vom 07.09.2005, 6 K 5917/00, EFG 2005, S. 335; Wassermeyer, in: Flick/Wassermeyer/Baumhoff, AStG, vor §§ 7 – 14, Rn. 81 ff. m. w. N.; Schönfeld, Hinzurechnungsbesteuerung und Europäisches Gemeinschaftsrecht; Spengel/Müller, IStR 2000, S. 257; Schön, DB 2001, S. 940; Bauschatz, IStR 2002, S. 291, 333; Saß, DB 2002, S. 2342; Lang, IStR 2002, S. 217; Rättig/Protzen, IStR 2003, S. 195; dies., GmbHR 2003, S. 503; Stefaner, SWI 2004, S. 339; Lieber/Rasch, IStR 2004, S. 1572; Körner, IStR 2004, S. 697.

("Cadbury Schweppes") über die Vereinbarkeit der britischen sog. „CFC-Regulations" mit der Niederlassungs-, Dienstleistungs- und Kapitalverkehrsfreiheit des EGV zu benennen.[898] Eine vergleichbare Fragestellung ist in den Vorabentscheidungsersuchen in den Rs. C-201/05 („Test Claimants in the CFC and Dividend Group Litigation") und C-203/05 („Vodafone 2") dem EuGH zur Urteilsfindung vorgelegt worden.[899] Da es in einer Vielzahl europäischer Staaten mit der Hinzurechnungsbesteuerung vergleichbare „CFC-Regulations" gibt, ist dem Urteil im Hinblick auf die Eingriffswirkung und Rechtfertigungsfähigkeit derartiger Besteuerungskonzepte eine richtungsweisende Wirkung beizumessen.[900] Zwar haben die Urteile in diesen Rechtssachen zunächst keine unmittelbaren Auswirkungen auf die Rechtmäßigkeit der §§ 7 ff. AStG. Gleichwohl hat der Gesetzgeber jedoch inzwischen reagiert und durch das JStG 2008 versucht, eine an den Vorgaben des EuGH für eine gemeinschaftsrechtskonforme Ausgestaltung der Hinzurechnungsbesteuerung orientierte Gesetzesänderung vorzunehmen.

A. Historische Grundlagen

Bereits in den zwanziger Jahren des letzten Jahrhunderts versuchte man, die nationale Steuer- und Abgabenpflicht durch die Einbringung inländischer Kapitalgesellschaftsanteile in ausländische Holdinggesellschaften zu umgehen. Beweggrund für dieses Vorgehen war damals weniger die traditionell hohe Besteuerung von Unternehmensgewinnen, sondern vielmehr die für viele Unternehmer geradezu existenzbedrohende Last von Sonderabgaben. Diese waren vor allem eine unmittelbare Folge des verlorenen ersten Weltkriegs und der damit verbundenen Reparationsverpflichtungen aus dem Vertrag von Versailles und mittelbar durch die Hyperinflation während der Weimarer Republik bedingt.[901]

Nach dem zweiten Weltkrieg benannte der sog. „Steueroasenbericht" der Bundesregierung vom 23.06.1964 die Einschaltung ausländischer Basisgesellschaften als eines der Hauptprobleme bei der Eindämmung einer Einkünfteverlagerung ins niedrig besteuernde Ausland.[902] Im Mittelpunkt der Entwicklung

---

[898] EuGH-Urteil vom 12.09.2006, Rs. C-196/04 („Cadbury Schweppes"), Slg. 2006, I-7995; Schlussanträge GA Léger vom 02.05.2006, Rs. C-196/04 („Cadbury Schweppes"), Slg. 2006, I-7995; vgl. Axer, IStR 2007, S. 162; Böing, EWS 2007, S. 55.
[899] Vorabentscheidungsersuchen in der Rs. C-201/05 („Test Claimants in the CFC and Dividend Group Litigation") vom 18.03.2005, Abl. 2005, C 182, S. 27 f.; Vorabentscheidungsersuchen in der Rs. C-203/05 ("Vodafone 2") vom 03.05.2005, Abl. 2005, C 182, S. 29.
[900] Vgl. Kaufmann, SWI 2001, S. 16 ff.; Schönfeld, Hinzurechnungsbesteuerung und Europäisches Gemeinschaftsrecht, S. 543 ff. für einen Überblick über die Rechtslage in den EU-Mitgliedstaaten; Meussen, ET 2007, S. 13; Vinther/Werlauff, ET 2006, S. 383; Fontana, ET 2006, S. 259 ff. und 317 ff.
[901] Vgl. Tenfelde, in: Gall, Krupp im 20. Jahrhundert, S. 118 ff.
[902] a. a. O., BT-Drs. IV/ 2412, S. 6 f., 10, 12; Vgl. Debatin, DB 1965, S. 1022, 1066; Bachmayer, FR 1965, S. 393; Kormann, BB 1965, S. 1160; Flüge, DB 1965, S. 1830; Heinze/Thomae, AWD 1968, S. 332; Rädler/Raupach, DStZ A 1968, S. 249; Debatin, StuW 1967, S. 313, 326; ders., DStZ A 1968, S. 361, 365.

stand allerdings weniger die Übertragung von Anteilen an in- und ausländischen Kapitalgesellschaften zur Umgehung der inländischen unbeschränkten Steuerpflicht mittels ausländischer Holdinggesellschaften. Vielmehr existierten bereits Geschäftsmodelle für die Einlage immaterieller Wirtschaftsgüter, wie z. B. Lizenzen, Patente oder sonstige Rechte, welche dann zwecks Erzeugung eines inländischen Betriebsausgabenabzugs dem Anteilseigner entgeltlich zur Nutzung überlassen wurden. Ähnliche Modelle wurden bei dem Einkauf von Rohstoffen und dem Verkauf von Halbfertigerzeugnissen und Endprodukten gewählt, um die darin liegende Wertschöpfung einer ausländischen Besteuerungshoheit zu unterwerfen. Insofern rückte mit der Zeit weniger das „ob" eines inländischen Betriebsausgabenabzugs für solche konzerninternen Funktionsverlagerungen, sondern vielmehr das „wie" der Gestaltung von Verrechnungspreisen zwischen verbundenen Unternehmen in den Fokus des Steuergesetzgebers. Dennoch spielt die erwerbswirtschaftliche Aktivität der „Basisgesellschaft" noch immer eine wichtige Rolle, da sie heute im Rahmen des § 8 Abs. 1 AStG tatbestandliche Voraussetzung für die Einordnung einer Basisgesellschaft als „aktiv" oder „passiv" werbend ist. Dieser Norm kommt die Qualifizierung von Tätigkeiten als tendenziell missbrauchsgeneigt zu, so dass eigentlich eine ständige Anpassung an die tatsächlichen wirtschaftlichen und (gemeinschafts-) rechtlichen Verhältnisse erforderlich wäre. In diesem Zusammenhang merkte der Steueroasenbericht bereits an, dass die Einschaltung von ausländischen Gesellschaften durchaus echten wirtschaftlichen Bedürfnissen entsprechen konnte, so dass eine steuerrechtliche Sanktionierung unter immanenter Beachtung des Grundsatzes der Verhältnismäßigkeit stets trennscharf möglich sein sollte.[903]

Das tatsächliche Ausmaß der Gründung von Basisgesellschaften in niedrigbesteuernden Ländern durch inländische natürliche oder juristische Personen konnte auch der Steueroasenbericht nicht umfassend belegen. Vielmehr wurde am Beispiel der Schweiz verdeutlicht, dass die Gesellschaftsgründungen bereits in den fünfziger Jahren erheblich zunahmen, wobei insbesondere die Bundesrepublik Deutschland der Ursprung entsprechender Investitionen war.[904] So stieg nach schweizerischen Statistiken die jährliche Zahl der Gründungen von Holdinggesellschaften im Zeitraum zwischen 1958 und 1962 von ca. 150 auf über 900. Die Gesamtzahl der schweizerischen Basisgesellschaften verdoppelte sich in diesem Zeitraum von etwa 2000 auf 4460.[905] Zur Lösung des Problems schlug der Steueroasenbericht drei verschiedene Möglichkeiten vor, um zu einer inländischen Besteuerung der in der Basisgesellschaft thesaurierten Gewinne zu gelangen. Als gangbarer Weg wurde sowohl die Aberkennung der Abschirmwirkung des ausländischen Rechtsträgers als auch die Zurechnung der ausländischen Einkünfte beim inländischen Gesellschafter oder die Unterstellung einer Mindestausschüttung beim inländischen Anteilseigner gesehen.[906] Gleichzeitig

---
[903] a. a. O., BT-Drs. IV/ 2412, S. 7.
[904] a. a. O., BT-Drs. IV/ 2412, S. 10.
[905] Vgl. Koch, in: Vogel/Ellis, Steueroasen und Außensteuergesetzte, S. 83, 84 ff. für eine Darstellung der Entwicklung in anderen europäischen Ländern.
[906] a. a. O., BT-Drs. IV/ 2412, S. 12 f.

wurde jedoch aufgrund der Präzedenz der zu schaffenden Regelung eine sorgfältige Abwägung der widerstreitenden Interessen für unerlässlich gehalten.[907] Zur Bekämpfung der im Steueroasenbericht dargestellten Probleme, insbesondere zur Verhinderung einer Einkünfteverlagerung, bot die geltende Steuerrechtsetzung der sechziger Jahre keine spezialgesetzliche Anknüpfung. Vielmehr stellte man dem Problem mit § 6 StAnpG eine Vorschrift entgegen, die später in § 42 Abs. 1 AO 1977 aufging. Die Generalklausel des § 42 Abs. 1 AO sanktioniert den Missbrauch von Gestaltungsmöglichkeiten des Rechts. Als Rechtsfolge entsteht der Steueranspruch gem. § 42 Abs. 1 S. 2 AO so, wie er bei einer den wirtschaftlichen Vorgängen angemessenen Gestaltung entstanden wäre. § 6 Abs. 1, 2 StAnpG wurde bis zu seinem Außerkrafttreten am 16.03.1976 gem. Art. 96 Nr. 5 EGAO auf Sachverhalte einer künstlichen Verlagerung von Besteuerungsansprüchen ins Ausland durch Ausnutzung der Abschirmwirkung von Kapitalgesellschaften angewendet.[908] Die auf § 6 StAnpG basierende Auffassung der Finanzverwaltung erkannte die zwischengeschaltete ausländische Gesellschaft insgesamt nicht an oder negierte einzelne Rechtsbeziehungen der Gesellschaft zu anderen Rechtsträgern, wenn die Einschaltung des ausländischen Rechtsträgers keine wesentliche eigene wirtschaftliche Funktion hatte und die Kapitalgesellschaft lediglich ein Stützpunkt für die Verlagerung von Vermögen oder Einkünften ins Ausland war.[909] Grundlage dieser Rechtsauffassung war der Erlass betreffend der Verlagerung von Einkünften und Vermögen in Steueroasenländer, sog. „Steueroasenerlass", aus dem Jahre 1965.[910] Sinn und Zweck des koordinierten Erlasses der Finanzminister der Länder war es, eine einheitliche Anwendung und Auslegung des geltenden Rechts im Kampf gegen diese Art der Steuerflucht sicherzustellen und zudem die im „Steueroasenbericht" dargestellten Sachverhalte und Umstände rechtstechnisch zu verarbeiten. Auf der Grundlage von § 6 StAnpG sollten Maßstäbe aufgestellt werden, nach denen Einkommens- und Vermögensverlagerungen in niedrig besteuernde Länder, insbesondere durch Basisgesellschaften ohne eigene Geschäftstätigkeit, die steuerliche Anerkennung zu versagen war. Der Begriff des „Rechtsmissbrauchs" in § 6 StAnpG sollte für den gesellschaftsrechtlichen Lebenssachverhalt im Einzelfall konkretisierbar werden und damit eine inländische Besteuerung ermöglichen.[911] Allerdings wurden die Ziele, einerseits eine genaue Definition missbräuchlicher Gestaltungen vorzunehmen und andererseits wirtschaftlichen Gesichtspunkten den gebührenden Platz im Rahmen der Rechtswertung zu sichern, durch den Erlass zumindest teilweise verfehlt.[912] Die Rechtsprechung der damaligen Zeit folgte zwar vordergründig dem Vorgehen der Finanzverwaltung und

---

[907] a. a. O., BT-Drs. IV/ 2412, S. 13.
[908] Tipke/Kruse, AO, 7. Auflage 1972, StAnpG, § 6, Rn. A 4.
[909] FM Niedersachsen, Erlass betreffend der Verlagerung von Einkünften und Vermögen in Steueroasenländer, Fin III B 12 – S 1301 – 5/65, BStBl II 1965, S. 75.
[910] FM Niedersachsen, Erlass betreffend der Verlagerung von Einkünften und Vermögen in Steueroasenländer, Fin III B 12 – S 1301 – 5/65, BStBl II 1965, S. 72 ff.
[911] Hensel, Zur Verfassungsrechtlichen Problematik des § 6 StAnpG, S. 74 f., 79.
[912] Tipke/Kruse, AO, 7. Auflage 1972, StAnpG, § 6, Rn. A 4.

prüfte, ob für die Einschaltung der Basisgesellschaft wirtschaftliche oder sonstige beachtliche Gründe vorlagen und ob die Gesellschaft eine eigene wirtschaftliche Tätigkeit entfaltete.[913] Allerdings verweigerte sie dem Erlass inhaltlich weitgehend die Gefolgschaft, was ihn trotz erneuter Verlängerung des Anwendungszeitraums am 02.05.1977 in Zweifelsfällen faktisch bedeutungslos machte.[914]

Neben der Anwendung von § 6 StAnpG bestand gem. § 1 KStG i. V. m. § 15 Abs. 1 StAnpG die Möglichkeit zur Besteuerung der Basisgesellschaft wie ein inländisches Unternehmen, wenn die Gesellschaft zwar im Ausland ihren Sitz, aber in der Bundesrepublik Deutschland ihre Geschäftsleitung hatte. Es handelte sich dabei um den typischen Fall einer Briefkastengesellschaft. In diesem Zusammenhang ist auch § 15 Abs. 2 StAnpG zu nennen. Danach waren Kapitalgesellschaften ohne Sitz und Geschäftsleitung im Inland als unbeschränkt steuerpflichtig zu behandeln, wenn sie sich wirtschaftlich als ein in der Gliederung eines deutschen Unternehmens gesondert geführter Betrieb darstellten. Die Norm eröffnete seinerzeit die Möglichkeit, Steuervorteile aus der Gründung von Gesellschaften in niedrig besteuernden Ländern, die nur als abhängige Organe des deutschen Gesamtunternehmens wirkten, einzudämmen. Allerdings gestaltete sich die praktische Anwendung der Vorschrift sehr schwierig, da genaue Abgrenzungskriterien fehlten und die Vorschrift damit faktisch leer lief.[915]

Da man inzwischen erkannt hatte, dass sowohl die §§ 6, 15 StAnpG als auch der norminterpretierende „Steueroasenerlass" zur Bekämpfung der Steuerflucht durch die Gründung ausländischer Basisgesellschaften ein recht stumpfes Schwert waren, entschloss man sich im Rahmen der Beratungen über den Gesetzentwurf zum AStG mit den geplanten Vorschriften über die Hinzurechnungsbesteuerung eine spezialgesetzliche Rechtsgrundlage zur Eindämmung des Problems zu schaffen.[916] Die am 17.12.1970 veröffentlichten Leitsätze der Bundesregierung zum AStG gaben den Referenten eine Ausschüttungsfiktion als Zielvorstellung zur Umsetzung vor.[917] Eine Negierung der Rechtspersönlichkeit der ausländischen „Basisgesellschaft" zur Beseitigung der Abschirmwirkung wurde darin ausdrücklich verworfen.[918] Der Gesetzgeber hatte erkannt, dass der allgemeine Steuersicherungsgedanke keine ausreichende Legitimation für eine Durchbrechung des steuerrechtlichen Trennungsprinzips zwischen Gesell-

---

[913] St. Rspr. seit BFH-Urteil vom 17.07.1968, I 121/64, BStBl II 1968, S. 695.
[914] FM NW, Rechtsprechung des BFH zu Basisgesellschaften, Erlass vom 02.05.1977, S 1300 – 47 – V B 2, DB 1977, S. 937.
[915] Vgl. Großfeld, Basisgesellschaften im internationalen Steuerrecht, S. 261 ff.
[916] Tipke/Kruse, AO, 7. Auflage 1972, StAnpG, § 6, Rn. A 5; a. a. O., BT-Drs. VI/2883, S. 16, Rn. 13, S. 18 f., Rn. 27.
[917] Leitsätze der Bundesregierung zum Entwurf eines Außensteuergesetzes vom 17.12.1972, abgedruckt bei Flick/Wassermeyer/Baumhoff, AStG, § 7, S. 13.
[918] Leitsätze der Bundesregierung zum Entwurf eines Außensteuergesetzes vom 17.12.1972, abgedruckt bei Flick/Wassermeyer/Baumhoff, AStG, § 7, S. 13; a. a. O., BT-Drs. VI/2883, S. 19, Rn. 30.

schafts- und Gesellschafterebene ist.[919] Aus verfassungsrechtlicher Perspektive hatte das BVerfG in einen Urteil vom 24.01.1962 zur steuerrechtlichen Anerkennung der eigenständigen Rechtspersönlichkeit juristischer Personen festgestellt, dass § 8 Nr. 6 GewStG i. d. F. vom 30.04.1952 durch eine Hinzurechnung von Gesellschaftervergütungen einer Kapitalgesellschaft als unvereinbar mit dem in Art. 3 Abs. 1 GG verfassungsrechtlich verankerten Gleichbehandlungsgrundsatz einzustufen sei.[920] Hierzu führt das Gericht aus, dass es zum Wesen einer juristischen Person gehöre, dass sie mit ihrer Verselbständigung gegen Durchgriffe auf Tatbestände im Kreis oder in der Person ihrer Gesellschafter grundsätzlich abgeschirmt sei und gesetzliche Ausnahmen hiervon nur zulässig seien, wenn die dafür maßgebenden Gründe ein solches Gewicht besäßen, dass sie in ihrer Intensität der Abweichung von dem grundsätzlich gewählten Ordnungsprinzip entsprächen.[921] Dementsprechend enthielt der von der Bundesregierung am 08.09.1972 vorgestellte Gesetzentwurf zum AStG mit den §§ 7 ff. AStG eine Regelung über die Hinzurechnung von passiven Einkünften der ausländischen Zwischengesellschaft beim inländischen Anteilseigner.[922] Eine Hinzurechnungsbesteuerung für Zwischeneinkünfte mit Kapitalanlagecharakter war zu diesem Zeitpunkt noch nicht vorgesehen, da entsprechende Steuermodelle erst gut zwei Jahrzehnte später interessant wurden. Da man den Eindruck vermeiden wollte, dass es sich bei der geplanten Hinzurechnungsbesteuerung um eine Steuerfluchtgesetzgebung mit Strafcharakter handelt, wurden ausländische Steuern von der deutschen Steuer abgezogen und man ließ eine befristete Nachversteuerung bei nachträglichen Ausschüttungen zu.[923] Daneben wurden Steuererleichterungen für Gesellschaftseinkünfte aus aktiven Tätigkeiten geschaffen, um die Wettbewerbsneutralität bei einer Einschaltung ausländischer Tochtergesellschaften zu wahren.[924] Das sollte auch für internationale Holdingkonstruktionen im Bereich aktiver Tätigkeiten gelten.[925] Gleichzeitig sah der Gesetzentwurf eine Übergangszeit von drei Jahren vor, die im Jahre 1976 auf fünf Jahre verlängert wurde.[926] Den betroffenen Gesellschaftern sollte dadurch die Möglichkeit eingeräumt werden, sich auf die veränderte Rechtslage einzustellen und

---

[919] Vgl. Wassermeyer, in: Flick/Wassermeyer/Baumhoff, AStG, vor §§ 7 – 14, Rn. 5, 71; Kübler, Gesellschaftsrecht, § 4, IV, Nr. 2; Schmidt, Gesellschaftsrecht, § 9, I – III zum Problem eines steuer- und gesellschaftsrechtlichen Durchgriffs bei juristischen Personen.
[920] BVerfG, Urteil vom 24.01.1962, 1 BvR 845/58, BVerfGE 13, S. 331.
[921] BVerfG, Urteil vom 24.01.1962, 1 BvR 845/58, BVerfGE 13, S. 331.
[922] a. a. O., BT-Drs. VI/2883, S. 19 f., Rn. 30 f.
[923] a. a. O., BT-Drs. VI/2883, S. 19 ff., Rn. 32, 33, 39 ff. für die in diesem Zusammenhang vorgesehene indirekte Steueranrechnung und Rn. 44 ff. für die Steuererleichterungen bei der Gewerbe- und Vermögenssteuer.
[924] a. a. O., BT-Drs. VI/2883, S. 19 ff., Rn. 33.
[925] a. a. O., BT-Drs. VI/2883, S. 19 ff., Rn. 33 f., Rn. 43.
[926] a. a. O., BT-Drs. VI/2883, S. 20, Rn. 35; Einführungsgesetz zur AO vom 14.12.1976, BGBl. 1976 I, S. 3341.

entsprechende Änderungen von Konzernstrukturen vorzunehmen.[927] Die Frist gab ihnen die Zeit, Basisgesellschaften aufzulösen und das angesammelte Vermögen zurückzuführen. Im Ergebnis erwartete man sich über die präventive Wirkung hinaus auch eine Erhöhung des jährlichen Steueraufkommens, wobei man allerdings weiterhin von hohen Dunkelziffern und einer realistischerweise niedrigen Kapitalrückflussquote ausging.[928] Allerdings gebührte der Bundesregierung nicht das Urheberrecht auf die Vornahme einer Hinzurechnung im Falle einer inländischen Beteiligung an Basisgesellschaften im Ausland. Vielmehr ist die Idee zur Einführung der Hinzurechnungsbesteuerung einem amerikanischen Gesetzgebungsmodell der Kennedy-Zeit entnommen worden.[929] Es handelte sich dabei um Sec. 951 ff. IRC der USA aus dem Jahre 1962.[930] Die sog. Subpart F Taxation hat auch noch heute Bestand und ermöglicht die Zurechnung von Einkünften aus sog. „Controlled Foreign Corporations" zum inländischen Gesellschafter.[931]

Die §§ 7 ff. AStG wurden in den ersten 20 Jahren nach ihrem Inkrafttreten am 08.09.1972 inhaltlich nur geringfügig geändert, wobei Änderungen im Wortlaut zumeist auf einer erforderlichen Anpassung an andere Steuergesetze beruhten.[932] Im Jahr 1992 wurden die Vorschriften dann mit der Einführung der Hinzurechnungsbesteuerung für Zwischeneinkünfte mit Kapitalanlagecharakter in den §§ 7 Abs. 6, 10 Abs. 6 AStG um einen neuen Steuertatbestand ergänzt.[933] Der Grund dafür war ein neues „Steuersparmodell", welches die in einigen deutschen DBA vereinbarte Freistellungsmethode für Dividenden aus Schachtelbeteiligungen dazu ausnutzte, um steuerfreie oder niedrig besteuerte Gewinne aus zumeist vermögensverwaltenden Kapitalgesellschaften mit Sitz oder Geschäftsleitung im Ausland an den inländischen Anteilseigner auszuschütten. Eine Aktivitätsklausel für die Anwendung der Freistellungsmethode war in den Abkommen nicht enthalten, so dass die überwiegend passive Einkunftserzielung der ausländischen Gesellschaften durch einen Methodenwechsel des DBA kein inländisches Besteuerungsrecht auf die Beteiligungserträge begründen konnte. Schließlich konnte auch § 7 Abs. 1 AStG aufgrund des in § 10 Abs. 5 AStG a. F. enthaltenen DBA-Vorbehalts nicht eingreifen. Damit kam es zu einer doppelten Nicht- oder Niedrigbesteuerung, da die Sitzstaaten der Gesellschaften eine Vorzugsbesteue-

---

[927] Vgl. Ritter, in: Vogel/Ellis, Steueroasen und Außensteuergesetze, S. 75 ff. für einen Bericht über die mit der Hinzurechnungsbesteuerung verbundenen Umstellungsprobleme in den Unternehmen.
[928] a. a. O., BT-Drs. VI/2883, S. 22, Rn. 47; vgl. Koch, in: Vogel/Ellis, Steueroasen und Außensteuergesetze, S. 83, 85 ff. für eine Darstellung der tatsächlichen Steuerentwicklung.
[929] Vgl. Schaumburg, Internationales Steuerrecht, Rn. 10.8. zu den damit verbundenen gesellschaftsrechtlichen Systemunterschieden
[930] Bellstedt, DStR 1962/63, S. 331 ff.; Niehus, AWD 1963, S. 12 ff.; Debatin, DB 1963, S. 76 ff.
[931] Vgl. von Uckermann, Besteuerung von Basisgesellschaften in den USA und Deutschland, 2003, für eine rechtsvergleichende Darstellung.
[932] Vgl. Einführungsgesetz zum Körperschaftssteuerreformgesetz, BGBl I 1976, S. 2654 f.; Gesetz zur Änderung des EStG, des KStG und anderer Gesetze, BGBl I 1980, S. 1553 f.
[933] StÄndG 1992, BGBl I 1992, 324 f.

rung für entsprechende Kapitaleinkünfte vorsahen und die Erträge im Inland körperschafts- und gewerbesteuerfrei waren. Da die Privilegierungen in den DBA nur inländischen Kapitalgesellschaften, nicht aber natürlichen Personen gewährt wird, wurde dieses „Steuersparmodell" von Konzernen zur gewinnorientierten Verlagerung liquider Mittel ins Ausland oder zur Errichtung von Konzernfinanzierungsgesellschaften genutzt.[934] Grundsätzlich funktionieren diese Konstruktionen in allen Staaten, die eine Vorzugsbesteuerung für Kapitalgesellschaften mit Kapitalanlagecharakter einräumen und zusätzlich im Verhältnis zur Bundesrepublik Deutschland ein DBA ohne Aktivitätsklausel eingegangen sind.[935] Allerdings hat die steuerfreie Dividendenausschüttung ins Inland durch die Ausdehnung von § 8b Abs. 1 KStG auf ausländische Beteiligungserträge durch das StSenkG inzwischen deutlich an Bedeutung verloren, da gem. § 8b Abs. 5 KStG nur noch 5 v. H. der Dividenden als nicht abzugsfähige Betriebsausgaben der inländischen Körperschaftsteuer bei der dividendenempfangenden Gesellschaften unterliegen, so dass es nur noch bei großen Ausschüttungsvolumen zu einer signifikanten Steuerbelastung mit inländischer Körperschaftsteuer kommen kann.

Die erste praktische Umsetzung des „Steuersparmodells" fand in den USA statt.[936] Dort boten bis zum Ende der 80er Jahre zwei verschiedene Formen von Investmentgesellschaften die Möglichkeit, für in der Bundesrepublik Deutschland ansässige Anteilseigner praktisch steuerfreie Einkünfte aus Kapitalanlagegeschäften zu realisieren, da die Dividendenausschüttungen von den Gesellschaften als Betriebsausgaben angesetzt werden konnten. Namentlich handelte es sich bei den Gesellschaften um „Real Estate Investment Trusts" (REIT) und „Regulated Investment Companies" (RIC), deren Dividenden dem Schachtelprivileg des DBA-USA 1954/65 unterlagen.[937] Mit der Revision des DBA-USA im Jahre 1989 wurden diese Privilegierungen für beide Investmentformen allerdings aufgehoben, so dass die USA als Sitzstaat für die beschriebenen Kapitalanlagegesellschaften aus deutscher Sicht nicht mehr interessant waren.[938] Die in den USA erwirtschafteten Gewinne flossen daraufhin im Wesentlichen in das International Financial Service Center (IFSC) in den Docklands der irischen Hauptstadt Dublin.[939] Dort wurde Ende der achtziger Jahre des letzten Jahrhunderts ein mit staatlichen Mitteln gefördertes Finanzdienstleistungszentrum errichtet. Die Zielsetzung bestand einerseits in der Schaffung moderner Arbeitsplätze in der wirtschaftlich vom Niedergang der Schwerindustrie geplagten Region und andererseits in der mittelbaren Partizipation an den Gewinnen der im IFSC ansässigen Gesellschaften über das inländische Körperschaftsteueraufkommen. Dementsprechend wurde der Körperschaftsteuersatz auf 10 v. H. ermäßigt. Zur Verwirklichung des beschriebenen Steuersparmodells gründeten in-

---

[934] Wassermeyer, in: Flick/Wassermeyer/Baumhoff, AStG, § 7, Rn. 3.1.
[935] Wassermeyer, in: Flick/Wassermeyer/Baumhoff, AStG, § 7, Rn. 3.12.
[936] Wassermeyer, in: Flick/Wassermeyer/Baumhoff, AStG, § 7, Rn. 3.2 ff.
[937] Vgl. Sec. 851 ff. IRC.
[938] Vgl. Art. 10 Abs. 2 S. 2 und Art. 23 Abs. 2 lit. a) S. 4 DBA-USA 1989.
[939] Wassermeyer, in: Flick/Wassermeyer/Baumhoff, AStG, § 7, Rn. 3.8 ff.

und ausländische Banken im IFSC zunächst Zweigniederlassungen, in denen Mitarbeiter die zur Realisierung der Körperschaftsteuerermäßigung geforderten Finanzdienstleistungen erbrachten. Gleichzeitig wurden von ausländischen Unternehmen im IFSC ansässige Tochtergesellschaften gegründet, die den Voraussetzungen von Art. 39 B Irish Finance Act 1980 genügen mussten und entsprechend zertifiziert wurden. Diese erhielten hohe Kapitaleinlagen, um damit die von den Banken angebotenen vermögensbildenden Dienstleistungen in Anspruch zu nehmen. Die von den Kapitalgesellschaften erwirtschafteten Gewinne wurden dann unter Ausnutzung des Schachtelprivilegs ohne Aktivitätsklausel in den Artt. 10, 23 DBA-Irland körperschaft- und gewerbesteuerfrei ins Inland ausgeschüttet. Aus gemeinschaftsrechtlicher Sicht handelte es sich dabei um eine Beihilfe i. S. d. Art. 87 EG, die von der Kommission am 29.07.1987 genehmigt wurde und im Jahr 2005 ausgelaufen ist.[940] Der niedrige Steuersatz von 10 v. H. wird bereits heute nur noch auf solche Kapitalgesellschaften angewendet, die vor Juli 1998 die geforderte Zertifizierung erhalten haben. Nachfolgende Investments unterliegen dem normalen irischen Körperschaftsteuersatz von 12,5 v. H. Folglich hat das dargestellte Steuersparmodell kaum an Attraktivität verloren, da der Steuersatz immer noch deutlich unter dem inländischen von derzeit 25 v. H. liegt, so dass die Wachstumsprognose des IFSC mit jährlich 1.000 neuen Arbeitsplätzen im Bereich der Finanzdienstleistungen als durchaus realistisch erscheint. Derzeit arbeiten im IFSC ca. 10.700 Angestellte, die mehr als 3.400 registrierte Investmentgesellschaften mit einer Einlage von nicht weniger als € 300 Milliarden verwalten. Ähnliche Möglichkeiten bestanden auch in den Niederlanden, Belgien, Luxemburg und anderen europäischen Ländern.[941] Auslöser für die Ergänzung der §§ 7 ff. AStG um die Vorschriften der Hinzurechnungsbesteuerung für Zwischeneinkünfte mit Kapitalanlagecharakter waren dennoch die IFSC-Gesellschaften, da sie entsprechend große Kapitalmengen auswiesen und damit zu erheblichen Steuerausfällen im Inland führten. Interessanterweise hat die EU-Kommission die ursprünglich von ihr genehmigten steuerlichen Vergünstigungen für sog. „Coordination Center" in Belgien und luxemburgische Finanzholdings als verbotene Beihilfen i. S. v. Art. 87 EG qualifiziert und in entsprechenden Verfahren vor dem EuGH mit dieser Auffassung obsiegt, so dass die steuerlichen Sonderregime nach einer Übergangszeit in den beiden EU-Mitgliedstaaten auslaufen müssen.[942]

---

[940] Vgl. 17. Bericht der EG-Kommission zur Wettbewerbspolitik, S. 249; 20. Bericht der EG-Kommission zur Wettbewerbspolitik, S. 291; Wartenburger, IStR 2001, S. 397.
[941] Vgl. Abl. EG 2003, L 153, S. 40 ff. für Luxemburgische Finanzierungsgesellschaften; Abl. EG 2003, L 170, S. 20 ff. für Luxemburgische Koordinierungszentren; Abl. EG 2003, L 31, S. 26 ff. für Spanische Koordinierungszentren; Abl. EG 2003, L 184, S. 17 ff. für Belgische Koordinierungszentren; Abl. EG 2003, L 180, S. 52 ff. für niederländische Finanzierungsgesellschaften.
[942] Vgl. KOM IP/06/1021 vom 19.07.2006; EuGH-Urteil vom 22.06.2006, Rs. C-182/03 und C-217-03 („Forum 187 ASBL"), Slg. 2006, I-5479; EuGH-Urteil vom 22.06.2006, Rs. C-399/03 („Kommission / Rat"), Slg. 2006, I-5629; Schlussanträge GA Léger vom 09.02.2006, Rs. C-182/03 und C-217-03 („Forum 187 ASBL"), Slg. 2006, I-5479.

Nach der Einführung der sog. verschärften Hinzurechnungsbesteuerung für Zwischeneinkünfte mit Kapitalanlagecharakter im Jahre 1992 wurden bis zur Verabschiedung des StSenkG vom 23.10.2000 keine wesentlichen Änderungen am Inhalt und System der §§ 7 ff. AStG vorgenommen. Das StSenkG vom 23.10.2000 sah dann erstmals eine grundlegende Reform des Außensteuerrechts im Rahmen der großen Unternehmenssteuerreform vor, von der auch die Hinzurechnungsbesteuerung erfasst werden sollte. Man wollte die Hinzurechnungsbesteuerung auf eine neue dogmatische Grundlage stellen, indem man eine ausreichende steuerliche Vorbelastung passiver Auslandseinkünfte sicherstellte.[943] Zu diesem Zweck wurde in § 10 Abs. 2 S. 2 AStG (StSenkG) eine definitive Steuer auf den Hinzurechnungsbetrag i. H. von 38 v. H. eingeführt, die i. H. v. 25 v. H. auf den neuen Körperschaftssteuersatz rekurrierte und i. H. d. verbleibenden 13 v. H. die durchschnittliche Belastung mit Gewerbesteuer widerspiegeln sollte. Darüber hinaus wurde die Schwelle für die Annahme einer niedrigen Besteuerung in § 8 Abs. 3 AStG (StSenkG) dem neuen Körperschaftsteuersatz angeglichen und die Konzernfinanzierungsklausel des § 10 Abs. 6 S. 3 AStG (StSenkG) von 60 auf 80 v. H. verschärft. Eine Entlastung des Steuerpflichtigen sollte durch die Kürzung von Dividenden um die Hinzurechnungssteuer gem. § 11 Abs. 1 AStG (StSenkG) und eine Anrechnung ausländischer Steuern auf die Hinzurechnungssteuer gem. § 12 Abs. 1 AStG (StSenkG) erreicht werden. Darüber hinaus war gem. § 13 AStG (StSenkG) ein universelles Schachtelprivileg für Dividenden im dreistufigen Konzernaufbau vorgesehen. Die Änderungen waren jedoch von Anfang an erheblicher Kritik ausgesetzt. Man sprach in diesem Zusammenhang von Systembrüchen, verfassungsrechtlich problematischen Ungleichbehandlungen und Wertungswidersprüchen.[944] Letztendlich wurden die Änderungen des StSenkG durch das Gesetz zur Fortentwicklung des Unternehmenssteuerrechts vom 20.12.2001 (UntStFG) rückwirkend wieder beseitigt. Darüber hinaus enthielt das UntStFG u. a. eine Absenkung der Beteiligungsgrenze für Zwischeneinkünfte mit Kapitalanlagecharakter auf 1 v. H. sowie eine Erweiterung des Katalogs der Aktiveinkünfte in § 8 AStG (UntStFG) um Dividenden und Beteiligungsveräußerungsgewinne, wobei gem. § 11 AStG (UntStFG) entsprechende Gewinne einer ausländischen Zwischengesellschaft nicht von dieser Befreiung erfasst werden. Auf das UntStFG folgte das Gesetz zum Abbau von Steuervergünstigungen und Ausnahmeregelungen (StVergAbG) vom 16.05.2003. Neben einer Neufassung der Definition für aktive Einkünfte aus Handelstätigkeit in § 8 Abs. 1 Nr. 4 AStG (StVergAbG) wurde vor allem der bisher in § 10 Abs. 5 AStG enthaltene Abkommensvorbehalt gestrichen. Dementsprechend wurde das sog. „Treaty Override" für Zwischeneinkünfte mit Kapitalanlagecharakter in § 10 Abs. 6 S. 1, Abs. 7 AStG unter Hinweis auf § 20 Abs. 1 AStG gestrichen. Die Legaldefinition des § 10 Abs. 6 S. 2 AStG für Zwischeneinkünfte mit Kapitalanlagecharakter ist in § 7 Abs. 6a AStG (StVergAbG) aufgegangen. Zur Be-

---

[943] Lieber, in: Herrmann/Heuer/Raupach, StSenkG, vor § 7 AStG, Rn. 3.
[944] Lieber, in: Herrmann/Heuer/Raupach, StSenkG, vor § 7 AStG, Rn. 5 ff.; Wassermeyer, in: Flick/Wassermeyer/Baumhoff, AStG, vor §§ 7 – 14, Rn. 11, 60.

gründung wurde angeführt, dass die Vorschriften eines DBA der Vermeidung einer bestehenden Doppelbesteuerung dienen, nicht aber eine vorhandene Niedrigbesteuerung begünstigen sollen. Zudem werde die Hinzurechnungsbesteuerung auch von der OECD als Abwehrmaßnahme gegen unfairen Steuerwettbewerb ausdrücklich empfohlen.[945] Schließlich wurde § 10 Abs. 3 S. 4 AStG durch das SEStEG dahingehend ergänzt, dass steuerliche Vergünstigungen aus den Vorschriften des UmwStG im Rahmen der Ermittlung des Hinzurechnungsbetrages bei der Hinzurechnungsbesteuerung unberücksichtigt bleiben.[946] In diesem Zusammenhang werden auch Umwandlungen zu Buchwerten in den Aktivkatalog des § 8 Abs. 1 Nr. 10 AStG-SEStEG aufgenommen, soweit die Voraussetzungen des § 8 Abs. 1 Nr. 9 AStG im Einzelfall auch erfüllt sind. Zur Begründung wird ausgeführt, dass die Überlegungen, auf denen eine Nichtanwendung der Bestimmungen des UmwStG bisher beruhten, auch weiterhin gültig bleiben, selbst wenn das UmwStG i. d. F. des SEStEG nicht mehr an die unbeschränkte Steuerpflicht anknüpft, sondern sich auch auf bestimmte grenzüberschreitende Umwandlungen erstreckt.[947] Zu diesen Überlegungen gehört insbesondere die Zielsetzung, dass auch passive, niedrig besteuerte Einkünfte i. S. v. § 8 Abs. 1, 3 AStG aus Entstrickungstatbeständen der Hinzurechnungsbesteuerung unterliegen müssen.[948] Insofern könnten aber nach Auffassung des Gesetzgebers die stillen Reserven einer ausländischen Gesellschaft, die andere Einkünfte als solche i. S. d. § 8 Abs. 1 AStG erzielt und die niedrig besteuert sind, der Hinzurechnungsbesteuerung im Rahmen einer steuerneuralen Umwandlung nach den Vorschriften des UmwStG-SEStEG entgehen.[949] Gleichwohl möchte der Gesetzgeber durch § 8 Abs. 1 Nr. 10 AStG-SEStEG die Anpassung des deutschen Steuerrechts an die Vorgaben der Fusionsrichtlinie durch die Eliminierung einer Hinzurechnungsbesteuerungsgefahr für grenzüberschreitende Umwandlungen zu Buchwerten weiter vorantreiben. Die letzte Änderung der §§ 7 ff. AStG wurde schließlich durch das JStG 2008 vorgenommen. Damit verfolgt der Gesetzgeber, wie bereits geschildert, eine Anpassung an die EuGH-Rechtsprechung zu den gemeinschaftsrechtlichen Anforderungen an eine nationale „CFC-Gesetzge-bung" umzusetzen. Da die konkreten Änderungen auch zum Gegenstand der gemeinschaftsrechtlichen Untersuchung im Verlauf dieses Kapitels gehören, wird an dieser Stelle auf eine eingehende tatbestandliche Darstellung verzichtet.

---

[945] Vgl. OECD, Ministerial Council – Committee on Fiscal Affairs, Report vom 01.01.1998, „Harmful Tax Competition – An Emerging Global Issue"; ders., Report vom 01.06.2000, „Towards Global Tax Co-operation – Progress in Identifying and Eliminating Harmful Tax Practices"; ders., Report vom 14.11.2001, „The OECD's Project on Harmful Tax Practices – The 2001 Progress Report"; ders., Report vom 22.03.2004, „ The OECD's Project on Harmful Tax Practices – The 2004 Progress Report"; ders., Report vom 22.03.2004, „The OECD's Project on Harmful Tax Practices – Guidance in Applying the 1998 Report to Preferential Tax Regimes".
[946] Vgl. Schmidtmann, IStR 2007, S. 229 zu den Änderungen durch das SEStEG.
[947] a. a. O., BT-Drs. 16/2710, S. 55.
[948] a. a. O., BT-Drs. 16/2710, S. 55.
[949] a. a. O., BT-Drs. 16/2710, S. 55.

Die dargestellte historische Entwicklung der Besteuerung von ausländischen „Basisgesellschaften" im deutschen Steuerrecht nach dem zweiten Weltkrieg zeigt, dass die Zwecksetzung einer Missbrauchsbekämpfung und Vermeidung von Steuerverlagerungen in niedrig besteuernde Länder durch eine steuertatbestandliche Anknüpfung beim inländischen Steuerpflichtigen mit der Hinzurechnungsbesteuerung eine komplexe Regelungsmaterie hervorgebracht hat, die von einer protektionistischen Grundhaltung des nationalen Steuergesetzgebers geprägt ist. Damit steht die historische Intention in einem diametralen Gegensatz zu den Zielsetzungen eines gemeinschaftsweiten Binnenmarktes, der durch die Beseitigung der Hindernisse für einen freien Waren-, Personen-, Dienstleistungs- und Kapitalverkehr zwischen den EU-Mitgliedstaaten i. S. v. Art. 3 Abs. 1 lit. c) EG gekennzeichnet ist. Ziel der nachfolgenden Ausführungen ist es daher, die gemeinschaftsrechtliche Rechtmäßigkeit der gesetzestechnischen Umsetzung durch den nationalen Steuergesetzgeber zu untersuchen und die Anforderungen der Grundfreiheiten an eine gemeinschaftsrechtskonforme Ausgestaltung der Hinzurechnungsbesteuerung auch vor dem Hintergrund der Änderungen durch das JStG 2008 aufzuzeigen.

B. Einführung in den Steuertatbestand

Da die Vorschriften über die Hinzurechnungsbesteuerung in den §§ 7-14 AStG eine erhebliche Komplexität aufweisen und in den letzten Jahren vermehrt Gegenstand inhaltlicher Änderungen des deutschen Steuergesetzgebers waren, werden nachfolgend die Hinzurechnungsbesteuerung gem. § 7 Abs. 1 AStG und die erweiterte Hinzurechnungsbesteuerung für Zwischeneinkünfte mit Kapitalanlagecharakter gem. § 7 Abs. 6 AStG ihren steuertatbestandlichen Voraussetzungen und Rechtsfolgen entsprechend dargestellt. Die tabellarische Synopse erhöht die Transparenz der anschließenden Prüfung am Maßstab der Grundfreiheiten und ermöglicht dem Leser eine schnelle Referenz zur gesetzlichen Regelung.[950]

---

[950] Die Tabelle gibt den Stand nach Inkrafttreten des StVergAbG am 16.05.2003 und des EU-Richtlinien-Umsetzungsgesetzes vom 09.12.2004 wieder. Änderungen der §§ 7 ff. AStG durch das StVergAbG treten gem. § 21 Abs. 11 S. 2 AStG erst für nach dem 31.12.2002 beginnende Wirtschaftsjahre der Zwischengesellschaften oder Betriebsstätten in Kraft. Die Änderungen durch das JStG 2008 werden im Verlauf des Kapitels gesondert dargestellt.

Hinzurechnungs-besteuerung	§ 7 Abs. 1 AStG	§ 7 Abs. 6 AStG
Steuersubjekt	\multicolumn{2}{l}{Unbeschränkt steuerpflichtige natürl. oder jurist. Person}
	Beteiligung an einer ausländischen Kapitalgesellschaft > 50 v. H. (§ 7 Abs. 1, 2 – 5 AStG)	Beteiligung an einer ausländischen Kapitalgesellschaft > 1 v. H. (§ 7 Abs. 6 S. 1, 3 AStG)
Steuerobjekt	Ausländische Gesellschaft ist Zwischengesellschaft:	
	Keine „aktiven" Einkünfte (§ 8 Abs. 1 AStG)	Passive „Zwischeneinkünfte mit Kapitalanlagecharakter" (§ 7 Abs. 6a AStG)
	Einkünfte unterliegen einer niedrigen Besteuerung i. H. v.< 25 v. H. (§ 8 Abs. 3 AStG)[951]	
Bemessungs-grundlage	Passive Einkünfte der ausländischen Gesellschaft abzüglich der im Ausland erhobenen Steuern (§ 10 Abs. 1, 3, 4, § 12 AStG) Überperiodischer Verlustausgleich möglich (§ 10 Abs. 3 S. 5, 6 AStG) Gewinnausschüttungen und Veräußerungsgewinne werden nur innerhalb einer 7-Jahresfrist freigestellt (§§ 11 AStG, 3 Nr. 41 lit. a) und b) EStG)	
Freigrenze	Passive Einkünfte < 10 v. H. der Bruttoerträge der ausländischen Zwischengesellschaft oder < 80.000,00 € bei der ausländischen Zwischengesellschaft oder dem inländischen Steuerpflichtigen (§§ 7 Abs. 6 S. 2, 9 AStG)	
Einkunftsart	Einkünfte aus Kapitalvermögen (§§ 10 Abs. 2 S. 1 AStG, 20 Abs. 1 Nr. 1 EStG) Gewerbliche Einkünfte wenn Anteile im Betriebsvermögen gehalten werden oder bei Kapitalgesellschaften (§§ 10 Abs. 2 S. 2 AStG, 8 Abs. 2 KStG, 15 EStG)[952]	
Steuerart	Körperschaft- oder Einkommensteuer zzgl. Solidaritätszuschlag, Kirchensteuer und Gewerbesteuer	

---

[951] Vgl. Wassermeyer, in: Flick/Wassermeyer/Baumhoff, AStG, § 7, Rn. 188 für das Erfordernis einer niedrigen Besteuerung bei Zwischeneinkünften mit Kapitalanlagecharakter.
[952] Einkünfte aus Land- und Forstwirtschaft sowie selbständiger Tätigkeit sind gem. § 10 Abs. 2 S. 2 AStG i. V. m. §§ 13, 18 EStG ebenfalls denkbar, in der Praxis jedoch kaum anzutreffen.

C. Gemeinschaftsrechtliche Untersuchung der Hinzurechnungsbesteuerung gem. §§ 7 bis 14 AStG

Die Beurteilung der Vorschriften über die Hinzurechnungsbesteuerung am Maßstab der Grundfreiheiten des EGV ist auf die Gewährleistungen der Niederlassungsfreiheit aus Art. 43 EG und der Kapitalverkehrsfreiheit gem. Art. 56 Abs. 1 EG fokussiert. Daneben kommt es im Hinblick auf den „Aktivkatalog" in § 8 Abs. 1 AStG als steuertatbestandliche Voraussetzung für eine passive Tätigkeit der ausländischen Zwischengesellschaft auch zu Kollisionen mit der Dienstleistungsfreiheit aus Art. 49 EG und der Warenverkehrsfreiheit gem. Artt. 28, 29 EG. Hierbei handelt es sich um Eingriffe im Rahmen bestimmter Sachverhaltskonstellationen des grenzüberschreitenden Dienstleistungs- und Warenverkehrs zwischen verbundenen Unternehmen, die als Beschränkungen zu werten und damit einer gesonderten Prüfung auf Eingriffsebene vorbehalten sind. Eingangs der Untersuchung ist auf der Ebene des Schutzbereichs eine relativ unproblematische Abgrenzung zwischen einer Niederlassung eines inländischen Steuerpflichtigen oder einem grenzüberschreitenden Kapitalverkehrsvorgang durch die Beteiligung an der ausländischen Zwischengesellschaft vorzunehmen, die sich im Wesentlichen an den Umständen des im konkreten Einzelfall zugrunde liegenden Lebenssachverhalts orientiert und daher nur bedingt anhand abstraktgenereller Kriterien manifestierbar ist. Letztendlich steht die Eingriffs- und Rechtfertigungsebene im Mittelpunkt der gemeinschaftsrechtlichen Prüfung. Zum einen ist die Eingriffswirkung der Hinzurechnungsbesteuerung nicht von vornherein eindeutig und abstrakt in verschiedenen Sachverhaltskonstellationen diskriminierungsrelevant, wie im Falle der Prüfung in den vorangegangenen Kapiteln dieser Arbeit, so dass über die Feststellung einer Diskriminierung hinaus eine eingehende Auseinandersetzung mit der tatbestandlichen Existenz und Reichweite eines grundfreiheitlichen Beschränkungsverbots erforderlich ist. Zum anderen ist eine umfassende Verhältnismäßigkeitsprüfung potentieller Rechfertigungsgründe für einen grundfreiheitlichen Eingriff durch die deutschen Vorschriften der §§ 7 ff. AStG insbesondere vor dem Hintergrund des EuGH-Urteils in der Rs. C-196/04 („Cadbury Schweppes") unverzichtbar. In diesem Zusammenhang wird auch auf die Ergänzung der Vorschriften über die Hinzurechnungsbesteuerung durch das JStG 2008 eingegangen, mit denen der Gesetzgeber das Ziel verfolgt, eine an den Vorgaben des EuGH ausgestaltete Hinzurechnungsbesteuerung zu schaffen.

I. Eröffnung des Schutzbereichs der Niederlassungs- und Kapitalverkehrsfreiheit

Im zweiten Kapitel zur Einkünftekorrektur bei verbundenen Unternehmen gem. § 1 AStG wird hinsichtlich des Konkurrenzverhältnisses der Grundfreiheiten aus Art. 43 EG und Art. 56 Abs. 1 EG dargestellt, dass die sachlichen Gewährleistungen von Kapitalverkehrs- und Niederlassungsfreiheit nach der neueren Rechtsprechung des EuGH gegenseitig ausschließen bzw. in Indealkonkurrenz zueinander stehen. Tatsächliche Überschneidungen, in denen beide Schutzbereiche nebeneinander eröffnet sein könnten, sollen danach unberücksichtigt bleiben.[953] So sind grenzüberschreitende Niederlassung und Direktinvestition oft in einem einheitlichen Vorgang verbunden. Investiert ein inländischer Steuerpflichtiger in die Errichtung oder den Erwerb einer Tochtergesellschaft, so liegt darin nicht nur ein Niederlassungsvorgang, sondern auch eine Direktinvestition i. S. d. der Nomenklatur im Anhang I zur Kapitalverkehrsrichtlinie unter Ziff. I Nr. 1, 2. Gleiches gilt für die Errichtung einer ausländischen Betriebsstätte i. S. v. § 20 Abs. 2 AStG oder den Erwerb einer Minderheitsbeteiligung, sofern dieser Erwerb die faktische Kontrolle über das Unternehmen eröffnet. Gleichwohl muss der vom EuGH aufgestellte Maßstab auch für die Hinzurechnungsbesteuerung einer unbeschränkt steuerpflichtigen, natürlichen oder juristischen Person gelten, so dass eine Abgrenzung beider Grundfreiheiten zur Bestimmung der im Einzelfall anwendbaren Grundfreiheit erforderlich ist. Innerhalb der grundfreiheitlichen Prüfungsfolge hat diese Abgrenzung auf der Ebene des sachlichen Schutzbereichs anhand des tatsächlichen Lebenssachverhalts unter Zugrundelegung des rechtlichen Steuertatbestands am Maßstab der für die Artt. 43, 56 Abs. 1 EG vorgegebenen Tatbestandsmerkmale zu erfolgen. Insbesondere verlangen die unterschiedlichen Beteiligungsgrenzen in § 7 Abs. 1, 6 S. 1, 3 AStG bei der Hinzurechnungsbesteuerung für Zwischeneinkünfte mit Kapitalanlagecharakter besondere tatsächliche Feststellungen zum Vorliegen einer Niederlassung, wohingegen sich bei der Kapitalverkehrsfreiheit korrespondierend die Frage nach der sachlichen Reichweite als Auffanggrundfreiheit für solche Lebenssachverhalte im Anwendungsbereich der Hinzurechnungsbesteuerung stellt, die von der Niederlassungsfreiheit nicht erfasst werden.

1. Schutzbereich der Niederlassungsfreiheit

Der Schwerpunkt bei der Inanspruchnahme von Gewährleistungen des Art. 43 EG durch eine unbeschränkt steuerpflichtige, natürliche oder juristische Person, die gem. §§ 7 ff. AStG zur Hinzurechnungsbesteuerung herangezogen wird, liegt in der Qualifizierung der ausländischen Zwischengesellschaft als grenzüberschreitende Niederlassung i. S. v. Art. 43 EG. Darüber hinaus ist die Hinzurechnung von Einkünften nachgeschalteter Zwischengesellschaften bei mehrstufigen Beteiligungsverhältnissen gem. § 14 AStG zu erörtern, da sich hier die Frage stellt, auf welches Beteiligungsverhältnis für das Vorliegen einer Niederlassung abzustellen ist, so dass auch die räumliche Begrenzung der Niederlassungsfreiheit auf das Gemeinschaftsgebiet i. S. d. Art. 299 EG relevant wird, wenn sich das mehrstufige Beteiligungsverhältnis auf Gesellschaften mit Sitz und Geschäftsleitung außerhalb der EU erstreckt.

---

[953] Siehe Kapitel 2, E. I.; vgl. aber differenzierend EuGH-Urteil vom 01.06.1999, Rs. C-302/97 („Konle"), Slg. 1999, I-309, Rn. 22; GA La Pergola, Erste Schlussanträge vom 24.06.1999, Rs. C-35/95 („Verkooijen"), Slg. 2000, I-4071, Rn. 38.

a) Die Steuertatbestände der Hinzurechnungsbesteuerung gem. § 7 Abs. 1, 6 AStG

Grundsätzlich verbietet der Wortlaut von Art. 43 Abs. 1 S. 1 EG jegliche Beschränkungen der freien Niederlassung von Staatsangehörigen eines Mitgliedstaates im Hoheitsgebiet eines anderen Mitgliedstaates. Gleiches gilt gem. Art. 43 Abs. 1 S. 2 EG für die Gründung von Tochtergesellschaften im Hoheitsgebiet eines Mitgliedstaates durch Angehörige eines anderen Mitgliedstaates.[954] Grenzüberschreitende Beteiligungen an Kapitalgesellschaften gem. § 7 Abs. 1, 6 AStG sind demnach vom sachlichen Schutzbereich des Art. 43 EG erfasst, wenn es sich bei der Beteiligung unbeschränkt steuerpflichtiger, juristischer Personen um eine Tochtergesellschaft handelt oder im Falle einer natürlichen Person als inländischer Anteilseigner die Voraussetzungen einer unternehmerischen Beteiligung gem. Art. 43 Abs. 2 EG vorliegen.

Steuertatbestandliche Voraussetzung der Hinzurechnungsbesteuerung gem. § 7 Abs. 1, 6 AStG ist, dass eine unbeschränkt steuerpflichtige Person an einer ausländischen Gesellschaft in der Rechtsform einer Körperschaft, Personenvereinigung oder sonstigen Vermögensmasse i. S. d. Körperschaftsteuergesetzes, die weder Geschäftsleitung noch Sitz im Geltungsbereich des AStG hat, beteiligt ist. Da der deutsche Steuergesetzgeber keine abschließende Aufzählung ausländischer Gesellschaftsformen für Zwecke des § 7 Abs. 1, 6 AStG vorgenommen hat, ist im Einzelfall zu entscheiden, ob es sich um ein korporatives Rechtsgebilde handelt, an dem der inländische Gesellschafter entweder am Nennkapital des ausländischen Rechtsträgers beteiligt ist oder einen Anspruch auf Gewinnverteilung hat.[955] Zu diesem Zweck kann im Wege eines sog. „Typenvergleichs" unter Heranziehung der Nomenklatur in § 1 Abs. 1 KStG sowie von Aufbau und Betätigung der ausländischen Gesellschaft entschieden werden, ob eine Körperschaft, Personenvereinigung oder Vermögensmasse gegeben ist.[956] Für Gesellschaften, die nach dem Recht eines EU-Mitgliedstaates errichtet worden sind, kann auf die geltende Fassung der Nomenklatur im Anhang zur Mutter-Tochter-Richtlinie[957] und zur Fusionsrichtlinie[958] zurückgegriffen werden. Sie bieten eine umfassende Aufzählung von Gesellschaften, die im Gemeinschaftsgebiet als körperschaftlich verfasste Rechtsträger anerkannt sind und damit auch eine Ab-

---

[954] EuGH-Urteil vom 08.03.2001, verb. Rs. C-397/98 und 410/98 („Metallgesellschaft Ltd. u. a."), Slg. 2001, I-1727, Rn. 41 m. w. N.
[955] Wassermeyer, in: Flick/Wassermeyer/Baumhoff, AStG, § 7, Rn. 10.1 f.; vgl. auch den Wortlaut von § 7 Abs. 2, 5 AStG, der eine entsprechende Qualifizierung vorsieht.
[956] BFH-Urteil vom 17.07.1968, I 121/64, BStBl II 1968, S. 695; BFH-Urteil vom 03.02.1988, I R 134/84, BFHE 153, S. 14.
[957] Richtlinie (EWG) Nr. 90/435 über das gemeinsame Steuersystem der Mutter- und Tochtergesellschaften verschiedener Mitgliedstaaten vom 23. Juli 1990, Abl. EG 1990, Nr. L 225, S. 6.
[958] Richtlinie (EWG) Nr. 90/434 über das gemeinsame Steuersystem von Fusionen, Spaltungen, die Einbringung von Unternehmensteilen und den Austausch von Anteilen, die Gesellschaften verschiedener Mitgliedstaaten betreffend vom 23. Juli 1990, Abl. EG 1990, Nr. L 225, S. 1.

schirmwirkung für den inländischen Anteilseigner entfalten können. Für die Eröffnung des sachlichen Schutzbereichs der Niederlassungsfreiheit durch die Begründung einer grenzüberschreitenden Beteiligung ist die rechtliche Qualifikation der ausländischen Zwischengesellschaft dagegen ohne Bedeutung, da jegliche Gesellschaftsformen über die Verweisung in Art. 43 Abs. 2 EG auf Art. 48 Abs. 2 EG ausdrücklich als Niederlassung erfasst sind und damit die gemeinschaftsweite Rechtsformneutralität der grundfreiheitlichen Betätigung gewahrt ist.[959] Entscheidend ist vielmehr, dass die tatsächliche Ausgestaltung des grenzüberschreitenden Beteiligungsverhältnisses eine Niederlassung des unbeschränkt Steuerpflichtigen im Gemeinschaftsgebiet i. S. v. Art. 43 EG darstellt. Dafür ist zwischen natürlichen und juristischen Personen als inländische Anteilseigner zu differenzieren. Ist eine juristische Person inländischer Anteilseigner, so muss es sich bei der ausländischen Gesellschaft um eine Tochtergesellschaft handeln, während eine grenzüberschreitende Beteiligung bei natürlichen Personen charakteristische Merkmale einer tatsächlichen Unternehmensgründung oder Unternehmensleitung aufweisen muss. An dieser Stelle wird auf die in Kapitel 2 zur Abgrenzung von Niederlassungs- und Kapitalverkehrsfreiheit entwickelten Kriterien verwiesen.[960] Danach macht eine natürliche oder juristische Person mit Sitz in einem Mitgliedstaat von ihrer Niederlassungsfreiheit Gebrauch, wenn sie eine Beteiligung an einer Gesellschaft mit Sitz in einem anderen Mitgliedstaat hält, die ihr einen unmittelbaren oder mittelbaren Einfluss auf die Entscheidungen der Gesellschaft verleiht, so dass sie deren Tätigkeit bestimmen kann.[961] Gleichzeitig grenzt der EuGH den Schutzbereich von Art. 43 EG insoweit negativ ab, dass nicht jede nationale Regelung über das Vorliegen einer wesentlichen Beteiligung an einer Kapitalgesellschaft der Höhe nach den Schutzbereich der Niederlassungsfreiheit ohne Ansehen der tatsächlichen Verhältnisse eröffnet.[962] Demnach kann das Vorliegen einer Niederlassung gerade bei geringeren Beteiligungsquoten nicht schematisch anhand einer Wesentlichkeitsgrenze unter Heranziehung nationaler oder gemeinschaftsrechtlicher Normen bestimmt werden, sondern bedarf einer am konkreten Lebenssachverhalt orientierten Einzelfallentscheidung. Ausreichend ist nicht eine lediglich faktische Machtposition. Vielmehr muss der Anteilseigner glaubhaft machen können, dass er den ihm verliehenen Einfluss auch tatsächlich unternehmerisch geltend macht. Im Umkehrschluss liegt dagegen eine bloße Investition von Kapital ohne unternehmerisches Engagement vor, wenn der ausländische Anteilseigner seine Dividenden nur aus

---

[959] Randelzhofer/Forsthoff, in: Grabitz/Hilf, Das Recht der Europäischen Union, EGV, Art. 48, Rn. 24 ff.
[960] Siehe Kapitel 2, E. I.
[961] EuGH-Urteil vom 13.04.2000, Rs. C-251/98 („Baars"), Slg. 2000, I-2787, Rn. 21 f.; Schlussanträge GA Alber vom 14.10.1999, Rs. C-251/98 („Baars"), Slg. 2000, I-2787, Rn. 33; vgl. EuGH-Urteil vom 28.01.1986, Rs. 270/83 („Kommission / Frankreich"), Slg. 1986, S. 285, Rn. 11 ff.; EuGH-Urteil vom 16.07.1998, Rs. C-264/96 („ICI plc."), Slg. 1998, I-4695, Rn. 19 ff.; EuGH-Urteil vom 01.02.2001, Rs. C-108/96 („Mac Queen"), Slg. 2001, I-85, Rn. 9 f.
[962] EuGH-Urteil vom 13.04.2000, Rs. C-251/98 („Baars"), Slg. 2000, I-2787, Rn. 20.

der Unterstützung einer von einer anderen Person bestimmten unternehmerischen Tätigkeit durch Ausübung des eigenen Stimmrechts bezieht.[963] Für Fälle einer Hinzurechnungsbesteuerung gem. § 7 Abs. 1 AStG ist es erforderlich, dass unbeschränkt Steuerpflichtige zu mehr als der Hälfte an der ausländischen Gesellschaft beteiligt sind. Das ist nach der Legaldefiniton in § 7 Abs. 2 S. 1 AStG der Fall, wenn Ihnen allein oder mit erweitert unbeschränkt steuerpflichtigen Personen i. S. d. §§ 2, 5 AStG zusammen mehr als 50 v. H. der Anteile oder Stimmrechte der ausländischen Gesellschaft zuzurechnen sind. Mittelbare Beteiligungen, auch über Personengesellschaften gehalten, werden gem. § 7 Abs. 2 S. 2, Abs. 3 AStG nach dem Verhältnis der sie vermittelnden Anteile ebenfalls in die Betrachtung mit einbezogen. Schließlich kann eine hälftige Beteiligung gem. § 7 Abs. 4 AStG auch durch weisungsabhängige Personen vermittelt werden, wenn diesen kein eigener Entscheidungsspielraum im Hinblick auf die ausländische Beteiligung verbleibt. Infolge der Addition einzelner Beteiligungsquoten gem. § 7 Abs. 2 S. 1 AStG ist das hälftige Beteiligungserfordernis des § 7 Abs. 1 AStG damit nicht geeignet, eine Aussage über das Vorliegen einer Niederlassung beim einzelnen Steuerpflichtigen zu machen, da bereits weit unter der dieser Grenze liegende Anteilseigner mit Portfoliobeteiligungen zur inländischen Hinzurechnungsbesteuerung herangezogen werden können.[964] Die vorstehenden Erwägungen gelten sinngemäß für die Beteiligungsgrenze der Hinzurechnungsbesteuerung für Zwischeneinkünfte mit Kapitalanlagecharakter gem. § 7 Abs. 6 S. 1 AStG von 1 v. H. Folglich ist die statische Beteiligungsgrenze des § 7 Abs. 1 AStG im Einzelfall nur dann von Bedeutung, wenn eine mehr als hälftige Beteiligung eines einzigen unbeschränkt Steuerpflichtigen i. S. d. § 7 Abs. 2 AStG vorliegt, da diese einen solchen Einfluss auf die Entscheidungen der Gesellschaft verleiht, dass er deren Tätigkeit bestimmen kann und damit von seiner Niederlassungsfreiheit Gebrauch macht.[965] Handelt es sich demgegenüber um eine Hinzurechnungsbesteuerung, die durch Addition von Beteiligungen unter der Grenze des § 7 Abs. 2 S. 1 AStG ausgelöst wird, so sind wiederum die Umstände des konkreten Lebenssachverhalts zur Beurteilung heranzuziehen. Bei Vornahme der Abwägung im Einzelfall ist darauf zu achten, dass § 7 Abs. 2 S. 1 AStG abweichend von der Höhe der gehaltenen Anteile auch auf das Verhältnis der Stimmrechte abstellt, wenn dadurch die Beteiligungsgrenze überschritten wird. Folglich kann eine Minderheitsbeteiligung durchaus eine Niederlassung begründen, wenn die tatsächlichen Stimmrechte darüber liegen und von dem Anteilseigner regelmäßig ausgeübt werden. Allerdings ist bei Stimmrechten i. S. v. § 7 Abs. 2 S. 1 AStG immer danach zu fragen, wer für die Willensbildung bei Ausübung des Stimmrechts rechtlich verantwortlich ist, so dass entsprechende Anteile nur indiziell zu bewerten sind, nicht aber schlechthin für das Vorliegen einer Niederlassung

---

[963] Schlussanträge GA Alber vom 14.10.1999, Rs. C-251/98 („Baars"), Slg. 2000, I-2787, Rn. 33.
[964] Vgl. Wassermeyer, in: Flick/Wassermeyer/Baumhoff, AStG, § 7, Rn. 68.
[965] EuGH-Urteil vom 13.04.2000, Rs. C-251/98 („Baars"), Slg. 2000, I-2787, Rn. 22.

i. S. v. Art. 43 EG sprechen.[966] Entscheidend ist im Einzelfall, ob der Steuerpflichtige tatsächlich einen beherrschenden Einfluss ausübt, so dass es auf die Kapitalanteile an der ausländischen Zwischengesellschaft nur indiziell ankommt. Die Innehabung der unternehmerischen Leitung wird nicht dadurch in Frage gestellt, dass Minderheitsrechte bei wesentlichen unternehmerischen Entscheidungen zu beachten sind.[967]

Abschließend ist darauf hinzuweisen, dass die ausländische Zwischengesellschaft nur dann als Niederlassung zu qualifizieren ist, wenn sie die vorgegebene passive Einkunftserzielung auch tatsächlich ausübt und es sich nicht lediglich um eine Briefkasten- oder Domizilgesellschaft handelt. Das Kriterium der tatsächlichen Ausübung einer Tätigkeit im Rahmen der Niederlassung soll sicherstellen, dass die Vergünstigungen, die die Niederlassungsfreiheit gewährt, nicht durch eine zum Schein bestehende Niederlassung erschlichen werden.[968] Hierfür ist maßgeblich, dass die entfalteten Aktivitäten gemessen an dem Charakter der jeweiligen Tätigkeit, die auszuüben vorgegeben wird, nicht völlig hinter dem an sich zu erwartenden Aufwand zurückbleiben.[969] So hat der EuGH in seinem Urteil in der Rs. C-221/89 („Factortame II") eine Eintragung ausländischer Fischer in das britische Schiffsregister für Zwecke einer Inanspruchnahme inländischer Fischfangquoten als nicht ausreichend für das Vorliegen einer Niederlassung angesehen, da es an einer festen Einrichtung im Markteintrittsstaat fehle, von der aus die Fischereitätigkeit überwacht und koordiniert werde.[970] Hierzu führt GA Mischo konkretisierend aus, dass einerseits eine technisch-kaufmännische Leitung erforderlich ist und es andererseits erforderlich ist, dass eine für diese Tätigkeit verantwortliche Person einen ständigen Aufenthalt in dem Niederlassungsstaat hat.[971]

Überträgt man diese Rechtsprechung auf die Anforderungen an eine Zwischengesellschaft, so ist festzustellen, dass unter eine derartige „de-minimis-Regel" nur Kapitalgesellschaften ohne eigene wirtschaftliche Funktion fallen. Diese werden jedoch in den meisten Fällen bereits von der Generalklausel des § 42 AO erfasst, so dass es nicht mehr zu einer Zurechnung der Einkünfte der

---

[966] Vgl. Wassermeyer, in: Flick/Wassermeyer/Baumhoff, AStG, § 7, Rn. 57 ff.
[967] Randelzhofer/Forsthoff, in: Grabitz/Hilf, Das Recht der Europäischen Union, EGV, Art. 43, Rn. 115.
[968] Randelzhofer/Forsthoff, in: Grabitz/Hilf, Das Recht der Europäischen Union, EGV, Art. 43, Rn. 21.
[969] Randelzhofer/Forsthoff, in: Grabitz/Hilf, Das Recht der Europäischen Union, EGV, Art. 43, Rn. 32.
[970] EuGH-Urteil vom 25.07.1991, Rs. C-221/89 („Factortame II"), Slg. 1991, I-3905, Rn. 34.
[971] Schlussanträge GA Mischo vom 13.03.1991, Rs. C-221/89 („Factortame II"), Slg. 1991, I-3905, Rn. 57.

ausländischen Zwischengesellschaft zum inländischen Anteilseigner kommt.[972] Demgegenüber muss die „feste Einrichtung" im Niederlassungsstaat nicht notwendigerweise von dem Träger der Niederlassungsfreiheit selbst unterhalten werden. Vielmehr soll es nach der Rechtsprechung des EuGH in der Rs. 205/84 („Kommission / Deutschland") im Falle eines Versicherungsunternehmens genügen, wenn eine Einrichtung in dem betreffenden Mitgliedstaat von einer dritten Person geführt wird, die zwar unabhängig, aber dennoch beauftragt ist, auf Dauer für dieses Unternehmen wie eine Agentur zu handeln.[973] Aus diesem Grund sind sog. „IFSC-Gesellschaften" in den Dublin-Docklands in Irland,[974] bei denen die Vornahme der tatsächlichen Geschäftstätigkeit in den meisten Fällen einer Bank oder einem sonstigen Finanzdienstleistungsunternehmen übertragen ist und es lediglich zu regelmäßigen Gesellschafterversammlungen kommt, vom Schutzbereich des Art. 43 EG erfasst, da die zur Erzielung von Kapitalanlageeinkünften erforderliche Tätigkeit auch tatsächlich im Sitzstaat der Kapitalgesellschaft erbracht wird.[975] Hierzu führt GA Léger in den Schlussanträgen zur Rechtssache C-196/04 („Cadbury Schweppes") aus, dass wenn eine in einem EU-Mitgliedstaat ansässige Muttergesellschaft im IFSC in Dublin eine Tochtergesellschaft zu dem erklärten Zweck gründet, in den Genuss der dort geltenden günstigeren Steuerregelung zu kommen, diese Tatsache für sich genommen noch keine missbräuchliche Ausnutzung der Niederlassungsfreiheit darstellt.[976] Nach dieser Auffassung läge eine missbräuchliche Inanspruchnahme der Grundfreiheit nur dann vor, wenn die gegründete Tochtergesellschaft keiner tatsächlichen Tätigkeit nachgehen würde und damit nicht in stabiler und kontinuierlicher Weise am Wirtschaftsleben des Sitzstaates der Kapitalgesellschaft partizipieren würde.[977] Hierbei weist GA Léger auch den Einwand der britischen Regierung zurück, dass die irische Steuerregelung über IFSC-Gesellschaften als schädliche Maßnahme i. S. d. Verhaltenskodex für die Unternehmensbesteuerung qualifiziert wurde und damit einen Missbrauchscharakter habe.[978] Die Begründung ist

---

[972] Vgl. BFH-Urteil vom 20.03.2002, I R 63/99, DB 2002, S. 1640; BFH-Urteil vom 19.01.2000, I R 117/97, BFH/NV 2000, S. 824; FG Hamburg, Urteil vom 06.12.2001, VI 123/00, IStR 2002, S. 313; FG Baden-Württemberg, Urteil vom 28.06.2001, 6 K 490/97, IStR 2001, S. 689; Wassermeyer, in: Flick/Wassermeyer/Baumhoff, AStG, vor §§ 7 – 14, Rn. 91 ff.; Philipkowski, IStR 2001, S. 676; ders., IStR 2002, S. 521; Förster, PIStB 2001, S. 127.
[973] EuGH-Urteil vom 04.12.1986, Rs. 205/84 („Kommission / Deutschland"), Slg. 1986, S. 3755, Rn. 21.
[974] Vgl. Schlussanträge GA Léger vom 02.05.2006, Rs. C-196/04 („Cadbury Schweppes"), Slg. 2006, I-7995, Rn. 10 ff., 19 ff., für eine Darstellung der IFSC-Regelungen.
[975] Vgl. Tiedje/Troberg, in: von der Groeben/Schwarze, EGV, Art. 43, Rn. 44 ff.; a. A. Randelzhofer/Forsthoff, in: Grabitz/Hilf, Das Recht der Europäischen Union, EGV, Art. 43, Rn. 59 für den Fall von selbständigen Vertretern oder sonstigen Vermittlern.
[976] Schlussanträge GA Léger vom 02.05.2006, Rs. C-196/04 („Cadbury Schweppes"), Slg. 2006, I-7995 Rn. 60.
[977] Schlussanträge GA Léger vom 02.05.2006, Rs. C-196/04 („Cadbury Schweppes"), Slg. 2006, I-7995, Rn. 42, 50.
[978] Schlussanträge GA Léger vom 02.05.2006, Rs. C-196/04 („Cadbury Schweppes"), Slg. 2006, I-7995, Rn. 56 f.

jedoch eher formaler Natur, da sich GA Léger hierbei auf den politischen Charakter des Verhaltenskodexes beruft, der eine rechtsverbindliche Wirkung im Anwendungsbereich des EGV und damit auch bei der Inanspruchnahme von grundfreiheitlichen Gewährleistungen ausschließe.[979] Zwar ist diese Auffassung dogmatisch nicht zu beanstanden. Gleichwohl wirkt diese Argumentation zumindest ergebnisorientiert, wenn GA Léger im Anschluss daran feststellt, dass die irischen Steuervergünstigungen im IFSC nicht nur gegen den Verhaltenskodex für die Unternehmensbesteuerung verstoßen, sondern aller Wahrscheinlichkeit nach auch als verbotene Beihilfte i. S. v. Art. 87 EG zu qualifizieren sind und damit auch materiellrechtlich nicht mit den Vorgaben des EGV im Einklang stehen.[980] Grundsätzlich ist GA Léger zwar zuzugeben, dass die Gemeinschaftsrechtswidrigkeit einer Vorschrift einen EU-Mitgliedstaat nicht dazu berechtigt, einseitig Maßnahmen zu treffen, mit denen die Wirkungen der umstrittenen Regelung durch eine Beschränkung der Grundfreiheiten bekämpft werden soll.[981] Konsequenterweise müsste die britischen CFC-Gesetzgebung jedoch von der EU-Kommission im Rahmen eines Vertragsverletzungsverfahrens gem. Art. 226 EG beanstandet und vom EuGH für unvereinbar mit den Vorgaben des EGV erklärt werden, während dem sich auf den Schutz der Grundfreiheiten berufende Gemeinschaftsbürger das Missbrauchsverdikt der vorsätzlichen Ausnutzung einer verbotenen Beihilfe i. S. v. Art. 87 EG entgegenzuhalten sein könnte. Letztere Feststellung würde dann unabhängig von dem dargestellten Substanzerfordernis für eine Eingliederung in das Wirtschaftsleben eines EU-Mitgliedstaates im Rahmen einer grenzüberschreitenden Niederlassung zu prüfen sein, da sich ein Gemeinschaftsbürger nach der hier vertretenen Auffassung nicht auf den Schutz der Niederlassungsfreiheit oder einer sonstigen Grundfreiheit berufen können soll, wenn er wissentlich und willentlich eine Regelung in Anspruch genommen hat, die rechtsverbindlich als unvereinbar mit den Vorschriften des gemeinsamen Marktes zu qualifizieren ist. Ob diese Voraussetzungen im Einzelfall erfüllt sind wäre danach von dem vorlegenden Gericht als Tatsacheninstanz zu klären. Zusammenfassend ist daher festzustellen, dass eine missbräuchliche Inanspruchnahme der sachlichen Schutzgewährleistungen der Niederlassungsfreiheit im Fall der Hinzurechnungsbesteuerung nicht nur unter dem Gesichtspunkt der Substanzanforderung an die ausländische Zwischengesellschaft zu prüfen ist, sondern auch auf die Kenntnis um die Gemeinschaftsrechtswidrigkeit einer ausländischen CFC-Gesetzgebung abzustellen sein kann.

---

[979] Schlussanträge GA Léger vom 02.05.2006, Rs. C-196/04 („Cadbury Schweppes"), Slg. 2006, I-7995, Rn. 57.
[980] Vgl. EuGH-Urteil vom 22.06.2006, Rs. C-182/03 und C-217-03 („Forum 187 ASBL"), Slg. 2006, I-5479, für eine Unvereinbarkeitserklärung der belgischen Vorschriften über die steuerliche Begünstigung von sog. „Coordination Centern".
[981] Schlussanträge GA Léger vom 02.05.2006, Rs. C-196/04 („Cadbury Schweppes"), Slg. 2006, I-7995 Rn. 58.

b) Die Hinzurechnungsbesteuerung nachgeschalteter Zwischengesellschaften gem. § 14 AStG

Die Fokussierung des Steuertatbestandes in § 7 Abs. 1, 6 AStG auf unmittelbare Beteiligungen an ausländischen Zwischengesellschaften legt eine Umgehung durch die Zwischenschaltung mindestens einer ausländischen Kapitalgesellschaft nahe. Für den Fall, dass eine ausländische Gesellschaft (Obergesellschaft) allein oder zusammen mit unbeschränkt Steuerpflichtigen gem. § 7 AStG an einer ausländischen Zwischengesellschaft i. S. v. § 7 AStG (Untergesellschaft) beteiligt ist, sieht § 14 Abs. 1, 3 AStG die Zurechnung der Zwischeneinkünfte der Untergesellschaft zur Obergesellschaft vor. Eine Zurechnung entfällt gem. § 14 Abs. 1 letzter Hs. AStG, wenn es sich um aktive Einkünfte oder solchen Einkünften der Obergesellschaft zuzuordnende „passive" Einkünfte der nachgeschalteten Zwischengesellschaft handelt. Da die zur inländischen Hinzurechnungsbesteuerung herangezogenen Beteiligungsverhältnisse also mindestens zwei ausländische Gesellschaften erfassen, stellt sich für die Bestimmung einer grenzüberschreitenden Niederlassung des Steuerpflichtigen die Frage, ob man ausschließlich auf die unmittelbare Beteiligung an der Obergesellschaft abstellt oder eine Gesamtbetrachtung der unmittelbaren und mittelbaren Beteiligungsverhältnisse an Ober- und Untergesellschaft unter Heranziehung der zur Niederlassungsfreiheit bereits entwickelten Kriterien vornimmt. Diese Fragestellung ist über den sachlichen Schutzbereich auch im Hinblick auf die räumliche Begrenzung der Niederlassungsfreiheit auf das EU-Gemeinschaftsgebiet gem. Art. 299 EG von Bedeutung.

Die Eröffnung des sachlichen und räumlichen Schutzbereichs der Niederlassungsfreiheit für Fälle nachgeschalteter Zwischengesellschaften gem. § 14 Abs. 1 AStG lässt unterschiedliche Betrachtungsweisen zu. Zunächst könnte man ausschließlich auf die Beteiligung des inländischen Steuerpflichtigen an der Obergesellschaft abstellen. Läge danach in diesem gesellschaftsrechtlichen Verhältnis eine Niederlassung nach den entwickelten Kriterien vor, so wäre der Schutzbereich von Art. 43 EG eröffnet. Dafür könnte der Wortlaut von § 14 Abs. 1 AStG sprechen, wonach die Zwischeneinkünfte der Untergesellschaft der Obergesellschaft mit ihrer Beteiligung am Nennkapital bei der Untergesellschaft zugerechnet werden. Dagegen lässt sich anführen, dass die Einkünftezurechnung ausschließlich für steuerliche Zwecke erfolgt und darüber hinaus keine tatsächliche, irgendwie geartete Einkünfteverlagerung vorgenommen wird, zumal es sich bei Ober- und Untergesellschaft um ausländische Rechtsträger handelt, die der deutschen Rechtsetzungshoheit entzogen sind.[982] Aus gemeinschaftsrechtlicher Perspektive spricht gegen eine solche Auslegung, dass der räumliche Schutzbereich der Niederlassungsfreiheit damit umgangen wird. Durch eine Fokussierung auf das unmittelbare Beteiligungsverhältnis zwischen inländischem Steuersubjekt und Obergesellschaft wäre es möglich, durch die Zwischenschaltung einer im EU- oder EWR-Gebiet ansässigen Obergesellschaft den räumlichen Schutz-

---

[982] Vgl. Wassermeyer, in: Flick/Wassermeyer/Baumhoff, AStG, § 14, Rn. 45.

bereich der Artt. 43, 48 EG zu umgehen und damit auch Zwischeneinkünfte aus Drittstaaten in deren Anwendungsbereich einzubeziehen. Vorzugswürdig ist dagegen, auf das Vorliegen einer mittelbaren Niederlassung durch die Bildung von Beteiligungsquoten des inländischen Anteilseigners bei der Obergesellschaft und dieser wiederum bei der Untergesellschaft, unter Berücksichtigung der im vorangehenden Abschnitt entwickelten Grundsätze zum Vorliegen einer Niederlassung bei Minderheitsbeteiligungen, abzustellen.[983] Festhalten lässt sich sicherlich, dass eine doppelte Ansässigkeit im Gemeinschaftsgebiet erforderlich ist. Darüber hinaus ist das Vorliegen einer Niederlassung in den einzelnen Beteiligungsverhältnissen gesondert festzustellen. Dies geschieht nach den bereits zur Abgrenzung von Art. 43 EG entwickelten Kriterien unter Einbeziehung sowohl der formalen Beteiligungsquote als auch der tatsächlichen Erfordernisse für das Vorliegen einer Niederlassung. Schließlich muss eine Gesamtbetrachtung zu dem Ergebnis kommen, dass in jedem der einzelnen Beteiligungsverhältnisse der Schutzbereich von Art. 43 EG eröffnet ist. Dafür spricht insbesondere, dass sich auch direkte Beteiligungen inländischer Anteilseigner an der Untergesellschaft nach entsprechenden Kriterien beurteilen lassen müssen.

c) Ergebnis

Die steuertatbestandlichen Voraussetzungen der Hinzurechnungsbesteuerung lassen grundsätzlich keine schematische Feststellung einer Niederlassung für die Beteiligung an einer ausländischen Zwischengesellschaft zu. Vielmehr ist im Einzelfall innerhalb der vorliegenden Beteiligungsverhältnisse zu prüfen, ob die vom EuGH in der Rs. C-251/98 („Baars") entwickelten Grundsätze zur tatsächlichen Kontrolle über die Geschäftstätigkeit einer ausländischen Gesellschaft erfüllt sind. Dabei ist zu berücksichtigen, dass jede der erfassten Zwischengesellschaften in einem EU- oder EWR-Mitgliedstaat ansässig ist.

2. Schutzbereich der Kapitalverkehrsfreiheit

Im Anschluss an die Darstellung des Schutzbereichs der Niederlassungsfreiheit ist die Kapitalverkehrsfreiheit vornehmlich für Portfoliobeteiligungen an ausländischen Zwischengesellschaften einschlägig, die dem Anteilseigner keine Einwirkung auf deren Geschäftstätigkeit erlauben. Damit wird auch die Hinzurechnungsbesteuerung von Zwischeneinkünften mit Kapitalanlagecharakter gem. § 7 Abs. 6 AStG in den Fokus einer gemeinschaftsrechtlichen Analyse gerückt. Das gilt insbesondere für den Wegfall einer Mindestbeteiligungsgrenze gem. § 7 Abs. 6 S. 3 AStG. Danach ist die verschärfte Hinzurechnungsbesteuerung auch bei einer Beteiligung von weniger als 1 v. H. der Anteile an der ausländischen Zwischengesellschaft durchzuführen, wenn deren Einkünfte ausschließlich als solche mit Kapitalanlagecharakter zu qualifizieren sind. Diese Norm ist durch das UntStFG vom 20.12.2001 in § 7 Abs. 6 AStG eingefügt

---

[983] Siehe Kapitel 4, C. I. 1. a).

worden und orientiert sich inhaltlich an Art. 28 Abs. 1 lit. d) DBA-USA. Gesetzgeberischer Zweck der Norm ist eine Verhinderung steuerneutraler Gestaltungen inländischer Banken für grenzüberschreitende Kapitalanlagen ihrer Kunden. Diese Modelle beruhten auf der Gründung von Kapitalanlagegesellschaften im niedrigbesteuernden Ausland, an denen inländische Kapitalanleger, deren Anteile treuhänderisch von einer Bank verwaltet wurden, zu weniger als 1 v. H. beteiligt sind und deren Erträge durch steuerfreie Beteiligungsveräußerungen realisiert werden.[984] Von der vorliegenden Regelung sind faktisch aber auch solche mittelbaren Gestaltungen betroffen, bei denen inländische Anteilseigner aus wirtschaftlichen oder sonstigen Gründen ihre Anteile von zwischengeschalteten Kapitalanlagegesellschaften mit Sitz im Ausland verwalten lassen und dabei Anteilseigner z. B. einer Fondsgesellschaft werden. Eine Entlastung führt lediglich die sog. „Börsenklausel" in § 7 Abs. 6 S. 3 letzter Hs. AStG herbei, die an der Börse gehandelte Gesellschaften von der Anwendung des Satzes 3 ausnimmt und damit die direkte Beteiligung inländischer Kapitalanleger an großen, ausländischen Publikumsgesellschaften mit überwiegenden Kapitalanlagegeschäften von der Hinzurechnungsbesteuerung freistellt.[985] Trotz dieser Rückausnahme verbleiben dennoch eine Reihe grenzüberschreitender Kapitalmarktinvestments mit geringen Beteiligungsquoten potentiell von einer Hinzurechnungsbesteuerung bedroht, so dass sich für diese Kapitalverkehrsvorgänge die Frage nach den Schutzgewährleistungen des Art. 56 Abs. 1 EG stellt.

Ausgangspunkt für die Prüfung der Hinzurechnungsbesteuerung im Schutzbereich der Kapitalverkehrsfreiheit ist das Urteil des EuGH in der Rechtssache C-35/98 („Verkooijen") vom 06.06.2000, in dem der Gerichtshof erstmals einen steuerrechtlichen Sachverhalt ausführlich am Maßstab dieser Grundfreiheit untersucht hat.[986] Dem Urteil lag ein Vorabentscheidungsersuchen des „Hoge Raad" der Niederlande zugrunde, in dem der EuGH insgesamt drei Fragen über die Auslegung der Richtlinie 88/361/EWG des Rates vom 24. Juni 1988 zur Durchführung von Art. 67 EGV (Kapitalverkehrsrichtlinie)[987] sowie der Artt. 12, 43 EG zu beantworten hatte. In dem Ausgangsverfahren zwischen dem „Staatssecretaris van Financien" und dem niederländischen Staatsangehörigen „B. G. M. Verkooijen" ging es um Verweigerung einer Einkommensteuerbefreiung für Dividenden durch die niederländischen Finanzbehörden. Die Verweigerung wurde damit begründet, dass die dividendenausschüttende Gesellschaft ihren Sitz nicht in den Niederlanden hatte. Nach Art. 24 Wet op de inkomstenbelasting 1964 (WIB) in der vor 1997 geltenden Fassung unterlagen Dividenden und sonstige Zahlungen aus dem Besitz von Anteilen an einer Kapitalgesellschaft der Einkommensteuer. Diese wurde zunächst als Quellensteuer erhoben, die bei in den Niederlanden ansässigen, natürlichen Personen bei der Festsetzung der Einkommensteuer für das Gesamteinkommen auf diese angerechnet wurde. Art. 47b WIB sah für ledige Steuerpflichtige einen Dividendenfreibetrag

---
[984] Vgl. Köhler, in: Strunk/Kaminski/Köhler, AStG, § 7, Rn. 162 ff.
[985] Vgl. Wassermeyer, in: Flick/Wassermeyer/Baumhoff, AStG, § 7, Rn. 138.
[986] EuGH-Urteil vom 06.06.2000, Rs. C-35/98 („Verkooijen"), Slg. 2000, I-4071.
[987] Abl. EG 1988, L 178, S. 5.

von NLG 1000.- vor, der sich bei Verheirateten auf NLG 2000.- erhöhte. Dieser Freibetrag wurde aber nur für solche Dividenden gewährt, die von einer Gesellschaft mit Sitz in den Niederlanden an ansässige natürliche Personen gezahlt wurden. Der Kläger B. G. M. Verkooijen wohnte im streitigen VZ 1991 in den Niederlanden und war bei der dort ansässigen Fina Nederland B.V. angestellt. Diese Gesellschaft wurde mittelbar von der in Belgien ansässigen Kapitalgesellschaft Petrofina N.V. kontrolliert. Die unmittelbare Beteiligung wurde von einer ebenfalls in Belgien ansässigen Kapitalgesellschaft gehalten. Im Rahmen eines Arbeitnehmersparplans erwarb der Kläger Anteile an der belgischen Muttergesellschaft Petrofina N.V., auf die im VZ1991 eine Dividende von etwa 2400 NLG ausgeschüttet wurde. Diese Dividende unterlag in Belgien einer Quellensteuerbelastung von 25 v. H., die durch das DBA-Belgien-Niederlande auf 15 v. H. reduziert wurde. In dem Bescheid des Klägers über die Veranlagung zur Einkommensteuer für das Jahr 1991 wurde diesem der Dividendenfreibetrag gem. Art. 47b des niederländischen Einkommensteuergesetzes i. H. v. 2000 NLG mit der Begründung verweigert, dass die ausschüttende Gesellschaft nicht in den Niederlanden ansässig sei und damit die gesetzlichen Voraussetzungen nicht erfüllt seien.

Sachverhaltsdarstellung:

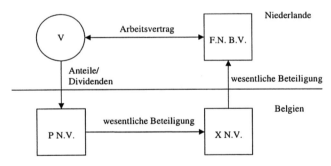

In seinem Urteil vom 06.06.2000 stellt der EuGH die Unvereinbarkeit der Freibetragsregelung mit Art. 1 Abs. 1 der Richtlinie 88/361/EWG des Rates vom 24. Juni 1988 zur Durchführung von Art. 67 EGV fest. Zur Begründung führte das Gericht aus, dass die Beschränkung des Freibetrags auf Dividendenzahlungen inländischer Gesellschaften die in den Niederlanden ansässigen Gemeinschaftsbürger davon abschreckt, ihr Kapital in Gesellschaften anzulegen, die ihren Sitz in einem anderen Mitgliedstaat der EU haben.[988] Spiegelbildlich resultiere aus der niederländischen Regelung auch eine Beschränkung ausländischer Gesellschaften im Gemeinschaftsgebiet, da sie daran gehindert seien, in den

---

[988] EuGH-Urteil vom 06.06.2000, Rs. C-35/98 („Verkooijen"), Slg. 2000, I-4071, Rn. 34.

Niederlanden Kapital zu sammeln.[989] Die Urteilsgründe des EuGH enthalten diesbezüglich erstmals eine eingehende Auseinandersetzung mit den Grundsätzen über Anwendungsbereich und Reichweite der Kapitalverkehrsfreiheit auf dem Gebiet der direkten Steuern. Darüber hinaus setzt sich das Gericht mit den Grenzen eines Eingriffs in die genannte Grundfreiheit auseinander. Der materielle Grundgehalt dieses Urteils ist somit wesentlicher Ausgangspunkt für die Bestimmung des Schutzbereichs der Kapitalverkehrsfreiheit für Fälle einer inländischen Hinzurechnungsbesteuerung. Maßgeblich ist in beiden Fällen der zugrundeliegende Lebenssachverhalt eines inländischen Steuerpflichtigen, der sich an einer ausländischen Kapitalgesellschaft beteiligt, um hieraus fließende Erträge entweder zu vereinnahmen oder langfristig ohne Ausschüttung stille Reserven zu bilden. Die unterschiedlichen steuerlichen Regelungen des Dividendenfreibetrags in den Niederlanden im Vergleich zu den hier diskutierten §§ 7 ff. AStG in der Bundesrepublik Deutschland werden erst bei der Feststellung eines Eingriffs und dessen Rechtfertigung bedeutsam, so dass die Entscheidungsgründe des EuGH auf Ebene des Schutzbereichs zur Diskussion herangezogen werden können. Dass sich die Urteilsgründe auf die Auslegung der Kapitalverkehrsrichtlinie i. V. m. den durch den Amsterdamer Vertrag inzwischen aufgehobenen Artt. 67 ff. EGV a. F. stützen ist insoweit unschädlich, da einerseits die Richtlinie nach überwiegender Auffassung in der Literatur und Rechtsprechung nach wie vor zur Auslegung der Art. 56 ff. EG herangezogen werden kann und andererseits mit der Reform im Vertrag von Amsterdam keine Verkürzung des gemeinschaftsrechtlichen Schutzes bezweckt wurde.[990] Ebenso wie die Art. 67 ff. EGV a. F. auf primärgemeinschaftsrechtlicher stellt die Kapitalverkehrsrichtlinie auf sekundärgemeinschaftsrechtlicher Ebene einen festen Bestandteil des gemeinschaftsrechtlichen Rechtsstandards, des sog. „acquis communautaire", dar, der in der EU gem. Art. 3 Abs. 1 EU gewahrt und weiterentwickelt werden soll.[991] Der Kapitalverkehrsrichtlinie kommt daher auch nach Inkrafttreten der Art. 56 ff. EG noch Interpretations- und Hinweischarakter

---

[989] EuGH-Urteil vom 06.06.2000, Rs. C-35/98 („Verkooijen"), Slg. 2000, I-4071, Rn. 35.

[990] EuGH-Urteil vom 16.03.1999, Rs. C-222/97 („Trummer und Mayer"), Slg.1999, I-1661, Rn. 21; EuGH-Urteil vom 01.06.1999, Rs. C-302/97 („Konle"), Slg. 1999, I-3099, Rn. 22; EuGH-Urteil vom 14.10.1999, Rs. C-439/97 („Sandoz GmbH"), Slg. 1999, I-7041, Rn. 5 ff., 28 ff.; EuGH-Urteil vom 23.02.1995, verb. Rs. C-358/93 und C-416/93 („Bordessa"), Slg. 1995, I-361, Rn. 22; EuGH-Urteil vom 14.12.1995, verb. Rs. C-163/94, C-165/94 und C-250/94 („Sanz de Lera"), Slg. 1995, I-4821, Rn. 22, 34; Schlussanträge GA Geelhoed vom 20.11.2001, verb. Rs. C-515/99, C-527/99 bis C-540/99 (Reisch u.a.), Slg. 2002, I-2157, Rn. 40 f.; Schlussanträge GA Tesauro vom 17.11.1994, verb. Rs. C-358/93 und C-416/93(„Bordessa"), Slg. 1995, I-361, Rn. 10.

[991] Ress/Ukrow, in: Grabitz/Hilf, Das Recht der Europäischen Union, EGV, vor Art. 56, Rn. 14.

zu.⁹⁹² In diesem Zusammenhang hebt der EuGH deutlich hervor, dass die Nomenklatur von Kapitalverkehrsvorgängen im Anhang I zur Kapitalverkehrsrichtlinie keinen abschließenden Charakter besitzt und damit den Liberalisierungsumfang des Kapitalverkehrs nicht eingrenzen will.⁹⁹³ Damit sind auch solche Lebenssachverhalte in den Schutzbereich der Kapitalverkehrsfreiheit einbezogen, die entweder im Anhang I zur Kapitalverkehrsrichtlinie nicht ausdrücklich genannt sind und damit unter den „sonstigen Kapitalverkehr" gem. Ziff. XIII. lit. F. der Nomenklatur zu subsumieren sind oder die lediglich einen mittelbaren Bezug zu einem ausdrücklich genannten Kapitalverkehrsvorgang haben, insofern jedoch untrennbar mit ihm verbunden sind, wie im Fall der Rs. C-35/98 („Verkooijen") der Dividendenbezug mit der Beteiligung an einer Kapitalgesellschaft i. S. v. Ziff. III lit. A. Nr. 2 der Nomenklatur.⁹⁹⁴ So könne es bei einer weiten Auslegung von Art. 56 Abs. 1 EG nicht auf die Art und den Gegenstand der nationalen Regelung, sondern allein darauf ankommen, welchen Einfluss diese Norm auf die Kapitalbewegungen habe.⁹⁹⁵ Dann aber muss es auch im Rahmen der Kapitalverkehrsfreiheit ausreichen, wenn eine steuerliche Bestimmung nicht die grundfreiheitlich geschützte Tätigkeit unmittelbar als solche trifft, sondern ihre belastende Wirkung an die aus der Tätigkeit fließenden Erträge knüpft und so über eine erweiterte Kausalkette die grundfreiheitliche Beeinträchtigung bewirkt.⁹⁹⁶ Auf den vorliegenden Fall bezogen bedeutet die weite Auslegung von Art. 56 Abs. 1 EG, dass nicht nur der Erwerb von Anteilen an einer ausländischen Zwischengesellschaft als grenzüberschreitendes Investment und zugrunde liegender Kapitalverkehrsvorgang, sondern auch die erst durch die passive und niedrig besteuerte Einkunftserzielung begründete Hinzurechnung der Einkünfte der ausländischen Gesellschaft in den sachlichen Schutzbereich einbezogen sind. Diese Feststellung ist schon deshalb von besonderer Relevanz, weil zwischen dem Anteilserwerb und der Hinzurechnungsbesteuerung eine abstrakt nicht bestimmbare Zeitspanne liegen kann, etwa wenn die ausländische Kapitalgesellschaft zunächst aktive Einkünfte erzielt und ein geschäftlicher Strategiewechsel nach mehreren Jahren oder gar Jahrzehnten zu einer passiven Einkunftserzielung führt.

Die Feststellung des EuGH in der Rs. C-35/98 („Verkooijen") über die reziproke Behinderung der Kapitalsammlung ausländischer Kapitalgesellschaften in den Niederlanden ist für die Tätigkeit ausländischer Zwischengesellschaften in der Bundesrepublik Deutschland in zweierlei Hinsicht von Bedeutung. Zum ei-

---

[992] EuGH-Urteil vom 05.03.2002, verb. Rs. 519/99, C-519/99 bis 524/99 und 526/99 („Reisch"), Slg. 2002, I-2157, Rn. 29 f.; EuGH-Urteil vom 04.06.2002, Rs. C-367/98 („Kommission / Portugal"), Slg. 2002, I-4731, Rn. 37 f.; EuGH-Urteil vom 04.06.2002, Rs. C-483/99 („Kommission / Frankreich"), Slg. 2002, I-4781, Rn. 36 f.; EuGH-Urteil vom 04.06.2002, Rs. C-503/99 („Kommission / Belgien"), Slg. 2002, I-4809, Rn. 37 f.
[993] EuGH-Urteil vom 06.06.2000, Rs. C-35/98 („Verkooijen"), Slg. 2000, I-4071, Rn. 18 ff.
[994] EuGH-Urteil vom 06.06.2000, Rs. C-35/98 („Verkooijen"), Slg. 2000, I-4071, Rn. 26 ff.
[995] GA La Pergola, Erste Schlussanträge vom 24.06.1999, Rs. C-35/98 („Verkooijen"), Slg. 2000, I-4071, Rn. 12 f.
[996] Cordewener, Europäische Grundfreiheiten und nationales Steuerrecht, S. 743.

nen führt insbesondere die niedrige Beteiligungsgrenze der Hinzurechnungsbesteuerung für Zwischeneinkünfte mit Kapitalanlagecharakter dazu, dass ausländische Kapitalgesellschaften mit passiver Einkunftserzielung auf dem inländischen Kapitalmarkt nur geringe Chancen bei der Suche nach privaten oder institutionellen Investoren haben. Zum anderen sind die Ausnahmen von der „aktiven" Tätigkeit bei der Erbringung von Bank-, Versicherungs- oder Finanzierungsgeschäften gem. § 8 Abs. 1 Nr. 3, 7 AStG unmittelbar auf Kapitalverkehrsvorgänge im Schutzbereich des Art. 56 Abs. 1 EG gerichtet. Insbesondere werden auch sämtliche Transferzahlungen in Erfüllung von Versicherungsverträgen von der Nomenklatur im Anhang I zur Kapitalverkehrsrichtlinie unter Ziff. X. ausdrücklich in den Schutzbereich der Kapitalverkehrsfreiheit einbezogen. Folglich wird nicht nur die Suche nach inländischen Investoren für eine ausländische Gesellschaft, sondern auch deren grenzüberschreitende Geschäftstätigkeit durch die steuerliche Anknüpfung der Hinzurechnungsbesteuerung berührt. Letztendlich schreckt die Hinzurechnungsbesteuerung damit nicht nur von der Beteiligung an Zwischengesellschaften ab. Vielmehr nimmt sie auch Einfluss auf spätere Wechsel der tatsächlichen Geschäftstätigkeit im Rahmen des § 8 Abs. 1 AStG und hat damit unmittelbare Auswirkungen auf die strategische Ausrichtung der Gesellschaft.

Zur Reichweite des Urteils in der Rs. C-35/98 („Verkooijen") führt der EuGH in den Entscheidungsgründen aus, dass es nur die Ausschüttung von Dividenden an natürliche Personen betrifft.[997] Diese Feststellung ist insofern zu relativieren, dass es im Schutzbereich von Art. 56 Abs. 1 EG weniger auf die an dem Kapitalverkehrsvorgang beteiligten Personen als vielmehr auf den von der nationalen Regelung betroffenen Kapitalverkehrsvorgang dem Grunde nach ankommt. Dafür spricht schon der Wortlaut von Art. 56 Abs. 1 EG, der keine personelle, sondern nur eine sachliche Determinierung des Schutzbereichs im Hinblick auf „Beschränkungen des Kapitalverkehrs zwischen den Mitgliedstaaten sowie den Mitgliedstaaten und dritten Ländern" vornimmt. Für die Eröffnung des Schutzbereichs von Art. 56 Abs. 1 EG durch die Hinzurechnungsbesteuerung ist es daher nicht von Bedeutung, ob eine natürliche oder juristische Person an der ausländischen Zwischengesellschaft beteiligt ist, sondern vielmehr wie die Beteiligung rechtlich und tatsächlich ausgestaltet ist und ob die Tätigkeit der ausländischen Kapitalgesellschaft möglicherweise auch einen Kapitalverkehrsvorgang betrifft. Cordewener spricht in diesem Zusammenhang zutreffend von der Relevanz des „Kapitalexports" bzw. „Kapitalimports" im Schutzbereich des Art. 56 Abs. 1 EG.[998] Soweit es daher aufgrund einer Beteiligung des inländischen Steuerpflichtigen an der ausländischen Zwischengesellschaft unterhalb der Schwelle einer tatbestandlichen Niederlassung nicht zur Anwendung des Art. 43 EG auf einen Sachverhalt der Hinzurechnungsbesteuerung kommt, ist der sachliche Schutzbereich der Kapitalverkehrsfreiheit gem. Art. 56 Abs. 1 EG grundsätzlich unabhängig davon eröffnet, wann eine Besteuerung an das grenzüberschreitende

---

[997] EuGH-Urteil vom 06.06.2000, Rs. C-35/98 („Verkooijen"), Slg. 2000, I-4071, Rn. 5.
[998] Cordewener, Europäische Grundfreiheiten und nationales Steuerrecht, S. 746.

Investment i. S. e. Kapitalexports geknüpft wird.[999] Bei dieser Konstellation zeigt sich deutlich die Schwäche der EuGH-Rechtsprechung zur Konkurrenz der Kapitalverkehrsfreiheit zu den übrigen Grundfreiheiten, da bei Minderheitsbeteiligungen auch Drittstaatensachverhalte geschützt sind, während dies bei den sachlich gleichwertigen Niederlassungssachverhalten vom inländischen Steuerpflichtigen nicht eingefordert werden kann. Diese Differenzierung ist unverständlich und inkonsequent, da sie die Konvergenz der Grundfreiheiten willkürlich und ohne sachlichen Grund durchbricht, mithin diskriminierend wirkt.

II. Eingriff in den Schutzbereich der Grundfreiheiten

Grundsätzlich verbietet der Wortlaut von Art. 56 Abs. 1 EG alle Beschränkungen des Kapitalverkehrs mit anderen EU-Mitgliedstaaten und dritten Ländern. Ein umfassendes Beschränkungsverbot gilt auch für die Niederlassung von Staatsangehörigen eines EU-Mitgliedstaates im Hoheitsgebiet eines anderen EU-Mitgliedstaats gem. Art. 43 Abs. 1 EG. Da der Auferlegung einer Steuer jedoch stets eine immanente Belastungswirkung – hier der unbeschränkt steuerpflichtigen natürlichen oder juristischen Person – innewohnt, kann es nicht Sinn und Zweck des Beschränkungsverbots sein, die Besteuerung von grenzüberschreitenden Kapitalverkehrs- oder Niederlassungsvorgängen schlechthin im Sinne eines absoluten Verbots zu eliminieren.[1000] Vielmehr ist der bereits im zweiten und dritten Kapitel dieser Arbeit vertretenen Auffassung zu folgen, wonach der Begriff einer Diskriminierung im Zusammenhang mit der Besteuerung grenzüberschreitender Sachverhalte dahingehend auszulegen ist, dass die Besteuerung entscheidungsneutral ausgestaltet sein muss und keine Präferenz hinsichtlich des Kapitaltransfers, der Kapitalanlage oder einer bestimmten Form der Niederlassung bewirkt.[1001] Gleichzeitig ist aber auch die Rechtsprechung des EuGH in der Rs. C-55/94 („Gebhard") zu berücksichtigen, wonach Maßnahmen des nationalen Rechts, die die Ausübung der Grundfreiheiten behindern oder weniger attraktiv machen, eine Beschränkung der durch die Grundfreiheiten garantierten Gewährleistungen ist.[1002] Die tatbestandliche Ausgestaltung eines Beschränkungsverbots im Bereich der direkten Steuern ist vom EuGH allerdings bisher nicht hinreichend geklärt. Im Anwendungsbereich der Hinzurechnungsbesteuerung ist ein beschränkender Eingriff in den Schutzbereich der Niederlassungs- und Kapitalverkehrsfreiheit jedoch allein deshalb in Betracht zu ziehen,

---

[999] Vgl. EuGH-Urteil vom 12.09.2006, Rs. C-196/04 („Cadbury Schweppes"), Slg. 2006, I-7995, Rn. 33, für die Begrenzung des grundfreiheitlichen Prüfungsumfangs bei der britischen Hinzurechnungsbesteuerung auf die Niederlassungsfreiheit.

[1000] Vgl. Widhalm, in: Lechner/Staringer/Tumpel, Kapitalverkehrsfreiheit und Steuerrecht, S. 119, 146.

[1001] Vgl. Tumpel, in: Lechner/Staringer/Tumpel, Kapitalverkehrsfreiheit und Steuerrecht, S. 63, 81; Widhalm, in: Lechner/Staringer/Tumpel, Kapitalverkehrsfreiheit und Steuerrecht, S. 119, 146 f.; Cordewener, Europäische Grundfreiheiten und nationales Steuerrecht, S. 225 m. w. N.

[1002] EuGH-Urteil vom 30.11.1995, Rs. C-55/94 („Gebhard"), Slg. 1995, I-4165, Rn. 37.

weil eine Diskriminierung i. S. e. unterschiedslosen Behandlung von nationalem und grenzüberschreitendem Sachverhalt aufgrund der Rechtsfolgenanordnung in den §§ 7 ff. AStG, eine Heraufschleusung der ausländischen Besteuerung der Einkünfte der Zwischengesellschaft auf das inländische Steuerniveau vorzunehmen, „prima facie" wohl nur im Thesaurierungsfall festgestellt werden kann.[1003] Folglich ist das Vorliegen eines Eingriffs in die Niederlassungs- und Kapitalverkehrsfreiheit aus zwei Perspektiven zu untersuchen. Einerseits ist zu erörtern, ob die Hinzurechnungsbesteuerung im Inland eine Diskriminierung des grenzüberschreitenden Investments in eine ausländische Zwischengesellschaft durch einen Verstoß gegen die grundfreiheitliche Verpflichtung zur Inländergleichbehandlung bewirkt. Andererseits könnte die Hinzurechnung von Einkünften der Zwischengesellschaft beim inländischen Anteilseigner auch eine Verringerung der Attraktivität des grenzüberschreitenden Investments durch Heraufschleusen der Steuerbelastung als grundfreiheitliche Beschränkung einer in ihren sonstigen Auswirkungen unterschiedslosen Maßnahme darstellen. Dabei ist vorrangig zu klären, ob ein über das Diskriminierungsverbot hinausgehendes, umfassendes Beschränkungsverbot im Bereich der direkten Steuern überhaupt anzuerkennen ist und wenn dies bejaht wird, wie dessen tatbestandliche Ausgestaltung vorzunehmen ist.[1004]

1. Diskriminierung eines grenzüberschreitenden Investments in eine ausländische Zwischengesellschaft

Zur diskriminierenden Wirkung der britischen CFC-Gesetzgebung hat der EuGH in seinem Urteil in der Rs. C-196/04 („Cadbury Schweppes") generalisierend festgestellt, dass die Muttergesellschaft für Gewinne einer anderen juristischen Person zu einer inländischen Ertragsteuer herangezogen wird, während dies bei einer im Inland ansässigen Tochtergesellschaft nicht der Fall ist.[1005] Insoweit folgt der Gerichtshof den Schlussanträgen von GA Léger vom 02.05.2006, der einen steuerlichen Belastungsvergleich zwischen Beteiligungen an inländischen und ausländischen Tochtergesellschaften ablehnt und stattdessen allgemein auf die Beseitigung der Abschirmwirkung bei der ausländischen Tochtergesellschaft als Diskriminierungsfaktor abstellt.[1006] Grundsätzlich ist diese Vorgehensweise mit der nachfolgend vertretenen Auffassung i. E. zwar identisch, gleichwohl aber wenig differenziert, da man sich bei der Bildung einer Vergleichsgruppe im Rahmen der Eingriffsprüfung nicht mit den gesetzgeberischen Besonderheiten eines kapitalexportneutralen Besteuerungskonzeptes

---

[1003] Vgl. EuGH-Urteil vom 12.09.2006, Rs. C-196/04 („Cadbury Schweppes"), Slg. 2006, I-7995, Rn. 43 ff.
[1004] Vgl. Schlussanträge GA Geelhoed vom 23.02.2006, Rs. C-374/04 („Test Claimants in Class IV of the ACT Group Litigation"), Slg. 2006, I-11673, Rn. 55 ff.
[1005] EuGH-Urteil vom 12.09.2006, Rs. C-196/04 („Cadbury Schweppes"), Slg. 2006, I-7995, Rn. 45.
[1006] Schlussanträge GA Léger vom 02.05.2006, Rs. C-196/04 („Cadbury Schweppes"), Slg. 2006, I-7995, Rn. 62 ff.

der britischen CFC-Gesetzgebung auseinandergesetzt hat. Dieser Ansatz führt schließlich dazu, dass GA Léger in seinen Schlussanträgen und im Anschluss daran auch der EuGH in seinem Urteil in der Rs. C-196/04 („Cadbury Schweppes") neben der Diskriminierung des grenzüberschreitenden gegenüber dem rein inländischen Sachverhalt eine weitergehende Diskriminierung im Verhältnis zwischen ausländischen Tochtergesellschaften in Hoch- und Niedrigsteuerländern feststellt.[1007] Dabei handelt es sich jedoch gerade nicht um wesentlich gleiche Sachverhalte, da das ausländische Besteuerungsniveau die steuertatbestandliche Anknüpfung für die Hinzurechnungsbesteuerung bildet und damit eine Diskriminierung i. S. d. Rechtsprechung des EuGH vom 29.04.1999 in der Rs. C-311/97 („Royal Bank of Scotland") ausscheiden sollte.[1008] Vielmehr ist nach der hier vertretenen Auffassung bei der Beurteilung der deutschen Hinzurechnungsbesteuerung als Vergleichsgruppe zum Steuertatbestand des § 7 Abs. 1, 6 AStG die Beteiligung einer unbeschränkt steuerpflichtigen, natürlichen bzw. juristischen Person an einer Kapitalgesellschaft mit Sitz und Geschäftsleitung im Inland heranzuziehen. Kommt ein Belastungsvergleich schließlich zu dem Ergebnis, dass die grenzüberschreitende Beteiligung auf der Ebene des inländischen Anteilseigners einer höheren Ertragsteuerbelastung unterliegt, so ist eine Diskriminierung zu bejahen. Die nachfolgende Darstellung verdeutlicht daher die Belastung des Steuersubstrats mit Ertragsteuern im Falle einer Ausschüttung oder Thesaurierung der Einkünfte der ausländischen Zwischengesellschaft, getrennt nach natürlichen und juristischen Personen als Anteilseigner nach den Vorschriften des innerstaatlichen Einkommen-, Körperschaft- und Gewerbesteuerrechts.[1009] Eine zwingende Belastung mit Gewerbesteuer ergibt sich bei Körperschaften aus § 8 Abs. 2 KStG. Demgegenüber ist bei natürlichen Personen danach zu differenzieren, ob sie die Beteiligung an der ausländischen Zwischengesellschaft im Betriebs- oder Privatvermögen halten.[1010] Im Rahmen der gewerbesteuerlichen Berechnungen wird von einem Hebesatz von 400 v. H. ausgegangen. Die Auswirkungen der Steuersatzänderungen durch das UntStRefG 2008 werden zusammen mit den Ergänzungen durch das JStG 2008 in einem gesonderten Abschnitt am Ende des Kapitels dargestellt.[1011]

[1007] Schlussanträge GA Léger vom 02.05.2006, Rs. C-196/04 („Cadbury Schweppes"), Slg. 2006, I-7995, Rn. 77 ff.; EuGH-Urteil vom 12.09.2006, Rs. C-196/04 („Cadbury Schweppes"), Slg. 2006, I-7995, Rn. 43 ff.
[1008] EuGH-Urteil vom 29.04.1999, Rs. C-311/97 („Royal Bank of Scotland"), Slg. 1999, I-2651, Rn. 26 ff. m. w. N.
[1009] Die Berechnungsergebnisse sind auf zwei Dezimalstellen gerundet.
[1010] Vgl. § 10 Abs. 2 S. 1, 2 AStG.
[1011] Siehe Kapitel 4, C. III. 4.

a) Juristische Person als inländischer Anteilseigner

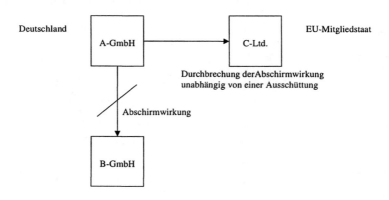

Thesaurierungsvorbelastung	B-GmbH → A-GmbH	C-Ltd. → A-GmbH
HandelsR Jahresüberschuss	100	100
Ebene der Körperschaft		
Körperschaftsteuer	20,83	0 - 24,99
Solidaritätszuschlag	1,15	-
Gewerbesteuer	16,67	-
Bruttodividende	0	0
Hinzurechnungsbetrag	-	100
Ebene des Anteilseigners		
Körperschaftsteuer	-	20,83
Solidaritätszuschlag	-	1,15
Gewerbesteuer	-	16,67
Gesamtsteuerbelastung		
Steuerbelastung A-GmbH	-	38,65
Steuerbelastung B-GmbH	38,65	-
Steuerbelastung C-Ltd.	-	0 - 24,99
Steueranrechnung[1012]	-	./. 0 - 20,83 (24,99)
Gesamtsteuerquote	38,65	42,81 (38,65)

Die Beteiligung einer gem. § 1 Abs. 1 KStG unbeschränkt steuerpflichtigen juristischen Person an einer ausländischen Zwischengesellschaft führt im Falle einer Thesaurierung der Einkünfte durch die ausländische Körperschaft zu einer Heraufschleusung der Steuerbelastung auf das Steuerniveau einer vergleichbaren inländischen Kapitalgesellschaft, wenn die ausländische Ertragsteuerbelastung

---

[1012] Der Steuerabzug von der Bemessungsgrundlage gem. § 10 Abs. 1 S. 1 AStG wird sich i. d. R. ungünstiger als die Steueranrechnung gem. § 12 AStG auswirken, so dass nachfolgend von der Anwendung des § 12 AStG ausgegangen wird.

gleich oder geringer als die inländische Körperschaftsteuer i. H. v. 20,83 v. H. ist. Dagegen kommt es im Rahmen der Steueranrechnung gem. § 12 Abs. 1 S. 1 AStG zu einem Anrechnungsüberhang der ausländischen Steuer, soweit diese zwischen 20,84 v. H. und 24,99 v. H. liegt. Der Grund dafür liegt in der Begrenzung der Anrechnung auf die deutsche Körperschaftsteuer ohne Einbeziehung von Solidaritätszuschlag und Gewerbesteuer, so dass eine ausländische Steuerbelastung von mehr als 20,83 v. H. die Gesamtsteuerquote erhöht.[1013] Demnach wäre es erforderlich, dass der Gesetzgeber zur Sicherstellung einer vollständigen Anrechnung ausländischer Ertragsteuern eine partielle Ausdehnung auf die Gewerbesteuer vorsieht, zumal dies auch mit der Einbeziehung der ausländischen Steuern in die Bemessungsrundlage der Gewerbesteuer im Rahmen der Steueranrechnung gem. § 12 Abs. 1 S. 2 AStG in Einklang stehen würde. Andernfalls wäre im Rahmen der Ermittlung des Hinzurechnungsbetrags für gewerbesteuerliche Zwecke zu überlegen, ob eine Ausnahme von der Hinzurechnung der ausländischen Ertragsteuer gem. § 12 Abs. 1 S. 2 AStG geboten ist, da hier keine Gefahr für eine doppelte Entlastungswirkung der ausländischen Steuer besteht.[1014] Dies gilt insbesondere vor dem Hintergrund, dass das gewerbesteuerliche Schachtelprivileg in § 9 Nr. 7 GewStG ab einer Mindestbeteiligung von 10 v. H. an der ausländischen Kapitalgesellschaft für Hinzurechnungseinkünfte aufgrund des „Aktivvorbehalts" in § 9 Nr. 7 S. 1 GewStG ausscheidet, so dass die Einkünfte einer ausländischen Zwischengesellschaft regelmäßig der Gewerbsteuer unterliegen.

Im Zusammenhang mit der Gewerbesteuer weist Schönfeld unter Bezugnahme auf die Entscheidung des EuGH in der Rs. C-294/97 („Eurowings")[1015] auch zutreffend darauf hin, dass es einer inländischen Kapitalgesellschaft mit vergleichbarer passiver Einkunftserzielung durch die Auswahl eines Standortes mit einem niedrigen Hebesatz grundsätzlich möglich sei, die Belastung mit Gewerbesteuer signifikant zu senken oder ganz zu vermeiden.[1016] Nach Aufhebung der lediglich für den EZ 2003 geltenden Hinzurechnungsvorschrift für Gewerbeerträge von Tochtergesellschaften mit niedriger Gewerbesteuerbelastung in § 8a GewStG und der Einführung eines Mindesthebesatzes von 200 ab dem EZ 2004 in § 16 Abs. 4 S. 2 GewStG ist diese Möglichkeit zwar eingeschränkt, jedoch keinesfalls ausgeschlossen.[1017] Eine ausgeglichene Gesamtsteuerquote zwischen dem inländischen und dem grenzüberschreitenden Sachverhalt liegt somit nur dann vor, wenn die inländische Kapitalgesellschaft und ihre Anteilseignerin in einer Gemeinde mit identischen Hebesätzen ansässig sind.

[1013] Vgl. Wassermeyer, in: Flick/Wassermeyer/Baumhoff, AStG, § 12, Rn. 10; Menck, in: Blümich, AStG, § 12, Rn. 14.
[1014] Wassermeyer, in: Flick/Wassermeyer/Baumhoff, AStG, § 12, Rn. 10, 23a; a. A. Menck, in: Blümich, AStG, § 12, Rn. 16; vgl. Schönfeld, Hinzurechnungsbesteuerung und Europäisches Gemeinschaftsrecht, S. 496 ff.
[1015] EuGH-Urteil vom 26.10.1999, Rs. C-294/97 („Eurowings"), Slg. 1999, I-7475, Rn. 38.
[1016] Schönfeld, Hinzurechnungsbesteuerung und Europäisches Gemeinschaftsrecht, S. 491.
[1017] Vgl. StVergAbG vom 16.05.2003, BGBl I 2003, S. 660; Gesetz zur Änderung des Gewerbesteuergesetzes und anderer Gesetze vom 23.12.2003, BGBl I 2003, S. 2922.

Ausschüttungsbelastung	B-GmbH → A-GmbH	C-Ltd. → A-GmbH
HandelsR Jahresüberschuss	100	100
Ebene der Körperschaft		
Körperschaftsteuer	20,83	0 - 24,99
Solidaritätszuschlag	1,15	-
Gewerbesteuer	16,67	-
Bruttodividende	61,35	75,01 - 100
Hinzurechnungsbetrag	-	100
Ebene des Anteilseigners		
Körperschaftsteuer	$0,64^{1018}$	$20,83^{1019}$
Solidaritätszuschlag	0,04	1,15
Gewerbesteuer	$0,51\ (10,23)^{1020}$	$12,50 - 16,67^{1021}$
Gesamtsteuerbelastung		
Steuerbelastung A-GmbH	1,19 (10,91)	38,65 (51,15 - 55,32)
Steuerbelastung B-GmbH	38,65	-
Steuerbelastung C-Ltd.	-	./. 0 - 24,99
Steueranrechnung	-	0 - 20,83 (24,99)
Gesamtsteuerquote	39,84 (49,56)	42,81 (38,65) 55,31 - 59,48 (51,15 - 55,32)

Im Falle einer anschließenden Ausschüttung von Beteiligungserträgen durch die ausländische Zwischengesellschaft kann das Vorliegen eines Liquiditätsnachteils nicht abschließend und einheitlich beurteilt werden. Aufgrund der Abhängigkeit steuerlicher Vorteile einer Hinzurechnungsbesteuerung von einzelnen Vorschriften des Körperschaftsteuer- und Gewerbesteuerrechts für inländische Beteiligungserträge wird bereits an dieser Stelle auf die ständige Rechtsprechung des EuGH hingewiesen, wonach eine steuerliche Benachteiligung, die gegen eine Grundfreiheit des EGV verstößt, nicht durch das etwaige Bestehen

---

[1018] Vgl. § 8b Abs. 1, 5 KStG für eine Bemessungsgrundlage i. H. v. 3,0675.
[1019] Eine Anwendung von § 8b Abs. 5 KStG auf nachfolgende Ausschüttungen der ausländischen Zwischengesellschaft wird abgelehnt.
[1020] Vgl. § 8 Nr. 5 S. 1 GewStG i. V. m. § 9 Nr. 2a GewStG für eine erforderliche Mindestbeteiligung i. H. v. 10 v. H. an der inländischen Körperschaft als Voraussetzung für eine Kürzung des Gewerbeertrags um zugeflossene Dividendenausschüttungen.
[1021] Str. ob Gewerbesteuerbefreiung auch auf Dividenden körperschaftsteuerpflichtiger Anteilseigner anwendbar ist, da § 8 Nr. 5 S. 2 GewStG nur auf § 3 Nr. 41 lit. a) EStG Bezug nimmt, zumal § 9 Nr. 7 GewStG für Schachteldividenden ab einer Mindestbeteiligung von 10 v. H. aufgrund des „Aktivvorbehalts" i. d. R. keine Anwendung findet; vgl. Menck, in: Blümich, AStG, § 10, Rn. 21q.

anderweitiger steuerlicher Vorteile gerechtfertigt werden kann.[1022] Demzufolge kann eine steuerliche Diskriminierung nur systematisch, nicht aber durch die zufällige Aufrechnung einer Gesamtsteuerquote mit Belastungswirkungen unterschiedlicher Steuertatbestände vermieden oder gerechtfertigt werden.

Die in der Tabelle dargestellten Verwerfungen beruhen auf einer uneinheitlichen Anwendung der gewerbesteuerlichen Vorschriften über die Hinzurechnung bzw. Kürzung des Gewerbeertrags um Dividendenausschüttungen in- und ausländischer Kapitalgesellschaften sowie der unklaren Anwendung von § 8b Abs. 5 KStG auf den Hinzurechnungsbetrag bei nachfolgender Ausschüttung durch die ausländische Zwischengesellschaft. Lehnt man mit der hier vertretenen Auffassung die Anwendung von § 8b Abs. 5 KStG auf Gewinnausschüttungen der ausländischen Zwischengesellschaft mit der Begründung ab, dass eine vollständige Steuerbefreiung der Dividenden nicht erst aus § 8b Abs. 1 KStG, sondern vielmehr aus dem Zurechnungsmodell einer kapitalexportneutralen Hinzurechnungsbesteuerung folgt, muss jegliche Einbeziehung des ausgeschütteten Steuersubstrats in die körperschaftsteuerliche Bemessungsgrundlage bereits aus systematischen Gründen ausscheiden. Eliminiert man darüber hinaus den bereits im Rahmen der ersten Tabelle erörterten Anrechnungsüberhang durch eine Ausdehnung von § 12 Abs. 1 S. 1 AStG auf die Gewerbesteuer, dann käme es grundsätzlich zu einer kapitalexportneutralen Besteuerung der Hinzurechnungsbesteuerung im Vergleich zum inländischen Sachverhalt. Letztendlich kann es sogar zu einer Besserstellung der grenzüberschreitenden Beteiligung kommen, da inländische Dividenden zwar von der Freistellungsklausel in § 8b Abs. 1 KStG erfasst werden, gleichzeitig aber 5 v. H. der empfangenen Dividenden gem. § 8b Abs. 5 KStG als nichtabziehbare Betriebsausgaben erneut in die körperschaftsteuerliche Bemessungsgrundlage der inländischen Muttergesellschaft einfließen und damit zu einer höheren Gesamtsteuerquote des inländischen Investments führen. Eine durch die Anwendung von § 8b Abs. 5 KStG auf den inländischen Sachverhalt entstehende Diskriminierung wäre aus gemeinschaftsrechtlicher Perspektive als zulässige Inländerdiskriminierung zu vernachlässigen.

Problematisch ist auch die gewerbesteuerliche Behandlung von Dividenden ausländischer Zwischengesellschaften, wenn diese bereits einer inländischen Hinzurechnungsbesteuerung unterlegen haben. Während Dividendenausschüttungen einer inländischen Kapitalgesellschaft gem. § 9 Nr. 2a GewStG nur ab einer Mindestbeteiligung von 10 v. H. von der Gewerbesteuer befreit sind, käme selbst eine derartige „Schachtelbefreiung" gem. § 9 Nr. 7 GewStG aufgrund der hierfür erforderlichen aktiven Einkunftserzielung der ausländischen Kapitalgesellschaft nicht in Betracht. Hat jedoch der Hinzurechnungsbetrag bereits gem.

[1022] EuGH-Urteil vom 28.01.1986, Rs. 270/83 („Kommission / Frankreich"), Slg. 1986, S. 305, Rn. 21; EuGH-Urteil vom 21.09.1999, Rs. C-307/97 („Saint Gobain"), Slg. 1999, I-6201, Rn. 54; EuGH-Urteil vom 26.10.1999, Rs. C-294/97 („Eurowings"), Slg. 1999, I-7476, Rn. 44; EuGH-Urteil vom 06.06.2000, Rs. C-35/98 („Verkooijen"), Slg. 2000, I-4133, Rn. 61; EuGH-Urteil vom 12.12.2002, Rs. C-385/00 („de Groot"), Slg. 2002, I-11868, Rn. 97.

§ 10 Abs. 1 S. 2 AStG i. V. m. den Vorschriften des GewStG bereits der inländischen Hinzurechnungsbesteuerung unterlegen, dann ist eine Rückausnahme zur Hinzurechnungsvorschrift des § 8 Nr. 5 S. 1 GewStG auch für eine Beteiligung körperschaftsteuerpflichtiger Anteilseigner entgegen dem Wortlaut von § 8 Nr. 5 S. 2 GewStG „de lege ferenda" zur Vermeidung einer Diskriminierung sachgerecht. Insbesondere kann eine neuerliche Heranziehung der Bruttodividende der ausländischen Zwischengesellschaft zur Gewerbesteuer auch nicht auf die gesetzgeberische Entscheidung zur Besteuerung von Streubesitzdividenden gestützt werden, da aus systematischer Perspektive dann auch ausländische „Schachteldividenden" ab einer Mindestbeteiligung von 10 v. H., unabhängig vom Vorliegen sonstiger materieller Voraussetzungen, von der Gewerbesteuer zu befreien wären. Die unterschiedlichen Voraussetzungen für die Anwendung des gewerbesteuerlichen Schachtelprivilegs auf ausgeschüttete Gewinne der ausländischen Zwischengesellschaft sind isoliert betrachtet bereits diskriminierend. Während für Dividendenausschüttungen einer inländischen Kapitalgesellschaft gem. § 9 Nr. 2a GewStG ohne weitere Anforderungen an die Art und Weise der Einkunftserzielung durch die ausschüttende Körperschaft lediglich eine Mindestbeteiligung von 10 v. H. erforderlich ist, stellt § 9 Nr. 7 GewStG für Dividendenausschüttungen einer ausländischen Kapitalgesellschaft über das Mindestbeteiligungserfordernis hinaus weitere Anforderungen i. S. e. aktiven Einkunftserzielung gem. § 8 Abs. 1 Nr. 1 - 6 AStG. Diese Feststellung gilt i. Ü. auch für natürliche Personen als Anteilseigner, die ihre Beteiligung an der ausländischen Zwischengesellschaft im Betriebsvermögen halten und damit gem. § 10 Abs. 1 S. 2 AStG gewerbliche Einkünfte erzielen. Sachgerecht wäre daher grundsätzlich eine vollständige gewerbesteuerliche Freistellung von Dividendenausschüttungen ausländischer Zwischengesellschaften für natürliche und juristische Personen als inländische Anteilseigner gem. § 8 Nr. 5 S. 2 GewStG. Darüber hinaus sollte zur Vermeidung einer Diskriminierung die Vorschrift des § 9 Nr. 7 GewStG gestrichen und § 9 Nr. 2a GewStG auch auf Dividendenausschüttungen ausländischer Kapitalgesellschaften ausgedehnt werden. Im Ergebnis wären dann nur Streubesitzdividenden von der Gewerbesteuer gem. § 8 Nr. 5 S. 1 GewStG erfasst.

Schließlich sind ausländische Quellensteuern auf Dividendenausschüttungen außerhalb des Anwendungsbereichs der Mutter-Tochter-Richtlinie gem. § 12 Abs. 3 AStG nur bei natürlichen Personen als Anteilseigner im Rahmen einer steuerlichen Veranlagung auch für bereits bestandskräftige Steuerbescheide aus vorangegangenen Veranlagungszeiträumen auf die inländische Steuerlast anrechenbar. Demgegenüber gilt diese Anrechnungsmöglichkeit nicht für inländische juristische Personen, da der Wortlaut des § 12 Abs. 3 S. 1 AStG ausdrücklich auf die Steuerfreistellung für natürliche Personen in § 3 Nr. 41 EStG verweist. Sachgerecht wäre es, eine vollumfängliche Anrechnung ausländischer Steuern auf den Hinzurechnungsbetrag vorzusehen, um eine Neutralisierung der ausländischen Steuerbelastung bei der Heraufschleusung der Steuerbelastung auf das inländische Körperschaft- und Gewerbesteuerniveau zu erreichen. Gesetzessystematisch kann die Steuerbefreiung des § 3 Nr. 41 EStG für körperschaftsteuerpflichtige Anteilseigner über die Verweisungsnorm für die einkommensteuerlichen Einkommensermittlungsvorschriften in § 8 Abs. 1 KStG begründet werden.[1023] Dagegen spricht auch nicht die Anwendung von § 8b Abs. 1 KStG auf Dividendenausschüttungen in- und ausländischer Körperschaften, da es sich hierbei um eine sachliche Steuerbefreiung handelt, die erst dann zur Anwendung kommt, wenn die Dividendenerträge als Einkommen der Körperschaft gem. § 8 Abs. 1 KStG i. V. m. den Vorschriften des EStG in der Steuerbilanz der Kapitalgesellschaft anzusetzen sind. „De lege lata" führt der Anrechnungsausschluss für ausländische Quellensteuern auf den Hinzurechnungsbetrag aber zu einer erhöhten Steuerbelastung des grenzüberschreitenden Sachverhalts, da im Inland ausgeschüttete Beteiligungserträge regelmäßig unter die Steuerbefreiung aus § 8b Abs. 1 KStG fallen.

b) Natürliche Person als inländischer Anteilseigner

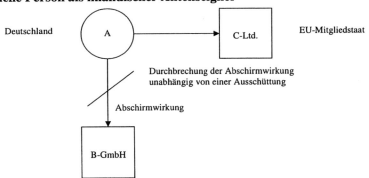

Thesaurierungsvorbelastung	*B-GmbH → A*	*C-Ltd. → A*
HandelsR Jahresüberschuss	100	100
Ebene der Körperschaft		
Körperschaftsteuer	20,83	0 - 24,99
Solidaritätszuschlag	1,15	-
Gewerbesteuer	16,67	-
Bruttodividende	0	0
Hinzurechnungsbetrag	-	100
Ebene des Anteilseigners		
Halbeinkünfteverfahren[1024]	-	-
Einkommensteuer	-	35 (42)

[1023] BMF-Schreiben vom 14.05.2004, IV B 4 – S 1340 – 11/04, BStBl I 2004, Sondernummer 1/2004, Rn. 12.3.3; Rättig/Protzen, IStR 2002, S. 123, 127; Grotherr, IWB, F. 3, Gr. 1, S. 1883, 1888; Burkert, in: Strunk/Kaminski/Köhler, AStG, § 12, Rn. 25.
[1024] Vgl. § 10 Abs. 2 S. 3 AStG.

Gewerbesteuerermäßigung[1025]	-	./. 7,50 (0)
Solidaritätszuschlag	-	1,51 (2,31)
Kirchensteuer	-	2,48 (3,78)
Gewerbesteuer[1026]	-	16,67 (0)
Gesamtsteuerbelastung		
Steuerbelastung A[1027]	-	48,16 (48,09)
Steuerbelastung B-GmbH	38,65	-
Steuerbelastung C-Ltd.	-	0 - 24,99
Steueranrechnung	-	./. 0 - 24,99
Gesamtsteuerquote	38,65	48,16 (48,09)

Eine Beteiligung natürlicher Personen an der ausländischen Zwischengesellschaft führt bei der Thesaurierung von Beteiligungserträgen zu einer Heraufschleusung der Steuerbelastung des grenzüberschreitenden Sachverhalts über das inländische Steuerniveau eines vergleichbaren Sachverhalts hinaus. Diese Feststellung gilt aufgrund der Entlastungswirkung des § 35 Abs. 1 EStG unabhängig davon, ob die Beteiligung in einem inländischen Betriebsvermögen des Steuerpflichtigen gehalten wird und damit gem. § 10 Abs. 2 S. 2 AStG inländische Gewerbesteuer auf den Hinzurechnungsbetrag anfällt. An diesem Beispiel wird besonders deutlich, dass die systematische Ausgestaltung der Hinzurechnungsbesteuerung das Ziel der Herstellung einer kapitalexportneutralen Vorbelastung des Hinzurechnungsbetrages nicht konsequent umsetzt, sondern lediglich eine vorweggenommene Ertragsbesteuerung von dem Grunde nach körperschaftsteuerlich relevanten Erträgen der ausländischen Zwischengesellschaft im inländischen System des Einkommensteuerrechts vornimmt. Während eine Diskriminierung des grenzüberschreitenden Sachverhalts im Fall eines körperschaftsteuerpflichtigen Anteilseigners, wie vorstehend gezeigt, noch durch gezielte Korrekturen der bestehenden Regelung möglich wäre, ist die Hinzurechnungsbesteuerung eines einkommensteuerpflichtigen Anteilseigners systematisch verfehlt und damit bereits aufgrund ihrer rechtlichen Ausgestaltung diskriminierend. Abhilfe könnte hier nur eine schedulenartige Besteuerung des Hinzurechnungsbetrages i. H. d. körperschaftsteuerlichen Belastung vergleichbarer inländischer Einkünfte einer unbeschränkt steuerpflichtigen Kapitalgesell-

---

[1025] Vgl. § 35 Abs. 1 EStG; vgl. Glanegger, in: Schmidt, EStG, § 35, Rn. 19 für die Berechnung der Entlastungswirkung.

[1026] Bei einer unbeschränkt steuerpflichtigen natürlichen Person führt die Hinzurechnung der Einkünfte der ausländischen Zwischengesellschaft grundsätzlich zu Einkünften aus Kapitalvermögen gem. § 10 Abs. 2 S. 1 AStG i. V. m. § 20 Abs. 1 Nr. 1 EStG. Demgegenüber tritt die Gewerbesteuerpflicht gem. § 10 Abs. 2 S. 2 AStG nur dann ein, wenn die Anteile an der ausländischen Kapitalgesellschaft im Betriebsvermögen gehalten werden.

[1027] Vgl. Montag, in: Tipke/Lang, Steuerrecht, S. 750, Fn. 53 für die Berechnungsformel.

schaft schaffen, wie sie in anderer Form bereits im StSenkG vom 23.10.2000 vorgesehen war.[1028]

Ausschüttungsbelastung	B-GmbH → A	C-Ltd. → A
HandelsR Jahresüberschuss	100	100
Ebene der Körperschaft		
Körperschaftsteuer	20,83	0 - 24,99
Solidaritätszuschlag	1,15	-
Gewerbesteuer	16,67	-
Bruttodividende	61,35	75,01 - 100
Hinzurechnungsbetrag	-	100
Ebene des Anteilseigners		
Halbeinkünfteverfahren[1029]	+	-
Einkommenssteuer	10,74 (12,88)	35 (42)
Gewerbesteuerermäßigung[1030]	./. 2,3 (0)	./. 7,50 (0)
Solidaritätszuschlag	0,46 (0,71)	1,51 (2,31)
Kirchensteuer	0,76 (1,16)	2,48 (3,78)
Gewerbesteuer[1031]	10,23 (0)	16,67 (0)
Gesamtsteuerbelastung		
Steuerbelastung A[1032]	19,89 (14,75)	48,16 (48,09)
Steuerbelastung B-GmbH	38,65	-
Steuerbelastung C-Ltd.	-	0 - 24,99
Steueranrechnung	-	./. 0 - 24,99
Gesamtsteuerquote	58,54 (53,4)	48,16 (48,09)

Bei der Ausschüttung von Dividenden ist ein Belastungsvergleich zwischen den Auswirkungen der Anrechnung der ausländischen Ertragsteuer auf Ebene der Körperschaft beim inländischen Anteilseigner und der Höhe der Besteuerung inländischer Beteiligungserträge bei Anwendung des Halbeinkünfteverfahrens vorzunehmen. Hier ist zu beachten, dass das Halbeinkünfteverfahren auf Fälle der Hinzurechnungsbesteuerung gem. § 10 Abs. 2 S. 3 AStG nicht anwendbar

---

[1028] Art. 12 StSenkG vom 23.10.2000, BGBl I 2000, S. 1433; vgl. UntStFG vom 20.12.2001, BGBl I 2001, S. 3858; Bericht der Bundesregierung an den Finanzausschuss des Deutschen Bundestages zur Fortentwicklung des Unternehmenssteuerrechts vom 18.04.2001, FR 2001, Beilage 11 für die rückwirkende Aufhebung des StSenkG; vgl. Wassermeyer, in: Flick/Wassermeyer/Baumhoff, AStG, vor §§ 7 – 14, Rn. 11 für eine kritische Analyse der Schedulensteuer im StSenkG.

[1029] Vgl. § 3 Nr. 40 EStG, § 10 Abs. 2 S. 3 AStG.

[1030] Vgl. Glanegger, in: Schmidt, EStG, § 35, Rn. 16 zur Berücksichtigung des Halbeinkünfteverfahrens.

[1031] Vgl. § 8 Nr. 5 S. 1 GewStG i. V. m. § 9 Nr. 2a GewStG für die gewerbesteuerliche Befreiung von Dividenden aus inländischen Beteiligungen im Betriebsvermögen ab 10 v. H.; demgegenüber sind Dividendenausschüttungen gem. § 8 Nr. 5 S. 2 GewStG bei vorheriger Hinzurechnungsbesteuerung von der Gewerbesteuer befreit.

[1032] Vgl. Montag, in: Tipke/Lang, Steuerrecht, S. 750, Fn. 53 für die Berechnungsformel.

ist. Ausländische Quellensteuern auf die ausgeschütteten Erträge der Zwischengesellschaft können gem. § 12 Abs. 3 AStG in entsprechender Anwendung von § 34c Abs. 1 EStG bis zur Höhe der inländischen Steuer auf den Hinzurechnungsbetrag abgezogen werden. Die niedrigere Gesamtsteuerquote der grenzüberschreitenden Dividendenausschüttung ergibt sich aus der im Vergleich zum Inland geringeren Ertragsteuerbelastung auf Ebene der ausschüttenden Körperschaft von weniger als 25 v. H. und der Entlastungslösung der Hinzurechnungsbesteuerung gem. § 3 Nr. 41 EStG i. V. m. § 8 Nr. 5 S. 2 GewStG. Die einkommensteuerrechtliche Freistellung von Dividenden ausländischer Zwischengesellschaften gem. § 3 Nr. 41 EStG ist aufgrund der Sieben-Jahres-Frist für die Einbeziehung vorangegangener Wirtschaftsjahre allerdings nur bedingt tauglich, eine tatsächliche Entlastung des inländischen Steuerpflichtigen herbeizuführen. So muss der inländische Anteilseigner die Erträge der ausländischen Kapitalgesellschaft innerhalb von sieben Jahren zur Ausschüttung bringen, um einer doppelten Erfassung der Dividenden zu entgehen, die in ihrer Höhe faktisch enteignende Wirkung hätte.[1033] Eine Begrenzung der Steuerfreistellung ist daher „de lege ferenda" als nicht sachgerecht abzulehnen, zumal der Steuerpflichtige gem. § 18 Abs. 1 S. 1 AStG die Beweislast für die Hinzurechnungsbesteuerung in vorangegangenen Wirtschaftsjahren trägt und damit eine vom Gesetzgeber vorgebrachte Verwaltungsvereinfachung durch die Verkürzung von Aufbewahrungspflichten ins Leere geht.[1034] Daneben hat der inländische Steuerpflichtige bei einer Beteiligung an der ausländischen Zwischengesellschaft von weniger als der Hälfte schon gar keine tatsächliche Möglichkeit einen Ausschüttungsbeschluss herbeizuführen, so dass es häufig dem Zufall überlassen ist, wann eine Dividendenausschüttung vorgenommen wird.

c) Diskriminierung durch Liquiditäts- und Zinsnachteil des inländischen Anteilseigners

Die steuerliche Diskriminierung eines einkommensteuerpflichtigen Anteilseigners im oben dargestellten Thesaurierungsfall verdeutlicht ein weiteres diskriminierungsrelevantes Problem der Hinzurechnungsbesteuerung. Selbst wenn eine diskriminierende Vorbelastung des Anteilseigners im Thesaurierungsfall nur bei einer natürlichen Person als inländischem Anteilseigner vorliegt, beseitigt die Hinzurechnungsbesteuerung jedenfalls die Abschirmwirkung der ausländischen Kapitalgesellschaft. Das führt wiederum zu einer Vorverlagerung der Besteuerung ohne Vornahme einer Ausschüttung und damit zum Abfluss von Liquidität beim inländischen Steuerpflichtigen. Der inländische Anteilseigner hat es somit nicht in der Hand, ob und wann er bestimmte passive Einkünfte eines ausländischen Rechtsträgers durch Ausschüttung einer inländischen Ertragsbesteuerung zuführen will. Darin ist bereits eine Diskriminierung i. S. e. Ungleich-

---

[1033] Vgl. Schönfeld, Hinzurechnungsbesteuerung und Europäisches Gemeinschaftsrecht, S. 501 ff.; Grotherr, IWB, F. 3, Gr. 1, S. 1883, 1902 f.
[1034] Vgl. Gesetzentwurf zum UntStFG, BT-Drs. XIV/6882, S. 31.

behandlung des Anteilseigners an einer ausländischen Kapitalgesellschaft zu sehen, wenn man auf den erlittenen Liquiditätsverlust und Zinsnachteil abstellt. Hierzu hat der EuGH in seinem Urteil vom 08.03.2001 in den verbundenen Rs. C-397/98 und C-410/98 („Metallgesellschaft Ltd. u. a.") festgestellt, dass ein nachhaltiger Liquiditätsnachteil bei der Steuererhebung eines grenzüberschreitenden gegenüber einem inländischen Sachverhalt bereits zu einem diskriminierenden Eingriff in eine Grundfreiheit führt.[1035] Diese Auffassung bestätigt der EuGH in seinem Urteil in der Rs. C-436/00 („XY") für die diskriminierende Wirkung einer Regelung des schwedischen Steuerrechts, wonach im Fall einer Übertragung von Aktien zu einem ermäßigten Preis der Übertragende für die Besteuerung des Gewinns aus diesen Aktien von der Vergünstigung eines Steueraufschubs ausgeschlossen ist, wenn die Aktien auf eine ausländische juristische Person, an der der Übertragende unmittelbar oder mittelbar Anteile besitzt, sofern ihm diese Beteiligung einen Einfluss auf die Entscheidungen dieser ausländischen juristischen Person ermöglicht und er durch sie deren Tätigkeit bestimmen kann, oder auf eine schwedische Aktiengesellschaft, die die Tochtergesellschaft einer solchen ausländischen juristischen Person ist, übertragen wurden.[1036] Der Gerichtshof stellt zum Vorliegen einer Diskriminierung des grenzüberschreitenden Sachverhalts fest, dass die fragliche nationale Bestimmung dadurch eine Ungleichbehandlung bewirkt, dass dem Übertragenden die Vergünstigung eines Steueraufschubs hinsichtlich des Gewinns aus zu einem ermäßigten Preis übertragenen Aktien dann versagt wird und er damit den Nachteil geringerer liquider Mittel hinzunehmen hat, wenn die die Aktien erwerbende Gesellschaft, an der er Anteile besitzt, in einem anderen Mitgliedstaat ansässig ist.[1037] Bleibt diese steuerliche Vergünstigung dem Steuerpflichtigen aber deshalb versagt, weil die die Aktien erwerbende Gesellschaft oder deren Muttergesellschaft, an der er beteiligt ist, in einem anderen Mitgliedstaat ansässig ist, so kann ihn dies von der Wahrnehmung seines Rechtes aus Art. 43 EG abhalten, über eine Gesellschaft in dem anderen Mitgliedstaat geschäftlich tätig zu werden.[1038] Die diskriminierende Wirkung eines Liquiditätsentzugs wird vom EuGH in einem Beschluss vom 08.06.2004 in der Rs. C-268/03 („De Baeck") unter Bezugnahme auf die Rechtsprechung in der Rs. C-436/00 („XY") für eine vergleichbare Regelung des belgischen Steuerrechts erneut bestätigt.[1039]

[1035] EuGH-Urteil vom 08.03.2001, verb. Rs. C-397 u. C-410/98 („Metallgesellschaft u. .a), Slg. 2001, I-1727, Rn. 43 f.
[1036] EuGH-Urteil vom 21.11.2002, Rs. C-436/00 („XY"), Slg. 2002, I-10829, Rn. 36 ff.; siehe Kapitel 3, E. II. 2. e) für eine eingehende Darstellung des EuGH-Urteils.
[1037] EuGH-Urteil vom 21.11.2002, Rs. C-436/00 („XY"), Slg. 2002, I-10829, Rn. 36, 38.
[1038] EuGH-Urteil vom 21.11.2002, Rs. C-436/00 („XY"), Slg. 2002, I-10829, Rn. 36.
[1039] EuGH-Beschluss vom 08.06.2004, Rs. C-268/03 („De Baeck"), Slg. 2004, I-5963, Rn. 24.

d) Diskriminierung durch erhöhte Mitwirkungspflichten des inländischen Anteilseigners

Neben einem Liquiditäts- und Zinsnachteil kommt auch eine diskriminierende Wirkung der Hinzurechnungsbesteuerung durch die Verpflichtung einer Gewinnermittlung für die Einkünfte der ausländischen Zwischengesellschaft nach den Vorschriften des deutschen Einkommen- und Körperschaftsteuerrechts gem. § 10 Abs. 3 S. 1 AStG in Betracht, da hiermit eine Verdoppelung der Gewinnermittlungspflichten im Ansässigkeitsstaat der Zwischengesellschaft für die dortige Ertragsbesteuerung einerseits und für Zwecke der deutschen Hinzurechnungsbesteuerung beim inländischen Steuerpflichtigen andererseits verbunden ist. Hinzu kommt, dass mehrere Steuerpflichtige i. S. d. § 7 Abs. 2 AStG zu einer gemeinsamen Gewinnermittlung mit der Folge einer einheitlichen und gesonderten Gewinnfeststellung gem. § 18 Abs. 1 S. 2 AStG durch die Finanzbehörde verpflichtet sind. Das kann insbesondere bei einer Hinzurechnungsbesteuerung von Zwischeneinkünften mit Kapitalanlagecharakter gem. § 7 Abs. 6 AStG aufgrund der niedrigen Mindestbeteiligungsgrenze einen erheblichen Zusatzaufwand für die betroffenen Steuerpflichtigen bedeuten. Die in § 10 Abs. 3 S. 1 AStG vorgeschriebene entsprechende Anwendung der Vorschriften des deutschen Steuerrechts dient dem Zweck, die dem Inländer auferlegte Einkünfteermittlungspflicht auf einen Vorgang auszudehnen, den nicht der Steuerinländer selbst, sondern nur die ausländische Zwischengesellschaft als Einkünfteerzielungssubjekt verwirklicht hat.[1040] Der Umfang der Einkünfteermittlungspflicht erstreckt sich unabhängig von dem einzelnen Anteil des Steuerpflichtigen an der ausländischen Zwischengesellschaft auf alle von dieser und der Gesellschaft nachgeschalteten Untergesellschaften i. S. v. § 14 AStG erzielten sog. passiven Einkünfte gem. § 8 Abs. 1 AStG.[1041] Der Verweis in § 10 Abs. 3 S. 1 AStG auf die entsprechende Anwendung der Vorschriften des deutschen Steuerrechts zur Ermittlung der Zwischeneinkünfte ist umfassend und schließt die Ansatz- und Bewertungsvorschriften des deutschen Bilanzsteuerrechts ausdrücklich mit ein.[1042] Originäre Buchführungs- oder Aufzeichnungspflichten der Steuerinländer bestehen bezüglich der ausländischen Zwischeneinkünfte allerdings nicht.[1043] Im Übrigen werden die mit der Hinzurechnungsbesteuerung einhergehenden erweiterten Sachverhaltsaufklärungspflichten gem. § 17 AStG im sechsten Kapitel dieser Arbeit gesondert erörtert.[1044] An dieser Stelle wird lediglich angemerkt, dass der EuGH in seinem Urteil in der Rs. C-470/04 („N") schon die Abgabe einer zusätzlichen Steuererklärung bzw. jährlicher Nachweise für das Vorliegen bestimmter Umstände beim Steuerpflichtigen als beschränkenden Eingriff in die Personenverkehrsfreiheiten qualifiziert hat, so dass umfangreiche Gewinnermittlungsvorschriften für grenzüberschreitende

---
[1040] Wassermeyer, in: Flick/Wassermeyer/Baumhoff, AStG, § 10, Rn. 60.1.
[1041] Luckey, in: Strunk/Kaminski/Köhler, AStG, § 10, Rn. 67.
[1042] Luckey, in: Strunk/Kaminski/Köhler, AStG, § 10, Rn. 93.
[1043] Wassermeyer, in: Flick/Wassermeyer/Baumhoff, AStG, § 10, Rn. 62, 89.
[1044] Siehe Kapitel 6.

Beteiligungen an Zwischengesellschaften erst recht von dem Diskriminierungs- bzw. Beschränkungsverdikt des EuGH betroffen sind.[1045]

e) Diskriminierung durch die Entlastungslösung der Hinzurechnungsbesteuerung bei Dividendenausschüttungen der ausländischen Zwischengesellschaft

Die Verpflichtung zur Gewinnermittlung nach inländischen steuerrechtlichen Grundsätzen gem. § 10 Abs. 3 S. 1 AStG führt nicht nur zu einer diskriminierenden Auferlegung zusätzlicher Mitwirkungspflichten, sondern kann auch bei einer natürlichen Person als inländischem Steuerpflichtigen eine zusätzlich belastende Wirkung erzeugen, wenn die steuerliche Gewinnermittlung bei der ausländischen Zwischengesellschaft zu einer Erhöhung der steuerpflichtigen Einkünfte gegenüber dem handelsrechtlichen Gewinn führt. Der Grund dafür liegt in der vollständigen Freistellung der Nettodividende einer ausländischen Zwischengesellschaft von der inländischen Einkommensteuer im Falle der Ausschüttung gem. § 3 Nr. 41 EStG. Während damit die höhere steuerliche Belastung auf den Hinzurechnungsbetrag gem. § 10 Abs. 1 S. 1 AStG auf der Grundlage des steuerbilanziellen Gewinns definitiv bleibt, kommt es durch die Anwendung des Halbeinkünfteverfahrens auf die nach handelsbilanziellen Grundsätzen ermittelte niedrigere Ausschüttung einer vergleichbaren inländischen Kapitalgesellschaft i. H. d. handelsbilanziellen Gewinns bei dem inländischen Anteilseigner zu einer niedrigeren Gesamtsteuerbelastung des inländischen Sachverhalts. Schönfeld schlägt zur Vermeidung der diskriminierenden Folgen der pauschalierenden Entlastungslösung bei der Hinzurechnungsbesteuerung des grenzüberschreitenden Sachverhalts eine nachträgliche Korrekturmöglichkeit zur Sicherstellung einer exakten kapitalexportneutralen Besteuerung vor, wobei er eine mögliche Überkompensation aufgrund der gemeinschaftsrechtlichen Unbeachtlichkeit einer Inländerdiskriminierung bewusst in Kauf nimmt.[1046] Demgegenüber schlägt Schaumburg vor, dass die nach ausländischem Handelsrecht ermittelten Zwischeneinkünfte ohne eine Korrektur nach den inländischen Vorschriften über die steuerliche Gewinnermittlung beim inländischen Steuerpflichtigen anzusetzen sind.[1047] Für die letztgenannte Auffassung spricht die Neutralität der handelsrechtlichen Gewinnermittlung von steuerlichen Vergünstigungen im Rahmen der steuerrechtlichen Gewinnermittlung des Ansässigkeitsstaates der Zwischengesellschaft auf der Grundlage besonderer Ansatz- oder Bewertungsvorschriften. Insbesondere schließt ein vom Prinzip der gegenseitigen Anerkennung getragenes Verständnis der Grundfreiheiten im Binnenmarkt auch die handelsrechtlichen Gewinnermittlungsvorschriften im Markteintrittsstaat des grenzüberschreitenden Investments durch den Marktaustrittsstaat mit ein. Hinzu kommt, dass die handelsrechtliche Gewinnermittlung durch die Verwendung in-

---

[1045] Vgl. EuGH-Urteil vom 07.09.2006, Rs. C-470/04 („N"), Slg. 2006, I-7409, Rn. 38 f.
[1046] Schönfeld, Hinzurechnungsbesteuerung und Europäisches Gemeinschaftsrecht, S. 486.
[1047] Schaumburg, Internationales Steuerrecht, Rn. 10.135 ff.

ternationaler Rechnungslegungsstandards zunehmend transparent wird und damit auch von der inländischen Finanzverwaltung nachzuvollziehen ist. Kommt es dennoch zu einer zweifelhaften Gewinnkorrektur zugunsten der ausländischen Zwischengesellschaft im Ansässigkeitsstaat, so muss der inländischen Finanzverwaltung mit der Auffassung von Schönfeld eine nachträgliche Korrektur der Gewinnermittlung zur Bekämpfung des schädlichen Steuerwettbewerbs im Einzelfall gesetzlich möglich sein.[1048]

f) Diskriminierung durch abweichende Bewertungsvorschriften für Wirtschaftsgüter der ausländischen Zwischengesellschaft

Ist die ausländische Zwischengesellschaft aufgrund ihrer betrieblichen Einkünfte zur Gewinnermittlung gem. § 2 Abs. 2 Nr. 1 EStG verpflichtet und übt der inländische Steuerpflichtige sein Wahlrecht aus § 10 Abs. 3 S. 2 AStG i. S. e. Gewinnermittlung gem. §§ 4 Abs. 1, 5 EStG aus, ist für die betrieblichen Zwischeneinkünfte eine sog. Hinzurechnungsbilanz aufzustellen.[1049] Für die Aufstellung der Eröffnungshinzurechnungsbilanz ist dabei § 21 Abs. 3 AStG von besonderer Bedeutung, da hiernach bei einer erstmaligen Bewertung von Wirtschaftsgütern im Rahmen des § 10 Abs. 3 AStG die Werte anzusetzen sind, die sich ergeben würden, wenn seit ihrer Übernahme durch die ausländische Gesellschaft die Vorschriften des deutschen Steuerrechts angewendet worden wären. Die Vorschrift ist damit „lex specialis" zu § 6 Abs. 1 Nr. 5 EStG, wonach Wirtschaftsgüter in einer Eröffnungsbilanz grundsätzlich mit dem Teilwert anzusetzen sind, wohingegen § 21 Abs. 3 AStG ein Ansatz der Anschaffungs- oder Herstellungskosten vorschreibt. Im Ergebnis führt die Bewertung zu den fortgeschriebenen Anschaffungs- oder Herstellungskosten zur Erfassung stiller Reserven, die bereits vor dem Eingreifen der Hinzurechnungsbesteuerung begründet worden sind.[1050] Das gilt insbesondere für solche Fälle, in denen ein Erwerber einer Zwischengesellschaft die stillen Reserven bereits mit dem Kaufpreis gegenüber dem früheren Anteilseigner abgegolten hat und durch § 21 Abs. 3 AStG faktisch eine neue Steuerverstrickung im Inland begründet wird. Da ein entsprechender Ansatz nur für eine Beteiligung an einer ausländischen Zwischengesellschaft vorzunehmen ist, ergibt sich daraus eine diskriminierende Wirkung der materiellen Einkünfteermittlungsvorschriften bei betrieblichen Einkünften einer ausländischen Zwischengesellschaft.

g) Ergebnis

Zusammenfassend ist festzustellen, dass die Vorschriften über die Hinzurechnungsbesteuerung eine Vielzahl von systematischen Unzulänglichkeiten aufweisen, die eine kapitalexportneutrale Besteuerung der Einkünfte der ausländischen

---

[1048] Schönfeld, Hinzurechnungsbesteuerung und Europäisches Gemeinschaftsrecht, S. 487.
[1049] Vgl. BMF-Schreiben vom 14.05.2004, IV B 4 – S 1340 – 11/04, BStBl I 2004, Sondernummer 1/2004, Rn. 10.3.2.1.; Menck, in: Blümich, AStG, § 10, Rn. 30.
[1050] Luckey, in: Strunk/Kaminski/Köhler, AStG, § 10, Rn. 95.

Zwischengesellschaft beim inländischen Anteilseigner im Thesaurierungs- und sogar im Ausschüttungsfall verhindern und damit eine diskriminierende Behandlung des grenzüberschreitenden Investments gegenüber einem vergleichbaren inländischen Sachverhalt verursachen. Eine vereinzelte Inländerdiskriminierung erscheint da eher zufällig, als vom Gesetzgeber bewusst gewollt. Der diskriminierende Effekt wird durch den enstehenden Liquiditäts- und Zinsnachteil im Thesaurierungsfall und abweichende Bewertungsvorschriften für Wirtschaftsgüter der ausländischen Zwischengesellschaft noch weiter verstärkt. Neben der finanziellen Belastung des Steuerpflichtigen kommen auch erweiterte Mitwirkungs- und Nachweispflichten hinzu, die bei einem Anteilseigner an einer inländischen Kapitalgesellschaft ebenfalls nicht in dem vorgeschriebenen Umfang anfallen und damit aus gemeinschaftsrechtlicher Perspektive rechtfertigungsbedürftig sind. Darüber hinaus ergeben sich neben den dargestellten Diskriminierungen weitere Beschränkungen der grenzüberschreitenden Beteiligung, die im nachfolgenden Abschnitt erörtert werden.

2. Beschränkung eines grenzüberschreitenden Investments in eine ausländische Zwischengesellschaft

Seit der Entscheidung des EuGH in der Rs. C-55/94 („Gebhard") ist allgemein anerkannt, dass die Niederlassungsfreiheit und darüber hinaus auch die übrigen Grundfreiheiten des EGV neben einem Diskriminierungsverbot auch ein allgemeines Beschränkungsverbot enthalten.[1051] In dem zur Entscheidung stehenden Sachverhalt ging es um die gemeinschaftsrechtliche Rechtmäßigkeit einer Berufszulassungsregelung im Rahmen der grenzüberschreitenden Niederlassung eines deutschen Rechtsanwalts in Italien.[1052] Im Rahmen der Eingriffs- und Rechtfertigungsprüfung von Art. 43 EG stellte der EuGH seinerzeit fest, dass nationale Maßnahmen, die die Ausübung der durch den Vertrag garantierten grundlegenden Freiheiten behindern oder weniger attraktiv machen können, vier Voraussetzungen erfüllen müssen: Sie müssen in nicht-diskriminierender Weise angewandt werden, sie müssen aus zwingenden Gründen des Allgemeininteresses gerechtfertigt sein, sie müssen geeignet sein, die Verwirklichung des mit ihnen verfolgten Zieles zu gewährleisten, und sie dürfen nicht über das hinausgehen, was zur Erreichung dieses Zieles erforderlich ist.[1053] Obwohl in dem fragli-

---

[1051] EuGH-Urteil vom 30.11.1995, Rs. C-55/94 („Gebhard"), Slg. 1995, I-4165; vgl. EuGH-Urteil vom 12.02.1987, Rs. 221/85 („Kommission / Belgien"), Slg. 1987, S. 719; EuGH-Urteil vom 15.03.1988, Rs. 147/86 („Kommission / Griechenland"), Slg. 1988, S. 1637 für die frühere entgegenstehende Auffassung.

[1052] EuGH-Urteil vom 30.11.1995, Rs. C-55/94 („Gebhard"), Slg. 1995, I-4165, Rn. 1 ff.

[1053] EuGH-Urteil vom 30.11.1995, Rs. C-55/94 („Gebhard"), Slg. 1995, I-4165, Rn. 37; vgl. EuGH-Urteil vom 12.07.1984, Rs. 107/83 („Klopp"), Slg. 1984, S. 2971; EuGH-Urteil vom 30.04.1986, Rs. 96/85 („Kommission / Frankreich"), Slg. 1986, S. 1465; EuGH-Urteil vom 07.07.1988, Rs. 143/87 („Stanton"), Slg. 1988, S. 3877; EuGH-Urteil vom 07.07.1988, verb. Rs. 154/87 und 155/87 („Wolf"), Slg. 1988, S. 3897; EuGH-Urteil vom 16.06.1995, Rs. C-351/90 („Kommission / Luxemburg"), Slg. 1992, I-3945 für Beschränkungen im Rahmen einer grenzüberschreitenden Niederlassung im Zielstaat.

chen Urteil keine Entscheidung in der Sache erging, liegt die entscheidende Bedeutung dieser Rechtsprechung darin, dass erstmals eine Konvergenz der grundfreiheitlichen Schranken nicht nur auf Eingriffs- sondern auch auf Rechtfertigungsebene aller fünf Grundfreiheiten des EGV ausdrücklich anerkannt wurde.[1054] Die in dem Urteil des EuGH in der Rs. 120/78 („REWE Zentral AG") zur Warenverkehrsfreiheit entwickelte sog. „rule of reason" als Prüfungsmaßstab für die Rechtfertigung eines Eingriffs aufgrund ungeschriebener Ausnahmetatbestände in den Schutzbereich des Art. 28 EG wurde damit auch auf die Rechtfertigungsprüfung für Ungleichbehandlungen bzw. Beschränkungen in die übrigen Grundfreiheiten übertragen.[1055] Damit wurde den übrigen Grundfreiheiten ein bis zu diesem Zeitpunkt nur in der Rechsprechung zur Warenverkehrsfreiheit anerkanntes Gegengewicht zugunsten mitgliedstaatlicher Interessen gegenüber einer extensiven Interpretation der tatbestandlichen Reichweite der Grundfreiheiten als Beschränkungsverbote hinzugefügt. Eine entsprechende Tendenz des EuGH zur Ausweitung der Niederlassungsfreiheit von einem reinen Diskriminierungsverbot hin zu einem Beschränkungsverbot wurde aber bereits in dem Urteil in der Rs. C-340/89 („Vlassopoulou") deutlich.[1056] In der Sache ging es auch in dieser Entscheidung um die Anforderungen einer Berufszulassung zum Rechtsanwalt für Gemeinschaftsbürger mit einer ausländischen Berufsqualifikation in der Bundesrepublik Deutschland. In den Entscheidungsgründen weicht der EuGH bereits im Jahre 1991 deutlich von den Anforderungen einer grenzüberschreitenden Diskriminierung für das Vorliegen eines Eingriffs in die Niederlassungsfreiheit ab, in dem er feststellt, dass sich nationale Qualifikationsvoraussetzungen für eine Berufszulassung, selbst wenn sie ohne eine Diskriminierung aufgrund der Staatsangehörigkeit angewandt werden, dahingehend auswirken können, dass sie die Staatsangehörigen der anderen EU-Mitgliedstaaten in der Ausübung der ihnen durch die Niederlassungsfreiheit gewährten Rechte beeinträchtigen können.[1057] In der neueren Rechtsprechung des EuGH wurde das Beschränkungsverbot aber nicht nur auf Sachverhalte im Niederlassungsstaat angewendet. Vielmehr hat der Gerichtshof auch eine Anwendung auf Beschränkungen des Marktaustritts durch den Herkunftsstaat ohne Vorliegen einer Dis-

---

[1054] Vgl. EuGH-Urteil vom 15.12.1995, Rs. C-415/93 („Bosman"), Slg. 1995, I-4921, Rn. 102 f. für die Arbeitnehmerfreizügigkeit unter Verweis auf die EuGH-Urteile in den Rs. C-55/94 („Gebhard") und C-19/92 („Kraus"); Randelzhofer/Forsthoff, in: Grabitz/Hilf, Das Recht der Europäischen Union, vor Art. 39 – 55 EG, Rn. 86, 93.

[1055] Vgl. EuGH-Urteil vom 20.02.1979, Rs. 120/78 („REWE Zentral AG"), Slg. 1979, S. 649, Rn. 8.

[1056] EuGH-Urteil vom 07.05.1991, Rs. C-340/89 („Vlassopoulou"), Slg. 1991, I-2357.

[1057] EuGH-Urteil vom 07.05.1991, Rs. C-340/89 („Vlassopoulou"), Slg. 1991, I-2357, Rn. 15; vgl. EuGH-Urteil vom 31.03.1993, Rs. C-19/92 („Kraus"), Slg. 1993, I-1663, Rn. 32 für die Bestätigung dieser Auffassung; vgl. Cordewener, Europäische Grundfreiheiten und nationales Steuerrecht, S. 275 f.

kriminierung vorgenommen.[1058] Ein umfassendes Beschränkungsverbot gilt nach dem Wortlaut von Art. 56 Abs. 1 EG auch für grenzüberschreitende Kapitalverkehrsvorgänge. In der Rs. C-222/97 („Trummer u. Mayer") hat der EuGH eine in Österreich unterschiedslos für in- und ausländische Sicherungshypotheken vor der Währungsunion geltende Verpflichtung zur Grundbucheintragung in inländischer Währung als Beschränkung von Art. 56 EG qualifiziert, die geeignet sei, die Betroffenen davon abzuhalten, eine Forderung in der Währung eines anderen Mitgliedstaates zu bezeichnen und ihnen damit ein Recht zu nehmen, das ein fester Bestandteil des freien Kapital- und Zahlungsverkehrs sei.[1059] Daneben hat der EuGH in seinem Urteil in der Rs. C-302/97 („Konle") festgestellt, dass die unterschiedslos anwendbare Genehmigungspflicht für den Erwerb in Österreich belegener Grundstücke eine Beschränkung des freien Kapitalverkehrs bezwecke.[1060]

Die entscheidende Frage gilt daher nicht mehr der grundsätzlichen Existenz, sondern vielmehr der inhaltlichen Reichweite eines Beschränkungsverbots als Eingriffstatbestand in eine Grundfreiheit. So hat der EuGH seine restriktive Haltung zur Auslegung des Begriffs der „Maßnahmen gleicher Wirkung" im Schutzbereich der Warenverkehrsfreiheit aus Art. 28 EG in den verbundenen Rs. C-267/91 und C-268/91 („Keck u. Mithouard") u. a. damit begründet, dass er sich immer häufiger Vorlagen ausgesetzt sehe, in denen sich Wirtschaftsteilnehmer auf den Schutz von Art. 28 EG berufen, um jedwede Regelung des nationalen Rechts anzugreifen.[1061] Mit der Auffassung von Cordewener würde eine wörtliche Auslegung der Rechtsprechung des EuGH in der Rs. C-55/94 („Gebhard") jede mitgliedstaatliche Regelung des Wirtschaftslebens erfassen, die auch nur potentiell oder mittelbar die Bereitschaft von Arbeitnehmern oder Unternehmern zum grenzüberschreitenden Wirtschaftsverkehr im Schutzbereich einer Grundfreiheit zu beeinflussen geeignet ist, so dass insbesondere auch die Erhebung von Steuern durch einen Mitgliedstaat als Beschränkung angesehen werden kann.[1062] Dahin geht auch die Auffassung von GA Mischo in den Schlussanträgen zur Rs. C-255/97 („Pfeiffer"), wonach es als unerträglich anzusehen wäre, wenn die EU-Mitgliedstaaten nationale Rechtsvorschriften aller Art, wie etwa höhere Gesellschaftssteuern oder Mehrwertsteuersätze als in anderen Ländern, als „zwingende Erfordernisse" rechtfertigen müssten, sofern ein Wirt-

---

[1058] EuGH-Urteil vom 10.05.1995, Rs. C-384/93 („Alpine Investments B.V."), Slg. 1995, I-1141, Rn. 17 ff.; EuGH-Urteil vom 15.12.1995, Rs. C-415/93 ("Bosman"), Slg. 1995, I-4921, Rn. 88 ff.; vgl. EuGH-Urteil vom 27.09.1988, Rs. 81/87 („Daily Mail"), Slg. 1988, 5483, Rn. 11 ff.; EuGH-Urteil vom 16.07.1998, Rs. C-264/96 („ICI plc."), Slg. 1998, I-4695, Rn. 18 ff. für eine Anwendung der Niederlassungsfreiheit auf diskriminierende Vorschriften des Marktaustrittsstaats; vgl. Cordewener, Europäische Grundfreiheiten und nationales Steuerrecht, S. 278 ff.
[1059] EuGH-Urteil vom 16.03.1999, Rs. C-222/97 („Trummer u. Mayer"), Slg. 1999, I-1661, Rn. 26.
[1060] EuGH-Urteil vom 01.06.1999, Rs. C-302/97 („Konle"), Slg. 1999, I-3099, Rn. 39.
[1061] EuGH-Urteil vom 24.11.1993, verb. Rs. C-267/91 und C-268/91 („Keck u. Mithouard"), Slg. 1993, I-6099, Rn. 14.
[1062] Cordewener, Europäische Grundfreiheiten und nationales Steuerrecht, S. 288 f.

schaftsteilnehmer geltend macht, dass die Niederlassungsfreiheit durch diese Vorschrift weniger attraktiv würde.[1063] Schließlich hat auch GA Geelhoed in seinen Schlussanträgen vom 23.02.2006 in der Rs. C-374/04 („Test Claimants in Class IV of the ACT Group Litigation") unter Bezugnahme auf die Entscheidung des EuGH in der Rs. C-446/03 („Marks & Spencer plc.") zur Reichweite des grundfreiheitlichen Beschränkungsverbots im Bereich der direkten Steuern festgestellt, dass er keinen Grund erkennen kann, weshalb Gesellschaften, die sich in voller Kenntnis des örtlichen Steuerrechts dafür entscheiden, ihre Tätigkeiten in einen anderen EU-Mitgliedstaat zu verlegen, mit einer sehr selektiven und verzerrenden steuerlichen Abhilfe im Sitzstaat belohnt werden sollten, wenn ihre Tätigkeit im Quellenstaat zu Verlusten führt, die im letztgenannten Staat nicht abgezogen werden können.[1064] Nachfolgend wird daher untersucht, ob und wie die inhaltliche Ausgestaltung eines Beschränkungsverbots für Vorschriften des nationalen Rechts aus dem Bereich der direkten Steuern in abstrakt-genereller Weise möglich ist. Zu diesem Zweck werden die Implikationen des Binnenmarktgedankens aus den Artt. 3, 14 EG und die Rechtsprechung des EuGH zur Ausgestaltung eines Beschränkungsverbots im Schutzbereich der Warenverkehrsfreiheit zunächst abstrakt dargestellt. Jeweils im Anschluss werden dann die gesetzlichen Vorgaben der Hinzurechnungsbesteuerung im Lichte der gewonnenen Erkenntnisse über ein grundfreiheitliches Beschränkungsverbot bewertet.

a) Vorgaben des Binnenmarktgedankens der Artt. 3, 14 EG für ein grundfreiheitliches Beschränkungsverbot

Bis zu dem Vorabentscheidungsersuchen in der Rs. C-196/04 („Cadbury Schweppes") hatte sich der EuGH nicht mit dem Problem der Heraufschleusung der Steuerbelastung einer Kapitalgesellschaft im Zielstaat der Niederlassung auf das Steuerniveau des Ausgangsstaates durch eine Zurechnung von Einkünften beim inländischen Anteilseigner der ausländischen Kapitalgesellschaft als grundfreiheitliche Beschränkung zu beschäftigen. Wie bereits im vorangehenden Abschnitt über die diskriminierende Wirkung der Hinzurechnungsbesteuerung festgestellt, birgt das Urteil des EuGH vom 12.09.2006 in der Rs. C-196/04 („Cadbury Schweppes") jedoch keine wesentliche Auseinandersetzung mit der beschränkenden Wirkung einer kapitalexportneutralen Besteuerung.[1065] Vielmehr beschränkt sich der Gerichtshof auf die Feststellung einer Diskriminierung des grenzüberschreitenden gegenüber dem rein inländischen Sachverhalt, welcher er lediglich formell die Bezeichnung einer Beschränkung anheftet.[1066] Über

---

[1063] Schlussanträge GA Mischo vom 07.07.1998, Rs. C-255/97 („Pfeiffer"), Slg. 1999, I-2835, Rn. 58.
[1064] Schlussanträge GA Geelhoed vom 23.02.2006, Rs. C-374/04 („Test Claimants in Class IV of the ACT Group Litigation"), Slg. 2006, I-11673, Rn. 65.
[1065] Siehe Kapitel 4, C. II. 1.
[1066] Vgl. EuGH-Urteil vom 12.09.2006, Rs. C-196/04 („Cadbury Schweppes"), Slg. 2006, I-7995, Rn. 45.

die Entscheidung des EuGH in der Rs. C-196/04 („Cadbury Schweppes") hinaus ist zudem festzustellen, dass der EuGH die Prüfung eines Eingriffs in eine Grundfreiheit durch eine mitgliedstaatliche Vorschrift auf dem Gebiet der direkten Steuern zwar in ständiger Rechtsprechung auf die in der Rs. C-55/94 („Gebhard") entwickelte Beschränkungsformel stützt, in der Sache jedoch regelmäßig eine Ungleichbehandlung von grenzüberschreitendem und nationalem Sachverhalt vorliegt, so dass bisher keine eingehende Auseinandersetzung mit den tatbestandlichen Anforderungen für das Vorliegen einer über eine Ungleichbehandlung hinausgehenden Beschränkung stattgefunden hat.[1067]

Einzig in der Rs. C-250/95 („Futura Singer") hat der Gerichtshof im Anschluss an die Ablehnung einer grenzüberschreitenden Diskriminierung durch eine Regelung des luxemburgischen Steuerrechts über eine Begrenzung von Verlustvorträgen inländischer Zweigniederlassungen gegenüber ansässigen Gesellschaften auf solche Verluste, die einen wirtschaftlichen Bezug zum Inland aufweisen, das Vorliegen einer über die Diskriminierung hinausgehenden, nicht gerechtfertigten Beschränkung durch ein inländisches Buchführungs- und Aufbewahrungserfordernis für die Anerkennung der Verlustvorträge geprüft und für unverhältnismäßig befunden, sofern der Steuerausländer klar und eindeutig belegt hat, dass die von ihm geltend gemachten Verluste nach dem im fraglichen Geschäftsjahr einschlägigen inländischen Recht über die Berechnung der Einkünfte und der Verluste den dem Steuerausländer in diesem Mitgliedstaat tatsächlich entstandenen Verlusten der Höhe nach entsprachen.[1068] Bei dieser Feststellung handelte es sich jedoch nicht um eine Beschränkung der Niederlassungsfreiheit durch eine materielle Vorschrift des nationalen Steuerrechts, sondern vielmehr um eine der Besteuerung vorgelagerte Verfahrensvorschrift über den Nachweis von Besteuerungsgrundlagen.[1069]

Der bisherigen Rechtsprechung des EuGH zu Inhalt und Umfang eines grundfreiheitlichen Beschränkungsverbots liegen damit ausschließlich Sachverhaltsgestaltungen außerhalb des Bereichs der direkten Steuern über spezifische Marktaustritts- oder Markteintrittsbehinderung, wie z. B. Tätigkeitsverbote, die Zulässigkeit von Monopolen, ein Verbot der Mehrfachniederlassung, ein grenzüberschreitendes Wohnsitzerfordernis, Genehmigungs-, Zulassungs- oder Qualifikationserfordernisse, zugrunde.[1070] Schließlich wird die Grenze zwischen einer grundfreiheitlichen Beschränkung und einer nicht eingriffsrelevanten staatlichen Maßnahme in der Literatur kontrovers diskutiert, so dass sich hier eine Vielzahl

---

[1067] Vgl. hierzu die Übersicht der EU-Kommission „Court Cases in the Field of Direct Taxation"; abrufbar unter www.europa.eu.int.
[1068] EuGH-Urteil vom 15.05.1997, Rs. C-250/95 („Futura Participations S. A."), Slg. 1997, I-2471, Rn. 18 ff., 43.
[1069] Vgl. Randelzhofer/Forsthoff, in: Grabitz/Hilf, Das Recht der Europäischen Union, vor Art. 39 – 55 EG, Rn. 220.
[1070] Vgl. Randelzhofer/Forsthoff, in: Grabitz/Hilf, Das Recht der Europäischen Union, Art. 43 EG, Rn. 90 ff.

unterschiedlicher Lösungsansätze bieten.[1071] Eine unmittelbare Ableitung von Vorgaben der Rechtsprechung für die Feststellung einer grundfreiheitlichen Beschränkung in Fällen einer Hinzurechnungsbesteuerung ist aber nicht möglich. Nicht zuzustimmen ist der Auffassung von GA Geelhoed in seinen Schlussanträgen vom 23.02.2006 in der Rs. C-374/04 („Test Claimants in Class IV of the ACT Group Litigation"), wonach der Gerichtshof den Begriff der Diskriminierung und Beschränkung im Bereich der Rechtsprechung zu den direkten Steuern im Schutzbereich der Niederlassungsfreiheit synoym verwende, mit der Folge, dass zwischen beiden Arten der Formulierung de facto kein praktischer Unterschied bestehe.[1072] Diese Argumentation ist vor dem Hintergrund zurückzuweisen, dass aufgrund der umfangreichen Rechtsprechung zur Existenz und Reichweite eines grundfreiheitlichen Beschränkungsverbots eine dogmatische Konvergenz der Grundfreiheiten auch im Bereich der Rechtsprechung zu den direkten Steuern anzustreben ist. Darüber hinaus wirkt die von GA Geelhoed gewählte Unterscheidung zwischen „quasibeschränkenden" und „beschränkenden" Maßnahmen, die nicht diskriminierend wirken dürfen, in ihrer Auswahl äußerst willkürlich und ohne Bezug zur bisherigen Rechtsprechung des EuGH über ein grundfreiheitliches Beschränkungsverbot.[1073] Aus diesen Gründen ist nach der hier vertretenen Auffassung für Zwecke der Bestimmung der tatbestandlichen Reichweite des grundfreiheitlichen Beschränkungsverbots im Anwendungsbereich der direkten Steuern zunächst eine Auslegung der Binnenmarktziele in den Artt. 2, 3, 14 EG vorzunehmen, da diese Rechtsnormen die zentralen Grundgedanken zu Inhalt und Reichweite der Grundfreiheiten beinhalten und damit als Ausgangspunkt für die Bestimmung des Schutzumfangs auf Eingriffsebene im Vorfeld der Rechtsprechungsanalyse im nachfolgenden Abschnitt dieses Kapitels dienen können.

Im Vorfeld einer Darstellung der im Bereich der direkten Steuern relevanten Abgrenzungskriterien ist aber zunächst festzuhalten, dass eine Beschränkung von Grundfreiheiten durch eine nationale Vorschrift aus dem Bereich der direkten Steuern prinzipiell nur dann angenommen werden kann, wenn die streitige Rechtsnorm weder eine direkte Diskriminierung nach der Staatsangehörigkeit noch eine indirekte Diskriminierung anhand sonstiger tatsächlicher oder rechtlicher Kriterien bewirkt, so dass für das Beschränkungsverbot lediglich ein Residualbereich staatlicher Maßnahmen außerhalb des allgemeinen Diskriminierungsverbots in seiner Ausprägung durch die Grundfreiheiten des EGV verbleibt.[1074]

Grundlegendes Kriterium für die Qualifizierung eines beschränkenden Eingriffs in eine Grundfreiheit ist nach der hier vertretenen Auffassung der sich aus

---

[1071] Vgl. Lackhoff, Niederlassungsfreiheit, S. 392 ff. für eine Darstellung der verschiedenen Ansätze.
[1072] Schlussanträge GA Geelhoed vom 23.02.2006, Rs. C-374/04 („Test Claimants in Class IV of the ACT Group Litigation"), Slg. 2006, I-11673, Rn. 35 f.
[1073] Vgl. Schlussanträge GA Geelhoed vom 23.02.2006, Rs. C-374/04 („Test Claimants in Class IV of the ACT Group Litigation"), Slg. 2006, I-11673, Rn. 41 ff.
[1074] Vgl. Cordewener, Europäische Grundfreiheiten und nationales Steuerrecht, S. 249.

den Artt. 3 Abs. 1 lit. c), 14 Abs. 2 EG ergebende Zweck der Grundfreiheiten bei der Verwirklichung eines gemeinschaftsweiten Binnenmarktes. Diesbezüglich gebietet Art. 3 Abs. 1 lit. c) EG die Verwirklichung eines gemeinsamen Marktes, der durch die Beseitigung der Hindernisse für den freien Waren-, Personen-, Dienstleistungs- und Kapitalverkehr zwischen den EU-Mitgliedstaaten gekennzeichnet ist und Art. 14 Abs. 2 EG einen Raum ohne Binnengrenzen, in dem der freie Verkehr von Waren, Personen, Dienstleistungen und Kapital gemäß den Bestimmungen des EGV gewährleistet ist. Mit der Auffassung von Cordewener ist Art. 3 Abs. 1 lit. c) EG als eine einschränkend ausgerichtete Präzisierung von Art. 14 Abs. 2 EG zu verstehen, da Art. 3 Abs. 1 lit. c) EG unmittelbar die abstrakten Aufgaben der EU sowie der dazu einzusetzenden Mittel i. S. d. Art. 2 EG konkretisiert und deshalb im Gesamtkontext der Kompetenzverteilungen zwischen der EU und den Mitgliedstaaten zu betrachten ist.[1075] Die Verwirklichung des Binnenmarktes erfordert hiernach, dass die Marktteilnehmer überall im Markt für die Austauschbeziehungen einschließlich der vorbereitenden Handlungen ein Rechtsregime vorfinden, das zu einheitlichen Wettbewerbsbedingungen führt und die hierfür erforderlichen rechtlichen Rahmenbedingungen in der EU in einer wettbewerbsbezogenen und freiheitlichen Perspektive so gestaltet sind, dass die Marktteilnehmer überall entweder gleiche Bedingungen vorfinden oder aber verbleibende Differenzen ohne Einfluss auf ihre ökonomischen Entscheidungen sind.[1076] Da es vornehmliches Ziel der Grundfreiheiten ist, eine freie Standortwahl im Gemeinschaftsgebiet zu ermöglichen, sind folglich solche Vorschriften des nationalen Steuerrechts als beschränkender Eingriff in eine Grundfreiheit zu qualifizieren, die eine freie Standortauswahl im Gemeinschaftsgebiet beeinträchtigen.[1077] Zusammenfassend ist daher nach der hier vertretenen Auffassung zunächst festzustellen, dass ein Beschränkungsverbot im Lichte der Ziele der Artt. 2, 3 Abs. 1 lit. c), 14 Abs. 2 EG nur solche unterschiedslos anwendbaren Maßnahmen erfasst, die entweder den Marktaustritt im Ausgangsstaat[1078] oder den Marktzugang im Zielstaat[1079] der grundfreiheitlichen Betätigung behindern oder weniger attraktiv machen.

[1075] Cordewener, Europäische Grundfreiheiten und nationales Steuerrecht, S. 200; Pipkorn/Bardenhewer-Rating/Taschner, in: von der Groeben/Schwarze, EGV, Art. 14, Rn. 10 f.; Kahl, in: Calliess/Ruffert, EGV, Art. 14, Rn. 11 f.
[1076] Von Bogdandy, in: Grabitz/Hilf, Das Recht der Europäischen Union, EGV, Art. 14, Rn. 10.
[1077] Vgl. Randelzhofer/Forsthoff, in: Grabitz/Hilf, Das Recht der Europäischen Union, vor Art. 39 – 55 EG, Rn. 106.
[1078] Vgl. Randelzhofer/Forsthoff, in: Grabitz/Hilf, Das Recht der Europäischen Union, vor Art. 39 – 55 EG, Rn. 97 für ein Kriterium der grenzüberschreitenden Marktfreiheit.
[1079] Vgl. Randelzhofer/Forsthoff, in: Grabitz/Hilf, Das Recht der Europäischen Union, vor Art. 39 – 55 EG, Rn. 98, 112 ff. für ein Kriterium der Marktgleichheit.

b) Investment in eine ausländische Zwischengesellschaft im Lichte der Vorgaben des Binnenmarktgedankens aus den Artt. 3, 14 EG

Überträgt man diese Feststellung auf die gesetzgeberische Konzeption der Hinzurechnungsbesteuerung, so bewirkt eine Heraufschleusung der Besteuerung für eine grenzüberschreitende Beteiligung an einer Kapitalgesellschaft auf das inländische Steuerniveau zunächst keine unmittelbare „Behinderung" durch erhöhte formelle oder materielle Anforderungen an den Niederlassungs- bzw. Kapitalverkehrsvorgang. Dennoch lässt die steuerliche Nivellierung im Wege der Hinzurechnung von Einkünften der ausländischen Körperschaft das grenzüberschreitende Investment durch eine faktische Eliminierung des innergemeinschaftlichen Steuerwettbewerbs unattraktiv oder sogar überflüssig erscheinen, da der mit der Niederlassung bzw. dem Kapitaltransfer verbundene Steuervorteil als (primäre) Zwecksetzung des Wirtschaftsteilnehmers nicht verwirklicht werden kann. Diese Feststellung gilt insbesondere vor dem Hintergrund, dass die Regelungsmaterie der direkten Steuern, dem Prinzip der begrenzten Ermächtigung aus Art. 5 EG folgend, lediglich einer sekundärrechtlichen Rechtsetzung unter Subsidiaritäts- und Erforderlichkeitsvorbehalt unterliegt, so dass eine gemeinschaftsweite Nivellierung von Steuersätzen mittels nationaler Vorschriften über eine Zurechnungsbesteuerung weder immanenter Zweck des Binnenmarktgedankens der Artt. 3 Abs. 1 lit. c), 14 Abs. 2 EG noch der Grundfreiheiten ist und damit weder auf nationaler noch auf gemeinschaftsrechtlicher Ebene vorbehaltlich einer einstimmigen Rechtsetzung aller EU-Mitgliedstaaten gem. Artt. 94, 95 EG als nicht-diskriminierender bzw. nicht-beschränkender Eingriff in die Binnenmarktziele und Grundfreiheiten zu qualifizieren wäre.[1080] Vielmehr ist gerade das Gegenteil der Fall, da der von einer Hinzurechnungsbesteuerung im Inland betroffene Wirtschaftsteilnehmer die Allokation seiner Produktionsfaktoren im Zielstaat im Rahmen einer grenzüberschreitenden Standortauswahl als günstig beurteilt und dies durch die Inanspruchnahme der Gewährleistungen der Niederlassungs- und Kapitalverkehrsfreiheit auch dokumentiert hat. Die einer solchen Investition zugrunde liegende Wirtschaftlichkeitsanalyse erfasst dabei zuvorderst die steuerlichen Standortbedingungen im Zielstaat, die damit einen integralen Bestandteil für die Entscheidung einer grenzüberschreitenden Betätigung im Binnenmarkt durch den Wirtschaftsteilnehmer bilden. Würde man nun im Marktaustrittsstaat eine Regelung des nationalen Steuerrechts als nicht beschränkende Maßnahme im Schutzbereich einer Grundfreiheit qualifizieren, die es ermöglicht, die mit der grenzüberschreitenden Investitionsentscheidung des Wirtschaftsteilnehmers verbundenen Motive durch eine nachträgliche Heraufschleusung der Besteuerung zu konterkarieren, würde nicht nur der Grad einer Beseitigung der Hindernisse für den freien Personen- und Kapitalverkehr im Gemeinschaftsgebiet gem. Art. 3 Abs. 1 lit. c) EG, sondern auch die Gemein-

---

[1080] I. E. auch Schlussanträge GA Geelhoed vom 23.02.2006, Rs. C-374/04 („Test Claimants in Class IV of the ACT Group Litigation"), Slg. 2006, I-11673, Rn. 55 ff.; Schlussanträge GA Léger vom 02.05.2006, Rs. C-196/04 („Cadbury Schweppes"),Slg. 2006, I-7995, Rn. 79 ff.

schaftsaufgabe einer nachhaltigen Entwicklung des Wirtschaftslebens innerhalb der EU i. S. v. Art. 2 EG in das Ermessen der EU-Mitgliedstaaten gestellt. Aus der Sicht des Ausgangsstaates ist eine Egalisierung der steuerlichen Standortbedingungen durch eine Heraufschleusung der grenzüberschreitenden Betätigung im Rahmen einer inländischen Besteuerung auf das Steuerniveau des Ausgangsstaates daher als unmittelbares und zweckgerichtetes beschränkendes Hindernis mittels gesetzlicher Vorschriften des nationalen Steuerrechts durch die nachträgliche Modifizierung der für die Standortauswahl den Bezugspunkt bildenden Standortbedingungen anzusehen.[1081] Die gegenläufige Auffassung würde zu Wettbewerbsverzerrungen im Binnenmarkt führen und dem Sinn der Grundfreiheiten, eine optimale Allokation der Ressourcen zu ermöglichen, zuwiderlaufen, da es dem nationalen Steuergesetzgeber anheim gestellt bliebe, ob er den steuerlichen Standortwettbewerb im Binnenmarkt faktisch ausschalten kann.[1082] Eine Analyse der steuerlichen Auswirkungen einer Hinzurechnungsbesteuerung im Lichte der Binnenmarktziele des Vertrages kommt demnach zu dem Ergebnis, dass hiermit vorbehaltlich einer sonstigen Ungleichbehandlung ein beschränkender Eingriff in die Niederlassungs- und Kapitalverkehrsfreiheit i. S. d. Rechtsprechung des EuGH in der Rs. C-55/94 („Gebhard") verbunden ist.

c) Vorgaben der EuGH-Rechtsprechung zur Warenverkehrsfreiheit für ein grundfreiheitliches Beschränkungsverbot

Im Rahmen der im vorangehenden Abschnitt dieses Kapitels entwickelten Anwendung des grundfreiheitlichen Beschränkungsverbotes auf solche unterschiedslos anwendbaren Maßnahmen, die entweder den Marktaustritt im Ausgangsstaat oder den Marktzugang im Zielstaat der grundfreiheitlichen Betätigung behindern oder weniger attraktiv machen, lässt sich auch die Rechtsprechung des EuGH zur Warenverkehrsfreiheit gem. Art. 28 EG in den Rs. 8/74 („Dassonville"), 120/78 („REWE Zentral AG") und den verbundenen Rs. C-267/93 und C-268/93 („Keck u. Mithouard") fruchtbar machen.[1083] Die Rechtsprechung des EuGH in den genannten Entscheidungen bezieht sich auf das Verbot von mengenmäßigen Einfuhrbeschränkungen zwischen den Mitgliedstaaten i. S.v. Art. 28 EG und ist auf die Auslegung des Tatbestandsmerkmals der „Maßnahmen gleicher Wirkung" fokussiert. Diesbezüglich hat der EuGH in seinem grundlegenden Urteil in der Rs. 8/74 („Dassonville") bereits festgehalten, dass eine „Maßnahme gleicher Wirkung" jede Handelsregelung der Mitgliedstaaten ist, die geeignet ist, den innergemeinschaftlichen Handel unmittelbar oder mittelbar, tatsächlich oder potentiell zu behindern (sog. „Dassonville-

---

[1081] Roth, in: GS für Knobbe-Keuk, S. 728, 737 f.
[1082] Randelzhofer/Forsthoff, in: Grabitz/Hilf, Das Recht der Europäischen Union, vor Art. 39 – 55 EG, Rn. 106.
[1083] EuGH-Urteil vom 11.07.1974, Rs. 8/74 („Dassonville"), Slg. 1974, S. 837; EuGH-Urteil vom 20.02.1979, Rs. 120/78 („REWE Zentral AG"), Slg. 1979, S. 649; EuGH-Urteil vom 24.11.1993, verb. Rs. C-267/91 und C-268/91 („Keck u. Mithouard"), Slg. 1993, I-6099.

Formel").[1084] Der EuGH hat diese Formel in seinen Urteilen zur Warenverkehrsfreiheit in ständiger Rechtsprechung bis heute wiederholt und weiter präzisiert, da er angesichts der weiten „Dassonville-Formel" im Verhältnis zur engen Auslegung der Ausnahmetatbestände in Art. 30 EG eine tatbestandliche Begrenzung im Falle von unterschiedslos anwendbaren Maßnahmen für erforderlich gehalten hat. So hat der EuGH im Urteil in der Rs. 120/78 („REWE Zentral AG") für eine unterschiedslos auf in- und ausländische Erzeugnisse anwendbare Vorschrift über einen Mindestalkoholgehalt von bestimmten Likören festgestellt, dass es bei Fehlen einer gemeinschaftsrechtlichen Regelung für die Herstellung und den Vertrieb bestimmter Waren in die Zuständigkeit der EU-Mitgliedstaaten fällt, für ihr Hoheitsgebiet die für erforderlich gehaltenen Regelungen zu erlassen. Zwar wurde in dem Urteil zunächst vom EuGH klargestellt, dass die Auslegung des Begriffs der „Maßnahmen gleicher Wirkung" i. S. d. „Dassonville-Formel" auch solche nationalen Regelung erfasst, die einheimische und importierte Waren unterschiedslos betreffen.[1085] Im Anschluss daran stellt der Gerichtshof aber einschränkend fest, dass Handelshemmnisse, die sich aus den Unterschieden der autonomen Regelungen in den EU-Mitgliedstaaten ergeben, hingenommen werden müssen, soweit sie notwendig sind, um zwingenden Erfordernissen einer wirksamen steuerlichen Kontrolle, dem Schutz der Lauterkeit des Handelsverkehrs und dem Verbraucherschutz gerecht zu werden (sog. „Cassis-de-Dijon-Formel").[1086] Der EuGH hat seither in ständiger Rechtsprechung betont, dass zwingende Erfordernisse i. S. d. „Cassis-de-Dijon-Formel" nur zu berücksichtigen sind, wenn es sich um Maßnahmen handelt, die unterschiedslos auf einheimische und eingeführte Erzeugnisse anwendbar sind.[1087] Die Judikatur des EuGH in den Rs. 8/74 („Dassonville") und 120/78 („REWE Zentral AG") hat den Art. 28 EG innewohnenden Diskriminierungstatbestand damit um ein auf diskriminierungsfreie Maßnahmen anwendbares Beschränkungsverbot erweitert.[1088]

Eine praktische Konsequenz aus der „Cassis-de-Dijon-Formel" für die gemeinschaftsweite Rechtsetzung und Rechtsanwendung durch die Mitgliedstaaten und Gemeinschaftsorgane ist, dass die EU-Kommission seither weniger auf eine gemeinschaftsweite Angleichung der Rechtsvorschriften zur Beseitigung von

---

[1084] EuGH-Urteil vom 11.07.1974, Rs. 8/74 („Dassonville"), Slg. 1974, S. 837, Rn. 5.
[1085] EuGH-Urteil vom 20.02.1979, Rs. 120/78 („REWE Zentral AG"), Slg. 1979, S. 649, Rn. 8.
[1086] EuGH-Urteil vom 20.02.1979, Rs. 120/78 („REWE Zentral AG"), Slg. 1979, S. 649, Rn. 8; EuGH-Urteil vom 13.12.1990, Rs. C-238/89 („Pall"), Slg. 1990, I-4827, Rn. 11 ff.; EuGH-Urteil vom 09.07.1995, Rs. C-470/93 („Mars"), Slg. 1995, I-1923, Rn. 15 ff.; EuGH-Urteil vom 26.06.1997, Rs. C-368/95 („Familiapress"), Slg. 1997, I-3689, Rn. 19 ff.
[1087] EuGH-Urteil vom 10.01.1985, Rs. 229/83 („Leclerc / Au blé vert"), Slg. 1985, S. 1, Rn. 29; EuGH-Urteil vom 25.07.1991, verb. Rs. C-1/90 und C-176/90 („Aragonesa de Publicidad Exterior u. Pulivía"), Slg. 1991, I-4151, Rn. 13; EuGH-Urteil vom 09.07.1992, Rs. C-2/90 ("Kommission / Belgien"), Slg. 1992, I-4431, Rn. 34.
[1088] Cordewener, Europäische Grundfreiheiten und nationales Steuerrecht, S. 220, 227 ff. m. w. N.

Beschränkungen des freien Warenverkehrs setzt, sondern vielmehr vom sog. „Prinzip der gegenseitigen Anerkennung" ausgeht, wonach jedes in einem Mitgliedstaat rechtmäßig hergestellte und in den Verkehr gebrachte Erzeugnis grundsätzlich auf dem Markt der anderen Mitgliedstaaten zuzulassen ist und dies nur aufgrund zwingender Erfordernisse des Allgemeininteresses unter Berücksichtigung des Verhältnismäßigkeitsgrundsatzes durchbrochen werden kann.[1089] Das „Prinzip der gegenseitigen Anerkennung" wird inzwischen auch vom EuGH angewendet[1090] und beinhaltet folgende Grundregel: Alle rechtlichen und technischen Regelungen der Mitgliedstaaten sind prima facie als gleichwertig anzuerkennen, so dass die in einem Mitgliedstaat nach dessen Regeln rechtmäßig in den Verkehr gebrachten Waren in der gesamten Gemeinschaft verkehrsfähig sind, sofern dem nicht ausnahmsweise „zwingende Erfordernisse des Allgemeininteresses" i. S. d. „Cassis-de-Dijon-Formel" oder Schutzinteressen i. S. v. Art. 30 EG entgegenstehen.[1091] Überträgt man das „Prinzip der gegenseitigen Anerkennung" auf den vorliegenden Fall im Schutzbereich der Niederlassungs- oder Kapitalverkehrsfreiheit, so ist eine Heraufschleusung der Steuerlast eines grenzüberschreitenden Investments auf das Steuerniveau des Marktaustrittsstaates ebenfalls eine Beschränkung des Grundsatzes in umgekehrter Richtung, wenn man i. S. e. Reziprozität auch die Anerkennung der maßgeblichen Rechtsvorschriften im Zielstaat der grundfreiheitlichen Betätigung durch den Ausgangsstaat fordert. Eine Durchbrechung des „Prinzips der gegenseitigen Anerkennung" bedeutet demnach eine Beschränkung des Marktaustritts, die durch ein „zwingendes Erfordernis des Allgemeininteresses" zu rechtfertigen ist.

Neben dem „Prinzip der gegenseitigen Anerkennung" als mittelbarer Ausfluss der „Cassis-de-Dijon-Formel" auf Basis der tatbestandlich weitgefassten „Dassonville-Formel" enthält das Urteil des EuGH in den verbundenen Rs. C-267/93 und C-268/93 („Keck u. Mithouard") weitere Anhaltspunkte für die tatbestandliche Ausgestaltung und Anwendung eines Beschränkungsverbotes über die Warenverkehrsfreiheit hinaus.[1092] In der Sache ging es um das in Frankreich geltende Verbot einer Veräußerung von Handelswaren zum Verlustpreis. Hierzu stellte der EuGH entgegen der bisherigen Rechtsprechung des Gerichtshofs in der Rs. 120/78 („REWE Zentral AG") ausdrücklich fest, dass die Anwendung nationaler Bestimmungen, die bestimmte Verkaufsmodalitäten beschränken oder verbieten, auf Erzeugnisse aus anderen Mitgliedstaaten nicht geeignet ist, den Handel zwischen den Mitgliedstaaten i. S. d. „Dassonville-Formel" unmittelbar oder mittelbar, tatsächlich oder potentiell zu behindern, sofern diese Bestimmungen für alle betroffenen Wirtschaftsteilnehmer gelten, die ihre Tätigkeit im Inland ausüben, und sofern sie den Absatz der inländischen Erzeugnisse und der Erzeugnisse aus anderen EU-Mitgliedstaaten rechtlich und tatsächlich in gleicher Weise berühren

---
[1089] EU-Kommission, Weißbuch 1985, Rn. 63, 65.
[1090] EuGH-Urteil vom 22.10.1998, Rs. C-184/96 („Kommission / Frankreich"), Slg. 1998, I-6197, Rn. 28.
[1091] Leible, in: Grabitz/Hilf, Das Recht der Europäischen Union, Art. 28 EG, Rn. 26.
[1092] EuGH-Urteil vom 24.11.1993, verb. Rs. C-267/93 und C-268/93 („Keck u. Mithouard"), Slg. 1994, I-6097.

(sog. „Keck-Formel").[1093] Der EuGH begründete seine Auffassung damit, dass die Anwendung derartiger Regelungen auf den Verkauf von Erzeugnissen aus einem anderen Mitgliedstaat, die den von diesem Staat aufgestellten Bestimmungen entsprechen, nicht geeignet sei, den Marktzugang für diese Erzeugnisse zu versperren oder stärker zu behindern als sie dies für inländische Erzeugnisse tun.[1094] Nach dieser Rechtsprechung fallen daher solche staatliche Regelungen nicht in den Anwendungsbereich des Art. 28 EG, wenn sie erstens nicht den Warenverkehr zwischen den EU-Mitgliedstaaten zum Gegenstand haben, sondern in allgemeiner Weise die Wirtschaftstätigkeit im Inland betreffen und zweitens den Marktzugang für eingeführte Erzeugnisse nicht versperren oder stärker als für einheimische Erzeugnisse behindern, da andernfalls eine verschleierte Beschränkung i. S. v. Art. 30 S. 2 EG vorliegt. Dennoch fällt eine Vorschrift unter das Verbot des Art. 28 EG, die ihrem Wortlaut nach zwar allgemein gilt, jedoch in tatsächlicher Hinsicht von Wirtschaftsteilnehmern aus anderen Mitgliedstaaten nur wesentlich schwerer erfüllt werden kann als von Inländern.[1095] Eine Anwendbarkeit von Art. 28 EG liegt danach umso näher, je mehr die beschränkende Maßnahme produktbezogenen Charakter hat oder sich nachteilig auf grenzüberschreitende Vermarktungsstrategien auswirkt.[1096] Cordewener charakterisiert zutreffend die Auswirkungen des Urteils, wenn er feststellt, dass Art. 28 EG nun nicht mehr unter der breit angelegten „Dassonville-Formel" verstanden werden kann, welche jegliche, dem freien Warenverkehr auch nur potentiell entgegenstehende mitgliedstaatliche Regelung unter Rechtfertigungszwang setzte, sondern den Weg zu einem differenzierenden Ansatz bereitet, der allerdings durch den Begriff der „Verkaufsmodalitäten" verdeckt wird.[1097] Insbesondere sollte die Unterscheidung zwischen beschränkungsrelevanten „produktbezogenen" Regelungen und außerhalb des Anwendungsbereichs von Art. 28 EG stehenden „Verkaufsmodalitäten" nicht als zwingende Abgrenzung, sondern eher als Rahmen und Richtungsvorgabe für eine funktionell angelegte Prüfung des Beschränkungsverbots aufgefasst werden.[1098] An dieser Feststellung ist auch vor dem Hintergrund einer sinngemäßen Übertragung der „Keck-Formel" auf die anderen Grundfreiheiten des EGV festzuhalten, obwohl der Gerichtshof in seiner neueren Rechtsprechung zu Art. 28 EG zusehends vor der tatbestandlichen Abgrenzung zwischen beschränkenden und nicht-beschränkenden Maßnahmen des nationalen Rechts auf Basis der „Keck-Formel" zurückschreckt und zu einem weiten Verständnis des Diskriminierungsverbots i. S. e. Anerkennung von

---

[1093] EuGH-Urteil vom 24.11.1993, verb. Rs. C-267/93 und C-268/93 („Keck u. Mithouard"), Slg. 1994, I-6097, Rn. 16.
[1094] EuGH-Urteil vom 24.11.1993, verb. Rs. C-267/93 und C-268/93 („Keck u. Mithouard"), Slg. 1994, I-6097, Rn. 17.
[1095] EuGH-Urteil vom 30.04.1991, Rs. C-239/90 („British Motors"), Slg. 1991, I-2023, Rn. 12 ff.; EuGH-Urteil vom 13.01.2000, Rs. C-254/98 („Schutzverband gegen unlauteren Wettbewerb"), Slg. 2000, I-151, Rn. 22 ff.
[1096] Ress/Ukrow, in: Grabitz/Hilf, Das Recht der Europäischen Union, Art. 56 EG, Rn. 37.
[1097] Cordewener, Europäische Grundfreiheiten und nationales Steuerrecht, S. 254 f.
[1098] Cordewener, Europäische Grundfreiheiten und nationales Steuerrecht, S. 266 m. w. N.

faktischen Diskriminierungen, deren rechtliche Anknüpfung zwar unterschiedslos auf nationale und grenzüberschreitende Sachverhalte anwendbar ist, in der Sache aber faktisch regelmäßig zu einer Diskriminierung des grenzüberschreitenden Sachverhalts führt, zurückfindet.[1099]

Schließlich ist auch auf die Schlussanträge von GA van Gerven in der Rs. 145/88 („Torfaen") hinzuweisen, wonach eine nicht-diskriminierende Regelung in Übereinstimmung mit der zu den Artt. 3, 14 EG im vorangehenden Abschnitt dieses Kapitels vertretenen Auffassung als Beschränkung i. S. d. Art. 28 EG zu qualifizieren ist, wenn sie als solche oder als Bestandteil eines allgemeinen rechtlichen oder wirtschaftlichen Zusammenhangs zur Folge haben kann, dass ein inländischer Markt geschützt oder dass der Zugang zu diesem Markt unzulässigerweise für Wirtschaftsteilnehmer aus anderen EU-Mitgliedstaaten schwieriger, unrentabler oder unattraktiver gemacht wird.[1100] In Anlehnung an die kartellrechtliche Rechtsprechung des EuGH zu Art. 81 EG folgert der GA weiterhin, dass sich Art. 28 EG auch gegen solche nationalen Regelungen richten muss, die zu einer Abschirmung nationaler Märkte und im Ergebnis zu einer „Marktaufspaltung" innerhalb des Binnenmarktes führen.[1101] Das Kriterium der „Marktaufspaltung" kann nach der Auffassung von Cordewener auch im Rahmen einer Prüfung von spezifischen Beschränkungen der übrigen Grundfreiheiten auf Basis der „Keck-Formel" zur Anwendung kommen, da ihm eine begrenzende Wirkung innewohne, die zugleich aber auf der Rechtfertigungsebene auch die Anwendung der sog. „rule of reason" i. S. d. „Cassis-Formel" ermögliche.[1102]

Vorab einer Übertragung der dargestellten Grundsätze aus der Rechtsprechung des EuGH zur Warenverkehrsfreiheit auf eine Hinzurechnungsbesteuerung des Marktaustrittsstaates im Schutzbereich der Niederlassungs- und Kapitalverkehrsfreiheit ist abschließend die reziproke Anwendung dieser Rechtsprechung auf das Verbot mengenmäßiger Ausfuhrbeschränkungen aus Art. 29 EG zu untersuchen. Insofern wird die „Dassonville-Formel" vom Gerichtshof als zu weitgehend qualifiziert, da nahezu jede staatliche Maßnahme im Ausfuhrstaat, die die Produktion oder den Vertrieb von Waren reguliert oder mit Kosten belastet, potentiell zur Verringerung der Ausfuhrströme geeignet sei und damit fast alle nationalen Regelungen zum Schutz legitimer Gemeinwohlziele dem Zwang zur Rechtfertigung nach gemeinschaftsrechtlichen Maßstäben unterliegen würden.[1103] Aus diesem Grund sind nach ständiger Rechtsprechung des EuGH gem. Art. 29 EG sämtliche nationalen Maßnahmen verboten, die spezifische Be-

---

[1099] Vgl. EuGH-Urteil vom 09.07.1997, verb. Rs. C-34/95 und C-36/95 („De Agostini"), Slg. 1997, I-3843, Rn. 39 ff.; Schlussanträge GA Jacobs vom 17.09.1996, Rs. C-34/95 und C-36/95 („De Agostini"), Slg. 1997, I-3843, Rn. 99 f.

[1100] Schlussanträge GA van Gerven vom 29.06.1989, Rs. 145/88 („Torfaen"), Slg. 1989, S. 3851, Rn. 17.

[1101] Schlussanträge GA van Gerven vom 29.06.1989, Rs. 145/88 („Torfaen"), Slg. 1989, S. 3851, Rn. 17 ff.

[1102] Cordewener, Europäische Grundfreiheiten und nationales Steuerrecht, S. 295.

[1103] Müller-Graff, in: von der Groeben/Schwarze, EGV, Art. 29, Rn. 14 ff.

schränkungen der Ausfuhrströme rechtlich bezwecken oder tatsächlich bewirken und damit unterschiedliche Bedingungen für den Binnenhandel eines EU-Mitgliedstaats und seinen Außenhandel schaffen, so dass die nationale Produktion oder der Binnenmarkt des betroffenen Staates einen besonderen Vorteil gegenüber dem Außenhandel erlangt.[1104] Ausgangspunkt dieser Rechtsprechung war das Urteil in der Rs. 15/79 („Groeneveld"), in dem ein Verbot der Bevorratung, Be- und Verarbeitung von Pferdefleisch wegen seiner unterschiedslosen Auswirkungen auf Waren für den einheimischen Markt und den Export als mit Art. 29 EG vereinbar qualifiziert wurde.[1105] Der Eingriffsbereich des Art. 29 EG wird vom EuGH somit auf das Verbot formeller und materieller Diskriminierungen beschränkt, wobei jedoch selbst zwischen Binnen- und Außenhandel differenzierende Maßnahmen von Art. 29 EG nicht erfasst werden, wenn die von ihnen ausgehenden Wirkungen zu ungewiss und zu mittelbar sind als dass sie geeignet sind, den zwischenstaatlichen Handel zu behindern.[1106] Eine andere Auffassung vertritt die Literatur, in dem sie Art. 29 EG auch auf solche unterschiedslos anwendbaren Maßnahmen des Exportstaates anwendet, die nicht nur diskriminierend oder protektionistisch wirken, sondern vielmehr zu einer spezifischen Beschränkung der Ausfuhrströme geeignet sind.[1107] Die Auffassung der Literatur ist nicht nur unter dem Gesichtspunkt der Konvergenz der Grundfreiheiten vorzugswürdig. Darüber hinaus ist es auch sachgerecht, dem Binnenmarktgedanken der Artt. 3 Abs. 1 lit. c), 14 Abs. 2 EG durch eine reziproke Anwendung der Rechtsprechung zu Art. 28 EG im Ausfuhrstaat einer Ware Rechnung zu tragen, da über das „Prinzip der gegenseitigen Anerkennung" einer Ware im Einfuhrstaat auch eine an grenzüberschreitenden Standards orientierte Forschung, Entwicklung, Produktion und Distribution eines Erzeugnisses möglich sein muss, damit es überhaupt zu einem grenzüberschreitenden Warenverkehr kommt. Wird es einem Wirtschaftsteilnehmer im Ausfuhr- bzw. Produktionsstaat einer Ware durch eine unterschiedslos wirkende Maßnahme dieses Staates unmöglich gemacht, ein an grenzüberschreitenden Standards orientiertes Erzeugnis herzustellen, so bleibt für den Wirtschaftsteilnehmer die Ausübung seiner Grundfreiheit aus den Artt. 28, 29 EG rein theoretischer Natur. Folglich sind auch Beschränkungen i. S. d. „Dassonville-Formel" unter Berücksichtigung der „Keck-Formel" als tatbestandsmäßige Eingriffe in den Schutzbereich von Art. 29 EG zu werten.

[1104] EuGH-Urteil vom 08.11.1979, Rs. 15/79 („Groeneveld"), Slg. 1979, S. 3409, 3415; EuGH-Urteil vom 14.06.1981, Rs. 155/80 („Oebel"), Slg. 1981, S. 1993, 2009; EuGH-Urteil vom 15.12.1982, Rs. 286/81 („Oosthoek"), Slg. 1982, S. 1299, 1313; EuGH-Urteil vom 07.02.1984, Rs. 237/82 („Jongeneel Kaas"), Slg. 1984, S. 483, 503 ff.; EuGH-Urteil vom 18.02.1986, Rs. 174/84 („Bulk Oil"), Slg. 1986, S. 559, 589; EuGH-Urteil vom 12.12.1990, Rs. C-302/88 („Hennen Olie"), Slg. 1990, I-4625, 4644; EuGH-Urteil vom 24.01.1991, Rs. C-339/89 („Alsthom / Sulzer"), Slg. 1991, I-107, 124; EuGH-Urteil vom 22.06.1999, Rs. C-412/97 („ED"), Slg. 1999, I-3845, Rn. 10.
[1105] EuGH-Urteil vom 08.11.1979, Rs. 15/79 („Groeneveld"), Slg. 1979, S. 3409, 3415.
[1106] Vgl. EuGH-Urteil vom 22.06.1999, Rs. C-412/97 („ED"), Slg. 1999, I-3845, Rn. 11.
[1107] Müller-Graff, in: von der Groeben/Schwarze, EGV, Art. 29, Rn. 18 ff.; Leible, in: Grabitz/Hilf, Das Recht der Europäischen Union, Art. 29 EG, Rn. 4 m. w. N.

Zusammenfassend ist damit festzustellen, dass die Rechtsprechung des EuGH zur Warenverkehrsfreiheit einen umfassenden Ansatz für die Ausgestaltung eines grundfreiheitlichen Beschränkungsverbots bei unterschiedslos, d. h. diskriminierungsfrei anwendbaren Maßnahmen eines EU-Mitgliedstaates enthält. Die wesentlichen Erkenntnisse werden für Zwecke einer nachfolgenden Prüfung im Anwendungsbereich der Hinzurechnungsbesteuerung am Maßstab der Grundfreiheiten kurz zusammengefasst:

- Unterschiedslos anwendbare „Maßnahmen gleicher Wirkung" i. S. v. Art. 28 sind Handelsregelungen, die geeignet sind, den innergemeinschaftlichen Handel unmittelbar, mittelbar, tatsächlich oder potentiell zu behindern („Dassonville-Formel")
- Handelshemmnisse, die sich aus den Unterschieden der autonomen Regelungen in den EU-Mitgliedstaaten ergeben, müssen hingenommen werden, soweit sie notwendig sind, um zwingenden Erfordernissen gerecht zu werden („Cassis-de-Dijon-Formel")
- Unterschiedslos anwendbare „Maßnahmen gleicher Wirkung" i. S. d. „Dassonville-Formel" sind nicht geeignet den Handel zwischen den EU-Mitgliedstaaten zu beschränken, wenn diese Bestimmungen für alle betroffenen Wirtschaftsteilnehmer gelten und sofern sie den Absatz in- und ausländischer Erzeugnisse in gleicher Weise berühren („Keck-Formel")
- Unterschiedslos anwendbare „Maßnahmen gleicher Wirkung" sind aber dann geeignet den Handel zwischen den EU-Mitgliedstaaten zu beschränken, wenn sie zu einer Abschirmung nationaler Märkte führen („Kriterium der Marktaufspaltung")
- Regelungen über rechtmäßig in den Verkehr gebrachte Waren sind vorbehaltlich zwingender Erfordernisse des Allgemeininteresses in sämtlichen EU-Mitgliedstaaten anzuerkennen („Prinzip der gegenseitigen Anerkennung")
- Vorstehend gewonnene Erkenntnisse sind nach der hier vertretenen Auffassung auf die Einfuhr und die Ausfuhr i. S. d. Artt. 28, 29 EG uneingeschränkt anzuwenden

d) Investment in eine ausländische Zwischengesellschaft im Lichte der Rechtsprechung des EuGH über ein grundfreiheitliches Beschränkungsverbot

Aufbauend auf der Rechtsprechung des EuGH zur tatbestandlichen Ausgestaltung eines Beschränkungsverbotes im Anwendungsbereich der Warenverkehrsfreiheit im vorangehenden Abschnitt dieses Kapitels werden nachfolgend die gesetzlichen Vorgaben der Hinzurechnungsbesteuerung im Lichte der sachlich einschlägigen Grundfreiheiten untersucht.

aa) Kapitalverkehrsfreiheit

Im Schutzbereich der Kapitalverkehrsfreiheit liegt nach der hier vertretenen Auffassung in Anlehnung an die „Dassonville-Formel" des EuGH vorbehaltlich einer sonstigen Diskriminierung eine Beschränkung des Kapitalverkehrs immer dann vor, wenn eine unmittelbare oder mittelbare, aktuelle oder potentielle Behinderung, Begrenzung oder Untersagung für den Zufluss, Abfluss oder Durchfluss von Kapital durch eine mitgliedstaatliche Rechtsetzung bewirkt wird.[1108] Für eine sinngemäße Anwendung der „Dassonville-Formel" im Schutzbereich von Art. 56 Abs. 1 EG spricht neben inhaltlichen Übereinstimmungen zwischen den Artt. 28 bis 30 EG und den Artt. 56, 58 EG hinsichtlich des Wortlauts der Beschränkungsverbote, Voraussetzungen der kodifizierten Eingriffstatbestände und Schranken einer Rechtfertigung von Eingriffen, dass es bei der Warenverkehrsfreiheit und der Kapitalverkehrsfreiheit ausschließlich um den grenzüberschreitenden Transfer von Wirtschaftsgütern i. S. e. Produktverkehrsfreiheit geht. Darüber hinaus bedingen sich die Artt. 28, 56 EG auch in gewissem Maße gegenseitig, da ein Transfer von Wirtschaftsgütern zwischen verschiedenen EU-Mitgliedstaaten i. S. e. „do ut des" des grenzüberschreitenden Wirtschaftsverkehrs auch einen ungehinderten Kapital- und Zahlungsverkehr von Finanzierungsmitteln und Produktionsfaktoren voraussetzt. Demnach liegt es nahe, für beide Grundfreiheiten eine identische Eingriffsschwelle zu definieren. Dabei ist zu beachten, dass der Begriff des „Kapitals" unabhängig von dem tatsächlichen Verwendungszweck im Einzelfall auszulegen ist, da es einerseits ein „Produkt" als Ertrag einer wirtschaftlichen Tätigkeit und andererseits ein „Produktionsfaktor" als Voraussetzung für die Erzielung eines bestimmten Ertrags oder der Vornahme einer wirtschaftlichen Tätigkeit sein kann. Im Hinblick auf die „Keck-Formel" des EuGH muss daher auch für die Kapitalverkehrsfreiheit über die sinngemäße Anwendung der „Dassonville-Formel" hinaus gelten, dass „Handelsmodalitäten" des Produkt- und Produktionsfaktors „Kapital" nicht geeignet sind, den Kapitalverkehr zwischen den Mitgliedstaaten zu beschränken, wenn es sich um bloß mittelbare Behinderungen von Kapitalbewegungen im Ausgangs- oder Zielstaat des grenzüberschreitenden Kapitalverkehrs handelt, die auf in- und ausländische Kapitalbewegungen gleichermaßen Anwendung finden. Als Handelsmodalitäten i. w. S. definiert die Literatur solche Rahmenbedingungen für Kapitalverkehrsgeschäfte, wie z. B. Grundbuchvorschriften, Beurkundungspflichten für Rechtsgeschäfte oder den Anlegerschutz, die sich unterschiedslos auswirken und damit keinen diskriminierenden Charakter haben.[1109]

Im vorangehenden Abschnitt dieses Kapitels wurde bereits festgestellt, dass die Heraufschleusung der ausländischen Steuerbelastung der Zwischengesellschaft durch eine Zurechnung der Einkünfte beim inländischen Anteilseigner eine Beschränkung der Niederlassungs- und der Kapitalverkehrsfreiheit i. S. d.

[1108] Ress/Ukrow, in: Grabitz/Hilf, Das Recht der Europäischen Union, Art. 56 EG, Rn. 35 m. w. N.
[1109] Ress/Ukrow, in: Grabitz/Hilf, Das Recht der Europäischen Union, Art. 56 EG, Rn. 37 m. w. N.

Rechtsprechung des EuGH in der Rs. C-55/94 („Gebhard") bewirkt. Diese Eingriffsfolge der Hinzurechnungsbesteuerung ergibt sich unmittelbar aus dem tatbestandlichen Merkmal der niedrigen Besteuerung der Einkünfte einer ausländischen Zwischengesellschaft gem. § 8 Abs. 3 AStG als bestimmende Variable der zusätzlichen Belastungswirkung beim inländischen Steuerpflichtigen. Neben der Maßgeblichkeit für den entstehenden Liquiditäts- und Zinsnachteil als Diskriminierungsfaktor ist sie auch Maßstab für den Umfang der Rentabilitätseinbuße des grenzüberschreitenden Investments i. S. e. grundfreiheitlichen Beschränkung des Wirtschaftsteilnehmers. Daneben kommt in der gesetzgeberischen Unterscheidung zwischen sog. aktiven und passiven Einkünften der Zwischengesellschaft als weitere steuertatbestandliche Voraussetzung für eine Hinzurechnungsbesteuerung gem. § 8 Abs. 1 AStG aber auch die Zwecksetzung des Gesetzgebers zum Ausdruck, eine bestimmte Verwendung des Produktionsfaktors „Kapital" im Rahmen einer grenzüberschreitenden Beteiligung an einer Kapitalgesellschaft zielgerichtet zu beschränken. Die Beteiligung an einer ausländischen Zwischengesellschaft als Kapitalverkehrsvorgang verliert durch die Anknüpfung einer belastenden Steuerfolge beim inländischen Anteilseigner in Abhängigkeit von der Art und Weise der Einkunftserzielung des ausländischen Rechtsträgers ihre ertragsteuerliche Attraktivität, mit der Folge, dass eine betriebswirtschaftlich sinnvolle Allokation bestimmter Funktionen im Ausland behindert wird und es zu einer protektionistischen Marktaufspaltung der grenzüberschreitenden Einkunftserzielung kommt. Diese Beschränkung ist auch unmittelbarer Zweck der Regelung und nicht ein bloßer Reflex der Einkunftserzielung durch die ausländische Zwischengesellschaft, da sie gerade eine Verlagerung von bestimmten Funktionen und damit auch die Erosion von Besteuerungssubstrat im Inland verhindern will. Demnach handelt es sich bei der gezielten Besteuerung sog. passiver Einkünfte durch die §§ 7 ff. AStG in entsprechender Anwendung der „Dassonville-Formel" nicht lediglich um eine „Handelsmodalität" im Rahmen eines grenzüberschreitenden Kapitalvorgangs, sondern vielmehr um einen gezielten Eingriff in die Kapitalverwendung im Rahmen der Einkünfteerzielung i. S. e. „Produktmodalität". Zwar hat der Eingriff in die Kapitalverwendung keine unmittelbaren Auswirkungen bei der ausländischen Zwischengesellschaft, da die Art und Weise ihrer Einkunftserzielung von der Hinzurechnungsbesteuerung letztendlich unberührt bleibt und es der Gesellschaft schließlich unbenommen ist, auch andere als passive Tätigkeiten im Rahmen ihrer Einkunftserzielung auszuüben. Allerdings behindert er unmittelbar den Kapitalverkehr des inländischen Investors, da dieser von einer Beteiligung an ausländischen Kapitalgesellschaften mit passiver oder gemischter Einkunftserzielung in Anbetracht der inländischen Steuerfolgen abgehalten wird. Die passive Einkunftserzielung der ausländischen Kapitalgesellschaft wird damit zum Anknüpfungspunkt für eine Steuerung grenzüberschreitender Kapitalströme durch den deutschen Steuergesetzgeber i. S. e. Präferenz für aktive und gegen passive Tätigkeiten einer ausländischen Kapitalgesellschaft. Dabei handelt es sich auch nicht zwingend um eine Diskriminierung i. S. d. Dogmatik der Grundfreiheiten, die eine Beschränkung nach der vorstehend vertretenen Auffassung ausschließen würde.[1110] So würde eine Ungleichbehandlung zwischen (grenzüberschreitenden) aktiven und passiven Einkünften eine Vergleichbarkeit der Verhältnisse voraussetzen. Das ist jedoch bei Zugrundelegung des dogmatischen Ansatzes der grundfreiheitlichen Diskriminierungsverbote und der diesbezüglich erforderlichen Vergleichsgruppenbildung nicht der Fall.[1111] Vielmehr führt die tatbestandliche Ausgestaltung des § 8 Abs. 1 AStG zu einer (grenzüberschreitenden) Ungleichbehandlung wesentlich ungleicher Sachverhalte, so dass eine Diskriminierung passiver gegenüber aktiver Einkünfte aufgrund der tatbestandlichen Inkompatibilität beider Vergleichsgruppen nicht am Maßstab der Grundfreiheiten geprüft werden kann. Eine Diskriminierung i. S. d. Dogmatik der Grundfreiheiten liegt nur bei einer Ungleichbehandlung vergleichbarer Sachverhalte vor.[1112] Die Unterscheidung zwischen aktiven und passiven Einkünften durch § 8 Abs. 1 AStG weist somit ausschließlich eine freiheitsrechtliche, nicht aber eine gleichheitsrechtliche Komponente im Rahmen der Rechtsfolgenanalyse der Hinzurechnungsbesteuerung im Schutzbereich der Grundfreiheiten auf.

Vorbehaltlich einer vorrangigen Anwendung der Niederlassungsfreiheit auf Sachverhalte der Hinzurechnungsbesteuerung gem. § 7 Abs. 1, 6 AStG bei Vorliegen einer wesentlichen Beteiligung i. S. d. EuGH-Urteils in der Rs. C-251/98 („Baars"), wird die beschränkende Wirkung des Aktivkatalogs in § 8 Abs. 1 AStG im Anwendungsbereich der Kapitalverkehrsfreiheit besonders bei Einkünften aus Vermietung und Verpachtung gem. § 8 Abs. 1 Nr. 6 AStG, Zinseinkünften gem. § 8 Abs. 1 Nr. 7 AStG und Veräußerungsgewinnen gem. § 8 Abs. 1 Nr. 9 AStG deutlich. Darüber hinaus rücken auch besonders Zwischeneinkünfte mit Kapitalanlagecharakter gem. § 7 Abs. 6a AStG aufgrund der verschärften tatbestandlichen Anforderungen der Hinzurechnungsbesteuerung gem. § 7 Abs. 6 AStG in den Fokus einer Kapitalverkehrsbeschränkung. Grundsätzlich ist bei diesen Einkünften problematisch, dass sie in der Praxis zumeist als Annex oder Nebeneinkünfte von eigentlich „aktiven" Produktions-, Handels- oder Dienstleistungstätigkeiten erzielt werden. Daraus erwächst eine Verpflichtung zur Feststellung der tatsächlichen Verknüpfungen, Überschneidungen und gegenseitigen Abhängigkeiten von sog. „gemischten" Tätigkeiten der Zwischengesellschaft für Zwecke des § 8 Abs. 1 AStG. Die Entscheidung des Gesetzgebers zugunsten einer Positivliste mit zahlreichen Ausnahmetatbeständen erschweren das Gesetzesverständnis und damit auch die Gesetzesanwendung erheblich.[1113] So ist zunächst auf der Grundlage der „funktionalen Betrachtungsweise" zu prüfen, ob nicht die eine Tätigkeit der anderen zuzurechnen und deshalb eine einheitliche Betrachtung geboten ist.[1114] Danach sind im Rahmen einer

---

[1110] Siehe Kapitel 4, C. II. 2. a).
[1111] Siehe Kapitel 4, C. II. 1.
[1112] EuGH-Urteil vom 17.06.1963, Rs. 13/63 („Italien / Kommission"), Slg. 1963, S. 357, 384; von Bogdandy, in: Grabitz/Hilf, Das Recht der Europäischen Union, EGV, Art. 12, Rn. 6.
[1113] Wassermeyer, in: Flick/Wassermeyer/Baumhoff, AStG, § 8, Rn. 21.
[1114] BFH-Urteil vom 16.05.1990, I R 16/88, BStBl II 1990, S. 1049; BMF-Schreiben vom 14.05.2004, IV B 4 – S 1340 – 11/04, BStBl I 2004, Sondernummer 1/2004, Rn. 8.0.2.; Wassermeyer, in: Flick/Wassermeyer/Baumhoff, AStG, § 8, Rn. 24, 32 ff.

aktiven Gesamttätigkeit anfallende betriebliche Nebenerträge den Einkünften aus der aktiven Tätigkeit zuzuordnen.[1115] Gleiches gilt für die Frage, ob Neben- und Folgeerträge vorliegen oder ob die einzelnen Leistungen im Verhältnis von Haupt- zu Nebenleistungen stehen.[1116] Die damit verbundene Rechtsunsicherheit für den inländischen Wirtschaftsteilnehmer bei der Vornahme eines grenzüberschreitenden Investments verdichtet damit die bereits festgestellte beschränkende Wirkung auf den Produktionsfaktor „Kapital", da es im Vorfeld des Kapitalverkehrsvorgangs nicht sicher prognostiziert werden kann, ob die Tätigkeit der ausländischen Zwischengesellschaft einer Hinzurechnungsbesteuerung im Inland unterliegt oder nicht. Schließlich muss der Wirtschaftsteilnehmer jede tätigkeitsbezogene Änderung der Wirtschaftstätigkeit der ausländischen Kapitalgesellschaft auch aus dem Blickwinkel einer möglichen Hinzurechnungsbesteuerung der hieraus fließenden Erträge analysieren. Problematisch ist insbesondere, dass die „funktionale Betrachtungsweise" auf die jeweilige ausländische Kapitalgesellschaft beschränkt ist, so dass aufgrund des „Einheitsprinzips" des § 8 Abs. 2 KStG keine Möglichkeit besteht, bei wirtschaftlichen Abhängigkeiten die Tätigkeiten einer ausländischen Gesellschaft unter funktionalen Gesichtspunkten wie die Tätigkeiten einer anderen ausländischen Gesellschaft zu subsumieren.[1117] Letztendlich negiert die Hinzurechnungsbesteuerung damit funktionale Zusammenhänge im Konzern und beschränkt damit die Durchführung der bezogenen aktiven Tätigkeiten durch die Heraufschleusung der Steuerbelastung mit der Folge eines Liquiditätsentzugs.

Erzielt die ausländische Kapitalgesellschaft mit ihrer Tätigkeit ausschließlich Einkünfte aus Vermietung und Verpachtung, so führen die Ausnahmetatbestände in § 8 Abs. 1 Nr. 6 lit. a) - c) AStG faktisch zu einer ausschließlich „passiven" Erwerbstätigkeit. Es werden sämtliche Einkünfte aus der Nutzungsüberlassung von beweglichen, unbeweglichen und immateriellen Wirtschaftsgütern erfasst. Eine aktive Vermietungstätigkeit wird daher nur im Rahmen der Rückausnahmen zu § 8 Abs. 1 Nr. 6 lit. a) - c) AStG von der Hinzurechnungsbesteuerung verschont. Im Schutzbereich der Kapitalverkehrsfreiheit führt insbesondere die Qualifizierung von Einkünften aus der entgeltlichen Überlassung immaterieller Wirtschaftsgüter gem. § 8 Abs. 1 Nr. 6 lit. a) AStG zu einer Beschränkung des grenzüberschreitenden Kapitalverkehrs, da Übertragungen und Transferzahlungen im Zusammenhang mit der Überlassung von Patenten, gewerblichen Mustern, Warenzeichen oder Erfindungen als sonstiger Kapitalverkehr im Anhang I zur Kapitalverkehrsrichtlinie unter Ziff. XIII. lit. D. als Kapitalverkehrsvorgang besonders geschützt sind. Erfordert demnach die Rückausnahme hierzu den Nachweis, dass die ausländische Kapitalgesellschaft die Ergebnisse eigener Forschungs- oder Entwicklungsarbeit auswertet, die ohne Mitwirkung eines an der Gesellschaft beteiligten Steuerpflichtigen i. S. v. § 7 AStG bzw. einer diesem nahestehenden Person gem. § 1 Abs. 2 AStG unternommen worden

---

[1115] Vgl. Abschn. 76 Abs. 9 KStR 1995.

[1116] Wassermeyer, in: Flick/Wassermeyer/Baumhoff, AStG, § 8, Rn. 24.

[1117] Wassermeyer, in: Flick/Wassermeyer/Baumhoff, AStG, § 8, Rn. 39.

ist, dann bewirkt die Vorschrift eine auf den Marktaustritt des inländischen Steuerpflichtigen fokussierte Beschränkung von grenzüberschreitenden Tätigkeiten, die bei funktionaler Betrachtungsweise auf eine erstmalige Wertschöpfung vergleichbar mit einer Herstellung von Sachen gem. § 8 Abs. 1 Nr. 2 AStG gerichtet ist. Daraus folgt wiederum eine zielgerichtete Behinderung grenzüberschreitender Forschung- und Entwicklungstätigkeiten im Konzern, wenn die Allokation der Tätigkeit dezentral angelegt und deren anschließende Verwertung im Konzernverbund oder darüber hinaus, z. B. aufgrund abweichender Industriestandards oder divergierender rechtlicher Rahmenbedingungen eines Forschungsvorhabens im Ansässigkeitsstaat der Zwischengesellschaft, nicht ausschließlich bei der beherrschenden inländischen Muttergesellschaft erfolgt.

Eine ebenfalls beschränkende Wirkung kommt § 8 Abs. 1 Nr. 7 AStG für Finanzierungstätigkeiten der ausländischen Kapitalgesellschaft und den daraus erzielten Einkünften aus Kapitalvermögen zu. Die Norm ist funktional als Ausschnitt aus den Einkünften aus Kapitalvermögen zu verstehen, woraus im Umkehrschluss zu folgern ist, dass Einkünfte einer ausländischen Gesellschaft aus Kapitalvermögen generell „passiv" i. S. d. Hinzurechnungsbesteuerung sind, soweit die Einkünfte nicht funktional einer anderen Tätigkeit zuzuordnen sind oder die sehr engen Voraussetzungen von § 8 Abs. 1 Nr. 7 AStG vorliegen.[1118] Die tatbestandliche Ausgestaltung der Rechtsnorm kollidiert damit nicht nur mit dem in der Entscheidung des EuGH in der Rs. C-324/00 („Lankhorst-Hohorst GmbH") zum Ausdruck gekommenen Grundsatz der Finanzierungsfreiheit konzerninterner Wirtschaftsbeziehungen im Binnenmarkt, sondern auch mit einer ganzen Reihe geschützter Kapitalverkehrsvorgänge im Anhang I zur Kapitalverkehrsrichtlinie.[1119] Zu den geschützten Transaktionen gehören Direktinvestitionen mittels langfristiger Darlehen zur Schaffung oder Aufrechterhaltung dauerhafter Wirtschaftsbeziehungen, Kredite im Zusammenhang mit Handelsgeschäften oder Dienstleistungen und sonstige Darlehen und Finanzkredite i. S. d. Ziff. I Nr. 3., Ziff. VII und Ziff. VIII im Anhang I zur Kapitalverkehrsrichtlinie. Es widerspricht insofern den Grundsätzen eines freien Kapitalverkehrs im Binnenmarkt, dass eine ausländische Kapitalgesellschaft überschüssige Liquidität nicht entgeltlich am Kapitalmarkt mittels Darlehensvergabe im und außerhalb des Konzerns zur Ertragsteigerung nutzen kann, ohne dass dem inländischen Anteilseigner die hinzugewonnene Liquidität im Wege der Hinzurechnungsbesteuerung wieder entzogen wird. Vielmehr würde ein Vorrang der Dividendenausschüttung gem. § 8 Abs. 1 Nr. 8 AStG vor einer betriebswirtschaftlich sinnvollen Expansion des grenzüberschreitenden Investments begründet. Darüber hinaus ist mit der Auffassung von Wassermeyer kein sachlicher Grund dafür erkennbar, dass die Vorschrift nicht generell zwischen Finanzierungen mit inländischen, nahe stehenden Personen und derjenigen mit voneinander unabhängigen Dritten unterscheidet und damit einen Fixpunkt für die Beurteilung uner-

---

[1118] Wassermeyer, in: Flick/Wassermeyer/Baumhoff, AStG, § 8, Rn. 241.

[1119] EuGH-Urteil vom 12.12.2002, Rs. C-324/00 („Lankhorst-Hohorst GmbH"), Slg. 2002, I-11779, Rn. 26 ff.

wünschter Steuerverlagerungen durch im wesentlichen funktionslose Finanzierungsgesellschaften setzt.[1120] Eine aktive Qualifizierung von Finanzierungsgeschäften mit fremden Dritten würde daher eher dem Zweck der Vorschrift entsprechen, eine Verlagerung von Besteuerungssubstrat in niedrigbesteuernde Länder zu vermeiden.[1121]

Abschließend bleibt noch auf die Hinzurechnungsbesteuerung für Zwischeneinkünfte mit Kapitalanlagecharakter gem. § 7 Abs. 6a AStG hinzuweisen, die aufgrund ihrer tatbestandlichen Weite und Unbestimmtheit bereits eine Vielzahl von Kapitalverkehrsvorgängen erfasst und damit prima facie eine beschränkende Wirkung für das grenzüberschreitende Investment des ansässigen Steuerpflichtigen im Hinblick auf die Einkunftserzielung der ausländischen Kapitalgesellschaft in sich trägt. Unter Berücksichtigung der eingangs dieses Kapitels dargestellten Entstehungsgeschichte der Hinzurechnungsbesteuerung gem. § 7 Abs. 6, 6a AStG lassen sich eine Vielzahl von Konstellationen bei der Erzielung von Kapitalanlageeinkünften denken, die durch eine steuerliche Anknüpfung im Inland ihrer betriebswirtschaftlichen Zwecksetzung beraubt werden, so dass die undifferenzierte Ausgestaltung der Rechtsfolgenanordnung in § 7 Abs. 6 AStG auch ökonomisch erwünschte Geschäftsvorgänge verhindert oder erschwert.

bb) Niederlassungsfreiheit

Im Unterschied zur Kapitalverkehrsfreiheit ist die Anwendung der „Keck-Formel" zu Art. 28 EG auf die Niederlassungsfreiheit für Zwecke einer Definition des Beschränkungsbegriffs nur bedingt möglich, da der grenzüberschreitende Verkehr von Personen nicht mit der Aus- und Einfuhr von Erzeugnissen im Gemeinschaftsgebiet vergleichbar ist.[1122] Diese Auffassung scheint auch der EuGH zu teilen. So hat der Gerichtshof in der Rs. C-418/93 („Semerano") nicht auf die „Keck-Formel" verwiesen, die er in demselben Fall auf die Warenverkehrsfreiheit ausdrücklich angewandt hat, sondern vielmehr darauf abgestellt, dass die beschränkende Wirkung für die Niederlassungsfreiheit im konkreten Fall zu ungewiss und zu mittelbar sei.[1123] Gleiches gilt für das Urteil des EuGH in der Rs. C-255/97 („Pfeiffer"), in der es ebenfalls nicht zu einer an der „Keck-Formel" orientierten Definition für die Niederlassungsfreiheit kam, sondern auf das Vorliegen einer diskriminierenden Zugangsregelung abgestellt wurde.[1124] Schließlich hat der EuGH auch die Möglichkeit verworfen, im Bereich der Arbeitnehmerfreizügigkeit und der Dienstleistungsfreiheit einen den „Verkaufsmodalitäten" entsprechenden Begriff zu definieren, der die Abgrenzung von Beschrän-

---

[1120] Wassermeyer, in: Flick/Wassermeyer/Baumhoff, AStG, § 8, Rn. 243.
[1121] Wassermeyer, in: Flick/Wassermeyer/Baumhoff, AStG, § 8, Rn. 244.
[1122] Vgl. Schlussanträge von GA Fennelly vom 16.09.1999, Rs. C-190/98 („Graf"), Slg. 2000, I-493, Rn. 18 bis 20.
[1123] EuGH-Urteil vom 20.06.1996, verb. Rs. C-418/93 bis C-421/93 („Semerano Casa Uno Srl."), Slg. 1996, I-2975, 3009, Rn. 32.
[1124] EuGH-Urteil vom 11.05.1999, Rs. C-255/97 („Pfeiffer"), Slg. 1999, I-2835, 2860, Rn. 19.

kungs- und Diskriminierungsverbot leistet.[1125] Dennoch kommt man auch hier mit dem von Cordewener formulierten Kriterium der „Marktaufspaltung" zu dem Ergebnis, dass die Hinzurechnungsbesteuerung passiver Einkünfte über § 8 Abs. 1 AStG hinaus eine beschränkende Wirkung auf die Ausübung der Niederlassungsfreiheit durch den inländischen Anteilseigner hat, da hiermit eine Abschirmung des inländischen Marktes für diese Form der Einkunftserzielung aufgrund des mit einer Heraufschleusung des ausländischen Steuerniveaus verbundenen Verlustes an Rentabilität einer vergleichbaren Einkunftserzielung in einem anderen EU-Mitgliedstaat verbunden ist.

Besonders augenfällig wird die beschränkende Wirkung des „Aktivkatalogs" in § 8 Abs. 1 AStG im Schutzbereich der Niederlassungsfreiheit bei Finanzierungs-, Versicherungs-, Handels- und Dienstleistungstätigkeiten der ausländischen Kapitalgesellschaft gem. § 8 Abs. 1 Nr. 3, 4, 5 AStG.[1126] Ist es der ausländischen Kapitalgesellschaft nach dem Recht ihres Sitzstaates gestattet, Bank- und Versicherungsleistungen gegenüber dritten Personen durch Teilnahme am allgemeinen wirtschaftlichen Verkehr zu erbringen, können Leistungen gegenüber verbundenen Unternehmen innerhalb eines Konzerns nicht gleichzeitig als passive Tätigkeiten qualifiziert werden. Demgegenüber vertritt die Finanzverwaltung die Auffassung, dass eine Holdingtätigkeit, die Vermögensverwaltung und die Übernahme von Finanzierungsaufgaben sowie vergleichbare Tätigkeiten innerhalb eines Konzerns keine Bank- oder Versicherungsgeschäfte sind.[1127] Dem ist mit der zu § 8 Abs. 1 Nr. 7 AStG im Rahmen der Kapitalverkehrsfreiheit vertretenen Auffassung nicht zuzustimmen, da es gerade bei weit verzweigten Beteiligungsstrukturen innerhalb eines Konzerns betriebswirtschaftlich sinnvoll ist, die Finanzierung und Versicherung des operativen Geschäfts der einzelnen Konzerngesellschaften in einer eigens dafür geschaffenen Gesellschaft zu bündeln und abzuwickeln, statt diese Funktionen kostenintensiv und für jeden Fall eigenständig an unabhängige Anbieter im Rahmen einer Ausschreibung zu vergeben. Insofern entspricht es den Erfordernissen des täglichen Geschäftsverkehrs, dass der inländische Steuerpflichtige von seiner Niederlassungsfreiheit durch die steuergünstige und betriebswirtschaftlich sinnvolle Allokation seiner Ressourcen im Binnenmarkt Gebrauch macht, ohne gleichzeitig in die Gefahr einer Hinzurechnungsbesteuerung zu gelangen. Diese Feststellung gilt entgegen der Auffassung der Finanzverwaltung auch für Einkünfte aus sog. „echten Factoring", da der Ankauf und die Einziehung von Forderungen ein bankmäßiges Geschäft zur Erzielung von Einkünften sein kann und nicht lediglich eigene

---

[1125] Vgl. EuGH-Urteil vom 10.05.1995, Rs. C-384/93 („Alpine Investments"), Slg. 1995, I-1141, 1176 ff., Rn. 32 bis 39 für die Dienstleistungsfreiheit; EuGH-Urteil vom 15.12.1995, Rs. C-413/95 („Bosman"), Slg. 1995, I-4921, 5070, Rn. 102 f.; EuGH-Urteil vom 27.01.2000, Rs. C-190/98 („Graf"), Slg. 2000, I-493, Rn. 13 ff.

[1126] Vgl. Art. 51 Abs. 2 EG für den Vorrang der Kapitalverkehrsfreiheit gegenüber der Dienstleistungsfreiheit bei der Liberalisierung der kapitalverkehrsbezogenen Dienstleistungen von Banken und Versicherungen.

[1127] BMF-Schreiben vom 14.05.2004, IV B 4 – S 1340 – 11/04, BStBl I 2004, Sondernummer 1/2004, Rn. 8.1.3.3.

Vermögensverwaltung durch Forderungseinzug, zumal die Forderungen beim „echten Factoring" unter ihrem „Fair Market Value" eingekauft werden und damit bereits die Gewinnerzielungsabsicht der Bank nach außen manifestiert wird.[1128] Schließlich greift § 8 Abs. 1 Nr. 3 AStG schon beim bloßen Überwiegen der konzerninternen Geschäfte ein und erfasst dann stets die gesamte Tätigkeit der ausländischen Gesellschaft, so dass die beschränkende Wirkung deutlich über das Maß einer „de-minimis-Regelung" hinausgeht.[1129]

Gleiches muss für den Handel mit Waren gem. § 8 Abs. 1 Nr. 4 AStG gelten. Hierbei ist es nicht einzusehen, warum eine passive Handelstätigkeit vorliegen soll, wenn die zur Vorbereitung, dem Abschluss und der Ausführung der Geschäfte gehörenden Tätigkeiten unter Mitwirkung des inländischen Steuerpflichtigen vorgenommen werden. Vielmehr gehört es vielfach zum alltäglichen Geschäftsverkehr, dass verbundene Unternehmen die Vornahme von Handelsgeschäften auch von Einschaltung oder Mitwirkung der beherrschenden Gesellschafter abhängig machen.[1130] Nach Auffassung der Finanzverwaltung soll die Rückausnahme jedoch selbst dann zur Anwendung kommen, wenn die für eine Mitwirkung vereinbarten Entgelte dem Fremdvergleichsgrundsatz entsprechend angesetzt werden.[1131] Die darin zum Ausdruck kommende binnenmarktfeindliche und protektionistische Auslegung der Vorschriften über die Hinzurechnungsbesteuerung für übliche und angemessene Funktionsverlagerungen und Aufgabenverteilungen innerhalb eines Konzernverbundes ist sinnbildlich für die beschränkende Wirkung des „Aktivkatalogs" in § 8 Abs. 1 AStG.

cc) Warenverkehrsfreiheit

Die Rückausnahmen zur Handelstätigkeit gem. § 8 Abs. 1 Nr. 4 lit. a), b) AStG führen bei konzerninternen Einkaufs- und Vertriebsgesellschaften „prima facie" zur Annahme einer passiven Tätigkeit der ausländischen Kapitalgesellschaft mit der Folge einer Hinzurechnungsbesteuerung. Im grenzüberschreitenden Wirtschaftsverkehr internationaler Konzerne ist für Zwecke einer effizienten und kostengünstigen Distribution und Materialbeschaffung eine koordinierte Steuerung der erforderlichen Prozesse in einer separaten Vertriebseinheit unerlässlich.[1132] Hierzu merkt Wassermeyer zutreffend an, dass kein einleuchtender Grund ersichtlich ist, weshalb die Tätigkeit einer ausländischen Vertriebstochtergesellschaft anders als die einer ausländischen Produktionstochtergesellschaft im Inland besteuert werden darf.[1133] Gerade die steuertatbestandliche Anknüpfung der

---

[1128] BMF-Schreiben vom 14.05.2004, IV B 4 – S 1340 – 11/04, BStBl I 2004, Sondernummer 1/2004, Rn. 8.1.5.1.1.
[1129] Vgl. Wassermeyer, in: Flick/Wassermeyer/Baumhoff, AStG, § 8, Rn. 105.
[1130] Vgl. Wassermeyer, in: Flick/Wassermeyer/Baumhoff, AStG, § 8, Rn. 146.
[1131] BMF-Schreiben vom 14.05.2004, IV B 4 – S 1340 – 11/04, BStBl I 2004, Sondernummer 1/2004, Rn. 8.1.4.3.1.
[1132] Vgl. Kroppen/Hagemeier, IWB, F. 3, Gr. 2, S. 1137 für eine Darstellung der Hinzurechnungsbesteuerung bei Vertriebsstrukturen.
[1133] Wassermeyer, in: Flick/Wassermeyer/Baumhoff, AStG, § 8, Rn. 124.

Hinzurechnungsbesteuerung an den Einkauf von Rohstoffen vor der Herstellung und den an die Fertigstellung anknüpfenden Vertrieb zeigt die isolierte Betrachtungsweise des Steuergesetzgebers bei der Ausgestaltung des „Aktivkatalogs" in § 8 Abs. 1 AStG losgelöst von einer durch die Globalisierung geprägten Weltwirtschaft und dem isolationistischen bzw. protektionistischen Geist der Entstehungszeit des deutschen AStG verhaftet.[1134] Gerade der grenzüberschreitende Warenverkehr aber ist Ausdruck eines vollendeten EU-Binnenmarktes, so dass die zusätzliche Ertragsbesteuerung eines inländischen Steuerpflichtigen aufgrund von grenzüberschreitenden Warenlieferung von einer und an eine ausländische Tochtergesellschaft als eine den freien Warenverkehr beschränkende Maßnahme gleicher Wirkung i. S. d. Artt. 28, 29 EG i. V. m. der „Dassonville-Formel" zu qualifizieren ist. Dafür spricht auch die Tatsache, dass die gesetzliche Regelung nicht nur mittelbar oder aufgrund eines steuertatbestandlichen Reflexes den grenzüberschreitenden Handel behindert, sondern vielmehr zielgerichtet eine Hinzurechnungsbesteuerung für derartige Tätigkeiten vorsieht. Insbesondere reicht es dem Gesetzgeber nicht aus, dass die Verhinderung einer Verlagerung von Besteuerungssubstrat durch eine umfassende Verrechnungspreisprüfung und die Möglichkeit zu einer am Fremdvergleichsgrundsatz orientierten Einkünftekorrektur gem. § 1 AStG[1135] oder § 8 Abs. 3 S. 2 KStG bekämpft wird.[1136] Schließlich findet auch keine quotale Begrenzung der Hinzurechnungsbesteuerung auf Einkünfte aus konzerninternen Handelsgeschäften statt. Vielmehr werden die gesamten Einkünfte der ausländischen Einkaufs- oder Vertriebsgesellschaft von der Hinzurechnung erfasst und damit auch eigentlich „aktive" Einkünfte auf ein inländisches Steuerniveau heraufgeschleust.

dd) Dienstleistungsfreiheit

Die im Rahmen des grenzüberschreitenden Warenverkehrs gem. Artt. 28, 29 EG getroffene Feststellung über eine beschränkende Wirkung des § 8 Abs. 1 Nr. 4 AStG ist auf einen Eingriff in den freien Dienstleistungsverkehr aus Art. 49 EG im Konzern durch § 8 Abs. 1 Nr. 5 AStG sinngemäß zu übertragen.[1137] Insbesondere für die Erbringung einer Dienstleistung durch die ausländische Kapitalgesellschaft gegenüber dem inländischen Steuerpflichtigen gem. § 8 Abs. 1 Nr. 5 lit. b) AStG lassen sich gewisse Parallelen aus den Urteilen des EuGH in den Rs. C-43/93 („Vander Elst"), C-272/94 („Guiot") und C-376/96 („Arblade u. a.") herleiten. Der Gerichtshof hat dort unter Bezugnahme auf die Rechtspre-

---

[1134] Vgl. die zwischen Finanzverwaltung und Handel erörterten Musterfälle über Mitwirkungsfälle des inländischen Steuerpflichtigen bei Wassermeyer, in: Flick/Wassermeyer/Baumhoff, AStG, § 8, Rn. 154 ff. für den anachronistischen Binnenmarktbezug; gleichlautend FinMin NW, Erlass vom 29.12.1978 - S 1352 - 5 - VB 2.
[1135] Vgl. BFH-Urteil vom 19.03.2002, I R 4/01, DB 2002, S. 1812 für das Verhältnis von § 1 AStG zur Hinzurechnungsbesteuerung.
[1136] Vgl. BMF-Schreiben vom 14.05.2004, IV B 4 – S 1340 – 11/04, BStBl I 2004, Sondernummer 1/2004, Rn. 8.1.4.3.2.
[1137] Vgl. Wassermeyer, in: Flick/Wassermeyer/Baumhoff, AStG, § 8, Rn. 180, 189.

chung in der Rs. C-76/90 („Säger") festgestellt, dass die Erhebung von Abgaben durch den Bestimmungsstaat als von Art. 49 EG erfasste nicht-diskriminierende Beschränkung angesehen und damit für rechtfertigungsbedürftig zu erklären ist, wenn bereits vergleichbare Belastungen für diese Tätigkeit im Herkunftsstaat der Dienstleistung entstanden sind.[1138] Zutreffend merkt daher Cordewener zu der Auffassung des EuGH an, dass der vertretene Ansatz besonders weitgehend erscheint, da der Terminus der im Herkunftsland bereits entrichteten „vergleichbaren Abgaben" unklar ist und Art. 49 EG in die Nähe eines Schutzmittels gegen Wettbewerbsverfälschungen rückt.[1139] Gleichwohl hat der EuGH in einer grundlegenden Entscheidung zur Dienstleistungsfreiheit in der Rs. C-158/96 („Kohll") ausgeführt, dass jede nationale Regelung gegen Art. 49 EG verstößt, die eine Leistung von Diensten zwischen den EU-Mitgliedstaaten im Ergebnis gegenüber der Leistung von Diensten im Inneren eines Mitgliedstaates erschwert.[1140] Mit diesem extensiven Grundverständnis der Marktfreiheiten als unmittelbar anwendbare Schutzrechte zugunsten aller von einem transnationalen Wirtschaftsvorgang betroffenen Personen auf Anbieter- und Nachfragerseite verschafft der EuGH der Idee einer Gesamtbetrachtung der grenzüberschreitenden Marktbeziehung im Vergleich zu ihrem rein landesinternen Pendant den entscheidenden Durchbruch.[1141] Unter Zugrundelegung dieser Rechsprechung lassen sich letztendlich von § 8 Abs. 1 Nr. 5 lit. a), b) EG erfasste Sachverhaltskonstellationen als beschränkende Eingriffe in die Dienstleistungsfreiheit für den inländischen Steuerpflichtigen identifizieren, da er einerseits als Anbieter einer Dienstleistung gem. § 8 Abs. 1 Nr. 5 lit. a) AStG und andererseits als Kunde des Erbringers der grenzüberschreitenden Dienstleistung in Person der ausländischen Kapitalgesellschaft gem. § 8 Abs. 1 Nr. 5 lit. b) EG in den Schutzbereich der Grundfreiheit einbezogen und vor beschränkenden Eingriffen durch eine doppelte Auferlegung von Abgaben bei derselben Dienstleistung geschützt ist. Dienstleistungsempfänger und Dienstleistungserbringer können die Behinderungen der Dienstleistung des jeweils anderen Vertragsteils aufgrund der „Parallelität ihrer Rechtsstellung" als Behinderung ihrer Freiheit geltend machen.[1142]

Entgegen der Auffassung von Randelzhofer/Forsthoff muss die Dienstleistungsfreiheit für Regelungen des Marktaustrittsstaates wie im Fall des § 8

[1138] EuGH-Urteil vom 09.08.1994, Rs. C-43/93 („Vander Elst"), Slg. 1994, I-3803, Rn. 12 ff.; EuGH-Urteil vom 28.03.1996, Rs. C-272/94 („Guiot"), Slg. 1996, I-1905, Rn. 14; EuGH-Urteil vom 23.11.1999, verbunden Rs. C-369/96 und C-376/96 („Arblade u. a."), Slg. 1999, I-8453, Rn. 49 f.; vgl. dagegen EuGH-Urteil vom 03.01.1982, verb. Rs. 62/81 und 63/81 („Seco"), Slg. 1982, S. 235, Rn. 8, in der die doppelte Auferlegung von Sozialabgaben in Marktaustritts- und Markteintrittsstaat noch als Diskriminierung qualifiziert wurde.
[1139] Cordewener, Europäische Grundfreiheiten und nationales Steuerrecht, S. 270 f.
[1140] EuGH-Urteil vom 28.04.1998, Rs. C-158/96 („Kohll"), Slg. 1998, I-1931, Rn. 33; EuGH-Urteil vom 28.04.1998, Rs. C-118/96 („Safir"), Slg. 1998, I-1897, Rn. 23; EuGH-Urteil vom 29.04.1997, Rs. C-224/97 („Ciola"), Slg. 1999, I-2517, Rn. 10 ff.
[1141] Cordewener, Europäische Grundfreiheiten und nationales Steuerrecht, S. 241.
[1142] EuGH-Urteil vom 29.04.1997, Rs. C-224/97 („Ciola"), Slg. 1999, I-2517, Rn. 11; EuGH-Urteil vom 26.10.1999, Rs. C-294/97 („Eurowings"), Slg. 1999, I-7447, Rn. 34.

Abs. 1 Nr. 5 lit. a) EG nicht nur als Diskriminierungsverbot ausgelegt werden, sondern darüber hinaus auch ein Beschränkungsverbot beinhalten.[1143] So ist es auch für den Marktaustritt im Rahmen des grenzüberschreitenden Dienstleistungsverkehrs grundsätzlich erforderlich, dass solche sich unterschiedslos auswirkenden staatlichen Maßnahmen i. S. d. „Dassonville-Formel" an einem grundfreiheitlichen Beschränkungsverbot zu messen sind, die in einem EU-Mitgliedstaat rechtmäßig erbracht werden, jedoch innerhalb der Gemeinschaft nicht vorbehaltlos zirkulieren können. Schließlich kann es nicht dem Zweck eines freien Dienstleistungsverkehrs im Binnenmarkt entsprechen, dass die steuertatbestandliche Anknüpfung an den Erbringer und Empfänger der Dienstleistung als verbundene Unternehmen innerhalb eines Konzerns ohne Ansehen des inhaltlichen Geschäftsverkehrs selbigen als passive und damit unerwünschte Tätigkeit qualifizieren. Damit wohnt insbesondere der Rückausnahme in § 8 Abs. 1 Nr. 5 lit. a) AStG eine vorbehaltlose Beschränkung des „inter-company" Dienstleistungsverkehrs inne, ohne dass es der einen oder anderen Partei möglich wäre, diese Qualifizierung zu entkräften. Eine derart unbeschränkte steuertatbestandliche Ausformung einer bestimmten Tätigkeitsform ist in ihrer grenzüberschreitenden Wirkung einer Diskriminierung des Marktaustrittsstaats vergleichbar und muss daher als beschränkender Eingriff erfasst werden.

3. Ergebnis

Zusammenfassend ist festzustellen, dass die mit der Hinzurechnungsbesteuerung einhergehende Belastungswirkung für den inländischen Steuerpflichtigen im Vergleich zu einem inländischen Investment in eine Kapitalgesellschaft im Rahmen einer Gesamtbetrachtung der entstehenden Steuerbelastung nicht von vornherein als diskriminierend bezeichnet werden kann. Vielmehr ist nach der hier vertretenen Auffassung im Einzelfall zu entscheiden, ob die Gesamtsteuerquote der Vergleichsgruppen eine Ungleichbehandlung zu Lasten des grenzüberschreitenden Sachverhalts ergibt. Gleichwohl wird in der überwiegenden Anzahl der Fälle eine Diskriminierung des grenzüberschreitenden Investments feststellbar sein.

Darüber hinaus bewirkt die Hinzurechnungsbesteuerung gem. §§ 7 ff. AStG einen Eingriff in den Schutzbereich der Niederlassungs- und Kapitalverkehrsfreiheit aufgrund ihrer diskriminierenden Wirkung gegenüber einem vergleichbaren inländischen Sachverhalt im Hinblick auf den beim inländischen Steuerpflichtigen entstehenden Liquiditäts- und Zinsnachteil bis zur Ausschüttung der Erträge der ausländischen Zwischengesellschaft. Eine ebenfalls diskriminierende Wirkung resultiert aus der Verpflichtung des inländischen Steuerpflichtigen zur doppelten Gewinnermittlung für die Einkünfte der ausländischen Zwischengesellschaft, zum einen nach den Vorschriften des Ansässigkeitsstaats der Zwischengesellschaft und zum anderen aufgrund der einschlägigen Vorschriften

---

[1143] Randelszhofer/Forsthoff, in: Grabitz/Hilf, Das Recht der Europäischen Union, EGV, Art. 49/50, Rn. 68 ff.

über die Ermittlung des Hinzurechnungsbetrages gem. § 10 AStG, da hiermit ein signifikanter Kostennachteil für die grenzüberschreitende Beteiligung verbunden ist. Schließlich wohnt der Verpflichtung über die Bewertung von Wirtschaftsgütern im Rahmen der vom Steuerpflichtigen aufzustellenden Hinzurechnungsbilanz für betriebliche Einkünfte gem. § 21 Abs. 3 AStG als „lex specialis" zum Teilwertansatz in § 6 Abs. 1 Nr. 5 EStG eine Ungleichbehandlung gegenüber dem nationalen Sachverhalt inne, die sich aus der Einbeziehung von stillen Reserven im zeitlichen Vorfeld der erstmaligen Hinzurechnungsbesteuerung ergibt.

Über die vorstehend genannten Diskriminierungsfaktoren hinaus kommt es auch zu einer Beschränkung der Niederlassungs- und Kapitalverkehrsfreiheit, da die ertragsteuerlichen Vorteile des grenzüberschreitenden Investment in eine ausländische Zwischengesellschaft von den Vorschriften über die Hinzurechnungsbesteuerung zweckgerichtet neutralisiert werden und es damit zu einer Marktaufspaltung für eine bestimmte Form der grenzüberschreitenden Einkunftserzielung kommt. Die damit verbundene Wirkung auf die grenzüberschreitende Allokation des „Produkts" und „Produktionsfaktors" „Kapital" ist als ein, den Zielen des europäischen Binnenmarktes widersprechender, Eingriff in die genannten Grundfreiheiten zu qualifizieren.
Abschließend bleibt festzuhalten, dass der „Aktivkatalog" des § 8 Abs. 1 AStG über seine beschränkende Wirkung im Rahmen der Niederlassungs- und Kapitalverkehrsfreiheit durch die absolute Wirkung der Rückausnahmen in § 8 Abs. 1 Nr. 4, 5 AStG auf die grundfreiheitlichen Garantien eines freien grenzüberschreitenden Waren- und Dienstleistungsverkehrs gem. Art. 28, 29 und 49 EG ausstrahlt.

III. Rechtfertigung des Eingriffs in Grundfreiheiten

Ein Eingriff in den Schutzbereich der Niederlassungs- und Kapitalverkehrsfreiheit durch die Vorschriften über die Hinzurechnungsbesteuerung gem. §§ 7 ff. AStG ist dann gerechtfertigt, wenn hierfür ein kodifizierter Rechtfertigungsgrund eingreift oder in Anlehnung an die sog. „Gebhard-Formel" ein sonstiger wichtiger Grund des Allgemeininteresses vorliegt, der geeignet ist, das mit ihm verfolgte Ziel zu verwirklichen und nicht über das hinausgeht, was zur Erreichung dieses Ziels geeignet, erforderlich und angemessen ist.[1144]

1. Eingreifen eines kodifizierten Rechtfertigungsgrundes

Kann ein inländischer Steuerpflichtiger im Falle der Hinzurechnungsbesteuerung ausschließlich den Schutz der Niederlassungsfreiheit in Anspruch nehmen, so ist kein kodifizierter Rechtfertigungsgrund einschlägig. Dagegen sind im Schutzbereich der Kapitalverkehrsfreiheit für Minderheitsbeteiligungen ohne Vorliegen einer grenzüberschreitenden Niederlassung die Artt. 57 Abs. 1 S. 1, 58 Abs. 1 lit. a) EG zu prüfen. Auch auf Ebene der Rechtfertigung eines grund-

---
[1144] EuGH-Urteil vom 30.11.1995, Rs. C-55/94 („Gebhard"), Slg. 1995, I-4165, Rn. 37.

freiheitlichen Eingriffs durch die Hinzurechnungsbesteuerung zeigt sich damit das Problem des vom EuGH definierten Konkurrenzverhältnisses zwischen Kapitalverkehrs- und Niederlassungsfreiheit. Während der Vorrang der Niederlassungsfreiheit auf Ebene des Schutzbereichs zu einer Schlechterstellung von Mehrheitsbeteiligungen im Drittstaatenverkehr führt, kommt es auf Ebene der Eingriffsrechtfertigung zu einer Schlechterstellung von Minderheitsbeteiligungen im Gemeinschaftsgebiet durch die Rechtfertigungsmöglichkeit in Art. 58 Abs. 1 lit. a) EG. Dagegen ist Art. 57 Abs. 1 EG nur auf Drittstaatenfälle anwendbar, so dass hier keine Verwerfung mit Art. 43 EG bestehen sollte. Wie nachfolgend gezeigt wird, kommt es jedoch auch hier zu einer Beschränkung des Anwendungsbereichs durch die Rechtsprechung des EuGH.

a) Art. 57 Abs. 1 S. 1 EG

Nach Art. 57 Abs. 1 S. 1 EG berührt die Kapitalverkehrsfreiheit nicht die Anwendung derjenigen Beschränkungen auf dritte Länder, die am 31.12.1993 aufgrund einzelstaatlicher oder gemeinschaftlicher Rechtsvorschriften für den Kapitalverkehr mit dritten Ländern im Zusammenhang mit Direktinvestitionen einschließlich Anlagen in Immobilien, mit der Niederlassung, der Erbringung von Finanzdienstleistungen oder der Zulassung von Wertpapieren zu den Kapitalmärkten bestanden. Da die Beteiligung an einer ausländischen Zwischengesellschaft als Direktinvestition i. S. d. Nomenklatur im Anhang I zur Kapitalverkehrsrichtlinie zu qualifizieren ist, wäre Art. 57 Abs. 1 EG anwendbar, wenn es sich bei der Hinzurechnungsbesteuerung um eine am 31.12.1993 bereits bestehende Beschränkung handeln würde.[1145] Nach Auffassung des EuGH setzt der Begriff einer am 31.12.1993 bestehenden Beschränkung voraus, dass der rechtliche Rahmen, in den sich die betreffende Beschränkung einfügt, seit diesem Datum ununterbrochen Teil der nationalen Rechtsordnung gewesen ist.[1146] Hierzu ist festzustellen, dass sowohl die einfache Hinzurechnungsbesteuerung gem. § 7 Abs. 1 AStG als auch die qualifizierte Hinzurechnungsbesteuerung für Zwischeneinkünfte mit Kapitalanlagecharakter gem. § 7 Abs. 6 AStG am 31.12.1993 bereits in Kraft getreten waren. Fraglich ist demnach, ob damit das Bestehen eines „rechtlichen Rahmens" i. S. d. EuGH-Rechtsprechung bejaht werden kann. Davon gehen jedenfalls der BFH in einem Urteil vom 21.12.2005 und das FG Baden-Württemberg in einem Beschluss vom 26.10.2006 aus.[1147] Demgegenüber wird in der Literatur eine differenzierte Auslegung für den Zeit-

---

[1145] EuGH-Urteil vom 12.12.2006, Rs. C-446/04 („Test Claimants in the FII Group Litigation"), Slg. 2006, I-11753, Rn. 190 ff. m. w. N.; EuGH-Urteil vom 18.12.2007, Rs. C-101/05 („A"), Slg. 2007, Rn. 47 ff., n. V., m. w. N.

[1146] EuGH-Urteil vom 12.12.2006, Rs. C-446/04 („Test Claimants in the FII Group Litigation"), Slg. 2006, I-11753, Rn. 174 ff., m. w. N.; EuGH-Urteil vom 18.12.2007, Rs. C-101/05 („A"), Slg. 2007, Rn. 46, n. V., m. w. N.; Schlussanträge GA Bot vom 11.09.2007, Rs. C-101/05 („A"), Slg. 2007, Rn. 110 ff., n. V., m. w. N.

[1147] FG Baden-Württemberg, Beschluss vom 26.10.2006, 3 V 32/05, FR 2007, S. 198, 199 unter Bezugnahme auf BFH-Urteil vom 21.12.2005, I R 4/05, BStBl II 2006, S. 555, 557.

raum vor und nach dem UntStFG vom 20.12.2001 vertreten, wonach der Paradigmenwechsel von einer zeitlich vorgezogenen hin zu einer definitiven Besteuerung als signifikante Verschlechterung des am 31.12.1993 bestehenden Rechtszustandes qualifiziert wird, der von der Forbestandsgarantie des Art. 57 Abs. 1 S. 1 EG nicht mehr gedeckt sei.[1148] Ob das tatsächlich der Fall ist, kann nach der neueren EuGH-Rechtsprechung zur Abgrenzung von Niederlassungs- und Kapitalverkehrsfreiheit inzwischen offen bleiben, da die Hinzurechnungsbesteuerung danach nur noch bei Portfoliobeteiligungen am Maßstab des Art. 56 Abs. 1 EG zu messen ist.[1149] Eine Portfoliobeteiligung ist aber keine Direktinvestition i. S. d. Nomenklatur in Anhang I zur Kapitalverkehrsrichtlinie, da hiermit gerade solche Investments gemeint sind, bei denen der Investor einen bestimmenden Einfluss auf die Geschäfte der ausländischen Gesellschaft hat. Auch die Definition des Begriffs „Direktinvestition" im Anhang I zur Kapitalverkehrsrichtlinie erfasst nur solche grenzüberschreitenden Beteiligungen, bei denen der Anteilseigner eine Möglichkeit zur Kontrolle oder Verwaltung an der ausländischen Gesellschaft hat. Davon geht auch der EuGH in seinem Urteil vom 12.12.2006 in der Rs. C-446/04 („Test Claimants in the FII Group Litigation") aus.[1150] Für eine solche Auslegung spricht zudem der Wortlaut des Art. 57 Abs. 1 S. 1 EG, wonach neben „Direktinvestionen" auch Vorschriften über eine „Niederlassung" gerechtfertigt sein können. Zusammenfassend ist damit festzustellen, dass Art. 57 Abs. 1 S. 1 EG auf den Residualschutzbereich der Kapitalverkehrsfreiheit im Anwendungsbereich der Hinzurechnungsbesteuerung keine Anwendung findet.

b) Art. 58 Abs. 1 lit. a) EG

Als kodifizierter Rechtfertigungsgrund kommt auch Art. 58 Abs. 1 lit. a) EG für einen Eingriff in die Kapitalverkehrsfreiheit im Gemeinschaftsgebiet und darüber hinaus in Betracht. Danach berührt Art. 56 Abs. 1 EG nicht das Recht der Mitgliedstaaten, die einschlägigen Vorschriften ihres Steuerrechts anzuwenden, die Steuerpflichtige mit unterschiedlichem Wohn- oder Kapitalanlageort unterschiedlich behandeln. Stellt man auf den Wortlaut der Vertragsnorm ab, dann könnte man zu dem Ergebnis gelangen, dass durch die Hinzurechnungsbesteuerung der Einkünfte einer ausländischen Zwischengesellschaft beim inländischen Anteilseigner die Wahl eines grenzüberschreitenden Kapitalanlageortes i. S. v. Art. 58 Abs. 1 lit. a) EG im Vergleich zu einem inländischen Investment unterschiedlich behandelt wird. Der materielle Vorbehalt zugunsten steuerrechtlicher Gestaltungsspielräume eines EU-Mitgliedstaates in Art. 58 Abs. 1 EG ist allerdings eng auszulegen. Insbesondere darf die steuerliche Rechtsetzung des EU-Mitgliedstaates gem. Art. 58 Abs. 3 EG kein Mittel zur willkürlichen Diskrimi-

---

[1148] Vgl. Schönfeld, FR 2007, S. 198, 200 f., m. w. N.
[1149] Siehe Kapitel 4, C. I. 2.
[1150] EuGH-Urteil vom 12.12.2006, Rs. C-446/04 („Test Claimants in the FII Group Litigation"), Slg. 2006, I-11753, Rn. 185.

nierung oder eine verschleierte Beschränkung des freien Kapitalverkehrs i. S. v. Art. 56 Abs. 1 EG sein. Willkürlich ist eine Diskriminierung, die sich nicht auf anerkennenswerte sachliche Erfordernisse stützen kann und daher nicht objektiv gerechtfertigt ist.[1151] Gleiches gilt für eine verschleierte Beschränkung des freien Kapital- und Zahlungsverkehrs.[1152] Daher hat der nationale Steuergesetzgeber bei der Inanspruchnahme der Ausnahmeklausel des Art. 58 Abs. 1 lit. a) EG den Verhältnismäßigkeitsgrundsatz zu beachten, so dass ein EU-Mitgliedstaat eine Diskriminierung oder Beschränkung des freien Kapital- und Zahlungsverkehrs nur in dem Maße vornehmen darf, als sie zur Verwirklichung des verfolgten Ziels geeignet, erforderlich und angemessen ist.[1153] Im Ergebnis ist daher für das Eingreifen von Art. 58 Abs. 1 lit. a) EG als kodifiziertem Rechtfertigungsgrund genau wie bei allen übrigen nicht kodifizierten Rechtfertigungsgründen eine Verhältnismäßigkeitsprüfung erforderlich. Allein die tatbestandliche Anwendbarkeit von Art. 58 Abs. 1 lit. a) EG unterstellt, führt daher noch nicht zu einer Rechtfertigung des Eingriffs in Art. 56 Abs. 1 EG durch die Vorschriften der §§ 7 ff. AStG. Auf den vorliegenden Fall bezogen gilt damit auch für Art. 58 Abs. 1 lit. a) EG das Erfordernis eines zwingenden Gemeinwohlinteresses, so dass eine für alle Grundfreiheiten einheitliche Verhältnismäßigkeitsprüfung, aufgrund der angestrebten Konvergenz der Grundfreiheiten i. S. e. einheitlichen Vertragsauslegung hinsichtlich tatbestandlichem Schutzbereich und rechtfertigenden Schranken, vorzunehmen ist. Im Ergebnis kann daher offen bleiben, ob Art. 58 Abs. 1 lit. a) EG hier tatbestandlich anwendbar ist.

2. Feststellung eines wichtigen Gemeinwohlinteresses für die Hinzurechnungsbesteuerung

Die Feststellung eines wichtigen Gemeinwohlinteresses orientiert sich wesentlich an dem historischen Gesetzeszweck der Hinzurechnungsbesteuerung und dessen gesetzestechnischer Umsetzung. Nachfolgend werden daher zunächst der Gesetzeszweck und seine rechtliche Umsetzung umrissen. Die daraus gewonnenen Erkenntnisse werden dann in Relation zu den gemeinschaftsrechtlichen Anforderungen des Binnenmarktes und der Grundfreiheiten zunächst im Rahmen einer abstrakt-generellen Analyse der gesetzgeberischen Leitkonzepte und abschließend als konkret-individuelle Überprüfung der Ausgestaltung des gesetzlichen Tatbestandes der Hinzurechnungsbesteuerung untersucht. Die Trennung der gemeinschaftsrechtlichen Prüfung zwischen abstrakten Gesetzesprinzipien

---

[1151] Schlussanträge GA Reischl vom 27.05.1975, Rs. 4/75 („REWE Zentral AG"), Slg. 1975, S. 862, 868.
[1152] Kiemel, in: von der Groeben/Schwarze, EGV, Art. 56, Rn. 27 ff.
[1153] Schlussanträge GA Bot vom 11.09.2007, Rs. C-101/05 („A"), Slg. 2007, Rn. 56, n. V.; EuGH-Urteil vom 07.09.2004, Rs. C-319/02 („Manninen"), HFR 2004, S. 1262, Rn. 32 ff.; EuGH-Urteil vom 06.06.2000, Rs. C-35/98 („Verkooijen"), Slg. 2000, I-4071, Rn. 44 f.; Cordewener, Europäische Grundfreiheiten und nationales Steuerrecht, S. 746 ff.; Ress/Ukrow, in: Grabitz/Hilf, Das Recht der Europäischen Union, EGV, Art. 58, Rn. 51.

und konkreter Umsetzung „de lege lata" soll verdeutlichen, dass die der Hinzurechnungsbesteuerung zugrunde liegende gesetzgeberische Zwecksetzung im gemeinschaftsrechtlichen Kontext keinesfalls überholt ist, sondern lediglich ihre geltende Kodifizierung in den §§ 7 ff. AStG.[1154]

a) Gesetzeszweck und Grundprinzipien der Hinzurechnungsbesteuerung

Durch die Zwischenschaltung einer ausländischen Kapitalgesellschaft und den Vollzug eines entsprechenden Ausschüttungsverhaltens ergab sich vor der Verabschiedung des AStG als primäre Abschirmwirkung die Möglichkeit eines steuerlichen Devolutiveffektes und als sekundäre Abschirmwirkung die Möglichkeit eines positiven Steuerlasteffektes für den inländischen Anteilseigner.[1155] Die Gesetzesbegründung zum AStG vom 02.12.1971 benennt daher als primäre Zwecksetzung für die Einführung der Hinzurechnungsbesteuerung eine Ausnutzung der steuerlichen Abschirmwirkung von Kapitalgesellschaften durch Einkünfteverlagerung inländischer Steuerpflichtiger auf ausländische Rechtsträger zu verhindern.[1156] Nach Auffassung des Gesetzgebers verlangte die Wahrung der Gleichmäßigkeit der Besteuerung eine gesetzgeberische Maßnahme dagegen, dass durch die Nutzung von Zwischengesellschaften eine ungerechtfertigte Ausklammerung von Besteuerungsgrundlagen aus der deutschen Steuerpflicht erlangt werden konnte.[1157] Darüber hinaus verband der Gesetzgeber mit einer Hinzurechnung von „passiven" Einkünften der ausländischen Zwischengesellschaft beim inländischen Anteilseigner im unmittelbar auf die Einkünfteerzielung folgenden VZ die Vorstellung, dass es neben dem „ob" der Dividendenausschüttung auch aus zeitlicher Perspektive nicht mehr im Ermessen der Anteilseigner liegen sollte, „wann" die in der ausländischen Gesellschaft erwirtschafteten Gewinne aus passiven Tätigkeiten, über eine territorial auf den Ansässigkeitsstaat der ausländischen Zwischengesellschaft beschränkte Besteuerung hinaus, im Rahmen einer Ausschüttung im Inland erfasst werden.[1158] Der primäre historische Gesetzeszweck der §§ 7 ff. AStG lag somit darin, dass in ausländischen Zwischengesellschaften angefallenes „passives" Einkommen ohne Vornahme einer tatsächlichen Dividendenausschüttung den beherrschenden inländischen Steuerpflichtigen für Ertragsteuerzwecke zugerechnet werden konnte und damit die Umgehung der inländischen Steuerpflicht für diese Einkünfte verhindert wurde.[1159] Demgegenüber stand der Bereich, in dem die ausländische Zwischengesellschaft einer aktiven Wirtschaftstätigkeit nachging, aufgrund seiner hinrei-

---

[1154] I. E. wohl auch Hahn, IStR 2006, S. 667, 670; Kraft/Bron, IStR 2006, S. 614, 618; Schönfeld, IWB, F. 3, Gr. 1, S. 2119, 2124 ff.; Thömmes, IWB, F. 11a, S. 1019, 1036.
[1155] Schönfeld, Hinzurechnungsbesteuerung und Europäisches Gemeinschaftsrecht, S. 99.
[1156] a. a. O., BT-Drs. VI/2883, S. 19, Rn. 28, 83 f.; vgl. den Bericht des Finanzausschusses zu BT-Drs. VI/3537, abgedruckt bei Flick/Wassermeyer/Baumhoff, AStG, § 7, Gesetzesmaterialien, Nr. 7.; vgl. BFH-Urteil vom 21.01.1998, I R 3/96, BStBl II 1998, S. 468, 471.
[1157] a. a. O., BT-Drs. VI/2883, S. 19, Rn. 30.
[1158] Schönfeld, Hinzurechnungsbesteuerung und Europäisches Gemeinschaftsrecht, S. 101.
[1159] a. a. O., BT-Drs. VI/2883, S. 19, Rn. 30.

chenden personalen und sachlichen Verflechtung mit der Volkswirtschaft ihres Ansässigkeitsstaates bereits von vornherein außerhalb der „ratio legis" einer Zurechnung zu den Einkünften des inländischen Anteilseigners.[1160]
Neben der Verhinderung einer Steuerumgehung im Inland durch die Verlagerung von Besteuerungssubstrat auf die ausländische Zwischengesellschaft trug die Hinzurechnungsbesteuerung historisch auch den sekundären Zweck in sich, eine Einebnung ungerechtfertigter Steuervorteile im grenzüberschreitenden Wirtschaftsverkehr durch Heraufschleusung der ausländischen Steuerbelastung auf das inländische Steuerniveau zu vollziehen, wobei es allerdings nicht zu einer Steuererschwernis i. S. e. Strafsteuer gegenüber einer direkten Einkunftserzielung durch den Anteilseigner kommen sollte.[1161] Vielmehr sollte der inländische Steuerpflichtige durch die Hinzurechnung der Einkünfte zur Bemessungsgrundlage der Einkommen- oder Körperschaftsteuer sowie Gewerbesteuer so gestellt werden, als ob er die passive Tätigkeit in eigener Person ausgeführt und die daraus fließenden Einkünfte selbst erzielt hätte. Während der primäre Gesetzeszweck der Hinzurechnungsbesteuerung, namentlich eine Verhinderung der Steuerumgehung durch die Verlagerung von Besteuerungssubstrat auf ausländische Rechtsträger, dogmatisch auf einer Beseitigung der Abschirmwirkung der ausländischen Zwischengesellschaft fußte, beruht die Durchsetzung der sekundären Zielvorstellung auf der Anwendung der sog. „Anrechnungsmethode" auf den Hinzurechnungsbetrag beim inländischen Steuerpflichtigen als methodische Konkretisierung des Welteinkommensprinzips für unbeschränkt steuerpflichtige Personen. Zur Sicherstellung einer diesbezüglichen Gleichmäßigkeit der inländischen Besteuerung und zur Vermeidung einer Überbesteuerung sah schon die ursprüngliche Gesetzesfassung der Hinzurechnungsbesteuerung in den §§ 10 Abs. 1, 12 AStG 1972 eine Anrechnung von ausländischen Steuern auf die inländische Ertragsteuerbelastung auf den Hinzurechnungsbetrag vor. Darüber hinaus konnte die Hinzurechnungsbesteuerung gem. § 11 Abs. 1, 2 AStG 1972 mittels einer Gewinnausschüttung der ausländischen Zwischengesellschaft durch Verrechnung mit dem Hinzurechnungsbetrag im laufenden und den vier vorangegangenen Wirtschaftsjahren der ausländischen Zwischengesellschaft rückgängig gemacht werden. Schließlich wurden dem Steuerinländer durch den DBA-Vorbehalt in § 10 Abs. 5 AStG 1972 auch die Dividendenfreistellungen eines DBA auf den Hinzurechnungsbetrag zugestanden, die bei tatsächlicher Ausschüttung der Einkünfte einer ausländischen Zwischengesellschaft an den inländischen Anteilseigner anzuwenden gewesen wären.[1162] Das Ziel einer Wahrung der Gleichmäßigkeit und Neutralität der deutschen Besteuerung auf den Hinzurechnungsbetrag wurde auch in der Gesetzesbegründung zur Einführung der Hinzurechnungsbesteuerung für Zwischeneinkünfte mit Kapitalanlagecharakter

---

[1160] a. a. O., BT-Drs. VI/2883, S. 19, Rn. 31.
[1161] a. a. O., BT-Drs. VI/2883, S. 19, Rn. 32; vgl. den Bericht des Finanzausschusses zu BT-Drs. VI/3537, abgedruckt bei Flick/Wassermeyer/Baumhoff, AStG, § 7, Gesetzesmaterialien, Nr. I. Ziff. 7.; vgl. § 11 Abs. 1 AStG 1972, wonach die Hinzurechnungsbesteuerung bei unmittelbarer Ausschüttung gegenstandslos wird; vgl. Debatin, DStZ 1972, S. 272.
[1162] a. a. O., BT-Drs. VI/2883, S. 19, Rn. 106.

gem. § 7 Abs. 6 AStG durch das StÄndG 1992 vom 25.02.1992 hervorgehoben, obwohl hierdurch erstmals eine Durchbrechung des DBA-Vorbehalts der Hinzurechnungsbesteuerung mittels eines sog. „Treaty Override" in § 10 Abs. 6 AStG 1992 i. V. m. § 20 Abs. 1 Hs. 1 AStG vollzogen wurde.[1163]
Die ursprüngliche Zwecksetzung ändert sich aus heutiger Sicht auch nicht dadurch, dass die Anhebung der Steuerbelastung von Einkünften der ausländischen Zwischengesellschaft auf ein inländisches Steuerniveau vom Gesetzgeber durch das StSenkG vom 23.10.2000 erneut aufgegriffen wurde, in dem eine schedulenartige Besteuerung des Hinzurechnungsbetrages i. H. v. 38 v. H. damit begründet wurde, dass es Sinn und Zweck der Hinzurechnungsbesteuerung sei, die im Ausland erzielten Einkünfte aus passivem Erwerb einer angemessenen Vorbelastung zu unterwerfen.[1164] Nach dieser Auffassung ist der Hinzurechnungsbesteuerung als unmittelbare Folge des körperschaftsteuerlichen Systemwechsels vom Anrechnungsverfahren zum Halbeinkünfteverfahren die zusätzliche Aufgabe zugewachsen, den Übergang zur Besteuerung ausländischer Dividendenerträge nach dem Territorialitätsprinzip dadurch zu flankieren, dass im Inland gem. § 8b Abs. 1 KStG bzw. § 3 Nr. 40 lit. d) EStG vollständig oder hälftig freizustellende Dividendenausschüttungen einer ausländischen Zwischengesellschaft aus „passiven" Tätigkeiten einer angemessenen Ertragsteuervorbelastung unterliegen.[1165]

Hierzu ist anzumerken, dass die Besteuerung von Dividenden bis zur Unternehmenssteuerreform durch das StSenkG vom 23.10.2000, das UntStFG[1166] vom 20.12.2001 und das StVergAbG[1167] vom 16.05.2003 sowohl bei einer natürlichen Person als auch bei einer juristischen Person als unbeschränkt steuerpflichtigem Anteilseigner vorbehaltlich einer grenzüberschreitenden DBA-Freistellung von einer umfassenden Durchsetzung des „Welteinkommensprinzips" im Rahmen des körperschaftsteuerlichen Anrechnungsverfahrens gekennzeichnet war. Mit der Einführung des Halbeinkünfteverfahrens ab dem VZ 2002 kam es dann zu einer Dividendenfreistellung i. H. v. 95 v. H. gem. § 8b Abs. 1, 5 KStG auf Ebene eines körperschaftsteuerpflichtigen Anteilseigners, unabhängig von dem Sitz der ausschüttenden Gesellschaft im In- oder Ausland und zu einer hälftigen Freistellung von Dividendenerträgen bei einer natürlichen Person als Anteilseigner gem. § 3 Nr. 40 lit. d) EStG. Demgegenüber blieb die Situation bei der Gewerbesteuer unverändert, da hier auch weiterhin nur inländische Dividenden ab einer Mindestbeteiligung von 10 v. H. gem. § 9 Nr. 2a GewStG und ausländische Dividenden von Gesellschaften mit aktiven Einkünften i. S. v. § 9

[1163] StÄndG 1992 vom 25.02.1992, BGBl I 1992, S. 297; vgl. die Formulierungshilfe des BMF vom 05.11.1991, abgedruckt bei Flick/Wassermeyer/Baumhoff, AStG, § 7, Gesetzesmaterialien, Ziff. II Nr. 3.; Bericht des Finanzausschusses vom 07.11.1991 zum Gesetzentwurf des StÄndG 1992, BT-Drs. XII/1506, S. 181.
[1164] StSenkG vom 23.10.2000, BGBl I 2001, S. 1433.
[1165] Gesetzesbegründung zum Entwurf des StSenkG vom 15.02.2000, BT-Drs. XIV/2683, S. 106, 120, 132.
[1166] UntStFG vom 20.12.2001, BGBl I 2001, S. 3858.
[1167] StVergAbG vom 16.05.2003, BGBl I 2003, S. 660.

Nr. 7 GewStG ebenfalls ab einer Mindestbeteiligung von 10 v. H. von der gewerbesteuerlichen Hinzurechnung gem. § 8 Nr. 5 S. 1 GewStG ausgeschlossen sind. Demnach bietet die aktuelle Gesetzeslage der Dividendenbesteuerung systematisch ein uneinheitliches Bild, da eine Durchsetzung des Welteinkommensprinzips für Dividendeneinkünfte nur noch bei der gewerbesteuerlichen Hinzurechnung von Dividenden aus Portfoliobeteiligungen von weniger als 10 v. H. vollzogen wird, wohingegen durch den Wechsel vom Anrechnungsverfahren zum Halbeinkünfteverfahren gleichzeitig auch ein zumindest partieller Systemwechsel vom Welteinkommensprinzip zum Territorialitätsprinzip i. H. d. jeweiligen Freistellung von der steuerlichen Bemessungsgrundlage vollzogen wurde. Allein die systematische Ausgestaltung der Hinzurechnungsbesteuerung blieb jedoch weiterhin vollständig dem Welteinkommensprinzip verhaftet, da die Anwendung von § 8b Abs. 1 KStG und § 3 Nr. 40 lit. d) EStG gem. § 10 Abs. 2 S. 3 AStG ausdrücklich ausgeschlossen ist und eine Hinzurechnung von Einkünften einer ausländischen Zwischengesellschaft bei der Gewerbesteuer aufgrund des „Aktivvorbehalts" in § 9 Nr. 7 GewStG unvermeidbar ist. Das Territorialitätsprinzip kommt daher erst im Rahmen einer Ausschüttung von Dividendenerträgen durch die vollständige Entlastungslösung der Hinzurechnungsbesteuerung gem. § 8b Abs. 1 KStG, § 3 Nr. 41 EStG und § 8 Nr. 5 S. 2 GewStG zur Anwendung. Im Ergebnis bleibt es danach bei dem ursprünglichen sekundären Gesetzeszweck einer Beseitigung von ungerechtfertigten Steuervorteilen durch die Anwendung der sog. „Anrechnungsmethode" auf den Hinzurechnungsbetrag gem. § 10 Abs. 1 AStG i. V. m. § 12 AStG, so dass kein Bedürfnis für die Sicherstellung einer ausreichenden steuerlichen Vorbelastung für die Einkünfte der ausländischen Zwischengesellschaft als hinzutretender Gesetzeszweck infolge des Systemwechsels bei der Dividendenbesteuerung besteht. Für diese Schlussfolgerung spricht auch die Ansicht von Wassermeyer, wonach die Rechtsfolgen des § 8b Abs. 1 KStG bzw. § 3 Nr. 40 lit. d) EStG im Falle einer Dividendenausschüttung unabhängig davon eintreten, dass im Einzelfall tatsächlich eine angemessene Vorbelastung vorliegt oder nicht, da sie vom Gesetzeswortlaut nicht ermittelt, sondern schlicht unterstellt wird.[1168] Dem kann auch nicht mit der Auffassung von Schönfeld entgegengetreten werden, dass durch das Fehlen einer hinreichenden ertragsteuerlichen Vorbelastung die Trennung zwischen Gesellschafts- und Gesellschafterebene aufgehoben werde und es damit zu einer vollständigen Besteuerung nach einkommen- oder körperschaftsteuerlichen Grundsätzen im Rahmen der Hinzurechnungsbesteuerung nach geltenden Grundsätzen des § 10 Abs. 2 AStG komme.[1169] Zwar ist Schönfeld insofern zuzustimmen, dass die Hinzurechnungsbesteuerung die Abschirmwirkung der ausländischen Kapitalgesellschaft gezielt ausschaltet und damit die Besteuerung ihrer Einkünfte beim inländischen Anteilseigner unter Anrechnung der ausländischen Ertragsteuern ermöglicht. Gleichwohl kann diese Auffassung nicht erklären, warum es unter gleichheitsrechtlichen Aspekten nicht auch zu einer

---

[1168] Wassermeyer, in: Flick/Wassermeyer/Baumhoff, AStG, vor §§ 7 – 14, Rn. 60.
[1169] Schönfeld, Hinzurechnungsbesteuerung und Europäisches Gemeinschaftsrecht, S. 118 f.

umfassenden Anpassung aktiver Einkünfte einer ausländischen Kapitalgesellschaft unterhalb des Körperschaftsteuersatzes von 25 v. H. kommt, wenn Voraussetzung für die Anwendung des Halbeinkünfteverfahrens eine entsprechende körperschaftsteuerliche Vorbelastung der Dividendenausschüttungen ist. Eine Fokussierung der Hinzurechnungsbesteuerung auf „passive" Einkünfte lässt sich außerhalb des Generalarguments einer weiten gesetzgeberischen Gestaltungsfreiheit daher nur damit erklären, dass nicht die generelle Herstellung einer ertragsteuerlichen Vorbelastung von Einkünften der ausländischen Zwischengesellschaft auf Ebene des Anteilseigners als Folge des Systemwechsel zum Halbeinkünfteverfahren zur gesetzgeberischen Intention geworden ist, sondern vielmehr die passiven Einkünfte der ausländischen Zwischengesellschaft unabhängig von einem zugrunde liegenden Systemwechsel zum Territorialitätsprinzip beim inländischen Anteilseigner so anzusetzen sind, als ob diese originär von ihm erzielt worden sind und damit eine Heraufschleusung der ausländischen Steuerbelastung auf das inländische Steuerniveau des Anteilseigners zur Einebnung ungerechtfertigt erlangter Steuervorteile ermöglicht wird.

Darüber hinaus ist es unverständlich, dass der Gesetzgeber im StSenkG auch die Belastungswirkung mit inländischer Gewerbesteuer in dem pauschalen Steuersatz von 38 v. H. abgebildet hat, da eine Gewerbesteuerbelastung lediglich für inländische Gewerbeerträge zur Anwendung kommen kann, nicht aber für die Herstellung einer angemessenen ertragsteuerlichen Vorbelastung von Einkünften einer ausländischen Zwischengesellschaft, da diesbezüglich nur der inländische Körperschaftsteuertarif von 25 v. H. maßgeblich sein kann.[1170] Auch hier kann nur der Zweck einer Einebnung von ungerechtfertigt erlangten Steuervorteilen über die systematische Unzulänglichkeit der Einbeziehung des Hinzurechnungsbetrages in die gewerbesteuerliche Bemessungsgrundlage hinweghelfen, wenn man annimmt, dass der inländische Steuerpflichtige durch die gesetzliche Regelung so gestellt werden soll, als ob er die passiven Einkünfte ohne die Zwischenschaltung einer ausländischen Kapitalgesellschaft in eigener Person erzielt und dem Welteinkommensprinzip entsprechend zu versteuern hätte.

Die Herstellung einer angemessenen Vorbelastung für die Einkünfte einer ausländischen Zwischengesellschaft steht auch nicht mit der systematischen Ausgestaltung der Hinzurechnungsbesteuerung i. S. d. von Wassermeyer entwickelten „Zweistufentheorie"[1171] im Einklang.[1172] Die daneben vertretenen Ansätze der „Ausschüttungs"- und „Repräsentationstheorie" fallen dagegen durch ihren mangelnden Bezug zur gesetzlichen Grundlage auf, so dass sie hier nur der Vollständigkeit halber erwähnt werden. Während die „Ausschüttungstheorie" eine zeitliche Vorverlagerung der Besteuerung für Beteiligungserträge an der ausländischen Zwischengesellschaft annimmt,[1173] geht die „Repräsentationstheorie" von einer Steuerpflicht „sui generis" aus, wobei die Rechtssubjektivität der

---

[1170] Vgl. Schönfeld, Hinzurechnungsbesteuerung und Europäisches Gemeinschaftsrecht, S. 116 f.

[1171] Dieser Erklärungsansatz wird auch als „Zurechnungstheorie" bezeichnet.

[1172] Vgl. Wassermeyer, in: Flick/Wassermeyer/Baumhoff, AStG, vor §§ 7 – 14, Rn. 55.

[1173] Kluge, RIW/AWD, 1975, S. 525 ff.

ausländischen Zwischengesellschaft zwar grundsätzlich anerkannt wird, die in der Gesellschaft erzielten Einkünfte jedoch als Ausdruck einer erhöhten wirtschaftlichen Leistungsfähigkeit des inländischen Anteilseigners bei diesem zu besteuern sind.[1174] Die „Ausschüttungstheorie" steht mit der Ausgestaltung der Hinzurechnungsbesteuerung nach geltendem Recht nicht in Einklang, da sie die Zurechnung der Einkünfte beim inländischen Steuerpflichtigen gem. § 7 Abs. 1, 6 AStG nicht erklären kann. Eine konsequente Ausschüttungsfiktion müsste auch die abkommensrechtlichen und nationalen Vorschriften über die Dividendenbesteuerung zur Anwendung bringen, was jedoch durch die § 10 Abs. 2 S. 3 AStG hinsichtlich § 8b KStG bzw. § 3 Nr. 40 S. 1 lit. d) EStG und das sog. „Treaty Override" in § 20 Abs. 1 Hs. 1 AStG ausdrücklich ausgeschlossen wird.[1175] Demgegenüber handelt es sich bei der „Repräsentationstheorie" weniger um einen Erklärungsansatz als vielmehr um eine Ablehnung der übrigen Auffassungen bei gleichzeitiger Anerkennung der geltenden gesetzlichen Regelungen als Ausdruck einer weiten gesetzgeberischen Gestaltungsfreiheit.

Im Rahmen der „Zweistufentheorie" werden die Einkünfte der ausländischen Zwischengesellschaft auf der ersten Stufe durch den unbeschränkt Steuerpflichtigen nach den Vorschriften des deutschen Steuerrechts so ermittelt, als ob sie originär vom Anteilseigner erzielt worden wären. Die Zwischeneinkünfte sind danach Hinzurechnungsobjekt und Bemessungsgrundlage für die inländische Besteuerung, vergleichbar mit der Gewinnermittlung bei Beteiligung eines inländischen Steuerpflichtigen an einer ausländischen Personengesellschaft. Auf der zweiten Stufe werden die Zwischeneinkünfte dann in fiktive Beteiligungserträge umqualifiziert und damit zu Einkünften des inländischen Steuerpflichtigen gem. § 10 Abs. 2 AStG i. V. m. § 2 Abs. 1, 2 EStG oder § 8 KStG. Werden die Anteile an der ausländischen Zwischengesellschaft im gewerblichen Betriebsvermögen des Anteilseigners gehalten, gehen sie damit auch in den Gewerbeertrag gem. § 7 GewStG ein. Die Herstellung einer angemessenen steuerlichen Vorbelastung würde die zweite Stufe dagegen überflüssig machen, da neben der Einkunftsermittlung auch die Besteuerung der Einkünfte bereits gedanklich auf der ersten Stufe bei der ausländischen Zwischengesellschaft ansetzen müsste, womit jedoch die Zurechnung als Kapitaleinkünfte zum inländischen Anteilseigner nicht mehr erklärbar wäre und die in § 7 Abs. 1, 6 AStG und § 10 Abs. 2 AStG zum Ausdruck kommende Trennung zwischen Tatbestand und Rechtsfolge der Hinzurechnungsbesteuerung im AStG 1972 aufgehoben würde. Konsequenterweise ist mit der Aufhebung der Änderungen des StSenkG durch das UntStFG rückwirkend auch die Herstellung einer angemessenen Vorbelastung als Gesetzeszweck sogleich wieder beseitigt worden. Allein die Fortführung einer Schedulenbesteuerung im Rahmen einer eigenen, achten Einkunftsart hätte die auf der Ebene der ausländischen Kapitalgesellschaft zuzuordnende Herstellung einer angemessenen steuerlichen Vorbelastung als Zweck der Hinzurech-

---

[1174] Menck, DStZ 1978, S. 106 f.
[1175] Vgl. Wassermeyer, in: Flick/Wassermeyer/Baumhoff, AStG, vor §§ 7 – 14, Rn. 46; Schönfeld, Hinzurechnungsbesteuerung und Europäisches Gemeinschaftsrecht, S. 138 ff.

nungsbesteuerung angemessen wiedergegeben. Allerdings hätte die Hinzurechnungsbesteuerung dann den Charakter einer Zugriffsbesteuerung bei der ausländischen Körperschaft erlangt, ohne jedoch im Steuertatbestand des § 7 Abs. 1, 6 AStG tatsächlich hieran anzuknüpfen.

In der aktuellen Gesetzesfassung des § 10 Abs. 2 S. 1, 2 AStG kommt damit zum Ausdruck, dass es nicht Zweck der Hinzurechnungsbesteuerung ist, eine angemessene steuerliche Vorbelastung von Einkünften ausländischer Kapitalgesellschaften sicherzustellen, sondern vielmehr die ertragsteuerliche Erfassung der ausländischen Einkünfte beim inländischen Anteilseigner so zu bewirken, als ob sie direkt von ihm erzielt worden wären.[1176] Dennoch zeigt sich in der, wenn auch inzwischen obsolet gewordenen Begründung des Gesetzgebers, dass der Hinzurechnungsbesteuerung ein, nachfolgend zu beleuchtender, sog. „kapitalexportneutraler" Ansatz nach dem Welteinkommensprinzip zugrunde liegt, da es zwar nicht um die Herstellung einer angemessenen Vorbelastung auf Gesellschaftsebene, sondern vielmehr um die Neutralisierung ertragsteuerlicher Vorteile durch die Einschaltung der ausländischen Zwischengesellschaft im Wege einer Heraufschleusung der ausländischen Steuerbelastung auf ein vergleichbares inländisches Steuerniveau des Anteilseigners geht.

Zusammenfassend lässt sich damit festhalten, dass die Hinzurechnungsbesteuerung neben der Verhinderung einer Steuerumgehung durch die Beseitigung der Abschirmwirkung ausländischer Kapitalgesellschaften für passive Einkünfte ausländischer Zwischengesellschaften auch die Neutralisierung der niedrigen ausländischen Besteuerung auf die passiven Einkünfte i. S. e. ungerechtfertigt erlangten Steuervorteils durch eine Heraufschleusung der Gesamtsteuerlast auf das inländische Steuerniveau des Anteilseigners mittels der Anrechnungsmethode im Rahmen der Anwendung des Welteinkommensprinzips auf den Hinzurechnungsbetrag bezweckt. Ob diese Zwecksetzungen durch die rechtliche Ausgestaltung der §§ 7 ff. AStG „de lege lata" auch tatsächlich erreicht werden, soll bis zur Prüfung der Verhältnismäßigkeit offen bleiben, da es im Rahmen dieses Abschnitts zunächst nur um die grundsätzliche Anerkennung der Gesetzeszwecke und deren rechtstechnischer Umsetzung als gemeinschaftsrechtskonforme Motive und Mittel für die Rechtfertigung eines Eingriffs in den Schutzbereich der Grundfreiheiten geht.

b) Vermeidung einer Steuerumgehung als wichtiger Grund des Allgemeininteresses

Die Verhinderung einer Steuerumgehung im Inland durch Verlagerung von Einkünften aus passiven Tätigkeiten auf einen Rechtsträger in einem niedrigbesteuernden Land müsste ein wichtiger Grund des Allgemeininteresses sein, der einen Eingriff in den Schutzbereich der Niederlassungs- und Kapitalverkehrsfreiheit rechtfertigen kann. Demnach ist zunächst der Begriff der „Steuerumgehung" zu

---

[1176] Vgl. Wassermeyer, in: Flick/Wassermeyer/Baumhoff, AStG, vor §§ 7 – 14 AStG, Rn. 60 für eine eingehende kritische Auseinandersetzung mit den Änderungen des StSenkG.

definieren, um im Anschluss daran die Frage zu beantworten, ob der Verlust von Besteuerungssubstrat zugunsten einer anderen Steuerhoheit durch die Ausnutzung der Abschirmwirkung einer ausländischen Kapitalgesellschaft von dem Begriff der Steuerumgehung erfasst wird. Der EuGH hat einen inneren Zusammenhang zwischen Steuerumgehung und Verlust von Besteuerungssubstrat in dem Urteil in der Rs. C-196/04 („Cadbury Schweppes") jedenfalls mit seiner ständigen Rechtsprechung verneint.[1177] Abweichend von der Auffassung des EuGH wird nun nachfolgend ein differenzierter Ansatz entwickelt. Zu diesem Zweck sind nach der hier vertretenen Auffassung sowohl gemeinschaftsrechtliche als auch verfassungsrechtliche und einfachgesetzliche Vorgaben des nationalen Rechts in einer umfassenden Betrachtung nutzbar zu machen, da die fehlende Harmonisierung des Gemeinschaftsrechts im Bereich der direkten Steuern eine Analyse der mitgliedstaatlichen Rechtsvorschriften im Lichte des primären und sekundären Gemeinschaftsrechts auch im Kontext der systematischen Vorgaben der nationalen Steuerrechtsordnungen erfordert. Diese umfassende Betrachtungsweise wird auch vom EuGH in den Urteilen zu den Rs. C-204/90 („Bachmann") und C-300/90 („Kommission / Belgien") durch die Anerkennung des Rechtfertigungsgrundes der steuerlichen Kohärenz indirekt bestätigt, in dem die Wechselwirkung von Normen des nationalen Steuerrechts zur Rechtfertigung eines Eingriffs in die Grundfreiheiten des EGV anerkannt wurde.[1178] Schließlich hat der EuGH durch die Anerkennung des Rechtfertigungsgrundes einer zwischenstaatlichen Aufteilung der Besteuerungsbefugnis in dem Urteil vom 13.12.2005 in der Rs. C-446/03 („Marks & Spencer plc.") auch eine Weiterentwicklung anerkannter Rechtfertigungsgründe vorgenommen und damit gezeigt, dass seiner Rechtsprechung auch im Bereich der direkten Steuern durchaus rechtsfortbildende Momente innewohnen können.[1179] Einer umfassenden Betrachtungsweise durch die Einbeziehung nationaler Besteuerungsprinzipien steht auch nicht der Grundsatz einer effektiven Gemeinschaftsrechtsdurchsetzung, sog. „effet utile", entgegen, wonach vom EuGH bei der Auslegung von nationalem Recht am Maßstab des Gemeinschaftsrechts allgemein derjenigen Auslegung der Vorzug gegeben wird, die die Verwirklichung der Vertragsziele und die Funktionsfähigkeit der Gemeinschaft am ehesten sicherstellt.[1180] Vielmehr ist diese teleologische Auslegung des Gemeinschaftsrechts mit der Auffassung des BVerfG in seinem sog. „Maastricht-Urteil" derart einzuschränken, dass der EuGH bei der Auslegung des Gemeinschaftsrechts nicht Ergebnisse erzielen

---

[1177] EuGH-Urteil vom 12.09.2006, Rs. C-196/04 („Cadbury Schweppes"), Slg. 2006, I-7995, Rn. 49.
[1178] EuGH-Urteil vom 28.01.1992, Rs. C-204/90 („Bachmann"), Slg. 1992, I-249, Rn. 21 ff.; EuGH-Urteil vom 28.01.1992, Rs. C-300/90 („Kommission / Belgien"), Slg. 1992, I-305, Rn. 14 ff.; siehe Kapitel 3, E. II. 1. d) cc) für eine Darstellung der Wechselwirkung von Kohärenzargument und nationalem Steuerrecht.
[1179] Siehe Kapitel 2, E. III. 1. für eine Darstellung der Rechtsprechung des EuGH in der Rs. C-446/03 („Marks & Spencer plc.").
[1180] Vgl. Pernice/Mayer, in: Grabitz/Hilf, Das Recht der Europäischen Union, EGV, Art. 220, Rn. 46.

darf, die statt der Auslegung zu einer Kompetenz- oder Vertragserweiterung der EU-Organe gegenüber den EU-Mitgliedstaaten führt.[1181] Folglich sind in Ermangelung einer vertraglichen Harmonsierungskompetenz der EU im Bereich der direkten Steuern bei der Auslegung und Anwendung des nationalen Rechts im Schutzbereich der Grundfreiheiten auch die steuersystematischen Grundlagen des nationalen Rechts in die Rechtfertigung eines Eingriffs einzubeziehen, da es sonst zu einem absoluten Verständnis gemeinschaftsrechtlicher Vorgaben und einer vollständigen Verdrängung mitgliedstaatlicher Interessen bei der Durchsetzung originär nationaler Rechtsetzungskompetenzen kommt.[1182] Vorab einer Definition des Begriffs der Steuerumgehung ist daher festzuhalten, dass sich nationale und gemeinschaftsrechtliche Vorgaben i. S. e. Wechselwirkung stets ergänzen müssen, so dass es weder zu einem Regelungsausschluss zu Lasten der nationalen Steuerrechtsordnungen kommt noch eine den Zielen des Gemeinschaftsrechts elementar entgegenstehende nationale Rechtsetzung zu befürchten ist. Diese Auffassung wird auch durch die st. Rspr. des EuGH insoweit bestätigt, als hiernach die direkten Steuern zwar in die Zuständigkeit der EU-Mitgliedstaaten fallen, diese ihre Befugnisse jedoch unter Wahrung des Gemeinschaftsrechts ausüben müssen.[1183] Insoweit ist allerdings zuzugestehen, dass diese Ausführungen des EuGH über den Charakter einer programmatischen Einleitung für die grundfreiheitliche Prüfung nie hinausgekommen sind, da es bisher versäumt wurde, sie im Wege richterlicher Rechtsfortbildung auszulegen bzw. fortzuentwickeln.

Grundsätzlich entzieht sich der Begriff der Steuerumgehung einer formalisierten bzw. kodifizierten Definition aus gemeinschaftsrechtlicher oder nationaler Perspektive. Anknüpfend an die vielfältigen Definitionsversuche in der Literatur besteht jedoch eine grundlegende Übereinstimmung, dass eine Steuerumgehung als Unterfall der Gesetzesumgehung vorliegt, wenn für den gewählten Sachverhalt außer einem Streben nach Minderung der Steuerbelastung kein wirtschaftlich beachtlicher oder sonstiger nichtsteuerlicher Grund ersichtlich ist.[1184] Positiv abzugrenzen ist die Steuerumgehung von der Steuervermeidung oder Steuerplanung, die durch eine vom Steuerpflichtigen in Übereinstimmung mit den gesetzlichen Vorschriften gewählte steuergünstige Gestaltung charakterisiert wird und sich daher einer missbilligenden Wertung des Steuersystems entzieht.[1185] Diesbezüglich geht auch aus der st. Rspr. des EuGH hervor, dass ein Vorteil, der aus einer relativ geringen steuerlichen Belastung einer Tochtergesellschaft mit Sitz in einem anderen EU-Mitgliedstaat als dem der Muttergesellschaft resultiert, dem letztgenannten EU-Mitgliedstaat nicht das Recht gibt, diesen Vorteil durch eine weniger günstige steuerliche Behandlung der Muttergesellschaft aus-

---

[1181] BVerfG, Urteil vom 12.10.1993, 2 BvR 2134/92, 2159/92, BVerfGE 89, S. 155, 210.

[1182] Vgl. Hahn, IStR 2006, S. 667, 668 m. w. N. für eine Darstellung des extensiven Auslegungsansatzes grundfreiheitlicher Schutzgewährleistungen.

[1183] Vgl. EuGH-Urteil vom 12.09.2006, Rs. C-196/04 („Cadbury Schweppes"), Slg. 2006, I-7995, Rn. 40 m. w. N.

[1184] Vgl. Vogel, DStZ 1997, S. 274.

[1185] Vgl. Kluge, Das Internationale Steuerrecht, B 35.

zugleichen.[1186] Als negative Abgrenzung zur rechtlich missbilligten Steuerumgehung dient die Steuerhinterziehung als pönalisiertes Verhalten eines Steuerpflichtigen, hervorgerufen durch die vorsätzliche Verletzung von pflichtenbegründenden Steuergesetzen.[1187] Hierzu ergibt sich aus der st. Rspr. des EuGH, dass der alleinige Umstand einer grenzüberschreitenden Zweigniederlassung, Betriebsstätte oder Tochtergesellschaft nicht die allgemeine Vermutung einer Steuerhinterziehung begründen kann.[1188] Da es sich bei der Hinzurechnungsbesteuerung nicht um eine Strafsteuer handelt und die, ggf. auch steuerstrafrechtlich relevante, Einschaltung von substanzlosen ausländischen Basisgesellschaften bereits von § 42 AO erfasst wird, verbleiben für die Hinzurechnungsbesteuerung nur solche Fälle, in denen bestimmte Einkünfte zur Umgehung der inländischen Steuerpflicht auf einen ausländischen Rechtsträger in Form einer substanzhaltigen Kapitalgesellschaft verlagert werden und damit eine am Leistungsfähigkeitsprinzip und dem Prinzip der Besteuerungsgleichheit als systemtragende Prinzipien des inländischen Steuerrechts einhergehende, rechtlich zu missbilligende Wertung verbunden ist.

Die Verhinderung einer Steuerumgehung und die Einebnung ungerechtfertigter Steuervorteile als legitimierende Zwecksetzungen der Hinzurechnungsbesteuerung müssten sich daher in den verfassungsrechtlichen Vorgaben der nationalen Steuerrechtsordnung wieder finden und diese i. S. d. Prinzips der Systemkonsequenz und Folgerichtigkeit zutreffend abbilden.[1189] Hiernach muss der Gesetzgeber das sachgerechte Prinzip, für das er sich entschieden hat, konsequent umsetzen und die einmal getroffene Wertentscheidung folgerichtig durchhalten.[1190] Nur die mit dem nationalen Verfassungsrecht im Einklang stehende Rechtsetzung kann eine Rechtfertigung für einen Eingriff in die Grundfreiheiten des EGV bieten, da es sonst an der hinreichenden systematischen Verwurzelung des legitimierenden Zwecks als überwiegendes mitgliedstaatliches Interesse gegenüber dem Interesse des Steuerpflichtigen an der Verfolgung seiner grundfreiheitlichen Gewährleistungen fehlt. Bildet die Zwecksetzung der Hinzurechnungsbesteuerung schon die systemtragenden Prinzipien im Kontext einer Steuerumgehung des nationalen Steuerrechts nicht sachgerecht ab, dann kann diese Regelung erst recht nicht im Rahmen einer Abwägung der widerstreitenden gemeinschaftsrechtlichen und nationalen Interessen zugunsten der mitgliedstaatlichen Regelung überwiegen.

Steuersystematisch ist aus einfachgesetzlicher Perspektive zunächst festzustellen, dass der Verlust des originären Besteuerungsrechts an den passiven Einkünften nach dem Systemwechsel zum Halbeinkünfteverfahren nicht durch ein Recht zur Dividendenbesteuerung im Ausschüttungsfall i. S. e. vollständigen

---

[1186] Vgl. EuGH-Urteil vom 12.09.2006, Rs. C-196/04 („Cadbury Schweppes"), Slg. 2006, I-7995, Rn. 49 m. w. N.
[1187] Vgl. Schön, Gestaltungsmissbrauch im Europäischen Steuerrecht, S. 19 ff.
[1188] Vgl. EuGH-Urteil vom 12.09.2006, Rs. C-196/04 („Cadbury Schweppes"), Slg. 2006, I-7995, Rn. 50 m. w. N.
[1189] Vgl. Lang, in: Tipke/Lang, Steuerrecht, § 4, Rn. 77.
[1190] Vgl. Tipke, Die Steuerrechtsordnung, Teil 1, S. 327 ff.

Nachversteuerung ausgeglichen wird, da das dem § 3 Nr. 40 lit. d) EStG zugrunde liegende Territorialitätsprinzip eine Dividendenbesteuerung im Sitzstaat des Anteilseigners für natürliche Personen als Anteilseigner nur noch zur Hälfte ermöglicht und die Besteuerung von Dividendeneinkünften einer juristischen Person gem. § 8b Abs. 1, 5 KStG im Inland zu 95 v. H. der Nettodividende ausgeschlossen ist. Folglich kommt es durch die Abschirmwirkung der ausländischen Kapitalgesellschaft zu einem endgültigen Steuerausfall i. H. d. Differenz zwischen der Dividendenbesteuerung im Rahmen des Halbeinkünfteverfahrens und der fiktiven Steuerlast bei einer unmittelbaren Erzielung der passiven Einkünfte durch den inländischen Steuerpflichtigen, ohne dass mit dieser Feststellung auch eine Aussage über die Qualität der Steuerumgehung als rechtlich zu missbilligender Vorgang verbunden ist. Unabhängig von der Anwendung des Territorialitätsprinzips auf Dividendeneinkünfte des inländischen Anteilseigners wären die passiven Einkünfte ohne Zwischenschaltung der ausländischen Kapitalgesellschaft somit nicht bei dieser, sondern bei dem inländischen Steuerpflichtigen auf der Grundlage des Welteinkommensprinzips zur inländischen Besteuerung heranzuziehen. Demnach konkretisiert die Hinzurechnungsbesteuerung den Zweck der Verhinderung einer Steuerumgehung dadurch, dass die Erfassung der passiven Einkünfte im Rahmen der Durchsetzung des Welteinkommensprinzips durch deren Allokation beim inländischen Steuerpflichtigen sichergestellt wird.

Unabhängig von der konkreten gesetzestechnischen Durchsetzung beruht dieser Zweck auf dem verfassungsrechtlichen Gebot zur Wahrung der Gleichmäßigkeit der inländischen Besteuerung. Das Gebot der Gleichmäßigkeit der Besteuerung wird als systemtragendes Prinzip des rechtsstaatlichen Steuerrechts aus dem allgemeinen Gleichheitssatz des Art. 3 Abs. 1 GG abgeleitet.[1191] Neben dem Gebot der Rechtsanwendungsgleichheit durch Behörden und Finanzgerichte i. S. d. § 85 AO bindet Art. 3 Abs. 1 GG über die Artt. 1 Abs. 3, 20 Abs. 3 GG auch den inländischen Steuergesetzgeber an den allgemeinen Gleichheits-

---

[1191] BVerfG, Urteil vom 17.01.1957, 1 BvL 4/54, BVerfGE 6, S. 55, 70; BVerfG, Beschluss vom 30.10.1961, 1 BvR 833/59, BVerfGE 13, S. 181, 202; BVerfG, Urteil vom 24.01.1962, 1 BvL 32/57, BVerfGE 13, S. 290, 298; BVerfG, Urteil vom 24.01.1962, 1 BvR 845/58, BVerfGE 13, S. 331, 338; BVerfG, Beschluss vom 07.05.1968, 1 BvR 420/64, BVerfGE 23, S. 242, 253; BVerfG, Beschluss vom 09.07.1969, 2 BvL 20/65, BVerfGE 26, S. 302, 310; BVerfG, Beschluss vom 08.12.1970, 1 BvR 95/68, BVerfGE 29, S. 327, 335; BVerfG, Beschluss vom 03.07.1973, 1 BvR 368/65, 369/65, BVerfGE 35, S. 324, 335; BVerfG, Urteil vom 05.03.1974, 1 BvR 712/68, BVerfGE 36, S. 321, 330; BVerfG, Beschluss vom 23.11.1976, 1 BvR 150/75, BVerfGE 43, S. 108, 118; BVerfG, Beschluss vom 11.10.1977, 1 BvR 343/73, 1 BvR 83/74, 1 BvR 183/75, 1 BvR 428/75, BVerfGE 47, S. 1, 29; BVerfG, Beschluss vom 12.10.1978, 2 BvR 154/74, BVerfGE 49, S. 343, 360; BVerfG, Beschluss vom 13.03.1979, 2 BvR 72/76, BVerfGE 50, S. 386, 391; BVerfG, Beschluss vom 06.12.1983, 2 BvR 1275/79, BVerfGE 65, S. 325, 354; BVerfG, Beschluss vom 22.02.1984, 1 BvL 10/80, BVerfGE 66, S. 214, 223; BVerfG, Urteil vom 27.06.1991, 2 BvR 1493/89, BVerfGE 84, S. 239, 268.

satz durch das Gebot der Rechtsetzungsgleichheit.[1192] Der hieraus erwachsende Auftrag muss gleichheitseffizient und am Wertesystem des GG orientiert erfüllt werden, so dass eine „de lege lata" gleichheitsineffiziente Regelung oder ein Regelungssystem vom Gesetzgeber zur Sicherstellung der Rechtsanwendungsgleichheit entsprechend den verfassungsrechtlichen Vorgaben umzugestalten ist.[1193] Zusammenfassend lässt sich damit festhalten, dass der Grundsatz der Besteuerungsgleichheit als Komponente die Gleichheit der normativen Steuerpflicht und die Gleichheit bei deren Durchsetzung in der Steuererhebung enthält.[1194] Nach der sog. „neuen Formel" des ersten Senats des BVerfG liegt eine mit Art. 3 Abs. 1 GG unvereinbare Ungleichbehandlung in der Rechtswirklichkeit immer dann vor, wenn eine Gruppe von Normadressaten anders behandelt wird als eine Vergleichsgruppe, obwohl zwischen beiden Gruppen keine Unterschiede von solcher Art und solchem Gewicht bestehen, dass sie die ungleiche Behandlung rechtfertigen können.[1195] „Tertium Comparationis" bzw. Vergleichsgruppe für die gleichheitsrechtlichen Aspekte der Hinzurechnungsbesteuerung ist die Gruppe aller inländischen Steuerpflichtigen, deren passive Einkünfte, dem Welteinkommensprinzip folgend, in die Bemessungsgrundlage der

---

[1192] BVerfG, Urteil vom 23.10.1951, 2 BvG 1/51, BVerfGE 1, S. 14, 52; BVerfG, Beschluss vom 23.02.1972, 2 BvL 36/71, BVerfGE 32, S. 346, 360; BVerfG, Beschluss vom 28.02.1973, 2 BvR 487/71, BVerfGE 34, S. 325, 328; BVerfG, Beschluss vom 24.03.1976, 2 BvR 804/75, BVerfGE 42, S. 64, 72; Kirchhof, in: Isensee/Kirchhof, HdbStR, Band V, § 125, Rn. 1 ff.

[1193] Lang, in: Tipke/Lang, Steuerrecht, § 4, Rn. 70.

[1194] BVerfG, Urteil vom 27.06.1991, 2 BvR 1493/89, BVerfGE 84, S. 239.

[1195] BVerfG, Beschluss vom 07.10.1980, 1 BvL 50/79, 89/79, 1 BvR 240/79, BVerfGE 55, S. 72, 80; BVerfG, Beschluss vom 16.03.1982, 1 BvR 938/81, BVerfGE 60, S. 124, 134; BVerfG, Beschluss vom 16.11.1982, 1 BvL 16/75, 36/79, BVerfGE 62, S. 256, 274; BVerfG, Beschluss vom 04.10.1983, 1 BvL 2/81, BVerfGE 65, S. 104, 112 f.; BVerfG, Beschluss vom 07.12.1983, 2 BvR 282/80, BVerfGE 65, S. 377, 384; BVerfG, Beschluss vom 20.03.1984, 1 BvL 27/82, BVerfGE 66, S. 234, 242; BVerfG, Beschluss vom 17.07.1984, 1 BvL 24/83, BVerfGE 67, S. 231, 236; BVerfG, Beschluss vom 28.11.1984, 1 BvR 1157/82, BVerfGE 68, S. 287, 301; BVerfG, Beschluss vom 03.07.1985, 1 BvR 1428/82, BVerfGE 70, S. 230, 239 f.; BVerfG, Beschluss vom 25.03.1986, 1 BvL 5/80, 1 BvR 1023/83, 1052/83, 1227/84, BVerfGE 72, S. 84, 89 f.; BVerfG, Beschluss vom 01.07.1986, 1 BvL 26/83, BVerfGE 73, S. 301, 321; BVerfG, Beschluss vom 18.11.1986, 1 BvL 29/83, 30/83, 33/83, 34/83, 36/83, BVerfGE 74, S. 9, 24; BVerfG, Beschluss vom 08.04.1987, 1 BvR 564/84, 684/84, 877/84, 886/84, 1134/84, 1636/84, 1711/84, BVerfGE 75, S. 78, 105; BVerfG, Beschluss vom 05.05.1987, 1 BvR 981/81, BVerfGE 75, S. 284, 300; BVerfG, Beschluss vom 31.05.1988, 1 BvL 22/85, BVerfGE 78, S. 232, 247; BVerfG, Beschluss vom 23.01.1990, 1 BvL 4/87, 5/87, 6/87, 7/87, BVerfGE 81, S. 228, 236; BVerfG, Beschluss vom 30.05.1990, 1 BvL 2/83, 9/84, 10/84, 11/89, 12/89, 13/89, 4/90, 1 BvR 764/86, BVerfGE 82, S. 126, 146; BVerfG, Beschluss vom 19.02.1991, 1 BvR 1231/85, BVerfGE 83, S. 395, 401; BVerfG, Urteil vom 24.04.1991, 1 BvR 1341/90, BVerfGE 84, S. 133, 157; BVerfG, Beschluss vom 11.06.1991, 1 BvR 538/90, BVerfGE 84, S. 197, 199; BVerfG, Beschluss vom 08.10.1991, 1 BvL 50/86, BVerfGE 84, S. 349, 359; BVerfG, Beschluss vom 26.01.1993, 1 BvL 38/92, 40/92, 43/92, BVerfGE 88, S. 87, 96 f.; BVerfG, Beschluss vom 08.06.1993, 1 BvL 20/85, BVerfGE 89, S. 15, 22 f.

inländischen Einkommen-, Körperschaft- und Gewerbesteuer eingehen. Vor Einführung der Hinzurechnungsbesteuerung im Jahre 1972 bestand nach Auffassung des Steuergesetzgebers ein Gerechtigkeitsdefizit zu Lasten dieser Vergleichsgruppe, da ihnen die Abschirmwirkung von Kapitalgesellschaften mit Sitz und Geschäftsleitung in einem niedrigbesteuernden Land nicht zugute kam.[1196] Das entstandene gleichheitsrelevante Ungleichgewicht zugunsten des grenzüberschreitenden Investments in eine ausländische Kapitalgesellschaft widersprach damit dem Prinzip der Besteuerung nach der wirtschaftlichen Leistungsfähigkeit als steuerspezifischer Vergleichsmaßstab für die Feststellung einer Besteuerungsgleichheit. Die ständige Rechtsprechung des BVerfG konkretisiert den allgemeinen Gleichheitssatz aus Art. 3 Abs. 1 GG in seiner Ausformung des Grundsatzes der Besteuerungsgleichheit nun dahingehend, dass die Steuerlasten auf die Steuerpflichtigen im Verhältnis ihrer wirtschaftlichen Leistungsfähigkeit verteilt werden müssen.[1197] Das „Leistungsfähigkeitsprinzip" wird weltweit in allen steuerwissenschaftlichen Disziplinen als Fundamentalprinzip einer gerechten Besteuerung anerkannt.[1198] Bei der juristischen Konkretisierung des Leistungsfähigkeitsprinzips geht es nicht um Steuerprogression und Umverteilung, um Schröpfung des Steuerzahlers, sondern um leistungsfähigkeitsgerechte Steuerarten und konsistent ausgeformte Indikatoren steuerlicher Leistungsfähigkeit, auch um die Schonung des Steuerpflichtigen, soweit steuerlich belastbare Leistungsfähigkeit zu verneinen ist.[1199] Nach Auffassung des historischen Gesetzgebers sollen die §§ 7 ff. AStG ihrem Zweck entsprechend einen Vermögenszugang beim inländischen Steuerpflichtigen in Form der Einkünfte der ausländischen Zwischengesellschaft für Zwecke einer Besteuerung nach dem Welteinkommensprinzip im Inland der Bemessungsgrundlage hinzurechnen und damit eine tatsächlich bestehende, erhöhte Leistungsfähigkeit beim Anteilseigner abbilden und die nach der Wertung des Gesetzgebers ungerechtfertigt erlangten Steuervorteile einebnen. Dieser Ansatz orientiert sich an der

---

[1196] a. a. O., BT-Drs. VI/2883, S. 19, Rn. 30.
[1197] BVerfG, Urteil vom 17.01.1957, 1 BvL 4/54, BVerfGE 6, S. 55, 67; BVerfG, Urteil vom 24.06.1958, 2 BvF 1/57, BVerfGE 8, S. 51, 68 f.; BVerfG, Urteil vom 14.04.1959, 1 BvL 23/57, 34/57, BVerfGE 99, S. 237, 243; BVerfG, Urteil vom 24.01.1962, 1 BvL 32/57, BVerfGE 13, S. 290, 297; BVerfG, Beschluss vom 03.04.1962, 1 BvL 35/57, BVerfGE 14, S. 34, 41; BVerfG, Beschluss vom 02.10.1969, 1 BvL 12/68, BVerfGE 27, S. 58, 64; BVerfG, Beschluss vom 09.02.1972, 1 BvL 16/69, BVerfGE 32, S. 333, 339; BVerfG, Beschluss vom 02.10.1973, 1 BvR 345/73, BVerfGE 36, S. 66, 72; BVerfG, Beschluss vom 23.11.1976, 1 BvR 150/75, BVerfGE 43, S. 108, 118 ff.; BVerfG, Beschluss vom 11.10.1977, 1 BvR 343/73, 1 BvR 83/74, 1 BvR 183/75, 1 BvR 428/75, BVerfGE 47, S. 1, 29; BVerfG, Urteil vom 10.12.1980, 2 BvF 3/77, BVerfGE 55, S. 274, 302; BVerfG, Urteil vom 03.11.1982, 1 BvR 620/78, 1335/78, 1104/79, 363/80, BVerfGE 61, S. 319, 343 ff.; BVerfG, Beschluss vom 22.02.1984, 1 BvL 10/80, BVerfGE 66, S. 214, 223; BVerfG, Beschluss vom 17.10.1984, 1 BvR 527/80, 1 BvR 528/81, 1 BvR 441/82, BVerfGE 68, S. 143, 152 f.; BVerfG, Beschluss vom 29.05.1990, 1 BvL 20/84, 1 BvL 26/84, 1 BvL 4/86, BVerfGE 82, S. 60, 86 f.
[1198] Tipke, Die Steuerrechtsordnung, Band I, S. 488 ff.
[1199] Lang, in: Tipke/Lang, Steuerrecht, § 4, Rn. 84.

Vorstellung einer direkten Einkunftserzielung durch den inländischen Steuerpflichtigen und sieht damit in der Zwischenschaltung einer ausländischen Kapitalgesellschaft eine unter gleichheitsrechtlichen Gesichtspunkten zu beseitigende Steuerumgehung, da die tatsächliche Leistungsfähigkeit des inländischen Anteilseigners hierdurch verschleiert wird. Der rechtlich missbilligte Charakter der hinzugerechneten Einkünfte findet sich nun in der einfachgesetzlichen Ausgestaltung durch die Erfassung passiver Tätigkeiten der ausländischen Zwischengesellschaft außerhalb des Aktivkatalogs in § 8 Abs. 1 AStG, die gem. § 8 Abs. 3 AStG einer niedrigen Besteuerung von weniger als 25 v. H. im Ansässigkeitsstaat der ausländischen Zwischengesellschaft unterliegen. Ob es sich dabei um eine an gleichheitsrechtlichen Grundsätzen orientierte optimale Ausgestaltung des Steuertatbestands im Einzelfall handelt, kann an dieser Stelle offen bleiben, da eine entsprechende Feststellung über den gemeinschaftsrechtlichen Untersuchungszweck hinausgehen und diesen nicht befördern würde. Festzuhalten ist lediglich, dass es sich bei der Hinzurechnungsbesteuerung gem. § 7 Abs. 1, 6 AStG um die einfachgesetzliche Konkretisierung der verfassungsrechtlichen Vorgaben einer Besteuerung am Maßstab des Leistungsfähigkeitsprinzips und am Prinzip der Besteuerungsgleichheit mit dem Zweck handelt, eine Steuerumgehung zu verhindern.

Im Anschluss an die verfassungsrechtliche Verankerung der Zwecksetzung der Hinzurechnungsbesteuerung im Leistungsfähigkeitsprinzip i. V. m. dem Prinzip der Besteuerungsgleichheit stellt sich nun die Frage, ob die Durchsetzung der nationalen verfassungsrechtlichen Prinzipien zur Verhinderung einer Steuerumgehung unabhängig von der konkreten gesetzlichen Ausgestaltung in den §§ 7 ff. AStG als legitime Zwecksetzung zu qualifizieren ist, die einen Eingriff in die Grundfreiheiten aus den Artt. 43, 56 Abs. 1 EG rechtfertigen kann. Eine dogmatisch vertiefte Rechtsprechung des EuGH zu den tatbestandlichen Voraussetzungen des Rechtfertigungsgrundes einer Steuerumgehung ist bisher nur in Ansätzen zu erkennen, wenngleich der Gerichtshof sowohl die Steuerhinterziehung als auch die Steuerumgehung als wichtige Gründe des Allgemeininteresses anerkannt hat, die einen Eingriff in den Schutzbereich einer Grundfreiheit rechtfertigen können.[1200]

Als wesentliche Ursache für die Zwischenschaltung von Kapitalgesellschaften, mit der Folge einer Steuerumgehung im Ansässigkeitsstaat der Anteilseigner durch die Abschirmwirkung des ausländischen Rechtsträgers, ist das nach wie vor erhebliche Steuergefälle zwischen den EU-Mitgliedstaaten zu identifizieren, das sich aus der mangelnden Harmonisierung der Steuerrechtsordnungen im Gemeinschaftsgebiet und dem intensiven internationalen Steuerwettbewerb ergibt. Haben sich die EU-Mitgliedstaaten aber für eine lediglich punktuelle, sekundärrechtliche Rechtsetzung im Bereich der direkten Steuern dem Einstimmigkeitsprinzip des Art. 94 EG folgend entschieden, dann muss es den EU-Mitgliedstaaten unter Hinweis auf die Durchsetzung ihrer nationalen Rechtsetzungshoheit in diesem Bereich weiterhin gestattet sein, einer systemwidrigen

---

[1200] Siehe Kapitel 6, C. II. für eine Darstellung der Rechsprechung des EuGH.

Steuerumgehung durch nationale Rechtsvorschriften auch durch einen verhältnismäßigen Eingriff in die Grundfreiheiten des EGV entgegenzuwirken. In diesem Zusammenhang verweist auch GA Léger in den Schlussanträgen zur Rs. C-196/04 („Cadbury Schweppes") auf die Rechtsprechung des EuGH in der Rs. C-446/03 („Marks & Spencer plc."), wonach ein Eingriff in die Niederlassungsfreiheit aus Art. 43 EG unter bestimmten Voraussetzungen zur Wahrung der Aufteilung der Besteuerungsbefugnis zwischen den EU-Mitgliedstaaten gerechtfertigt sein kann.[1201]

Zur Verdeutlichung des Steuerwettbewerbs zeigt die nachfolgende Übersicht den aktuellen Stand[1202] der Körperschaftsteuersätze im kontinentaleuropäischen Raum:

EU-Mitgliedstaat	Körperschaftsteuer	Sonstige Ertragsteuern	Effektiver Steuersatz
Belgien	33 %	3 %[1203]	33,99 %
Bulgarien	10 %	-	10 %
Dänemark	25 %	-	25 %
Estland	0 %[1204]	-	0 %
Finnland	26 %	-	26 %
Frankreich	33,33 %	3,3 %[1205]	34,43 %
Griechenland	25 %	-	25 %
Irland	12,5 %	-	12,5 %
Italien	33 %	1 % – 4,25 %[1206]	33 %[1207]
Lettland	15 %	-	15 %
Litauen	15 %	-	15 %
Luxemburg	22 %	6,75 %[1208]	30,38 %
Malta	35 %	-	35 %
Niederlande	25,5 %	-	25,5 %
Österreich	25 %	-	25 %
Polen	19 %	-	19 %

[1201] Schlussanträge GA Léger vom 02.05.2006, Rs. C-196/04 („Cadbury Schweppes"), Slg. 2006, I-7995, Rn. 93 ff.; siehe Kapitel 2, E. III. 1. für eine Darstellung der Rechtsprechung des EuGH in der Rs. C-446/03 („Marks & Spencer plc.").
[1202] Stand: 31.12.2005
[1203] Der Zuschlag wird auf der Basis der Körperschaftsteuerbelastung berechnet.
[1204] Der Steuersatz von 0 % gilt nur für thesaurierte Gewinne. Auf ausgeschüttete Gewinne wird ein Steuersatz von 21 % erhoben.
[1205] Der Zuschlag wird nur erhoben, wenn die Einkünfte höher als € 763.000,00 p. a. sind.
[1206] Regionale Steuer auf Produktionstätigkeiten.
[1207] Da die regionale Steuer eine unterschiedliche Bemessungsgrundlage als die Körperschaftsteuer hat, kann kein einheitlicher effektiver Steuersatz gebildet werden.
[1208] 6,75 %: Lokale Gewerbesteuer mit Hebesatzrecht der Gemeinde; zzgl. 0,88 %: Sozialversicherungsanteil von 4 % an der Körperschaftsteuerbelastung.

Portugal	25 %[1209]	0% – 10 %[1210]	25 % - 26,5 %
Rumänien	16 %	-	16 %
Slowakei	19 %	-	19 %
Slowenien	22 %	-	22 %
Spanien	30 %	-	30 %
Schweden	28 %	-	28 %
Tschech. Rep.	24 %	-	24 %
Ungarn	16 %	2 %[1211]	16 %[1212]
Ver. Königreich	30 %	-	30 %
Zypern	10 %	-	10 %
EU-Beitrittskandidaten			
Kroatien	20 %	-	20 %
Mazedonien	12 %[1213]	-	12 %
Türkei	30 %	-	30 %
EWR-Staaten			
Island	18 %	-	18 %
Liechtenstein	15 %; 20 %[1214]	-	15 %; 20 %
Norwegen	28 %	-	28 %
Sonstige Europäische Steuerjurisdiktion			
Albanien	20 %	-	20 %
Andorra	0 %	-	0 %
Bosn. Herzegow.	30 %	-	30 %
Färöer-Inseln	20 %	-	20 %
Gibraltar	30 %	-	30 %
Guernsey	20 %[1215]	-	20 %
Isle of Man	0 %[1216]	-	0 %
Jersey	20 %[1217]	-	20 %
Monaco	0 %[1218]	-	0 %
Montenegro	9 %	-	9 %

[1209] Madeira 22,5 %; Azoren 17,5 %.
[1210] Lokale Gewerbesteuer mit Hebesatzrecht der Gemeinde wird auf Basis der Körperschaftsteuerbelastung berechnet.
[1211] Regionale Steuer auf Produktionstätigkeiten.
[1212] Da die regionale Steuer eine unterschiedliche Bemessungsgrundlage als die Körperschaftsteuer hat, kann kein einheitlicher effektiver Steuersatz gebildet werden.
[1213] Die ersten drei Jahre eines ausländischen Investments sind steuerfrei.
[1214] Die Körperschaftsteuerbelastung variiert je nach Höhe der Ausschüttung. Bestimmte Gesellschaftsformen sind von der Körperschaftsteuer befreit.
[1215] Der Steuersatz von 20 % ist nur für Einkünfte aus inländischen Quellen anzuwenden.
[1216] Handelseinkünfte unterliegen einem Steuersatz von 10 % und 15 % je nach Höhe des Einkommens.
[1217] Bestimmte Gesellschaftsformen unterliegen einem ermäßigten von 0,5 % bis 2 %.
[1218] Bestimmte Aktivitäten unterliegen einem Körperschaftsteuersatz von 35 %.

Schweiz	8,5 %	0,1 % – 23 %	24,42 %[1219]
Serbien	10 %	-	10 %
Ukraine	25 %	-	25 %

Der existierende Steuerwettbewerb innerhalb der EU und im Verhältnis von EU-Mitgliedstaaten und Drittstaaten erzeugt damit zwangsläufig ein Bedürfnis für eine nationale Steuerrechtsetzung zur Verhinderung einer nach den Wertungen des innerstaatlichen Rechts missbilligten Steuerumgehung. Eine niedrige Besteuerung im Ansässigkeitsstaat der Zwischengesellschaft kann dabei allerdings nur ein Motiv für das Vorliegen einer Steuerumgehung, nie aber alleiniger Indikator für die Anknüpfung einer Hinzurechnungsbesteuerung beim inländischen Steuerpflichtigen sein, da die wettbewerbsorientierte Auslegung des Binnenmarktgedankens aus den Artt. 3 Abs. 1 lit. c), 14 Abs. 2 EG einem, an den Steuersätzen des Marktzutrittsstaates orientierten, protektionistischen Verständnis der nationalen Steuerrechtsordnungen diametral entgegensteht.[1220] Vielmehr muss die Niedrigbesteuerung durch weitere Umstände des Einzelfalls flankiert werden, die eine Umgehung der inländischen Steuerpflicht in einer rechtlich missbilligten Weise begründen können. Ob die steuertatbestandliche Ausgestaltung insbesondere des Aktivkatalogs in § 8 Abs. 1 AStG zur gemeinschaftsrechtskonformen Determinierung einer steuersystematisch zu missbilligenden Steuerverlagerung geeignet, erforderlich und angemessen ist, kann bis zur Prüfung der Verhältnismäßigkeit „de lege lata" zunächst offen bleiben, selbst wenn das Ergebnis hier bereits vorgezeichnet ist. An dieser Stelle geht es vielmehr darum festzustellen, welche Motive eines Steuerpflichtigen anhand äußerer Handlungsmerkmale des konkreten Lebenssachverhalts außerhalb einer niedrigen Besteuerung im Ansässigkeitsstaat der ausländischen Zwischengesellschaft in abstrakt-genereller Form manifestiert werden müssen, um einen Eingriff in den Schutzbereich der Grundfreiheiten mit dem Zweck der Verhinderung einer Steuerumgehung zu rechtfertigen. Aus gemeinschaftsrechtlicher Perspektive gilt diese Feststellung unabhängig davon, ob man die Verhinderung einer Steuerumgehung als Bestandteil des kodifizierten Rechtfertigungsgrundes in Art. 58 Abs. 1 lit. b) EG ansieht oder einen ungeschriebenen Rechtfertigungsgrund annimmt, der ohne den Umweg der gemeinschaftsrechtlichen Konvergenz auf alle Grundfreiheiten gleichermaßen zur Anwendung kommt.

Zur abstrakt-generellen Definition des Begriffs der Steuerumgehung wird in der Literatur vielfach auf die Entscheidung des EuGH in der Rs. C- 264/96 („ICI plc.") verwiesen, wonach die im Ausgangsverfahren in Rede stehenden Rechtsvorschriften nicht speziell bezweckten, rein künstliche Konstruktionen, die auf die Umgehung des Steuerrechts des Vereinigten Königreichs gerichtet waren, von einem Steuervorteil auszuschließen, sondern generell jede Situation erfass-

---

[1219] Maximale Belastung von kantonalen und nationalen Ertragsteuern.
[1220] Schönfeld, Hinzurechnungsbesteuerung und Europäisches Gemeinschaftsrecht, S. 263; Schön, DB 2001, S. 940, 944 f.; Hahn, IStR 1999, S. 614.

ten, in der die Mehrzahl der Tochtergesellschaften eines Konzerns ihren Sitz, aus welchen Gründen auch immer, außerhalb des Vereinigten Königreichs hatte.[1221] Der Entscheidung des EuGH lag eine nationale Regelung des Vereinigten Königreichs über die Möglichkeit einer gruppeninternen Verlustverrechnung zugrunde, die als wesentliche Voraussetzung eine überwiegende Ansässigkeit sämtlicher Tochtergesellschaften im Vereinigten Königreich vorsah. Die britische Regierung begründete das Erfordernis einer überwiegenden Ansässigkeit sämtlicher Konzerngesellschaften, egal ob sie an der Verlustverrechnung beteiligt waren oder nicht, im Vereinigten Königreich damit, dass sonst die Gefahr eines Verlusttransfers zwischen ansässigen und nicht ansässigen Gesellschaften erhöht würde und damit die Gefahr einer Steuerverlagerung vom Inland ins niedrigbesteuernde Ausland bestehe. Der EuGH ist dieser Auffassung konsequenterweise nicht gefolgt, da ihr abstrakt-genereller Charakter einen Generalverdacht ohne Gegenbeweis vorsieht und damit auch solche Konzerne von der steuerlichen Vergünstigung ausschließt, bei denen keine Anhaltspunkte für einen grenzüberschreitenden Verlusttransfer zur Verlagerung von Besteuerungssubstrat im Rahmen einer Steuerumgehung bestehen. Folglich muss sich die genuine Zwecksetzung auch in der tatbestandlichen Ausgestaltung der gesetzlichen Regelung wieder finden.

Eine vergleichbare Feststellung findet sich im Urteil des EuGH in der Rs. C-324/00 („Lankhorst-Hohorst") zur Vereinbarkeit der deutschen Vorschriften über die Gesellschafterfremdfinanzierung in § 8a KStG a. F. mit der Niederlassungsfreiheit.[1222] In der Sache ging es um die Beurteilung einer Regelung des nationalen deutschen Steuerrechts, wonach Vergütungen für Fremdkapital, das eine unbeschränkt steuerpflichtige Kapitalgesellschaft von einem wesentlich beteiligten, ausländischen Anteilseigner erhalten hat, als verdeckte Gewinnausschüttungen zu qualifizieren sind, soweit das Fremdkapital zu einem Zeitpunkt des Wirtschaftsjahres das Dreifache des anteiligen Eigenkapitals des Anteilseigners übersteigt, es sei denn, die Kapitalgesellschaft hätte dieses Fremdkapital unter sonst gleichen Umständen auch von einem unabhängigen Dritten erhalten können. Auf das Vorbringen der deutschen Regierung, der Zweck der Regelung sei es, eine Steuerumgehung durch übermäßige Fremdfinanzierung einer ansässigen Gesellschaft im Konzern und die damit verbundenen grenzüberschreitenden Zinszahlungen als abzugsfähige Betriebsausgaben im Inland zu verhindern, verweist der EuGH auf seine Rechtsprechung in der Rs. C-264/96 („ICI plc."), wonach die zugrunde liegenden Regelungen nicht speziell bezweckten, rein künstliche Konstruktionen, die darauf ausgerichtet sind, der Anwendung des deutschen Steuerrechts zu entgehen, von einem Steuervorteil auszuschließen, sondern generell jede Situation erfassen würden, in der die Muttergesellschaft – aus welchem Grund auch immer – ihren Sitz außerhalb der Bundesrepublik

---

[1221] EuGH-Urteil vom 16.07.1998, Rs. C-264/96 („ICI plc"), Slg. 1998, I-4695, Rn. 26.
[1222] EuGH-Urteil vom 12.12.2002, Rs. C-324/00 („Lankhorst-Hohorst"), Slg. 2002, I-11814 ff., Rn. 34 ff.

Deutschland hat.[1223] In dieser Feststellung des Gerichtshofs kommt deutlich zum Ausdruck, dass das Vorliegen einer Steuerumgehung nicht durch einen Generalverdacht bestimmter Wirtschaftsvorgänge indiziert wird, sondern ausschließlich durch eine am zugrunde liegenden Lebenssachverhalt orientierte Ausgestaltung der Rechtsnorm auf Tatbestands- oder Rechtsfolgenseite unter Beachtung des Verhältnismäßigkeitsgrundsatzes den Status der Gemeinschaftsrechtskonformität erlangt. Dieser einzelfallorientierte Ansatz kommt auch in der weiteren Prüfung des EuGH dadurch zum Ausdruck, dass er über das Vorliegen einer Steuerumgehung hinaus auch das Vorliegen eines Missbrauchs durch den betroffenen ausländischen Anteilseigner mit dem Ergebnis prüft, dass die Gewährung des Darlehens durch die ausländische Muttergesellschaft tatsächlich durchgeführt wurde und von wirtschaftlichen Erwägungen zur Minderung von Verpflichtungen aus einem Bankdarlehen getragen wurde.[1224] Auch in der Rs. C-324/00 („Lankhorst-Hohorst") scheiterte die Rechtfertigung eines Eingriffs durch die nationale Vorschrift damit an den für die Verhinderung einer Steuerumgehung erforderlichen tatbestandlichen Voraussetzungen der gesetzlichen Regelung im Einzelfall. Für die tatbestandliche Ausgestaltung einer gemeinschaftsrechtskonformen Hinzurechnungsbesteuerung ist demnach festzuhalten, dass sich der mir ihr verbundene Zweck, vergleichbar mit dem verfassungsrechtlichen Gebot der Systemkonsequenz und Folgerichtigkeit, als einmal getroffene Belastungsentscheidung in der steuertatbestandlichen Umsetzung wiederfindet und durch eine konkret-individuelle Sachverhaltsbeurteilung verifiziert wird. Die vom nationalen Gesetzgeber vorgenommene Typisierung einer rechtlich missbilligten Steuerumgehung durch den „Aktivkatalog" in § 8 Abs. 1 AStG muss daher um solche Kriterien ergänzt werden, die eine einzelfallbezogene Betrachtung des zugrunde liegenden Lebenssachverhalts bezüglich einer zweckwidrigen Ausnutzung des zwischenstaatlichen Steuergefälles ermöglichen.

Demgegenüber versteht Schönfeld die Definiton des EuGH in der Rs. C-264/94 („ICI plc.") einer „rein künstlichen Konstruktion" unter Bezugnahme auf Schön[1225] im gemeinschaftsrechtlichen Kontext derart, dass eine unzulässige Steuerumgehung immer dann anzunehmen sein wird, wenn sich eine Beteiligungsstruktur nicht als eine grenzüberschreitende wirtschaftliche Tätigkeit i. S. d. Artt. 43, 48 EG darstellt.[1226] Nach dieser Auffassung kann einer rechtlichen Gestaltung nicht der Vorwurf der Künstlichkeit gemacht werden, soweit diese tatsächlich auf eine von den Grundfreiheiten erstrebte, ökonomische Verflechtung zum Markteintrittsstaat gerichtet ist.[1227] Die von Schönfeld vertretene

---

[1223] EuGH-Urteil vom 12.12.2002, Rs. C-324/00 („Lankhorst-Hohorst"), Slg. 2002, I-11814 ff., Rn. 37.
[1224] EuGH-Urteil vom 12.12.2002, Rs. C-324/00 („Lankhorst-Hohorst"), Slg. 2002, I-11814 ff., Rn. 38.
[1225] Schön, Gestaltungsmissbrauch im Europäischen Steuerrecht, S. 64 ff.
[1226] Schönfeld, Hinzurechnungsbesteuerung und Europäisches Gemeinschaftsrecht, S. 264.
[1227] Schönfeld, Hinzurechnungsbesteuerung und Europäisches Gemeinschaftsrecht, S. 264 unter Verweis auf EuGH-Urteil vom 21.11.2002, Rs. C-436/00 („XY"), Slg. 2002, I-10863, Rn. 44.

Auslegung der EuGH-Rechtsprechung verkennt allerdings, dass hiermit faktisch eine Reduktion der Steuerumgehung auf Fälle von ausländischen Basisgesellschaften im Anwendungsbereich von § 42 AO verbunden ist, die wiederum dazu führen würde, dass der Rechtfertigungsgrund der Steuerumgehung praktisch leer liefe, da es sich im Einzelfall bereits um eine missbräuchliche Inanspruchnahme einer Grundfreiheit handeln würde, mit dem Ergebnis, dass sich der einzelne Steuerpflichtige mit der Rechtsprechung des EuGH in der Rs. C-376/96 („Kefalas") nicht auf den Schutz einer Grundfreiheit berufen könnte und es nicht zu einem rechtfertigungsbedürftigen Eingriff in den Schutzbereich kommen würde.[1228] Danach ist es einem Steuerpflichtigen grundsätzlich verwehrt, sich auf den Schutz einer Grundfreiheit zu berufen, wenn die Inanspruchnahme in offensichtlich missbräuchlicher Absicht geschieht. Diesen dogmatischen Fehler macht auch der EuGH in dem Urteil zur Rs. C-196/04 („Cadbury Schweppes"), da er eingangs der Rechtfertigungsprüfung zunächst auf das Ziel der Niederlassungsfreiheit aus Art. 43 EG abstellt, es den EU-Staatsangehörigen zur ermöglichen, in stabiler und kontinuierlicher Weise am Wirtschaftsleben eines anderen Staates teilzunehmen und daraus einen gewissen Nutzen zu ziehen.[1229] Aus dieser Feststellung leitet das Gericht wiederum ab, dass der Niederlassungsbegriff die tatsächliche Ausübung einer wirtschaftlichen Tätigkeit mittels einer festen Einrichtung in diesem Staat auf unbestimmte Zeit impliziere bzw. voraussetze.[1230] Dem ist inhaltlich sicherlich zuzustimmen. Allerdings hat die Definition der Niederlassung und Subsumtion des Lebenssachverhalts bereits auf Ebene des Schutzbereichs zu erfolgen. Insofern kann man entgegen der Auffassung des EuGH aus diesen Vorgaben nicht ableiten, dass sich eine Beschränkung der Niederlassungsfreiheit nur dann mit der Bekämpfung missbräuchlicher Praktiken rechtfertigen lässt, wenn das spezifische Ziel der Beschränkung im Einzelfall darin liegt, solche Verhaltensweisen zu verhindern, die darin bestehen, rein künstliche und jeder wirtschaftlichen Realität bare Gestaltungen zu dem Zweck errichten, der inländischen Steuer zu entgehen.[1231] Zwar weicht der EuGH im Anschluss an diese Feststellung von diesem engen Verständnis der Steuerumgehung ab, in dem er exemplarisch auf seine Rechtsprechung in dem Urteil in der Rs. C- 446/03 („Marks & Spencer plc.") verweist.[1232] Gleichwohl lässt die dargestellte Rechtsprechung des EuGH eine differenzierte Auseinandersetzung mit der missbräuchlichen Inanspruchnahme von grundfreiheitlichen Gewährleistungen auf Schutzbereichsebene und der eingangs dieses Abschnitts dargestellten

---

[1228] EuGH-Urteil vom 12.05.1998, Rs. C-367/96 („Kefalas"), Slg. 1998, I-2843, Rn. 20.
[1229] EuGH-Urteil vom 02.05.2006, Rs. C-196/04 („Cadbury Schweppes"), Slg. 2006, I-7995, Rn. 53.
[1230] EuGH-Urteil vom 02.05.2006, Rs. C-196/04 („Cadbury Schweppes"), Slg. 2006, I-7995, Rn. 54.
[1231] EuGH-Urteil vom 02.05.2006, Rs. C-196/04 („Cadbury Schweppes"), Slg. 2006, I-7995, Rn. 55.
[1232] EuGH-Urteil vom 02.05.2006, Rs. C-196/04 („Cadbury Schweppes"), Slg. 2006, I-7995, Rn. 56.

Verhinderung einer Steuerumgehung auf Rechtfertigungsebene vermissen.[1233] Die dem Urteil zugrunde liegende britische CFC-Gesetzgebung und auch die deutsche Hinzurechnungsbesteuerung erfassen eben gerade nicht Lebenssachverhalte eines Missbrauchs außerhalb des Schutzbereichs grundfreiheitlicher Gewährleistungen, da es vom Zweck der Normen her nicht (nur) um funktionslose Basisgesellschaften im Ausland geht, zumal entsprechende Fälle im deutschen Steuerrecht bereits von § 42 AO erfasst werden und damit nicht in den Anwendungsbereich der Hinzurechnungsbesteuerung gelangen.[1234] Vielmehr geht es, wie eingangs dieses Abschnitts bereits ausgeführt, um die steuerliche Erfassung von Sachverhalten im Inland, die aufgrund eines Verstoßes gegen das Leistungsfähigkeitsprinzip und das Prinzip der Besteuerungsgleichheit in ihrer rechtlichen Gestaltung durch die Ausnutzung der Abschirmwirkung einer ausländischen Kapitalgesellschaft gegen elementare Prinzipien des nationalen Steuerrechts mit Verfassungsrang verstoßen und damit als rechtlich missbilligte Steuerumgehung durch den inländischen Anteilseigner zu qualifizieren sind. Demnach wird hier nicht das „ob" einer Steuerumgehung im Schutzbereich einer Grundfreiheit, sondern vielmehr das „wie" einer steuertatbestandlichen Erfassung durch eine inländische Hinzurechnungsbesteuerung als rechtfertigungsfähiger und damit grundfreiheitskonformer Eingriff erfasst. Ist der Schutzbereich der hier untersuchten Grundfreiheiten eröffnet und liegt ein Eingriff aufgrund einer Regelung des nationalen Steuerrechts i. S. e. Hinzurechnungsbesteuerung vor, dann muss sich eine Rechtfertigung aufgrund einer Steuerumgehung als zwingender Grund des Allgemeininteresses daran orientieren, inwieweit eine Beschränkung der grenzüberschreitenden wirtschaftlichen Tätigkeit zulässig ist. Die gegenteilige Auffassung würde nach der hier vertretenen Auffassung zu einer vorbehaltlosen Anerkennung der Grundfreiheiten für jede Art von wirtschaftlicher Tätigkeit führen und damit die nationale Steuerrechtsordnung einem absoluten gemeinschaftsrechtlichen Verdikt unterwerfen, da der Raum für eine gemeinschaftsrechtliche Rechtfertigung entgegen der in der Einleitung zu diesem Kapitel postulierten Koexistenz und Wechselwirkung von nationalem Steuerrecht und Gemeinschaftsrecht unzulässig verkürzt wird.

Für ein diversifiziertes Verständnis des Begriffs der Steuerumgehung auf Rechtfertigungsebene spricht auch die Feststellung des EuGH in der Rs. C-436/00 („XY"), wonach eine nationale Bestimmung zur Verhinderung einer Steuerumgehung so ausgestaltet sein muss, dass die nationalen Gerichte in jedem Einzelfall dem missbräuchlichen oder betrügerischen Verhalten der Betroffenen auf der Grundlage objektiver Kriterien Rechnung tragen können, um ihnen gegebenenfalls die Berufung auf das einschlägige Gemeinschaftsrecht zu

---

[1233] Vgl. Hahn, IStR 2006, S. 667, 669.
[1234] Vgl. BFH-Urteil vom 20.03.2002, I R 63/99, DB 2002, S. 1640; BFH-Urteil vom 19.01.2000, I R 117/97, BFH/NV 2000, S. 824; FG Hamburg, Urteil vom 06.12.2001, VI 123/00, IStR 2002, S. 313; FG Baden-Württemberg, Urteil vom 28.06.2001, 6 K 490/97, IStR 2001, S. 689; Wassermeyer, in: Flick/Wassermeyer/Baumhoff, AStG, vor §§ 7 – 14, Rn. 91 ff.; Philipkowski, IStR 2001, S. 676; ders., IStR 2002, S. 521; Förster, PIStB 2001, S. 127 zum Konkurrenzverhältnis zwischen §§ 7 ff. AStG und § 42 AO.

verwehren, dass sie aber bei der Beurteilung eines solchen Verhaltens die Ziele der fraglichen gemeinschaftsrechtlichen Bestimmungen zu beachten haben.[1235] Damit bringt der EuGH zum Ausdruck, dass die nationalen Vorschriften zur Verhinderung einer Steuerumgehung immer die Wechselwirkung zwischen der Durchsetzung nationaler Besteuerungsprinzipien und den Anforderungen des Gemeinschaftsrechts bei der Durchsetzung des Binnenmarktgedankens zu beachten haben. Es kann sich bei der nationalen Vorschrift also nie um eine abstrakt-generelle Regelung halten, die lediglich eine apodiktische Auffassung der nationalen oder gemeinschaftsrechtlichen Interessen transportiert. Vielmehr muss der mangelnden Harmonisierung im Bereich der direkten Steuern gerade durch die Beachtung nationaler Besteuerungsprinzipien im gemeinschaftsrechtlichen Kontext Rechnung getragen werden, da es sonst zu einer, mit dem „Prinzip der begrenzten Ermächtigung" als für die Übertragung von Hoheitsrechten auf die EU als supranationale Organisation unvereinbaren, Kompetenzverlagerung auf Gemeinschaftsrechtsorgane kommt, die faktisch jede nationale Regelung mit protektionistischem Grundgehalt, unabhängig von ihrer volkswirtschaftlichen Notwendigkeit für ein ausgewogenes Steuersystem auf der Basis verfassungsrechtlich verbürgter Grundprinzipien, durch ein Vertragsverletzungsverfahren der Kommission beseitigen könnte. Dafür sprechen auch die Ausführungen von GA Léger in den Schlussanträgen in der Rs. C-196/04 („Cadbury Schweppes) vom 02.05.1996 für das Erfordernis einer Einzelfallprüfung der substanziellen Beziehungen zwischen Mutter- und Tochtergesellschaften im Rahmen der britischen CFC-Gesetzgebung unter Beachtung gesetzlicher Typisierungen wie der Substanz der ausländischen Zwischengesellschaft, ihrer tatsächlichen Tätigkeit und Unabhängigkeit sowie der gerierten Wertschöpfung.[1236]

Aufgrund des hier vertretenen weiten Verständnisses der Verhinderung einer Steuerumgehung als legitimer Zweck des Allgemeininteresses zur Rechtfertigung eines Eingriffs in den Schutzbereich der Grundfreiheiten ist es nicht erforderlich, dass man mit der Auffassung von Schönfeld die Bekämpfung des schädlichen Steuerwettbewerbs als einen weiteren Rechtfertigungsgrund etabliert.[1237] Zwar weist Schönfeld zutreffend nach, dass sich aus den gemeinschaftsrechtlichen Vorgaben ein Gebot für einen mitgliedstaatlichen Steuerwettbewerb zwischen den EU-Mitgliedstaaten ergibt.[1238] Allerdings kann die daraus erwachsende Verpflichtung zur Erhaltung eines innergemeinschaftlichen Steuerwettbewerbs nach der hier vertretenen Auffassung nur eine Facette des anerkannten Rechtfertigungsgrundes der Verhinderung einer Steuerumgehung sein. Dafür

---

[1235] EuGH-Urteil vom 21.11.2002, Rs. C-436/00 („XY"), Slg. 2002, I-10829, Rn. 42 unter Verweis auf EuGH-Urteil vom 09.03.1999, Rs. C-212/97 („Centros"), Slg. 1999, I-1459, Rn. 25.
[1236] Vgl. Schlussanträge GA Léger vom 02.05.2006, Rs. C-196/04 („Cadbury Schweppes"), Slg. 2006, I-7995, Rn. 110 ff.
[1237] Schönfeld, Hinzurechnungsbesteuerung und Europäisches Gemeinschaftsrecht, S. 302 ff.
[1238] Schönfeld, Hinzurechnungsbesteuerung und Europäisches Gemeinschaftsrecht, S. 39 ff., 86 ff.

spricht auch die Tatsache, dass ein innergemeinschaftlicher Steuerwettbewerb im Anwendungsbereich der Kapitalverkehrsfreiheit bei einer am Wortlaut der Vorschrift orientierten Auslegung des räumlichen Schutzbereichs auf Beteiligungen in Drittstaaten nicht zur Anwendung kommen würde und damit eine Rechtfertigung für die Hinzurechnungsbesteuerung im Drittstaatenverhältnis kaum in Frage käme. Ein solches Ergebnis kann hinsichtlich des tatsächlich bestehenden internationalen Steuerwettbewerbs außerhalb des Gemeinschaftsgebietes hingegen nicht gewollt sein. Vielmehr muss das von Schönfeld nachgewiesene Gebot für einen mitgliedstaatlichen Steuerwettbewerb in der Rechtsgüterabwägung einer Vorschrift des nationalen Steuerrechts zur Verhinderung einer Steuerumgehung berücksichtigt werden, da es ein Maßstab für die Beurteilung einer grenzüberschreitenden wirtschaftlichen Tätigkeit als rein von steuerlichen Erwägungen getragen ist und damit den innerstaatlichen Besteuerungsprinzipien eines EU-Mitgliedstaates zuwiderläuft. In diesem Zusammenhang spiegelt die Feststellung der Schädlichkeit des Steuerwettbewerbs die Umstände der Besteuerung im Ansässigkeitsstaat der Zwischengesellschaft wieder. Diese Umstände können jedoch nur dann als schädlich qualifiziert werden, wenn sie den Besteuerungsgrundsätzen im Ansässigkeitsstaat des Anteilseigners zuwiderlaufen oder gegen elementare Grundsätze des primärrechtlich verbürgten Binnenmarktgedankens verstoßen. Folglich bedarf es bei der Feststellung eines schädlichen Steuerwettbewerbs ebenfalls eines konkret-individuellen Wertungsmoments im Steuertatbestand der Hinzurechnungsbesteuerung, um der Wechselwirkung zwischen gemeinschaftsrechtlichen Vorgaben und nationalen Besteuerungsprinzipien hinreichend Rechnung tragen zu können. Abschließend ist festzuhalten, dass Steuerwettbewerb auch ein Steuergefälle impliziert. Ein solches ist jedoch auch elementares Motiv jeder Steuerumgehung, so dass auch in dieser Beziehung eine inhaltliche Deckungsgleichheit der Rechtfertigungsgründe besteht, die eine gesonderte Anerkennung des von Schönfeld entwickelten Allgemeininteresses überflüssig macht.

Zusammenfassend ist daher festzustellen, dass nach der hier vertretenen Auffassung die Vermeidung einer Steuerumgehung als wichtiger Grund des Allgemeininteresses für einen Eingriff in Grundfreiheiten auch das der Hinzurechnungsbesteuerung zugrunde liegende Prinzip der Besteuerung nach der steuerlichen Leistungsfähigkeit i. S. e. horizontalen und vertikalen Besteuerungsgleichheit tatbestandlich erfasst und damit dem Grunde nach gemeinschaftsrechtlich legitimiert. Diese Feststellung impliziert damit auch die Antwort auf die eingangs dieses Abschnitts aufgeworfene Frage, ob sich ein EU-Mitgliedstaat gegen die Erosion von Besteuerungssubstrat aus seiner Besteuerungshoheit durch eine verhältnismäßige CFC-Gesetzgebung schützen darf, da die umfassende Auslegung des Rechtfertigungsgrundes der Vermeidung einer Steuerumgehung auch den Rückgriff auf den vom EuGH in st. Rspr. abgelehnten Rechtfertigungsgrund einer Erosion von Besteuerungssubstrat zwischen den EU-Mitgliedstaaten de facto überflüssig macht. Vielmehr spielt die Erosion von Besteuerungssubstrat bereits auf der Motivebene eine entscheidende Rolle bei der Rechtfertigung von nationalen Vorschriften zur Steuerumgehung, ohne explizit rechtfertigend in Erscheinung zu treten. Das zeigt auch die Rechtsprechung des EuGH in der Rs. C-446/03 („Marks & Spencer plc."), da es wohl kaum von der Hand zu weisen ist, dass auch die die Wahrung der Aufteilung der Besteuerungsbefugnis zwischen den EU-Mitgliedstaaten in der Ausformung einer Vermeidung der Steuerumgehung als Rechtfertigungsgrund für einen Eingriff in die Niederlassungsfreiheit aus Art. 43 EG letztendlich auch die Bekämpfung einer massiven Erosion von Besteuerungssubstrat durch grenzüberschreitende Gewinn- und Verlusttransfers bezweckt.

Im Ergebnis muss sich die tatbestandliche Ausgestaltung einer CFC-Gesetzgebung mit dem Zweck, eine Steuerumgehung zu verhindern, also nicht nur an den (steuer-) wettbewerblichen Vorgaben eines gemeinschaftsweiten Binnenmarktes i. S. d. Artt. 3 Abs. 1 lit. c), 14 Abs. 2 EG orientieren, sondern darüber hinaus auch die (wettbewerbs-) rechtlichen Aspekte eines nicht harmonisierten Steuerrechts im Gemeinschaftsgebiet angemessen berücksichtigen. Hierzu sind neben den verfassungsrechtlichen Vorgaben der EU-Mitgliedstaaten und den primärrechtlichen Regelungen des EGV auch sekundärrechtliche Rechtsgrundlagen, wie z. B. einzelne Vorschriften der Mutter-Tochter-Richtlinie, der Zins- und Lizenz-Richtlinie und der Fusionsrichtlinie sowie sonstige unverbindliche Übereinkommen, wie z. B. der Verhaltenskodex für die Unternehmensbesteuerung[1239], die OECD-Studien zum schädlichen Steuerwettbewerb oder Diskussionspapiere der EU-Kommission[1240], heranzuziehen. Vorab einer Beurteilung der verhältnismäßigen Ausgestaltung der deutschen Hinzurechnungsbesteuerung „de lege lata" ist jedoch zu klären, ob die den §§ 7 ff. AStG zugrunde liegenden Rechtsgrundsätze der Beseitigung der Abschirmwirkung der ausländischen Kapitalgesellschaft und der kapitalexportneutralen Besteuerung unter grundfreiheitlichen Gesichtspunkten auch ein legitimes Mittel zur Zweckerreichung sind.

[1239] Entschließung vom 01.12.1997 über einen Verhaltenskodex für die Unternehmensbesteuerung, ABl. EG 1998, C 2, S. 2 ff.

[1240] Mitteilung der Kommission an den Rat, das Europäische Parlament und den Wirtschafts- und Sozialausschuss vom 23.05.2001, Steuerpolitik in der Europäischen Union – Prioritäten für die nächsten Jahre, KOM (2001) 260; Mitteilung der Kommission an den Rat, das Europäische Parlament und den Wirtschafts- und Sozialausschuss vom 23.10.2001, Strategie zur Schaffung einer konsolidierten Körperschaftsteuer-Bemessungsgrundlage für die grenzüberschreitende Unternehmenstätigkeit, KOM (2001) 582; Arbeitsdokument der Dienststellen der Kommission vom 23.10.2001, Studie zur Unternehmensbesteuerung im Binnenmarkt, SEK (2001) 1681; Mitteilung der Kommission an den Rat, das Europäische Parlament und den Wirtschafts- und Sozialausschuss vom 24.11.2003, Ein Binnenmarkt ohne unternehmenssteuerliche Hindernisse – Ergebnisse, Initiativen, Herausforderungen, KOM (2003) 726.

c) **Kapitalexportneutralität der inländischen Besteuerung als gemeinschaftsrechtlich legitimiertes Mittel zur Zweckerreichung**

Die Konkretisierung und Durchsetzung des Leistungsfähigkeitsprinzips als systemtragendes Prinzip der Gleichmäßigkeit der Besteuerung beruht auf dem vom inländischen Steuergesetzgeber ausgewählten Welteinkommensprinzip für die Einkünfte eines inländischen Steuerpflichtigen im Anwendungsbereich der Hinzurechnungsbesteuerung. Allgemein orientiert sich die zwischenstaatliche Aufteilung von Besteuerungssubstrat an der grundsätzlichen Entscheidung eines Staates für das Welteinkommensprinzip oder das Quellenprinzip. Das Welteinkommensprinzip geht von einer Besteuerung des Welteinkommens einer im Hoheitsgebiet eines bestimmten Staates ansässigen natürlichen oder juristischen Person unabhängig von dessen Erzielung im In- oder Ausland aus. Darüber hinaus kommt das Quellenprinzip für solche inländischen Einkünfte zur Anwendung, bei denen der sie erzielende Steuerpflichtige nicht im Hoheitsgebiet des Quellenstaates ansässig ist. Das Welteinkommensprinzip ist inhaltlich eng mit der Anwendung der Anrechnungsmethode für ausländische Quelleneinkünfte verknüpft, da sie eine Besteuerung im Ansässigkeitsstaat des Steuerpflichtigen durch eine Anrechnung ausländischer Quellensteuern auf die inländische Steuerlast überhaupt erst möglich macht. Demgegenüber ist die Freistellungsmethode besonderer Ausdruck des Quellenprinzips für eine ausschließliche Besteuerung von Einkünften im Quellenstaat. Wirtschaftlich führt die Freistellungsmethode zur Wettbewerbsgleichheit unter den Investoren verschiedener Länder im Quellenstaat der Einkünfte i. S. e. Kapitalimportneutralität, während die Anrechnungsmethode zur Gleichbehandlung der Investitionen im In- und Ausland durch den Wohnsitzstaat i. S. e. Kapitalexportneutralität führt, wenn dieser die höheren Steuersätze hat.[1241] Kapitalexportneutralität meint damit die Abwesenheit der entscheidungsbeeinflussenden Wirkung von Besteuerungsunterschieden am Herkunftsort der eingesetzten Produktionsfaktoren.[1242] Vogel vertritt hierzu die Auffassung, dass eine optimal effiziente Allokation von Produktionsfaktoren nur durch eine weltweite Besteuerung im Wohnsitzstaat bei Anrechnung einer Steuer des Quellenstaates zu erreichen sei, weil sich hierdurch Kapitalexportneutralität ergebe, wohingegen Kapitalimportneutralität durch die Anwendung der Freistellungsmethode wirtschaftlich ineffizient sei.[1243] Bei Beteiligungen an ausländischen Tochtergesellschaften ist eine Besteuerung ihrer Gewinne im Rahmen von Dividendenausschüttungen oder einer Hinzurechnungsbesteuerung durch den Ansässigkeitsstaat der Muttergesellschaft damit nur dann möglich, wenn dieser Staat eine gesetzgeberische Entscheidung für die kapitalexportneutrale Anwendung des Welteinkommensprinzips getroffen hat.[1244] Aus der von § 12 Abs. 1 AStG i. V. m. § 10 Abs. 1 AStG gewährten Möglichkeit der indirek-

---

[1241] Vogel, in: Vogel/Lehner, DBA, Art. 23, Rn. 7.
[1242] Schönfeld, Hinzurechnungsbesteuerung und Europäisches Gemeinschaftsrecht, S. 123 m. w. N.
[1243] Vogel, in: Vogel/Lehner, DBA, Einleitung,, Rn. 25.
[1244] Vogel, in: Vogel/Lehner, DBA, Einleitung,, Rn. 23.

ten Anrechnung ausländischer Steuern ergibt sich, dass der Hinzurechnungsbesteuerung grundsätzlich das Konzept der Kapitalexportneutralität innewohnt.[1245] Soll den inländischen Anteilseignern die Attraktivität von Kapitalverflechtungen zu ausländischen Gesellschaften genommen werden, die bestimmten Betätigungen in niedrigbesteuernden Staaten nachgehen, so liegt es in der Natur der Sache, die steuerlichen Belastungsunterschiede durch Heraufschleusung auf das inländische Ertragsteuerniveau zu beseitigen.[1246] Mit der Streichung des Abkommensvorbehalts in § 10 Abs. 5 AStG a. F., der eine Freistellung für Zwischeneinkünfte aus Staaten, mit denen eine DBA-Freistellung für Schachteldividenden ohne Aktivitätsklausel bestand, vorsah, ist schließlich auch der letzte Ansatz einer „kapitalimportneutralen" Ausgestaltung der Hinzurechnungsbesteuerung verschwunden, zumal die Vorschrift gem. § 10 Abs. 6 S. 1 AStG a. F. auf Zwischeneinkünfte mit Kapitalanlagecharakter ehedem nicht anwendbar war.

Aus gemeinschaftsrechtlicher Perspektive stellt sich damit die Frage, ob die Heraufschleusung der ausländischen Steuerlast auf das inländische Steuerniveau durch Hinzurechnung der Einkünfte der ausländischen Zwischengesellschaft zum inländischen Anteilseigner ein legitimes Mittel zur Vermeidung einer Steuerumgehung im Binnenmarkt und darüber hinaus ist. Aus der Perspektive eines gemeinschaftsweiten Binnenmarkts ist eine kapitalexportneutrale Besteuerung im Ansässigkeitsstaat durch Anwendung der Anrechnungsmethode mit der Vorstellung von einem innergemeinschaftlichen Wettbewerb der Steuersysteme inkompatibel, da eine steuergünstige Allokation von Produktionsfaktoren im Gemeinschaftsgebiet – unabhängig von der steuerlichen Ansässigkeit des Steuerpflichtigen – durch das Heraufschleusen der niedrigeren ausländischen Steuerlast auf das Steuerniveau des Ansässigkeitsstaates egalisiert wird. Schönfeld leitet hieraus ab, dass ein funktionsfähiger Steuerwettbewerb aus wettbewerblicher Perspektive eine kapitalimportneutrale Ausgestaltung der am innergemeinschaftlichen Wettbewerb beteiligten Steuersysteme benötige.[1247] Dogmatisch begründet der Autor seine Auffassung mit dem Prinzip der gegenseitigen Anerkennung, wonach ein Wettbewerb der Steuersysteme aus dem Zusammenspiel von gegenseitiger Anerkennung und Abwesenheit von Rechtsangleichung im Bereich der direkten Steuern folge.[1248] Ablehnend steht Schönfeld der Auffassung gegenüber, dass das in Art. 4 Abs. 1 Mutter-Tochter-Richtlinie kodifizierte Wahlrecht zwischen Anrechnungs- und Freistellungsmethode eine Präferenz für ein mitgliedstaatliches Wahlrecht hinsichtlich der diesbezüglichen Ausgestaltung der mitgliedstaatlichen Steuersysteme begründet, da die Annahme der Bedingtheit eines mitgliedstaatlichen Steuerwettbewerbs – vorbehaltlich einer gemeinschaftsrechtlichen Rechtsangleichung im Falle der Mutter-Tochter-Richtlinie – eine freie Methodenwahl nur für grenzüberschreitende Gewinnaus-

---

[1245] Jacobs, Internationale Unternehmensbesteuerung, S. 477; Kluge, Das Internationale Steuerrecht, N 391.
[1246] Schönfeld, Hinzurechnungsbesteuerung und Europäisches Gemeinschaftsrecht, S. 129.
[1247] Schönfeld, Hinzurechnungsbesteuerung und Europäisches Gemeinschaftsrecht, S. 177 ff.
[1248] Schönfeld, Hinzurechnungsbesteuerung und Europäisches Gemeinschaftsrecht, S. 180 ff.

schüttungen zwischen verbundenen Unternehmen vorsehe und damit keine Allgemeingültigkeit besitze.[1249] Gleichwohl leitet Schönfeld im Wege einer dynamischen Auslegung des Gemeinschaftsrechts hinsichtlich der Binnenmarktintegration gem. Artt. 3 Abs. 1 lit. b), 14 Abs. 2 EG aus der Verpflichtung zur Einleitung von Verhandlungen zwischen den EU-Mitgliedstaaten über die Beseitigung der Doppelbesteuerung gem. Art. 293 Alt. 2 EG eine zeitlich begrenzte Rechtfertigung der Anrechnungsmethode ab, bis die EU-Mitgliedstaaten als Ergebnis von Abkommensverhandlungen zur Freistellungsmethode übergingen.[1250] Nach der hier vertretenen Auffassung kodifiziert Art. 293 Alt. 2 EG die den EU-Mitgliedstaaten aufgrund der mangelnden Harmonisierung im Bereich der direkten Steuern verbliebene Kompetenz zur Vermeidung der Doppelbesteuerung im Wege völkerrechtlicher Abkommen. Danach sind gemeinschaftsrechtliche Rechtsetzungsmaßnahmen im Einklang mit dem Grundsatz der Subsidiarität aus Art. 5 EG nur dann erforderlich und zulässig, wenn die EU-Mitgliedstaaten ihrer Verpflichtung zur Beseitigung der Doppelbesteuerung im Vertragswege nicht hinreichend nachkommen. Zwischen den EU-Mitgliedstaaten existiert inzwischen ein lückenloses Netz von bilateralen Abkommen zur Vermeidung der Doppelbesteuerung, so dass kein Raum für ein Tätigwerden der Gemeinschaft besteht.[1251] Fraglich ist damit lediglich, ob die EU-Mitgliedstaaten bei der Ausgestaltung ihrer DBA an die kapitalimportneutrale Freistellungsmethode gebunden sind und damit ihre Verpflichtung aus Art. 293 Alt. 2 EG nicht hinreichend erfüllt haben oder eine freie Methodenwahl in Abhängigkeit von den zugrunde liegenden grenzüberschreitenden Einkünften anzunehmen ist.

Grundsätzlich sind die Grundfreiheiten des EGV als Diskriminierungs- und Beschränkungsverbote nicht so auszulegen, dass eine Verpflichtung für eine bestimmte Aufteilung des Besteuerungssubstrats zwischen Quellen- und Wohnsitzstaat besteht, da es sich hierbei aufgrund des Besteuerungszugriffs unterschiedlicher Steuerhoheiten nicht um eine Diskriminierung bzw. Beschränkung durch einen EU-Mitgliedstaat i. S. d. Dogmatik der Grundfreiheiten handelt.[1252] Darüber hinaus hat der EuGH in seinem Urteil in der Rs. C-336/96 („Gilly") einen Verstoß des Anrechnungsverfahrens gegen die Grundfreiheiten des EGV mit der Begründung abgelehnt, dass ein DBA lediglich die Doppelbesteuerung verhindern, hingegen nicht eine Herabsenkung der unterschiedlichen Steuerbelastung zwischen Quellen- und Ansässigkeitsstaat auf das jeweils niedrigere Ni-

---

[1249] Schönfeld, Hinzurechnungsbesteuerung und Europäisches Gemeinschaftsrecht, S. 182 f.
[1250] Schönfeld, Hinzurechnungsbesteuerung und Europäisches Gemeinschaftsrecht, S. 184 ff.
[1251] Vgl. EuGH-Urteil vom 12.05.1998, Rs. C-336/96 („Gilly"), Slg. 1998, I-2793, Rn. 24, 30; EuGH-Urteil vom 21.09.1999, Rs. C-307/97 („Saint Gobain"), Slg. 1999, I-6161, Rn. 56 ff.
[1252] Vgl. Vgl. EuGH-Urteil vom 12.05.1998, Rs. C-336/96 („Gilly"), Slg. 1998, I-2793, Rn. 30; EuGH-Urteil vom 21.09.1999, Rs. C-307/97 („Saint Gobain"), Slg. 1999, I-6161, Rn. 56 ff.; EuGH-Urteil vom 08.03.2001, verb. Rs. C-397/98 und 410/98 („Metallgesellschaft"), Slg. 2001, I-1727, Rn. 52 ff.; EuGH-Urteil vom 12.12.2002, Rs. C-385/00 („de Groot"), Slg. 2002, I-11868, Rn. 93 ff.

veau bewirken soll.[1253] Diese Rechtsprechung wurde inzwischen von GA Geelhoed in den Schlussanträgen zur Rs. C-374/04 („Test Claimants in Class IV of the ACT Group Litigation") vertieft.[1254] Insbesondere stellt GA Geelhoed sinngemäß fest, dass die Art der Aufteilung der Besteuerungskompetenz zwischen Quellen- und Wohnsitzstaat im Einzelfall sogar zu einer rechtlichen Doppelbesteuerung[1255] führen kann, die jedoch weder als Diskriminierung noch als Beschränkung i. S. e. Grundfreiheit zu werten sei.[1256] Aus sekundärrechtlicher Perspektive spricht auch Art. 7 Abs. 2 Mutter-Tochter-Richtlinie für eine freie Methodenwahl zur Vermeidung der Doppelbesteuerung, wenn dort bestimmt wird, dass die Richtlinie nicht die Anwendung einzelstaatlicher oder vertraglicher Bestimmungen berührt, die die Beseitigung oder Minderung der Doppelbesteuerung von Dividenden bezwecken und damit keine Präferenz für oder gegen die Anwendung der Anrechnungsmethode auf grenzüberschreitende Beteiligungen an Kapitalgesellschaften zum Ausdruck bringt. Im Ergebnis ist damit nach der hier vertretenen Auffassung eine kapitalexportneutrale Besteuerung als legitimes Mittel zur Verhinderung einer Steuerumgehung als wichtiger Grund des Allgemeininteresses für einen Eingriff in den Schutzbereich der Grundfreiheiten des EGV anzuerkennen.

d) Beseitigung der Abschirmwirkung einer ausländischen Kapitalgesellschaft als gemeinschaftsrechtlich legitimiertes Mittel zur Zweckerreichung

Der Durchgriff der Hinzurechnungsbesteuerung auf die Einkünfte der ausländischen Zwischengesellschaft für Zwecke der Hinzurechnung beim inländischen Anteilseigner wird von der überwiegenden Literatur als steuertechnisch zulässiges Vorgehen zur Beseitigung der Abschirmwirkung der ausländischen Kapitalgesellschaft qualifiziert.[1257] Schließlich wäre es den nationalen Steuerrechtsordnungen ohne die Anordnung eines Durchgriffs nicht möglich, die Allokation der Einkünfte einer ausländischen Zwischengesellschaft bei dem inländischen Anteilseigner zu bewirken und der Hinzurechnungsbesteuerung damit zur Verwirklichung ihrer Zwecksetzung zu verhelfen. Es bleibt allerdings zu erörtern, ob die Beseitigung der Abschirmwirkung der ausländischen Zwischengesellschaft von den wettbewerbsrechtlichen und grundfreiheitlichen Vorschriften des EGV als legitimes Mittel zur Verhinderung einer Steuerumgehung anerkannt wird.

[1253] EuGH-Urteil vom 12.05.1998, Rs. C-336/96 („Gilly"), Slg. 1998, I-2793, Rn. 46; vgl. EuGH-Urteil vom 14.12.2000, Rs. C-141/99 („AMID"), Slg. 2000, I-11619, Rn. 21 ff.; Schlussanträge GA Léger vom 30.06.2005, Rs. C-513/03 („van Hilten"), Slg. 2006, I-1957, Rn. 76.
[1254] Schlussanträge GA Geelhoed vom 23.02.2006, Rs. C-374/04 („Test Claimants in Class IV of the ACT Group Litigation"), Slg. 2006, I-11673, Rn. 48 ff.
[1255] Siehe Kapitel 3, E. I. 1. für eine Defintion der rechtlichen Doppelbesteuerung in Zusammenhang mit der Wegzugsbesteuerung natürlicher Personen gem. § 6 AStG.
[1256] Schlussanträge GA Geelhoed vom 23.02.2006, Rs. C-374/04 („Test Claimants in Class IV of the ACT Group Litigation"), Slg. 2006, I-11673, Rn. 51 f.
[1257] Schön, DB 2001, S. 940, 946; Lang, IStR 2002, S. 217, 220; Kluge, Das Internationale Steuerrecht, N 380 ff.

Nach der Auffassung von Schönfeld geht es der Hinzurechnungsbesteuerung gem. § 7 Abs. 1 AStG um die faktische Begründung einer inländischen Steuerpflicht der ausländischen Gesellschaft auf Basis der gesellschaftsrechtlichen „Kontrolltheorie" und der damit verbundenen Qualifizierung als inländische Gesellschaft aufgrund inländischer Beherrschung.[1258] Die Inländerbeherrschung führe aus „kontrolltheoretischer" Perspektive de facto zu einer Veränderung der Staatszugehörigkeit der ausländischen Zwischengesellschaft.[1259] Scheitere die Erstreckung des inländischen Pflichtenkatalogs auf die ausländische Gesellschaft aufgrund der räumlich begrenzten Verwaltungshoheit, vergleichbar mit dem Fall des § 15 Abs. 2 StAnpG,[1260] dann müssten die inländischen Anteilseigner für die Pflichterfüllung der Kapitalgesellschaft in Anspruch genommen, mithin auf sie durchgegriffen werden.[1261] Demgegenüber sei die Hinzurechnungsbesteuerung für Zwischeneinkünfte mit Kapitalanlagecharakter gem. § 7 Abs. 6 AStG entgegen der Auffassung des historischen Gesetzgebers, der Rechtsprechung und herrschenden Literatur[1262] als Ausdruck eines allgemeinen Missbrauchsverdikts zu verstehen, bei dem die Verlagerung von mobilen Produktionsfaktoren als Grundlage einer passiven Tätigkeit Auslöser für eine erhebliche inländische Steuerminderung bei gleichzeitig fehlender Anbindung der Produktionstätigkeit an die Volkswirtschaft des Markteintrittsstaates sei.[1263] Der Gesetzgeber sehe in dem Zusammentreffen einer niedrigen Besteuerung mit dem Fehlen aktiver wirtschaftlicher Tätigkeiten einen Missbrauch, möglicherweise nicht im technischen Sinne des § 42 AO, aber doch im Sinne einer allgemeinen Bewertung.[1264] Damit sei es in der Sache nur folgerichtig, diesen Missbrauch nicht mit der vollständigen Ausblendung der Rechtspersönlichkeit der ausländischen Gesellschaft, sondern über eine teilweise Zurechnung von bestimmten Handlungen der Gesellschaft auf die Gesellschafter zu begegnen.[1265] Das Verständnis eines steuerlichen Durchgriffs stimme insoweit auch mit dem zivil- bzw. gesellschaftsrechtlichen Verständnis überein, wonach es unüblich sei, dem Rechtsträger unter Berufung auf Missbrauchserwägungen dessen Rechtssubjektivität vollständig zu versagen, sondern vielmehr dem Verbandsmitglied die Berufung auf einzelne (steuerliche) Tatsachen, Rechte oder Rechtsverhältnisse zu versagen.[1266]

[1258] Schönfeld, Hinzurechnungsbesteuerung und Europäisches Gemeinschaftsrecht, S. 412 f.
[1259] Schönfeld, Hinzurechnungsbesteuerung und Europäisches Gemeinschaftsrecht, S. 164.
[1260] Siehe Kapitel 4, A. für eine Darstellung von Inhalt und Zweck des § 15 StAnpG.
[1261] Schönfeld, Hinzurechnungsbesteuerung und Europäisches Gemeinschaftsrecht, S. 163.
[1262] Vgl. die Nachweise bei Schönfeld, Hinzurechnungsbesteuerung und Europäisches Gemeinschaftsrecht, S. 166.
[1263] Schönfeld, Hinzurechnungsbesteuerung und Europäisches Gemeinschaftsrecht, S. 168 ff.
[1264] Schönfeld, Hinzurechnungsbesteuerung und Europäisches Gemeinschaftsrecht, S. 170 unter Verweis auf Hahn, Die Vereinbarkeit von Normen des deutschen internationalen Steuerrechts mit EG-Recht, S. 163.
[1265] Schönfeld, Hinzurechnungsbesteuerung und Europäisches Gemeinschaftsrecht, S. 172.
[1266] Schönfeld, Hinzurechnungsbesteuerung und Europäisches Gemeinschaftsrecht, S. 173 unter Verweis auf Schmidt, Gesellschaftsrecht, S. 232 f. und Kindler, in: Münchener Kommentar zum BGB, Band 11, Rn. 486.

Nach der hier vertretenen Auffassung ist das von Schönfeld angenommene Missbrauchsverdikt des Steuergesetzgebers als Rechtfertigung für einen Durchgriff bei Zwischengesellschaften mit Kapitalanlagecharakter zu weitgehend, da es sowohl bei § 7 Abs. 1 AStG als auch bei § 7 Abs. 6 AStG um die zutreffende Abbildung steuerlicher Leistungsfähigkeit des inländischen Anteilseigners geht. Folglich bedarf es zur Rechtfertigung des Durchgriffs auf die passiven Einkünfte der ausländischen Zwischengesellschaft lediglich einer Heranziehung der bereits im vorangehenden Abschnitt dargestellten verfassungsrechtlichen Prinzipien der Besteuerungsgleichheit und der Besteuerung nach der individuellen Leistungsfähigkeit als steuerspezifische Konkretisierung des allgemeinen Gleichheitssatzes aus Art. 3 Abs. 1 GG. Versteht man die hieraus erwachsenden Gleichheitsgrundrechte auch als Rechtsberechtigung und Rechtsverpflichtung des inländischen Steuergesetzgebers über Artt. 1, 20 Abs. 3 GG, dann muss die einfachgesetzliche (Steuer-) Rechtssubjektivität der juristischen Person i. S. d. §§ 21 ff. BGB, § 13 GmbHG und § 1 AktG als Ausfluss der „lex-superior-Regel" dahinter zurücktreten. Es bedarf daher keines Rückgriffs auf allgemeine Missbrauchsgrundsätze zur Rechtfertigung des Durchgriffs, wenn man mit der hier vertretenen Auffassung eine verfassungsrechtliche Verankerung der Verhinderung einer Steuerumgehung als Gesetzeszweck der Hinzurechnungsbesteuerung annimmt.

Aus gemeinschaftsrechtlicher Perspektive vertritt Schönfeld dagegen die Auffassung, dass die „ratio legis" der Mutter-Tochter-Richtlinie als Konkretisierung der wettbewerblichen Dimension des Binnenmarktes einer grenzüberschreitenden, bestimmte Besteuerungsfolgen auslösenden Verhaltenszurechnung zwischen Mutter- und Tochtergesellschaft entgegenstehe und damit auch dem von der Hinzurechnungsbesteuerung praktizierten steuerlichen Durchgriff.[1267] Der Autor begründet seine Auffassung damit, dass Art. 5 Mutter-Tochter-Richtlinie dem Ansässigkeitsstaat der Tochtergesellschaft einen Steuerabzug an der Quelle verwehrt. Sei es danach aber schon dem Quellenstaat verwehrt, eine beschränkte Steuerpflicht der Muttergesellschaft über die Grenze für einen Besteuerungsanspruch zu begründen, der auf äquivalenztheorethische Erwägungen gestützt und damit aus Gründen interinstitutioneller Verteilungsgerechtigkeit gerechtfertigt werden könnte, dann werde man „a maiore ad minus" argumentieren können, dass der Ansässigkeitsstaat der Muttergesellschaft keine unbeschränkte Steuerpflicht der Tochtergesellschaft für einen Besteuerungsanspruch grenzüberschreitend begründen dürfe, der allenfalls von dem auf intrainstitutioneller Verteilungsgerechtigkeit beruhenden Leistungsfähigkeitsprinzip getragen werde.[1268]

Dem ist zunächst entgegenzuhalten, dass die Hinzurechnungsbesteuerung ihrem dogmatischen Ansatz entsprechend eine Einebnung von Steuervorteilen der ausländischen Zwischengesellschaft durch eine Heraufschleusung des ausländischen auf das inländische Steuerniveau bezweckt und damit de facto eine zusätzliche Ertragsbesteuerung von Einkünften der ausländischen Zwischengesellschaft beim inländischen Anteilseigner vornimmt. Demnach wird gerade keine

---

[1267] Schönfeld, Hinzurechnungsbesteuerung und Europäisches Gemeinschaftsrecht, S. 405 ff.
[1268] Schönfeld, Hinzurechnungsbesteuerung und Europäisches Gemeinschaftsrecht, S. 411 f.

Besteuerung über die Grenze bei der ausländischen Tochtergesellschaft vorgenommen, sondern vielmehr eine Ertragsteuerbelastung hergestellt, wie sie bei einer direkten Erzielung der passiven Einkünfte durch den inländischen Anteilseigner angefallen wäre. Der Art. 5 Mutter-Tochter-Richtlinie zielt jedoch auf die Vermeidung einer zusätzlichen Ertragsteuerbelastung durch den Ansässigkeitsstaat der ausländischen Zwischengesellschaft durch eine Belastung der Dividende mit zusätzlichen Quellensteuern ab, um eine dritte Steuerbelastung der Einkünfte der ausländischen Zwischengesellschaft zusätzlich zur Ertragsbesteuerung auf Ebene der Tochtergesellschaft und einer potenziellen Dividendenbesteuerung auf Ebene der Muttergesellschaft im Rahmen des Welteinkommensprinzips zu eliminieren. Folglich hat das Quellensteuerverbot des Art. 5 Mutter-Tochter-Richtlinie keine Auswirkungen auf die Ertragsbesteuerung der Einkünfte in den Ansässigkeitsstaaten der Steuerpflichtigen, sondern erkennt diese im Gegenteil für Körperschaftsteuervorauszahlungen im Sitzstaat der Tochtergesellschaft gem. Art. 7 Abs. 1 Mutter-Tochter-Richtlinie sogar ausdrücklich an. Eine Quellensteuerpflicht der Muttergesellschaft für Dividenden der Tochtergesellschaft in deren Ansässigkeitsstaat ist im Unterschied zur Hinzurechnungsbesteuerung gerade ein Ausdruck einer fehlenden gemeinschaftsweiten Anerkennung des Territorialitätsprinzips für Dividendeneinkünfte und nicht eine Negierung des Welteinkommensprinzips für eine kapitalexportneutrale Besteuerung von ausländischen Zwischeneinkünften, wie sie von der Hinzurechnungsbesteuerung vollzogen wird. Die Präferenz der Richtlinie für die Anerkennung des Welteinkommensprinzips wird vielmehr durch die Ergänzung der Besteuerungsgrundsätze in Art. 4 Abs. 1a Mutter-Tochter-Richtlinie um Vorschriften für eine Vermeidung der Doppelbesteuerung für steuerlich transparente Tochtergesellschaften im Recht des Ansässigkeitsstaates der Muttergesellschaft bestätigt, wonach der Muttergesellschaft grundsätzlich das Recht zur Besteuerung der auf sie entfallenden Gewinne der ausländischen Tochtergesellschaft gem. Art. 4 Abs. 1a S. 1 Mutter-Tochter-Richtlinie zugesprochen wird. Im Hinblick auf die vollständige Entlastungslösung für Dividendenausschüttungen ausländischer Zwischengesellschaften gem. § 3 Nr. 41 EStG bzw. § 8b Abs. 1 KStG folgt die Hinzurechnungsbesteuerung auch dem Gebot des Art. 4 Abs. 1a S. 2 Mutter-Tochter-Richtlinie, wonach der Staat der Muttergesellschaft die Gewinnausschüttungen der Tochtergesellschaft im Falle einer vorherigen Gewinnbesteuerung unter Anwendung des Transparenzprinzips nicht besteuert. Schließlich steht auch die Anrechnungsmöglichkeit der ausländischen Steuerbelastung auf die Einkünfte der Zwischengesellschaft gem. §§ 10 Abs. 1, 12 AStG mit den Anforderungen an die Entlastung von ausländischen Ertragsteuern bei der inländischen Muttergesellschaft gem. Art. 4 Abs. 1a S. 3 Mutter-Tochter-Richtlinie durch die alternative Verpflichtung zur Anrechnung der ausländischen Körperschaftsteuerschuld bis zur Höhe der Steuerbelastung im Ansässigkeitsstaat der Muttergesellschaft nicht entgegen. Die Präferenz der Mutter-Tochter-Richtlinie für das Welteinkommensprinzip kommt auch in der Präambel zum Ausdruck, in der festgestellt wird, dass Gewinnausschüttungen einer Muttergesellschaft im Ansässigkeitsstaat der Muttergesellschaft entweder gar nicht oder unter Anrechnung der ausländischen Steuerbelastung zu besteuern sind und darüber hinaus lediglich Quellensteuern im Ansässigkeitsstaat der Tochtergesellschaft bei der Muttergesellschaft mit den Grundsätzen der Richtlinie unvereinbar sind. Folglich wird der Anwendungsbereich der Richtlinie nicht nur positiv auf Quellensteuern im Ansässigkeitsstaat der Tochtergesellschaft, sondern auch negativ durch das ausdrückliche Bekenntnis zum Welteinkommensprinzip i. V. m. der Anwendung der Freistellungs- oder Anrechnungsmethode abgegrenzt.

Demgegenüber kommt Schönfeld zu dem Ergebnis, dass die Hinzurechnungsbesteuerung den in der Mutter-Tochter-Richtlinie zum Ausdruck kommenden Grundgedanken einer wettbewerbsneutralen Besteuerung grenzüberschreitender Beteiligungserträge durch die Erzeugung eines Liquiditätsnachteils beim Anteilseigner verletze, der tatsächlich nicht ausgeschüttete Gewinne versteuern müsse.[1269] In letzter Konsequenz erkennt er zwar an, dass die Mutter-Tochter-Richtlinie kein Verbot des Durchgriffs durch die ausländische Zwischengesellschaft für Zwecke der Hinzurechnungsbesteuerung vorsehe, es im Rahmen des Art. 4 Abs. 1 Alt. 1 Mutter-Tochter-Richtlinie aber zu einer Anwendung der Freistellungsmethode auf Zwischeneinkünfte im Ansässigkeitsstaat der Muttergesellschaft kommen müsse, da eine Ermessensreduzierung auf Null hinsichtlich der Verletzung des steuerlichen Neutralitätsgebots vorliege.[1270]

Nach der hier vertretenen Auffassung ist der Mutter-Tochter-Richtlinie dagegen keine Tendenz für eine Ermessensreduzierung für die Anwendung der Anrechnungs- oder Freistellungsmethode auf steuerliche Durchgriffskonstellationen zu entnehmen, da wettbewerbsneutrale steuerliche Regelungen für grenzüberschreitende Unternehmenszusammenschlüsse zur Verwirklichung des Binnenmarktes nur dann geboten sind, wenn diese nicht ausschließlich einer rechtlich missbilligten Steuerumgehung dienen, sondern mit den Erwägungen in der Präambel zur Mutter-Tochter-Richtlinie zur Anpassung von Unternehmen an die Erfordernisse des gemeinsamen Marktes, zur Erhöhung ihrer Produktivität und zur Stärkung ihrer Wettbewerbfähigkeit auf internationaler Ebene geeignet sind. Im Ergebnis ist ein Liquiditätsnachteil auf Ebene der Muttergesellschaft als Beschränkung ihrer grundfreiheitlichen Betätigung im Gemeinschaftsgebiet durch Beteiligung an einer ausländischen Tochtergesellschaft aufgrund der Durchgriffskonzeption der Hinzurechnungsbesteuerung dann nicht legitim, wenn die konkrete Ausgestaltung des gesetzlichen Steuertatbestandes auch solche Beteiligungen erfasst, die als rechtmäßige Steuerplanung zur Senkung der Gesamtsteuerquote im Konzern zu qualifizieren sind und darüber hinaus eine hinreichende Verbindung mit der Volkswirtschaft des Ansässigkeitsstaates der ausländischen Tochtergesellschaft aufweisen. Wie eine hinreichende Verwurzelung im Markteintrittsstaat in abstrakt-genereller Weise zu definieren ist, wird nachfolgend im Rahmen der Verhältnismäßigkeitsprüfung i. e. S. dargestellt. An dieser Stelle soll zunächst die Feststellung genügen, dass der Durchgriff bei der ausländischen Zwischengesellschaft und der damit verbundene Liquiditätsnach-

---

[1269] Schönfeld, Hinzurechnungsbesteuerung und Europäisches Gemeinschaftsrecht, S. 413 ff.
[1270] Schönfeld, Hinzurechnungsbesteuerung und Europäisches Gemeinschaftsrecht, S. 415 f.

teil zwar eine Beschränkung der Grundfreiheiten darstellt, jedoch ein solches rechtstechnisches Vorgehen nicht auf Basis der Mutter-Tochter-Richtlinie i. S. e. Verpflichtung zur Anwendung der Freistellungsmethode gem. Art. 4 Abs. 1 Alt. 1 Mutter-Tochter-Richtlinie als von vornherein gemeinschaftsrechtswidriges Mittel zur Zweckerreichung qualifiziert.

Aus primärrechtlicher Perspektive vertritt Schönfeld unter Bezugnahme auf das „Prinzip der gegenseitigen Anerkennung" die Auffassung, dass die Zulässigkeit eines steuerlichen Durchgriffs über die Grenze maßgeblich davon abhänge, ob das Steuerrecht des Ansässigkeitsstaates derjenigen Gesellschaft, an der die einem Durchgriff ausgesetzten inländischen Anteilseigner beteiligt sind, eine steuerliche Rechtssubjektivität verleiht.[1271] Diese These stützt der Autor auf die Rechtsprechung des EuGH in der Rs. C-208/00 („Überseering")[1272] in der es der Gerichtshof für unvereinbar mit den Vorgaben des EGV hielt, dass die einer Gesellschaft von einem anderen Mitgliedstaat wirksam verliehene, zivilrechtliche Rechtsfähigkeit von einem anderen Mitgliedstaat einfach negiert wird, wenn diese Gesellschaft im Hoheitsgebiet des letztgenannten Staates einer von den Grundfreiheiten geschützten Tätigkeit nachgeht.[1273] Zumindest gelte diese Verpflichtung zur Anerkennung der von einer anderen Rechtsordnung geschaffenen Rechtssubjektivität, soweit die ausländische Gesellschaft der ausländischen Rechtsordnung zugehörig sei, weil sie anderenfalls ihre rechtliche Realität zu verlieren drohe.[1274] Gleichwohl muss Schönfeld feststellen, dass sich die Rechtsprechung des EuGH in der Rs. C-208/00 („Überseering") zunächst nur auf die Eingriffsebene für die Feststellung einer Diskriminierung bzw. Beschränkung anwenden lässt, womit allerdings noch keine Aussage über die Rechtfertigungsfähigkeit eines derartigen Durchgriffs im Einzelfall verbunden ist.[1275] Darüber hinaus weist der dem Urteil zugrunde liegende Sachverhalt einige wesentliche Unterschiede mit dem der Hinzurechnungsbesteuerung zugrunde liegenden Lebenssachverhalt auf, die eine uneingeschränkte Übertragung der vom Gerichtshof gewonnenen Erkenntnisse zumindest als zweifelhaft erscheinen lassen. Im Unterschied zur Anerkennung der Rechtsfähigkeit und damit verbundenen steuerlichen Abschirmwirkung einer ausländischen Zwischengesellschaft durch den Ansässigkeitsstaat der Anteilseigner geht es in der Rs. C-208/00 („Überseering") um die Anerkennung der Rechtsfähigkeit im Markteintrittsstaat für den Fall einer grenzüberschreitenden Niederlassung, so dass die Verweigerung der Rechtsfähigkeit der Gesellschaft durch den Marktaustrittsstaat nicht Gegenstand der

---

[1271] Schönfeld, Hinzurechnungsbesteuerung und Europäisches Gemeinschaftsrecht, S. 420 unter Verweis auf Lang, IStR 2002, S. 221 f.
[1272] EuGH-Urteil vom 05.11.2002, Rs. C-208/00 („Überseering"), Slg. 2002, I-9943, Rn. 52 ff.
[1273] Schönfeld, Hinzurechnungsbesteuerung und Europäisches Gemeinschaftsrecht, S. 420 f.
[1274] EuGH-Urteil vom 05.11.2002, Rs. C-208/00 („Überseering"), Slg. 2002, I-9943, Rn. 53 ff.
[1275] Schönfeld, Hinzurechnungsbesteuerung und Europäisches Gemeinschaftsrecht, S. 421 ff.

Urteilsbegründung ist.[1276] Demgegenüber ist der von den §§ 7 ff. AStG de facto vollzogene Durchgriff auf die Einkünfte der ausländischen Zwischengesellschaft bisher nicht i. S. e. Verpflichtung zur Anerkennung der Rechtspersönlichkeit einer in einem anderen EU-Mitgliedstaat ansässigen Gesellschaft abschließend beurteilt worden. Im Hinblick auf die deutsche Hinzurechnungsbesteuerung ist bei Vornahme einer differenzierten Betrachtung sogar festzustellen, dass der Steuertatbestand des § 7 Abs. 1, 6 AStG die Rechtspersönlichkeit der ausländischen Zwischengesellschaft gänzlich unberührt lässt, so dass die Niederlassungsfreiheit der Kapitalgesellschaft gar nicht betroffen ist, sondern vielmehr die der Anteilseigner, was aber wiederum nicht Gegenstand der Urteilsfindung durch den EuGH war. Wie der Gerichtshof unter Verweis auf die Urteile des EuGH in den Rs. C-212/97 („Centros")[1277] sowie 81/87 („Daily Mail")[1278] festgestellt hat, geht es auch bei der Rs. C-208/00 („Überseering") ausschließlich um einen Eingriff in den Schutzbereich der Niederlassungsfreiheit bei der Kapitalgesellschaft, nicht aber um einen solchen Eingriff bei den Anteilseignern.[1279] Eine auf dem „Prinzip der gegenseitigen Anerkennung" beruhende Verpflichtung zur Anerkennung der Rechtspersönlichkeit einer nach dem Recht eines EU-Mitgliedstaates wirksam gegründeten Gesellschaft kann daher uneingeschränkt nur für die grenzüberschreitende Tätigkeit der Gesellschaft im Markteintrittsstaat angenommen werden. Auch die Entscheidung des EuGH in der Rs. C-196/04 („Cadbury Schweppes") greift dieses Problem auf Ebene der Rechtfertigung nicht explizit auf. Vielmehr sieht das Gericht in der Durchbrechung der Abschirmwirkung der ausländischen Zwischengesellschaft weniger ein Mittel zur Zweckerreichung als vielmehr die eingriffsbegründende Diskriminierung der britischen CFC-Gesetzgebung.[1280] Im Rahmen der in diesem Kapitel vorgenommen Eingriffsprüfung ist der vom EuGH gewählte Ansatz jedoch als zu undifferenziert und auf die komplexen Regelungen der deutschen Hinzurechnungsbesteuerung nicht übertragbar abzulehnen.[1281] Gleichwohl scheint der EuGH aber durch die generelle Rechtfertigungsfähigkeit des gesetzgeberischen Prinzips zumindest implizit auch dessen Gemeinschaftsrechtskonformität unter Verhältnismäßigkeitsvorbehalt anzuerkennen.[1282]

Eine Rechtfertigung des steuerlichen Durchgriffs aus Gründen der Missbrauchsabwehr auf der Grundlage von Art. 1 Abs. 2 Mutter-Tochter-Richtlinie scheidet für Schönfeld aus, da die gemeinschaftsrechtliche Definition des EuGH

[1276] EuGH-Urteil vom 05.11.2002, Rs. C-208/00 („Überseering"), Slg. 2002, I-9943, Rn. 61 ff.
[1277] EuGH-Urteil vom 09.03.1999, Rs. C-212/97 („Centros"), Slg. 1999, I-1459.
[1278] EuGH-Urteil vom 27.09.1988, Rs. 81/87 („Daily Mail"), S. 5483.
[1279] EuGH-Urteil vom 05.11.2002, Rs. C-208/00 („Überseering"), Slg. 2002, I-9943, Rn. 56 ff., 65 ff.
[1280] EuGH-Urteil vom 12.09.2006, Rs. C-196/04 („Cadbury Schweppes"), Slg. 2006, I-7995, Rn. 43 ff.
[1281] Siehe Kapitel 4, C. II. für die Eingriffsprüfung.
[1282] EuGH-Urteil vom 12.09.2006, Rs. C-196/04 („Cadbury Schweppes"), Slg. 2006, I-7995, Rn. 59.

in der Rs. C-264/96 („ICI plc.") im Kontext des Art. 58 Abs. 1 lit. b) EG heranzuziehen sei, welche in der tatbestandlichen Ausgestaltung der Hinzurechnungsbesteuerung nicht zum Ausdruck komme.[1283] Im Hinblick auf den Rechtfertigungsgrund der steuerlichen Kohärenz fehle es an einer konsequenten und systematischen Praktizierung des steuerlichen Durchgriffs auch außerhalb der Hinzurechnungsbesteuerung.[1284] Gleichwohl stützt der Autor die Angemessenheit eines steuerlichen Durchgriffs auf den von ihm entwickelten Rechtfertigungsgrund der Bekämpfung eines schädlichen Steuerwettbewerbs, wobei er dessen Zulässigkeit allerdings auf solche Fälle beschränkt, in denen einem Gesellschafter ein problemloser Zugriff auf die Vermögensmehrungen der ausländischen Gesellschaft möglich sei, er also ein beherrschender Gesellschafter sein müsse.[1285] Danach sei der steuerliche Durchgriff auf die Einkünfte einer ausländischen Gesellschaft angemessen i. S. d. grundfreiheitlichen Definition überwiegender Interessen der Allgemeinheit gegenüber den beschränkten Individualinteressen des Trägers der einschlägigen Grundfreiheit, soweit die von schädlichen Maßnahmen profitierende ausländische Gesellschaft mit ihren Anteilseignern eine gewisse wirtschaftliche Einheit bildet.[1286] Hinsichtlich einer Kollision dieses Ergebnisses mit der von Schönfeld festgestellten Inkompatibilität des steuerlichen Durchgriffs mit dem Rechtsgedanken der Mutter-Tochter-Richtlinie wird ins Feld geführt, dass die Richtlinie kein Verbot des Durchgriffs vorsehe, sondern lediglich eine Ermessensreduktion zur Anwendung der Freistellungsmethode gem. Art. 4 Abs. 1 Alt. 1 Mutter-Tochter-Richtlinie anzunehmen sei.[1287] Ein Vorrang des Interesses von Mutter- und Tochtergesellschaft an einer wettbewerbsneutralen Besteuerung könne jedoch nur dann das Interesse der Mitgliedstaaten an einer Bekämpfung des schädlichen Steuerwettbewerbs überwiegen, soweit keine Anhaltspunkte für ein kollusives Zusammenwirken des Anteilseigners mit einem den schädlichen Steuerwettbewerb praktizierenden Staat als Ansässigkeitsstaat der Tochtergesellschaft vorliegen.[1288] Nach dieser Auffassung ist lediglich eine drohende Übersteuerung des inländischen Anteilseigners im Wege der Anrechnung ausländischer Ertragsteuern gem. Art. 4 Abs. 1 Alt. 2 Mutter-Tochter-Richtlinie zu vermeiden.[1289]

Der Auffassung von Schönfeld ist insoweit zuzustimmen, als der rechtstechnische Durchgriff auf die Einkünfte der ausländischen Zwischengesellschaft zur Verhinderung einer Steuerumgehung ein legitimes Mittel zur Erreichung des mit

---

[1283] Schönfeld, Hinzurechnungsbesteuerung und Europäisches Gemeinschaftsrecht, S. 425 f., 260 ff.
[1284] Schönfeld, Hinzurechnungsbesteuerung und Europäisches Gemeinschaftsrecht, S. 429 unter Verweis auf Schön, DB 2001, S. 940, 943 und Lang, IStR 2002, S. 217, 221.
[1285] Schönfeld, Hinzurechnungsbesteuerung und Europäisches Gemeinschaftsrecht, S. 430 ff. unter Verweis auf die EuGH-Urteile vom 14.07.1972, Rs. 48/69, 52/69 und 53/69 („ICI / Kommission", „Geigy / Kommission", „Sandoz / Kommission"), Slg. 1972, S. 619 ff., 787 ff., 845 ff.
[1286] Schönfeld, Hinzurechnungsbesteuerung und Europäisches Gemeinschaftsrecht, S. 432.
[1287] Schönfeld, Hinzurechnungsbesteuerung und Europäisches Gemeinschaftsrecht, S. 435.
[1288] Schönfeld, Hinzurechnungsbesteuerung und Europäisches Gemeinschaftsrecht, S. 436.
[1289] Schönfeld, Hinzurechnungsbesteuerung und Europäisches Gemeinschaftsrecht, S. 436.

der Hinzurechnungsbesteuerung verfolgten gesetzgeberischen Zwecks ist. Allerdings ist der dogmatische Begründungsansatz nach der hier vertretenen Auffassung von Inhalt und Reichweite eines Rechtfertigungsgrundes der Verhinderung einer Steuerumgehung zu eng. Zum einen wurde im Rahmen dieses Abschnitts nachgewiesen, dass die Mutter-Tochter-Richtlinie einem Durchgriff im Rahmen der Anwendung des Welteinkommensprinzips zur Durchsetzung nationaler Besteuerungsprinzipien nicht entgegensteht, da sie auf eine Negierung des Territorialitätsprinzips für die Quellenbesteuerung von Dividendeneinkünften und nicht auf die vollständige Eliminierung einer Dividendenbesteuerung beim Anteilseigner gerichtet ist, was insbesondere durch die freie Methodenwahl zur Vermeidung einer Doppelbesteuerung zum Ausdruck kommt. Zum anderen folgt der steuerliche Durchgriff bei der ausländischen Zwischengesellschaft einem weiten Verständnis des Begriffs der Steuerumgehung, so dass es nicht auf einen selbständigen Rechtfertigungsgrund der Verhinderung eines schädlichen Steuerwettbewerbs zwischen den EU-Mitgliedstaaten ankommt, sondern dieser als nationales Interesse an der Beschränkung von Grundfreiheiten zur Verhinderung einer Steuerumgehung in eine Abwägung der widerstreitenden Interessen im Rahmen der Verhältnismäßigkeitsprüfung einzustellen ist. Ob die von Schönfeld geforderte wirtschaftliche Einheit zwischen inländischem Anteilseigner und ausländischer Zwischengesellschaft auch durch eine mehr als hälftige Beteiligung i. S. e. faktischen Rechtsmacht über das Ausschüttungsverhalten der Gesellschaft zum Ausdruck kommen muss, soll an dieser Stelle zunächst offen bleiben, da hierzu eine gesonderte Erörterung der tatbestandlichen Ausgestaltung der Hinzurechnungsbesteuerung im Rahmen der Verhältnismäßigkeit i. e. S. vorgenommen wird. Festzuhalten bleibt aber, dass die Beseitigung der Abschirmwirkung der ausländischen Kapitalgesellschaft grundsätzlich ein legitimes Mittel zur Zweckerreichung im gemeinschaftsrechtlichen Kontext ist, wenn die konkrete steuertatbestandliche Ausgestaltung der Hinzurechnungsbesteuerung zur Zweckerreichung geeignet, erforderlich und angemessen ist.

3. Verhältnismäßigkeit der gesetzestechnischen Konzepte der Hinzurechnungsbesteuerung

Der kapitalexportneutrale Ansatz der Anrechnungsmethode bei Vornahme eines Durchgriffs auf die Einkünfte der ausländischen Zwischengesellschaft im Rahmen der Hinzurechnungsbesteuerung müsste zur Verhinderung einer Steuerumgehung verhältnismäßig, d. h. geeignet, erforderlich und angemessen sein. Im Fokus der Darstellung steht dabei im Wesentlichen die Erforderlichkeit einer kapitalexportneutralen Hinzurechnungsbesteuerung. Insofern darf es kein milderes Mittel geben, dass den gesetzgeberischen Zweck einer Verhinderung der Steuerumgehung durch die Ausnutzung der Abschirmwirkung ausländischer Kapitalgesellschaften für passive Einkünfte genauso effizient erreicht.

Ausgangspunkt für eine Beurteilung der Erforderlichkeit eines kapitalexportneutralen Ansatzes ist die Vergleichbarkeit der einer Besteuerung zugrunde liegenden Verhältnisse bei grenzüberschreitenden und inländischen Sachverhalten.

Ein kapitalexportneutraler Ansatz der grenzüberschreitenden Besteuerung kann demnach nur dann nicht diskriminierend bzw. beschränkend und damit auch erforderlich i. S. d. mildesten Mittels sein, wenn nicht nur der nominelle Steuersatz, sondern auch die zugrunde liegende Bemessungsgrundlage identisch ist. Demnach muss sichergestellt sein, dass es nicht zu einer Besteuerung von Erträgen kommt, die von der ausländischen Zwischengesellschaft nicht erwirtschaftet wurden. Aus diesem Grund wäre es erforderlich, dass eine gemeinsame Bemessungsgrundlage für die Berechnung der Körperschaftsteuer in allen EU-Mitgliedstaaten einheitlich vorliegt. Eine entsprechende Vergleichbarkeit der Bemessungsgrundlagen kann im Verhältnis zu Drittstaaten durch die Anwendung internationaler Rechtnungslegungsstandards auf die Einkünfte der Zwischengesellschaft erreicht werden. Darüber hinaus muss eine angemessene, vollständige Berücksichtigung der im Ausland gezahlten Steuern auf den Hinzurechnungsbetrag bis zur Höhe der inländischen Steuer sichergestellt sein, da eine Steuerumgehungsverhinderung nur soweit reichen kann, wie tätsächlich auch Steuern durch die grenzüberschreitende Gestaltung erspart wurden. In diesem Zusammenhang ist auf eine Initiative der EU-Kommission zur Schaffung einer konsolidierten Körperschaftsteuer-Bemessungsgrundlage in allen EU-Mitgliedstaaten hinzuweisen.[1290] Danach soll es Unternehmen, die innerhalb der EU grenzüberschreitend tätig sind, zukünftig gestattet sein, das Einkommen des gesamten Konzerns anhand eines einzigen Regelwerks zu berechnen und für steuerliche Zwecke Bilanzen zu erstellen, um die potenziellen steuerlichen Wirkungen rein konzerninterner Geschäfte auszuschalten.[1291] Im Ergebnis würden die EU-Mitgliedstaaten auf die einheitlich ermittelte Bemessungsgrundlage innerhalb der EU nur noch den nationalen Steuersatz anwenden, was auch im Rahmen einer Hinzurechnungsbesteuerung möglich wäre. Als Grundlage für die Entwicklung eines in sich geschlossenen Systems der inzwischen eingesetzten Arbeitsgruppe „Gemeinsame konsolidierte Körperschaftsteuer-Bemessungsgrundlage" dienen die International Accounting Standards, die bereits von der überwiegenden Zahl der grenzüberschreitend tätigen Konzerne bei der Gewinnermittlung angewendet werden. Inzwischen hat die Kommission einen Bericht über die bisher erzielten Fortschritte und den Stand der Bemühungen zur Implementierung einer gemeinsamen konsolidierten Körperschaftsteuerbemessungsgrundlage vorgelegt, auf den an dieser Stelle für eine weitere Vertiefung

---

[1290] Mitteilung der Kommission an den Rat, das Europäische Parlament und den Wirtschafts- und Sozialausschuss vom 23.10.2001, Ein Binnenmarkt ohne steuerliche Hindernissse – Strategie zur Schaffung einer konsolidierten Körperschaftsteuer-Bemessungsgrundlage für die grenzüberschreitende Unternehmenstätigkeit in der EU, KOM (2001), 582.

[1291] Mitteilung der Kommission an den Rat, das Europäische Parlament und den Wirtschafts- und Sozialausschuss vom 23.10.2001, Ein Binnenmarkt ohne steuerliche Hindernissse – Strategie zur Schaffung einer konsolidierten Körperschaftsteuer-Bemessungsgrundlage für die grenzüberschreitende Unternehmenstätigkeit in der EU, KOM (2001), 582, S. 18 ff.

verwiesen wird.[1292] Zusammenfassend ist daher festzustellen, dass eine diskriminierungsfreie, kapitalexportneutrale Besteuerung nur dann verhältnismäßig und damit auch gemeinschaftsrechtskonform ist, wenn die angewendete körperschaftsteuerliche Bemessungsgrundlage auf vergleichbaren Rechtsgrundlagen in den beteiligten Steuerjurisdiktionen beruht. Ein gemeinschaftsweit einheitlicher Ansatz böte hierfür eine tragfähige Grundlage und wäre darüber hinaus auch nicht mit dem Makel einer präferentiellen Behandlung bestimmter Wirtschaftsvorgänge behaftet.

4. Verhältnismäßigkeit der Hinzurechnungsbesteuerung „de lege lata" und „de lege ferenda"

Auf Basis der Erörterungen im zweiten Teil dieses Abschnitts über den Umfang und die Reichweite der grundfreiheitlichen Diskriminierungen und Beschränkungen durch die steuertatbestandliche Ausgestaltung der §§ 7 ff. AStG wird nachfolgend dargestellt, dass die Vorschriften der Hinzurechnungsbesteuerung „de lege lata" im grundfreiheitlichen Kontext zur Erreichung des gesetzgeberischen Zwecks bisher nicht verhältnismäßig ausgestaltet waren. Anschließend werden die Änderungen durch das JStG 2008 den Anforderungen einer gemeinschaftsrechtskonformen Ausgestaltung der Hinzurechnungsbesteuerung „de lege ferenda" gegenübergestellt.

Nach der hier vertretenen Auffassung und unter Bezugnahme auf die im Rahmen der Eingriffsprüfung festgestellten Diskriminierungs- und Beschränkungsfolgen geht die Hinzurechnungsbesteuerung in der bisher geltenden Fassung weit über das hinaus, was zur Erreichung einer kapitalexportneutralen Besteuerung für die Einkünfte der ausländischen Zwischengesellschaft erforderlich ist. Insbesondere der Steuerbelastungsvergleich zwischen einer Beteiligung an einer ausländischen Zwischengesellschaft und einer inländischen Kapitalgesellschaft kommt zu dem Ergebnis, dass keine Neutralität des grenzüberschreitenden Vorgangs gewahrt wird.[1293] Vielmehr kommt es sowohl bei Annahme einer Ausschüttung als auch im Thesaurierungsfall zu einer Überbesteuerung der Einkünfte der ausländischen Zwischengesellschaft. Das Problem mangelnder Besteuerungsgleichheit stellt sich auch nach der Herabsetzung der Körperschaftsteuer durch das UntStRefG 2008. Eine kapitalexportneutrale Besteuerung für Fälle der Steuerumgehung kann jedoch nicht bedeuten, dass es zu einer Art Strafsteuer für grenzüberschreitende Beteiligungen kommt. In diesem Zusammenhang ist insbesondere darauf hinzuweisen, dass die Einbeziehung der ausländischen Zwischeneinkünfte in die gewerbesteuerliche Bemessungsgrundlage des Anteilseigners nicht nur zu einem Anrechnungsüberhang bzgl. im Ausland

---

[1292] Mittelung der Kommission an den Rat, das Europäische Parlament und den Wirtschafts- und Sozialausschuss vom 05.04.2006, Umsetzung des Lissabon-Programms der Gemeinschaft: Bisherige Fortschritte und weitere Schritte zu einer gemeinsamen konsolidierten Körperschaftsteuer-Bemessungsgrundlage, KOM (2006), 157, S. 1 ff.; vgl. Pressemitteilung der Kommission vom 05.04.2006, IP/06/448.
[1293] Siehe Kapitel 4, C. II. 1.

gezahlter Steuern führt, sondern auch aus systematischen Gründen nicht geeignet ist, eine kapitalexportneutrale Besteuerung zu bewirken, da es infolge unterschiedlicher Hebesätze nie zu einer einheitlichen und damit steuerneutralen Erfassung der ausländischen Einkünfte beim inländischen Anteilseigner kommt. Darüber hinaus ist nicht einzusehen, warum die unterschiedlichen Hebesätze bei der Gewerbesteuer auch zu einer Verwerfung zwischen verschiedenen Steuerpflichtigen i. S. d. § 7 ff. AStG in Abhängigkeit von ihrer jeweiligen Ansässigkeit im Bundesgebiet führen soll. Weniger belastend, aber gleich wirksam wäre daher eine vollständige Ausklammerung der Einkünfte der ausländischen Zwischengesellschaft aus der inländischen Gewerbesteuer. Die mangelnde Kapitalexportneutralität wird besonders bei der Beteiligung einer natürlichen Person an einer ausländischen Zwischengesellschaft im Thesaurierungsfall deutlich, da es hier zu einer vollständigen einkommensteuerlichen Erfassung der Einkünfte ohne Anwendung des Halbeinkünfteverfahrens kommt, bei der auch eine Ausklammerung von der Gewerbesteuer aufgrund der Ermäßigung gem. § 35 Abs. 1 EStG nur geringe Auswirkungen hätte. Demgegenüber ist der im Thesaurierungsfall der ausländischen Zwischengesellschaft entstehende Liquiditätsnachteil beim inländischen Anteilseigner zur Zweckerreichung hinzunehmen, wobei jedoch in Betracht zu ziehen ist, dass die Möglichkeit zur Herbeiführung einer Ausschüttung durch den Steuerpflichtigen einen Liquiditätsnachteil mindern könnte. Gleichwohl handelt es sich bei der Möglichkeit zur Ausschüttung um ein Problem widerstreitender Interessen, da der Jahresüberschuss bei der Zwischengesellschaft möglicherweise im Rahmen des laufenden Geschäftsbetriebs benötigt wird und damit keine Mittel zur Dividendenausschüttung vorhanden sind. Dennoch wäre es dem Gesetzgeber möglich, die Belastungswirkung der Hinzurechnungsbesteuerung über eine angemessene Beteiligungsgrenze zur faktischen Möglichkeit der Herbeiführung einer Ausschüttung durch den Anteilseigner abzumildern. So ist die Mindestbeteiligungsgrenze für Zwischeneinkünfte mit Kapitalanlagecharakter von 1 v. H. gem. § 7 Abs. 6 S. 1, 3 AStG als unverhältnismäßig anzusehen, da hier eine Ausschüttungsbewirkung wohl nicht im faktischen Machtbereich des Anteilseigner liegt.

Als ebenfalls unverhältnismäßig, weil nicht erforderlich, sind die Vorschriften über die Gewinnermittlung der ausländischen Zwischengesellschaft einzustufen, da es hierbei zu Verwerfungen gegenüber inländischen Ansätzen bei der Gewinnermittlung einer vergleichbaren inländischen Kapitalgesellschaft kommen kann. Vielmehr muss es Ziel der Hinzurechnungsbesteuerung sein, eine kapitalexportneutrale Besteuerung auf der Grundlage der ausländischen Gewinnermittlung herzustellen, sofern keine Verstöße gegen international anerkannte Rechnungslegungsstandards feststellbar sind oder die ausländischen Gewinnermittlungsvorschriften besondere steuerliche Subventionen bzw. Verschonungen gewähren. Diese Prüfung sollte jedoch den deutschen Finanzbehörden im Rahmen ihrer Amtsermittlungspflicht aus § 88 AO obliegen. Dabei kann sich die zuständige Behörde zur Sachverhaltsermittlung auch des inländischen Anteilseigners auf Basis seiner erweiterten Mitwirkungspflicht aus 17 AStG i. V. m. § 90 Abs. 2 AO bedienen. Nimmt man das Ergebnis der ausländischen Kapitalgesellschaft bereinigt um präferentielle Vorteilsgewährungen als Grundlage für eine Hinzurechnungsbesteuerung, so würde die Pflicht zur gesonderten Gewinnermittlung beim inländischen Anteilseigner wegfallen und damit auch hier eine geringere wirtschaftliche Belastung bewirkt werden.

Im Hinblick auf die Beschränkungen einzelner Tätigkeiten der ausländischen Zwischengesellschaft, insbesondere im Anwendungsbereich der Warenvekehrs-, Dienstleistungs- und Kapitalverkehrsfreiheit, ist festzustellen, dass der Aktivkatalog des § 8 Abs. 1 AStG nicht geeignet ist, eine sachgerechte Abgrenzung von solchen Tätigkeiten der ausländischen Zwischengesellschaft sicherzustellen, die eine Steuerumgehung durch den inländischen Steuerpflichtigen indizieren. So ist die Auswahl der nicht von der Hinzurechnungsbesteuerung betroffenen Einkünfte nicht mit dem gemeinschaftsrechtlichen Ziel eines freien Binnenmarktes in seiner Konkretisierung durch die Grundfreiheiten des EGV vereinbar, da hierdurch selektiv in die tätigkeitsbezogene Ausrichtung von ausländischen Kapitalgesellschaften eingegriffen wird. Dagegen soll die Qualifizierung der Einkünfte der ausländischen Zwischengesellschaft als aktiv oder passiv mit der Auffassung von Schönfeld durch eine wertende Betrachtungsweise des steuerlichen Umfelds des ausländischen Rechtsträgers erfolgen, um die steuerbegründende Feststellung eines Umgehungsverhaltens durch den inländischen Anteilseigner zu ermöglichen.[1294] Die missbräuchliche Zwischenschaltung einer ausländischen Kapitalgesellschaft werde weniger durch ihre Tätigkeit am Markt als vielmehr durch das steuerliche Umfeld bestimmt, welches eine Einkünfteverlagerung in rechtlich missbilligter Weise interessant macht. Danach sei allein entscheidend, ob die Gründung der Zwischengesellschaft das Ergebnis einer regionalspezifischen, tätigkeitsspezifischen oder ermessensabhängigen Begünstigung im Ansässigkeitsstaat der Kapitalgesellschaft ist, die auf die Steuerbelastung der Einkünfte im zwischenstaatlichen Vergleich einen substanziellen Einfluss hat.[1295] Zur Feststellung und steuertatbestandlichen Kodifizierung greift Schönfeld den Verhaltenskodex für die Unternehmensbesteuerung auf und stellt ihn als tatbestandliche Definition für das Vorliegen einer präferentiellen Besteuerung in seinen Entwurf für eine gemeinschaftsrechtskonforme Hinzurechnungsbesteuerung ein.[1296] Eine tatbestandliche Rückausnahme zur Hinzurechnungsbesteuerung soll für solche Maßnahmen des Ansässigkeitsstaats der ausländischen Zwischengesellschaft gelten, die von der EU als zulässige Beihilfen im dafür vorgesehenen Verfahren genehmigt worden sind.[1297] Darüber hinaus fordert Körner die Möglichkeit einer ermessensabhängigen Exkulpation des Steuerpflichtigen gegen das Vorliegen einer präferentiellen Besteuerung der Zwischengesellschaft in ihrem Ansässigkeitsstaat, um dem Steuerpflichtigen die Darlegung einer zulässigen Steuergestaltung in Abgrenzung zur Steuerumgehung im Einzelfall zu ermögli-

---

[1294] Schönfeld, Hinzurechnungsbesteuerung und Europäisches Gemeinschaftsrecht, S. 538 ff,
[1295] Schönfeld, Hinzurechnungsbesteuerung und Europäisches Gemeinschaftsrecht, S. 360.
[1296] Schönfeld, Hinzurechnungsbesteuerung und Europäisches Gemeinschaftsrecht, S. 639 f.
[1297] Schönfeld, Hinzurechnungsbesteuerung und Europäisches Gemeinschaftsrecht, S. 540 f., 641.

chen.[1298] Im Unterschied zur Auffassung von Schönfeld hält der Autor eine tätigkeitsbezogene Wertung für Zwecke einer inländischen Hinzurechnungsbesteuerung nach wie vor für geboten, da es weniger auf das Marktumfeld der CFC als vielmehr auf deren konkrete Tätigkeit im Rahmen ihrer Niederlassung ankommt. Zudem schafft die Bezugnahme auf den Verhaltenskodex für die Unternehmensbesteuerung keine Vereinfachung, da hiermit eine Vielzahl unbestimmter Rechtsbegriffe in den Gesetzeswortlaut aufgenommen werden, deren Auslegung und Rechtsanwendung durch den Steuerpflichtigen erhebliche Schwierigkeiten bereiten und damit nicht zur Rechtssicherheit beitragen würden. Die vom Autor befürwortete „tätigkeitsbezogene Lösung" wird im im Verlauf dieses Abschnitts im Zusammenhang mit den Neuregelungen des JStG 2008 erörtert.

Nach der hier vertretenen Auffassung lässt auch das EuGH-Urteil in der Rs. C-196/04 („Cadbury Schweppes") nur bedingt Rückschlüsse für die gemeinschaftsrechtskonforme Ausgestaltung der deutschen Hinzurechnungsbesteuerung zu. So fanden die zur Entscheidung vorgelegten britischen Vorschriften über beherrschte ausländische Gesellschaften u. a. dann keine Anwendung, wenn ein sog. „Motivtest" bestanden wurde.[1299] Dieser umfasste zwei Voraussetzungen, die kumulativ vorliegen mussten. Zum einen musste, wenn die Umsätze, die zu den Gewinnen der beherrschten ausländischen Gesellschaft im fraglichen Geschäftsjahr geführt haben, eine Steuerminderung im Vereinigten Königreich im Vergleich zu den Steuern nach sich gezogen haben, die ohne die genannten Umsätze angefallen wären, und wenn diese Minderung eine gewisse Schwelle überschreitet, die ansässige Gesellschaft beweisen, dass die Steuerminderung nicht das Hauptziel oder eines der Hauptziele dieser Umsätze war.[1300] Zum anderen musste die ansässige Gesellschaft beweisen, dass der Existenzgrund der beherrschten ausländischen Gesellschaft im fraglichen Geschäftsjahr nicht hauptsächlich darin lag, eine Steuerminderung im Vereinigten Königreich durch Abfluss von Gewinnen herbeizuführen.[1301] Nach den Rechtsvorschriften lag ein Abfluss von Gewinnen dann vor, wenn mit guten Gründen angenommen werden konnte, dass die Einnahmen einer im Vereinigten Königreich ansässigen Person zugeflossen und bei ihr besteuert worden wären, falls es die beherrschte ausländische Gesellschaft oder eine verbundene, nicht im Vereinigten Königreich ansässige Gesellschaft nicht gegeben hätte.[1302] Zur Verhältnismäßigkeit des sog. „Motivtests" hat der EuGH schließlich ausgeführt, dass es dem vorlegenden britischen Gericht obliege, zu prüfen, ob der sog. „Motivtest"

[1298] Vlg. Körner, IStR 2004, S. 697, 699.
[1299] EuGH-Urteil vom 12.09.2006, Rs. C-196/04 („Cadbury Schweppes"), Slg. 2006, I-7995, Rn. 9.
[1300] EuGH-Urteil vom 12.09.2006, Rs. C-196/04 („Cadbury Schweppes"), Slg. 2006, I-7995, Rn. 10.
[1301] EuGH-Urteil vom 12.09.2006, Rs. C-196/04 („Cadbury Schweppes"), Slg. 2006, I-7995, Rn. 11.
[1302] EuGH-Urteil vom 12.09.2006, Rs. C-196/04 („Cadbury Schweppes"), Slg. 2006, I-7995, Rn. 11.

so ausgelegt werden kann, dass er es ermöglicht, die Anwendung der von diesen Rechtsvorschriften vorgesehenen Besteuerung auf rein künstliche Gestaltungen zu beschränken, oder ob vielmehr die Kriterien, auf denen dieser Test beruht, bedeuten, dass die ansässige Gesellschaft selbst dann, wenn keine objektiven Anhaltspunkte für eine solche Gestaltung vorliegen, unter diese Rechtsvorschriften fällt, sobald nur keine der von ihnen vorgesehenen Ausnahmen eingreift und das Streben nach einer Steuerminderung im Vereinigten Königreich zu den zentralen Gründen der Errichtung der beherrschten ausländischen Gesellschaft zählt.[1303] Zur Begründung dieser Auffassung bezieht sich das Gericht schließlich auf das Ziel der Niederlassungsfreiheit, wonach es den Staatsangehörigen eines EU-Mitgliedstaats ermöglicht werden soll, in einem anderen Mitgliedstaat eine Zweitniederlassung zu gründen, um dort ihren Tätigkeiten nachzugehen, und so die gegenseitige wirtschaftliche und soziale Durchdringung auf dem Gebiet der selbständigen Erwerbstätigkeit innerhalb der Gemeinschaft zu fördern.[1304] Zu diesem Zweck solle die Niederlassungsfreiheit es den Staatsangehörigen der EU-Mitgliedstaaten ermöglichen, in stabiler und kontinuierlicher Weise am Wirtschaftsleben eines anderen Mitgliedstaates als desjenigen ihrer Herkunft teilzunehmen und daraus Nutzen zu ziehen.[1305] Im Ergebnis vollzieht das Gericht damit an dieser Stelle den bereits im Rahmen der abstrakten Definition des Rechtfertigungsgrundes der Verhinderung einer Steuerumgehung dargestellten dogmatischen Fehler, in dem es versucht, die Schutzbereichsbegrenzung der Niederlassungsfreiheit zugleich auch als inhaltliche Schranke auf Ebene der Rechtfertigung eines grundfreiheitlichen Eingriffs zu etablieren. Der EuGH hat damit die Chance einer differenzierenden Auslegung der objektiven Merkmale einer Steuerumgehung unter Berücksichtigung der (verfassungs-) rechtlichen Vorgaben der EU-Mitgliedstaaten sowie der primär- und sekundärrechtlichen gemeinschaftsrechtlichen Rechtsetzung als Ergebnis einer Interessenabwägung im Einzelfall versäumt und damit einem absoluten wettbewerblichen Verständnis der Niederlassungsfreiheit den Vorzug vor einer vermittelnden Auffassung gegeben.[1306] Im Gegenteil zieht sich der EuGH sogar auf seine st. Rspr. zur Steuerumgehung zurück, wonach nur fiktive Ansiedlungen, „Briefkastengesellschaften" und „Strohfirmen" einen Eingriff in Grundfreiheiten zur Verhinderung einer Steuerumgehung rechtfertigen können.[1307] Demzufolge bringt auch das Urteil des EuGH in der Rs. C-196/04 („Cadbury Schweppes") keine wesentlichen neuen Erkenntnisse für den Widerstreit der Interessen zwischen einem EU-

---

[1303] EuGH-Urteil vom 12.09.2006, Rs. C-196/04 („Cadbury Schweppes"), Slg. 2006, I-7995, Rn. 72.
[1304] EuGH-Urteil vom 12.09.2006, Rs. C-196/04 („Cadbury Schweppes"), Slg. 2006, I-7995, Rn. 53.
[1305] EuGH-Urteil vom 12.09.2006, Rs. C-196/04 („Cadbury Schweppes"), Slg. 2006, I-7995, Rn. 53.
[1306] Siehe Kapitel 4, C. III. 2. b) für die Kritik an der EuGH-Rechtsprechung und die Darstellung einer differenzierten Prüfung des Rechtfertigungsgrundes der Steuerumgehung.
[1307] EuGH-Urteil vom 12.09.2006, Rs. C-196/04 („Cadbury Schweppes"), Slg. 2006, I-7995, Rn. 68.

Mitgliedstaat eine angemessene Aufteilung der Besteuerungsbefugnis vorzunehmen und damit eine Steuerumgehung im Wege der CFC-Gesetzgebung zu vermeiden und den Interessen des Staatsangehörigen eines EU-Mitgliedstaates an der Durchsetzung von grundfreiheitlichen Gewährleistungen. Auf den vorliegenden Fall der deutschen Hinzurechnungsbesteuerung bezogen ist jedoch festzustellen, dass die britische CFC-Gesetzgebung mit dem ihr immanenten sog. „Motivtest" zumindest die Möglichkeit einer einzelfallabhängigen Abwägung vorsieht und damit der von Schönfeld vertretenen Lösung des Verhaltenskodexes für die Unternehmensbesteuerung nicht unähnlich ist. Der insofern eingeschlagene Weg wird indirekt auch vom EuGH durch die Tatsache bestätigt, dass das Gericht die britische CFC-Gesetzgebung nicht von vornherein als mit den Vorgaben der Niederlassungsfreiheit für unvereinbar hält, sondern im Urteilsspruch eine Auslegung des Gesetzes durch das vorlegende Gericht, wenn auch nach Maßgabe der hier abgelehnten Vorgaben des Urteils auf Rechtfertigungsebene, einfordert.

Die von Schönfeld vertretene steuertatbestandliche Reduzierung auf eine beherrschende Beteiligung an der ausländischen Zwischengesellschaft wird damit begründet, dass die hieraus erwachsende Möglichkeit zur Sicherstellung der mit der Hinzurechnungsbesteuerung verbundenen Mitwirkungs- und Nachweispflichten für den inländischen Anteilseigner im Rahmen einer Portfoliobeteiligung aufgrund der fehlenden Einwirkungsmöglichkeit auf die Geschäftsführung der ausländischen Gesellschaft nicht zu erfüllen wären. Selbst wenn sich die §§ 7 ff. AStG für nichtbeherrschende Gesellschafter auf eine lediglich kapitalexportneutrale Besteuerung der Gewinne beschränken würden, würden derartigen Gesellschaftern in aller Regel die nötigen Informationen über die Art und Weise der Besteuerung derjenigen Einkünfte fehlen, die der Gewinnausschüttung zugrunde liegen.[1308] Hierzu ist anzumerken, dass ein nominelles Beteiligungserfordernis immer auch die Gefahr einer Umgehung in sich birgt, da insbesondere bei hohen Beteiligungsquoten eine Unterschreitung der Mindestgrenze trotz oder gerade wegen des Bestehens einer faktischen Machtposition über die Geschäftsführung der Gesellschaft erleichtert wird. Aus diesem Grund sollte keine statische Beteiligungsgrenze, sondern vielmehr ein unbestimmter Rechtsbegriff auf Tatbestandsseite i. S. d. Rechtsprechung des EuGH in der Rs. C-251/98 („Baars") zur Niederlassungsfreiheit über die erforderliche Beteiligung an der ausländischen Zwischengesellschaft entscheiden.[1309] Danach ist eine Niederlassung durch eine Beteiligung an einer ausländischen Gesellschaft immer dann anzunehmen, wenn diese dem Gesellschafter einen solchen Einfluss auf die Entscheidungen der Gesellschaft verleiht, dass er deren Tätigkeiten bestimmen kann.[1310] Einen entsprechenden Nachweis müsste die Finanzverwaltung unter Mitwirkung des Steuerpflichtigen als Besteuerungsvoraussetzung auf der Basis des § 90 Abs. 2 AO erbringen. Ist der Steuerpflichtige zur Mitwirkung in

---

[1308] Schönfeld, Hinzurechnungsbesteuerung und Europäisches Gemeinschaftsrecht, S. 539.
[1309] EuGH-Urteil vom 13.04.2000, Rs. C-251/98 („Baars"), Slg. 2000, I-2787.
[1310] EuGH-Urteil vom 13.04.2000, Rs. C-251/98 („Baars"), Slg. 2000, I-2787, Rn. 21 f.

dem von der Finanzverwaltung auferlegten Umfang objektiv nicht in der Lage, so kann dies bereits indiziell gegen das Vorliegen einer Niederlassung gewertet werden. Für eine differenzierte Auseinandersetzung mit den gemeinschaftsrechtlichen Implikationen einer erweiterten Mitwirkungspflicht des Steuerpflichtigen bei grenzüberschreitenden Sachverhalten, insbesondere unter Einbeziehung der Schlussanträge von GA Léger in der Rs. C-196/04 („Cadbury Schweppes"),[1311] wird an dieser Stelle auf die Ausführungen im sechsten Kapitel dieser Arbeit verwiesen.[1312]

Auf Rechtsfolgenebene kehrt Schönfeld zum Modell der Schedulenbesteuerung mit einem Steuersatz i. H. v. 25 v. H. zurück und nimmt die Einkünfte von der inländischen Gewerbesteuer aus.[1313] Der gewählte Steuersatz orientiert sich an der Höhe des zum Zeitpunkt der Erstellung der Arbeit geltenden inländischen Körperschaftsteuersatzes gem. § 23 Abs. 1 KStG und soll damit einerseits dem kapitalexportneutralen Legislativkonzept der Hinzurechnungsbesteuerung Rechnung tragen und andererseits eine diskriminierende Überbesteuerung des grenzüberschreitenden Sachverhalts gegenüber einem vergleichbaren Inlandsfall vermeiden. Die Besteuerung erfolgt auf Basis der Bemessungsgrundlage der ausländischen Gewinnermittlungsvorschriften ohne Einbeziehung steuerschädlicher Maßnahmen i. S. d. Verhaltenskodex zur Unternehmensbesteuerung, wobei die ausländische Steuerbelastung durch Anwendung der Anrechnungsmethode auf die inländische Steuer berücksichtigt werden soll.[1314] Hinsichtlich der Schedulenbesteuerung ist dem vorgeschlagenen Modell nicht zuzustimmen, da die Einkünfte der ausländischen Zwischengesellschaft so zu besteuern sind, als ob diese direkt vom Anteilseigner erzielt worden wären. Aus diesem Grund ist eine Besteuerung auch bei der natürlichen Person, wie bei einem vergleichbaren inländischen Sachverhalt, auf Basis des individuellen Steuersatzes zur Wahrung des Leistungsfähigkeitsprinzips vorzusehen, zumal eine Schedule das System der synthetischen Einkommensteuer durchbrechen und eine weitere achte Einkunftsart schaffen würde. Gleichzeitig ist eine vollständige Steuerbefreiung von Dividendenausschüttungen und Liquidationsgewinnen vorzusehen. Daneben ist die Eliminierung einer fiktiven Gewerbesteuerbelastung elementar und daher zu begrüßen, da es hierdurch zu einer Überbelastung des Steuerpflichtigen kommt, die im Rahmen des kapitalexportneutralen Ansatzes weder zu rechtfertigen noch im Rahmen des geltenden Gewerbesteuerrechts zu vermeiden wäre. In diesem Zusammenhang sollte auch im GewStG eine umfassende Änderung der geltenden Dividendenbesteuerung vorgenommen werden, wobei insbesondere das Schachtelprivileg in § 9 Nr. 7 GewStG von den Voraussetzungen eines Aktivitätsvorbehalts zu befreien wäre.

[1311] Schlussanträge GA Léger vom 02.05.2006, Rs. C-196/04 („Cadbury Schweppes"), Slg. 2006, I-7995, Rn. 134 ff.
[1312] Siehe Kapitel 6.
[1313] Schönfeld, Hinzurechnungsbesteuerung und Europäisches Gemeinschaftsrecht, S. 539 f., 641 f.
[1314] Schönfeld, Hinzurechnungsbesteuerung und Europäisches Gemeinschaftsrecht, S. 540, 642 f.

Inzwischen hat der Gesetzgeber auf die Rechtsprechung des EuGH in der Rs. C-196/94 („Cadbury Schweppes") reagiert und durch das JStG 2008 eine Ergänzung der §§ 7 ff. AStG zur Anpassung an die Vorgaben des Gemeinschaftsrechts vorgenommen.[1315] Im Zentrum steht die Einführung einer Art „Exkulpationsklausel" in § 8 Abs. 2 AStG i. d. F. des JStG 2008:

(2) Ungeachtet des Absatzes 1 ist eine Gesellschaft, die ihren Sitz oder ihre Geschäftsleitung in einem Mitgliedstaat der Europäischen Union oder einem Vertragsstaat des EWR-Abkommens hat, nicht Zwischengesellschaft für Einkünfte, für die unbeschränkt Steuerpflichtige, die im Sinne des § 7 Abs. 2 an der Gesellschaft beteiligt sind, nachweisen, dass die Gesellschaft einer tatsächlichen wirtschaftlichen Tätigkeit in diesem Staat nachgeht. Weitere Voraussetzung ist, dass zwischen der Bundesrepublik Deutschland und diesem Staat aufgrund der Richtlinie 77/799/EWG des Rates vom 19. Dezember 1977 über die gegenseitige Amtshilfe zwischen den zuständigen Behörden der Mitgliedstaaten im Bereich der direkten Steuern und der Mehrwertsteuer (Abl. EG Nr. L 336 S. 15), die zuletzt durch die Richtlinie 2006/98/EWG des Rates vom 20. November 2006 (Abl. EU Nr. L 363 S. 129) geändert worden ist, in der jeweils geltenden Fassung, oder einer vergleichbaren zwei- oder mehrseitigen Vereinbarung, Auskünfte erteilt werden, die erforderlich sind, um die Besteuerung durchzuführen. Satz 1 gilt nicht für die der Gesellschaft nach § 14 zuzurechnenden Einkünfte einer Untergesellschaft, die weder Sitz noch Geschäftsleitung in einem Mitgliedstaat der Europäischen Union oder einem Vertragsstaat des EWR-Abkommens hat. Das gilt auch für Zwischeneinkünfte, die einer Betriebsstätte der Gesellschaft außerhalb Europäischen Union oder der Vertragsstaaten des EWR-Abkommens zuzurechnen sind. Der tatsächlichen wirtschaftlichen Tätigkeit der Gesellschaft sind nur Einkünfte der Gesellschaft zuzurechnen, die durch diese Tätigkeit erzielt werden und dies nur insoweit, als der Fremdvergleichsgrundsatz (§ 1) beachtet worden ist.

Gesetzestechnisch handelt es sich um eine Rückausnahme, die erst bei Vorliegen der tatbestandlichen Voraussetzungen der Hinzurechnungsbesteuerung eingreift. Die Beweislast für das Vorliegen der Voraussetzungen des § 8 Abs. 2 AStG liegt damit beim inländischen Steuerpflichtigen. Im ersten Schritt sind die Voraussetzungen für eine Hinzurechnungsbesteuerung beim inländischen Steuerpflichtigen durch die Finanzbehörde nachzuweisen. Hiervon gewährt der Gesetzgeber in einem zweiten Schritt nun eine Ausnahme auf Basis einer Einzelfallprüfung gem. § 8 Abs. 2 AStG. Hierfür muss der inländische Anteilseigner nachweisen, dass die ausländische Zwischengesellschaft einer tatsächlichen wirtschaftlichen Tätigkeit in ihrem Ansässigkeitsstaat nachgeht. Verfahrens-

---

[1315] Das BMF-Schreiben vom 08.01.2007 zu den Auswirkungen des EuGH-Urteils in der Rs. C-196/04 („Cadbury Schweppes"), BStBl I 2007, S. 99 wird an dieser Stelle nicht gesondert besprochen, da es durch die Änderungen des JStG 2008 in weiten Teilen überholt sein sollte. Für eine ausführliche Kommentierung vgl. Schönfeld, in: Flick/Wassermeyer/Baumhoff, AStG, vor §§ 7 – 14, Rn. 201 ff.

rechtlich geht die Beweislastverteilung damit über die Mitwirkungspflicht des inländischen Anteilseigners gem. § 17 AStG und § 90 Abs. 2 AO hinaus, da dem Steuerpflichtigen nicht mehr nur eine gesteigerte sphärenorientierte Mitwirkung im Rahmen der Amtsermittlungspflicht der Finanzbehörden zukommt. Vielmehr bringt es die Qualifizierung des § 8 Abs. 2 AStG als Rückausnahme zur typisierenden Hinzurechnungsbesteuerung mit sich, dass der Steuerpflichtige die Voraussetzungen des § 8 Abs. 2 AStG darzulegen und zu beweisen hat. Damit trägt der Steuerpflichtige auch das alleinige Risiko der Nichterweislichkeit von Tatsachen. Ob diese Beweislastverteilung der Rechtsprechung des EuGH in der Rs. C-196/04 („Cadbury Schweppes") entspricht, darf zumindest bezweifelt werden. Zwar hat sich in der Rechtsprechung des EuGH zu den direkten Steuern die isolierte Anerkennung eines gesteigerten Informationsinteresses der Finanzverwaltung bei grenzüberschreitenden Sachverhalten als wichtiger Grund des Allgemeininteresses herausgebildet.[1316] Diese Feststellung kann nach der hier vertretenen Auffassung jedoch nicht zu einer vollständigen Überwälzung der Beweislast auf den betroffenen Steuerpflichtigen führen, sondern allenfalls eine erweiterte Mitwirkungspflicht aus Gründen einer wirksamen steuerlichen Kontrolle als Ergebnis einer pflichtgemäßen Ermessensbetätigung der Finanzbehörde im Einzelfall im Rahmen einer Verhältnismäßigkeitsprüfung begründen. Insofern ist der Verweis des Gesetzgebers auf die Rechtsprechung des EuGH in der Rs. C-196/04 („Cadbury Schweppes"), wonach dem Steuerpflichtigen die Beweislast für eine tatsächliche wirtschaftliche Tätigkeit einer ausländischen Gesellschaft auferlegt werden kann, wenn Indizien für eine künstliche Gestaltung gegeben sind, zwar grundsätzlich richtig.[1317] Eine vollständige Überwälzung der Beweislast setzt jedoch voraus, dass Indizien für eine künstliche Gestaltung gegeben sind. Keine Indizwirkung für eine missbräuchliche Konstruktion besitzt jedenfalls der veraltete Aktivkatalog in § 8 Abs. 1 AStG. Hierzu wurde bereits festgestellt, dass dieser eine beschränkende Wirkung auf die grenzüberschreitede Warenverkehrs-, Niederlassungs-, Dienstleistungs- und Kapitalverkehrsfreiheit gem. Artt. 28, 29, 43, 49, 56 Abs. 1 EG des inländischen Anteilseigners der Zwischengesellschaft ausübt.[1318] Insofern ist der Gesetzgeber zu kurz gesprungen, da er als Voraussetzung für eine „Exkulpation" zunächst den sachlichen Steuertatbestand der Hinzurechnungsbesteuerung in § 8 Abs. 1, 3 AStG auf das Vorliegen missbräuchlicher Gestaltungen reduzieren muss.

Damit ist zu klären, wie der Steuertatbestand inhaltlich gemeinschaftsrechtskonform ausgestaltet werden kann. Gesetzeszweck der Hinzurechnungsbesteuerung ist primär die Verhinderung einer Steuerumgehung im Inland durch die Zwischenschaltung bzw. Ausnutzung der Abschirmwirkung einer ausländischen Kapitalgesellschaft in einem niedrigbesteuernden Gebiet. Das Tatbestands-

---

[1316] Siehe Kapitel 6, C. III.
[1317] Gesetzentwurf zum JStG 2008, BR-Drs. 544/07 vom 10.08.2007, S. 123.; vgl. Schlussanträge GA Léger vom 02.05.2006, Rs. C-196/04 („Cadbury Schweppes"), Slg. 2006, I-7995, Rn. 134 ff.; siehe Kapitel 6, C. IV. 1.
[1318] Siehe Kapitel 4, C. II. 2.

merkmal der Verhinderung einer Steuerumgehung im Inland ist damit als unbestimmter Rechtsbegriff für Zwecke der Hinzurechnungsbesteuerung hinreichend bestimmt zu definieren. Der EuGH hat hierzu in seinem Urteil in der Rs. C-196/04 („Cadbury Schweppes") ausgeführt, dass die gesetzliche Regelung rein künstliche Gestaltungen erfassen müsse, die dazu bestimmt sind, der normalerweise geschuldeten inländischen Steuer zu entgehen.[1319] Darüber hinaus sei von der Anwendung einer Hinzurechnungsbesteuerung abzusehen, wenn es sich auf der Grundlage objektiver und von dritter Seite nachprüfbarer Anhaltspunkte erweist, dass die genannte beherrschte ausländische Gesellschaft ungeachtet des Vorhandenseins von Motiven steuerlicher Art tatsächlich im Aufnahmestaat angesiedelt ist und dort einer wirklichen wirtschaftlichen Tätigkeit nachgeht.[1320] Nach der hier vertretenen Auffassung ist die Defintion des EuGH jedoch zu eng und dadurch innerhalb der Prüfungssystematik der Grundfreiheiten nicht korrekt verortet. So würde der Nachweis einer rein künstlichen Gestaltung nicht erst einen Eingriff in das Recht des Steuerpflichtigen auf Ausübung seiner Niederlassungsfreiheit rechtfertigen. Vielmehr wäre in einem solchen Fall bereits die Eröffnung des Anwendungsbereich der Grundfreiheit zu verneinen, da es sich um eine missbräuchliche Inanspruchnahme der Schutzgewährleistungen der einzelnen Grundfreiheit seitens des inländischen Steuerpflichtigen handeln würde. Der Verweis des EuGH in der Rs. C-196/04 („Cadbury Schweppes") auf seine Rechtsprechung im Urteil C-255/02 („Halifax") ist insoweit unsystematisch, da es hier um die grundsätzliche Anwendbarkeit von gemeinschaftsrechtlichen Rechtsgewährleistungen auf künstliche Gestaltungen geht.[1321] Gleichwohl ist der Feststellung des EuGH zuzustimmen, dass das Vorliegen einer Steuerumgehung anhand objektiver Kriterien zu manifestieren ist.[1322] Im Rahmen einer Eingriffsrechtfertigung in eine Grundfreiheit ist hierfür allerdings ein differenzierter Maßstab anzulegen. So könnte nach der hier vertretenen Auffassung als Ergebnis eines Fremdvergleichs der im Einzelfall tatsächlich ausgeübten Tätigkeit eine Vermutung für eine Steuerumgehung im Inland immer dann bestehen, wenn die von der ausländischen Gesellschaft erzielten Einkünfte nicht mit durch eine funktionsgerechte Ausstattung gedeckt sind, d. h. ein unabhängiger Dritter die Einkünfte nicht oder nicht in dem geltend gemachten Umfang erzielt hätte. Folglich müsste man den Aktivkatalog in § 8 Abs. 1 AStG „de lege ferenda" durch eine am Fremdvergleich orientierte Betrachtung der Tätigkeit der ausländischen Zwischengesellschaft ersetzen, wie sie schon in § 8 Abs. 2 S. 5 AStG für die Al-

---

[1319] EuGH-Urteil vom 12.09.2006, Rs. C-196/04 („Cadbury Schweppes"), Slg. 2006, I-7995, Rn. 51, 55.

[1320] EuGH-Urteil vom 12.09.2006, Rs. C-196/04 („Cadbury Schweppes"), Slg. 2006, I-7995, Rn. 65 ff.

[1321] EuGH-Urteil vom 12.09.2006, Rs. C-196/04 („Cadbury Schweppes"), Slg. 2006, I-7995, Rn. 64 unter Verweis auf EuGH-Urteil vom 21.02.2006, Rs. C-255/02 („Halifax"), Slg. 2006, I-1609, Rn. 74 f. m. w. N.; vg. auch EuGH-Urteil vom 08.11.2007, Rs. C-251/06 („Auer"), Slg. 2007, n. V., Rn. 41.

[1322] EuGH-Urteil vom 12.09.2006, Rs. C-196/04 („Cadbury Schweppes"), Slg. 2006, I-7995, Rn. 64.

lokation der Einkünfte der Höhe nach vorgesehen ist. Diese Analyse wird „de lege lata" jedoch nunmehr in der Rückausnahme des § 8 Abs. 2 AStG verortet und führt dort zu einer unzulässigen Beweislastumkehr zu Lasten des Steuerpflichtigen.

Steuertatbestandliche Voraussetzung für den Ausschluss einer Hinzurechnungsbesteueruung im Inland dem Grunde nach ist die Ausübung einer tatsächlichen wirtschaftlichen Tätigkeit durch die ausländische Zwischengesellschaft, wenn sie ihren Sitz oder ihre Geschäftsleitung in einem EU- oder EWR-Mitgliedstaat hat. Das Erfordernis einer „tatsächlichen wirtschaftlichen Tätigkeit" ist gesetzlich nicht definiert und daher durch Auslegung zu ermitteln. Neben dem systematischen Aufbau liegt hier nun der zweite Malus des Gesetzes. Die Gesetzesbegründung ist wenig erhellend und führt lediglich aus, dass eine tatsächliche Ansiedlung auf unbestimmte Zeit sowie eine stabile und kontinuierliche Teilnahme am Wirtschaftsleben des Niederlassungsstaates erforderlich sei.[1323] Nach Auffassung des Gesetzgebers fehlt es an einer stabilen und kontinuierlichen Teilnahme am Wirtschaftsleben eines anderen EU- oder EWR-Mitgliedstaates, wenn die Kernfunktion der Zwischengesellschaft nicht von der Gesellschaft selbst ausgeübt wird.[1324] Diese Feststellung soll ebenso gelten, wenn sich die Funktion der Gesellschaft in gelegentlicher Kapitalanlage oder in der Verwaltung von Beteiligungen ohne gleichzeitige Ausübung geschäftsleitender Funktionen erschöpft.[1325] Dagegen sollen Tätigkeiten gegenüber verbundenen Unternehmen eine stabile und kontinuierliche Teilnahme am Wirtschaftsleben im Niederlassungsstaat nicht ausschließen.[1326] Zu folgen ist der Auffassung des Gesetzgebers, dass die Existenz eines in kaufmännischer Weise eingerichteten Geschäftsbetriebs i. S. d. § 1 Abs. 2 HGB nicht auch das Vorliegen einer wirtschaftlichen Tätigkeit gem. § 8 Abs. 2 AStG indiziert.[1327] Vielmehr würde lediglich ein unbestimmter Rechtsbegriff durch einen anderen ersetzt. Wie bereits angedeutet sollte das Vorliegen einer wirtschaftlichen Tätigkeit der ausländischen Gesellschaft dagegen im Wege eines Fremdvergleichs bestimmt werden. Hierfür muss die Tätigkeit der ausländischen Gesellschaft inhaltlich genau bestimmt sein, so dass sich daraus objektiv eine kausale Einkunftserzielung dem Grunde nach i. S. v. § 8 Abs. 2 S. 5 Alt. 1 AStG und subjektiv eine nachhaltige Teilnahme am Weltmarktgeschehen ergibt. Folgende Prüfungsmaßstäbe sollten gelten:

- Die Tätigkeit der ausländischen Gesellschaft muss gegenüber Tätigkeiten der übrigen Konzerngesellschaften und sonstigen verbundenen Unternehmen i. S. v. § 1 Abs. 2 AStG abgrenzbar sein und autonom wie unter fremden Dritten durchgeführt werden.

[1323] Gesetzentwurf zum JStG 2008, BR-Drs. 544/07 vom 10.08.2007, S. 123.
[1324] Gesetzentwurf zum JStG 2008, BR-Drs. 544/07 vom 10.08.2007, S. 123.
[1325] Gesetzentwurf zum JStG 2008, BR-Drs. 544/07 vom 10.08.2007, S. 123.
[1326] Gesetzentwurf zum JStG 2008, BR-Drs. 544/07 vom 10.08.2007, S. 123.
[1327] Gesetzentwurf zum JStG 2008, BR-Drs. 544/07 vom 10.08.2007, S. 124.

- Die Tätigkeit der ausländischen Gesellschaft muss durch eine am Fremdvergleich orientierte, funktionsgerechte Kapital- und Sachausstattung bzw. Infrastruktur ausgeführt werden.
- Geschäftsleitung und Personal der ausländischen Gesellschaft sind zur Ausführung der Tätigkeit fachlich geeignet und bekommen für ihre Tätigkeit eine fremdvergleichskonforme Vergütung.
- Subjektive Nachhaltigkeit bedeutet, dass die Niederlassung aus der Sicht der Anteilseigner zu einer Einkunftserzielung von gewisser Dauer bestimmt sein muss, d. h. nicht nur vorübergehenden Charakter besitzen darf.[1328]
- Eine Teilnahme am Weltmarktgeschehen liegt bei der Übernahme einer konzerninternen Funktion vor, wenn diese nach den vorstehenden Grundsätzen und in der vorgefundenen Ausgestaltung auch von einem unabhängigen Dritten übernommen werden könnte.

Die Einkünftezuordnung zur ausländischen Gesellschaft der Höhe nach ist in Übereinstimmung mit § 8 Abs. 2 S. 5 Alt. 2 AStG nach den anerkannten Maßstäben des Fremdvergleichsgrundsatzes durchzuführen.[1329] Die verfahrensrechtliche Dokumentation der vorstehenden Umstände ist mit der Sorgfalt eines ordentlichen Kaufmanns gem. § 347 Abs. 1 HGB unter Berücksichtigung der erweiterten Mitwirkungspflichten bei grenzüberschreitenden Sachverhalten aus § 17 AStG i. V. m. § 90 Abs. 2 AO vorzunehmen.[1330]

Systematisch verfehlt ist auch die steuertatbestandliche Voraussetzung des § 8 Abs. 2 AStG, dass inländische Anteilseigner i. S. v. § 7 Abs. 2 AStG an der ausländischen Zwischengesellschaft beteiligt sein müssen. Damit sind Beteiligungen i. S. v. § 7 Abs. 6 AStG an ausländischen Zwischengesellschaften, die Zwischeneinkünfte mit Kapitalanlagecharakter erzielen, bei einer inländischen Anteilseignerquote von 50 % und weniger von der Anwendung der Exkulpationsmöglichkeit ausgeschlossen. Gleichwohl ist die Niederlassungsfreiheit gem. Art. 43 EG mit der Rechtsprechung des EuGH auch auf solche grenzüberschreitenden Beteiligungen anwendbar, bei denen der Anteilseigner derart an der ausländischen Gesellschaft beteiligt ist, dass er die Geschäfte zumindest mitbestimmen kann. Das dürfte jedoch schon bei Beteiligungen von weniger als 50 % der Fall sein. Darüber hinaus ist nicht ersichtlich, warum der Gesetzgeber keinen Verweis auf § 7 Abs. 6 AStG in § 8 Abs. 2 AStG eingefügt hat, da die Rechtsprechung des EuGH zur Niederlassungsfreiheit im Rahmen des Urteils in der Rs. C-196/04 („Cadbury Schweppes") aufgrund der inhaltlichen Konvergenz der Grundfreiheiten im Falle eines diskriminierenden Eingriffs auch für Portfoliobeteiligungen gelten sollte. Die dadurch hervorgerufenen Verwerfungen lassen sich am ehesten an folgendem Beispiel dokumentieren: Erzielt ein inländischer Steuerpflichtiger passive Zwischeneinkünfte mit Kapitalanlagecharakter

---

[1328] Vgl. Schönfeld, in: Flick/Wassermeyer/Baumhoff, AStG, vor §§ 7 – 14, Rn. 280.
[1329] Siehe Kapitel 2, D. für die tatbestandliche Ausgestaltung des Fremdvergleichsgrundsatzes.
[1330] Siehe Kapitel 6, A. II. und III. für die tatbestandliche Ausgestaltung der Mitwirkungspflichten.

aus einer Beteiligung von 50 % an einer ausländischen Kapitalgesellschaft, so kann er sich nicht auf die Exkulpationsmöglichkeit des § 8 Abs. 2 AStG berufen. Sind dagegen inländische steuerpflichtige jeweils mit einem Prozent an einer vergleichbaren Gesellschaft beteiligt und liegt die kumulative Beteiligung aller inländischen Steuerpflichtigen bei mehr als 50 %, so wäre § 8 Abs. 2 AStG dem Grunde nach anwendbar. Dieser Systembruch ließe sich durch den Verweis auf § 7 Abs. 6 AStG in § 8 Abs. 2 AStG beseitigen. Vorzugswürdig dürfte jedoch die Streichung der typisierenden Beteiligungsquote in § 7 Abs. 2, 6 AStG durch ein Beteiligungserfordernis i. S. der Definition des EuGH zur Niederlassungsfreiheit sein.[1331] Damit wäre auch die Erfüllung der grenzüberschreitenden Mitwirkungspflichten durch den inländischen Steuerpflichtigen sichergestellt. Zudem wäre die Kapitalverkehrsfreiheit auf die inländische Hinzurechnungsbesteuerung durch den Ausschluss von Portfoliobeteiligungen nicht anwendbar, was auch das Problem der Einbeziehung von Drittstaaten in den Schutzbereich grundfreiheitlicher Gewährleistungen lösen würde. Würde der Gesetzgeber dagegen Portfoliobeteiligungen über § 7 Abs. 6 AStG weiterhin erfassen wollen, so könnte man Drittstaaten i. S. v. Art. 56 Abs. 1 EG derart einbeziehen, dass als Voraussetzung für eine „Exkulpation" ein bestehendes Abkommen über die Amtshilfe oder eine große Informationsklausel i. S. v. Art. 26 MA im einschlägigen DBA verlangt wird.[1332]

Die steuertatbestandliche Erfassung einer Steuerumgehung durch die Hinzurechnungsbesteuerung setzt weiterhin eine niedrige Besteuerung der ausländischen Zwischengesellschaft in ihrem Ansässigkeitsstaat voraus. Dabei handelt es sich nach der hier vertretenen Auffassung um eine zulässige Typisierung, wenn die Besteuerung im Ansässigkeitsstaat der Zwischengesellschaft einen gewissen Durchschnittssatz unterschreitet. Insofern liegt die Grenze für das Vorliegen einer Niedrigbesteuerung trotz Absenkung des Körperschaftsteuersatzes durch das UntStRefG 2008 auf 15 % unverändert bei weniger als 25 %. Zur Begründung verweist der Gesetzgeber auf die kumulative Gesamtsteuerbelastung vergleichbarer Einkünfte einer inländischen Kapitalgesellschaft mit Körperschaft- und Gewerbesteuer von ca. 30 %.[1333] Sieht man den Zweck der Hinzurechnungsbesteuerung in der Heraufschleusung der Einkünfte auf das inländische Steuerniveau,[1334] so kommt es durch die fehlende Anrechenbarkeit der ausländischen Ertragsteuern auf die inländische Körperschaftsteuer gem. § 12 Abs. 1 S. 1 AStG bei einem körperschaftssteuerpflichtigen inländischen Anteilseigner zu einem Anrechnungsüberhang und damit einer Überkompensation bei einer Ertragsteuerbelastung von mehr als 15 % und weniger als 25 % i. H. v. max. 9,99 % . Diese Verwerfung wird auch nicht durch die Freistellung der Einkünfte im Ausschüttungszeitpunkt gem. § 3 Nr. 41 EStG beseitigt, zumal die

---

[1331] EuGH-Urteil vom 13.04.2000, Rs. C-251/98 („Baars"), Slg. 2000, I-2787, Rn. 21 f.; EuGH-Urteil vom 05.11.2002, Rs. C-208/00 („Überseering"), Slg. 2002, I-9919, Rn. 77.

[1332] Vgl. EuGH-Urteil vom 18.12.2007, Rs. C-101/05 („A"), Slg. 2007, Rn. 54 ff., n. V.

[1333] Gesetzentwurf zum JStG 2008, BR-Drs. 544/07 vom 10.08.2007, S. 121 f.

[1334] Vgl. Wassermeyer/Schönfeld, in: Flick/Wassermeyer/Baumhoff, AStG, § 10, Rn. 26.

Anwendung der gewerbesteuerlichen Freistellungsregelung aus § 8 Nr. 5 S. 2 GewStG auf Ausschüttungen an inländische Kapitalgesellschaften nicht unumstritten ist.[1335] Aus diesem Grund ist zur Herstellung einer systemkonsequenten Umsetzung des Gesetzeszwecks eine Herabsetzung der Grenze des § 8 Abs. 3 S. 1 AStG auf 15 % geboten. Kann sich der Gesetzgeber hierzu mit dem Argument der Herstellung einer Gesamtsteuerbelastung aus Körperschaft- und Gewerbesteuer nicht entschließen, so ist jedenfalls eine umfassende Anrechnung der ausländischen Steuerlast über die Körperschaftsteuer hinaus auch auf die Gewerbesteuer erforderlich.[1336] Diese Anrechnung versagt jedoch dann, wenn der Hebesatz des inländischen Anteilseigners bei 260 v. H. oder darunter liegt, da die kumulative Steuerbelastung im Inland unter 25 % absinkt. Selbst eine erweiterte Anrechnung kann daher die Einbeziehung der Einkünfte der ausländischen Zwischengesellschaft in die Bemessungsgrundlage der inländischen Gewerbesteuer systematisch nur bedingt rechtfertigen, zumal eine Erzielung der Zwischeneinkünfte gerade nicht in einem inländischen Gewerbebetrieb erfolgt und damit dem Objektsteuercharakter des GewStG (vgl. § 9 Nr. 3 GewStG als Steuerfreistellung für ausländische Betriebsstätteneinkünfte i. V. m. der Dividendenfiktion der Hinzurechnungsbesteuerung gem. § 10 Abs. 2 S. 1 AStG) zuwiderläuft.

Darüber hinaus wird § 8 Abs. 3 AStG um einen Satz 2 ergänzt, wonach für die Beurteilung, ob eine niedrige Besteuerung vorliegt, auf die tatsächlich geschuldete Steuer für die Zwischeneinkünfte abgestellt wird. Wird danach z. B. auf eine Erhebung der rechtlich geschuldeten Steuer im Ansässigkeitsstaat der ausländischen Zwischengesellschaft tatsächlich ganz oder z. T. verzichtet, so kann es in Zukunft zu einer niedrigen Besteuerung i. S. v. § 8 Abs. 3 AStG kommen, obwohl die rechtlich geschuldete Steuerbelastung bei 25 % oder sogar darüber liegt. Damit entscheidet sich der Gesetzgeber im JStG 2008 gegen die Auffassung des BFH, der die Vorschrift des § 8 Abs. 3 S. 1 AStG in einem Urteil vom 03.07.2003 ursprünglich so ausgelegt hat, dass es für die Feststellung der ausländischen Steuerbelastung auf die rechtlich geschuldete Steuer ankommen sollte.[1337] Dem Steuerpflichtigen obliegt damit in Zukunft im Einzelfall eine genaue Prüfung der steuerlichen Verhältnisse der ausländischen Zwischengesellschaft in ihrem Ansässigkeitsstaat. Verfahrensrechtlich problematisch ist hierbei insbesondere, ob eine getrennte Ermittlung nach Art der passiven Einkünfte oder eine Gesamtbetrachtung vorzunehmen ist. Das BMF-Schreiben vom 14.05.2004 zur Anwendung des AStG führt hierzu aus, dass die Ertragsteuerbelastung durch die Gegenüberstellung der nach deutschem Steuerrecht ermittelten Zwischeneinkünfte und den von der ausländischen Gesellschaft errichteten

---

[1335] Vgl. Schönfeld, Hinzurechnungsbesteuerung und Europäisches Gemeinschaftsrecht, S. 509 m. w. N.
[1336] A. A. BFH-Urteil vom 21.12.2005, I R 4/05, BStBl II 2006, S. 555, 556 f.; krit. hierzu Lieber/Günkel, IStR 2006, S. 459 ff.
[1337] BFH-Urteil vom 03.07.2003, I R 82/02, BStBl II 2004, S. 4.

Steuern zu ermitteln ist.[1338] Bei einer ausländischen Gesellschaft mit gemischten Einkünften sind für Zwecke einer Belastungsrechnung die Steuern für die aktiven und passiven Einkünfte getrennt zu ermitteln.[1339] Dabei sind besondere Ansatz-, Gewinnermittlungs- oder Steuersatzvorschriften nur dort zu berücksichtigen, wo sie sich auch tatsächlich auswirken.[1340] Dagegen bleibt ein inner- oder interperiodischer Verlustausgleich nach Auffassung des BMF außer Betracht.[1341] Demzufolge hat der Steuerpflichtige im Rahmen der Steuerplanung eine möglichst detaillierte Untersuchung der Einkünfte ausländischer Kapitalgesellschaften bezogen auf den Ansatz und die Besteuerung der Höhe nach vorzunehmen, um eine niedrige Besteuerung schon im Vorfeld der Einkunftserzielung zu vermeiden.

Der Sondertarif für private Kapitalerträge gem. § 32d EStG ist gem. § 10 Abs. 2 S. 3 AStG i. d. F. des JStG 2008 auf den Hinzurechnungsbetrag ebenfalls nicht anwendbar. Demzufolge unterliegt der Hinzurechnungsbetrag bei einer natürlichen Person, die ihre Anteile an der ausländischen Zwischengesellschaft im Privatvermögen hält, ihrem individuellen Einkommensteuersatz. Ungeklärt ist jedoch die Behandlung einer aus dem Hinzurechnungsbetrag gespeisten Dividende der ausländischen Zwischengesellschaft ab dem VZ 2009, da die Abgeltungssteuer in § 32d EStG nicht auf die Steuerfreistellung in § 3 Nr. 41 lit. a) EStG verweist.[1342] Insofern ist der Gesetzgeber hier zu einer Klarstellung aufgerufen, damit es nicht zu einer Überbesteuerung der ausländischen Zwischeneinkünfte im Ausschüttungsfall kommt. Bis zu einer Lösung des Konkurrenzproblems im Wege einer Gesetzesänderung oder durch ein BMF-Schreiben sollte der Steuerpflichtige auf eine einvernehmliche Lösung mit den zuständigen Finanzbehörden hinwirken. So wäre nach gegenwärtigem Stand des Gesetzes ab dem VZ 2009 entweder eine Pflichtveranlagung durch den Anteilseigner gem. § 32d Abs. 3 EStG oder eine Wahlveranlagung gem. § 32d Abs. 4 EStG bei einem Kapitalertragsteuereinbehalt durch eine Depotbank zu beantragen. Dieser Antrag müsste auf einen Ausschluss des Hinzurechnungsbetrages von der Bemessungsgrundlage gerichtet sein. Zur Begründung sollte der Antragsteller auf den systematischen Vorrang der Steuerfreistellung in § 3 Nr. 41 lit. a) EStG hinweisen. Zudem ist es Zweck des § 3 Nr. 41 EStG im System der Hinzurechnungsbesteurung, eine Überbesteuerung der bereits im Inland erfassten Hinzurechnungsbeträge im Falle einer Gewinnausschüttung oder Liquidierung der ausländischen Zwischengesellschaft zu vermeiden. Die Herstellung einer angemessenen Ertragsteuerbelastung der ausländischen Zwischeneinkünfte würde

---

[1338] BMF-Schreiben vom 14.05.2004, IV B 4 – S 1340 – 11/04, BStBl I 2004, Sondernummer 1/2004, Rn. 8.3.2.1.
[1339] BMF-Schreiben vom 14.05.2004, IV B 4 – S 1340 – 11/04, BStBl I 2004, Sondernummer 1/2004, Rn. 8.3.3.
[1340] BMF-Schreiben vom 14.05.2004, IV B 4 – S 1340 – 11/04, BStBl I 2004, Sondernummer 1/2004, Rn. 8.3.3 i. V. m. Rn. 8.3.2.3 ff.
[1341] BMF-Schreiben vom 14.05.2004, IV B 4 – S 1340 – 11/04, BStBl I 2004, Sondernummer 1/2004, Rn. 8.3.2.5.
[1342] Vgl. Schönfeld, IStR 2007, S. 666.

jedoch mit einer zusätzlichen Kapitalertragsteuerbelastung im Anschluss an eine einkommensteuerliche Erfassung beim inländischen Anteilseigner verfehlt. Darüber hinaus läge eine Ungleichbehandlung mit Anteilen an einer ausländischen Zwischengesellschaft im Betriebsvermögen einer natürlichen Person vor, da diese gem. § 32d Abs. 1 S. 1 EStG i. V. m. § 20 Abs. 8 EStG nicht in den sachlichen Anwendungsbereich der Abgeltungssteuer fallen. Im Ergebnis sollte man daher eine Anwendung des § 32d EStG mit guten Argumenten vermeiden können.[1343]

Abschließend ist darauf hinzuweisen, dass der inländische Steuerpflichtige gem. § 18 Abs. 3 S. 1 AStG auch bei Anwendung der „Exkulpationklausel" gem. § 8 Abs. 2 AStG zur Abgabe einer gesonderten Feststellung für die Einkünfte der ausländischen Zwischengesellschaft verpflichtet bleibt. Es handelt sich hierbei um eine zusätzliche Mitwirkungspflicht des Steuerpflichtigen bei einem grenzüberschreitenden Sachverhalt. Eine Begründung für die Beibehaltung der Pflicht zur Abgabe der gesonderten Feststellung wird vom Gesetzgeber nicht gegeben.[1344] Aus grundfreiheitlicher Perspektive ist die Auferlegung der Steuererklärungspflicht jedenfalls diskriminierend, da der inländische Anteilseigner trotz Vorliegens der Voraussetzungen für eine „Exkulpation" gem. § 8 Abs. 2 AStG zur Mitteilung der Besteuerungsgrundlagen für die ausländische Zwischengesellschaft verpflichtet wird. In diesem Zusammenhang wird darauf hingewiesen, dass der EuGH in seinem Urteil in der Rs. C-470/04 („N") schon die Abgabe einer zusätzlichen Steuererklärung bzw. jährlicher Nachweise für das Vorliegen bestimmter Umstände beim Steuerpflichtigen als beschränkenden Eingriff in die Personenverkehrsfreiheiten qualifiziert hat, so dass umfangreiche Gewinnermittlungsvorschriften für grenzüberschreitende Beteiligungen an Zwischengesellschaften erst recht von dem Diskriminierungs- bzw. Beschränkungsverdikt des EuGH betroffen sind.[1345] Zwar hat GA Léger diese absolute Haltung in den Schlussanträgen in der Rs. C-196/04 („Cadbury Schweppes") zur Erforderlichkeit einer erhöhten Mitwirkungspflicht im Rahmen der britischen CFC-Gesetzgebung insoweit relativiert, dass der inländische Anteilseigner bei der Ermittlung der tatsächlichen und rechtlichen Verhältnisse einer CFC im Rahmen einer erweiterten Mitwirkungspflicht zur Mitteilung besteuerungsrelevanter Tatsachen verpflichtet werden kann.[1346] Die Argumentation von GA Léger greift der EuGH in dem Urteil in der Rs. C-196/04 („Cadbury Schweppes") auch indirekt mit der Feststellung auf, dass der ansässigen Gesellschaft die Gelegenheit zu geben ist, Beweise für die tatsächliche Ansiedlung der ausländischen Kapitalgesellschaft und deren tatsächliche Betätigung vorzulegen und dadurch den Beweis gegen das Vorliegen einer Steuerumgehung im Einzelfall zu erbrin-

---

[1343] Vgl. Schönfeld, IStR-Länderbericht, Heft 21/2007, S. 1 f.
[1344] Gesetzentwurf zum JStG 2008, BR-Drs. 544/07 vom 10.08.2007, S. 126.
[1345] Vgl. EuGH-Urteil vom 07.09.2006, Rs. C-470/04 („N"), Slg. 2006, I-7409, Rn. 38 f.
[1346] Schlussanträge GA Léger vom 02.05.2006, Rs. C-196/04 („Cadbury Schweppes"), Slg. 2006, I-7995, Rn. 134 ff.

gen.[1347] Folglich ist bei gesteigerten Mitwirkungspflichten zumindest eine umfassende Rechtsgüterabwägung zwischen dem Aufklärungsinteresse der Finanzbehörden und dem Schutz des inländischen Anteilseigners vor einer unverhältnismäßigen Indienstnahme im Rahmen einer grundfreiheitlichen Verhältnismäßigkeitsprüfung erforderlich.[1348] Dafür sprechen auch die Ausführungen von GA Mengozzi in den Schlussanträgen zur Rs. C-298/05 („Columbus Container Services") zum Vorliegen einer grundfreiheitlichen Diskriminierung durch einen abkommensrechtlichen Methodenwechsel von der Freistellungs- zur Anrechnungsmethode durch ein nationales „Treaty Override". Hierzu stellt der GA unter Verweis auf das Urteil des EuGH vom 12.12.2006 in der Rs. C-446/04 ("Test Claimants in the FII Group Litigation") fest, dass ein systembedingter Mehraufwand beim grenzüberschreitenden Sachverhalt hinzunehmen ist, wenn dieser durch den im Einzelfall angewendeten steuertechnischen Mechanismus eine diskriminierungsfreie Umsetzung der Besteuerung sicherstellt.[1349] Im vorliegenden Fall geht das Informationsverlangen jedoch weit über das im Einzelfall erforderlich Maß hinaus. So ist dem Steuerpflichtigen allein der für die sog. „Exkulpationsklausel" in § 8 Abs. 2 AStG erforderliche Tatsachennachweis im Rahmen seiner sphärenorientierten Mitwirkungspflicht zumutbar. Ist dieser im Einzelfall geführt, kann die Finanzverwaltung keine weiteren Auskünfte verlangen, da eine Hinzurechnungsbesteuerung beim inländischen Anteilseigner dann ausgeschlossen ist. Insbesondere sind eine Gewinnermittlung i. S. v. § 10 Abs. 3 AStG, Angaben zu den im Ausland entrichteten Steuern und vorhergehenden Ausschüttungen oder Veräußerungsgewinnen völlig unverhältnismäßig, da sie in keinem inneren Zusammenhang mit den Voraussetzungen des § 8 Abs. 2 AStG stehen und damit auch nicht „systembedingt" vom Steuerpflichtigen hinzunehmen sind. Die erweiterte Mitwirkungspflicht gem. § 18 Abs. 3 S. 1 i. d. F. des JStG 2008 steht damit nicht im Einklang mit der im Einzelfall einschlägigen Grundfreiheit.

Die Regelung in § 8 Abs. 2 AStG ist gem. § 21 Abs. 17 AStG erstmals für hinzurechnungspflichtige Einkünfte aus Wirtschaftsjahren, die nach dem 31.12.2007 beginnen, anwendbar. Für Wirtschaftsjahre vor diesem Zeitpunkt gilt das Verdikt der Gemeinschaftsrechtswidrigkeit daher unverändert, so dass Altfälle mit Zwischengesellschaften im EU- oder EWR-Gebiet unter direkter Bezugnahme auf die Rechtsprechung des EuGH in der Rs. C-196/04 („Cadbury Schweppes") i. V. m. dem BMF-Schreiben vom 08.01.2007 zu den Auswirkungen des EuGH-Urteils in der Rs. C-196/04 („Cadbury Schweppes") zu behandeln sind.[1350] Das BMF-Schreiben kann jedoch allenfalls eine normkonkretisierende Wirkung für die §§ 7 ff. AStG entfalten.[1351] Soweit das BMF-Schreiben

---

[1347] EuGH-Urteil vom 12.09.2006, Rs. C-196/04 („Cadbury Schweppes"), Slg. 2006, I-7995, Rn. 70.
[1348] Siehe Kapitel 6, C. IV. I.
[1349] Schlussanträge GA Mengozzi vom 29.03.2007, Rs. C-298/05 („Columbus Container Services"), Slg. 2007, Rn. 89 ff., 97 f.
[1350] BMF-Schreiben vom 08.01.2007 zu den Auswirkungen des EuGH-Urteils in der Rs. C-196/04 („Cadbury Schweppes"), BStBl I 2007, S. 99.
[1351] Vgl. Schönfeld, in: Flick/Wassermeyer/Baumhoff, AStG, vor §§ 7 – 14, Rn. 234.

im Einzelfall über die Anforderungen des EuGH hinausgeht, sollte es aufgrund des gemeinschaftsrechtlichen Primats und Auslegungsmonopols des EuGH nicht anwenbar sein.[1352]

D. Zusammenfassung

Zusammenfassend ist festzustellen, dass die Hinzurechnungsbesteuerung auch nach der Ergänzung durch das JStG 2008 nicht den Vorgaben des Gemeinschaftsrechts entspricht, die an die Rechtfertigung eines Eingriffs in die Niederlassungs-, Dienstleistungs-, Warenverkehrs- und Kapitalverkehrsfreiheit gestellt werden. Gleichwohl sind der gesetzgeberische Zweck der Verhinderung einer Steuerumgehung und die hierzu verwendeten gesetzestechnischen Mittel eines Durchgriffs auf die Einkünfte der ausländischen Kapitalgesellschaft zur Beseitigung ihrer Abschirmwirkung und die kapitalexportneutrale Besteuerung ihrer Erträge zwecks Einebnung ungerechtfertigt erlangter Steuervorteile zur Rechtfertigung eines Eingriffs in Grundfreiheiten des inländischen Anteilseigners dem Grunde nach verhältnismäßig. Insofern wäre es dem Gesetzgeber nach der hier vertretenen Auffassung auch möglich, eine gemeinschaftsrechtskonforme Ausgestaltung der Hinzurechnungsbesteuerung vorzunehmen. Eine durchgreifende Reform hätte auch den Nebeneffekt, dass sich die derzeit komplizierten Vorschriften in ihrem Umfang und ihrer Anwendung erheblich vereinfachen ließen. Das Ziel einer gemeinschaftsrechtskonformen Ausgestaltung wird durch die Anpassungen des JStG 2008 jedenfalls klar verfehlt. Zwar könnte eine sog. „Exkulpationsklausel" im Anschluss an die finanzbehördliche Feststellung einer Steuerumgehung im Inland einen grundfreiheitlichen Eingriff rechtfertigen. Die gewählte Typisierung zur Feststellung einer Steuerumgehung im Inland durch den Rückgriff auf § 8 Abs. 1, 3 AStG ist jedoch unzulässig, da die tatbestandliche Ausgestaltung der Norm dem Binnenmarktgedanken und den grundfreiheitlichen Gewährleistungen des EGV diametral entgegensteht. Daneben ist die mit der „Exkulpationsklausel" in § 8 Abs. 2 AStG verbundene Beweislastumkehr zu Lasten des Steuerpflichtigen ebenfalls unverhältnismäßig, da nicht erforderlich. Eine Integration der Merkmale des § 8 Abs. 2 S. 1 AStG in den Steuertatbestand einer reformierten Hinzurechnungsbesteuerung als negative Abgrenzung des Tatbestandsmerkmals der „Verhinderung einer Steuerumgehung im Inland" wäre insofern weniger belastend aber genauso effizient, da die Finanzbehörden die erforderlichen Auskünfte im Rahmen ihrer Amtsermittlungspflicht aus § 88 AO auf Basis des 17 AStG i. V. m. § 90 Abs. 2 AO vom Steuerpflichtigen im Rahmen der sphärenorientierten Mitwirkungspflicht ohne zwingende Beweislastumkehr einfordern könnten. Schließlich werden von der Reform schwerwiegende systematische Fehler nicht beseitigt. So wirkt insbesondere die mangelnde Kapitalexportneutralität diskriminierend, da die inländische Besteuerung durchgehend über die eines vergleichbaren inländischen Sachverhalts hinausgeht. In diesem Zusammenhang ist insbesondere die inkonsequente Gewerbesteuerbela-

---

[1352] Vgl. Schönfeld, in: Flick/Wassermeyer/Baumhoff, AStG, vor §§ 7 – 14, Rn. 235 f.

stung abzuschaffen. Gemeinschaftsrechtlich rechtswidrig ist auch die Auferlegung einer Steuererklärungspflicht durch § 18 AStG, obwohl die Voraussetzungen der „Exkulpationsklausel" gem. § 8 Abs. 2 AStG vorliegen. Insoweit erlaubt die „Sicherstellung einer grenzüberschreitenden Sachverhaltsaufklärung" als Rechtfertigungsgrund für einen grundfreiheitlichen Eingriff jedenfalls keine „Vorratsdatenspeicherung" über die ausländische Zwischengesellschaft ohne konkrete Sachdienlichkeit für die Durchführung des Besteuerungsverfahrens.

Kapitel 5 – Die Besteuerung von Einkünften ausländischer Familienstiftungen gem. § 15 AStG

Die EU-Kommission hat die Vereinbarkeit der Zurechnungsbesteuerung von Einkommen und Vermögen einer ausländischen Familienstiftung zum inländischen Stifter, Bezugs- oder Anfallsberechtigten inzwischen zum Gegenstand eines Vertragsverletzungsverfahrens gemacht und die Bundesregierung zur Abgabe einer Stellungnahme aufgefordert.[1353] Hierzu ist ein Runderlass der Finanzverwaltung mit dem Inhalt ergangen, dass eine Besteuerung gem. § 15 Abs. 1 S. 1 AStG in jedem Einzelfall gesondert zu prüfen ist.[1354] Daneben hat der BFH bereits in einem Vorabentscheidungsersuchen aus dem Jahre 2004 die Vereinbarkeit einer Vorschrift des KStG über die Ungleichbehandlung von in- und ausländischen Stiftungen mit der Niederlassungs-, Dienstleistungs- und Kapitalverkehrsfreiheit dem EuGH zur Prüfung vorgelegt.[1355] Dabei geht es um die Begrenzung der Befreiung von der Körperschaftsteuer auf inländische Stiftungen gem. § 5 Abs. 1 Nr. 9 KStG.[1356] Der EuGH hat diesbezüglich in seinem Urteil in der Rs. C-386/04 („Stauffer") vom 14.09.2006 entschieden, dass die Kapitalverkehrsfreiheit dem entgegensteht, dass ein Mitgliedstaat, der Vermietungseinkünfte, die als gemeinnützig anerkannte grundsätzlich unbeschränkt steuerpflichtige Stiftungen im Inland erzielen, von der Körperschaftsteuer befreit, wenn diese Stiftungen in diesem Staat niedergelassen sind, die gleiche Befreiung für entsprechende Einkünfte aber einer als gemeinnützig anerkannten Stiftung des privaten Rechts, die in einem anderen Mitgliedstaat niedergelassen ist, verweigert, weil diese im Inland nur beschränkt steuerpflichtig ist.[1357] Die genannten Verfahren zeigen, dass auch die steuerliche Behandlung von Aktivitäten ausländischer Stiftungen durch die deutsche Steuergesetzgebung in den Fokus des Gemeinschaftsrechts gerückt ist.[1358] Dabei ergeben sich insbesondere aus der rechtlichen und tatsächlichen Qualifizierung einer Stiftung als fremdnützige Körperschaft mit einem bestimmten Stiftungszweck besondere Fragestellungen für den erforderlichen Binnenmarktbezug der Grundfreiheiten im grenzüberschreitenden Wirtschaftsverkehr gem. Artt. 3 Abs. 1 lit. c), 14 Abs. 2 EG. Unabhängig vom Vorliegen einer Diskriminierung ausländischer gegenüber inländischen Stiftungen auf Eingriffsebene einer Grundfreiheit stellt sich im Hinblick

---

[1353] Pressemitteilung der EU-Kommission vom 23.07.2007, IP/07/1151.
[1354] Vertragsverletzungsverfahren der EU-Kommission zu § 15 AStG (Familienstiftungen), Az. 2003/4610, Runderlass der Senatsverwaltung für Finanzen Berlin vom 01.02.2005, III A 3 - S 1361 - 3/2004, IStR 2005, S. 174.
[1355] BFH-Beschluss vom 14.07.2004, I R 94/02, IStR 2004, S. 752 ff.; vgl. Reimer/Ribbrock, RIW 2005, S. 611 ff. für eine gemeinschaftsrechtliche Beurteilung von § 5 Abs. 1 Nr. 9 KStG.
[1356] Vgl. BFH-Beschluss vom 05.05.2004, II R 33/02, BFH/NV 2004, S. 1279 ff. für eine Beurteilung der erbschaft- und schenkungsteuerlichen Ungleichbehandlung bei der Übertragung ausländischen Vermögens auf eine inländische Stiftung durch die §§ 12 Abs. 6, 13a Abs. 4 ErbStG.
[1357] EuGH-Urteil vom 14.09.2006, Rs. C-386/04 („Stauffer"), Slg. 2006, I-9957, Rn. 62.
[1358] Vgl. Kraft/Hause, DB 2006, S. 414 ff.

auf den Steuertatbestand des § 15 Abs. 1 S. 1 AStG bereits die Frage nach der Eröffnung des sachlichen Schutzbereichs für das Steuerobjekt „ausländische Familienstiftung" und die bezogenen inländischen Destinatäre im Anwendungsbereich der einschlägigen Grundfreiheiten. Darüber hinaus ist im Rahmen der Eingriffs- und Rechtfertigungsprüfung, vergleichbar mit der Hinzurechnungsbesteuerung gem. §§ 7 ff. AStG, auf die dogmatische Ausgestaltung einer grenzüberschreitenden Zurechnungsbesteuerung mit dem Zweck einer Steuerumgehungs- und Missbrauchsverhinderung im Kontext der grundfreiheitlichen Vorgaben einzugehen. Eine kritische Auseinandersetzung mit den abkommensrechtlichen Konsequenzen eines sog. „Treaty Override" durch § 15 Abs. 1 S. 1 AStG i. V. m. § 20 Abs. 1 Hs. 1 AStG aufgrund der Zurechnungsfiktion zum inländischen Stifter, Bezugs- oder Anfallsberechtigten findet sich dagegen im siebten Kapitel dieser Arbeit, worauf an dieser Stelle verwiesen wird.[1359]

A. Einführung in den Steuertatbestand

Der Steuertatbestand des § 15 Abs. 1 S. 1 AStG begründet eine Zurechnungsbesteuerung für das Vermögen und Einkommen einer ausländischen Familien- oder Unternehmensstiftung beim unbeschränkt oder erweitert beschränkt steuerpflichtigen Stifter, Bezugs- oder Anfallsberechtigten. Eine Zurechnungsbesteuerung gem. § 15 Abs. 1 AStG kommt für natürliche und juristische Personen gleichermaßen in Betracht. Die Zurechnung von Vermögen gem. § 15 Abs. 1 S. 1 AStG läuft allerdings leer, da die Vermögensteuer aufgrund ihrer teilweisen Verfassungswidrigkeit wegen eines Verstoßes gegen Art. 3 Abs. 1 GG seit dem 01.01.1997 in Deutschland nicht mehr erhoben wird.[1360] Das Einkommen der ausländischen Familienstiftung ist Bemessungsgrundlage für die Zurechnung im Rahmen der Einkommen- und Körperschaftsteuer beim inländischen Steuerpflichtigen.[1361] Keine Zurechnung erfolgt bei der Gewerbesteuer, da Bemessungsgrundlage hier nicht das Einkommen sondern der Gewerbeertrag gem. § 7 GewStG als der Gewinn aus dem Gewerbebetrieb i. S. v. § 2 GewStG, vermindert bzw. vermehrt um Kürzungen bzw. Hinzurechnungen gem. §§ 8 f. GewStG, ist. Eine Familienstiftung liegt entsprechend der Legaldefinition in § 15 Abs. 2 AStG dann vor, wenn der Stifter, seine Angehörigen und deren Abkömmlinge zu mehr als der Hälfte bezugs- oder anfallsberechtigt sind. Diese Definition erweitert § 15 Abs. 3 AStG um solche Fälle, in denen ein Unternehmer im Rahmen seines Unternehmens eine ausländische Stiftung errichtet hat, an der neben dem Stifter auch Gesellschafter oder Angehörige des Unternehmens bezugs- oder anfallsberechtigt sind. Zwischen den Vorschriften der §§ 7 ff. AStG über die Hinzurechnungsbesteuerung und der Besteuerung einer ausländischen Familienstiftung gem. § 15 Abs. 1 S. 1 AStG besteht ein rechtliches Ausschlussverhältnis, da Stiftungen und Vermögensmassen i. S. d. § 15 Abs. 4 AStG keine

---

[1359] Siehe Kapitel 7, C. II.
[1360] Vgl. BVerfG, Beschluss vom 22.06.1995, 2 BvL 37/91, BStBl II 1995, S. 655.
[1361] Vgl. R 3 Abs. 1 EStR.

Gesellschafts- oder Mitgliedschaftsrechte i. S. v. § 7 Abs. 2, 5 AStG vermitteln.[1362] Dem § 15 Abs. 5 S. 2 AStG kommt insofern nur eine deklaratorische Wirkung zu. Für Qualifizierungszwecke muss ein sog. „Typenvergleich" i. S. v. § 1 Abs. 1 Nr. 5 KStG i. V. m. § 3 Abs. 1 KStG zu dem Ergebnis kommen, dass die ausländische Stiftung oder Vermögensmasse in ihren wesentlichen rechtlichen Strukturelementen einer deutschen Stiftung gem. § 80 Abs. 2 BGB i. V. m. § 81 Abs. 1 BGB oder sonstigen verselbständigten Vermögensmasse entspricht. Dabei ist auf die innere Struktur der ausländischen Organisationsform nach zivilrechtlichen Kriterien und ihre Funktion im Rechtsverkehr abzustellen.[1363] Erfasst werden ausländische Stiftungen unabhängig von ihrem Stiftungszweck, der Ausgestaltung ihrer inneren Struktur und der Art oder Anlage ihres Vermögens.[1364] Nach Auffassung des BFH kann daher auch ein Trust i. S. d. angelsächsischen Rechts eine Vermögensmasse oder ein Zweckvermögen gem. § 15 Abs. 4 AStG sein.[1365]

Die Errichtung der Stiftung wird von § 15 Abs. 1 S. 1 AStG nicht berührt und unterliegt damit entgegen § 15 Abs. 1 S. 2 AStG der Erbschaftsteuer gem. §§ 1, 3 Abs. 2 Nr. 1, 7 Abs. 1 Nr. 8 ErbStG, wenn der Stifter ein Inländer ist.[1366] Bereits hier kommt es zu einer Ungleichbehandlung von in- und ausländischen Familienstiftungen, da sich die Steuerklasse für die Besteuerung des Vermögensübergangs auf eine inländische Familienstiftung gem. § 15 Abs. 2 S. 1 ErbStG nach dem Verwandtschaftsverhältnis des nach der Stiftungsurkunde entferntest Berechtigten zum Erblasser oder Schenker bestimmt, während diese Regelung für die Errichtung ausländischer Familienstiftungen ihrem Wortlaut nach nicht anwendbar ist. Insofern ist die Besteuerung der ausländischen Familienstiftung gem. § 15 Abs. 1 ErbStG immer in Steuerklasse III vorzunehmen. Demgegenüber kann die inländische Familienstiftung je nach zugrunde liegenden Verwandtschaftsverhältnissen in die günstigere Steuerklasse I oder II eingeordnet werden.[1367] Aus ertragsteuerlicher Perspektive ist die Gründung einer ausländischen Stiftung durch eine Kapitalgesellschaft in den meisten Fällen als eine verdeckte Gewinnausschüttung an die Bezugs- oder Anfallsberechtigten zu qualifizieren, wohingegen eine Begünstigung von Kapitalgesellschaften als Bezugs- oder Anfallsberechtigte als verdeckte Einlage des Gesellschafters einzuordnen ist.[1368]

Stifter i. S. v. § 15 Abs. 1 S. 1 AStG ist entsprechend § 82 BGB derjenige, der die ausländische Stiftung oder Vermögensmasse mit Substanz ausstattet. Perso-

---

[1362] Vgl. Larenz/Wolf, Allgemeiner Teil des Bürgerlichen Rechts, § 12, Rn. 1 ff.
[1363] Rundshagen, in: Strunk/Kaminski/Köhler, AStG, § 15, Rn. 45.
[1364] Vogt, in: Blümich, AStG, § 15, Rn. 6.
[1365] BFH-Urteil vom 05.11.1992, I R 39/92, BStBl II 1993, S. 388; BFH-Urteil vom 02.02.1994, BStBl II 1994, S. 727.
[1366] FG Rheinland-Pfalz, Urteil vom 19.03.1998, 4 K 2887/97, EFG 1998, S. 1021; Wassermeyer, in: Flick/Wassermeyer/Baumhoff, AStG, § 15, Rn. 20.
[1367] Vgl. Kellersmann/Schnitger, IStR 2005, S. 253, 254 ff. für eine Beurteilung der gemeinschaftsrechtlichen Konsequenzen aus der Ungleichbehandlung.
[1368] Rundshagen, in: Strunk/Kaminski/Köhler, AStG, § 15, Rn. 32.

nen, die nach dem Stiftungsgeschäft oder sonstigen rechtsverbindlichen Vorgaben vorhersehbar in den Genuss laufender Zuwendungen einer Stiftung kommen, gelten als Bezugsberechtigte.[1369] Dabei ist zwischen Finanzverwaltung und Literatur umstritten, ob und wie die Bezugsberechtigung rechtlich abgesichert sein muss. Schaumburg vertritt hierzu die Auffassung, dass eine ausschließlich tatsächliche Erwartung auf den Erhalt von Zuwendungen für die Annahme einer Bezugsberechtigung nicht ausreicht.[1370] Demgegenüber geht die Finanzverwaltung davon aus, dass ein Rechtsanspruch der bezugsberechtigten Person auf die Erträge des Stiftungsvermögens nicht erforderlich ist.[1371] Vorzugswürdig ist die Auffassung der Literatur, da der Wortlaut einer „Berechtigung" immer auch ein „Recht" i. S. e. Anspruchs gegen eine andere Person auf ein Tun oder Unterlassen gem. § 194 Abs. 1 BGB voraussetzt, so dass rein tatsächliche Umstände nicht ausreichend sind. Eine Ausnahme von diesem Grundsatz ist nur in Umgehungsfällen gem. § 42 AO zuzulassen, wenn sich eine tatsächliche Zuwendung wie eine Zuwendung aufgrund eines Rechtsanspruchs oder einer Rechtsanwartschaft darstellt.[1372] Aus systematischer Perspektive deckt sich dieses Verständnis auch mit der Definition eines Anfallsberechtigten i. S. v. § 15 Abs. 1 S. 1 AStG, obwohl die Finanzverwaltung auch hier zu Unrecht davon ausgeht, dass ein rechtsverbindlicher Anspruch beim Anfallsberechtigten nicht erforderlich ist.[1373] Im Unterschied zu Bezugsberechtigten erhalten Anfallsberechtigte keine laufenden Einkünfte aus der Stiftung, da sie nur am Vermögen und dem Liquidationserlös der Stiftung beteiligt sind.[1374] Der Kreis der Anfallsberechtigten bestimmt sich gem. §§ 45 f., 1942 BGB. Danach handelt es sich um Personen, die bei Auflösung der Stiftung laut Satzung oder eines sonstigen Rechtsanspruchs an der Verteilung des Restvermögens beteiligt sind.[1375]

Die Aufteilung des Einkommens zwischen Bezugs- und Anfallsberechtigten ist derart vorzunehmen, dass nur das Einkommen, auf das Bezugsberechtigte keinen Rechtsanspruch haben, den Anfallsberechtigten zuzurechnen ist.[1376] Ein Vorrang von Bezugsberechtigten vor Anfallsberechtigten ergibt sich mit der Auffassung des FG München aufgrund des Wortlauts der Vorschrift nicht.[1377] Dem inländischen Steuerpflichtigen wird nach seiner Beteiligung das weltweite

---

[1369] Wassermeyer, in: Flick/Wassermeyer/Baumhoff, AStG, § 15, Rn. 34 f.
[1370] Schaumburg, Internationales Steuerrecht, Rn. 11.23.
[1371] BMF-Schreiben vom 14.05.2004, IV B 4 – S 1340 – 11/04, BStBl I 2004, Sondernummer 1/2004, Rn. 15.2.1.
[1372] Wassermeyer, in: Flick/Wassermeyer/Baumhoff, AStG, § 15, Rn. 34.1.
[1373] BMF-Schreiben vom 14.05.2004, IV B 4 – S 1340 – 11/04, BStBl I 2004, Sondernummer 1/2004, Rn. 15.2.1.
[1374] BMF-Schreiben vom 14.05.2004, IV B 4 – S 1340 – 11/04, BStBl I 2004, Sondernummer 1/2004, Rn. 15.2.1.
[1375] Vgl. Larenz/Wolf, Allgemeiner Teil des Bürgerlichen Rechts, § 12, Rn. 16 ff.
[1376] Wassermeyer, in: Flick/Wassermeyer/Baumhoff, AStG, § 15, Rn. 43, 46.
[1377] FG München, Urteil vom 25.11.1997, 12 K 2629/94, EFG 1998, S. 850; vgl. auch BFH-Urteil vom 25.04.2001, II R 14/98, BFH/NV 2001, S. 1457; BMF-Schreiben vom 14.05.2004, IV B 4 – S 1340 – 11/04, BStBl I 2004, Sondernummer 1/2004, Rn. 15.1.3 und 15.1.4.

Einkommen der ausländischen Familienstiftung am Ende des betreffenden Veranlagungszeitraums zugerechnet, während die Einkunftserzielung und damit auch die zugehörige Gewinnermittlung auf der Ebene der Familienstiftung verbleiben. Die Einkommensermittlung der ausländischen Familienstiftung erfolgt auf Grundlage einer hypothetischen unbeschränkten Steuerpflicht unter Berücksichtigung von Pauschbeträgen, Freibeträgen, Sonderausgaben, Einkommensfreistellungen und dem Verlustabzug auf Ebene der ausländischen Familienstiftung,[1378] wobei eine Umqualifizierung von Einkünften anderer Einkunftsarten in gewerbliche Einkünfte nach umstrittener Auffassung der Finanzverwaltung[1379] unterbleibt.[1380] Anders als bei der Hinzurechnungsbesteuerung erfolgt die Zurechnung nicht erst im Folgejahr der Einkunftserzielung durch die ausländische Familienstiftung. Dem Stifter wird das Einkommen der ausländischen Familienstiftung primär zugerechnet, wenn er unbeschränkt steuerpflichtig ist und neben ihm keine weiteren unbeschränkt steuerpflichtigen Stifter vorhanden sind.[1381] Eine Zurechnung des Einkommens und Vermögens zu Bezugs- und Anfallsberechtigten kommt mit dem Wortlaut der Vorschrift nur dann in Betracht, wenn kein Stifter vorhanden ist.[1382] Ist der Stifter zwar vorhanden, aber nicht oder nicht mehr unbeschränkt steuerpflichtig, so kommt nach Auffassung der Finanzverwaltung ebenfalls eine Einkommenszurechnung zu inländischen Bezugs- oder Anfallsberechtigten in Betracht.[1383]

B. Historische Grundlagen

Seine historischen Wurzeln hat § 15 AStG in der Verordnung über die steuerliche Erfassung bisher nicht versteuerter Werte und über Steueramnestie vom 23.08.1931 (StAmnVO).[1384] Bei den §§ 2 f. StAmnVO handelt es sich um die erstmalige Kodifizierung einer Zurechnungs- oder Durchgriffsbesteuerung zur Verhinderung einer Steuerverlagerung durch Ausnutzung der Abschirmwirkung ausländischer Rechtsträger. Bereits die §§ 2 f. StAmnVO zielten damit nicht auf eine Besteuerung der Familienstiftungen, sondern auf eine Besteuerung der ihr

---

[1378] Vgl. Helmert, IStR 2005, S. 272 für eine Zurechnung im Rahmen der Einkunftsermittlung auf der Ebene des inländischen Steuerpflichtigen vor einem Verlustabzug und sonstigen Aufwendungen zur Vermeidung doppelter Verlustvorträge.

[1379] Vgl. Wassermeyer, in: Flick/Wassermeyer/Baumhoff, AStG, § 15, Rn. 55 ff.

[1380] BFH-Urteil vom 05.11.1992, I R 39/92, BStBl II 1993, S. 388; Niedersächsisches FG, Urteil vom 15.07.1999, XIV 347/93, EFG 2000, S. 742; BMF-Schreiben vom 14.05.2004, IV B 4 – S 1340 – 11/04, BStBl I 2004, Sondernummer 1/2004, Rn. 15.1.1; Wassermeyer, in: Flick/Wassermeyer/Baumhoff, AStG, § 15, Rn. 22 ff., 55, 57; Gross, in: Wöhrle/Schelle/Gross, AStG, § 15, Rn. 28a f.; a. A. Runge, in: Brezing/Krabbe/Lempenau/Mössner/Runge, AStG, § 15, Rn. 10, 23.

[1381] BFH-Urteil vom 05.11.1992, I R 39/92, BStBl II 1993, S. 388.

[1382] BFH-Urteil vom 05.11.1992, I R 39/92, BStBl II 1993, S. 388.

[1383] Vgl. Runge, DB 1977, S. 515; a. A. Wassermeyer, in: Flick/Wassermeyer/Baumhoff, AStG, § 15, Rn. 49.

[1384] Verordnung über die steuerliche Erfassung bisher nicht versteuerter Werte und über Steueramnestie vom 23.08.1931, StAmnVO, RStBl 1931, S. 600.

nahestehenden, unbeschränkt steuerpflichtigen Personen ab.[1385] In der amtlichen Begründung zur StAmnVO heißt es, dass deutsches Vermögen in großem Umfang in ausländischen Familienstiftungen angelegt worden sei und aus Gründen der Verhinderung einer Erosion von Besteuerungssubstrat im Inland ein erhebliches Interesse daran bestehe, dass diese Stiftungsvermögen nicht nur steuerlich erfasst, sondern auch ins Inland zurückgeführt werden.[1386] Zu diesem Zweck sah § 1 StAmnVO vor, dass der Vermögensanfall aus der Auflösung solcher Familienstiftungen bis zum 31.12.1931 beim inländischen Stifter oder sonstigen zivil- oder erbrechtlich Begünstigten bzw. Anfallsberechtigten steuerfrei blieb. Erfolgte dagegen keine Auflösung, so wurden die ausländischen Familienstiftungen gem. § 2 StAmnVO als nicht existent betrachtet und ihr Einkommen und Vermögen für vermögen-, einkommen- und körperschaftsteuerliche Zwecke den hinter der Stiftung stehenden Stiftern oder Bezugsberechtigten zugerechnet.[1387] Im Jahre 1934 ging § 2 StAmnVO dann mit einigen diversifizierenden Änderungen und der Ausdehnung des persönlichen Anwendungsbereichs auf Unternehmensstiftungen in § 12 StAnpG 1934 über,[1388] der im Steueroasenbericht der Bundesregierung vom 23.06.1964 als präventive Maßnahme zur Verhinderung einer Vermögensverlagerung in ausländische Familienstiftungen, in denen das Vermögen unter einem günstigen Steuerklima angesammelt wird, benannt wird.[1389] Da es sich nach Auffassung des deutschen Steuergesetzgebers bei § 12 StAnpG um eine in der Praxis bewährte Regelung handelte, wurde ihr Regelungsgehalt in den § 15 AStG fast wörtlich übernommen.[1390] Der wesentliche inhaltliche Unterschied beider Vorschriften besteht allein darin, dass § 12 StAnpG 1934 die Errichtung der ausländischen Familienstiftung durch eine unbeschränkt steuerpflichtige Person vorsah, während § 15 AStG allein auf die unbeschränkte oder erweitert beschränkte Steuerpflicht des Stifters, Bezugs- oder Anfallsberechtigten im einschlägigen VZ abstellt.[1391]

C. Gemeinschaftsrechtliche Beurteilung der Zurechnungsbesteuerung

Die gemeinschaftsrechtliche Rechtmäßigkeit der Zurechnungsbesteuerung von Einkommen und Vermögen einer ausländischen Familien- oder Unternehmensstiftung zum inländischen Stifter, Bezugs- oder Anfallsberechtigten gem. § 15 Abs. 1 S. 1 AStG ist am Maßstab der Niederlassungs- und Kapitalverkehrsfreiheit gem. Artt. 43, 56 Abs. 1 EG zu beurteilen. Insoweit besteht eine Übereinstimmung mit der Untersuchung der Hinzurechnungsbesteuerung im vierten Ka-

---

[1385] Wassermeyer, in: Flick/Wassermeyer/Baumhoff, AStG, § 15, Rn. 7.
[1386] Verordnung über die steuerliche Erfassung bisher nicht versteuerter Werte und über Steueramnestie vom 23.08.1931, StAmnVO, RStBl 1931, S. 600.
[1387] Verordnung über die steuerliche Erfassung bisher nicht versteuerter Werte und über Steueramnestie vom 23.08.1931, StAmnVO, RStBl 1931, S. 600.
[1388] Steueranpassungsgesetz 1934, StAnpG, RStBl 1934, S. 1398, 1406.
[1389] a. a. O., BT-Drs. IV/2412, S. 8.
[1390] Vgl. a. a. O., BT-Drs. VI/2883, S. 30.
[1391] Vgl. a. a. O., BT-Drs. VI/2883, S. 30.

pitel dieser Arbeit, so dass insbesondere auf die Feststellung einer grenzüberschreitenden Diskriminierung und deren gemeinschaftsrechtliche Rechtfertigung an dieser Stelle Bezug genommen wird.[1392] Subsidiär stellt sich auch die Frage nach dem Eingreifen des allgemeinen Diskriminierungsverbots und Freizügigkeitsgebots gem. Artt. 12, 18 EG für solche Fälle, in denen es sich bei dem der Besteuerung zugrunde liegenden Lebenssachverhalt um eine nichtwirtschaftliche Tätigkeit außerhalb des Schutzbereichs der Grundfreiheiten ohne Binnenmarktbezug i. S. v. Art. 3 Abs. 1 lit. c), 14 Abs. 2 EG handelt.

I. Schutzbereich der Niederlassungsfreiheit

Die Errichtung, Ausstattung und Unterhaltung einer Familien- oder Unternehmensstiftung gem. § 15 Abs. 2, 3 AStG müsste in den sachlichen Schutzbereich der Niederlassungsfreiheit fallen. Wie bereits in der Einführung zu diesem Kapitel dargestellt, wird die Errichtung und Vermögensausstattung der ausländischen Stiftung lediglich aus erbschaft- und schenkungsteuerlicher Perspektive, nicht aber von § 15 Abs. 1 S. 1 AStG berührt, so dass es für die Eröffnung des sachlichen Schutzbereichs von Art. 43 EG nur auf den dem laufenden Besteuerungsvorgang zugrunde liegenden Lebenssachverhalt im Rahmen des ausländischen Stiftungsgeschäfts ankommt. Demnach müsste die Unterhaltung der Stiftung durch den Stifter eine grenzüberschreitende Niederlassung i. S. v. Art. 43 EG sein. Darüber hinaus ist auch die Frage zu beantworten, ob es sich bei den bezugs- oder anfallsberechtigten Destinatären der ausländischen Familienstiftung als von § 15 Abs. 1 S. 1 AStG subsidiär erfasste Steuerpflichtige um solche Personen handelt, die in den persönlichen Schutzbereich der Niederlassungsfreiheit einbezogen sind.

Eine Niederlassung i. S. v. Art. 43 EG ist nach der ständigen Rechtsprechung des EuGH eine feste Einrichtung, die bei ihrer Eingliederung in die nationale Volkswirtschaft des Niederlassungsstaates der tatsächlichen Ausübung einer selbständigen Erwerbstätigkeit zu dienen bestimmt ist.[1393] Grundsätzlich ist der Niederlassungsbegriff im Lichte der Ziele des Art. 2 EG, insbesondere eine harmonische, ausgewogene und nachhaltige Entwicklung des Wirtschaftslebens im Gemeinschaftsgebiet, u. a. durch die Verwirklichung des Binnenmarktes gem. Artt. 3 Abs. 1 lit. b), 14 Abs. 2 EG zu fördern, weit auszulegen.[1394] Im vorliegenden Fall ist daher nicht nur auf die Gründung der ausländischen Familienstiftung, sondern auch auf ihre erwerbswirtschaftliche Betätigung im Rahmen der Einkommenserzielung abzustellen. Unabhängig von der Tatsache, dass es sich bei der Stiftung um eine fremdnützige Körperschaft handelt, so ist sie dann als eine grenzüberschreitende Niederlassung zu qualifizieren, wenn sie mit dem vom Stifter übereigneten Vermögen einer erwerbswirtschaftlichen Betätigung

---

[1392] Siehe Kapitel 4, C. II. und III.
[1393] EuGH-Urteil vom 25.07.1991, Rs. C-221/89 („Factortame II"), Slg. 1991, I-3905, Rn. 20; EuGH-Urteil vom 30.11.1995, Rs. C-55/94 („Gebhard"), Slg. 1995, I-4165, Rn. 25.
[1394] Vgl. EuGH-Urteil vom 30.11.1995, Rs. C-55/94 („Gebhard"), Slg. 1995, I-4165, Rn. 25; EuGH-Urteil vom 12.12.1996, Rs. C-3/95 („Broede"), Slg. 1996, I-6511, Rn. 20.

mit dem Ziel der Einkommenserzielung nachgeht. Dafür ist allerdings ein Mindestmaß an organisatorischer Struktur erforderlich, so dass reine Domizilstiftungen ohne Personal- und Sachausstattung nicht in den sachlichen Schutzbereich der Niederlassungsfreiheit fallen. So hat der EuGH die bloße Registrierung eines Schiffes nicht als ausreichend für die Begründung einer Niederlassung angesehen.[1395] Ein identischer Maßstab ist daher auch für die schlichte Registrierung einer Familienstiftung in einem ausländischen Stiftungsregister, etwa in Liechtenstein[1396], anzulegen. Welcher Organisationsgrad bei der ausländischen Stiftung erforderlich ist, hängt von der im Einzelfall ausgeübten Tätigkeit ab, so dass jedenfalls eine Einrichtung, die in keiner Hinsicht zur Ermöglichung einer echten, tatsächlichen Tätigkeit in der Lage ist, als unzureichend für eine Niederlassung bezeichnet werden muss.[1397] Umgekehrt ist es aber nicht erforderlich, dass die ausländische Stiftung mit ihrer Tätigkeit nachhaltig Gewinne erzielt.[1398] Insbesondere sind gemeinwirtschaftlich orientierte Tätigkeiten, die potentiell einem wirtschaftlichen Fortkommen dienen können, vom Schutzbereich des Art. 43 EG erfasst.[1399] Dagegen sind Tätigkeiten ohne die Möglichkeit eines wirtschaftlichen Fortkommens, wie etwa die unentgeltliche Versorgung von Menschen aus rein altruistischen Motiven oder die Verfolgung von Allgemeinwohlbelangen nicht als Niederlassung zu qualifizieren.[1400] Letzteres ist bei einer ausländischen Familien- oder Unternehmensstiftung dagegen schon aus tatsächlichen Gründen nicht anzunehmen, da es einerseits bei einer Tätigkeit ohne wirtschaftliches Fortkommen an einem für § 15 Abs. 1 S. 1 AStG steuerrelevanten Einkommen fehlt und andererseits die ausländische Stiftung wegen § 52 Abs. 1 S. 2 AO auch formal keinen Gemeinnützigkeitsstatus genießt.

Handelt es sich bei der ausländischen Stiftung um eine Niederlassung, ist darüber hinaus zu klären, ob die Rechtsbeziehung zwischen dem Stifter und der Familien- bzw. Unternehmensstiftung ein grenzüberschreitendes Moment, vergleichbar mit der Gründung und Leitung einer Gesellschaft gem. Art. 43 Abs. 2 EG i. V. m. Art. 48 Abs. 2 EG, aufweist. Was als „Gesellschaft" i. S. v. Art. 43 EG zu qualifizieren ist, bestimmt sich nach Art. 48 EG. Der in Art. 48 Abs. 2 EG verwendete Begriff einer „juristischen Person" ist aus gemeinschaftsrechtlicher Perspektive dahingehend auszulegen, dass er alle juristischen Personen des nationalen Rechts erfasst, so dass sich auch Stiftungen und alle sonstigen, nicht

---

[1395] EuGH-Urteil vom 25.07.1991, Rs. C-221/89 („Factortame II"), Slg. 1991, I-3905, Rn. 21.
[1396] Vgl. Wassermeyer/Schönfeld, in: Flick/Wassermeyer/Baumhoff, AStG, § 15, Rn. 19.21 ff. für die Anwendbarkeit der Grundfreiheiten im Verhältnis zu den EWR-Staaten.
[1397] Vgl. Randelzhofer/Forsthoff, in: Grabitz/Hilf, Das Recht der Europäischen Union, EGV, Art. 43, Rn. 32 f.
[1398] Vgl. EuGH-Urteil vom 23.03.1982, Rs. 53/81 („Levin"), Slg. 1982, S. 1035, Rn. 16; EuGH-Urteil vom 03.06.1986, Rs. 139/85 („Kempf"), Slg. 1986, S. 1741, Rn. 14; EuGH-Urteil vom 14.12.1989, Rs. 3/87 („Agegate"), Slg. 1989, S. 4459, Rn. 36; EuGH-Urteil vom 14.12.1995, Rs. C-317/93 („Nolte"), Slg. 1995, I-4625, Rn. 19 zur Arbeitnehmerfreizügigkeit gem. Art. 39 EG.
[1399] Randelzhofer/Forsthoff, in: Grabitz/Hilf, Das Recht der Europäischen Union, EGV, Art. 43, Rn. 19.
[1400] Tiedje/Troberg, in: von der Groeben/Schwarze, EGV, Art. 43, Rn. 55 ff.

als Gesellschaften verfassten Gebilde des nationalen Rechts auf den Schutz der Niederlassungsfreiheit berufen können, sofern sie nach dem nationalen Recht des EU-Mitgliedstaates als juristische Personen zu qualifizieren sind.[1401] Demnach sind neben ausländischen Familien- und Unternehmensstiftungen i. S. v. § 15 Abs. 2, 3 AStG auch sonstige Zweckvermögen, Vermögensmassen und rechtsfähige oder nichtrechtsfähige Personenvereinigungen gem. § 15 Abs. 4 AStG in den Schutzbereich der Niederlassungsfreiheit einbezogen. Insbesondere für eine Personenvereinigung ist jedoch erforderlich, dass sie gegenüber ihren Mitgliedern soweit verselbständigt ist, dass sie im Rechtsverkehr unter eigenem Namen handeln kann.[1402] Der von Art. 48 Abs. 2 EG geforderte Erwerbszweck der juristischen Person zielt nicht wie bei Art. 43 Abs. 2 EG auf das Erfordernis einer Teilnahme am Wirtschaftsverkehr ab, sondern dient zur Ausgrenzung von subventionierten, gemeinnützigen Organisationen zur Vermeidung einer Wettbewerbsverzerrung im Binnenmarkt.[1403] Staatliche Subventionen in Form von Leistungen oder Verschonungen sind dem Wesen einer Familien- oder Unternehmensstiftung jedoch i. d. R. fremd, so dass der von Art. 48 Abs. 2 EG geforderte Erwerbszweck nicht in Frage gestellt ist.

Eine Ausdehnung des persönlichen Anwendungsbereichs der Personenverkehrsfreiheiten auf solche Personen, die nicht unmittelbar den grundfreiheitlichen Tatbestand verwirklichen, sondern lediglich unmittelbar oder mittelbar von den Folgen einer nationalen Regelung im sachlichen Schutzbereich einer Grundfreiheit betroffen sind, wird unter dem Begriff der sog. „Korrelarberechtigung" diskutiert. Die „Korrelarrechte" vergrößern nicht den Kreis der nationalen Bestimmungen, die an den Grundfreiheiten zu messen sind, sondern erstrecken die durch die Freiheit verliehenen Rechte lediglich auf weitere Personen, mit der Folge, dass der „Korrelarberechtigte" die nationalen Bestimmungen als unvereinbar mit den Freiheiten rügen kann, die sich zugleich als Beschränkung der Freiheit des originär Berechtigten darstellen.[1404] Kein Fall einer Verleihung von „Korrelarrechten", sondern vielmehr eine Frage der Reichweite des sachlichen Schutzbereichs einer Grundfreiheit sind Fälle, in den der unmittelbar berechtigte Träger einer Grundfreiheit solche Beschränkungen geltend macht, die ihn nur

---

[1401] Randelzhofer/Forsthoff, in: Grabitz/Hilf, Das Recht der Europäischen Union, EGV, vor Art. 48, Rn. 7; vgl. EuGH-Urteil vom 27.09.1988, Rs. 81/87 („Daily Mail"), Slg. 1988, S. 5483, Rn. 19.
[1402] Randelzhofer/Forsthoff, in: Grabitz/Hilf, Das Recht der Europäischen Union, EGV, vor Art. 48, Rn. 7.
[1403] Randelzhofer/Forsthoff, in: Grabitz/Hilf, Das Recht der Europäischen Union, EGV, vor Art. 48, Rn. 8.
[1404] Randelzhofer/Forsthoff, in: Grabitz/Hilf, Das Recht der Europäischen Union, EGV, vor Art. 39 – 55, Rn. 39.

mittelbar, dafür aber seine Vertragspartner oder sonstige an dem grenzüberschreitenden Wirtschaftsvorgang beteiligten Personen unmittelbar betreffen.[1405] Zwar sind die tatbestandlichen Voraussetzungen einer Verleihung von „Korrelarrechten" vom EuGH nicht abschließend definiert, zumal die Rechtsprechung in den einschlägigen Urteilen zumeist ohne eine nähere Begründung auf den allgemeinen Grundsatz der effektiven Gemeinschaftsrechtsdurchsetzung, sog. „effet utile", verweist.[1406] Gleichwohl hat der EuGH in einer größeren Zahl von Fällen die Berufung auf die jeweils einschlägige Personenverkehrsfreiheit gestattet.[1407] Die Grenze für die Zuerkennung einer „Korrelarberechtigung" ist entsprechend dem Wortlaut der Artt. 39, 43 EG dort zu ziehen, wo über die Einschaltung einer mittelbar betroffenen Person auch die unmittelbare Rechtsstellung und Rechtsbeeinträchtigung eines Drittstaatsangehörigen außerhalb des Gemeinschaftsgebiets im Rahmen einer Personenverkehrsfreiheit untersucht werden soll, da sowohl die Arbeitnehmerfreizügigkeit als auch die Niederlassungsfreiheit ausdrücklich auf die Staatsangehörigkeit bzw. über Art. 48 EG auf den satzungsmäßigen Sitz der Gesellschaft abstellen.[1408] Im Anwendungsbereich von § 15 Abs. 1 S. 1 AStG bedeutet diese Einschränkung, dass sich die bezugs- oder anfallsberechtigten Destinatäre nicht auf den Schutz der Niederlassungsfreiheit berufen können, wenn der Stifter der ausländischen Familienstiftung entweder in einem Drittstaat außerhalb des EU-Gemeinschaftsgebiets i. S. v. Art. 299 EG ansässig ist oder im Falle einer natürlichen Person nicht die Staatsangehörigkeit eines EU-Mitgliedstaats besitzt. Ist dagegen kein bezugsberechtigter Stifter vorhanden und kommt es infolge dessen zu einer subsidiären Zurechnung des Einkommens der ausländischen Familienstiftung zu unbeschränkt oder erweitert beschränkt steuerpflichtigen Destinatären mit Sitz oder Ansässigkeit im EU-Gemeinschaftsgebiet, so muss sich dieser gegenüber den deutschen Finanzbehörden auch auf die sachlichen Gewährleistungen der Niederlassungsfreiheit berufen können, da sonst eine effektive Durchsetzung des Gemeinschaftsrechts für die wirtschaftliche Tätigkeit der ausländischen Familienstiftung nicht gewährleistet ist. Die entgegenstehende Auslegung würde zu dem willkürlichen Ergebnis führen, dass der Stifter unter Berufung auf Art. 43 EG eine Zurechnungsbesteuerung angreifen könnte, während dies bei den bezugs- oder anfallsberechtigten Destinatären lediglich aufgrund ihrer rechtlichen Stellung in-

---

[1405] Vgl. EuGH-Urteil vom 03.02.1982, verb. Rs. 62/81 und 63/81 („Seco"), Slg. 1982, S. 223; EuGH-Urteil vom 27.03.1990, Rs. C-113/89 („Rush Portuguesa"), Slg. 1990, I-1417; EuGH-Urteil vom 09.08.1994, Rs. C-43/93 („Vander Elst"), Slg. 1994, I-3803; EuGH-Urteil vom 23.11.1999, verb. Rs. C-369/96 und C-376/96 („Arblade"), Slg. 1999, I-8453 zur grenzüberschreitenden Arbeitnehmerentsendung im Dienstleistungsverkehr gem. Art. 39, 49 EG.
[1406] Vgl. EuGH-Urteil vom 26.02.1992, Rs. C-3/90 („Bernini"), Slg. 1992, I-1071, Rn. 26.
[1407] Vgl. EuGH-Urteil vom 07.07.1976, Rs. 118/75 („Watson"), Slg. 1976, S. 1199; EuGH-Urteil vom 21.11.1991, Rs. C-27/91 („Le Manoir"), Slg. 1991, I-5531; EuGH-Urteil vom 12.04.1994, Rs. C-1/93 („Halliburton"), Slg. 1994, I-1137; EuGH-Urteil vom 07.05.1998, Rs. C-350/96 („Clean Car"), Slg. 1998, I-2521.
[1408] Vgl. Randelzhofer/Forsthoff, in: Grabitz/Hilf, Das Recht der Europäischen Union, EGV, vor Art. 39 – 55, Rn. 41.

nerhalb desselben Lebenssachverhalts nicht der Fall wäre. Demnach ist ein unter den Voraussetzungen des § 15 Abs. 1 S. 1 AStG besteuerter Bezugs- oder Anfallsberechtigter als „Korrelarberechtigter" in den persönlichen Schutzbereich der Niederlassungsfreiheit einbezogen.

II. Schutzbereich der Kapitalverkehrsfreiheit

Die Errichtung, Vermögensausstattung und der Fortbestand einer ausländischen Familien- oder Unternehmensstiftung i. S. v. § 15 Abs. 2, 3 AStG müsste ein Kapitalverkehrsvorgang gem. Art. 56 Abs. 1 EG sein. Die Errichtung einer Stiftung und privatrechtliche Schenkungs- sowie Erbschaftsvorgänge sind in der nicht abschließenden[1409] Nomenklatur im Anhang I der Kapitalverkehrsrichtlinie als Kapitalverkehr mit persönlichem Charakter unter Ziff. XI lit. B und D enumerativ aufgezählt. Auch der EuGH hat die Anwendung der Kapitalverkehrsfreiheit auf Stiftungsgeschäfte und Erbschaftsvorgänge in seiner neueren Rechtsprechung anerkannt.[1410] Das Erfordernis eines grenzüberschreitenden Kapitalverkehrsvorgangs ist dabei nicht personen-, sondern sachbezogen zu verstehen, so dass es auf die Ansässigkeit von Stifter und Stiftung im Rahmen des § 15 AStG nicht ankommt. Der Kapitalverkehrsfreiheit liegt eine verkehrsorientierte, nicht eine markt- bzw. unionsbürgerorientierte Betrachtungsweise i. S. e. Universalitätsprinzips („erga-omnes-Prinzip") zugrunde.[1411] Demnach muss der Vermögensausstattung der Stiftung ein grenzüberschreitendes Moment innewohnen. Während der grenzüberschreitende Gründungsakt regelmäßig in den Schutzbereich der Niederlassungsfreiheit fällt, ist die Vermögensausstattung einer wirksam gegründeten Stiftung als eigentliche Kapitalbewegung i. S. d. Nomenklatur im Anhang I zur Kapitalverkehrsrichtlinie zu qualifizieren. Demnach muss die Übertragung des Rechts an einer Sache, einem Recht oder eines sonstigen Wirtschaftsguts auf die Stiftungskörperschaft grenzüberschreitenden Charakter aufweisen. Maßgeblich dafür ist entweder die räumliche Allokation des übertragenen Wirtschaftsguts oder die Ansässigkeit der übertragenden Parteien. Wird einer Stiftung das Eigentum an einer Immobilie übertragen oder ein sonstiges dingliches (Nutzungs-)Recht daran eingeräumt, kann es nicht auf die Belegenheit der Immobilie, sondern nur auf die Ansässigkeit der übertragenden Parteien für das Vorliegen eines grenzüberschreitenden Kapitalverkehrs ankommen. Von diesem Grundsatz geht offenbar auch die Nomenklatur im Anhang I zur Kapitalverkehrsrichtlinie aus, da in der Einleitung festgestellt wird,

---

[1409] EuGH-Urteil vom 16.03.1999, Rs.C-222/97 („Trummer und Mayer"), Slg. 1999, I-1661, Rn. 21; EuGH-Urteil vom 11.01.2001, Rs. C-464/98 („WestLB Girozentrale / Friedrich Stefan"), Slg. 2001, I-173, Rn. 5.

[1410] EuGH-Urteil vom 23.09.2003, Rs. C-452/01 („Ospelt und Schlössle Weissenberg Familienstiftung"), Slg. 2003, I-9743, Rn. 23 ff.; EuGH-Urteil vom 11.12.2003, Rs. C-364/01 („Erben von Barbier"), Slg. 2003, I-15013, Rn. 57 ff.; a. A. FG Düsseldorf, Urteil vom 03.07.1996, 4 K 5910/91, EFG 1996, S. 1116; vgl. Thömmes/Stockmann, IStR 1999, S. 261, 268 m. w. N.

[1411] Ress/Ukrow, in: Grabitz/Hilf, Das Recht der Europäischen Union, EGV, Art. 56, Rn. 73.

dass die für die Durchführung des Kapitalverkehrs erforderlichen Transaktionen i. d. R. von Angehörigen verschiedener Mitgliedstaaten durchgeführt werden und nur ausnahmsweise auf den grenzüberschreitenden Charakter des zugrunde liegenden Rechtsgeschäfts abzustellen ist, etwa wenn bestimmte Kapitalbewegungen von einer einzigen Person für eigene Rechnung getätigt werden. Die vorstehenden Grundsätze gelten auch für die Zession von Forderungen oder Rechten zugunsten einer ausländischen Stiftung. Werden Rechte an beweglichen Sachen übertragen und sind die übertragenden Personen nicht in unterschiedlichen Staaten ansässig, so ist danach zu fragen, ob etwa eine grenzüberschreitende Besitzverschaffung i. V. m. der Einräumung eines Besitzkonstituts durch die Stiftung an eine andere Person erfolgt ist. Im Hinblick auf die Belegenheit des an die Stiftung übertragenen Vermögens in einem Staat außerhalb des EU-Gemeinschaftsgebiets ist mit der hier vertretenen Auffassung zum räumlichen Anwendungsbereich der Grundfreiheit eine Schutzwirkung nur dann abzulehnen, wenn Stifter und Stiftung in demselben EU-Mitgliedstaat ansässig sind und es damit auf den grenzüberschreitenden Charakter des zivilrechtlichen Rechtsgeschäfts ankommt.[1412] Bei der Vermögensausstattung einer Stiftung muss daher entweder der zivilrechtliche Vorgang oder der zugrunde liegende Lebenssachverhalt bei wirtschaftlicher Betrachtungsweise einen grenzüberschreitenden Akt beinhalten, um einen tatbestandlichen Kapitalverkehrsvorgang i. S. v. Art. 56 Abs. 1 EG zu begründen. Auf eine „Korrelarberechtigung" von bezugs- oder anfallsberechtigten Destinatären kommt es daher bei der Kapitalverkehrsfreiheit nicht an, da der Kapitalverkehrsvorgang primär geschützt werden soll und die unmittelbar oder mittelbar beteiligten Personen aufgrund der Anwendung des Universalitätsprinzips zur persönlichen Geltendmachung der grundfreiheitlichen Gewährleistung berechtigt sind.

III. Schutzbereich des grenzüberschreitenden Freizügigkeitsgebots

Kommt es erst nach Errichtung der ausländischen Familienstiftung zur Begründung der unbeschränkten Steuerpflicht von bezugs- oder anfallsberechtigten Destinatären, so fällt weder die Errichtung noch die Vermögensausstattung der Stiftung im Hinblick auf eine Besteuerung gem. § 15 Abs. 1 S. 1 AStG in den sachlichen Schutzbereich der Niederlassungs- oder Kapitalverkehrsfreiheit. Außerhalb des Anwendungsbereichs der Grundfreiheiten könnte einer Besteuerung das unmittelbar anwendbare Freizügigkeitsgebot des Art. 18 Abs. 1 EG entgegenstehen. Danach hat jeder Unionsbürger das Recht, sich im Hoheitsgebiet der Mitgliedstaaten vorbehaltlich der im EGV und seinen Durchführungsvorschriften vorgesehenen Beschränkungen und Bedingungen frei zu bewegen und aufzuhalten. Die Vorschrift ist eine spezielle Ausprägung des allgemeinen Diskriminierungsverbots aus Art. 12 Abs. 1 EG und begründet ein vertraglich konsolidiertes, subjektiv-öffentliches Recht auf freie Ein- und Ausreise, auf Freizügig-

---

[1412] Vgl. Kellersmann/Schnitger, IStR 2005, S. 253, 255.

keit und auf Aufenthalt in allen EU-Mitgliedstaaten.[1413] Damit kann sich der Unionsbürger, der sich nach Art. 18 EG rechtmäßig in einem EU-Mitgliedstaat aufhält, in allen vom sachlichen Anwendungsbereich des EGV erfassten Fällen auf das allgemeine Diskriminierungsverbot aus Art. 12 Abs. 1 EG berufen, so dass Art. 18 Abs. 1 EG i. V. m. Art. 12 Abs. 1 EG einen Anspruch auf vollständige Inländergleichbehandlung gewährt.[1414] Kellersmann/Schnitger vertreten hierzu die Auffassung, dass die Zurechnungsbesteuerung gem. § 15 Abs. 1 S. 1 AStG die Wirkung einer Einreisesperre hat, wenn mit der Wohnsitznahme in einem anderen Mitgliedstaat eine Besteuerung vom Einkommen verbunden ist, über das man nicht verfügen kann, so dass andere finanzielle Mittel zur Begleichung der Steuerschuld aufgewendet werden müssen.[1415] Dieser Auffassung ist entgegenzuhalten, dass bei der Einreise in einen anderen Staat lediglich ein Anspruch auf Inländergleichbehandlung besteht, da Art. 12 Abs. 1 EG von einer Diskriminierung aus Gründen der Staatsangehörigkeit spricht und damit eine Ausprägung des allgemeinen gemeinschaftsrechtlichen Gleichheitssatzes ist.[1416] Eine Diskriminierung liegt erst dann vor, wenn die fragliche Maßnahme den Betroffenen gegenüber der Vergleichsgruppe von ansässigen Staatsbürgern benachteiligt.[1417] Das ist u. a. dann der Fall, wenn der Betroffene im Rahmen des Zuzugs von bestimmten Leistungen ausgeschlossen wird oder ihm umgekehrt gar eine isolierte Zahlungspflicht auferlegt wird.[1418] Demnach kann eine ungünstige Besteuerung im Zuzugsstaat nur dann diskriminierende Wirkung haben, wenn sie nicht gleichzeitig auch auf bereits ansässige Personen angewendet wird.[1419] Die Zurechnungsbesteuerung gem. § 15 Abs. 1 S. 1 AStG knüpft jedoch an die unbeschränkte Steuerpflicht des bezugs- oder anfallsberechtigten Destinatärs an und nicht an seine Staatsangehörigkeit oder sonstige Herkunft. Die von Kellersmann/Schnitger vertretene Auffassung knüpft an die Auslegung von Art. 18 Abs. 1 EG als umfassendes Beschränkungsverbot an. Dem ist nicht zu folgen, da der EuGH zu Art. 12 Abs. 1 EG als Bezugsnorm von Art. 18 Abs. 1 EG festgestellt hat, dass eine innerstaatliche Regelung, die ihre Adressaten weder unmittelbar noch mittelbar nach der Staatsangehörigkeit unterscheidet, nicht gegen Art. 7 EWG-Vertrag verstößt, auch wenn sie die Wettbewerbsfähigkeit der Wirtschaftsteilnehmer, für die sie gilt, beeinträchtigt.[1420] Weder die

---

[1413] Vgl. EuGH-Urteil vom 29.02.1996, Rs. C-193/94 („Skanavi"), Slg. 1996, I-929, Rn. 22; siehe Kapitel 3, E. II. 3. für eine dogmatische Einordnung des Art. 18 EG.
[1414] EuGH-Urteil vom 12.05.1998, Rs. C-85/96 („Sala"), Slg. 1998, I-2691, Rn. 46 ff.
[1415] Kellersmann/Schnitger, IStR 2005, S. 253, 260.
[1416] EuGH-Urteil vom 16.10.1980, Rs. 147/79 („Hochstrass"), Slg. 1980, S. 3005, Rn. 7; EuGH-Urteil vom 23.01.1997, Rs. C-29/95 („Pastoors"), Slg. 1997, I-285, Rn. 14; von Bogdandy, in: Grabitz/Hilf, Das Recht der Europäischen Union, EGV, Art. 12, Rn. 2, 4 f. m. w. N.
[1417] EuGH-Urteil vom 29.10.1980, Rs. 22/80 („Boussac"), Slg. 1980, S. 3427, Rn. 10; EuGH-Urteil vom 13.07.1962, verb. Rs. 17/61 und 20/61 („Klöckner"), Slg. 1962, S. 653, 692.
[1418] Vgl. EuGH-Urteil vom 13.02.1985, Rs. 293/83 („Gravier"), Slg. 1985, S. 593, Rn. 14.
[1419] Vgl. EuGH-Urteil vom 02.02.1987, Rs. 186/87 („Cowan"), Slg. 1989, S. 195, Rn. 10 f.; EuGH-Urteil vom 06.06.2002, Rs. C-360/00 („Ricordi"), Slg. 2002, I-5089, Rn. 31.
[1420] EuGH-Urteil vom 14.06.1981, Rs. 155/80 („Oebel"), Slg. 1981, S. 1993, Rn. 8.

Rechtsprechung des EuGH noch die Literatur sieht für Art. 12 Abs. 1 EG eine Weiterentwicklung zu einem umfassenden Beschränkungsverbot über das bestehende Diskriminierungsverbot hinaus als geboten an.[1421] Folglich sind vom Schutzbereich des Art. 18 Abs. 1 EG i. V. m. Art. 12 Abs. 1 EG nur unmittelbare oder mittelbare Diskriminierungen im Gemeinschaftsgebiet erfasst. Selbst eine mittelbare Diskriminierung durch § 15 Abs. 1 S. 1 AStG ist nicht anzunehmen, da die Vorschrift weder in rechtlicher noch in tatsächlicher Hinsicht eine bestimmte Gruppe von Normadressaten im Rahmen der grenzüberschreitenden Freizügigkeit gegenüber Inländern oder einer sonstigen Vergleichsgruppe ohne eine Differenzierung nach der Staatsangehörigkeit ungleich behandelt.[1422] Daneben wäre eine indirekte Diskriminierung auch dann anzunehmen, wenn die Besteuerung ausländischer Familienstiftungen typischerweise nur bei Personen eingreifen würde, die als Folge der Freizügigkeit erstmalig eine unbeschränkte Steuerpflicht im Inland begründen.[1423] Eine mittelbare Diskriminierung aufgrund tatsächlicher Umstände liegt danach vor, wenn die Neutralität der innerstaatlichen Regelung nur scheinbar ist und in Wirklichkeit, auch wenn sie das Diskriminierungsverbot der Form nach beachtet, protektionistische Ziele zum Vorteil der Bürger des betreffenden Staates verfolgt.[1424] Eine protektionistische Absicht dahingehend, eine Ansässigkeit und die damit verbundene unbeschränkte Steuerpflicht von Unionsbürgern im Inland zu verhindern, kann bei § 15 Abs. 1 S. 1 AStG nicht festgestellt werden. Vielmehr verfolgt die Norm ja gerade den gegenläufigen Zweck, eine Verlagerung von Besteuerungssubstrat bei fortbestehender Ansässigkeit eines Steuerpflichtigen zu verhindern. Im Ergebnis ist daher das Freizügigkeitsgebot in Art. 18 Abs. 1 EG i. V. m. Art. 12 Abs. 1 EG auf den Zuzugsfall eines bezugs- oder anfallsberechtigten Destinatärs einer ausländischen Familien- oder Unternehmensstiftung i. S. v. § 15 AStG nicht anwendbar.

[1421] EuGH-Urteil vom 24.11.1993, verb. Rs. C-276/91 und C-268/91 („Keck u. Mithouard"), Slg. 1993, I-6907, Rn. 8; von Bogdandy, in: Grabitz/Hilf, Das Recht der Europäischen Union, EGV, Art. 12, Rn. 19 m. w. N.; siehe Kapitel 3, E. II. 3. b).

[1422] Vgl. EuGH-Urteil vom 12.12.1974, Rs. 152/73 („Sotgiu"), Slg. 1974, S. 153, Rn. 11; EuGH-Urteil vom 16.02.1978, Rs. 61/77 („Kommission / Irland"), Slg. 1978, S. 417, Rn. 78, 80; EuGH-Urteil vom 12.07.1979, Rs. 237/78 („Toia"), Slg. 1979, S. 2645, Rn. 12; EuGH-Urteil vom 29.10.1980, Rs. 22/80 („Boussac"), Slg. 1980, S. 3427, Rn. 9; EuGH-Urteil vom 10.02.1994, Rs. C-398/92 („Mund & Fester"), Slg. 1994, I-467, Rn. 14; EuGH-Urteil vom 23.01.1997, Rs. C-29/95 („Pastoors"), Slg. 1997, I-285, Rn. 16; EuGH-Urteil vom 03.10.2000, Rs. C-411/98 („Ferlini"), Slg. 2000, I-8081, Rn. 57; EuGH-Urteil vom 19.03.2002, Rs. C-224/00 („Kommission / Belgien"), Slg. 2004, I-4731, Rn. 28.

[1423] Vgl. EuGH-Urteil vom 03.05.1989, Rs. 33/88 („Allué"), Slg. 1989, S. 1591, Rn. 12; EuGH-Urteil vom 23.05.1996, Rs. C-237/94 („O'Flynn"), Slg. 1996, I-2617, Rn. 21; EuGH-Urteil vom 12.09.1996, Rs. C-278/94 („Kommission / Belgien"), Slg. 1996, I-4307, Rn. 20; EuGH-Urteil vom 06.06.2000, Rs. C-281/98 („Angonese"), Slg. 2000, I-4139, Rn. 40 f.; EuGH-Urteil vom 16.01.2003, Rs. C-388/01 („Kommission / Italien"), Slg. 2003, I-721, Rn. 14 f.

[1424] Schlussanträge GA Capotorti vom 27.05.1981, Rs. 155/80 („Oebel"), Slg. 1981, S. 1993, Rn. 2.

IV. Eingriff in den Schutzbereich der Niederlassungs- und Kapitalverkehrsfreiheit

Die Feststellung eines Eingriffs in den Schutzbereich der Niederlassungs- und Kapitalverkehrsfreiheit durch eine Zurechnungsbesteuerung gem. § 15 Abs. 1 S. 1 AStG orientiert sich an der Prüfung der Hinzurechnungsbesteuerung gem. §§ 7 ff. AStG im vierten Kapitel dieser Arbeit. Im Unterschied zu den Einkünften einer ausländischen Zwischengesellschaft kommt es bei einer ausländischen Familien- oder Unternehmensstiftung allerdings nicht zu einer Thesaurierung oder Ausschüttung von Dividenden aus dem Jahresüberschuss, da eine Stiftung keine Anteilseigner i. S. e. korporativen Verfassung, sondern nur bezugs- oder anfallsberechtigte Personen hat. Folglich geht ein Belastungsvergleich zwischen der steuerlichen Rechtsfolge des § 15 Abs. 1 S. 1 AStG und einem vergleichbaren inländischen Sachverhalt immer von einer Zurechnung des ausländischen Stiftungseinkommens, unabhängig von dessen tatsächlicher Akkumulierung im Stiftungsvermögen oder Verteilung an unbeschränkt oder erweitert beschränkt steuerpflichtige Personen, aus. Die gesetzessystematische Begründung hierfür liegt in der Verpflichtung zur Ermittlung des ausländischen Stiftungseinkommens nach den für juristische Personen geltenden Einkommensermittlungsvorschriften. Folglich ist auch § 8 Abs. 3 S. 1 KStG zu beachten, wonach das Einkommen unabhängig von einer Ausschüttung zu ermitteln ist. Damit es im Rahmen einer Auskehrung der Stiftungseinkünfte nicht zu einer Doppelbesteuerung kommt, ist § 15 Abs. 1 S. 1 AStG als „lex specialis" zu den Einkunftstatbeständen des EStG anzusehen, so dass hierdurch eine Besteuerung sowohl der inländischen Quelleneinkünfte der ausländischen Familienstiftung gem. §§ 2, 8 Abs. 1 S. 1 KStG i. V. m. §§ 49 ff. EStG als auch Auskehrungen an bezugs- oder anfallsberechtigte Personen gem. §§ 20 Abs. 1 Nr. 9, 22 Nr. 1 EStG i. V. m. § 3 Nr. 40 d) EStG ausgeschlossen werden.[1425] Erfolgt z. B. eine Zurechnung des Stiftungseinkommens gem. § 15 Abs. 1 S. 1 AStG zum Stifter, so können die Ausschüttungen, auch soweit sie Bezugsberechtigten zugeflossen sind, nicht noch einmal bei diesen als wiederkehrende Bezüge besteuert werden.[1426]

Während eine Zurechnung des Einkommens einer ausländischen Familien- oder Unternehmensstiftung bei Vorliegen der übrigen Tatbestandsvoraussetzungen des § 15 Abs. 1 S. 1 AStG im Grundsatz immer vorgenommen wird, kommt eine Besteuerung bei einem Stifter, Bezugs- oder Anfallsberechtigten an einer vergleichbaren inländischen Stiftung nur im Falle eines tatsächlichen Zuflusses von Ausschüttungen oder sonstigen wiederkehrenden Bezügen bzw. bei einem Liquidationserlös in Betracht. Darüber hinaus kann der inländische Steuerpflichtige den Zeitpunkt des Zuflusses aufgrund der besonderen rechtlichen Verfassung der Stiftung nicht bestimmen, da dieser von der Stiftungssatzung oder einem freiwilligen Vorstandsbeschluss im Rahmen des Stiftungszwecks gem.

[1425] Wassermeyer, in: Flick/Wassermeyer/Baumhoff, AStG, § 15, Rn. 24.
[1426] Wassermeyer, in: Flick/Wassermeyer/Baumhoff, AStG, § 15, Rn. 24.

§§ 86 S. 1, 28 Abs. 1, 32 Abs. 1 BGB i. V. m. §§ 85, 81 Abs. 1 S. 3 Nr. 3 BGB und nicht wie bei einer Kapitalgesellschaft von einem Gewinnverwendungs- und Ausschüttungsbeschluss der Gesellschafter abhängt. Daher ist es dem Stifter oder der bezugs- bzw. anfallsberechtigten Person i. S. v. § 15 Abs. 1 S. 1 AStG nicht möglich, eine Milderung seiner tatsächlichen Steuerbelastung durch einen der Bemessungsgrundlage der inländischen Zurechnungsbesteuerung entsprechenden Mittelzufluss herbeizuführen. Im Extremfall hat daher ein alleiniger Stifter ohne sonstige bezugs- oder anfallsberechtigte Personen zwar keinen satzungsgemäßen Anspruch auf einmalige oder regelmäßig wiederkehrende Bezüge aus dem Stiftungsvermögen, ist jedoch durch § 15 Abs. 1 S. 1 AStG von einer Zurechnungsbesteuerung des möglicherweise umfangreichen jährlichen Stiftungseinkommens betroffen, die er aus den liquiden Mitteln seiner sonstigen Einkünfte oder seines sonstigen Vermögensstamms begleichen muss.[1427] Demnach ist für einen diskriminierenden Eingriff in die Niederlassungs- und Kapitalverkehrsfreiheit durch § 15 Abs. 1 S. 1 AStG ein Rückgriff auf einen vorübergehenden Liquiditäts- oder Zinsnachteil bis zum Ausschüttungszeitpunkt wie bei der Hinzurechnungsbesteuerung nur dann erforderlich, wenn der inländische Steuerpflichtige einen satzungsgemäßen Anspruch auf das Einkommen der ausländischen Stiftung hat, der mit demjenigen für die Zurechnungsbesteuerung relevanten Anteil i. S. v. § 15 Abs. 1 S. 1 AStG übereinstimmt. Ist das nicht der Fall, so ist eine Diskriminierung des grenzüberschreitenden gegenüber einem inländischen Sachverhalt anzunehmen. Zu einem Liquiditätsnachteil kommt man auch mit der Auffassung von Wassermeyer, der den Zurechnungsumfang konsequent von einem nachweisbaren Rechtsanspruch des Bezugs- oder Anfallsberechtigten abhängig machen will.[1428] Demgegenüber qualifiziert die Finanzverwaltung einen unbeschränkt Steuerpflichtigen als bezugsberechtigte Person, wenn sie nach der Satzung der Familienstiftung in der Gegenwart oder Zukunft Vermögensvorteile aus der Stiftung erhält oder erhalten wird oder bei der nach der Satzung damit gerechnet werden kann, dass sie Vermögensvorteile erhalten wird, ohne dass hierauf ein Rechtsanspruch besteht.[1429] Auch für den Anfallsberechtigten gilt nach Auffassung der Finanzverwaltung, dass ein Rechtsanspruch auf die Übertragung des Stiftungsvermögens nicht erforderlich ist.[1430] Auch werde die Hinzurechnung beim Anfallsberechtigten nicht dadurch ausgeschlossen, dass dieser bis zum Zeitpunkt des tatsächlichen Vermögensanfalls keine Zuwendungen von der Stiftung erhalten hat.[1431] Unabhängig von den mit dieser Auffassung verbundenen verfassungsrechtlichen Problemen im Hinblick

---

[1427] A. A. Wassermeyer, in: Flick/Wassermeyer/Baumhoff, AStG, § 15, Rn. 39 für eine Lösung über § 42 AO.
[1428] Wassermeyer, in: Flick/Wassermeyer/Baumhoff, AStG, § 15, Rn. 34 ff.
[1429] BMF-Schreiben vom 14.05.2004, IV B 4 – S 1340 – 11/04, BStBl I 2004, Sondernummer 1/2004, Rn. 15.2.1.
[1430] BMF-Schreiben vom 14.05.2004, IV B 4 – S 1340 – 11/04, BStBl I 2004, Sondernummer 1/2004, Rn. 15.2.1.
[1431] BMF-Schreiben vom 14.05.2004, IV B 4 – S 1340 – 11/04, BStBl I 2004, Sondernummer 1/2004, Rn. 15.2.1.

auf eine tatbestandliche Bestimmbarkeit der steuerpflichtigen Personen und des Umfangs ihrer zuzurechnenden Anteile am Einkommen der ausländischen Stiftung manifestiert sich in den Ausführungen des BMF der diskriminierende Charakter der Zurechnungsbesteuerung gem. § 15 Abs. 1 S. 1 AStG, da es auch bei den bezugs- oder anfallsberechtigten Personen zu einer Zurechnungsbesteuerung kommen kann, der möglicherweise nie eine tatsächliche Leistung der Stiftung an diese Personen gegenübersteht. Man denke mit dem Beispiel von Wassermeyer nur an eine Familienstiftung, deren Satzung keine Regelung über die Anfallsberechtigung enthält, sondern die entsprechenden Bestimmungen einem Stiftungsrat überlässt, der sich aus den jeweils ältesten Familienmitgliedern zusammensetzt.[1432] Insofern ist es nicht außerhalb der Lebenswahrscheinlichkeit, dass entweder die von der Zurechnungsbesteuerung betroffenen Familienmitglieder eine Liquidation nicht mehr erleben oder eine Verteilung des Liquidationsgewinns an andere als die zuvor besteuerten Personen beschließen.

Neben einer Diskriminierung der gem. § 15 Abs. 1 S. 1 AStG steuerpflichtigen Personen aufgrund der entstehenden steuerlichen Belastung bewirkt die Pflicht zur Mitteilung der Besteuerungsgrundlagen bezüglich des Einkommens der ausländischen Familienstiftung eine weitere zusätzliche Belastung des grenzüberschreitenden Sachverhalts. Da es sich hierbei um eine Pflicht zur erweiterten Sachverhaltsaufklärung gem. § 17 AStG handelt, wird auf die gesonderte Erörterung im sechsten Kapitel dieser Arbeit verwiesen.[1433]

Aufgrund der im Unterschied zur Hinzurechnungsbesteuerung gem. §§ 7 ff. AStG eindeutig diskriminierenden Wirkung der Zurechnungsbesteuerung gem. § 15 Abs. 1 S. 1 AStG erübrigt sich eine gesonderte Prüfung der beschränkenden Wirkung des Steuertatbestands i. S. d. Rechtsprechung des EuGH in der Rs. C-55/94 („Gebhard"). Letztendlich käme man mit den im vierten Kapitel dieser Arbeit angestellten Erwägungen auch hier zu einem gleichlautenden Ergebnis, da der Zweck des § 15 AStG auf die Verhinderung einer grenzüberschreitenden Gründung und Unterhaltung von Familien- bzw. Unternehmensstiftungen abzielt und damit eine Marktaufspaltung im Schutzbereich der Niederlassungs- und Kapitalverkehrsfreiheit für den Marktaustritt bewirkt.[1434]

V. Rechtfertigung des Eingriffs in die Niederlassungs- und Kapitalverkehrsfreiheit

Der Runderlass der Finanzverwaltung vom 01.02.2005, wonach jeder Fall einer Besteuerung gem. § 15 Abs. 1 S. 1 AStG gesondert zu prüfen ist, weist den grundsätzlichen Weg für eine gemeinschaftsrechtskonforme Ausgestaltung der Zurechnungsbesteuerung.[1435] In der geltenden Fassung hingegen kann der Eingriff in die Niederlassungs- und Kapitalverkehrsfreiheit nicht durch einen sach-

---

[1432] Wassermeyer, in: Flick/Wassermeyer/Baumhoff, AStG, § 15, Rn. 36.
[1433] Siehe Kapitel 6.
[1434] Siehe Kapitel 4, C. II. 2.
[1435] Runderlass der Senatsverwaltung für Finanzen Berlin vom 01.02.2005, III A 3 - S 1361 - 3/2004, IStR 2005, S. 174.

lichen Grund des Allgemeininteresses gerechtfertigt werden, dessen konkrete Ausgestaltung im Einzelfall verhältnismäßig ist. Hierzu ist festzustellen, dass der mit § 15 AStG verfolgte Gesetzeszweck in der Verhinderung einer Steuerumgehung im Inland durch eine Verlagerung von Besteuerungsgrundlagen auf einen ausländischen Rechtsträger zu sehen ist. Insofern besteht eine weitgehende Deckungsgleichheit mit der Hinzurechnungsbesteuerung gem. §§ 7 ff. AStG. Gleichwohl berücksichtigt der Steuertatbestand des § 15 Abs. 1 S. 1 AStG „de lege lata" diesen Gesetzeszweck in keiner Weise. Vielmehr wäre eine Regelung nur dann als erforderlich i. S. d. mildesten Mittels zu qualifizieren, wenn der Steuertatbestand die rechtsmissbräuchliche Einschaltung der ausländischen Familienstiftung erfordern würde. Dagegen kann es nicht als sachgerecht beurteilt werden, wenn der Steuertatbestand die ausländische Stiftung von vornherein mit dem Verdikt der Missbräuchlichkeit belegt und dem steuerpflichtigen Stifter, Bezugs- oder Anfallsberechtigten keine Exculpationsmöglichkeit ermöglicht. Darüber hinaus ist bei dem inländischen Steuerpflichtigen sicherzustellen, dass ein Zufluss der Einkünfte aus der ausländischen Familienstiftung zu seiner Verfügung nach den Voraussetzungen der Stiftungssatzung überhaupt möglich ist. Folglich ist der von der Finanzverwaltung übergangsweise gewählte Weg einer Einzelfallprüfung dann sachgerecht, wenn er sich an den Kriterien eines missbräuchlichen Verhaltens durch die Einschaltung der ausländischen Familienstiftung beim inländischen Stifter orientiert. Langfristig muss der Gesetzgeber dieses Vorgehen aber in den Steuertatbestand des § 15 AStG integrieren, wobei sich im Hinblick auf die im vierten Kapitel vertretenen Ansätze zur Hinzurechnungsbesteuerung eine inhaltliche Bezugnahme bzw. Verbindung beider Normkomplexe zu einer einheitlichen Hinzurechnungsbesteuerung anbietet, da es in der Sache letztendlich immer um die Ausnutzung der Abschirmwirkung eines ausländischen Rechtsträgers in der Rechtsform einer juristischen Person zur Vermeidung einer inländischen Steuerbelastung geht.[1436] Eine am Gemeinwohlzweck der Verhinderung einer Steuerumgehung orientierte Hinzurechnungsbesteuerung könnte daher gesetzestechnisch einheitlich unter Einbeziehung ausländischer Stiftungsgebilde geregelt werden. Hierbei sind jedoch die steuertechnischen Besonderheiten des Verhältnisses der Stiftung zu ihrem Stifter und den Bezugs- bzw. Anfallsberechtigten zu berücksichtigen. Insbesondere müssen die inländischen Steuerpflichtigen einen satzungsmäßigen Anspruch auf eine Beteiligung an den Einkünften bzw. dem Vermögen der Stiftung haben, da es sonst zu einer Besteuerung ohne nachträglichen tatsächlichen Vermögenszufluss kommen kann. Abschließend ist auch für die Besteuerung von Einkünften ausländischer Familienstiftungen gem. § 15 Abs. 1 S. 1 AStG festzustellen, dass es dem Gesetzgeber „de lege ferenda" durchaus möglich wäre, die Gemeinschaftsrechtskonformität, d. h. insbesondere Verhältnismäßigkeit der Regelung über eine stärkere Hinwendung zur Einzelfallprüfung eines missbräuchlichen Vorgehens durch den Steuerpflichtigen im Einzelfall herzustellen.

[1436] Siehe Kapitel 4, C. III. für eine Darstellung der Anforderungen an eine gemeinschaftsrechtskonforme Hinzurechnungsbesteuerung.

D. Zusammenfassung

Die Besteuerung von Einkünften ausländischer Familienstiftungen gem. § 15 Abs. 1 S. 1 AStG entspricht „de lege lata" nicht den Vorgaben der Grundfreiheiten für die Verhinderung einer Steuerumgehung durch Einkünfteverlagerung mittels Zwischenschaltung ausländischer Rechtsträger. Gleichwohl wäre ein Eingriff in die Niederlassungs- und Kapitalverkehrsfreiheit grundsätzlich rechtfertigungsfähig, wenn die konkrete Ausgestaltung des Steuergesetzes eine Prüfung der Umstände des konkreten Sachverhalts mit einer Exculpationsmöglichkeit des inländischen Steuerpflichtigen unter Berücksichtigung der tatsächlichen wirtschaftlichen Verhältnisse der ausländischen Familienstiftung vorsehen würde.

Kapitel 6 – Erweiterte Mitwirkungspflichten bei grenzüberschreitenden Sachverhalten gem. §§ 16, 17 AStG und § 90 AO

Der Grundsatz der „formellen Territorialität" als Ausfluss der völkerrechtlichen Ausschließlichkeit der Staatsgewalt i. S. e. „territorialen Souveränität" eines Staates verbietet die Vornahme von Hoheitsakten durch die Finanzbehörden und Finanzgerichte im Hoheitsgebiet eines anderen Staates.[1437] Eine Ausnahme von diesem Grundsatz ist nur in solchen Fällen anzunehmen, in denen ein Staat einem anderen Rechte über sein Gebiet oder Teile seines Gebietes durch Servitut oder Verwaltungszession einräumt.[1438] Demnach ist eine Durchsetzung innerstaatlicher Rechtsvorschriften im Ausland grundsätzlich völkerrechtswidrig.[1439] Die Vornahme von Ermittlungen zur Aufklärung grenzüberschreitender Sachverhalte im Hoheitsgebiet eines anderen Staates ohne dessen ausdrückliches Einverständnis ist daher unzulässig. Aus diesem Grund werden einem Steuerpflichtigen bei der Ermittlung von Auslandssachverhalten erhöhte Mitwirkungspflichten auferlegt, wenn es sich um beweiserhebliche Vorgänge außerhalb des Geltungsbereichs des Grundgesetzes handelt.[1440] Die Divergenz zwischen materiellen Steuerpflichten und der Verifizierbarkeit des grenzüberschreitenden Sachverhalts wird durch eine Stärkung der verfahrensrechtlichen Position der Finanzbehörde kompensiert.[1441]

Besondere Mitwirkungs- und Sachverhaltsaufklärungspflichten sind in den §§ 16, 17 AStG sowie den verfahrensrechtlichen Vorschriften des § 90 Abs. 2, 3 AO geregelt. Neben einer Auferlegung erhöhter Pflichten beim inländischen Steuerpflichtigen stehen den deutschen Finanzbehörden aber auch die Möglichkeiten der grenzüberschreitenden Rechts- und Amtshilfe offen. Diese können sich aus einem DBA, besonderen zwischenstaatlichen Abkommen oder der EU-Amtshilfe-Richtlinie[1442] ergeben. Aus der unterschiedlichen Belastungswirkung der verschiedenen Rechtsgrundlagen für den einzelnen Steuerpflichtigen ergibt sich zwangsläufig ein Konflikt hinsichtlich der Verpflichtung zur vorrangigen

---

[1437] Vogel, in: Vogel/Lehner, DBA, Einleitung, Rn. 16; Seidl-Hohenveldern, Völkerrecht, Rn. 1504.

[1438] Hailbronner, in: Graf Vitzthum, Völkerrecht, 3. Abschnitt, Rn. 103.

[1439] Hailbronner, in: Graf Vitzthum, Völkerrecht, 3. Abschnitt, Rn. 124.

[1440] Vgl. RFH-Urteil vom 30.01.1930, I A 370/29, RStBl 1930, S. 151, 153; RFH-Urteil vom 18.10.1933, VI A 1683/32, RFHE 34, S. 286, 288; RFH-Urteil vom 09.01.1934, I A 344/32, RFHE 36, S. 133, 136; RFH-Urteil vom 22.01.1935, VI A 827/34, RStBl 1935, S. 306, 308; BFH-Urteil vom 07.04.1959, I 2/58, BStBl 1959 III, S. 233; BFH-Urteil vom 13.07.1962, VI 100/61 U, BStBl 1962 III, S. 428, 429; BFH-Urteil vom 21.01.1976, I R 234/73, BStBl 1976 II, S. 513, 515; BFH-Urteil vom 20.01.1978, VI R 193/74, BStBl 1978 II, S. 338, 339 für eine historische Entwicklung der erweiterten Mitwirkungspflichten bei grenzüberschreitenden Sachverhalten.

[1441] Seer, IWB, Gr. 2, S. 673, 678.

[1442] Richtlinie des Rates über die gegenseitige Amtshilfe zwischen den zuständigen Behörden der Mitgliedstaaten im Bereich der direkten Steuern, bestimmter Verbrauchsteuern und der Steuern auf Versicherungsprämien vom 19.12.1977, 77/799/EWG, ABl. EG 1977, L 336, S. 15.

Anwendung der einen oder anderen Möglichkeit zur Sachverhaltsermittlung durch die Finanzbehörde im Rahmen des ihr gem. § 88 AO obliegenden Amtsermittlungsgrundsatzes. Dabei ist von einer sphärenorientierten Beweisrisikoverteilung zwischen Finanzbehörde und Steuerpflichtigem auszugehen, bei der dem Gedanken der Beweisnähe eine besondere Bedeutung zukommt: Je mehr Tatsachen und Beweismittel der vom Steuerpflichtigen beherrschten Informationssphäre zugeordnet werden können, desto mehr vergrößert sich die Verantwortung des Steuerpflichtigen für die Sachverhaltsaufklärung.[1443] Da aus der Belastung des Steuerpflichtigen mit erhöhten Mitwirkungspflichten im Rahmen der Aufklärung grenzüberschreitender Sachverhalte auch eine Einschränkung der den ausländischen Einkünften zugrunde liegenden grenzüberschreitenden Tätigkeit erwachsen kann, stellt sich insbesondere die Frage nach der Vereinbarkeit der in den §§ 16, 17 AStG vorgesehenen Pflichten mit den Grundfreiheiten des EGV. Gleiches gilt für die Dokumentationsanforderungen aus grenzüberschreitenden Geschäftsbeziehungen mit einer nahestehenden Person gem. § 90 Abs. 3 AO im Anwendungsbereich der Einkünftekorrekturnorm des § 1 AStG.

A. Einführung in die Rechtsgrundlagen

Zunächst wird eine Einführung in die Rechtsgrundlagen der Mitwirkungspflichten eines Steuerpflichtigen bei grenzüberschreitenden Sachverhalten gem. §§ 16, 17 AStG vorgenommen. In diesem Zusammenhang erfolgt auch eine Einordnung der Vorschriften in den systematischen Kontext der allgemeinen Vorschriften über die Mitwirkungspflichten des Steuerpflichtigen im Besteuerungsverfahren bei grenzüberschreitenden Sachverhalten gemäß § 90 AO. Das besondere Augenmerk gilt dabei dem Verhältnis zu § 90 Abs. 2 AO, der eine Generalklausel für die Sachverhaltsermittlung im Rahmen der Besteuerung grenzüberschreitender Sachverhalte ist.[1444] Abschließend werden Inhalt und Auswirkungen des § 90 Abs. 3 AO über die Pflicht des Steuerpflichtigen zur Erstellung von Aufzeichnungen über die wirtschaftlichen und rechtlichen Grundlagen von Geschäftsbeziehungen zu verbundenen Unternehmen für Zwecke der Verrechnungspreisdokumentation im Anwendungsbereich von § 1 AStG dargestellt.

I. Mitwirkungspflicht des Steuerpflichtigen gem. § 16 AStG

Eine im Inland beschränkt oder unbeschränkt steuerpflichtige Person wird über § 16 Abs. 1 AStG bei der Beantragung einer Absetzung von Schulden oder anderen Lasten bzw. Betriebsausgaben oder Werbungskosten im Zusammenhang mit einer grenzüberschreitenden Geschäftsbeziehung zu einer erweiterten Mitwirkung verpflichtet. Kommt der Steuerpflichtige dieser Mitwirkungspflicht nicht nach, so ist Rechtsfolge die Versagung des Abzuges der geltend gemach-

---

[1443] Seer, in: Tipke/Kruse, AO, § 162, Rn. 4 ff., 8.
[1444] Vgl. Söhn, in: Hübschmann/Hepp/Spitaler, AO, § 90, Rn. 140 f.

ten Beträge. Das Verlangen der Finanzbehörde zur Empfängerbenennung gem. § 16 Abs. 1 AStG stellt im Unterschied zu § 160 Abs. 1 S. 1 AO keinen selbständigen Verwaltungsakt dar.[1445] Auf Verlangen des Finanzamts hat der Steuerpflichtige seine Angaben gemäß § 16 Abs. 2 AStG i. V. m. § 95 AO an Eides Statt zu versichern. Im Vorfeld der Behördenentscheidung über ein Verlangen zur Abgabe einer eidesstattlichen Versicherung ist die Verpflichtung zur vollständigen Ausschöpfung aller sonstigen Beweismittel gem. § 95 Abs. 1 S. 2 AO zu beachten.[1446] Nach umstrittener Auffassung handelt es sich bei § 16 Abs. 1 AStG um eine materiell-rechtliche Vorschrift, da eine unzureichende Mitwirkung zur Verweigerung des Abzugs von Betriebsausgaben und Werbungskosten sowie einer Absetzung von Schulden und Lasten führt, so dass sie auf Sachverhalte des Ertragsteuerrechts ebenso anwendbar ist, wie auf solche des Erbschaftsteuerrechts oder anderer Steuerarten.[1447]

Der Tatbestand von § 16 Abs. 1 AStG setzt voraus, dass die beantragten Abzüge in einem inneren Zusammenhang mit Geschäftsbeziehungen zum Ausland stehen. Für Zwecke einer Bestimmung des Wortes „Geschäftsbeziehung" kann auf die Legaldefinition in § 1 Abs. 5 AStG zurückgegriffen werden.[1448] Die besondere Mitwirkungspflicht des Steuerpflichtigen gem. § 16 Abs. 1 AStG greift jedoch nur dann ein, wenn die Einkünfte des ausländischen Geschäftspartners einer niedrigen Besteuerung unterliegen. Hierzu ist anzumerken, dass die Darlegungslast für alle Tatbestandsvoraussetzungen des § 16 Abs. 1 AStG und damit auch der niedrigen oder nur unwesentlichen Besteuerung grundsätzlich beim Finanzamt liegt.[1449] Bei dem Erfordernis einer niedrigen Besteuerung handelt es sich um einen unbestimmten Rechtsbegriff, der im Wege der Auslegung zu konkretisieren ist.[1450] Die Finanzverwaltung geht für die Bestimmung der Steuerbelastung der Einkünfte des ausländischen Geschäftspartners von der Ertragsteuerquote aus und setzt hierbei unter Verweis auf die Verwaltungsauffassung zu § 8 Abs. 3 AStG eine Mindestgrenze von 25 v. H. an.[1451] Dabei sind sämtliche Steuerbelastungen, d. h. auch Regional- oder Gemeindesteuern in die Betrachtung einzubeziehen.[1452] Allerdings enthält § 16 Abs. 1 AStG keinen systematischen

---

[1445] Vgl. zu § 16 AStG: BFH-Urteil vom 20.04.1988, I R 67/84, BStBl II 1988, S. 927; vgl. zu § 160 AO: FG Düsseldorf, Urteil vom 26.10.1977, VII 174/75, EFG 1978, S. 108; FG Hamburg, Urteil vom 05.09.1978, V 24/78, EFG 1979, S. 66; FG München, Urteil vom 24.02.1984, V 403/83, EFG 1984, S. 433.
[1446] Vgl. Tipke, in: Tipke/Kruse, AO, § 95, Rn. 2 ff.
[1447] Korts, in: Strunk/Kaminski/Köhler, AStG, § 16, Rn. 3; a .A. Wassermeyer, in: Flick/Wassermeyer/Baumhoff, AStG, § 16, Rn. 4.
[1448] Vgl. Wassermeyer, in: Flick/Wassermeyer/Baumhoff, AStG, § 1, Rn. 891 ff.; Kaminski, in: Strunk/Kaminski/Köhler, AStG, § 1, Rn. 691 ff.
[1449] Wassermeyer, in: Flick/Wassermeyer/Baumhoff, AStG, § 16, Rn. 29.1; Schmitz, IStR 1997, S. 193, 196.
[1450] Vgl. Lang, in: Tipke/Lang, Steuerrecht, § 5, Rn. 48 ff.
[1451] BMF-Schreiben vom 14.05.2004, IV B 4 – S 1340 – 11/04, BStBl I 2004, Sondernummer 1/2004, Rn. 16.1.2.; so auch Baranowski, Besteuerung von Auslandsbeziehungen, Rn. 1129.
[1452] Korts, in: Strunk/Kaminski/Köhler, AStG, § 16, Rn. 31.

Verweis auf § 8 Abs. 3 AStG für Zwecke der Feststellung einer niedrigen Besteuerung. In diesem Zusammenhang weist Korts zu Recht auf den unterschiedlichen Wortlaut beider Vorschriften hin, wonach § 16 Abs. 1 AStG von einer „unwesentlichen" und § 8 Abs. 3 AStG von einer „niedrigen" Besteuerung spricht.[1453] Schließlich verweist Wassermeyer auf den ursprünglichen Entwurf der Vorschrift, in dem ein Verweis auf § 8 Abs. 3 AStG zunächst vorgesehen war, in der endgültigen Fassung aber gestrichen wurde.[1454] Gleichzeitig hält Wassermeyer unter Heranziehung der Freigrenze in § 9 AStG eine Steuerlastquote von 10 v. H. für sachgerecht.[1455] Dem tritt Schmitz mit der Argumentation entgegen, dass – ähnlich wie im Falle des § 8 Abs. 3 AStG – kein entsprechender Wille des Gesetzgebers erkennbar sei.[1456] Vielmehr vertritt er die Auffassung, dass für Zwecke der Definition einer „unwesentlichen Besteuerung" auf die Definition einer „wesentlichen Beteiligung" in § 1 Abs. 2 AStG zurückzugreifen ist. Zur Begründung verweist er auf den inneren Zusammenhang zwischen § 16 Abs. 1 AStG und § 1 AStG sowie einen immanenten gesetzgeberischen Willen zur Schaffung einer einheitlichen „Wesentlichkeitsgrenze" zwischen den Vorschriften, unabhängig von den unterschiedlichen Regelungsgegenständen.[1457] Dem ist jedoch entgegenzuhalten, dass die Wesentlichkeitsgrenze in § 1 Abs. 2 AStG ausschließlich den Zweck hat, das Vorliegen einer „nahestehenden Person" als Voraussetzung für eine Einkünftekorrektur nach dem Fremdvergleichsgrundsatz zu definieren. Davon zu unterscheiden ist die Definition einer Steuerlastquote als „unwesentlich" im Vorfeld einer Einkünftekorrektur als Indikator für die Auferlegung erweiterter Mitwirkungspflichten bei der zugrunde liegenden Sachverhaltsermittlung. Entgegen der dargestellten Meinungen aus Finanzverwaltung und Literatur ist nach der hier vertretenen Auffassung vom Gesetzgeber gerade kein systematischer Zusammenhang mit anderen Bezugsgrößen durch eine statische Verweisung innerhalb des AStG gewollt, sondern eine dynamische Definition des Begriffs der „unwesentlichen Besteuerung" vorzunehmen. Da nach geltendem Recht in einigen EU-Mitgliedstaaten Ertragsteuerquoten von 10 – 15 % üblich sind, muss sich eine Auslegung des Begriffs im Kontext der Verpflichtung der EU-Mitgliedstaaten zur Verwirklichung eines gemeinschaftsweiten Binnenmarktes gem. Art. 3 Abs. 1 lit. c) EG i. V. m. Art. 14 Abs. 2 EG und den Gewährleistungen der Grundfreiheiten des EGV auch an den tatsächlichen Umständen in den EU-Mitgliedstaaten orientieren.[1458] Daher ist unter Berücksichtigung der aktuellen Verhältnisse eine Obergrenze für das Vorliegen einer unwesentlichen Besteuerung zwischen 5 % und 10 % anzusetzen, zumal einige der neuen Beitrittsländer gar keine Ertragsteuern bei ausländischen Investments erheben, so dass deren Ertragsteuerquote demnach 0 % ist. Insbesondere in diesen Fällen ist die Finanzbehörde bei der Fest-

---

[1453] Korts, in: Strunk/Kaminski/Köhler, AStG, § 16, Rn. 34.
[1454] Wassermeyer, in: Flick/Wassermeyer/Baumhoff, AStG, § 16, Rn. 1.
[1455] Wassermeyer, in: Flick/Wassermeyer/Baumhoff, AStG, § 16, Rn. 25.
[1456] Schmitz, IStR 1997, S. 193, 195.
[1457] Schmitz, IStR 1997, S. 193, 195.
[1458] Siehe Kapitel 4, C. III. 2. b).

stellung einer „unwesentlichen Besteuerung" dann verpflichtet, die konkreten gesetzlichen Umstände der Besteuerung im Einzelfall festzustellen, da die Besteuerung z. B. durch eine Ausnutzung von lokalen Steuerprivilegien ggf. hinter der staatlichen Steuerquote zurückbleibt. Die Berücksichtigung individueller Umstände zu Lasten des Steuerpflichtigen findet jedoch dort ihre Grenze, wo es dem inländischen Steuerpflichtigen nicht mehr möglich ist, besteuerungsrelevante Faktoren im Ansässigkeitsstaat des Geschäftspartners zu antizipieren. Dazu gehören in erster Linie die Geltendmachung von Verlustvorträgen oder sonstigen gewinnmindernden Faktoren aus der Sphäre des ausländischen Geschäftspartners.[1459]

Auf Rechtsfolgenseite des § 16 Abs. 1 AStG ist ebenfalls in Abhängigkeit zur Höhe der Besteuerung im Ansässigkeitsstaat des Geschäftspartners vor dem Hintergrund des Zwecks von § 16 Abs. 1 AStG, eine Verlagerung von Besteuerungssubstrat ins Ausland zu verhindern,[1460] eine dynamische Anpassung der Anforderungen an den Umfang einer ordnungsgemäßen Empfängerbenennung vorzunehmen. Allgemein ist der Umfang des Benennungsverlangens in besonderem Maße unter dem Gesichtspunkt der Zumutbarkeit zu beurteilen.[1461] Insbesondere darf das Verlangen nicht unverhältnismäßig sein, d. h. die für den Steuerpflichtigen daraus erwachsenden Nachteile dürfen nicht außer Verhältnis zu dem beabsichtigten Aufklärungserfolg stehen.[1462] Grundsätzlich muss der Steuerpflichtige aber alle Beziehungen offen legen, die unmittelbar oder mittelbar zwischen ihm und dem ausländischen Geschäftspartner bestehen oder bestanden haben.[1463] Insoweit ist die Vorschrift extensiv auszulegen. Unter Beziehungen sind nicht nur die Geschäftsbeziehungen sondern auch die gesellschaftsrechtlichen, familiären oder sonstige außergeschäftlichen Beziehungen zu verstehen.[1464] Der Steuerpflichtige hat hierbei alle bestehenden rechtlichen und tatsächlichen Möglichkeiten auszuschöpfen. Darüber hinaus ist er auch im Rahmen der ihm obliegenden Beweisvorsorgepflicht verpflichtet, Beweismittel zu schaffen, zu beschaffen und zu sichern.[1465] Ungewissheiten hinsichtlich der Person des Empfängers der Leistung gehen zu Lasten des Steuerpflichtigen.[1466] Ausländische Verbotsnormen führen nicht dazu, dass ein Offenbarungsverlangen gene-

---

[1459] Vgl. Wassermeyer, in: Flick/Wassermeyer/Baumhoff, AStG, § 16, Rn. 26 f.
[1460] a. a. O., BT-Drs. VI/2883, S. 30; a. a. O., BT-Drs. IV/2412, S. 12; Wassermeyer, in: Flick/Wassermeyer/Baumhoff, AStG, § 16, Rn. 4, 46; Schaumburg, Internationales Steuerrecht, Rn. 19.24.
[1461] BFH-Urteil vom 09.04.1987, IV R 142/85, BFH/NV 1987, S. 689.
[1462] BFH-Beschluss vom 25.08.1986, IV B 76/86, BStBl II 1987, S. 481, BFH-Urteil vom 10.03.1999, XI R 10/98, BStBl II 1999, S. 434; FG München, Urteil vom 22.02.2000, 2 K 1746/99, EFG 2000, S. 769.
[1463] BMF-Schreiben vom 14.05.2004, IV B 4 – S 1340 – 11/04, BStBl I 2004, Sondernummer 1/2004, Rn. 16.1.3.
[1464] Schmidt, IStR 1999, S. 398, 399.
[1465] BFH-Urteil vom 16.04.1980, I R 75/78, BStBl II 1981, S. 492.
[1466] BFH-Urteil vom 13.03.1985, I R 7/81, BStBl II 1986, S. 318; BFH-Beschluss vom 09.07.1986, I B 36/86, BStBl II 1987, S. 487.

rell unverhältnismäßig ist.[1467] Da die „ratio legis" der Vorschrift die Vermeidung von Steuerausfällen aufgrund von unzulässigen Gewinnverlagerungen ins Ausland ist, findet das Benennungsverlangen der Finanzverwaltung dort seine Grenze, wo eine solche Gefahr nicht mehr gegeben ist.[1468] So ist im Falle von Domizilgesellschaften eine ordnungsgemäße Benennung der Beziehungen i. S. v. § 16 Abs. 1 AStG anzunehmen, wenn der Steuerpflichtige Auskunft über Name und Anschrift der Domizilgesellschaft gibt sowie ergänzende Angaben über die bestehenden Beteiligungsverhältnisse macht.[1469] Als Grenze der Mitwirkungspflicht ist eine Offenbarung dann unverhältnismäßig, wenn es sich um den Schutz höchstpersönlicher Beziehungen handelt, der in der Abwägung zwischen dem Informationsinteresse der Finanzbehörden und dem Interesse des Steuerpflichtigen auf Wahrung seiner verfassungsrechtlich garantierten Persönlichkeitsrechte als vorrangig zu bewerten ist.[1470]

Auf Rechtsfolgenseite des § 16 Abs. 1 AStG ist das Verhältnis zu § 160 AO erst durch Rechtsprechung und Literatur weitgehend geklärt worden. Hierzu führt der BFH in seinem Urteil vom 01.04.2003 aus, dass sich aus § 16 Abs. 1 AStG keine allgemein gültige, präzisierende Einschränkung der Anwendbarkeit des § 160 Abs. 1 AO ergebe.[1471] Vielmehr werde in den Fällen der Anwendbarkeit des § 16 Abs. 1 AStG unter den dort genannten weiteren Voraussetzungen lediglich das Tatbestandsmerkmal einer „genauen Benennung" aus § 160 Abs. 1 S. 1 AO konkretisiert.[1472] Aus der Rechtsprechung des BFH leitet Korts ab, dass es sich bei den beiden Normen nicht um Grundbestand und Qualifizierung handelt, sondern um zwei separat zu verstehende Normen, die bei einem Tatbestandsmerkmal ein Überschneidungsfeld haben.[1473] Nach dieser Auffassung ist eine „genaue Benennung" gem. § 160 Abs. 1 S. 1 AO immer dann anzunehmen, wenn die Voraussetzungen einer „genauen Bezeichnung" i. S. v. § 16 Abs. 1 AStG vorliegen. Umgekehrt impliziert das Vorliegen der Voraussetzungen des § 160 Abs. 1 S. 1 AO jedoch nicht die Tatbestandsmäßigkeit eines Benennungsverlangens gem. § 16 Abs. 1 AO. Auf Rechtsfolgenseite sieht Wassermeyer in der wörtlichen Erwähnung des § 160 AO im § 16 Abs. 1 AStG eine echte Rechtsfolgenverweisung i. S. e. Wahlrechts des Steuerpflichtigen entweder zur Offenlegung seiner Verhältnisse oder aber Inkaufnahme der Nichtabzugsfähigkeit der Aufwendungen gem. § 160 Abs. 1 AO.[1474] Für die Auffassung von zwei tatbestandlich unabhängigen Vorschriften spricht deren unterschiedliche Zweck-

---

[1467] BFH-Urteil vom 16.04.1980, I R 75/78, BStBl II 1981, S. 492.
[1468] BFH-Urteil vom 30.03.1983, I R 228/78, BStBl II 1983, S. 654; BFH-Urteil vom 17.12.1980, I R 148/76, BStBl II 1981, S. 333 zu § 205a RAO.
[1469] BFH-Beschluss vom 25.08. 1986, IV B 76/86, BStBl II 1987, S. 481.
[1470] Vgl. Denninger, in: Isensee/Kirchhof, HdbStR, Band V, § 113, Rn. 19 ff.
[1471] BFH-Urteil vom 01.04.2003, I R 28/02, BFH/NV 2003, S. 1241.
[1472] BFH-Urteil vom 01.06.1994, X R 73/91, BFH/NV 1995, S. 2.
[1473] Korts, in: Strunk/Kaminski/Köhler, AStG, § 16, Rn. 52.
[1474] BMF-Schreiben vom 14.05.2004, IV B 4 – S 1340 – 11/04, BStBl I 2004, Sondernummer 1/2004, Rn. 16.1.4; Wassermeyer, in: Flick/Wassermeyer/Baumhoff, AStG, § 16, Rn. 46.1.

setzung. Während § 160 Abs. 1 AO die Besteuerung der Aufwendungen des Steuerpflichtigen beim Empfänger der Leistung sicherstellen will,[1475] bezweckt § 16 Abs. 1 AStG eine Verlagerung von Besteuerungssubstrat auf ausländische Rechtsträger zu verhindern. Der unterschiedliche Zweck der Vorschriften erlangt auch bei der Feststellung der Ermessensgrenzen im Hinblick auf das Entschließungs- und Auswahlermessen der Finanzverwaltung über das „ob" und „wie" eines Benennungsverlangens auf Tatbestandsseite Bedeutung.[1476] Demnach liegen beiden Vorschriften unterschiedliche Lebenssachverhalte zugrunde, die in ihren Rechtsfolgen zwar identisch, in den tatbestandlichen Voraussetzungen aber verschieden sind, so dass eine Übereinstimmung auf die präzisierende Wirkung des Merkmals einer „genauen Bezeichnung" gem. § 16 Abs. 1 AStG gegenüber einer „genauen Benennung" i. S. v. § 160 Abs. 1 S. 1 AO beschränkt bleibt. Diese Differenzierung wird für die Feststellung einer Diskriminierung des grenzüberschreitenden Sachverhalts im nachfolgenden Abschnitt dieses Kapitels von Bedeutung sein.

Demgegenüber stehen § 16 Abs. 1 AStG und § 90 Abs. 2 AO aufgrund ihrer unterschiedlichen Zwecksetzung nebeneinander, so dass kein Spezialitätsverhältnis zwischen den Vorschriften besteht. Während § 90 Abs. 2 AO dem Steuerpflichtigen nur den Nachweis des Betriebsausgabencharakters bestimmter Aufwendungen auferlegt, verlangt § 16 Abs. 1 AStG immanent den Nachweis, dass unzulässige Vermögens- und Gewinnverlagerungen im Einzelfall nicht in Betracht kommen.[1477]

II. Sachverhaltsaufklärungspflicht des Steuerpflichtigen gem. § 17 AStG

Nach § 17 Abs. 1 S. 1 AStG hat derjenige Steuerpflichtige, der im Ergebnis den Gewinn einer ausländischen Zwischengesellschaft oder Familienstiftung versteuern soll, für sich selbst und im Zusammenwirken mit anderen die für die Anwendung der §§ 5 und 7 bis 15 AStG notwendigen Auskünfte zu erteilen. Problematisch ist insbesondere die Auskunftserteilung durch den Steuerpflichtigen über Sachverhalte mit unabhängigen Personen. So werden die Bezugs- oder Anfallsberechtigten einer ausländischen Familienstiftung i. S. v. § 15 AStG häufig selbst nicht wissen, welches Einkommen oder Vermögen die Stiftung hat.[1478] Möglicherweise haben sie nicht einmal Kenntnis von der Existenz der Stif-

---

[1475] BFH-Urteil vom 30.03.1983, I R 228/78, BStBl II 1983, S. 654; BFH-Urteil vom 17.12.1980, I R 148/76, BStBl II 1981, S. 333 zu § 205a RAO; Gesetzentwurf zur AO, BT-Drs. VI/1982, S. 146; Padberg, FR 1977, S. 593; Jüptner, FR 1985, S. 12 ff.; a. A. Wassermeyer, in: Flick/Wassermeyer/Baumhoff, AStG, § 16, Rn. 46.

[1476] Vgl. zum Ermessen der Finanzverwaltung im Rahmen von § 160 Abs. 1 AO, BFH-Urteil vom 17.10.2001, I R 19/01, BFH/NV 2002, S. 609; BFH-Urteil vom 10.03.1999, XI R 10/98, BStBl II 1999, S. 434; BFH-Urteil vom 04.04.1996, IV R 55/94, BFH/NV 1996, S. 801; BFH-Urteil vom 25.11.1986, VIII R 350/82, BStBl II 1987, S. 286; FG München, Beschluss vom 03.05.2001, 10 V 5021/00, n. V.

[1477] Wassermeyer, in: Flick/Wassermeyer/Baumhoff, AStG, § 16, Rn. 61.

[1478] Vgl. Wassermeyer, in: Flick/Wassermeyer/Baumhoff, AStG, § 15, Rn. 34.

tung.[1479] Insofern sind der Aufklärungspflicht des Steuerpflichtigen häufig tatsächliche Grenzen gesetzt. Daher ist bei der Ausgestaltung der Mitwirkungspflichten des Steuerpflichtigen gem. § 17 Abs. 1 AStG darauf zu achten, dass die Grenze der objektiven Möglichkeit der auferlegten Pflichterfüllung nicht überschritten wird. So ist das Verlangen eines ausländischen Prüfungsvermerks für Unterlagen der ausländischen Gesellschaft gem. § 17 Abs. 2 Nr. 2 S. 2 AStG bedenklich, wenn im Ansässigkeitsstaat der Gesellschaft kein entsprechendes Prüfungsverfahren vorgesehen ist.[1480] Daher sind die Anforderungen des § 17 Abs. 1 AStG vor dem Hintergrund des tatsächlichen Lebenssachverhalts im Einzelfall telegeologisch zu reduzieren. Demgegenüber geht die Finanzverwaltung unter Verweis auf § 90 Abs. 2 AO von einer umfassenden Beweismittelbeschaffungs- und Beweismittelbeschaffungsvorsorgepflicht zu Lasten des Steuerpflichtigen auch im Rahmen des § 17 Abs. 1 AStG aus.[1481] Eine nicht abschließende Aufzählung von Aufklärungs- und Mitwirkungspflichten enthält § 17 Abs. 1 S. 2 AStG.[1482] Diesbezüglich ist jedoch nicht zu erkennen, warum § 17 Abs. 1 S. 2 Nr. 2 AStG entgegen der Einleitung in § 17 Abs. 1 S. 1 AStG lediglich auf die §§ 7 bis 14 AStG Bezug nimmt.

Im Gegensatz zur Mitwirkungspflicht gem. § 16 Abs. 1 AStG handelt es sich bei dem Aufklärungsverlangen gem. § 17 Abs. 1 AStG um einen selbständigen Verwaltungsakt.[1483] In der Literatur wird § 17 Abs. 1 AStG als Ergänzungsvorschrift zu § 16 AStG gesehen, da zwischen den Vorschriften kein streng getrennter Regelungsbereich existiert.[1484] Beide Vorschriften betreffen sowohl Mitwirkungspflichten als auch die zugrunde liegende Sachverhaltsaufklärung. Im Verhältnis zu den §§ 90 ff. AO setzt § 17 Abs. 1 AStG materiell-rechtlich keine weitergehenden Mitwirkungspflichten fest, ist jedoch im Hinblick auf das formelle Verhältnis zu den Vorschriften der AO als „lex specialis" anzusehen.[1485] Der Regelungsbereich der Vorschriften der AO wird daher insoweit verdrängt als § 17 Abs. 1 AStG eine entsprechende Pflicht für die Anwendung der §§ 5 und 7 bis 15 AStG regelt. Dennoch kann aus gesetzessystematischer Perspektive bei der Auslegung des § 17 Abs. 1 AStG auf die Vorschriften der AO zurückgegriffen werden. Dabei ist auf die Nähe von § 17 Abs. 1 S. 2 Nr. 1 AStG zu § 92 AO und § 17 Abs. 1 S. 2 Nr. 2 AStG zu § 97 AO abzustellen.[1486] Zu der Frage, ob § 17 Abs. 1 AStG im Verhältnis zu § 90 ff. AO nicht letztlich nur deklaratorische Bedeutung zukommt, merkt Wassermeyer an, dass gerade in

---

[1479] Vgl. Wassermeyer, IStR 1993, S. 124.
[1480] Vogel, in: Vogel/Lehner, DBA, Einleitung, Rn. 17.
[1481] BMF-Schreiben vom 14.05.2004, IV B 4 – S 1340 – 11/04, BStBl I 2004, Sondernummer 1/2004, Rn. 17.1.3.
[1482] Wassermeyer, in: Flick/Wassermeyer/Baumhoff, AStG, § 17, Rn. 29; Romswinkel, in: Strunk/Kaminski/Köhler, AStG, § 17, Rn. 17.
[1483] BMF-Schreiben vom 14.05.2004, IV B 4 – S 1340 – 11/04, BStBl I 2004, Sondernummer 1/2004, Rn. 17.1.1.
[1484] Wassermeyer, in: Flick/Wassermeyer/Baumhoff, AStG, § 17, Rn. 5; Romswinkel, in: Strunk/Kaminski/Köhler, AStG, § 17, Rn. 1.
[1485] Romswinkel, in: Strunk/Kaminski/Köhler, AStG, § 17, Rn. 4.
[1486] Wassermeyer, in: Flick/Wassermeyer/Baumhoff, AStG, § 17, Rn. 5.

den Fällen der §§ 5 und 7 bis 15 AStG ein praktisches Bedürfnis für die Hervorhebung der Mitwirkungspflichten des Steuerpflichtigen anzuerkennen sei, da andernfalls die Gefahr bestehe, dass ein Steuerpflichtiger die eigene Rechtspersönlichkeit der Zwischengesellschaft oder Familienstiftung vorschiebt, um sich eigenen Verpflichtungen mit dem Hinweis auf eine vermeintliche objektive Unmöglichkeit des Mitwirkungsverlangens zu entziehen.[1487] Letztendlich ist auch das Verhältnis von § 17 Abs. 1 AStG zu den allgemeinen Mitwirkungspflichten aus § 90 ff. AO im Rahmen der Feststellung einer grundfreiheitlichen Diskriminierung von Bedeutung.

III. Erweiterte Mitwirkungspflichten des Steuerpflichtigen gem. § 90 AO

Im Vorfeld einer gemeinschaftsrechtlichen Beurteilung der §§ 16, 17 AStG ist es erforderlich, die Normen in den systematischen Kontext der allgemeinen Vorschriften der AO über die Mitwirkungspflichten von Beteiligten bei der Beurteilung grenzüberschreitender Sachverhalte im Steuerverfahren einzuordnen. Als Ermächtigungsgrundlage für die Sachverhaltsermittlung bei grenzüberschreitenden Vorgängen ist zunächst § 90 Abs. 2 AO einschlägig. Der § 90 Abs. 2 AO stellt die Aufklärung von Sachverhalten, die zwar Vorgänge im Ausland betreffen, aber für die inländische Besteuerung relevant sind, durch die verstärkte Mitwirkungspflicht des Beteiligten sicher, da die Verpflichtung der Finanzbehörde zur amtsfähigen Sachverhaltsermittlung wegen des Fehlens der ihr zu Gebote stehenden Ermittlungsmöglichkeiten im Ausland geringer ist bzw. weil die deutschen Finanzbehörden steuererhebliche Tatsachen ohne Mitwirkung des Beteiligten nicht oder nur mit unverhältnismäßigen Schwierigkeiten ermitteln können.[1488] Die Norm legt dem Steuerpflichtigen eine gegenüber § 90 Abs. 1 AO gesteigerte Aufklärungs- und Aufklärungsvorsorgepflicht bzw. eine Beweismittelbeschaffungs- und Beweismittelbeschaffungsvorsorgepflicht auf.[1489] Die Mitwirkungspflichten der Beteiligten sind das Korrelat der Ermittlungspflichten der Finanzbehörden, so dass die Finanzbehörde und der Steuerpflichtige für die wahrheitsgemäße und vollständige Aufklärung der steuerlich bedeutsamen Tatsachen gemeinsam verantwortlich sind.[1490] Diesbezüglich ist dem Grundsatz der Beweisnähe entsprechend die Verantwortung des Steuerpflichtigen für die Aufklärung des Sachverhalts umso größer, je mehr Tatsachen oder Beweismittel der von ihm beherrschten Informations- oder Tätigkeitssphäre angehören.[1491] Die Auferlegung der Pflichten steht im Entschließungs- und Auswahlermessen der Finanzverwaltung und ist damit unter Beachtung des

---

[1487] Wassermeyer, in: Flick/Wassermeyer/Baumhoff, AStG, § 17, Rn. 5.
[1488] BFH-Urteil vom 16.04.1980, I R 75/78, BStBl II 1981, S. 492; vgl. Schmidt, IStR 1999, S. 398, 399.
[1489] Söhn, in: Hübschmann/Hepp/Spitaler, AO, § 90, Rn. 143.
[1490] Schreiber, in: Kroppen, Handbuch Internationale Verrechnungspreise, VerwGr Verf, Anm. 14 m. w. N.
[1491] Schreiber, in: Kroppen, Handbuch Internationale Verrechnungspreise, VerwGr Verf, Anm. 14.

Grundsatzes der Verhältnismäßigkeit zu beurteilen.[1492] Als besondere Pflichtgrenze für die Ausgestaltung der Mitwirkungspflicht im Einzelfall ist die objektive Möglichkeit zur Ausführung der auferlegten Pflichterfüllung durch den Steuerpflichtigen zu benennen.[1493]

Darüber hinaus führt § 90 Abs. 3 AO neue Aufzeichnungs- und Vorlagepflichten zur Einkunftsabgrenzung zwischen international verbundenen Unternehmen im Rahmen der Verrechnungspreisprüfung durch die Finanzverwaltung, für Wirtschaftsjahre die nach dem 31.12.2002 beginnen,[1494] ein.[1495] Anlass der Neuregelung waren zwei Entscheidungen des BFH aus dem Jahre 2001, in denen ein Verstoß gegen das Rechtsstaatsprinzip aus Art. 20 Abs. 3 GG in seiner Ausformung des strengen Gesetzesvorbehalts im Bereich der Eingriffsverwaltung für ein Verlangen der Finanzverwaltung zur Vorlage detaillierter Verrechnungspreisdokumentationen festgestellt wurde.[1496] Der BFH stellte hierzu fest, dass die Ermittlung eines Fremdvergleichspreises in Ermangelung einer spezialgesetzlichen Regelung regelmäßig nicht in den Pflichtenkreis des Steuerpflichtigen, sondern vielmehr der Finanzbehörde selbst falle, die im Übrigen auch die objektive Beweislast dafür trage. Diese Regelungslücke schließt § 90 Abs. 3 S. 1 bis 4 AO mit einer grundsätzlichen Regelung der Aufzeichnungspflichten für grenzüberschreitende Vorgänge mit nahestehenden Personen gem. § 1 Abs. 2 AStG.[1497] Zur Erfüllung seiner Pflichten hat der Steuerpflichtige eine Sachverhaltsdokumentation und eine Angemessenheitsdokumentation gem. § 90 Abs. 3 S. 1, 2 AO zu erstellen. Diese Pflichten gelten gem. § 90 Abs. 3 S. 4 AO auch für die Gewinnaufteilung zwischen Stammhaus und ausländischer Betriebsstätte eines Steuerpflichtigen entsprechend. Das Fehlen derartiger Unterlagen führt zu einer Verletzung der Aufzeichnungspflicht mit den Sanktionen aus § 162 Abs. 3, 4 AO. Das BMF hat am 13.11.2003 zur Konkretisierung der Dokumentationspflichten die Verordnung zu Inhalt, Art und Umfang von Aufzeichnungen im Sinne des § 90 Abs. 3 AO (Gewinnabgrenzungsaufzeichnungsverordnung – GaufzV) auf der Grundlage von § 90 Abs. 3 Satz 5 AO erlassen.[1498] Dieser Verordnung kommt gem. Art. 80 GG eine umfassende Bindungswirkung für Exekutive, Judikative und auch den Steuerpflichtigen zu. Eine weitergehende Konkretisierung der GAufzV wird im BMF-Schreiben vom 12.04.2005 vorgenommen,

---

[1492] Tipke, in: Tipke/Kruse, § 90, Rn. 13; Söhn, in: Hübschmann/Hepp/Spitaler, AO, § 90, Rn. 72 ff.; Schreiber, in: Kroppen, Handbuch Internationale Verrechnungspreise, VerwGr Verf, Anm. 15.

[1493] Söhn, in: Hübschmann/Hepp/Spitaler, AO, § 90, Rn. 80 ff.

[1494] Vgl. Art. 97 § 22 S. 1 EGAO.

[1495] Vgl. Gesetzentwurf zum StVergAbG, BT-Drs. XV/119, S. 52.

[1496] BFH-Urteil vom 10.05.2001, I S 3/01, BFH/NV 2001, S. 957, 958 f.; BFH-Urteil vom 17.10.2001, I R 103/00, BStBl II 2004, S. 171; vgl. Kroppen/Rasch/Roeder, IWB, F. 3, Gr. 1, S. 1787.

[1497] Vgl. Bericht des Finanzausschusses vom 20.02.2003 zum Gesetzentwurf des StVergAbG, BT-Drs. XV/481, S. 18.

[1498] Gewinnabgrenzungsaufzeichnungsverordnung (GAufzV) vom 13.11.2003, BStBl I 2003, S. 739.

das jedoch ausschließlich die Finanzverwaltung und hier insbesondere die Außenprüfung bindet.[1499]

B. Feststellung einer Diskriminierung grenzüberschreitender Sachverhalte durch die §§ 16, 17 AStG und § 90 Abs. 2, 3 AO

Die Beurteilung der Vorschriften über die Mitwirkungspflichten eines Steuerpflichtigen gem. §§ 16, 17 AStG am Maßstab der Grundfreiheiten des EGV ist auf die Gewährleistungen der Niederlassungsfreiheit gem. Art. 43 EG und der Kapitalverkehrsfreiheit gem. Art. 56 Abs. 1 EG beschränkt. Im Anwendungsbereich von § 17 Abs. 1 AStG ergibt sich diese Einschränkung bereits aus dem Wortlaut der Vorschrift, wonach eine Verpflichtung des Steuerpflichtigen zur Sachverhaltsaufklärung im Rahmen einer Sachverhaltsermittlung nur für Zwecke der §§ 5, 7 bis 15 AStG zulässig ist. Zwar ist bei der Zurechnung von Einkünften ausländischer Zwischengesellschaften im Rahmen der erweiterten beschränkten Einkommen- und Erbschaftsteuerpflicht gem. § 5 Abs. 1 AStG potentiell auch die Arbeitnehmerfreizügigkeit gem. Art. 39 EG und die allgemeine Freizügigkeit gem. Art. 18 EG bei Verlegung des Wohnsitzes innerhalb des EU-Gemeinschaftsgebiets betroffen. Allerdings knüpft § 17 Abs. 1 AStG nur an die Sachverhaltsermittlung bzgl. der Beteiligung an einer ausländischen Zwischengesellschaft für Zwecke der Hinzurechnungsbesteuerung gem. § 7 ff. AStG i. V. m. § 5 Abs. 1 S. 1 AStG an, so dass die Tatbestandsvoraussetzungen der erweitert beschränkten Steuerpflicht gem. §§ 2, 4 AStG hiervon nicht unmittelbar erfasst werden. Vielmehr ist im Rahmen eines erweiterten Mitwirkungsverlangens zur grenzüberschreitenden Sachverhaltsaufklärung bei der erweiterten beschränkten Steuerpflicht die allgemeine Vorschrift des § 90 Abs. 2 AO anzuwenden.

Eine tatsächliche Begrenzung auf die vorstehenden Grundfreiheiten ergibt sich bei § 16 Abs. 1 AStG ebenfalls aus dem Wortlaut der Vorschrift. Danach ist es erforderlich, dass ein Steuerpflichtiger die Anerkennung von Betriebsausgaben, Werbungskosten, Schulden oder sonstigen Lasten unter Berufung auf eine Geschäftsbeziehung mit einer ausländischen Person beantragt. Da Sinn und Zweck der Vorschrift ist, eine Gewinnverlagerung auf ausländische Rechtsträger zu verhindern, werden die geltend gemachten Aufwendungen regelmäßig Gegenstand einer Einkünftekorrektur gem. § 1 AStG sein, so dass § 16 Abs. 1 AStG als im Vorfeld einer Gewinnberichtigung zwischen verbundenen Unternehmen gem. § 1 AStG vorrangig zum Nachweis von „nahestehenden Perso-

---

[1499] Grundsätze für die Prüfung der Einkunftsabgrenzung zwischen nahestehenden Personen mit grenzüberschreitenden Geschäftsbeziehungen in Bezug auf Ermittlungs- und Mitwirkungspflichten, Berichtigungen sowie auf Verständigungs- und EU-Schiedsverfahren (Verwaltungsgrundsätze Verfahren), BMF-Schreiben vom 12.04.2005, IV B 4 – S 1341 – 1/05, BStBl I 2005, S. 570; vgl. Baumhoff/Ditz/Greinert, DStR 2005, S. 1549; Kaminski/Strunk, StBp 2004, S. 1, 29; Kroppen/Rasch, IWB, F. 3, Gr. 1, S. 2091; Schreiber, IWB, F. 3, Gr. 1, S. 2105, Werra, IStR 2005, S. 19.

nen" i. S. v. § 1 Abs. 2 AStG anzusiedeln ist.[1500] Zwar ist eine Anwendung der Vorschrift im Rahmen der erweitert beschränkten Einkommen- und Erbschaftsteuerpflicht zwar theoretisch möglich, in der Sache jedoch eher unwahrscheinlich.

Die Feststellung eines Eingriffs in die vorstehenden Grundfreiheiten beruht auf der Sachverhaltsannahme, dass eine im Inland unbeschränkt steuerpflichtige, natürliche oder juristische Person durch die Finanzverwaltung auf Basis der §§ 16, 17 AStG zu einer Mitwirkung bei der Sachverhaltsaufklärung im Rahmen der Besteuerung nach den Vorschriften des AStG verpflichtet wird.[1501] Gehen die dem Steuerpflichtigen für die Aufklärung des grenzüberschreitenden Sachverhalts auferlegten Pflichten dabei über das Maß derjenigen Pflichten eines vergleichbaren nationalen Sachverhalts hinaus, liegt nach dem Grundsatz der Inländergleichbehandlung eine Diskriminierung i. S. d. Grundfreiheiten des EGV vor. Vergleichsmaßstab für das Vorliegen einer Ungleichbehandlung ist demnach der Umfang der Mitwirkungspflicht des Steuerpflichtigen im Inland. Für Fälle der Aufzeichnungspflichten gem. § 90 Abs. 3 AO i. V. m. der GAufzV ist eine solche Diskriminierung unproblematisch, da die Vorschrift nur im grenzüberschreitenden Geschäftsverkehr mit nahestehenden Personen i. S. v. § 1 Abs. 2 AStG bzw. Betriebsstätten, nicht aber bei rein nationalen Sachverhalten ohne grenzüberschreitenden Bezug zur Anwendung kommt. Demgegenüber ist bei den §§ 16, 17 AStG und § 90 Abs. 2 AO eine differenzierte Betrachtung erforderlich.

I. Feststellung einer Diskriminierung durch § 16 Abs. 1 AStG

Im Anwendungsbereich von § 16 AStG ist nationaler Vergleichsmaßstab ein Benennungsverlangen gem. § 160 Abs. 1 S. 1 AStG. Dabei wird hier ausgeblendet, dass § 160 Abs. 1 S. 1 AO grundsätzlich auch auf grenzüberschreitende Sachverhalte anwendbar ist.[1502] Macht ein Steuerpflichtiger aus einer grenzüberschreitenden Geschäftsbeziehung die in § 16 Abs. 1 AStG genannten Aufwendungen geltend und bestehen seitens der Finanzverwaltung Zweifel hinsichtlich der Unangemessenheit der Zahlungen, kann die zuständige Finanzbehörde dem Steuerpflichtigen im Vorfeld einer Gewinnkorrektur gem. § 1 Abs. 1 AStG im Vergleich zu § 160 Abs. 1 S. 1 AO eine erweiterte Mitwirkungspflicht, insbesondere zum Vorliegen der Voraussetzungen einer nahe stehenden Person i. S. v. § 1 Abs. 2 AStG bei dem ausländischen Geschäftspartner, auferlegen. Die Erweiterung des § 16 Abs. 1 AStG ergibt sich aus der eingangs dieses Kapi-

---

[1500] Schaumburg, Internationales Steuerrecht, Rn. 19.24; Wassermeyer, in: Flick/Wassermeyer/Baumhoff, AStG, § 16, Rn. 4.1, 27, 46, 58.1.

[1501] Siehe Kapitel 2, E. II. und Kapitel 4, C. I. für eine Darstellung der Eröffnung des Schutzbereichs der einschlägigen Grundfreiheiten auf die an dieser Stelle zur Vermeidung von Wiederholungen verwiesen wird.

[1502] Vgl. hierzu die umfassende Darstellung der Rechtsprechung des BFH zu § 160 Abs. 1 AO für ein Benennungsverlangen bzgl. ausländischer Domizilgesellschaften bei Schmidt, IStR 1999, S. 398, 400 f.

tels dargestellten tatbestandlichen Ausgestaltung der Verpflichtung zur Vornahme einer „genauen Bezeichnung" aller vergangenen und gegenwärtigen, unmittelbaren oder mittelbaren Beziehungen des Steuerpflichtigen zwischen ihm und dem ausländischen Geschäftspartner im Verhältnis zu dem Erfordernis einer „genauen Benennung" von Gläubigern oder Empfängern der Aufwendungen im Anwendungsbereich von § 160 Abs. 1 S. 1 AStG. Der Empfänger bzw. Gläubiger einer Zahlung ist gem. § 160 Abs. 1 S. 1 AO „genau benannt", wenn er in eigener Person und ohne weitere Ermittlungen der Finanzbehörde bestimmt und ermittelt werden kann.[1503] Zur „genauen Benennung" des Empfängers gehört die Angabe des vollen Namens und der Adresse, so dass sich die Finanzbehörde aufgrund der gemachten Angaben von der Empfängereigenschaft der Person überzeugen kann.[1504] Demgegenüber hat der Steuerpflichtige im Anwendungsbereich von § 16 Abs. 1 AStG alle gesellschaftsrechtlichen, familiären und sonstigen außergeschäftlichen Beziehungen zu offenbaren.[1505] Dazu muss er alle ihm zur Verfügung stehenden tatsächlichen und rechtlichen Möglichkeiten ausschöpfen.[1506] Zwar unterliegt ein Benennungsverlangen der Finanzbehörde auf der Grundlage von § 16 Abs. 1 AStG immer auch dem Grundsatz der Verhältnismäßigkeit unter Beachtung des Gesetzeszwecks, eine Verlagerung von Besteuerungssubstrat ins Ausland zu verhindern und der Schranke der Unmöglichkeit der auferlegten Handlungspflicht gem. § 125 Abs. 2 Nr. 2 AO.[1507] Dennoch sind die Eingriffsmöglichkeiten der Finanzverwaltung gem. 16 Abs. 1 AStG dem Grunde nach weitgehender als bei einem vergleichbaren Verlangen im Inland gem. § 160 Abs. 1 S. 1 AStG. So umfasst die Pflicht zur „Offenlegung" in § 16 Abs. 1 AStG gegenüber der „Benennungspflicht" des § 160 Abs. 1 S. 1 AO auch eine Auskunftserteilung über Sachzusammenhänge und Unklarheiten.[1508] Schließlich sind auch mittelbare Beziehungen oder Beteiligungen, z. B. über einen Kommissionär oder Treuhänder, im Rahmen von § 16 Abs. 1 AStG zu offenbaren, während § 160 Abs. 1 S. 1 AO nur auf den unmittelbaren Empfänger

---

[1503] BFH-Urteil vom 15.03.1995, I R 46/94, BStBl II 1996, S. 51; BFH-Urteil vom 25.02.2004, I R 31/03, BStBl II 2004, S. 582, 583; vgl. zur Ermittlungspflicht der Finanzbehörde BFH, BStBl II 1968, S. 727; FG Münster, Urteil vom 27.06.1997, 4 K 1136/95, EFG 1998, S. 79; FG Münster, Urteil vom 26.02.1998, 8 K 4318/95, EFG 1998, S. 920, 921.
[1504] BFH-Beschluss vom 25.08.1986, IV B 76/86, BStBl II 1987, S. 481, 482; BFH-Urteil vom 10.03.1999, XI R 10/98, BStBl II 1999, S. 434, 436; BFH-Beschluss vom 06.04.1993, XI B 94/92, BFH/NV 1993, S. 633; BFH-Beschluss vom 27.11.2000, IV B 23/00, BFH/NV 2001, S. 424.
[1505] Schmidt, IStR 1999, S. 398, 399.
[1506] BFH-Urteil vom 16.04.1980, I R 75/78, BStBl II 1981, S. 492; BFH-Urteil vom 13.03.1985, I R 7/81, BStBl II 1986, S. 318; BFH-Beschluss vom 09.07.1986, I B 36/86, BStBl II 1987, S. 487.
[1507] BFH-Beschluss vom 25.08.1986, IV B 76/86, BStBl 1987 II, S. 481, BFH-Urteil vom 10.03.1999, XI R 10/98, BStBl 1999 II, S. 434, 436; FG München, Urteil vom 22.02.2000, 2 K 1746/99, EFG 2000, S. 769.
[1508] Wassermeyer, in: Flick/Wassermeyer/Baumhoff, AStG, § 16, Rn. 58.

konzentriert ist.[1509] Unter Bezugnahme auf das in der Einführung zu § 16 Abs. 1 AStG dargestellte Verhältnis zu § 160 Abs. 1 S. 1 AO ist daher aus materieller Perspektive festzuhalten, dass sich eine Diskriminierung aus dem extensiven Verständnis einer „genauen Bezeichnung" in § 16 Abs. 1 AStG gegenüber einer im Grundsatz restriktiven Auslegung des Tatbestandsmerkmals einer „genauen Benennung" in § 160 Abs. 1 S. 1 AO und der damit einhergehenden Ausweitung der Ermessensgrenzen hinsichtlich des „ob" und „wie" eines Benennungsverlangens ergibt.[1510]

Neben der materiellrechtlichen Diskriminierung hinsichtlich Ausgestaltung und Umfang seiner Mitwirkungspflichten ist ein Steuerpflichtiger als Adressat eines Benennungsverlangens auf der Grundlage von § 16 Abs. 1 AStG auch auf Rechtsschutzebene gegenüber einem vergleichbaren Akt der Finanzbehörde gem. § 160 Abs. 1 S. 1 AO schlechter gestellt. Während ein Benennungsverlangen gem. § 160 Abs. 1 S. 1 AO ein mit Einspruch und Klage anfechtbarer selbständiger Verwaltungsakt ist, muss der Steuerpflichtige im Falle von § 16 Abs. 1 AStG zunächst den Erlass eines Steuerbescheides abwarten und diesen im Hinblick auf die Unzulässigkeit des Benennungsverlangens anfechten, da eine isolierte Anfechtung von Besteuerungsgrundlagen gem. § 157 Abs. 2 AO nicht möglich ist.[1511] Darin liegt zumindest ein vorübergehender Liquiditätsnachteil des Steuerpflichtigen, dessen geltend gemachten Abzüge nicht anerkannt wurden und dessen Veranlagung daher zu einer höheren Steuerlast führt, da Einspruch und Klage gegen den Steuerbescheid gem. § 361 Abs. 1 S. 1 AO und § 69 Abs. 1 S. 1 FGO kein Suspensiveffekt innewohnt und eine Verzinsung der gezahlten Beträge im Falle eines Obsiegens des Steuerpflichtigen gem. § 233a Abs. 3 S. 2, 3 AO und § 236 AO erst bei Rechtskraft eines abhelfenden Einspruchsbescheids oder finanzgerichtlichen Urteils erfolgt. Diesbezüglich hat der EuGH in seinem Urteil vom 08.03.2001 in den verbundenen Rs. C-397/98 und C-410/98 („Metallgesellschaft Ltd. u. a.") festgestellt, dass ein nachhaltiger Liquiditätsnachteil bei der Steuererhebung eines grenzüberschreitenden gegenüber einem inländischen Sachverhalt zu einem diskriminierenden Eingriff in eine Grundfreiheit führt.[1512] Folglich ist eine Diskriminierung durch § 16 Abs. 1 AStG auch aus verfahrensrechtlichen Gesichtspunkten zu bejahen.

Sowohl die materielle als auch die verfahrensrechtliche Diskriminierung könnte im Falle des § 16 Abs. 1 AStG auch durch eine europarechtskonforme Auslegung der Vorschriften beseitigt werden. Nach der im Rahmen der Recht-

---

[1509] Vgl. hierzu die kritische Darstellung bei Schmitz, IStR 1997, S. 193, 196 f. zum Rückgriff des BFH auf hinter einer Domizilgesellschaft stehende Personen als „Empfänger" i. S. v. § 160 Abs. 1 S. 1 AO.
[1510] Siehe Kapitel 6, A. I.
[1511] Vgl. zu § 16 AStG: BFH-Urteil vom 20.04.1988, I R 67/84, BStBl II 1988, S. 927; vgl. zu § 160 AO: FG Düsseldorf, Urteil vom 26.10.1977, VII 174/75, EFG 1978, S. 108; FG Hamburg, Urteil vom 05.09.1978, V 24/78, EFG 1979, S. 66; FG München, Urteil vom 24.02.1984, V 403/83, EFG 1984, S. 433.
[1512] EuGH-Urteil vom 08.03.2001, verb. Rs. C-397 u. C-410/98 („Metallgesellschaft u. .a.), Slg. 2001, I-1727, Rn. 43 f.

fertigungsprüfung vertretenen Auffassung ist die hier festgestellte materielle Diskriminierung jedoch durch einen wichtigen Grund des Allgemeininteresses gerechtfertig, so dass an dieser Stelle die europarechtskonforme Auslegung zumindest aus dieser Perspektive zurücktreten muss. Gleichwohl sollte die finanzgerichtliche Rechtsprechung über die isolierte Anfechtbarkeit eines Bennenungsverlangens gem. § 160 Abs. 1 S. 1 AO hinaus auch auf § 16 Abs. 1 AStG ausgedehnt werden.

II. Feststellung einer Diskriminierung durch § 17 Abs. 1 AStG und § 90 Abs. 2, 3 AO

Wird eine Verpflichtung des Steuerpflichtigen zur grenzüberschreitenden Sachverhaltsaufklärung durch die Finanzverwaltung auf § 17 Abs. 1 AStG gestützt, so sind die allgemeinen Vorschriften der §§ 90 ff. AO als nationaler Vergleichsmaßstab heranzuziehen. Exemplarisch ist für die Regelbeispiele in § 17 Abs. 1 S. 2 Nr. 1, 2 AStG auf die Mitwirkungspflichten in den §§ 92, 97 AO als Vergleichsmaßstab für die Feststellung einer grenzüberschreitenden Diskriminierung abzustellen.[1513] Misst man dagegen § 17 Abs. 1 AStG im Hinblick auf die dargestellte Kongruenz des materiellen Regelungsgehalts gegenüber § 90 Abs. 2 AO nur eine deklaratorische Wirkung bei, so ist für Zwecke der Feststellung einer Ungleichbehandlung auf dessen tatbestandliche Ausgestaltung im Verhältnis zu den allgemeinen Vorschriften der §§ 90 ff. AO abzustellen.[1514] Bei der Erfüllung der ihr gem. § 88 AO obliegenden Aufklärungspflicht bedient sich die Finanzbehörde des Steuerpflichtigen als Beweismittel nach pflichtgemäßer Ermessensausübung i. S. v. § 92 S. 1, 2 Nr. 1 AO.[1515] In dieser Funktion weisen die Mitwirkungspflichten der §§ 90 ff. AO dem Steuerpflichtigen eine sphärenorientierte Mitverantwortung für die Aufklärung des Sachverhalts zu, an deren Erfüllung § 162 Abs. 2 AO und § 96 Abs. 1 FGO konkrete beweisrechtliche Folgen knüpfen.[1516] Die konkrete Ausgestaltung und tatbestandliche Reichweite der Mitwirkungspflicht im Einzelnen wird dabei von den einschlägigen Spezialvorschriften bestimmt, da § 90 Abs. 1 AO keine selbständige Rechtsgrundlage für die Auferlegung einer Mitwirkungspflicht, sondern nur eine Zusammenfassung der speziellen Vorschriften zu einem allgemeinen Grundsatz enthält.[1517] Demnach kann sich eine grundfreiheitliche Diskriminierung nur aus einem Vergleich zwischen der spezialgesetzlichen Norm für den inländischen und § 17 Abs. 1 AStG bzw. § 90 Abs. 2 AO als Ermächtigungsgrundlage für den grenzüberschreitenden Sachverhalt ergeben. Insoweit ist eine Vielzahl unterschiedli-

---

[1513] Vgl. Wassermeyer, in: Flick/Wassermeyer/Baumhoff, AStG, § 17, Rn. 6.
[1514] Vgl. BMF-Schreiben vom 14.05.2004, IV B 4 – S 1340 – 11/04, BStBl 2004 I, Sondernummer 1/2004, Rn. 16.1.4; Wassermeyer, in: Flick/Wassermeyer/Baumhoff, AStG, § 16, Rn. 46.1.
[1515] Seer, in: Tipke/Kruse, AO, § 90, Rn. 11, 14 ff.; a. A. Söhn, in: Hübschmann/Hepp/Spitaler, AO, § 90, Rn. 154 ff.
[1516] Seer, in: Tipke/Kruse, AO, § 90, Rn. 11, 14 ff.
[1517] BFH-Urteil vom 11.10.1989, I R 101/87, BStBl II 1990, S. 280, 282.

cher Lebenssachverhalte denkbar, deren Untersuchung einerseits über den Umfang der Arbeit hinausgehen würde und andererseits die grundsätzlichen Unterschiede der Vorschriften hinsichtlich ihres unterschiedlichen Verpflichtungsumfangs für den Steuerpflichtigen vernachlässigen würde. Aus diesen Gründen wird nachfolgend die unterschiedliche Eingriffsintensität des § 17 Abs. 1 AStG bzw. § 90 Abs. 2 AO im Vergleich zu den allgemeinen Vorschriften der §§ 90 ff. AStG am Maßstab der divergierenden Verteilung von Aufklärungs- und Beweispflichten zwischen dem Steuerpflichtigen und der Finanzverwaltung im Kontext der durch die sphärenorientierte Beweislastrisikoverteilung bestimmten Kooperationsmaxime herausgearbeitet.

Der völkerrechtliche Grundsatz der „formellen Territorialität" beschränkt die hoheitlichen Befugnisse der Finanzbehörden bei der Sachverhaltsaufklärung auf das deutsche Hoheitsgebiet, so dass eine Ermittlungstätigkeit außerhalb der Grenzen des deutschen Hoheitsgebiets nur im Wege der Rechts- und Amtshilfe ausländischer Behörden in ihrem räumlichen und sachlichen Zuständigkeitsbereich möglich ist.[1518] Aus diesem Grund sind die Mitwirkungspflichten des Steuerpflichtigen bei der Sachverhaltsaufklärung besteuerungsrelevanter, grenzüberschreitender Sachverhalte qualitativ und quantitativ erhöht.[1519] Zur Sicherstellung der vollständigen Ermittlung des steuerrelevanten Sachverhalts verpflichtet § 17 Abs. 1 AStG bzw. § 90 Abs. 2 AO den Steuerpflichtigen zur Aufklärung des in seiner Sphäre verwirklichten Sachverhalts und erweitert damit die Offenlegungspflicht des § 90 Abs. 1 AO zu einer umfassenden Aufklärungspflicht.[1520] Der Steuerpflichtige muss durch die Auskünfte eine erschöpfende, sowohl im Detail als auch im Zusammenhang vollständige und wahrheitsgemäße, durch die Finanzbehörden überprüfbare und für eine richtige Feststellung der Besteuerungsgrundlagen ausreichende Gesamtdarstellung des konkreten steuerrelevanten Sachverhalts geben.[1521] Zwar unterliegt die Auferlegung der Mitwirkungspflichten im Einzelfall einer umfassenden Ermessensbetätigung der Finanzbehörde hinsichtlich des „ob" und „wie" der konkreten Anforderungen unter Berücksichtigung des Verhältnismäßigkeitsgrundsatzes. Allerdings ist die der Finanzbehörde dem Grunde nach zustehende Eingriffsschwelle für ein Aufklärungsverlangen gegenüber dem Steuerpflichtigen herabgesetzt, wenn sich dieser auf ungewöhnliche Gestaltungen oder Abwicklungen von Geschäftsvorfällen einlässt, die „prima facie" eine den wirtschaftlichen Verhältnissen unangemessene oder unübliche Gestaltung des Sachverhalts indizieren und damit eine ver-

---

[1518] Vogel, in: Vogel/Lehner, DBA, Einleitung, Rn. 16.
[1519] a. a. O., BT-Drs. VI/2883, S. 34 f.
[1520] Vgl. Seer, in: Tipke/Kruse, AO, § 90, Rn. 21 ff.
[1521] Söhn, in: Hübschmann/Hepp/Spitaler, AO, § 90, Rn. 152.

tiefte Sachverhaltskenntnis der Finanzbehörde erfordern.[1522] Gleichwohl hat die Finanzbehörde im Rahmen ihrer Aufklärungspflicht auch alle sonstigen Beweismittel heranzuziehen und auszuwerten, um zu einer vollständigen und objektiven Sachverhaltsdarstellung zu gelangen. Bei Geschäftsbeziehungen zu natürlichen oder juristischen Personen mit Sitz in einem Niedrigsteuerland wird die ermittelnde Finanzbehörde regelmäßig eine Auskunft bei der „Informationszentrale Ausland" des Bundeszentralamtes für Steuern einholen. Dort werden alle sachdienlichen Informationen erfasst und gespeichert, die für eine Besteuerung von grenzüberschreitenden Sachverhalten von Bedeutung sein können.[1523] Die so gewonnenen Erkenntnisse können auch in einem finanzgerichtlichen Verfahren als Beweismittel verwertet werden.[1524] Die Grenze für die Aufklärungspflicht der Finanzbehörde ist jedoch erreicht, wenn es sich um Verhältnisse handelt, die ohne Mitwirkung des Steuerpflichtigen nicht oder nur unter unverhältnismäßigen Schwierigkeiten ermittelt werden können.[1525]

Die Aufklärungspflicht des Steuerpflichtigen wird durch eine Aufklärungsvorsorgepflicht gem. § 90 Abs. 2 S. 2, 3 AO ergänzt.[1526] Diese umfasst die Verpflichtung zur vorherigen Beweissicherung im Rahmen besteuerungsrelevanter Sachverhalte zur Vermeidung eines Beweisnotstandes für den Fall eines Aufklärungsverlangens der Finanzverwaltung.[1527] Neben einer erweiterten Sachverhaltsaufklärungspflicht treffen den Steuerpflichtigen aus § 90 Abs. 2 S. 2, 3 AO auch Beweismittelbeschaffungs- und Beweismittelbeschaffungsvorsorgepflichten.[1528] Durch die Beweismittelbeschaffungspflicht soll verhindert werden, dass kein Beweis erhoben werden kann, weil die angegebenen Beweismittel für die deutschen Finanzbehörden im Ausland unerreichbar sind und eine Einvernahme im Inland nicht erzwungen werden kann.[1529] Die Beweismittelbeschaffungspflicht wird simultan zur Aufklärungspflicht durch die Verpflichtung ergänzt,

---

[1522] Vgl. BFH-Beschluss vom 09.07.1986, I B 36/86, BStBl II 1987, S. 487, 489; BFH-Beschluss vom 25.08. 1986, IV B 76/86, BStBl II 1987, S. 481; BFH-Beschluss vom 03.12.1993, I B 145/93, BFH/NV 1994, S. 688 f.; BFH-Urteil vom 19.01.1994, I R 40/92, BFH/NV 1995, S. 181, 182; BFH-Urteil vom 01.06.1994, X R 73/91, BFH/NV 1990, S. 616; FG Hamburg, Urteil vom 30.11.2001, III 101/01, EFG 2002, S. 881, 883; FG Münster, Urteil vom 13.03.1997, 5 K 2954/96, EFG 1998, S. 251; FG Berlin, Urteil vom 12.05.1981, V 151/79, EFG 1982, S. 113; FG Düsseldorf, Beschluss vom 01.03.1984, II 170/83, EFG 1984, S. 535.

[1523] Zentrale Sammlung und Auswertung von Unterlagen über steuerliche Auslandsbeziehungen, BMF-Schreiben vom 15.09.1975, IV C 5 – S 1300 – 312/75 und BMF-Schreiben vom 29.04.1997, IV C 7 – S 1300 – 69/97, BStBl I 1975, S. 1018, BStBl I 1997, S. 541.

[1524] BFH-Urteil vom 05.03.1981, IV R 94/78, BStBl II 1981, S. 658.

[1525] BFH-Urteil vom 16.04.1980, I R 75/78, BStBl II 1981, S. 492; BFH-Urteil vom 19.06.1985, I R 109/82, BFH/NV 1986, S. 249, 250.

[1526] Söhn, in: Hübschmann/Hepp/Spitaler, AO, § 90, Rn. 166.

[1527] Vgl. Schnitger, BB 2002, S. 332, 333.

[1528] BFH-Urteil vom 16.04.1980, I R 75/78, BStBl II 1981; S. 492; BFH-Urteil vom 19.06.1985, I R 109/82, BFH/NV 1986, S. 249, 250; BFH-Urteil vom 01.06.1987, I R 284 bis 286/83, BFH/NV 1988, S. 12, 13; FG Berlin, Urteil vom 26.11.1976, III 49/76, EFG 1977, S. 376; FG Köln, Urteil vom 06.08.1981, V 225/79, EFG 1982, S. 252.

[1529] Söhn, in: Hübschmann/Hepp/Spitaler, AO, § 90, Rn. 171.

für eine mögliche und rechtzeitige Beweismittelbeschaffung ausreichend Vorsorge zu treffen.[1530] Zur Erfüllung dieser Pflicht muss der Steuerpflichtige bereits bei der Vornahme eines steuerrelevanten Geschäftsabschlusses die ihm obliegende Beweisvorsorgepflicht bedenken und sich den Nachweis der tatsächlichen Vornahme des getätigten Rechtsgeschäfts nach Art und Inhalt beweisfest sichern.[1531] Zur erweiterten Mitwirkung durch Beweismittelbeschaffung gehört auch, dass vom Steuerpflichtigen benannte, im Ausland ansässige Zeugen als präsente Beweismittel gestellt werden müssen.[1532]

Darüber hinaus treffen einen inländischen Steuerpflichtigen gem. § 90 Abs. 3 S. 1 AO bei Vorgängen mit Auslandsbezug zusätzliche Aufzeichnungspflichten über die Art und den Inhalt von Geschäftsbeziehungen mit nahestehenden Personen i. S. v. § 1 Abs. 2 AStG. Bei Nichterfüllung dieser Pflichten droht dem Steuerpflichtigen eine widerlegbare Vermutung für das Vorliegen höherer inländischer Einkünfte gem. § 162 Abs. 3 AO und die Auferlegung eines Strafzuschlages auf der Basis von § 162 Abs. 4 AO. Die zusätzliche Aufzeichnungspflicht umfasst gem. § 90 Abs. 3 S. 2 AO auch die wirtschaftlichen und rechtlichen Grundlagen für eine den Grundsatz des Fremdvergleichs beachtende Vereinbarung von Preisen und anderen Geschäftsbedingungen mit den nahestehenden Personen, so dass über eine Sachverhaltsdokumentation hinaus auch eine Angemessenheitsdokumentation anzufertigen ist.[1533] Vor der Einführung von § 90 Abs. 3 AO waren die Steuerpflichtigen nur zur Vorlage bereits vorhandener Dokumentationen verpflichtet, ohne jedoch einen Nachweis darüber führen zu müssen, ob und ggf. wie der Fremdvergleichsgrundsatz angewendet wurde.[1534] Gleichwohl obliegt es im Zweifelsfall nicht dem Steuerpflichtigen, den Beweis für die Angemessenheit der gewählten Verrechnungspreise zu führen, sondern vielmehr trägt die Finanzverwaltung die Beweislast dafür, dass die gewählte Verrechnungspreisgestaltung dem Fremdvergleich nicht genügt.[1535] Im Unterschied zur erweiterten Sachverhaltsaufklärungspflicht gem. § 90 Abs. 2 AO erweitert der § 90 Abs. 3 AO die grenzüberschreitenden Mitwirkungspflichten des Steuerpflichtigen daher noch einmal, da dieser eine schriftliche und damit nicht mehr ohne weiteres modifizierbare Gesamtdarstellung des Sachverhalts, insbesondere unter Verwendung von Vergleichsdaten und einer Begründung für die Höhe des vereinbarten Preises erstellen muss.[1536] Die Pflicht zur Aufzeichnung von Vergleichsdaten ergibt sich zwar nicht unmittelbar aus dem Gesetz, ist jedoch in § 1 Abs. 3 S. 2 GAufzV dahingehend normiert, dass der Steuerpflichtige solche Daten vorzuhalten hat, wenn er sie mit einem zumutbaren Aufwand be-

---

[1530] BFH-Beschluss vom 25.06.1986, IV B 76/86, BStBl II 1987, S. 481.
[1531] FG Hamburg, Urteil vom 30.11.2001, III 101/01, EFG 2002, S. 881, 883.
[1532] Seer, in: Tipke/Kruse, AO, § 90, Rn. 23.
[1533] Vgl. Schreiber, IWB, F. 3, Gr. 1, S. 2105, 2107.
[1534] Kroppen/Rasch, IWB, F. 3, Gr. 1, S. 2091, 2092.
[1535] Kroppen/Rasch, IWB, F. 3, Gr. 1, S. 2091, 2092.
[1536] Schreiber, IWB, F. 3, Gr. 1, S. 2105, 2108; a. A. Werra, IStR 2005, S. 19, 20.

schaffen kann und wenn sie einen Bezug zu der von ihm tatsächlich genutzten Verrechnungspreismethode haben.[1537] Demgegenüber muss ein Steuerpflichtiger bei einem inländischen Sachverhalt gem. § 90 Abs. 1 S. 2 AO lediglich die für die Besteuerung erheblichen Tatsachen vollständig und wahrheitsgemäß offenlegen und die ihm bekannten Beweismittel angeben. Nach den allgemeinen Beweislastregeln des Steuerrechts trägt die Finanzbehörde die Feststellungslast für alle Tatsachen, die den Steueranspruch im Einzelfall begründen können, der Steuerpflichtige dagegen nur für solche Tatsachen, die diesen Steueranspruch aufheben oder einschränken können.[1538] In Abgrenzung zu § 17 Abs. 1 AStG bzw. § 90 Abs. 2 S. 2 AO muss der Steuerpflichtige die Sachverhaltsaufklärung durch das Zugänglichmachen der besteuerungsrelevanten Tatsachen lediglich ermöglichen, während ihm bei einem grenzüberschreitenden Sachverhalt eine aktive Sachverhaltsaufklärungspflicht obliegt. Gleiches gilt für die Pflicht zur Angabe von Beweismitteln aus § 90 Abs. 1 S. 2 AO, die durch § 17 Abs. 1 AStG bzw. § 90 Abs. 2 S. 2 AO zu einer Beweismittelbeschaffungs- und Beweismittelbeschaffungsvorsorgepflicht für grenzüberschreitende Sachverhalte ausgeweitet wird. Zwar folgt aus den erweiterten Pflichtenkreisen keine unmittelbare Verschiebung der subjektiven Beweisführungslast zu Lasten des Steuerpflichtigen.[1539] Allerdings schlägt die Verletzung der erweiterten Mitwirkungspflichten durch den Steuerpflichtigen auf die Beweiswürdigung durch die Finanzbehörde insoweit durch als die Nichterweislichkeit von Tatsachen oder eine unzureichende Beweismittelbeschaffung in die Risikosphäre des Steuerpflichtigen fällt. Immer wenn aufzuklärende Tatsachen unter Bezugnahme auf die sphärenorientierte Beweislastrisikoverteilung in der alleinigen Verantwortungssphäre des Steuerpflichtigen liegen und die deutschen Finanzbehörden den Sachverhalt nicht aufklären können, weil der Steuerpflichtige zwar mitwirken müsste, aber tatsächlich im Rahmen der ihm obliegenden Pflichten aus den § 17 Abs. 1 AStG bzw. § 90 Abs. 2 AO nicht mitwirkt, führt regelmäßig die der Finanzbehörde gem. § 88 AO obliegende freie Beweiswürdigung dazu,[1540] dass die Unaufklärbarkeit zu Lasten des Steuerpflichtigen geht.[1541] Daneben geht die Pflicht zur Erstellung einer Angemessenheitsdokumentation unter Einschluss rechtlicher Würdigungen über die Anwendung des Fremdvergleichsgrundsatzes noch einen Schritt weiter, da hiermit dem Steuerpflichtigen eine rechtliche Subsumtion auferlegt wird, die sowohl im sonstigen grenzüberschreitenden als auch im rein innerstaatlichen Geschäftsverkehr nicht verlangt wird. Im Ergebnis führen die erhöhten Mitwirkungspflichten daher zu einer Diskriminierung des grenzüberschreitenden Sachverhalts im Schutzbereich der Niederlassungs- und Kapitalverkehrsfreiheit durch eine Verschiebung der Beweisrisikoverteilung zu Lasten des Steuerpflichtigen.

[1537] Vgl. Schreiber, IWB, F. 3, Gr. 1, S. 2105, 2109 f.
[1538] Vgl. Schmidt, IStR 1999, S. 398, 399.
[1539] Söhn, in: Hübschmann/Hepp/Spitaler, AO, § 90, Rn. 45, 66, 155.
[1540] Vgl. Crezelius, IStR 2002, S. 433, 435; Hruschka, IStR 2002, S. 753, 754.
[1541] BFH-Urteil vom 19.06.1985, I R 109/82, BFH/NV 1986, S. 249, 250.

C. Rechtfertigung des Eingriffs

Der Eingriff in den Schutzbereich der Niederlassungs- und Kapitalverkehrsfreiheit durch die Auferlegung erweiterter Mitwirkungspflichten bei grenzüberschreitenden Sachverhalten im Anwendungsbereich des AStG gem. §§ 16, 17 AStG bzw. § 90 Abs. 2, 3 AO ist gerechtfertigt, wenn hierfür ein wichtiger Grund des Allgemeininteresses vorliegt und dessen Durchsetzung im Einzelfall zur Erreichung des verfolgten Ziels geeignet, erforderlich und angemessen ist. Die unterschiedlichen inhaltlichen Vorgaben der §§ 16, 17 AStG bzw. des § 90 Abs. 2, 3 AO zwingen dabei zu einer getrennten Betrachtung unter Berücksichtigung ihrer individuellen Zwecksetzung.

I. Eingreifen des kodifizierten Rechtfertigungsgrundes aus Art. 58 Abs. 1 lit. b) EG für Fälle des § 16 Abs. 1 AStG

Vorrangig einer Erörterung der in der EuGH-Rechtsprechung entwickelten ungeschriebenen Rechtfertigungsgründe stellt sich im Hinblick auf den kodifizierten Rechtfertigungsgrund für einen Eingriff in die Kapitalverkehrsfreiheit gem. Art. 58 Abs. 1 lit. b) EG die Frage, ob es sich bei einem Mitwirkungsverlangen gem. § 16 Abs. 1 AStG nicht um eine unerlässliche Maßnahme handelt, die eine Zuwiderhandlung gegen innerstaatliche Rechts- und Verwaltungsvorschriften insbesondere auf dem Gebiet des Steuerrechts verhindern soll. Zur tatbestandlichen Reichweite der Vorschrift im Hinblick auf nationale Vorschriften zur Verhinderung der Steuerhinterziehung vertritt Cordewener die Auffassung, dass ihr keine ausdrückliche Begrenzung auf die Bekämpfung vorsätzlicher Verhaltensweisen zu entnehmen ist, so dass auch ein Vorgehen gegen „fahrlässige Steuerverkürzungen" oder sonstige Zuwiderhandlungen nicht generell ausgeschlossen ist.[1542] Darüber hinaus soll Art. 58 Abs. 1 lit. b) EG auch auf andere Grundfreiheiten Anwendung finden, da die Aufdeckung widerrechtlich erlangter Steuervorteile in einer engen sachlichen Nähebeziehung zur ausreichenden Informationserlangung über steuerlich relevante Vorgänge sowie zur Absicherung von Besteuerungsansprüchen stehe und so einen besonderen Teilbereich der umfassenden Kategorie einer „erforderlichen wirksamen steuerlichen Kontrolle durch die nationalen Finanzverwaltungen" i. S. d. Rechtsprechung des EuGH einnehme, die ihrerseits als Rechtfertigungsgrund grundfreiheitsübergreifend anwendbar sei.[1543] Dieser Auffassung ist unabhängig davon zuzustimmen, ob man eine direkte oder indirekte Anwendung der Norm auf die übrigen Grundfreiheiten vertritt, da es sich hierbei um einen Rechtsgedanken handelt, der über den ungeschriebenen Rechtfertigungsgrund einer „erforderlichen wirksamen steuerlichen Kontrolle" auch bei der „Verhinderung einer Steuerumgehung" zu berücksichti-

---

[1542] Cordewener, Europäische Grundfreiheiten und nationales Steuerrecht, S. 953.
[1543] Cordewener, Europäische Grundfreiheiten und nationales Steuerrecht, S. 953 i. V. m. S. 938 ff.

gen ist.[1544] Unabhängig von der Frage der Übertragbarkeit des Rechtsgedankens aus Art. 58 Abs. 1 lit. b) EG auf andere Grundfreiheiten ist zunächst die Frage zu beantworten, ob die tatbestandliche Reichweite der Norm nicht nur repressiv i. S. e. strafrechtlichen Verfolgung, sondern auch präventiv auszulegen und anzuwenden ist, so dass auch allgemeine Vorschriften des Steuerverfahrens zur Verhinderung einer Steuerumgehung von ihr erfasst werden. Nach der hier vertretenen Auffassung liegt „eine Zuwiderhandlung gegen innerstaatliche Rechtsvorschriften auf dem Gebiet des Steuerrechts" bereits dann vor, wenn eine bewusst oder unbewusst unvollständige oder unrichtige Darstellung des zugrunde liegenden Lebenssachverhalts bei einer Subsumtion unter das Steuergesetz zu einem anderen Rechtsfolgenausspruch führt als dies bei richtiger und vollständiger Sachverhaltsdarstellung der Fall gewesen wäre. Die „Zuwiderhandlung" tritt dabei im Hinblick auf die Obliegenheit eines Steuerpflichtigen aus § 90 Abs. 1 S. 2 AO ein, wonach dieser die für eine Besteuerung erheblichen Tatsachen vollständig und wahrheitsgemäß offen zu legen und die ihm bekannten Beweismittel anzugeben hat. Daneben hat der Steuerpflichtige gem. § 93 Abs. 1 S. 1 AO der Finanzbehörde die zur Feststellung eines für die Besteuerung erheblichen Sachverhalts erforderlichen Auskünfte zu erteilen. Im Ergebnis ist daher eine „Zuwiderhandlung" gegen innerstaatliche Rechtsvorschriften i. S. v. Art. 58 Abs. 1 lit. b) EG auch schon im Besteuerungsverfahren und damit im Vorfeld einer tatbestandlichen Steuerhinterziehung oder Steuerverkürzung möglich. Für ein extensives Verständnis der Norm spricht auch der systematische Zusammenhang mit Art. 58 Abs. 3 EG, wonach Maßnahmen gem. Art. 58 Abs. 1, 2 EG kein Mittel zur willkürlichen Diskriminierung oder verschleierten Beschränkung des freien Kapitalverkehrs sein dürfen. Damit wird klargestellt, dass nationale Maßnahmen auf dem Gebiet des Steuerrechts i. S. v. Art. 58 Abs. 1 lit. b) EG dem Grunde nach als Eingriff in die Kapitalverkehrsfreiheit gerechtfertigt sein können, im Hinblick auf ihre abstrakt-generelle Ausgestaltung als Rechtsnorm und konkrete Anwendung im Einzelfall jedoch einer Überprüfung am Maßstab der Verhältnismäßigkeit standhalten müssen und damit einer gemeinschaftsrechtlichen Kontrolle auf Rechtfertigungsebene keinesfalls entzogen sind. Letztendlich dient Art. 58 Abs. 1, 3 EG ausdrücklich auch als Rechtsgrundlage für die Zinsertragsrichtlinie vom 03.06.2003, in deren Erwägungen es heißt, dass hierdurch eine Vermeidung der grenzüberschreitenden Zinsbesteuerung im Gemeinschaftsgebiet verhindert oder zumindest erschwert werden soll, so dass ein präventiver Charakter der Vertragsbestimmungen auch aus sekundärrechtlicher Perspektive gestützt wird.[1545]

Die Auferlegung erweiterter Mitwirkungspflichten gem. § 16 Abs. 1 AStG soll einer „Zuwiderhandlung" des Steuerpflichtigen gegen die materiellen Vorschriften des AStG im Steuerverfahren vorbeugen. So ist eine Einkünftekorrektur gem. § 1 Abs. 1 AStG durch die Finanzverwaltung tatbestandlich nur bei

---

[1544] Schlussanträge GA Bot vom 11.09.2007, Rs. C-101/05 („A"), Slg. 2007, Rn. 125, n. V.
[1545] Richtlinie 2003/48/EG des Rates vom 03.06.2003 im Bereich der Besteuerung von Zinserträgen, Abl. EG 2003, L 157, S. 38, Präambel.

Vorliegen von Geschäftsbeziehungen zu einer nahe stehenden Person i. S. v. § 1 Abs. 2 AStG möglich. Aus diesem Grund ist eine umfassende Informationsteilung durch den Steuerpflichtigen bei Geltendmachung betrieblicher Aufwendungen aus Geschäftsbeziehungen zum Ausland zur Aufklärung der gesellschaftsrechtlichen, familiären oder sonstigen Verhältnisse zu dem ausländischen Geschäftspartner unerlässlich, da einer vollständigen Ermittlung des Sachverhalts durch die Finanzverwaltung der Grundsatz der „formellen Territorialität" entgegensteht. Korrektiv eines Mitwirkungsverlangens gem. § 16 Abs. 1 AStG auf Tatbestands- und Rechtsfolgenseite ist der Grundsatz der Verhältnismäßigkeit, so dass auch die Einhaltung der Ermessensgrenzen für einen gerechtfertigten Eingriff in den Schutzbereich einer Grundfreiheit gem. Art. 58 Abs. 3 EG sichergestellt ist. Demgemäß ist ein erweitertes Mitwirkungsverlangen gem. § 16 Abs. 1 AStG auf der Basis des kodifizierten Rechtfertigungsgrundes aus Art. 58 Abs. 1 lit. b) EG vorbehaltlich einer Verhältnismäßigkeitsprüfung im Einzelfall gem. Art. 58 Abs. 3 EG prinzipiell rechtfertigungsfähig.

II. Verhinderung einer Steuerumgehung als wichtiger Grund des Allgemeininteresses für Fälle des § 16 Abs. 1 AStG

Geht man entgegen der Auffassung von Cordewener nicht von einer Übertragbarkeit des in Art. 58 Abs. 1 lit. b) EG enthaltenen Rechtsgedankens auf die anderen Grundfreiheiten des EGV, insbesondere der bei § 16 Abs. 1 AStG einzig einschlägigen Niederlassungsfreiheit aus, so ist das Eingreifen weiterer, nicht kodifizierter Rechtfertigungsgründe zu prüfen.[1546]

Der erweiterten Mitwirkungspflicht eines Steuerpflichtigen aus § 16 Abs. 1 AStG im Falle einer Absetzung von Aufwendungen aus einer grenzüberschreitenden Geschäftsbeziehung liegt der gesetzgeberische Zweck zugrunde, eine Verlagerung von Besteuerungssubstrat auf ausländische Rechtsträger mit Ansässigkeit in niedrig besteuernden Ländern bei gleichzeitiger Absenkung der Bemessungsgrundlage für die inländische Besteuerung zu verhindern.[1547] Im systematischen Kontext der materiellen Steuertatbestände des AStG ermöglicht § 16 Abs. 1 AStG der Finanzverwaltung insbesondere eine Ermittlung der für eine Gewinnkorrektur auf der Basis des Fremdvergleichsgrundsatzes gem. § 1 Abs. 1 AStG erforderlichen Nähebeziehung zwischen dem inländischen Steuerpflichtigen und dem ausländischen Geschäftspartner gem. § 1 Abs. 2 AStG. Demnach handelt es sich bei § 16 Abs. 1 AStG um eine nationale Verfahrensvorschrift, für deren Rechtfertigung im Schutzbereich der Grundfreiheiten auf die Rechtsprechung des EuGH zu den Anforderungen an Rechtsnormen des nationalen Steuerrechts mit dem Gesetzeszweck der Verhinderung einer Steuer-

---

[1546] Vgl. Cordewener, Europäische Grundfreiheiten und nationales Steuerrecht, S. 953, Fn. 486.
[1547] a. a. O., BT-Drs. VI/2883, S. 30; a. a. O., BT-Drs. IV/2412, S. 12; Wassermeyer, in: Flick/Wassermeyer/Baumhoff, AStG, § 16, Rn. 4, 46; Schaumburg, Internationales Steuerrecht, Rn. 19.24.

umgehung abzustellen ist.[1548] Hierbei ist von einem selbständigen Verständnis des Begriffs einer Steuerumgehung gegenüber einer strafrechtlich relevanten Steuerhinterziehung auszugehen, die von einem Mitwirkungsverlagen gem. § 16 Abs. 1 AStG nicht indiziert und damit aus den nachfolgenden Erörterungen weitgehend ausgeklammert wird.[1549] Eine Steuerumgehung ist danach die Ausnutzung von Gestaltungsmöglichkeiten des Rechts zur Vermeidung oder Absenkung einer inländischen Steuerbelastung in Abgrenzung zur Steuerhinterziehung als eine pönalisierte Gefährdung des staatlichen Steueranspruchs durch den Steuerpflichtigen gem. §§ 369 ff. AO.[1550]

Davon zu unterscheiden sind solche Fälle, in denen nicht nur die dem steuerlich relevanten Lebenssachverhalt zugrunde liegende Handlung, sondern auch die diesbezügliche Berufung auf die Gewährleistungen bzw. den Schutzgehalt einer oder mehrer Grundfreiheiten als missbräuchlich zu beurteilen ist. So ist in Fällen einer Steuerhinterziehung oder Steuerumgehung durch den Steuerpflichtigen eingangs einer Prüfung der nationalen Regelung am Maßstab der Grundfreiheiten zunächst festzustellen, ob mit der Rechtsprechung des EuGH in der Rs. C-376/96 („Kefalas") bereits eine Berufung auf den Schutz einer Grundfreiheit für den Steuerpflichtigen als von vornherein rechtsmissbräuchlich zu charakterisieren und damit ausgeschlossen ist.[1551] Beruft sich ein Steuerpflichtiger zur Abwehr eines erweiterten Mitwirkungsverlangens der Finanzverwaltung im Anwendungsbereich des AStG auf den Schutz einer Grundfreiheit, so wäre ihm dieser dann zu verwehren, wenn z. B. die zugrunde liegende Geltendmachung von Aufwendungen in offensichtlich missbräuchlicher oder betrügerischer Absicht geschieht.[1552] Da die Geltendmachung einer Aufwendung aus einer Geschäftsbeziehung des Steuerpflichtigen zum Ausland aber nicht generell den Anschein der Rechtsmissbräuchlichkeit in sich trägt und die Rechtsprechung des EuGH in diesem Punkt sehr restriktiv ist, zumal sie bisher in keinem Urteil mit steuerrechtlichem Bezug zur Anwendung kam, kann lediglich eine Einzelfallprüfung des konkreten Lebenssachverhalts zu einem entsprechenden Ergebnis kommen.

Zum Rechtfertigungsgrund der Verhinderung einer Steuerumgehung hat der EuGH erstmals in seinem Urteil vom 07.05.1985 in der Rs. 18/84 („Kommission / Frankreich") festgestellt, dass die Verhinderung der Steuerflucht keine

---

[1548] Siehe Kapitel 4, C. III. 2. b) für eine Darstellung des Zusammenhangs zwischen dem Rechtfertigungsgrund der Steuerumgehung und einer Verlagerung von Besteuerungssubstrat.
[1549] Siehe Kapitel 4, C. III. 2. b) für eine Darstellung des Begriffs der Steuerumgehung.
[1550] Vgl. Seer, in: Tipke/Lang, § 23, Rn. 1 ff. zum Steuerstraf- und Steuerordnungswidrigkeitenrecht.
[1551] EuGH-Urteil vom 12.05.1998, Rs. C-367/96 („Kefalas"), Slg. 1998, I-2843, Rn. 20.
[1552] Vgl. EuGH-Urteil vom 12.05.1998, Rs. C-367/96 („Kefalas"), Slg. 1998, I-2843, Rn. 3, 28; vgl. zur Versagung begünstigender Gewährleistungen auf dem Gebiet der direkten Steuern aufgrund missbräuchlicher Gestaltungen auch Art. 1 Abs. 2 Mutter-Tochter-Richtlinie und Art. 11 Abs. 1 lit. a) Fusionsrichtlinie.

Ausnahme vom Grundprinzip der Niederlassungsfreiheit ist.[1553] Der Aussage des Gerichts ist in Übereinstimmung mit der Auffassung von Cordewener dennoch keine Allgemeingültigkeit hinsichtlich nationaler Maßnahmen zur Bekämpfung der Steuerumgehung beizumessen, da der Gerichtshof in der konkreten Entscheidung nachgewiesen hat, dass die angegriffene Regelung des nationalen Steuerrechts bereits aufgrund ihrer tatbestandlichen Ausgestaltung schon nicht geeignet war, den Zweck einer Vermeidung der Steuerflucht zu erfüllen, so dass es auf ihre grundfreiheitliche Legitimation im Ergebnis nicht mehr ankam.[1554] In der Sache ging es um die Beurteilung einer Regelung im französischen Körperschaftsteuerrecht, wonach die Republik Frankreich gegen ihre Verpflichtungen aus Art. 43 EG dadurch verstoßen hat, dass sie den in Frankreich gelegenen Zweigniederlassungen und Agenturen von Versicherungsgesellschaften mit Sitz in einem anderen Mitgliedstaat nicht unter den gleichen Bedingungen wie Versicherungsgesellschaften mit Sitz in Frankreich ein Steuerguthaben für die von diesen Zweigniederlassungen und Agenturen bezogenen Dividenden französischer Gesellschaften gewährt hat.[1555] Das Vorbringen der französischen Regierung, eine Ausdehnung der Anrechnungsmöglichkeit auf inländische Betriebsstätten ausländischer Gesellschaften berge die Gefahr der Erosion von Besteuerungssubstrat durch die Einlage von Beteiligungen an französischen Kapitalgesellschaften auf der Aktivseite der Betriebsstättenbuchführung in sich, weist der EuGH bereits unter Hinweis auf die Unrichtigkeit der zugrunde liegenden Steuerberechnung zurück.[1556] Während im Falle einer Einlage der Anteile in die französische Betriebsstätte für Zwecke der französischen Körperschaftsteuer unter Berücksichtigung des Anrechnungsguthabens von 25 v. H auf die bereits auf Ebene der ausschüttenden Kapitalgesellschaft gezahlten Körperschaftsteuer i. H. v. 50 v. H. noch ein Steuersatz von 25 v. H. auf die Dividendeneinkünfte anzuwenden war, limitierten die DBA Frankreichs mit anderen Staaten das Quellenbesteuerungsrecht auf den verbleibenden Ertrag nach inländischer Körperschaftssteuer regelmäßig auf 15 v. H.[1557] Darüber hinaus führt die Übersetzung des Urteils durch die Verwendung des Begriffs der „Steuerflucht" zu Unklarheiten über dessen Ausgestaltung und Reichweite, da es sich mit der Auffassung von Lang um einen unpräzisen Begriff handelt, der auf Steuervermeidung, Steuerumgehung und Steuerhinterziehung gleichermaßen anwendbar ist und demnach lediglich einen Oberbegriff ohne genaue Konkretisierung darstellt.[1558]

[1553] EuGH-Urteil vom 07.05.1985, Rs. 18/84 („Kommission / Frankreich"), Slg. 1985, S. 1339, Rn. 7 ff.
[1554] Cordewener, Europäische Grundfreiheiten und nationales Steuerrecht, S. 397 f., 954 f.
[1555] EuGH-Urteil vom 07.05.1985, Rs. 18/84 („Kommission / Frankreich"), Slg. 1985, S. 1339, Rn. 1.
[1556] EuGH-Urteil vom 07.05.1985, Rs. 18/84 („Kommission / Frankreich"), Slg. 1985, S. 1339, Rn. 25.
[1557] Vgl. Cordewener, Europäische Grundfreiheiten und nationales Steuerrecht, S. 398, Fn. 75.
[1558] Lang, in: Tipke/Lang, Steuerrecht, § 7, Rn. 21.

Auf die ablehnende Haltung des EuGH zur Steuerflucht als Rechtfertigungsgrund in der Rs. 18/84 („Kommission / Frankreich") beruft sich die Klägerin auch in der Rs. 81/87 („Daily Mail") in dem sie vorbringt, dass die identitätswahrende Verlegung des Gesellschaftssitzes innerhalb des EU-Gemeinschaftsgebietes mit der Folge von steuerlichen Einnahmeverlusten nicht zu einer Rechtfertigung von Eingriffen in die Niederlassungs- und Kapitalverkehrsfreiheit führen kann.[1559] Den Schlussanträgen von GA Darmon in der Rs. 81/87 („Daily Mail") ist ebenfalls zu entnehmen, dass der bloße Verlust von Steuereinnahmen, die aufgrund der künftigen Tätigkeit eines Steuerpflichtigen in einem anderen Mitgliedstaat anfallen, kein schutzwürdiges nationales Interesse darstellt, mit dem sich die Beeinträchtigung einer Ausübung von Grundfreiheiten rechtfertigen lässt.[1560] In der Sache ging es um einen Verstoß gegen die Niederlassungsfreiheit durch die Verweigerung einer für die Verlegung des steuerlichen Sitzes einer Kapitalgesellschaft aus dem Vereinigten Königreich ins Ausland erforderlichen Zustimmung der britischen Finanzverwaltung. Hintergrund der geplanten Sitzverlegung war ein Gestaltungsmodell, bei dem zur Umgehung von Kapitalertragsteuer auf die Veräußerung eigener Aktienbeteiligungen in Großbritannien eine Verlegung des Verwaltungssitzes in die Niederlande erforderlich war. Hierzu stellt der EuGH fest, dass im nationalen Recht der Mitgliedstaaten hinsichtlich der Gründung und Verlegung einer Gesellschaft erhebliche gesellschafts- und steuerrechtliche Unterschiede bei der erforderlichen Verknüpfung mit dem nationalen Gebiet bestehen.[1561] Unter Hinweis auf eine fehlende Harmonisierung durch eine gemeinschaftsrechtliche Rechtsetzung erkennt der EuGH die britische Regelung schließlich als gemeinschaftsrechtskonform an, da die Unterschiede, die die Rechtsordnungen der Mitgliedstaaten hinsichtlich der für ihre Gesellschaften erforderlichen Anknüpfung sowie der Möglichkeit und gegebenenfalls der Modalitäten einer Verlegung des satzungsmäßigen oder wahren Sitzes einer Gesellschaft nationalen Rechts von einem Mitgliedstaat in einen anderen aufweisen, als Probleme zu qualifizieren sind, die durch die Bestimmungen über die Niederlassungsfreiheit nicht gelöst würden, sondern einer bisher nicht existenten Lösung im Wege der Rechtsetzung oder des Vertragsschlusses gem. Art 44 Abs. 2 lit. g) EG bzw. Art. 293 EG bedürften. Cordewener[1562] sieht in dem Ausspruch des EuGH in Übereinstimmung mit Everling[1563] auch ohne eine Prüfung des Eingreifens von kodifizierten oder ungeschriebenen Rechtfertigungsgründen die implizite Anerkennung eines grundfreiheitlichen Eingriffsvorbehalts dahingehend, dass die Allgemeininteressen der EU-Mitgliedstaaten dem mit der Niederlassungsfreiheit verbundenen Liberalisierungsdrang nicht vollständig weichen müssen, da sonst unverhältnismäßig be-

---

[1559] Sitzungsbericht des EuGH-Urteils vom 27.09.1988, Rs. 81/87 („Daily Mail"), Slg. 1988, S. 5483, 5492.
[1560] Schlussanträge GA Darmon vom 07.06.1988, Rs. 81/87 („Daily Mail"), Slg. 1988, S. 5483, Rn. 12.
[1561] EuGH-Urteil vom 27.09.1988, Rs. 81/87 („Daily Mail"), Slg. 1988, S. 5485, Rn. 21 ff.
[1562] Cordewener, Europäische Grundfreiheiten und nationales Steuerrecht, S. 411 ff.
[1563] Everling, in: Schön, GS für Knobbe-Keuk, S. 607, 612,

lastende Folgewirkungen für das Steueraufkommen und damit mittelbar auch für die Budgethoheit der EU-Mitgliedstaaten hinsichtlich eines Besteuerungsausfalls für bereits angesammelte stille Reserven durch geschickte Steuerplanung eintreten könnten. Unabhängig von der Tatsache, dass der EuGH die Argumente der Klägerin und des GA hinsichtlich einer gemeinschaftsrechtswidrigen Umgehungsverhinderungsvorschrift in seinem Urteil letztlich unberücksichtigt lässt, verfehlen diese auch den zugrunde liegenden Lebenssachverhalt, da er die „Steuervermeidung" durch eine an allgemeinen Belastungsgesichtspunkten orientierte Steuerplanung mittels grenzüberschreitender Verlagerung des Gesellschaftssitzes, nicht aber die Steuerumgehung i. S. d. hier vorgenommenen Definition durch die Ausnutzung von rechtlichen Gestaltungsmöglichkeiten ohne einen Wechsel der Besteuerungshoheit betrifft. Demnach ist der Auffassung des GA zwar im Grundsatz zuzustimmen, dass eine Verlagerung von Steueraufkommen durch die Ausübung der Niederlassungsfreiheit innerhalb der Gemeinschaft als Folge der fehlenden Harmonisierung der direkten Steuern und dem damit verbundenen Steuerwettbewerb der Mitgliedstaaten hinzunehmen ist.[1564] Damit ist jedoch keine Aussage über die gemeinschaftsrechtliche Zulässigkeit einer Verlagerung von Besteuerungssubstrat zwischen verbundenen Unternehmen durch unangemessene Aufwendungen oder nicht am Fremdvergleichsmaßstab orientierte, konzerninterne Verrechnungspreise verbunden.[1565] Im Ergebnis hat die apodiktische Aussage des EuGH in der Rs. 18/84 („Kommission / Frankreich") damit ihre unbedingte Geltungskraft bereits durch das Urteil in der Rs. 81/87 („Daily Mail") eingebüßt.

Eine Bestätigung der hier vertretenen Auffassung zu den Feststellungen des EuGH in der Rs. 81/87 („Daily Mail") ergibt sich schließlich aus den Ausführungen von GA Mischo in der Rs. C-204/90 („Bachmann") und dem Urteil des EuGH in der Rs. C-264/96 („ICI plc.") über die Rechtfertigungsfähigkeit von Normen des nationalen Steuerrechts mit dem Ziel eine Steuerumgehung zu verhindern bzw. zu erschweren.[1566] In der Rs. C-204/90 („Bachmann") ging es um die Frage, ob die Arbeitnehmer- und Dienstleistungsfreiheit den Rechtsvorschriften eines Mitgliedstaates entgegenstehen, die die Abzugsfähigkeit von Beiträgen zu Kranken-, Invaliditäts-, Alters- und Todesfallversicherungen von der Voraussetzung abhängig machen, dass diese Beiträge in demselben Staat gezahlt werden.[1567] GA Mischo stellt hierzu in seinen Schlussanträgen fest, dass die

---

[1564] Siehe Kapitel 4, C. III. 2. b) für eine differenzierte Auffassung zur CFC-Gesetzgebung.
[1565] Siehe Kapitel 2, E. III. für die Darstellung der Eingriffsrechtfertigung im Falle einer Einkünftekorrektur gem. § 1 Abs. 1 AStG.
[1566] EuGH-Urteil vom 16.07.1998, Rs. C-264/96 („ICI plc."), Slg. 1998, I-4695, Rn. 20 ff.; Schlussanträge GA Mischo vom 17.09.1991, Rs. C-204/90 („Bachmann"), Slg. 1992, I-249, Rn. 26.
[1567] EuGH-Urteil vom 28.01.1992, Rs. C-204/90 (Bachmann), Slg. 1992, I-249, Rn. 1 ff.; EuGH-Urteil vom 28.01.1992, Rs. C-300/90 (Kommission / Belgien), Slg. 1992, I-305, Rn. 1 ff. ist inhaltsgleich, da es sich um ein Vertragsverletzungsverfahren der Kommission gegen die streitige belgische Steuerregelung handelt; siehe Kapitel 3, E. II. 1. d) cc) für eine Darstellung der Urteile.

407

streitigen Vorschriften des nationalen Rechts über die steuerliche Behandlung von Versicherungsverträgen durch die Notwendigkeit einer Verhinderung ungerechtfertigter Steuerersparnisse objektiv gerechtfertigt sind, da es schwierig sei, die Bescheinigungen für in anderen Mitgliedstaaten geleistete Beitragszahlungen zu kontrollieren.[1568] Danach könne es einem EU-Mitgliedstaat grundsätzlich nicht untersagt werden, die Gewährung von Steuererleichterungen von bestimmten Voraussetzungen oder Kontrollmaßnahmen abhängig zu machen.[1569] An dieser Stelle weist der GA auch auf das Urteil des EuGH in der Rs. 120/78 („REWE Zentral AG") hin, in dem der Gerichtshof zur Anerkennung von ungeschriebenen Ausnahmetatbeständen im Anwendungsbereich der Warenverkehrsfreiheit festgestellt hat, dass Hemmnisse für den Binnenhandel der Gemeinschaft, die sich aus den Unterschieden der nationalen Regelungen ergeben, dann hingenommen werden müssen, soweit diese Bestimmungen notwendig sind, um zwingenden Erfordernissen, insbesondere dem Erfordernis einer wirksamen steuerlichen Kontrolle, gerecht zu werden.[1570] Zwar handelt es sich bei der Entscheidung in der Rs. C-204/90 („Bachmann") primär um eine Entscheidung zur Erforderlichkeit einer „wirksamen steuerlichen Kontrolle" und weniger um die legitime Zwecksetzung von Vorschriften zur Verhinderung einer Steuerumgehung. Auf den Fall des § 16 Abs. 1 AStG bezogen, ergeben sich die Parallelen aber aus der Erforderlichkeit einer erweiterten Mitwirkungspflicht bei der Kontrolle steuermindernder Aufwendungen aus grenzüberschreitenden Geschäftsbeziehungen. Die grundsätzliche Anerkennung einer Notwendigkeit von Vorschriften zur Verhinderung eines ungerechtfertigten Abzugs von im Ausland gezahlten Versicherungsprämien durch den EuGH ist insofern mit der beschriebenen Konstellation bzw. Zwecksetzung des § 16 Abs. 1 AStG vergleichbar und kann damit zur Rechtfertigung prinzipiell herangezogen werden.[1571]

Das Urteil des EuGH in der Rs. C-264/96 („ICI plc.") behandelt die Vereinbarkeit von Vorschriften des britischen Körperschaftsteuerrechts über die Möglichkeit einer gruppeninternen Verlustverrechnung[1572] mit der Niederlassungsfreiheit.[1573] Wesentliche Voraussetzungen für die Verlustverrechnung zwischen

---

[1568] Schlussanträge GA Mischo vom 17.09.1991, Rs. C-204/90 („Bachmann"), Slg. 1992, I-249, Rn. 19 f.; vgl. EuGH-Urteil vom 28.01.1992, Rs. C-204/90 (Bachmann), Slg. 1992, I-249, Rn. 17; vgl. EuGH-Urteil vom 28.01.1992, Rs. C-300/90 (Kommission/Belgien), Slg. 1992, I-305, Rn. 10.

[1569] Schlussanträge GA Mischo vom 17.09.1991, Rs. C-204/90 („Bachmann"), Slg. 1992, I-249, Rn. 19 f.

[1570] Schlussanträge GA Mischo vom 17.09.1991, Rs. C-204/90 („Bachmann"), Slg. 1992, I-249, Rn. 19 f.; vgl. EuGH-Urteil vom 20.02.1979, Rs. 120/78 („REWE Zentral AG"), Slg. 1979, I-649, Rn. 8; siehe Kapitel 4, C. II. 2. c) für eine Darstellung der EuGH-Rechtsprechung zum Beschränkungsverbot im Rahmen der Warenverkehrsfreiheit.

[1571] EuGH-Urteil vom 28.01.1992, Rs. C-204/90 (Bachmann), Slg. 1992, I-249, Rn. 18; EuGH-Urteil vom 28.01.1992, Rs. C-300/90 (Kommission/Belgien), Slg. 1992, I-305, Rn. 11.

[1572] Vgl. EuGH-Urteil vom 13.12.2005, Rs. C-446/03 („Marks & Spencer plc."), Slg. 2005, I-10837.

[1573] EuGH-Urteil vom 16.07.1998, Rs. C-264/96 („ICI plc."), Slg. 1998, I-4695, Rn. 1 ff.

Mutter- und Tochtergesellschaften war, dass die nachgeordneten Konzerngesellschaften über eine Zwischenholding gehalten wurden, die an der Verlustverrechnung beteiligten Gesellschaften ihren Sitz im Vereinigten Königreich hatten und die der Holding nachgeschalteten Tochtergesellschaften überwiegend ihren Sitz im Inland hatten. Im zur Entscheidung vorgelegten Fall waren der Zwischenholding neben einigen Tochtergesellschaften mit Sitz im Vereinigten Königreich eine überwiegende Anzahl von Gesellschaften mit Sitz und Geschäftsleitung außerhalb Großbritanniens zugeordnet. Aus diesem Grund wurde eine Verlustverrechnung zwischen einer britischen Tochtergesellschaft und der ebenfalls im Vereinigten Königreich ansässigen Konzernmuttergesellschaft von der Finanzverwaltung u. a. unter Berufung auf die Gefahr einer Steuerumgehung durch die Verlagerung von Gewinnen und Verlusten zwischen inländischen und ausländischen Tochtergesellschaften abgelehnt, da die Holding nicht überwiegend von britischen Tochtergesellschaften geprägt war.[1574] Zu der auf die Gefahr einer Steuerumgehung gestützten Rechtfertigung genügte dem EuGH die Feststellung, dass die im Ausgangsverfahren in Rede stehenden Rechtsvorschriften nicht speziell bezweckten, rein künstliche Konstruktionen, die auf eine Umgehung des Steuerrechts des Vereinigten Königreichs gerichtet waren, von einem Steuervorteil auszuschließen, sondern generell jede Situation erfassten, in der die Mehrzahl der Tochtergesellschaften eines Konzerns ihren Sitz, aus welchen Gründen auch immer, außerhalb des Vereinigten Königreichs hatten. Dieser Umstand indiziere aber als solcher nicht bereits eine Steuerumgehung, da die betreffende Tochtergesellschaft auf jeden Fall dem Steuerrecht des Niederlassungsstaats unterliege.[1575] Außerdem hänge die Gefahr eines Lastenübergangs, den die Rechtsvorschriften verhindern sollen, keineswegs davon ab, ob eine Mehrzahl von Tochtergesellschaften ihren Sitz im Vereinigten Königreich habe, da die Existenz einer einzigen gebietsfremden Tochtergesellschaft bereits genüge, damit die von der Regierung des Vereinigten Königreichs erwähnte Gefahr eines Gewinn- und Verlusttransfers eintrete.[1576] Mit diesen Feststellungen erkannte der EuGH im Grundsatz die Möglichkeit einer Eingriffsrechtfertigung in die Niederlassungsfreiheit durch eine nationale Vorschrift zur Verhinderung einer Steuerumgehung an, lehnte ihn jedoch in der Sache vergleichbar mit dem Urteil in der Rs. 18/84 („Kommission/Frankreich") mangels tatsächlicher Geeignetheit der Regelung zur Erreichung des verfolgten Zwecks ab. Diesbezüglich stellte der EuGH fest, dass solche Vorschriften des nationalen Steuerrechts nicht zur Verhinderung der Steuerumgehung geeignet sind, die generell jede ausländische Tochtergesellschaft einer ansässigen Muttergesellschaft betreffen und damit dem Generalverdacht einer Steuerumgehung unterwerfen. Insofern wird das Erfordernis einer Einzelfallprüfung des zugrunde liegenden Lebenssachverhalts am Maßstab des Verhältnismäßigkeitsgrundsatzes zum Fallstrick der nationalen Regelung. Cordewener sieht in den Ausführungen des EuGH eine inhaltliche

---

[1574] EuGH-Urteil vom 16.07.1998, Rs. C-264/96 („ICI plc."), Slg. 1998, I-4695, Rn. 25.
[1575] EuGH-Urteil vom 16.07.1998, Rs. C-264/96 („ICI plc."), Slg. 1998, I-4695, Rn. 26.
[1576] EuGH-Urteil vom 16.07.1998, Rs. C-264/96 („ICI plc."), Slg. 1998, I-4695, Rn. 27.

Übernahme der vom Gerichtshof im Urteil in der Rs. C-28/95 („Leur-Bloem") zum Missbrauchsvorbehalt in Art. 11 Abs. 1 lit. a) Fusions-Richtlinie entwickelten Grundsätze,[1577] wonach das gemeinschaftsrechtliche Prinzip der Verhältnismäßigkeit die EU-Mitgliedstaaten dazu verpflichtet, sich nicht auf die Vorgabe allgemeiner Kriterien für die Aufnahme einer Steuerhinterziehung oder Steuerumgehung zu beschränken, sondern vielmehr in jedem Einzelfall zu prüfen, ob tatsächlich ein solches Verhalten seitens des Steuerpflichtigen vorliegt.[1578] Dieser Auffassung ist insbesondere vor dem Hintergrund zuzustimmen, dass die tatbestandliche Ausgestaltung der nationalen Normen i. d. R. keine Rückschlüsse auf besondere Motive des Steuerpflichtigen zulässt und damit die indizielle Wirkung besonders abstrakt-genereller Verfahrensvorschriften für das Vorliegen einer Steuerumgehung zumindest reduziert ist.

Diese Auffassung bestätigt der EuGH in seinem Urteil in der Rs. C-436/00 („XY") für die Rechtfertigung einer Regelung des schwedischen Steuerrechts, wonach im Fall einer Übertragung von Aktien zu einem ermäßigten Preis der Übertragende für die Besteuerung des Gewinns aus diesen Aktien von der Vergünstigung eines Steueraufschubs ausgeschlossen ist, wenn die Aktien auf eine ausländische juristische Person, an der der Übertragende unmittelbar oder mittelbar Anteile besitzt, sofern ihm diese Beteiligung einen Einfluss auf die Entscheidungen dieser ausländischen juristischen Person ermöglicht und er durch sie deren Tätigkeit bestimmen kann, oder auf eine schwedische Aktiengesellschaft, die die Tochtergesellschaft einer solchen ausländischen juristischen Person ist, übertragen wurden.[1579] Dem Einwand der Gefahr einer Steuerhinterziehung bzw. Steuerumgehung durch eine grenzüberschreitende Anwendung der Gewährung des Steueraufschubs hält das Gericht unter Hinweis auf seine Entscheidung in der Rs. C-212/97 („Centros") entgegen,[1580] dass die nationalen Gerichte zwar in jedem Einzelfall dem missbräuchlichen oder betrügerischen Verhalten eines Steuerpflichtigen auf der Grundlage objektiver Kriterien Rechnung tragen können, um ihm gegebenenfalls die Berufung auf die einschlägige Grundfreiheit zu verwehren, dass sie aber bei der Beurteilung eines solchen Verhaltens die Ziele der einschlägigen gemeinschaftsrechtlichen Bestimmung zu beachten haben.[1581] Demgegenüber schließen die im Ausgangsverfahren einschlägigen Bestimmungen jedoch kategorisch und verallgemeinernd alle Übertragungen von Aktien von der Vergünstigung des Steueraufschubs aus und gestatten damit den nationalen Gerichten nicht die erforderliche Einzelfallprüfung anhand der Besonderheiten des jeweiligen Sachverhalts.[1582] Diese Rechtspre-

---

[1577] EuGH-Urteil vom 17.07.1997, Rs. C-28/95 („Leur-Bloem"), Slg. 1997, I-4161, Rn. 38 ff.
[1578] Cordewener, Europäische Grundfreiheiten und nationales Steuerrecht, S. 647 f.
[1579] EuGH-Urteil vom 21.11.2002, Rs. C-436/00 („XY"), Slg. 2002, I-10829, Rn. 1 ff.
[1580] EuGH-Urteil vom 09.03.1999, Rs. C-212/97 („Centros"), Slg. 1999, I-1459, Rn. 25.
[1581] EuGH-Urteil vom 21.11.2002, Rs. C-436/00 („XY"), Slg. 2002, I-10829, Rn. 41 f.
[1582] EuGH-Urteil vom 21.11.2002, Rs. C-436/00 („XY"), Slg. 2002, I-10829, Rn. 43.

chung ist inzwischen auch in einer Reihe weiterer Entscheidungen bestätigt worden.[1583]

Auf die Zwecksetzung eines erweiterten Mitwirkungsverlangens gem. § 16 Abs. 1 AStG bezogen, ist mit der dargestellten Rechtsprechung des EuGH festzustellen, dass die Verhinderung einer Steuerumgehung durch Verlagerung von Besteuerungssubstrat in ein niedrigbesteuerndes Land einen wichtigen Grund des Allgemeininteresses darstellt, der prinzipiell geeignet ist, einen Eingriff in den Schutzbereich einer Grundfreiheit zu rechtfertigen. Demnach ist nachfolgend zu prüfen, ob die Ausgestaltung des § 16 Abs. 1 AStG hinsichtlich Tatbestand und Rechtsfolge eine verhältnismäßige und am zugrunde liegenden Lebenssachverhalt orientierte Einzelfallbetrachtung ermöglicht und damit den Anforderungen des EuGH entspricht, die dieser erstmals in den Rs. C-264/96 („ICI plc."), C-28/95 („Leur-Bloem"), C-436/00 („XY"), und C-212/97 („Centros") für die Rechtfertigung eines Eingriffs in den Schutzbereich einer Grundfreiheit aufgestellt hat.

III. Sicherstellung einer grenzüberschreitenden Sachverhaltsaufklärung als wichtiger Grund des Allgemeininteresses für Fälle des § 17 Abs. 1 AStG bzw. § 90 Abs. 2, 3 AO

Im Unterschied zu § 16 Abs. 1 AStG verfolgen § 17 Abs. 1 AStG bzw. § 90 Abs. 2 AO den Zweck, eine grenzüberschreitende Sachverhaltsaufklärung durch die Finanzbehörde zu ermöglichen. Es ist daher zu untersuchen, ob das Informationsinteresse der Finanzverwaltung ein wichtiger Grund des Allgemeininteresses ist, der erhöhte Anforderungen an die Mitwirkungspflicht eines Steuerpflichtigen bei der Aufklärung eines grenzüberschreitenden Sachverhalts durch eine abstrakt-generelle Verfahrensvorschrift rechtfertigen kann.

Zum systematischen Zusammenhang zwischen Verfahrensvorschriften und materiellrechtlichen Steuertatbeständen hat der EuGH in ständiger Rechtsprechung festgestellt, dass zwingende Gründe des Allgemeininteresses, die die materiellen Vorschriften einer Regelung rechtfertigen, auch die zur Sicherung ihrer Beachtung erforderlichen Kontrollmaßnahmen rechtfertigen können.[1584] Überträgt man diese Rechtsprechung des EuGH zum grenzüberschreitenden Dienstleistungsverkehr insbesondere im Bereich der Arbeitnehmerüberlassung auf den Bereich der direkten Steuern, ist die gemeinschaftsrechtliche Rechtmäßigkeit einer Verpflichtung zur Sachverhaltsaufklärung im Schutzbereich einer Grundfreiheit zu bejahen, wenn der bezogene materielle Steuertatbestand seinerseits den Anforderungen des Gemeinschaftsrechts entspricht. Da § 17 Abs. 1 AStG

[1583] Vgl. exemplarisch EuGH-Urteil vom 12.09.2006, Rs. C-196/04 („Cadbury Schweppes"), Slg. 2006, I-7995, Rn. 47 ff. m. w. N.

[1584] EuGH-Urteil vom 25.10.2001, Rs. C-493/99 („Kommission / Deutschland"), I-8163, Rn. 20; EuGH-Urteil vom 23.11.1999, verb. Rs.C-369/96 u. C-376/96 („Arblade u. a."), Slg. 1999, I-8453, Rn. 38; EuGH-Urteil vom 27.03.1990, Rs. C-113/89 („Rush Portuguesa"), Slg. 1990, I-1417, Rn. 18; EuGH-Urteil vom 03.02.1982, verb. Rs. 62/81 u. 63/81 („Seco / EVI"), Slg. 1982, I-223, Rn. 11 ff.

lediglich auf die Vorschriften der §§ 5 und 7 bis 15 AStG Bezug nimmt, führt die in den Kapiteln 4 und 5 dieser Arbeit vertretene Auffassung der Gemeinschaftsrechtswidrigkeit der geltenden Vorschriften über die Hinzurechnungsbesteuerung und der Besteuerung von Einkünften ausländischer Familienstiftungen gleichsam zur Unvereinbarkeit der Verfahrensvorschrift in § 17 Abs. 1 AStG mit den Grundfreiheiten des EGV. Sieht man dagegen in § 17 Abs. 1 AStG keine selbständige Ermächtigungsgrundlage, sondern lediglich eine deklaratorische Vorschrift, die den Rechtsgedanken aus § 90 Abs. 2 AO für die enumerativ abschließend aufgezählten Vorschriften des AStG hervorhebt, erfordert der umfassende Anwendungsbereich der Rechtsnorm ohne Bezugnahme auf einzelne Vorschriften des materiellen Steuerrechts eine von den §§ 5 und 7 bis 15 AStG losgelöste Rechtfertigungsprüfung.

Neben der Übertragung des dargestellten „Erst-Recht-Schlusses" aus der gemeinschaftsrechtlichen Rechtmäßigkeit materieller Vorschriften des nationalen Rechts auf die hierzu erlassenen Verfahrensnormen hat sich in der Rechtsprechung des EuGH zu den direkten Steuern die isolierte Anerkennung eines gesteigerten Informationsinteresses der Finanzverwaltung bei grenzüberschreitenden Sachverhalten als wichtiger Grund des Allgemeininteresses herausgebildet. Grundlegend für die Anerkennung des Rechtfertigungsgrundes einer „wirksamen steuerlichen Kontrolle" war das bereits im Zusammenhang mit § 16 Abs. 1 AStG erwähnte Urteil des EuGH in der Rs. 120/78 („REWE Zentral AG"), in dem der Gerichtshof zur Anerkennung von ungeschriebenen Ausnahmetatbeständen im Anwendungsbereich der Warenverkehrsfreiheit festgestellt hat, dass Hemmnisse für den Binnenhandel der Gemeinschaft, die sich aus den Unterschieden der nationalen Regelungen ergeben, hingenommen werden müssen, soweit diese Bestimmungen notwendig sind, um zwingenden Erfordernissen gerecht zu werden, insbesondere den Erfordernissen einer steuerlichen Kontrolle, des Schutzes der öffentlichen Gesundheit, der Lauterkeit des Handelsverkehrs und des Verbraucherschutzes.[1585]

Diesen Rechtfertigungsansatz hat der EuGH in seinem Urteil in der Rs. C-250/95 („Futura Participations S. A.") im Grundsatz bestätigt und genauer differenziert.[1586] In der Sache ging es um die verfahrensrechtlichen Anforderungen für eine Anerkennung von Betriebsstättenverlusten ausländischer Rechtsträger in Luxemburg. Für eine Anerkennung von Verlustvorträgen ansässiger Betriebsstätten war nach luxemburgischem Verfahrensrecht eine gesonderte Betriebsstättenbuchführung nach den Vorschriften des nationalen Steuerrechts aufzustellen und im Inland aufzubewahren.[1587] Aus materieller Perspektive war ein sachlicher Zusammenhang der geltend gemachten Verluste mit der Tätigkeit der

---

[1585] EuGH-Urteil vom 20.02.1979, Rs. 120/78 („REWE Zentral AG"), Slg. 1979, S. 649, Rn. 8.
[1586] EuGH-Urteil vom 15.05.1997, Rs. C-250/95 („Futura Participations S. A."), Slg. 1997, I-2471.
[1587] EuGH-Urteil vom 15.05.1997, Rs. C-250/95 („Futura Participations S. A."), Slg. 1997, I-2471, Rn. 1 ff.

Betriebsstätte erforderlich.[1588] Dem geltend gemachten Eingriff in die Niederlassungsfreiheit der ausländischen Gesellschaft tritt der EuGH unter ausdrücklicher Bezugnahme auf seine Rechtsprechung in der Rs. 120/78 („REWE Zentral AG") mit der Feststellung entgegen, dass die Wirksamkeit der Steueraufsicht ein zwingender Grund des Allgemeininteresses ist, der eine Beschränkung der vom EGV gewährleisteten Grundfreiheiten rechtfertigen kann.[1589] Folglich besitzt ein EU-Mitgliedstaat das Recht zur Anwendung von Maßnahmen, die eine klare und eindeutige Feststellung der Höhe der in diesem Staat steuerbaren Einkünfte und des Verlustvortrages erlauben.[1590] Damit transferiert der EuGH den in seinem Urteil zur Warenverkehrsfreiheit entwickelten, ungeschriebenen Rechtfertigungsgrund ausdrücklich auch in den Anwendungsbereich der Niederlassungsfreiheit. Cordewener merkt hierzu zutreffend an, dass der EuGH hiermit die grundsätzliche Möglichkeit eines Transfers von nationalen Regelungsinteressen in den Anwendungsbereich einer anderen Grundfreiheit bestätigt hat und darüber hinaus die grundlegende Anerkennung des zwingenden Allgemeininteresses einer wirksamen steuerlichen Kontrolle ein deutliches Signal des EuGH zugunsten der Befugnisse der mitgliedstaatlichen Finanzbehörden darstellt.[1591]

Bereits vor dem Urteil des EuGH in der Rs. C-250/95 („Futura Participations S. A.") hatte sich der Gerichtshof in der Rs. C-151/94 („Kommission / Luxemburg") mit dem Vorbringen der Finanzbehörden des Großherzogtums Luxemburg zu beschäftigen, dass ein Eingriff in die Arbeitnehmerfreizügigkeit durch eine nationale Regelung gerechtfertigt sei, die einem weniger als neun Monate eines Jahres in Luxemburg ansässigen Arbeitnehmer die Rückerstattung überzahlter Lohnsteuerabzugsbeträge verwehrte, da im Rahmen des bei der Veranlagung anzuwendenden Progressionsvorbehalts eine Feststellung der übrigen ausländischen Einkünfte des Arbeitnehmers von den zuständigen Finanzbehörden nicht zweifelsfrei möglich sei und damit eine ungerechtfertigte Steuererstattung drohe.[1592] Im Hinblick auf die streitige Regelung des luxemburgischen Steuerrechts stellt der EuGH einleitend fest, dass es die besondere Situation der nur zeitweise gebietsansässigen Steuerpflichtigen objektiv rechtfertigen kann, dass spezielle Verfahrensregelungen erlassen werden, um es den zuständigen Finanzbehörden zu ermöglichen, den auf die inländischen Einkünfte anzuwendenden Steuersatz zu bestimmen.[1593] Eine Rechtfertigung der streitigen Regelung kam nach Auffassung des Gerichts im vorliegenden Fall jedoch nicht in Betracht, da

---

[1588] EuGH-Urteil vom 15.05.1997, Rs. C-250/95 („Futura Participations S. A."), Slg. 1997, I-2471, Rn. 1 ff.
[1589] EuGH-Urteil vom 15.05.1997, Rs. C-250/95 („Futura Participations S. A."), Slg. 1997, I-2471, Rn. 27 ff.
[1590] EuGH-Urteil vom 15.05.1997, Rs. C-250/95 („Futura Participations S. A."), Slg. 1997, I-2471, Rn. 31.
[1591] Cordewener, Europäische Grundfreiheiten und nationales Steuerrecht, S. 635, 639 f.
[1592] EuGH-Urteil vom 26.10.1995, Rs. C-151/94 („Kommission / Luxemburg"), Slg. 1995, I-3685, Rn. 1 ff.
[1593] EuGH-Urteil vom 26.10.1995, Rs. C-151/94 („Kommission / Luxemburg"), Slg. 1995, I-3685, Rn. 21.

die Gruppe der nur zeitweise gebietsansässigen Steuerpflichtigen im Unterschied zur Gruppe der ganzjährig gebietsansässigen Personen von jeglicher Erstattung von vornherein ausgeschlossen wurde.[1594] Die Bedeutung des Urteils liegt daher weniger in der inhaltlichen Fortentwicklung des Rechtfertigungsgrundes der wirksamen steuerlichen Kontrolle, sondern vielmehr in der ausdrücklichen Anerkennung der Existenz eines Informationsnotstandes der Finanzverwaltung als Rechtfertigung für einen Eingriff in den Schutzbereich einer Grundfreiheit.[1595]

Diese Rechtsprechung bestätigt der EuGH dem Grunde nach in einer Reihe weiterer Urteile. Im Urteil des EuGH in der Rs. C-254/97 („Société Baxter") nimmt das Gericht zur Rechtfertigung einer Regelung des französischen Steuerrechts Stellung, wonach der Abzug von Forschungsaufwendungen im Zusammenhang mit bestimmten Arzneimitteleinkünften für Zwecke einer Sonderabgabe (sog. „contribution exceptionelle") von 1,5 bis 2 % des jährlichen Umsatzes auf inländische Aufwendungen des Unternehmens beschränkt war.[1596] Zum Vorbringen der französischen Regierung, die Beschränkung auf inländische Forschungsaufwendungen sei unerlässlich, damit die Steuerbehörden die tatsächliche Entstehung der Forschungsaufwendungen überprüfen könnten, stellt der EuGH fest, dass ein Mitgliedstaat für Zwecke der Sicherstellung einer wirksamen steuerlichen Kontrolle auch zur Anwendung von Maßnahmen befugt sei, die eine klare und eindeutige Feststellung der in dem Staat als Forschungsausgaben abziehbaren Beträge erlauben.[1597] Unabhängig von der materiellrechtlichen Zulässigkeit des Differenzierungskriteriums im Anwendungsbereich der Niederlassungsfreiheit bemängelt der Gerichtshof aber die Ausgestaltung der französischen Regelung, die eine differenzierte Prüfung der tatsächlich entstandenen Aufwendungen nicht zulässt.[1598] Eine Berufung auf Kontrollgesichtspunkte wird daher mit der Begründung abgelehnt, dass sich nicht von vornherein ausschließen lasse, dass der Steuerpflichtige eindeutige Belege beibringen kann, anhand derer die Finanzbehörden genau prüfen können, welche Forschungsaufwendungen in einem anderen Mitgliedstaat tatsächlich getätigt worden sind.[1599] Damit zeigt sich auch bei diesem Urteil, dass pauschale Maßnahmen mit genereller Belastungswirkung für Vorgänge mit einer grenzüberschreitenden Dimension regelmäßig wegen der dadurch versagten Einzelfallgerechtigkeit an der Hürde des Verhältnismäßigkeitsgrundsatzes scheitern.[1600]

[1594] EuGH-Urteil vom 26.10.1995, Rs. C-151/94 („Kommission / Luxemburg"), Slg. 1995, I-3685, Rn. 21.
[1595] Cordewener, Europäische Grundfreiheiten und nationales Steuerrecht, S. 539.
[1596] EuGH-Urteil vom 08.07.1999, Rs. C-254/97 („Société Baxter"), Slg. 1999, I-4809, Rn. 1 ff.
[1597] EuGH-Urteil vom 08.07.1999, Rs. C-254/97 („Société Baxter"), Slg. 1999, I-4809, Rn. 15 ff.
[1598] EuGH-Urteil vom 08.07.1999, Rs. C-254/97 („Société Baxter"), Slg. 1999, I-4809, Rn. 19.
[1599] EuGH-Urteil vom 08.07.1999, Rs. C-254/97 („Société Baxter"), Slg. 1999, I-4809, Rn. 20.
[1600] Cordewener, Europäische Grundfreiheiten und nationales Steuerrecht, S. 666.

In der Rs. C-55/98 („Vestergaard") hatte sich der EuGH mit einer Regelung des nationalen dänischen Steuerrechts zu befassen, die eine Vermutungswirkung dahingehend aufstellte, dass die Teilnahme an einer beruflichen Fortbildungsveranstaltung an einem Urlaubsort außerhalb des dänischen Hoheitsgebiets die Vermutung einer überwiegend privaten Veranlassung der diesbezüglichen Aufwendungen in sich trage und damit der Abzug von der steuerlichen Bemessungsgrundlage als betrieblich veranlasste Aufwendungen zu versagen sei.[1601] Hierzu stellt der Gerichtshof im Hinblick auf die von ihm ausdrücklich anerkannte Möglichkeit der Rechtfertigung eines Eingriffs in den Schutzbereich einer Grundfreiheit zur Sicherstellung einer wirksamen steuerlichen Kontrolle fest, dass die Regelung des dänischen Steuerrechts über das hierzu erforderliche Maß hinausgeht, da die Feststellung der beruflichen Veranlassung einer Fortbildung vom Steuerpflichtigen auch anhand allgemeiner Nachweise möglich sei.[1602] Es sei daher nicht gerechtfertigt, wenn eine unwiderlegbare Vermutung zu Lasten des Steuerpflichtigen eingreife, die den Abzug der getätigten Aufwendung für grenzüberschreitende Fortbildungen ohne eine nähere Differenzierungsmöglichkeit versage.[1603] Letztlich scheitert damit also auch die streitige Vermutungsregel am Verhältnismäßigkeitsgrundsatz, da sie eine über das erforderliche Maß hinausgehende Mehrbelastung des grenzüberschreitenden gegenüber dem nationalen Sachverhalt bewirkt.[1604]

Abschließend ist auf das Urteil des EuGH in der Rs. C-101/05 vom 18.12.2007 hinzuweisen.[1605] In der Sache ging es um eine Regelung des schwedischen Einkommensteuerrechts, die unter bestimmten Voraussetzungen eine Steuerbefreiung für Dividenden in Form von Aktien einer Tochtergesellschaft der ausschüttenden Kapitalgesellschaft vorsieht.[1606] Die schwedische Regelung ist auch auf Ausschüttungen einer ausländischen Kapitalgesellschaft anwendbar, wenn diese in einem EU- bzw. EWR-Mitgliedstaat ansässig ist oder der Ansässigkeitsstaat mit Schweden ein DBA mit Informationsklausel geschlossen hat.[1607] Im vorliegenden Fall ging es um Dividenden einer Muttergesellschaft mit Sitz und Geschäftsleitung in der Schweiz. Das DBA zwischen den beiden Staaten enthält jedoch keine Informations- oder Auskunftsklausel. Bei Zweifeln über die Auslegung und Anwendung des Abkommens ist lediglich ein Verständigungsverfahren zwischen den beteiligten Finanzbehörden beider Länder möglich. Das zuständige Finanzamt in Schweden verweigerte daher die Steuerbefreiung unter Hinweis auf die fehlende Nachprüfbarkeit der gesetzlichen Voraussetzungen im Verhältnis zur Schweiz in Ermangelung entsprechender Amtshilfe. Diese Begründung sollte auch die Beschränkung der Kapitalverkehrsfrei-

---

[1601] EuGH-Urteil vom 28.10.1999, Rs. C-55/98 („Vestergaard"), Slg. 1999, I-7641, Rn. 1 ff.
[1602] EuGH-Urteil vom 28.10.1999, Rs. C-55/98 („Vestergaard"), Slg. 1999, I-7641, Rn. 26.
[1603] EuGH-Urteil vom 28.10.1999, Rs. C-55/98 („Vestergaard"), Slg. 1999, I-7641, Rn. 25.
[1604] Cordewener, Europäische Grundfreiheiten und nationales Steuerrecht, S. 624 f.
[1605] EuGH-Urteil vom 18.12.2007, Rs. C-101/05 („A"), Slg. 2007, n. V.
[1606] Schlussanträge GA Bot vom 11.09.2007, Rs. C-101/05 („A"), Slg. 2007, Rn. 9 ff., n. V.
[1607] Schlussanträge GA Bot vom 11.09.2007, Rs. C-101/05 („A"), Slg. 2007, Rn. 14, n. V.

heit des Steuerpflichtigen im Verhältnis zur Schweiz rechtfertigen.[1608] Sowohl GA Bot in seinem Schlussanträgen als auch der EuGH in seinem Urteil folgten dieser Auffassung.[1609] Insbesondere sei eine wirksame steuerliche Kontrolle dann nicht gewährleistet, wenn es im Einzelfall nicht möglich sei, von den zuständigen Behörden des anderen Staates die erforderlichen Auskünfte zu erhalten und eine andere Ermittlungsmöglichkeit nicht existiert.[1610] Zu beachten ist allerdings, dass das Urteil den Rechtfertigungsgrund einer „wirksamen steuerlichen Kontrolle" nur im Verhältnis zu Drittstaaten auslegt. Diesbezüglich weist der EuGH ausdrücklich darauf hin, dass die in dem Urteil aufgestellten Grundsätze im EU- bzw. EWR-Gebiet nur vorbehaltich der Vorschriften über die Amtshilfe-Richtlinie anzuwenden sind, mithin ein anderer Verhältnismäßigkeitsmaßstab für einen grundfreiheitlichen Eingriff hinsichtlich grenzüberschreitender Ermittlung von steuerrelevanten Tatsachen innerhalb und außerhalb der Gemeinschaft gelten müsse.[1611]

Eine erweiterte Mitwirkungspflicht gem. § 17 Abs. 1 AStG bzw. § 90 Abs. 2 AStG kann daher aus Gründen einer wirksamen steuerlichen Kontrolle gerechtfertigt werden. Entscheidende Voraussetzung hierfür ist jedoch, genau wie beim Rechtfertigungsgrund der Verhinderung einer Steuerumgehung durch § 16 Abs. 1 AStG, die verhältnismäßige Ausgestaltung der Verfahrensnorm in Tatbestand und Rechtsfolge sowie eine pflichtgemäße Ermessensbetätigung der Finanzbehörde im Einzelfall.

Eine identischer Rechtfertigungsmaßstab gilt dem Grunde nach auch für die Dokumentationspflichten aus § 90 Abs. 3 S. 2, 3 AO als „lex specialis" zu § 90 Abs. 2 AO im Anwendungsbereich von § 1 Abs. 1 AStG, da es der Zwecksetzung der Vorschrift entsprechend auch um den Nachweis der Existenz und konkreten Ausgestaltung einer Geschäftsbeziehung mit einer nahe stehenden Person gem. § 1 Abs. 2, 5 AStG für Zwecke der Ermittlung angemessener Verrechnungspreise geht.[1612] Nachfolgend wird daher neben einer verhältnismäßigen Ausgestaltung der Pflichten aus § 17 Abs. 1 AStG bzw. § 90 Abs. 2 AO auch die Angemessenheit der aus § 90 Abs. 3 AO erwachsenden Dokumentationsanforderungen, insbesondere im Hinblick auf die erweiterte Pflicht zur Angemessenheitsdokumentation i. S. e. rechtlichen Würdigung des zugrunde liegenden Lebenssachverhalts, erörtert.

IV. Verhältnismäßigkeit der erweiterten Mitwirkungspflichten

Die erweiterten Mitwirkungspflichten des Steuerpflichtigen gem. §§ 16, 17 AStG bzw. § 90 Abs. 2 AO sind zur Verwirklichung des gesetzgeberischen

---

[1608] Schlussanträge GA Bot vom 11.09.2007, Rs. C-101/05 („A"), Slg. 2007, Rn. 118, n. V.
[1609] EuGH-Urteil vom 18.12.2007, Rs. C-101/05 („A"), Slg. 2007, Rn. 54 ff., n. V.; Schlussanträge GA Bot vom 11.09.2007, Rs. C-101/05 („A"), Slg. 2007, Rn. 124 ff., n. V.
[1610] EuGH-Urteil vom 18.12.2007, Rs. C-101/05 („A"), Slg. 2007, Rn. 63, n. V.; Schlussanträge GA Bot vom 11.09.2007, Rs. C-101/05 („A"), Slg. 2007, Rn. 144, 154, n. V.
[1611] EuGH-Urteil vom 18.12.2007, Rs. C-101/05 („A"), Slg. 2007, Rn. 60 ff., n. V.;
[1612] A. A. Joecks/Kaminski, IStR 2004, S. 65, 66 ff.

Zwecks einer Verhinderung der Steuerumgehung und umfassenden Sachverhaltsaufklärung für Zwecke einer an den materiellen Vorgaben des nationalen Steuerrechts ordnungsgemäßen Besteuerung des Steuerpflichtigen prinzipiell geeignet. Darüber hinaus ist die Frage zu beantworten, ob die damit verbundene Eingriffsintensität in die Niederlassungs- bzw. Kapitalverkehrsfreiheit beim Steuerpflichtigen nicht durch ein weniger belastendes, aber dennoch genauso effizientes Mittel verringert werden kann. Ist das nicht möglich, so ist abschließend zu erörtern, inwieweit die tatbestandliche Ausgestaltung der §§ 16, 17 AStG bzw. des § 90 Abs. 2 AO einen konkreten Raum für eine Ermessensbetätigung der Finanzverwaltung im Einzelfall belässt, um die schematische Auferlegung von Mitwirkungspflichten und eine damit zwangsläufig verbundene, unangemessene Belastung des Steuerpflichtigen zu vermeiden. Im Rahmen der Verhältnismäßigkeit i. e. S. wird die Geeignetheit, Erforderlichkeit und Angemessenheit von § 90 Abs. 3 AO i. V. m. den Vorschriften der GAufzV abschließend gesondert erörtert, da es sich um eine auf die Gewinnkorrekturvorschrift des § 1 Abs. 1 AStG beschränkte Regelungsmaterie ohne einen inneren Zusammenhang mit den allgemeinen Mitwirkungspflichten der §§ 16, 17 AStG bzw. des § 90 Abs. 2 AO handelt.

1. Erforderlichkeit der erweiterten Mitwirkungspflichten

Die Auferlegung erweiterter Mitwirkungspflichten durch die §§ 16, 17 AStG bzw. den § 90 Abs. 2 AO ist dann nicht erforderlich, wenn den deutschen Finanzbehörden mit der grenzüberschreitenden Amtshilfe auf Basis der EU-Amtshilfe-Richtlinie[1613] ein weniger belastendes Mittel zur Verfügung steht, das den Zweck einer umfassenden Sachverhaltsaufklärung genauso effizient erreicht. Die Bestimmungen der Richtlinie verfolgen den Zweck, eine grenzüberschreitende Amtshilfe der Steuerbehörden zur Bekämpfung der Steuerhinterziehung und Steuerflucht sowie die zutreffende Feststellung der Steuern vom Einkommen und Vermögen in den verschiedenen EU-Mitgliedstaaten zu ermöglichen.[1614] So hat der EuGH in seiner Rechtsprechung zu den direkten Steuern die Rechtfertigung eines grundfreiheitlichen Eingriffs auf der Grundlage des Erfordernisses einer wirksamen steuerlichen Kontrolle dem Grunde nach zwar anerkannt, in der Sache jedoch in einer Vielzahl der Fälle unter Hinweis auf die EU-Amtshilfe-Richtlinie als milderes und genauso effizientes Mittel zur grenzüberschreitenden Sachverhaltsaufklärung als unverhältnismäßig, weil nicht erforder-

---

[1613] Richtlinie des Rates über die gegenseitige Amtshilfe zwischen den zuständigen Behörden der Mitgliedstaaten im Bereich der direkten Steuern, bestimmter Verbrauchsteuern und der Steuern auf Versicherungsprämien vom 19.12.1977, 77/799/EWG, ABl. EG 1977, L 336, S. 15.
[1614] EuGH-Urteil vom 13.04.2000, Rs. C-420/98 („W. N."), Slg. 2000, I-2847, Rn. 22.

lich, abgelehnt.[1615] Dahinter steckt der Grundgedanke, dass mit dem Erlass der EU-Amtshilfe-Richtlinie für deren sachlichen Anwendungsbereich eine gemeinschaftsrechtliche Regelung getroffen wurde, die den EU-Mitgliedstaaten für Fragen der grenzüberschreitenden Informationsverschaffung den Raum für die Realisierung abweichender oder die Möglichkeiten der Richtlinie negierender Regelungen versperrt.[1616] Einem absoluten Verständnis der abschließenden gemeinschaftsrechtlichen Regelung steht jedoch bereits die Präambel der EU-Amtshilfe-Richtlinie entgegen, in der es heißt, dass es sich bei den Praktiken der Steuerhinterziehung und Steuerflucht über die Grenzen der einzelnen EU-Mitgliedstaaten hinaus um ein internationales Problem handelt, zu deren Bekämpfung innerstaatliche Maßnahmen, deren Wirkungen nicht über die Grenzen eines EU-Mitgliedstaates hinausreichen, unzulänglich sind, so dass es geboten erscheint, die Zusammenarbeit zwischen den Steuerverwaltungen innerhalb der EU nach gemeinsamen Grundsätzen und Regeln zu intensivieren.[1617] Demnach ist der Zweck der Richtlinie gerade nicht die abschließende Vereinheitlichung von Verfahrensvorschriften auf gemeinschaftsrechtlicher Ebene, sondern vielmehr die Schaffung einer zusätzlichen Regelung für einen grenzüberschreitenden Informationsaustausch neben den bestehenden nationalen Verfahrensvorschriften zur Durchsetzung einer am Leistungsfähigkeitsprinzip orientierten Besteuerung der Steuerpflichtigen innerhalb der EU. Dafür spricht auch die Ausgestaltung des grenzüberschreitenden Auskunftsersuchens, wonach die zuständige Behörde des Auskunftsstaates gem. Art. 2 Abs. 1 S. 2 EU-Amtshilfe-Richtlinie dem Ersuchen nicht entsprechen muss, wenn die deutsche Finanzbehörde ihre eigenen Auskunftsmöglichkeiten nicht ausgeschöpft hat, von denen sie nach der Lage des Falls, ohne eine Gefährdung des Ermittlungszwecks herbeizuführen, hätte Gebrauch machen können. Folglich könnte die ausländische Behörde des Auskunftsstaates dem deutschen Ersuchen entgegenhalten, dass sie zunächst die ihr auf der Grundlage der §§ 16, 17 AStG bzw. § 90 Abs. 2 AO zustehenden erweiterten Mitwirkungspflichten des inländischen Steuerpflichtigen vollständig ausnutzt und erst im Falle einer diesbezüglichen Erfolglosigkeit um Auskunft der ausländischen Finanzbehörde ersucht. Letztendlich stünde der deutschen Finanzverwaltung damit weder die erweiterte Mitwirkungspflicht gem. §§ 16, 17

[1615] EuGH-Urteil vom 28.01.1992, Rs. C-204/90 („Bachmann"), Slg. 1992, I-276, Rn. 18 ff.; EuGH-Urteil vom 28.01.1992, Rs. C-300/90 („Kommission / Belgien"), Slg. 1992, I-305, Rn. 13; EuGH-Urteil vom 12.04.1994, Rs. C-1/93 („Halliburton Services"), Slg. 1994, I-1137, Rn. 21 ff.; EuGH-Urteil vom 14.02.1995, Rs. C-279/93 („Schumacker"), Slg 1995, I-225, Rn. 43 ff.; EuGH-Urteil vom 11.08.1995, Rs. C-80/94 („Wielockx"), Slg. 1995, I-2493, Rn. 26; EuGH-Urteil vom 05.10.1995, Rs. C-321/93 („Martinez"), Slg. 1995, I-2821, Rn. 29; EuGH-Urteil vom 15.05.1997, Rs. C-250/95 („Futura Participations S. A."), Slg. 1997, I-2471, Rn. 30 ff.; EuGH-Urteil vom 28.10.1999, Rs. C-55/98 ("Vestergaard"), Slg. 1999, I-7641, Rn. 26 ff.
[1616] Cordewener, Europäische Grundfreiheiten und nationales Steuerrecht, S. 439 f.
[1617] Präambel zur Richtlinie des Rates über die gegenseitige Amtshilfe zwischen den zuständigen Behörden der Mitgliedstaaten im Bereich der direkten Steuern, bestimmter Verbrauchsteuern und der Steuern auf Versicherungsprämien vom 19.12.1977, 77/799/EWG, ABl. EG 1977, L 336, S. 15.

AStG bzw. § 90 Abs. 2 AO noch ein Auskunftsersuchen auf der Basis der EU-Amtshilfe-Richtlinie zur Sachverhaltsaufklärung zur Verfügung. Dieses unhaltbare Ergebnis scheint auch der EuGH erkannt zu haben, da er seinen, jegliche abweichende nationale Rechtsetzung als unvereinbar mit den Grundfreiheiten des EGV verwerfenden, Ansatz seit seiner Entscheidung in der Rs. C-151/94 („Kommission / Luxemburg") durch eine zunehmend an den Verhältnissen des Einzelfalls orientierte Erforderlichkeits- und Angemessenheitsprüfung der streitigen, nationalen Regelung im Verhältnis zur EU-Amtshilfe-Richtlinie ersetzt.[1618]

In neuerer Zeit hat sich GA Léger in den Schlussanträgen zur Rs. C-196/04 („Cadbury Schweppes") zur Erforderlichkeit einer erhöhten Mitwirkungspflicht von Kapitalgesellschaften im Rahmen der britischen CFC-Gesetzgebung bei der Ermittlung der tatsächlichen und rechtlichen Verhältnisse ausländischer CFC geäußert.[1619] Zur Vermeidung einer Hinzurechnungsbesteuerung der Einkünfte einer im Ausland ansässigen Tochtergesellschaft bei der in Großbritannien ansässigen Muttergesellschaft hat diese im Rahmen eines sog. „Motivtests" nachzuweisen, dass es sich bei der grenzüberschreitenden Beteiligung nicht um eine CFC handelt.[1620] Die Republik Irland hat zur Erforderlichkeit der Nachweispflichten eines in Großbritannien ansässigen Anteilseigners ausgeführt, dass die geforderten Informationen auch im Rahmen eines Informationsaustauschs auf Basis der EU-Amtshilfe-Richtlinie oder der Auskunftsklausel des DBA-Großbritannien-Irland durch die britischen Finanzbehörden beschafft werden könnten, so dass die Auferlegung der Pflichten hier als unverhältnismäßig, weil nicht erforderlich erscheine.[1621] Diesen Einwand weist GA Léger allerdings mit der Begründung zurück, dass angesichts des besonderen Sachverhalts, auf den sich die fragliche Regelung bezieht, ein Informationsaustausch auf Basis der EU-Amtshilfe-Richtlinie nicht genauso effizient wäre, wie der durch die britische CFC-Gesetzgebung geforderte Nachweis, es mithin also nicht an der Erforderlichkeit der Mitwirkungspflichten im konkreten Fall fehle.[1622] Vielmehr sei

---

[1618] Vgl. EuGH-Urteil vom 16.07.1998, Rs. C-264/96 („ICI plc."), Slg. 1998, I-4695, Rn. 26 f.; EuGH-Urteil vom 17.07.1997, Rs. C-28/95 („Leur-Bloem"), Slg. 1997, I-4161, Rn. 38 ff.; EuGH-Urteil vom 09.03.1999, Rs. C-212/97 („Centros"), Slg. 1999, I-1459, Rn. 25; EuGH-Urteil vom 21.11.2002, Rs. C-436/00 („XY"), Slg. 2002, I-10829, Rn. 41 ff.; EuGH-Urteil vom 26.10.1995, Rs. C-151/94 („Kommission / Luxemburg"), Slg. 1995, I-3685, Rn. 21; EuGH-Urteil vom 08.07.1999, Rs. C-254/97 („Société Baxter"), Slg. 1999, I-4809, Rn. 15 ff.; EuGH-Urteil vom 28.10.1999, Rs. C-55/98 („Vestergaard"), Slg. 1999, I-7641, Rn. 25 f.; vgl. Schuch, SWI 1996, 395 ff.; Thesling, DStR 1997, S. 848, 853.

[1619] Schlussanträge GA Léger vom 02.05.2006, Rs. C-196/04 („Cadbury Schweppes"), Slg. 2006, I-7995, Rn. 134 ff.

[1620] Siehe Kapitel 4, C. III. 4. für eine Darstellung der tatbestandlichen Voraussetzungen des Motivtests.

[1621] Schlussanträge GA Léger vom 02.05.2006, Rs. C-196/04 („Cadbury Schweppes"), Slg. 2006, I-7995, Rn. 134.

[1622] Schlussanträge GA Léger vom 02.05.2006, Rs. C-196/04 („Cadbury Schweppes"), Slg. 2006, I-7995, Rn. 136.

eine widerlegbare Vermutung für das Bestehen einer Steuerumgehung gerade deswegen verhältnismäßig, weil die vom Gesetz erfassten Sachverhalte tendenziell Missbrauchscharakter aufweisen würden, so dass eine nachträgliche Erteilung von Auskünften zwischen den Finanzverwaltungen der beteiligten EU-Mitgliedstaaten nicht als genauso effizient zur Erreichung des Gesetzeszwecks zu beurteilen sei.[1623] Zudem trage es wesentlich zur Rechtssicherheit auf Seiten des inländischen Anteilseigners bei, wenn die ihm obliegenden Pflichten im Gesetz genau bestimmt sind und er damit die steuertatbestandlichen Voraussetzungen für eine Steuerumgehung vor Implementierung einer entsprechenden Beteiligungsstruktur erkennen und sein Verhalten daran ausrichten könne.[1624] Abschließend merkt GA Léger zur Verhältnismäßigkeit der auferlegten Mitwirkungspflicht noch an, dass die im Rahmen des sog. „Motivtests" nachzuweisenden Tatsachen auch im Rahmen einer gewöhnlichen Steuerprüfung bei Vorliegen eines Verdachts auf eine Steuerumgehung vorzubringen sind, so dass de facto keine wirkliche Benachteiligung des inländischen Steuerpflichtigen vorliege.[1625] Die Argumentation von GA Léger greift der EuGH in dem Urteil in der Rs. C-196/04 („Cadbury Schweppes") schließlich indirekt mit der Feststellung auf, dass der ansässigen Gesellschaft die Gelegenheit zu geben ist, Beweise für die tatsächliche Ansiedlung der ausländischen Kapitalgesellschaft und deren tatsächliche Betätigung vorzulegen und dadurch den Beweis gegen das Vorliegen einer Steuerumgehung im Einzelfall zu erbringen.[1626] In der Äußerung des EuGH kann nach der hier vertretenen Auffassung eine unmittelbare Beweislastumkehr gegen das Vorliegen einer Steuerumgehung zu Lasten des Steuerpflichtigen gesehen werden. Zwar verweist der EuGH im nächsten Absatz des Urteils wiederum auf die Verpflichtung der Finanzbehörden zur Anwendung der EU-Amtshilfe-Richtlinie bzw. des einschlägigen DBA-Großbritannien-Irland für Zwecke der Verfizierung der vorgebrachten Beweise.[1627] Insofern ist in Übereinstimmung mit der Argumentation von Hahn, der in der Formulierung des EuGH ebenfalls die Möglichkeit zur Überbürdung der objektiven Beweislast auf den Steuerpflichtigen sieht, hierin lediglich eine Äußerung über die weitere Ausgestaltung des Verfahrens, die nicht gegen eine gesetzliche Beweislastumkehr spricht, zu sehen, da hiermit die Vorlagepflicht des Steuerpflichtigen gerade vorausgesetzt wird.[1628] Spätestens seit dem EuGH-Urteil in der Rs. C-196/04 („Cadbury Schweppes") sollte damit eine umfassende Rechtsgüterabwägung

---

[1623] Schlussanträge GA Léger vom 02.05.2006, Rs. C-196/04 („Cadbury Schweppes"), Slg. 2006, I-7995, Rn. 137 ff.
[1624] Schlussanträge GA Léger vom 02.05.2006, Rs. C-196/04 („Cadbury Schweppes"), Slg. 2006, I-7995, Rn. 141.
[1625] Schlussanträge GA Léger vom 02.05.2006, Rs. C-196/04 („Cadbury Schweppes"), Slg. 2006, I-7995, Rn. 142.
[1626] EuGH-Urteil vom 12.09.2006, Rs. C-196/04 („Cadbury Schweppes"), Slg. 2006, I-7995, Rn. 70.
[1627] EuGH-Urteil vom 12.09.2006, Rs. C-196/04 („Cadbury Schweppes"), Slg. 2006, I-7995, Rn. 71.
[1628] Hahn, IStR 2006, S. 667, 669.

zwischen den Interessen der nationalen Finanzbehörden an einer möglichst weitgehenden Sachverhaltsaufklärung und dem Recht des Steuerpflichtigen auf grundfreiheitlichen Schutz vor einer unverhältnismäßigen Indienstnahme ohne das Verdikt eines absoluten Vorrangs der EU-Amtshilfe-Richtlinie möglich sein.[1629] Auf der Grundlage der vorstehenden Feststellungen müsste ein grenzüberschreitendes Ersuchen der Finanzverwaltung auf Basis der EU-Amtshilfe-Richtlinie zur Zweckerreichung einer umfassenden Sachverhaltsaufklärung daher genauso geeignet sein, wie ein erweitertes Mitwirkungsverlangen gegenüber dem inländischen Steuerpflichtigen gem. §§ 16, 17 AStG bzw. § 90 Abs. 2 AO. Grundsätzlich kann auf Basis der EU-Amtshilfe-Richtlinie nur ein Ersuchen an eine ausländische Finanzbehörde zur Ermittlung des in ihrem Zuständigkeitsbereich befindlichen, steuerrelevanten Sachverhalts gestellt werden. Demnach wird dem eingangs dieses Kapitels dargestellten Grundsatz der „formellen Territorialität" entsprechend nicht die deutsche, sondern die ausländische Finanzbehörde aktiv ermittelnd tätig, während sich die grenzüberschreitende Tätigkeit der deutschen Finanzbehörde auf den passiven Empfang der angeforderten Informationen beschränkt.[1630] Rechtsgrundlage für den Umfang der Ermittlungen ist nicht das deutsche Ersuchen, sondern vielmehr der nationale Umsetzungsakt der Richtlinie im Auskunftsstaat.[1631] Dabei verfährt die ersuchte Behörde zur Beschaffung der erbetenen Auskünfte gem. Art. 2 Abs. 2 S. 2 EU-Amtshilfe-Richtlinie so, als ob sie in Erfüllung eigener Aufgaben oder auf Ersuchen einer anderen Behörde ihres Landes handelt. Folglich kann die deutsche Finanzbehörde zwar einen bestimmten Antrag auf Sachverhaltsermittlung stellen. Ist jedoch der ausländische Finanzbeamte aufgrund des im Einzelfall einschlägigen Umsetzungsaktes oder entgegenstehender Verfahrensvorschriften des nationalen Steuerrechts nicht in der Lage, die gewünschten Informationen zu beschaffen, so geht das Auskunftsersuchen regelmäßig ins Leere. Über die Schwierigkeiten einer unzureichenden Umsetzung der EU-Amtshilfe-Richtlinie in das jeweilige nationale Recht des Auskunftsstaates hinaus, kann sich die ersuchte Finanzbehörde auch unter Hinweis auf die oben dargestellte Subsidiarität eines Auskunftsersuchens gem. Art. 2 Abs. 1 S. 2 EU-Amtshilfe-Richtlinie einem Tätigwerden verweigern. Schließlich kann der Auskunftsstaat der deutschen Finanzbehörde auch Gründe der Verwaltungsökonomie entgegenhalten, wenn die ersuchten Auskünfte nur mit einem unverhältnismäßig hohen Aufwand zu beschaffen sind oder die Erfüllung der eigenen Aufgaben hierdurch gefährdet wird.[1632] Daneben existieren

---

[1629] Bestätigend für Drittstaatensachverhalte EuGH-Urteil vom 18.12.2007, Rs. C-101/05 („A"), Slg. 2007, n. V.
[1630] Hendricks, Internationale Informationshilfe im Steuerverfahren, S. 188, 239 f.; Seer, IWB, Gr. 2, S. 673, 677.
[1631] Hendricks, Internationale Informationshilfe im Steuerverfahren, S. 239 f.; vgl. die Umsetzung in deutsches Recht durch das EG-Amtshilfe-Gesetz-EGAHiG vom 19.12.1985, BGBl I 1985, S. 2436, 2441 und § 117 AO als zusätzliche Ermächtigungsgrundlage.
[1632] Seer, IWB, Gr. 2, S. 673, 678 unter Verweis auf § 3 Abs. 2 Nr. 3, 4 EG-Amtshilfe-Gesetz-EGAHiG.

weitere Informationshilfeverbote und Informationshilfeverweigerungsrechte in Art. 7 Abs. 2 EU-Amtshilfe-Richtlinie für die grenzüberschreitende Einhaltung nationaler Geheimhaltungsvorschriften und in Art. 8 EU-Amtshilfe-Richtlinie für tatsächliche und rechtliche Hindernisse einer Auskunftserteilung im Auskunftsstaat. Hinsichtlich der tatsächlichen Durchführung des Auskunftsersuchens bemängelt die EU-Kommission zudem, dass die mit einem Auskunftsersuchen befassten Beamten die vorhandenen Möglichkeiten kaum nutzten und zugleich zu lange Bearbeitungszeiten verursachen würden.[1633] Letztendlich ist es der ersuchenden deutschen Finanzbehörde auch nicht möglich, durch einen Rechtsbehelf im Auskunftsstaat die Bearbeitung durch die ausländische Behörde zu beschleunigen.[1634] Abschließend ist darauf hinzuweisen, dass die EU-Amtshilfe-Richtlinie zudem von Liechtenstein als EWR-Mitgliedstaat nicht angewendet wird.[1635] Zusammenfassend ist daher festzustellen, dass die EU-Amtshilfe-Richtlinie in tatsächlicher und rechtlicher Hinsicht kein genauso effizientes Mittel wie ein erweitertes Mitwirkungsverlangen an den inländischen Steuerpflichtigen auf der Grundlage der §§ 16, 17 AStG bzw. des § 90 Abs. 2 AO darstellt. Vielmehr handelt es sich mit den Erwägungen zum Konkurrenzverhältnis der Richtlinie zu den Verfahrensvorschriften des einschlägigen nationalen Steuerrechts um ein Ergänzung bestehender Ermittlungsmöglichkeiten, deren Anwendung im Einzelfall in die Ermessensbetätigung der Finanzbehörde einzubeziehen ist.

Neben der EU-Amtshilfe-Richtlinie kommt als ein für den Steuerpflichtigen weniger belastendes Mittel auch eine Anfrage der Finanzbehörden auf Basis einer sog. „großen Auskunftsklausel" i. S. v. Art. 26 Abs. 1 MA in Betracht. Eine sog. „große Auskunftsklausel" geht über den sich aus einem DBA ergebenden Informationsbedarf insoweit hinaus, als sie einen Informationsaustausch nicht nur zur Durchführung des Abkommens i. S. e. sog. „kleinen Auskunftsklausel", sondern auch zur Durchführung des innerstaatlichen Steuerrechts der Vertragsstaaten vorsieht. Die Art. 26 Abs. 1 MA entsprechende „große Auskunftsklausel" hat die Bundesrepublik Deutschland nur in DBA mit Industriestaaten bzw. Staaten des europäischen Rechtskreises vereinbart, wohingegen die „kleine Auskunftsklausel" vorwiegend in DBA mit Schwellen- und Entwicklungsländern Verwendung findet.[1636] Der Begriff der „Information" ist weit zu interpretieren und erfasst alle auf den steuerlichen Sachverhalt bezogenen, tatsächlichen Gegebenheiten und rechtlichen Verhältnisse.[1637] Vergleichbar mit dem Vorbe-

---

[1633] 3. Bericht über die Zusammenarbeit der Verwaltungsbehörden auf dem Gebiet der indirekten Besteuerung vom 28.01.2000, KOM (2000) 28, S. 23, 43; KOM (2003) 797, ABl. EG 2004, C 96.

[1634] Vgl. Seer, IWB, Gr. 2, S. 673, 677.

[1635] Vgl. BMF-Schreiben vom 11.06.2007, IV B 3 – S – 2128 – a / 07 / 0003, Auswirkungen des EuGH-Urteils in der Rs. C-347/94 („REWE Zentralfinanz") auf § 2a Abs. 1 S. 1 Nr. 3 lit. a EStG, IStR 2007, S. 556.

[1636] Vgl. Engelschalk, in: Vogel/Lehner, DBA, Art. 26, Rn. 73, 131 für eine Übersicht der mit Art. 26 MA vergleichbaren deutschen DBA.

[1637] Engelschalk, in: Vogel/Lehner, DBA, Art. 26, Rn. 15.

halt in den Artt. 1 Abs. 1, 2 Abs. 1 S. 2 EU-Amtshilfe-Richtlinie muss die konkrete Anfrage erforderlich sein, d. h. sie muss einen inhaltlichen Bezug zum Sachverhalt haben und darf nicht bereits durch nationale Maßnahmen der ersuchenden Finanzbehörde geklärt werden können.[1638] Ein Auskunftsbegehren zur Durchführung des innerstaatlichen Rechts der Vertragsstaaten liegt vor, wenn Tatsachen erfragt werden, die für den um Auskunft ersuchenden Staat bei der Entscheidung über das Bestehen und die Höhe eines Steueranspruchs rechtlich erheblich sind. Darüber hinaus darf die angestrebte Besteuerung dem DBA nicht widersprechen, wobei ein fehlender DBA-Bezug der angeforderten Sachverhaltsinformationen unschädlich ist.[1639] Durch die Neufassung von Art. 26 Abs. 1 MA im April 2000 wurde der zwischenstaatliche Informationsaustausch auch auf alle in den Vertragsstaaten einschließlich der Gebietskörperschaften erhobenen Steuern ausgedehnt. Dies ist, nach der Aufhebung des Ansässigkeitserfordernisses für den Informationsaustausch durch das MA 1977 ein weiterer Schritt, um den zwischenstaatlichen Informationsaustausch zu einem zwar im DBA angesiedelten, inhaltlich aber selbständigen Instrument zur Bekämpfung internationaler Steuerhinterziehung und Steuerumgehung auszubauen.[1640] Nach Auffassung der EU-Kommission überlagert die EU-Amtshilfe-Richtlinie die Anwendbarkeit von Art. 26 Abs. 1 MA nach dem Grundsatz der Vorrangigkeit des Gemeinschaftsrechts, so dass der Informationsaustausch und jede andere Form der Amtshilfe zwischen den EU-Mitgliedstaaten im Geltungsbereich der Richtlinie vorrangig nach den dort festgelegten Regeln vorzunehmen sind.[1641] Da die EU-Amtshilfe-Richtlinie einen einheitlichen Auskunftsverkehr zwischen den EU-Mitgliedstaaten schaffen will, ist eine Umgehung der verfahrensrechtlichen Vorgaben durch tatbestandlich weiter gefasste Auskunftsklauseln in DBA mit dem Zweck der Richtlinie unvereinbar. Aus diesem Grund sind die EU-Mitgliedstaaten beim Austausch von Auskünften zunächst an die Grundsätze der EU-Amtshilfe-Richtlinie gebunden.[1642] Dieser restriktiven Auffassung der EU-Kommission steht jedoch neben den eingangs erwähnten Ausführungen in der Präambel zur EU-Amtshilfe-Richtlinie auch Art. 11 EU-Amtshilfe-Richtlinie entgegen, wonach weitergehende Verpflichtungen zum Auskunftsaustausch nach anderen Rechtsvorschriften von den Bestimmungen der Richtlinie unberührt bleiben. Soweit der Umfang der Auskunftspflicht daher nach dem DBA inhaltlich weiter geht als nach der EU-Amtshilfe-Richtlinie, bestimmt er sich gem. Art. 11 EU-Amtshilfe-Richtlinie weiterhin nach dem einschlägigen DBA.

Neben der EU-Amtshilfe-Richtlinie können auch zwischenstaatliche Abkommen über die Zusammenarbeit von Verwaltungsbehörden im Einzelfall ein genauso effizientes aber weniger belastendes Mittel zur Informationserlangung

---

[1638] Baranowski, Besteuerung von Auslandsbeziehungen, S. 454.
[1639] Engelschalk, in: Vogel/Lehner, DBA, Art. 26, Rn. 44.
[1640] Engelschalk, in: Vogel/Lehner, DBA, Art. 26, Rn. 43.
[1641] Antwort der Kommission vom 21.06.1982 auf die schriftliche Anfrage Nr. 224/82, ABl. EG 1982, C 156, S. 33.
[1642] Ebenso: Engelschalk, in: Vogel/Lehner, DBA, Art. 26, Rn. 69.

sein.¹⁶⁴³ Derartige völkerrechtliche Verträge über eine Amts- und Rechtshilfe in Steuersachen sind mit Finnland, Italien, Österreich und Schweden abgeschlossen worden.¹⁶⁴⁴ Allerdings dürften die z. T. noch aus der Zeit des Deutschen Reichs stammenden Abkommen durch die Möglichkeiten der EU-Amtshilfe-Richtlinie und die tägliche Verwaltungspraxis überholt sein, obwohl bisher durch die DBA der Bundesrepublik Deutschland mit diesen Staaten oder andere Rechtsakte keine formelle Aufhebung der Abkommen erfolgte.¹⁶⁴⁵ Vielmehr stehen die Verträge mit Finnland, Italien und Österreich in keinem Ausschlussverhältnis zu den mit Art. 26 MA vergleichbaren Artikeln der einschlägigen DBA und bilden daher eine alternative Grundlage des Auskunftsaustausches.¹⁶⁴⁶ Lediglich gem. Art. 46 Abs. 4 lit. c) i. V. m. Artt. 29 ff., 2 Abs. 1 lit. c) DBA-Schweden kommen seit dem Inkrafttreten des DBA die dort einschlägigen Regelungen für den grenzüberschreitenden Informationsaustausch zur Anwendung. Es bleibt daher einer Einzelfallprüfung vorbehalten, inwieweit ein Auskunftsersuchen auf Basis einer sog. „großen Auskunftsklausel" i. S. V. Art. 26 Abs. 1 MA oder eines zwischenstaatlichen Abkommens für den Steuerpflichtigen weniger belastend ist, als ein erweitertes Mitwirkungsverlangen gem. §§ 16, 17 AStG bzw. § 90 Abs. 2 AO.

Abzuwarten bleibt, wie sich der Entwurf eines Musterabkommens der OECD über den gegenseitigen Informationsaustausch in Steuersachen („Agreement on Exchange of Information on Tax Matters") auf die internationale Rechts- und Amtshilfe auswirkt.¹⁶⁴⁷ Die Vorlage enthält zwei Abkommensmuster für bilaterale bzw. multilaterale Abkommen, die auf der Grundlage des OECD Reports über den schädlichen Steuerwettbewerb aus dem Jahre 1998 („Harmful Tax Competition: An Emerging Global Issue") erarbeitet wurden, der den umfassenden internationalen Informationsaustausch als einen wesentlichen Schlüssel für die Bekämpfung der grenzüberschreitenden Steuerumgehung bzw. Steuerhinterziehung benennt.¹⁶⁴⁸ Inzwischen ist die Arbeit der OECD-Kommission auch zum Gegenstand eines umfassenden Reports über die internationale Zusammen-

---

¹⁶⁴³ Vgl. Verwaltungsabkommen mit Frankreich, BMF-Schreiben vom 07.12.2004, BStBl I 2004, S. 1184.

¹⁶⁴⁴ Abkommen zwischen dem Deutschen Reich und der Republik Finnland über Rechtsschutz und Rechtshilfe in Steuersachen vom 25.09.1935, RGBl II 1936, S. 37 mit Durchführungsverordnung vom 20.10.1936, RGBl II 1936, S. 329; Abkommen zwischen dem Deutschen Reich und dem Königreich Italien über Amts- und Rechtshilfe in Steuersachen vom 09.06.1938, RGBl II 1939, S. 124 mit Durchführungsverordnung vom 20.02.1939, RGBl II 1939, S. 122; Abkommen zwischen dem Deutschen Reich und dem Königreich Schweden über Amts- und Rechtshilfe in Steuersachen vom 14.05.1935, RGBl II 1935, S. 866; Vertrag zwischen der Bundesrepublik Deutschland und der Republik Österreich über Rechtsschutz und Rechtshilfe in Abgabensachen vom 04.10.1954, BGBl II 1955, S. 833 mit Verwaltungsanordnung der BReG vom 31.03.1958, BStBl I 1958, S. 76 mit Änderung vom 18.11.1963, BGBl II 1963, S. 795.

¹⁶⁴⁵ Engelschalk, in: Vogel/Lehner, DBA, Art. 26, Rn. 96

¹⁶⁴⁶ BFH-Urteil vom 20.02.1979, VII R 16/78, BStBl II 1979, S. 268.

¹⁶⁴⁷ Abrufbar unter www.oecd.org/ctp/htp (publications & documents).

¹⁶⁴⁸ Abrufbar unter www.oecd.org/ctp/htp (publications & documents).

arbeit auf dem Gebiet der Rechts- und Amtshilfe in Steuersachen durch das OECD Global Forum on Taxation gemacht worden, um die bestehenden rechtlichen Verknüpfungen sowohl zwischen den OECD-Mitgliedstaaten untereinander als auch zu den Nichtmitgliedstaaten zu dokumentieren und für Zwecke einer Fortentwicklung der Musterabkommen nutzbar zu machen.[1649] Insofern ist es durchaus denkbar, dass der kontinetale Ansatz der EU-Amtshilfe-Richtlinie schon bald durch einen globalen Ansatz auf Ebene der OECD-Mitgliedstaaten ergänzt und fortentwickelt wird, auch wenn der Abschluss und die Ratifizierung der Vertragswerke sicherlich Jahrzehnte in Anspruch nehmen wird. Allerdings wird man sich auch diesbezüglich frühzeitig weitere Gedanken über das rechtliche Verhältnis zwischen den völkerrechtlichen Abkommen und der EU-Amtshilfe-Richtlinie machen müssen, um Konkurrenzprobleme und widersprüchliche Regelungen zu vermeiden.

Zusammenfassend ist daher festzustellen, dass es derzeit keine Möglichkeit zur grenzüberschreitenden Sachverhaltsermittlung durch die Finanzbehörden gibt, die vorbehaltlich einer Einzelfallprüfung unter Berücksichtigung des zugrunde liegenden Lebenssachverhalts von vornherein weniger in grundfreiheitliche Rechtspositionen eines Steuerpflichtigen eingreift, dafür aber genauso effizient ist wie die §§ 16, 17 AStG bzw. § 90 Abs. 2 AO. Vielmehr scheint gerade das Zusammenspiel unterschiedlicher Rechtsgrundlagen aus dem nationalen Verfahrensrecht, bilateralen Abkommen und der EU-Amtshilfe-Richtlinie vorbehaltlich einer inhaltlichen Abstimmung den effizientesten Ansatz für einen umfassenden Informationsaustausch zwischen den Steuerhoheiten im Gemeinschaftsgebiet und darüber hinaus zu gewährleisten. Eine Effizienzbewertung i. S. e. generellen Auschlusses der einen oder anderen Möglichkeit verbietet sich damit von vornherein. Vielmehr ist den diversifizierten Sachverhalten im internationalen Rechts- und Geschäftsverkehr auch mit einer ähnlich umfassenden Regelungstechnik zu beggenen, die eine spezifische Bewertung jedes Sachverhalts ohne wesentliche Regelungslücken und Umgehungsmöglichkeiten ermöglicht.

2. Angemessenheit der erweiterten Mitwirkungspflichten

Ein erweitertes Mitwirkungsverlangen der Finanzbehörde gegenüber einem Steuerpflichtigen auf der Grundlage der §§ 16, 17 AStG bzw. des § 90 Abs. 2 AO ist im Rahmen einer Verhältnismäßigkeitsprüfung als angemessen zu bewerten, wenn eine Rechtsgüterabwägung der widerstreitenden Interessen zu dem Ergebnis kommt, dass das Interesse der Finanzbehörden an der Aufklärung des steuerrelevanten Sachverhalts das Interesse des Steuerpflichtigen an der Ausübung der Grundfreiheit wesentlich überwiegt. Dabei ist mit der Rechtsprechung des EuGH in jedem Einzelfall zu beurteilen, ob der mit der erweiterten Mitwirkungsverpflichtung angestrebte Erfolg nicht außer Verhältnis zur Eingriffsinten-

---

[1649] OECD, Tax co-operation: towards a level playing field (2006 assessment by the Global Forum on Taxation), Paris, 2006.

sität beim Verpflichteten steht. Anknüpfungspunkt für die Rechtsgüterabwägung ist die Ausgestaltung der nationalen Ermächtigungsgrundlage als Ermessensvorschrift, die der Finanzbehörde die Berücksichtigung der spezifischen Umstände des Einzelfalls auf Tatbestands- und Rechtsfolgenseite erlaubt und damit keine schematische Rechtsfolgensetzung vorsieht.

Die Rechtsprechung des BFH geht in ständiger Rechtsprechung von der Zumutbarkeit als Pflichtgrenze sowohl der Sachverhaltsaufklärungspflicht der Finanzbehörden als auch für die Mitwirkungspflicht des Steuerpflichtigen im Rahmen der Kooperationsmaxime aus.[1650] Die Zumutbarkeit ist ein spezifischer, subjektbezogener Wertungsmaßstab, der der Feststellung dient, ob eine objektiv und subjektiv mögliche Pflichterfüllung vom Verpflichteten im Einzelfall auch erwartet werden kann.[1651] Darüber hinaus ist die Auffassung des BFH insoweit zu präzisieren, dass die Mitwirkungspflicht des Steuerpflichtigen wie die Erfüllung jeder öffentlich-rechtlichen Pflicht nicht nur zumutbar, sondern verhältnismäßig, d. h. zur Zweckerreichung geeignet, erforderlich und angemessen sein muss.[1652] Andernfalls ist die dem finanzbehördlichen Auswahlermessen überlassene Inanspruchnahme des Beweismittels „Beteiligter" i. S. v. § 92 AO rechtswidrig.[1653] Bei Annahme einer sphärenorientierten Mitverantwortung des Steuerpflichtigen würde ein unverhältnismäßiges Informationsverlangen dagegen schon nicht in den Verantwortungsbereich des Steuerpflichtigen fallen, so dass die tatbestandlichen Voraussetzungen für eine Mitwirkung nicht erfüllt wären, es mithin einer Verhältnismäßigkeitsprüfung also nicht mehr bedürfte.[1654]

Ein Benennungsverlangen gem. § 16 Abs. 1 AStG steht danach bereits auf Tatbestandsseite unter dem Vorbehalt der Zumutbarkeit und Erfüllbarkeit.[1655] Dabei muss auch die Ergiebigkeit alternativer Informationsquellen in die Ermessensbetätigung einbezogen werden. Ein besonderes Augenmerk gilt dabei der Auslegung und Anwendung des unbestimmten Rechtsbegriffs einer „niedrigen Besteuerung" der Einkünfte des ausländischen Zahlungsempfängers. An dieser Stelle hat die Finanzbehörde, dem Zweck der Vorschrift entsprechend, eine Ver-

---

[1650] BFH-Urteil vom 19.12.1952, V Z 66/52 S, BStBl III 1953, S. 63; BFH-Urteil vom 07.12.1955, V Z 183/54 S, BStBl III 1956, S. 75, 76; BFH-Urteil vom 20.01.1959, I 155/57 U, BStBl III 1959, S. 221, 222; BFH-Urteil vom 07.04.1959, I 2/58 S, BStBl III 1959, S. 233; BFH-Urteil vom 12.07.1962, IV 124/58 U, BStBl III 1962, S. 522, 523; BFH-Urteil vom 13.07.1962, VI 100/61 U, BStBl III 1962, S. 428, 429; BFH-Urteil vom 17.09.1964, V 265/61, BStBl III 1964, S. 569, 570.
[1651] Söhn, in: Hübschmann/Hepp/Spitaler, AO, § 90, Rn. 97.
[1652] Söhn, in: Hübschmann/Hepp/Spitaler, AO, § 90, Rn. 73 m. w. N.
[1653] Söhn, in: Hübschmann/Hepp/Spitaler, AO, § 90, Rn. 73.
[1654] Vgl. Seer, in: Tipke/Kruse, AO, § 90, Rn. 11 ff.
[1655] BFH-Urteil vom 27.09.1967, I 231/64, BStBl II 1968, S. 67; BFH-Urteil vom 16.04.1980, I R 75/78, BStBl II 1981, S. 492; BFH-Urteil vom 13.03.1985, I R 7/81, BStBl II 1986, S. 318; BFH-Urteil vom 25.11.1986, VIII R 350/82, BStBl II 1987, S. 286; BFH-Beschluss vom 25.08.1986, IV B 76/86, BStBl II 1987, S. 481; BFH-Urteil vom 09.04.1987, IV R 142/85, BFH/NV 1987, S. 689; BFH-Urteil vom 05.11.1992, I R 8/91, BFH/NV 1994, S. 357; BFH-Beschluss vom 03.12.1993, I B 145/93, BFH/NV 1994, S. 688; BFH-Urteil vom 19.01.1994, I R 40/92, BFH/NV 1995, S. 181.

lagerung von Besteuerungssubstrat ins Ausland zu verhindern oder zu erschweren, eine tatbestandliche Radizierung der für eine erweiterte Nachweispflicht in Betracht kommenden grenzüberschreitenden Geschäftsbeziehungen vorzunehmen. Dabei ist nach der hier vertretenen Auffassung eine dynamische Auslegung an den steuerlichen Verhältnissen im Ansässigkeitsstaat des Geschäftspartners vorzunehmen. Darüber hinaus sind auch die Grundrechte des Steuerpflichtigen, insbesondere das Grundrecht auf informationelle Selbstbestimmung aus Art. 2 Abs. 1 GG i. V. m. Art. 1 GG, in die Rechtsgüterabwägung hinsichtlich Zumutbarkeit und Verhältnismäßigkeit des Benennungsverlangens auf Tatbestandsseite einzustellen. Insofern ist an dieser Stelle auf die bereits im Rahmen der Verhältnismäßigkeitsprüfung bei der Hinzurechnungsbesteuerung vertretene Auffassung hinzuweisen, dass die nationalstaatlichen Grundrechts- und sonstigen Verfassungsgewährleistungen im Rahmen der grundfreiheitlichen Rechtsgüterabwägung zu berücksichtigen sind.[1656] Wie bereits eingangs dargestellt, ist eine Offenbarungspflicht des Steuerpflichtigen regelmäßig dann unverhältnismäßig, wenn das Informationsinteresse der Finanzbehörde hinter dem Interesse des Steuerpflichtigen an der Wahrung seiner grundrechtlich geschützten Rechtspositionen zurückzutreten hat. Aus Sicht der Finanzbehörde ist bei der Rechtsgüterabwägung zwischen ihrem Informationsinteresse und dem Interesse des Steuerpflichtigen an einer Gewährleistung seiner grundfreiheitlich garantierten Schutzpositionen auch das „Prinzip der formellen Territorialität" als völkerrechtliche Schranke für eigene Sachverhaltsermittlungen der Finanzbehörde bei grenzüberschreitenden Sachverhalten ohne eine Mitwirkung des Steuerpflichtigen hinreichend zu gewichten. Das Ermessen der Finanzbehörde bei der Beurteilung der hinreichenden Mitwirkung durch den Steuerpflichtigen ist durch die echte Rechtsfolgenverweisung auf § 160 Abs. 1 S. 1 AO sichergestellt, wonach der Abzug „regelmäßig" nicht zu gewähren ist, wenn keine „genaue Bezeichnung" i. S. v. § 16 Abs. 1 AStG erfolgt ist. Nach der Rechtsprechung des BFH kann von der Rechtsfolge des § 160 Abs. 1 S. 1 AO aber nur in Ausnahmefällen abgesehen werden.[1657] Dennoch ist die Finanzbehörde verpflichtet, den tatsächlich erbrachten Umfang der Mitwirkung durch den Steuerpflichtigen zusammen mit allen anderen Umständen des Sachverhalts gem. § 88 Abs. 1 S. 3, Abs. 2 AO frei zu würdigen.[1658]

Die Auferlegung von besonderen Aufklärungs- und Aufklärungsvorsorgepflichten sowie Beweismittelbeschaffungs- und Beweismittelbeschaffungsvorsorgepflichten durch § 17 Abs. 1 AStG bzw. § 90 Abs. 2 AO steht auf Tatbestands- und Rechtsfolgenseite ebenfalls unter dem Vorbehalt einer ordnungsgemäßen Ermessensausübung unter Berücksichtigung des Grundsatzes der Verhältnismäßigkeit.[1659] Die Finanzbehörde ist verpflichtet, ihr Entschließungs- und Auswahlermessen im Hinblick auf das „ob" und „wie" einer erweiterten Mitwirkungspflicht an den Erfordernissen des zugrunde liegenden Lebenssachver-

---
[1656] Siehe Kapitel 4, C. III. 2. b).
[1657] BFH-Urteil vom 13.03.1985, I R 7/81, BStBl II 1986, S. 318.
[1658] Seer, in: Tipke/Kruse, AO, § 90, Rn. 15.
[1659] Seer, in: Tipke/Kruse, AO, § 90, Rn. 13.

halts auszurichten. Die Bewertung der Pflichterfüllung durch den Steuerpflichtigen auf Rechtsfolgenseite muss ebenfalls anhand allgemeiner Beweislastgrundsätze unter Berücksichtigung des Grundsatzes der Verhältnismäßigkeit erfolgen.[1660] Ermessenslenkende Indikatoren für oder gegen eine Erfüllung der Mitwirkungspflichten des Steuerpflichtigen können dabei die Existenz von Verrechnungspreisdokumentationen oder Verrechnungspreisrichtlinien im Konzern, eines vollständigen Tax Reporting Systems für konsolidierte ausländische Tochtergesellschaften oder einer einheitliche Bilanzierung nach anerkannten Rechnungslegungsstandards sein.

Gegen die Auferlegung von erweiterten Mitwirkungspflichten durch die §§ 16, 17 AStG bzw. § 90 Abs. 2 AO ist zudem der Rechtsweg eröffnet, sei es im Falle des § 16 AStG durch eine inzidente Anfechtung der Mitwirkungsentscheidung im Steuerbescheid[1661] oder bei § 17 AStG bzw. § 90 Abs. 2 AO durch selbständige Anfechtung des auferlegten Verwaltungsaktes. Im Ergebnis ist die Ausgestaltung der erweiterten Mitwirkungspflichten des Steuerpflichtigen bei grenzüberschreitenden Sachverhalten in den §§ 16, 17 AStG bzw. § 90 Abs. 2 AO daher als verhältnismäßig i. e. S. zu beurteilen, da Umfang und Intensität des grundfreiheitlichen Eingriffs im Einzelfall das Ergebnis einer umfassenden Ermessensbetätigung durch die Finanzbehörde ist, die im Einspruchs- und Klageverfahren einer gerichtlichen Ermessensüberprüfung gem. § 102 S. 1 FGO unterliegt. Ob die Beschränkung der Nachprüfung des Ermessensgebrauchs[1662] durch das im Einzelfall befasste Finanzgericht auf das Vorliegen einer Ermessensüberschreitung, einer Ermessensunterschreitung, eines Ermessensfehlgebrauchs oder eines Ermessensnichtgebrauchs einer Angemessenheit i. e. S. entgegensteht, kann an dieser Stelle nicht abschließend entschieden werden, da es sich hierbei um ein generelles Problem verwaltungs- bzw. finanzgerichtlichen Rechtsschutzes im Schutzbereich grundfreiheitlicher Gewährleistungen handelt, dessen Lösung über den Fokus der Arbeit deutlich hinausgehen würde. An dieser Stelle wird lediglich festgestellt, dass der EuGH in seiner Rechtsprechung bisher auf die abstrakte Möglichkeit einer gerichtlichen Überprüfung, nicht aber auf den konkreten Umfang abstellt.[1663] Bei einer Unsicherheit der nationalen Gerichte über die Verhältnismäßigkeit bzw. Zweckmäßigkeit einer Verwaltungsentscheidung könnte dies jedoch ohne einen Verstoß gegen § 102 FGO in einem Vorabentscheidungsersuchen über die Auslegung von Vorschriften des EGV gem. Art. 234 EG beim EuGH geklärt werden.

[1660] Seer, in: Tipke/Kruse, AO, § 90, Rn. 15.
[1661] Siehe Kapitel 6, B. I. für eine europarechtskonforme Auslegung der Anfechtungsmöglichkeit.
[1662] Vgl. Kruse, in: Tipke/Kruse, FGO, § 102, Rn. 1, 4 ff. zur gerichtlichen Nachprüfung von Ermessensentscheidungen der Finanzbehörde.
[1663] EuGH-Urteil vom 03.12.1992, Rs. C-97/91 („Oleificio Borelli"), Slg. 1992, I-6313, Rn. 14 m. w. N.

3. Verhältnismäßigkeit der Dokumentationsanforderungen gem. § 90 Abs. 3 AO

Die erweiterten Dokumentationsanforderungen gem. § 90 Abs. 3 AO i. V. m. den Vorschriften der GAufzV unterliegen im Hinblick auf den Eingriff in den Schutzbereich der Niederlassungs- und Kapitalverkehrsfreiheit ebenfalls den Anforderungen des Verhältnismäßigkeitsgrundsatzes, d. h. sie müssen im Einzelfall zur Verwirklichung einer wirksamen steuerlichen Kontrolle im grenzüberschreitenden Geschäftsverkehr mit einer nahestehenden Person gem. § 1 Abs. 2 AStG geeignet, erforderlich und angemessen bzw. verhältnismäßig i. e. S. sein. Im Mittelpunkt steht dabei die Verpflichtung zur Erstellung einer Angemessenheitsdokumentation über die rechtlichen Grundlagen der Verrechnungspreisfindung im Einzelfall unter Berücksichtigung des Fremdvergleichsgrundsatzes. Nach der Auffassung von Schreiber kann dies bei verständiger Würdigung nur eine Verpflichtung zur Darstellung umfassen, warum der Steuerpflichtige der Meinung ist, den Fremdvergleichsgrundsatz beachtet zu haben.[1664] Zur Erfüllung dieser Pflicht sind nach Auffassung des Gesetzgebers vom Steuerpflichtigen die Grundlagen für seine Entscheidung bezüglich der Preisfestsetzung und dafür erforderliche Vergleichsdaten oder andere Grundlagen zu dokumentieren.[1665] Daher ist es nicht ausreichend, wenn der Steuerpflichtige lediglich eine Verrechnungspreismethode benennt, da es ihm sonst unter Hinweis auf eine konzerneinheitliche Verrechnungspreisermittlung außerhalb des Wissensbereichs seines Unternehmens möglich wäre, einer umfassenden Angemessenheitsdokumentation zu entgehen.[1666] Die Aufzeichnung von Vergleichsdaten steht dabei gem. § 1 Abs. 3 S. 2 GAufzV unter dem Vorbehalt der Verhältnismäßigkeit. Insbesondere kann der Steuerpflichtige nicht zur Aufzeichnung von Informationen oder Fremddaten gezwungen werden, deren Beschaffung ihm unmöglich oder aus sonstigen Gründen unzumutbar ist.[1667] Mit dem Wortlaut von § 2 Abs. 1 S. 2 GAufzV kommt es durch die Pflicht zur Angemessenheitsdokumentation auch nicht zu einer Umkehr der Beweislast zu Lasten des Steuerpflichtigen, da die Aufzeichnungen einem sachverständigen Dritten nur ermöglichen müssen, innerhalb einer angemessenen Frist festzustellen, ob und inwieweit der Steuerpflichtige den Fremdvergleichsgrundsatz beachtet hat.[1668] Folglich muss die Außenprüfung weiterhin, dem Amtsermittlungsgrundsatz entsprechend, die besteuerungsrelevanten Tatsachen ermitteln und entsprechende Prüfungshandlungen vornehmen.[1669] Diese Verpflichtung stellt eine

---

[1664] Schreiber, in: Kroppen, Handbuch Internationale Verrechnungspreise, VerwGr Verf, Anm. 68; Schreiber, IWB, F.3, Gr. 1, S. 2105, 2108.
[1665] Gesetzentwurf zum StVergAbG vom 25.10.2002, BT-Drs. XV/119, S. 52.
[1666] Vgl. Schreiber, IWB, F.3, Gr. 1, S. 2105, 2109.
[1667] Vgl. Schreiber, in: Kroppen, Handbuch Internationale Verrechnungspreise, VerwGr Verf, Anm. 72 ff., 82 ff., 99.
[1668] Vgl. Schreiber, in: Kroppen, Handbuch Internationale Verrechnungspreise, VerwGr Verf, Anm. 69.
[1669] Schreiber, IWB, F.3, Gr. 1, S. 2105, 2112.

Konkretisierung der Vorgaben aus § 85 AO i. V. m. Art. 108 GG dar, wonach die Finanzbehörden die Steuern gleichmäßig festzusetzen und zu erheben haben. Rechtsgrundlage hierfür ist wiederum das Rechtsstaatsprinzip aus Art. 20 Abs. 3 GG i. V. m. dem Verhältnismäßigkeitsprinzip in seiner formalen und am Grundsatz der Gewaltenteilung ausgerichteten Ausprägung.[1670] Insoweit steht auch die konkrete Ausgestaltung der Pflichten des inländischen Steuerpflichtigen durch den inländischen Verordnungsgeber in der GAufzV auf der Grundlage von § 90 Abs. 3 S. 5 AO unter dem Vorbehalt der Verhältnismäßigkeit. Ob nun die konkrete Ausgestaltung der GAufzV den Anforderungen an einen erforderlichen und damit geringstmöglichen Eingriff in die Rechtsposition des inländischen Steuerpflichtigen genügt, ist in der Literatur umstritten und mag an dieser Stelle nicht abschließend beurteilt werden, da es sich hierbei vorrangig um ein Problem der Umsetzung von gesetzlichen Vorgaben im Rahmen einer Rechtsverordnung gem. Art. 80 GG handelt, dessen Untersuchung über den gemeinschaftsrechtlichen Rahmen dieser Arbeit hinausgehen würde.[1671] Es ist jedoch anzumerken, dass das BMF durch § 90 Abs. 3 S. 5 AO lediglich ermächtigt wird, im Wege der Rechtsverordnung „Art, Inhalt und Umfang der zu erstellenden Aufzeichnung" zu bestimmen. Zahlreiche Regelungen der GAufzV gehen jedoch über diese Verordnungsermächtigung hinaus, da sie sich nicht mit der Frage beschäftigen, welche Aufzeichnungen zu erstellen sind, sondern z. B. die zivilrechtliche Gestaltung der Geschäftsbeziehungen gem. § 1 Abs. 1 S. 2 GAufzV, die Behandlung unverwertbarer Aufzeichnungen gem. § 1 Abs. 1 S. 4 GAufzV oder die Aufbewahrung der Unterlagen in § 2 Abs. 1 S. 1 GAufzV regeln.[1672] Da diese Rechtsnormen der GAufzV insofern schon nicht von den verfassungsrechtlichen und einfachgesetzlichen Vorgaben des innerstaatlichen Rechts der Bundesrepublik Deutschland gedeckt sind, kann aus ihnen erst recht keine verhältnismäßige Auferlegung von Verfahrenspflichten erwachsen, die dem Steuerpflichtigen im Binnenmarkt und darüber hinaus zusätzliche Belastungen im Unterschied zu einem rein innerstaatlichen Sachverhalt auferlegt. Aus diesem Grund muss eine gemeinschaftsrechtskonforme Auslegung der GAufzV zunächst diejenigen Vorschriften von der Anwendung gegenüber dem inländischen Steuerpflichtigen ausschließen, die nicht von § 90 Abs. 3 S. 5 AO i. V. m. Art. 80 GG gedeckt sind. Daran ändert auch die Tatsache nichts, dass die GAufzV in wesentlichen Teilen mit den OECD-Guidlines 1995 überein-

---

[1670] Lang, in: Tipke/Lang, Steuerrecht, § 4, Rn. 50 f.
[1671] Vgl. Baumhoff/Ditz/Greinert, DStR 2004, S. 157; Kaminski/Strunk, StBp 2004, S. 1, 29; Kroppen/Rasch, IWB, F. 3, Gr. 1, S. 2091 ff.; Werra, IStR 2005, S. 19 ff.; Wehnert u. a., IStR 2005, S. 749, 752 ff.; Schreiber, in: Kroppen, Handbuch Internationale Verrechnungspreise, VerwGr Verf, Anm. 164 ff. und 181 ff. zur Sachverhalts- und Angemessenheitsdokumentation.
[1672] Vgl. Schreiber, in: Kroppen, Handbuch Internationale Verrechnungspreise, VerwGr Verf, Anm. 3, 24, für eine umfassende Aufzählung der Vorschriften in der GAufzV, die nicht von der Verordnungsermächtigung gedeckt sind.

stimmt, was auf eine umfassende internationale Anerkennung ihres Inhalts schließen lässt.[1673]
Die vorstehende Rechtsfolge gilt auch für die widerlegbare Vermutung einer höheren Einkunftserzielung gem. § 162 Abs. 3 AO i. S. e. Beweislastumkehr als Folge eines Verstoßes gegen die Dokumentationspflichten des Steuerpflichtigen aus § 90 Abs. 3 AO sowie für die ermessensabhängige Auferlegung eines Strafzuschlags gem. § 162 Abs. 4 AO.[1674] Insbesondere die Auferlegung eines Strafzuschlages bei insuffizienten oder nicht vorhandenen Verrechnungspreisdokumentationen muss generell als unverhältnismäßig bezeichnet werden, weil die Regelung über das hinausgeht, was zur Sicherstellung einer grenzüberschreitenden Sachverhaltsaufklärung als wichtiges Allgemeininteresse für die Rechtfertigung eines grundfreiheitlichen Eingriffs erforderlich ist. So wäre es ausreichend, wenn dem Steuerpflichtigen die Gefahr einer Schätzung von Besteuerungsgrundlagen auf Basis der Generalklausel in § 162 Abs. 1, 2 AO droht. Auch eine widerlegbare Vermutung gem. § 162 Abs. 3 AO für das Vorliegen höherer Einkünfte als sie der Steuerpflichtige tatsächlich erklärt hat, ist für eine sachgerechte Verrechnungspreisfindung im grenzüberschreitenden Geschäftsverkehr nicht erforderlich i. S. d. grundfreiheitlichen Verhältnismäßigkeitsanforderungen.

Das Verdikt der gemeinschaftsrechtlich bedingten Unanwendbarkeit gilt nach der hier vertretenen Auffassung auch für die „Verwaltungsgrundsätze Verfahren" aufgrund der verfassungsrechtlich verbürgten Bindung der Verwaltung an Recht und Gesetz aus Art. 1 Abs. 3 GG i. V. m. Art. 20 Abs. 3 GG, soweit die Vorschriften inhaltlich im Widerspruch zu den Vorgaben höherrangigen Rechts stehen.[1675] Zwar handelt es sich bei den „Verwaltungsgrundsätze Verfahren" nur um für die Finanzverwaltung bindendes Innenrecht. Diesem kommt jedoch in der Betriebsprüfungspraxis ein starkes Gewicht zu, da hiervon das Vorgehen der Außenprüfung im Einzelfall bestimmt wird.[1676] Hierzu merkt Schreiber kritisch an, dass der weitaus überwiegende Teil der „Verwaltungsgrundsätze Verfahren" den Steuerpflichtigen als Normadressaten behandeln würden, indem u. a. „Regelungen" aufgestellt würden, nach welchen Methoden der Steuerpflichtige seine zivilrechtliche Preisgestaltung und seine steuerliche Einkünfteermittlung vornehmen „dürfe" und wie er Aufzeichnungen i. S. v. § 90 Abs. 3 AO erstellen müsse.[1677] Diesbezüglich können die Vorschriften eine Selbstbindung der Finanzverwaltung durch ihr Verhalten gegenüber dem einzelnen Steuerpflichtigen,

---

[1673] Vgl. Schreiber, in: Kroppen, Handbuch Internationale Verrechnungspreise, VerwGr Verf, Anm. 108 für eine Synopse der Vorschriften aus GAufzV und OECD-Guidelines 1995.

[1674] Krit. auch Seer, in: Tipke/Kruse, AO, § 162, Rn. 82; vgl. zum UntStRefG 2008 Wulf, DB 2007, S. 2280, 2285; Kroppen/Rasch/Eigelshoven, IWB, F. 3, Gr. 1, S. 2201, 2228.

[1675] Grundsätze für die Prüfung der Einkunftsabgrenzung zwischen nahestehenden Personen mit grenzüberschreitenden Geschäftsbeziehungen in Bezug auf Ermittlungs- und Mitwirkungspflichten, Berichtigungen sowie auf Verständigungs- und EU-Schiedsverfahren (Verwaltungsgrundsätze Verfahren), BMF-Schreiben vom 12.04.2005, IV B 4 – S 1341 – 1/05, BStBl I 2005, S. 570.

[1676] Vgl. Kroppen/Rasch, IWB, F. 3, Gr. 1, S. 2091.

[1677] Schreiber, in: Kroppen, Handbuch Internationale Verrechnungspreise, VerwGr Verf, Anm. 3, 157.

z. B. im Rahmen einer Außenprüfung, als Ausfluss des Rechtsstaatsprinzips aus Art. 20 Abs. 3 GG i. V. m. dem allgemeinen Gleichbehandlungsgrundsatz aus Art. 3 Abs. 1 GG erzeugen. Hierbei ist jedoch wiederum darauf zu achten, dass der Grundsatz der Verhältnismäßigkeit für einen geringstmöglich belastenden Eingriff beim Steuerpflichtigen zur Anwendung kommt und die Vorschriften der „Verwaltungsgrundsätze Verfahren" mit den Vorgaben der AO und der GAufzV übereinstimmen. Ist das nicht der Fall, so sind die entsprechenden Vorschriften der „Verwaltungsgrundsätze Verfahren" von den zuständigen Finanzbehörden im Rahmen ihres Vewaltungshandelns nicht anzuwenden, ohne dass es hierzu einer besonderen Feststellung bedarf.

Im Ergebnis ist eine verhältnismäßige Ausgestaltung der Verpflichtung zur Erstellung einer Verrechnungspreisdokumentation gem. § 90 Abs. 3 AO i. V. m. den Vorschriften der GAufzV als verfahrensrechtliche Grundlage einer Einkünftekorrektur gem. § 1 AStG grundsätzlich möglich. Finanzverwaltung und Rechtsprechung haben dabei im Rahmen ihrer verfassungsrechtlichen Bindung an Recht und Gesetz aus Art. 1 Abs. 3 GG i. V. m. Art. 20 Abs. 3 GG bei der Auslegung der unbestimmten Rechtsbegriffe des § 90 Abs. 3 AO und der GAufzV sicherzustellen, dass eine verhältnismäßige Anwendung der entscheidungserheblichen Rechtsnormen und eine ebensolche Ausgestaltung der dem Steuerpflichtigen auferlegten Hoheitsakte im Einzelfall im Lichte der Verwirklichung des wichtigen Allgemeininteresses einer wirksamen Sachverhaltsaufklärung im grenzüberschreitenden Geschäftsverkehr vorgenommen wird. Ist das der Fall, so kann der Eingriff in die Niederlassungs- und Kapitalverkehrsfreiheit durch die Auferlegung zusätzlicher Dokumentationsanforderungen grundsätzlich gerechtfertigt werden. Dies gilt insbesondere auch für die Ermessensbetätigung bei der Durchsetzung einer Vorlageverpflichtung gem. § 90 Abs. 3 S. 7 bis 9 AO.[1678]

4. Ergebnis

Der Eingriff in den Schutzbereich der Niederlassungs- und Kapitalverkehrsfreiheit durch die §§ 16, 17 AStG bzw. § 90 Abs. 2, 3 AO ist unter Berücksichtigung der einschlägigen Rechtsprechung des EuGH zu den direkten Steuern zur Verhinderung einer Steuerumgehung und Durchsetzung des Informationsinteresses der nationalen Finanzbehörden im Rahmen einer umfassenden Aufklärung des steuerrelevanten Sachverhalts gerechtfertigt. Darüber hinaus greift nach der hier vertretenen Auffassung bei einem erweiterten Mitwirkungsverlangen gem. § 16 Abs. 1 AStG der geschriebene Rechtfertigungsgrund des Art. 58 Abs. 2 lit. b) EG i. S. e. Konvergenz der grundfreiheitlichen Gewährleistungen auch bei der Niederlassungsfreiheit ein.

[1678] Vgl. Schreiber, in: Kroppen, Handbuch Internationale Verrechnungspreise, VerwGr Verf, Anm. 152 ff.

D. Zusammenfassung

Die erweiterten Mitwirkungspflichten eines Steuerpflichtigen bei grenzüberschreitenden Sachverhalten stützen sich auf den Grundsatz der „formellen Territorialität der Besteuerung", welcher nach der hier vertretenen Auffassung unter Berücksichtigung des Grundsatzes der Verhältnismäßigkeit zur Verhinderung von Steuerumgehung, Steuerverkürzung und Steuerhinterziehung sowie zur Sicherstellung einer umfassenden Sachverhaltsaufklärung und rechtmäßigen Besteuerung im Ansässigkeits- und Quellenstaat einen Eingriff in die Niederlassungs- und Kapitalverkehrsfreiheit eines Steuerpflichtigen im grenzüberschreitenden Rechts- und Geschäftsverkehr durch die §§ 16, 17 AStG und § 90 Abs. 2, 3 AO rechtfertigen kann. Hierfür ist allerdings erforderlich, dass die zugrunde liegende materielle Norm, auf welche sich die erweiterte Mitwirkungspflicht bezieht, ebenfalls den Vorgaben des Gemeinschaftsrechts entspricht, so dass insbesondere § 17 AStG nur dann als rechtmäßig qualifiziert werden kann, wenn er neben § 90 Abs. 2 AO keine selbständige Regelungswirkung für die §§ 7 bis 14 und 15 AStG entfaltet, da sonst die in den vorangehenden Kapiteln festgestellte materielle Rechtswidrigkeit der Hinzurechnungsbesteuerung und der Besteuerung ausländischer Familienstiftungen auf die Verfahrensnorm durchschlägt. So sind die erweiterten Mitwirkungspflichten in § 8 Abs. 1 AStG bei dem Nachweis von Rückausnahmen zu „passiven Tätigkeiten" oder solche gem. § 2 Abs. 2 Nr. 1, 2 AStG zum Vorliegen einer niedrigen Besteuerung aufgrund der materiellen Gemeinschaftsrechtswidrigkeit der Norm ebenfalls als rechtswidrig i. S. d. Grundfreiheiten des EGV zu qualifizieren.

433

Kapitel 7 – „Treaty Override" gem. § 20 AStG

Die amtliche Bezeichnung des § 20 AStG überschreibt die Norm mit „Bestimmungen über die Anwendung von Abkommen zur Vermeidung der Doppelbesteuerung". Inhaltlich handelt es sich bei den noch verbliebenen zwei der ursprünglich drei Absätze des § 20 AStG nach der hier vertretenen Auffassung um ein sog. „Treaty Override".[1679] Dieser Begriff charakterisiert ein rechtspolitisch unerwünschtes Vorgehen, das jedoch aus Sicht des benachteiligten Steuerpflichtigen rechtsschutzlos gestellt ist und – soweit ersichtlich – bisher in keinem Fall von einer Vertragspartei des DBA völkerrechtlich sanktioniert wurde.[1680] Im Kontext dieser Arbeit stellt sich nun die Frage nach den Auswirkungen der Grundfreiheiten des EGV auf ein „Treaty Override". In diesem Zusammenhang wird auch auf die Unterschiede zum Gleichbehandlungsgrundsatz in Art. 24 MA eingegangen. Vornehmliches Ziel des Kapitels ist es damit, den Schutzgehalt der Grundfreiheiten des EGV bei einem Aufeinandertreffen von Abkommensrecht und nationalem Steuerrecht zu bestimmen.

A. Inhalt und Entstehungsgeschichte von § 20 AStG

Die Bestimmungen über die Anwendung von Abkommen zur Vermeidung der Doppelbesteuerung in § 20 AStG gliedern sich in der aktuellen Fassung in zwei Absätze, wobei der erste Absatz seit der Einfügung der Norm in das AStG durch das StÄndG 1992 unverändert geblieben ist.[1681] Demgegenüber wurde § 20 Abs. 2 AStG im Jahre 2003 durch das StVergAbG[1682] und im Jahre 2007 durch das JStG 2008 geändert und ist gem. § 21 Abs. 17 S. 1 AStG in der heute geltenden Fassung auf nach dem 31.12.2007 beginnende Wirtschaftsjahre von Zwischengesellschaften oder Betriebsstätten anzuwenden. Dagegen wurde der frühere § 20 Abs. 3 AStG bereits durch das Jahressteuergesetz 1997 endgültig aufgehoben, da er die verfassungswidrige Vermögensbesteuerung betraf.[1683]

§ 20 Abs. 1 Hs. 1 AStG hat den Zweck, das Verhältnis zwischen den DBA der Bundesrepublik mit anderen Staaten und den Vorschriften über die Hinzurechnungsbesteuerung in den §§ 7 bis 14 AStG bzw. der Besteuerung von Familienstiftungen mit Sitz und Geschäftsleitung im Ausland gem. § 15 AStG zu regeln. Aus der Gesetzesbegründung zu § 20 AStG geht dagegen nicht hervor, warum auch die Verfahrensvorschriften der §§ 16 bis 18 AStG in den Anwendungsbereich der Norm einbezogen sind, zumal weder das MA noch eines der inzwischen nahezu einhundert DBA der Bundesrepublik mit anderen Staaten irgendwelche Mitwirkungs- oder Verfahrensvorschriften enthalten.

§ 20 Abs. 1 Hs. 2 AStG ist nach dem Wegfall von § 20 Abs. 3 AStG nur noch auf § 20 Abs. 2 AStG anzuwenden und bestimmt im Kontext der beiden Absät-

---
[1679] Synonym wird in der Literatur auch die Bezeichnung „Treaty Overriding" verwendet.
[1680] Vgl. Stein, IStR 2006, s. 505, 506.
[1681] StÄndG 1992 vom 25.02.1992, BGBl I 1992, S. 297.
[1682] StVergAbG vom 16.05.2003, BGBl I 2003, S. 660.
[1683] Jahressteuergesetz 1997 vom 20.12.1996, BGBl I 1996, S. 2049.

ze, dass die DBA der Bundesrepublik mit anderen Staaten nicht der Zurechnung von Zwischeneinkünften einer ausländischen Betriebsstätte des inländischen Steuerpflichtigen bei diesem im Rahmen der Hinzurechnungsbesteuerung gem. §§ 7 bis 14 AStG entgegenstehen. Insofern ist keine Freistellung ausländischer Betriebsstätteneinkünfte in Übereinstimmung mit Art. 7 Abs. 1, 2 MA, sondern vielmehr eine Anrechnung der ausländischen Steuern auf diese Einkünfte vorzunehmen.

Ursprünglich bezog sich § 20 Abs. 2 AStG nur auf die Hinzurechnungsbesteuerung für Zwischeneinkünfte mit Kapitalanlagecharakter i. S. v. § 7 Abs. 6 AStG i. V. m. § 10 Abs. 6 AStG i. d. F. des StÄndG 1992, da auf solche Einkünfte der einschlägige DBA-Vorbehalt in § 10 Abs. 5 AStG nach dem Gesetzeswortlaut keine Anwendung finden sollte und man befürchtete, einer Umgehung von § 10 Abs. 6 AStG a. F. mittels Verlagerung von Zwischeneinkünften mit Kapitalanlagecharakter in ausländische Betriebsstätten präventiv begegnen zu müssen.[1684] Mit der Aufhebung des Abkommensvorbehalts für die Hinzurechnungsbesteuerung in § 10 Abs. 5 AStG durch das StVergAbG 2003 vollzog der deutsche Gesetzgeber jedoch eine Kehrtwende im Hinblick auf das Verhältnis zwischen Hinzurechnungsbesteuerung und Abkommensrecht. Während durch § 10 Abs. 5 AStG noch sichergestellt wurde, dass auf Zwischeneinkünfte aus einem Staat, mit dem die Bundesrepublik Deutschland ein DBA abgeschlossen hatte, der jeweils einschlägige Dividendenartikel zur Anwendung kam, so rückte von nun an der ursprünglich deklaratorische § 20 Abs. 1 Hs. 1 AStG in den Vordergrund, wonach die Vorschriften der §§ 7 bis 18 AStG durch die Vorschriften der DBA nicht berührt werden. In diesem Zusammenhang entfiel auch die Begrenzung von § 20 Abs. 2 AStG auf Zwischeneinkünfte mit Kapitalanlagecharakter, so dass der Methodenwechsel von der Freistellungs- zur Anrechnungsmethode auch auf Betriebsstätten mit Zwischeneinkünften i. S. v. § 8 Abs. 1 AStG ausgedehnt wurde.

Zusammenfassend lässt sich somit feststellen, dass die Hinzurechnungsbesteuerung gem. §§ 7 bis 14 AStG und die Besteuerung von Familienstiftungen mit Sitz und Geschäftsleitung im Ausland gem. § 15 AStG nach Auffassung des Gesetzgebers nicht von den DBA der Bundesrepublik Deutschland mit anderen Staaten erfasst werden. Darüber hinaus werden Zwischeneinkünfte ausländischer Betriebsstätten nicht von der inländischen Besteuerung nach den Vorschriften eines einschlägigen DBA freigestellt. Vielmehr wird die ausländische Steuer auf die Betriebsstätteneinkünfte auf die Höhe der deutschen Steuer gem. § 34c EStG und § 26 Abs. 1 KStG angerechnet, wenn die ausländische Betriebsstätte oder Personengesellschaft Einkünfte aus passivem Erwerb erzielt und die Einkünfte einer Ertragsteuerbelastung im Ansässigkeitsstaat von weniger als

---

[1684] Bericht des Finanzausschusses vom 07.11.1991 zum Gesetzentwurf des StÄndG 1992, BT-Drs. XII/1506, S. 181.

25 v. H. unterliegen.[1685] Im Rahmen der Gewerbesteuer findet § 20 Abs. 2 AStG mangels inländischer Betriebsstätte dagegen keine Anwendung.

B. § 20 AStG als „Treaty Override"

Die Gesetzesbegründung zu § 20 Abs. 1 AStG im StÄndG 1992 spricht bei der Norm von einer klärenden Feststellung.[1686] Im Hinblick auf § 20 Abs. 1 Hs. 1 AStG ist diese Auffassung in der Literatur jedoch höchst umstritten,[1687] wohingegen man im Falle des Methodenwechsels (sog. „switch-over-Klausel") gem. § 20 Abs. 2 AStG i. V. m. § 20 Abs. 1 Hs. 2 AStG in der Literatur überwiegend zu dem Ergebnis kommt, dass es sich um ein „Treaty Override" handelt.[1688] Nachfolgend wird daher das Verhältnis der beiden Absätze des § 20 AStG zu den DBA der Bundesrepublik Deutschland mit anderen Staaten vor dem Hintergrund einer Qualifizierung als „Treaty Override" und unter Berücksichtigung der Streichung des DBA-Vorbehalts in § 10 Abs. 5 AStG durch das StVergAbG 2003 erörtert. Zweck der Untersuchung ist es, eine Aussage über das Verhältnis von Vertragsvölkerrecht in Form von DBA zu nationalem Steuerrecht zu erhalten, um auf dieser Basis den Schutzgehalt der Grundfreiheiten des EGV als Regulativ innerhalb beider Rechtskreise bestimmen zu können.

I. Begriff des „Treaty Override"

Der Steuerausschuss der OECD definiert den dem anglo-amerikanischen Rechtskreis entstammenden Begriff des „Treaty Override" als „enactment of domestic legislation intended by the legislature to have effects in clear contradiction to international treaty obligations".[1689] Übersetzt man diese Definition, so beschreibt ein „Treaty Override" einen Vorgang, bei dem durch zeitlich nachfolgende, nationale Steuergesetzgebung die innerstaatliche Geltung einzelner

---

[1685] BMF-Schreiben betr. Grundsätze zur Anwendung des Außensteuergesetzes vom 14.05.2004, BMF IV B 4 – S 1340 – 11/04, BStBl I 2004, Sondernummer. 1/2004, S. 3, Rn. 20.2.

[1686] Bericht des Finanzausschusses vom 07.11.1991 zum Gesetzentwurf des StÄndG 1992, BT-Drs. XII/1506, S. 181.

[1687] Dafür: Brünink, Das Verhältnis der Normen des AStG zu den DBA, S. 110; Schwarz/Fischer-Zernin, RIW 1992, S. 49; Debatin, DB 1992, S. 2159; dagegen: Wassermeyer, in: Debatin /Wassermeyer, DBA, Art. 1, Rn. 78; ders., in: Flick/Wassermeyer/Baumhoff, AStG, vor §§ 7 – 14, Rn. 104; Wassermeyer/Schönfeld, in: Flick/Wassermeyer/Baumhoff, AStG, § 20, Rn. 22 ff.; Kluge, Das internationale Steuerrecht, R 10; Leisner, RIW 1993, S. 1013; Gundel, IStR 1993, S. 49; vermittelnde Auffassung: Vogt, in: Blümich, AStG, § 20, Rn. 16.

[1688] Wassermeyer/Schönfeld, in: Flick/Wassermeyer/Baumhoff, AStG, § 20, Rn. 28 ff.; Scheipers/Maywald, IStR 2006, S. 472, 473; Brünink, Das Verhältnis der Normen des AStG zu den DBA, S. 144 f.; Seer, IStR 1997, S. 484 ff.; Debatin, DB 1992, S. 2159.

[1689] OECD Committee on Fiscal Affairs, Tax Treaty Override, in: Model Tax Convention on Income and Capital, 1989, Vol. II, R (8) – 4.

Vorschriften von DBA geändert oder aufgehoben wird.[1690] Der nationale Gesetzgeber erlässt die, zu den bestehenden DBA in Widerspruch stehenden, Vorschriften ohne Änderung oder Kündigung der betroffenen Abkommen.[1691] Folglich nimmt die gesetzgeberische Maßnahme des nationalen Rechts den DBA die Derogationswirkung, so dass deren Schrankenwirkung durch Zuweisung von Besteuerungsrechten an die Vertragsstaaten versagt.[1692] Als deutsche Übersetzung des Begriffs „Treaty Override" wird nachfolgend die von Musil entwickelte Bezeichnung einer „legislativen Abkommensderogation" verwendet, geht es doch darum, ob und inwieweit sich der innerstaatliche Gesetzgeber über verbindlich gewordene DBA hinwegsetzen kann.[1693]

Eine legislative Abkommensderogation kann durch einen DBA-Vertragsstaat in offener oder versteckter Form vorgenommen werden. Während bei einem offenen „Treaty Override" der Wille zur Abkommensderogation im Wortlaut des Gesetzes offen zu Tage tritt, ist das bei einem versteckten „Treaty Override" nicht der Fall, so dass deren Ziel, die bestehenden DBA zu umgehen, nicht offen ersichtlich ist. Ein solches Vorgehen erlaubt es dem Gesetzgeber, der sich einer lästigen Abkommensbindung entledigen will, Vertragstreue vorzugeben und womöglich sogar sein gutes Gewissen zu wahren.[1694] Widerspricht jedoch ein Gesetz einer langjährigen und unstreitigen Abkommensinterpretation oder nimmt es eine Urteilskorrektur höchstrichterlicher Rechtsprechung vor, so spricht einiges für die Annahme eines verdeckten „Treaty Override".[1695]

II. Historische Grundlagen

Der Begriff des „Treaty Override" entstammt dem anglo-amerikanischen Steuerrechtskreis. Es handelt sich dabei um ein, im Vergleich zur historischen Verbreitung von DBA, verhältnismäßig junges Phänomen, das sich erst Anfang der 80er Jahre des letzten Jahrhunderts entwickelt hat. Das erste „Treaty Override", dessen Zielsetzung und Wirkungsweise offen benannt wurde, brachte der US-amerikanische Gesetzgeber im Jahre 1980 auf den Weg. In dem damaligen „Foreign Investment Real Property Act" (FIRPTA) vom 05.12.1980 traten Vorschriften über ausländische Immobilieninvestitionen in den USA, die mit den DBA in Widerspruch standen, zwar erst nach ca. fünf Jahren am 01.11.1985, dann aber ohne Rücksicht auf bestehende Abkommen, in Kraft.[1696] Innerhalb

---

[1690] Vgl. Musil, Deutsches Treaty Overriding und seine Vereinbarkeit mit Europäischem Gemeinschaftsrecht, S. 26; Kluge, Das Internationale Steuerrecht, R 8; Schaumburg, Internationales Steuerrecht, Rn. 16.43.
[1691] Vogel, in: Vogel/Lehner, DBA, Einleitung, Rn. 128.
[1692] Schaumburg, Internationales Steuerrecht, Rn. 16.43.
[1693] Musil, Deutsches Treaty Overriding und seine Vereinbarkeit mit Europäischem Gemeinschaftsrecht, S. 26; Debatin, DB 1992, S. 2159 spricht dagegen eher untechnisch von einer „Abkommensüberrollung"
[1694] Vogel, in: Vogel/Lehner, DBA, Einleitung, Rn. 196.
[1695] Näheres dazu bei Vogel, in: Vogel/Lehner, DBA, Einleitung, Rn. 196.
[1696] Vogel, in: Vogel/Lehner, DBA, Einleitung, Rn. 195; Mössner, Rechtsschutz bei Treaty Overriding, in: Fischer, Besteuerung internationaler Konzerne, S. 113 f.

dieser Zeit sollten die DBA der USA mit anderen Staaten an die gesetzliche Regelung angepasst werden. Die Übergangsfrist wurde als „Treaty Honeymoon" bezeichnet. Dieses Gesetz aus dem Jahre 1980 war jedoch nur der Beginn einer ganzen Reihe von Gesetzesvorhaben, die ein „Treaty Override" beinhalteten. Die kanadische Finanzverwaltung legte am 23.06.1983 den Entwurf eines „Income Tax Convention Interpretation Act" vor, der einen Anwendungsvorrang des nationalen kanadischen Steuerrechts vor den DBA Kanadas mit anderen Staaten statuierte.[1697] Insbesondere ist die Diskussion um den „Technical and Miscellaneous Revenue Act" der USA aus dem Jahre 1988 zu nennen. Im Mittelpunkt des Gesetzes stand das Verhältnis der Steuerreformgesetze von 1986 zu den bestehenden DBA der USA mit anderen Staaten. Das Gesetzesvorhaben führte sogar zu einer Intervention von sechs EG-Mitgliedstaaten, so dass die Diskussion um die Rechtmäßigkeit eines „Treaty Override" auch in Europa begann. Im Ergebnis bemühte man sich schließlich, das Gesetz in den Grenzen der bestehenden DBA zu halten.[1698] Die zunehmende Praxis, sich über bestehende DBA durch den Einsatz entgegenstehender Normen des nationalen Rechts hinwegzusetzen, veranlasste den Steuerausschuss der OECD schließlich im Jahre 1989 zur Veröffentlichung des bereits benannten Berichts.

In der Bundesrepublik Deutschland wurde über einen langen Zeitraum kein „Treaty Override" vollzogen, auch wenn im Zusammenhang mit der Einführung von § 2a EStG durch das Haushaltsbegleitgesetz 1983[1699] eine Kollision mit den DBA der Bundesrepublik Deutschland mit anderen Staaten diskutiert wurde.[1700] Bis zum heutigen Zeitpunkt gibt es nur drei Rechtsnormen, bei denen der Wille zur Abkommensderogation offen zu Tage tritt. Historische handelt es sich dabei einerseits um den hier in Rede stehenden § 20 AStG aus dem Jahre 1992 und andererseits um § 50d Abs. 3 EStG, der zur Verhinderung von „Treaty Shopping" bzw. „Directive Shopping" im Jahre 1994 durch das Gesetz zur Bekämpfung des Missbrauchs und zur Bereinigung des Steuerrechts eingeführt wurde.[1701] Inzwischen ist durch das Jahressteuergesetz 2007 mit § 50d Abs. 9 EStG eine weitere Vorschrift hinzugekommen, deren Regelungsgehalt ein „Treaty Override" beinhaltet.[1702] Der Zweck der Norm ist die Verhinderung nichtbesteuerter, sog. „weißer" Einkünfte durch abkommensrechtliche Qualifikationskonflikte mittels Ausschaltung der Freistellungsmethode für unbeschränkt steuerpflichtige Personen in DBA der BRD mit anderen Staaten.[1703]

[1697] Langbein, RIW 1984, S. 532; Schalast, FR 1990, S. 218.
[1698] Memorandum of the European Community Group of Six, Tax Notes 1987, S. 437.
[1699] Haushaltsbegleitgesetz 1983, BGBl I 1983, S. 1857.
[1700] Pflugfelder, FR 1983, S. 319.
[1701] Vgl. Entwurf eines Gesetzes zur Bekämpfung des Missbrauchs und zur Bereinigung des Steuerrechts vom 07.09.1993, BT-Drs. XII/5630, S. 65; vgl. Jahressteuergesetz 2007, BR-Drs. 835/06, S. 8 und Gesetzesbegründung zum Entwurf eines Jahressteuergesetzes 2007 vom 01.09.2006, BR-Drs. 622/06, S. 100 f. für eine Verschärfung der Vorschrift.
[1702] Jahressteuergesetz 2007, BR-Drs. 835/06, S. 8.
[1703] Vgl. Gesetzesbegründung zum Entwurf eines Jahressteuergesetzes 2007 vom 01.09.2006, BR-Drs. 622/06, S. 101 ff.

III. § 20 Abs. 1 Hs. 1 AStG als „Treaty Override"

Zur Qualifizierung von § 20 Abs. 1 Hs. 1 AStG als „Treaty Override" ist zwischen den bezogenen Steuertatbeständen der Hinzurechnungsbesteuerung gem. §§ 7 bis 14 AStG und der Besteuerung von Familienstiftungen mit Sitz und Geschäftsleitung im Ausland gem. § 15 AStG zu differenzieren. Wie bereits erörtert wurde, liegt in der Bezugnahme auf die Verfahrensvorschriften der §§ 16 bis 18 AStG kein „Treaty Override", da es weder im MA noch in den DBA der Bundesrepublik Deutschland mit anderen Staaten vergleichbare Verfahrensregeln gibt.

1. „Treaty Override" und Hinzurechnungsbesteuerung gem. §§ 7 ff. AStG

Bis zur Einführung von § 20 Abs. 1 Hs. 1 AStG im Jahre 1992 war die Vereinbarkeit der §§ 7 bis 14 AStG mit den DBA der Bundesrepublik Deutschland mit anderen Staaten umstritten. Die Finanzverwaltung und ein Teil der Literatur vertraten die Auffassung, dass der Hinzurechnungsbesteuerung gem. § 7 Abs. 1 AStG kein grenzüberschreitender Sachverhalt zugrunde liege.[1704] Zwar stelle der Steuertatbestand auf Zwischeneinkünfte einer Kapitalgesellschaft mit Sitz und Geschäftsleitung im niedrigbesteuernden Ausland ab, da jedoch Steuersubjekt der inländische Anteilseigner und nicht die ausländische Kapitalgesellschaft sei, gebe es keine rechtliche Doppelbesteuerung i. S. d. Abkommensrechts.[1705] Der Besteuerungszugriff unterschiedlicher Steuerhoheiten beziehe sich auf das identische Steuersubstrat, finde aber nicht beim selben Steuersubjekt statt, so dass zwar eine tatsächliche, aber keine rechtliche Doppelbesteuerung vorliege.[1706] Unterstellt man diese Argumentation als zutreffend, so ist die Gesetzesbegründung zu § 20 Abs. 1 Hs. 1 AStG im StÄndG 1992 konsequent, wonach die Norm lediglich eine Klarstellungsfunktion besitzen soll.

Letztendlich war das Verhältnis der einfachen Hinzurechnungsbesteuerung gem. § 7 Abs. 1 AStG zu den DBA von untergeordneter Bedeutung, da die ausländischen Zwischeneinkünfte gem. § 10 Abs. 5 AStG einer Ausschüttungsfiktion unterlagen. Danach war auf den Hinzurechnungsbetrag der Dividendenartikel des einschlägigen DBA mit dem Sitzstaat der Zwischengesellschaft anzuwenden. Die Ausschüttungsfiktion sorgte demnach für eine Gleichstellung der Zwischeneinkünfte mit Dividendenzahlungen der ausländischen Zwischengesellschaft. Dabei handelte es sich keinesfalls um eine DBA-konforme Ausgestaltung der Hinzurechnungsbesteuerung, da die Einkünfte der ausländischen Zwischengesellschaft nach der hier vertretenen Auffassung als Unternehmensgewinne zu qualifizieren sind.[1707] Diese werden thesauriert und nicht ausgeschüttet, so dass ein inländischer Besteuerungszugriff nicht nach dem Dividendenartikel i. S. v.

[1704] Vgl. Kluge, RIW/AWD 1972, S. 411, 415 (aufgegeben in RIW/AWD 1975, S. 530); Korn/Debatin, Doppelbesteuerung, Systematik III, Rn. 49.
[1705] Menck, DStZ 1978, S. 106.
[1706] Siehe Kapitel 3, E. I. für eine Definition der Begriffe.
[1707] A. A. Tischbirek, in: Vogel/Lehner, DBA, Art. Rn. 224 m. w. N.

Art. 10 MA, sondern entweder gem. Art. 7 MA über die Zuordnung von Unternehmensgewinnen oder sonstigen Einkünften gem. Art. 21 MA zu beurteilen ist.[1708] Danach steht jedoch nur dem Ansässigkeitsstaat der ausländischen Zwischengesellschaft ein Besteuerungsrecht zu, nicht aber dem Ansässigkeitsstaat des Anteilseigners der Kapitalgesellschaft. Aus diesem Grund war auch die Einführung von § 10 Abs. 6 AStG i. V. m. § 20 Abs. 1 Hs. 1 AStG durch das StÄndG 1992 im Rahmen der Hinzurechnungsbesteuerung für Zwischeneinkünfte mit Kapitalanlagecharakter nicht als „Treaty Override" zu qualifizieren, da § 10 Abs. 5 AStG eben nur eine entsprechende Anwendung von DBA auf einen Lebenssachverhalt vorsah, der gem. Art. 7 Abs. 1 MA keinem inländischen Besteuerungszugriff unterliegt. Demnach ist der historischen Auffassung des Gesetzgebers zuzustimmen, dass § 20 Abs. 1 Hs. 1 AStG i. d. F. des StSenkG 1992 für die Hinzurechnungsbesteuerung gem. §§ 7 bis 14 AStG zunächst nicht als „Treaty Override" zu qualifizieren war.

Diese Qualifizierung änderte sich mit der Streichung der Ausschüttungsfiktion in § 10 Abs. 5 AStG und der damit verbundenen Aufhebung der Rückausnahme für Zwischeneinkünfte mit Kapitalanlagecharakter in § 10 Abs. 6 AStG für nach dem 31.12.2002 beginnende Wirtschaftsjahre der ausländischen Zwischengesellschaft. Der Gesetzgeber begründete die Streichung damit, dass § 10 Abs. 5 AStG die konsequente Durchsetzung der Missbrauchsabwehr als Ziel der Hinzurechnungsbesteuerung behindert habe.[1709] Mit der Hinzurechnungsbesteuerung solle vorrangig dem potenziell unfairen Steuerwettbewerb mit solchen Ländern begegnet werden, die ein DBA mit der Bundesrepublik Deutschland nutzen könnten, um Erträge aus Schachtelbeteiligungen potentiell steuerfrei zu stellen. Zweck der Hinzurechnungsbesteuerung gem. §§ 7 bis 14 AStG sei damit eine Hochschleusung der niedrig besteuerten ausländischen Zwischeneinkünfte auf das Steuerniveau des inländischen Anteilseigners, unabhängig davon, ob die Gewinne der ausländischen Zwischengesellschaft thesauriert oder ausgeschüttet würden.[1710] Der Gesetzgeber gibt damit für das Verhältnis der Hinzurechnungsbesteuerung zu den DBA seine formaljuristische Betrachtungsweise aus der historischen Gesetzesbegründung im Hinblick auf eine Klarstellungsfunktion von § 20 Abs. 1 Hs. 1 AStG im StÄndG 1992 auf und begründet die Norm mit einer Abwehr von missbräuchlichen Gestaltungen auf Abkommensebene. § 20 Abs. 1 Hs. 1 AStG soll demnach eine Besteuerung von Lebenssachverhalten gem. §§ 7 bis 14 AStG in solchen Fällen ermöglichen, in denen ein DBA der Bundesrepublik Deutschland mit dem Sitzstaat der Zwischengesellschaft eine Besteuerung

---

[1708] Vgl. Wassermeyer, in: Flick/Wassermeyer/Baumhoff, AStG, vor §§ 7 – 14, Rn. 101 und Wassermeyer/Schönfeld, in: Flick/Wassermeyer/Baumhoff, AStG, § 20, Rn. 23 ff. für eine umfassende Darstellung des abkommensrechtlichen Kofliktpotentials.

[1709] Entwurf eines Gesetzes zum Abbau von Steuervergünstigungen und Ausnahmeregelungen (Steuervergünstigungsabbaugesetz – StVergAbG) vom 28.11.2002, BR-Drs. 866/02, S. 87.

[1710] Entwurf eines Gesetzes zum Abbau von Steuervergünstigungen und Ausnahmeregelungen (Steuervergünstigungsabbaugesetz – StVergAbG) vom 28.11.2002, BR-Drs. 866/02, S. 88.

der Einkünfte der ausländischen Zwischengesellschaft beim inländischen Anteilseigner unter den Voraussetzungen der mit den Artt. 7 oder 10 MA vergleichbaren Abkommensvorschriften ausschließen würde. Dafür spricht auch, dass infolge der Streichung von § 10 Abs. 5, 6 AStG auch die Begrenzung von § 20 Abs. 2 AStG auf Betriebsstätteneinkünfte mit Kapitalanlagecharakter aufgehoben worden ist und damit der dem § 20 Abs. 2 AStG innewohnende Missbrauchsgedanke auch auf das Verhältnis der einfachen Hinzurechnungsbesteuerung gem. § 7 Abs. 1 AStG zu den DBA der Bundesrepublik Deutschland mit anderen Staaten ausgedehnt worden ist. Nach der hier vertretenen Auffassung beinhaltet § 20 Abs. 1 Hs. 1 AStG für die Hinzurechnungsbesteuerung gem. §§ 7 bis 14 AStG damit eine legislative Abkommensderogation i. S. e. „Treaty Override".[1711] Eine entgegenstehende Auffassung, wonach den DBA ein ungeschriebener Missbrauchsvorbehalt immanent sei, der im Falle einer Hinzurechnungsbesteuerung zu einer generellen Nichtanwendbarkeit der DBA führe, kann dagegen nicht überzeugen, da ein solcher Vorbehalt keine Stütze im Abkommenswortlaut findet.[1712] Vielmehr wird eine Missbrauchsabwehr in den meisten DBA der Bundesrepublik Deutschland mit anderen Staaten nicht nach allgemeinen Rechtsgrundsätzen, sondern durch die Aufnahme und Anwendung von Aktivitätsklauseln behandelt, so dass für einen ungeschriebenen oder immanenten Vorbehalt kein Raum bleibt.[1713]

2. „Treaty Override" und Zurechnungsbesteuerung gem. § 15 AStG

Im Gegensatz zur Hinzurechnungsbesteuerung greift für § 20 Abs. 1 Hs. 1 AStG i. V. m. § 15 AStG aus der Sicht des deutschen Steuergesetzgebers zunächst die Klarstellungsfunktion über das Verhältnis der Steuerpflicht von Stiftern zu den DBA der Bundesrepublik Deutschland mit anderen Staaten ein.[1714] Dem folgt auch die Finanzverwaltung im Anwendungsschreiben zum AStG aus dem Jahre 2004, in dem festgestellt wird, dass die Vorschriften der DBA einer Einkommenszurechnung nicht entgegenstehen.[1715] Danach liegt bei Anwendung von § 15 AStG kein Fall der rechtlichen Doppelbesteuerung vor, da der Besteuerungszugriff nicht bei der ausländischen Familienstiftung, sondern bei dem unbeschränkt steuerpflichtigen Bezugsberechtigten vollzogen wird.[1716] Insofern ist die Argumentation des Gesetzgebers zur Anwendung von § 20 Abs. 1 Hs. 1 AStG auf § 15 AStG vergleichbar mit der zu den §§ 7 bis 14 AStG. Es lassen sich jedoch auch hier Lebenssachverhalte denken, bei denen es zwar nicht zu einer rechtlichen, aber dennoch zu einer wirtschaftlichen Doppelbe-

---

[1711] I. E. auch Vogt, in: Strunk/Kaminski/Köhler, AStG, § 20, Rn. 17 ff.
[1712] Vgl. Vogt, in: Blümich, AStG, § 20, Rn. 15 f.
[1713] Vgl. Vogel, in Vogel/Lehner, DBA, Art. 23, Rn. 74 ff.
[1714] Bericht des Finanzausschusses zum StÄndG 1992, BT-Drs. XII/1506, S. 181.
[1715] BMF-Schreiben betr. Grundsätze zur Anwendung des Außensteuergesetzes vom 14.05.2004, BMF IV B 4 – S 1340 – 11/04, BStBl I 2004, Sondernummer 1/2004, S. 3, Rn. 15.1.1.
[1716] Vgl. BFH-Urteil vom 02.02.1994, I R 66/92, BStBl II 1994, S. 727.

steuerung kommt, d. h. ein Besteuerungssubstrat, in diesem Fall das Einkommen der ausländischen Familienstiftung, wird einerseits in ihrem Ansässigkeitsstaat und andererseits im Ansässigkeitsstaat des Bezugsberechtigten zu einer Ertragsbesteuerung herangezogen.[1717] Zwar kommt es gem. § 15 Abs. 5 AStG i. V. m. § 12 AStG zu einer Anrechnung der ausländischen Steuer auf die deutsche Einkommensteuer des Bezugsberechtigten. Dennoch wird dadurch eine Heraufschleusung der ausländischen Steuerbelastung auf das inländische Steuerniveau bewirkt, ohne dass die Bundesrepublik Deutschland ein Besteuerungsrecht nach dem einschlägigen DBA hat.[1718] So richtet sich das Besteuerungsrecht für das Einkommen einer Familienstiftung zunächst danach, ob das jeweils einschlägige DBA die Stiftung als abkommensberechtigte Person anerkennt. Zumeist werden Stiftungen als mit juristischen Personen des Privatrechts vergleichbare Gesellschaften von Art. 3 Abs. 1 lit. a) MA erfasst.[1719] Ist die Familienstiftung aber abkommensberechtigt, so richtet sich das Besteuerungsrecht nach den Qualifikationsnormen des DBA für die erzielten Einkünfte. Der Bundesrepublik Deutschland steht insoweit nur dann ein Besteuerungsrecht zu, wenn die den Einkünften zugrunde liegenden Tätigkeiten einen Inlandsbezug aufweisen, also z. B. in einer inländischen Betriebsstätte eines im Vermögen der Stiftung befindlichen Gewerbebetriebs erzielt werden oder die Stiftung Dividenden erzielt, die von einer inländischen Kapitalgesellschaft ausgeschüttet werden. In diesen Fällen benötigt man aber nicht § 15 AStG, da die Erträge bereits im Inland erfasst und damit auf das deutsche Steuerniveau hochgeschleust werden. Ordnet nun § 20 Abs. 1 Hs. 1 AStG die Anwendung von § 15 AStG außerhalb der Fälle einer Besteuerungshoheit für die Einkünfte der ausländischen Familienstiftung im Inland an, so handelt es sich um eine legislative Abkommensderogation, die entgegen der Auffassung des historischen Gesetzgebers nicht nur eine Klarstellungsfunktion in sich trägt, sondern auch die missbräuchliche Zwischenschaltung ausländischer Familienstiftungen zur Ausnutzung der Zuordnungsfunktion des DBA der Bundesrepublik Deutschland mit dem Ansässigkeitsstaat der Familienstiftung verhindern soll.[1720] Dafür spricht auch Art. 23 Abs. 1 DBA-Schweiz, der für die Besteuerung von Einkünften einer in der Schweiz ansässigen Familienstiftung einen Vorbehalt zugunsten nationaler Vorschriften gegen die Steuerumgehung enthält.[1721] Der Artikel beinhaltet somit einen ausdrücklichen Anwendungsvorbehalt für § 15 AStG, soweit man in ihm mit der hier vertretenen Auffassung eine nationale Vorschrift gegen die Steuerumgehung sieht. Einer Anwendung von § 20 Abs. 1 Hs. 1 AStG bedarf es im Verhältnis zur Schweiz damit nicht mehr, da die Abkommensvorschrift als „lex specialis" zu qualifizieren ist. Im Umkehrschluss muss sich der deutsche Gesetzgeber aber vorhalten lassen, dass er mit der Verweisung in § 20 Abs. 1 Hs. 1 AStG eine legislative Ab-

---

[1717] Vgl. Wassermeyer, in: Flick/Wassermeyer/Baumhoff, AStG, § 15, Rn. 14.
[1718] Schaumburg, Internationales Steuerrecht, Rn. 11.7; Rundshagen, in: Strunk/Kaminski/Köhler, AStG, § 15, Rn. 27.
[1719] Wassermeyer, in: Debatin/Wassermeyer, Doppelbesteuerung, Art. 3 MA, Rn. 18 ff.
[1720] Vgl. Wassermeyer, in: Flick/Wassermeyer/Baumhoff, AStG, § 15, Rn. 14 ff.
[1721] Vgl. Wassermeyer, in: Flick/Wassermeyer/Baumhoff, AStG, § 15, Rn. 19 f.

kommensderogation für alle DBA geschaffen hat, die keinen mit Art. 23 Abs. 1 DBA-Schweiz vergleichbaren Vorbehalt enthalten, so dass in der Verweisung von § 20 Abs. 1 Hs. 1 AStG auf § 15 AStG ebenfalls ein „Treaty Override" zu sehen ist.

IV. § 20 Abs. 1 Hs. 2, Abs. 2 AStG als „Treaty Override"

Die Erfassung von ausländischen Betriebsstätteneinkünften bei dem inländischen Stammhaus gem. § 20 Abs. 2 AStG i. V. m. § 20 Abs. 1 Hs. 2 AStG i. V. m. §§ 7 ff. AStG ist ebenfalls eine legislative Abkommensderogation, da die Zuordnungsfunktion der mit Art. 7 Abs. 1, 2 MA vergleichbaren Artikel der deutschen DBA aufgehoben wird, soweit diese keine Aktivitätsklausel enthalten und damit auf solche Lebenssachverhalte, die der Hinzurechnungsbesteuerung unterliegen, bereits ein Besteuerungsrecht beim inländischen Stammhaus vorsehen. Das „Treaty Override" wurde vom deutschen Gesetzgeber im StÄndG 1992 damit begründet, dass ein missbräuchliches Unterlaufen der Hinzurechnungsbesteuerung, damals noch ausschließlich für Zwischeneinkünfte mit Kapitalanlagecharakter gem. § 7 Abs. 6 AStG i. V. m. § 10 Abs. 5, 6 AStG, durch das Einschalten ausländischer Betriebsstätten verhindert werden sollte.[1722] Mit der Streichung von § 10 Abs. 5 AStG durch das StVergAbG 2003 wurde schließlich auch eine Einbeziehung von passiven Zwischeneinkünften i. S. v. § 8 Abs. 1 AStG möglich, so dass die Abkommensderogation inzwischen umfassend ausgestaltet ist.

V. Ergebnis

Nach der hier vertretenen Auffassung handelt es sich sowohl bei § 20 Abs. 1 Hs. 1 AStG im Verhältnis zur Hinzurechnungsbesteuerung gem. §§ 7 bis 14 AStG und der Besteuerung ausländischer Familienstiftungen gem. § 15 AStG als auch bei § 20 Abs. 2 AStG i. V. m. § 20 Abs. 1 Hs. 2 AStG hinsichtlich ausländischer Betriebsstätteneinkünfte um ein „Treaty Override".

C. Gemeinschaftsrechtliche Bezüge des „Treaty Override" in § 20 AStG

Die gemeinschaftsrechtlichen Bezüge des „Treaty Override" in § 20 AStG beschränken sich auf die Vorschriften des primären Gemeinschaftsrechts. Einschlägige primärrechtliche Rechtsquellen sind die Grundfreiheiten des EGV und Art. 293 EG. Sekundärrechtliche Rechtsakte der EU in Form von Verordnungen oder Richtlinien weisen keine inhaltlichen Zusammenhänge mit einem nationalen „Treaty Override" auf. Durch Art. 293 EG werden die Mitgliedstaaten der EU berechtigt und verpflichtet, zugunsten ihrer Staatsangehörigen im Verhandlungswege sicherzustellen, dass die Doppelbesteuerung innerhalb der EU besei-

---

[1722] Bericht des Finanzausschusse zum StÄndG 1992, BT-Drs. XII/1506, S. 181.

tigt wird.[1723] Hierzu stellt der EuGH in seinem Urteil in der Rs. C-336/96 („Gilly") fest, dass die Beseitigung der Doppelbesteuerung innerhalb der EU ein mit der Errichtung des Binnenmarktes eng verknüpftes Ziel des EGV ist.[1724] Bisher ist jedoch lediglich das mulitlaterale völkerrechtliche Übereinkommen über die Beseitigung der Doppelbesteuerung im Falle von Gewinnberichtigungen zwischen verbundenen Unternehmen aus dem Jahre 1990 als Vereinheitlichungs- und Harmonisierungsmaßnahme zur Beseitigung der Doppelbesteuerung zwischen den EU-Mitgliedstaaten geschlossen worden.[1725] Bei Art. 293 EG handelt es sich dagegen nicht um eine Verpflichtungsnorm mit unmittelbaren Rechtswirkungen für und gegen im Gemeinschaftsgebiet ansässige Personen.[1726] Der EuGH stellte hierzu in seinem Urteil in der Rs. 137/84 („Mutsch") fest, dass Art. 293 EG keinen unmittelbar geltenden Rechtssatz aufstellt, sondern nur den Rahmen für von den Mitgliedstaaten „soweit erforderlich" einzuleitende Verhandlungen absteckt.[1727] Insofern steht es den Mitgliedstaaten frei, ob und wie sie die Aufteilung der Besteuerungshoheit im Rahmen von bilateralen DBA vornehmen.[1728] Dessen ungeachtet begründet Art. 293 EG eine Rechtspflicht der EU-Mitgliedstaaten zur Einleitung von Verhandlungen, wenn die Vermeidung der Doppelbesteuerung bisher nicht auf andere Weise erreicht werden konnte.[1729] Dafür spricht die Feststellung des EuGH in der Rs. 187/84 („Mutsch"), dass Art. 293 EG für sich genommen die Zielvorgabe enthält, dass jeder Mitgliedstaat die Garantien, die er seinen eigenen Staatsangehörigen auf einem bestimmten Gebiet einräumt, auch auf die Staatsangehörigen der anderen Mitgliedstaaten erstreckt.[1730] Würde man die dem § 20 AStG immanenten „Treaty Override" als einen Verstoß gegen den Grundsatz der Vertagstreue aus Art. 10 Abs. 2 EG hinsichtlich der Verpflichtung aus Art. 293 EG qualifizieren, so würde jedenfalls der dem Art. 293 EG fehlende Individualrechtsschutz zu dem Ergebnis führen, dass sich ein Schutz vor Doppelbesteuerung oder einem nationalen „Treaty Override" nur aus einer konkreten Verletzung von gemeinschafts-

---

[1723] Schweitzer, in: Grabitz/Hilf, Das Recht der Europäischen Union, EGV, Art. 293, Rn. 5; Zimmerling, in: Lenz/Borchhardt, EGV, Art. 293, Rn. 1; a. A. Geiger, EGV, Art. 293, Rn. 1, der lediglich von einer Absichtserklärung der EU-Mitgliedstaaten ausgeht.
[1724] EuGH-Urteil vom 12.05.1998, Rs. C-336/96 („Gilly"), Slg. 1998, I-2793, Rn. 16, 23.
[1725] Übereinkommen 90/436/EWG, ABl. EG 1990, L 225, S. 10; näheres dazu bei Lehner, in: Vogel/Lehner, DBA, Art. 25, Rn. 220 ff.
[1726] Schlussanträge GA Colomer vom 20.11.1997, Rs. C-336/96, („Gilly"), Slg. 1998, I-2793, Rn. 35; EuGH-Urteil vom 11.06.1985, Rs. 137/84 („Mutsch"), Slg. 1985, S. 2681, Rn. 11.
[1727] EuGH-Urteil vom 11.07.1985, Rs. 137/84 („Mutsch"), Slg. 1985, S. 2681, Rn. 11; vgl. Schlussanträge GA Geelhoed vom 06.04.2006, Rs. C-513/04 („Kerckhaert Morres"), Slg. 2007, I-10967, Rn. 30 ff.
[1728] EuGH-Urteil vom 21.09.1999, Rs. C-307/97 („Saint Gobain"), Slg. 1999, I-6161, Rn. 57.
[1729] EuGH-Urteil vom 06.10.1976, Rs. 12/76 („Tessili / Dunlop"), Slg. 1976, S. 1473, Rn. 9.
[1730] EuGH-Urteil vom 11.07.1985, Rs. 137/84 („Mutsch"), Slg. 1985, S. 2681, Rn. 11.

rechtlich durch die Grundfreiheiten des EGV geschützten Rechtspositionen i. V. m. dem Rechtsgedanken aus Art. 293 EG ergeben kann.[1731] Hier führt diese Feststellung zu einer Fokussierung auf eine mögliche Kollision mit der Kapitalverkehrsfreiheit gem. Art. 56 Abs. 1 EG und der Niederlassungsfreiheit gem. Art. 43 EG, da sich die von der Norm bezogene Hinzurechnungsbesteuerung gem. §§ 7 ff. AStG und die Besteuerung von Einkünften ausländischer Familienstiftungen gem. § 15 AStG mit der in den diesbezüglichen Kapiteln dieser Arbeit vertretenen Auffassung auf diese Grundfreiheiten beschränkt.[1732] Neben einer Beschränkung der Grundfreiheiten durch das „Treaty Override" stellt sich im Hinblick auf die Entscheidung des EuGH in der Rs. C-376/03 („D") auch die Frage nach der Existenzberechtigung eines gemeinschaftsrechtlichen „Meistbegünstigungsprinzips" und dessen Auswirkungen auf ein nationales „Treaty Override" i. S. d. § 20 AStG.[1733] Abschließend werden im Rahmen der grundfreiheitlichen Prüfung auch das Urteil des EuGH in der Rs. C-298/05 („Columbus Container Services") vom 06.12.2007 zu § 20 Abs. 2, 3 AStG a. F.[1734] und die Änderung des § 20 Abs. 2 AStG durch das JStG 2008 diskutiert.[1735]

I. Existenz eines gemeinschaftsrechtlichen „Meistbegünstigungsprinzips" und Kollision mit nationalem „Treaty Override"

Der EuGH hat in seinem Urteil vom 05.07.2005 in der Rs. C-376/03 („D") eine Verletzung der Kapitalverkehrsfreiheit durch die Verweigerung eines Freibetrags bei der niederländischen Vermögensteuer für nichtansässige Steuerpflichtige durch das nationale Steuerrecht des Quellenstaates und das DBA-Niederlande abgelehnt.[1736] Dabei wurde im Rahmen der Antwort auf die zweite Vorlagefrage vom EuGH eine grundfreiheitliche Diskriminierung durch das DBA-Niederlande im Hinblick auf die Gewährung des streitigen Freibetrags durch das DBA-Niederlande-Belgien verworfen.[1737] Dogmatisch wird diese Art eines Eingriffs in Grundfreiheiten des EGV auf die Existenz und Gewährleistungen eines gemeinschaftsrechtlichen „Meistbegünstigungsprinzips" oder „Most Favoured Nation Principle" gestützt. Dabei handelt es sich originär um ein Prinzip des Welthandelsrechts aus dem sog. „General Agreement on Tariffs and Trade" (GATT), das in Art. I Abs. 1 GATT i. V. m. Art. III Abs. 2, 4 GATT

[1731] Differenzierend: Wassermeyer/Schönfeld, in: Flick/Wassermeyer/Baumhoff, AStG, § 20, Rn. 51, 55; vgl. auch Scheipers/Maywald, IStR 2006, S. 472, 473; Wassermeyer, in: Lehner, EUV/EGV und nationales Steuerrecht, DStJG, Band 19, S. 151, 158 ff.; Beul, IStR 1997, S. 1, 3 ff.; Seer, IStR 1997, S. 520, 522.
[1732] Siehe Kapitel 4, C.; siehe Kapitel 5, C.
[1733] EuGH-Urteil vom 05.07.2005, Rs. C-376/03 („D"), Slg. 2005, I-5821.
[1734] Missbrauchsbekämpfungs- und Steuerbereinigungsgesetztes vom 21.12.1993, BGBl I 1993, S. 2310.
[1735] EuGH-Urteil vom 06.12.2007, Rs. C-298/05 („Columbus Container Services"), Slg. 2007, n. V. ; Schlussanträge GA Mengozzi vom 29.03.2007, Rs. C-298/05 („Columbus Container Services"), Slg. 2007, n. V.
[1736] EuGH-Urteil vom 05.07.2005, Rs. C-376/03 („D"), Slg. 2005, I-5821.
[1737] EuGH-Urteil vom 05.07.2005, Rs. C-376/03 („D"), Slg. 2005, I-5821 (Tenor).

kodifiziert ist und einen Vorteil in einem völkerrechtlichen Vertrag in einem bestimmten Sachgebiet auch anderen Vertragspartnern desselben Staates gewährt, ohne dass diese zum Kreis der originär begünstigten Völkerrechtssubjekte gehören.[1738] Darüber hinaus sind sog. „Meistbegünstigungsklauseln" in einer Vielzahl weiterer völkerrechtlicher Verträge des Welthandelsrechts und des internationalen Wirtschaftsverkehrs enthalten.[1739] Auf einen gesonderten Bezug zu diesen Klauseln wird jedoch im Hinblick auf die Präzedenzwirkung der GATT-Vorschriften an dieser Stelle verzichtet. Die Rechtsprechung des EuGH hat sich bis zur Entscheidung in der Rs. C-376/03 („D") bisher nicht zur Existenz und Ausgestaltung eines gemeinschaftsrechtlichen „Meistbegünstigungsprinzips" geäußert. Zwar sieht eine Mindermeinung in der Literatur bereits in dem Urteil des EuGH zur Rs. C-336/96 („Gilly") eine ablehnende Auseinandersetzung mit dem „Meistbegünstigungsprinzip".[1740] Wie nachfolgend gezeigt wird, ist das dem Urteil jedoch weder ausdrücklich noch konkludent zu entnehmen. Dagegen enthält das Urteil in den Rs. C-397/98, C-410/98 („Metallgesellschaft Ltd. u. a.") keine Stellungnahme zur „Meistbegünstigung", da hier schon ein Verstoß gegen die Niederlassungsfreiheit vorlag, so dass das Gericht zur hilfsweise gestellten Frage der „Meistbegünstigung" nicht mehr Stellung beziehen musste.[1741] Erkennt man die Existenz eines gemeinschaftsrechtlichen „Meistbegünstigungsprinzips" an, so stellt sich auf die „Treaty Override" in § 20 AStG bezogen die Frage, ob einer legislativen Abkommensderogation durch nationales Steuerrecht nicht eine Verpflichtung zur „Meistbegünstigung" im Hinblick auf die Zuordnung der Besteuerungshoheit für ein bestimmtes Steuersubstrat durch ein DBA als Eingriff in den sachlichen Schutzbereich der Artt. 43, 56 Abs. 1 EG entgegensteht. Gleiches könnte für das Eingreifen einer sog. „Switch-Over-Klausel" für das Verhältnis von Abkommensrecht und nationalem Steuerrecht gelten. Nachfolgend wird daher nach einer Einführung in den Sachverhalt und einer summarischen Darstellung der bisherigen Rechtsprechung zunächst der dogmatische Ursprung des Meistbegünstigungsprinzips erläutert und im Anschluss daran die Existenz eines gemeinschaftsrechtlichen „Meistbegünstigungsprinzips" und dessen Anwendbarkeit auf DBA und nationales „Treaty Override" untersucht.

1. Einführung in den Sachverhalt

Die nachfolgend dargestellten Verfahren mit Bezug zum Meistbegünstigungsprinzip lassen sich in ihrem Kern auf einen identischen Grundsachverhalt redu-

---

[1738] Seidl-Hohenveldern, Völkerrecht, Rn. 322.
[1739] Vgl. Art. II GATS („General Agreement on Trade in Services"; Art. 4 TRIPS ("Trade-Related Aspects of Intellectual Property Rights"); Art. III GPA ("Agreement on Government Procurement"); Art. 308, 1003, 1103, 1203, 1406 NAFTA ("North American Free Trade Agreement").
[1740] Lehner, IStR 1998, S. 336, 342.
[1741] Urteil des EuGH vom 08.03.2001, Rs. C-397/98, C-410/98 („Metallgesellschaft Ltd. u. a."), Slg. 2001, I-1727, Rn. 97.

zieren. Ein Steuerpflichtiger wird im Anwendungsbereich eines DBA einer bestimmten Rechtsfolge auf der Grundlage einer einschlägigen Abkommensvorschrift unterworfen, die in einem DBA desselben Anwendestaates mit einem anderen Staat bei Zugrundelegung desselben Sachverhalts für den Steuerpflichtigen weniger belastend ausgefallen wäre. Dem Steuerpflichtigen wird also eine Begünstigung in einem DBA des Anwendestaates mit einem anderen Staat deshalb nicht zu Teil, weil das für ihn einschlägige DBA die vorteilhafte Regelung nicht oder nicht in dem anderweitig gewährten Umfang enthält.

Die nachfolgende Skizze verdeutlicht den Sachverhalt des Grundfalls:

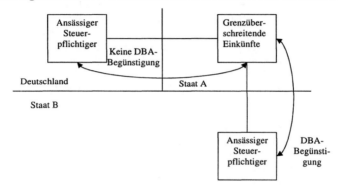

Im Anschluss werden die Tatbestände der bisherigen EuGH-Verfahren mit Bezug zum „Meistbegünstigungsprinzip" zum besseren Verständnis dargestellt.

a) EuGH-Urteil vom 12.05.1998 in der Rs. C-336/96 („Gilly)[1742]

Die Eheleute Gilly waren in Frankreich ansässig. Herr Gilly war in Frankreich als Lehrer an einer Schule tätig und erzielte Einkünfte aus nichtselbständiger Tätigkeit, die in Frankreich besteuert wurden. Frau Gilly war als sog. „Grenzgängerin" an einer deutschen Schule beschäftigt. Sie erzielte Einkünfte aus einem öffentlich-rechtlichen Dienstverhältnis, die aufgrund des DBA-Frankreich in der Bundesrepublik Deutschland zur beschränkten Steuerpflicht herangezogen wurden. Darüber hinaus wurden die Einkünfte von Frau Gilly auf der Grundlage von Art. 20 Abs. 2 lit. a cc) i. d. F. des Zusatzabkommens von 1989 zum DBA-Frankreich auch in die steuerliche Bemessungsgrundlage der französischen Einkommensteuer einbezogen. Dabei wurde die in der Bundesrepublik Deutschland entrichtete Steuer auf die französische Steuerschuld angerechnet. Da die deutsche Steuerschuld jedoch die in Frankreich angefallene Einkommensteuer auf die Einkünfte von Frau Gilly überstieg, kam es in den Streitjahren nur zu einer Teilanrechnung deutscher Einkommensteuer. Hierin sahen die Eheleute Gilly einen Verstoß gegen die Arbeitnehmerfreizügigkeit aufgrund einer diskriminie-

---

[1742] Urteil des EuGH vom 12.05.1998, Rs. C-336/96 („Gilly"), Slg. 1998, I-2793.

renden Überbesteuerung der grenzüberschreitenden Einkünfte von Frau Gilly. Daraufhin begehrten die Eheleute Gilly eine „Meistbegünstigung" durch Minderung ihrer Belastung mit französischer Einkommensteuer mittels Vollanrechnung der ausländischen Steuer auf die französische Gesamtsteuerbelastung oder Ausblendung der deutschen Einkünfte aus der französischen Bemessungsgrundlage für die Einkommensteuer. In dem entschiedenen Fall ging es damit nicht um eine Meistbegünstigung i. S. e. Drittbegünstigung durch ein DBA, welches eine entsprechende Vollanrechnung in Frankreich gewährte, sondern um die grundfreiheitliche Rechtmäßigkeit einer unterschiedlich hohen Besteuerung in zwei verschiedenen Mitgliedstaaten der EU, was zu einem Anrechnungsüberhang in Frankreich als dem Staat mit einem niedrigeren Besteuerungsniveau führte.

b) EuGH-Urteil vom 21.09.1999 in der Rs. C-307/97 („Compagnie de Saint Gobain")[1743]

Die in Frankreich ansässige Gesellschaft Compagnie de Saint Gobain S.A. war im VZ 1988 mit ihren Einkünften aus einer deutschen Betriebsstätte beschränkt körperschaftsteuerpflichtig. Zum inländischen Betriebsvermögen der Betriebsstätte gehörten neben einer Beteiligung von 10,2 % an einer US-Corp. auch zwei Beteiligungen i. H. v. 100 % an deutschen Tochtergesellschaften. Zwischen der inländischen Betriebsstätte und den inländischen Beteiligungen bestand eine körperschaftsteuerliche Organschaft. Im streitigen VZ 1998 flossen der Betriebsstätte u. a. Dividendenerträge der US-Corp. und über die Organschaft auch quellensteuerbelastete Dividenden von Enkelgesellschaften mit Sitz in der Schweiz, Österreich und Italien zu. Für diese Dividenden beantragte die Compagnie de Saint Gobain S.A. eine steuerliche Gleichstellung mit einer in Deutschland ansässigen Muttergesellschaft. Für die Dividendenerträge aus der Schweiz und den USA sollte dies zu einer Freistellung auf Basis des einschlägigen DBA i. V. m. dem sog. „internationalen körpeschaftsteuerlichen Schachtelprivileg in § 8b Abs. 5 KStG 1999[1744] führen. Quellensteuer für Dividenden aus Österreich und Italien sollten auf Basis des einschlägigen DBA über die sog. „erweiterte indirekte Anrechnung" gem. § 26 Abs. 2 KStG 1999[1745] berücksichtigt werden. Gegen den ablehnenden Bescheid des zuständigen Finanzamts wandte sich die Klägerin des Ausgangsverfahrens unter Berufung auf einer Verletzung der Niederlassungsfreiheit, welche ihr die begehrten Begünstigungen gewähre. Hierzu hat der EuGH lediglich ausgesprochen, dass es zwar einen Verstoß gegen die Niederlassungsfreiheit darstelle, wenn einer Zweigniederlassung Steuervorteile, die aus einem DBA erwachsen versagt werden, weil sie als Betriebsstätte nicht abkommensberechtigt ist.[1746] Gleichwohl kam der Gerichtshof auch zu dem Er-

---

[1743] Urteil des EuGH vom 21.09.1999, Rs. C-307/97 („Saint Gobain"), Slg. 1999, I-6161.
[1744] I. d. F. vom 22.04.1999, BGBl I 1999, S. 817.
[1745] I. d. F. vom 22.04.1999, BGBl I 1999, S. 817.
[1746] Urteil des EuGH vom 21.09.1999, Rs. C-307/97 („Saint Gobain"), Slg. 1999, I-6161, Rn. 58.

gebnis, dass im konkreten Fall die Gegenseitigkeit und das Gleichgewicht des Abkommens durch die einseitige Ausdehnung des Geltungsbereichs des einen Vertragsteils nicht berührt seien.[1747] Insofern ging es in dem Urteil nicht um eine Drittbegünstigung aus einem anderen DBA, sondern vielmehr um eine konsequente Anwendung einer Regelung des nationalen Steuerrechts auf Betriebsstätten und Tochtergesellschaften nach dem Grundsatz der Inländergleichbehandlung.

c) EuGH-Urteil vom 08.03.2001 in den Rs. C-397/98 und C-410/98 („Metallgesellschaft Ltd. u. a.")[1748]

In den verbundenen Verfahren ging es um die Quellenbesteuerung von Dividendenausschüttungen britischer Tochtergesellschaften an ihre in der Bundesrepublik Deutschland ansässigen Konzernobergesellschaften. Die Dividendenausschüttungen aus den Jahren 1974 bis 1995 wurden aufgrund des für die streitigen Veranlagungszeiträume geltenden britischen „Income and Corporate Tax Act" 1988 mit einer sog. „Advance Corporation Tax" i. H. v. 25 % als Steuervorauszahlung auf die britische Körperschaftsteuer belastet. Nach Ablauf des jährlichen Veranlagungszeitraums wurde die Steuervorauszahlung dann mit der endgültigen Körperschaftsteuerschuld der ausschüttenden Gesellschaft verrechnet. Verbundene Unternehmen mit einer Beteiligungsquote von min. 51 % und Sitz im Vereinigten Königreich konnten im Rahmen der sog. „Group Income Election" eine Befreiung von der „Advance Corporation Tax" beantragen. Damit wurde die Pflicht zur Entrichtung der Körperschaftsteuer auf den Zeitpunkt der endgültigen Veranlagung nach Abschluss des Wirtschaftsjahres der Gesellschaft verlagert. Hierauf bezog sich der Vortrag der Klägerinnen des Ausgangsverfahrens, die einen Verstoß der „Group Income Election" gegen die Niederlassungs- und Kapitalverkehrsfreiheit auf deren Beschränkung auf britische Muttergesellschaften und den daraus resultierenden Liquiditätsnachteil stützten. Darüber hinaus wurden die Dividenden bei einer ansässigen Muttergesellschaft unter bestimmten Voraussetzungen durch die Gewährung einer Steuergutschrift von der Bemessungsgrundlage der Körperschaftssteuer ausgenommen. Für nichtansässige Muttergesellschaften war eine Verringerung der Steuerbelastung im Vereinigten Königreich nur dann möglich, wenn dies in einem DBA mit dem Ansässigkeitsstaat der Muttergesellschaft für Schachtelbeteiligungen ausdrücklich vorgesehen war. Diesbezüglich begehrten die Klägerinnen des Ausgangsverfahrens einen Anspruch auf „Meistbegünstigung" unter Bezugnahme auf das DBA-Vereinigtes Königreich-Niederlande, welches einer in den Niederlanden ansässigen Muttergesellschaft die entlastende Steuergutschrift unter bestimmten Voraussetzungen gewährte. Wie bereits eingangs dieses Abschnitts erwähnt war eine Entscheidung über die Meistbegünstigung hier entbehrlich. Die in diesem

---

[1747] Urteil des EuGH vom 21.09.1999, Rs. C-307/97 („Saint Gobain"), Slg. 1999, I-6161, Rn. 59.
[1748] Urteil des EuGH vom 08.03.2001, Rs. C-397/98, C-410/98 („Metallgesellschaft Ltd. u. a."), Slg. 2001, I-1727.

Verfahren aufgeworfene Rechtsfrage hat der EuGH jedoch in seinem Urteil in der Rs. C-374/04 („Test Claimants in Class IV of the ACT Group Litigation) vom 12.12.2006 einer Entscheidung zugeführt.[1749] Gegenstand des Verfahrens war eine umfassende Beurteilung des britischen Systems zur Anrechnung von Körperschaftsteuer bei grenzüberschreitenden Dividendenausschüttungen aus nationaler und DBA-Perspektive mit der Kapitalverkehrsfreiheit im Rahmen einer Sammelklage.

d) EuGH-Urteil vom 05.07.2005 in der Rs. C-376/03 („D")

Das Immobilienvermögen einer in Deutschland unbeschränkt steuerpflichtigen natürlichen Person war zu 10 % in den Niederlanden und 90 % im Inland belegen. Der Steuerpflichtige wurde in den Niederlanden als nichtansässige Person zur Vermögenssteuer mit dem dort belegenen Immobilienvermögen herangezogen. Ein gesetzlicher Freibetrag wurde dem nichtansässigen Steuerpflichtigen verweigert, da dieser nach niederländischem Recht bei nichtansässigen Personen nur dann gewährt wird, wenn mindestens 90 % des Immobilienvermögens in den Niederlanden belegen ist. In den Niederlanden ansässigen Steuerpflichtigen wird der Freibetrag unabhängig von dem Prozentsatz des dort belegenen Immobilienvermögens gewährt. Die gleiche Regelung gilt für nichtansässige Steuerpflichtige mit Wohnsitz in Belgien aufgrund von Art. 25 Abs. 3 DBA-Niederlande-Belgien. Dieser gewährt natürlichen Personen mit Wohnsitz in einem der Vertragsstaaten bei der Besteuerung im jeweils anderen Vertragsstaat die persönlichen Abzüge, Freibeträge und Minderungen, die dieser Staat seinen eigenen Einwohnern wegen ihrer persönlichen Lage oder Belastungen gewährt. Im Rahmen seiner Vermögensteuerveranlagung in den Niederlanden beantragte der in Deutschland ansässige Steuerpflichtige unter Berufung auf die Kapitalverkehrsfreiheit und die Regelung im DBA-Niederlande-Belgien die Gewährung des Freibetrags i. S. e. „Meistbegünstigung" vorzunehmen. Das mit der Sache befasste niederländische Gericht legte den Sachverhalt dem EuGH gem. Art. 234 EG mit den materiellrechtlichen Fragen über eine Vereinbarkeit der niederländischen Regelung mit den Grundfreiheiten des EGV im Hinblick auf eine Diskriminierung zwischen ansässigen und nichtansässigen Steuerpflichtigen und hilfsweise hinsichtlich der gemeinschaftsrechtlichen Implikationen der Gewährung des Freibetrags für nichtansässige Steuerpflichtige durch das DBA-Niederlande-Belgien zur Vorabentscheidung vor.

[1749] EuGH-Urteil vom 12.12.2006, Rs. C-374/04 („Test Claimants in Class IV of the ACT Group Litigation"), Slg. 2006, I-11673, Rn. 75 ff.; vgl. auch Schlussanträge GA Geelhoed vom 23.02.2006, Rs. C-374/04 („Test Claimants in Class IV of the ACT Group Litigation"), Slg. 2006, I-11673, Rn. 92 ff., 97 ff.

2. Rechtliche Grundlagen des „Meistbegünstigungsprinzips"

Das „Meistbegünstigungsprinzip" bzw. der Begriff „Most Favoured Nation" findet sich erstmals in Handelsabkommen aus dem ausgehenden 17. Jahrhundert als in Vertragsform festgelegtes Ergebnis einer intensivierten Wirtschaftsentwicklung der vorhergehenden zwei Jahrhunderte[1750] und ist de lege lata in den nachfolgend zitierten Artikeln des GATT kodifiziert.

Art. I Abs. 1 GATT („Allgemeine Meistbegünstigung"):

> „Bei Zöllen und Belastungen aller Art, die anlässlich oder im Zusammenhang mit der Einfuhr oder Ausfuhr oder bei der internationalen Überweisung von Zahlungen für Einfuhren oder Ausfuhren auferlegt werden, bei dem Erhebungsverfahren für solche Zölle und Belastungen, bei allen Vorschriften und Förmlichkeiten im Zusammenhang mit der Einfuhr oder Ausfuhr und bei allen in Art. 3 Abs. 2, 4 GATT behandelten Angelegenheiten werden alle Vorteile, Vergünstigungen, Vorrechte oder Befreiungen, die eine Vertragspartei für eine Ware gewährt, welche aus einem anderen Land stammt oder für dieses bestimmt ist, unverzüglich und bedingungslos für alle gleichartigen Waren gewährt, die aus den Gebieten der anderen Vertragsparteien stammen oder für diese bestimmt sind."

Art. III Abs. 2 S. 1 GATT („Gleichstellung ausländischer mit inländischen Waren auf dem Gebiet der inneren Abgaben und Rechtsvorschriften"):

> „Waren, die aus dem Gebiet einer Vertragspartei in das Gebiet einer anderen Vertragspartei eingeführt werden, dürfen weder direkt noch indirekt höheren inneren Abgaben oder sonstigen Belastungen unterworfen werden als gleichartige inländische Waren."

Art. III Abs. 4 S. 1 GATT („Gleichstellung ausländischer mit inländischen Waren auf dem Gebiet der inneren Abgaben und Rechtsvorschriften"):

> „Waren, die aus dem Gebiet einer Vertragspartei in das Gebiet einer anderen Vertragspartei eingeführt werden, dürfen hinsichtlich aller Gesetze, Verordnungen und sonstigen Vorschriften über den Verkauf, das Angebot, den Einkauf, die Beförderung, Verteilung oder Verwendung im Inland keine weniger günstige Behandlung erfahren als gleichartige Waren inländischen Ursprungs."

Das „Meistbegünstigungsprinzip" verfolgt das Ziel der Nichtdiskriminierung im Welthandel mit Waren und ist damit gleichzeitig die Grundregel für das Welthandelssystem der World Trading Organization (WTO) mit den dort registrierten Handelsabkommen und des GATT. Bei dem allgemeinen Zoll- und Handelsabkommen GATT handelt es sich um das derzeit bedeutsamste Abkommen

---

[1750] Vgl. ILC-Yearbook 1969, Vol. 2, S. 157, 159 ff. zur historischen Entwicklung.

zur Förderung und Liberalisierung des Welthandels. Das GATT schafft als multilateraler völkerrechtlicher Vertrag eine rechtliche Bindung zwischen den Vertragsstaaten. Es beruht auf sechs Prinzipien, wovon eines das der „Meistbegünstigung" in Art. I Abs. 1 GATT i. V. m. Art. III Abs. 2, 4 GATT ist. Daneben gibt es im GATT das „Prinzip der Inländergleichbehandlung", das „Verbot mengenmäßiger Einfuhrbeschränkungen", eine „Verpflichtung zur Dumping- und Subventionsabwehr", eine „Verpflichtung zu Zollsenkungen" und die „bedingte Zulässigkeit von Zollunionen und Freihandelszonen". „Meistbegünstigung" bedeutet, dass eine Vertragspartei im Verhältnis zu einer anderen Vertragspartei in den Genuss aller Vergünstigungen kommen soll, die letztere einem dritten Staat einräumt oder in Zukunft einräumen wird. So führt das Prinzip z. B. dazu, dass der Zoll für ein bestimmtes Produkt, den die USA bilateral mit der EU aushandeln, auch für alle anderen Handelspartner der EU gilt. Insofern kommen die WTO und das GATT v. a. kleinen Staaten zugute, da sie vergleichbare Abmachungen in Gesprächen mit großen Handelspartnern nie erreichen könnten. Dabei handelt es sich nicht um einen völkergewohnheitsrechtlichen Grundsatz, da aufgrund der Vielgestaltigkeit bi- und multilateraler Handelsabkommen immer eine ausdrückliche Bezugnahme auf das „Meistbegünstigungsprinzip" im einzelnen Abkommen erforderlich ist.[1751] Diesbezügliche kodifikatorische Bemühungen der International Law Commission (ILC) der UNO scheiterten bereits in den sechziger und siebziger Jahren des 20. Jahrhunderts.[1752] Die Verpflichtung zur „Meistbegünstigung" bezieht sich auf Zölle, Ein- und Ausfuhrabgaben, Ein- und Ausfuhrverfahren sowie auf die Anwendung innerer Abgaben auf Ein- und Ausfuhrgüter.[1753] Nach allgemeiner Ansicht fallen auch alle Maßnahmen eines Staates, mit denen Handelshemmnisse i. S. v. Art. III GATT bilateral abgebaut werden, unter die „Meistbegünstigungsklausel".[1754]

Das allgemeine Zoll- und Handelsabkommen geht auf eine Resolution des Wirtschafts- und Sozialrates der Vereinten Nationen vom Februar 1946 zurück, die eine internationale Konferenz über Handel und Beschäftigung einberief und zu dessen Vorbereitung das GATT als multilateraler, völkerrechtlicher Vertrag am 30.10.1947 abgeschlossen wurde. Das GATT verwirklichte zunächst nur die multilaterale Herabsetzung der Zölle, regelte jedoch in zunehmendem Maße auch nicht-tarifäre Handelshemmnisse und Beschränkungen des internationalen Dienstleistungsverkehrs.[1755] Nach insgesamt acht Verhandlungsrunden über eine Fortentwicklung des Inhalts des GATT kam es am 15.04.1994 zur Eingliederung des GATT in die Welthandelsorganisation WTO mit Sitz in Genf. Bei der WTO handelt es sich um eine internationale Organisation mit Rechtsfähigkeit als Völkerrechtssubjekt, deren Rechtsmasse in Form einer Vielzahl multilateraler völkerrechtlicher Verträge einem obligatorischen Streitbeilegungsverfahren unter

---

[1751] Gloria, in: Ipsen, Völkerrecht, § 43, Rn. 6; Seidl-Hohenveldern, Völkerrecht, Rn. 1443; Herdegen, Internationales Wirtschaftsrecht, § 2, Rn. 7.
[1752] ILC, The MFN-Clause, 11 JWTL 1979, S. 462 ff.
[1753] Gloria, in: Ipsen, Völkerrecht, § 45, Rn. 2.
[1754] Gloria, in: Ipsen, Völkerrecht, § 45, Rn. 2.
[1755] Gloria, in: Ipsen, Völkerrecht, § 44, Rn. 33.

Mitwirkung der Organe der WTO unterworfen ist. Die Unterzeichnung des Übereinkommens zur Errichtung der WTO[1756] durch 117 Staaten stellte den Beginn eines Übergangsprozesses weg vom alten GATT 1947 mit seinen zahlreichen Zusatzabkommen und fehlender Institutionalisierung hin zum neuen GATT 1994 als Kern der WTO dar. Davon blieb die Fortgeltung des „Meistbegünstigungsprinzips" unberührt. Vielmehr wurde der „Grundsatz der Meistbegünstigung" sogar auf das allgemeine Übereinkommen über den Handel mit Dienstleistungen – GATS[1757] und das Übereinkommen über handelsbezogene Aspekte der Rechte des geistigen Eigentums – TRIPS[1758] als wesentliche Säulen der WTO neben dem GATT übertragen. Das multilaterale Vertragssystem der WTO wird in den letzten Jahren jedoch zunehmend durch eine Vielzahl regionaler oder bilateraler Abkommen konterkariert. Da solche abweichenden Verträge zur Benachteiligung von Drittstaaten oder regionalem Protektionismus führen können, gefährden sie letztendlich auch die universelle Geltung des „Meistbegünstigungsprinzips".[1759]

Neben der kodifizierten Fassung des Welthandelsrechts in Art. I Abs. 1 GATT i. V. m. Art. III Abs. 2, 4 GATT findet das „Meistbegünstigungsprinzips" vereinzelt auch in völkerrechtlichen Verträgen mit steuerrechtlichem Bezug Verwendung.[1760] Beschränkte steuerliche „Meistbegünstigungsklauseln" finden sich im „Meistbegünstigungsabkommen" mit der Republik El Salvador[1761], im „Handelsvertrag über die Gewährung der Meistbegünstigung" mit Uruguay[1762], den „Abkommen über die Förderung und den gegenseitigen Schutz von Kapitalanlagen" mit Indien vom 10.07.1995[1763] und Brasilien vom 21.09.1995[1764] sowie

---

[1756] Vgl. Gesetzentwurf zum Übereinkommen vom 15.04.1994 zur Errichtung der Welthandelsorganisation, BT-Drs. XII/7655, S. 338.
[1757] „General Agreement on Trade in Services", BGBl II 1994, S. 1473, 1643.
[1758] „Agreement on Trade-Related Aspects of Intellectual Property Rights", BGBl II 1994, S. 1565, 1730.
[1759] Vgl. FAZ vom 06.07.2005, S. 15.
[1760] „Meistbegünstigungsklauseln" finden sich bereits in historischen Abkommen mit der Türkei vom 15.03.1927, RGBl II 1927, S. 76 (Art. 8 Abs. 2); mit dem Königreich der Serben, Kroaten, Slowenen vom 13.12.1927, RGBl II 1927, S. 1125 (Art. 3); mit Japan vom 05.11.1927, RGBl II 1927, S. 1087 (Art. I Abs. 2 Nr. 7); mit Frankreich vom 30.08.1927, RGBl II 1927, S. 523 (Art. 25 Abs. 6); mit Griechenland vom 31.03.1928, RGBl II 1928, S. 239 (Art. 2 Abs. 1); mit Litauen vom 14.02.1929, RGBl II 1929, S. 103 (Art. 2 Abs. 1); mit Siam vom 06.08.1928, RGBl II 1928, S. 589 (Art. II Abs. 4); mit Südafrika vom 03.01.1929, RGBl II 1929, S. 15 (Art. 2); mit Haiti vom 22.12.1930, RGBl II 1931, S. 1 (Art. VI Abs. 1); mit Irland vom 27.03.1931, RGBl II 1931, S. 115 (Art. 2); mit Österreich vom 12.04.1930, RGBl II 1930, S. 1079 (Art. 3); mit Rumänien vom 09.07.1930, RGBl II 1930, S. 953 (Art. 1 Abs. 1).
[1761] BGBl II 1954, S. 50 ff.
[1762] BGBl II 1954, S. 52 ff.
[1763] Gesetzentwurf zu dem Abkommen vom 10.07.1995 mit Indien vom 27.10.1995, BT-Drs. XIII/8830.
[1764] Gesetzentwurf zu dem Abkommen vom 21.09.1995 mit Brasilien vom 27.10.1995, BT-Drs. XIII/8831.

dem Freundschafts-, Handels- und Schifffahrtsvertrag mit den USA[1765]. Exemplarisch besagt Art. XI Abs. 3 Freundschafts-, Handels- und Schifffahrtsvertrag Bundesrepublik Deutschland-USA, dass die Staatsangehörigen und Gesellschaften eines Vertragsteils in dem Gebiet des anderen Vertragsstaates hinsichtlich der Zahlung von Steuern, Gebühren oder Abgaben, die auf Einkommen, Kapital oder andere Steuergegenstände erhoben werden oder hinsichtlich ihrer Erhebung und Einziehung einer keinesfalls stärkeren Belastung unterliegen als unter gleichartigen Voraussetzungen die staatsangehörigen Einwohner und Gesellschaften irgendeines dritten Landes.[1766] Daneben gibt es in einigen Handelsabkommen auch DBA-Vorbehalte die besagen, dass sich jeder Vertragsteil das Recht vorbehält, besondere Steuervorteile auf Grund von Vereinbarungen zur Vermeidung der Doppelbesteuerung oder zum beiderseitigen Schutz des Steueraufkommens zu gewähren.[1767] So konnte der BFH unter Berufung auf den o. g. Vorbehalt in seiner bisher einzigen Entscheidung zu einer handelsrechtlichen „Meistbegünstigungsklausel" die Anwendung der „Meistbegünstigung" auf einen steuerrechtlichen Sachverhalt vermeiden.[1768] Demgegenüber geht der BFH in einer anderen Entscheidung nur auf die Inländergleichbehandlung ein und hält die Vorschriften des Vertrages letztlich für nicht einschlägig.[1769] Neben einer umfassenden Verbreitung im internationalen Wirtschaftsverkehr kommt der Einräumung eines „Rechts auf Meistbegünstigung" auch auf den Gebieten des Fremden- und Gesandtschaftsrechts, der Behandlung ausländischer Verkehrsmittel, der Vollstreckung ausländischer Titel sowie des gewerblichen Rechtsschutzes eine nicht unerhebliche Bedeutung zu.[1770]

3. Das „Meistbegünstigungsprinzip" im AStG

Vor der Untersuchung von Existenz und Ausgestaltung des „Meistbegünstigungsprinzips" im gemeinschaftsrechtlichen Kontext werden nachfolgend die Bezüge zum „Treaty Override" in § 20 AStG dargestellt.

[1765] Freundschafts-, Handels- und Schifffahrtsvertrag Bundesrepublik Deutschland-USA vom 29.10.1954, BGBl II 1956, S. 487 ff.

[1766] Vgl. Art. 14 des Freundschafts-, Handels- und Schifffahrtsvertrages mit Italien vom 21.11.1957, BGBl II 1959, S. 950 ff.; Freundschafts-, Handels- und Schifffahrtsvertrag mit der Dominikanischen Republik vom 23.12.1957, BGBl II 1959, S. 1468 ff.

[1767] Art. XI Abs. 5 Lit. b) Freundschafts-, Handels- und Schifffahrtsvertrag Bundesrepublik Deutschland-USA vom 29.10.1954, BGBl II 1956, S. 487 ff.; Art. 35 Lit. f) Freundschafts-, Handels- und Schifffahrtsvertrag mit Italien vom 21.11.1957, BGBl II 1959, S. 950 ff.; Art. 20 Abs. 2 Lit. a) Freundschafts-, Handels- und Schifffahrtsvertrag mit der Dominikanischen Republik vom 23.12.1957, BGBl II 1959, S. 1468 ff.

[1768] StRK, § 19 Abs. 1 Ziff. 1, R 484.

[1769] BFH-Beschluss vom 13.11.1991, I B 72/91, BStBl II 1992, S. 263.

[1770] Stockmann, IStR 1999, S. 129, 131, Fn. 21.

a) „Treaty Override" gem. § 20 Abs. 1 Hs. 1 AStG

Wird ein unbeschränkt Steuerpflichtiger gem. §§ 7 ff. AStG mit Einkünften einer ausländischen Zwischengesellschaft oder gem. § 15 AStG mit Einkünften einer ausländischen Familienstiftung veranlagt, so handelt es sich bei Vorliegen eines DBA zwischen der Bundesrepublik Deutschland und dem Quellenstaat der Einkünfte nach der hier vertretenen Auffassung um ein „Treaty Override" mittels Durchbrechung der Zuordnungsfunktion der Artt. 7, 21 MA zum Einkünfteerzielungssubjekt „Zwischengesellschaft" bzw. „Familienstiftung". Daher stellt sich bei einer legislativen Abkommensderogation durch § 20 Abs. 1 Hs. 1 AStG die Frage, ob das „Meistbegünstigungsprinzip" die vorrangige Anwendung des Zuordnungsartikels im einschlägigen DBA gebietet.

b) „Treaty Override" gem. § 20 Abs. 1 Hs. 2, Abs. 2 AStG

Sind die Einkünfte einer ausländischen Betriebsstätte eines im Inland unbeschränkt Steuerpflichtigen gem. § 8 Abs. 1, 3 AStG als passive, niedrigbesteuerte Einkünfte zu qualifizieren, so greift gem. § 20 Abs. 2 AStG i. V. m. § 20 Abs. 1 Hs. 2 AStG im Falle eines DBA mit Freistellungsmethode für Betriebsstätteneinkünfte ohne Aktivitätsklausel die Anrechnungsmethode anstatt der Freistellungsmethode für diese Einkünfte ein. Diesbezüglich stellt sich die Frage, ob eine gemeinschaftsrechtliche Verpflichtung zur „Meistbegünstigung" die Anwendung der DBA-Freistellungsklausel für die ausländischen Betriebsstätteneinkünfte gebietet.

4. Existenz eines steuerrechtlichen „Meistbegünstigungsprinzips"

Die Anerkennung eines gemeinschaftsrechtlichen Grundsatzes der „Meistbegünstigung"[1771] für die Zuordnung und Ausgestaltung eines Besteuerungsrechts durch ein DBA hätte zur Folge, dass der einzelne Steuerpflichtige sich auch bei Eingreifen eines nationalen „Treaty Override" auf die begünstigende Wirkung des DBA im Verhältnis zum „Treaty Override" berufen könnte. Demnach würde das „Meistbegünstigungsprinzip" nicht nur die Durchsetzung der günstigsten DBA-Regelung, sondern auch den Vorrang des DBA bei einer belastenden Durchbrechung der Zuordnungsfunktion eines DBA durch legislative Abkommensderogation im Schutzbereich einer Grundfreiheit begründen. Diese These stützt sich auf den Wortlaut von Art. III Abs. 2 GATT, der das „Meistbegünstigungsprinzip" aus Art. I Abs. 1 GATT auch auf Eingriffe durch nationales Recht ausdehnt. Ein Steuerpflichtiger kann sich aber nur dann auf das Meistbegünstigungsprinzip i. V. m. einer Grundfreiheit des EGV bei einem DBA- oder „Treaty Override"-Sachverhalt berufen, wenn die Nichtbeachtung des Prinzips einen Eingriff in den sachlichen Schutzbereich einer Grundfreiheit darstellt. Ein Ein-

---

[1771] Vgl. Cordewener/Enchelmaier/Schindler (Hrsg.), Meistbegünstigung im Steuerrecht der EU-Staaten, für eine umfassende Darstellung des Themenkomplexes.

griff in den sachlichen Schutzbereich der hier einschlägigen Artt. 43, 56 Abs. 1 EG setzt wiederum voraus, dass die Ungleichbehandlung von grenzüberschreitenden Einkünften im Quellenstaat der Einkünfte oder im Ansässigkeitsstaat des Steuerpflichtigen durch unterschiedliche Abkommensregelungen zwischen dem im konkreten Fall anzuwendenden DBA und einer günstigeren Regelung in einem DBA des Ansässigkeits- oder Quellenstaates mit einem dritten Staat im Gemeinschaftsgebiet bzw. der Anwendung eines „Treaty Override" als „lex specialis" zum DBA eine Diskriminierung oder Beschränkung i. S. d. Dogmatik der Grundfreiheiten des EGV ist. Darauf aufbauend stellt sich die Frage nach der einem gemeinschaftsrechtlichen „Meistbegünstigungsprinzip" innewohnenden Gewährleistung bzw. einem extensiven oder restriktiven Verständnis für die Feststellung tatbestandlicher Eingriffe gerade auch im Hinblick auf die These einer Übertragbarkeit von Gewährleistungen der „Meistbegünstigungsklausel" im GATT.

Erstmals beschäftigte sich das EuGH-Urteil in der Rs. C-376/03 („D") vom 16.10.2004 umfassend mit dem „Meistbegünstigungsprinzip".[1772] Gegenstand der zweiten Vorlagefrage war, ob die Kapitalverkehrsfreiheit einer Regelung im DBA-Niederlande-Belgien entgegensteht, wonach ein Freibetrag bei der niederländischen Vermögenssteuer einem nichtansässigen Steuerpflichtigen gewährt wird, wohingegen eine vergleichbare Regelung für nichtansässige Steuerpflichtige im einschlägigen DBA-Niederlande-Deutschland nicht enthalten ist. Im Ergebnis wurde dadurch eine in Deutschland ansässige natürliche Person im Vergleich zu einer in Belgien ansässigen Person aufgrund des DBA bei der Bemessung niederländischer Vermögenssteuer ungünstiger behandelt. Die Vorlagefrage war daher auf die Beantwortung der Frage gerichtet, ob es möglich ist, dass ein Mitgliedstaat durch den Abschluss unterschiedlicher DBA eine Diskriminierung zwischen den Steuerpflichtigen verschiedener Mitgliedstaaten bewirken kann.[1773] Im Unterschied zu der von GA Colomer vertretenen Auffassung kann die Anwendung der „Meistbegünstigungsklausel" jedoch weder eine Diskriminierung noch eine Beschränkung i. S. d. Dogmatik der Grundfreiheiten durch die vorliegende dreipolige Fallgestaltung konstituieren. Wie nachfolgend ausgeführt wird, ist die dogmatische Ausgestaltung der Grundfreiheiten als Beschränkungs- und Diskriminierungsverbote nicht auf einen Vergleich von bilateralen Verträgen mit unterschiedlichen EU-Mitgliedstaaten anwendbar. Zwar hat der EuGH in seinem Urteil vom 15.01.2002 in der Rs. C-55/00 („Gottardo"), in dem ein bilaterales Abkommen mit einem Drittland außerhalb des Gemeinschaftsgebiets im Bereich der sozialen Sicherheit in Frage stand, festgestellt, dass die Mitgliedstaaten bei der Durchführung von Vereinbarungen, die sie aufgrund von internationalen Abkommen eingegangen sind, unabhängig davon, ob es sich um ein Abkommen mit einem Mitgliedstaat oder einem Drittstaat handelt, vorbehaltlich des Art. 307 EG ihre Verpflichtungen aus dem Gemeinschaftsrecht beachten

---

[1772] EuGH-Urteil vom 05.07.2005, Rs. C-376/03 („D"), Slg. 2005, I-5821.
[1773] Schlussanträge GA Colomer vom 26.10.2004, Rs. C-376/03 („D"), Slg. 2005, I-5821, Rn. 3.

müssen.¹⁷⁷⁴ Dennoch ist damit nichts über die Anwendbarkeit des „Meistbegünstigungsprinzips" auf bilaterale DBA im Schutzbereich der Grundfreiheiten als Beschränkungs- und Diskriminierungsverbote gesagt. Das Urteil bestätigt lediglich, dass gem. Art. 59 Abs. 2 S. 1 GG transformierte völkerrechtliche Verträge in der Bundesrepublik Deutschland einfachen Gesetzesrang genießen und damit den Anforderungen unterliegen, die das primäre Gemeinschaftsrecht an die nationale Rechtsetzung der Mitgliedstaaten stellt.

Auch in den Schlussanträgen des GA Colomer in der Rs. C-376/03 („D") finden sich keine Ausführungen zum Vorliegen einer Diskriminierung bzw. Beschränkung i. S. e. Grundfreiheit. Zwar ist den einleitenden Ausführungen von GA Colomer insoweit zuzustimmen, dass der Zweck eines DBA in der Vermeidung einer doppelten Belastung von Einkünften mit Steuern im Quellen- und Ansässigkeitsstaat zu sehen ist und gerade nicht einem Steuerpflichtigen einen steuerlichen Status i. S. e. Meistbegünstigung verschaffen soll.¹⁷⁷⁵ Darüber hinaus ist dem GA auch insoweit zuzustimmen, als er eine Prüfung von Fallgestaltungen mit Bezug zu einem Drittland als Bezugspunkt für eine steuerliche Besserstellung des Ausgangsfalls unter dem Gesichtspunkt der Meistbegünstigungsklausel und einer Beschränkung des Kapitalverkehrs für unbedingt erforderlich hält.¹⁷⁷⁶ Diese Prüfung bleibt er letztendlich aber schuldig, da er im Anschluss an diesen Obersatz das Vorliegen eines Eingriffs ohne nähere Begründung unterstellt und sogleich zur Prüfung der Verhältnismäßigkeit und einem Vorliegen von Rechtfertigungsgründen übergeht.¹⁷⁷⁷ Demgegenüber stellt der EuGH in seinem Urteil in der Rs. C-376/03 („D") fest, dass eine Ungleichbehandlung bzw. Beschränkung i. S. d. Kapitalverkehrsfreiheit durch den Vergleich von einzelnen, aus dem Kontext der DBA herausgelösten Abkommensvorschriften nicht isoliert feststellbar ist.¹⁷⁷⁸ Der EuGH antwortet daher auf die Vorlagefrage, in dem er einen Verstoß gegen die Artt. 56 Abs. 1, 58 EG damit ablehnt, dass eine Vorschrift eines bilateralen DBA nicht auf den Staatsangehörigen eines nicht an diesem Abkommen beteiligten Mitgliedstaates erstreckt wird.¹⁷⁷⁹ Diese Rechtsprechung wird durch das EuGH-Urteil in der Rs. C-374/04 ("Test Claimants in Class IV of the ACT Group Litigation") vom 12.12.2006 bestätigt.¹⁷⁸⁰ Der Verfasser stimmt im Ergebnis mit der ablehnenden Haltung des EuGH überein, da neben gemeinschaftsrechtlichen Argumenten auch aus völkerrechtlicher und nationaler Perspektive gewichtige teleologische, systemati-

---

[1774] EuGH-Urteil vom 15.01.2002, Rs. C-55/00 („Gottardo"), Slg. 2002, I-413, Rn. 3

[1775] Schlussanträge GA Colomer vom 26.10.2004, Rs. C-376/03 („D"), Slg. 2005, I-5821, Rn. 96.

[1776] Schlussanträge GA Colomer vom 26.10.2004, Rs. C-376/03 („D"), Slg. 2005, I-5821, Rn. 97.

[1777] Vgl. Schlussanträge GA Colomer vom 26.10.2004, Rs. C-376/03 („D"), Slg. 2005, I-5821, Rn. 97 ff.

[1778] EuGH-Urteil vom 05.07.2005, Rs. C-376/03 („D"), Slg. 2005, I-5821, Rn. 61.

[1779] Bestätigend: Schlussanträge GA Geelhoed vom 23.02.2006, Rs. C-374/04 („Test Claimants in Class IV of the ACT Group Litigation"), Slg. 2006, I-11673, Rn. 92 ff., 97 ff.

[1780] EuGH-Urteil vom 12.12.2006, Rs. C-374/04 („Test Claimants in Class IV of the ACT Group Litigation"), Slg. 2006, I-11673, Rn. 83 ff.

sche und historische Gründe gegen eine Übertragung des Meistbegünstigungsprinzips auf bilaterale DBA und damit auch auf nationale „Treaty Override" sprechen.

Aus historischer Perspektive erkannte bereits das Fiskalkomitee des Völkerbundes die ungeklärte Übertragbarkeit von „Meistbegünstigungsklauseln" in Handelsabkommen auf DBA. Das Fiskalkomitee empfahl zur Lösung des Problems eine Klarstellung in Handelsabkommen, dass die Übertragbarkeit der „Meistbegünstigungsklausel" auf DBA ausgeschlossen sei.[1781] Daraus lässt sich schließen, dass sich bereits in der Frühzeit der ersten DBA auf der Grundlage von Entwürfen des Völkerbundes ein hoheitlicher Wille gegen ein gewohnheitsrechtliches Verständnis der „Meistbegünstigungsklausel" manifestiert hat. Daneben kommt eine normative Auslegung eines DBA ohne „Meistbegünstigungsklausel" zu dem Ergebnis, dass eine stillschweigende Einbeziehung von begünstigenden Abkommensregelungen mit einer dritten Partei in ein DBA abzulehnen ist, da ein Wille der Vertragsparteien zur konkludenten Einbeziehung des „Meistbegünstigungsprinzips" in das Abkommen im Regelfall nach außen hin nicht erkennbar ist. Aus diesem Grund ist aus systematischer Perspektive eine Verpflichtung zur Anwendung von dritten gewährten Begünstigungen auf das bilaterale Vertragsverhältnis vom „Prinzip der Gegenseitigkeit" des DBA nicht gedeckt.[1782] Vielmehr ist aufgrund der Vielgestaltigkeit bi- und multilateraler Handelsabkommen eine ausdrückliche Bezugnahme auf das „Meistbegünstigungsprinzip" im einzelnen Abkommen erforderlich und zweckgerecht.[1783] Insoweit besteht völkerrechtliche Vertragsfreiheit der Parteien bei der inhaltlichen Gestaltung des DBA. Davon geht auch der OECD-MK 1977 aus, in dem ausdrücklich festgestellt wird, dass das „Meistbegünstigungsprinzip" dem den DBA innewohnenden „Prinzip der Gegenseitigkeit" diametral entgegensteht und damit nicht anzuwenden ist.[1784] Gegen diese Feststellung kann auch nicht eingewandt werden, dass sie im OECD-MK 1992 nicht mehr enthalten ist, da dieser einen ausdrücklichen Hinweis darauf enthält, dass ein aus der Streichung oder Änderung von Absätzen folgendes „argumentum e contrario" abzulehnen ist.[1785] Für eine solche Auslegung, wenn auch mit unterschiedlicher Begründung, spricht sich auch Rädler aus, wenn er annimmt, dass die im internationalen Steuerrecht vereinzelt auftauchenden „Meistbegünstigungsklauseln" als explizite Ausnahmen die Regel von der Nichtanwendbarkeit im Grundsatz bestätigen.[1786]

Der entgegenstehenden Auffassung von Fischer-Zernin, dass „Meistbegünstigungsklauseln" in Handelsabkommen uneingeschränkt auf DBA anzuwenden

---

[1781] Fiskalkomittee des Völkerbunds, Bericht des Rates über die Arbeit der 2. Sitzung des Komitees vom 31.05.1930, Kapitel III D.
[1782] Dorn, StuW 1926, S. 1399, 1404.
[1783] Vgl. die Darstellung von „Meistbegünstigungsklauseln" in deutschen und österreichischen DBA bei Hofbauer, IStR 2004, S. 667, 668 ff.
[1784] OECD, Musterkommentar zum MA 1977, Art. 24, Rn. 55.
[1785] OECD, Musterkommentar zum MA 1992, Einleitung, Rn. 36.
[1786] Rädler, in: Burmester/Endres, FS für Debatin, S. 335, 339.

sind, kann nicht zugestimmt werden.[1787] Zwar ist dem Autor zuzugeben, dass Handelsabkommen und DBA als nationales Recht durch den Transformationsakt gem. Art. 59 Abs. 2 S. 1 GG gleichrangig als Bundesgesetz nebeneinander stehen und dem DBA damit kein formaler Geltungsvorrang zukommt. Diese Feststellung kann jedoch nicht zu dem Schluss geleiten, dass die „Meistbegünstigungsklausel" des Handelsabkommens uneingeschränkt in die Regelungsmaterie des DBA eingreift. Vielmehr liegen inhaltlich und rechtssystematisch unterschiedliche Regelungsmaterien vor, die zwar vereinzelte Schnittmengen aufweisen, jedoch darüber hinaus keine weitgehende Übereinstimmung oder gar Zwecksetzung verbindet, die eine Übertragbarkeit grundlegender Systemprinzipien auf die jeweils andere Regelungsmaterie begründen könnte. Systematisch handelt es sich um sog. „lex aliae", d. h. um andersartiges Recht welches autonom nebeneinander steht. Zwar können bilaterale Handelsabkommen aufgrund ihrer inhaltlichen Ausrichtung vereinzelt auch Steuerbefreiungen bewirken. Das kann jedoch im Umkehrschluss nicht zu einer Ausdehnung des „Meistbegünstigungsprinzips" auf alle in den DBA eines Staates enthaltenen Zuweisungen und Ausgestaltungen von Besteuerungsrechten für den einzelnen Steuerpflichtigen führen. Einerseits würde das Ziel der Handelsabkommen, eine Beseitigung der Handelshemmnisse im internationalen Rechtsverkehr zu erreichen, durch die universelle Anwendung einzelner Steuervergünstigungen in DBA auf sämtliche bilateralen Vertragsbeziehungen konterkariert, da keine inhaltliche Abstimmung zwischen DBA und Handelsabkommen besteht. Andererseits sind die Überschneidungen im Anwendungsbereich von DBA und Handelsabkommen zumeist zufällig, so dass eine Übertragung des „Meistbegünstigungsprinzips" vom Willen der Vertragsparteien und des innerstaatlichen Gesetzgebers nicht getragen sein dürfte. Schließlich kann die Ansicht von Fischer-Zernin auch nicht mit dem systematischen Argument gestützt werden, dass Art. 24 lit. e) GATS eine Einschränkung des „Meistbegünstigungsprinzips" zugunsten von DBA enthält, während dies im GATT und TRIPS nicht der Fall ist. Stockmann weist hierzu zutreffend darauf hin, dass es sich bei der im GATS enthaltenen Regelung um eine, der historischen Entwicklung entsprechende, klarstellende Bemerkung handelt.[1788] Selbst wenn man nicht von einer klarstellenden, sondern von einer konstitutiven Regelung ausgeht, so ist damit noch nichts über das Verhältnis der „Meistbegünstigungsklausel" im GATT und den im Einzelfall einschlägigen DBA gesagt. Es handelt sich bei GATT und GATS um unterschiedliche Regelungsmaterien, von denen das GATS mit seinen Regelungen über die Behandlung von grenzüberschreitenden Dienstleistungen eine wesentlich umfassendere Schnittmenge mit den Regelungen der DBA, wie z. B. den Artt. 14, 16, 17 und 21 MA aufweist, so dass hier eine Abgrenzung geboten ist, während dies bei den Handels- und Zollvorschriften des GATT mit Bezug zur indirekten Besteuerung

---

[1787] Fischer-Zernin, Internationale Ertragsteuern und Welthandelsordnung (GATT/WTO), S. 51 ff.
[1788] Stockmann, IStR 1999, S. 133.

des grenzüberschreitenden Warenverkehrs ohne eigentliche Entsprechung in den DBA bzw. exemplarisch im MA nicht erforderlich ist.

Aus völkerrechtlicher Perspektive lässt sich daher zusammenfassend feststellen, dass das „Meistbegünstigungsprinzip" aus Art. I Abs. 1 GATT allenfalls auf solche Regelungen in einem DBA anwendbar ist, die einen Verzicht auf Handelshemmnisse für Waren i. S. v. Art. III Abs. 2 GATT darstellen. Darüber hinaus ist eine Ausdehnung auf grenzüberschreitende Dienstleistungen gem. Art. 24 lit. e) GATS ausgeschlossen. Eine Anwendung von „Meistbegünstigungsklauseln" auf DBA-Artikel kann daher allenfalls im gemeinsamen Anwendungsbereich von DBA und Handelsabkommen bejaht werden. Voraussetzung dafür ist, dass es sich bei der DBA-Norm um eine Regelung handelt, die vom Wortlaut des Art. I Abs. 1 GATT i. V. m. Art. III Abs. 2, 4 GATT erfasst wird. Darüber hinaus ist eine umfassende Geltung des multilateralen „Meistbegünstigungsprinzips" auf bilaterale DBA-Regelungen abzulehnen, da sich die Vertragsstaaten des DBA gemäß dem in der Vertragsurkunde zum Ausdruck gebrachten Willen mit den getroffenen Regelungen abschließend geeinigt haben und sich keinesfalls über die getroffenen Regelungen hinaus ihrer Besteuerungshoheit durch die allenfalls konkludente Anwendung des „Meistbegünstigungsprinzips" mit nicht vorhersehbaren Folgen für die nationale Budgethoheit begeben wollten.[1789] Für die Fälle eines „Treaty Override" in § 20 AStG bedeutet diese Feststellung, dass es aus völkerrechtlicher Perspektive nicht zu einer Anwendung des „Meistbegünstigungsprinzips" kommt, da hierdurch keine nichttarifären Handelshemmnisse i. S. v. Art. III Abs. 2 GATT begründet werden. Gleiches gilt auch für die Dividendenfreistellung in § 10 Abs. 5 AStG a. F. Da mit der vorstehenden Auffassung eine universelle Übertragbarkeit des im Welthandelsrecht verankerten „Meistbegünstigungsprinzips" auf bilaterale DBA aus völkerrechtlicher Perspektive ausscheidet, wird nachfolgend die Frage nach der Existenz und inhaltlichen Ausgestaltung eines autonomen gemeinschaftsrechtlichen „Meistbegünstigungsprinzips" im Schutzbereich der Grundfreiheiten des EGV untersucht.

Rödder/Schönfeld nehmen eine Diskriminierung durch die unterschiedliche Behandlung von Betriebsstätteneinkünften aufgrund von DBA mit und ohne Aktivitätsklausel bei demselben Steuerpflichtigen an.[1790] Nach deren Auffassung ergibt sich die Diskriminierung dadurch, dass DBA-Aktivitätsklauseln die Investitionsentscheidung zu Gunsten von Staaten, mit denen keine Aktivitätsvorbehalte vereinbart sind, verzerren.[1791] Zur Begründung ihrer Auffassung berufen sich die Autoren auf das Urteil des EuGH in der Rs. C-19/92 („Kraus") in dem das Gericht festgestellt hat, dass die Artt. 39, 43 EG jeder nationalen Regel entgegenstehen, die zwar ohne Diskriminierung aus Gründen der Staatsangehörigkeit anwendbar ist, die aber dennoch geeignet ist, die Ausübung der durch den EGV garantierten Grundfreiheiten durch die Gemeinschaftsangehörigen einschließlich der Staatsangehörigen des Mitgliedstaates, der die Regelung erlassen

---

[1789] Stockmann, IStR 1999, S. 133.
[1790] Rödder/Schönfeld, IStR 2005, S. 523, 526.
[1791] Rödder/Schönfeld, IStR 2005, S. 523, 526.

hat, zu behindern oder weniger attraktiv zu machen.[1792] Folgerichtig bedürfen nationalen Maßnahmen, die die Ausübung der Grundfreiheiten des EGV behindern oder weniger attraktiv machen können, mit der Rechtsprechung des EuGH in der Rs. C-55/94 („Gebhard") einer besonderen Rechtfertigung durch wichtige Gründe des Allgemeinwohls.[1793] Die Auffassung von Rödder/Schönfeld ist demnach auf die Anerkennung eines den Grundfreiheiten des EGV immanentes, umfassendes Beschränkungsverbot für die Behinderung jeglicher grenzüberschreitenden Betätigung mit ökonomischem Hintergrund zurückzuführen. Dieser extensiven Auslegung des Eingriffsbegriffs im Rahmen der grundfreiheitlichen Prüfungsfolge ist im Hinblick auf die hier diskutierte Einbeziehung des „Meistbegünstigungsprinzips" mit dem Ansatz von Cordewener entgegenzutreten, dass eine bloße Ersetzung des Gebots der Inländergleichbehandlung grenzüberschreitender Sachverhalte durch ein umfassendes Beschränkungsverbot, welches sich in absoluter Form gegen jedwede dem freien Wirtschaftsverkehr entgegenstehende nationale Regelung wendet, den im Rahmen der Personenverkehrsfreiheiten auftretenden Rechtsproblemen nicht gerecht werden kann, da die schrankenlose Anwendung eines Beschränkungsverbotes ohne nähere inhaltlich Vorgaben ein mit den sachlichen Zuständigkeitsregelung des primären Gemeinschaftsrechts unvereinbares Vordringen des Anwendungsbereichs der Personenverkehrsfreiheiten in mitgliedstaatliche Souveränitätsbereiche nach sich ziehen würde.[1794] Folglich ist die dogmatische Anforderung an das Vorliegen eines Eingriffs in den Schutzbereich einer Grundfreiheit zunächst restriktiv i. S. e. Diskriminierung als Ungleichbehandlung zwischen einem nationalen und einem grenzüberschreitenden Wirtschaftsvorgang auszulegen, da ein umfassender Beschränkungsbegriff ohne sachliche Differenzierung die Feststellung einer Diskriminierung faktisch überflüssig machen würde.[1795] Die Errichtung eines gemeinsamen Binnenmarktes als Vertragsziel gem. Art. 3 Abs. 1 lit. c) EGV gebietet jedoch primär eine Diskriminierung von grenzüberschreitenden Sachverhalten zu verhindern. Eine Anerkennung des „Meistbegünstigungsprinzips" als grundfreiheitliche Beschränkung würde demnach eine Abkopplung der dogmatischen Ausgestaltung eines Eingriffs in Grundfreiheiten vom nationalen Sachverhalt bewirken, die mit dem, auf Beseitigung der zwischenstaatlichen Verkehrshindernisse gerichteten, System der Grundfreiheiten nicht vereinbar ist. Demzufolge muss sich auch eine Prüfung von Beschränkungen im grenzüberschreitenden Wirtschaftsverkehr zunächst an diesem Vertragsziel orientieren. Eine Diskriminierung kann daher nicht, wie im vorliegenden Fall, schon bei einer unterschiedlichen Behandlung vergleichbarer grenzüberschreitender Sachverhalte durch verschiedene Mitgliedstaaten bejaht werden. Prüft man nun im Anschluss das Vorliegen einer grundfreiheitlichen Beschränkung durch die

---

[1792] EuGH-Urteil vom 31.03.1993, Rs. C-19/92 („Kraus"), Slg. 1993, I-1663, Rn. 32.
[1793] EuGH-Urteil vom 30.11.1995, Rs. C-55/94 („Gebhard"), Slg. 1995, I-4165, Rn. 17.
[1794] Cordewener, Europäische Grundfreiheiten und nationales Steuerrecht, S. 110; siehe Kapitel 4, C. II. 2. für eine Herleitung der tatbestandlichen Ausgestaltung des Beschränkungsverbots.
[1795] Cordewener, Europäische Grundfreiheiten und nationales Steuerrecht, S. 227 f., 232.

Nichtgewährung des „Meistbegünstigungsprinzips", dann ist wiederum in Übereinstimmung mit der Auffassung von Cordewener zunächst festzustellen, dass das Beschränkungsverbot der Grundfreiheiten nur im Rahmen ihrer Anwendung als Gleichheitsrechte, d. h. es geht nur um die relative Anlehnung der Regelungen des grenzüberschreitenden Wirtschaftsverkehrs an das landesinterne Wirtschaftsvorgänge geltende Rechtsregime, gewährt werden kann.[1796] Ein solcher Fall liegt hier jedoch nicht vor.

Darüber hinaus wurde im vierten Kapitel dieser Arbeit zu den wettbewerblichen Vorgaben eines Beschränkungsverbots im Anwendungsbereich der Grundfreiheiten festgestellt, dass hiervon nur solche unterschiedslos anwendbaren Maßnahmen erfasst werden, die entweder den Marktaustritt im Ausgangsstaat oder den Marktzugang im Zielstaat der grundfreiheitlichen Betätigung behindern oder weniger attraktiv machen.[1797] Eine Meistbegünstigung bewirkt jedoch weder eine Behinderung noch eine Attraktivitätsminderung der eigentlichen Niederlassung im Markteintrittsstaat, da hierdurch gerade ein „Mehr" gegenüber dem status quo der steuerlichen Vorschriften gewährt würde. Allein der status quo der steuerlichen Bedingungen zwischen den am Niederlassungsvorgang beteiligten EU-Mitgliedstaaten bewirkt jedoch keine Beschränkung des Marktaustritts oder des Marktzutritts durch den Gemeinschaftsbürger. Vielmehr wirkt ein drittbegünstigendes Verhalten eines der beteiligten Rechtsregime gegenüber einem anderen EU-Mitgliedstaat in die unmittelbare, grundfreiheitlich geschützte, Rechtsbeziehung hinein, so dass hieraus eine Attraktivitätsminderung für ein Investment in dem nicht begünstigten Staat abgeleitet werden soll. Die Qualifizeierung einer solchen Nichtbegünstigung als Beschränkung i. S. d. Dogmatik würde aber zwangsläufig zu einer Egalisierung der binnenmarktlichen Verhältnisse im Gemeinschaftsgebiet für alle Wirtschaftsteilnehmer führen, was wiederum den wettbewerblichen Vorgaben der Artt. 3 Abs. 1 lit. c), 14 Abs. 2 EG widerspricht, die einem diskriminierungsfreien Steuerwettbewerb im Gemeinschaftsgebiet zur optimalen Allokation von Ressourcen durch den Marktteilnehmer grundsätzlich nicht entgegenstehen. Gegen die dogmatische Ausgestaltung des Schutzbereichs der Grundfreiheiten durch eine Verpflichtung zur Meistbegünstigung bei grenzüberschreitenden Sachverhalten auf der Grundlage von DBA spricht auch die Tatsache, dass die Grundfreiheiten in ihrem absoluten Gehalt lediglich Unterlassungs-, aber keine Leistungsansprüche begründen können und damit als beschränkungsresistente Freiheitsrechte schon strukturell nicht zum Zuge kommen.[1798] Die Berufung auf den Schutz einer Grundfreiheit könnte daher allenfalls die Unterlassung der Begünstigung der fiktiven Investition im Drittland, nicht aber die „Meistbegünstigung" der tatsächlichen Investition bewirken.[1799]

Geht man entgegen der hier vertretenen Auffassung dennoch von einem Eingriff in den Schutzbereich auf der Grundlage des „Meistbegünstigungsprinzips"

[1796] Cordewener, Europäische Grundfreiheiten und nationales Steuerrecht, S. 232 f.
[1797] Siehe Kapitel 4, C. II. 2.
[1798] Cordewener, Europäische Grundfreiheiten und nationales Steuerrecht, S. 233.
[1799] A. A. Beul, IStR 1997, S. 1, 4.

aus, so ist nach dessen Rechtfertigungsfähigkeit zu Fragen. In dem Urteil des EuGH in der Rs. C-376/03 („D") hat der EuGH festgestellt, dass eine Abkommensvergünstigung über die Gewährung eines Steuerfreibetrags im anderen Vertragsstaat nicht von dem einschlägigen DBA losgelöst werden kann, da es einen integralen Bestandteil des DBA bildet und zu seiner Ausgewogenheit beiträgt.[1800] Das Gericht argumentiert hier mit dem „Grundsatz der Reziprozität des DBA", d. h. es handelt sich bei einem DBA um ein Gefüge von Normen, die nicht isoliert, sondern ausschließlich in ihrer Gesamtheit betrachtet werden können. Eine Herauslösung einzelner Abkommensvergünstigungen ist nicht möglich, da sich die Gesamtheit der Abkommensartikel als ein Ergebnis völkerrechtlicher Vertragsverhandlungen darstellt, bei dem die gegenseitig gewährten Besteuerungsrechte und damit verbundenen gegenläufigen, einseitigen Besteuerungsverzichte zu einem für beide Vertragsparteien befriedigenden Steueraufkommen führt.[1801] Dahinter steht die zutreffende Auffassung des Gerichts, dass ein Staat sich im Rahmen eines völkerrechtlichen Vertrags nie einer unbestrittenen Rechtsposition ohne Gewährung einer gleichwertigen Gegenleistung begeben wird.

Nicht gefolgt werden kann dagegen der Auffassung von GA Colomer in seinen Schlussanträgen in der Rs. C-376/03 („D"), wonach es sich bei der im DBA-Niederlande-Belgien gewährten Freibetragsregelung um die einseitige Gewährung eines Steuervorteils durch die Niederlande handele, da es in Belgien keine Vermögenssteuerpflicht gebe, mit der Folge, dass für die Prüfung der gemeinschaftsrechtlichen Zulässigkeit des DBA-Artikels ein wesentlich strengerer Maßstab anzulegen sei.[1802] Diese restriktive Auslegung des „Grundsatzes der Reziprozität" stellt nach der hier vertretenen Auffassung eine unzulässige Fokussierung auf die Gegenseitigkeit einzelner DBA-Artikel ab und lässt damit die Gewährung eines Vorteils im Kontext sämtlicher Zuordnungsartikel eines DBA außer Betracht. Darüber hinaus ist die Annahme des GA auch aus sachlicher Perspektive unzutreffend, da das einschlägige DBA sogar die gegenseitige Gewährung von Freibeträgen dem Grunde nach ohne einen spezifischen Bezug zu einzelnen nationalen Steuergesetzen der Vertragsstaaten vorsieht und damit gerade keine einseitige Zuordnung von Vorteilen im Rahmen der grenzüberschreitenden Einkunftserzielung gewährt. Nach Art. 25 Abs. 3 DBA-Niederlande-Belgien stehen natürlichen Personen mit Wohnsitz in einem der beiden Staaten im jeweils anderen Staat die persönlichen Abzüge, Freibeträge und Minderungen zu, die dieser Staat seinen eigenen Einwohnern wegen ihrer persönlichen Lage oder Belastungen gewährt. Der Wortlaut des DBA stellt lediglich eine zwar umfassende aber dennoch vom nationalen Steuerrecht ausfüllungsbedürftige Möglichkeit zur Gewährung von Vergünstigungen durch die nationalen Steuergesetze an ansässige Steuerpflichtige mit Quelleneinkünften im jeweils ande-

---

[1800] EuGH-Urteil vom 05.07.2005, Rs. C-376/03 („D"), Slg. 2005, I-5821, Rn. 62.
[1801] Vgl. auch EuGH-Urteil vom 12.12.2006, Rs. C-374/04 („Test Claimants in Class IV of the ACT Group Litigation"), Slg. 2006, I-11673, Rn. 86 ff.
[1802] Schlussanträge GA Colomer vom 26.10.2004, Rs. C-376/03, („D"), Slg. 2005, I-5821, Rn. 82.

ren Vertragsstaat dar. Daher handelt es sich im vorliegenden Fall genau genommen nicht um eine isolierte Abkommensvergünstigung, da der Art. 25 Abs. 3 DBA-Niederlande-Belgien eine vom nationalen Steuergesetzgeber auszufüllende Vorteilsgewährung dem Grunde nach ist. Ohne das Vorliegen nationaler Vergünstigungen wäre die Wirkung des DBA-Artikels, wie im Fall der in Belgien nicht erhobenen Vermögensteuer, wirkungslos. Ob es nun letztlich zu einer Gewährung von Vergünstigungen für den im jeweils anderen Vertragsstaat ansässigen Steuerpflichtigen mit seinen grenzüberschreitenden Einkünften kommt ist somit von der nationalen Steuergesetzgebung des Quellenstaates, nicht aber vom DBA abhängig, folglich auch nicht in die Bewertung, dem „Grundsatz der Reziprozität des DBA" folgend, einzubeziehen. Demnach ist nicht nur eine isolierte Betrachtungsweise der einzelnen nationalen Vergünstigung auf Abkommensebene unzulässig sondern auch eine Bezugnahme auf die tatsächliche Ausfüllung einer Zuordnungsnorm durch nationales Steuerrecht um daraus abzuleiten, dass eine nicht im unmittelbaren Gegenseitigkeitsverhältnis stehende nationale Ausfüllung zu einem strengeren gemeinschaftsrechtlichen Prüfungsmaßstab geleiten müsse bzw. einen Anspruch auf Gewährung der Vergünstigung auf Steuerpflichtige im Anwendungsbereich eines DBA ohne entsprechende Vergünstigungsklausel konstituieren könnte. Eine derartige Annahme würde in letzter Konsequenz entweder zur Abschaffung der DBA-Regelung führen oder eine bilaterale Vereinheitlichung von Steuern bzw. Steuervergünstigungen in beiden Vertragsstaaten erforderlich machen. Es ist jedoch weder mit dem Sinn und Zweck der Grundfreiheiten des EGV noch der dem Art. 293 EG innewohnenden Gewährleistung vereinbar, den EU-Mitgliedstaaten die völkerrechtliche Vertragsfreiheit im Bereich der DBA mittelbar über eine Verpflichtung zur Meistbegünstigung faktisch zu entziehen und damit zum Abschluss eines gemeinschaftsweit einheitlichen DBA zu verpflichten. Im Ergebnis verlangt die Anerkennung des „Meistbegünstigungsprinzips" als tatbestandsmäßige Beschränkung von Grundfreiheiten eine restriktive Abwägung auf Rechtfertigungsebene unter Zugrundelegung des „Grundsatzes der Reziprozität des einschlägigen DBA".

Abschließend ist zu diskutieren, ob im Rahmen der erforderlichen Verhältnismäßigkeitsabwägung aus rechtssystematischer Perspektive die Einbettung des „Meistbegünstigungsprinzips" im GATT zu berücksichtigen ist. Erstens enthält Art. 25 Abs. 5 GATT eine Verzichtsklausel („Waiver Clause"), die unter der Annahme außergewöhnlicher Umstände die Einräumung allgemeiner Zollpräferenzen gegenüber Entwicklungsländern möglich macht.[1803] Zweitens ist eine, bisher nicht im GATT kodifizierte, sog. „Enabling Clause" gewohnheitsrechtlich anerkannt, wonach wirtschaftlich schwache Länder von der Gleichbehandlung ausgenommen werden. Wer wirtschaftlich schwachen Staaten eine differenzierte und günstigere Behandlung einräumt, ist nicht aufgrund des „Meistbegünstigungsprinzips" verpflichtet, diese auch anderen Vertragsparteien des

---

[1803] Herdegen, Internationales Wirtschaftsrecht, § 7, Rn. 16.

GATT zu gewähren.[1804] Dahinter steht der Zweck, dass wirtschaftlich benachteiligten Staaten, formal betrachtet, Wettbewerbsvorteile eingeräumt werden müssen, um ihnen überhaupt erst eine Basis zur Wahrnehmung von Marktchancen zu geben.[1805] Dieses entwicklungspolitische Konzept wurzelt in der Idee einer Gleichheitsförderung durch Ungleichbehandlung („Inégalité Compensatrice").[1806] Würde man das „Meistbegünstigungsprinzip" auf bilaterale DBA übertragen, so müsste man den Zweck der beschriebenen Klauseln, eine strukturelle Unterlegenheit von wirtschaftlich schwachen Vertragsparteien nicht zum Vorteil der starken Wirtschaftsnationen werden zu lassen, ebenfalls in die Abwägung einbeziehen. Daher wäre zu prüfen, ob der begünstigende Artikel nicht als gewohnheitsrechtlich anerkannte Ausnahme vom Grundsatz der „Meistbegünstigung" keine Wirkung über das einschlägige Abkommen hinaus entfaltet.

Grundsätzlich beruht die erforderliche Abwägung aber auf der Feststellung, ob es sich bei dem streitigen DBA-Artikel um die Gewährung einer konkreten und einseitigen Steuersubvention, z. B. im Wege einer fiktiven Steueranrechnung („Tax Credit") oder durch Gewährung einer Steueranrechnung bereits gezahlter Körperschaft- oder Einkommensteuer, handelt oder ob lediglich eine Abweichung bei der Zuweisung von Quellenbesteuerungsrechten vorliegt, die in den einzelnen DBA i. d. R. unterschiedlich ausgestaltet und daher vom Grundsatz der Reziprozität gedeckt sind.[1807] Ist ersteres zu bejahen, so handelt es sich jedoch um eine allgemeine Diskriminierung i. S. e. Verpflichtung zur Inländergleichbehandlung, die nicht nach dem „Meistbegünstigungsprinzip", sondern nach den für allgemeine Diskriminierungen geltenden Vorschriften zu beurteilen ist.

Zusammenfassend ist festzustellen, dass es nach der hier vertretenen Auffassung keines Rückgriffs auf den Rechtfertigungsgrund der Reziprozität von DBA bedarf, da aus gemeinschafts- und völkerrechtlicher Perspektive ein Eingriff in den Schutzbereich der Artt. 43, 56 Abs. 1 EG auf der Grundlage des „Meistbegünstigungsprinzips" abzulehnen ist. Inzwischen hat auch der BFH die Ausdehnung des „Meistbegünstigungsprinzps" auf eine abkommensrechtliche Ungleichbehandlung bei der Vereinbarung von Verrechnungspreisen unter Bezugnahme auf die Rechtsprechung des EuGH in der Rs. C-376/03 („D") ausdrücklich abgelehnt, was ebenfalls für die hier vertetene Auffassung spricht.[1808] Erkennt man dagegen den „Meistbegünstigungsgrundsatz" als konstitutiven Eingriff an, so ist zwingend eine Abwägung zwischen einer einseitigen, konstitutiven Steuervergünstigung und dem „Grundsatz der Reziprozität des DBA" auf Rechtfertigungsebene vorzunehmen. Eine Berufung auf DBA mit Vertragsstaaten im Anwendungsbereich von Art. 56 Abs. 1 EG außerhalb des Gemeinschaftsgebiets ist überdies abzulehnen, da der Rechtsgedanke aus Art. 293 EG

[1804] Senti, GATT-WTO, Die neue Welthandelsordnung nach der Uruguay-Runde, 1994, S. 21, 46 f., 62.
[1805] Graf Vitzthum, in: Vitzthum, Völkerrecht, 5. Abschnitt, Rn. 192.
[1806] Graf Vitzthum, in: Vitzthum, Völkerrecht, 5. Abschnitt, Rn. 192.
[1807] Thömmes, IWB, F. 11a, S. 881, 888.
[1808] BFH-Urteil vom 09.11.2005, I R 27/03, BB 2006, S. 756, 758 f.

nur auf eine Verpflichtung zur Vermeidung der Doppelbesteuerung zwischen den Mitgliedstaaten abstellt und damit Art. 56 Abs. 1 EG entsprechend teleologisch zu reduzieren ist.

II. Gemeinschaftsrechtliche Rechtmäßigkeit eines „Treaty Override" durch § 20 Abs. 1 Hs. 1 AStG

Als Ergebnis des vierten Kapitels über die Hinzurechnungsbesteuerung wurde festgestellt, dass die gesetzliche Ausgestaltung der §§ 7 bis 14 AStG nicht mit den Vorgaben der Niederlassungs-, Dienstleistungs- und Kapitalverkehrsfreiheit in Einklang steht und damit als gemeinschaftsrechtswidrig zu qualifizieren ist. Das gleiche Ergebnis wurde auch für die Zurechnungsbesteuerung von Einkünften ausländischer Familien- oder Unternehmensstiftungen beim inländischen Stifter, Bezugs- oder Anfallsberechtigten gem. § 15 AStG konstatiert. Kommt es nun durch das „Treaty Override" in § 20 Abs. 1 Hs. 1 AStG zu einer Durchbrechung der Zuordnungsfunktion eines entgegestehenden DBA, dann erfasst das Verdikt der Gemeinschaftsrechtswidrigkeit des zugrunde liegenden Steuertatbestands zwangsläufig auch das damit verbundene „Treaty Override". Gleichwohl ist anzunehmen, dass im Falle einer „de lege ferenda" gemeinschaftsrechtskonformen Ausgestaltung der Hinzurechnungsbesteuerung gem. §§ 7 bis 14 AStG bzw. Zurechnungsbesteuerung gem. § 15 AStG das damit zwangsläufig einhergehende „Treaty Override" einen Eingriff in die Grundfreiheiten des EGV zur Verhinderung einer Steuerumgehung rechtfertigen kann, da es insoweit ein notwendiges Erfordernis zu ihrer effektiven Durchsetzung ist.[1809] Diese Auffassung steht i. ü. auch in Einklang mit der Auffassung der OECD, welche ein nationale CFC-Gesetzgebung zur Verhinderung eines steuerlichen Missbrauchs als von den Vorschriften des MA gedeckt ansieht.[1810]

III. Gemeinschaftsrechtliche Rechtmäßigkeit der „Switch-Over-Klausel" gem. § 20 Abs. 1 Hs. 2, Abs. 2 AStG

Seit der Änderung des § 20 Abs. 2 AStG durch das StVergAbG vom 16.05.2003 kommt bei allen Zwischeneinkünften von Betriebstätten unbeschränkt Steuerpflichtiger nicht die in den meisten DBA der Bundesrepublik Deutschland mit anderen Staaten verankerte Freistellungsmethode für Betriebstätteneinkünfte, sondern vielmehr die Anrechnungsmethode zur Anwendung. Damit wird erreicht, dass der inländische Steuersatz des unbeschränkt Steuerpflichtigen auch auf die ausländischen Zwischeneinkünfte umgelegt wird, da durch die Anrechnungsmethode das deutsche Steuerniveau für die Besteuerung der Zwischeneinkünfte maßgeblich ist, so dass hier faktisch die Rechtsfolgen der Hinzurechnungsbesteuerung auch für Betriebstätteneinkünfte eingreifen. Aus räumlicher

---

[1809] Vgl. auch Schönfeld, Hinzurechnungsbesteuerung und Europäisches Gemeinschaftsrecht, S. 531 f.

[1810] OECD, Ministerial Council – Committee on Fiscal Affairs, Report vom 01.01.1998, „Harmful Tax Competition – An Emerging Global Issue", Rn. 97 ff.

Sicht muss sich die Betriebstätte, genau wie eine ausländische Tochtergesellschaft, nach der Vorgabe des Art. 43 EG im Gemeinschaftsgebiet befinden. Eine Betriebstätte i. S. d. § 12 AO als feste Geschäftseinrichtung oder Anlage, die der Tätigkeit des inländischen Unternehmens zu dienen bestimmt ist, wird vom sachlichen Schutzbereich der Niederlassungsfreiheit durch Art. 43 Abs. 1 S. 2 EG erfasst. Der Wortlaut der Bestimmung stellt zwar auf die grenzüberschreitende Gründung von Agenturen oder Zweigniederlassungen ab, wobei jedoch bei einem extensiven Verständnis des Artikels unter Einbeziehung jeglicher Niederlassungsformen auch die Betriebstätte vom Anwendungsbereich der Norm umfasst ist. Dafür spricht aus nationaler Sicht auch, dass die Zweigniederlassung als Regelbeispiel einer Betriebstätte in § 12 S. 2 Nr. 2 AO ausdrücklich genannt wird.

Im Rahmen von Art. 56 Abs. 1 EG müsste es sich bei der Errichtung oder Unterhaltung einer ausländischen Betriebstätte um einen Kapitalverkehrsvorgang handeln. Grundsätzlich scheint schon der tatsächliche Charakter einer Betriebstätte das Vorliegen eines investmentorientierten Vorgangs i. S. d. Kapitalverkehrsfreiheit auszuschließen, da insbesondere die Regelbeispiele des § 12 S. 2 AO überwiegend Elemente aktiver Geschäftstätigkeiten implizieren und damit einen reinen Kapitaltransfer zumindest in den Hintergrund treten lassen. Dennoch erfasst die Nomenklatur im Anhang zur Kapitalverkehrsrichtlinie als Direktinvestition unter Ziff. I. Nr. 1. auch die Gründung und Erweiterung von Zweigniederlassungen, die ausschließlich dem Geldgeber gehören. Diesbezüglich ist die dem Anhang zur Kapitalverkehrsrichtlinie nachfolgende Definition des Begriffs der Direktinvestition anzuführen, welche bestimmt, dass der Begriff im weitesten Sinne gemeint ist und Investitionen jeder Art durch natürliche Personen, Handels-, Industrie- oder Finanzunternehmen zur Schaffung oder Aufrechterhaltung dauerhafter und direkter Beziehungen zwischen denjenigen, die die Mittel bereitstellen und den Unternehmen oder Unternehmern, für die die Mittel zum Zwecke einer wirtschaftlichen Tätigkeit bestimmt sind, umfassen. Versteht man daher den Begriff der Zweigniederlassung deckungsgleich mit Art. 43 EG in einem umfassenden Sinne derart, dass auch Betriebstätten von ihm erfasst werden, dann wäre der Schutzbereich der Kapitalverkehrsfreiheit für Zwischeneinkünfte einer ausländischen Betriebstätte gem. § 20 Abs. 2 AStG eröffnet. Gleichwohl ist mit der neueren Rechtsprechung des EuGH zum Konkurrenzverhältnis der Kapitalverkehrsfreiheit zu den übrigen Grundfreiheiten eine Anwendung auf Drittstaatensachverhalte aufgrund der vorrangigen Niederlassungsfreiheit ausgeschlossen.[1811] Insbesondere hat der EuGH in seinem Urteil vom 06.11.2007 in der Rs. C-415/06 („Stahlwerk Ergste Westig GmbH") für die Anwendung von Art. 56 Abs. 1 EG auf eine Allokation von Betriebsstättenverlusten nach dem DBA-USA-Deutschland entschieden, dass eine in einem Drittstaat außerhalb der EU belegene Betriebsstätte, namentlich in den USA, vorwiegend die Vorschriften über die Niederlassungsfreiheit berührt, so dass eine

---

[1811] Siehe Kapitel 2, E. I.

Rechtsverletzung der Kapitalverkehrsfreiheit dahinter zurücktreten muss.[1812] Im Ergebnis sollte daher für die Zukunft eine Anwendung der Kapitalverkehrsfreiheit auf Betriebsstätten in Drittstaaten ausscheiden. Demgegenüber ist die Niederlassungsfreiheit bei einem grenzüberschreitenden Betriebsstättensachverhalt im Gemeinschaftsgebiet, wie im Falle des § 20 Abs. 2 AStG, vorrangig vor der Kapitalverkehrsfreiheit anzuwenden.[1813]

Die Darstellung eines grundfreiheitlichen Eingriffs durch § 20 Abs. 2 AStG in den Schutzbereich der Niederlassungsfreiheit orientiert sich exemplarisch am Maßstab des EuGH-Urteils vom 06.12.2007 in der Rs. C-298/05 („Columbus Container Services").[1814] Mit Beschluss vom 05.07.2005[1815] hatte der 15. Senat des FG Münster dem EuGH die Rechtsfrage zur Vorabentscheidung vorgelegt, ob es den Artt. 43, 56 Abs. 1 EG widerspricht, wenn § 20 Abs. 2, 3 AStG a. F.[1816] die Einkünfte mit Kapitalanlagecharakter in der ausländischen Betriebsstätte eines im Inland unbeschränkt Steuerpflichtigen, die als Zwischeneinkünfte steuerpflichtig wären, falls die Betriebsstätte eine ausländische Gesellschaft wäre, entgegen dem DBA-Belgien-Deutschland[1817] nicht durch Freistellung der Einkünfte von der inländischen Besteuerung, sondern durch Anrechnung der auf die Einkünfte erhobenen ausländischen Ertragsteuer von der Doppelbesteuerung befreit.[1818] In der Sache war die Rechtmäßigkeit einer gesonderten und einheitlichen Gewinnfeststellung für die im Inland ansässigen Gesellschafter einer deutschen KG als Kommanditistin einer belgischen Personengesellschaft mit deren Zwischeneinkünften mit Kapitalanlagecharakter gem. § 10 Abs. 6 AStG a. F. streitig. Ein weiterer Streitgegenstand war die Festsetzung des Einheitswerts des Betriebsvermögens der belgischen Personengesellschaft gem. § 20 Abs. 3 a. F. für Zwecke der Vermögensteuer. In Belgien wurde die Gesellschaft in der Rechtsform einer C.V. für ertragsteuerliche Zwecke als Kapitalgesellschaft behandelt. Darüber hinaus qualifizierte sich die C.V. als sog. „Coordination Centre" i. S. d. Königlichen Erlasses Nr. 187 vom 30.12.1982.[1819] Nach diesem Erlass bildete für die Ertragsbesteuerung in Belgien nicht der vom „Coordination

---

[1812] EuGH-Urteil vom 06.11.2007, Rs. C-415/06 („Stahlwerk Ergste Westig GmbH"), Slg. 2007, Rn. 13 ff., n. V.

[1813] Inkonsequent daher die Rechtsprechung im EuGH-Urteil vom 06.12.2007, Rs. C-298/05 („Columbus Container Services"), Slg. 2007, Rn. 55 ff., n. V.; differenzierend dagegen Schlussanträge GA Mengozzi vom 29.03.2007, Rs. C-298/05 („Columbus Container Services"), Slg. 2007, Rn. 49 ff., n. V.; vgl. Thömmes, IWB, F. 11A, S. 1169, 1170 f.

[1814] EuGH-Urteil vom 06.12.2007, Rs. C-298/05 („Columbus Container Services"), Slg. 2007, n. V.

[1815] FG Münster, Beschluss vom 05.07.2005, 15 K 1114/99 F, EFG 2005, S. 1512.

[1816] Missbrauchsbekämpfungs- und Steuerbereinigungsgesetzes vom 21.12.1993, BGBl I 1993, S. 2310.

[1817] DBA zwischen der Bundesrepublik Deutschland und dem Königreich Belgien vom 11.04.1967, BGBl I 1969, S. 18.

[1818] Schlussanträge GA Mengozzi vom 29.03.2007, Rs. C-298/05 („Columbus Container Services"), Slg. 2007, Rn. 10 ff., n. V.

[1819] Schlussanträge GA Mengozzi vom 29.03.2007, Rs. C-298/05 („Columbus Container Services"), Slg. 2007, Rn. 23, n. V.

Centre" tatsächlich erwirtschaftete Gewinn i. S. d. deutschen Steuerrechts, sondern ein nach der Kostenaufschlagsmethode („Cost Plus Method") ermittelter Gewinn die steuerliche Bemessungsgrundlage, so dass die C.V. im streitigen VZ 1996 in Belgien mit weniger als 30 % des tatsächlich erzielten Gewinns besteuert wurde. Ohne Anwendung von § 20 Abs. 2, 3 AStG a. F. wären die Einkünfte der belgischen C.V. als Betriebstätteneinkünfte der Gesellschafter der deutschen KG gem. Art. 7 Abs. 1, 2 DBA-Belgien von der inländischen Besteuerung unter Progressionsvorbehalt freigestellt worden.

Die belgische C.V. als Klägerin des Verfahrens rügte die Verletzung der Niederlassungs- und Kapitalverkehrsfreiheit ihrer Gesellschafter gem. Artt. 43, 56 Abs. 1 EG durch den Methodenwechsel und die damit verbundene Heranziehung der ausländischen Einkünfte zur deutschen Einkommen- bzw. Körperschaftsteuer und Vermögensteuer. Nach ihrer Auffassung konkretisiere § 20 Abs. 2, 3 AStG a. F. keinen allgemeinen völkerrechtlichen Umgehungsvorbehalt durch ein sog. „Treaty Shopping". Vielmehr führe die Regelung aus Sicht der Klägerin zu einem steuerverschärfenden Wechsel der Besteuerungsmethode. Eine Steuerverschärfung führe wiederum zu einer Beschränkung der besagten Grundfreiheiten, da die §§ 20 Abs. 2, 3 AStG a. F. an einen grenzüberschreitenden Tatbestand anknüpften und dadurch verhindern wollten, dass sich im Inland ansässige Steuerpflichtige in einem anderen Mitgliedstaat der EU niederlassen. Insbesondere habe der EuGH in der Rs. C-141/99 („AMID") festgestellt, dass Niederlassungen in anderen Mitgliedstaaten hinsichtlich des Verlustausgleichs nicht schlechter gestellt werden dürften als Niederlassungen im Sitzstaat des Unternehmens.[1820] Darüber hinaus konterkariere § 20 Abs. 2, 3 AStG a. F. die gemeinschaftsrechtliche Zielsetzung des DBA-Belgien-Deutschland, eine Doppelbesteuerung zwischen den Mitgliedstaaten der EU zu eliminieren und damit zur Verwirklichung eines den Grundfreiheiten des EGV immanenten Ziels beizutragen. Die Pflicht zur Gemeinschaftstreue gebiete es, eine Einhaltung des DBA sicherzustellen. Selbst wenn es sich bei der dem belgischen „Coordination Centre" gewährten Steuervergünstigung um eine verdeckte Subvention i. S. d. EGV handeln sollte, so ergebe sich daraus noch kein Selbsthilferecht des deutschen Steuergesetzgebers. Vielmehr stelle der EGV durch die Gewährung einer Aktivlegitimation im Vertragsverletzungsverfahren und mit der Untätigkeitsklage beim EuGH hinreichenden Rechtsschutz für ein Vorgehen gegen ein gemeinschaftsrechtswidriges Verhalten des belgischen Steuergesetzgebers bereit.

Dagegen wendete das beklagte Finanzamt unter Berufung auf die Gesetzesbegründung ein, dass die Anwendung von § 20 Abs. 2, 3 AStG eine Umgehung der Vorschriften über die Hinzurechnungsbesteuerung gem. § 7 ff. AStG durch Verlagerung von Zwischeneinkünften mit Kapitalanlagecharakter auf ausländische Betriebsstätten einschließlich Personengesellschaften und die daraus resultierende missbräuchliche Berufung auf ein einschlägiges DBA verhindern sol-

---

[1820] EuGH-Urteil vom 14.12.2000, Rs. C-141/99 („AMID"), Slg. 2000, I-11619, Rn. 17 ff.

le.[1821] Darüber hinaus führe die Anwendung von § 20 Abs. 2 AStG a. F. nicht zu einer Ungleichbehandlung der Klägerin, da ein vergleichbarer inländischer Sachverhalt identisch besteuert würde. Die Grundfreiheiten des EGV würden nach dieser Auffassung keine Besserstellung des grenzüberschreitenden Sachverhalts durch Anwendung der für den Steuerpflichtigen im Einzelfall günstigeren Regelung gebieten. Im Übrigen handele es sich bei der angewendeten Anrechnungsmethode um eine im MA anerkannte Methode zur Vermeidung der Doppelbesteuerung, an der sich auch der EuGH bei der Prüfung von Verletzungen der Grundfreiheiten des EGV orientiere. Schließlich habe der EuGH in der Rs. C-376/03 („D") festgestellt, dass die Mitgliedstaaten die Kriterien für die Besteuerung des Einkommens festlegten und zu diesem Zwecke ggf. im Vertragswege eine Doppelbesteuerung auf Grundlage des MA vermeiden könnten.[1822] Daraus wurde von der Beklagten der Schluss gezogen, dass den vertragsschließenden Parteien insofern Vertragsfreiheit bei der Methodenwahl zuzugestehen sei, da das MA sowohl die Anrechnungsmethode als auch die Freistellungsmethode anerkenne.

Der Auffassung des Finanzamtes ist insoweit zuzustimmen, als die angegriffene Regelung des § 20 Abs. 2 AStG a. F. nicht zu einer Diskriminierung des grenzüberschreitenden gegenüber einem vergleichbaren nationalen Sachverhalt führt. Vielmehr bewirkt der Methodenwechsel von der Freistellungsmethode zur Anrechnungsmethode eine Heraufschleusung des grenzüberschreitenden Sachverhalts auf ein inländisches Steuerniveau i. S. e. kapitalexportneutralen Besteuerung.[1823] Darüber hinaus ist eine Diskriminierung des grenzüberschreitenden Sachverhalts für Zwecke der Vermögensteuer gem. § 20 Abs. 3 AStG a. F. ebenfalls nicht festzustellen, da ein vergleichbarer inländischer Sachverhalt derselben Steuerpflicht unterlegen hat, so dass es hier ebenfalls nur zu einer Heraufschleusung auf das inländische Steuerniveau kommt. Wie bereits im vorangehenden Abschnitt dieses Kapitels festgestellt wurde, vermitteln die Grundfreiheiten der Artt. 43, 56 Abs. 1 EG jedoch keinen absoluten Anspruch auf Anwendung der für den einzelnen Steuerpflichtigen günstigeren Regelung. Vielmehr würde dies zu einer verdeckten Anwendung des „Meistbegünstigungsprinzips" führen, dessen Anwendung auf grenzüberschreitende Sachverhalte im Anwendungsbereich der Grundfreiheiten mit den Argumenten im vorstehenden Abschnitt dieses Kapitels abzulehnen ist.[1824] Daneben ist ein den Grundfreiheiten des EGV immanentes, gemeinschaftsrechtliches Prinzip zur Durchführung von DBA nicht ersichtlich. Es besteht lediglich gem. Art. 293 EG die Verpflichtung zur Vermeidung der Doppelbesteuerung. Hierzu stellt der EuGH fest, dass die EU-Mitgliedstaaten in Ermangelung gemeinschaftsrechtlicher Vereinheitli-

---

[1821] Bericht der Finanzausschusses zum StÄndG 1992 vom 07.11.1991, BT-Drs. XII/1506, S. 180 f.
[1822] EuGH-Urteil vom 05.07.2005, Rs. C-376/03 („D"), Slg. 2005, I-5821, Rn. 52.
[1823] Vgl. Scheipers/Maywald, IStR 2006, S. 472, 474; Schnitger, FR 2005, S. 1079, 1081; Vogt, in: Strunk/Kaminski/Köhler, AStG, § 20, Rn. 43; Wassermeyer/Schönfeld, in: Flick/Wassermeyer/Baumhoff, AStG, § 20, Rn. 57.
[1824] Siehe Kapitel 7, C. 4.

chungsmaßnahmen weiterhin dafür zuständig sind, die Kriterien für die Besteuerung des Einkommens und des Vermögens festzulegen, um die Doppelbesteuerung zu beseitigen.[1825] Insofern besteht für die Aufteilung der Steuerhoheit zwischen den EU-Mitgliedstaaten kein gemeinschaftsrechtliches Primat. Vielmehr können sich die EU-Mitgliedstaaten zu diesem Zweck an den anerkannten Grundsätzen des MA orientieren.[1826] Im Anschluss an diese Feststellung kommt der EuGH zwar zur Eröffnung des Schutzbereichs der Niederlassungsfreiheit durch die grenzüberschreitende Beteiligung an einer belgischen Betriebsstätte in der Rechtsform einer Personengesellschaft.[1827] Darüber hinaus verneint das Gericht aber eine Diskriminierung des grenzüberschreitenden Sachverhalts in Ermangelung einer präferentiellen Besteuerung eines vergleichbaren Investments in eine inländische Personengesellschaft.[1828] Insofern liegt nach Auffassung des EuGH in der grenzüberschreitenden Beteiligung auch keine wesentliche Änderung des Sachverhalts, die zu einer Diskriminierung durch eine Gleichbehandlung wesentlich ungleicher Sachverhalte führen würde.[1829] Folglich legt der EuGH den Beschränkungsbegriff des Art. 43 EG zunächst eng i. S. e. Diskriminierungsverbots aus.[1830] Darüber hinaus sieht der EuGH in der Heraufschleusung der belgischen Steuerlast auf das inländische Steuerniveau keine weitergehende Beschränkung der Niederlassungfreiheit. So würden sich die nachteiligen Folgen einer Besteuerung im Falle des § 20 Abs. 2, 3 AStG a. F. nicht unmittelbar aus der Anwendung dieser Vorschrift, sondern vielmehr aus dem Zusammentreffen eines Zugriffs zweier unterschiedlicher Besteuerungshoheiten ergeben.[1831] Die Beseitigung der nachteiligen Folgen eines doppelten Besteuerungszugriffs falle jedoch nach wie vor in die Zuständigkeit der EU-Mitgliedstaaten, so dass die Verletzung eines auf die Vermeidung der Doppelbesteuerung gerichteten DBA durch einen Vertragsstaat vom EuGH nicht justiziabel sei.[1832] Diese

---

[1825] EuGH-Urteil vom 06.12.2007, Rs. C-298/05 („Columbus Container Services"), Slg. 2007, Rn. 27, n. V.; vgl. EuGH-Urteil vom 14.11.2006, Rs. C-513/04 („Kerckhaert Morres"), Slg. 2006, I-10967, Rn. 17 ff.
[1826] Schlussanträge GA Mengozzi vom 29.03.2007, Rs. C-298/05 („Columbus Container Services"), Slg. 2007, Rn. 84, 86 f., n. V.
[1827] EuGH-Urteil vom 06.12.2007, Rs. C-298/05 („Columbus Container Services"), Slg. 2007, Rn. 29 ff., n. V.
[1828] EuGH-Urteil vom 06.12.2007, Rs. C-298/05 („Columbus Container Services"), Slg. 2007, Rn. 33 ff., n. V.; Schlussanträge GA Mengozzi vom 29.03.2007, Rs. C-298/05 („Columbus Container Services"), Slg. 2007, Rn. 92 ff. (für § 20 Abs. 2 AStG a. F.), Rn. 99 ff. (für § 20 Abs. 3 AStG a. F.), n. V.
[1829] EuGH-Urteil vom 06.12.2007, Rs. C-298/05 („Columbus Container Services"), Slg. 2007, Rn. 41 f., n. V.
[1830] EuGH-Urteil vom 06.12.2007, Rs. C-298/05 („Columbus Container Services"), Slg. 2007, Rn. 39, n. V.; so auch Schlussanträge GA Mengozzi vom 29.03.2007, Rs. C-298/05 („Columbus Container Services"), Slg. 2007, Rn. 71 ff., n. V.
[1831] EuGH-Urteil vom 06.12.2007, Rs. C-298/05 („Columbus Container Services"), Slg. 2007, Rn. 43, n. V.
[1832] EuGH-Urteil vom 06.12.2007, Rs. C-298/05 („Columbus Container Services"), Slg. 2007, Rn. 46 f., n. V.

Schlussfolgerung ist jedoch falsch, da die Anwendung des § 20 Abs. 2, 3 AStG a. F. „conditio sine qua non" für die Anwendung des höheren inländischen Steuersatzes auf die ausländischen Betriebsstätteneinkünfte ist und dieser unabhängig davon angewendet wird, dass der Betriebsstättenstaat die Betriebsstättengewinne überhaupt besteuert.[1833] Im Ergebnis qualifiziert der EuGH ein nationales „Treaty Override" daher als von der Besteuerungshoheit der EU-Mitgliedstaaten gedeckt, so lange es nicht zu einer Diskriminierung des grenzüberschreitenden gegenüber einem rein inländischen Sachverhalt führt. Im Umkehrschluss negiert der EuGH damit die hier vertretene Auffassung, wonach der Beschränkungsbegriff des EuGH über eine Diskriminierung hinaus auch vor solchen Eingriffen schützt, die zu einer Marktaufspaltung im Gemeinschaftsgebiet durch die Einebnung von Steuervorteilen aus der grenzüberschreitenden Allokation von Produktionsfaktoren im Binnenmarkt führen.[1834] Folglich ist eine Heraufschleusung der ausländischen Steuerbelastung auf das inländische Steuerniveau durch eine Regelung des nationalen Steuerrechts keine grundfreiheitliche Beschränkung.[1835] Nach Auffassung des EuGH handelt es sich hierbei um einen Residualbereich der Steuerautonomie der EU-Mitgliedstaaten.[1836] Gleiches soll nach Auffassung des Gerichts auch für die unterschiedliche Besteuerung je nach Ausgestaltung der grenzüberschreitenden Niederlassung als Betriebsstätte in der Rechtsform einer Personengesellschaft oder als Kapitalgesellschaft gelten. Die Steuerautonomie der EU-Mitgliedstaaten bedeute, dass die EU-Mitgliedstaaten die Bedingungen und die Höhe der Besteuerung der verschiedenen Niederlassungsformen von im Ausland tätigen inländischen Gesellschaften festlegen könnten, soweit sie ihnen eine Behandlung gewähren würden, die gegenüber vergleichbaren inländischen Niederlassungen nicht diskriminierend ist.[1837] Im Ergebnis erteilt der EuGH damit auch der Auslegung des grundfreiheitlichen Beschränkungsbegriffs als Verpflichtung einer rechtsformneutralen Besteuerung eine eindeutige Absage.[1838] Dem ist in der vom EuGH vorgebrachten Absolutheit nicht zu folgen. Vielmehr bewirkt der Rechtsgrundverweis in § 20 Abs. 2 AStG auf die Qualifizierungsvorschriften für Zwischeneinkünfte der ausländischen Betriebsstätte in § 8 Abs. 1 AStG eine Beschränkung der grenzüberschreitenden Niederlassung. Insoweit wird auf die Ausführungen zur beschränkenden Wirkung des Aktivkatalogs in § 8 Abs. 1 AStG im vierten Kapitel dieser Arbeit verwiesen, wonach eine Besteuerung bestimmter Tätigkeiten der ausländischen Betriebsstätte unter Anwendung der abkommensrechtlichen Anrechnungsmethode zugleich auch einen Eingriff in die Warenverkehrs-, Dienstleistungs- und Kapitalverkehrsfreiheit

---

[1833] So auch Thömmes, IWB, F. 11a, S. 1169, 1172.

[1834] Siehe Kapitel 4, C. II. 2.

[1835] EuGH-Urteil vom 06.12.2007, Rs. C-298/05 („Columbus Container Services"), Slg. 2007, Rn. 48 f., n. V.

[1836] EuGH-Urteil vom 06.12.2007, Rs. C-298/05 („Columbus Container Services"), Slg. 2007, Rn. 50 f., n. V.

[1837] EuGH-Urteil vom 06.12.2007, Rs. C-298/05 („Columbus Container Services"), Slg. 2007, Rn. 53, n. V.

[1838] Vgl. Thömmes, IWB, F. 11a, S. 1169, 1172 f.

bedeutet.[1839] Darüber hinaus wird eine Beschränkung der Grundfreiheiten auch dadurch bewirkt, dass es durch die Heraufschleusung des ausländischen Besteuerungsniveaus zu einer Neutralisierung grenzüberschreitender Besteuerungsvorteile mit dem Ergebnis einer innergemeinschaftlichen Marktaufspaltung kommt.[1840] Die Gefahr einer Zersplitterung des Gemeinsamen Marktes durch die tatbestandliche Anknüpfung an einen bestimmten Mindeststeuersatz für den Ausschluss einer CFC-Regelung sieht auch GA Mengozzi in den Schlussanträgen zur Rs. C-298/05 („Columbus Container Services").[1841] Allerdings geht GA Mengozzi im Unterschied zu der hier vertretenen Auffassung dogmatisch von einem erweiterten Diskriminierungsbegriff aus, in dem er eine unterschiedliche Behandlung von zwei grenzüberschreitenden Beteiligungen miteinander vergleicht. Differenzierungskriterium ist hierbei die tatbestandliche Erfassung bzw. Nichterfassung im Einzelfall durch die nationale CFC-Regelung.[1842] Im Ergebnis bejaht er dennoch die Beschränkung der Niederlassungsfreiheit mit dem Argument, dass die tatbestandliche Anknüpfung des § 20 AStG an das niedrige Besteuerungsniveau im Betriebsstättenstaat einen inländischen Steuerpflichtigen von dem grenzüberschreitenden Investment abschrecken könnte.[1843] Dem Vorbringen der deutschen Regierung, ein Vergleich zweier grenzüberschreitender Sachverhalte innherhalb und außerhalb des tatbestandlichen Anwendungsbereichs des „Treaty Override" in § 20 AStG würde eine vom EuGH in der Rs. C-376/03 („D") abgelehnte abkommensrechtliche Meistbegünstigung i. S. e. Vorrangs der Anrechnungsmethode bedeuten, tritt GA Mengozzi sinngemäß mit dem Argument entgegen, dass es hier nicht um die Anwendung von Abkommensvergünstigungen aus einem Vergleich unterschiedlicher DBA, sondern um die einseitige Ausschaltung einer Abkommensvergünstigung im Wege eines „Treaty Override" des nationalen Steuerrechts geht.[1844] Dieser Ansicht ist zuzustimmen, da sie, unabhängig von dem Streit über die grundsätzliche Existenz und tatbestandliche Reichweite eines gemeinschaftsrechtlichen „Meistbegünstigungsprizips", die Regelung in § 20 Abs. 2, 3 AStG a. F. als eine das Abkommen verdrängende Regelung ohne Bezug zur Reziprozität des im Einzelfall anwendbaren DBA qualifiziert und damit schon nicht die tatbestandlichen Anforderungen einer

---

[1839] Siehe Kapitel 4, C. II. 2. d); a. A. Franck, IStR 2007, S. 489, 494 ff.
[1840] Vgl. Wassermeyer/Schönfeld, in: Flick/Wassermeyer/Baumhoff, AStG, § 20, Rn. 60 f.; siehe Kapitel 4, C. II. 2. a).
[1841] Schlussanträge GA Mengozzi vom 29.03.2007, Rs. C-298/05 („Columbus Container Services"), Slg. 2007, Rn. 110 ff. unter Verweis auf Schlussanträge GA Léger vom 02.05.2006, Rs. C-196/04 („Cadbury Schweppes"), Slg. 2006, I-7995, Rn. 78 ff.; vgl. die Rezensionen von Wassermeyer, IStR 2007, S. 299 und Rainer, IStR 2007, S. 299 f.
[1842] Schlussanträge GA Mengozzi vom 29.03.2007, Rs. C-298/05 („Columbus Container Services"), Slg. 2007, Rn. 119 ff.; krit. hierzu Franck, IStR 2007, S. 489, 492 ff.
[1843] Schlussanträge GA Mengozzi vom 29.03.2007, Rs. C-298/05 („Columbus Container Services"), Slg. 2007, Rn. 132.
[1844] Schlussanträge GA Mengozzi vom 29.03.2007, Rs. C-298/05 („Columbus Container Services"), Slg. 2007, Rn. 139 ff.

„Meistbegünstigung" i. S. d. EuGH-Urteils in der Rs. C-376/03 („D") erfüllt.[1845] In Übereinstimmung mit den Ergebnissen im vierten Kapitel dieser Arbeit kann die „Switch-Over-Klausel" in § 20 Abs. 2 AStG daher nur mit dem Ziel, eine Steuerumgehung zu verhindern, gerechtfertigt werden, wozu jedoch eine Rechtsgrundverweisung auf § 8 Abs. 1, 3 AStG untauglich ist. Vielmehr muss auch hier eine Steuerumgehung im Rahmen einer Einzelfallprüfung am Maßstab der zu den §§ 7 ff. AStG aufgestellten Kriterien festgestellt werden.[1846] Demgegenüber geht die Änderung des § 20 Abs. 2 AStG durch das JStG 2008 sogar den umgekehrten Weg, da es die entsprechende Anwendung der „Exkulpationsmöglichkeit" in § 8 Abs. 2 AStG auf Betriebsstätten im Gemeinschaftsgebiet sogar ausdrücklich ausschließt. Zur Begründung stellt der Gesetzgeber fest, dass die Niederlassungsfreiheit auf den vorliegenden Fall nicht anwendbar sei.[1847] So ginge es bei § 20 Abs. 2 AStG nur um das Auswechseln einer Abkommenmethode zur Vermeidung der Doppelbesteuerung ohne gemeinschaftsrechtlichen Bezug.[1848] Diese Begründung scheint zwar in Übereinstimmung mit der dargestellten Auffassung des EuGH in der Rs. C-298/06 („Columbus Container Services") zu stehen. Gleichwohl ist sie zumindest unvollständig, da die Anwendung von § 20 Abs. 2 AStG einen grenzüberschreitenden Niederlassungsvorgang betrifft und damit der Gesetzgeber zumindest zu einer diskriminierungsfreien Ausgestaltung der Vorschrift verpflichtet ist. Weiterhin ist festzustellen, dass der Gesetzgeber es wieder einmal versäumt hat, durch die entsprechende Anwendung von § 8 Abs. 2 AStG für Fälle des § 20 Abs. 2 AStG zumindest eine rechtsformneutrale Ausgestaltung der deutschen CFC-Regelungen zu schaffen.[1849]

IV. Ergebnis

Als Ergebnis der gemeinschaftsrechtlichen Untersuchung ist zunächst festzuhalten, dass nach der hier vertretenen Auffassung eine Übertragung des Meistbegünstigungsprinzips aus dem GATT auf Sachverhalte mit DBA-Bezug ausscheidet. Darüber hinaus lässt sich aus der Dogmatik der Grundfreiheiten als Diskriminierungs- und Beschränkungsverbote im bilateralen Verhältnis zwischen Marktaustritts- und Markteintrittsstaat auch kein selbständiges gemeinschaftsrechtliches Meistbegünstigungsprinzip aus begünstigenden steuerlichen Vorteilsgewährungen ggü. einem anderen EU-Mitgliedstaat ableiten. Daneben sind die Vorschriften des § 20 AStG als „Treaty Override" mit den Vorgaben des Gemeinschaftsrechts im Schutzbereich der Niederlassungs- und Kapitalverkehrsfreiheit nicht konform, da im Anwendungsbereich des § 20 Abs. 1 Hs. 1

[1845] Siehe Kapitel 7, C. I.
[1846] Siehe Kapitel 4, C. III.; ausführlich auch Schlussanträge GA Mengozzi vom 29.03.2007, Rs. C-298/05 („Columbus Container Services"), Slg. 2007, Rn. 169 ff.; Schönfeld, Hinzurechnungsbesteuerung und Europäisches Gemeinschaftsrecht, S. 302 ff.
[1847] Gesetzentwurf zum JStG 2008, BR-Drs. 544/07 vom 10.08.2007, S. 126.
[1848] Gesetzentwurf zum JStG 2008, BR-Drs. 544/07 vom 10.08.2007, S. 126.
[1849] Krit. auch Kaminski/Strunk, IStR 2007, S. 726.

AStG die Bezugsnormen der §§ 7 bis 14 AStG für die Hinzurechnungsbesteuerung und des § 15 AStG für die Besteuerung der Einkünfte ausländischer Familienstiftungen ebenfalls dem Verdikt der Gemeinschaftsrechtswidrigkeit unterliegen. Die gleiche Feststellung gilt nach der hier vertretenen Auffassung und entgegen der Rechtsprechung des EuGH in der Rs. C-298/06 („Columbus Container Services") auch für die „Switch-Over-Klausel" aus § 20 Abs. 2 AStG aufgrund der Bezugnahme auf den Aktivkatalog in § 8 Abs. 1 AStG im Schutzbereich der Niederlassungsfreiheit.

D. Zusammenfassung

Das Ergebis der gemeinschaftsrechtlichen Untersuchung von § 20 AStG ist durch die Bezugsnormen der Hinzurechnungsbesteuerung gem. §§ 7 bis 14 AStG und der Zurechnungsbesteuerung gem. § 15 AStG mit den Feststellungen im vierten und fünften Kapitel dieser Arbeit bereits insoweit vorgegeben, als eine gemeinschaftsrechtskonforme Ausgestaltung de lege ferenda zwar denkbar, de lege lata aber nicht gegeben ist. Das gemeinschaftsrechtliche Problem eines „Treaty Override" zur Verhinderung einer Steuerumgehung wird sich daher erst dann erledigen, wenn sich der deutsche Steuergesetzgeber auch zu einer CFC-Gesetzgebung entschließt, die mit den Vorgaben der Grundfreiheiten des EGV im Einklang steht. Tatsächlich liegt eine kohärente Ausgestaltung jedoch zumindest für Betriebsstätteneinkünfte fern, da der EuGH im Urteil in der Rs. C-298/06 („Columbus Container Services") die Chance zur Öffnung eines gemeinschaftsrechtlichen Einfallstores nicht genutzt hat und auch die Änderungen durch das JStG 2008 keinen Reformwillen des Gesetzgebers erkennen lassen.

Kapitel 8 – Zusammenfassung der Untersuchungsergebnisse und Schlussfolgerungen für eine gemeinschaftsrechtskonforme Ausgestaltung des deutschen AStG

Im Anschluss an die im ersten Kapitel dieser Arbeit aufgeworfene Frage nach der Vereinbarkeit des deutschen AStG mit den Grundfreiheiten des EGV ist als Gesamtergebnis der Untersuchung der einzelnen Steuertatbestände und akzessorischen Mitwirkungspflichten festzuhalten, dass lediglich die Wegzugsbesteuerung gem. § 6 AStG-SEStEG inzwischen gemeinschaftsrechtskonform ausgestaltet ist.[1850] Die übrigen Vorschriften sind dagegen in der geltenden Fassung mit den Vorgaben des EGV unvereinbar.[1851] Nachfolgend werden nun die in den Kapiteln 2 bis 7 gewonnen Ergebnisse zusammengefasst und Perspektiven für eine gemeinschaftsrechtskonforme Ausgestaltung des AStG aufgezeigt.

A. Einkünftekorrektur gem. § 1 AStG

Die Berichtigung von Einkünften auf der Grundlage von § 1 AStG erfolgt zweckgerichtet zur Sicherstellung angemessener konzerninterner Verrechnungspreise und zur Verhinderung einer Steuerumgehung durch die Verlagerung von Besteuerungssubstrat auf ausländische Rechtsträger im grenzüberschreitenden Geschäftsverkehr. Im Hinblick auf die vom Gesetzgeber verfolgten Zwecke ist nun festzustellen, dass diese grundsätzlich im Einklang mit dem steuerrechtlichen Territorialitätsprinzip stehen und damit als wichtige Gründe des Allgemeinwohls i. S. d. sog. „Gebhard-Formel" zu qualifizieren sind, die einen diskriminierenden oder beschränkenden Eingriff in den Schutzbereich der Grundfreiheiten rechtfertigen können. Demgegenüber wurde aber im Rahmen der Eingriffsprüfung festgestellt, dass die konkrete Ausgestaltung des § 1 AStG durch seine Beschränkung auf grenzüberschreitende Sachverhalte in bestimmten Sachverhaltskonstellationen durch eine für den einzelnen Steuerpflichtigen günstigere Anwendung von anderen Einkünftekorrekturnormen des nationalen Ertragsteuerrechts bei vergleichbaren nationalen Sachverhalten zu willkürlichen Diskriminierungen führt. Diesen Widerspruch gilt es bei einer gemeinschaftsrechtskonformen Ausgestaltung des § 1 AStG zukünftig aufzulösen. Zunächst ist es natürlich grundsätzlich denkbar, dass eine Einkünftekorrektur im Rahmen einer gemeinschaftsrechtskonformen Auslegung der Norm immer dann ausscheiden muss, wenn diese zu einer Diskriminierung des grenzüberschreitenden Sachverhalts führen würde. Damit würde aber in Einzelfällen die Verlagerung von Besteuerungssubstrat in Ermangelung einer Korrekturmöglichkeit ermöglicht und der gemeinschaftsrechtlich legitimierte Gesetzeszweck gerade nicht erreicht. Insofern könnte man über eine Ausdehnung des Fremdvergleichsgrundsatzes auf inländische Sachverhalte nachdenken. Dafür spricht die Mög-

---

[1850] Siehe Kapitel 1, A.; siehe Kapitel 3, F.
[1851] Siehe Kapitel 2, F.; siehe Kapitel 4, D.; siehe Kapitel 5, D.; siehe Kapitel 6, D.; siehe Kapitel 7, D.

lichkeit zur Vermeidung einer Gewerbesteuerverlagerung zwischen verbundenen Unternehmen im Inland. Ein nicht zu unterschätzender Nachteil sind dagegen die zusätzlichen Dokumentations- und Aufbewahrungspflichten für den Steuerpflichtigen. Aus diesem Grund sollte vom Gesetzgeber überlegt werden, ob er nicht die sonstigen Bewertungsmaßstäbe des Teilwertes hinter einer umfassenden Anwendung des international anerkannten Fremdvergleichsgrundsatzes zurücktreten lässt und damit auch vor dem Hintergrund der Bemühungen des „Gemeinsamen EU-Verrechnungspreisforums" eine Vereinfachung nationaler Bewertungsvorschriften herbeiführt.[1852] Schließlich ist die Streichung der Ergänzung des § 1 AStG um die Vorschriften über die sog. „Funktionsverlagerung" zu fordern, da es sich hierbei um einen diskriminierenden und nicht rechtfertigungsfähigen Eingriff in Grundfreiheiten handelt. Diesbezüglich sollte der deutsche Steuergesetzgeber auf die Ergebnisse der OECD-Initiative zur steuerlichen Erfassung von „Business Restructurings" warten.[1853]

B. Wegzugsbesteuerung gem. §§ 2 bis 5 und 6 AStG

Die erweiterte beschränkte Steuerpflicht ist in der geltenden Fassung schon allein aufgrund ihrer Komplexität überholt und sollte durch eine Anpassung des Einkünftekatalogs für beschränkt steuerpflichtige, natürliche Personen in § 49 EStG ersetzt werden. Hiermit wäre auch das Problem einer Diskriminierung nach der Staatsangehörigkeit durch § 2 ff. AStG erledigt, da eine Erfassung von Quelleneinkünften dem Territorialitätsprinzip folgend an die beschränkte Steuerpflicht und nicht an die Nationalität oder Herkunft des einzelnen Steuerpflichtigen anknüpft. Daran anschließend wäre auch die erweiterte beschränkte Erbschaftsteuerpflicht in § 4 AStG zu streichen, da es sich hierbei um eine dem Außensteuergesetz sachfremde Materie handelt, die in dem hierfür vorgesehenen Spezialgesetz abschließend zu regeln ist. Gleichwohl sollte überlegt werden, ob § 2 Abs. 1 Nr. 3 ErbStG i. V. m. § 121 BewG eine ausreichende Rechtsgrundlage für die erbschaftsteuerliche Erfassung von im Inland belegener Erbmasse ermöglicht.

Im Unterschied zu den §§ 2 ff. AStG ist die Wegzugsbesteuerung in der seit dem 01.01.2007 geltenden Fassung mit den Vorgaben des EGV aus den Artt. 39, 43 EG konform. Das SEStEG hat mit der Einführung einer Stundungsregelung für eine Wohnsitzverlegung im Gemeinschaftsgebiet in § 6 Abs. 5 AStG-SEStEG eine verhältnismäßige Ausgestaltung geschaffen. Abzuwarten bleibt lediglich, ob die dem Steuerpflichtigen auferlegten Erklärungs- und Mitwirkungspflichten im Wegzugsfall einer Überprüfung durch den EuGH standhalten würden. Derzeit scheint dies zumindest nicht unumstritten, wobei der Verfasser unter Hinweis auf die im sechsten Kapitel dieser Arbeit vorgetragene

---

[1852] Vgl. Kroppen, in: Ballwieser/Grewe, Wirtschaftsprüfung im Wandel, S. 515 ff. für eine umfassende Darstellung der Aktivitäten des „Gemeinsamen EU-Verrechnungspreisforums".

[1853] Informationen hierzu sind unter www.oecd.org/ctp/tp/br abrufbar.

Argumentation eine extensivere Auffassung als der EuGH vertritt und erhöhte Mitwirkungspflichten im grenzüberschreitenden Verkehr innerhalb des Gemeinschaftsgebiets als verhältnismäßig beurteilt. Schließlich muss geprüft werden, ob nicht die Umgehungstatbestände des § 6 Abs. 1 S. 2 AStG-SEStEG im Drittstaatenverkehr eine Verletzung der Kapitalverkehrsfreiheit darstellen könnten. Insoweit muss jedoch abgewartet werden, inwieweit der EuGH seine Rechsprechung zum räumlichen und sachlichen Schutzbereich der Kapitalverkehrsfreiheit in nächster Zeit präzisiert, da derzeit beide Auffassungen mit zutreffenden Argumenten vertretbar sind. Gleichwohl sollte der nationale Steuergesetzgeber seine Haltung an dieser Stelle überdenken und eine Stundung unter dem Vorbehalt erhöhter Mitwirkungs- und Nachweispflichten beim Steuerpflichtigen auch im Drittstaatenverkehr ermessensabhängig ermöglichen. Dies sollte insbesondere bei Bestehen einer sog. „großen Auskunftsklausel" in einem einschlägigen DBA in Erwägung gezogen werden, wenn dessen Durchsetzung im Einzelfall nach den bisherigen Erfahrungen mit der Amtshilfe des Zuzugsstaates als positiv zu beurteilen ist und damit eine umfassende Ermittlung der Verhältnisse sichergestellt werden kann.

C. Hinzurechnungsbesteuerung gem. §§ 7 bis 14 AStG

Die Vorschriften über die Hinzurechnungsbesteuerung gem. § 7 ff. AStG sind in der geltenden Fassung nicht mit den Vorgaben der einschlägigen Niederlassungs- bzw. Kapitalverkehrsfreiheit gem. Artt. 43, 56 Abs. 1 EG vereinbar. Diese Einschätzung ändert sich auch nicht nach der Einführung einer sog. „Exkulpationsklausel" in § 8 Abs. 2 AStG durch das JStG 2008. Zudem wirft die Komplexität und die daraus folgende Unberechenbarkeit der Regelungen für den Steuerpflichtigen das Bedürfnis nach einer umfassenden Reform der Hinzurechnungsbesteuerung auf. Zunächst ist im Steuertatbestand der Hinzurechnungsbesteuerung eine angemessene Beteiligungsgrenze an der ausländischen Zwischengesellschaft zu verankern, die sich im Wesentlichen daran orientieren soll, ob der inländische Anteilseigner die Geschäfte der ausländischen Zwischengesellschaft faktisch bestimmen kann. Nur wenn das der Fall ist, kann von einer Steuerumgehung gesprochen werden, die einem inländischen Steuerpflichtigen willentlich und wissentlich zugeordnet werden kann. Sog. „Portfoliobeteiligungen" sind schon deshalb aus dem Anwendungsbereich der §§ 7 ff. AStG zu streichen, weil sie in Ermangelung einer faktischen Rechtsmacht über die Geschäfte der ausländischen Zwischengesellschaft nicht vom inländischen Anteilseigner signifikant in ihrer tatsächlichen Geschäftstätigkeit beeinflusst werden können, so dass eine begriffliche Zurechnung der ausländischen Zwischeneinkünfte ausscheidet. Kernstück einer Reform der inländischen Hinzurechnungsbesteuerung muss die Streichung des Aktivkatalogs in § 8 Abs. 1 AStG sein, da eine tätigkeitsbezogene Hinzurechnung ausländischer Zwischeneinkünfte mit den Vorgaben eines gemeinschaftsweiten Binnenmarktes unvereinbar ist. Vielmehr muss eine Hinzurechnungsbesteuerung im Gemeinschaftsgebiet immer dann ausscheiden, wenn ein Fremdvergleich zu dem Ergebnis kommt, dass eine

Steuerumgehung aufgrund einer wirtschaftlichen Tätigkeit der ausländischen Gesellschaft ausscheidet. Der Steuertatbestand muss daher de lege ferenda so ausgestaltet sein, dass die zuständige Finanzbehörde das Vorliegen einer Steuerumgehung im Einzelfall durch Anwendung des Fremdvergleichsgrundsatzes auf die Einkunftserzielung der ausländischen Gesellschaft feststellen kann. Die durch das JStG 2008 eingeführte Möglichkeit eines Gegenbeweises durch den Steuerpflichtigen ist insofern ungeeignet, da sie sich weiterhin auf die Typisierung des § 8 Abs. 1 AStG bezieht und darüber hinaus eine Beweislastumkehr zu Lasten des Steuerpflichtigen einführt. Daneben muss die Grenze für eine Niedrigbesteuerung in § 8 Abs. 3 AStG in Übereinstimmung mit dem geltenden Körperschaftsteuersatz auf 15 % herabgesetzt werden. Abschließend ist noch darauf hinzuweisen, dass die Gewinnermittlung der ausländischen Zwischengesellschaft vor dem Hintergrund der Bemühungen der EU-Mitgliedstaaten zur Erarbeitung einer gemeinsamen körperschaftsteuerlichen Bemessungsgrundlage[1854] einheitlich vorgenommen werden sollte, um eine Auferlegung unverhältnismäßiger Verfahrenspflichten und Aufzeichnungspflichten beim inländischen Anteilseigner zu vermeiden. Auf Rechtsfolgenseite sollte schließlich eine Erfassung mit Körperschaftsteuer bzw. Einkommensteuer und Solidaritätszuschlag erfolgen, wohingegen die gewerbesteuerliche Erfassung zur Verwirklichung einer kapitalexportneutralen Hinzurechnungsbesteuerung zu streichen wäre, um eine Art Strafsteuer für ein grenzüberschreitendes Investment in eine ausländische Zwischengesellschaft zu vermeiden.

D. Besteuerung ausländischer Familienstiftungen gem. § 15 AStG

Die Besteuerung ausländischer Familienstiftungen gem. § 15 AStG sollte nach der hier vertretenen Auffassung in die Hinzurechnungsbesteuerung gem. § 7 ff. AStG integriert werden, da für eine Zurechnung der Einkünfte die gleichen Grundsätze zu gelten haben. Erstens darf es nicht zu einer Hinzurechnung von Einkünften kommen, bei deren Erzielung die ausländische Familienstiftung eine fremdvergleichskonforme operative Tätigkeit entfaltet (negative Abgrenzung des Steuertatbestands). Zweitens dürfen nur Einkünfte solcher Stiftungsgebilde beim inländischen Bezugs- oder Anfallsberechtigten zugerechnet werden, die im Rahmen einer Einzelfallbetrachtung durch die zuständigen Finanzbehörden als tatbestandliche Steuerumgehung qualifiziert worden sind (positive Abgrenzung des Steuertatbestands). Auf Rechtsfolgenseite ist schließlich den Besonderheiten eines Stiftungsgebildes derart Rechnung zu tragen, dass die von einer Zurechnungsbesteuerung betroffenen inländischen Steuerpflichtigen auch tatsächlich über die von der Stiftung erzielten Einkünfte verfügen können, um einen Liquiditätsnachteil auszuschließen. Ist das dagegen nicht der Fall, so muss das Gesetz eine Stundungsregelung bis zum Zeitpunkt der Erlangung der tatsächlichen Ver-

---

[1854] Informationen hierzu sind unter http://ec.europa.eu/taxation_customs/taxation/company_tax/comon_tax_base/index_de.htm abrufbar.

fügungsmacht über die Einkünfte durch die Anfalls- bzw. Bezugsberechtigten vorsehen.

E. Erweiterte Mitwirkungspflichten eines Steuerpflichtigen gem. §§ 16, 17 AStG und § 90 Abs. 2, 3 AO

Die verfahrensrechtliche Mitwirkungspflicht eines Steuerpflichtigen gem. § 16 Abs. 1 AStG bezieht sich im Wesentlichen auf den materiellen Steuertatbestand einer Einkünftekorrektur gem. § 1 Abs. 1 AStG. Zur Vermeidung einer verfahrensrechtlichen Diskriminierung mangels isolierter Anfechtbarkeit eines Benennungsverlangens gem. § 16 Abs. 1 AStG und zur Ausdehnung des materiellen Anwendungsbereichs auf weitere Einkünftekorrekturvorschriften, wie z. B. die verdeckte Gewinnausschüttung gem. § 8 Abs. 3 S. 2 KStG, sollte die Verfahrensvorschrift in den § 160 AO integriert werden. Damit würde den dargestellten Konkurrenzproblemen der Boden entzogen und eine Vereinheitlichung der Vorschriften über das Festsetzungsverfahren gem. §§ 155 ff. AO erreicht. Dieser Vorschlag gilt insbesondere vor dem Hintergrund, dass die Norm de lege lata so ausgestaltet ist, dass ein Eingriff in Grundfreiheiten im grenzüberschreitenden Geschäftsverkehr im Einzelfall zur Verhinderung einer Steuerumgehung verhältnismäßig vorgenommen werden kann.

Für die verfahrensrechtliche Pflicht zur Sachverhaltsaufklärung aus § 17 Abs. 1 AStG kann im Unterschied zu § 16 Abs. 1 AStG dagegen nur eine ersatzlose Streichung in Betracht kommen, da die Norm keinen selbständigen materiellen Regelungsgehalt gegenüber den allgemeinen Mitwirkungspflichten eines Steuerpflichtigen gem. § 90 Abs. 2 AO bei grenzüberschreitenden Sachverhalten hat. Darüber hinaus ist im Hinblick auf die gebotene Vereinheitlichung verfahrensrechtlicher Vorschriften in der hierfür vom Steuergesetzgeber vorgesehenen Abgabenordnung kein wesentlicher Grund für das Bedürfnis nach einer spezialgesetzlichen Vorschrift für die Hinzurechnungsbesteuerung erkennbar, zumal mit § 90 Abs. 2 AO eine gemeinschaftsrechtskonforme Generalklausel für die Auferlegung gesteigerter Mitwirkungspflichten bei der grenzüberschreitenden Sachverhaltsaufklärung im Festsetzungsverfahren zur Verfügung steht.

Schließlich steht mit § 90 Abs. 3 AO inzwischen auch eine gesetzliche Grundlage für eine Verpflichtung zur Erstellung und Vorhaltung von Verrechnungspreisdokumentationen für Geschäftsbeziehungen mit nahestehenden Personen i. S. v. § 1 Abs. 2 AStG zur Verfügung. Insofern sollte jedoch vom Steuergesetzgeber eine rechtmäßige Ausfüllung der Verordnungsermächtigung in § 90 Abs. 3 S. 5 AO durch die GAufzV sichergestellt werden, da sonst auch aus gemeinschaftsrechtlicher Perspektive zumindest eine geltungserhaltende Reduktion der Vorschriften im Wege einer europarechtskonformen Auslegung droht.

F. „Treaty Override" gem. § 20 AStG

Das „Treaty Override" für ausländische Betriebsstätteneinkünfte in § 20 Abs. 1 Hs. 2 AStG i. V. m. § 20 Abs. 2 AStG sollte genau wie § 15 AStG im Rahmen einer umfassenden Reform der Hinzurechnungsbesteuerung in die §§ 7 ff. AStG integriert werden. In diesem Zusammenhang würde auch das allgemeine „Treaty Override" in § 20 Abs. 1 Hs. 1 AStG überflüssig, da eine gemeinschaftsrechtskonforme Hinzurechnungsbesteuerung mit dem Ziel einer Verhinderung grenzüberschreitender Steuerumgehungen als gewohnheitsrechtlich anerkannte Ausnahme vom völkerrechtlichen Grundsatz des „pacta sunt servanda" zu qualifizieren wäre. Eine entsprechende Kodifizierung hätte danach allenfalls deklaratorischen Charakter und wäre damit überflüssig. Durch eine Implementierung von § 20 Abs. 2 AStG in die §§ 7 ff. AStG würde schließlich auch ein systematischer Zusammenhang der Vorschriften deutlich gemacht und eine Gleichbehandlung von ausländischen Zwischengesellschaften und ausländischen Betriebsstätten ermöglicht.

G. Gesamtergebnis der Untersuchung

Als Gesamtergebnis dieser Untersuchung ist festzuhalten, dass das deutsche AStG aus gemeinschaftsrechtlicher Perspektive in der geltenden Fassung nicht haltbar ist, da materiell nur die Wegzugsbesteuerung gem. § 6 AStG mit den Grundfreiheiten des EGV in Einklang steht. Demgegenüber ist die erweiterte beschränkte Steuerpflicht gem. §§ 2 ff. AStG aufgrund ihres protektionistischen Charakters und ihrer hohen Komplexität mit den Vorgaben eines gemeinschaftsrechtskonformen und gleichzeitig vollziehbaren Außensteuerrechts nicht vereinbar und damit ersatzlos zu streichen. Darüber hinaus bedarf es bei der Einkünftekorrektur gem. § 1 AStG und der Hinzurechnungsbesteuerung gem. §§ 7 ff. AStG einer umfassenden Reform am Maßstab der Vorgaben des Gemeinschaftsrechts. Die durch das UntStRefG 2008 eingeführte sog. „Funktionsverlagerung" ist als Fremdkörper im System der Einkünftekorrektur ersatzlos zu streichen. Die Zurechnungsbesteuerung für ausländische Familienstiftungen gem. § 15 AStG und die sog. „switch-over-Klausel" für ausländische Betriebsstätteneinkünfte in § 20 Abs. 1 Hs. 2 AStG i. V. m. § 20 Abs. 2 AStG ist in eine umfassende Hinzurechnungsbesteuerung zu integrieren. Im Falle einer gemeinschaftsrechtskonformen Ausgestaltung der Hinzurechnungsbesteuerung könnte auch das „Treaty Override" in § 20 Abs. 1 Hs. 1 AStG ersatzlos gestrichen werden, da es allenfalls deklaratorischen Charakter hätte. Schließlich sollte die Verfahrensvorschrift des § 16 AStG in die Abgabenordnung integriert und § 17 AStG mangels eines eigenen materiellrechtlichen Anwendungsbereichs ersatzlos gestrichen werden. In diesem Zusammenhang sollte auch überlegt werden, ob man die Vorschrift über die gesonderte Feststellung von Besteuerungsgrundlagen gem. § 18 AStG nicht in die spezielle Vorschrift des § 180 AO integriert. Folgt der Steuergesetzgeber diesen Leitlinien, so dürfte einerseits eine gemeinschaftsrechtskonforme Ausgestaltung des deutschen AStG möglich sein und andererseits auch eine wesentliche Vereinfachung der bestehenden Vorschriften erreicht werden.

Abkürzungsverzeichnis

a. a. O.	am angegebenen Ort
ABl.	Amtsblatt der Europäischen Gemeinschaften
Abs.	Absatz
a. F.	alte Fassung
AfA	Absetzung für Abnutzung
AktG	Aktiengesetz
Alt.	Alternative
AO	Abgabenordnung
AStG	Außensteuergesetz
BB	Betriebs-Berater
Bd.	Band
BFH	Bundesfinanzhof
BFHE	Amtliche Sammlung der Entscheidungen des Bundesfinanzhofs
BFH/NV	Sammlung amtlich nicht veröffentlichter Entscheidungen des BFH
BFP	Betriebswirtschaftliche Forschung und Praxis
BGBl	Bundesgesetzblatt
BGH	Bundesgerichtshof
BMF	Bundesministerium der Finanzen
BR-Drs.	Drucksachen des Deutschen Bundesrats
BStBl	Bundessteuerblatt
BT-Drs.	Drucksachen des Deutschen Bundestags
BVerfG	Bundesverfassungsgericht
BVerfGE	Amtliche Entscheidungssammlung des Bundesverfassungsgerichts
bzw.	beziehungsweise
CFC	Controlled Foreign Corporations
CGI	Code Général des Impôts (Frankreich)
DB	Der Betrieb
DBA	Doppelbesteuerungsabkommen
ders.	derselbe

d. h.	das heißt
Diss.	Dissertation
DStJG	Veröffentlichungen der Deutschen Steuerjuristischen Gesellschaft
DStR	Deutsches Steuerrecht
DStRE	Deutsches Steuerrecht Entscheidungsdienst
DStZ	Deutsche Steuer-Zeitung
EEA	Einheitliche Europäische Akte
EFG	Entscheidungen der Finanzgerichte
EG / EGV	Vertrag zur Gründung der Europäischen Gemeinschaft vom 25.03.1957
Einl.	Einleitung
EMRK	Konvention zum Schutze der Menschenrechte und Grundfreiheiten vom 04.11.1950 – Europäische Menschenrechtskonvention
ErbStG	Erbschaftsteuergesetz
EStDV	Einkommensteuer-Durchführungsverordn.
EStG	Einkommensteuergesetz
EStR	Einkommensteuer-Richtlinien
ET	European Taxation
EU / EUV	Vertrag über die Europäische Union vom 07.02.1992
EU-Amtshilfe-Richtlinie	Richtlinie des Rates über die gegenseitige Amtshilfe zwischen den zuständigen Behörden der Mitgliedstaaten im Bereich der direkten Steuern, bestimmter Verbrauchsteuern und der Steuern auf Versicherungsprämien vom 19.12.1977, 77/799/EWG, ABl. 1977, L 336, S. 15
EU-Beitreibungs-Richtlinie	Richtlinie des Rates über die gegenseitige Unterstützung bei der Beitreibung von Forderungen in Bezug auf bestimmte Abgaben, Zölle, Steuern und sonstige Maßnahmen vom 15.03.1976, 76/308/EWG, Abl. 1976, L 73, S. 18
EuG	Gerichtshof erster Instanz beim EuGH

EuGH	Gerichtshof der Europäischen Gemeinschaft
EuGMR	Europäischer Gerichtshof für Menschenrechte
EuGRZ	Europäische Grundrechtszeitschrift
EuR	Europarecht
Europäisches Schiedsabkommen	Übereinkommen vom 23.07.1990 über die Beseitigung der Doppelbesteuerung im Falle von Gewinnberichtigungen zwischen verbundenen Unternehmen, Abl. EG 1990, L 225, S. 10
EuZW	Europäische Zeitschrift für Wirtschaftsrecht
EWR	Abkommen über den Europäischen Wirtschaftsraum vom 02.05.1992 (EWR-Abkommen); verbliebene Mitgliedstaaten sind Island, Liechtenstein und Norwegen
EWS	Europäisches Wirtschafts- und Steuerrecht
EZ	Ermittlungszeitraum
FAZ	Frankfurter Allgemeine Zeitung
FG	Finanzgericht
FM	Finanzministerium
FR	Finanz-Rundschau
FS	Festschrift
FVerlagV-E	Entwurf einer Verordnung zur Anwendung des Fremdvergleichsgrundsatzes i. S. d. § 1 Abs. 1 AStG in Fällen grenzüberschreitender Funktionsverlagerungen vom 04.06.2007 auf Grund des § 1 Abs. 3 S. 13 AStG
Fusionsrichtlinie	Richtlinie 90/434/EWG des Rates vom 23.07.1990 über das gemeinsame Steuersystem von Fusionen, Spaltungen, die Einbringung von Unternehmensteilen und den Austausch von Anteilen, die Gesellschaften verschiedener Mitgliedstaaten betreffend, Abl. EG 1990, Nr. L 225, S. 1
GA	Generalanwalt

GATT	General Agreement on Tariffs and Trade, Allgemeines Zoll- und Handelsabkommen vom 30.10.1947
GAufzV	Verordnung zu Art, Inhalt und Umfang von Aufzeichnungen i. S. d. § 90 Abs. 3 AO – Gewinnabgrenzungsaufzeichnungs-VO vom 13.11.2003, BStBl I 2003, S. 739
gem.	gemäß
GewStG	Gewerbesteuergesetz
GG	Grundgesetz d. Bundesrepublik Deutschland
GmbhG	GmbH-Gesetz
GmbHR	GmbH-Rundschau
GmbH-Stb	GmbH-Steuerberater
HdbStR	Isensee / Kirchhof (Hrsg.), Handbuch des Staatsrechts der Bundesrepublik Deutschland, Band 1 ff., 1987 ff.
Hrsg.	Herausgeber
Hs.	Halbsatz
IBFD	International Bureau of Fiscal Documentation
IBPR	Internationaler Pakt über bürgerliche und politische Rechte vom 19.12.1966
i. e. S.	im engeren Sinn
IFA	International Fiscal Association
IFSC	International Financial Service Center
ILC	International Law Commission
INF	Die Information für Steuer und Wirtschaft
IRC	Internal Revenue Code (USA)
IStR	Internationales Steuerrecht
i. S. d.	im Sinne des / der
i. S. v.	im Sinne von
i. V. m.	in Verbindung mit
IWB	Internationale Wirtschafts-Briefe
i. w. S.	im weiteren Sinne

JbFStR	Jahrbuch der Fachanwälte für Steurrecht
JStG 2008	Jahressteuergesetz 2008 vom 20.12.2007, BGBl I 2007, S. 3150.
JZ	Juristenzeitung
Kapitalverkehrsrichtlinie	Richtlinie 88/361/EWG des Rates vom 24.06.1988 zur Durchführung von Art. 67 EGV, Abl. EG 1988, L 178, S. 5
KFR	Kommentierte Finanzrechtsprechung
KOM	Kommission
KOME	Kommissionsentscheidung
KStG	Körperschaftsteuergesetz
KStR	Körperschaftsteuer-Richtlinien
lit.	Buchstabe
LPF	Livre des Procédures Fiscales (Frankreich)
LStDV	Lohnsteuer-Durchführungsverordnung
LStR	Lohnsteuer-Richtlinien
MA	OECD-Musterabkommen auf dem Gebiet der Steuern vom Einkommen und vom Vermögen, zuletzt geändert am 15.07.2005
m. a. W.	mit anderen Worten
MDR	Monatsschrift für Deutsches Recht
MinBl	Ministerialblatt
Mutter-Tochter-Richtlinie	Richtlinie 90/435/EWG des Rates vom 23.07.1990 über das gemeinsame Steuersystem der Mutter- und Tochtergesellschaften verschiedener Mitgliedstaaten, Abl. EG 1990, Nr. L 225, S. 6.
m. w. N.	mit weiteren Nachweisen
m. W. v.	mit Wirkung vom
Nds.	Niedersachsen
n. F.	neue Fassung
NJW	Neue Juristische Wochenschrift
n. rkr.	nicht rechtskräftig

n. V.	Keine zitierfähige Veröffentlichung des Dokuments
NW	Nordrhein Westfalen
NWB	Neue Wirtschafts-Briefe
OECD	Organization for Economic Corporation and Development, Vertrag vom 14.12.1960
PIStB	Praxis Internationale Steuerberatung
REIT	Real Estate Investment Trust
RFH	Reichsfinanzhof
RFHE	Amtliche Sammlung der Entscheidungen des Reichsfinanzhofs
RGBl	Reichsgesetzblatt
rkr.	rechtskräftig
RIC	Regulated Investment Company (USA)
RIW	Recht der Internationalen Wirtschaft (ab 1982)
RIW / AWD	Recht der Internationalen Wirtschaft, Außenwirtschaftsdienst des Betriebs-Beraters (von 1975 bis 1981; bis 1974: AWD)
RL	Richtlinie
Rn.	Randnummer
Rs.	Rechtssache
Rspr.	Rechtsprechung
RStBl	Reichssteuerblatt
SEStEG	Gesetz über steuerliche Begleitmaßnahmen zur Einführung der Europäischen Gesellschaft und zur Änderung weiterer steuerlicher Vorschriften vom 13.12.2006, BGBl I 2006, S. 2782
Slg.	Amtliche Sammlung der Rechtsprechung des Europäischen Gerichtshofs und des Gerichtshofs erster Instanz
sog.	so genannt

StAmnVO	Verordnung über die steuerliche Erfassung bisher nicht versteuerter Werte und über Steueramnestie vom 23.08.1931, RStBl 1931, S. 600
StÄndG	Steueränderungsgesetz 1992 vom 25.02.1992, BGBl I 1992, S. 297
StAnpG	Steueranpassungsgesetz 1934, StAnpG, RStBl 1934, S. 1398
StbJb	Steuerberater-Jahrbuch
StEntlG	Steuerentlastungsgesetz 1999/2000/2002 vom 24.03.1999, BGBl I 1999, S. 402
Steueroasenbericht	Bericht der Bundesregierung an den Deutschen Bundestag vom 23.06.1964 über die Wettbewerbsverfälschungen, die sich aus Sitzverlagerungen und aus dem zwischenstaatlichen Steuergefälle ergeben können, BT-Drs. IV/2412, S. 1
Steueroasenerlass	Erlass vom 14.06.1965 betr. Verlagerung von Einkünften und Vermögen in sog. Steueroasenländer, BStBl II 1965, S. 74
st. Rspr.	ständige Rechtsprechung
str.	streitig
StRK	Steuer-Rechtsprechungskartei, Losebl., Köln
StRev	Steuer-Revue (Schweiz)
StSenkG	Gesetz zur Senkung der Steuersätze und zur Reform der Unternehmensbesteuerung – Steuersenkungsgesetz vom 23.10.2000, BGBl I 2001, S. 1433
StuB	Steuern und Bilanzen
StuW	Steuer und Wirtschaft
StVergAbG	Gesetz zum Abbau von Steuervergünstigungen und Ausnahmeregelungen – Steuervergünstigungsabbaugesetz vom 16.05.2003, BGBl 2003 I, S. 660
SWI	Steuer & Wirtschaft International
Univ.	Universität

UntStFG	Gesetz zur Fortentwicklung des Unternehmensteuerrechts – Unternehmensteuerfortentwicklungsgesetz vom 20.12.2001, BGBl I 2001, S. 3858
UntStRefG 2008	Unternehmensteuerreformgesetz 2008 vom 14.08.2007; BGBl I 2007, S. 1912
UR	Umsatzsteuer-Rundschau
verb. Rs.	verbundene Rechtssachen
vgl.	vergleiche
v. H.	vom Hundert
VStG	Vermögensteuergesetz
VO	Verordnung
VZ	Veranlagungszeitraum
WIB	Wet op de inkomstenbelasting (Niederlande)
WTO	World Trading Organization
WÜRV	Wiener Übereinkommen über das Recht der Verträge vom 23.05.1969
Ziff.	Ziffer
Zinsertragsrichtlinie	Richtlinie 2003/48/EG des Rates vom 03.06.2003 im Bereich der Besteuerung von Zinserträgen, Abl. EG 2003, L 157, S. 38
Zins- und Lizenz-Richtlinie	Richtlinie 2003/49/EG des Rates vom 03.06.2003 über die gemeinsame Steuerregelung für Zahlungen von Zinsen und Lizenzgebühren zwischen verbundenen Unternehmen verschiedener Mitgliedstaaten, Abl. EG 2003, L 157, S. 49

Rechtsprechungsübersicht

I. Entscheidungen des Europäischen Gerichtshofs

EuGH-Urteil vom 10.05.1960, Rs. 3/58 bis 18/58, 25/58 und 26/58 („Barbara Erzbergbau"), Slg. 1960, S. 373
EuGH-Urteil vom 13.07.1962, verb. Rs. 17/61 und 20/61 („Klöckner"), Slg. 1962, S. 653
EuGH-Urteil vom 17.06.1963, Rs. 13/63 („Italien / Kommission"), Slg. 1963, S. 359
EuGH-Urteil vom 13.02.1969, Rs. 14/68 („Walt Wilhelm"), Slg. 1969, S. 1
EuGH-Urteil vom 14.07.1972, Rs. 48/69, („ICI / Kommission"), Slg. 1972, S. 619
EuGH-Urteil vom 14.07.1972, Rs. 52/69 („Geigy / Kommission"), Slg. 1972, S. 787
EuGH-Urteil vom 14.07.1972, Rs. 53/69 („Sandoz / Kommission"), Slg. 1972, S. 845
EuGH-Urteil vom 12.02.1974, Rs. 152/73 („Sotgiu"), Slg. 1974, S. 153
EuGH-Urteil vom 04.04.1974, Rs. 167/73 („Kommission / Frankreich"), Slg. 1974, S. 359
EuGH-Urteil vom 21.06.1974, Rs. 2/74 („Reyners / Belgien"), Slg. 1974, S. 631
EuGH-Urteil vom 11.07.1974, Rs. 8/74 („Dassonville"), Slg. 1974, S. 837
EuGH-Urteil vom 07.07.1976, Rs. 118/75 („Watson"), Slg. 1976, S. 1185
EuGH-Urteil vom 06.10.1976, Rs. 12/76 („Tessili / Dunlop"), Slg. 1976, S. 1473
EuGH-Urteil vom 16.02.1978, Rs. 61/77 („Kommission / Irland"), Slg. 1978, S. 417
EuGH-Urteil vom 07.02.1979, Rs. 115/78 („Knoors"), Slg. 1979, S. 399
EuGH-Urteil vom 07.02.1979, Rs. 136/78 („Auer"), Slg. 1979, S. 437
EuGH-Urteil vom 20.02.1979, Rs. 120/78 („REWE Zentral AG"), Slg. 1979, S. 649
EuGH-Urteil vom 12.07.1979, Rs. 237/78 („Toia"), Slg. 1979, S. 2645
EuGH-Urteil vom 08.11.1979, Rs. 15/79 („Groenveld"), Slg. 1979, S. 3409
EuGH-Urteil vom 16.10.1980, Rs. 147/79 („Hochstrass"), Slg. 1980, S. 3005
EuGH-Urteil vom 29.10.1980, Rs. 22/80 („Boussac"), Slg. 1980, S. 3427
EuGH-Urteil vom 14.06.1981, Rs. 155/80 („Oebel"), Slg. 1981, S. 1993

EuGH-Urteil vom 03.02.1982, verb. Rs. 62/81 u. 63/81 („Seco / EVI"), Slg. 1982, S. 223
EuGH-Urteil vom 23.03.1982, Rs. 53/81 („Levin"), Slg. 1982, S. 1035
EuGH-Urteil vom 15.12.1982, Rs. 286/81 („Oosthoek"), Slg. 1982, S. 4575
EuGH-Urteil vom 07.02.1984, Rs. 237/82 („Jongeneel Kaas"), Slg. 1984, S. 483
EuGH-Urteil vom 12.07.1984, Rs. 107/83 („Klopp"), Slg. 1984, S. 2971
EuGH-Urteil vom 10.01.1985, Rs. 229/83 („Leclerc / Au blé vert"), Slg. 1985, S. 1 ff.
EuGH-Urteil vom 13.02.1985, Rs. 293/83 („Gravier"), Slg. 1985, S. 593
EuGH-Urteil vom 07.05.1985, Rs. 18/84 („Kommission / Frankreich"), Slg. 1985, S. 1339
EuGH-Urteil vom 09.05.1985, Rs. 112/84 („Humblodt"), Slg. 1985, S. 1367
EuGH-Urteil vom 11.06.1985, Rs. 137/84 („Mutsch"), Slg. 1985, S. 2681
EuGH-Urteil vom 28.01.1986, Rs. 270/83 („Kommission / Frankreich"), Slg. 1986, S. 273
EuGH-Urteil vom 18.02.1986, Rs. 174/84 („Bulk Oil"), Slg. 1986, S. 559
EuGH-Urteil vom 30.04.1986, Rs. 96/85 („Kommission / Frankreich"), Slg. 1986, S. 1475
EuGH-Urteil vom 15.05.1986, Rs. 222/84 („Johnston"), Slg. 1986, S. 1651
EuGH-Urteil vom 03.06.1986, Rs. 139/85 („Kempf"), Slg. 1986, S. 1741
EuGH-Urteil vom 03.07.1986, Rs. 66/85 („Lawrie-Blum"), Slg. 1986, S. 2121
EuGH-Urteil vom 04.12.1986, Rs. 205/84 („Kommission / Deutschland"), Slg. 1986, S. 3755
EuGH-Urteil vom 12.02.1987, Rs. 221/85 („Kommission / Belgien"), Slg. 1987, S. 719
EuGH-Urteil vom 15.10.1987, Rs. 222/86 („Heylens"), Slg. 1987, S. 4097
EuGH-Urteil vom 19.01.1988, Rs. 223/86 („Pesca Valentia"), Slg. 1988, S. 83
EuGH-Urteil vom 15.03.1988, Rs. 147/86 („Kommission / Griechenland"), Slg. 1988, S. 1637
EuGH-Urteil vom 07.07.1988, Rs. 143/87 („Stanton"), Slg. 1988, S. 3877
EuGH-Urteil vom 07.07.1988, verb. Rs. 154/87 u. 155/87 („Wolf"), Slg. 1988, S. 3897
EuGH-Urteil vom 27.09.1988, Rs. 81/87 („Daily Mail"), Slg. 1988, S. 5483
EuGH-Urteil vom 02.02.1989, Rs. 186/87 („Cowan"), Slg. 1989, S. 195
EuGH-Urteil vom 30.05.1989, Rs. 33/88 („Allué"), Slg. 1989, S. 1591
EuGH-Urteil vom 31.05.1989, Rs. 344/87 ("Bettray"), Slg. 1989, S. 1621
EuGH-Urteil vom 23.11.1989, Rs. 145/88 („Torfaen"), Slg. 1989, S. 3851

EuGH-Urteil vom 14.12.1989, Rs. 3/87 („Agegate"), Slg. 1989, S. 4459
EuGH-Urteil vom 27.03.1990, Rs. C-113/89 („Rush Portuguesa"), Slg. 1990, I-1417
EuGH-Urteil vom 12.12.1990, Rs. C-302/88 („Hennen Olie"), Slg. 1990, I-4625
EuGH-Urteil vom 13.12.1990, Rs. C-238/89 („Pall"), Slg. 1990, I-4827
EuGH-Urteil vom 24.01.1991, Rs. C-339/89 („Alsthom / Sulzer"), Slg. 1991, I-107
EuGH-Urteil vom 30.04.1991, Rs. C-239/90 („British Motors"), Slg. 1991, I-2023
EuGH-Urteil vom 07.05.1991, Rs. C-340/89 („Vlassopoulou"), Slg. 1991, I-2357
EuGH-Urteil vom 11.06.1991, Rs. C-3/90 („Bernini"), Slg. 1992, I-1071
EuGH-Urteil vom 25.07.1991, Rs. C-221/89 („Factortame II"), Slg. 1991, I-3905
EuGH-Urteil vom 25.07.1991, verb. Rs. C-1/90 u. C-176/90 („Aragonesa de Publicidad Exterior u. Pulivía"), Slg. 1991, I-4151
EuGH-Urteil vom 21.11.1991, Rs. C-27/91 („Le Manoir"), Slg. 1991, I-5531
EuGH-Urteil vom 10.12.1991, Rs. C-179/90 ("Merci Convenzionali"), Slg. 1991, I-5889
EuGH-Urteil vom 28.01.1992, Rs. C-204/90 („Bachmann"), Slg. 1992, I-249
EuGH-Urteil vom 28.01.1992, Rs. C-300/90 („Kommission / Belgien"), Slg. 1992, I-305
EuGH-Urteil vom 26.02.1992, Rs. C-3/90 („Bernini"), Slg. 1992, I-1071
EuGH-Urteil vom 16.06.1992, Rs. C-351/90 („Kommission / Luxemburg"), Slg. 1992, I-3945
EuGH-Urteil vom 09.07.1992, Rs. C-2/90 ("Kommission / Belgien"), Slg. 1992, I-4431
EuGH-Urteil vom 03.12.1992, Rs. C-97/91 („Oleificio Borelli"), Slg. 1992, I-6313
EuGH-Urteil vom 26.01.1993, Rs. C-112/91 („Werner"), Slg. 1993, I-429
EuGH-Urteil vom 18.03.1993, Rs. C-280/91 („Viessmann"), Slg. 1993, I-971
EuGH-Urteil vom 31.03.1993, Rs. C-19/92 („Kraus"), Slg. 1993, I-1663
EuGH-Urteil vom 22.06.1993, Rs. C-243/89 („Kommission / Dänemark"), Slg. 1993, I-3353
EuGH-Urteil vom 13.07.1993, Rs. C-330/91 („Commerzbank"), Slg. 1993, I-4017

EuGH-Urteil vom 24.11.1993, verb. Rs. C-267/91 u. C-268/91 („Keck u. Mithouard"), Slg. 1993, I-6097
EuGH-Urteil vom 10.02.1994, Rs. C-398/92 („Mund & Fester"), Slg. 1994, I-467
EuGH-Urteil vom 12.04.1994, Rs. C-1/93 („Halliburton Services"), Slg. 1994, I-1137
EuGH-Urteil vom 09.08.1994, Rs. C-43/93 („Vander Elst"), Slg. 1994, I-3803
EuGH-Urteil vom 14.02.1995, Rs. C-279/93 („Schumacker"), Slg 1995, I-225
EuGH-Urteil vom 16.02.1995, verb. Rs. C-29/94 bis C-35/94 („Aubertin u. a."), Slg. 1995, I-301
EuGH-Urteil vom 23.02.1995, verb. Rs. C-358/93 u. C-416/93 („Bordessa"), Slg. 1995, I-361
EuGH-Urteil vom 10.05.1995, Rs. C-384/93 („Alpine Investments B.V."), Slg. 1995, I-1141
EuGH-Urteil vom 06.06.1995, Rs. C-470/93 („Mars"), Slg. 1995, I-1923
EuGH-Urteil vom 11.08.1995, Rs. C-80/94 („Wielockx"), Slg. 1995, I-2493
EuGH-Urteil vom 05.10.1995, Rs. C-321/93 („Martinez"), Slg. 1995, I-2821
EuGH-Urteil vom 26.10.1995, Rs. C-151/94 („Kommission / Luxemburg"), Slg. 1995, I-3685
EuGH-Urteil vom 14.11.1995, Rs. C-484/93 („Svensson Gustavsson"), Slg. 1995, I-3955
EuGH-Urteil vom 30.11.1995, Rs. C-55/94 („Gebhard"), Slg. 1995, I-4165
EuGH-Urteil vom 14.12.1995, Rs. C-317/93 („Nolte"), Slg. 1995, I-4625
EuGH-Urteil vom 14.12.1995, verb. Rs. C-163/94, C-165/94 u. C-250/94 („Sanz de Lera"), Slg. 1995, I-4821
EuGH-Urteil vom 15.12.1995, Rs. C-415/93 („Bosman"), Slg. 1995, I-4921
EuGH-Urteil vom 19.01.1996, Rs. C-348/96 („Calfa"), Slg. 1999, I-11
EuGH-Urteil vom 29.02.1996, Rs. C-193/94 („Skanavi"), Slg. 1996, I-929
EuGH-Urteil vom 28.03.1996, Rs. C-272/94 („Guiot"), Slg. 1996, I-1905
EuGH-Urteil vom 23.05.1996, Rs. C-237/94 („O'Flynn"), Slg. 1996, I-2617
EuGH-Urteil vom 20.06.1996, verb. Rs. C-418/93 bis C-421/93 u. a. („Semerano Casa Uno Srl."), Slg. 1996, I-2975
EuGH-Urteil vom 27.06.1996, Rs. C-107/94 („Asscher"), Slg. 1996, I-3089
EuGH-Urteil vom 12.09.1996, Rs. C-278/94 („Kommission / Belgien"), Slg. 1996, I-4307
EuGH-Urteil vom 26.09.1996, Rs. C-43/95 („Data Delecta"), Slg. 1996, I-4661
EuGH-Urteil vom 12.12.1996, Rs. C-3/95 („Broede"), Slg. 1996, I-6511

EuGH-Urteil vom 23.01.1997, Rs. C-29/95 („Pastoors"), Slg. 1997, I-285
EuGH-Urteil vom 15.05.1997, Rs. C-250/95 („Futura Participations S. A."), Slg. 1997, I-2471
EuGH-Urteil vom 05.06.1997, verb. Rs. C-64/96 und C-65/96 („Uecker und Jacquet"), Slg. 1997, I-3171
EuGH-Urteil vom 26.06.1997, Rs. C-368/95 („Familiapress"), Slg. 1997, I-3689
EuGH-Urteil vom 09.07.1997, verb. Rs. C-34/95 bis C-36/95 („De Agostini"), Slg. 1997, I-3843
EuGH-Urteil vom 17.07.1997, Rs. C-28/95 („Leur-Bloem"), Slg. 1997, I-4161
EuGH-Urteil vom 28.04.1998, Rs. C-158/96 („Kohll"), Slg. 1998, I-1931
EuGH-Urteil vom 28.04.1998, Rs. C-118/96 („Safir"), Slg. 1998, I-1897
EuGH-Urteil vom 07.05.1998, Rs. C-350/96 („Clean Car"), Slg. 1998, I-2521
EuGH-Urteil vom 12.05.1998, Rs. C-85/96 („Sala"), Slg. 1998, I-2691
EuGH-Urteil vom 12.05.1998, Rs. C-367/96 („Kefalas"), Slg. 1998, I-2843
EuGH-Urteil vom 12.05.1998, Rs. C-336/96 („Gilly"), Slg. 1998, I-2793
EuGH-Urteil vom 16.07.1998, Rs. C-264/96 („ICI plc."), Slg. 1998, I-4695
EuGH-Urteil vom 22.10.1998, Rs. C-184/96 („Kommission / Frankreich"), Slg. 1998, I-6197
EuGH-Urteil vom 19.01.1999, Rs. C-348/96 („Calfa"), Slg. 1999, I-11
Schlussanträge GA La Pergola vom 23.02.1999, Rs. C-302/97 („Konle"), Slg. 1999, I-3099
EuGH-Urteil vom 09.03.1999, Rs. C-212/97 („Centros"), Slg. 1999, I-1459
EuGH-Urteil vom 16.03.1999, Rs. C-222/97 („Trummer u. Mayer"), Slg. 1999, I-1661
EuGH-Urteil vom 29.04.1999, Rs. C-224/97 („Ciola"), Slg. 1999, I-2517
EuGH-Urteil vom 29.04.1999, Rs. C-311/97 („Royal Bank of Scotland"), Slg. 1999, I-2651
EuGH-Urteil vom 11.05.1999, Rs. C-255/97 („Pfeiffer"), Slg. 1999, I-2835
EuGH-Urteil vom 01.06.1999, Rs. C-302/97 („Konle"), Slg. 1999, I-3099
EuGH-Urteil vom 22.06.1999, Rs. C-412/97 („ED"), Slg. 1999, I-3845
EuGH-Urteil vom 08.07.1999, Rs. C-254/97 („Société Baxter"), Slg. 1999, I-4809
EuGH-Urteil vom 14.09.1999, Rs. C-391/97 („Gschwind"), Slg. 1999, I-5451
EuGH-Urteil vom 21.09.1999, Rs. C-307/97 („Saint Gobain"), Slg. 1999, I-6161
EuGH-Urteil vom 21.09.1999, Rs. C-378/97 („Wijsenbeck"), Slg. 1999, I-6207
EuGH-Urteil vom 14.10.1999, Rs. C-439/97 („Sandoz GmbH"), Slg. 1999, I-7041

EuGH-Urteil vom 26.10.1999, Rs. C-294/97 („Eurowings"), Slg. 1999, I-7447
EuGH-Urteil vom 28.10.1999, Rs. C-6/98 („ARD"), Slg. 1999, I-7599
EuGH-Urteil vom 28.10.1999, Rs. C-55/98 („Vestergaard"), Slg. 1999, I-7641
EuGH-Urteil vom 18.11.1999, Rs. C-200/98 („X A.B. u. Y A. B."), Slg. 1999, I-8261
EuGH-Urteil vom 23.11.1999, verb. Rs.C-369/96 u. C-376/96 („Arblade u. a."), Slg. 1999, I-8453
EuGH-Urteil vom 13.01.2000, Rs. C-254/98 („Schutzverband gegen unlauteren Wettbewerb"), Slg. 2000, I-151
EuGH-Urteil vom 27.01.2000, Rs. C-190/98 („Graf"), Slg. 2000, I-493
EuGH-Urteil vom 13.04.2000, Rs. C-251/98 („Baars"), Slg. 2000, I-2787
EuGH-Urteil vom 13.04.2000, Rs. C-420/98 („W. N."), Slg. 2000, I-2847
EuGH-Urteil vom 16.05.2000, Rs. C-87/99 („Zurstrassen"), Slg. 2000, I-3337
EuGH-Urteil vom 06.06.2000, Rs. C-281/98 („Angonese"), Slg. 2000, I-4139
EuGH-Urteil vom 06.06.2000, Rs. C-35/98 („Verkooijen"), Slg. 2000, I-4071
EuGH-Urteil vom 13.07.2000, Rs. C-423/98 („Albore"), Slg. 2000, I-5965
EuGH-Urteil vom 26.09.2000, Rs. C-478/98 („Kommission / Belgien"), Slg. 2000, I-7587
EuGH-Urteil vom 03.10.2000, Rs. C-411/98 („Ferlini"), Slg. 2000, I-8081
EuGH-Urteil vom 14.12.2000, Rs. C-141/99 („AMID"), Slg. 2000, I-11619
EuGH-Urteil vom 11.01.2001, Rs. C-464/98 („WestLB Girozentrale / Friedrich Stefan"), Slg. 2001, I-173
EuGH-Urteil vom 01.02.2001, Rs. C-108/96 („Mac Queen"), Slg. 2001, I-837
EuGH-Urteil vom 08.02.2001, Rs. C-350/99 („Lange"), Slg. 2001, I-1061
EuGH-Urteil vom 08.03.2001, verb. Rs. C-397/98 u. 410/98 („Metallgesellschaft Ltd. u. a."), Slg. 2001, I-1727
EuGH-Urteil vom 20.09.2001, Rs. C-184/99 („Grzelczyk"), Slg. 2001, I-6193
EuGH-Urteil vom 25.10.2001, Rs. C-493/99 („Kommission / Deutschland"), Slg. 2001, I-8163
EuGH-Urteil vom 15.01.2002, Rs. C-55/00, („Gottardo"), Slg. 2002, I-413
EuGH-Urteil vom 05.03.2002, verb. Rs. C-515/99 u. a. (Reisch u. a.), Slg. 2002, I-2157
EuGH-Urteil vom 19.03.2002, Rs. C-224/00 („Kommission / Italien"), Slg. 2002, I-2965
EuGH-Urteil vom 04.06.2002, Rs. C-367/98 („Kommission / Portugal"), Slg. 2002, I-4731

EuGH-Urteil vom 04.06.2002, Rs. C-483/99 („Kommission / Frankreich"), Slg. 2002, I-4781
EuGH-Urteil vom 04.06.2002, Rs. C-503/99 („Kommission / Belgien"), Slg. 2002, I-4809
EuGH-Urteil vom 06.06.2002, Rs. C-360/00 („Ricordi"), Slg. 2002, I-5089
Schlussanträge GA Mischo vom 06.06.2002, Rs. C-436/00 („XY"), Slg. 2002, I-10829
EuGH-Urteil vom 11.07.2002, Rs. C-224/98 („D´Hoop"), Slg. 2002, I-6191
EuGH-Urteil vom 05.11.2002, Rs. C-208/00 („Überseering"), Slg. 2002, I-9919
EuGH-Urteil vom 21.11.2002, Rs. C-436/00 („XY"), Slg. 2002, I-10829
EuGH-Urteil vom 12.12.2002, Rs. C-385/00 („de Groot"), Slg. 2002, I-11868
EuGH-Urteil vom 12.12.2002, Rs. C-324/00 („Lankhorst-Hohorst GmbH"), Slg. 2002, I-11779
EuGH-Urteil vom 16.01.2003, Rs. C-388/01 („Kommission / Italien"), Slg. 2003, I-721
EuGH-Urteil vom 06.05.2003, Rs. C-104/01 („Libertel"), Slg. 2003, I-3793
EuGH-Urteil vom 13.05.2003, Rs. C-98/01 („Kommission / Vereinigtes Königreich"), Slg. 2003, I-4641
EuGH-Urteil vom 12.06.2003, Rs. 234/01 („Gerritse"), Slg. 2003, I-5933
EuGH-Urteil vom 23.09.2003, Rs. C-452/01 („Ospelt und Schlössle Weissenberg Familienstiftung"), Slg. 2003, I-9743
EuGH-Urteil vom 02.10.2003, Rs. C-148/02 („Avello"), Slg. 2003, I-11613
EuGH-Urteil vom 11.12.2003, Rs. C-364/01 („Erben von Barbier"), Slg. 2003, I-15013
EuGH-Urteil vom 11.03.2004, Rs. C-9/02 („Lasteyrie du Saillant"), Slg. 2004, I-2409
Schlussanträge GA Kokott vom 18.03.2004, Rs. C-319/02 („Manninen"), Slg. 2004, I-7477
EuGH-Urteil vom 29.04.2004, Rs. C-224/02 („Pusa"), Slg. 2004, I-5763
EuGH-Beschluss vom 30.04.2004, Rs. C-184/03 („Fröschl"), Abl. EG 2004, C 118, S. 30 (Leitsätze)
Schlussanträge GA Maduro vom 06.05.2004, Rs. C-72/03 („Carbonati Apuani"), Slg. 2004, I-8027
EuGH-Beschluss vom 08.06.2004, Rs. C-268/03 („De Baeck"), Slg. 2004, I-5963
EuGH-Urteil vom 15.07.2004, Rs. C-365/02 („Lindfors"), Slg. 2004, I-7183
EuGH-Urteil vom 07.09.2004, Rs. C-319/02 („Manninen"), Slg. 2004, I-7477

EuGH-Urteil vom 19.10.2004, Rs. C-200/02 („Zhu / Chen"), Slg. 2004, I-9925
Schlussanträge GA Geelhoed vom 27.01.2005, Rs. C-403/03 („Schempp"), Slg. 2005, I-6421
EuGH-Urteil vom 01.03.2005, Rs. C-281/02 („Owusu"), Slg. 2005, I-1383
Vorabentscheidungsersuchen vom 18.03.2005, Rs. C-201/05 („Test Claimants in the CFC and Dividend Group Litigation"), Abl. 2005, C 182, S. 27 f.
Schlussanträge GA Maduro vom 07.04.2005, Rs. C-446/03 („Marks & Spencer plc."), Slg. 2005, I-10837
Vorabentscheidungsersuchen vom 03.05.2005, Rs. C-203/05 ("Vodafone 2"), Abl. 2005, C 182, S. 29
Schlussanträge GA Léger vom 30.06.2005, Rs. C-513/03 („van Hilten"), Slg. 2006, I-1957
EuGH-Urteil vom 05.07.2005, Rs. C-376/03 („D"), Slg. 2005, I-5821
Vorabentscheidungsersuchen vom 05.07.2005, Rs. C- 298/05 („Columbus"), Abl. 2005, C 271, S. 14.
EuGH-Urteil vom 12.07.2005, Rs. C-403/03 („Schempp"), Slg. 2005, I-6421
Schlussanträge GA Kokott vom 14.07.2005, Rs. C-265/04 („Bouanich"), Slg. 2006, I-923
EuGH-Urteil vom 13.12.2005, Rs. C-446/03 („Marks & Spencer plc."), Slg. 2005, I-10837
EuGH-Urteil vom 10.01.2006, Rs. C-222/04 („Cassa di Risparmio di Firenze"), Slg. 2006, I-289
Schlussanträge GA Léger vom 09.02.2006, Rs. C-182/03 und C-217/03 („Forum 187 ASBL"), Slg. 2006, I-5479
EuGH-Urteil vom 21.02.2006, Rs. C-255/02 („Halifax"), Slg. 2006, I-1609
EuGH-Urteil vom 23.02.2006, Rs. C-513/03 („van Hilten"), Slg. 2006, I-1957
Schlussanträge GA Geelhoed vom 23.02.2006, Rs. C-374/04 („Test Claimants in Class IV of the ACT Group Litigation"), Slg. 2006, I-11673
Schlussanträge GA Stix-Hackl vom 16.03.2006, Rs. C-452/04 („Fidium Finanz AG"), Slg. 2006, I-9521
Schlussanträge GA Kokott vom 30.03.2006, Rs. C-470/04 („N"), Slg. 2006, I-7409
Schlussanträge GA Geelhoed vom 06.04.2006, Rs. C-513/04 („Kerckhaert Morres"), Slg. 2007, I-10967
Schlussanträge GA Geelhoed vom 06.04.2006, Rs. C-446/04 ("Test Claimants in the FII Group Litigation"), Slg. 2006, I-11753

Schlussanträge GA Léger vom 02.05.2006, Rs. C-196/04 („Cadbury Schweppes"), Slg. 2006, I-7995
Schlussanträge GA Léger vom 18.05.2006, Rs. C-520/04 („Turpeinen"), Slg. 2006, I-10685
EuGH-Urteil vom 22.06.2006, Rs. C-182/03 und C-217-03 („Forum 187 ASBL"), Slg. 2006, I-5479
EuGH-Urteil vom 22.06.2006, Rs. C-399/03 („Kommission / Rat"), Slg. 2006, I-5629
Schlussanträge GA Geelhoed vom 29.06.2006, Rs. C-524/04 ("Test Claimants in the Thin Cap Group Litigation"), Slg. 2007, I-2107
EuGH-Urteil vom 07.09.2006, Rs. C-470/04 („N"), Slg. 2006, I-7409
Schlussanträge GA Kokott vom 12.09.2006, Rs. C-231/05 („Oy AA"), Slg. 2007, n. V.
EuGH-Urteil vom 12.09.2006, Rs. C-196/04 („Cadbury Schweppes"), Slg. 2006, I-7995
EuGH-Urteil vom 14.09.2006, Rs. C-386/04 („Stauffer"), Slg. 2006, I-9957
EuGH-Urteil vom 03.10.2006, Rs. C-452/04 („Fidium Finanz AG"), Slg. 2006, I-9521
Schlussanträge GA Stix-Hackl vom 05.10.2006, Rs. C-292/04 („Meilicke"), Slg. 2007, I-1835
EuGH-Urteil vom 09.11.2006, Rs. C-520/04 („Turpeinen"), Slg. 2006, I-10685
EuGH-Urteil vom 14.11.2006, Rs. C-513/04 („Kerckhaert Morres"), Slg. 2006, I-10967
EuGH-Urteil vom 12.12.2006, Rs. C-446/04 ("Test Claimants in the FII Group Litigation"), Slg. 2006, I-11753
EuGH-Urteil vom 12.12.2006, Rs. C-374/04 („Test Claimants in Class IV of the ACT Group Litigation"), Slg. 2006, I-11673
EuGH-Urteil vom 06.03.2007, Rs. C-292/04 („Meilicke"), Slg. 2007, I-1835
EuGH-Urteil vom 13.03.2007, Rs. C-524/04 („Test Claimants in the Thin Cap Group Litigation"), Slg. 2007, I-2107
Schlussanträge GA Mengozzi vom 29.03.2007, Rs. C-298/05 („Columbus Container Services"), Slg. 2007, n. V.
EuGH-Urteil vom 10.05.2007, Rs. C-492/04 („Lasertec"), Slg. 2007, I-3775
EuGH-Urteil vom 24.05.2007, Rs. C-157/05 („Holböck"), Slg. 2007, I-4051
Schlussanträge GA Mengozzi vom 07.07.2007, Rs. C-379/05 („Amurta), Slg. 2007, n. V.
EuGH-Urteil vom 18.07.2007, Rs. C-231/05 („Oy AA"), Slg. 2007, n. V.

Schlussanträge GA Bot vom 11.09.2007, Rs. C-101/05 („A"), Slg. 2007, n. V.
EuGH-Urteil vom 06.11.2007, Rs. C-415/06 („Stahlwerk Ergste Westig GmbH"), Slg. 2007, n. V.
EuGH-Urteil vom 08.11.2007, Rs. C-251/06 („Auer"), Slg. 2007, n. V.
EuGH-Urteil vom 08.11.2007, Rs. C-379/05 („Amurta"), Slg. 2007, n. V.
EuGH-Urteil vom 06.12.2007, Rs. C-298/05 („Columbus Container Services"), Slg. 2007, n. V.
EuGH-Urteil vom 18.12.2007, Rs. C-101/05 („A"), Slg. 2007, n. V.

II. Entscheidungen des Bundesverfassungsgerichts

BVerfG, Urteil vom 23.10.1951, 2 BvG 1/51, BVerfGE 1, S. 14
BVerfG, Urteil vom 16.01.1957, 1 BvR 253/56, BVerfGE 6, S. 32
BVerfG, Urteil vom 17.01.1957, 1 BvL 4/54, BVerfGE 6, S. 55
BVerfG, Urteil vom 26.03.1957, 2 BvG 1/55, BVerfGE 6, S. 309
BVerfG, Urteil vom 24.06.1958, 2 BvF 1/57, BVerfGE 8, S. 51
BVerfG, Beschluss vom 06.08.1958, 2 BvL 37/56, 11/57, BVerfGE 8, S. 155
BVerfG, Beschluss vom 03.12.1958, 1 BvR 488/57, BVerfGE 9, S. 3
BVerfG, Urteil vom 14.04.1959, 1 BvL 23/57, 34/57, BVerfGE 9, S. 237
BVerfG, Urteil vom 29.07.1959, 1 BvR 394/58, BVerfGE 10, S. 89
BVerfG, Beschluss vom 30.10.1961, 1 BvR 833/59, BVerfGE 13, S. 181
BVerfG, Urteil vom 24.01.1962, 1 BvL 32/57, BVerfGE 13, S. 290, 297
BVerfG, Urteil vom 24.01.1962, 1 BvR 232/60, BVerfGE 13, S. 318
BVerfG, Urteil vom 24.01.1962, 1 BvR 845/58, BVerfGE 13, S. 331
BVerfG, Beschluss vom 03.04.1962, 1 BvL 35/57, BVerfGE 14, S. 34
BVerfG, Beschluss vom 07.04.1965, 2 BvR 227/64, BVerfGE 18, S. 441
BVerfG, Urteil vom 14.12.1965, 1 BvR 413/60, 416/60, BVerfGE 19, S. 206
BVerfG, Urteil vom 14.12.1965, 1 BvR 571/60, BVerfGE 19, S. 253
BVerfG, Beschluss vom 15.12.1965, 1 BvR 513/65, BVerfGE 19, S. 342
BVerfG, Beschluss vom 13.12.1966, 1 BvR 512/65, BVerfGE 21, S. 1
BVerfG, Beschluss vom 07.05.1968, 1 BvR 420/64, BVerfGE 23, S. 242
BVerfG, Beschluss vom 09.07.1969, 2 BvL 20/65, BVerfGE 26, S. 302
BVerfG, Beschluss vom 02.10.1969, 1 BvL 12/68, BVerfGE 27, S. 58
BVerfG, Beschluss vom 08.12.1970, 1 BvR 95/68, BVerfGE 29, S. 327
BVerfG, Beschluss vom 15.12.1970, 1 BvR 559/70, 571/70, 586/70, BVerfGE 29, S. 402
BVerfG, Beschluss vom 09.02.1972, 1 BvL 16/69, BVerfGE 32, S. 333

BVerfG, Beschluss vom 23.02.1972, 2 BvL 36/71, BVerfGE 32, S. 346
BVerfG, Beschluss vom 28.02.1973, 2 BvR 487/71, BVerfGE 34, S. 325
BVerfG, Beschluss vom 03.07.1973, 1 BvR 368/65, 369/65, BVerfGE 35, S. 324
BVerfG, Beschluss vom 02.10.1973, 1 BvR 345/73, BVerfGE 36, S. 66
BVerfG, Urteil vom 05.03.1974, 1 BvR 712/68, BVerfGE 36, S. 321
BVerfG, Beschluss vom 10.03.1976, 1 BvR 355/67, BVerfGE 42, S. 20
BVerfG, Beschluss vom 24.03.1976, 2 BvR 804/75, BVerfGE 42, S. 64
BVerfG, Beschluss vom 12.10.1976, 1 BvR 197/73, BVerfGE 42, S. 374
BVerfG, Beschluss vom 23.11.1976, 1 BvR 150/75, BVerfGE 43, S. 108
BVerfG, Beschluss vom 08.02.1977, 1 BvL 7/71, BVerfGE 44, S. 59
BVerfG, Beschluss vom 23.03.1977, 2 BvR 812/74, BVerfGE 44, S. 216
BVerfG, Beschluss vom 11.10.1977, 1 BvR 343/73, 1 BvR 83/74, 1 BvR 183/75, 1 BvR 428/75, BVerfGE 47, S. 1
BVerfG, Beschluss vom 13.12.1977, 2 BvM 1/76, BVerfGE 46, S. 342
BVerfG, Beschluss vom 08.08.1978, 2 BvL 8/77, BVerfGE 49, S. 89
BVerfG, Beschluss vom 12.10.1978, 2 BvR 154/74, BVerfGE 49, S. 343
BVerfG, Beschluss vom 13.03.1979, 2 BvR 72/76, BVerfGE 50, S. 386
BVerfG, Beschluss vom 07.10.1980, 1 BvL 50/79, 89/79, 1 BvR 240/79, BVerfGE 55, S. 72
BVerfG, Urteil vom 10.12.1980, 2 BvF 3/77, BVerfGE 55, S. 274
BVerfG, Beschluss vom 23.06.1981, 2 BvR 1107/77, 1124/77, 195/79, BVerfGE 58, S. 1
BVerfG, Beschluss vom 10.11.1981, 2 BvR 1058/79, BVerfGE 59, S. 63
BVerfG, Beschluss vom 16.03.1982, 1 BvR 938/81, BVerfGE 60, S. 124
BVerfG, Beschluss vom 20.10.1982, 1 BvR 1470/80, BVerfGE 61, S. 260
BVerfG, Urteil vom 03.11.1982, 1 BvR 620/78, 1335/78, 1104/79, 363/80, BVerfGE 61, S. 319
BVerfG, Beschluss vom 16.11.1982, 1 BvL 16/75, 36/79, BVerfGE 62, S. 256
BVerfG, Beschluss vom 04.10.1983, 1 BvL 2/81, BVerfGE 65, S. 104
BVerfG, Beschluss vom 06.12.1983, 2 BvR 1275/79, BVerfGE 65, S. 325
BVerfG, Beschluss vom 07.12.1983, 2 BvR 282/80, BVerfGE 65, S. 377
BVerfG, Beschluss vom 22.02.1984, 1 BvL 10/80, BVerfGE 66, S. 214
BVerfG, Beschluss vom 20.03.1984, 1 BvL 27/82, BVerfGE 66, S. 234
BVerfG, Beschluss vom 17.07.1984, 1 BvL 24/83, BVerfGE 67, S. 231
BVerfG, Beschluss vom 17.10.1984, 1 BvR 527/80, 1 BvR 528/81, 1 BvR 441/82, BVerfGE 68, S. 143

BVerfG, Beschluss vom 28.11.1984, 1 BvR 1157/82, BVerfGE 68, S. 287
BVerfG, Beschluss vom 03.07.1985, 1 BvR 1428/82, BVerfGE 70, S. 230
BVerfG, Beschluss vom 25.03.1986, 1 BvL 5/80, 1 BvR 1023/83, 1052/83, 1227/84, BVerfGE 72, S. 84
BVerfG, Beschluss vom 01.07.1986, 1 BvL 26/83, BVerfGE 73, S. 301
BVerfG, Urteil vom 22.10.1986, 2 BvR 197/83, BVerfGE 73, S. 339
BVerfG, Beschluss vom 18.11.1986, 1 BvL 29/83, 30/83, 33/83, 34/83, 36/83, BVerfGE 74, S. 9
BVerfG, Beschluss vom 26.03.1987, 2 BvR 589/79, 740/81, 284/85, BVerfGE 74, S. 358
BVerfG, Beschluss vom 08.04.1987, 1 BvR 564/84, 684/84, 877/84, 886/84, 1134/84, 1636/84, 1711/84, BVerfGE 75, S. 78
BVerfG, Beschluss vom 05.05.1987, 1 BvR 981/81, BVerfGE 75, S. 284
BVerfG, Beschluss vom 29.10.1987, 2 BvR 624/83, 1080/83, 2029/83, BVerfGE 77, S. 171
BVerfG, Beschluss vom 31.05.1988, 1 BvL 22/85, BVerfGE 78, S. 232
BVerfG, Beschluss vom 15.06.1988, 1 BvR 1301/86, BVerfGE 78, S. 320
BVerfG, Beschluss vom 06.06.1989, 1 BvR 727/84, BVerfGE 80, S. 124
BVerfG, Beschluss vom 23.01.1990, 1 BvL 4/87, 5/87, 6/87, 7/87, BVerfGE 81, S. 228
BVerfG, Beschluss vom 29.05.1990, 1 BvL 20/84, 1 BvL 26/84, 1 BvL 4/86, BVerfGE 82, S. 60
BVerfG, Beschluss vom 30.05.1990, 1 BvL 2/83, 9/84, 10/84, 11/89, 12/89, 13/89, 4/90, 1 BvR 764/86, BVerfGE 82, S. 126
BVerfG, Beschluss vom 14.11.1990, 2 BvR 1462/87, BVerfGE 83, S. 119
BVerfG, Beschluss vom 19.02.1991, 1 BvR 1231/85, BVerfGE 83, S. 395
BVerfG, Urteil vom 24.04.1991, 1 BvR 1341/90, BVerfGE 84, S. 133
BVerfG, Beschluss vom 11.06.1991, 1 BvR 538/90, BVerfGE 84, S. 197
BVerfG, Urteil vom 27.06.1991, 2 BvR 1493/89, BVerfGE 84, S. 239
BVerfG, Beschluss vom 08.10.1991, 1 BvL 50/86, BVerfGE 84, S. 349
BVerfG, Beschluss vom 09.10.1991, 1 BvR 397/87, BVerfGE 84, S. 372
BVerfG, Beschluss vom 12.12.1991, 2 BvR 562/91, BVerfGE 85, S. 148
BVerfG, Beschluss vom 25.09.1992, 2 BvL 5/91, 8/91, 14/91, BVerfGE 87, S. 153
BVerfG, Beschluss vom 26.01.1993, 1 BvL 38/92, 40/92, 43/92, BVerfGE 88, S. 87
BVerfG, Beschluss vom 08.06.1993, 1 BvL 20/85, BVerfGE 89, S. 15

BVerfG, Urteil vom 12.10.1993, 2 BvR 2134/92, 2159/92, BVerfGE 89, S. 155
BVerfG, Beschluss vom 19. 10.1994, 2 BvR 435/87, NJW 1995, S. 651
BVerfG, Beschluss vom 22.06.1995, 2 BvL 37/91, BStBl II 1995, S. 655
BVerfG, Beschluss vom 13.05.1996, 2 BvL 33/93, BVerfGE 94, S. 315
BVerfG, Beschluss vom 20.12.2000, 2 BvR 591/00, NJW 2001, S. 2245
BVerfG, Beschluss vom 05.11.2003, 2 BvR 1243/03, BVerfGE 109, S. 13
BVerfG, Beschluss vom 14.10.2004, 2 BvR 1481/04, BVerfGE 111, S. 307

III. Entscheidungen des Bundesfinanzhofs

BFH-Urteil vom 20.12.1951, III 282/51 S, BFHE 56, S. 104
BFH-Urteil vom 19.12.1952, V Z 66/52 S, BStBl III 1953, S. 63
BFH-Urteil vom 06.05.1955, III 103/53 S, BFHE 61, S. 16
BFH-Urteil vom 29.09.1955, IV 647/54 U, BStBl III 1955, S. 348
BFH-Urteil vom 07.12.1955, V Z 183/54 S, BStBl III 1956, S. 75
BFH-Urteil vom 09.10.1953, IV 536/52 U, BStBl III 1953, S. 337
BFH-Urteil vom 20.01.1959, I 155/57 U, BStBl III 1959, S. 221
BFH-Urteil vom 07.04.1959, I 2/58 S, BStBl III 1959, S. 233
BFH-Urteil vom 08.11.1960, I 131/59 S, BStBl III 1960, S. 513
BFH-Urteil vom 09.03.1962, I 203/61 S, BStBl III 1962, S. 338
BFH-Urteil vom 12.07.1962, IV 124/58 U, BStBl III 1962, S. 522
BFH-Urteil vom 13.07.1962, VI 100/61 U, BStBl III 1962, S. 428
BFH-Urteil vom 17.09.1964, V 265/61, BStBl III 1964, S. 569
BFH-Urteil vom 27.07.1965, I 110/63 S, BStBl III 1966, S. 24
BFH-Urteil vom 16.03.1967, I 261/63, BStBl III 1967, S. 626
BFH-Urteil vom 27.09.1967, I 231/64, BStBl II 1968, S. 67
BFH-Urteil vom 18.10.1967, I 262/63, BStBl II 1968, S. 105
BFH-Urteil vom 22.05.1968, I 59/65, BStBl II 1968, S. 727
BFH-Urteil vom 17.07.1968, I 121/64, BStBl II 1968, S. 695
BFH-Urteil vom 16.07.1969, I 266/65, BStBl II 1970, S. 175
BFH-Urteil vom 11.12.1969, IV R 92/68, BStBl II 1970, S. 618
BFH-Urteil vom 03.02.1971, I R 51/66, BStBl II 1971, S. 408
BFH-Urteil vom 30.05.1972, VIII R 111/69, BStBl II 1972, S. 760
BFH-Urteil vom 17.08.1972, IV R 26/69, BStBl II 1972, S. 903
BFH-Beschluss vom 07.10.1974, GrS 1/73, BStBl II 1975, S. 168
BFH-Urteil vom 27.11.1974, I R 250/72, BStBl II 1975, S. 306
BFH-Urteil vom 14.02.1975, VI R 210/72, BStBl II 1975, S. 497

BFH-Urteil vom 21.01.1976, I R 234/73, BStBl II 1976, S. 513
BFH-Urteil vom 15.07.1976, I R 17/74, BStBl II 1976, S. 748
BFH-Urteil vom 06.04.1977, I R 86/75, BStBl II 1977, S. 569
BFH-Urteil vom 20.01.1978, VI R 193/74, BStBl 1978 II, S. 338
BFH-Urteil vom 20.02.1979, VII R 16/78, BStBl II 1979, S. 268
BFH-Urteil vom 12.03.1980, I R 186/76, BStBl II 1980, S. 531
BFH-Urteil vom 16.04.1980, I R 75/78, BStBl II 1981, S. 492
BFH-Urteil vom 17.12.1980, I R 148/76, BStBl II 1981, S. 333
BFH-Urteil vom 21.01.1981, I R 153/77, BStBl II 1981, S. 517
BFH-Urteil vom 28.01.1981, I R 10/77, BStBl II 1981, S. 612
BFH-Urteil vom 05.03.1981, IV R 94/78, BStBl II 1981, S. 658
BFH-Urteil vom 19.05.1982, I R 102/79, BStBl II 1982, S. 631
BFH-Urteil vom 30.03.1983, I R 228/78, BStBl II 1983, S. 654
BFH-Urteil vom 24.05.1984, I R 166/78, BStBl II 1984, S. 747
BFH-Urteil vom 13.03.1985, I R 7/81, BStBl II 1986, S. 318
BFH-Urteil vom 19.06.1985, I R 109/82, BFH/NV 1986, S. 249
BFH-Beschluss vom 09.07.1986, I B 36/86, BStBl II 1987, S. 487
BFH-Vorlagebeschluss vom 20.08.1986, I R 41/82, BStBl II 1987, S. 65
BFH-Beschluss vom 23.08.1986, I B 36/86, BStBl II 1987, S. 487
BFH-Beschluss vom 25.08. 1986, IV B 76/86, BStBl II 1987, S. 481
BFH-Urteil vom 25.11.1986, VIII R 350/82, BStBl II 1987, S. 286
BFH-Urteil vom 25.11.1986, VIII R 350/82, BStBl II 1987, S. 286
BFH-Urteil vom 11.02.1987, I R 177/83, BStBl II 1987, S. 461
BFH-Urteil vom 09.04.1987, IV R 142/85, BFH/NV 1987, S. 689
BFH-Urteil vom 29.04.1987, I R 176/83, BStBl II 1987, S. 733
BFH-Urteil vom 01.06.1987, I R 284 bis 286/83, BFH/NV 1988, S. 12
BFH-Urteil vom 10.06.1987, I R 149/83, BStBl II 1988, S. 25
BFH-Urteil vom 09.07.1987, IV R 87/85, BStBl II 1988, S. 342
BFH-Beschluss vom 26.10.1987, GrS 2/86, BStBl II 1988, S. 348
BFH-Urteil vom 28.10.1987, I R 110/83, BStBl II 1988, S. 301
BFH-Urteil vom 03.02.1988, I R 134/84, BFHE 153, S. 14
BFH-Urteil vom 14.04.1988, IV R 271/84, BStBl II 1988, S. 667
BFH-Urteil vom 20.04.1988, I R 67/84, BStBl II 1988, S. 927
BFH-Urteil vom 14.06.1988, VIII R 387/83, BStBl II 1989, S. 187
BFH-Urteil vom 20.07.1988, I R 49/84, BStBl II 1989, S. 140
BFH-Urteil vom 22.07.1988, III R 175/85, BStBl II 1988, S. 995
BFH-Urteil vom 27.07.1988, I R 68/84, BStBl II 1989, S. 57

BFH-Urteil vom 13.10.1988, IV R 136/85, BStBl II 1989, S. 7
BFH-Urteil vom 09.11.1988, I R 335/83, BStBl II 1989, S. 510
BFH-Urteil vom 07.12.1988, I R 25/82, BStBl II 1989, S. 248
BFH-Urteil vom 01.02.1989, I R 73/85, BStBl II 1989, S. 522
BFH-Urteil vom 11.10.1989, I R 12/87, BStBl II 1990, S. 89
BFH-Urteil vom 11.10.1989, I R 101/87, BStBl II 1990, S. 280
BFH-Urteil vom 28.02.1990, I R 83/87, BStBl II 1990, S. 649
BFH-Urteil vom 16.05.1990, I R 16/88, BStBl II 1990, S. 1049
BFH-Urteil vom 30.05.1990, I R 97/88, BStBl II 1990, S. 875
BFH-Urteil vom 18.12.1990, VIII R 17/85, BStBl II 1991, S. 512
BFH-Urteil vom 16.04.1991, VIII R 100/87, BStBl II 1992, S. 234
BFH-Urteil vom 31.07.1991, I R 51/89, BStBl II 1991, S. 922
BFH-Beschluss vom 13.11.1991, I B 72/91, BStBl II 1992, S. 263
BFH-Urteil vom 05.02.1992, I R 127/90, BStBl II 1992, S. 532
BFH-Urteil vom 07.07.1992, VIII R 24/90, BStBl II 1993, S. 333
BFH-Urteil vom 08.07.1992, XI R 51/89, BStBl II 1992, S. 946
BFH-Urteil vom 05.11.1992, I R 8/91, BFH/NV 1994, S. 357
BFH-Urteil vom 05.11.1992, I R 39/92, BStBl II 1993, S. 388
BFH-Urteil vom 02.12.1992, I R 54/91, BStBl II 1993, S. 311
BFH-Beschluss vom 06.04.1993, XI B 94/92, BFH/NV 1993, S. 633
BFH-Beschluss vom 03.12.1993, I B 145/93, BFH/NV 1994, S. 688
BFH-Urteil vom 19.01.1994, I R 40/92, BFH/NV 1995, S. 181
BFH-Urteil vom 02.02.1994, I R 66/92, BStBl II 1994, S. 727
BFH-Urteil vom 01.06.1994, X R 73/91, BFH/NV 1990, S. 616
BFH-Urteil vom 13.07.1994, I R 120/93, BStBl. II 1995, S. 129
BFH-Urteil vom 14.09.1994, I R 6/94, BStBl II 1997, S. 89
BFH-Urteil vom 26.01.1995, IV R 73/93, BStBl II 1995, S. 589
BFH-Urteil vom 15.03.1995, I R 46/94, BStBl II 1996, S. 51
BFH-Urteil vom 17.05.1995, I R 147/93, BStBl II 1996, S. 204
BFH-Urteil vom 06.12.1995, I R 88/94, BStBl II 1996, S. 383
BFH-Urteil vom 16.02.1996, I R 183/94, BStBl II 1996, S. 342
BFH-Urteil vom 04.04.1996, IV R 55/94, BFH/NV 1996, S. 801
BFH-Beschluss vom 09.06.1997, GrS 1/94, BStBl II 1998, S. 307
BFH-Urteil vom 21.08.1997, I R 186/94, IStR 1997, S. 303
BFH-Urteil vom 15.10.1997, I R 80/96, BFH/NV 1998, S. 624
BFH-Beschluss vom 08.12.1997, GrS 1-2/95, BStBl II 1998, S. 193
BFH-Beschluss vom 17.12.1997, I B 108/97, IStR 1998, S. 301

BFH-Beschluss vom 17.12.1997, I B 96/97, BStBl II 1998, S. 321
BFH-Urteil vom 17.12.1997, I R 70/97, BStBl II 1998, S. 545
BFH-Urteil vom 14.01.1998, X R 57/93, DStR 1998, S. 887
BFH-Urteil vom 21.01.1998, I R 3/96, BStBl II 1998, S. 468
BFH-Urteil vom 10.03.1999, XI R 10/98, BStBl II 1999, S. 434
BFH-Urteil vom 28.10.1999, VIII R 41/98, BStBl II 2000, S. 339
BFH-Urteil vom 19.01.2000, I R 117/97, BFH/NV 2000, S. 824
BFH-Urteil vom 28.03.2000, VIII R 68/96, DB 2000, S. 1738
BFH-Urteil vom 25.07.2000, VIII R 46/99, BFH/NV 2000, S. 1549
BFH-Urteil vom 06.09.2000, IV R 18/99, BStBl II 2001, S. 229
BFH-Beschluss vom 27.11.2000, IV-B-23/00, BFH/NV 2001, S. 424
BFH-Urteil vom 29.11.2000, I R 85/99, BStBl II 2002, S. 720
BFH-Urteil vom 25.04.2001, II R 14/98, BFH/NV 2001, S. 1457
BFH-Urteil vom 10.05.2001, I S 3/01, BFH/NV 2001, S. 957
BFH-Urteil vom 31.05.2001, IV R 53/00, BFH/NV 2001, S. 1547
BFH-Beschluss vom 21.06.2001, I B 141/00, BFHE 195, S. 398
BFH-Urteil vom 17.10.2001, I R 19/01, BFH/NV 2002, S. 609
BFH-Urteil vom 17.10.2001, I R 103/00, BStBl II 2004, S. 171
BFH-Urteil vom 19.12.2001, I R 63/00, BStBl II 2003; S. 302
BFH-Urteil vom 19.03.2002, I R 4/01, DB 2002, S. 1812
BFH-Urteil vom 20.03.2002, I R 63/99, DB 2002, S. 1640
BFH-Urteil vom 20.03.2002, I R 38/00, BStBl II 2002, S. 819
BFH-Urteil vom 01.04.2003, I R 28/02, BFH/NV 2003, S. 1241
BFH-Urteil vom 03.07.2003, I R 82/02, BStBl II 2004, S. 4
BFH-Urteil vom 09.07.2003, I R 82/01, IStR 2003, S. 818
BFH-Urteil vom 09.10.2003, V R 5/03, BStBl II 2004, S. 958
BFH-Urteil vom 19.11.2003, I R 34/02, BStBl II 2004, S. 773
BFH-Urteil vom 25.02.2004, I R 31/03, BStBl II 2004, S. 582
BFH-Urteil vom 25.02.2004, I R 42/02, BStBl II 2005, S. 14
BFH-Urteil vom 28.04.2004, I R 5/02, IStR 2004, S. 758
BFH-Urteil vom 28.04.2004, I R 6/02, IStR 2004, S. 758
BFH-Beschluss vom 05.05.2004, II R 33/02, BFH/NV 2004, S. 1279
BFH-Beschluss vom 14.07.2004, I R 94/02, IStR 2004, S. 752
BFH-Urteil vom 17.11.2004, I R 55/03, BFH/NV 2005, S. 1016
BFH-Urteil vom 31.05.2005, I R 88/04, BStBl II 2006, S. 118
BFH-Urteil vom 09.11.2005, I R 27/03, BB 2006, S. 756, 758
BFH-Urteil vom 21.12.2005, I R 4/05, BStBl II 2006, S. 555.

IV. Entscheidungen des Reichsfinanzhofs

RFH-Urteil vom 30.01.1930, I A 370/29, RStBl 1930, S. 151
RFH-Urteil vom 15.12.1932, III A 302/32, RFHE 32, S 139
RFH-Urteil vom 11.05.1933, III A 42/33, RFHE 33, S. 209
RFH-Urteil vom 18.05.1933, III A 208/34, RFHE 37, S. 252
RFH-Urteil vom 18.05.1933, III A 310/32, RFHE 33, S. 202
RFH-Urteil vom 18.10.1933, VI A 1683/32, RFHE 34, S. 286
RFH-Urteil vom 20.12.1933, III A 353/33, RFHE 35, S. 52
RFH-Urteil vom 09.01.1934, I A 344/32, RFHE 36, S. 133, 136
RFH-Urteil vom 09.01.1934, I A 344/32, RStBl 1934, S. 382
RFH-Urteil vom 15.03.1934, III A 61/34, RFHE 35, S. 326
RFH-Urteil vom 11.07.1934, VI A 1381/33, RFHE 36, S. 298
RFH-Urteil vom 11.07.1934, III A 423/33, RFHE 36, S. 301
RFH-Urteil vom 22.01.1935, VI A 827/34, RStBl 1935, S. 306
RFH-Urteil vom 18.07.1935, III A 24/35, RFHE 38, S. 140
RFH-Urteil vom 26.09.1935, VI A 522/34, RFHE 38, S. 202
RFH-Urteil vom 03.10.1935, III A 191/35, RFHE 38, S. 239
RFH-Urteil vom 05.12.1935, III A 286/35 RFHE 38, S. 328
RFH-Urteil vom 23.01.1936, III A 284/35, RFHE 39, S. 38
RFH-Gutachten vom 09.07.1936, III D 1/36, RFHE 39, S. 297
RFH-Gutachten vom 07.08.1936, GrS D 7/36, RFHE 39, S. 357
RFH-Urteil vom 09.07.1936, III A 53/36, RFHE 39, S. 310
RFH-Urteil vom 29.10.1936, III A 116/36, RFHE 40, S. 141
RFH-Urteil vom 18.02.1937, III A 183/36, RFHE 41, S. 75
RFH-Urteil vom 03.03.1937, VI-A-597/35, RStBl 1937, S. 949
RFH-Urteil vom 09.04.1937, III A 72/37, RFHE 41, S. 194
RFH-Urteil vom 10.06.1937, III A 99/37, RFHE 41, S. 280
RFH-Urteil vom 24.06.1937, III A 44/37, RFHE 41, S. 308
RFH-Urteil vom 23.09.1937, III A 197/37, RFHE 42, S. 140
RFH-Urteil vom 07.10.1937, III A 256/37, RFHE 42, S. 170
RFH-Urteil vom 28.01.1938, III 10/38, RFHE 43, S. 134
RFH-Urteil vom 31.03.1938, III 306/37, RFHE 43, S. 303
RFH-Urteil vom 25.05.1938, III 113/38, RFHE 44, S. 119
RFH-Urteil vom 15.09.1938, III 208/38, RStBl 1939, S. 153
RFH-Urteil vom 15.09.1938, III 208/38, RFHE 45, S. 36
RFH-Urteil vom 17.11.1938, III 289/38, RFHE 45, S. 176

RFH-Urteil vom 21.12.1938, VI 537/38, RStBl II 1939, S. 307
RFH-Urteil vom 21.12.1938, VI 537/38, RStBl 1939, S. 308
RFH-Urteil vom 23.02.1939, III 27/39, RFHE 46, S. 181
RFH-Urteil vom 30.03.1939, III 58/39, RFHE 46, S. 276
RFH-Urteil vom 30.03.1939, III 84/39, RFHE 46, S. 277
RFH-Urteil vom 23.05.1939, III 120/39, RFHE 47, S. 29
RFH-Urteil vom 23.05.1939, III 125/39, RFHE 47, S. 38
RFH-Urteil vom 27.06.1939, III 101/39, RFHE 47, S. 115
RFH-Urteil vom 27.06.1939, III 164/39, RFHE 47, S. 124
RFH-Urteil vom 17.07.1941, III 37/41, RFHE 50, S. 315
RFH-Urteil vom 12.05.1942, III 6/42, RFHE 52, S. 229

V. Entscheidungen der Finanzgerichte

FG Berlin, Urteil vom 26.11.1976, III 49/76, EFG 1977, S. 376
FG Düsseldorf, Urteil vom 26.10.1977, VII 174/75, EFG 1978, S. 108
FG Hamburg, Urteil vom 05.09.1978, V 24/78, EFG 1979, S. 66
FG Düsseldorf, Urteil vom 19.09.1978, I 71/75, EFG 1979, S. 201
FG Berlin, Urteil vom 12.05.1981, V 151/79, EFG 1982, S. 113
FG Köln, Urteil vom 06.08.1981, V 225/79, EFG 1982, S. 252
FG München, Urteil vom 24.02.1984, V 403/83, EFG 1984, S. 433
FG Düsseldorf, Beschluss vom 01.03.1984, II 170/83, EFG 1984, S. 535
FG Köln, Urteil vom 27.11.1985, I K 33/85, EFG 1986, S. 189
FG Düsseldorf, Urteil vom 03.07.1996, 4 K 5910/91, EFG 1996, S. 1116
FG Münster, Urteil vom 13.03.1997, 5 K 2954/96, EFG 1998, S. 251
FG Münster, Urteil vom 27.06.1997, 4 K 1136/95, EFG 1998, S. 79
FG München, Urteil vom 25.11.1997, 12 K 2629/94, EFG 1998, S. 850
FG Rheinland-Pfalz, Urteil vom 19.03.1998, 4 K 2887/97, EFG 1998, S. 1021
FG München, Urteil vom 22.09.1998, 12 K 1776/94, n. V.
FG Münster, Urteil vom 26.02.1998, 8 K 4318/95, EFG 1998, S. 920
FG Köln, Urteil vom 19.11.1998, 14 K 7699/96, EFG 1999, S. 374
Niedersächsisches FG, Urteil vom 15.07.1999, XIV 347/93, EFG 2000, S. 742
FG München, Urteil vom 22.02.2000, 2 K 1746/99, EFG 2000, S. 769
FG Köln, Urteil vom 14.03.2000, 8 K 543/99, EFG 2000, S. 1006
FG Münster, Urteil vom 31.08.2000, 8 V 4639/00, FR 2001, S. 270
FG Rheinland-Pfalz, Urteil vom 16.08.2001, 4 K 2619/98, n. V.
FG München, Beschluss vom 03.05.2001, 10 V 5021/00, n. V.

FG Baden-Württemberg, Urteil vom 28.06.2001, 6 K 490/97, IStR 2001, S. 689
FG Hamburg, Urteil vom 30.11.2001, III 101/01, EFG 2002, S. 881
FG Baden-Württemberg, Urteil vom 04.12.2001, 1 K 250/99, EFG 2002, S. 381
FG Hamburg, Urteil vom 06.12.2001, VI 123/00, IStR 2002, S. 313
FG Münster, Urteil vom 10.03.2005, 8 K 7687/00 E, IStR 2005, S. 531
FG Münster, Beschluss vom 05.07.2005, 15 K 1114/99 F, EFG 2005, S. 1512
FG Düsseldorf, Urteil vom 07.09.2005, 6 K 5917/00, EFG 2005, S. 335
FG Münster, Urteil vom 16.03.2006, 8 K 2348/02 E, IStR 2006, S. 794
FG München, Beschluss vom 03.08.2006, 11 V 500/06, IStR 2006, S. 746
FG Baden-Württemberg, Beschluss vom 26.10.2006, 3 V 32/05, FR 2007, S. 198

Verwaltungsanweisungen

Verordnung über die steuerliche Erfassung bisher nicht versteuerter Werte und über Steueramnestie vom 23.08.1931, StAmnVO, RStBl 1931, S. 600

FM Niedersachsen, Erlass betreffend der Verlagerung von Einkünften und Vermögen in Steueroasenländer vom 14.06.1965, Fin III B 12 – S 1301 – 5/65, BStBl II 1965, S. 74

Grundsätze zur Anwendung des Außensteuergesetzes, Schreiben des BMF vom 11.07.1974, IV C 1 – S 1340 – 32/74, BStBl I 1974, 442

Zentrale Sammlung und Auswertung von Unterlagen über steuerliche Auslandsbeziehungen, BMF-Schreiben vom 15.09.1975, IV C 5 – S 1300 – 312/75 und BMF-Schreiben vom 29.04.1997, IV C 7 – S 1300 – 69/97, BStBl I 1975, S. 1018, BStBl I 1997, S. 541

FM NW, Rechtsprechung des BFH zu Basisgesellschaften, Erlass vom 02.05.1977, S 1300 – 47 – V B 2, DB 1977, S. 937

Besteuerung der Mitunternehmer von Personengesellschaften (Mitunternehmererlass), Schreiben des BMF vom 20.12.1977, IV B 2 – S 2241 – 231/77, BStBl I 1978, S. 8

FM NW, Einkünfte von Zwischengesellschaften - Mitwirkung bei Vertriebsgesellschaften i. S. d. § 8 (1) Nr. 4 AStG – Erlass vom 29.12.1978 – S 1352 – 5 – VB 2, n. V.

Verwaltungsgrundsätze für die Prüfung der Einkunftsabgrenzung bei international verbundenen Unternehmen, Schreiben des BMF vom 23.02.1983, IV C 5 – S 1341 – 4/83, BStBl I 1983, S. 218, geändert durch BStBl I 1999, S. 1122; ergänzt durch BStBl I 2001, S. 796

Anwendungsschreiben des BMF zum AStG vom 02.12.1994, IV C 7 – S 1340 – 20/94, BStBl I 1995, Sondernummer 1

Anwendung des § 1 AStG durch die Außenprüfung auf den Technologietransfer in Entwicklungsländer, Verfügung der OFD-Koblenz vom 10.08.1995, S 1341 A – St 34 1, n. V.

Sonderbetriebsvermögen bei Vermietung an eine Schwester-Personengesellschaft, Schreiben des BMF vom 28.04.1998, IV B 2 – S2241 – 42/98, BStBl I 1998, S. 583

Schreiben betr. Grundsätze der Verwaltung für die Prüfung der Aufteilung der Einkünfte bei Betriebsstätten international tätiger Unternehmen (Betriebsstätten-Verwaltungsgrundsätze) vom 24.12 1999, IV B 4 – S 1300 – 111/99, BStBl I 1999, S. 1076

Grundsätze für die Prüfung der Einkunftsabgrenzung durch Umlageverträge zwischen international verbundenen Unternehmen, Schreiben des BMF vom 30.12.1999, IV B 4 – S 1341 – 14/99, BStBl I 1999, S. 1122

Grundsätze für die Prüfung der Einkunftsabgrenzung zwischen international verbundenen Unternehmen in Fällen der Arbeitnehmerentsendung, Schreiben des BMF vom 09.11.2001, IV B 4 – S 1341 – 20/01, BStBl I 2001, S. 796

Erlass FM Baden Württemberg betr. Bewertung von Kapitalforderungen und Kapitalschulden sowie von Ansprüchen/Lasten bei wiederkehrenden Nutzungen und Leistungen nach dem 31.12.1995 für Zwecke der Erbschafts- und Schenkungssteuer vom 07.12.2001, S 3103 / 4, BStBl I 2001, S. 1041

Niedrige Besteuerung i. S. d. § 2 Abs. 2 AStG bei der erweitert beschränkten Steuerpflicht nach § 2 AStG – Vorzugsbesteuerung in Großbritannien, OFD Münster, Runderlass vom 21.05.2002, S 1301 – 1 – St 13 – 34, StEK AStG § 2 Nr. 6, DB 2002, S. 1192

Korrektur einer verdeckten Gewinnausschüttung innerhalb oder außerhalb der Steuerbilanz, Schreiben des BMF vom 28.05.2002, IV A 2 – S 2742 – 32/02, BStBl I 2002, S. 603

Auslegung des Begriffs „Geschäftsbeziehung" in § 1 AStG, Schreiben des BMF vom 17.10.2002 (koordinierter Ländererlass), IV B 4 – S-1341 – 14/02, BStBl I 2002, S. 1025

Schreiben des BMF betr. Grundsätze zur Anwendung des AStG vom 14.05.2004, IV B 4 – S 1340 – 11/04, BStBl 2004 I, Sondernummer 1/2004

Zwischenstaatliche Amtshilfe in Steuersachen - Delegation von Zuständigkeiten nach § 1a EG-Amtshilfegesetz, Schreiben des BMF vom 07.12.2004, IV B 4 – S 1320 – 12/04, BStBl I 2004, S. 1184

Begriff der Vermittlung in § 4 UStG, Schreiben des BMF vom 13.12.2004, IV A 6 – S 7160a – 26/04, BStBl I 2004, S. 1199

Vertragsverletzungsverfahren der EU-Kommission zu § 15 AStG (Familienstiftungen), Runderlass der Senatsverwaltung für Finanzen Berlin vom 01.02.2005, III A 3 – S 1361 – 3/2004, IStR 2005, S. 174

Grundsätze für die Prüfung der Einkunftsabgrenzung zwischen nahestehenden Personen mit grenzüberschreitenden Geschäftsbeziehungen in Bezug auf Ermittlungs- und Mitwirkungspflichten, Berichtigungen sowie auf Verständigungs- und EU-Schiedsverfahren (Verwaltungsgrundsätze-Verfahren), BMF-Schreiben vom 12.04.2005, IV B 4 – S 1341 – 1/05, BStBl I 2005, S. 570

Vertragsverletzungsverfahren gegen die Bundesrepublik Deutschland (§ 6 AStG); EG-rechtskonforme Anwendung des § 6 AStG, Schreiben des BMF vom 08.06.2005, IV B 5 – S 1348 – 35/05, BStBl I 2005, S. 714

Schreiben des BMF zum Vorliegen von Geschäftsbeziehungen i. S. v. § 1 Abs. 4 AStG vom 22.07.2005, IV B 4 – S 1341 – 4/05, BStBl I 2005, S. 818

Hinzurechnungsbesteuerung nach dem AStG, Schreiben des BMF vom 08.01.2007, IV B 4 – S 1351 – 1/07, IStR 2007, S. 151.

Schreiben des BMF zu den Auswirkungen des EuGH-Urteils in der Rs. C-347/94 („REWE Zentralfinanz") auf § 2a Abs. 1 S. 1 Nr. 3 lit. a EStG vom 11.06.2007, IV B 3 – S – 2128 – a / 07 / 0003, IStR 2007, S. 556.

Literaturverzeichnis

A. Kommentare

Blümich	EStG, KStG, GewStG und Nebengesetze, Kommentar, Loseblatt, 95. EL, Mai 2007, München, Verlag Franz Fahlen
Brezing/Krabbe/Lempenau/u. a.	Außensteuerrecht, Kommentar, 1. Auflage, Herne/Berlin, Verlag Neue-Wirtschafts-Briefe, 1991
Calliess/Ruffert	Kommentar zu EU-Vertrag und EG-Vertrag, 3. Auflage, Neuwied / Kriftel, Luchterhand Verlag, 2007
Debatin/Wassermeyer	Doppelbesteuerung, Kommentar, Loseblatt, 101. EL, Mai 2007, München, Verlag C. H. Beck
Dötsch/Eversberg/Jost/ Pung/Witt	Die Körperschaftsteuer, Kommentar, Loseblatt, 60 EL, Juli 2007, Stuttgart, Schäffer-Poeschel Verlag
Ernst/Young	Verdeckte Gewinnausschüttungen und verdeckte Einlagen, Kommentar, Loseblatt, 29. EL, August 2007, Bonn/Berlin, Verlag Stollfuß
Flick/Wassermeyer/ Baumhoff	Außensteuerrecht, Kommentar, Loseblatt, 60. EL, Juli 2007, Köln, Verlag Dr. Otto Schmidt
Flick/Wassermeyer/ Wingert/u. a.	DBA Deutschland-Schweiz, Kommentar, Loseblatt, 28. EL, November 2006, Köln, Verlag Dr. Otto Schmidt
Frotscher	Kommentar zum EStG, Loseblatt, 140. EL, September 2007, Freiburg, Haufe Verlag
Geiger	EUV/EGV, Kommentar, 4. Auflage, München, Verlag C. H. Beck, 2004
Grabitz/Hilf	Das Recht der Europäischen Union, Kommentar, Loseblatt, 33. EL, September 2007, München, Verlag C. H. Beck
Gosch/Kroppen/Grotherr	DBA-Kommentar, Loseblatt, 18. EL, Februar 2007, Herne / Berlin, Verlag Neue Wirtschafts-Briefe
von der Groeben/ Schwarze	Vertrag über die Europäische Union und Vertrag zur Gründung der Europäischen Gemeinschaft, Kommentar, 6. Auflage, Nomos-Verlag, Baden-Baden, 2003
Herrmann/Heuer/ Raupach	Einkommensteuer- und Körperschaftsteuergesetz, Kommentar, Loseblatt, 229. EL, November 2007, Köln, Verlag Dr. Otto Schmidt

Hübschmann/Hepp/ Spitaler	Abgabenordnung, Finanzgerichtsordnung, Kommentar, Loseblatt, 195. EL, Oktober 2007, Köln, Verlag Dr. Otto Schmidt
Kirchhof/Söhn	Einkommensteuergesetz, Kommentar, Loseblatt, 179. EL, Oktober 2007, Heidelberg, Verlag C. F. Müller
Korn/Debatin	Doppelbesteuerung, Kommentar, Loseblatt, 68. EL, August 1996, München, Verlag C. H. Beck
Kroppen	Handbuch Internationale Verrechnungspreise, Kommentar, Loseblatt, 8. EL, Dezember 2006, Köln, Verlag Dr. Otto Schmidt
Lademann	Kommentar zum Einkommensteuergesetz und Nebengesetze, Loseblatt, 156. EL, Juli 2007, Stuttgart, Richard Boorberg Verlag
Lenz/Borchhardt	EUV/EGV, Kommentar, 3. Auflage, Köln, Verlag Bundesanzeiger, 2003
Littmann/Bitz/Pust	EStG – Das Einkommensteuerrecht, Kommentar, Loseblatt, 75. EL, August 2007, Stuttgart, Verlag Schäffer-Poeschl
Schmidt	Einkommensteuergesetz, Kommentar, 26. Auflage, München, Verlag C. H. Beck, 2007
Schmitt/Hörtnagel/ Stratz	Umwandlungsgesetz, Umwandlungssteuergesetz, Kommentar, 4. Auflage, München, Verlag C. H. Beck, 2006
Strunk/Kaminski/ Köhler	AStG, DBA, Kommentar, Loseblatt, 8. EL, Januar 2007, Bonn/Berlin, Verlag Stollfuß
Schwarze	EU-Kommentar, 1. Auflage, Nomos Verlag, Baden-Baden, 2000
Tipke/Kruse	Abgabenordnung, Finanzgerichtsordnung, Kommentar, Loseblatt, 114. EL, November 2007, Köln, Verlag Dr. Otto Schmidt
Vogel/Lehner	Doppelbesteuerungsabkommen, Kommentar, 4. Auflage, München, Verlag C. H. Beck, 2003
Widmann/Mayer	Umwandlungsrecht, Kommentar, Loseblatt, 95. EL, Juli 2007, Bonn/Berlin, Verlag Stollfuß
Wöhrle/Schelle/Gross	Außensteuergesetz, Kommentar, Loseblatt, 25. EL, August 2006, Stuttgart, Verlag Schäffer-Poeschl

B. Monographien

Ballwieser/Grewe	Wirtschaftsprüfung im Wandel, München, Verlag C. H. Beck, 2008
Baranowski	Besteuerung von Auslandsbeziehungen, 2. Auflage, Herne/Berlin, Verlag Neue Wirtschafts-Briefe, 1996
Bellstedt	Die Besteuerung international verflochtener Gesellschaften, 3. Auflage, Köln, Verlag Dr. Otto Schmidt, 1973
Bleckmann	Grundgesetz und Völkerrecht, Berlin, Verlag Duncker & Humblot, 1975
Brünink	Das Verhältnis der Normen des AStG zu den DBA, Jur. Diss., München, Verlag C. H. Beck, 1996
Burmester	Außensteuerrecht, DBA und EU-Recht im Spannungsverhältnis, Festschrift für Helmut Debatin, München, Verlag C. H. Beck, 1997
Cagianut	Steuerrecht: Ausgewählte Probleme am Ende des 20. Jahrhunderts; Festschrift für Ernst Höhn, Bern / Stuttgart / Wien, Verlag Haupt, 1995
Cordewener	Europäische Grundfreiheiten und nationales Steuerrecht, Jur. Diss., Köln, Dr. Otto Schmidt Verlag, 2002
Döllerer	Verdeckte Gewinnausschüttungen und verdeckte Einlagen bei Kapitalgesellschaften, 2. Auflage, Heidelberg, Verlag Recht und Wirtschaft, 1990
Dreßler	Gewinn- und Vermögensverlagerungen in Niedrigsteuerländer und ihre steuerliche Überprüfung, 3. Auflage, Neuwied / Kriftel, Verlag Luchterhand, 2000
Epiney	Umgekehrte Diskriminierungen, Jur. Habil., Universität Mainz 1994, Köln, Verlag Heymann, 1995
Fähnrich	Doppelbesteuerung im Allgemeinen und ihre Beseitigung durch die Gesetzgebung im deutschen Staatsgebiet von der Reichsgründung bis zur Gegenwart, Jur. Diss., Borna-Leipzig, Noske Verlag, 1928
Fischer	Besteuerung internationaler Konzerne, Köln, Verlag Dr. Otto Schmidt, 1993
Fischer/Warneke	Internationale betriebswirtschaftliche Steuerlehre, 5. Auflage, Berlin, Verlag E. Schmidt, 2005

Fischer-Zernin	Internationale Ertragsteuern und Welthandelsordnung (GATT/WTO), Jur. Diss., Köln, Verlag Dr. Otto Schmidt, 1996
Gall	Krupp im 20. Jahrhundert, Berlin, Siedler Verlag, 2002
Gerloff/Neumark	Handbuch der Finanzwissenschaft, 2. Auflage, Tübingen, Verlag Mohr, 1952
Großfeld	Basisgesellschaften im internationalen Steuerrecht, Jur. Diss., Tübingen, Verlag Mohr, 1974
Haiß	Gewinnabgrenzung bei Betriebsstätten im internationalen Steuerrecht, Neuwied/ Kriftel, Luchterhand Verlag, 2000
Hemmelrath	Die Ermittlung des Betriebsstättengewinns im internationalen Steuerrecht, Jur. Diss., München, Verlag Florentz, 1982
Hendricks	Internationale Informationshilfe im Steuerverfahren: Grundlagen, Systematik und Grenzen der informationellen zwischenstaatlichen Rechts- und Amtshilfe, Jur. Diss., Universität Münster 2004, Köln, Verlag Dr. Otto Schmidt, 2004
Hensel	Zur verfassungsrechtlichen Problematik des § 6 StAnpG, Jur. Diss., Frankfurt, 1974
IFA	Cahiers de droit fiscal international, Volume LXXXVIIb, The tax treatment of transfer of residence by individuals, 2002
Ipsen	Völkerrecht, 5. Auflage, München, Verlag C. H. Beck, 2004
Isensee/Kirchhof	Handbuch des Staatsrechts, Band V, Allgemeine Grundrechtslehren, 2. Auflage, Heidelberg, Verlag C. F. Müller, 2000
Jacobs	Internationale Unternehmensbesteuerung, 6. Auflage, München, Verlag C. H. Beck, 2007
Jahn	Die Doppelbesteuerung – Eine Darstellung unter besonderer Berücksichtigung der von Deutschland zur Vermeidung der Doppelbesteuerung abgeschlossenen internationalen Verträge und der vom Völkerbund in dieser Frage unternommenen Schritte, Jur. Diss., Würzburg, Brügel Verlag, Ansbach, 1928

Klein	Festschrift für Hans Flick zum 70. Geburtstag, Köln, Verlag Dr. Otto Schmidt, 1997
Klein	Die reichsrechtlichen und internationalen Maßnahmen gegen die Doppelbesteuerung, Wirtschaftswiss. Diss., Tübingen, Seeger Verlag, 1929
Kluge	Das internationale Steuerrecht, 4. Auflage, München, Verlag C. H. Beck, 2000
Knobbe-Keuk	Bilanz- und Unternehmenssteuerrecht, 9. Auflage, Köln, Verlag Dr. Otto Schmidt, 1993
Kübler	Gesellschaftsrecht, 5. Auflage, Heidelberg, Verlag Müller, 1999
Lackhoff	Die Niederlassungsfreiheit des EGV – nur ein Gleichheits- oder auch ein Freiheitsrecht?, Jur. Diss., Univ. Münster 1998, Berlin, Verlag Duncker & Humblot, 2000
Larenz/Wolf	Allgemeiner Teil des Bürgerlichen Rechts, 9. Auflage, München, Verlag C. H. Beck, 2004
Lechner/Staringer/Tumpel	Kapitalverkehrsfreiheit und Steuerrecht, Wien, Linde Verlag, 2000
Lehner	Steuerrecht im Europäischen Binnenmarkt: Einfluss des EG-Rechts auf die nationalen Steuerrechtsordnungen, DStJG, Band 19, Köln, Verlag Dr. Otto Schmidt, 1996
Lüke	Festschrift für Gerhard Schiedermair, München, Verlag C. H. Beck, 1976
Mössner	Steuerrecht international tätiger Unternehmen, 3. Auflage, Köln, Verlag Dr. Otto Schmidt, 2005
Müller-Etienne	Die Europarechtswidrigkeit des Erbschaftsteuerrechts, Baden-Baden, Verlag Nomos, 2003
Musil	Deutsches Treaty Overriding und seine Vereinbarkeit mit Europäischem Gemeinschaftsrecht, Jur. Diss., Berlin, Duncker und Humblot Verlag, 2000
Mußgnug	Die Reichsfluchtsteuer: 1931 – 1953, Berlin, Verlag Duncker & Humblot, 1993
OECD	Tax co-operation: towards a level playing field (2006 assessment by the Global Forum on Taxation), Paris, 2006

Oppermann	Europarecht, 3. Auflage, München, Verlag C. H. Beck, 2005
Randelzhofer	Gedächtnisschrift für Eberhard Grabitz, München, Verlag C. H. Beck, 1995
Rennebaum/Zitzlaff	Die deutschen Doppelbesteuerungsverträge mit Erläuterungen und einer Übersicht über die Rechtsprechung zur beschränkten Steuerpflicht, Schweitzer Verlag, München und Berlin, 1938
Runge/Ebling/Baranowski	Die Anwendung des AStG, Heidelberg, Verlag Recht und Wirtschaft, 1974
Sauerwald	Die Unionsbürgerschaft und das Staatsangehörigkeitsrecht in den Mitgliedstaaten der EU, Frankfurt, Verlag Lang, 1996
Schaumburg	Internationales Steuerrecht, 2. Auflage, Köln, Verlag Dr. Otto Schmidt, 1998
Schaumburg	Dokumentation der Kölner Konzernrechts-Tage 1997, Köln, Verlag Dr. Otto Schmidt, 1998
Schmidt	Gesellschaftsrecht, 4. Auflage, Köln, Verlag Heymanns, 2002
Schön	Gedächtnisschrift für Brigitte Knobbe-Keuk, Köln, Verlag Dr. Otto Schmidt, 1997
Schön	Gestaltungsmissbrauch im Europäischen Steuerrecht, Zentrum für Europäisches Wirtschaftsrecht, Vorträge und Berichte, Nr. 57, Bonn, 1996
Schönfeld	Hinzurechnungsbesteuerung und Europäisches Gemeinschaftsrecht, Jur. Diss., Köln, Verlag Dr. Otto Schmidt, 2005
Seidl-Hohenveldern	Völkerrecht, 3. Auflage, Neuwied / Kriftel, Verlag Luchterhand, 2001
Senti	GATT-WTO, Die neue Welthandelsordnung nach der Uruguay-Runde, Zürich, Institut für Wirtschaftsforschung, 1994
Tipke	Die Steuerrechtsordnung, Band 1: Wissenschaftsorganisatorische, systematische und grundrechtlich-rechtsstaatliche Grundlagen, 2. Auflage, Köln, Verlag Dr. Otto Schmidt, 2000

Tipke	Die Steuerrechtsordnung, Band 2: Steuerrechtfertigungstheorie, Anwendung auf alle Steuerarten, sachgerechtes Steuersystem, Köln, Verlag Dr. Otto Schmidt, 1993
Tipke/Lang	Steuerrecht, 18. Auflage, Köln, Verlag Dr. Otto Schmidt, 2005
von Uckermann	Besteuerung von Basisgesellschaften in den USA und Deutschland, Jur. Diss., Köln, Verlag Dr. Otto Schmidt, 2003
Graf Vitzthum	Völkerrecht, 3. Auflage, Berlin, Verlag de Gruyter, 2004
Vogel/Ellis	Steueroasen und Außensteuergesetzte, Münchener Schriften zum Internationalen Steuerrecht, Bd. 3, München, Verlag C. H. Beck, 1981
Vögele/Borstell/Engler	Handbuch der Verrechnungspreise, 2. Auflage, München, Verlag C. H. Beck, 2004
Wank	Die Auslegung von Gesetzen: Eine Einführung, 3. Auflage, Köln, Verlag Heymann, 2005

C. Zeitschriftenaufsätze

Ammelung	(Erneute) Verrechnungspreisaspekte bei Sicherheitengestellung gegenüber ausländischen Finanzierungsgesellschaften, IStR 2003, S. 250
Andresen	Keine Einkünftekorrektur nach § 1 Abs. 1 AStG bei Begebung eines zinslosen Darlehens an inländische GmbH mit Schweizer Betriebsstätte, IStR 2005, S. 123
Angermann/Anger	Der neue Erlass zum AStG – Erweiterte beschränkte Steuerpflicht bei Wohnsitz in Großbritannien?, IStR 2005, S. 439
Arndt/Ringel	Inländische Holdinggesellschaften und § 42 AO, BB 1988, S. 2147
Axer	Der Europäische Gerichtshof auf dem Weg zur „doppelten Kohärenz", IStR 2007, S. 162
Bachmayer	Der sogenannte Steueroasen-Erlass, FR 1965, S. 392

Baumhoff/Ditz/Greinert	Die Dokumentation internationaler Verrechnungspreise nach den „Verwaltungsgrundsätze-Verfahren", DStR 2005, S. 1549
Baumhoff/Ditz/Greinert	Auswirkungen des Unternehmensteuerreformgesetzes 2008 auf die Ermittlung internationaler Verrechnungspreise, DStR 2007, S. 1461
Baumhoff/Greinert	Aufteilung von Standortvorteilen bei der Verrechnungspreisermittlung gegenüber Lohnfertigern - Anmerkung zum Urteil des FG Münster vom 16.3.2006, IStR 2006, S. 789
Bauschatz	Steuerlicher Gestaltungsmissbrauch und Europarecht (Teil 1 und 2), IStR 2002, S. 291, 333
Becker	Die Besteuerung von Betriebsstätten, DB 1989, S. 10
Becker	Der ordentliche Geschäftsleiter – Ist sein Grab schon geschaufelt?, DB 1996, S. 1439
Bellstedt	Die Neuregelung der Besteuerung von Auslandsinvestitionen im amerikanischen Steuerrecht, DStR 1962/63, S. 331
Bendlinger	„Dealing at arm's length" bei temporären DBA-Betriebsstätten, SWI 1997, S. 104
Beul	Beschränkung europäischer Niederlassungsfreiheit und Art. 220 EGV – Doppelbesteuerung und Meistbegünstigung, IStR 1997, S. 1
Blumers	Funktionsverlagerung per Transferpaket, BB 2007, S. 1757
Bogenschütz/Hierl	Steueroptimierter Unternehmensverkauf: Veräußerung von Einzelunternehmen und Personengesellschaften (Teil 1), DStR 2003, S. 1097
Borstell/Brüninghaus/Dworaczek	Zweifel an der Rechtmäßigkeit von Verrechnungspreiskorrekturen nach § 1 AStG, IStR 2001, S. 757
Böing	Der Begriff des steuerlichen Gestaltungsmissbrauchs im Gemeinschaftsrecht, EWS 2007, S. 55
Brenner	Vereinbarkeit des AStG mit dem EGV, KFR 2001, S. 383
Bron	Das van Hilten-Urteil des EuGH und die (Un-) Anwendbarkeit der Wegzugsbesteuerung im Verhältnis zu Drittstaaten, IStR 2006, S. 296

Brüggelambert	Anmerkungen zur Theorie und Praxis der steuerlichen Gestaltung von Verrechnungspreisen – Abschließend erläutert am Beispiel der Henkel KGaA, BFP 2005, S. 176
Büchele	Offene und verdeckte Einlagen im Bilanz- und Gesellschaftsrecht, DB 1997, S. 2337
Carlé	Direkte Steuern und Europarecht, KöSDI 2003, S. 13583
Caroll	Taxation of Foreign and National Enterprises, Volume IV, Methods of Allocating Taxable Income, League of Nations, 30th of September 1933
Clausen	Struktur und Rechtsfolgen des § 42 AO, DB 2003, S. 1589
Clemens/Engelke	Steuerliche Einkünfteverlagerung durch Nutzungsvorteile, FR 2002, S. 753
Cordewener/Kofler/ Schindler	Free Movement of Capital, Third Country Relationships and National Tax Law: An Emerging Issue before the ECJ, ET 2007, S. 107
Crezelius	Steuerrechtliche Verfahrensfragen bei grenzüberschreitenden Sachverhalten, IStR 2002, S. 433
Dautzenberg	Die Bedeutung des EGV für die Erbschaftsteuer, EWS 1998, S. 86
Dautzenberg	Reformbedarf bei der beschränkten Steuerpflicht nach dem EuGH-Urteil in der Rechtssache Asscher, DB 1996, S. 2248
Dautzenberg	EG-Vertrag und deutsche Erbschaftsteuer – Überlegungen zum deutschen Erbschaftsteuergesetz, insbesondere zum Betriebsvermögensfreibetrag, BB 1997, S. 123
Dautzenberg	Die Wegzugssteuer des § 6 AStG im Licht des EG-Rechts, BB 1997, S. 180
Dautzenberg	Die erweiterte beschränkte Steuerpflicht des AStG und der EGV, IStR 1997, S. 39
Dautzenberg/Kempermann	Anmerkungen zum Beschluss des BFH vom 17.12.1997, FR 1998, S. 489
Dautzenberg/Lausterer	Anmerkungen zum Beschluss des BFH vom 17.12.1997, IStR 1998, S. 301

Dautzenberg/Goksch	Die europarechtliche Problematik des § 1 AStG, BB 2000, S. 904
Debatin	Die Reform des Steuerrechts der USA (Teil I), DB 1963, S. 76
Debatin	Einkommens- und Vermögensverlagerungen in sog. Steueroasenländer unter Ausnutzung des zwischenstaatlichen Steuergefälles (Teil I, II), DB 1965, S. 1022, 1066
Debatin	Die Basisgesellschaft in der Wertung, StuW 1967, S. 313
Debatin	Der Steueroasenerlass im Lichte der Rechtswertung, DStZ A 1968, S. 361
Debatin	Anwendungsgrundsätze zum AStG, DB 1974, Beilage Nr. 15
Debatin	Handbuch der Vereinten Nationen für Verhandlungen über DBA zwischen Industriestaaten und Entwicklungsländern, DB 1980, Beilage Nr. 15
Debatin	Das Betriebsstättenprinzip der deutschen Doppelbesteuerungsabkommen (Teil I und II), DB 1989, S. 1692, 1739
Debatin	StÄndG 1992 und „Treaty Override", DB 1992, S. 2159
Degen	Die Unionsbürgerschaft nach dem Vertrag über die EU unter besonderer Berücksichtigung des Wahlrechts, DÖV 1993, S. 749
Deininger	Wegzug natürlicher Personen von Deutschland nach Österreich unter Berücksichtigung der de Lasteyrie-Entscheidung des EuGH, INF 2004; S. 460
Ditz	Internationale Gewinnabgrenzung bei Betriebsstätten und nationale Gewinn-ermittlungsvorschriften im Lichte aktueller Entwicklungen bei der OECD, IStR 2005, S. 37
Ditz	Übertragung von Geschäftschancen bei Funktionsverlagerungen ins Ausland, DStR 2006, S. 1625
Dorn	Das Steuerrecht der Wirtschaft in den neuen Handelsverträgen, StuW 1926, S. 1399

Dölker/Ribbrock	Die Kapitalverkehrsfreiheit im Verhältnis zu Drittstaaten – nunmehr gefestigte EuGH-Rechtsprechung?, BB 2007, S. 1928
Döllerer	Recht auf Nutzungen nicht Gegenstand einer verdeckten Einlage – Urteilsanmerkung zu BFH-Urteil vom 19.09.1978, I 71/75 K, BB 1979, S. 1539
Dötsch/Pung	Steuersenkungsgesetz : Die Änderungen bei der Körperschaftsteuer und bei der Anteilseignerbesteuerung, DB 2000, Beilage 10
Düll	Übertragung von Vermögen bei Personengesellschaften – Alternativen, Rechtsfolgen, Normkonkurrenzen, StBJb 2002/2003, S. 117
Ebling	Überlegungen zum neuen Außensteuerrecht aus Sicht der steuerlichen Betriebsprüfung, StBp 1971, S. 218
Eigelshoven	Gemeinschaftsrechtliche Bedenken des BFH gegen § 1 AStG – Anm. zu BFH vom 21. 6. 2001 (I B 141/00), IWB, F. 3, Gr. 1, S. 1761
Endres/Oestreicher	Grenzüberschreitende Ergebnisabgrenzung: Verrechnungspreise, Konzernumlagen, Betriebsstättengewinnermittlung – Bestandsaufnahme und Neuentwicklungen, IStR 2003, Beiheft zu Heft 15
Engelke/Clemens	Unentgeltliche Nutzungsvorteile als Instrument der Ergebnissteuerung im nationalen und internationalen Konzern – Ausgewählte Gestaltungsfragen, DStR 2002, S. 285
Ettinger	Den Wegzug ins Ausland gezielt als Gestaltungsinstrument einsetzen, PIStB 2005, S. 146
Ettlinger/Eberl	Die deutsche Wegzugsbesteuerung nach der EuGH-Rechtsprechung und wesentliche Gestaltungsüberlegungen im Zusammenhang mit einem Wegzug ins Ausland, GmbHR 2005, S. 152
Fehrenbacher	Mindeststeuersatz für beschränkt Steuerpflichtige Gemeinschaftsrechtswidrig?, BB 2001, S. 1774
Felix	Der Reichsfinanzhof im „Dritten Reich", die jüdischen Deutschen und die unbegrenzte Auslegung, BB 1993, S. 1297

Fischer	Mobilität und (Steuer-) Gerechtigkeit in Europa – Überlegungen aus Anlass des EuGH-Urteils v. 11. 3. 2004 (Rs. C-9/02) Hughes de Lasteyrie du Saillant, FR 2004, S. 630
Flick	Vereinbarkeit des Steuerfluchtgesetzes mit DBA, BB 1971, S. 250
Flick	Deutsche Verwaltungsgrundsätze zu internationalen Verrechnungspreisen aus der Sicht der Unternehmen, JbFSt 1981/82, S. 135
Flüge	Zur Behandlung der sogenannten Basisgesellschaften, DB 1965, S. 1829
Fontana	The Uncertain Future of CFC Regimes in the Member States of the European Union, ET 2006, S. 259, 317
Förster	Nichtanwendungserlass zu Beteiligungen an irischen „IFSC-Kapitalgesell-schaften", PIStB 2001, S. 127
Förster	Der OECD-Bericht zur Ermittlung des Betriebsstättengewinns, IWB, F. 10, Gr. 2, S. 1929
Franck	§ 20 Abs. 2 AStG auf dem Prüfstein der Grundfreiheiten – Anmerkung zu den Schlussanträgen des GA Mengozzi in der Rs. C-298/06 („Columbus Container Services"), IStR 2007, S. 489
Freitag	Mitgliedstaatliche Beschränkungen des Kapitalverkehrs und Europäisches Gemeinschaftsrecht, EWS 1997, S. 186
Frotscher	Grundfragen der Funktionsverlagerung, FR 2008, S. 49
Goebel/Palm	Der Motivtest – Rettungsanker der deutschen Hinzurechnungsbesteuerung?, IStR 2007, S. 720
Gosch	Rechtswidrige Praxis im Steuerstrafverfahren, Stbg 2001, S. 360
Groh	Ist die verdeckte Einlage ein Tauschgeschäft?, DB 1997, S. 1683
Groh	Die Vermögensübertragung auf Schwesterpersonengesellschaften als Lehrstück der Mitunternehmerbesteuerung, DB 2002, S. 1904
Grotherr	Erneute Reform der Hinzurechnungsbesteuerung durch das Unternehmensteuerfortentwicklungsgesetz, (Teil I und II) IWB, Fach 3, Gruppe 1, S. 1883

Gundel	Auswirkungen der neuen Hinzurechnungsbesteuerung des Außensteuergesetzes auf internationale Finanzierungsgesellschaften, IStR 1993, S. 49
Günkel	Unverzinsliche Verbindlichkeiten / Forderungen im Konzern in Handels- und Steuerbilanz, StbJb 2002/2003, S. 281
Günkel/Lieber	Zur Änderung des Begriffs der „Geschäftsbeziehung" in § 1 Abs. 4 AStG, IStR 2003, S. 229
Günkel/Lieber	Erhöhung des Hinzurechnungsbetrags gemäß § 12 Abs. 1 S. 2 AStG a. F. auch bei der Gewerbesteuer, IStR 2006, S. 459
Hackemann	Kann die Niederlassungsfreiheit vor der Hinzurechnung von Drittlandseinkünften nach dem AStG schützen?, IStR 2007, S. 351
Hahn	§ 6 Abs. 1 AStG verstößt weder gegen das GG noch den EGV, IStR 1998, S. 431
Hahn	Das ICI-Urteil des EuGH und die Hinzurechnungsbesteuerung gem. §§ 7 ff. AStG, IStR 1999, S. 609
Hahn	Von Spartanern und Athenern – zum Beschluss des BFH vom 17.12.1997 zur Vereinbarkeit des § 6 AStG mit dem EGV, zu seinen Kritikern und zugleich ein Beitrag zur Dogmatik der Grundfreiheiten des EGV, DStZ 2000, S. 14
Hahn	Bemerkungen zum EuGH-Urteil „Cadbury Schweppes", IStR 2006, S. 667
Hauber/Kiesel	Abzinsungsgebot nach § 6 Abs. 1 Nr. 3 EStG: Auswirkungen auf Verbindlichkeiten aus unverzinslichen Gesellschafterdarlehen, BB 2000, S. 1511
Hefner	Gesetze, Verordnungen, Erlasse, StuW 1932, Teil 1, S. 63
Heinicke	Diskriminierung im Ertragsteuerrecht der EG- und EWR-Staaten nach der Rechtsprechung des EuGH, DStR 1998, S. 1332
Heinze/Thomae	Oasenerlass teilweise ohne Rechtsgrundlage?, AWD 1968, S. 332
Helmert	Die Zurechnung nach § 15 AStG bei Verlusten, IStR 2005, S. 272

Herbst/Szabo	Umsatzsteuerliche Behandlung von Vermittlungsleistungen, INF 2005, S. 216
Herlinghaus	Vereinbarkeit der Hinzurechnungsbesteuerung nach § 1 AStG mit dem Europarecht, FR 2001, S. 240
Herrmann	Vorlageverpflichtung des BFH bei der Auslegung des Vermittlungsbegriffs im Umsatzsteuerrecht, UR 2004, S. 393
Herrmann/Neufang	Übertragung von einzelnen Wirtschaftsgütern zwischen Gesellschafterbetriebsvermögen und Mitunternehmerschaften, BB 2000, S. 2599
Hofbauer	Das Meistbegünstigungsprinzip in den deutschen und österreichischen DBA, IStR 2004, S. 667
Hoffmann	Der Transfer von Einzel-Wirtschafts-gütern gem. § 6 Abs. 5 EStG nach Verabschiedung des UntStFG, GmbHR 2002, S. 125
Hoppe/Barnhagen	Die neuen Kriegssteuern, DStZ 1918/1919, S. 155
Höppner	Verrechnungspreise von Personengesellschaften im Verhältnis zu nahe stehenden Personen, JbFStR 2000/2001, S. 643
Hruschka	Feststellungslast und Mitwirkungspflicht bei Auslandsbetriebsstätten, IStR 2002, S. 753
Jahndorf	Besteuerung der Funktionsverlagerung, FR 2008, S. 101
Joecks/Kaminski	Dokumentations- und Sanktionsvorschriften für Verrechnungspreise in Deutschland, IStR 2004, S. 65
Jüptner	Zum Telos einer „materiellen Verfahrensnorm": § 160 AO, FR 1985, S. 12
Kaminski/Strunk	Steuerliche Folgen der Wohnsitzverlegung bei natürlichen Personen, IWB, F. 10, Gr. 2, S. 1641
Kaminski/Strunk	Neue Zweifelsfragen und Gestaltungsmöglichkeiten bei der Anwendung von § 6 AStG, RIW 2001, S. 811
Kaminski/Strunk	Die „Gewinnabgrenzungsaufzeichnungsverordnung" – Eine Würdigung, StBp 2004, S. 1, 29
Kaufmann	CFC-Gesetzgebung – Übersicht über die Rechtslage in den EU-Mitglied-staaten, SWI 2001, S. 16

Kellersmann/Schnitger	Europarechtliche Bedenken hinsichtlich der Besteuerung ausländischer Familienstiftungen, IStR 2005, S. 253
Kemper/Konold	Übertragung von Wirtschaftsgütern zwischen beteiligungsidentischen Schwesterpersonengesellschaften zum Buchwert, DStR 2000, S. 2119
Kessler	Wegzug von Kapitalgesellschaften Teil II – Gesellschafts- und steuerrechtliche Aspekte der Unternehmensverlagerung ins Ausland nach Lasteyrie du Saillant, DStZ 2004, S. 855
Kessler	Weiterentwicklung des deutschen und internationalen Steuerrechts (Teil II), IStR 2004, S. 841
Kinzl/Georg	Wegzugsbesteuerung – Abhilfe durch Schreiben des BMF vom 08.06.2005?, IStR 2005, S. 450
Kippenberg	Diskussion zum Vortrag von Prof. Dr. Lüdicke auf der Jahrestagung der Deutschen Vereinigung für Internationales Steuerrecht am 17.5.2003 in Köln, IStR 2003, S. 444
Kleineidam	Rechtliche und organisatorische Voraussetzungen der Gewinnermittlung bei Auslandsbetriebstätten, IStR 1993, S. 141, 395
Kleinheisterkamp	Französische Wegzugsteuer EG-rechts-widrig: Folgen für die deutsche Besteuerungspraxis, PIStB 2004, S. 82
Kloster/Kloster	Auslegungs- und Anwendungsprobleme bei der Restrukturierung von Mitunternehmerschaften, GmbHR 2002, S. 717
Kluge	AStG und DBA, RIW/AWD 1972, S. 411
Kluge	Basisgesellschaften und DBA, RIW/ AWD, 1975, S. 525
Knies	Die Wegzugsbesteuerung von „Horten" bis „de Lasteyrie du Saillant", PIStB 2004, S. 256
Kormann	Der Oasen-Erlass – seine Wirkungen und seine Grenzen, BB 1965, S. 1157
Korn/Strahl	Rechtsbehelfsempfehlungen auf Grund der jüngeren EuGH- und BFH-Recht-sprechung sowie höchstrichterlich anhängiger Verfahren, KöSDI 2005, S. 14557

Köhler	Aktuelles Beratungs-Know-how Internationales Steuerrecht, DStR 2002, S. 1341
Köhler	Aktuelles Beratungs-Know-How Internationales Steuerrecht, DStR 2005, S. 227
Köplin/Sedemund	Quod erat expectandum! – Einige Überlegungen zum Beschluss des BFH vom 21.06.2001, I B 141/00, IStR 2000, S. 305
Körner	Europarecht und Wegzugsbesteuerung – das EuGH-Urteil "de Lasteyrie du Saillant", IStR 2004, S. 424
Körner	Europarecht und CFC-Regelungen – Anrufung des EuGH im Verfahren „Cadbury Schweppes", IStR 2004, S. 697
Krabbe	Zur Steuerentstrickung bei Wohnsitzwechsel ins Ausland – Urteilsanmerkung zum BFH-Urteil vom 26.01.1977, VIII R 109/75, BB 1977, S. 431
Kraft/Bron	Implikationen des Urteils in der Rechtssache „Cadbury Schweppes" für die Fortexistenz der deutschen Hinzurechnungsbesteuerung, IStR 2006, S. 614
Kraft/Hause	Die Gemeinschaftsrechtswidrigkeit des § 15 AStG zur Besteuerung ausländischer Familienstiftungen aus dem Blickwinkel der EuGH-Recht-sprechung, DB 2006, S. 414
Kraft/Müller	Schlussfolgerungen aus der EuGH-Entscheidung zur französischen Wegzugsbesteuerung (Saillant) für die internationale Steuerberatungspraxis aus deutscher Sicht, RIW 2004, S. 366
Krogmann/Vitale	Kritische Würdigung des BMF-Schreibens zu „Cadbury Schweppes", IWB, F. 3, Gr. 1, S. 2243
Kroppen	Verrechnungspreise von Personengesellschaften im Verhältnis zu nahe stehenden Personen im Ausland, JbFStR 2000/2001, S. 643
Kroppen/Hagemeier	Hinzurechnungsbesteuerung bei neuen Vertriebsstrukturen, IWB, F. 3, Gr. 2, S. 1137
Kroppen/Rasch/Eigelshoven	Die Behandlung der Funktionsverlagerungen im Rahmen der Unternehmen-steuerreform 2008 und der zu erwartenden Verwaltungsgrundsätze-Funktionsverlagerung, IWB, F. 3, Gr. 1, S. 2201

Kroppen/Rasch/ Roeder	Bedeutende Entscheidung des BFH in Verrechnungspreisfragen, IWB, F. 3, Gr. 1, S. 1787
Kroppen/Rasch	Die Konkretisierung der Aufzeichnungspflichten für internationale Verrechnungspreise in den Verwaltungsgrundsätze Verfahren, IWB, F. 3, Gr. 1, S. 2091
Kroppen/Rehfeld	Vereinbarkeit der deutschen Verrechnungspreisvorschriften mit EU-Recht, IWB, F. 11a, S. 617
Lang	CFC-Gesetzgebung und Gemeinschaftsrecht, IStR 2002, S. 217
Lang	Direct Taxation: Is the ECJ Heading in a New Direction?, ET 2006, S. 421
Langbein	DBA im Spannungsfeld zwischen nationalem Recht und Völkerrecht, RIW 1984, S. 531
Langbein	The Unitary Method and the Myth of Arm's Length, Tax Notes, Vol. 30, 1986, S. 625
Lausterer	Die deutsche Wegzugsbesteuerung nach dem EuGH-Urteil „de Lasteyrie du Saillant", DStZ 2004, S. 299
Lehner	Deutsch-französisches DBA: Berechnung der Einkommensteuer aufgrund des Abkommens bei Grenzgängern und ihre Vereinbarkeit mit der Freizügigkeit, IStR 1998, S. 336
Lehner	Der Einfluss des Europarechts auf die DBA, IStR 2001, S. 329
Leising	Die Klage auf Einleitung eines Verständigungsverfahrens nach Art. 25 Abs. 2 MA, IStR 2002, S. 114
Leisner	Abkommensbruch durch Außensteuerrecht?, RIW 1993, S. 1013
Ley	Ausgewählte Fragen und Probleme in Fällen der Übertragung von Sonderbetriebsvermögen sowie von Mitunternehmer(teil)anteilen, KÖSDI 2004, S. 14024
Littwin	Steueroasenregelungen in der EU, IWB, F. 11, Gr. 2, S. 345
Lieber/Rasch	Mögliche Konsequenzen der Rechtssache Cadbury Schweppes für die deutsche Hinzurechnungsbesteuerung, GmbHR 2004, S. 1572
Looks/Scholz	Funktionsverlagerungen nach der Neufassung des § 1 Abs. 3 AStG, BB 2007, S. 2541

Lüdicke	Baars: Weigerung der Anerkennung des Vermögensteuerfreibetrags als Verletzung der Niederlassungsfreiheit, IStR 2000, S. 337
Maier-Frischmuth	Die Wegzugsbesteuerung auf dem Prüfstand des EuGH, Urteilsanmerkung zum EuGH-Urteil vom 11.03.2004, Rs. C-9/02, StuB 2004, S. 732
Manke	Außensteuerrechtliche Wirkungen der Steuerreformgesetze – Stellungnahme zum Referat von Dr. Raupach, JbFSt 1977/78, S. 444
Meilicke	Verlegung des steuerlichen Wohnsitzes in einen anderen EU-Mitgliedstaat – Urteilsanmerkung zum EuGH-Urteil vom 11.03.2004, Rs. C-9/02, GmbHR 2004, S. 511
Menck	Rechtsmechanismus und Rechtscharakter der Zugriffsbesteuerung, DStZ 1978, S. 106
Menck	Gemeinschaftsrecht und Kohärenz der Ertragsbesteuerung, IWB, F. 2, S. 715
Menck	Einkunftsabgrenzung bei international verbundenen Unternehmen, JbFSt 1983/84, S. 135
Meussen	Cadbury Schweppes: The ECJ Significantly Limits the Application of CFC Rules in the Member States, ET 2007, S. 13
Modlich	Die außerbörsliche Übertragung von Aktien, DB 2002, S. 671
Mössner/Strobl	Diskriminierungsverbote im internationalen Steuerrecht, IWB, F. 1, S. 1335
Nagler/Kleinert	Das EuGH-Verfahren Marks & Spencer – Konsequenzen des Schlussantrags des Generalanwalts, DB 2005, S. 855
Niehus	Zum amerikanischen Steuerreformgesetz, AWD 1963, S. 12
Ohler	Die Kapitalverkehrsfreiheit und ihre Schranken, WM 1996, S. 1801
Padberg	Unter welchen Voraussetzungen lassen sich steuermindernde Umstände im Falle nicht genannter Gläubiger oder Empfänger künftig von der Absetzung ausschließen (Teil II), FR 1977, S. 591

Pechstein/Bunk	Das Aufenthaltsrecht als Auffangrecht, EuGRZ 1997, S. 547
Pezzer	Der Fremdvergleich als Prüfungsmaßstab für Verträge zwischen nahestehenden Personen – Sachverhaltswürdigung oder rechtliche Subsumtion?, DStZ 2002, S. 850
Pflugfelder	Nationale Steuergesetzgebung und DBA, FR 1983, S. 319
Pflüger	Hinzurechnungsbesteuerung nach § 1 AStG ist europarechtlich bedenklich, PIStB 2001, S. 260
Philipkowski	Schachteldividenden aus IFSC-Gesell-schaften: Instanzgericht folgt dem BFH und entscheidet gegen Nicht-Anwen-dungs-Erlass, IStR 2001, S. 676
Philipkowski	Schachtelregelung und Schlussklausel im DBA-Irland, IStR 2002, S. 521
Pohl	Zuzug und Wegzug – Aktuelle Rechtsprechung im Ertragsteuerrecht, IStR 2001, S. 460
Pohl	Generalthema II: Die steuerliche Behandlung des Wohnsitzwechsels natürlicher Personen, IStR 2002, S. 541
Quack	Überlegungen zum Steuerfall Sachs, DStR 1976, S. 69
Rasch/Nakhai	Die EG-Rechtswidrigkeit des § 1 AStG bleibt weiterhin ungeklärt, DB 2005, S. 1984
Rättig/Protzen	Die "neue Hinzurechnungsbesteuerung" der §§ 7 – 14 AStG in der Fassung des UntStFG – Problembereiche und Gestaltungshinweise, IStR 2002, S. 123
Rädler/Raupach	Beruht der Oasenerlass auf einer zutreffenden Auslegung gesetzlicher Vorschriften?, DStZ A 1968, S. 249
Rättig/Protzen	Zur Europarechtswidrigkeit der §§ 7 – 14 AStG und zu den Folgen für die internationale Steuerplanung, IStR 2003, S. 195
Rättig/Protzen	Praktische Folgen der Unvereinbarkeit der Hinzurechnungsbesteuerung mit der EU-Niederlassungs- sowie Kapitalverkehrsfreiheit, GmbHR 2003, S. 503
Raupach	Außensteuerrechtliche Wirkungen der Steuerreformgesetze, JbFSt 1977/78, S. 424

Reiß	Fortentwicklung des Unternehmenssteuerrechts bei Mitunternehmerschaften – Bemerkungen zu den Vorschlägen des BMF, BB 2001, S. 1225
Reiß	Übertragung von Wirtschaftsgütern bei Mitunternehmerschaften, StBJb 2001/ 2002, S. 281
Reimer/Ribbrock	Gemeinnützigkeit auch für ausländische Körperschaften?, RIW 2005, S. 611
Ressos	Finanzvermittlung und Umsatzsteuer: Teilweise Klärung durch das BMF – Anmerkungen zu dem BMF-Schreiben vom 13.12.2004 – IV A 6 – S 7160a – 26/04, BB 2005, S. 191
Richter	Die französische Wegzugsbesteuerung auf dem EuGH-Prüfstand, IStR 2003, S. 157
Ritter	Brauchen wir ein neues Steuerfluchtgesetz?, BB 1987, S. 65
Roser	Unveränderte Missverständnisse zu § 6 Abs. 5 EStG bei der Übertragung von Sonderbetriebsvermögen, FR 2002, S. 309
Rödder	Deutsche Unternehmensbesteuerung im Visier des EuGH, DStR 2004, S. 1629
Rödder/Schumacher	Der Regierungsentwurf eines Gesetzes zur Fortentwicklung des Unternehmenssteuerrechts (Teil 1), DStR 2001, S. 1634
Rödder/Schönfeld	Meistbegünstigung und EG-Recht: Anmerkung zu EuGH vom 05.07.2005, C-376/03, IStR 2005, S. 523
Runge	Die Familienstiftung im AStG, DB 1977, S. 514
Salditt	AStG und DBA, RIW/AWD 1972, S. 573
Saß	Zur Rechtsprechung des EuGH und einigen Folgerungen für das deutsche Steuerrecht, FR 1998, S. 41
Saß	Zur Vereinbarkeit der Hinzurechnungsbesteuerung nach dem AStG mit den EU-Grundfreiheiten, DB 2002, S. 2342
Saß	Nochmals: Zur Berücksichtigung von Verlusten ausländischer Tochtergesellschaften in der EU, DB 2006, S. 123

Schalast	Das Abzugsverfahren für Einkünfte beschränkt Steuerpflichtiger – Verhältnis von DBA und innerstaatlichem Verfahrensrecht, FR 1990, S. 212
Schießl	Neues zum Rangverhältnis zwischen Niederlassungsfreiheit und dem freien Kapitalverkehr, StuB 2007, S. 584
Schmidtmann	Hinzurechnungsbesteuerung bei internationalen Umwandlungen, IStR 2007, S. 229
Schauhoff	Der Umfang der erweitert beschränkten Einkommensteuerpflicht bei gewerblich tätigen Handelsvertretern, Unternehmensberatern, Fotomodellen, Sportlern und anderen umherreisenden Unternehmern, IStR 1995, S. 108
Schaumburg	Problemfelder im internationalen Erbschaftsteuerrecht, RIW 2001, S. 161
Scheipers/Maywald	Zur Vereinbarkeit des § 20 Abs. 2 AStG mit EG-Recht unter Berücksichtigung der Ausführungen des GA Léger in der Rs. Cadbury Schweppes, IStR 2006, S. 472
Scheuerle	§ 1 AStG und Gemeinschaftsrecht, IStR 2002, S. 798
Scheunemann	Europaweite Verlustberücksichtigung im Konzern: Steine statt Brot durch die Schlussanträge des Generalanwalts Maduro vom 7.4.2005 im Fall Marks & Spencer?, IStR 2005, S. 303
Scheunemann	Praktische Anforderungen einer grenzüberschreitenden Verlustberücksichtigung im Konzern in Inbound- und Outboundfällen nach der Entscheidung Marks & Spencer, IStR 2006, S. 145
Schindler	Neuregelung der österreichischen Wegzugsbesteuerung; ein Vorbild für andere Mitgliedstaaten?, IStR 2004, S. 300
Schmidt	Rechts- und Geschäftsbeziehungen zu Domizilgesellschaften, IStR 1999, S. 398
Schmidtmann	Hinzurechnungsbesteuerung bei internationalen Umwandlungen, IStR 2007, S. 229

Schmitt/Franz	Die Umstrukturierung von Personenunternehmen im Lichte des Berichts zur Fortentwicklung des Unternehmenssteuerrechts, BB 2001, S. 1278
Schmitz	Empfängerbenennung bei Auslandssachverhalten – § 16 AStG oder § 160 AO, IStR 1997, S. 193
Schnitger	Die erweiterte Mitwirkungspflicht und ihre gemeinschaftsrechtlichen Grenzen, BB 2002, S. 332
Schnitger	Verstoß der Wegzugsbesteuerung (§ 6 AStG) und weiterer Entstrickungsnormen des deutschen Ertragsteuerrechts gegen die Grundfreiheiten des EGV, BB 2004, S. 804
Schnitger	Geltung der Grundfreiheiten des EGV im deutschen internationalen Erbschaftsteuerrecht, FR 2004, S. 185
Schnitger	Die Kapitalverkehrsfreiheit im Verhältnis zu Drittstaaten, IStR 2005, S. 493
Scholz	Die Fremdüblichkeit einer Preisanpassungsklausel nach dem Entwurf des § 1 Abs. 3 AStG, IStR 2007, S. 522
Schön	Gestaltungsmissbrauch im Europäischen Steuerecht, IStR 1996, Sonderheft zu Heft 2, S. 2
Schön	Aktuelle Fragen zum europäischen Handels- und Steuerrecht, JbFStR 1998/99, S. 73
Schön	Hinzurechnungsbesteuerung und Europäisches Gemeinschaftsrecht, DB 2001, S. 940
Schönfeld	Quo vadis Hinzurechnungsbesteuerung und EG-Recht; Bestandsaufnahme und neuere Entwicklungen, IWB, F. 3, Gr. 1, S. 2119
Schönfeld	Reaktion der britischen Regierung auf „Cadbury Schweppes": Geplante Änderungen der britischen CFC-Rules auf deren Vereinbarkeit mit EG-rechtlichen Vorgaben, IStR 2007, S. 199
Schönfeld	Probleme beim Zusammenwirken von Hinzurechnungsbesteuerung und Abgeltungssteuer nach dem UntStRefG 2008 und dem RegE-JStG 2008, IStR 2007, S. 666

Schreiber	Pflicht zur Angemessenheitsdokumentation bei internationalen Verrechnungspreisen?, IWB, F. 3, Gr. 1, S. 2105
von Schönberg	Der Not gehorchend – ein deutsches Interesse?, DStZ 2001, S. 856
Schuch	Amtshilfemöglichkeiten mindern die erhöhte Mitwirkungspflicht bei Auslandsbeziehungen, SWI 1996, 395
Schwarz/Fischer-Zernin	Deutsches „Treaty Overriding" im Entwurf zum Steueränderungsgesetz 1992, RIW 1992, S. 49
Schwedhelm/Binnewies	Grenzüberschreitende Sitzverlegung von GmbH – Die praktischen Auswirkungen der Centros-Entscheidung des EuGH, GmbH-StB 2000, S. 100
Schwenke	Die Kapitalverkehrsfreiheit im Wandel?, IStR 2006, S. 748
Sedemund	Die mittelbare Wirkung der Grundfreiheiten für in Drittstaaten ansässige Unternehmen nach den EuGH-Urteilen Fidium Finanz AG und Cadbury Schweppes, BB 2006, S. 2781
Seer	Grenzen der Zulässigkeit eines treaty overridings am Beispiel der Switch-over-Klausel des § 20 AStG (Teil 1, 2), IStR 1997, S. 481, 520
Seer	Die gemeinschaftsrechtliche Beurteilung der erweiterten Mitwirkungspflicht bei Auslandssachverhalten, IWB, Gr. 2, S. 673
Seweloh	Die Reichfluchtsteuer, StuW 1934, Teil 1, S. 953
Sieker	Betriebsstättengewinn und Fremdvergleichsgrundsatz, DB 1996, S. 110
Spengel/Müller	Europarechtliche Beurteilung des Gesetzentwurfs zur Senkung der Steuersätze und zur Reform der Unternehmensbesteuerung, IStR 2000, S. 257
Stefaner	EuGH-Verfahren zur Vereinbarkeit von CFC-Gesetzgebung mit Gemeinschaftsrecht, SWI 2004, S. 339
Stein	Völkerrecht und nationales Steuerrecht im Widerstreit, IStR 2006, S. 505
Stockmann	Völkerrechtliche Meistbegünstigungsklausel und Internationales Steuerrecht, IStR 1999, S. 129

Strahl	Fortentwicklung der Unternehmenssteuerreform: Hinweise zu den Gesetzesänderungen, KöSDI 2002, S. 13164
Strunk/Kaminski	EuGH-Entscheidung zur Wegzugsbesteuerung, Stbg 2004, S. 226
Strunk/Kaminski	Anmerkungen zum BMF-Schreiben zum Vorliegen von Geschäftsbeziehungen i. S. v. § 1 Abs. 4 AStG, IStR 2006, S. 141
Strunk/Kaminski	Anmerkung zu § 20 Abs. 2 AStG in der Entwurfsfassung des JStG 2008, IStR 2007, S. 726
Strutz	Das neue Einkommensteuergesetz, StuW 1925, S. 601, 1395, 1929
Stümper	Wegzugsbesteuerung durch Tod wesentlich beteiligter Gesellschafter, GmbHR 2007, S. 358
Sullivan/Wallner/ Wübbelsmann	Die deutsche Hinzurechnungsbesteuerung auf dem europäischen Prüfstand, IStR 2003, S. 6
Tellkamp	Der AStG-Entwurf, StuW 1972, S. 97
Thesling	Steuerliches Verfahrensrecht und Europarecht, DStR 1997, S. 848
Thiel	Der fortschreitende Einfluss des EuGH auf die Ertragsbesteuerung der Unternehmen – Aktuelle Urteile und anhängige Verfahren, DB 2004, S. 2603
Thömmes/Stockmann	Familienstiftung und Gemeinschaftsrecht: Verstößt § 15 Abs. 2 S. 1 ErbStG gegen Diskriminierungsverbote des EGV?, IStR 1999, S. 261
Thömmes	Verlegung des steuerlichen Wohnsitzes, IWB, F. 11a, S. 649
Thömmes	Übergang zur Hinzurechnungsmethode bei Betriebsstätten EG-rechtskonform, IWB, F. 11a, S. 1169
Thömmes	Vereinbarkeit von § 6 AStG mit GG und EGV, IWB, F. 3a, Gr. 1, S. 681
Thömmes	Verstoß der französischen Wegzugsbesteuerung gegen Grundfreiheiten des EGV, IWB, F. 11a, S. 749
Thömmes	EG-Recht und Meistbegünstigung, IWB, F. 11a, S. 881
Thömmes	EG-Grundfreiheiten und deutsches Steuerrecht, JbFStR 1997/98, S. 90

Thömmes	Vereinbarkeit der britischen Hinzurechnungsbesteuerung mit Gemeinschaftsrecht, IWB, F. 11a, S. 1019
Thömmes	Besinnung auf das Territorialitätsprinzip, IWB, F. 11a, S. 1071
Tipke	Über die Juden-Rechtsprechung des RFH, BB 1993, S. 1814
Vinther/Werlauff	Tax Motives are Legal Motives – The Borderline between the Use and Abuse of the Freedom of Establishment with Reference to the Cadbury Schweppes Case, ET 2007, S. 383
Vogel	Aktuelle Fragen des Außensteuerrechts, insbesondere des „Steueroasengesetzes" unter Berücksichtigung des neuen DBA mit der Schweiz, BB 1971, S. 1188
Vogel	Schwerpunkt des Außensteuerreformgesetzes in Verbindung mit dem neuen deutsch-schweizerischen DBA, DB 1972, S. 1402
Vogel	Wohnsitzverlegung in die Schweiz und Besteuerung stiller Reserven in Anteilen an Kapitalgesellschaften, DB 1977, S. 1717
Vogel	Steuerumgehung nach innerstaatlichem Recht und nach Abkommensrecht, StuW 1985, S. 369
Vogel	Internationales Steuerrecht, DStZ 1997, S. 269
Vogel	Völkerrechtliche Verträge und innerstaatliche Gesetzgebung, IStR 2005, S. 29
Vögele/Forster	Das EU-Schiedsübereinkommen, IStR 2006, S. 537
Wachter	Das Erbschaftsteuerrecht auf dem Prüfstand des EuGH, DStR 2004, S. 542
Waldens/Sedemund	Steuern steuern durch Prinzipalstrukturen: Ist nach Cadbury Schweppes nunmehr fast alles möglich?, IStR 2007, S. 450
Wartenburger	Die Bedeutung des Gemeinschaftsrechts für innergemeinschaftliche Steueroasen, IStR 2001, S. 397
Wassermeyer	Überlegungen zum Anwendungsbereich des § 1 AStG, BB 1984, S. 1501
Wassermeyer	11 Jahre Außensteuergesetz, RIW 1984, S. 461
Wassermeyer	15 Jahre Außensteuergesetz, DStR 1987, S. 635

Wassermeyer	Zurechnungsbesteuerung bei einem ausländischen Trust, IStR 1993, S. 124
Wassermeyer	Der Fremdvergleich als Tatbestandsmerkmal der verdeckten Gewinnausschüttung, DB 1994, S. 1109
Wassermeyer	Stand der Rechtsprechung zur verdeckten Gewinnausschüttung, Stbg 1996, S. 481
Wassermeyer	Verdeckte Gewinnausschüttung: Veranlassung, Fremdvergleich und Beweisrisikoverteilung, DB 2001, S. 2465
Wassermeyer	Die Fortentwicklung der Besteuerung von Auslandsbeziehungen – Anmerkungen zu den derzeitigen Überlegungen zur Reform des Außensteuerrechts, IStR 2001, S. 113
Wassermeyer	Harte Patronatserklärung im Konzern muss keine Gewinnkorrektur nach § 1 AStG auslösen – Urteilsanmerkung zum BFH-Urteil vom 29.11.2000, I R 85/99, IStR 2001, S. 318
Wassermeyer	Einkünftekorrekturnormen im Steuersystem, IStR 2001, S. 633
Wassermeyer	Die Zurechnung von Einkünften einer ausländischen Untergesellschaft gegenüber ihrer ausländischen Obergesellschaft nach § 14 AStG, IStR 2003, S. 665
Wassermeyer	Steuerliche Konsequenzen aus dem EuGH-Urteil "Hughes de Lasteyrie du Saillant", GmbHR 2004, S. 613
Wassermeyer	Modernes Gesetzgebungsniveau am Beispiel des Entwurfs zu § 1 AStG, DB 2007, S. 535
Wassermeyer	Merkwürdigkeiten bei der Wegzugsbesteuerung, IStR 2007, S. 833
Wassermeyer	Funktionsverlagerung – Statement, FR 2008, S. 67 ff
Weber	Umsatzsteuerliche Behandlung von Provisionen für die Vermittlung von Finanzprodukten – Ist das BFH-Urteil vom 9.10.2003 mit der Rechtsprechung des EuGH vereinbar?, BB 2005, S. 694
Weckerle	Die neue Reichsfluchtsteuer, DStZ 1931, S. 479

Wehnert	Dokumentation von Verrechnungspreislisten: Ausgewählte Aspekte der Verwaltungsgrundsätze – Verfahren, IStR 2005, S. 714 (Teil 1) und S. 749 (Teil 2)
Welling/Tiemann	Funktionsverlagerung im Widerstreit mit internationalen Grundsätzen, FR 2008, S. 68
Wendt	Übertragung von Wirtschaftsgütern zwischen Mitunternehmerschaft und Mitunternehmer, FR 2002, S. 53
Werra	Zweifelsfragen bei der Dokumentation von Verrechnungspreisen – zum Entwurf der Verwaltungsgrundsätze – Verfahren zur Einkunftsabgrenzung zwischen internationalen Unternehmen, IStR 2005, S. 19
Westerfelhaus	Die Zinsfestsetzung bei an Auslands-Kapitalgesellschaften gewährten Gesellschafter-Darlehen – Ist das Außensteuergesetz subsidiär oder vorrangig?, DB 1983, S. 907
Wilke	Die Wegzugsbesteuerung nach § 6 AStG – alter Wein in neuen, aber rissigen Schläuchen, PIStB 2007, S. 108
Wingert	Rücklagen für Verluste ausländischer Tochtergesellschaften nach dem Auslandsinvestitionsgesetz, BB 1978, S. 1346
Woerner	Verdeckte Gewinnausschüttungen, verdeckte Einlagen und § 1 des Außensteuergesetzes – Zugleich ein Beitrag zur Normenkonkurrenz im Steuerrecht, BB 1983, S. 845
Wulf	Änderungen im Außensteuerrecht und Sonderregelungen nach dem Unternehmensteuerreformgesetz 2008, DB 2007, S. 2280

Bochumer Schriften zum Steuerrecht

Herausgegeben von Roman Seer

Band 1   Roman Seer / Burkhard Kämper (Hrsg.): Bochumer Kirchensteuertag. Grundlagen, Gestaltung und Zukunft der Kirchensteuer. 2004.

Band 2   Roman Seer (Hrsg.): Bochumer Lohnsteuertag. Die Lohnsteuer im Spannungsfeld zwischen Unternehmerfreiheit und Fiskalinteresse. 2005.

Band 3   Frank-André Mönkemöller: Die Zurechnung der Überschusseinkünfte bei Personengesellschaften. 2005.

Band 4   Kai Thulfaut: Die Besteuerung international tätiger Anwaltssozietäten. 2005.

Band 5   Jens Hoffmann: Die Besteuerung von Kapitalgesellschaften und ihren Anteilseignern in Irland im Vergleich zu Deutschland. Zugleich ein Beitrag zu den Grenzen des Steuerwettbewerbs in der Europäischen Union. 2005.

Band 6   Theresa Franz: Körperschaftsteuerliche Behandlung der grenzüberschreitenden Betätigung von Kapitalgesellschaften innerhalb der EG. Eine Betrachtung unter Berücksichtigung der Rechtsprechung des EuGH, der geplanten 14. gesellschaftsrechtlichen Richtlinie und der Societas Europaea. 2006.

Band 7   Jan Michaelis: Die territoriale Zuordnung von Beteiligungsaufwand im Europäischen Unternehmenssteuerrecht. Zugleich zur Verfassungsmäßigkeit des § 8b Abs. 5 KStG in der Fassung des ProtErklG. 2006.

Band 8   Hans Anders: Die Überschussrechnung nach § 4 Abs. 3 EStG im System der steuerlichen Einkünfteermittlung. 2007.

Band 9   Björn Kahler: Die Freistellungsmethode in deutschen Doppelbesteuerungsabkommen und ihre Vereinbarkeit mit dem EG-Vertrag. Betrachtung der Freistellungsmethode in deutschen Doppelbesteuerungsabkommen, Untersuchung ihrer Folgen im Ertragsteuerrecht und Prüfung ihrer Vereinbarkeit mit dem EG-Vertrag. 2007.

Band 10   Lars Rehfeld: Die Vereinbarkeit des Außensteuergesetzes mit den Grundfreiheiten des EG-Vertrags. 2008.

www.peterlang.de